JN360581

이사야서 주석(II)

[19–39장]

에드워드 J. 영 지음
조 휘
정 일 오 공역

기독교문서선교회

기독교문서선교회(Christian Literature Crusade: 약칭 CLC)는
1941년 영국 콜체스터에서 켄 아담스에 의해 시작되었으며
국제 본부는 영국의 쉐필드에 있습니다.
현재 약 650여명의 선교사들이 59개 나라에서 180개의 본부를 두고,
이동도서차량 40대를 이용하여 문서 보급에 힘쓰고 있으며
이메일 주문을 통해 130여국으로 책을 공급하고 있습니다.
CLC는 청교도적 복음주의 신학과 신앙을 선포하는
국제적, 초교파적, 비영리 문서선교기관으로서, 하나님의 뜻에 합당한 책을 만들고
이 책을 통해 단 한 영혼이라도 구원되길 소망하며
이를 위해 주님이 오시는 그날까지 최선을 다할 것입니다.

The Book of Isaiah

Volume II

The English Text, with Introduction, Exposition, and Notes

(Chapters 19 to 39)

By

Edward J. Young

Translated by

Hwi Cho • Il-Oh Jung

추천사 1

손 석 태 박사
개신대학원대학교 총장, 구약학

에드워드 J. 영(E. J. Young) 박사의 3권으로 된 『이사야서 주석』(*The Book of Isaiah*, 3 vols)이 한국어로 번역 출판되어 구약 교수로서 무엇보다 기쁘다. 영 박사는 미국 웨스트민스터신학교의 창립 주역 중의 한 분으로 보수 개혁주의 구약 신학의 대부이다. 그는 미국 필라델피아에 있는 드롭시대학(Dropsie College)의 사이러스 고든(Cyrus Gordon) 교수 밑에서 폭넓은 고대 근동 세계의 언어와 문화를 공부하였으며, 자유주의자들의 성경비평으로부터 성경을 확고하게 지키고 변증하였다. 그는 성경의 영감과 무오의 교리를 확고하게 지키고 변증하며, 역사적이고 전통적인 구약성경의 저작성과 통일성을 일관성 있게 주장하였다. 특히 이사야서의 경우 비평학자들은 이사야서의 통일성을 부인하며, 이사야서를 제1이사야, 제2이사야, 제3이사야로 나눈다. 그리고 이사야서에 나타난 그리스도의 동정녀 탄생, 그리스도의 대속적 사역, 나아가서 이스라엘의 회복 등을 예언하는 해석을 부인한다.

그러나 영 박사는 철저하게 이러한 고등비평에 대항하여 하나님을 지키고, 하나님의 말씀을 지킨 시대의 선지자였다. 그의 해박한 고대 근동 원어 풀이와 예리한 주석, 그리고 성서신학적인 강해는 비록 처음 출판된 지 40여 년이 지난 지금에도 이사야서를 공부하고 연구하고자 하는 신학도나 목회자는 반드시 참고하고 읽어야 할 귀중한 책이다.

이 귀한 『이사야서 주석』을 출판한 「기독교문서선교회」(CLC)에 감사를 드리고 번역에 수고하신 조 휘, 정일오 교수님께 경의를 표하는 바이다. 이 책이 한국의 목회자나 신학도는 물론 평신도들에게도 성경을 볼 수 있는 눈을 길러주는 길잡이가 되리라고 확신하며, 적극 추천한다.

추천사 2

류 호 준 박사
백석정신아카데미 사무총장, 구약학

20세기가 낳은 위대한 보수주의 구약학자이자 주석가를 꼽으라면 에드워드 J. 영(E. J. Young) 박사가 빠지지 않는다. 미국 필라델피아의 웨스트민스터신학교의 초창기 교수 멤버이기도 한 그는 드랍시대학 출신답게 탁월한 어학 실력을 바탕으로 성경의 무오성과 탁월성을 드러내는 일에 많은 노력을 기울인 학자이다. 그의 대표적인 저작으로는 『구약총론』(개혁주의신행협회), 『선지자 연구』(CLC), 『다니엘서 주석』(CLC) 그리고 금번에 출판되는 3권으로 된 『이사야서 주석』을 꼽을 수 있다. 이 주석의 원서명은 *The Book of Isaiah*, 3 vols.(Grand Rapids: Eerdmans, 1965, 1969, 1972)로, 원래 미국 어드만 출판사에서 기획하고 출간하는 『신국제구약주석총서』(NICOT, *New International Commentary on Old Testament*)에 속해 있었으나 이제는 독자적 단행본으로 출판되는 주석이다. 세 권으로 된 이 이사야서 주석은 그가 만들어낸 최대의 걸작으로 그의 신학적, 해석학적 입장에 찬성하든 반대하든 상관없이 모든 이사야서 학자들에게 많은 통찰력과 논쟁거리를 제공한다.

독자들은 그의 『이사야서 주석』을 잡는 순간 질식할 정도의 위압감을 느낄지도 모른다. 원서로만 1,700페이지에 달하는 방대한 분량 때문만은 아니다. 본문의 의미를 추적하는 그의 박식함과 집요함과 섬세함과 철저함에 탄복하지 않을 수 없기 때문이다. 각주를 빼놓고 본다면 본서는 길고 긴 강해 설교라 할 수 있다. 그렇다고 경건서적이나 설교집을 읽는 방식으로 읽을 책은 아니다. 본문 안에서도 그는 종종 음역한 히브리어 단어들을 사용하여 자신의 논조를 이끌어가거나 강화시키고 있기 때문이다. 이 점에 있어서 독자들은 어느 정도의 원어 지식을 요구받기도 한다. 또한 각주에서는 고대 근동 문헌들의 자유로운 인용과 여러 현대어로 된 참고 자료들이 제공되고 있어서 관심 있는 독자들에게 많은 유익을 준다. 그러나 오래 전에 저술된 주석이라서 최근의 자료들에 대한 기대는 접어 두어야 할 것이다. 저자에 따르면 본 주석서는 목사들과 주일학교 성경교사를 염두에 두고 집필하였다고 한다. 독자의 입장에서 상당한 인내와 끈기를 필요로 한다. 그러나 본문의 의미를 찾고 싶어 하는 성실한 성경학도들에게는 이보다 더 좋은 주석은 그리 많지 않을 것이다. 특별히 이사야서를 강해하거나 학문적으로 연구하려는 젊은 목회자들이나 신학생들에게 본서는 끝없는 도전이 될 것이며 그 결과는 매우 달콤하고 지속적일 것이다.

물론 영 박사는 지금 우리 시대 성서학계에서 많이 사용되는 수사비평이나 신문학비평과 같은 방법론을 사용한다는 의미에서 문헌학자(literary scholar)도 아니고 그렇다고 전형적인 성경신학자도 아니다. 그는 오히려 철저한 언어학자로서 이사야서 주석을 쓰고 있다. 이 주석은 매우 보수적인 입장을 취하며 주전 8세기의 예루살렘의 이사야가 그의 예언서 전체의 저자라는 결론을 내린다.

이처럼 방대한 『이사야서 주석』이 탁월한 번역가의 손에 의해 새로운 모습으로 출간됨을 기쁘게 생각한다. 현대어로 된 여러 인용문들을 그대로 둔 것에 아쉬움은 남지만 그래도 원문의 뜻을 잘 살려 꼼꼼하게 번역하신 조 휘, 정일오 교수의 노고는 한국교회의 많은 목회자들의 강단에서 풍성한 열매들로 꽃피우리라 믿는다.

추천사 3

한 정 건 박사
고려신학대학원 교수, 구약학

에드워드 J. 영(E.J. Young) 박사의 이 책은 이사야서 주석에 관해서는 대표적인 것으로 꼽힌다. 세 권의 책으로 엮어진 그의 이 방대한 주석은 1965년에 제1권의 초판이 나온 이후 오랜 세월이 흐른 오늘날까지 계속 그 위치와 명성을 잃지 않고 있다. 그의 책이 귀한 이유는 다음과 같은 특징들을 갖추고 있기 때문이다.

첫째로, 그는 보수적인 입장에서 이 책을 쓰고 있다. 이사야서에 관한 논쟁에서는 항상 비평학자들의 목소리가 컸다. 특히 이사야서의 단일 저자에 관한 문제에서는 비평학자들뿐만 아니라 복음주의적인 신학자들조차도 이사야의 단일작품으로 받아들이지 않는다. 왜냐하면 이사야서 40장 이후는 바벨론 포로와 그 이후의 상황을 배경으로 하여 쓰고 있기 때문이다. 그러나 영 박사는 하나님은 미래에 대하여 예언할 수 있다는 확실한 믿음 위에 이사야를 이사야서 전체의 단일 저자로 믿고, 이사야서 전체를 예언적인 글로 해석해 나간다. 또 영 박사는 이사야의 많은 구절을 미래의 메시아적인 예언으로 보고 주석을 한다. 예를 들어 이사야 7:14의 구절을 메시아의 동정녀 탄생의 예언으로 믿는다. 이것은 대부분의 복음주의 학자들조차도 받아들이지 못하는 입장이다. 영 박사의 이러한 이사야의 시각에서 이사야서를 볼 때에 이사야서는 메시아의 예언으로 가득 찬 책이 된다. 다른 주석들이 그러한 구절들에 대하여 메시아 예언으로 보는 것을 애써 외면하려는 태도와 대조적이다.

둘째로, 영 박사는 본문 해석에 충실한 주석을 하였다. 주석이라고 하면 이 말은 너무나 당연한 것으로 들릴지 모르나, 오늘날의 상황은 그렇지 않다는 것이다. 현대의 대부분의 주석들이 고등 비평학에 근거하여 본문을 단편으로 나누고 그 기원을 따지는 데에 많은 지면을 할애하고, 또 본문비평에 근거하여 히브리어 본문이 원본의 것인지 아니면 변화되었는지를 논하는 것에 많은 시간을 투자한다. 그러다 보면 자연히 본문의 의미 파악에는 소홀해질 수밖에 없다. 그러나 영 박사의 주석은 그런 비평학적인 논쟁을 배격하고 본문 해석에 충실하고 있다.

셋째로, 영 박사의 책은 학적인 우수성을 지니고 있다. 그는 본문에 대하여 단순하게 의미의 해석만으로 일관하지 않고, 그는 중요한 구절에서는 충분하게 신학적인 토론을 벌인다. 또 히브리어의 의미를 잘 고찰한 깊은 해석을 한다. 오늘날 이사야서에 관련된 다수의 논문들에서 영 박사의 책이 중요한 참고문헌으로 인용되고 있음을 보아도 이 책의 신학적인 무게를 알 수 있다.

영 박사의 『이사야서 주석』은 불후의 명작이라고 할 수 있다. 본문들을 너무 깊이 다루어서 때로는 지루하게 여겨질 수도 있겠지만, 그것은 오히려 의미를 충분하게 파악하려고 노력하고 있다는 장점이 될 수도 있다. 이러한 점에서 본서는 이사야서를 연구하려는 학도나, 이사야서의 어떤 본문의 의미를 파악해 보려고 하는 성도들에게 꼭 있어야 할 참고도서이다.

이사야서 주석(II)

제2권 저자 서문

본 이사야서 주석 제2권은 19-39장까지의 이사야서 주해를 다루고 있다. 본 주석의 목적은 가능한 한 선지자 자신으로 하여금 말하게 하고 그의 메시지를 오늘날의 독자들에게 상세하게 설명하기 위한 것이다.

본서의 저작권에 대한 논의는 제3권을 위하여 보류해 두는 것이 좋을 것 같다. 어쨌든 본 작품 전체를 통하여 독자들은 이사야가 본서 전체의 저자라는 본서의 입장을 지지하는 여러 주석들을 발견할 것이다.

성경의 절대적인 신뢰성을 믿는 사람들의 입장에서 기록된 신구약성경에 대한 일련의 주석들을 출판함에 있어서 어드만 출판사는 진정한 비전을 보여 주었다. 그리고 본 저자는 이 사역의 일익을 감당하는 마당에서 모든 자비의 주님께서 이러한 노고들을 그분 자신의 영광을 위하여 축복해 주시기를 기도하는 바이다.

마지막으로 타이프라이터로 원고를 준비해 준 마가렛 그레그슨(Margaret Gregson) 양과 칼 스팩맨(Carl K. Spackman) 양에게 감사를 표현하는 바이며 또한 예루살렘을 포위한 일에 대한 산헤립의 기록을 번역하는 데 도움을 준 린새이 럿셀(G. Lindsay Russell)에게도 감사드린다.

에드워드 J. 영

역자 서문

복음주의 성경주석을 제시하는 소중한 보고들 중의 하나인 에드워드 J. 영(E. J. Young) 박사의 이사야서 주석이 한글로 번역되어 더 많은 목회자와 성경연구가에게 전달될 수 있다는 것은 큰 축복이라 하겠다. 본 주석서를 통해서 독자는 성경분석과 해석의 좋은 예를 접할 수 있으며 여러 가지 유익을 얻을 수 있다.

첫째, 본서를 히브리어 원문과 함께 살필 수 있다면 원문이 제시하고 있는 본문의 짜임새, 언어선택, 표현의 멋을 한층 더 깊이 있게 살피고 본문의 의미를 적절하게 파악할 수 있는 유익이 있다. 영 박사가 히브리어 원문을 중심으로 주해를 하고 설명을 하고 있기 때문에 이러한 작업은 함께 수반되어야 하는데, 왜냐하면 세부적인 구문과 어휘에 대한 설명이 히브리어 문법과 구문에 대한 이해를 전제하고 있기 때문이다. 히브리어 원문 이해에 어려움이 있다면 영어성경을 참조하는 것이 큰 도움이 될 것이다. 물론 본 주석서와 함께 한글성경을 정독한다면 충분한 유익을 기대할 수 있다.

둘째, 저자가 서문에서 밝히고 있는 바와 같이 본문을 통해 이사야 선지자가 선포하고자 했던 메시지의 의미를 분석하는 작업에 집중하고 있기에 전통적인 복음주의 관점에서 접근하는 예언서 해석의 좋은 예를 접할 수 있는 유익이 있다.

셋째, 자세한 석의와 함께 더 깊이 있는 연구를 위한 좋은 참고문헌들과 논의들을 각주에 담고 있으므로 이를 세밀하게 살핀다면 이사야서 연구를 원하는 이들에게는 유익이 될 것이다.

이 책이 이미 고전에 속하고 있기에 최근 연구방법론이나 결과를 반영하지 못한 점이 아쉽지만, 이사야서 연구의 충분한 길잡이가 될 수 있으며 최근 연구서를 접하기 전에 반드시 살펴야 할 중요한 주석서들 중의 하나이다.

특별히 본서의 초역에 수고하신 정일오 박사님과 추천사를 써주신 개신대학원대학교 손석태 총장님, 백석대학교 백석정신아카데미 사무총장 류호준 박사님, 고신대학교신학대학원 한정건 박사님께 심심한 감사를 드린다. 아무쪼록 이 주석서를 통해 독자들이 이사야서 이해와 선지서 연구에 한층 더 가까이 다가설 수 있기를 간절히 기도한다.

아세아연합신학대학교 교수
역자 조 휘

약어표

abs.	독립형, 절대형
acc.	대격, 직접 목적격
adj.	형용사
Akk.	아카드어
ANEP	Pritchard: *Ancient Near Eastern Pictures*
ANET	Pritchard: *Ancient Near Eastern Texts*(1950)
Aq	아퀼라역
Ar.	아랍어
Aram.	아람어
B	바티칸 사본
BA	*Biblical Archaeologist*
BASOR	*Bulletin American Schools of Oriental Research*
BDB	Brown, Driver, Briggs: *Hebrew Lexicon*
BH	*Biblia Hebraica*
BK	Baumgartner, Köehler: *Lexicon in Veteris Testamenti Libros*(1953)
Cas.	Plautus: *Casina*
CIS	*Corpus Inscriptionum Semiticarum*
col.	칼럼
Com.	주석
cons.	연속법, 결과를 나타내는
const.	연계형
DOTT	*Documents of Old Testament Times*, ed. Winton Thomas

Egy.	애굽어
Eth.	에티오피아
f.	여성형
fut.	미래형
gen.	소유격
Gk.	헬라어
GKC	Gesenius, Kautzsch, Cowley: *Hebrew Grammar*(1910)
Heb	히브리어
HTC	Mowinckel: *He That Cometh*(1956)
HUCA	*Hebrew Union College Annual*
IB	*Interpreter's Bible*(1952-1956)
imp.	미완료형
imper.	명령형
inf.	부정사
in loc.	논의되고 있는 구절상의
JAOS	*Journal of the American Oriental Society*
JBL	*Journal of Biblical Literature*
JCS	*Journal of Cuneiform Studies*
JNES	*Journal of Near Eastern Studies*
JQR	*Jewish Quarterly Review*
JTS	*Journal of Theological Studies*
KB	*Keilinschriftliche Bibliotek*
lit.	문자적으로, 자역하여
m.	남성
M	맛소라 사본
mss.	필사본들
nom.	주격

NSI	Cooke: *North Semitic Inscriptions*(1903)
NT	신약
obj.	목적어
OS	*Oudtestamentische Studiën*
OT	구약
part.	분사
perf.	완료형
PL	Migne: *Patrologia Latina*
pl.	복수형
pred.	술어
prep.	전치사
pret.	과거
1Q	제1이사야서, 쿰란사본
S	심마커스 역
s.	단수
subj.	주어
Syr.	수리아어 역
T	데오도숀 역
Targ.	탈굼 역
TT	Driver: *A Treatise on the Use of the Tenses in Hebrew* (1892)
TWNT	Kittel: *Theologisches Wörterbuch zum Neuen Testament*
Ug.	우가릿어
VT	*Vetus Testamentum*
Vulg.	벌겟 역
WThJ	*Westminster Theological Journal*
ZAW	*Zeitschrift für die alttestamentliche Wissenschaft*

목차

제 2부

신정국가와 열국들(13:1-27:13)

제 3 부

참 구원은 애굽이 아닌 여호와에게서 발견된다(28:1-35:10)

제 4 부
1-35장과 40-66장을 연결하는 내용들(36-39장)

이사야서 주석(II)

제 2 부

신정국가와 열국들

(13:1-27:13)

이사야서 주석(II)

제1장

유다와 세상 세력(13:1–24:18)

3. 혼란 중에 있는 애굽(19:1–25)

1절, 애굽에 관한 경고라[1] 보라 여호와께서 빠른 구름을 타고 애굽에 임하시리니 애굽의 우상들이 그 앞에서 떨겠고 애굽인의 마음이 그 속에서 녹으리로다

2절, 그가 애굽인을 격동하사 애굽인을 치게 하시리니 그들이 각기 형제를 치며 각기 이웃을 칠 것이요 성읍이 성읍을 치며 나라가 나라를 칠 것이며

3절, 애굽인의 정신이 그 속에서 쇠약할 것이요 그 도모는 그의 파하신 바가 되리니 그들이 우상과 마술사와 신접한 자와 요술객에게 물으리로다

4절, 그가 애굽인을 잔인한 군주의 손에 붙이시리니 포학한 왕이 그들을 치리하리라 주 만군의 여호와의 말씀이니라

19:1 모세 당시에 애굽이 하나님 백성의 극악한 압제자였기 때문에 하나님은 그 나라를 징벌하셨다. 또한 출애굽 사건에서 자신이 애굽의 모든 우상들 위에 뛰어난

1) מַשָּׂא를 "하나의 부과된 짐"으로 해석하는 견해에 대한 논증이나 논지를 보려면 P. A. H. De Boer, "An Inquiry into the Meaning of the Term מַשָּׂא," *OS*, Vol. 5, 1948, pp. 197–214. 또한 H. S. Gehman, "The 'Burden' of the Prophets," *JQR*, Vol. 31, No. 2, 1940을 참고하라. B는 ὅρασις로, Aq는 ασμα αιγυπτοῦ로, S와 T는 λημμα로 읽는다.

참 하나님인 것을 나타내 보이셨다. 그럼에도 불구하고 곤경과 위기의 순간마다 그의 백성들은 여전히 그 옛날 자기들을 압제하였던 그 나라를 향해 돌아섰다. 보호가 필요할 때면 그들은 애굽을 통해 보호를 받고자 하였다. 그러므로 하나님은 다시금 그가 주권자임을 보여줌으로써 그의 백성들이 그들의 원수를 의지하는 어리석음을 알게 하여야 했다. 이사야는 그의 모습을 폭풍의 이미지로 묘사하고 있는데, 주님을 빠른 구름을 타시는[2] 분으로 묘사하면서 그의 심판 사역을 속히 행하실 분으로 전한다. 이 장면은 반드시 주께서 예루살렘 성전으로부터 오시는 것을 암시하지 않으며 또한 하늘로부터 오시는 것을 암시하지 않는다. 단순히 재판장으로서 오시는 것을 의미한다.

하나님께서 어떤 구체적인 목적을 성취하시기 위하여 오시리라고 묘사하는 것이 이번이 처음은 아니다. 우리는 다음과 같은 드보라의 노래를 상기한다. "여호와여 주께서 세일에서부터 나오시고 에돔 들에서부터 진행하실 때에 땅이 진동하고 하늘도 새어서 구름이 물을 내렸나이다" (삿 5:4).[3] 그리고 또다시 사무엘하 5:24에서 우리는 "그 때에 여호와가 네 앞서 나아가서" (삼하 5:24)와 같은 말씀을 본다. 시편 96:13에서 주님의 오심을 명확하게 재판과 연결한다. "저가 임하시되 땅을 판단하려 임하실 것임이라."

성경의 다른 곳에서도 역시 구름을 그의 이동수단으로 제시한다(시 18:10 이하; 104:3을 참고). 이사야의 묘사는 인자를 하늘의 구름과 연결한 다니엘의 환상의 배경이 된다(단 7:13; 마 24:30; 26:64; 행 1:7; 14:14 이하를 참고). 이러한 상징을 염두에 두고 우리는 다음에 따라오는 시적 묘사를 맞이한다.

---

2) B는 καθηται로, Aq는 επιβαινει로 되어 있다. 1Q는 이 부분에서 M을 지지한다. Dillmann이 언급하는 것처럼, 출발 지점이 하늘인지 아니면 시온인지(8:18)가 언급되지 않은 것이 사실이다. Dillmann은 17절이 후자를 지적하고 있다고 생각하지만, 선지자가 하나님께서 출발하시는 지점을 언급하려는 목적을 가지고 있지 않기 때문에 이러한 주장은 불필요하다. 이 그림은 활동하시는 하나님, 애굽으로 타고 가시는 하나님을 묘사하는 것이고, 모든 세부 사항들이 언급되었을 때보다도 훨씬 더 생생하다. 성경 저자들이 본질적인 것에 집중하고 비본질적인 것들은 생략하는 것이 일반적인 특성이다. König은 분사형을 미래를 표현하는 것으로 이해한다. 문법적으로는 이것이 가능하지만, 주께서 이미 구름을 타고 계시는 것으로 이해한다면 그림이 더욱 분명해진다.

3) Duhm은 고대 시대에는 야웨께서 행진하셨다는 것을 주장하면서 너무 지나치게 구분짓고 있다(예를 들면 삿 5:4; 삼하 5:24). 그는 이사야가 거리만 주시할 뿐이라고 주장한다. 여기서는 야웨 자신이 애굽으로 오는 것만을 언급할 뿐 그 결과는 나타나지 않는다는 것이다. 이것은 비 이사야 저작권을 드러내는 것으로 생각된다.

주께서 오시는 곳은 바로 애굽이며 애굽은 – 이 단어는 본 절에서 네 번이나 나타나는 단어이다 – 그의 심판의 결과를 느낄 것이다. 이사야는 자신의 예언을 "보라"는 도입어로 시작하고 있으며, 곧바로 예언의 진정한 주체이신 주님에게 주의를 집중하고 있다. 우리는 빠른[4] 구름을 타고 애굽으로 오시는 그분을 바라보아야 한다. 본 절의 하반절에서 이사야는 주님의 오심의 결과가 무엇일지를 언급한다. 본 절은 '떨겠고'[5]라는 동사로 시작하는데, 이 단어의 어근은 아하스의 마음과 그의 궁궐의 흔들림을 묘사했던 것과 같다. 백성들이 신 현현(theophany)을 보고 주의 음성을 들었을 때 시내산에서 떨었던 것처럼 사람이 주의 음성을 들을 때 떨 것이다. 두려움이 우상들의 마음을 사로잡을 것이며 여호와로 인하여 우상들이 떨게 되는데, 이는 그의 오심이 우상의 완전한 파멸을 의미하기 때문이다.

이사야가 여기서 우상들이 실질적이고도 진짜 존재하고 있음을 알리고 있는 것인가, 아니면 그가 단순히 풍자나 조소로 말하고 있는 것인가? 아마도 그 어느 쪽도 문제의 실질적인 핵심이 되지 못할 것이다. 이사야는 그 어느 곳에서도 우상이 실질적으로 존재한다고 말하지 않고 있다. 그들은 말 못하는 우상들, 즉 단순한 동상들이며 신이 해야 하는 일들을 할 수가 없다. 이사야서의 그 어떤 내용도, 이사야 선지자가 참되신 한 분 하나님 외에 다른 신들의 실질적 존재를 믿었다는 결론으로 이끌어가지 않는다. 다른 한편으로, 선지자가 단순히 그것들을 조소하고 있다고 말하게 하지 않는다. 그보다는 주님의 오심이 우상들의 완전한 파멸을 의미한다는 사상을 표현하기 위하여 시적인 어투를 사용하고 있다. 이러한 이유 때문에 그는 그것들을 마치 살아서 행동하는 것으로 표현한다. 후에 예레미야는 보다 산문적 형식으로 우상들의 파멸을 묘사한다(참고. 43:12–13; 46:25; 겔 30:13).

우상들이 떨 뿐만 아니라, 이사야는 나라를 의인화하여 애굽의 마음 자체가 녹아내릴 것이라고 선언한다.[6] 심판은 전 국토에 미칠 것이고 결국 그 나라의 마음이 견디지 못하고 주님의 오심에 대한 두려움으로 인하여 겁을 먹고 녹아내릴 것이다. 이것이 바로 이사야가 이전에 여호와의 날에 대해서 말할 때 사용하였던 비유이다(13:7을 참고). 마음은 그 나라의 한가운데 있는 것으로 언급되고 있는데, 이것은 묘사에 강도를 더해 주는 진술이다. 그 나라의 중심부에서부터 마음이 녹아내릴 때, 어

---

4) 즉 재빠르게. 시편 104:3을 참고하라.

5) ונעו – 악센트가 밀라인데, 아마도 바브 연계형 때문인 것 같다.

6) 본 구절들에 나타난 점진적 강조를 주목하라.

느 것도 주님의 오심을 감당할 수 없다.

19:2 심판을 위한 주님의 오심과 그 오심의 결과를 일반적인 말로 선포한 후 선지자는 드디어 주님이 일인칭으로 말하는 것으로 소개하며, 그가 애굽에 내전을 일으킬 것임을 선언한다. 야웨께서 자신의 행동을 묘사하시기 위하여 사용하고 있는 단어는 어조가 강한 단어이며, '괴롭히다' 혹은 '자극하다'를 의미한다.[7] 주께서 애굽을 휘저어서 서로 대항하게 하실 것이다. 본 절에서 애굽이라는 단어가 두 번 나타난다. 이 단어를 애굽인으로 번역해서는 안 되며 비록 이때 당시 북부 애굽이 완전이 에티오피아 왕의 통치 아래 있기는 하였지만 남부 애굽과 상반된 지역인 북부 애굽을 반드시 의미하는 것은 아니다. 이것은 한쪽 끝 지역이 다른 한쪽 끝 지역을 대적한다는 사실을 가리키지도 않는다. 단지 애굽이 서로 대항하게 되어 전체가 분열된다는 것이다.

우리가 이 구절에서 배우는 것은 진정한 통일이 주님으로부터 온다는 사실이다. 그리고 그가 한 나라에 자중지란이 일어나게 하실 때에는 통일이 있을 수가 없다. 반드시 나라가 회개하고 그에게 돌아설 때에만, 진정한 통일이 이루어질 수 있다. 그러므로 주님이 통일의 근원이다.

애굽의 분열(disunity)의 결과는 사람들이 자기 형제를 친다는 사실 가운데 나타난다.[8] 이러한 언급이 문자적인 의미로 취급되지 않아야 할 이유가 전혀 없다. 사람들이 자기 형제들과 싸우는 나라는 철저하게 갈라진 나라가 틀림없지 않은가? 집안 식구들이 나뉠 때, 그 분열이 얼마나 크겠는가! 우리는 예수 그리스도의 말씀을 회상하는데, 곧 "장차 형제가 형제를, 아비가 자식을 죽는 데 내어주며…"(마 10:21상)이다. 주님의 오심은 분열을 초래하는데, 여기서 이것은 반드시 신자와 불신자간의 분열이 아니고, 심판의 결과를 감지하면서 사람들이 자신들의 친형제들까지도 대항

---

7) 어근은 סכך이다. 이사야 9:10을 참고하라.

8) 이러한 생각의 흥미로운 실례가 애굽의 내전을 기록하고 있는 이푸-웰(Ipu-wer)의 훈계 가운데 발견된다. 어떻게 각 사람들이 자기 형제를 죽일 수 있는가라는 의문점이 제기된다. 심지어 바람들까지도 서로가 대적하는 것으로 언급된다(*ANET*, pp. 443d, 445c을 참고). 제23 왕조와 24 왕조의 시기는 혁명과 반란으로 점철되어졌다. 에티오피아인 피앙키(Piankhi)의 출현과 사바카(Shabaka, 주전 715년?)의 즉위와 함께 강력한 중앙집권적인 권력이 세워졌다. 두 번째 동사(미완료형)는 첫 번째 동사(바브 연계형을 가진 완료형)가 수반하는 결과를 나타내고 있다. 하나님께서는 행동하시고 인간들은 서로 이간질한다.

하여 돌아설 때 야기되는 분열이다.

가족의 경우를 언급한 후 선지자는 계속해서 분열이 모든 사람들에게 미치게 될 것임을 지적한다. 사람들이 자기 형제를 대적할 뿐만 아니라 이웃까지도 대항할 것이다. 이와 같이 애굽의 여러 도시들이 다른 도시들을 대적할 것이고, 남부 애굽에 자리잡고 있는 작은 왕국들이 서로간에 대적할 것이며 그 결과 내전이 일어날 것이다. 이것은 주께서 심판하러 오심으로 말미암아 야기된 내부의 분쟁에 대한 일반적인 묘사이다.

헤로도투스(Herodotus, ii. 141–147)는 프삼메티쿠스(Psammetichus) 시대에 내전들이 있었음을 언급한다.[9] 끝내는 프삼메티쿠스가 애굽을 통일시키는 데 성공하였다. 초창기, 즉 제23왕조와 24왕조 동안에도 무질서와 폭동이 있었다. 이사야가 말한 것이 이것을 가리키는 것이 아닐까? 일부 주석가들은 그렇게 생각하지만 그보다는 선지자가 하나님의 심판으로 인하여 야기된 무질서의 시기를 일반적인 그림으로 제시하고 있는 것으로 보인다. 하나님께서 심판을 행하시면 나라가 통일성을 잃게 되리라는 것을 보여주는 것이 그의 의도이지 내전이 있었던 특정 시대를 묘사하려는 것은 아니다. 이러한 해석은 다음의 사실에 의하여 입증되는 것으로 보인다. 후반부에 등장하는 구원의 그림이 콥트 교회가 하나님을 상징한다는 점에서 단순히 애굽 콥트 교회의 존재를 예시하는 것이 아니다. 이보다는 전에는 하나님으로부터 분리되었고 대적이었던 나라까지도 어느 날 하나님께 예배를 드리게 될 것이라는 사실을 암시하는 것이다(18절 주해를 보라).

19:3 애굽의 마음만 견고하였다면 애굽을 특징짓는 외적 혼란은 통제가 가능하였을 것이다. 그러나 그 마음이 녹아내리게 되고 그 땅의 정신 자체가 쇠약해질 것이기에 그 마음이 견고하지 못하다. 외적인 혼란은 내적인 혼란과 동반되어 결국 그 나라 전체가 조각날 것이다. 애굽은 정복당할 것이며 압제당할 것이다. 그 나라는 주님을 대항할 힘을 상실할 것이며 어떤 식으로든 그를 대항하여 주제넘게 나서지 못할 것이다.

---

9) 애굽인들은 왕이 없이는 한 시대도 유지할 수 없었기에(οὐδενα γὰρ χρόνον οἷοί τε ἦσαν ἄνευ βασιλέοσ διαιράσθαι), 애굽을 12영지로 나누어(δώδεκα μόιρας) 이 영지들은 다스릴 왕을 세웠다는 진술(Herodotus ii. 147)을 주목하라.

정신이 쇠약해짐을 묘사하고 있는 동사는 본래 '황폐시키다'를 의미한다.[10] 예레미야 19:7에서 이 동사를 하나님이 유다와 예루살렘의 모계를 약화시켜서 결국 무효케 하심을 상징적으로 묘사하는 데 사용한다. 본 절에서 이 동사는 수동태이다. 애굽의 정신은[11] 쇠약할 것이니, 곧 당황하고 혼란스럽게 될 것이다. 이러한 현상은 내적인 쇠약을 가리키며, 이사야는 1절의 "애굽인의 마음이 그 속에서 녹으리로다"라는 문구를 상기시켜 주는 "그 속에서"란 문구를 반복한다.

애굽인의 정신의 쇠약함은 애굽인이 더 이상 계략을 세우지 못하는 것으로 나타난다. 자신을 구원하기 위하여 세우는 계략은 이루지 못할 것들이다. 아무리 유력한 지혜로운 의견도 이루지 못할 것이다. 왜냐하면 하나님이 친히 계획된 책략이나 계략을 파괴하실 것이기 때문이다.[12] 이것은 애굽인의 모략이 완전히 파괴될 것이라는 언급에 대한 생생한 묘사 방법이다. 제안된 계획마다 하나님에 의하여 재난으로 뒤바뀔 것이고, 그래서 계략은 더 이상 존재하지 못하고 완전히 사라질 것이다.

결과적으로 건전한 의견이 존재하지 않음으로 인하여 백성들은 가장 어리석은 일 중에서도 어리석은 일, 즉 영매들에게 가서 묻는 비참한 일을 할 것이다. 사람이 그렇게 어리석은 일을 할 때 참된 모략은 사라지는 것이다! 선지자는 백성들이 묻는 대상들을 열거하고 있는데, 그 모든 항목들 가운데 첫 번째 위치에 우상들이 자리잡고 있다.[13] 지혜로운 나라는 지혜의 원천이신 하나님을 찾는다. 그러나 지혜를 저버

---

10) 이 동사의 형태, na–baq–qah는 בקק에서 파생된 니팔 완료형이다. 간혹 경강점 아인–아인 동사들에서는 나타나지 않는다(참고. 겔 41:7; 삿 5:5; 창 17:11; 렘 8:14). 그런 까닭에 본문은 수정할 필요가 없다.

11) רוח는 자아의식의 원리요, 사람을 이끄는 정신이며, 사람에게 해야 할 것을 행하게 하는 의지를 준다(참고. 왕상 10:5). 본 절에서 사용된 바와 같이 이 단어는 "그는 그것에 대해 마음이 없다"는 표현에 나타난 그 마음과 거의 동의어이다. 본 절에서도 애굽이 여전히 의인화되어 있음을 유의하라.

12) "삼키다"라는 번역은 적절하지 못한 것 같고, "혼동하다" 혹은 "혼란시키다"라는 번역도 정당하지 못한 것 같다. A. Guillaume (*JTS*, Vol. 13, Part 2, Oct. 1962, pp. 320–322)은 어근이 "손해를 가져오다" 혹은 "재난을 가져오다"를 의미하는 아랍어 발라가(balagha, with Ghain)로부터 파생되었다고 확신을 가지고 변호를 하였다.

13) אטים이란 단어는 성경에서 단 한번 나오는 단어이다. 수메르인은 *edimmu*와 *etimmu*를 제공하고 있는데, 그런 까닭에 이 단어는 아마도 죽은 자의 영을 가리키는 것 같다. 접속사의 빈번한 사용을 유의하라. 모략이 없는 사람들은 가능한 모든 출처에게 물어도 충분한 모략을 얻어낼 수 없다. 애굽의 미신에 대한 일반 자료들에 대해서는 사람이 예언의 은사를 가진 것을 부정하는 Herodotus의 글을 보라(Herodotus ii. 54ff., 82, 83, 139, 152). 이사야는 히브리 용어로 애굽인의 미신행위를 묘사하고 있으며, 그의 어투는 신명기 18장을 생각나게 한다. Duhm은 후기 유대인만이 그들의 신들에게 묻는 애굽인들을 비난할 수 있었다고 주장한다. 그는 저자가 이미 이교주의를 유일신 사상의 붕괴로 간주하

리는 어리석은 나라는 모략과 지혜가 전혀 없는 것들로부터 모략과 도움을 구한다. 하나님께서 우리를 버리신다면 우리는 지혜가 발견될 수 없는 곳에서 그것을 발견하려고 힘쓰게 된다.

19:4 주님의 심판의 행위의 절정은 그가 애굽을 잔인한 군주들에게 붙이시는 사실 가운데서 나타난다. 이사야는 애굽이 감금되어 도망갈 길조차 없게 될 것임을 의미하는 묘사적인 단어를 사용한다.[14] 그가 마치 다음과 같이 말하고 있는 것처럼 보인다. "내가 애굽을 잔인한 군주들에게 잠가 넣거나 닫아 넣을 것이다." 이것이 하나님의 의도이며 또한 하나님께서는 이것을 충분히 행하실 수 있으시다. 왜냐하면 그가 흔들리는 애굽의 신들과는 달리 진정한 힘을 가지셨기 때문이다. 잔인한 군주는[15] 아마도 마음으로 그 나라에 대한 진정한 사랑이 없는 외국인이었을 것이며, 따라서 자신의 이익에만 관심을 두어 그 나라를 잔인한 방식으로 다루었을 것이다. 그는 엄한 말로 대답하는(잠 18:23하) 부자와 같았을 것이다. 이 당시까지 제사장 계급이 상황을 지배하였다. 그러나 모든 것이 변하여 애굽의 신들을 대변하는 제사장 계급은 잔인한 군주에게 자리를 양보해 주어야 했을 것이다.

특별히 강력하고도 잔인한 왕이 등장할 것이며 애굽은 그의 잔인한 통치 아래 복속될 것이다. 그렇지만 언제 그 예언이 성취되어야 했는가? 그리고 그 강력하고도 잔인한 왕이 누구인가? 이 질문에 여러 답변들이 제시되어 왔다. 자신의 일반적인 세대주의 해석의 노선을 따르는 불트마(Bultema)는 그 왕이 다니엘 7장에 언급된 작은 뿔일 것이라고 믿는다.[16] 게세니우스(Gesenius)는 이 왕이 프삼메티쿠스(Psammetichus)라 하고,[17] 펜나(Penna)는 에티오피아의 피안키(Piankhi)이거나 앗

고 있는 것으로 생각한다. 그렇지만 유일신교가 이스라엘 역사의 후기에만 나타난다는 것은 성립될 수 없는 주장이다.

14) 직역하면 '그리고 내가 닫을 것이다'이다. B는 παραδώσω로 번역하고 있으며, 이 동사는 완전한 버림을 암시한다.

15) 이 복수형은 탁월함을 나타내는 속성상 단수형으로 사용되고 있다.

16) "*Het is met het oog op het begin en het van dit hoofdstuk misschien het veiligst om hier te willen denken aan den koning van het hersteld Romeinsche Rijk, den kleinen hoorn van Daniel 7 of aan Gog, den koning van het Nooirden*" (p. 237).

17) "*Der strenge Herr und harte König, welchem Jehova Aegypten übergibt, ist nun Psammetichus, den die Geschichte gerade nicht als einen solchen, aber doch als einen bey seinen Unterthanen wenig beliebten Fursten schildert*" (Commentar, in loc.).

수르의 사르곤 2세(Sargon II)일 것이라고 생각한다.[18] 피셔(Fischer)는 이 예언이 670년경에 애굽을 정복했던 에살핫돈(Esarhaddon)을 통하여 성취되었다고 생각하였고,[19] 둠은 그것이 오쿠스(Ochus)였다고 주장한다.[20] 이러한 생각들에 대해서 무엇을 말할 수 있을 것인가?

첫째로 둠(Duhm)이 생각한 바와 같이 본국 출신 군주의 잔인한 통치는 너무나 일반적이어서 그의 잔인한 통치는 당연히 공포감을 조성하지 않는다는 것이 옳을 것이다. 이 잔인한 통치자는 외부인으로 보인다. 그렇지만 이 이방 군주는 누구이며 그가 언제 통치했는가? 아마도 제시된 각 의견들을 검토한다면 오쿠스는 미래의 사건으로는 너무나 거리가 멀다고 말할 수 있을 것이며, 그 강력한 왕이 다니엘 7장의 작은 뿔이라는 입장은 다른 근거에 의해서 제외된다. 그럼에도 불구하고 이 주장들 중 그 어느 것도 완전히 만족스럽지 못하다.

이사야는 커다란 변화가 일어날 시기를 묘사하고 있고, 또 그 시기가 단순한 시작에 불과하다는 것을 묘사하고 있다. 앗수르가 드디어 세계 역사의 지평에 등장한다. 앗수르 세력의 등장의 시기에 애굽은 제2의 세력으로 강등되었으나, 그렇다고 이사야의 언급을 앗수르의 한 명의 특별한 통치자에 제한시켜서 말하기는 어렵다. 여기서 앗수르 세력의 등장이 예언의 일반적인 강조와 더 조화되는 것으로 보이므로, 네 명의 세상 군주들의 시기에 이 구절의 성취를 발견하는 것이 옳을 것 같다. 그러므로 애굽에 닥쳐올 일은 정치적 변화의 일반적인 모습이다. 이 사건의 성취의 확실성은 여호와께서 모든 권세를 가지신 주권자이시기에 그의 모든 위협들을 이루실 수 있다고 언급한 사실에서 증명된다.

5절, 바닷물이 없어지겠고 강이 잦아서 마르겠고

6절, 강들에서는 악취가 나겠고 애굽 시냇물은 줄어들고 마르므로 달과 갈이 시들

18) "*Se si ammette che il v. 8 si referisce al periodo che precedette l'affermarsi della xxv dinastia etiope, il padrone duro potrebbe essere Sargon II, che vinse gli Egiziani a Rafia, certamente trattandoli non troppo con i guanti, secondo le consuetudini militari dell'Assiria. Ma potrebbe essere anche qualche otro, come – par essempio – l'etiope Piankhi che, partendo da Napata, estese il suo dominio quasi su tutto l'Egitto*" (Com. in loc.).

19) "*Erfüllt wurde scine Voraussage allerdings erst durch Asarhaddon (681–688), der um 670 Ägypten eroberte und zum assyrischen Reiche schlug*" (Com. in loc.).

20) "*Der harte Herr ist eim ausländischer Eroberer, nach unserer Annahme Artax. Ochus*" (in loc.). Cf. Cheyne in ZAW, Vol. 13, 1893, pp. 125–128.

겠으며
7절, 나일 가까운 곳 나일 언덕의 초장과 나일 강 가까운 곡식 밭이 다 말라서 날아
없어질 것이며
8절, 어부들은 탄식하며 무릇 나일 강에 낚시를 던지는 자는 슬퍼하며 물에 그물을
치는 자는 피곤할 것이며
9절, 세마포를 만드는 자와 백목을 짜는 자들이 수치를 당할 것이며
10절, 애굽의 기둥이 부숴지고 품꾼들이 다 마음에 근심하리라

19:5 애굽에게 닥쳐올 정치적 혼란과 더불어 인간 존재를 위한 기본적인 조건들도 사라진다. 이것은 반드시 이미 약속된 적대적인 통치자들의 결과로 인한 것이 아니며 시간적으로 1–4절에 언급된 내용 다음에 필연적으로 이어오는 것도 아니다. 이 위협은 심판하기 위한 주님의 오심의 결과이기도 하며, 첫 번째 단원(1–4절)과 동시에 발생할 수도 있는 것이다. 어찌하든 위협에 대한 진술을 점진적으로 소개하고 있다. 첫 부분(1–4절)에서는 무시무시한 재앙들을 예고하고 있고, 이에 나라의 존재 자체가 위협을 받고 있다.

"그리고 그들이 결핍하게 될 것이다"라는 표현에 사용하고 있는 동사를[21] 갖고 이사야는 바로 우리의 눈앞에 이 비장한 상황을 펼쳐 보인다. 이러한 사상이 다음에 따라오는 모든 내용에 스며들어 있다. 그 나라의 생명을 공급해주고 그 생명을 유지시켜 주는 것이 결핍된다. 첫 번째는 바다의 물이다. 이 선언은 일반적인 표현이다. 이사야는 "바다의 그 물"이라고 말하지 않고, 단지 "바다의 물"이라고 말한다.

선지가가 언급하고 있는 '바다'는 지중해나 홍해가 아니고 나일강이다.[22] 오늘날까지도 아랍인들은 나일을 바다라고 말하곤 한다.[23] 그렇지만 어째서 나일이 바다로 불리는가? 아마도 나일강의 범람이 이러한 명칭을 갖도록 해준 것 같고, 또한 선지자가 창세기 1장에 나오는 바다를 반영하려는 의식을 갖고 이 단어를 사용한 것

21) 이 단어의 형태는 아마도 נשׁת의 니팔 완료형인 것 같고, 어근 נשׁת은 우가릿어에서 입증이 되어 왔다. B는 이 동사를 שׁתה로 잘못 취급하여 καὶ πίονται로 읽고 있다. 아퀼라 역은 αναποθησεται로, S는 αφανισθησεται로 쓰고 있다.

22) 18:2과 나훔 3:8을 참고하라.

23) 고대의 어떤 저자들은 왜 나일이 바다로 불릴 수 있었는지 그 이유를 말하였다. Pliny Natural History xxxv. 11: *Nili aqua mari est similis*; Herodotus ii. 97; Diodorus Siculus i. 12, 96; Seneca *Quaestiones naturales* iv. 2을 참고하라. 또한 Koran, Sura 20:39, *yam* (cf. 28:6)과 *bahr or bahr en'nil*을 참고하라.

같기도 하다. 사람이 이 지구상에 살려면 마른 땅과 바다 모두 반드시 필요하다. 바다로부터 물이 끊어진다면, 마른 땅은 고통을 당할 것이다. 이와 같이 바다로 불리는 나일강은 명명된 것을 능가하는 용어이다. 바다 자체가 나일을 능가하는 것처럼, 실제적인 기근은 그 정도가 애굽의 통상적인 기근을 훨씬 능가할 것이다.

이러한 일반적인 언급에 이어서 이사야는 특별히 '강'을 언급하고 있다. 비록 관사가 없는 명사를 사용하고 있을지라도, 나일을 의미하고 있음은 의심할 필요가 없다. 이것이 통상적인 기근이 아님을 강조하기 위하여 두 개의 동사를 사용하고 있다. 첫 번째 동사는 단순히 강이 마를 것임을 의미한다. 그러나 두 번째 동사는 창세기 1장에 있는 마른 땅을 우리에게 상기시켜 주고 있다. 사실 바다라는 단어가 상반절을 마무리하는 역할을 하는 것처럼, 이 동사는 하반절을 마무리하는 역할을 하고 있다. 그러므로 '바다'와 '마를 것'이라는 단어 사이에 대조가 나타나 있는데, 이는 창세기 1장의 '바다들'과 '마른 땅' 사이의 구별을 상기시켜 준다. 같은 단어의 순서가 창세기 8:13–14에도 나타난다.

애굽은 일상의 생존을 나일에 의존하고 있다. 중앙아프리카의 산에서 녹아내리는 눈들은 지속적으로 물을 공급하여 준다. 에티오피아의 억수같이 쏟아지는 빗물과 섞여서 일 년에 두 번씩 강이 범람한다. 첫 번째 범람은 6월 15일경에 시작하여 여름 동안 계속되고 두 번째는 10월에 일어난다. 강의 수위는 25에서 30피트에 이른다. 이 물이 마른다면 그 땅은 실로 큰 고통을 당하는 것이다.[24)]

19:6 이사야가 애굽에 생명을 주는 강을 '바다'라고 불렀던 것처럼, 이제 그는 나일의 수로와 시내들을 '강들'이라고 말하고 있다. 이 강의 줄기들이 물들을 빼앗기게 될 때, 그것들은 늪지가 되고 결국 악취를 풍기게 된다.[25)] 물은 실제로 사라지고

---

24) 나일과 애굽과의 관계에 관한 정보를 알려면 다음을 참고하라. S. W. Baker, *The Albert Nyanza, Great Basin of the Nile and Exploration of the Nile Sources*, 2 vols, London, 1871; Emil Ludwig, The Nile, New York, 1937은 잘 알려진 작품이다. 여러 백과사전에 있는 논문들은 유용할 것인데, 특히 *Encyclopedia Italiana*, Vol. XXIV, 1949, pp. 823–826에 있는 글이 유용하다.

25) והאזניחו–어근은 "썩은 냄새가 나다"를 의미한다. 비록 1Q가 알렙(א)을 빠뜨리기는 하였을지라도, 헤(ה)와 알렙(א)을 함께 기록하는 것이 반드시 틀린 것만은 아니다. 이러한 형태는 아마도 אזנח로부터 파생된 명사로부터 온 것일 것이며, 그 자체가 זנח로부터 파생되었다. אכזב와 כזב. 실제로 אזנח형태는 나타나지 않는다. Dillmann은 הזניח가 다른 곳에서 "혐오하다" 혹은 "몹시 싫어하다"라는 비유적인 의미로만 나타난다고 주장하고, 이것이 히브리어 힙힐과 아람어 아펠형의 합성어일 것이라고 생각한다. נהרות를 운하를 가리키는 것으로 사용한 것에 대해서는 시편 137:1; 에스겔 1:1, 3; 에스라 8:31

강들은 낮아지고 마른다. '강들', '시내', '달'(reed, 갈대), '갈'(rush, 골풀)이란 단어들을 선택한 것은 물의 풍성함을 가리키기 위한 것이고, 그렇게 함으로써 강한 대조를 통해 재앙의 혹독함이 확연히 드러나게 될 것이다. 선지자는 이 강들을 맛초르(Matzor)의 강들이라고 특정하게 적고 있다. 어떤 사람들은 이 단어를 그 땅의 보호자 역할을 하였던 강들 혹은 운하들의 강둑을 가리키는 것으로 가정하여, 방어의 의미로 취급하였다. 다른 사람들은 그 단어 자체가 실제로 미츠라임(Mitzrayim, 애굽)의 단수형이라고 생각하고 애굽의 강들이라고 해석하였다. 어쨌든 사실이 그러하다면 왜 다른 곳에서는 애굽이라는 일반적인 단어를 사용했는데, 여기에서는 이 독특한 단어를 사용했는지 의문을 가질 수 있다. 이러한 사용은 의도적인 것 같은데, 운하가 있었던 장소, 즉 남부 애굽과 바드로스, 즉 북부 애굽을 구별하기 위한 의도인 것 같다.

물이 운하에서 사라질 때, 강둑에서 자라나는 갈대들과 골풀들은 힘을 잃고 병들어 죽는다. 특히 파피루스 갈대들을 생각할 수 있는데, 그것들은 나일강의 고갈의 영향을 가장 먼저 느낄 것이다.

19:7 묘사를 계속하여 선지자는 이제 나일강 위에 있는 아롯(עָרוֹת)에 대해서 말한다.[26] 이것은 아주 강한 표현이며, 외견상으로는 벌거벗겨진 장소들을 가리킨다. 이곳들을 자주 숲과는 대조되는 평야로 추정해왔다. 이러한 의견은 받아들이기 어렵다. 왜냐하면 애굽이 숲으로 이루어진 곳이 아니기 때문이다. 아마도 이 히브리어는 파피루스를 의미하는 애굽어 *'r*를 반영할 수도 있으며, 따라서 이것은 파피루스가 자라나는 장소를 가리켰을 것이다. 이곳은 나일의 입구에 자리잡고 있었을 것이다.[27]

을 참고하라. Herodotus ii. 108과 출애굽기 7:19 참조하라.

26) J. Reider ("*Etymological Studies in Biblical Hebrew,*" *VT*, Vol. 2, 1952, pp. 115f.)는 동사형이 필요하다고 생각한다. 그는 자음들의 위치를 살짝 변경시켜서 ועד תעלי יאור, 즉 "그리고 나일의 식물들은 황폐하게 될 것이다"로 번역한다. 이러한 형태는 다음의 구절과 평행을 이룬다. 그렇지만 תעלי란 단어가 다른 사본에 나타나지 않으며, 테알라(תְּעָלָה)라는 형태는 "물줄기" 혹은 "치료"를 의미한다. 아로트(עָרוֹת)를 앞의 동사와 연결시키는 것도 불필요하다(T. W. Thacker in JTS, Vol. 34, 1933, pp. 163–165을 참고). 본 단어에 대한 더 오래된 해석에 대해서는 Gesenius, in loc을 보고, Koran 37:145; 68:49을 참고하라. B가 'א'으로 적고 있음을 주목하라. 이 단어는 아마도 세부사항의 대격으로 취급될 수 있을 것이며 동사들이 더 뒤에 나온다.

27) Dillmann은 이것이 틀림없이 나일의 입구를 가리키지 강둑을 가리키지는 않는다고 주장하는

이 황량한 곳이 마를 뿐만 아니라, 곡식이 뿌려진 곳도 마를 것이다.[28] 그러한 장소들이 갑자기 사라지는 것을 말하기 위하여 이사야는 자기가 이전에 18:5에서 함께 사용하였던 두 개의 단어를 사용하고 있다. 첫 번째 것은 일반적인 행동을 표현하는 미완료형이고, 두 번째 것은 완료형이다.[29] 시제의 용법이 다른 것은 아주 놀랍지만, 땅의 푸르름이 갑작스럽게 사라지는 장면을 아름답고 효과적으로 묘사하고 있다. "…말라서 날아…" 최종 결과는 간결하게 언급되어 있다. "없어질 것이며." 그러므로 두드러진 점층법적인 흐름이 이 표현 속에 나타난다. 먼저는 나일 그 자체이고, 그 다음에는 나일의 수로이고, 그 다음에는 풀이고, 마지막으로 목초지이다. 기근의 그림자가 온 땅 위에 점차적으로 드리워지고 있으며, 예전에 엄청난 축복을 누렸던 나라가 멸망하게 된다.

19:8 강둑에서 자라나는 갈대들만 시들어 가지 않고, 이 강으로 인하여 생계를 유지하는 자들도 역시 고통을 받을 것이다. 애굽인들은 나일이 그들을 속이게 될 때, 소리내어 울며 슬퍼할 것이다. 애굽에서 고기를 잡는 일은 중요한 산업이었다. 이는 나일에 물이 가득 찼을 때 맛있는 식단을 마련할 수 있는 작은 고기로 가득 찬다고 알려져 있기 때문이다.[30] 또다시 이사야는 "그들이 탄식하리라"는 동사로 본 절을 시작한다. 이 탄식과 애가는 이전에 생명을 가져다주던 것이 사라졌음에 대한 것이다. 고대에는 고기잡이를 낚시나[31] 또는 어망으로 했던 것으로 나타나 있다. 고기 잡는 방법까지 묘사

데, 후자에 대해서 그는 '사파'로 지칭되어야 할 것이라고 주장한다(창 41:3을 참고). peh(פ)의 사용에 대한 실례로 그는 창세기 42:27; 29:2 그리고 여호수아 10:18을 제시한다. Gray는 나일의 입구가 비옥한 장소의 실례로 선택되는 장소일 것 같지는 않다고 생각하지만 그것이 입구나 혹은 개방된 곳을 가리킨다고 믿는다.

28) מזרע는 성경에서 단 한 번 나오는 단어이며, 씨를 가리키지 않고(Duhm) 씨가 뿌려진 장소를 가리킨다. 이곳은 나일의 퇴적지를 가리킬 수도 있으며, 그래서 곡식을 심기에 아주 비옥한 땅이었을 것이다. M의 의미는 다음과 같은 직역을 통해 드러날 수 있을 것이다. "나일의 황량한 곳, 나일의 어귀에서 나일의 곡식 밭이 마르고 사라져서 더 이상 존재하지 않을 것이다." 동사들의 배합은 식물들의 완전한 황폐함을 가리킨다. 황량한 곳과 곡식 밭을 언급하면서 선지자는 이곳을 무언가 자랄 수 있는 곳으로 의미하고 있으며 최소한 두 번째 동사를 통해 그 땅을 씨를 내는 곳으로 이해하고 있다. 따라서 이곳이 사라지게 될 것을 말한다.

29) 과거형(히브리어 완료형)은 미처 기대하지 못했던 행동의 신속성을 표현하고 있다.

30) 본 절에 대한 Gesenius의 주석 민 11:5; Herodotus ii. 93; Diodorus i.36, 40; Strabo xvii.2을 참고하라.

31) 분사의 직접 목적격이 전치사 구문 앞에 나와 있음을 유의하라. 분사는 연결형으로 전치사에

하는 이사야의 목적은 그 강으로부터 생계를 유지하려고 하는 모든 사람들이 탄식할 것임을 보여주고자 한 것이다. 그들에게 비극은 다가왔다. 풍성하던 강이 마르고 그들의 뇌리를 사로잡은 죽음이 그들에게 닥쳐왔다. 본 절은 그들이 탄식하리라는 말로 시작하고 그들이 피곤할 것이라는 말로 마무리하고 있다.[32)]

19:9 나일이 마르고 고기가 죽을 뿐만 아니라 그 땅 역시 더 이상 식물을 자라게 할 물이 없다.[33)] 땅의 식물로 생계를 유지하는 사람들은 강을 전적으로 의존하여 살아가던 어부들처럼 고통을 당할 것이다. 그들의 반응을 표현하기 위하여 이사야는 또다시 그들이 수치를 당할 것이라는 의미의 동사로 시작한다. 그리고 그들이 수치를 당하는 실질적인 이유가 나타나 있다. 아무것도 더 이상 자라지 않아서 그들이 예전에 생산했던 것처럼 하지 못할 것이다. 이 사람들은 오베데(עֹבְדֵי, workers)로 표현되어 있는데, 이 단어는 현대어 펠라힌(fellahin, workers)을 생각나게 한다.[34)] 그들은 삼 농사에 종사하였는데, 이 일은 애굽에서 흔한 일이었다. 출애굽 당시에 삼과 보리가 상했다(출 9:31). 유적들이 삼을 만드는 작업을 보여주고 있는데, 보풀을 일으키고 빗어서 가늘게 만드는 작업이다.[35)] 삼(세마포)을 만드는 자와 백목을 짜는

의하여 나일이라는 단어로부터 분리되어 있다. 이를 직역하면 다음과 같다. '나일 안에 낚시를 던지는 자들, 즉 나일에서 낚시질하는 자들.' 유사한 구문에 대해서는 5:11을 참고하라. 주전 19세기 Beni Hasan에 있는 Khnumhotep의 무덤 안에는 두명의 애굽인이 강에 낚시들을 던지고 있는 벽화가 그려져 있다. 한 사람은 서서 줄이 달린 낚싯대를 사용하고 있고, 다른 사람은 무릎을 꿇고 줄과 낚시만을 가지고 있다. 두 사람 다 상당히 큰 고기를 잡았다. Sakkarah(제6왕조)에 있는 Mereuka의 무덤에는 두 그룹의 어부들이 고기들이 가득 찬 그물을 강으로부터 끌어올리고 있는 그림들이 있다. 같은 그림은 한 어부가 작은 그물을 가지고 있는 장면과, 고기가 물의 표면 아래에 펼쳐져 있는 고정된 그물에 잡혀 있는 장면을 보여주고 있다

32) אמללו는 일반적으로 אָמַל에서 파생된 푸알형으로 간주된다. 이것은 신체적 상태를 나타내는 상태 동사이다.

33) 본 절은 7절로 되돌아가는 반면에 8절은 5, 6절을 반영하고 있다.

34) Dillmann은 עבד를 bearbeiten(경작하다)의 의미로 사용한 것은 놀라운 일이라고 생각한다. 보다 놀라운 것은 Dillmann의 설명이다. 출애굽기 20:9; 창세기 2:15; 신명기 28:39 등을 참고하라.

35) 에스겔 27:7; 잠언 7:16을 참고하라. Herodotus ii. 37, 86, 182. Beni Hasan에 있는 Khnumhotep의 벽화에는 원료의 준비로부터 완제품의 옷감에 이르기까지의 작업들이 단계별로 그려져 있다. 이사야가 공정의 과정을 익히 잘 알고 있었다는 것은 빗어진 삼과 흰 면(cotton)에 대해 언급한 사실에 나타나 있다. 삼의 공정 과정에서 대량의 물이 필요한데, 나일의 물이 말랐다고 하는 이사야의 표현은 그가 그 공정 과정을 잘 알고 있었다는 것을 드러내 주고, 또한 본 절의 표현을 아주 생동감 있게 만들어 준다(Pliny, *Natural History* xix.1을 참고하라). 삼이 모두 흠뻑 적셔진 후에, 잘라서

자들이 함께 고통을 당할 것이다. 이사야는 단순하게 백목을 짜는 자들의 일감을 흰 것으로 묘사하고 있으나, 애굽에 흔히 있었던 면제품을 가리키는 것이 틀림없다. 앗수르 왕은 자신의 비문에서 애굽으로부터 가져온 무명을 언급하고 있는데, 그것은 이사야가 말한 이 단어가 뜻하는 것이었을 것이다.[36]

19:10 이 단락의 예언은 그 땅의 기둥들이 무너져 내릴 때, 애굽에 닥칠 재난의 정도를 총괄적으로 묘사하는 것으로 끝맺고 있다.[37] 그렇지만 선지자가 기둥이라는 말을 어떤 의도로 사용하고 있는 것인가? 이 단어를 시편 11:3에 있는 것처럼 분명히 은유적인 의미로 사용했다. 어떤 사람은 그것이 오늘날 우리가 사회의 기둥들이라고 말하는 것과 같은 위대하고 유력한 사람들을 의미한다고 생각한다. 그러나 이사야가 애굽의 생명이 달려 있는 모든 것들, 즉 애굽의 진정한 초석들을 의미하고자 보다 일반적인 의미로 이 단어를 사용하고 있는 것 같다. 이것들이 무너져 내릴 때,

---

태양에 말리고 두들겨서 빗는다. 이 후자의 과정은 Sheikh Abd el-Gurnah(주전 제14세기의 18왕조)에 있는 Menua의 무덤에 그려진 벽화(흔히 있을 수 있는 훌륭한 예술 작품)에 나타나 있다. 일꾼 한 명이 삼 한 단을 가지고 있는 모습이 나타나 있는데, 그것을 기울어진 판 위에 있는 나무빗으로 빗어서 가닥들을 분리하고 있다.

1Q는 동사를 הורו로 읽고, 그래서 어떤 사람은 삼 이란 단어 다음에 끊어 읽기가 있는 것으로 알았다. 예를 들면, Penna는 다음과 같이 번역한다. "…*Saranno cinfusi i lavoratori del lino, scardatrici e tessitori 'impallidiramno.'* " 이 번역문은 남자들과 여인들의 노동의 구별을 함축하고 있는데, 이는 다른 자료로부터 알려진 것과는 일치하지 않는다. פִּשְׁתִּים은 פֵּשֶׁת의 복수형이고(Gezer Calendar을 참고), 여기서는 여성형이다. 최소한 이것을 남성으로 해석할 이유를 발견할 수 없다. 여성형 형용사는 솨리크(שָׂרִיק)의 복수형이고 이미 보풀어져 빗겨진 삼을 의미한다. 언급된 일꾼들은 그 삼을 준비하고 빗는 사람들이었을 것이다.

36) Esarhaddon은 무명-아마포(사드-딘 부-우-시), 즉 품질 좋은 린네르 천을 언급하고 있는데 (cf. *ANET*, p. 2936), 그는 그것을 Memphis로부터 취한 다른 전리품들과 함께 취했었다. חוֹרָי란 단어는 '흰 재료'로 번역될 수 있다. 이 단어의 형태는 끊어 읽기형이고, Gesenius는 접미사-ay를 옛 복수형 어미로 보며, Drechsler는 명사형 어미로 취급한다. B는 이 단어를 חור(에 1:6; 8:15)와 동의어로 취급한다.

37) *Nefer-rohu*의 비문이 본 절의 견해를 보여준다(cf. *ANET*, pp. 444f.). שָׁתֹתֶיהָ의 접미사는 애굽을 가리키고 어간은 "그리고 그의 모든 기둥들은 부서지고"로 번역되어야 한다(렘 14:3; 44:10을 참고). 본문에 대한 수정이 시도되어 왔지만 이 단어는 13절에 있는 פִּנַּת처럼 상징적으로 사용될 수도 있다. 3:1에 대한 주해 부분을 참고하라. Eitan은 שָׁתִתֶיהָ로 고칠 것을 제안하고 곱틱어 *setit*(직공)에 호소한다. HUCA, vol.12-13, 1937-1938, p. 66; Talmon, "A Witness to Ancient Exegesis," *Annual of the Swedish Theological Institute*, Vol. 1, 1962, pp. 66-67을 참고하라. 1Q는 והיו שותיה מרכאים라고 쓰고 있는데, 이는 고대의 해석적 시도를 나타내고 있다고 볼 수 있다.

이 기둥들에 의하여 지탱되는 생명 자체도 역시 사라질 것이다. 기둥들이 무너질 때, 모든 노동자들은 영혼의 고통을 당할 것이다.[38] 따라서 노동자계층이 암시된 것으로 보아 어떤 사람은 본 절의 상반절에 언급된 기둥이 상류계층을 가리킨다고 생각한다. 노동자들의 슬픔이 깊어져서 그들의 가장 깊은 내면에까지 미친다. 그들에게는 소망이 없고 땅의 모든 기초가 파괴되었다.

11절, 소안의 방백은 지극히 어리석었고 바로의 가장 지혜로운 모사의 모략은 우준하여졌으니 너희가 어떻게 바로에게 이르기를 나는 지혜로운 자들의 자손이라 나는 옛 왕들의 후예라 할 수 있으랴
12절, 너의 지혜로운 자가 어디 있느냐 그들이 만군의 여호와께서 애굽에 대하여 정하신 뜻을 알 것이요 곧 네게 고할 것이니라
13절, 소안의 방백들은 어리석었고 놉의 방백들은 미혹되었도다 그들은 애굽 지파들의 모퉁이 돌이어늘 애굽으로 그릇 가게 하였도다
14절, 여호와께서 그 가운데 사특한 마음을 섞으셨으므로 그들이 애굽으로 매사에 잘못 가게 함이 취한 자가 토하면서 비틀거림 같게 하였으니
15절, 애굽에서 머리나 꼬리나 종려나무 가지나 갈대나 아무 할 일이 없으리라

19:11 이사야는 이제 3절에서 그가 말한 것을 구체화하기 위해 3절에서 소개한 주제로 되돌아간다. 그 땅의 물질적 고갈로 인한 당한 고통으로부터 돌이켜서 이제 그는 애굽의 지적 삶을 주시한다. 난국을 타개하기 위하여 지혜를 나타내야 할 사람들은 소안의 방백들이었으나, 그 방백들은 어리석은 자들이다. 이사야는 이 단어를 강조하고 있으며, 이것을 직역하여 '참으로 어리석다'로 번역할 수 있을 것이다. 소안은 헤브론이 세워진 지 7년 후에 세워진 고대 도시였다 (민 13:22).[39] 나일강의 타니스 지류의 입구에 있었고, 애굽의 제21왕조와 23왕조의 수도 타니스와 동일시되는 곳이다. 여기 언급된 방백들은 아마도 타니스에 존재했던 당시 궁중의 일원들이었을 것이다. 애굽과 동맹을 맺으려고 했던 이스라엘 백성들은 아마도 이 방백들과 협상을 했을 것이기 때문에 이들을 상당히 강조하여 언급되고 있는 것 같다.

---

38) *nomen rectus*(정당한 이름)는 정신적 물리적 상태에 영향을 받는 존재의 일부분을 묘사하고 있다.

39) 고대의 폐허가 된 텔(Tell)로부터 약 2400 피트 떨어진 현대의 San el-Hagar(Strabo xvi. 1, 20을 참고).

바로의 조언자로서의 역할을 하였던 지혜로운 사람들은 어리석은 계책을 그에게 제공하였다.[40] 비록 어떤 사람들은 이 바로가 사바코(Shabako, 주전 715–700?)였다고 생각할지라도, 이 바로가 누구인지 밝히는 것은 불가능하다.[41] 이보다는 이사야가, 정부에 조언을 하는 자들이 위기의 때에 아무 쓸모없는 사람들이 되었음을 보여주기 위하여, 일반적인 언어로 말하고 있는 것 같다. 애굽의 지혜는 널리 알려져 있었다. 예를 들면 모세는 "애굽 사람의 학술을 다"(행 7:22) 배웠다.[42] 어쨌든 지혜 발견의 은사는 어리석은 것으로 변해 버렸다.

본 절의 하반절에서 이사야는 지혜자들과 왕들의 후손들이라고 주장하는 사람들을 소개하고 있다. 킴키(Kimchi)는 이 말들이 바로 왕 자신의 말이었다고 생각하였다. 그렇지만 본 절의 상반절에 비추어 볼 때, 선지자는 지금 왕의 주변에 서서 그에게 계책을 제공하는 사람들에 대하여 말하고 있는 것이다. 어떤 사람은 여기서 두 그룹, 즉 제사장 계급과 전사들이 포함되어 있다고 믿는다. 그러나 아마도 그러한 구분을 할 필요가 없을 것이다. 그보다는 선지자가 단순히 자기들의 가계를 위하여 지혜자들과 왕들에게 호소하는 사람들에 대하여 말하고 있는 것 같다. 틀림없이 제사장 계급의 사람들은 지혜자의 혈통임을 자랑하였고, 또한 왕들의 후손임을 자랑하였을 것이다. 그러므로 이제는 누가 그러한 혈통임을 자랑할 수 있을지에 대한 회의심을 이사야가 단순히 말하고 있는 것으로 보인다. 위기의 순간이 그 나라에 닥쳐왔고, 스스로 지혜롭고도 유익한 인물임을 나타내 보여야 할 그 사람들이 그렇게 하지 못하고 있는 것이다. 그들의 가계가 어떠하였든지 간에 더 이상 도움을 주지 못한다. 참된 지혜자는 자신이 지혜자임을 나타내 보여야 할 것이다.[43] 애굽의 현재 모사들은 그렇게 할 수가 없다.

---

40) 1Q는 חכמיה, 즉 그녀(즉 소안)의 지혜자들 로 읽고 있다. M이 표명하고 있는 대로 이 연결형은 최상급 역할을 하여, 가장 지혜로운 모사들을 의미한다.

41) Penna는 그가 제 24왕조를 대표하는 사람으로 Shabako나 Tefnachte일 수도 있다고 생각한다. 바로라는 단어는 고유명사가 아니고, 애굽어 *pr.o*, 즉 큰집을 의미한다. 본래 이 단어는 궁전을 지칭했었고 후에는 그곳에 거주하는 자를 지칭했을 것으로 보인다. 고대 터키인들이 슐탄(sultan)을 말하면서 Sublime Porte를 사용한 점을 참고하라.

42) 열왕기상 9:5 이하와 Herodotus ii.77, 60을 참고하라.

43) "나는 지혜자의 아들이 아니냐"라는 표현 형태에 대해서는 아모스 7:14; 사도행전 23:6; 빌립보서 3:5를 참고하라. 몇몇 애굽인의 지혜문서 안에 있는 "교훈들"이 그 기록자의 아들을 위하여 기록되었다는 사실을 눈여겨보는 일은 흥미 있는 일이다(*ANET*, pp. 414ff을 참고).

19:12 바울과 같은 의기양양한 어조로 이사야는 애굽의 지혜자들이 어디 있는가 하고 묻고 있다.[44] 그러한 질문을 한다는 것은 지혜자들이 존재하지 않으며 지혜는 오직 만군의 여호와 안에서만 발견된다는 것을 말하는 것과 같다. 그렇지만 이사야가 이 말을 누구에게 말하고 있는가? 펜나(Penna)는 이사야가 직접 바로에게 그가 그의 지혜자들을 전혀 의지할 수 없다고 말하고 있는 것으로 생각한다. 그렇지만 바울처럼 이사야가 단순히 청중으로 하여금 스스로 답변을 하도록 고안된 수사학적 질문을 하고 있을 수도 있는 것이다.[45] 애굽은 조언자들이 어디에 있는지 당연히 물을 수 있을 것이다. "그렇다면 너의 지혜자들은 어디에 있느냐?" 선지자는 '너의'라는 단수를 사용하면서 직접 그 나라를 향하여 마치 다음과 같이 말하고 있는 것처럼 보인다. "너 애굽아, 너는 너의 많은 지혜자들을 자랑하여 왔다. 잘한다, 그래 그들은 지금 어디 있느냐? 만일 너의 지혜자들이 발견될 수 있다면 그들은 주께서 의도하신 것을 너에게 알게 하여야 할 것이다. 왜냐하면 그들 스스로가 그가 무엇을 하실 것인지를 알 것이기 때문이다."[46] 그렇지만 사실상 이 지혜자들은 애굽에 닥칠 재난들을 돌려놓을 수 없다. 그들은 이 재난이 왜 일어나는지 그 이유조차도 알지 못하기 때문이다.

지혜, 말하자면 하나님의 목적이 있으니, 지혜로운 사람은 이 지혜를 알 것이다. 본질상 애굽의 지혜자들은 다신론 신앙과 우상숭배에 푹 젖어 있었으므로 그들은 참 지혜자가 전혀 아니었다. 왜냐하면 그들이 참 지혜의 지식을 소유하지 못하였기 때문이다. 이사야의 말씀은 모든 시대에 적용할 수 있다. 하나님의 지혜를 떠나서 세상의 문제를 해결해 보려는 모사들과 정치 지도자들은 멸망의 길을 따라가는 어리석음만을 드러낼 것이다.

특히 이 단락에서 "만군의 여호와"라는 복합명사가 자주 출현하는데, 결코 쓸모없이 이것을 기록한 것이 아니다. 예를 들면 여기서 이 표현은 하나님의 큰 능력을

44) 본 절의 형식에 대해서는 신명기 32:37f.; 이사야 47:12f.; 예레미야 2:28을 참고하라.

45) Kissane은 선지자가 11절에서 말하고 있는 모사를 소개하고 있다고 믿지만, 이 점에 있어서 Penna는 지금 여기서의 지혜자는 그들의 조상들을 알고 있었을 것이라고 해석하고 있다.

46) ויגידו – 와우(ו)를 가진 명령형이 요청을 포함한 질문들 다음에 부수적인 사건에 대한 확언을 표현하기 위하여 사용될 수도 있다. "그들이 어디 있느냐? 우리는 그들이 선포할 수 있었다는 것을 안다" 혹은 "그리고 그들로 하여금 선포하게 하라." 불변화사 אפוא가 그 질문을 명확하게 해준다는 점을 주시하라. 이사야는 아마도 11절의 "그들의 모략은 우준하여졌으니"와 "바로의 지혜로운 모사"라는 문구와 대조하여 아이러니의 의미로 "모의하다"라는 동사를 사용하고 있는 것 같다.

힘주어 강조하고 있고 또한 그가 왜 자신의 대적들에게 그렇게도 두려운 분으로 나타나시는지 그 이유를 강조하고 있다. 마르티(Marti)는 애굽인이 유대인의 신학과 특히 애굽에 대한 여호와의 종말론적 계획을 알았으리라고 기대하는 것이 이상하다고 생각하고 있다. 그러나 진리의 하나님께서는 시온에 거하셨고 그의 길과 사역들은 알려졌다. 그는 모든 땅에서 참 하나님으로 경배를 받으셔야 했다. 애굽인은 자신의 미신적인 습관에 몰두하기보다는 이스라엘의 하나님을 알았어야 했다. 그들은 반드시 그의 종말론적인 계획은 아니라 하더라도 최소한 그가 모든 권세를 가지시고 애굽에 징벌을 내리실 때, 유일한 피난처는 그에게로 돌이키는 것이라는 사실을 알았어야 했다. 출애굽과 그 때의 재앙이 애굽에 흔적을 남겨놓지 않았던가? 또한 지혜자들이 그것을 기록해 놓지 않았겠는가?

크노벨(Knobel)은 애굽인이 앗수르의 침입을 알아차려야 했었다고 주해하고 있는데, 이는 생각해 볼 만한 가치가 있다.[47)]

다른 한편, 앗수르의 침입을 알아차렸겠지만 잘못된 해석의 가능성도 있었을 것이다. 애굽의 지혜자들을 대항하고 있는 모습 속에서 이사야는 우리로 하여금 요셉을 기억하게 하며 더 나아가서는 다음과 같은 말을 들으신 주님을 기억하게 한다. "이 사람의 이 지혜와 이런 능력이 어디서 났느뇨"(마 13:54하), "이 사람이 어디서 이런 것을 얻었느뇨 이 사람의 받은 지혜와…어찌됨이뇨"(막 6:2중).

19:13 이사야는 이제 자기가 제기했던 의문점에 대해 대답을 하고 있다. 지혜자들은 그 어디에서도 발견되지 않을 것이다. 왜냐하면 하나님께서 그들을 어리석게 하셨기 때문이다. 11절의 견해를 계속하면서 11절에서 선포한 선언이 성취되고 있음을 보여준다. 이사야는 또다시 그들이 '어리석었고'[48)]라는 동사로 본 절을 시작한다. 그러므로 앞에서 언급한 선언을 강조하고 있다. 소안의 방백들은 어리석었고, 그러므로 위기의 때에 도움이 되지 못하였다. 놉의 방백들 역시 미혹되었다. 에덴동산에서 뱀이 하와를 속인 것처럼 지혜를 자랑하고 있었던 소안의 방백들은 어리석게 되었던 것이다. 그들이 참으로 지혜로운 자들이 아니었기 때문에 쉽게 미혹되었던

47) Knobel, Com., *in loc.*, "*welche sie wenigstens ahnen konnten.*" Drechsler는 41:21–24, 25–29, 44:6ff., 45:18ff과 같은 유사한 본문들에 주의를 기울일 것을 요구한다.

48) 첫 번째 동사는 니팔형이고 "어리석게 행하다"(do) 혹은 "행동하다"(acts)를 의미한다. B는 두 번째 동사의 어근을 נָשָׂא로 보고 ὑψώθησαν으로 번역하고 있다.

것이다. 앞에서 이사야는 소안만을 언급했었으나, 여기서는 혼란이 널리 퍼졌다는 사실을 보여주기 위해 놉, 즉 멤피스를 포함시키고 있다.[49]

이러한 상황의 비참한 결과는 이 사람들이 애굽을 그릇된 길로 인도하는 것으로 드러난다. 이사야는 본 절을 "애굽지파들의 모퉁이"라는 표현으로 결론을 맺고 있다. 매우 자주 이스라엘에게 적용된 이 '지파들'이라는 단어는 애굽이 나누어졌었던 지역의 이름이 아니고 계급을 지칭하는 것으로 보인다. 이 단어의 통상적인 용례에 따르면 애굽의 각 계층의 모퉁이 돌은 각 계급의 최상의 인물이었을 것이다. 그렇다면 다음과 같은 의문점이 생긴다. 이 문구를 열거한 내용의 주어로 취급해야 하는가, 이러면 세부적인 설명을 위한 목적어로 보아야 하는가? "그 계급의 우두머리(모퉁이 돌)가 애굽을 멸망으로 몰고 갈 것이다"라고 번역해야 하는가? 만약 그렇게 번역한다면, 난점이 있게 되는데, 말하자면 동사가 복수형이고 주어가 단수형이라는 점이다. 그렇지만 아마도 우두머리(모퉁이 돌)라는 단어가 다음에 나오는 지파들과 개념적으로 상당히 밀접하게 연결되어 있으므로 복수형 동사를 설명할 수도 있다. 이러한 난제로 인해 그 문구를 직접 목적어로 취급하여 "그리고 그들은 애굽으로 그릇 가게 하였도다 지파들의 모퉁이 돌까지도"로도 번역할 수 있다. 이러한 해석에 있어서 소안과 놉의 방백들은 스스로 어리석게 되었고 애굽의 지파들의 가장 훌륭한 자들까지도 그릇 가게 할 것이라고 이해해야 한다. 만약 첫 번째 번역을 채택한다면 애굽의 지파들의 가장 훌륭한 자까지도 애굽을 그릇 가게 할 것이라고 이해해야 할 것이다. 전체적으로 볼 때, 애굽 지파들의 모퉁이 돌을 세부적 설명을 위한 목적어로 보는 번역을 선호하지만 이 문제에 있어서 어느 누구도 독단적일 수 없다. 본 절의 요점은 방백들이 애굽을 그릇 가게 하였다는 것이고, 애굽은 그 지파들의 지주라는 것이다.

19:14 이사야는 이제 궁극적인 원인으로 되돌아간다. 그는 이 문장을 동사로 시작하지 않고 '여호와'라는 주어로 시작하고 있다. 이 단어를 강조하기 위해 위해 첫 번째 자리에 위치해 있고, 곧바로 독자를 이미 묘사되어 온 모든 것의 원인으로 이끌고 있다. 그는 다른 분이 아니라 여호와이시며 이 세상의 지혜가 경멸하는 분이시

49) Noph(멤피스<*mn–nfr*>의 명칭)의 폐허는 지금 카이로의 약 20마일 남방에 있는 Sakkara 근방에서 발견된다. 8세기 동안 그곳은 그 중요성에 있어서 Thebes로 대치되었다. 히브리어에서 이 단어는 모프(מף)로 기록되기도 한다. 호세아 9:6을 예로 들 수 있다.

다. 한때 인간이 독주를 빚기에 용감하였던 것처럼, 여호와께서도 애굽에 술 취함을 일으키는 영(사특한 마음)을 섞으실 것이다.[50] 그러므로 애굽을 특징지어 준 어리석음은 사건의 자연적 과정에서 다가오지 않고 우연히 일어난 것이 아니라 그 나라에 선포되었던 직접적인 초자연적 심판의 결과인 것이다. 이러한 이유로 인해 결과적으로 애굽은 모든 일 곧 경제적인 발전, 일상적인 사업, 그리고 직업이 잘못될 것이다.[51] 애굽이 살기 위하여 해야 할 일은 견디는 것이다. 이러한 일들이 진행되면서 나라 전체가 그릇 가게 될 것이기 때문이다. 이 그릇 가는 것은 이 상황의 가장 심각한 본질이며 선지자는 그것을 불쾌한 비유로 묘사한다. 술 취한 자가 토하면서 어지러워 비틀거리는 것처럼 애굽도 잘못 걸어갈 것이다.[52] 이사야의 어투를 문자적으로 번역하기 어려운데, 왜냐하면 그가 그의 사상을 강조하기 위하여 수동형 동사를 사용하고 있기 때문이다.

19:15 앞 절에 애굽의 행실에 대해 언급한 것으로 되돌아가면서 이사야는 이제 애굽을 위해서 할 일이 전혀 없을 것이라고 선언한다.[53] 14절은 2절과 3절의 견해를

50) מסך – "섞다," "섞어 만들어 내다." B는 εκερασεν으로 번역한다. 이 단어는 실제적인 의미로 사용될 수도 있거나 혹은 "붓다"의 의미로 사용될 수도 있다. 접미사 –아(–ah)는 방백들이 아닌 애굽을 의미한다. B의 독법을 따라 "그들 가운데"로 번역하면서 후자의 선행사(방백들)를 고려하는 것이 쉽기는 하지만 근거가 없는 독법이다. 접미사가 13절의 "모퉁이 돌"을 가리키지도 않는다. "사특한 마음"에 대해서는 29:10; 호세아 4:12 을 참고하라. König은 이 마음이 실존하는 것이 아니라고 생각하지만 28:6; 29:10; 스가랴 13:2에서처럼 그 나라에 다가올 일그러진 상황을 의인화한 것이다. 그렇지만 Drechsler는 이 마음이 단순히 주격이 아니라고 주장하면서 열왕기상 22:19, 23을 인용한다. 그 마음이 한 사람인지 그렇지 않으면 단순히 초자연적 영향력인지 결정하기 어렵다. Delitzsch는 이 마음이 한 사람이며 제사장 계급의 "지혜"를 사용하여 그 나라를 "술 취함의 현기증" 속으로 몰아넣는 "하나님의 심판의 영"이라고 본다. '이위임'(עִוְעִים)이라는 형태는 '이와'(עִוָה)로부터 파생된 형태이고 "비뚤어지게 하다" 혹은 "왜곡시키다"를 의미한다.

51) 복수형 동사가 비인칭일 수도 있지만 방백들을 가리킨다고 보는 것이 더 자연스럽다. 이것은 과거형(예를 들면 Delitasch)이 아니라 미래형으로 번역되어야 한다.

52) 니팔형은 자신의 의지에 반대되는 방향으로 행동하는 것을 암시하고 있다. 자기의 모든 자제력을 잃어버린 채 술 취한 사람은 자기가 하는 일을 억지로 하게 된다(욥 15:31; 사 28:7–8을 참고).

53) 애굽 앞에 사용된 전치사의 역할에 대한 견해가 다양하다. 소유를 나타내거나 혹은 (애굽에 대한) 상술, 혹은 (애굽을 위한) 이점, 또 혹은 (애굽으로부터 나온) 자원을 나타낼 수 있다. 이 후자의 용법이 지지를 받는다는 사실이 최근에 우가릿어에서 발견되었으나, Gesenius가 이미 그것을 언급하였다는 것은 그가 믿을 만하다는 것을 보여준다. 그는 라메드가 단지 실제 수동형뿐만 아니라 일반적으로 수동적인 개념들을 가진 사역형 능동을 나타낼 수도 있다고 설명하고 창세기 38:25; 욥기 20:21; 시편 12:5를 언급한다. 우가릿어를 보기 위해서는 Cyrus H. Gordon, *Ugaritic Manual*, Rome, 1955를 참고하라.

취하여 왜 애굽인들이 서로 대적을 하게 되었는가에 대한 이유를 보여주었다. 이제 15절에서는 잔인한 군주가 백성들 위에 군림할 때 횡행하는 상태의 결과들을 제시한다. 애굽의 일, 즉 애굽이 연합하여 해야 할 모든 일이 그칠 것이다. 애굽의 일상생활이 그칠 것인데, 왜냐하면 애굽이 존재하기 위하여 해야 할 일을 할 수 없기 때문이고, 침략해 오는 군대에 대항할 수가 없을 것이기 때문이다. 애굽의 일할 수 없는 보편적인 상황을 보여주기 위하여 선지자는 그가 이미 9:14에서 사용하였던 어투를 사용하고 있다.

16절, 그 날에 애굽인이 부녀와 같을 것이라 그들이 만군의 여호와의 흔드시는 손이 그 위에 흔들림을 인하여 떨며 두려워할 것이며
17절, 유다의 땅은 애굽의 두려움이 되리니 이는 만군의 여호와께서 애굽에 대하여 정하신 모략을 인함이라 그 소문을 듣는 자마다 떨리라
18절, 그 날에 애굽 땅에 가나안 방언을 말하며 만군의 여호와를 가리켜 맹세하는 다섯 성읍이 있을 것이며 그 중 하나를 장망성이라 칭하리라
19절, 그 날에 애굽 땅 중앙에는 여호와를 위하여 제단이 있겠고 그 변경에는 여호와를 위하여 기둥이 있을 것이요
20절, 이것이 애굽 땅에서 만군의 여호와를 위하여 표적과 증거가 되리니 이는 그들이 그 압박하는 자의 연고로 여호와께 부르짖겠고 여호와께서는 한 구원자, 보호자를 보내사 그들을 건지실 것임이라
21절, 여호와께서 자기를 애굽에 알게 하시리니 그 날에 애굽인이 여호와를 알고 제물과 예물을 그에게 드리고 경배할 것이요 여호와께 서원하고 그대로 행하리라
22절, 여호와께서 애굽을 치실 것이라도 치시고는 고치실 것인 고로 그들이 여호와께로 돌아올 것이라 여호와께서 그 간구함을 들으시고 그를 고쳐주시리라

19:16 이사야는 이제 본 장 가운데서 이제까지 해 온 그의 논증의 특징인 대구법을 빼고 단순한 산문체를 사용한다. 이렇게 하는 이유는 그가 이제 축복의 예언을 하려고 하기 때문인 것으로 보인다. 심판의 모습을 소개하고자 그는 한 비유를 사용하였는데 이것은 시문체로 쓴 심판 선언에 적합한 도입이었다. 다양성을 위하여 이제 그의 문체를 다소 바꾸고 있으며 심판과 함께 다가올 축복을 지적한다.

직접 축복으로 나아가지 않고, 다소 점차적으로 우리를 축복으로 이끈다. 우선 애굽인들의 무서운 상황을 묘사하여 그들로 하여금 하나님의 진노의 손길을 인정하게 한다.

'그 날에'라는 일반적인 관용구로 전환을 이루고 있는데, 이 관용구로 선지자는 심판의 시기를 가리킨다. 하나님께서 징계를 통하여 애굽에게 접근해 오실 때에 애굽인들은 부녀자들처럼 될 것이다.[54] 후에 예레미야는 바벨론에 같은 비유를 사용하며(50:37; 51:30), 나훔은 니느웨의 백성을 부녀자와 같다고 비난한다(3:13). 이러한 비교의 요점은 애굽의 힘있는 남성들이 부녀자들이 두려워하는 것처럼 두려워할 것이라는 것이다. 두려움을 표현하기 위하여 사용된 두 단어(חָרַד와   )에 두드러진 유음현상이 있다. 첫 번째 동사는 전율이나 혹은 두려워하게 되는 개념을 표현하고 있다. 여기서는 후자의 개념이 있는 것으로 보인다(32:11을 참고). 애굽은 여호와 앞에서 두려워 떨었었다. 두 번째 동사에 함축된 것은 두려움과 공포의 개념이다. 그러므로 애굽은 여호와 앞에서 두려운 공포를 느꼈던 것이다.

일부 주석가들은 본문이 애굽에서 그렇게 두려워할 만한 사건들이 실제로 일어난 것으로 말하지 않고 있다고 주장한다. 물론 하나님께서 심판으로 애굽을 다루실지에 대해 세밀하게 언급되지 않은 것은 사실이다. 그럼에도 불구하고 이러한 심판에 대한 전반적인 묘사가 있으며, 애굽이 지금 떨고 있는 것은 이러한 하나님의 심판으로 인한 것이다. 본 구절은 최소한 징벌의 성격에 관한 실마리를 내포하고 있다. 두려움을 일으키는 것은 바로 여호와의 흔드시는 손이다. 이러한 손의 흔드심은 분노로 치시는 예비단계이다. 하나님의 손은 애굽을 치려고 그 위에 펴져 있다. 애굽은 심판이 임할 것이라는 것과 하나님께서 행동하려 하신다는 사실을 알고 있다.

그러나 애굽이 이러한 지식을 어디서 얻었을까? 틀림없이 애굽인은 이미 첫 번째 재난을 느꼈을 것이고 징벌의 처음 시작을 경험했다. 혼란이 그 땅에 들어오기 시작하였고, 더불어 두려움이 엄습하였으며, 그것이 공포와 두려움으로 발전하였을 것이다. 그러나 본문은 애굽인들이 그들의 재난의 원천이 어디인지 알고 있다고는 암

---

54) 부녀–Herodotus viii.88은 Xerxes의 연설을 언급하고 있다. "나의 남성들은 부녀들이 되었고, 부녀들은 남성들이 되었다." Antigonus II가 도주하였을 때, Sosius는 그를 Antigona(여성형 어미를 가진 이름임–역주)로 부르고 있다(Josephus Antiquities xiv.16.2). 13절에서 애굽은 여성형이며, 14절 상반절에서 여성형 어미가 역시 애굽을 가리킨다.

Hillers (*Treaty–curses and the Old Testament Prophets*, Rome, 1964, p. 67)는 전사들이 부녀가 될 것이라는 사상을 표현하는 언약적 저주에 주의를 환기시키고 있다.

시하지 않고 있다. 16절과 17절은 실제로 전환 구절이고, 앞 구절이나 다음에 이어지는 구절로부터 확연히 분리될 수가 없다. 이 절들은 본 장의 첫 절에서 묘사된 심판의 절정을 묘사하고 또한 여호와께로 돌이키는 태도의 시작을 내포한다.

19:17 구체적인 면에 있어서 본 절이 앞 구절보다 한층 더 발전되어 있다. 이전에 애굽은 팔레스틴에서 전쟁하기를 주저하지 않았었다. 그러나 이제는 그 땅의 언급 자체가 두려움을 자아내게 하고 있다.[55] 여호와의 놀라운 능력이 자기 백성을 구출하는 데서 나타났었다. 필요 적절한 시기에 하나님께서는 자기 백성과 함께하셨다. 유다는 능하신 구원을 베푸실 수 있었던 하나님께 속한 땅이었다(17:12–14; 18:4–6을 참고).

유다에 대한 언급만으로 애굽인들 가운데 두려움이 야기되고 있다. 이사야는 묘하게 구성된 문장을 사용하고 있는데, 이를 "그것을 그에게 언급하는 자마다"로 번역하는 것이 최선일 것 같다.[56] 그렇지만 이 문장이 무엇을 의미하는가? 서로 다른 해석들이 있기는 하지만 그 어미(語尾)가 애굽을 가리키는 것 같다. 그렇다면 이 문장은 헬라어에서 소유 절대형의 의미로서, 그 의미는 "유다를 애굽에 언급하는 모든 사람마다"이다. 다시 말하자면 유다가 애굽에 두려운 존재가 되었기에, 모든 사람이 (주어가 부정확하다) 애굽에(즉 애굽인들에게) 유다를 언급할 때마다 그 결과는 떨림과 두려움이라는 것이다. 이 문장 전체는 앞의 문장과 함께 해석해야 하며, 그래서 "사람들이 유다를 애굽에 언급할 때마다 유다의 땅은 애굽에게 두려움이 될 것이다"라는 의미가 된다. 맛소라 학자들은 본 절을 이러한 방식으로 해석하지 않고 하반절을 동사가 없는 채로 두었다.

그렇다면 하반절을 상반절의 확장으로 취급해야 할 것이다. "그(즉 애굽)는 애굽에 대항하여 모략을 정하시는 만군의 여호와의 모략 앞에서 두려워할 것이다." 여기서 선포된 것이 실제는 신명기 2:25에 대한 부분적 성취이다. "오늘부터 내가 천하 만민으로 너를 무서워하며 너를 두려워하게 하리니 그들이 네 명성을 듣고 떨며 너

55) 두려움—이 단어는 울티마에 악센트가 있으므로 레혹가(לָחָגָּא)로 발음된다. 어미가 아람어 형태이다. "떨림" 혹은 "두려움"이라는 의미는 아퀼라역(γύρωσιν)을 제외한 고대 역본들 가운데 나타난다. 그러나 어근은 חגג, "순례를 떠나다" 또한 "비틀거리다"(시 107:27)임에 틀림없다. 그런 까닭에 König은 *eine Quelle des Schwindligwerdens*라고 번역하고 있는데 이것이 가능하다고 생각한다.

56) 직역하면 "그것(유다)을 그것(애굽)에게 언급하는 모든 자마다, 그것(애굽)은 두려움이다"이다. cf. GKC § 143b. 동사에 붙여진 여성형 어미는 유다 땅을 가리킨다.

로 인하여 근심하리라 하셨느니라."

본 절의 결론이 앞 절의 결론과 평행이라는 사실을 주시해야 할 것이고, 그 견해는 매우 분명하게 우리로 하여금 12절의 견해로 돌아가게 한다. 애굽의 두려움의 대상은 비록 애굽이 그 모략을 알아채지 못하고 있다고 할지라도 여호와의 모략이다. 그 모략은 애굽에 닥쳐왔었던 염병과 재앙들(strokes)로 나타났고, 그 나라에 두려움과 공포를 가져다 준 것은 물론 이것들이었다. 어쨌든 하나님의 목적이 애굽에 충분히 알려지지 않았을지도 모른다. 어떤 의미에서든 애굽은 여호와를 두려워하였고, 불완전하게나마 고통의 원인이었다는 것을 깨달았었다. 그에 대한 그러한 두려움은 그에게로 돌이키고 진정으로 회개하도록 인도하였을 것이다.

19:18 어조가 바뀌고 있다. 심판은 물러가고 축복이 부어지고 있다. 애굽의 회심이 일어나고 있다. 이사야는 또다시 "그 날에"라는 표현으로 시작하고 있는데, 이것은 그가 자주 그의 주제의 새로운 면을 소개하거나 혹은 최소한 그것의 특별한 면을 강조하기 위하여 채용하는 어구이다. 애굽이 심판을 당하기 이전에 두려움을 가지게 되는 그때 축복은 그 모든 땅에 부어질 것이다. 이 축복은 애굽의 몇몇 도시에서 진정한 신앙의 언어(가나안 방언)를 말하는 것에 나타날 것이다. 다섯 성읍은 가나안 방언을 말할 것이라고 선지자는 선언한다.[57] 그렇지만 어찌하여 다섯이라는 숫자를 사용하였는가? 이것은 지극히 소수라는 사상을 표현하고 있는가? 가끔은 그러한 의미로 사용하기도 한다. 우리는 다음과 같은 내용을 읽는다. "너희 다섯이 백을 쫓고." 바울도 역시 이러한 의미로 그 단어를 사용한다. "그러나 교회에서 네가 남을 가르치기 위하여 깨달은 마음으로 다섯 마디 말을 하는 것이…"(고전 14:19상). 고대 애굽 땅에는 성읍의 숫자가 매우 많았었고, 다섯이라는 숫자는 단순히 그 안에 소수만이 가나안 방언을 말할 것이라는 사실을 가리켰을 것이라는 점을 지적해왔다.

다른 사람들은 이 단어를 단순히 대략적인 숫자로 보고 창세기 45:22; 출애굽기 22:1; 민수기 7:17, 23; 사무엘상 17:40; 마태복음 25:20 등에 호소한다. 이러한 해석으로 본다면 이 단어는 단순히 특정 숫자의 성읍이 가나안 방언을 말할 것이라는 사실을 암시한다. 또 다른 사람은 다섯 개의 구체적인 성읍, 말하자면 레온토폴리

57) 동사가 "그들이 말할 것이다"라는 단순 미래형이 아니고, "그들이 계속하여 말하고 맹세하게 (되는 상태가) 될 것이라"는 상태를 표현하고 있다.

스, 헬리오폴리스, 믹돌, 다프네 그리고 멤피스를 가리키기 위하여 의도되었다고 생각한다.[58] 그렇지만 상당히 개연성이 있는 것은 다섯이라는 숫자를 완전수인 10의 절반으로서 사용된다. 따라서 많은 수와 동일한 의미로 사용된다는 것이다.[59]

이 다섯 성읍은 가나안의 방언(예를 들면 언어)을 말하는 것으로 나타나 있다. 본문에서 온 땅의 구음이 하나였다(창 11:1)고 하는 창세기 기록을 회상할 수 있으며 "여호와께서 가라사대 이 무리가 한 족속이요 언어도 하나이므로"(창 11:6상)라는 여호와의 말씀도 회상할 수 있다. 여호와께서 내려가서 그들의 구음을 혼동케 하시겠다는 의도를 말씀하셨고, 여호와께서 온 땅의 언어를 혼잡케 하셨다는 말씀을 듣게 된다(11:9). 그러므로 가나안 방언은 가나안에서 사용하는 언어이다. 그렇지만 이것은 초창기 가나안 백성들이 사용하던 가나안 언어 자체를 가리키는 것이 아니다. 이 언어는 가나안의 하나님께서 예배를 받으시는 그 언어이다. 그런 까닭에 가나안의 언어를 말한다는 것은 이스라엘의 하나님이 예배를 받으시는 그 언어를 말한다는 것이다.[60] 애굽인들은 더 이상 애굽 언어를 사용하지 않고 유대인들이 사용하는 언어를 사용할 것이며 그리하여 그들은 유대인들과 하나가 될 것이다. 그들이 이 언어를 사용할 것인데 이는 그들이 유대인들의 하나님을 예배할 것이기 때문이다. 그런 까닭에 가나안 방언을 말한다는 것은 여호와께로의 진정한 회심이 있을 것이라고 말하는 것과 동일한 것이다. 약속의 땅의 방언을 말하면서 애굽인들은 진리의 하나님을 예배할 것이다.

가나안 방언을 말하는 것과 더불어 애굽의 성읍은 여호와께 맹세함으로 그에게 충성을 다할 것이다. 하나님께 대한 완전한 헌신과 충성을 맹세하는 애굽인의 행위는 이사야가 후에 예언한 것의 전조이다. "내가 나를 두고 맹세하기를 나의 입에서 의로운 말이 나갔은즉 돌아오지 아니하나니 내게 모든 무릎이 꿇겠고 모든 혀가 맹약하리라 하였노라"(사 45:23; 습 1:5; 대하 15:14을 참고). 이사야가 여기서 하나님을 만군의 여호와로 호칭한 것은 의도적인데 이는 애굽의 허무한 우상을 뛰어넘는 그의 지고한 주권을 강조하고 있기 때문이다.

---

58) Hitzig가 그렇게 생각한다(렘 44:1을 참고).

59) Cornelius a Lapide, Reincke, Hengstenberg 같은 일부 초기 저술가가 그렇게 생각한다

60) 그렇지만 Reincke는 다음과 같이 해석한다. "*Die Sprache Canaans ist hier offenbar die hebräische, worin die heil. Bucher des A.T. geschrieben sind.*" 그는 여호와 신앙의 확산이 히브리어 확산으로 묘사되어 있다고 생각한다. 그러나 Hengstenberg는 다음과 같이 옳게 해석한다. "가나안의 언어는 참되신 하나님에게 회심한 모든 사람들에 의하여 말해진다."

본 절의 하반절은 해석상의 큰 난점을 수반한다. 만약 "하나가 장망성이라 칭하게 될 것이다"라는 번역을 취한다면, 다섯 성읍은 가나안 방언을 말하고 하나는 멸망할 것이라고 결론지을 수 있다. 만약 이것이 옳다면, 여섯 성읍 중에 여호와를 믿게 될 다섯 성읍이 있다는 것을 의미할 것이다. 매 여섯 성읍 중에 하나가 멸망당할 것이고 매 여섯 성읍 가운데 다섯은 믿을 것이다. 만약 이 해석이 옳다면 숫자 다섯을 사용한 이유를 제공할 것이다. 이 구절은 그 땅의 6분의 5가 회심할 것이고, 나머지 6분의 1은 멸망을 위해 남겨질 것이라고 간단하게 선언하는 것이다. 그렇다면 본문의 이러한 구조에서 볼 때, 그 땅 전체가 회심하게 되는 것으로 묘사하지 않는다.

이러한 해석이 보편적으로 받아들여지지 못하고 있는 주된 이유는 "장망성"이라는 호칭이 전체 문맥과 조화를 이루지 못하고 있다는 것이다. 이 문맥은 축복과 관계가 있어야 하고 그 반대가 되어서는 안 된다고 생각한다. 그러므로 또 다른 해석을 취한다. 멸망이라고 번역된 단어(הֶרֶס) 중에서도 실상 태양(הֶרֶס)으로 번역해야 한다고 생각하는데 이것이 옳을 수도 있다. 첫 번째 자음만 제외하고는 모든 철자가 동일하다. 이러한 독법은 다른 증거물 중에서도 특히 제1이사야서 사해사본에 의하여 지지를 받고 있다. 만약 이것이 옳다면 태양의 성읍이 무엇인가라는 의문점에 직면한다. 즉각적으로 헬리오폴리스(Heliopolis)라는 도성이 마음에 떠오른다. 이사야는 메시아 시대에 태양을 숭배하는 성읍이 여호와를 섬기는 도성이 될 것임을 보여주기 위하여 이 성읍을 넌지시 말하고 있는가? 만약 그렇다면 선지자의 목적은 당시의 애굽의 신앙이 완전히 무너질 것임을 가르치려는 것이다.

최근에 펜나(Penna)는 다른 해석을 주장하였다. 그 역시 태양의 성읍으로 번역하였지만 이것을 메시아적 의미로 간주하였다. 이러한 메시아적 해석을 선호하여 펜나는 정황과 말라기서의 "의로운 태양"이라는 문구를 지적하며 문체론적 이유를 제시한다. 이 본문을 자주 가나안 정복 기사와 비교하였다. 그런 까닭에 이러한 해석에 있어서 한때 언약궤가 태양의 성읍(벧세메스)에 있었던 것처럼, 메시아 시대에는 애굽 역시 그러한 태양의 성읍을 가질 것이다.

이러한 각각의 해석은 생각해 볼 만한 가치가 있고, 그래서 독자는 본 단락의 끝에 나타난 특주에서 그것에 대한 충분한 논의와 여러 제안된 해결책을 볼 수 있을 것이다. 하나만 독단적으로 주장할 수 없다. 다른 의견에 반하여 하나의 견해를 편들어 절대적으로 결정하지 않는 것이 가장 좋을 것이다. 위에 언급된 세 개의 의견은 독자에게 권장하기에 가장 좋은 것들이다. 본 절의 후반부의 정확한 의미가 무엇이

건 간에 본 구절이 대부분의 애굽이 참되신 하나님을 예배할 때가 올 것이라는 것을 가르치고 있다고 견지하는 것은 충분한 타당성이 있다.

한 가지 점이 남는다. 팔레스틴 정복의 비교를 보다 주의 깊게 주시해야만 한다. 이 정복은 자그마한 출발과 함께 시작하였고, 그것이 진행되어 나갔을 때 다섯 왕이 사로잡혔다. 그러므로 애굽 땅에서도 그처럼 될 것이다. 시작은 작을 것이지만 마침내 다섯 성읍이 참 종교의 언어를 말할 것이다. 복음은 진정한 정복을 이루어낸다. 그렇지만 참 종교의 확장은 우상숭배의 몰락과 극렬한 하나님의 심판 이후에야 일어날 것이다. 이사야가 이러한 말을 하고 있는 상태에서는 애굽이나 일반적인 이방세계라도 구원을 받을 수 없다. 인과응보를 마련해야 한다. 세우는 것이 있기 전에 멸망이 있어야 한다. 악은 선이 다가오기 위하여 사라져야 한다. 왜냐하면 하나님께 대항하는 것은 무엇이나 재난과 고난의 불에 의하여 태워지고 나서 하나님의 나라가 나타나기 때문이다.

19:19 이사야는 또다시 "그 날에"로 시작하고 있다. 다가올 영광스러운 시대의 특징이 애굽에 여호와께 드려진 제단이 있을 것이고 애굽 변경에는 여호와께 드린 기둥이 있을 것이라는 사실에서 나타나 있다.[61] 어투가 족장시대를 반는영한다. 아브라함이 제단을 세우면서 그 땅을 통과해 나갔던 것처럼 애굽 안에도 그러한 제단이 있을 것이다. 이 제단은 그 성격상 두 지파 반이 요단 근처에 세웠던 것(수 22:9 이하)과 같이 – 비록 그것이 그 제단을 상기시켜 주기는 하지만 – 기념하기 위한 것이 아니다. 그럼에도 불구하고 그것은 신앙적인 의미를 가질 것이며, 그 위에서 합법적인 희생제사를 하나님께 드릴 것이다. 이 예언은 주께서 자기의 이름을 기념하게 할 모든 곳에 제단을 세우도록 한 출애굽기 20:24과 상충되지 않는다. 희생제사를 드리는 제단은 전체 제의 자체에 대한 전형이다. 이것은 부분이 전체를 대표하는 경우이다(pars pro toto). 여호와께 봉헌된 제단은 여호와께 올리는 희생제사를 그 위에서 드리게 될 것임을 의미한다. 다시 말하면, 참 신앙을 애굽에서 발견할 것이며 참되신 하나님께서 거기서 예배를 받으실 것이다.

이 제단은 그 땅의 중앙에 있을 것이라고 말한다. 어떤 사람은 이 표현을 지정학적 의미로 간주하여 멤피스를 가리키는 것으로 생각하는데(렘 44:1을 참고), 사실 이러한 해석이 그 땅의 중앙에 참 하나님을 위한 제단이 있을 것이라고 말하는 것은

---

61) 봉헌의 전치사로 그 제단이 여호와께 드려진 것이라는 것을 암시하고 있다.

단순히 계시된 종교를 그 땅에서 발견할 것을 의미하는 것이다.

맛체바(מַצֵּבָה)는 오벨리스크와 유사한 것으로 생각되는 기념을 위한 돌기둥이다.[62] 맛체바(מַצֵּבָה)는 본래 야곱이 벧엘에 세웠던 것(창 28:16–22)과 같은 단순한 돌이었다. 여기서도 역시 족장시대의 반영이 나타나 있다. 이 돌비를 애굽의 변경에서 있는 것으로 언급한 이유가 있다. 이것은 야곱이 하나님의 임재로 인하여 그 기둥을 세웠던 것처럼 애굽에 있는 그 기둥도 하나님의 임재를 암시하기 때문이다. 그러므로 이것은 유다를 떠나 애굽으로 다가 설 때에도 여전히 여호와께 속한 땅으로 들어가고 있음을 보여주었을 것이다. 거룩한 땅을 떠나 더럽혀진 땅으로 들어가는 것이 아니라, 단순히 여호와의 땅이요 그를 예배하는 땅 가운데서 계속 행하는 것이다.[63] 그러므로 애굽 전체가 회심할 것이니, 이것은 "여호와를 위하여"라는 반복된 구문을 통해 강조된 사실이다. 18–22절에서 여호와(the Lord)의 말씀이 10회나 나타난다. 여기에 묘사된 축복들은 그로 인하여 온 것이다.

맛체바(מַצֵּבָה)가 가나안 종교와 관련되어 있기에 자주 비난을 받아 왔다. 그러나 여기서 모든 이방적인 의미는 배제된다. 애굽의 특징인 오벨리스크는 사람들에게 여호와를 상기시켜 준다. 사람들이 여호와께로 돌아올 때, 그들은 외적 헌신의 행위를 시작한다. 그래서 이 돌은 그 땅이 여호와를 예배하였다는 사실에 대한 기념이 되었던 것이다.

19:20 홍수 후에 나타나는 무지개처럼 그 제단과 돌기둥들은 표적, 즉 구속력을

---

62) 이 단어는 나차브(נָצַב), "세우다"라는 단어에서 파생되었다. 가나안의 예배 장소들 가운데 이것은 성스러운 기둥으로 서 있으며, 성경에서 아세림이나 혹은 다른 제의 대상들과 연관되어 자주 언급되고 있다(출 23:24; 레 26:1; 신 7:5; 왕상 14:23; 왕하 13:2; 대하 14:3; 호 3:4; 미 5:13). 애굽에 있는 돌기둥은 그 땅이 여호와께 속해 있고 그가 그 땅의 주가 되신다는 사실을 암시하고 있다. 이와 같이 예레미야는 태양신의 기둥들을 깨뜨리라고 명하고 있는데(렘 43:13), 이는 태양신이 더 이상 애굽에 존재하지 않을 것이기 때문이다.

63) 모세 율법에서 제물은 오직 중앙 성소로만 가져와야 했고(레 17:8; 신 12:12; 13:12–17), 그런 까닭에 메시아 시대는 주로 이방인들의 예루살렘으로의 여행이 묘사되어 있다(사 2:3–4; 66:23; 미 4:2–3). 그럼에도 불구하고 여기에 묘사된 모습은 예루살렘의 중앙화 개념과 상충되지 않는다. 이것은 오히려 메시아 시대의 또 다른 측면, 즉 복음의 정복과 이방 열국에 대한 이스라엘 하나님의 주권을 전면으로 이끌어 준다. 나는 Edelkoort가 왜 여기서 메시아적 요소를 전혀 발견할 수 없는지 이해를 하지 못하겠다. Möller가 본 절을 다음과 같이 특징지운 것은 옳다. "es ist eine der Stellen, die den Universalismus in reinster Gestalt lehren" (*Die messianische Erwartung der vorexilischen Propheten*, Gutersloh, 1906).

가진 증거가 되었다.[64] 여호와께서 이런 기념물들을 바라보실 때, 그의 소유를 인정하실 것이고 그들의 기도를 들으실 것이다. 그는 돌기둥을 바라보실 것이며 그 안에서 표적과 증거를 보시고 애굽인의 구원해 달라는 외침을 들으시고 응답하실 것이다. 이것은 여호와께서 그러한 기념물을 필요로 한다는 것을 암시하지 않는다. 그보다도 이것은 하나님께서 유다에서 자신의 백성들에게 하시는 것처럼 애굽에[65] 그가 들어줄 하나님의 백성들이 있음을 의미한다. 물론 이러한 돌기둥들로 말미암아 유익을 얻게 되는 것은 애굽인이다. 이 돌들은 그들이 부르짖을 때 여호와께서 들으실 것이라는 증거이다.

본 절의 하반절은 사사시대를 상기시킨다(삿 1:34; 2:18 등을 참고). 미래에는 애굽인들을 압제하는 자들도 있을 것이다.[66] 이사야가 압제하는 자들을 언급해야만 한다는 것이 얼마나 이상한가! 이 단어는 애굽인 자신이 이스라엘의 압제자였음을 암시하고 있다(같은 히브리어가 사용됨). 그리고 이 속에 하나님의 은혜의 기이함이 있다. 애굽인은 하나님의 무력한 백성의 압제자였다. 그러나 이제는 애굽인이 여호와께로 돌아왔다. 그리고 그런 까닭에 그들 자신이 하나님의 백성 모두가 알고 있는 것을 알 것이다. 즉 이 세상에서 그들이 고난을 당하게 되리라는 것이다. 애굽인도 예외가 아닐 것이다. 그들 역시 압제를 받을 것이다. 진정한 회심이 있는 곳에서는 언제나 그와 비슷한 압제자가 있을 것이고, 하나님께서는 이러한 압제자로부터 구원하여 주실 것이다. 이 압제하는 자가 누구인지에 대해서는 알려진 바가 없다. 그러나 결국 애굽의 압제자는 사탄과 그의 종자들이며, 여러 가지 방법으로 모든 하나님의 백성을 괴롭혔던 것처럼 애굽인을 괴롭힐 것이다.

사사시대처럼 미래에도 하나님께서는 구원자를 보내실 것이다.[67] 이사야는 문체

---

64) 어떤 형태의 하야(ha-yah) 동사 다음에 전치사 라메드가 따라올 때, 이것은 "되다"로 번역하는 것이 가장 좋다. 그런 까닭에 "그리고 그것은 표적과 증거가 되리니"가 된다. 주어는 19절의 견해, 즉 제단과 맛체바(מַצֵּבָה)가 애굽에 있음을 나타낸다. 둘째, 셋째, 넷째 단어들이 재담을 만들어 내면서 라메드에 이끌리고 있다는 사실을 주의하라.

65) "애굽 땅에서"라는 문구는 불필요한 단어가 아니고, 예언된 내용의 놀라움에 주의를 끌기 위한 것이다. 이제까지 여호와께 대한 그러한 표적들과 증거들은 이스라엘에게 한정되어 있었다.

66) כִּי는 "때에"로도 번역될 수 있다. 결정하기 어렵지만 이 문장이 왜 표적들이 애굽에 있을 것인지를 설명하기 위해 의도되었을 가능성이 있다. 벌게이트역은 *clamabunt enim ad Domomum*로 번역한다.

67) 미완료형과 함께 쓰인 와우, "그가 보내실 것이다." 조건문의 귀결절이 와우 연계형과 완료형으로 시작하고 있다. "이는 그들이 여호와께 부르짖을 것이고 그는 그들에게 한 구원자와 능한 자를

를 사사기로부터 취해 와서 여호와의 구원의 위대성을 알리고 있다. 애굽인은 자신을 기다리고 있는 압제가 무엇이든 간에 거기에 있을 구원이 너무나도 커서 사사시대에 주어졌던 구원과 비교될 수 있다고 생각할 수도 있다. 어쨌든 모든 것이 전달되고 모든 일이 이루어졌을 때 이 구원자가 그리스도 자신이라는 것이다.[68] 그러므로 이 예언은 많은 구원자들의 파송으로 성취되지만 궁극적으로 또 최상으로 그리스도 안에서 성취된다.

19:21 애굽인의 회심에 단계적 변화가 나타난다. 먼저 제단과 돌기둥의 언급, 그리고 다섯 성읍에 대한 언급이 있다. 이제 본 절에서는 제한이나 조건 없이 애굽이 여호와를 알게 된다고 언급된다. 애굽과 여호와 사이에 대조가 분명하다. 이름들이 두 번 나타난다. 곧 "여호와께서 자기를 애굽에 알게 하시리니 그 날에 애굽이 여호와를 알고." 각 경우 "알고"라는 동사가 두 이름 앞에 있다.

본 절은 여호와께서 알려지거나 혹은 자신을 애굽에 알리실 것이라는 간략한 서술로 시작한다. 이 선포는 유다에서 하나님을 부르고 기도를 드릴 때 사용했던 이름을 애굽인들이 안다는 것 이상을 의미하며 또한 하나님께 대한 그들의 의무의 실제적인 수락 이상의 의미를 갖는다. 소위 말하는 지식은 야웨가 참 하나님이심에 대한 인정을 수반한다. 그러나 이것은 동시에 그를 자신의 하나님으로 섬기는 인격적인 관계를 포함한다. 모든 참된 예배나 신앙의 기초에는 지식이 있어야만 하며 이 지식은 하나님의 선물이다. "알고"(there shall be known)라는 동사에 대한 이해를 위하여, 우리는 출애굽기 6:3의 "나의 이름을 여호와로는 그들에게 알리지 아니하였고"라는 문구를 떠올린다. 출애굽기 6:3에서 자기 이름을 자기 백성에게 알리신 분이 하나님 자신이시며 그와 같이 본 절에서도 자기를 애굽에 알리신 분은 하나님이시다. 동시에 그러한 지식은 믿음으로 말미암아 오는 것이기에, 바울이 그랬던 것처럼 다음과 같이 물을 수 있다. "듣지도 못한 이를 어찌 믿으리요 전파하는 자가 없이 어찌 들으리요"(롬 10:14하). 애굽이 믿는 다는 사실은 애굽이 하나님에 관한 메시지를 들었다는 것을 의미한다. 사람이 보냄을 받은 것이고, 그들이 메시지를 가져간

보내실 것이다. 그로(즉 구원자) 하여금 그들을 구원하도록." 또한 וְרָב이 완료형과 함께 와우 연계형이 사용된 것으로 볼 수 있음에 유의하라. "그리고 그가 힘쓸 것이다."

68) 이사야는 이방국가들을 위한 한 사람의 구원자, 곧 그리스도만을 알고 있다. 이 구절의 모든 메시아적인 내용이 이 분을 가리키고 있다.

것이고, 그 진리를 가르친 것이다. 애굽은 그 진리를 듣고 믿었다. 하나님께서는 애굽에 자신을 알리셨다.

결과적으로 선지자는 그 날에 애굽이 여호와를 알 것이라고 선포한다. 이러한 미래의 지식은 하나님께서 애굽에 자신을 알게 하신 결과이다. 참된 예배 가운데 나타난 것이 지식이며, 이사야는 구약시대의 상징들을 사용하면서 이 예배를 묘사한다.[69] 그는 애굽이 희생제사를 드릴 것이라고 선언하며 피의 제사와 피 없는 제사 모두를 의미하는 두 단어를 사용하여 희생제사 전체를 나타내고 있다. 물론 그가 메시아의 구원의 때를 묘사하고 있으므로 희생제사는 실질적으로 더 이상 필요가 없을 것이다. 그럼에도 불구하고 이 비유적인 언어의 사용을 통하여 선지자는 애굽이 하나님을 예배할 것이라는 진리를 나타내려 하고 있다. 구약시대에는 예배하는 자가 하나님께서 명령하신 바대로 희생제사를 드릴 수 있었다. 그러므로 애굽이 이와 같이 행하리라고 묘사하면서 이사야는 미래에 애굽이 흠향할 만한 방법으로 하나님을 예배하리라는 것을 단순하게 선언하고 있는 것이다. 애굽이 실질적인 제단 위에서 문자 그대로의 희생제사를 드릴 그 때를 예언하고 있는 것은 아니다.

애굽이 여호와께 서원을 드리고 그 서원을 이행할 것이라는 사실은 애굽의 헌신의 깊이를 나타낸다.[70] 서원제는 감사의 표현으로서 헌제자가 자원하는 마음으로 이루어졌다(민 30:1 이하를 참고). 애굽인은 하나님을 알게 된 후에라야 이러한 서원을 한다. 그러므로 그들의 서원은 무모하지도 않고 불경건한 것도 아니고, 하나님께 대한 예배와 연관하여 취급해야 한다. 그리고 이러한 이유 때문에 애굽인은 서원을 시행하는 데 열심인 것이다. 본 절은 모든 종류의 서원을 지지하기 위하여 이용할 수 있는 구절은 아니다. 독신과 지속적인 청빈의 서원, 그리고 여호와께 대한 지식과 어울리지 않는 그러한 종류의 서원은 여기에서 고려되지 않는다. 칼빈은 정곡을 찔러서 다음과 같이 해석하였다. "우리는 결코 우리가 좋아하는 것은 무엇이나 서원하도록 허락을 받지 않았으니, 이는 우리도 역시 너무 지나쳐 나아가려는 경향이 있기

---

69) 여기서 동사 עָבַד는 출애굽기 13:5에서처럼 종교적인 봉사의 실행을 나타낸다. Bultema는 이것이 애굽인들이 그리스도의 피가 자기들에게 귀중하게 된 바, 그 진리를 상징화할 실질적인 희생제사를 가리킨다고 믿고 있다. 그러나 이러한 해석은 성경의 계시의 일반적인 어조와는 일치하지 않는다.

70) 여기서 피엘형은 작위적 의미를 가지고 있다. 칼형은 상태 동사이며 "온전하게 된다, 완전하게 된다"이고, 반면에 피엘형은 상태 동사에 의하여 나타날 상태의 현실화를 나타낸다. 즉 "온전하게, 완전하게 만들다." Goetze, "The Socalled Intensive of the Semitic Language." *JAOS*, Vol. 62, No. 1, 1942, pp. 1–8을 참고하라.

때문이며 하나님에 관하여는 모든 종류의 자유를 취하려는 경향이 있기 때문이고, 또한 우리가 인간을 다루는 것보다도 그에게 보다 뻔뻔스럽게 행동하기 때문이다." 애굽인이 하는 서원은 가볍게 한 것이 아니라 진지하게 한 것이며, 분명히 하나님을 알기 위한 깊은 관심에서 나왔다. 왜냐하면 그들이 서원을 이행할 것이라는 사실을 강조하고 있기 때문이다. 그러므로 참 신앙이 예전에 하나님의 백성을 압제하였던 그 땅을 완전히 정복한 것이다.

19:22 애굽은 여호와를 예배하므로 하나님의 참 자녀처럼 취급해야 한다. 왜냐하면 "여호와는 그가 사랑하는 자를 징벌하시기" 때문이다. 여호와께서는 바로를 재앙으로 치셨던 것처럼 메시아 시대에는 재난으로 애굽을 치시지만(이 두 경우에 같은 동사를 사용한다) 그들을 멸망시키지 않으시고 다시 고치실 것이다.[71] 이사야의 표현은 강하다. 그래서 "여호와께서 때림과 고치심으로 치실 것이다"로 번역할 수도 있다. 그 나라를 완전히 멸망시키는 치심도 아니고, 더 때리는 일이 배제된 고침도 아니다. 그러므로 근본적으로 하나님의 행동은 애굽에게 유익한 것이다. 그것은 애굽으로 하여금 여호와께로 돌아서게 하고 그들을 때리게 만들었던 것들을 버리게 하는 결과를 가져온다.

이사야의 언어가 출애굽 시대에 그 땅을 치셨던 일을 반영하고 있다. 여호와께서 애굽인들의 간청을 들으실 것이라고 그가 말할 때, 바로가 모세에게 여호와께 자기를 위하여 간청을 올려달라고 한 그 명령을 기억한다.[72] 그러나 그 때에 여호와의 은혜가 모세에게 나타나지 않았었지만, 이제는 애굽이 그에게 부르짖을 때에 그가 그들을 들으실 것이다. 예전에 여호와께서 애굽으로부터 들려온 부르짖음을 들으셨는데, 그 때는 애굽이 그의 백성을 노예로 붙들고 있었고 약속의 성취를 방해하려고 했다. 그러나 이제는 애굽 자신이 고난으로 인하여 하나님께 부르짖을 것이며, 그가 그들의 간청을 진정으로 들으실 것이다. 결국 애굽을 고치실 것이다. 옛날의 적대감이 사라지고 잊혀진 것이다. 예전에는 신앙의 가족으로부터 나그네와 외인이었던 그들이 이제는 오래된 미신행위를 버리고 살아 계시고 참되신 하나님에게로 돌아선 것

71) 두 개의 부정사 절대형은(그렇지만 1Q는 두 번째 것을 한정 동사로 대치시키고 있다) 동등하게 사용될 수도 있다. 그렇다면 후자는 첫 번째 것에 의하여 표현된 것에 정반대적인 행동을 표현하고 있다. 그러므로 "치시고 그러나 또한 고치시고"가 된다.

72) 일반적으로 니팔형에서 עתר은 라메드와 함께 사용되며 예배자를 가리킨다. "그가 그들의 간청을 들으실 것이다"(삼하 21:14을 참고).

이다. 결국 그들은 하나님의 백성에게 속한 모든 축복을 받는다.

> 23절, 그 날에 애굽에서 앗수르로 통하는 대로가 있어 앗수르 사람은 애굽으로 가겠고 애굽 사람은 앗수르로 갈 것이며 애굽 사람이 앗수르 사람과 함께 경배하리라
> 24절, 그 날에 이스라엘이 애굽과 앗수르로 더불어 셋이 세계 중에 복이 되리니
> 25절, 이는 만군의 여호와께서 복을 주어 가라사대 나의 백성 애굽이여, 나의 손으로 지은 앗수르여, 나의 산업 이스라엘이여 복이 있을 지어다 하실 것임이니라

19:23 본 절에서 우리는 여호와께로의 회심을 통한 하나됨의 정점에 이르게 된다. 애굽과 앗수르의 긴밀한 관계를 애굽으로부터 앗수르까지 펼쳐진 대로라고 하는 비유로 표현한다(1권 400쪽 각주 29을 참고). 이사야는 단순히 비유를 사용하고 있을 뿐이다. 그는 두 나라 사이를 연결짓는 문자적, 실제적 길을 말하고 있지 않다. 예전에 적대적이었던 이 두 나라가 친구 혹은 형제와 같은 관계에 들어갈 것이니 이러한 사실이 서로간에 통하여 있는 길로 여행한다는 표현으로 상징적으로 나타난다. 사람들과 나라들이 여호와를 알게 될 때, 그들 사이에 있는 상호 적대감과 증오심은 그치고 서로에게 형제처럼 행동하고자 한다. 양자가 같은 대로로 여행을 하며 여호와를 섬기는 일뿐만 아니라 서로 돕는 일을 기뻐할 것이다.

앗수르와 애굽은 서로간에, 그리고 이스라엘에게도 숙적(宿敵)이었다. 그렇지만 이스라엘의 하나님께서는 이 나라들의 신들보다 더 능력이 크신 분이셨고, 그들이 그를 자기들의 하나님으로 알도록 하실 수 있는 분이셨다. 이는 이사야 당시의 애굽과 앗수르를 가리키는 것이 아니고 그 나라들의 후손을 가리키는 것이다. 메시아 시대에는 이사야 당시에 애굽과 앗수르로 불렸던 국가가 여호와를 섬길 것이다. 이 두 나라의 회심은 모든 이방인의 회심에 대한 상징적 역할을 할 것이다. 여호와께 대한 두 개의 적대적 기둥으로써 쌍벽을 이루었던 두 나라는 온갖 형태의 세상적 세력을 대표한다. 이것은 바벨에서 일어났던 일의 역전이다. 바벨탑에서 세상은 흩어졌고 각 나라가 일어났다. 그들은 각기 개성을 유지하였고 각 나라는 일반적으로 이 개성으로 특징지어졌으며, 또 여호와를 알지도 예배하지도 않았다. 그러나 이제는 앗수르가 이끌어 내려 했던 거짓된 통일, 즉 단순히 하나의 위대한 인간 제국으로 뿐만 아니라 이교주의와 여호와에 대한 무지로 사람들을 함께 모으려 했던 통일과는 반

대로 여호와께서 친히 참된 통일을 이루신다. 그는 오순절에 모이게 하시고 구원의 복음의 축복에 이방 나라들을 포함시킴으로 이 일을 이루실 것이다.

본 절의 마지막 문장을 "그리고 애굽은 앗수르를 섬길 것이다"로, 혹은 "그리고 애굽이 앗수르와 함께 섬길 것이다"로 번역할 수 있다. 만약 첫 번째 번역을 채택한다면, 한 나라가 하나님께 헌신함으로 다른 나라를 기꺼이 섬기고자 하는 마음을 표현하는 것이 될 수 있다. 이러한 해석에 찬성한다면 그 대로는 애굽으로부터 앗수르로 나아가는 것이며, 앗수르가 애굽으로 오는 것으로 먼저 언급되었다고 주장할 수도 있다. 반면에 주석가들은 일반적으로 후자의 견해를 받아들이고 있으며, 변화의 놀라움에 주의를 기울이게 하고자 대격 불변화사인 에트(אֵת)의 일반적인 용례에 대한 의도적인 암시가 있다고 본다. 먼저 애굽이 앗수르를 섬기고 그 다음에 앗수르와 함께 섬길 것이다. 만일 하나님의 백성을 대적하는 데 있어서 선구자였던 이 두 적대적인 나라가 부드러워지고, 완전히 돌이킬 수 있다면, 그 적대감이 보다 덜 능동적이었던 다른 나라들도 틀림없이 회심할 것이다. 야곱의 하나님을 대항하여 이길 만큼 강력한 대적은 없다.

그러나 메소포타미아의 세력은 특히 다니엘서를 볼 때 하나님에 대한 대항의 전형이다. 이것은 죄악된 인간 사역의 절정을 이룬다. 이사야는 이러한 몇몇 이방 국가를 다룸에 있어서 그들이 남은 자를 소유하게 될 것으로 묘사했으며, 남은 자를 통해 구원이 임할 것이다. 그러므로 이 세력들은 완전히 멸망당하지 않아야 했다. 이러한 일이 바벨론의 경우에는 해당되지 않았다. 이사야는 14장에서 이 나라를 매우 통렬하게 질책하였다. 메소포타미아의 세력 자체에 대해서는 그 세력이 바벨론에서부터 나왔거나 혹은 그 전신인 앗수르에서부터 나왔거나 간에 희망이 없어 보였다. 그렇다면 어떻게 이것을 본 절의 언급과 조화할 수 있는가? 사실상 거기에 상충되는 것은 없다. 예전에 앗수르와 바벨론을 움직였으며, 계속하여 하나님의 백성과 그리스도의 교회를 대적하게 하는 영이 주님의 강림으로 말미암아 멸망당할 때까지는 역사할 것이기 때문이다. 그 세력이 앗수르와 바벨론에서 드러나는 한 이 나라들을 위한 구원은 있을 수가 없다. 다시 말해서 이사야 당시에 메소포타미아의 세력 자체가 적그리스도의 영이었고 불법의 사람의 선구자였다. 그러한 존재에게는 소망이 없는 것이다. 그런 까닭에 이사야는 14장에서 바벨론 왕의 멸망을 강한 어조로 제시할 수 있었다(14장의 주석 부분을 참고하라). 다른 한편 적그리스도의 영에 의하여 움직이는 세력이 아닌 나라에 대해서는 소망이 있을 것이었다. 이 나라들이 행한 바와 같이 아주 강하게 여호와를 대적하였던 나라들까지도 메시아의 구원의 때에는 주님의 사역을 기뻐할 것이다. 한때 그리스도를 대적했던 영이 애굽과 앗수르를 통하여 하나님의 백성들을 압제하였다. 그러나 이 영에 의하여 조종을 받았던 나라들까지도 메시아가 올 때에는 구원을 받을 것이다. 선지자가 애굽과 앗수르가 여호와를 경배할 것이라고 말할 때, 그는 하나님께서 이 두 나라들처럼 극악하게 죄를 범하는 나라에까지 자비를 베푸신다는 사실을 가르치고 있는 것이다.

19:24 이제까지 이스라엘은 적의의 대상 곧 앗수르와 애굽 사이의 분열의 핵심에 있었다. 그러나 이제는 그러한 신분이 변할 것이며 복이 될 것이다. 다른 두 나라에 대한 3분의 1로서 완전한 통일체를 이룰 것이며, 여호와를 경배함에 있어서 이 셋이 함께 전 세계를 대표하는 것이다. 이스라엘이 다른 두 나라들과 동등한 위치인 한 구성원으로서 3분의 1 부분을 이루는 바, 삼중적 또는 3배의 연합이다. 선지자의 말이 주지하는 바를 다음과 같이 나타낼 수 있을 것이다. "애굽에 대하여, 그리고 앗수르에 대하여 이스라엘은 3분의 1이 될 것이다." 이전에도 이스라엘이 3분의 1이었지만 불화의 씨로서 3분의 1이었다. 그러나 메시아 시대에는 축복이 되는 3분의 1이 될 것이다. 이 나라는 다른 두 나라를 위한 축복일 뿐만 아니라, 동시에 모든 땅에서 축복이다. 아브라함에게 주어진 약속의 성취를 이스라엘에서 볼 수 있다는 점에서 이스라엘은 축복이 된다. 이스라엘의 전 역사를 통하여 이스라엘은 복이 되어야 했었고 그 약속에 충실했었던 때만큼은 축복이었다. 그러나 이스라엘은 언제나 약속에 신실하지 못하였고 자주 넘어짐의 원인이 되었다. 그러나 가장 완전하고 정확한 의미에서 이스라엘은 예정된 존재가 될 것이다. 즉 그 땅으로부터 축복이 흘러나와서 온 땅으로 들어갈 것이다.[73]

19:25 본 장은 하나님께서 세 백성에게 선포하시는 엄숙한 축복으로 끝을 맺고 있다. 이스라엘은 축복이 되어 왔다. 따라서 하나님께서 이스라엘을 축복하실 것이다.[74] '그것'으로 번역한 단어는(개역성경에는 생략됨–역주) 중성으로서 이스라엘

---

73) 창세기 12:1–3; 요한복음 4:22을 참고하고 또한 창세기 18:18; 22:18; 26:4; 28:14; 49:10; 스가랴 8:13을 유의하라.

74) 도입어로 관계대명사를 종종 사용한다. 예를 들면 B도 그러하다. 어떤 사람은 그것을 목적의 의미로 취급하지만 이것은 다음에 따라오는 완료형을 볼 때 불가능하다. 나는 "여호와께서 그것에게 복 주어"라고 번역하고 싶다. 접미사는 바로 앞에서 언급한 세 나라 혹은 이스라엘을 함축하는 중성적

뿐만 아니라 세 세력을 모두 가리킬 수도 있다. 그 이유는 야웨께서 지금 이스라엘 뿐만 아니라 모든 나라의 하나님이시기 때문이다. 축복의 언어가 이전에 이스라엘에 대해서만 사용되었던 종류의 것이지만 지금은 전 세계를 묘사할 수도 있다. 본장에서 강조가 애굽에 주어져 있고, 23–24절에서는 애굽을 앗수르 전에 언급하였다. 그러한 이유로 여기서 다시 애굽을 먼저 언급한다. 앗수르 역시 언급한다. 왜냐하면 여호와를 섬겼던 세 개의 집단에 속했기 때문이다. 이사야는 이제까지 이스라엘에만 사용되어 온 세 개의 용어를 택하여 애굽과 앗수르에까지 확장하여 사용하고 있는데, "나의 백성," "나의 손으로 지은" 그리고 "나의 산업"이다. 차별이 없이 하나가 된 세력들을 묘사하기 위하여 이 용어들을 사용한다. 우선 애굽이 하나님의 백성으로 불리운다. 이것은 이상한 호칭이다. 왜냐하면 하나님께서 전에 이스라엘 백성들을 자기 백성으로 삼으시기 위하여 이끌어 내신 곳이 애굽이기 때문이다. 출애굽 시대의 압제가 완전히 잊혀졌거나 혹은 뒤로 사라졌으므로 지금은 애굽 자신이 "나의 백성"이라고 지칭될 수가 없는 것이다. 앗수르는 그의 손으로 지은 것이다. 따라서 선지자는 특별하고도 영적인 의미에서 앗수르가 하나님의 백성이라는 것을 나타내고 있는 것이다. 이스라엘은 예전에 "그는 너를 지으시지 않았느냐?" 라는 질문을 받았었고(신 32:6하), "그들을 내가 지었고 만들었느니라"(사 43:7)는 말로 묘사되었다. 이러한 사상이 신약성경에 다음과 같은 말로 분명하게 나타난다. 즉 "우리는 그의 만드신 바라 그리스도 예수 안에서 선한 일을 위하여 지으심을 받은 자니"(엡 2:10), "그런즉 누구든지 그리스도 안에 있으면 새로운 피조물이라"(고후 5:17상). 앗수르에 대해 이보다 더 귀중한 말이 있겠는가? 하나님의 손이 그를 자기 백성으로 만드셨다. 마지막으로 이스라엘을 "나의 산업"으로 묘사한다. 이 용어를 다른 두 나라들에게도 동등하게 적용할 수 있지만 이 칭호가 이스라엘에게 주어진 것은 아마도 이스라엘이 오래전에 선택되었다는 사실을 상기시키기 위한 것일 것이다. 세 나라의 언급에 있어서 이스라엘이 마지막에 위치해 있는데, 이는 애굽과 관련된 나라들의 소개에 있어서도(23–24절) 이스라엘을 맨 나중에 소개하였기 때문이다. 그러므로 본 장은 "이스라엘"이란 단어로 마무리한다. 드렉슬러(Drechsler)는, 만일 17장과 18장처럼 19장도 같은 시기에 속한다면 이 장들 간에는 아름다운 조화가 있음을 지적한다. 에브라임이 애굽과 함께 몰락하였기에 애굽은 에브라임을

의미로 취급될 수도 있다. Dillmann은 אֲשֶׁר가 복을 가리키는 것으로 만들어 그것으로 여호와께 복을 주셨다고 한다. 그러나 이럴 경우 일반적으로 הָיָה가 뒤따르는 것을 기대하게 된다.

삼킬 좋은 이유를 가지고 있었다. 그러나 에브라임은 대로가 지나갈 수 있는 애굽과 앗수르 사이의 적당한 다리가 된다.

이 예언이 언제 실현될 것인가? 아마도 여기에 묘사된 축복이 전적으로 영적인 것이요 하나님의 선물이라는 사실에 주의함으로써 그 대답에 접근할 수 있을 것이다. 이사야가 이 세 나라 사이에 휴전이 있게 될 때와 대로가 문자적으로 애굽으로부터 이스라엘을 거쳐서 앗수르로 통과하게 될 때를 묘사하고 있는 것은 아니다. 그보다 예전에는 하나님의 대적이었으며, 육신으로는 이방인이었고 그리스도가 없었고, 이스라엘 국가에 대해서는 외인이었고 약속의 언약에서 떠난 이방인이었고 이 세상에서 소망도 없고 하나님도 없던 자들이 새로운 인간이 될 것이며 성도들과 함께 하나님 나라의 동일한 시민이 될 그 때를 묘사하고 있는 것이다. 그 때에는 옛적의 적대감이 사라질 것이다. 그러므로 이 약속의 성취는 메시아적인 것이다. 이사야가 2:2–4에서 묘사한 것이 실현될 것이다. 그리고 나그네와 이방인들이 함께 적절하게 짜 맞추어진 건물이 되어 주님 안에서 거룩한 성전으로 자라갈 것이다.

특주

콥프(Koppe)는 본 장의 진정성을 부인하는 초기 사람 중 한 명이었으며 로버트 로우드(Robert Lowth)의 이사야서 주석의 독일어 번역가였다. 그는 18–25절을 앞의 구절들로부터 분리하였는데, 그 이유는 앞 구절에 제시된 애굽인의 비극적인 모습이, 애굽이 이스라엘과 앗수르와 함께 여호와를 경배하게 되리라는 축복의 그림과는 너무나 다르게 생각했기 때문이다. 더 나아가서 그는 이사야나 유다의 선지지 어느 누구도 히브리어를 가나안 방언으로 지칭하지 않았다고 단언하였다. 끝으로, 이사야가 항상 이스라엘 백성의 대적으로 생각하였던 앗수르인이 여호와의 손으로 지은 자 혹은 야웨의 백성으로 불린다는 사실을 콥프는 이사야에게서 나온 것이 아님을 증거하는 것으로 보았던 것이다.

콥프 이후로(또한 Eichhorn's Einletung 참고) 본 장의 저작권에 대해 실제적으로 일치된 견해가 거의 없었다. 둠(Duhm)에 따르면 16절 이하는 이사야서의 그 어느 본문보다도 원저작(unecht)이 될 수 없다. 왜냐하면 만약 이사야가 이 절들을 기록하였다면 그가 자신의 다른 예언을 부정하는 결과가 되기 때문이다. 더 나아가 산만한

(zerfahrene) 문체와 파편적인 기록이 온갖 종료의 짧은 예언과 함께 섞여 있는 것은 단지 2세기의 모조품과 첨가물에서만 그 유사성을 볼 수 있기 때문이다. 마르티(Marti)는 본 장 전체를 이사야에게 돌리는 것을 부인하고 있으며, *IB*는 언어가 이사야서와 다소 유사성을 가지고 있다고 인정하는 반면 5–10절은 그 본래 형태에 있어서 이사야서에 속하지 않을 수도 있다고 생각한다. 그러나 첫 번째와 세 번째 연, 즉 1–4절과 11–15절은 주전 714년의 것으로 볼 수 있다.

1–4절부터 시작하자. 야웨가 구름을 타시고 애굽으로 오심에 대한 묘사가 이사야의 글이라는 것을 부인할 수 없다(Marti). 9:7(개역성경 9:8)에서 여호와께서 이스라엘에 말씀을 보내어 임하게 하신 것이 사실이지만 이로 인해 이사야가 그의 생각을 전혀 수정하지 않았다고 할 수 있는가? 여기서 전체적인 상황은 다르다. 즉 선지자의 목적은 애굽에서 일어나는 혼란들이 하나님 자신에 의한 것임을 보이려는 것이지, 그로부터 나온 메시지의 결과를 보이려는 것이 아니다(주해 부분을 보라).

마르티는 유다와 관련된 사건과의 연관성의 부족을 제시한다. 그러나 이 예언은 다른 "화(禍)들"과 유사한 방식으로 시작하고 있는 "화"이다. 유다와의 연관성은 본서에서의 전체적인 위치에서 나타난다(1권 409–415쪽을 참고). 또한 마르티가 이사야의 것이 아니라고 부인하는 17절과 23절 이하를 유의하라. 애굽 혹은 애굽인의 반복(1–10절에서 10회 나타남)은 이사야의 것이 아니라고 한다. 그러나 이러한 주장을 하는 사람들에게 증명의 부담이 있는 것이 아닌가? 왜 이사야가 짧은 본문에서 이 단어를 자주 사용하지 않았던 것인가? 또한 왜 이사야와 같은 저자가 어부와 직물공을 언급하는 것이 무가치한가?

애굽의 내분과 전쟁(2절)은 이사야 당시와 아주 잘 어울린다. 그 당시에는 에티오피아 왕조의 설립에서 절정을 이룬 내적인 무질서가 있었다. "잔인한 군주"에 대하여, 만일 한 실제 통치자라고 주장하여야 하고 본 주석에서 주해한 바와 같이, 이 단어가 일반적으로 앗수르 제국을 가리키지 않는다면, 분명히 사르곤(Sargon)을 고려해 볼 수 있을 것이다.

나아가서 마르티는 유대 종교교리와 애굽의 지혜를 비교하는 것과 더불어 유일신사상을 함께 자리하게 하는 것은 이사야적이지 않다고 주장한다. 이러한 논지의 흐름은 이사야서의 다른 부분에 나타나고 있는 하나님과 우상 사이의 대비가 이사야의 것임을 거부하는 것이다. 이것은 이사야서에 나타난 견해의 실제 진행을 이해하지 못하는 데서 기인한 것이다.

16절 이하는 일반적으로 이사야의 것이 아니라고 부인되었다. 그 내용은 쉽게 다섯 개의 단락으로 나뉘는데, 각 단락을 "그 날에"라는 말로 시작한다. 더 나아가서 각 단락은 애굽을 다루고 있고, 쉽게 한 저자의 작품이 될 수 있다는 것이다. 이 저자가 이사야가 될 수 있는가? 이사야 저작권에 반대하는 주된 논증은 다음과 같다.

1) 첨가물이라는 인상을 주는 산문체. 그러나 이사야는 문체의 다양성을 잘 활용할 수 있었다. 16절의 주해를 보라. 나아가서 "그 날에"라는 표현은 분명히 1–15절의 심판을 가리키고 있고, 또한 심판의 사상이 16절 이하에 따라오는 내용의 기초를 이룬다. 피셔(Fischer)는 이 단락이 본질적으로 이사야에게까지 거슬러 올라갈 수 있다고 인정하고 있다("…der aber im wesentlichen auf Isaias zuruckgehen kann"). 16절 이하는 1–15절에서 시작된 논증을 계속 이어간다.

2) 앗수르의 회심에 대한 예언은 요나서와 평행을 이루는데, 오늘날은 일반적으로 요나서를 포로 후기 시대에 놓는다. 요나서의 포로 후기 저작설에 반대하여 필자가 다른 곳에서 주전 8세기의 것으로 제시한 논증들을 유의하기 바란다(An *Introduction to the Old Testament*, 〈Grand Rapids, 1958, pp. 277–282〉).

3) 특정 어구들이 스가랴 14:16과 미가 1:1 같은 구절을 상기시켜 준다는 것이다. 그러나 이 구절들이 스가랴서와 미가서의 구절의 기초가 될 수도 있는 것이다.

4) 거룩한 땅(聖地)의 정복자에 대한 기록을 실질적으로 따르는 조처는 그 기록을 이사야와 같은 본래 저자에게 돌리는 것을 선호하지 않는다. 그러나 이러한 논증은 주관적인 것이다. 만일 본문을 따로 두고 본다면 그러한 논증은 어느 정도 무게가 있지만, 본 부분은 성경의 필수적인 부분이며(18:7; 23:15–18과의 유사점을 주시하라), 또한 그런 까닭에 그러한 논증은 거의 무가치하다. 그러므로 본 장이나 또는 일부분을 이사야에게 돌리기를 거부할 만한 충분한 이유가 없다고 결론을 짓는 바이다.

이사야 19:1-25에 대한 특주

M은 "장망성" 즉 파괴될 성으로 번역되어야 한다. 이것은 아퀼라 역과 데오도숀 역(αρες)과 시리아 헥사플라(아퀼라는 아마도 חרס를 지지할 수도 있다)에 의하여 지지를 받고 있다. 이에 대한 반대가 있어 왔는데, 이 번역이 구원의 예언과 잘 어울리지 않는다는 것이다.

어떤 학자들은 M을 유지하지만 아랍어 haris에 근거하여 레온토폴리스(Leontopolis)를 가리키는 사자(lion)의 성읍(Duhm, Marti)으로 번역한다. 요세푸스(Josephus, Antiquities, xiii. 3. 1-3)는 대제사장 오니아스(Onias)의 아들 오니아스가 알렉산드라에 살고 있었다고 말하면서, 마카비 가문이 유다를 황폐화시키고, 예루살렘에 있는 것과 유사한 건물을 애굽에 건축하고자 했던 것으로 본다. 이러한 일을 함에 있어서 600년 전에 살았던 이사야 선지자가 그에게 격려가 되었다. 왜냐하면 한 유대인이 애굽에 성전을 세울 것이라고 예언하였기 때문이다(ώς δεî πάντος ἐν ᾽Αιγύπτῳ οἰκοδομῆτηναι ναόν τῳ μεγὶστω θεῶ ʽυπ ἀνδρὸς ᾽Ιουδαίον). 오니아스는 부바스티스(Bubastis)에 그의 성전을 세우길 원했다. 그곳에는 폐허가 된 사원이 있었다(레온토폴리스〈Leontopolis〉는 헬리오폴리스(Heliopolis〉라고 불린다). 오니아스는 편지로 프톨레미(Ptolemy)와 클레오파트라(Cleopatra)에게 이 사역에 대한 허가를 요구하였으며, 그들은 그의 요구를 허락하였다.

이 견해에 대한 반론은 아람어 하리스(haris)가 단순히 사자의 특서을 나타내는 형용사이지, 사자 그 자체를 의미하지 않는 다는 것이다. 그렇지만 둠(Duhm)은 이러한 생각에도 불구하고 자기 의견을 포기하지 않고, 반은 계시하고 반은 숨기고 있는 유사한 호칭이 계시의 특성이라고 생각한다. 레온토폴리스를 배제하는 유일한 길은 그 문장 자체를 폐지하는 것이라고 생각한다. 그러나 본문은 묵시가 아니며 חרס를 형용사 haris로 사용할 수 없다는 사실이 여전히 남아 있다. 둘을 동일하게 보는 데 있어서 언어학적 난점은 없는 반면에, 아람어에서 하리스가 그 자체로 명사라기보다는 실제 명사 asad(사자)의 수식어인 것으로 보인다. 더 나아가서 이사야가 만일 사자를 말하기 원했다면 어찌하여 그의 목적에 더 적합한 단어를 사용하지 않았는가?

손씨노(Soncino) 성경에서 슬롯키(I. W. Slotki) 박사는 M의 독법을 견지하지만 비유적으로 해석한다. 그는 장망성이라는 문구를 우상숭배의 성읍을 의미하는 것으로 간주한다. 이 견해는, 비록 피셔가 다소 이와 유사한 입장을 채택하기는 할지라도(렘

43:12 이하) 언어학적으로 지지를 받지 못한다. 사랑, 구속이라는 번역을 지지하기 위하여 수리아어 헤레스(heres)에 호소하기도 했다. 게세니우스(Gesenius)는 어느 정도 장황하게 이것을 논의한다(그의 위의 책 참고).

많은 현대 주석가는 헤(ה) 대신에 헤트(ח)로 읽고, 그래서 태양의 성읍이라는 의미를 얻어낸다. 이러한 의견은 1Q의 지지를 받고 있으며, 또한 S와 벌게이트역(civitas solis vocabitur una), 아랍어, 일부 히브리어 사본들에 의하여 입증을 받고 있다. 만약 이 독법을 채택한다면(욥 9:7을 참고) 그것은 헬리오폴리스를 가리킬 것이다(렘 43:13) . 그렇지만 만약 이것이 의도된 것이라면 어찌하여 저자가 이 도시를 단순히 온(On, 창 41:45, 50; 46:20; 겔 30:17 참고)이라고 부르지 않았는가? 펜나(Penna)는 거기에 메시아적 언급이 있다고 생각하는데(앞의 주해 부분을 보라), 그가 옳은 것 같다. 제롬(Jerome)은 이 독법에 testa라는 번역을 추가하고 오스트라신의 성읍(Ostracine, 오지그릇들의 성읍)을 가리키는 것으로 생각하였다. 이것은 다바네스를 가리키는 것으로 취급될 수도 있는데(렘 43:9), 예레미야는 애굽의 이곳으로 끌려갔었다. 그러나 왜 그 이름이 다섯 성읍 중 하나에 붙여져야 했는가?

탈굼은 두 개의 독법을 함께 묶는다. למחרב יתאמר היא הדא מנהון קרתא כית שמש דעתידא, 즉 "…의 성읍, 벧세메스, 이 성은 곧 황폐하게 될 것이라고 알려질 것이며 이것은 그것들 중 하나다." 이것은 늘려서 번역한 것으로서, 하나의 독법을 지지하면서도 동시에 다른 것도 지지한다.

B는 πολις ασεδεκ(그리고 시내 사본은 ασεδ ηλιον으로 되어 있는데, 이는 분명히 합성된 독법이다)로 해석하고 있는데, 그래이(Gray)는 이것이 히브리어 본문을 반영하는 것으로 생각한다. 이 이름은 1:26에 있는 예루살렘에 대한 호칭을 생각나게 하며, 그래서 그래이는 애굽 성읍들 중의 하나가 애굽인의 예루살렘, 즉 합법적이고도 정확한 희생제사를 드리게 될 성읍이 될 것이라고 믿는다. 그러나 다섯 성읍들이 가나안 방언을 말한다면, 즉 참 종교를 수용한다면 왜 다섯 성읍 모든 곳에서 합법적인 제사를 드리지 않아야 했는가? 왜 이 특정의 호칭이 다섯 성읍 중 한 곳만을 위해 예정해 두어야 했는가? 어찌하여 한 성읍을 이상적 예루살렘으로 생각해야 하는가? 더 나아가서 B가 עיר הצדק를 전제하는지는 분명하지 않다. *Biblica*(Vol.2, 1921, pp. 353ff.)에 실린 한 논문에서 백커리(Vaccari)는 B의 독법이 עיר החרס의 잘못된 독법이며, 이는 자음 עִיר הַמְּדָה의 전이와 대체에 기인한다고 주장한다. 만약 B가 원문이라면 어떻게 חרם의 기원을 설명할 수 있을 것인가? 아마도 חרם의 기원은 레온토폴리스에

있는 성전을 반대하였던 서기관 때문일 수도 있다.

4. 애굽과 에티오피아: 잘못된 소망(20:1–6)

1절, 앗수르 왕 사르곤이 군대 장관을 아스돗으로 보내매 그가 와서 아스돗을 쳐서 취하던 해

2절, 곧 그 때에 여호와께서 아모스의 아들 이사야에게 일러 가라사대 갈지어다 네 허리에서 베를 끄르고 네 발에서 신을 벗을지니라 하시매 그가 그대로 하여 벗은 몸과 벗은 발로 행하니라

20:1 이사야는 이제 우리를 역사적 정황으로 인도해 간다. 앞장에서 묘사된 심판이 드러나기 시작하는 정황이다. 애굽은 공격을 당할 것이고, 그를 의지하던 유다 사람들은 그의 혼란을 바라볼 것이다. 공격은 앗수르의 손을 통하여 올 것이고, 사르곤 2세가 보좌에서 그들을 다스릴 것이다. 앗수르가 애굽을 향하여 진군한 것은 주전 711년이었다. 3년 전 그러니까 주전 713년에 아스돗이 앗수르에 반기를 들었다. 애굽의 아주리(Azuri) 왕은 제거되었고, 그의 동생 아키밋(Achimit)이 권좌에 올랐다.

그렇지만 아키밋은 백성들에 의하여 제거되고, 야만(Jaman)이라는 사람이 그를 대신하여 권좌에 올랐다. 블레셋의 다른 도시들이 반란에 가담하였고 에돔, 모압 그리고 유다 역시 합세하도록 요구를 받았다. 더불어 애굽인들은 그들의 도움이 되어줄 것을 약속하였다. 본장이 보여주는 바와 같이, 이사야는 애굽을 신뢰하는 것을 반대하였고, 그 때에 그의 말에 어느 정도 주의를 기울였던 것 같다. 왜냐하면 우리가 아는 한 유다는 사르곤(이때 그의 권력이 최절정에 이르러 있었다)에게 공격을 받지 않았었기 때문이다. 야만은 도움을 얻기 위하여 애굽으로 도망하였지만 그때 애굽에서 다스리고 있었던 구스 왕에 의해 배신을 당하여 앗수르인들에게 인도되었다.

옛 주석가들은 사르곤의 정체에 대해 난처해한다. 그들은 그가 다른 면에서는 알려지지 않은 인물임을 인정한다. 드렉슬러는 그가 아마도 살만에셀과 함께 섭정한

사람이라는 개연성 있는 추측을 한다.[1] 제롬은 그의 이름의 의미를 설명하려고 하고,[2] 킴키(Kimchi)는 그를 산헤립으로 본다.[3] 마이클리스(D. J. Michaelis)는 그를 에살핫돈으로 보고 있으며 비트링가(Vitringa)는 살만에셀로 간주한다. 로우드와 되덜라인(Doederlein)은 그가 산헤립이었다고 믿었다. 그의 비문들을 발견하여 이제는 그에 관한 많은 것들이 알려져 있다.[4]

그렇지만 왜 사르곤 자신이 아스돗으로 오지 않았을까? 아마도 이러한 질문에 대해서 우리가 원하는 것만큼 대답할 수가 없을 것이다. 단지 사르곤이 성경이 말하는 바와 같이 타르탄(Tartan, 개역성경은 "군대 장관"이라고 번역한다–역주)을 보냈다는 사실만이 보존되어 있다.[5] 그의 임무는 아스돗에서 일어난 반란을 진압하는 것이었다. 성경에서 타르탄이라는 단어는 열왕기하 18:17에도 나타난다. 지금은, 앗수르어 타르타누(tartanu)는 그 나라의 세 대관(great officer) 중의 하나였고, 다른 둘은 랍–비–룰(*rab–BI.LUL*, 즉 *BI.LUL* 관리의 우두머리)과 나길 에칼리(nagir ekalli) 아니면 아바락쿠(abarakku)였다고 알려져 있다.[6] 이 관리는 왕을 대표하였으며 왕 대신 행동하기

---

1) *"...sonst unbekannt. Man etzt ihn zwischen Salmanassar und Sanherib an." "Alle Schwierigkeit wäre gehoben, wenn man Sargon ais mit Salmanassar gleichzeitig in der Eigenschaft eines Mitregenten sich denken wollte" (Com. in loc.).*

2) 제롬의 주석들은 상당히 흥미롭다. "*Sunt autem nomina (i.e., Tartan and Sargon) non Hebraea, sed Assyria, e quibus sonare cognovimus Thartan, turrem dedit, vel superfluus, sine elongans. Sargon autem princeps horti.*" "*Et pulchre rex Assyriorum Sargon, princeps hortorum, dicitur voluptati et luxuriae deditus*" (*PL*, XXIV, 267).

3) Kimchi는 이 침입이 히스기야 14년에 있었다고 주장한다. Kimchi는 확실히 사르곤을 산헤립으로 보고 있으며, "우리의 랍비들은 그가 여덟 개의 이름을 가졌었다고 말하고 있다"고 주장한다.

4) Sargon 자신이 그가 어떻게 Azuri의 통치를 폐지하고, Azuri의 동생 Ahimiti를 그 나라의 백성들 위에 세웠는지를 말하고 있다. 그렇지만 헷 족속들은(즉 그 나라에 사는 주민들) 그들 위에 헬라인(Ia–ma–ni)을 세웠다. 사르곤은 분노하여 Ashdod을 공격해 들어갔는데, Ia–ma–ni는 당시에 구스(에티오피아)에 속한 Musru로 도망하였다고 사르곤은 말하고 있다. 그러므로 사르곤은 Ashdod, Gath 그리고 Asdudimmu를 정복하였고, 이 도시들을 재정비하였고, 동방으로부터 온 백성들로 하여금 이 지역들에 정착하도록 하였다. 에티오피아 왕은 Ia–ma–ni를 잡았고 그는 앗수르로 끌려갔다(*ANET*, pp. 286, 287을 참고). 이 본문을 보려면 Tadmor, "The Campaigns of Sargon Ⅱ of Assur," *JCS*, Vol. 12, 1958, pp. 22–40, 77–100을 참고하라.

5) Tartan은 고유명사가 아니고 직함일 뿐이다. 그는 왕의 총독이었다. 아카디아어 *tardinnu*는 "둘째"(second)를 의미한다(왕하18:17을 참고). *tartanu*의 형태로도 나타난다. 아카디아어 *turtanu*를 반영하고 있는 것으로 보이는 1Q의 תורתן을 유의하라. Dur–Sharruken(즉 Khorsabad)으로부터 나온 한 양각(陽刻)은 산헤립 앞에서 인사하면서 손을 들고 서 있는 앗수르 장군을 보여준다.

6) H. W. F. Saggs, "The Nimrud Letters," *Iraq*, Vol, 21, Part 2, 1959 가을, p. 161을 참고하라. 이

도 하였다. 타르탄은 자기 임무를 수행하였고, 사르곤이 보낸 그 해, 곧 그가 아스돗에 온 해에 그 도시를 점령하였다.[7] 이 아스돗의 함락은 애굽으로의 입성의 전조였으니, 이는 아스돗의 정복은 애굽 자체의 함락의 열쇠였기 때문이다. 아스돗은 바다로부터 5km 떨어져 있고, 룻다의 약 40km 남방에 위치해 있으며, 얍니아와 아스글론 사이에 위치해 있었다. 아스돗이 함락되었다고 말하는 것으로 충분하였다. 왜냐하면 그 성의 함락과 함께 앗수르인들의 임무가 성공하였기 때문이다.[8]

20:2 앗수르의 진군의 결과를 먼저 언급하고, 그 다음 이사야의 상징적인 행동에 대해서 듣는다. 선호하는 관용구인 "그 때에"를 사용하면서 다소 일반적인 방식으로 본 절을 시작한다. 이 표현을 통하여 하나님께서 이 시기 동안 그에게 상징적인 행동을 하도록 명령하셨다는 것을 말하고자 한다. 만약 1절이 실제적인 진군의 결과를 가리키고 선지자가 3년 동안 벗은 몸으로 다녔었다면, 선지자에게 벗은 몸으로 다니라는 하나님의 명령은 아스돗의 실제 정복보다 3년 전에 주어진 것으로 볼 수 있다. 블레셋의 반역이 일어났을 때, 하나님께서는 이미 선지자에게 명령을 하셨던 것이다.[9]

이사야는 "여호와께서 아모스의 아들 이사야에게 일러 가라사대"라는 말씀으로 계시를 다시 언급하고 있다. 7장에서처럼 선지자는 여기서도 자신을 객관화하고 있다. "이사야에게"(원문은 이사야의 손)라는 표현은 단순히 이사야의 인격, 도구됨, 또는 능력을 의미한다. 예전에 하나님께서 바로에게 모세의 손을 통하여 말씀하셨다(출 9:35하). 규례가 모세의 손을 통하여 주어졌다(레 10:11). 민수기 17:5(히브리 본문, 개역성경은 민 16:40)에서 다음과 같이 상기하고 있다. "여호와께서 모세의 손을 통하여 그에게 명하신 대로 하였더라." 이 관용구는 다시 모세와 관련하여 여

편지들 역시 이사야 7장에 묘사되어 있는 팔레스틴의 궁핍한 상황과는 대조적으로 앗수르에서는 알맞은 물가 수준을 유지하고 있었다는 사실을 보여주고 있다. 이 편지들이 보여주는 바와 같이 디글랏 빌레셀 3세에 의하여 채택된 행정법안의 결과로 앗수르 정부는 작은 세부사항들에 있어서도 효과적이었다.

7) "와서"—부정사 연결형이 그 구문에서 명사 앞에 나오면 전치사 라메드는 생략된다. 다음에 나오는 부정사와 더불어 부정사, 목적어, 주어 등의 순서를 가진다. 절 전체가 조건절을 이루며 귀결절은 다음 절에서 시작된다.

8) Cf. *ANET*, p. 286b; Hugo Winckler, *op. cit.*

9) 1절 하반절에서 이사야는 사건들의 결과들을 예상하였다. 7:1에서처럼 여기서도 마지막 결과를 말하고 있는 것이다.

호수아 20:2과 열왕기상 8:53, 56에 나타나고, 열왕기상 12:15에서는 여호와께서 실로 사람 아히야의 손을 통하여 말씀하셨다고 한다. 따라서 "손"이라는 단어는 하나님의 계시를 가리키는데, 계시가 선지자에 의해 전달되는 것과 같은 것이다. 그러므로 고려되는 바는 메시지의 수령이 아니라 메시지의 전달이다. 그리고 이것이 문맥에 잘 어울린다. 폭동의 초창기에 이사야는 이 메시지를 전달하기 시작하였다. 아니 더 잘 표현하자면 하나님께서 선지자의 손을 통하여 백성들에게 말씀하셨다. 이사야가 선포하였던 것은 상징적 행위를 행하는 그의 사명이었다. 이 메시지의 전달은 상징적 행위를 올바로 이해하는 데 필연적이다. 이는 상징을 언제나 말씀과 동반해야만 하기 때문이었다. 만약 그러하지 않는다면 바르게 이해할 수가 없는 것이다. 그의 행위를 설명해 주는 것은 바로 그의 사명이다.

꽤 많은 성경의 위임 명령들처럼 이것 역시 "가라"는 말씀과 함께 소개되고 있다.[10] 선지자는 주님에 의하여 보냄을 받은 사도이며, 특별한 행동을 하도록 보냄을 받은 사도이다. 본질적으로 단어가 그가 이행해야 할 명령을 받았다는 것을 필연적으로 암시하지는 않는다. 그는 먼저 그의 허리에서 베(sack)를 끌러야 한다. 그런데 왜 이사야가 허리에 베(sack)를 두르고 있었던가? 애도의 상징이었는가(사 3:24; 15:3을 참고)?[11] 애도할 때 허리에 베옷을 두르는 것이 관습이었으며, 이사야가 열 지파의 추방을 애도하고 있었다는 제안이 있어 왔다. 그러나 이사야의 첫 번째 사명은 유다에 대한 것이었다. 그리고 그가 그러한 목적으로 베옷을 입고 있었다는 것은 증거가 없다. 다른 사람들은 베옷이 선지자들이 입는 공식적인 의복이었다는 견해를 발전시켰다. 그리고 이러한 견해를 뒷받침하기 위하여 그들은 엘리야와(왕하 1:8) 세례 요한이(마 3:4) 입었던 옷을 지적한다.[12] 스가랴 13:4과 열왕기하 3:4도 지적하고 있는데, 백성 중에서 빈곤층이 입는 통상적인 의복을 가리킨다는 견해가 있다. 이러한 의견들마다 상당히 흥미롭고 꽤 그럴듯하다. 그러니 왜 선지자가 이 당시에 그러한 모발로 만든 거친 의복을 입고 있었는지 정확히 알 수 없다는 사실이 여전히 남는다. 이 옷은 때때로 맨살에 입기도 하였지만 자주 겉옷에 걸쳐 입었다. 정확히 말할 수 없기에 추측을 하지 않는 것이 최상이다. 하나님께서 그에게 말씀하셨을 때, 이사야는 베옷을 입고 있었고, 그는 이것을 벗어버리라는 명령을 받았었다.

10) 이사야 6:9; 21:6; 22:15; 26:20을 참고하라.
11) Calvin, Delitzsch.
12) Alexander, Drechsler를 참고하라.

이사야는 또한 발에서 신발을 벗도록 명령을 받았고, 이 명령에 순종하였다. 그 결과 그는 벗은 몸과 맨발로 다니게 되었다. 그와 같이 해야만 하는 이유를 먼저 듣지 못한 채 이사야는 호세아처럼 맹목적인 순종을 보였다. 그러나 만일 이사야가 벗은 몸으로 다녀야 했다면, 그는 스스로 부끄러운 행동을 해야 하는 것이 아닌가? 그의 선지자적 영향력에 누를 끼칠지도 모르는 부끄러운 일을 해야 하는 것이 아닌가? 이에 답하여 하나님에게 복종하여 행동하는 것은 결코 부끄러운 일이 될 수 없다고 말할 수 있을 뿐이다. 그러나 사실상 문제는 이와 관련해서는 일어나지 않는다. 왜냐하면 이사야를 완전히 벗은 몸으로 다닌 것으로 생각 않하기 때문이다. 이것은 "벗은 발"이란 단어의 첨가로 인하여 나타난다. 완전히 벗은 몸이었다면 이러한 부가적인 묘사는 필요가 없었을 것이다. 벗은 몸으로 다니기는 하였지만 아마도 내의 정도는 입었을 것이다. 그래서 백성들의 눈에 존경받지 못할 정도는 행동하지 않았을 것이다. 그는 주의를 끌 만한 방식으로 일반적인 습관에 반하여 다녔을 것이다. 사무엘하 6:20과 같은 구절들은 그러한 상태에 있는 사람이 벗은 사람으로 간주되곤 하였음을 보여주고 있다(참고. 요 21:7).

그러한 상태로 그는 계속 돌아다녔다. 그런 까닭에 이사야가 이따금 그의 직무를 수행할 때만 벗은 채로 나타났던 것이 아니라 항상 그와 같은 모습으로 돌아다녔다고 보아야 한다. 그가 예루살렘 거리에 나타날 때마다 그는 구경거리와 수치의 대상이 되었으니 이는 그가 옷을 입고 있지 않았기 때문이었다. 이러한 수치를 통하여 유다는 하나님께서 가르치고자 하는 교훈을 배워야 했다. 이것이 단지 선지자에 대해 기록된 상징적 행위지만 수치를 당한 것은 그 혼자만이 아니었다. "내가 벗었으나 너희는 나를 입혀주지 않았다"고 말씀하실 수 있었던 그분, "부요하신 자로서 너희를 위하여 가난하게 되심은 그의 가난함을 인하여 너희로 부요케 하려 하실" 그가 이 세상으로 오실 것이다.

3절, 여호와께서 가라사대 나의 종 이사야가 삼 년 동안 벗은 몸과 벗은 발로 행하여 애굽과 구스에 대하여 예표와 기적이 되게 되었느니라

4절, 이와 같이 애굽의 포로와 구스의 사로잡힌 자가 앗수르 왕에게 끌려갈 때에 젊은 자나 늙은 자가 다 벗은 몸, 벗은 발로 볼기까지 드러내어 애굽의 수치를 보이리니

5절, 그들이 그 바라던 구스와 자랑하던 애굽을 인하여 놀라고 부끄러워할 것이라

6절, 그 날에 이 해변 거민이 말하기를 우리가 믿던 나라 곧 우리가 앗수르 왕에게서 벗어나기를 바라고 달려가서 도움을 구하던 나라가 이같이 되었은즉 우리가 어찌 능히 피하리요 하리라

20:3 본 절에서 이사야의 상징적 행동에 대한 하나님의 설명이 시작되고 있다. 3년의 기간 동안 그의 선지자적 임무를 감당하는 것을 통해 이사야는 애굽 왕국이 멸망하리라는 사실에 대한 생생한 예증이었다.[13] 구스, 즉 에티오피아가 여기서 언급되는 것은 사바코(Shabako)가 애굽에서 714년부터 700년까지 통치하였기 때문이다. 히스기야 통치 시대의 예언들에서 애굽과 에티오피아를 자주 밀접한 관계로 언급한다. 크노벨(Knobel)과 다른 주석가들은 이사야가 해석적 설명을 할 때 단지 한 번만 나타났을 뿐 그 후로는 그가 말한 것을 그 나라가 기억하기 위한 하나의 모델이 되었다고 주장한다. 그러나 우리는 선지자가 얼마나 자주 자기의 임무를 말하였는지, 그리고 자기의 행동에 대해 설명을 하였는지 모른다. 펜나(Penna)는 4절에 완전히 벗은 몸을 가리키는 암시가 나타나 있다고 느끼고 그런 까닭에 이사야가 오직 환상 중에서만 그 사명을 수행했다고 생각한다. 그렇지만 어투는 그 행동이 실제적으로 실행되었음을 암시하고 있으며, 그래서 백성들은 이사야의 벗은 몸을 보면서, 자기들이 그토록 잘못된 신뢰를 두었던 바로 그 나라의 헐벗고 황폐한 상태를 바라보았던 것이다. 더 나아가서 3년을 특별히 언급하였으므로 실제로 일어난 것을 가리킨다는 것이 더 그럴듯하지 않는가? 그러므로 이 시기 동안 선지자는 벗은 몸과 벗은 발로 그의 선지사역을 수행하여야 했던 것이다. 그는 하나님께서 맡기시고 그가 수행하였던 임무를 자주 말하였는지도 모른다. 왜냐하면 그는 다가올 애굽의 멸망의 예표였기 때문이다.[14] 그 역시 하나님의 능하신 역사를 암시하는 하나의 기사, 하나의 말씀이 되어야 했다. 앗수르를 통해 애굽인들을 포로로 끌고 가는 사건 속에 드러난 하나님의 능력의 현시 안에서 이것을 깨달을 수 있다.

20:4 본 절과 함께 비유를 마무리한다. 상징적인 행동을 신실하게 시행하는 하나

13) "3년"이란 어구는 "벗은 몸과 벗은 발"과 함께 해석되어야 하고 "표적과 기사"와 함께 해석되어서는 안 된다.

14) Gray는 이 설명이 다만 이사야가 벗은 몸으로 다니기 시작한 지 3년에 가서야 주어졌다고 생각하고, 이 사이에 무엇이 있었는지를 묻는다.

님의 종 이사야가 3년 동안 벗은 몸과 벗은 발로 다녔던 것처럼 앗수르 왕은 벗은 몸과 벗은 발인 채로 모든 애굽인을 끌고 갈 것이다. 이사야는 앗수르 왕이 애굽인을 끌고 갈 것이라고 말한다. 이 동사는 모세가 광야에서 자기 양무리를 광야의 뒤편으로 이끌고 간 사실을 상기시킨다. 이것은 또한 사람들을 포로로 끌고 가는 일을 묘사할 때 사용하는 동사이다. 양이 전적으로 목자를 따르고 인도를 받는 것처럼 포로들도 역시 전적으로 자기를 사로잡은 자를 따르게 된다. 애굽과 구스는 포로가 될 것이고 사로잡혀 끌려가야만 한다. 이스라엘이 의지했던 그 땅이 완전히 사로잡힐 것임을 보여주기 위해 애굽과 구스를 모두 언급한다.

모든 계층의 주민이 끌려갈 것이라는 말로 포로의 범위를 표현하고 있다. 이들은 벗은 몸과 벗은 발로 끌려간다. 역대하 28:15은 포로들의 상태에 대해 부분적으로 알 수 있는 말을 적고 있다. "…노략하여 온 중에서 옷을 취하여 벗은 자에게 입히며 신을 신기며 먹이고 마시우며…."

약간 난해한 네 개의 단어가 본 절을 마무리하고 있으며 다음과 같이 직역할 수도 있을 것이다. "나의 볼기까지 벗겨진 것, 애굽의 벗겨짐." 본문이 보여주는 바와 같이, 이것은 볼기가 벗겨진 이 사람이 이와 같은 방식으로 하나님에 의하여 모욕을 받아왔었다는 것을 암시하고 있다. 많은 주석가는 본문을 약간 수정하여 다음과 같이 번역하기를 원한다. "볼기까지 드러난 사람들."[15] 이것은 다윗의 종들이 예전에 당했던 특별한 치욕이었다. "이에 하눈이 다윗의 신복들을 잡아 그 수염 절반을 깎고 그 의복의 중동 볼기까지 자르고 돌려보내매"(삼하 10:4). 그러므로 애굽인들은 가장 모욕적인 모습으로 포로로 끌려가야 할 것이다. 애굽이 유대인이 의지했던 땅이었으므로, 여기에서는 애굽만 언급된다.

20:5 방금 언급된 재앙의 결과로 유대인은 그들의 기대와 자랑이었던 나라들을 두려워할 것이다. 그들의 도움의 대상, 즉 기대이었던 구스의 운명으로 인해 당황하게 되고 소스라칠 것이다. 구스는 도움의 대상이었고, 애굽은 그들이 자랑하던 영광이었었다.[16] 이제는 기대와 자랑 대신에 두려움과 치욕이 있다. 이러한 예언을 선포

15) 다시 말하면, 하수파이(הֲשׂוּפַי)가 아닌 하수페이(הֲשׂוּפֵי). 이 형태 그대로 설명하기는 어렵다. 접미사는 1인칭이지만, 동시에 에이(ֵי)가 아이(ַי)로 변형된 복수형 어미일 수도 있다. Duhm은 이 단어가 복수절대형일 수도 있다고 생각한다(삿 5:15; 렘 22:14을 참고). *ANEP*, pp. 296, 326, 332에는 죄수들의 예들이 있다.

16) 예레미야 46:25과 비교하라. 그들은 그들의 헛된 자랑을 옛 세력인 애굽에 두었고, 그들의 신

하는 사람은 앗수르인이 아니라 이사야이다. 부정(不定) 동사이지만 유다의 백성을 주어로 취급해야 한다는 점에는 의심의 여지가 없다.

20:6 애굽을 의지했던 사람들의 원통함이 얼마나 컸던가를 보여주기 위하여 이사야는 백성들 자신들의 말을 인용하고 있다. 사람들이 애굽과 에티오피아에 실망하게 될 때에 동쪽 해변과 지중해의 거민이, 그들의 신뢰가 수포로 돌아간 것에 대해 다음과 같이 말할 것이다. "우리가 믿던 나라 곧 우리가 앗수르 왕에게서 벗어나기를 바라고 달려가서 도움을 구하던 나라가 이같이 되었은즉 우리가 어찌 능히 피하리요." 이사야는 화자(話者)에 대해 이상한 호칭을 사용하는데, 화자를 "해변 거민"으로 부르고 있다. "해변"으로 번역한 단어는 무엇보다 먼저 물과 구별되는 육지를 가리키며, 다음으로는 내륙과 대조되는 해안가를, 그 다음으로는 본토와 비교되는 섬을 가리킨다. 여기서 이 단어는 팔레스틴의 해변을 가리킨다. 이사야가 "이" 해변이라고 말하는 것은 이것을 애굽의 해변이나 그 외 다른 해변과 구별하고자 하는 것이다. 그러나 왜 그가 이러한 용어를 사용하고 있는가? 왜 단순히 거룩한 땅의 거민들이라고 말하지 않고 있는가? 그들이 참으로 어떤 존재이며 무엇을 바라는지에 대해 그 백성을 확연히 묘사해 주는 지정학적 호칭을 그가 백성들에게 부여하고 있다는 것이 그 답으로 보인다. 유다는 하늘의 부르심을 잊고 하나님을 신뢰하는 것에서 떠나 세속적인 나라와 같이 그의 신뢰를 인간 권세에 두고자 하였다. 그들은 기꺼이 세속적인 백성들이 거주하였던 해변의 거민들처럼 행동하였던 것이다.[17] 당연히 유다는 그렇게 불리는 것이다. 고린도 교인들이 "육신에 속한 자들"(고전 3:1, 3)이었으므로 바울은 그들에게 이에 맞게 육신에 속한 사람에게 하듯 글을 쓸 수밖에 없었다. 애굽을 의지했던 사람들은 하나님의 참 백성, 거룩한 백성이 아니었고 다만 해변 거민에 지나지 않았다.

사르곤의 군대가 애굽에 접근하였을 때, 사바코 왕은 자기에게 피신해 온 야마니(Jamani)를 넘겨주었다. 그러나 이 예언이 보다 더 성취된 때는 에살핫돈의 시기이다. 사르곤의 접근은 최소한 애굽인의 쇠약함을 폭로한 것이다. 본 장은 다음과 같

뢰를 신흥왕국 구스에 두었다.

17) 실제로 해안평지의 거민은 블레셋인이었다. 아마도 미드바르라는 단어를 바꾸거나 제거한다면, 다른 표제들과 어울리는데(21:11, 13), 이사야의 호칭은 유다 백성들을 블레셋인들과 함께 분류하기 위하여 의도된 것이다.

은 절망적인 기록으로 마치고 있다. "우리가 애굽을 의지했다." 이어서 논쟁이 계속 된다. "그리고 그가 어떻게 되었는가 보라. 그렇다면 어떻게 우리가 능히 구원을 받겠느냐? 우리에게 무슨 희망이 남아 있겠느냐?" 육신의 팔을 의지하는 사람들은 환멸 이외에 기대할 수 있는 것이 없다.

5. 바벨론(21:1-10)

1절, 해변 광야에 관한 경고라 적병이 광야에서, 두려운 땅에서 남방 회리바람같이 몰려왔도다

2절, 혹독한 묵시가 내게 보였도다 주께서 가라사대 속이는 자는 속이고 약탈하는 자는 약탈하도다 엘람이여 올라가고 메대여 에워싸라 그의 모든 탄식을 내가 그치게 하였노라 하시도다

3절, 이러므로 나의 요통이 심하여 임산한 여인의 고통 같은 고통이 내게 임하였으므로 고통으로 인하여 듣지 못하며 놀라서 보지 못하도다

4절, 내 마음이 진동하며 두려움이 나를 놀래며 희망의 서광이 변하여 내게 떨림이 되도다

5절, 그들이 식탁을 베풀고 파수꾼을 세우고 먹고 마시도다 너희 방백들아 일어나 방패에 기름을 바를지어다

21:1 본 예언의 제목은 생소하다. 즉 바다와 관계된 경고(burden, 13:1을 참고)라는 것이다. 이 구절이 비록 시편 75:6 하반절(개역성경은 7절)의 "산들의 광야로부터(남에서도 말미암지 아니하고–개역)"와 다소 유사한 문구임에도 불구하고, 구약성경에는 이와 동일한 표제가 나타나지 않는다. 이 '산들'이라는 단어가 시편에서 관사가 없는 것처럼, 이 제목에서도 "바다"라는 단어가 관사를 가지지 않는다. 일부 주석가들은 제목이 예언 자체에서 기인된 단순한 제시어(catchword)로 "사막으로부터 쇄도하는 것"을 말한다고 생각한다. 그러나 문제는 그렇게 쉽게 해결되지 않는다. 사해 두루마리(1Q)에서는 "바다에 대한 말씀의 경고"(the burden of the word of the sea)라고 되어 있고, 바티칸 사본에는 "바다"라는 단어가 빠져 있다. 바다라는 단어가 다음에 이어지는 예언 가운데 나타나지 않으므로 이것이 어떻게 해서 이 예언

에 근거하여 표제에 들어갔는지를 이해하기가 어렵다.[1)]

아카디아어로 맛 탐티(mat tamti, 바다의 땅)라는 관용구가 있으며 이것은 페르시아만 근처 지역을 가리킨다.[2)] 그렇지만 이 관용구는 본장에 있는 이 생소한 표제를 설명하지 못한다. 마르티(Marti)는 이 표제가 마가복음 12:26에 있는 "가시나무 떨기"라는 문구와 다소 유사하고, 그래서 사실상 이 단어가 신비감을 가지게 한다고 제안한다. 분명히 맛소라 본문대로라면 보다 어려운 독법이다. 그러나 그것을 본래 그대로 놓고 해석을 시도해 보려고 한다. 과연 무엇이 이사야로 하여금 이 생소한 용어를 사용하게 하였을까? 혹자는 그가 바벨론 자체의 자연적, 물리적 특성에 그의 사고의 기초를 놓고 있다고 생각한다. 왜냐하면 그가 그 성읍이 황폐하게 될 것을 선포하였는데 그 땅의 자연적 특성을 이 다가올 파멸의 전조들로 사용되었다고 보이기 때문이다. 그렇지만 바벨론을 바다의 사막이라고 말하면서 이사야가 단순하게 바벨론을 큰 강으로부터 물을 공급받는 큰 평야로 생각하고 있을 수도 있지 않은가(창 11:2; 사 23:13; 27:1)?[3)] 19:5에 있는 나일에 대한 묘사와 비교할 수도 있다. 바벨론은 큰 평야였고 그 안에서 격렬한 폭풍이 제멋대로 활동할 것이다.

실제로 선지자는 "바다의 광야"(desert of the sea)를 언급하자마자 그의 마음을 사나운 회리바람으로 돌이킨다. 그는 전치사로 시작하면서("남방 회리바람 같이")[4)] 즉시 우리의 생각을 대적들이 아닌 팔레스틴의 남쪽 지역(즉 네게브)에서 불어오는

---

1) 일부 주석가들(예를 들면 *IB*)은 "광야"를 생략하고 있는 1Q를 따르면서 자음 임(ים)을 복수형 어미로 취급한다. 따라서 앞에 나오는 단어 דבר와 합쳐서, דְּבָרִים(말씀들)이라는 단어를 얻어낸다. 결국 "폭풍과 같은 말씀들, 등"이 된다. Penna는, מִדְבַּר라는 단어를 수정하거나 삭제하는 모든 시도들을 거부한다. 이는 이 단어가 다른 표제어들과 어울리며(11, 13; 22:1) 두 번째 줄에 다시 나타나기 때문이다. 1Q는 דבר ים으로 되어 있지 דברים으로 되어 있지 않다. 두 단어가 간격을 두고 분명히 떨어져 있다. 많은 사람들은 ים을 생략하고 있는 B를 따르지만 그 단어가 여기에 있게 된 것이 어떻게 설명되겠는가? M은 보다 이해하기 어려운 본문으로 되어 있기에 더 선호된다. 제안된 수정들은 난점을 해결하지 못한다. Kissane은 ים을 빼고 ם을 보충하여 ם(הזות), "괴로운 환상에 의한"이라고 번역한다. Barnes(*JTS*, Vol. 2, 1900, pp. 583–92)는 ים을 "서방"(west)으로 번역한 것을 제안한다. 21:1–10에 대해서는 R. B. Y. Scott, "Isaiah xxi:1–10; The Inside of a Prophets Mind," *VT*, Vol. 2, 1952, pp. 278–282을 참고하라.

2) 이 용어의 논의에 대해서는 Dhorme in RB, Vol. 31, 1922, pp. 403–406을 참고하라.

3) Penna가 번역한 것과 같이, "con riferimento all`Eufrate e alle sue ramificazioni, naturali o artificiali"

4) 전치사 베트(ב)를 수리아어에서처럼 "…에서부터"로 번역하는 것이 가능하다. 이 전치사는 민(מן, *BH*)으로 고쳐져서는 안 되는데, 이는 베트(ב)가 애굽어 m와 아카디아어 *ina*처럼 "…에서부터"를 의미할 수도 있기 때문이다.

회리바람으로 돌려놓는다.[5] 이 바람은 남방 혹은 동남방의 사막으로부터 발원하여 격렬한 힘을 가지고 불어온다(욥 1:19; 37:9; 호 13:15을 참고). 바람의 주된 특성은 사막으로부터 불어 휩쓸고 간다는 것이다. 다음과 같이 직역함으로써 이사야의 말의 본뜻을 보다 잘 깨달을 수 있을 것이다. "휩쓸고 감에 있어서는 네게브로부터 오는 회리바람처럼."[6] 네게브에서 일어나는 이러한 폭풍은 초기에는 그 힘을 다 발휘하지 않다가 사막을 떠나 영향권 아래 있는 지역을 휩쓸고 간다. 폭풍이 지나간 자리에는 폐허와 파괴가 남게 된다. 폭풍과 같은 군대는 멸망을 가져오는 군대이다.

여기서 이것은 단순한 비유적 표현 이상의 것이다. 네게브에서 불어오는 이러한 광풍과 같은 군대가 실제로 있어서 사막, 곧 두려움의 땅으로부터 올 것이기에 두려움에 싸일 것이다.[7] 이것은 군대를 파병한 메데와 페르시아를 의미하는 것으로 보인다. 이 땅이 문명이 발달된 나라로 알려진 땅 저편에 자리하였기에 그 특성을 두려움으로 묘사할 수 있었을 것이다. 군대가 사막으로부터 온다고 말함으로써 아마도 이사야는 단순히 바벨론의 동쪽 사막 땅을 가리켰을 수도 있고, 아니면 이 단어를 메데와 페르시아 땅의 특징을 묘사하기 위하여 상징적으로 사용하였을 수도 있다.

본 주석은 묘사된 이 군대가 엘람인과 메데인으로 구성되어 있다는 입장과 그들이 페르시아로부터 바벨론을 공격하기 위하여 온다는 입장을 취하고 있다. 다시 말해서 이 예언은 주전 539년 고레스의 통치 아래서의 바벨론의 멸망을 가리킬 수 있다. 이러한 해석이 뒷받침될 수 있는가?

여러 반대의견들이 있어왔는데, 다음과 같은 논의를 통해 이러한 반대의견들이 타당하지 않음을 보여줄 것이다. 만약 9절에 있는 바벨론을 가리키는 구절과 2절에 있는 엘람인과 메데인을 암시하는 구절을 생각하지 않는다면, 바벨론을 시사하는 바가 없다고 주장한다. 대부분의 현대 비평가들은 539년 이전 바벨론에 대한 공격 언급에 대한 가능성을 거부하는데, 왜냐하면 바벨론 성이 메데인과 엘람인으로 구

---

5) 네게브는 헤브론과 가데스 사이에 있는 지역(창 20:1)을 나타내기 위하여 사용되는 용어이고 후에는 일반적으로 팔레스틴의 남쪽 부분을 포함하는 지역으로 확장되었다. 이 단어는 "메마르게 되다," "메마른"을 의미한다. 우가릿어에서는 *Ngb*로 나타난다. 네게브는 바짝 마른 땅이며, 1절 하반절에 있는 "두려운 땅"과 적절한 평행을 이룬다.

6) 부정사 구문은 부대상황을 표현하기 위한 *-do*에 있는 라틴어 동명사의 의미를 가질 수도 있다. 이 어근은 "번갈아 오다"(to come by turns)를 의미한다.

7) בא의 주어가 부정확하므로 여성(*BH*)으로 수정할 필요가 없다.

성된 군대에게 이 시기 이전에 항복했다는 것이 알려진 바가 없다. 앗수르 군대는 보다 이른 시기에 바벨론을 공격했다. 그리고 그 군대는 메데인들을 포함하고 있었지만 엘람인들은 포함하지 않았었다. 왜냐하면 엘람인들이 언제나 앗수르인들의 대적으로 나타나기 때문이며 또한 앗수르를 공격하기 위하여 다른 나라들, 심지어는 바벨론과도 연합하려고 하였기 때문이다.

더 나아가서 이사야서의 다른 본문에서 바벨론의 정복자들을 성별된 자들로 부르고 있으며 하나님의 계획을 실행한다는 것을 의식하고 있다고 주장한다. 그러나 이 본문에서는 이 정복자들에 대한 어떤 관심도 보이지 않는다. 그러므로 펜나는 1–5절을 예루살렘과 유다에 닥칠 위험으로 보고 있다. 왜냐하면 펜나가 비록 6–10절이 바벨론의 멸망에 대한 극적인 기록을 담고 있음을 인정하지만 앗수르 군대가 침입하고 있기 때문이다. 어쨌든 메데와 엘람인은 이 주장이 요구해야 하는 것처럼 결코 팔레스틴을 침입하지 않았다. 더 나아가서 펜나는 군사동맹이 있었으며 앗수르 군대에 숙련된 사수들로 구성된 일부 엘람 군인 파견대가 있었을 것으로 생각한다(렘 49:35; 겔 32:24). 그는 1–5절과 6–10절 사이의 연관성이 쉽게 설명된다고 생각한다. 그는 바벨론의 멸망에 관한 예언을 므로닥발라단과 앗수르 세력에 대항하는 다른 동맹국에 대한 지나친 신뢰감에 대한 선지자의 답변으로 생각 수도 있다고 주장한다. 그렇다면 주전 586년에 있었던 포로의 시작에 대한 여러 암시들이 있을 것이며, 또한 바벨론의 함락은 사르곤 2세 혹은 산헤립의 통치 아래 있었던 함락들 중 하나가 될 수 있다. 예루살렘에 대한 공격은 701년에 있었던 산헤립의 공격으로 생각되는데, 펜나에 의하면 이 견해가 다른 어떤 것보다도 난점이 적다는 것이다. 그리고 그러할 경우 본 단락을 이사야의 것으로 추정할 수 있다고 생각한다.[8)]

이 구절을 바벨론의 멸망을 가리키는 것으로 해석하는 데 있어서 두 번째 반론이 선지자의 태도에서 발견된다고 말한다. 어찌하여 선지자가 자기 백성의 원수의 멸망에 대해 그렇게도 크게 감정이 흔들리느냐는 의문이 제기된다. 세 번째 반론은 모든 바벨론의 우상들이 땅에 내던져졌다는 서술이다. 고레스가 바벨론의 우상들에 대하여 관대함을 보이고 그것들을 쳐부수지 않았다고 주장한다. 앞으로 주해를 하면서 우리는 이러한 문제들을 다룰 것이다.

---

8) 참고. Penna, *Com. in loc.* 또한 Dhorme, *op. cit.*를 유의하라. 그는 710년에 있었던 사르곤 2세의 침입을 가리킨다고 주장한다. Dhorme의 논문은 *Receuil Edouard Dhorme*, 1951, pp. 301–304에서도 볼 수 있다. Winckler는 Shamash–shum–ukin의 사망의 해인 649년을 주장하였다.

21:2 다가오는 군대를 언급한 후 선지자는 즉시 계시에 대한 자신의 반응을 말한다. 하나님의 메시지를 알도록 허락된 환상을 혹독한 것으로 묘사하고 있는데 이는 메시지가 혹독한 사건과 관계가 있을 것이었기 때문이다.[9] 아히야가 예전에 여로보암의 아내에게 자기가 혹독한 메시지(흉한 일)로 그녀에게 보냄을 받았다고 말했었던 것처럼(왕상 14:6), 이 환상의 내용도 이사야에게 혹독한(흉한) 것이었다. 그것은 그에게 왔던 방식에 있어서도 혹독한 것이었으니, 이는 그것이 영적으로뿐만 아니라 물리적으로도 그에게 확연히 영향을 주었기 때문이다. 본래 그 자체로도 떠맡기에 고통스러웠던 메시지는 그것을 받고 선포해야만 하는 사람에게도 중압감을 주었을 것이다.

묵시의 기원에 대하여는 의문이 있을 수 없다. 이사야의 마음의 산물이 아니고 그의 마음으로부터 기원된 것도 아니었으니, 하나님이 그에게 알려주신 것이었다.[10] 이스라엘에 이미 도래하였고 다가올 탄식의 원인이 되는 대적을 묘사하기 위해 이사야는 네 개의 단어를 사용하고 있으며 각 단어는 두 개의 모음 오와 아를 가지고 있다.[11] 발음이 독특하기에 "속이는 자는 속이고 약탈하는 자는 약탈하도다"로 번역할 수 있다. 이 네 개의 단어는 강력하고도 강압적인 바벨론인들의 통치를 묘사하고 있다. 처음 두 단어에서 전쟁의 술책이 나타나 있음을 발견할 수 있고, 다음의 두 단어에서는 정복자의 성격을 발견할 수 있다. 정정을 요구하고 있는 것은 이러한 상황이다. 그러므로 이스라엘의 압제자를 무너뜨리게 될 나라에 명령이 주어져야만 한다. 히브리어에서 엘람에 대한 명령의 말씀은 "엘람이여 올라가라"는 두운을 이루고 있다(עֲלִי עֵילָם–역자 보충). "올라가라"는 명령 역시 예루살렘에 대한 공격에 대해 사용되었다는 사실을 유의해야할 것이다(7:1을 참고). 후대 저자들은 페르시아를 말하지만 이사야는 엘람을 언급한다. 이는 그 당시에 유대인들에게 이 호칭이

---

9) 혹독한 묵시(a hard vision)란 어구는 주어가 아니고 대격, 즉 생략되어진 주시 대격(nota accusative)이다. 그렇지만 목적어라기보다는 아랍어의 대격 할(hal)과 유사한 대격일 수 있다. 즉 혹독한 묵시의(즉 같은) 상태로, 그것은 알려졌다.

10) Lindblom(*Prophecy in Ancient Israel*, Oxford, 1962, pp. 129ff., 198)은 이 메시지를 극적인 환상이라고 이름을 붙이고, 이것이 2차적인, 그리고 분열된 인격이라고 심리학자들에게 알려진 현상의 실례를 보여주는 것이라고 생각했다.

11) בּוֹגֵד הַשּׁוֹדֵד שׁוֹדֵד בּוֹגֵד הַבּוֹגֵד 이후의 수직선은 파섹(paseq)이며, 이것은 두 개의 유사단어들을 분리시키고 있다. 그러나 הַשּׁוֹדֵד 다음에 있는 것은 분리 악센트 레가르메(*L'garmeh*)이다. צוּרִי의 악센트가 밀라(mila)인 점을 유의하라. 그러나 주로 아인 와우(Agin–waw) 동사들의 명령형이 접미사를 가질 때는 밀렐(milel)이다.

보다 잘 이해되었기 때문이다(창 10:22; 14:1, 9; 사 11:11; 22:6을 참고). 엘람을 이미 13:17에서 언급된 메데보다도 앞서서 언급한다. 엘람은 올라가야 하고 메데는 에워싸야 한다. 환상에서 이사야는 바벨론을 공격하고 그것을 멸망시켜서 하나님의 목적을 성취할 이 두 대적에게 명령을 내리고 있다. 어투가 알 수 없는 사이에 여호와께서 말씀하는 일인칭으로 전환된다. 바벨론과 바벨론의 압제는 널리 탄식을 자아내게 하였다. 그러나 하나님께서는 포로된 백성의 이러한 탄식들을 그치게 하시는데, 왜냐하면 엘람인과 메데인으로 하여금 바벨론을 공격하도록 하셨기 때문이다. 바벨론의 멸망과 함께 땅은 다시금 평온하여질 것이고, 이제는 바벨론이 일으켰던 탄식이 그친다.

독자는 본 절의 강력한 극적인 효과와 함께 그 장엄함과 위엄을 유의해야 할 것이다. 먼저 이 환상의 특성에 대한 서술이 있은 후 간결한 형태로 하나님의 백성의 압제자에 대한 묘사가 나온다. 이 압제자에 대한 언급만으로도 선지자로 하여금 엘람과 페르시아에게 이 압제자를 대적하라는 명령을 하기에 분명히 충분하다. 드디어 주권자 하나님의 목적들이 시행되고, 대적으로 인하여 일어났던 탄식이 그친다. 왜냐하면 하나님께서 역사하시기 때문이다.

21:3 이 환상이 선지자에게 끼친 영향이 분명하게 나타나 있다. 그는 “이러므로”라는 연결어로 바벨론의 멸망에 대한 선언뿐 아니라, 앞 절의 모든 내용들, 즉 환상 자체와 그것이 미리 보여주었던 모든 것을 지적하면서 본 절을 시작하고 있다. 이러한 고찰은 이사야가 바벨론의 멸망에 감정이 흔들리지 않았다고 말하는 사람들에게 충분한 답변이 된다. 이사야는, 그들의 멸망에 대한 선언뿐만 아니라 그 묵시의 혹독함에 의하여 감정이 흔들렸다. 그는 구속사 안에서 두려운 것을 증거하고 있었고, 또 이것은 그를 흔들기에 충분하였다. 묵시의 인상(impression)이 그에게 가져다 수었던 격렬한 흔들림은 우리로 하여금 묵시가 얼마나 두려운 것이었는가를 연상케 해준다. 선지자의 정서적 반응에 대한 기록은 교훈적 목적을 갖고 있다. 그의 감정을 기록하면서 그 환상의 가혹함을 이해할 수 있게 한다. 다시 말해서 이러한 감정은 묵시와 메시지의 효과를 한층 증대시켜 준다. 허리란 친밀한 애정의 좌소로 간주되며 마음은 지적 기능의 좌소이다. 이사야의 허리를 가득 채웠던 것은 경련을 일으키는 고통이었다. 이 단어는 뒤틀고 몸부림침을 암시한다.[12] 여인의 산고와 같은 고

---

12) 이 단어는 “고뇌”로 번역될 수도 있다(나 2:11을 참고).

통이 선지자에게 엄습해 왔다. 이러한 비유는 이사야서의 특성상 이례적인 것이니, 왜냐하면 이 표현이 그의 예언 중에서 여기만 나타나기 때문이다.

이러한 기록을 볼 때, 선지자는 단순히 자기 백성에 대해서 뿐만 아니라 그의 대적에 대해서도 깊은 감정을 경험한 것으로 보인다. 그는 동정의 사람이었으며, 가혹한 사건이 온 세계를 사로잡을 것이라는 소식이 그에게 고통을 가져다주었다. 이 메시지의 청취가 그로 하여금 고통으로 인해 구부러지게 하였고,[13] 묵시를 봄으로 그것이 그에게 공포를 남겨주었다. 그들의 "혹독한"이라는 단어가 이러한 반응의 실마리를 제공한다. 묵시가 유다를 압제함으로써 하나님의 나라를 멸망시키고자 하였던 세력의 몰락과 관계되었기에 혹독하다는 것이다. 하나님께서는 그의 섭리 가운데서 그러한 나라가 잠시 동안만 유지되도록 허용하셨다. 그러나 변화될 때가 왔다. 바벨론은 하나님의 나라가 계속 이어지기 위해서 사라져야 했다. 하나님의 백성을 포함하는 중대한 사안들이 문제가 되었다. 압제자가 일으킨 탄식은 그칠 것이다. 이것은 확실히 누구에게나 영향을 미칠 묵시였다. 그러므로 그것을 받는 자에게는 그 영향이 얼마나 더 크겠는가! 이사야는 자신이 책임을 가지고 선포해야 할 메시지에 보여지는 바와 같이 감정적으로 빠져 있었다.

21:4 선지자의 감정에 대한 묘사를 계속하고 있다. 요셉이 들판에서 어디로 가야 할지 몰라서 헤맸던 것처럼, 선지자의 심정 역시 헤맸다(창 37:15을 참고). 이것은 잘못된 심정인데 죄로 인해 타락하였기 때문이 아니라(시 95:10), 마음이 해야만 하는 대로 행동하지 않고 있기 때문이다. 마음이 불안정하였고 심하게 고동쳤음을 의미한다. 대략 이러한 속성이 본문의 견해로 보인다. 이사야가 상황의 신앙적 속성을 이해할 수 없었기 때문에 그의 마음이 고통스러웠다는 의미가 아닌 것으로 보인다. 묵시의 결과로 선지자가 몸의 일반적인 흔들림과 떨림을 의미하고 있는 떨림이[14]

---

13) 직역하면 "내가 구부러지고, 엎드러지고 뒤틀어졌다"(시 38:7을 참고). Dillmann은 이 단어를 "나는 현기증이 났고, 아찔했고, 비틀거렸다"로 이해한다(*mir schwindelt*, 19:14을 참고). 문맥은 선지자가 깊이 당황해했다는 것을 암시한다. König은 *bin ich wie verruückt*라고 해석하며; Penna는 *sono troppo sconvolto per udirlo*라고 해석한다. B는 어근을 "잘못하다"(*do wrong*)의 의미로 해석하였다. 그러므로 전치사 멤(מ)은 원인을 나타낸다. "나는 너무나 구부러졌으므로 들을 수가 없었다"가 아니라, "들었기 때문에 내가 구브러졌다"이다. יולדה 근개음절에서 하나의 단모음을 가진 원개음절이 앞선 것이 없을 때 아, 우 혹은 이 모음은 쉐와(ְ)로 된다. 그러나 끊어 읽는 음절에서는 그 모음이 유지된다. 그런 까닭에 본문에서 형태가 체레(ֵ)인 것이다.

14) 욥기 21:6; 시편 55:6; 에스라 7:18를 참고하라.

선지자를 혼란스럽게 하고 두렵게 하였다.[15] 본 절의 첫 문장은 교차대구 배열이다. 동사–주어–주어–동사. 따라서 "방황하는 것은 나의 마음이며 떨림, 그것이 나를 두렵게 한다"로 번역할 수도 있다.

두 번째 주절은 밤 시간을 두려움의 때라고 서술한다. 선지자가 보통 즐거움을 얻은 것은,[16] 낮의 힘든 일로부터 쉼을 얻고 명상과 안정을 얻는 황혼 때였다. 그러나 더 이상의 즐거운 저녁은 없었다. 왜냐하면 하나님께서 그것을 떨림과 두려움의 때로 변화시키셨기 때문이다. 묵시가 저녁 때에 선지자에게 임하였을 수도 있고, 그래서 그 묵시로 인하여 저녁을 더 이상 즐거움의 때로 생각할 수가 없었던 것이다. 이것이 그러한지 그러하지 않은지는 말하기 어렵다. 이사야가 단순히 밤이 그에게 더 이상 즐거움의 시간이 될 수 없게 되었음을 의미하는 것으로 보이는데, 이는 환상의 두려움이 계속하여 그를 붙잡고 있어서 저녁시간이 떨리는 공포의 때로 변하였기 때문이다.

21:5 이사야 자신의 심령의 흔들린 상태와 바벨론인의 태평한 자세를 대조를 이룬다.[17] 선지자가 사용하고 있는 역사적인 부정사(不定詞)는, 교만하고도 안하무인격인 대적을 간결하고 민첩하며 활기차게 묘사해 준다.[18] 이사야는 이미 바벨론을 사치스러운 성읍으로 규정한 바 있다(14:11 그리고 47:1, 8을 참고하라). 그들의 실제 이름을 말하지 않고 선지자는 그의 백성을 압제하는 자를 연회를 위해 상을 배열

---

15) בעתתני–"나를 공포로 가득하게 하였다." B는 βατιζει로 번역하였다. 베트(ב) 아래에 있는 히렉(Hireg)이 원개음절이기에 나타난다. (아인<ע>이 다게쉬를 취하지 않을 것이므로) 원개음절이 되는 아인으로 끝나는 음절은 모음이 변하지 않는다. 모음이 원개음절로 되어 있으므로(즉 악센트로부터 두 번째 자리) 메덱이 삽입되었다.

16) Driver는 (*Von Ugarit nach Qunran*, 1958, p. 44) 아랍어 nasafa에 호소하여 네쉐프(נֶשֶׁף)를 "가장 희미한 의식, 흔적"으로 해석한다. "나의 가장 희미한 소원이 나에게 근심으로 변하였다." 이 해석은 의구심을 남긴다.

17) Dillmann에 의하면 5절은 2절에서 끝난 환상의 계속이 아니고, 3절에서 시작된 환상의 성취에 대한 묘사이다. Dillmann은 4절과 5절의 연결점을 것은 밤(서광)에 대한 언급에서 발견한다.

18) 이 부정사들은 고대 역본들이 그랬던 것처럼 명령형의 의미를 가진 것으로 취급될 수도 있다. 그러나 그보다는 서술적인 것이고 그래서 5절 하반절에 있는 명령형과 현저한 대조를 이루고 있다고 보는 것이 더 낫다. 접속사가 없는 것 역시 묘사의 스타카토와 같은 특성을 두드러지게 한다. "*Er schildert sie uns (Hem. a.), er redet sie an (Hem. b.), ohne sie zu nennen, ohne irgendwie den Übergang zu vermitteln, ganz angemessen der Kühnheit so machtig erregten Affekts*" (Drechsler) (59:13; 호 4:2; 사 22:13; 호 10:4을 참고).

하는, 즉 상을 놓는 자로 묘사한다. 이 표현은 "전쟁을 배열하고(또는 준비하고)"라는 정반대의 표현을 떠올리게 한다.

바벨론인은 연회는 준비하였으나, 전쟁을 위하여 필요한 준비는 하지 못하였다. 그들은 연회를 위해서 준비하고 있었다. 아마도 사치스러운 잔치라는 생각이 드는데, 이는 시편기자가 하나님께 "주께서 내 목전에 상을 베푸시고"라고 말했던 것과 같은 어투를 이사야가 사용하고 있기 때문이다.

두 번째 구절을 "그들이 양탄자를(그 위에) 깔고"라고 번역할 수 있다.[19] 바벨론에서는 연회를 위해 양탄자를 정성들여 깔았는데 이사야가 언급하고 있는 것은 바로 이러한 관습이다. 연회의 핵심을 두 단어 곧 "그들이 먹고 마시도다"라고 묘사하고 있다. 대적이 오고 있을 때 바벨론인들은 이런 일을 하고 있었다. 그리고 이러한 묘사는 실제 있었던 일로서, 다니엘이 우리에게 전해 준 바에 의하면, 그 성읍이 함락되었던 밤에 바벨론인들은 연회를 열고 있었다고 한다.[20]

어조를 갑자기 달리하여 "일어나라"고 선지자는 외친다. 이는 드디어 위기의 순간이 왔기 때문이다. 그리고 "방패에 기름을 바를지어다"라고 방백들에게 말하고 있는데, 이는 그들이 나라의 이러한 상황에 대한 책임이 있었기 때문이다. 방백들이 일어나라는 명령을 들어야만 한다는 것은 그들이 자만했었고 태평하게 있었음을 보여준다. 왜 방패에 기름을 발라야 되는지에 대해 다양한 의견이 있었지만 그 중 가장 가능한 해석은 그 나라를 겨냥하여 쏜 화살이나 그 나라를 치는 공격이 어찌하든 비켜가고 보다 쉽게 미끄러져 나가게 하기 위해서라는 것이다.[21] 호화로운 연회가 한

---

19) 직역하면 "그들이 양탄자를 깔았다"이다. Vulgate처럼 "speculare speculam"이 아니다. 탈굼, 수리아역 등도 그렇게 번역하였다. 피엘형에서 צפה는 "(금속으로) 씌우다"를 의미한다. 그러므로 아마도 위의 번역이 더 나을 수도 있겠다. 그렇지만 J. Reider, "Etymological Studies in Biblical Hebrew," *VT*, Vol. 2, 1952, p. 116을 참고하라. 그는 아랍어 dfwt에 호소를 하면서 "식탁을 준비하며 풍성한 물품들을 두며 먹고 마시며"로 번역한다.

20) 다니엘 5장; 예레미야 51:39 그리고 Herodotus i. 191 그리고 Xenophon Cyropaedia vii 5, 15을 참고하라. Nabonidus–Cyrus 연대기는 이러한 연회를 언급하지 않는다(KB, Vol. 2, pp. 134f.을 참고). 선지자가 문자적인 연회를 묘사하고 있는지 아니면 단순히 비유적인 언어로 바벨론인들의 부주의한 태도를 그리려 한 것인지는 결정하기 어렵다. 아마도 그가 바벨론인들의 실제 연회와 주연을 예언하고 있는 것 같다. Gray가 다니엘 5장을 믿기 어려운 이야기로 보는 데는 정당한 이유가 없다(R. M. Dougherty, *Nabonidus and Belshazzar*, New Haven, 1929을 참고하라).

21) 그렇지 않다면, 방패를 들고 있는 자들의 몸이 베이지 않도록(Gray), 가죽덮개가 보호될 수 있도록(Gesenius), 방패에서 피와 녹을 깨끗하게 하기 위하여(Thenius), 방패를 빛나게 하기 위하여, 방패를 습기로부터 보호하기 위하여(Dillmann)(삼하 1:21을 참고하라).

창인 중에 경고의 외침이 나온다. 이사야의 서술 방법이 효과적이다. 바벨론인을 연회에 푹 빠져있는 자로 묘사함에 있어서 이사야는 부정사 절대형을 사용한다. 다가오는 대적으로 인하여 그들의 주의를 환기시키기 위해 그는 규칙 명령형을 사용한다. 부정사 사이에 명령형이 끼어들어 있으니 이것은 마치 연회 중에 경고의 외침이 끼어드는 것과 같다. 선지자의 메시지가 이상한 모습을 보여주고 있지만 부주의하게 살아가는 사람들이 스스로 부지중에 심판을 당하게 될 것이라는 성경의 일반적인 법칙과 잘 어울린다(5:13; 렘 51:39, 57을 참고). 이사야는 묵시의 속성으로 인해 크게 동요되었지만 동시에 그는 사치에 지속적으로 빠져 있는 것을 사치를 사랑하는 바벨론의 탓으로 돌리고 있는데 마치 다음과 같이 말하고 있는 것 같다. "너희는 관심이 없다, 너희는 너희가 세계의 주인이라고 믿고 있고 있다, 그래 잘한다, 너희 연회를 계속하라, 그러나 일어서라, 대적이 문 앞에 이르렀다."

6절, 주께서 내게 이르시되 가서 파수꾼을 세우고 그 보는 것을 고하게 하되
7절, 마병대가 쌍쌍이 오는 것과 나귀 떼와 약대 떼를 보거든 자세히, 유심히 들으라 하셨더니
8절, 파수꾼이 사자같이 부르짖기를 주여 내가 낮에 늘 망대에 섰었고 밤이 마ㅊ도록 파수하는 곳에 있었더니
9절, 마병대가 쌍쌍이 오나이다 그가 대답하여 가라사대 함락되었도다 함락되었도다 바벨론이여 그 신들의 조각한 형상이 다 부서져 땅에 떨어졌도다 하시도다
10절, 너 나의 타작한 것이여 나의 마당의 곡식이여 내가 이스라엘의 하나님 만군의 여호와께 들은 대로 너희에게 고하였노라

21:6 이제 선지자는 계속해서 그가 방금 말한 것을 구체적으로 서술간다.[22] 그는 바벨론이 망할 것이라고 논한다. 왜냐하면 파수꾼을 세워 그가 본 것을 보고하게 하라는 명령을 받았기 때문이다. 그가 본 것은 바벨론의 멸망과 관계된 것이다. 바벨론의 전복은 모든 권세를 가지신 분의 통제 아래 놓여 있으며, 또 그런 이유로 이사

---

22) 그러므로 כִּי는 도입을 위한 것이다. 왜냐하면 6절이 5절에서 명한 내용에 대한 근거를 제시하기 때문이다. Dillmann은 6절 이하의 구절들이 1–5절에서 말해진 것의 확실성을 위한 근거라고 믿는다. 그런 까닭에 그 말씀들은 예언의 계속이거나 전쟁의 종식에 관한 더 자세한 묘사가 아니라는 것이다. 그러나 한편 6절 이하가 앞에서 선포되어진 것의 근거인 동시에 전쟁의 궁극적인 종식에 대한 보다 먼 예언을 포함하고 있다.

야는 그를 주권자(아도나이)로 지칭한다.

미래의 사건의 과정을 단순히 예고하는 대신에 선지자는 이 다가올 사건의 과정이 어떠할지를 보고할 파수꾼을 망대에 세우라는 명령을 받는다. 그렇게 하는 가운데 그는 정상적인 선지자의 임무를 수행하고 있으며, 이것은 이는 "가서" 파수꾼을 "세우라"는 명령을 받고 있기 때문이다.[23)]

그렇지만 그가 어떤 방법으로 이 임무를 수행해야만 하는가? 그는 물리적 혹은 문자적 의미로는 이 명령을 수행할 수 없다. 그는 실제로 스파이를 세워 바벨론을 공격하려는 군대의 접근을 바라볼 수 있는 위치에 배치할 수 없다. 바벨론이 이사야 당시로부터 수년 후에까지도 멸망당하지 않기 때문에 이사야가 배치할 수 있었던 그 파수꾼은 육신적인 눈으로 그 사건을 바라볼 수 없었음이 분명하다. 그 임무는 묵시의 영역을 가리킨다. 예언에 대한 홀셔(Holscher)의 위대한 연구가 출판된 이래로 예언적 메시지의 수납과 연관된 여러 현상을 황홀경에 기인한 것으로 설명하는 경향이 있어왔다.[24)] 이 견해에 의하면 선지자가 다양한 형태의 행위를 행할 수 있는 일종의 광란 가운데 있었다는 것이다. 따라서 선지자는 황홀경 속에서 스스로 주님이 주신 임무를 수행할 수도 있었다는 것이다. 말하자면 그의 영이 그의 몸으로부터 분리되어, 실제 세계에서 일어났던 일에 대해, 모든 의향과 목적에 있어서, 무의식적인 상태 가운데 있었다는 것이다.

그러나 그러한 해석에 반대하여 이 묵시를 받는 동안 줄곧 선지자는 의식을 가진, 그리고 책임성 있는 개인으로서 행동하였다는 사실에 유의해야 한다. 그가 메시지를 받을 때, 그 메시지의 중요성을 인식하고 있다. 그는 실제로 자기 백성에 대한 깊은 비탄에 잠기게 되었다는 것이다. 이 구절이 마치 선지자가 본래의 "나"(I)가 아닌 또 다른 "나"(I)가 될 수 있는 능력을 가진 것처럼 분리된 인격이라는 문제에 빛을 던져준다고 말하는 것도 만족스럽지 못하다. 만일 이러한 견해를 강력하게 주장한다면 그러한 생각이 고대 세계를 특징지어 주는 미신과 마술의 영역으로 우리를 가까이 이끌어갈 수 있을 것이다.[25)] 그러나 마르티(Marti)는 본질적으로 이 입장을 취한

---

23) "파수꾼을 세우게 하라" 즉 "한 파수꾼을 세우라." 사무엘하 18:24과 열왕기하 9:17에서처럼 염두에 두고 있는 한 개인(아직 알려지지 않은 한 사람)을 표현하기 위하여 정관사가 사용되고 있다(GKC 126 q을 참고)

24) Gustav Holscher, *Die Profeten*, Leipzig, 1914.

25) Kissane은 이 견해가 사상의 극단적인 혼란을 저자의 탓으로 돌리고 있으며 이 견해는 본문의 명료한 의미에 역행하는 것이라고 생각한다. 그는 스가랴 1–2장에 언급된 스가랴와 다른 사람들과

다. 그는 평상시의 "나" 또는 마음이 아닌 다른 사람이 되는 선견자의 묵시적 능력을 의미한다고 말한다. 여기서 선지자는 실제로 또 다른 "나"이다. 스가랴가 "천사가 내게(내 안에서) 이르되"라고 언급할 때 그 또한 바로 또 다른 "나"를 말하고 있다고 마르티는 생각한다. 이것을 하나님의 계시를 받기 위하여 선지자에게 대여된 능력이라고 해석한다. 계속하여 마르티는 선견자란 선지자 자신의 안목에 추가로 가지게 되는 안목이라고 본다.[26)]

물론 선지자가 실제로 선견자로부터 메시지를 받은 것은 사실이지만, 전체 사건이 실제 환상이며 선견자에 대한 언급 자체가 단순히 묵시적 담화의 방법일 수도 있음을 기억해야만 한다. 선지자가 왜 환상 속에서 실제로 자기 대신에 바벨론에서 일어났었던 것을 볼 또 다른 인물을 세울 수 없다는 것인가? 이 전체가 환상(묵시)이므로, 어떤 특별한 지점을 그 선견자가 세워진 장소로 밝힐 필요가 없다. 선견자를 세우는 것은 선지자가 친히 일어나게 될 일에 대해 알게 될 것임을 서술하는 묵시적 방법일 뿐이다. 이사야는 이러한 방식으로 이상적 파수꾼을 소개하고 있고, 그가 보게 될 것을 보고하게 한다. 그러므로 선지자가 실제로 자신을 두 인격으로 나누고 있다거나 거기에 어떤 인격의 분리가 있다고 주장할 필요가 없다. 환상 속의 파수꾼이 전하는 보고는 단순히 선지자 자신이 그 상황에 대해 실제로 어느 정도 알고 있는지를 보여주는 것이다. 하박국은 유사한 맥락에서 "내가 내 파수하는 곳에 서며 성루에 서리라 그가 내게 무엇이라 말씀하실는지 기다리고 바라보며 나의 질문에 대하여 어떻게 대답하실는지 보리라 그리하였더니"(합 2:1)라고 말했던 것이다.

21:7 많은 사람이 이 구절을 선견자가 실제로 보았던 것을 단순히 암송한 것으로 취급한다. 그러나 첫 번째 동사를 가정법으로 보아 "그리고 그가 보게 된다면"으로 번역할 수도 있다.[27)] 파수꾼이 보게 될 그림은 거대한 대상들이 사막을 가로지르는

동일시하지 않은 것과 같이 선지자를 그 파수꾼과 동일시하지 않았다(62:6을 참고).

26) Marti(*Com. in loc.*)는 다음과 같이 덧붙인다. "*Der Prophet zerlegt sich in zwei Personlichkeiten, die eine, die behahigt ist, Dingezu schauen, welche der gewohnliche Mensch nicht sieht, und die andre, die der gewohnliche Mensch auch besitzt.*"

27) 와우 연속법을 가진 완료형은 미래에 일어날 가정적 실재를 표현하고 있어서, "그리고 그가 보게 된다면"이 된다. B는 틀린 번역이다. και ειδον, 아퀼라 역의 και οσα σψεται가 보다 낫다. 조건문의 귀결구는 본 절의 마지막 동사로 묘사되어 있다. 직역하면 "*he will attend an attentiveness, abundance of attentiveness*"이다.

것처럼, 고요하게 전진해 오는 대적에 대한 그림이다. 이 대상들 속에 전쟁 병거를 발견할 것이다.[28] 마병대가, 일단의 나귀들을 탄 자들과 약대떼를 탄 자들과 함께 언급되어 있다.[29] 펜나는 이러한 묘사가 단지 사막을 가로질러 다니는 일상적인 대상의 그림이라고 생각하고 군대의 모습으로는 생각지 않는다. 기수들은 단순히 바벨론에 관한 소식을 알려줄 여행자들이었다는 것이다. 그러나 이러한 입장에 반대하여 주어진 묘사가 페르시아 군대와 너무나 유사하므로 단순히 일단의 여행자들에게는 적용할 수 없다는 것이다. 예를 들면 나귀와 약대는 아마도 단순히 군대의 짐과 수하물을 나르기 위하여 사용되지만은 않았을 것이고, 대적을 혼란에 빠뜨릴 목적으로 전쟁으로 직접 몰고 왔었을 수도 있다. 또한 여기에 묘사된 모습은 크세노폰에 의하여 묘사된 방식인 둘씩, 둘씩 나아가는 군대의 모습이라고 할 수 있다.[30] 이 장면에 신비적 분위기가 있다. 그 군대가 어디로부터 왔으며 어디로 가는지에 대해서 언급되어 있지 않다. 선견자가 이 모습을 보았을 때, 그는 주의하여 "유심히" 들어야 했으니, 이는 이 이상하고도 조용한 군대의 큰 사막을 가로지르는 행진이 깊은 의미가 있는 행위이기 때문이다. 사치를 사랑하던 성읍이 곧 무너지려고 한다. 만약 선견자가 주의깊이 듣는다면 그는 아주 중대한 메시지를 듣게 될 것이다.

21:8 본 절과 다음 절에 명령의 성취를 기록한다. 만약 파수꾼이 7절에서 묘사된 것과 같은 군대를 본다면(물론 그는 그것을 볼 것이다), 그는 그가 본 것을 알려야 한다. 맛소라 사본은 "그가(한 사자가) 소리질렀다"로 번역되어야 한다. 이러한 번역은 난점을 제공하며, 그래서 각기 다른 설명을 채택했다.[31] 예를 들어 사자에 대한

---

28) רכב(개역성경에는 '마병대'로 번역되어 있다–역주)는 여기서 집합적이다. 이 단어는 전차(*war chariot*)를 나타내며, 특별히 "전쟁 병거들"(사 43:17; 렘 46:9)을 나타낸다.

29) פָּרָשִׁים, 기병대, 아랍어 *fa–ris*를 참고.

30) *Cyropaedia* i. 6, 10; vi.1, 28; vii. 4, 17. 또한 Strabo xv. 2; Herodotus i. 80; iv. 129; Livy xxxvii. 40을 유의하라.

31) B는 κὰι καγεσον Ουριαν, 아퀼라 역은 λεοντα, S는 λεαιναν, 그러나 T는 αφιηλ, 벌게이트 역은 *et clamavit leo*로 번역하고 있다. Gesenius는 이 단어를 부사적으로 취급하여 "한 사자처럼"으로 번역하고 계 10:3을 지적한다. 그와 같이 Ibn Ezra도; Dillmann도, "*mit Löwenstimme*"로 번역한다. König는 그것을 목자의 언어에서 나온 것으로 간주하고 "*Ein Löwe*"로 번역한다. 그런 까닭에 그는 Guthe, Condamin 그리고 Gray의 "나는 본다"와 Duhm과 Feldman의 "보라!," Haller의 "선견자," Dillmann–Kittel의 "나의 귀," Ehrlich의 "아하"를 거절한다. 탈굼은 "선지자가 말하기를, 등"으로 번역한다. 1Q의 독법은 단순하지만 난해한 형태인 אַרְיֵה가 존재하고 있는 것을 설명하지 못한다. 이 단어가 "여호와의 사람"을 의미하고, אַר음절이 후리인어 아리(~에 속하다), 혹은 우가릿어 아리가 된다는

언급은 묘사된 사건이 세계를 흔들 만큼 중요하다는 것을 보여준다는 제안이 있어 왔다. 선지자가 드디어 참을성을 완전히 잃어버리고 사자처럼 으르렁하고 있다거나, 파수꾼이, 침입자를 묘사하는 말들과 함께 그가 사자를 본 것을 단순히 알리는 것으로 제안하기도 하였다. 후자의 견해에 있어서 둠(Duhm)은 파수군이 사자들이 아닌 당나귀들을 보고 있다고 말한다. 만약 이 단어를 목적격으로 취급하지 않는다면, 일반적으로 부사적 의미로 이해되고, 파수꾼의 보는 태도를 나타내는 것이 된다. 일부 주석가들이 이 마지막 견해가 구문에 맞지 않는다고 느끼고 있을지라도, 그것에 문법적인 결함은 없다.

그러나 이 표현이 난해하기에 지금까지 여러 가지 다양한 설명이 있었는데 시도한 어떤 것도 진정한 만족을 주지 못하고 있다. 처음 이사야서에 대한 사해사본을 발견한 이후 또 다른 해석이 호평을 받았다. 그 사본은 단순히 "그리고 파수꾼(the seer)이 부르짖었다"라고만 되어 있다. 이 독법은 문제가 쉽게 풀려지는 것으로 보이며 모든 난점들을 단숨에 제거해 버린다. 이것이 올바른 독법일 수도 있으며, 위의 번역에 반영되어 있다(영〈Young〉의 8절에 대한 사역: "그때 파수꾼이 망대 위에서 부르짖기를 오 주권자이시여, 제가 늘 낮에 서 있고, 밤에도 내가 배치된 내 망대에 서 있나이다"–역주)

어쨌든 본 절 안에서 나타난 것은 파수꾼의 반응이다. 그는 부르짖음으로 자신의 임무를 꾸준히 이행하였음을 표현하고 있다. 그는 "나의 주"에게 말하고 있다. 그렇지만 누구를 가리켜 말하고 있는 것인가? 이사야에게 말하고 있는가, 아니면 하나님 그에게 말하고 있는가? 아마도 그 해답을 찾기가 어려울 것이다. 파수꾼이 이사야 자신에게 보고를 하고 있는 것으로 간주할 수 있다. 그가 군대의 접근을 본다면 자기를 배치하였던 사람, 즉 이사야에게 부르짖었을 것이다. 한편으로는 세부적인 사항을 주장할 수는 없지만 파수꾼의 부르짖음은 실제로는 이사야가 하나님께 외쳐서 대적의 접근을 알리는 부르짖음으로 단순히 간주할 수도 있다. 어투가 생생하며, 강조가 파수꾼과 망대를 강조하고 있다. "망대 위에서, 오, 나의 주여, 내(그리고 이 단어가 강조되어 있다)가 낮에 늘 망대에 서 있고." 보고의 정확성에 대해서는 의심의 여지가 없으니, 이는 그것을 보고하고 있는 자가 주의를 게을리 하지 않는 파수

점은 가능하다. 그렇다면 전체 문장은 "그리고 여호와의 사람이 부르짖었다"라고 번역될 수도 있는 것이다(F. Buhl, *ZAW*, vol. 8, 1888, pp. 157–164, 그리고 Young, *My Servants the Prophets*, 1955, pp. 117–119을 참고하라).

꾼이기 때문이다. 밤에도 파수꾼은 주의를 게을리 하지 않고 있으니, 이는 그가 단호한 선언으로 그의 문장을 마무리하고 있기 때문이다. "그리고 나의 망대에서 내가(또다시 강조됨) 모든 밤에도(즉 매일 밤) 서 있나이다." 만약 파수꾼이 밤낮으로 매일 망을 보고 있었다면 쉴 시간이 없었을 것이라는 본 절의 진실성에 대한 이의는 심각하게 볼 필요가 없다. 본 절이 말하고 있는 것은 실제 파수꾼이 아니라, 단순히 환상적인 경험이다. 그가 선포하고 있는 메시지가 단순히 참된 것이라는 사실을 강조하기 위하여 언제나 주의를 게을리 하지 않는다는 것이다.

21:9 본 절을 앞 절과 관련하여 어떻게 해석할 것인가? 파수꾼의 보고의 계속인가? 하나님 편에서 아니면 이사야 편에서의 선언인가? 아마도 확신할 수는 없겠지만 이 구절을 계속되는 파수꾼의 보고로 간주해도 될 것이다. 그러므로 계속하여 파수 망대에 서 있었다고 선언한 후에 파수꾼은 그가 보는 것을 알리는 것이다. "보라"라는 도입어가 이것이 중대한 선포라는 것을 보여준다. 이 말의 직역은 "이것을 보라, 오고 있다," 즉 "이제 보라, 오고 있다"이다.[32] 파수꾼의 눈에 가장 먼저 들어온 것은 사람들을 가득 실은 마차들이다. 단순히 물품을 옮기기 위해서만이 아닌 여행을 위하여 사용된 마차들이다. 여기서 한 쌍의 기병도 보인다. 많은 사람들이 여기서 묘사한 행렬을 7절에서 더 크게 묘사한 것과는 다른 것이라고 생각한다. 7절은 바벨론의 함락에 전심을 기울이고 있는 대적 군대의 모습이었는데 반해 9절은 승리의 소식을 전하기 위한 보다 적은 무리인 것으로 보인다. 다른 한편, 파수꾼이 같은 군대를 묘사하고 있지만 모든 세부적인 면을 다시 묘사할 필요를 느끼지 못한 가능성도 인정해야만 한다. 옳다고 보여지는 후자의 견해에 있어서 파수꾼은 단순히 바벨론 멸망 후 승리를 거둔 군대를 보고 있는 것이다.

바벨론의 멸망에 대한 실제적인 선포가 그 군대의 지휘관에 의하여 이루어졌다고 가정할 필요는 없다. 파수꾼 자신이 그에게 관련된 상황들을 답변하면서, 하나님의 백성의 큰 대적의 종말을 선포하였다고 단순히 말할 수도 있다. 분명한 의미에서 이러한 선포는 이사야서 전체의 근본적인 주제이다. 하나님께서 그의 백성을 그들의 거대한 대적으로부터 구원하셨다는 선포이다. 이것은 40–66장에 나오는 위로의 메시지에 대한 전주곡이다. 이사야 시대에 바벨론이 존재했으나, 그 당시 앗수르는 주로 메소포타미아의 세력을 장악하고 있었다. 그러나 후에 바벨론의 세력은 포로 사건을 일으키는

32) זֶה는 전접어이다(왕상 19:5; 아 2:8–9을 참고하라).

데서 절정을 이룬다. 포로 사건은 신정 통치를 단절시킬 만큼 대단한 재앙이었다. 바벨론 포로라는 이 재난으로부터 구원은 고레스를 통하여 올 것인데, 그의 군대가 여기에 미리 묘사되어 있는 것이다. 어쨌든 바벨론은 단지 하나님의 백성의 더 큰 압제자의 상징일 뿐이다. 즉 이것은 그리스도께서 세상에 오시는 것을 방해하고자 모든 가능한 일을 행하는 적그리스도의 영에 대한 상징이다. 바벨론 함락을 통해 그리스도의 승리와 모든 그의 백성의 승리와 구속이 오리라는 확신을 본다.

이 선포의 구조를 주시하는 것이 유익할 것이다. 본 구절에 이르기까지 세부적인 내용을 묘사하느라 다소 지체하였다. 그러나 이제 모든 것을 가장 신속히 언급하고 있다. 표현 하나씩만으로 이어지고 있는 것은 승리를 완성했기 때문이다. 양극단, 즉 시작과 끝을 함께 나타낼 목적으로 중간에 끼어 나타나는 세부사항을 생략한다. 이는 알렉산더가 "다른 조악한 기록자에게는 결코 일어나지 않았을 훌륭한 필법"(a masterly stroke which would never have occurred to an inferior writer)이라고 논평한 바와 같다.

이 묘사는 우상들을 강조하고 있다. 둠(Duhm)은 고레스가 실제로는 우상들을 반대하지 않았으므로, 저자가 우상들이 부서졌다고 확언함에 있어서 오류를 범하였다고 주장한다.[33] 실제로 고레스는 마르둑(Marduk)의 이름으로 칙령을 내리기도 하였다. 그러나 둠의 비평은 견지되지 못한다. 왜냐하면 본문은 고레스가 우상을 부수었다고 말하고 있지 않기 때문이다. 동사의 주어는 표현되지 않았지만, 주어가 하나님일 가능성이 크다. 그러므로 이 구절은 바벨론의 멸망과 함께 성취되는 영적 승리를 가리키고 있다. 우상들을 땅에 내던지는 분이 여호와이기에 구약은 여기서 문제의 영적 본질을 나타내는 것이라는 델리취의 제안은 옳다. 여기에 예고되어 있는 것은 예레미야 51:47 "그러므로 보라 날이 이르리니 내가 바벨론의 조각한 신상들을 벌할 것이라 그 온 땅이 치욕을 당하겠고 그 살륙당한 모든 자가 그 가운데 엎드러질 것이며"와 예레미야 51:52 "그러므로 여호와께서 가라사대 보라 날이 이르리니 내가 그 조각한 신상을 벌할 것이라 상함을 입은 자들이 그 땅에서 신음하리라"에서 명확하게 선포된다. 그러므로 우상들이 언급된 것은 설사 그렇다 하더라도 페르시아인이 그것들을 꺼려하였기 때문이 아니라 단순히 바벨론의 멸망과 함께, 하나님

---

33) שִׁבַּר에 있는 파타흐를 유의하라. 이 동사는 비인칭으로 번역될 수도 있다. "누군가 부수었다," 즉 …들이 부서졌다"로 번역할 수 있다. "*so hat sich unser Verf. betreffs der Gotterbilder geirrt, die von Cyrus nicht umgestürzt wurden*…"(Duhm, *Com. in loc.*).

의 나라와 그 번영에 대항하였던 악의 세력의 대표격인 우상들을 완전히 파괴했다는 사실을 강조하기 위한 것이다. 악의 세력을 바벨론의 우상들 외에 어떤 방식으로든 지금 묘사하고 있음에 틀림없다.

파수꾼의 보고는 본 예언서의 후반부의 장들에서 발견되는 힘찬 계시의 전주곡이며 그 나라를 위로하기 위한 것이다. 백성들은 아하스의 말을 들었었고, 그 결과로 메소포타미아 세력이 그들에게 임하게 하였다. 그 세력의 손아귀에 휩쓸려 들어갔고 하나님의 나라는 거의 지면에서 지워졌다. 그러나 임마누엘, 전능하신 하나님, 이새의 뿌리로부터 나온 싹에게 믿음을 둔 사람들에게는, 구원의 영광스러운 소식이 들려올 것이다. "이 일 후에 다른 천사가 하늘에서 내려오는 것을 보니 큰 권세를 가졌는데 그의 영광으로 땅이 환하여지더라 힘센 음성으로 외쳐 가로되 무너졌도다 무너졌도다 큰 성 바벨론이여 귀신의 처소와 각종 더러운 영의 모이는 곳과 각종 더럽고 가증한 새의 모이는 곳이 되었도다"(계18:1–2).

21:10 선지자는 하나님의 이름을 말하면서 사건의 중심부로 나아간다. 바벨론에 관하여 들려온 모든 것은 이스라엘에게 유익을 가져올 것이다. 바벨론의 세력과 힘이 성장하면서, 그동안 이스라엘은 압제를 받았었다. 선지자는 한마디 말로 자기 나라에 대한 자신의 사랑과 긍휼을 표현한다. 그는 "나의 타작한 것이여"라고 부르짖는다.[34] 이 단어는 부숴뜨리는 압박을 나타내며, 접미사("나의")는 그 부르짖음에 부드러움을 더해준다. 압박은 하나님이 아닌 다른 사람들의 손에서 왔다. 그 나라가 타작되었으나, 여전히 하나님의 백성이다. 표현이 간결하지만, 둠이 해석한 바와 같이 예레미야 애가 전체보다 더 효과적이다.

첫 번째 부르짖음과 둘째 부르짖음이 평행을 이루고 있다. 즉 "나의 마당의 곡식이여(영의 사역–나의 타작마당의 아들이여)." 마당은 여호와께 속해 있고, 그 마당의 아들은 그 위에 타작된 알곡들이다. 하나님께서는 그의 섭리 가운데서 바벨론으로 하여금 이스라엘을 타작하도록 허락하셨고, 그리하여 완전히 타작을 당한 이스라엘은 마당에 드러난 알곡과 같다. 그러므로 바벨론은 하나님의 진노의 도구로 보인다. 그렇지만 진노의 폭풍이 가장 어두워지고 심판의 구름이 가장 무겁게 드리워

34) מְדֻשָׁתִי–"타작되어진 것." 현 상태에서, 원개음절에서 모음이 불완전하게 기록되어 있다. 메텍을 유의하라(미 4:13; 합 3:12; 암 1:3; 사 41:15; 렘 51:33을 참고). 접미사를 붙여 부르는 것은 자주 주의를 끌어온 바와 같이, 전체에 자비로운 사랑이라는 독특한 특성을 갖게 한다.

질 때 구원의 광선이 나타난다. 선지자는 고하고 있다. "내가 들은 것을 너희에게 고하노라." 구원이 올 것이다. 압박하는 타작 도구인 바벨론은 무너지고 타작당한 알곡들에게 자유가 있을 것이다.

특주

첫 번째 중요한 바벨론 예언은 13:1–14:27의 예언이다. 그 예언처럼 이것 역시 우리를 역사적 상황의 중앙에 두고 있다. 13:2과 21:1 하반절을 비교하라. 본 절의 중요한 사상은 그 다음에 언급되어 있다. 13:3의 "나의 거룩히 구별한 자에게 말하고"와, 21:2의 "속이는 자는 속이고 약탈하는 자는 약탈하도다"이다. 두 장들 가운데 비교해 볼 만한 다른 것들이 있다. 대적의 접근에 대한 묘사에 있어서 어구의 유사성을 13:5과 21:2 하반절에서 주목할 수 있다. 다음의 사항을 비교해 보아야 할 것이다. 13:2–3, 17 상반절과 21:2 하반절; 13:6–8과 21:3–4; 13:8 예힐룬(יְחִילוּן)과 21:3 할할라(חַלְחָלָה), 13:7 하반절과 21:4 상반절; 13:11과 21:2 하반절 그리고 14:1–2; 21:10.

후반부의 예언과도 연관성이 있다. 21:1 하반절을 41:2–3과 45:1–3과 비교할 수 있다. 후에 발전된 많은 내용의 핵심이 21장에서 발견된다. 예를 들면 21:10은 40:27–31; 41:8–13, 14–16에서 발전된 위로에 대한 사상의 뿌리들을 담고 있다. 21:10은 대적국가, 바벨론의 우상들을 파하시는 주님의 파괴를 지적하고 있는 첫 번째 구절이다(41:21–29을 참고). "만군의 여호와"라는 문구는 40:12–16, 17–26 등에 표현된 승귀하신 하나님에 대한 교리를 가리킨다. 21:1–10은 바벨론에 관한 교리를 발전시키면서 13장에서 더 나아간 단계로 인도하고 있으며 40–66장의 중요한 예언으로 가깝게 나아가고 있다고 말할 수 있다.

후대 선지자들은 21:1–10의 어투를 반영한다. 21:3을 나훔 2:11 하반절; 21:6, 8을 하박국 2:1, 21:9 하반절을 예레미야 51:8, 21:10을 예레미야 50:33–34; 51:33, 21:9 하반절을 50:2, 38; 51:8, 47, 52과 비교할 수 있다.

6. 에돔(21:11-12)

11절, 두마에 관한 경고라 사람이 세일에서 나를 부르되 파수꾼이여 밤이 어떻게 되었느뇨 파수꾼이여 밤이 어떻게 되었느뇨
12절, 파수꾼이 가로되 아침이 오나니 밤도 오리라 네가 물으려거든 물으라 너희는 돌아올지니라

21:11 구원의 여명이 오리라는 것은 확실하다. 그러나 날이 밝아오기 전에 잠식하는 어두움의 긴 밤이 있을 것이다. 모든 것을 사로잡는 이 어두움이 어느 정도인가를 보여주기 위하여 선지자는 하나의 실례를 들면서, 심지어 에돔까지도 영향을 받을 것이라고 지적한다. 그는 그의 예언의 제목에서 다소 모호한 '두마'라는 단어를 사용하고 있는데, 이것으로 그는 에돔(두 단어 간의 발음의 유사성이 간과될 수 없다)과 죽음의 정적이라는 두 요소에 주의를 집중시킨다. 죽음의 밤과 같은 밤이 그 땅에 내리었다. 이 이름은 상징적인데, 이는 두마가 정적을 의미하며 죽음의 극한 침묵을 의미하기 때문이다. 그러므로 에돔은 정적의 땅, 죽음의 땅이며 죽음의 정적이 이미 왔을 뿐만 아니라 닥치려고 하는 땅이다. 단어(아돔, אֱדֹם)의 첫머리에서 "아"음을 옮겨서 뒤에 붙임으로써(둠아, דּוּמָה), 이사야는 에돔의 이름 자체를 에돔의 미래 운명의 표징으로 만든다. 그러므로 이것은 1, 13절, 그리고 22:1에 있는 표제처럼 지시하는 바가 모호하다.[35]

이사야는 환상 중에 세일로부터 그를 부르는 음성을 듣는다.[36] 오직 그만이 무서

35) 그러므로 어떤 에돔의 도시를 가리킨다(Gray)고 가정할 필요가 있다. 또한 두마가 에돔에 대한 본문의 개악도 아니며(Feldmann), B처럼 *Idumea*로 읽어서도 안 된다. 이 단어가 창세기 25:14; 역대상 1:30에서 개인의 이름으로 나타나고 있는 점을 유의하라(수 15:52를 참고). 페트라의 동쪽 400 킬로미터 지점에 두마 혹은 두맛 알 간달(Dumat al Gandal)이라는 오아시스가 있다(cf. Alois Musil, *The Northern Hegaz*, 1926, p. 311). 이곳이 고대인들에게는 Adumu로 알려져 있었고, Al-Jowf 오아시스이다. Gesenius는, 자신이 쓴 지리 동의어(synonyms) 사전에서 Jakut이 이락의 두마와, 수리아어 두만(Duman)을 언급하고 있다고 말하고, 수리아와 이라크의 국경지대로 중요한 지점인 후자가 여기서 의도된 것이라고 생각한다. Jerome은 Eleutheropolis로부터 20마일 지점, *Idumea*에 있는 두마를 언급한다. 그러나 이러한 장소들은 본 본문으로부터 이름 붙여진 것일 수도 있다. Cf. *Biblia e Oriente, Anno 2, fasc.* 2, 1960, p. 46.

36) "부르되"—불변화사의 주어가 나타나지 않는데, 본 절을 둘러싸고 있는 신비적 분위기를 조장하고 있는 한 요인이다. "나를"이 강조의 위치에 있다. "*zu ihm, der vom Herrn bestellt ist, die Verwaltung der Geschicke der Völker in Höherem Auftrage zy handhaben*"(Drechsler).

운 침입의 결과에 관한 소식을 줄 수 있다. 그리고 그를 부르는 소리는 이사야가 세상사의 실제 상황을 유일하게 알고 계시는 참되신 하나님의 대행자라는 것을 암묵적으로 인정하는 것이다. 그 음성은 세일에서부터 부르고 있으며, 이러한 사실은 '두마'의 이름에 에돔을 반영한다는 견해를 지지한다.[37] 잠들어 있는 도시에서 밤을 지키는 파수꾼만이 유일하게 깨어 있고 소식을 알리는 것처럼, 그 땅에 은밀하게 다가오고 있었던 죽음의 밤에 이사야만이 홀로 파수꾼으로 서 있었다.

일반적인 해석은 "파수꾼아, 밤이 어떻게 되었느뇨?"이지만 이것은 원문의 의미를 충분히 드러내지 못한다. 이 질문을 보다 정확하게 번역할 수 있다. "파수꾼이여,[38] 지금이 밤의 어느 때쯤인가"(What part of the night is it)?[39] 이 질문의 근본적인 생각은 "밤이 얼마나 지나갔는가? 아침빛이 오기까지 얼마나 기다려야 하는가?"이다. 마치 병든 사람이 오래도록 누워 있으면서 밤 시간 동안 고통을 당하다가 몇 시나 되었는지, 밤이 얼마나 지나갔는지를 알기 위하여 부르짖는 것처럼, 앗수르의 압제를 받고 있는 에돔도 선지자에게 그 압제를 얼마나 더 견디어야 하는가 하고 부르짖을 것이다. 오직 이사야만이 그 질문에 대답할 수 있다. 이것은 절박한 질문이다. 그 질문이 반복되면서 절박함이 나타난다. 이것은 고통당하는 백성들의 절규이다. 그 밤이 얼마나 지나갔는가?

21:12 앞 절에서 이사야 자신을 파수꾼으로 소개한다. 본 절에서는 파수꾼이 자신을 객관화하여 3인칭으로 말하고 있는데, 이것은 화자에게가 아니라 놀랄 만큼 중대한 메시지에 주의를 기울여야만 하기 때문이다. 그 대답이 명쾌하고도 직설적이지만 그럼에도 어떤 모호함의 베일에 싸여 있다. "아침이 오나니 밤도 오리라"고 선지자는 외친다. 그는 완료형 동사를 사용하고 있는데, 이것은 이 동사기 표현하는 행위의 성취의 확실성을 선포하려는 것이다.[40] 이사야의 어투가 역시 시적인데, 왜냐하면 그가 아

---

37) 즉 세일산, 사해의 남서쪽 산악지역(신 1:44; 창 36:20). 이 호칭을(본문처럼) 후에 아라비아 동쪽의 언덕 도시에 붙였다.

38) 이사야 52:8; 56:10; 62:6를 참고하라.

39) מִן의 사용에 대해서는 욥기 5:1; 예레미야 44:28을 참고하라. 그리고 밤의 비유적인 사용에 대해서는 47:5; 5:30; 8:20ff.; 스바냐 1:15; 아모스 5:18; 예레미야 15:9을 참고하라.

40) The verb terminates in *Aleph* in place of *He*, so also in 1Q(이 문장은 다음과 같이 번역될 수 있다. "이 동사가 헤(ה) 대신에 알렙(א)으로 마치는데, 1Q에도 그렇게 되어 있다." 그러나 MT에는 분명히 동사가 알렙으로 시작하고 헤로 마치고 있고 BHS의 본문 비평란에도 언급이 전혀 없어서 역자는 영어 본문을 그대로 실었다—역주).

침이라든가 낮이라는 단어에 정관사를 사용하지 않고 있기 때문이다.

그렇지만 이 대답의 의미는 무엇인가? 이사야가 말한 바와 같이 어두움과 밤이 땅을 덮었었던 것으로 보인다. 압제하는 메소포타미아 세력의 그림자가 세계에 드리워 있었고, 그 그림자가 빛을 차단하고 있었으며, 이와 함께 압제의 밤의 어두움을 가져왔었던 것이다.[41] 이 밤으로부터 구원이 있을 수 있겠는가? 그렇다. 아침도 다가오고 밤도 역시 다가올 것이다. 그러나 그 밤이 이미 에돔에 와 있다. 그렇다면 이사야가 의미하는 바는 무엇인가? 아마도 그는, 주님 안에 피난처를 가지고 있는 사람에게 구원하는 빛을 가진 아침이 있을 것이지만, 모든 다른 사람에게는 멸망의 밤이 드리울 것이라는 의미로 말한 것 같다. 그들에게 그 밤은 지속적이고도 영원한 밤이 될 것이고 거기에는 구원이 없을 것이다. 이 신비적인 어투에는 모든 사람에게 아침과 빛이 있을 것이라고 암시하는 바가 없다.

방금 제시한 해석을 지지하기 위해서는 본 절의 나머지 부분을 주목해야만 한다. 에돔인은 해야 할 일을 들었다. 만약 그들이 메시지의 의미를 알기 원한다면, 그들은 진지하게 추구해야 한다.[42] 사실상 그들은 실제로 그렇게 하도록 명령을 받는다. 신명기 4:29에 있는 구절을 상기한다. "그러나 네가 거기서 네 하나님 여호와를 구하게 되리니 만일 마음을 다하고 성품을 다하여 그를 구하면 만나리라." 하나님만이 구원의 확실한 기초이시며, 그래서 에돔인은 이 확고한 기초를 바라보아야 한다. 본 절의 마지막 두 단어는 갑작스럽다. "돌아오라, 오라"(너희는 돌아올 지니라–개역성경). 이것은 단순한 명령이다. "돌아오라" 혹은 단순하게 "돌이키라." 현 상태에서 에돔인에게 해답은 없다. 그들은 여호와께로 회개하고 돌아와야 하고, 그리할 때 듣게 될 것이다. 지금 그들에게 구원의 소식은 없다. 구원의 때가 아직 도래하지 않

---

41) 디글랏 벨레셀 3세가 아라비아로 진군해 왔었고 Idumean 왕으로 하여금 공물을 바치게 하였다(*Kaus–malaka matu Udumuaa*). 참고. Rogers, *Cuneiform Parallels*, p. 322. 또한 참고. *ANET*, p. 282.

42) בעיו–בעיו 본래의 요드(י)가 가끔 모음의 접미사들 앞에 나타난다. תִּבְעָיוּן과 에타이우(אֵתָיוּ)에 나타난 같은 현상을 유의하라. 에타이우에 있어서 체레(ֵ)가 합성쉐와를 대신하고 있다는 것을 유의하라. 이는 주로 후음문자 앞에서 일어나는 현상이다. 또한 출 16:23에 있는 אֵפוּ를 참고하라. 동사가 알렙으로 종결되는데, 이는 알렙–헤 동사에서 나타나는 현상과 같다. 세 개의 명령형들은 접속사를 생략하고 있고, 그것으로 인해서 각 사항에 특성을 더해 주고 있다. 그것들이, 조건절이 임(אִם)과 미완료형으로 구성되어 있는 문장에 귀결절을 형성하고 있다는 것을 유의하라. Alexander Scheiber(*VT*, Vol. 11, 1961, pp. 455–456)는 감(גַּם)을, 미쉬나에 나타나는 어간의 칼 완료형으로 취급할 것을 제안하지만 구약에는 나타나지 않는다. "아침이 왔고 저녁이 완료되었다."

았다. 에돔은 또다시 물어보고 다시 돌아와야 한다. 만약 그가 아침의 빛을 받으려면 돌아와야 하는데, 그 외에 에돔을 기다리는 것은 다가올 밤뿐이다. 실제로 이 대답은 거절하는 것과 매한가지이다. 수년 동안 에돔은 유다의 압제자가 되어 왔었고 적대적이었다. 만일 이제라도 그들이 돌아오기만 한다면 그들은 단지 앗수르의 세력과 압제의 결과만은 피하게 될 것이다. 그러나 이것은 순전한 마음을 가지고 오는 것은 아닐 것이다. 스바냐 3:9의 예언은 아직 에돔을 위해 성취될 준비를 하지 않았었다. "그 때에 내가 열방의 입술을 깨끗케 하여 그들로 다 나 여호와의 이름을 부르며 일심으로 섬기게 하리니." 아마도 예언의 간결성은 에돔에 대한 거절을 암시하는 것이다. 에돔과 유다는 가까웠었고, 그런 까닭에 예언의 간결성은 의외이다. 아마도 이러한 이유로 제목이 모호하였을 것이다. 약탈하는 무리들이 약탈하였고 마침내 에돔을 멸망시켰으며, 그리하여 에돔은 영원히 '두마'가 되었다.

7. 아라비아인(21:13-17)

13절, 아라비아에 관한 경고라 드단 대상이여 너희가 아라비아 수풀에서 유숙하리라
14절, 데마 땅의 거민들아 물을 가져다가 목마른 자에게 주고 떡을 가지고 도피하는 자를 영접하라
15절, 그들이 칼날을 피하며 뺀 칼과 당긴 활과 전쟁의 어려움에서 도망하였음이니라
16절, 주께서 이같이 내게 이르시되 품꾼의 정한 기한같이 일 년 내에 게달의 영광이 다 쇠멸하리니
17절, 게달 자손 중 활 가진 용사의 남은 수가 적으리라 하시니라 이스라엘의 하나님 여호와의 말씀이니라

21:13 본문에는 12절에서 에돔에게 주어졌던 대답에 대한 설명이 있다. 그 땅은 대상(大商)들이 통상적인 상황과 시기에는 방해를 받지 않고 여행을 할 수 있었지만 이제는 주요 도로를 떠나 수풀 속에 숨어 있어야만 하는 상태에 이를 것이다. 밤이 소리 없이 다가와 아라비아까지 확장될 것이었다. 본 신탁은 문맥 자체에서 비롯된

단어로 이름을 붙인다(삼상 1:18을 참고).[43] 그러나 아라비아라는 단어는 전 국토를 가리키는 것이 아니고, 단순히 아라비아의 일부분을 가리킨다. 그리고 이 표제가 아라비아인 부족을 가리키는 점에 있어서는 적절한 호칭이다.

이 호칭과 이어지는 두 개의 단어에 עַר의 결합이 세 번이나 나타난다. 선지자가 대상들이 수풀 속에서 밤을 보낼 것이라고 묘사해야 한 것이 이상하다. 왜냐하면 아라비아에는 수풀이 거의 없거나 아니면 드물기 때문이다. 선지자가 말하는 것은 아마도 단순한 관목이나 잡목 숲을 가리킬 것이다.[44] 이런 숲속에서는 대상들도 천막을 치고 남의 눈에 띄지 않고 숨어 있는 것이 가능하였을 것이다. 그러한 야영지는 주요 여행로 근처가 아니고 안전한 거리를 둔 떨어진 곳이었을 것인데, 이는 아마도 그 땅을 잘 알지 못하는 대적의 스파이 중 그 누구도 도망자들을 찾을 수 없게 하려는 것이었을 것이다.

이 대상(大商)들은 드단인인데 다른 곳에서 에돔과 데마와 관련하여 언급된 자들이다(렘 49:8과 겔 25:13). 드단은 아라비아에 있는 한 지역이었으며 그 아마도 대상들은 아라비아 사막의 특징인 단순히 여행하는 대상들이었을 것이다.[45] 앗수르인은 732년에 처음으로 아라비아를 침공하였고 그후 다시 725년에 사르곤 2세 휘하에 들어왔다.[46] 사르곤 역시 아랍인 기병들을 사마리아로 이끌고 왔다는 사실을 살펴보는 것은 흥미롭다. 침략군이 그 땅을 점령하고 있을 때, 안전하게 일을 계속하

---

43) 본 단락에서 이사야는, 이어지는 문맥에서 취한 단어를 따라 제목을 정함으로써 이제까지 제목을 붙이는 데 사용하였던 원리에서 벗어나고 있다. 그러나 이렇게 하는 것은 신탁의 대상을 명시하기 위한 것이다. Drechsler는 여기서 이사야가 이렇게 하는 것은 모든 아라비아를 의도하거나, 개별적인 부족 또는 이름이 언급된 부족들을 의도하는 것이 아니기 때문이라고 생각한다. 이어지는 예언의 대상은 하나의 구체적인 표현으로 쉽게 단정될 수 없다. 히브리어에서 עֲרָב란 단어는 언제나 아랍인들에 대한 집합적인 호칭이다. Penna는 עֲרָבָה가 보다 적절하다고 이해하지만 steppe(대초원), 곧 메마른 땅으로 번역하였다(33:9; 35:1, 6; 40:3; 41:19; 51:3). 그러나 König는 "대초원 가운데서"는 히브리어가 아니라고 바르게 지적하고 있다(*unhebräisch*; 또한 Duhm, Haller, Fischer 역시 같은 생각이다).

44) Gesenius는 이 단어의 어원을 논의하지만 자갈밭으로 번역하는 데 대한 정당성에 대해 의문을 가지는 Gray에게 동의한다.

45) 성경은 드단을 구스 혹은 에티오피아(창 10:7; 대상 1:9), 또한 에돔(창 25:3; 렘 49:8; 겔 25:13)과 연관지어 말한다. Albright는 이것을 אֲלֻעַר와 동일시하고 있다(*Geschichte und Altes Testament. A. Alt zum siebzigsten Geburtstag*, Tübingen, 1953, pp. 1–12).

46) 디글랏 빌레셋 3세는 아라비아에서 그의 전공(戰功)들을 말하고, 메마른 땅 Bazu의 성읍으로 도망하고 있는 Samsi 여왕에 대해서 말한다. 사르곤 2세는 사막 멀리에 살고 있는 아랍인들을 궤멸시킨 것을 말한다(*ANET*, pp. 284, 286을 참고).

길 원한다면 드단 대상들이 늘상 사용하던 도로에서 떨어져서 여행하는 것은 필연적이었을 것이다. 간단한 활(bows)로 무장한 사막의 아라비아인은 긴 검과 창과 방패, 그리고 다단식 활로 무장된 앗수르인에게 상대가 되지 않았을 것이다. 또한 그들의 발빠른 약대도 잘 무장된 앗수르 기병에 비해 소용이 없을 것이다.[47)]

21:14 사막에서도 진정한 보호자가 있었으니, 이는 데마(Teima)의 거민들이 목마른 여행자들에게 물을 가져다주기 때문이다. 대마는 마안(Maan)의 동남방 지점에 있는 지금의 오아시스 데마로 볼 수 있다. 후에 벨사살이 바벨론을 통치하는 동안 나보니더스가 많은 시간을 보낸 곳이 바로 여기이다. 그곳은 오아시스였으므로 데마는 가장 필요로 하는 축복, 말하자면 물을 공급할 수 있었다. 이 어투는 마치 사막을 여행하는 대상들이 데마의 거민들로부터의 도움을 기대할 수 있었던 것처럼 어떤 종류의 정해진 협정이 있었음을 암시하고 있다. 첫 번째 동사의 주어는 아마도 일반적인 것 같다. 따라서 "목마름을 해소하기 위하여 물이 운반되었다"로 번역할 수도 있다.[48)] 데마의 언급은 앗수르의 채찍이 얼마나 사막의 먼 지역까지 미쳤는가를 보여준다.[49)]

물을 가져올 뿐만 아니라, 도망자가 가진 빵까지도 가져온다. 알수 없는 광야에서 대상들은 갈 길을 몰라서 배회할 수 있었다. 그러나 데마의 백성들은 그들이 필요로 하는 음식을 가져와서 그들에게 제공해 줄 것이다.

---

47) 니느웨의 아수르파니팔 궁전에서 나온 한 양각 그림(주전 7세기)은 약대를 타고 도망가는 아랍인들을 쫓아가는 앗수르의 보병과 기병을 묘사하고 있다. 각 약대 위에는 두 사람이 타고 있었는데, 하나는 막대기를 가지고 그 동물을 인도해 나가고, 다른 한 사람, 전사는 간단한 활로 화살을 쏘고 있다. 이 양각 삽화는 *Views of the Biblical World*, 1960, pp. 46f.에 있다. 주전 7세기 암몬인들은 앗수르의 보호 아래에서 번영하였고, 이익이 나는 사막의 대상의 여행을 관할하였다(*BA*, Vol. 24, No. 3, 1961, p.74을 참고).

48) 1Q에서 이 동사의 알렙(א)이 나타난다. 그렇지만 알렙의 제거는 이상하지 않다. כִּי가 없이 쓰인 완료형은 바로 전에 언급한 것에 대한 이유를 서술한다. 주어는 일반적인 것이며 צָמֵא는 집합적이다.

49) 오늘날까지도 데마로 불리고 있는 데마는 헷자즈(Hedjaz)의 북쪽에 있는 커다란 오아시스인데, 풍성한 물을 공급하고 있다. 디글랏 빌레셀 3세 역시 그곳을 언급한다(*ANET*, pp. 283f., 306, 313을 참고). 후기 아람어 비문들(주전 4–5세기)을 유의할 필요가 있다. CIS, ii, 113f. Cooke, *NSI*, pp. 195ff. 현대이 오아시스에 대한 묘사에 대해서는 Musil, *The Nothern Hedgaz*, New York, 1926을 참고하라.

21:15 방황하던 이 백성은 실제로 도망하였고, 여전히 검을 피해 도망하고 있는 중이다. 전쟁이 아라비아의 땅에 닥쳤고, 검은 그림자가 그 땅을 뒤덮고 있다. 그때는 어두움의 세력의 때이니, 곧 인간들이 범세계적 국가를 건설하기 위하여 노력하는 때였고, 그들의 노력의 결과는 곤궁과 고통을 입히게 되었다. 예를 들면 사람들이 아라비아에서 흩어졌고, 살기 위하여 도망하고 있었다. 대적은 칠 준비를 하고 있고, 그 땅의 거민은 두려워할 준비를 하고 있었다. 예전에 자신들의 무기만을 의지하였던 그들이 이제는 칼 앞에서 떨고 있다. 선지자는 본 절에서 네 번이나 "앞에서"라는 어구를 도입하고 있다. 백성이 두려워할 것이 많이 있었다. 사람이 하나님 없이 살아가기 위하여 강력한 조직에 가입할 때, 거기에는 충분히 두려워할 원인이 있는 것이다. 이것은 단순한 상상이 아니라, 백성의 마음속에 두려움을 일으키는 실제적인 전쟁과 그 전쟁의 무서운 결과이다. 이사야가 말하고 있는 것은 단순히 일반적인 전쟁이 아니라, 뺀 칼이며 임의대로 내맡겨져서 최악의 일을 할 수 있는 칼이다. 이 칼은 최악의 상황으로 치닫게 한다.[50] 뺀 칼과 함께 당겨진 활이 있으며 전쟁이 가져다주는 모든 괴로움과 낙담이 있다.[51]

21:16 이 도망의 결과가 어떻게 될 것인가? 대상들은 전쟁의 참상을 피할 것인가? 주권자이신 하나님께서 이사야에게 말씀하셨고 그가 말씀하신 것을 이제는 이사야가 전달하고 있다.[52] 아라비아의 멸망의 기한이 확정되었다. 이 기한은 일 년인데 품꾼과 주인이 정하는 것과 같이 정확히 정해진 기간이다. 품꾼이 일해야 할 구체적인 시간을 정하고, 이렇게 정한 기간은 게달의 군사력이 소진되기 이전에 지나갈 것이다. 게달이라는 단어는 도망가는 백성을 지칭한다. 이는 창세기 25:13에서 알게 된 바와 같이 게달이 이스마엘의 후손 중 한 부족이기 때문이다.[53] 혹자는 이사야가 여기서 모든 아라비라 부족을 총체적으로 나타내는 이름으로 사용하고 있다고 생각한다. 그럴 수도 있겠으나, 이사야가 단순히 다른 부족을 언급하고 있을 수도

---

50) "칼들"이라는 복수형은 상당한 강조를 더해 주고 있다.

51) כֹּבֶד는 불꽃이라는 말로도 사용된다(30:27; 삼상 31:3을 참고하라).

52) כִּי가 앞에서 알린 변화(13–15절), 즉 대격변이 곧 임하게 된다는 사실의 정당성을 소개하고 있다.

53) 일부 사람들은 게달이 방금 언급된 드단 족속들의 원수였다고 생각하였다. 그러나 16:13과 비교해 볼 때 이러한 의견이 의문을 갖게 된다. Penna가 말하는 대로, 게달은 정복된 백성을 나타낸다(7:3을 참고). 1Q는 1년 대신 3년으로 쓰고 있다.

있으니, 곧 아라비아인에게 닥친 대재난이 광범위하다는 사실을 보이기 위하여, 처음에는 드단인을, 그리고 여기서는 게달인을 언급하고 있을 수도 있는 것이다. 다른 한번, 랍비는 게달이라는 이름을 전체 아라비아인에 적용시킨다. 후에 예레미야는 유사한 맥락에서 게달에 대한 예언을 하게 된다. 델리취는 다음과 같이 말한다. "이사야에 의해 정해진 시기의 성취가 이루어졌을 때 이에서 또 다른 기간이 싹트게 되는데 이것은 또 하나의 제국이므로 여전히 먼 훗날의 시기이다. 즉 앗수르 제국에서 갈대아 제국이 등장하여 열국을 향한 또 다른 심판의 시기를 열어주었다. 잠깐 동안의 아침 광명 이후 밤이 재차 에돔에 임하고 아라비아에 임하게 된다."

독자는 칼라 콜 게보드(כָּלָה כָּל־כְּבוֹד)에 나타난 유음현상을 간과해서는 안 될 것이다. 실제로 이 음조의 인상적이고 효과적인 특성을 보려면 이 구절을 소리내어 크게 읽는 것도 좋을 것이다.

21:17 이 메시지는 슬픈 것이다. 게달에게는 소망이 없을 것이다. 밤이 그 땅을 덮을 것이고 빛은 나타나지 않을 것이다. 이례적으로 소유격을 길게 나열하면서 이사야는 그의 주제를 묘사하고 있다. 대조적으로 동사는 짧다. "수가 적으리라."[54] 이러한 대조와 아랍인의 무기의 위력에 대해 한번 살펴보는 방식을 통하여, 이사야는 15절과의 대조를 강조한다.[55] 예레미야 49장에서 예레미야는 이 예언을 취하여, 드단과 게달 모두 언급하면서 그의 시대에 적용한다.

이 예언의 정확한 성취를 발견하기는 어렵다. 그렇지만 20장에 기록된 사건과 함께, 성취에로 한 단계 나아간 것으로 보인다. 앗수르의 세력은 점점 더 자라갔고 그럴수록 에돔과 아라비아는 더 시들어 갔다. 바벨론의 멸망과 함께 에돔과 아라비아는 더 깊이 뒤편으로 사라진다. 하나님의 아들이 이 땅에 나타나셨을 때 유다에 광명이 왔다. 실로 그때에 에돔에도 아침이 왔었지만, 사람들은 그 아침을 인식하지 못하였다. 왜냐하면 한 에돔인(이두메인 헤롯)이 그 아침을 보지 못하고 두 살 아래의 베들레헴의 아기들

---

54) 일련의 다섯 개의 소유격이 결말을 짓는 소유격에 의하여 종결되어 있다. 직역하면 "그리고 게달의 아들들의 힘센 사람들의 화살들의 숫자의 남은 자"이다. 복수동사는 게달만으로는 어울리지 않고, 복합명사 베네게달과 어울린다(창 26:12; 레 13:9; 삼상 2:4; 왕상 1:41; 17:16; 사 2:11; 슥 8:10; 욥 15:20; 21:21; 29:10; 32:7; 38:21을 참고하라).

55) מִסְפַּר 다음에 있는 Maqqeph은 맞지 않는 것으로 보이는데, 이는 강조가 활의 수에 있지 않고 용사의 활들에 있기 때문이다. 수(number)라는 단어가 '모두'의 의미로 사용되었다. 21:16–17과 16:13–14를 비교하라. 그리고 21:13–17과 예레미야 49:8, 28, 30을 비교하라.

을 모두 살육하려고 하였기 때문이다. 그래서 에돔과 아라비아는 옆으로 밀려나고 결국은 이슬람의 어두움이 아라비아 반도를 뒤덮었다. 그것은 그렇게 될 수밖에 없었다. 왜냐하면 이스라엘의 하나님께서 말씀하셨기 때문이다.

21장에 관한 특별 참고서적

Eduard Sievers: "*Zu Jesajas* 21:1–10*: in Karl Marti Festschrift*, 1925, pp. 262–265.

Israel Eitan: "A Contribution to Isaiah Exegesis," *HUGA*, Vol. 12–13, 1937–1938, pp. 55–88

Paul Lohmann: "*Das Wächterlied Jes*. 21: 11–12," *ZAW*, Vol 33, 1913, pp. 20–29. 이 논문은 본래 21:11–12이 선지자가 자기의 목적을 감당했던 바, 파수꾼들의 해학적인 노래였다는 사실을 보여주려고 한 것이다. 21:1–10의 연의 구조에 대한 논의는 *ZAW*, Vol. 32, 1912, pp. 49–55, 190–198과 Vol. 3, 1913, pp. 262–264에 있다.

William Henry Cobb, *JBL*, Vol. 17, 1898, pp. 40–61.

8. 열국 중의 한 도시인 예루살렘(22:1-14)

1절, 이상 골짜기에 관한 경고라 네가 지붕에 올라감은 어찜인고
2절, 훤화하며 떠들던 성, 즐거워하던 고을이여 너의 죽임을 당한 자가 칼에 죽은 것도 아니요 전쟁에 사망한 것도 아니며
3절, 너의 관원들은 다 함께 도망하였다가 활을 버리고 결박을 당하였고 너의 멀리 도망한 자도 발견되어 다 함께 결박을 당하였도다
4절, 이러므로 내가 말하노니 돌이켜 나를 보지 말지어다 나는 슬피 통곡하겠노라 내 딸 백성이 패멸하였음을 인하여 나를 위로하려고 힘쓰지 말지니라

22:1 앞장에서 이사야는 바벨론, 에돔, 아라비아를 다루는 세 개의 신탁을 말했

다. 이것들에 덧붙여 이제 네 번째 신탁을 말하고 있으며, 이 신탁은 앞의 세 신탁과 함께 다가오는 폭풍에 대한 그림을 공유한다. 이 폭풍을 22:1에 두려운 땅에서 오는 것으로 소개한다. 두마에 관한 신탁에서는 그 결과가 에돔에서 확연히 드러난 것을 볼 수 있으며 그 다음 아라비아에서이다. 이제 폭풍이 이상 골짜기에서 몰아치고 있다. 그렇다면 이 "이상 골짜기"란 표현이 의도하는 바는 무엇인가?

일부 주석가들은 이 본문을 고쳐서 "힌놈의 골짜기"로 읽으려고 하지만 적절치 못하다. 왜냐하면 이어지는 구절이 예루살렘 전체를 고려하고 있음을 암시하고 있기 때문이다. 예루살렘을 "아리엘"로 칭하고 있는 29:1에 유사한 형태의 제목이 나타나는데, 이어지는 구절이 예루살렘을 의도하고 있음을 분명히 보여준다. 이것은 본 어구가 하나의 특별한 골짜기보다는 그 도시 전체를 가리킨다는 입장을 지지해준다. 그러나 만일 이것이 예루살렘을 가리킨다면, 어찌하여 그 성읍은 골짜기로 호칭했는가?[1] 예루살렘은 그 자체를 언덕들로 둘러싸여 있고(시 125:2) 동시에 언덕 위에 세워져 있긴 하지만 주변의 산들과 대조되어 골짜기라고 간주할 수도 있다. 특별히 감람산과 관련하여 그러한데, 그 산의 정상에서 보면, 예루살렘이 마치 골짜기에 있는 것처럼 그곳을 내려다 볼 수 있다(렘 21:13을 참고). 이 호칭에는, 산들이 한 골짜기를 둘러싸서 그 골짜기의 거민을 주변 세상과 단절시키는 것처럼 예루살렘의 거주자는 세상과 차단된 골짜기에 있으면서 단절되었기에 주변 세상에 도움을 청할 수 없고 오직 위로 하나님께로만 도움을 청할 수밖에 없다는 생각을 암시하고 있을 수 있다.

이사야의 예루살렘에 대한 메시지와 21:1–10에 있는 바벨론에 대한 메시지 사이에 유사성이 있다는 사실을 간과해서는 안 된다. 각 부분에서 표제에 있는 호칭은 문제시되는 나라의 실제 상황을 지적하는데, 이것은 그 나라가 자부하는 모습과는 대조를 이룬다. 바벨론은 자기 힘에 도취하여 부와 호사스러운 성장을 하였다고 주장했던 반면, "해변 광야"라고 불리었다. 예루살렘은 골짜기에 지나지 않지만, 그 성

1) 1Q는 알렙(א)을 생략하고 있지만, 알렙은 세 번째 어근으로서 흔히 이중모음을 유지한다. 이것이 여기서는 연결형에 나타난다. 이것은 연결 악센트 무나흐에 의하여 증명이 된다. 이 단어의 절대형(גֵיא)이 민수기 21:20에, 끊어 읽기를 하는 것이 역대상 4:39에, 알렙이 없는 형태는 신명기 34:6에 나온다. 스가랴 14:4에서는 גֵיא가 21:11과 40:4에 있는 לֵיל과 같은 절대형으로 나타나는데, 여기서는 이중모음이 유지되지 못한 것으로 보인다. 단수 연결형은 이중모음으로 인하여 정규법칙을 따르므로 게이이(גֵיא)와 게이(גֵי)가 모두 나타난다. 소유격인 "이상"(vision)은 연결형의 특징을 묘사하는 속성이 있다. 이상의 골짜기는 이상을 받은 곳으로 구별된 골짜기이다.

읍은 스스로 골짜기의 거민들처럼 행동하지 않고, 오히려 자기의 시계(視界)를 넘어서 앗수르 왕의 임재에 나타난 강력한 육신의 군대를 바라보았었다. 그러므로 각 경우, 표제는 문제의 성읍 혹은 국가의 실제 상황과의 대조를 암시한다.

예루살렘은 이상(理想)의 골짜기이다. 왜냐하면 그곳이 계시가 주어지는 곳이기 때문이다. 비록 그곳이 산악으로 둘러싸여 있고 세계로부터 차단되어 있을지라도, 이 골짜기에는 하늘의 빛이 비추어졌으며 하나님의 말씀이 알려졌던 것이다. 여기에 있는 성전은 하나님의 임재의 장소였고 이곳에 그의 말씀을 그 나라에 선포하였던 선지자들이 거주했다. 이사야의 집에 대한 구체적인 언급이 없으며 이사야가 성읍의 어디에 살았는지에 대한 언급조차도 없다. 단지 계시는 대개 위로부터 온다는 견해에 대한 일반적인 대조만 있을 뿐이다. 계시는 실로 위에서부터 오지만(사 32:15), 이 특별한 시점에서 이사야의 목적은 단순히 그 골짜기를 계시가 발견되는 장소로 밝히는 것이다.

어쨌든 무슨 이유로 이 4중적 신탁 중에 예루살렘이 포함되었는가? 바벨론, 두마, 아라비아 그리고 나서 예루살렘을 다루고 있는 신탁의 목록은 서로 부조화를 이루고 있지 않는가? 처음 세 나라는 이방 땅이며, 마지막 것은 하나님의 거처가 아닌가? 4중적 예언은 세상 권력의 성읍으로 시작하여, 그 세상 세력의 효력을 느꼈던 두 지역을 포함하고, 그리고 나서 살아 계신 하나님의 도성으로 끝을 맺는다. 그러나 그러한 목록에 예루살렘을 포함시키는 것은 사실상 어울리지 않는 것이 아니다. 왜냐하면 예루살렘이 육체(인간)를 바라보았기 때문이다. 즉 예루살렘은 하나님의 선지자들이 그 안에 거주하였음에도 불구하고 살아 계신 하나님께 신뢰를 두지 않고, 궁극적으로 제국이라는 최상의 표현을 얻게 되는 인간의 거대한 권력을 신뢰하였다. 이 인간 권력의 이름이 4중적 신탁 맨 앞에 등장하는 것이다. 이러한 이유로 예루살렘은 사실상 세상 권력과 같이 되었고, 그래서 그 역시 신탁들의 목록에 포함된 것이다. 예루살렘이 육신적 일에 빠져 있던 태도의 일례로 이사야는 그 성읍 관리들 중의 한 사람인 셉나(18절 이하)의 경우를 포함시키고 있다.

메시지가 "네가 어찜인고?"라는 당혹스러운 질문으로 시작되고 있는데, 이는 영어로 "어찌된 일인가?" 혹은 "어찌 된 거냐?"라고 번역해야 한다. 드렉슬러는 질문의 의미를 놀라움과 당혹스러움으로만 제한시킨다. 그러나 아마도 불만과 함께 꾸짖음의 의미도 발견된다고 생각한다(3:15와 22:16을 참고). 아모스가 벧엘에서 북왕국의 죄악된 거민들 중에 뛰어들었던 것처럼(암 7장을 참고) 이사야의 갑작스러

운 출현은 예루살렘에서 향연에 빠진 자들에게 당혹감을 주었던 것으로 보인다.[2)]

그는 마치 이 성읍이 한 개인인 것처럼 말하고 있다. "너, 곧 너 전체가[3)] 지붕에 올라갔다"고 말하고 있다. 도대체 이것은 무엇을 가리키는가? 이 질문에 대한 여러 답변이 제안되어 왔다.

1) 피셔(Fischer)는 다음과 같이 제안한다. 주전 722년 사마리아의 함락 후에 앗수르 군대가 공물을 요구하고자 갑자기 예루살렘에 왔으나 예루살렘이 미처 준비되지 않은 것을 알게 된다. 사르곤은 니느웨로 돌아가야만 했었고 군대를 급히 철수해야만 했다. 그런 이유로 백성은 지붕으로 올라가 기뻐했다는 것이다. 그러므로 피셔는 이 신탁의 연대를 주전 722–721년으로 잡는다. 그렇지만 이 모든 내용은 단순한 추측이다. 사르곤의 이러한 침입에 대해 알려진 바가 없다. 더 나아가서 이 신탁의 내용은 포위공격의 훨씬 더 심각한 실태를 암시하고 있다.

2) 펜나(Penna)와 다른 사람들은 이것을 산헤립의 후기 공격으로 생각하고(주전 701년), 이 구절을 서술로 보지 않고 예언으로 취급한다. 그러나 이러한 입장에 대한 답변으로, 선지자가 백성의 환희에 동조하지 않고 있음을 지적할 수 있다. 반대로 실제로는 선지자가 산헤립에 대항하는 히스기야를 지지했다. 산헤립의 침입은 예상 밖의 일이 아니었다. 따라서 그 성읍은 그의 출현에 잘 대비되어 있었음을 또한 지적할 수 있다(참고. 대하 32:1–5).

3) 본서가 채택한 해석은 이것이 바벨론에 의한 예루살렘의 마지막 멸망을 가리킨다는 것이다. 이 4중적인 메시지에 예루살렘과 바벨론을 함께 포함하고 있다. 예루살렘은 실제로 바벨론에게 도움을 호소하였고, 결국 바벨론으로 간다. 그때는 절망적인 상태이고, 예루살렘은 더 이상 지탱할 수 없게 된다(왕하 25:4; 렘 52:7). 1년 반 동안 그 성읍은 공격을 받았다. 아마도 시드기야는 도망을 갔을 것이며 전쟁은 소강상태가 되었을 것이다. 백성은 무엇이 일어났는가를 보다 분명하게 보기 위하

---

2) 그때에(then, 이 단어는 개역성경에서는 생략되어 있다–역주)–질문에 생생함을 더해 주는 역할을 하고 있다. 가끔 אֵפוֹא가 첫 번째 의문을 나타내는 단어 뒤에 위치하지만, 여기서는 전체 질문 뒤에 위치한다.

3) כֻּלָּךְ 카메츠는 לָּכ에 유음을 주는 일종의 이차적 끊어 읽기이며, לָךְ와 유음을 이룬다.

여 지붕 위로 올라간다. 이사야가 인정하지 않은 것은 이러한 행위이다. 그렇다면 전체 구절을 예견적인 예언으로 취급해야 하고 이미 일어난 일이나 가까운 미래에 일어날 일에 대한 서술로 취급해서는 안 된다. 어떤 의미에서 선지자는 변덕스러운 일개 개인(an uncertain individual)처럼 행동한다. 그는, 그렇게도 괴로운 때에 마치 위기가 완전히 다 지나간 것처럼 기뻐하면서 지붕에 올라가는 것은 무슨 뜻이냐고 질문한다. 이 질문과 함께 그는 사건들의 핵심으로 우리를 이끈다.[4)]

그러나 이 사건이 느부갓네살 아래서의 멸망을 가리킨다는 데 대한 반대들이 있다. 만약 그것을 그의 당대에 적용한다면, 그래서 반대에 부딪치는 것인데, 뒤에 등장하는 셉나에 대한 언급을 어떻게 설명해야 할 것인가?, 그리고 히스기야에게 적용되는 것처럼 보이는 9–11절에 묘사된 행동을 어떻게 설명해야 할 것인가?

위에 언급된 설명에는 각기 난점이 있다. 난점이 없는 해석을 채택하기는 실질적으로 불가능하다. 그럼에도 불구하고 세 번째로 언급된 견해를 추천하는 사람들이 가장 많다. 본 장에 산헤립의 침략 당시에 일어난 사건에 대한 분명한 언급이 있는 것은 사실이다. 예를 들면 9–11절에 주어진 묘사는 역대하 32:3–5에서 히스기야가 취한 조처를 말하는 것으로 보인다. 동시에 이 예언을 산헤립의 시대에만 제한시키는 것에도 난점이 있다. 이 본문을 일반적인 의미에서 대적의 침입에 대한 묘사와 대적이 왔을 때 예루살렘성에서 발견되는 극심한 세속주의와 우상숭배에 대한 묘사로 해석하는 것이 최선으로 보인다. 그 대적 분명히 바벨론이다. 디글랏 빌레셀에 호소하면서 아하스는 사실 바벨론의 정신에 호소를 한 것인데, 이것은 앗수르 왕이 다니엘서에 묘사된 금 머리와 독수리의 날개를 가진 사자로 묘사된(단 2장과 7장) 인간 권력의 첫 번째 중요한 대표자(great representative)였기 때문이다. 본 장은 메소포타미아 권력이 하나님의 성에 대하여 일으킨 전쟁의 특정한 국면을 전한다. 이것은 필연적인 전쟁이었다. 왜냐하면 그 성읍에서 이방적인 요소가 깨끗이 치워져야 하기 때문이다. 이러한 전쟁은 히스기야의 경우에서처럼 일시적인 회심과 회개를 가져다주었을 것이다. 그렇지만 그것은 그 성읍의 지속적인 변화를 낳지는 못하는데, 결국 바벨론 세력이 느부갓네살이라는 인물을 통해 닥쳐왔던 것

4) 성신 숭배가 지붕 위에서 거행되었다(왕하 23:12상; 렘 19:13; 습 1:15상을 참고). 바벨론인들은 지붕을 제사의 장소로 불렀다. 일부는, 성 밖의 사람들이 안전을 위해 성읍으로 도망하는 것을 보려고 사람들이 지붕으로 올라갔다고 가정하거나 적군의 접근을 보기 위해 호기심으로 지붕에 올라갔다고 가정한다.

이다. 하나님의 도성이 우상숭배의 성읍으로부터 도움을 얻으려고 할 때, 그 성읍은 머지않아 우상숭배의 성읍에 의하여 지배를 받게 될 것이다. 2절과 3절은 이 갈등의 마지막 결과를 묘사하고 있다. 반면에 그 다음에 이어지는 구절의 일부는 이 갈등의 특정한 이전 국면을 그려준다. 그러나 사실상 우리가 살피고 있는 것은 일반적인 예언이다. 즉 빛과 평화의 성읍과 어두움의 성읍 사이에 있었던 오랜 갈등의 다양한 국면에 대한 언급을 가장 잘 밝혀주는 것은 이러한 설명이다. 이 갈등의 첫 번째 중요한 단계는 예루살렘의 거민들의 바벨론에로의 추방에서 그 절정에 도달하게 된다.

22:2 이사야는 이제 앞 절에서 묘사된 행위에 대한 이유를 제시하고 있다.

훤화하며: "훤화하다"란 단어를 강조하고, 열거 내역의 직접목적격으로 간주해야 한다.[5] 이 단어는 힘차고 강하게 고함지르고 울부짖는 소리들을 의미한다. 이 소리들은 집의 벽이 무너짐으로 인하여 나온 소리일 수도 있지만, 그보다는 성읍 주민이 흥분하여 내는 고함으로 보인다. 그들은 성읍을 외침과 고함으로 가득 채워 시끄러운 성읍("떠들던 성")으로 만든다. 선지자가 이러한 말로 성읍에 직접 말하고 있는 것일 수도 있다.[6] 히브리어의 본뜻을 영어의 blustering(고함치는)으로 표현하는 것이 가장 좋다.[7] 생명을 사랑하고 목숨을 지키길 원하는 수많은 사람들의 고함소리를 한 단어로 그려주고 있다. 이사야는 앞에서 스올이 수많은 사람들을 삼키기 위해 그 입을 벌렸다고 말했을 때 그들의 특성을 말해 주었다(5:14).

즐거워하던 고을이여: 만약 이 성읍이 떠듦과 고함치는 소리로 가득 차 있다면 즐거워하던 성읍이라고 불려질 수 있는가? 아마도 이 표현은 심지어 성읍이 소란으로 가득 찼을 때에도 분별 없는 무관심과 유쾌함을 보이는 성읍의 특징을 가리키는 것일 수 있다. 떠듦과 훤화 안에는 자포자기가 있다. 백성은 즐거워하고 있다. 왜냐하면 그들이 모든 위기가 지나갔다고 생각하기 때문이다. 니느웨를 묘사하면서 스바

---

5) *Copiae*의 동사 전에 대격이 나오고, 강조를 위하여 맨 앞에 위치해 있다. 직역하면 "훤화로 성읍이 가득하고"이다.

6) 어떤 사람은 그 성읍을 호격으로 취급하기도 한다. 명사가 이미 앞선 직접목적격에 의하여 한정되어 있으므로 관사가 빠져 있다. 그렇지만 이것은 확실치 않다.

7) הוֹמִיָּה(17:6을 참고)가 B에는 빠져 있다. 이 단어의 형태는 비록 이 호마(*ho–mah*)라는 형태가 열왕기상 1:41에 나타나기는 할지라도, 여성단수 분사이다(아랍어 *hamhama*, "수군거리다"와 애굽어 *hmhm*, "고함치다"를 참고).

냐는 같은 용어를 사용하고 있으며, 그의 용법은 이러한 이해를 잘 보여준다. "이는 기쁜 성이라 염려 없이 거하며 심중에 이르기를 오직 나만 있고 나 외에는 다른 이가 없다." 기쁜 성읍이지만, 이때에 기뻐하는 것은 사건들의 실제 상황을 모르고 어리석게 행동하는 것이다.

3중적인 묘사 다음에 이사야는 의도적으로 성읍을 향해 말하는데 그는 거민을 죽임을 당한 자들이라고 칭한다. 성읍에는 죽임을 당한 자들이 있는데 그들은 전쟁에서 칼로 죽임을 당한 사람들이 아니다.[8] 그들은 전염병과 굶주림으로 죽임을 당한다. 칼에 의하여 살륙당하지 않았다는 것은 보다 더 끔찍한 죽음에 노출되어 있음을 의미한다. "칼에 죽은 자가 주려 죽은 자보다 나음은 토지소산이 끊어지므로 이들이 찔림같이 점점 쇠약하여 감이로다"(애 4:9). 칼에 죽는다는 것은 전쟁에서 죽는 것인데, 선지자는 예루살렘의 거민들이 전쟁에서 죽임을 당하지 않을 것이라는 사실을 분명히 밝히고 있다. 동시에 그들을 압도하는 끔찍한 죽음은 전쟁으로 인한 것이었으니, 이것은 전쟁의 비참한 결과 중에 하나였다. 2절 하반절의 표현을 실제로 예루살렘의 최후의 날에 적용한다. "그 사월 구일에 성중에 기근이 심하여 그 땅 백성의 양식이 진하였고"(왕하 25:3; 참고. 렘 52:6; 애 1:19–20; 2:12, 19; 4:3–5, 9–10; 5:10). 그러한 비참한 일을 일찍이 예언한 바 있다. "내가 칼을 너희에게로 가져다가 너희의 배약한 원수를 갚을 것이며 너희가 성읍에 모일지라도 너희 중에 염병을 보내고 너희를 대적의 손에 붙일 것이며"(레 26:25; 26:29을 참고). 이러한 예고는 신명기에서도 반복된다(28:21, 48 그리고 특별히 52절 이하를 참고).

22:3 보다 선언적인 두 개의 문장으로 묘사를 계속하는데, 각기 두 부분으로 구성하였다. 죽은 자들에 대해 총괄적으로 말을 한 후 이사야는 이제 관원에 대해 언급한다.[9] 이것은 특별히 사사들을 그가 마음에 두고 있는 듯하다(1:10; 3:6 이하). 이사야는 "그들은 용감하게 싸우지 않고 함께 도망하였다"고 단언한다. 본 절의 두 부분은 비슷하게 구성하고 있다. 각기 "다(all)"라는 단어로 시작하고 있으며 여성 접미사(아이크)를 가진 명사가 뒤따라 나온다. 그리고 그 다음에 복수동사가 나오고 부사가 온다. 두 개의 이차적 문장이 이어 나오는데 각기 멤(מ)이라는 글자로 시작

8) 아니요–로(לֹא)는 아인(אַיִן) 대신에 명사절을 부정문으로 만들며, 더 강한 부정이다. "그들이 칼에 의하여 죽임을 당한 것이 아니다." 연결형 다음에 오는 소유격은 살육의 방편을 표현한다.

9) 아랍어 알–카–디라는 단어와 비교할 만하다(수 10:24; 삿 11:6, 11를 참고).

하고, 복수 완료형 동사로 끝난다.

누구보다도 먼저 백성을 지켜주었어야 했음에도 불구하고 이 지도자는 도망하였고, 비록 전쟁의 활에[10] 맞지는 않았을지라도, 포로처럼 결박을 당하였다. 이사야가 여기서 관원들에게 사용하고 있는 동사를 나중에 시드기야 왕의 결박에 대하여 사용했다(왕하 25:7).[11] 방백들이 결박을 당할 뿐만 아니라 그 성읍에 속한 모든 사람들까지도(직역하면, 그들이 발견한 모든 사람들) 같은 운명을 당한다.[12] 아무도 도망하지 못한다. 이사야의 언어는 또다시 열왕기하 25:19에 언급된 묘사를 지적해 주고 있는데, 그곳에서 저자는 "성중에서 만난 바 그 땅의 백성들"이라고 말하고 있다. 그것은 침울한 그림이다. 그 성읍은 더 이상 화려하지 않으며 그 거민은 기근으로 죽고 그들을 보호하기 위하여 수단을 강구하고 끝까지 백성과 함께 있어야 하는 관원들은 도망가고, 아주 멀리 도망가지만 모두가 사로잡히고 결박을 당한다. 그리하여 신정국가는 치욕을 당한다. 거룩한 나라의 본 백성은 그 나라를 배반하였고, 세상의 백성이 그들을 포로로 취하여 결박한다. 그러나 승리는 여전히 주께 있다. 왜냐하면 이 세상 나라가 첫 번째로 이룬 치명타인 파괴된 신정국가로부터 때가 되면 하나님의 나라가 나올 것이기 때문이다. 신정국가의 흩어진 자들이 복음선포를 듣게 될 때가 있을 것이다.

22:4 이사야는 자기의 성읍이 멸망되었으므로 슬픔과 애도에 빠진다. 그는 모압을 애도했고(16:11), 심지어 바벨론에 대해서도 애도했다(21:3). 그런 까닭에 예루살렘의 멸망에 대한 그의 슬픔은 예상된 것보다 더했다. 그는 마치 누군가가 자기를 위로하려 한 것처럼 행동하고 이에 대해서 응답한다.[13] 동사는 "내가 말했다"라는 과거시제로 볼 수 있는데, 이는 전체 그림이 선지자의 마음에 생생하게 그려지기 때문이다. 사실상 그는 미래를 묘사하고 있으며, 예루살렘에 확실하게 닥쳐올 멸망에

---

10) 직역하면, 활로부터-이 전치사는 '…이 없이'라는 의미를 가진다. 즉 "(그들을 향하여 한 활을 당길 필요도 없이) 그들은 포로가 되었다." Torczyner(*Marti Festschrift*, p. 276)는, 3절 상반절의 결론부에 "그들이 도망하였다"를 두고, "그들이 결박되었다"를 3절 하반절의 결론부에 두면서, אסרו와 ברחו의 위치를 바꿀 것을 제안한다.

11) 실제로 אסר는 "포로로 끌려가다"를 의미한다(창 42:16; 40:3, 5).

12) 두 번째 "다"(all)는 절정이다. 즉 "…까지도 모두." "방백들"과 "발견되는 모든 사람들" 사이에 점층적 변화가 확연하다.

13) König은 선지자가 사람들에게(*die Umgebung*) 자신에 대해 말하고 있다고 제안한다.

대한 자신의 쓰라림을 표현하기 위하여 이러한 사실적인 묘사 방법을 사용하고 있다. 그가 감정적으로 상당히 영향을 받았기에 그의 통곡이 은밀했던 것은 아닌 것으로 보인다. 그의 행동은 그가 신정국가에 대한 바른 이해를 가졌다는 것을 보여주었다. 슬픔이 그에게 닥쳐왔다. 이것은 그가 하나님의 목적이 폐지되었다고 생각하였기 때문이 아니라 거룩한 제사장으로 행동했어야 할 예루살렘의 거민이 죄와 부주의한 태도로 인하여 스스로 그 성읍의 멸망의 원인이 되었기 때문이다. 재앙이 교회에 닥칠 때, 모든 기독교인은 재앙이 마치 자기 자신의 것인 양 느껴야 한다. 찬송가 작가는 이러한 일을 정확하게 기록하였다.

교회를 위해 내 눈물을 흘리며
교회를 위해 내 기도 드리리
봉사와 수고를 교회에 드리리
수고와 봉사가 다하기까지

그러한 공공연한 슬픔의 표명은 그 상황이 매우 심각하였다는 것을 보여주고, 선지자의 말을 가볍게 취급해서는 안 된다는 것을 보여준다. 선지자를 바라볼 때가 아니었다. 욥이 "주께서 내게서 눈을 돌이키지 아니하시며 나의 침 삼킬 동안도 나를 놓지 아니하시기를 어느 때까지 하시리이까"라고 보다 부드럽게 물었던 것처럼, 이사야는 같은 동사를 사용하면서 "돌이켜 나를 보지 말지어다"라고 명령한다.[14] 인간의 어떤 위로도 소용없었으니, 이는 이사야가 나중에 그가 기록한 심오한 진리를 잘 알고 있었기 때문이다. "그들의 모든 환난에 동참하사"(사 63:9). 예루살렘을 함락시켰던 재난은 하나님을 겨냥한 것이 아니었다. 하나님의 헌신된 종이 느끼는 슬픔은 하나님 자신이 나누어주신 슬픔이었다. 선지자가 슬피 통곡하여야 할 때였다. 슬피 통곡하지 않는 것은 벌어지고 있는 일의 의미를 무시하는 것이다. 그러므로 이사야는 "나를 위로하려고 힘쓰지 말지어다"라고 말한다. 지금은 위로할 때가 아니다. 후에 하나님의 백성이 위로를 받아야 할 것이라고 명령했던(사 40:1) 그가 지금은 위로받기를 거절한다. 그리고 그가 옳다. 이때 위로를 한다는 것은 옳지 않다. 이때는 왕의 모든 참된 종들이 울음을 터뜨리고 애곡으로 통곡해야 한다. 여호와의 말

14) שָׁעָה는 관심을 가지고 꾸준히 응시한다는 뜻이다(욥 7:19; 14:6을 참고). 흥미 있는 용법이 출애굽기 5:9에서 발견된다. 동시에 같은 문맥에 있는 אוץ의 용법을 유의하라(출 5:13을 참고).

씀을 말하면서 선지자는 "내 딸 백성이 패멸하였음을 인하여"라고 설명한다.[15] 그는 시적인 그림언어로 그 나라를 패멸을 만난 여인으로 그리고 있다. 이것은 부드러운 묘사이다. 내 백성인 딸이 멸망당했다. 만일 그때 누군가 선지자를 위로하려고 하고 울음을 그치게 한다면, 이치에 맞지 않는 행동을 하는 것이 아니겠는가? 십자가로 그의 길을 가시는 그리스도를 위해 여인들이 애통하는 것이 얼마나 잘못된 것인가! 또한 사탄이 승리한 것으로 보임으로 말미암아 슬픔에 사로잡혀 있는 선지자를 위로한다는 것이 얼마나 잘못되었는가!

여기서 "위로"와 "내 백성" 개념의 결합을 유의하는 것이 필요하다. 이것은 후에 위로가 참으로 필요할 때 위로하라는 선언(사 40:1)을 위한 준비이다.

5절, 이상의 골짜기에 주 만군의 여호와께로서 이르는 분요와 밟힘과 혼란의 날이여 성벽의 무너뜨림과 산악에 사무치는 부르짖는 소리로다
6절, 엘람 사람은 전통을 졌고 병거 탄 자와 마병이 함께 하였고 기르 사람은 방패를 들어 내었으니
7절, 병거는 너의 아름다운 골짜기에 가득하였고 마병은 성문에 정렬되었도다

22:5 그 성읍의 멸망에 대해 자신의 통렬한 슬픔을 언급하고 나서 선지자는 이제 그것을 설명하고 있다. 2:11에서처럼 그는 또다시 설명적인 문구인 "이는 한 날이…"란 언급으로 시작한다. 그 날은 다시 여호와 만군의 하나님께 속한 날이며 분요와 밟힘과 혼란을 야기할 날이다.[16] 이것은 본래 모세를 통해 예언해 왔었던 것(신 28:20)과 같은 분요의 날이다. '분요'로 번역한 단어는 무질서와 두려움을 상징

---

15) 직역하면 "내 백성의 딸의 폐멸"이다. "내 백성의 딸"은 이사야서에서 여기에만 나타나며(그러나 시온의 딸에 대해서는 1:8을 참고하라), 이 문구가 자주 나타나는 책인 예레미야서와 예레미야애가서를 제외한 다른 어떤 책에도 나타나지 않는다. 이 문구의 본 의미는 "내 백성인 딸," 즉 "내 백성"이다.

16) "날"이란 단어는 다음에 이어지는 각 구문들을 위하여 반복될 필요가 없다. 비슷한 음을 가진 소유격을 3중적으로 사용함으로써 그 완전성이 표현되었다. 이 단어들 중 어느 하나라도 삭제가 된다면, 이 메시지의 의미는 약화된다. "…이 있을 것이다" 또는 "그것이 있을 것이다"로 문장 가운데 생략된 부분을 채울 수도 있다. M. Weippert(*ZAW*, Vol. 73,1961, pp. 97–99)는 קר와 우가릿어 *qr*를 연결지어서, קרקר를 관계된 동사로 간주한다. 그는 다음과 같이 번역한다.

Im 'Schautale' laemte es,–
Lärm und Geschrei gegen den Berg.

할 수도 있다(삼상 5:9, 11; 암 3:9을 참고). '밟힘' 역시 그날의 특징을 나타낸다. 그러나 이 단어가 행진하는 군인들의 밟음인지 아니면 혼란으로 인한 일반적인 밟음인지는 결정하기 어렵다. 마지막으로 그날은 혼란의 날이다. 혼란으로 번역한 이 단어는 첫 번째 단어와 실질적으로 동의어이며, 그래서 어떤 고정된 목적이 없이, 바른 결정을 하지 못하고 불확실성 가운데서 돌아다니는 것을 의미한다. 이것은 북쪽에 있는 두 대적이 가진 의도를 들었을 때 아하스가 취했던 행동이었다. 그 단어 자체가 포위의 무시무시한 위협 아래 있는 나라에 닥친 혼란을 묘사한 것이다. 함께 놓고 보았을 때 이 세 단어는 중요한 유음을 이룬다. 메후마(מְהוּמָה), 메부사(מְבוּסָה), 메부카(מְבוּכָה).

그것이 예루살렘에 닥칠 날이었다. 1–4절에서 선지자는 느부갓네살의 침입과 그 성읍의 최종적인 멸망을 가리키는 것으로 보인다. 그렇지만 그가 본 절과 다음 구절에서도 계속해서 그렇게 하고 있는 것인가? 어떤 사람은 아니라고 말하지만, 본 절이 전에 있었던 일들을 설명하는 역할을 하고 있다는 사실을 기억해야 한다. 다음과 같이 그 생각을 의역할 수 있다. "선지자가 슬퍼하고 위로받기를 거절한 적절한 이유가 있으니, 이는 분요의 날이 오고 있기 때문이다." 이러한 사실에 비추어 볼 때 이사야가 계속하여 같은 주제를 말하고 있는 것으로 보인다. 2장에서 그날은 여호와께 속했고, 모든 높은 것과 높아진 모든 것에 대한 언급이 있었다. 여기서 그날은 역시 만군의 하나님 여호와에게 속하며, 이상 골짜기에서 나타난다. 그 능력이 예루살렘과 성벽의 무너뜨림과 산악에 사무치는 외침에 나타나게 될 날이다. "성벽의 무너뜨림"이란 표현이 특이하다. 히브리어에는 קר자음 결합이 세 번 반복해서 나타난다. 이것은 그 성읍으로 대적이 침입하고, 예루살렘의 성벽들이 무너질 것을 가리키는 것 같다.[17] 열왕기서의 모든 묘사는 직설적이고 노골적이다. "시위대 장관을 좇는 갈대아 온 군대가 예루살렘 사면 성벽을 헐었으며"(왕하 25:10).

---

17) מקרקר은 분명히 여기와 민 24:17에만 나오는 Pilpel 분사형으로, קִר와의 언어유희를 위하여 선택되었다. 유대인 문법학자들과 주석학자들은(Abulwalid Ibn Janah, Kimchi, 그리고 Ibn Ezra) 이 단어를 "멸망, 파괴, 무너짐"을 의미하는 것으로 설명한다. 이러한 설명은 탈무드(Bereshith Rabba, 74)와, (Gesenius에 의하면) 창세기의 소알의 증거를 얻는다. Drechsler는 이 단어를, 그 다음 것과 평행을 이루는 것으로, 그 자체가 벗기는 행위를 묘사하는 것으로 취급한다. 만약 이 형태가 분사형이라면 주어는 아마도 "날"이나 혹은 비인칭이 될 것이다. קִר가 성벽을 지칭하는지 아니면 집벽을 지칭하는지는 결정하기 어렵다. 어떤 사람은(예를 들면 Fischer) קר와 שׁוֹעַ를 고유명사로 취급한다(קִר는 파괴하고 שׁוֹעַ는 산에서 돌격한다).

마지막으로, 이 날은 백성들이 산악에 부르짖는 날이다. 칼빈은 이것이 성전이 자리잡은 산으로의 부름이 될 것이라고 생각한다. 그러나 그때에 백성들은 하나님을 잊어버렸고 도움을 얻기 위하여 성전산을 바라볼 것 같지도 않았다. 그들은 아하스처럼 행동하였다. 더 나아가서 그들 대다수는 단순이 그 성읍으로부터 도망하였다. 펜나(Penna)는 본문이 훼손되었다고 보기는 하지만 백성이 도움을 얻기 위하여 애굽을 향해 부르짖고 있는 것이며 애굽은 산 너머에 자리하고 있다고 제안한다. 그렇지만 이것이 애굽에 대한 호칭으로서는 이상하다. 만일 예루살렘의 거민 중 하나라도 산 너머에 있는 한 나라에 대해 말하였다면, 그는 아마도 마음속에 그 성읍의 동쪽 땅을 생각하였을 것이다. 더 나아가 나라가 산을 향하여 부르짖는 소리가 있을 것이라는 것 외에 다른 것을 말하지 않는 본문에 이 견해를 가지도 들어가 읽어 내는 것이다. 또 다른 견해는 백성의 부르짖음이 산에 닿고 산에 반향을 일으키게 되리라는 것이다. 이것이 어쩌면 선지자가 의미하는 것일 수 있다. 성안에는 벽들이 무너지는 소리가 들리고 백성의 부르짖음이 심지어 산에까지 도달하였다.

22:6 확실히 이사야의 목적은 이제 쳐들어오는 대적의 규모를 보여주려는 것이며, 그러한 이유로 인하여 그는 앗수르 군대 가운데 있었던 '엘람'과 '기르'를 언급하고 있다. 엘람은 창세기 14장부터 알려져 왔고, 이사야 역시 엘람을 하나님의 백성들이 모이기 위해 떠나온 자리이며 강한 포위군이 되기도 하는 것으로 언급하였다(11:11; 21:2). 기르 역시 성경의 다른 곳에 언급되어 있으며(암 1:5; 9:7; 왕하 16:9), 이스라엘 백성들이 포로로 붙잡혀 간 땅이고, 일반적으로 엘람과 같은 지역에 위치해 있는 지역일 수도 있다. 어떤 이는 본 절의 목적이 앗수르 제국의 남에서 북까지 전 지역을 언급하기 위한 것이라고 생각하였다. 그렇지만 이것을 증명하기는 어렵고, 그보다는 단순히 이사야가 두 개의 매우 먼 지역을 언급하기 위하여 표현한 것이라고 말하는 것이 더 나을 것 같다. 이곳들이 전쟁에 가담하리라는 것이다. 기르는 단순히 메디아 지역 전반을 가리키는 것 같다.

엘람은 전통을 가졌으니, 이는 그곳이 분명히 궁술가들로 유명했기 때문이다(참고. 사 13:18).[18] 엘람인은 걸어서 왔을 뿐만 아니라 보다 효과적으로 싸우기 위하여

---

18) אַשְׁפָּה, 전통, 우가릿어 'spt; 아카드어 išpatu; 애굽어 'spzt를 참고하라. 엘람은 수사에 있는 수도와 함께 바벨론의 북동쪽에 위치하였다. 기르는 앗수르인들이 다메섹의 아람인들을 추방하였던 땅이고, 엘람과 같은 지역에 있었을 것이다. 어떤 이는 본문을 고쳐서 "그리고 아람은 말을 탈 것이다"로 읽도록 제안한다. Gray는 이러한 제안을 거절할 적절한 이유를 개진하고 있다. Caesar는 기르의 행동

병거탄 사람들, 즉 사람들을 실은 병거와 함께 왔다. 사막을 가로지르는 여행은 길고도 느렸다. 그런 까닭에 만일 엘람인이 병거를 타고 온다면 그들은 더 좋은 전쟁의 조건을 갖추게 될 것이다. 그 다음의 단어는 앞의 두 단어와 동격으로 취급되어야 하고, 단순히 마병으로 번역될 수 있다. 그러므로 보병, 병거탄 자, 마병을 포함하는 완성된 군대이다. 기르에 대해서는 그 역시 전쟁을 위한 준비가 되어 있었다. 왜냐하면 그가 공격을 하기 위한 준비로 '방패를 드러내었기' 때문이다. 앗수르 군대 가운데 엘람 군사들이 있었던 것은 확연하지만 선지자가 엘람과 기르를 언급한 목적은 최종적으로 예루살렘을 멸망시킬 대적이 올 상당히 먼 거리를 단순히 시사하려는 것으로 보인다.

22:7 이사야는 먼 군대의 공격을 묘사하면서 과거시제를 사용하고 있으며, 산문체로 기록하고 있다. 그러므로 그는 우리의 주의를 접근해 오는 원수로부터 예루살렘을 황폐화시킨 멸망으로 돌리게 하고 있다. 그렇게 함으로써 그는 그 도성 자체를 향해 말하고 있다. 그는 예루살렘의 아름다운 골짜기는 병거들로 가득 찼다고 알리고 있으며, 이것을 표현하고자 "아름다운"이라는 단어를[19] 먼저 사용하고 있다. 바로 이어서 우리는 그 멸망이 관통해 나감을 본다. 원수가 단순히 어떤 대수롭지 않은 방식으로 공격하였을 뿐만 아니라 그 아름다운 골짜기가 가득 채워져 있다는 것이다. '골짜기'로 변역된 단어가 펼쳐진 평야를 가리킬 수도 있다는 것은 사실이다(왕상 20:28). 그러나 예루살렘과 관계하여서는 그 성읍을 채운 골짜기 혹은 그것을 둘러싼 골짜기들을 가리켰을 것이다. 이 골짜기들은 전쟁 병거로 가득 찼으며,[20] 또한 "마병은 성문에 정렬되었다"(즉 그들이 확실히 자리를 잡고 있었다). 어쨌든 성문이란 무엇을 의미하는가? 어떤 이는 이 단어가 그 성읍의 성문을 지칭한 것이 아니고, 단순히 유다 지역을 지칭한다고 말한다. 다른 한편으로는 선지자가 예루살렘에 대해 말해왔으므로 그 성문이 여기서 바로 그 성읍의 문들을 가리키는 것으로

을 묘사한다(*de bello Gallico* ii. 21; cf. also Cicero *de natera deorum* ii. 14).

19) "너의 골짜기의 아름다움"—즉 너의 아름다운 골짜기. 부분을 가리키는 소유격 앞에 있는 연결형 명사는 한정적인 사상을 나타낼 수도 있다(사 1:17; 17:4; 37:24을 참고). 자주 그러한 추상명사들은 그 자체가 소유격으로 되어 있다. 그러나 מִבְחַר는 주로 연결형이며 그 개념의 최상급 속성으로 인해 강조된다(Drechsler를 참고).

20) 일반적인 경우에서처럼, 연결형과 소유격의 결합 형태에서 연결형이 모두(all)이거나 소유격의 질을 표현하는 추상적 개념일 때에 동사는 이 결합의 두 번째 명사와 일치한다.

고려하는 것도 일리가 있다. 사실상 앗수르인은 예루살렘의 성문 앞에 서 있었다(왕하 25:1–4). 그렇지만 이 단어는 어쩌면 비유적인 의미일 수도 있다. 성문에 도달한다는 것은 그 성읍에 도달하였다는 것을 의미한다.

8절, 그가 유다에게 덮였던 것을 벗기매 이 날에야 네가 수풀 곳간의 병기를 바라보았고
9절, 너희가 다윗 성의 무너진 곳이 많은 것도 보며 너희가 아래 못의 물로 모으며
10절, 또 예루살렘의 가옥을 계수하며 그 가옥을 헐어 성벽을 견고케도 하며
11절, 너희가 또 옛 못의 물을 위하여 두 성벽 사이에 저수지를 만들었느니라 그러나 너희가 이 일을 하신 자를 앙망하지 아니하였고 이 일을 옛적부터 경영하신 자를 존경하지 아니하였느니라

22:8 선지자는, 예언적 완료의 과거시제 동사를 사용하면서, 아직 일어나지 않은 일에 대한 묘사를 계속해 나가고 있다. 첫 번째 동사의 주어는 여호와일 수도 있고 그렇지 않으면 부정인물일 수도 있다. 만일 후자라면, 이것이 더 바람직한데, 수동형으로 번역할 수 있을 것이다. 곧 "그리고 유다의 덮였던 것이 벗겨지매"이다. 이러한 언급은 유다 사람들의 실제적 곤경에 대한 그들의 안목이 열림을 가리키는 것인가? 바울은 유대인들의 마음을 덮은 수건에 대해서 말했고(고후 3:15–16), 어떤 이는 이사야가 그 당시에 그들 주변에 있었던 위험성을 깨닫지 못하도록 유다 사람들을 덮었던 것의 벗음에 대해서 말하고 있다고 믿는다. 당시 수건이 유다 사람들을 덮고 있었다는 것은 분명한 사실이다(25:7을 참고). 이어지는 구절들은 유대인들이 그들에게 임한 위기를 참으로 이해하지 못했다는 사실을 분명히게 보여준다. 그들은 회개를 하기보다는 방어라는 물리적 수단을 의존하였다. 이 어투는 그 나라를 멸망시켰던 치욕으로 이해하는 것이 훨씬 나을 것이다. 동양에서 베일을 벗은 여인은 수치스러운 여인이다(47:2; 나 3:5을 참고). 이 상황에 대한 설명으로 애가를 주목해 볼 만하다. "예루살렘이 크게 범죄하므로 불결한 자같이 되니 전에 높이던 모든 자가 그 적신을 보고 업신여김이여 저가 탄식하며 물러가도다"(애 1:8). 부끄러움과 치욕으로부터 그 나라를 보호했던 모든 것이 벗겨졌고, 그리하여 예루살렘은 이제 수치를 드러낸 채 서 있다.[21]

---

21) מָסַךְ(뒤덮었던 것)–이 단어가 연결형이지만 원개음절에 있는 카메츠는 장모음이어야 한다.

제거된 "덮였던 것"이란 무엇인가? 여기서도 의견이 분분하다. 어떤 이는 이것이 그 성읍의 실제 문을 가리킨다고 생각하여, 성읍 자체의 함락과 동일한 함락이라고 한다. 다른 이들은 이것이 무기들이 쌓여 있고 군사들이 배치되어 있는 성채 혹은 요새라고 생각한다. 어떤 것인지 말하기는 어렵지만 분명히 야기되는 것은 그 덮은 것이 벗겨질 때 그 성이 치욕을 면할 수 없다는 것이다. 그러므로 덮였던 것은 어떤 의미에서 그 성을 보호하는 것이 될 것이다. 또한 그러므로 그것은 일종의 보호 무기일 것이다.[22]

선지자는 이제 성(性)을 바꾸어 유다를 여성으로 의인화하고 있다. 마치 그가 "그리고 그 덮었던 것이 치워진다. 그러나 그 날에 유다는 무기를 바라보았다"라고 말하는 것처럼 그의 어투는 급전한다. 그러므로 유다는 자신의 실상을 바라볼 수 있는 안목이 열리기는커녕 심지어 치욕의 날에도 구원을 받기 위하여 수풀 곳간에 있는 무기들, 즉 물리적 무기들을 바라보았다. 솔로몬이 이 무기고를 건설하였고, 레바논에서 가져온 백향목들로 건설되었다. 큰 백향목 기둥들이 있었으므로 레바논 나무의 집이라고 알려졌다(왕상 10:17을 참고). 여러 물품들 중에 솔로몬이 만든 금방패들을 보관하고 있었고(왕상 10:17), 므로닥발라단의 사절들에게 히스기야가 보여준 것들 중 하나였다(사 39:2). 그러므로 이때 진정한 회심은 없다. 즉 도울 수 있는 유일한 분께로 돌아옴은 없었고 다만 구원할 수 없는 육신의 병기에 대한 믿음만 더할 뿐이었다.

22:9 이사야는 본 절을 동사로 시작하는 대신에 그가 가장 현저한 것으로 생각

메덱이 동반되어야 한다. 8절은 조건절로 취급될 수도 있다. "*When the covering*" etc. Schultens (Gesenius에 의하면)는 아랍인들 사이에서 "덮였던 것을 벗기다"(ghattan)라는 문구는 대적이 그 백성을 가장 깊은 파멸로 넘겨주었다는 것을 가리킨다고 주장한다. 이것은 능욕과 수욕의 영역으로부터 취해 온 묘사이다. Drechsler는 Umbreit를 인용한다. "*Die entsschleierte Frau ist im Morgenlande die Entehrte. selbst Tänzerinnen entblössen den ganzen Körper, aber das Gesicht bleibt verschleiert.*"

22) Fischer는 그 덮는 것이 아마도 눈멀게 하는 것(Procksch를 참고)이라고 생각한다. 어떤 이는 그것이 예루살렘 자체를 가리킨다고 한다. 그러나 유다는 아직 함락되지 않았었다. 이 단어 자체는 지성소를 구별하기 위하여(출 53:12; 39:34 등) 성막에 사용되었던 휘장을 지칭하는 것으로 뜰 문(출 27:16; 35:17)과 성막 문(출 26:36–37)에 있었다(삼하 17:19; 시 105:39을 참고). 그러므로 그것은 대적들을 지키고 대적이 성으로 들어오는 것을 막는 것이다. 이보다 더 구체적으로 말할 수는 없다. 비록 מָסָךְ 자체가 천을 가리키지는 않을지라도, 이 문구가 Schultens가 생각하는 것처럼 관용어적으로나 혹은 비유적으로 사용될 수 없다는 결론을 주지는 않는다(Dillmann).

하는 목적어를 맨 앞에 두어 강조하고 있다. 말하자면 이전의 태만과 부패가 야기한 "무너진 곳"들이었다. 이러한 태만은 대단히 컸었는데, 이는 무너진 곳들이 많았기 때문이다. 가슴이 찢어지는 장면이다. 다윗 성은 여호와의 임재가 있었음에도 불구하고, 그 성벽들이 퇴락하게 되었던 것이다. 이사야는 다윗 성이라는 호칭을 사용하고 있으나, 이 호칭으로 여부스인 도시의 옛 터인 오벨 언덕에 세워진 구획을 의미한다.[23] 이곳은 본래 다윗 성 자체, 곧 마지막 도피처였던 것으로 보인다. 그러나 이곳의 성벽들까지도 무너진 곳이 있다. 다윗 성까지도 파손되었던 것이다. 여기에 하나님의 명령에 대한 거역이 있었다. "주의 은택으로 시온에 선을 행하시고 예루살렘 성을 쌓으소서"(시 51:18). 이제 누가 "여호와께서 야곱의 모든 거처보다 시온의 문들을 사랑하시는도다 하나님의 성이여 너를 가리켜 영광스럽다 말하는도다"(시 87:2–3)라고 말할 수 있겠는가? 시온의 영광과 그 요새들을 찬양하는 시편의 모든 표현은 그 거민에 의해 무시를 당하였다. 이제 영광은 없고 무너진 곳들만 있다. 하나님의 성벽들은 시온에 거주하던 사람들에 의하여 파손되었다. 이사야가 복수형 동사를 사용하는데, 이는 그 성읍의 거민들 전체에게 말하고 있기 때문이다. 무너진 곳이 많아졌기에 너희 모두가 이 무너진 곳들을 보았다고 말하는 것이다.

거민들이 무너진 곳들을 보았을 뿐만 아니라, 그들은 그곳들을 수리하기 위한 어떤 일을 하였다. 그들은 가능한 가장 나쁜 일을 하였다. 큰 왕의 성읍, 시온의 거민들은 마치 그 왕이 그들의 성읍에 전혀 관계가 없는 것처럼 행동하였다. 그들은 그에게 돌아서지 않았고, 인간적인 계획의 방편을 채택하여 자신들을 구하고 성이 직면한 슬픈 상황을 회복하고자 하였다. 무엇보다도 그들은 아랫 못의 물을 모았는데, 이는 아마도 11절에 언급된 옛 못의 물과 동일한 것일 것이다. 그곳은 오늘날의 타이로포이안 계곡의 출구에서 발견된 버켓 엘–하므라일 가능성이 크다.[24] 포위를 당했을

---

23) 다윗 성은 오벨 언덕 위에 있는 성전 경내의 남쪽에 위치해 있다(삼하 5:9을 참고).

24) 아랫 못에 대한 다른 언급은 없고, 이 아랫 못을 예상하게 만드는 윗 못에 대한 언급은 있다(7:3; 36:2; 왕하 18:17을 참고). Vincent(*Jerusalem de L'Ancien Testament*, Paris, 1954, Vol. I, p. 295)는 그곳을 다음과 같이 말한다. (1) 윗 못은 'ani Oumm ed–Daradj, 즉 기혼 샘물 앞, 그 연못의 천연적인 입구에 건설된 조절하는 연못. (2) 아랫 못은 오늘날 Birket 디–Hamra로 알려져 있는 연못과 일치하는데, 아하스가 Tyropoean의 바닥에 있는 제2운하의 초창기 출구(*le deversoir primitif*)를 빗나가도록 만들었으므로(그때), 이중 방어 수로에 의하여 봉쇄되었다. (3) 두 성벽들 사이에 있는 연못은, 히스기야가 만든 수로 터널의 비어 있는(débouché) 곳에 있는 바, 넓고 새로운 저수지인데, 이곳이 실로암 연못이 되었다. (4) 옛 못은 이사야서 본문에서 윗 못과 동일한(*incidente*) 칭호인데, 그 연못 자체가 전적으로 다른 지점으로 돌려졌다는 사실로 말미암은 그것의 폐쇄에 주의를 끌고 있다.

때 물은 지극히 중요하였다. 만약 예루살렘에 물 공급이 끊어진다면 그 성읍은 지탱할 수 없다.

22:10 본 절은 그 형식에 있어서 9절과 유사한 구조를 가지고 있다. 또다시 목적어가 첫 번째 위치에 있다. 백성은 물을 모을 뿐만 아니라, 예루살렘의 가옥들을 계수하였다. 도대체 왜 그들이 이런 일을 하였을까? 아마도 그래야 그들이 보다 쉽게 그 집을 방어할 수 있었을 것이라고 제안되기도 하였다. 그렇지만 그보다 집들이 계수됨으로 백성들이 어느 것을 남길 것인가와 성벽의 무너진 곳을 수리하기 위해 필요한 물자가 무엇인지를 알 수 있었을 것으로 보인다. 아마도 이 집들 중에 어떤 것들은 성벽 위에나 혹은 그 성벽에 너무나 가까이 지어져 있어서 성읍 방어를 보다 어렵게 만들었으며 그래서 철거되어야 했을 것이다. 어쨌든 그러한 집들은 우선 그 성벽들의 무너진 곳들을 보수하기 위하여 필요한 건축 자재들을 공급하기 위해 파괴되었다.[25]

본 절과 앞절에서 강조점이 물 공급과 성벽들의 무너진 곳에 있었다. 하나는 산헤립 당시 히스기야의 행동을 상기시켜 주고 있는데, 그때 그는 물 공급을 보호하기 위한 수단을 취했다. "이에 백성이 많이 모여 모든 물 근원과 땅으로 흘러가는 시내를 막고 이르되 어찌 앗수르 왕들로 와서 많은 물을 얻게 하리요 하고 히스기야가 세력을 내어 퇴락한 성을 중수하되 망대까지 높이 쌓고 또 외성을 쌓고 다윗 성의 밀로를 견고케 하고 병기와 방패를 많이 만들고"(대하 32:4–5). 견해의 유사성이 본문의 예언이 히스기야와 산헤립 시대와 관련이 있다는 것을 의미하는 것은 아닌가라는 질문이 있을 수 있다. 이 예언이 히스기야의 행동에 대해서 말을 하고 있거나 아니면 최소한 그것을 가리킨다는 것은 개연성이 있다. 그러나 이 점을 유의해야 한다. 즉 성경은 히스기야를 하나님으로부터 떠나서 행동하는 사람으로 표현하지 않는다는 것이다. 그는 하나님에게 순복함에 있어서 신앙과 행위를 겸비한 신앙의 인물이었다. 반면에 여기서 채택된 수단들은 회개가 없이 행해진 행위였다. 이 예언의 묘사는 단순히 그러한 수단들이 산헤립 때뿐만 아니라 다른 시대에도 일반적으로 취해졌었다는 것과 오직 이러한 수단들만 의지하고 있음을 이해하게 하려는 것이라는 설명

DOTT(pp. 68, 209)는 이러한 행위들을 실로암 터널 건설에 적용하고 있다.

25) 기식음의 소리에 변화를 가져오는 다게쉬의 누락을 유의하라. 이러한 이유로 다게쉬는 주로 그러한 글자들 가운데서 누락되지 않는다.

이 가장 가능성이 있다. 이러한 방어 수단에 대한 언급이 선지자가 말하고 있는 경우에 대한 확실한 지침을 제공하지 않는다. 왜냐하면 이러한 수단들은 여러 다른 경우에 취해졌었을 것이기 때문이다.

22:11 물을 비축하기 위하여 예루살렘 거민은 옛 못으로부터 들어오는 물을 모으는 저수지를 만들었고, 이 못은 두 성벽 사이에 위치하고 있었다. 그러나 두 성벽은 어느 것인가? 그것들을 확인할 수 있을까? 옛 못과 기드론 골짜기 사이에 물이 모였던 정방형 공간이 형성되었을 가능성이 있다. 이 예언이 언급하고 있는 곳이 이곳일 수도 있다.[26)]

예루살렘은 이 수단을 취했지만 그러한 위기를 가져다주신 분을 바라보지는 않았다. 그곳이 이상의 골짜기였으므로 이것은 이상하다. 여기서 그 성읍은 바라보아야 했으나, 바라보지 않았다. 이 말은 8절에 있는 언급과 대조를 이룬다. "너는 병기를 바라보았으나 하나님을 바라보지 않았다." 예루살렘 거민은 자신의 손으로 붙잡을 수 있는 것만을 바라볼 수 있다.

본 절의 두 번째 행에 a–b–b–a 배열의 교차평행이 있다. 동사로 시작하고 있는 본 절은 동일하게 동사로 마치고 있다. 그의 백성과 관련하여 하나님에 대한 두 가지 묘사가 나란히 나타난다. 이 일을 하신 자—이 일을 경영하신 자.[27)] 이 두 단어로 말미암아 하나님의 백성이 그분의 창조 사역의 대상이라는 사실을 표현한다. 이 두 번째 단어에 부사절인 "옛적부터"(from far)라고 번역될 수 있는 내용이 덧붙여진다. 이 단어는 공간적인 의미가 아니고 시간적인 의미를 가진 단어이다. 그래서 "오래전에"(Long ago)라고 번역한 역본들은 틀린 것이 아니다.

12절, 그 날에 주 만군의 여호와께서 명하사 통곡하며 애호하며 머리털을 뜯으며 굵

---

26) מִקְוָה–직역하면 모음, 모임이며 여기서는 저수지의 의미로 사용된다(출 7:19; 레 11:36; 창 1:9. 어떤 저수지인지에 대해서는 앞의 각주 170번을 참고하라). 이중 복수 חֹמֹתַיִם은 여성형 복수에서 온 것임을 유의하라(왕하 25:4; 렘 39:4; 52:7을 참고). 이 문구는 단순히 '그 성벽들 사이', 즉 라틴어 *moenia urbis*와 같이 '그 성벽 안에'를 의미할 가능성도 있다.

27) 이 일을 하신 자—여성형 접미사가 비한정 목적격으로 되어 있는데, 이는 아마도 비록 그것이 성읍을 가리킬 수 있었을지라도 지금의 위기를 가리킬 것이다. 요드가 있음에도 불구하고 이 분사를 단수로 간주하는데, 이는 이것이 악센트를 가지고 끝음절이 아닌 개음절에 아이(ay) 이중 모음의 정상적인 기록법이기 때문이다.

은 베를 띠라 하셨거늘
13절, 너희가 기뻐하며 즐거워하여 소를 잡고 양을 죽여 고기를 먹고 포도주를 마시
면서 내일 죽으리니 먹고 마시자 하도다
14절, 만군의 여호와께서 친히 내 귀에 들려 가라사대 진실로 이 죄악은 너희 죽기
까지 속하지 못하리라 하셨느니라 주 만군의 여호와의 말씀이니라

22:12 이 예언을 과거형(즉 예언적 완료)으로 계속하고 있으며, 이제 하나님이 친히 지시하셨던 것을 상기시키고 있다. 하나님을 주(주권자)로 부르고 있는데, 이것은 그가 이스라엘이 행하여야 할 일을 결정하시고, 대적국가들의 움직임까지도 좌우하시는 권세를 가지셨기 때문이다. 또한 만군의 여호와라는 칭호에 의하여 그의 권세를 강조한다. 하나님께서 재앙의 때에 부르셨는데 그의 선지자들을 통하여 순종으로 백성을 부르셨다.[28] 그러나 그의 부르심은 무시되었다. 물론 재앙의 사건들 자체가 또한 하나님의 회개로의 부르심이 된다. 왜냐하면 일어나는 모든 일이 우리로 하여금 우리의 악한 길에서 떠나 창조주이신 하나님께로 돌이키게 하여서 돌이키지 않으면 핑계할 수 없게 하여야 하기 때문이다. 그러나 하나님은 이스라엘에게 특별계시의 부가적인 축복을 주면서 그의 선지자들을 통하여 그 나라를 변화하셨다. 하나님께서 명하신 것은 진실하며 마음속으로부터의 회개였으니, 그 자체가 통곡하는 것과 같은 외적 표시로 나타나야 한다.

이 통곡과 더불어 그 나라가 하나님으로부터 너무나 멀리 떠나간 데 대한 애곡이 있어야 한다. 진정한 애곡이 있다면 거기에는 또한 머리털을 뜯으며 굵은 베를 띠는 일을 수반하게 되어 있는데, 이는 머리털을 뜯으며 굵은 베를 입는 행위 모두가 회개와 겸손의 표시이기 때문이다. 그러므로 그렇게 옷을 차려입은 사람이 백성의 상황에 대한 참된 애호자로 생각될 수도 있었다. 애도에 대한 단순한 외적인 표현 그 자체가 하나님께서 요구하시는 것이 아니었다. 그보다는 "옷을 찢지 말고 마음을 찢는"(욜 2:13상) 것이다. 그럼에도 불구하고 만일 진정 마음으로 회개한다면 외적 표시로 그 회개를 표현하는 것이다. 하나님께서 요구하신 것이 바로 이것이었다.

---

28) 그 날에–이것은 8절 하반절을 가리킨다. 본 뜻은 '다른 어떤 때보다도 그리고 독특한 방법으로'이다. Kissane은 그들은 회개함으로 용서를 받을 수 있었다고 말한다. 만일 회개는 결코 용서의 근거가 되지 않는다는 것을 마음에 간직하고 있다면, 용서의 유일한 근거는 예수 그리스도의 보혈 안에 나타난 하나님의 은혜라는 것은 사실이다.

22:13 하나님께서 요구하신 것이 무시되었다. 선지자는 "보라!"라고 부르짖고 있으며, 그는 이 단어로 생소하고도 예기치 않은 사실을 소개하고 있다. 하나님께서 요구하신 것에 대한 반대적인 내용이 나타나 있다. 기뻐하며 즐거워하고 있으나(두 운법과 s음의 잦은 사용을 주목하라) 하나님 안에서 즐거워하는 것이 아니다.[29] 그보다는 그 나라의 심각하고 냉혹한 실상들에 대해서는 관심을 두지 않는 태평스럽고도 부주의한 즐거움이 있을 뿐이다. 그러므로 하나님을 불쾌하게 만드는 즐거움이다. 즐거워하는 일과 함께 만연된 잔치의 탐닉이 결부되어 있으니, 이것은 "소를 잡고 양을 죽여"라는 설명적인 언어로 묘사하고 있다. 이것은 탐닉을 위한 것이었고, 고기를 먹고 포도주를 마시는 것을 탐닉하는 것이다. 고기를 먹고 포도주를 마시는 것 자체가, 즐거워하는 행위보다 야웨에게 더 죄악되거나 혐오스러운 것은 아니다. 그러나 이것은 자기 탐닉의 고기요 사치의 포도주였다. 단순히 사람의 필요를 채우는 일이 아니었다. 이것은 나라의 평안에는 무관심한 채 고기 탐닉에 자신들을 내어준 사람들의 특징을 보여주는 자기 신뢰의 표현이었다. 하나님이 요구하셨던 것과는 정면으로 반대되는 태도였다.

이러한 태도는 야웨를 상당히 불쾌하게 하는데, "내일 죽으리니 먹고 마시자"라는 표현으로 요약될 수 있다. 이러한 말은 환락에 빠진 자들이 스스로 한 말이 아닐 수도 있으며, 이사야가 단순히 그러한 자들의 태도를 특징화시킨 말일 수 있다. 그들은 다가올 위기와 자신들의 멸망을 알고 있었다. 이것은 문제가 되지 않았다. 시간이 있는 동안 그들은 어리석게도 마음껏 즐겼던 것이다.[30] "내일"이라는 단어는 실제적인 다음 날이 아니라 단순히 짧은 시간을 의미한다. 여기에 어리석고도 자포자기한 사람의 태도가 나타나 있으니, 이것은 그것이 죽음에 대한 준비였기 때문이다.

---

29) 본 절은 부정사 절대형의 사용을 볼 때 매우 교훈적이다. 이것이 직접목적어를 취할 수 있음을 유의하라. 같은 어근에서 파생된 두 개의 다른 형태, שָׁתוֹת와 שָׁתוֹ를 주목하라. 부정사 절대형 두 개가 권고를 나타내는 동사형(cohoratative)을 위하여 사용되었다. שָׁתוֹת는 שָׁחֹט와 소리를 일치시키기 위하여 의도적으로 채택된 것일 수도 있으며, 이것들이 언어유희를 이루고 있다. 이 부정사들은 모두가 "그리고 보라!"라는 단어에 통제를 받고 있으며, 재난을 표현하는 역할을 하고 있다. 파섹(paseq)은 단순히 부정사 절대형에 주의를 끌기 위한 것으로 보인다.

30) Livy xxvi. 13; Herodotus ii. 193; Diodorus Siculus ii. 23을 참고하라. 길가메쉬(Gilgamesh)에게 준 충고, *ANET*, p. 90; A Heidel, *The Gilgamesh Epic*, 1946; 곧 proverb "soon he will die, I shall eat(all that I have)" *ANET*, p. 415; and "The Song of the Harper," *ANET*, p. 467; 고린도전서 15:32. 전도서 5:17과 9:7 이하는 실제 유사한 것들이 아니다. "우리가 죽으리니"라는 미완료형은 미래에 일어날 구체적인 행위를 가리킨다.

22:14 환락에 빠진 자들의 태도를 묘사하고 있는 단어를 지나서 이사야는 만군의 여호와께서 친히 그의 귀에 들려주셨던 말씀을 선언한다.[31] 여호와께로서 말씀이 임하고 무관심한 백성들의 태도를 압도할 것이다. 이 계시는 단순히 일시적인 행위가 아니고 다소 지속적인 성격을 가지고 있다. 그것은 임하여 머무는 말씀이다. 그 진리는 변하지 않을 것이다. 여호와의 말씀은 조건문이나 최소한 조건문의 조건절로 표현되며 이것이 말씀에 맹세의 존엄성과 엄중성을 더해 준다. "만약 이 죄가 너희의 죽기까지 너희를 위하여 속죄가 된다면"이라고 주님은 말씀하시고, 그 귀결절은 빠졌다. 잘 알려진 히브리 관용어에 따른다면 "진실로 이 죄악은 너희 죽기까지 속하지 못하리라"고 번역할 수 있다.[32] 백성들이 그들의 죽음을 통해서 이 죄과를 속죄하게 될 것을 의미하는 것이 아니다. 왜냐하면 성경 어디에도 자기 자신의 죽음이 자신들의 죄들을 속할 수 있다는 소망을 사람들에게 주지 않기 때문이다.[33] (그것은 맹세요 또한 여호와께서 말씀하신 것이라는 사실을 입증하는 바) 백성이 지은 이러한 범죄에 대해서는 용서받지 못할 것이라는 선언이다. 죽음은 올 것이고, 백성은 자신의 죄를 용서받지 못한 채 죽을 것이다. 거스름의 죄(the offense)를 신약성경에서 사함을 얻지 못하는 죄로 취급한다.[34] 이것이 의심의 여지가 없이 확실한 것이지만 "주 만군의 여호와의 말씀이니라"는 말씀으로 본 절을 마무리한다.

확실한 죽음! 죄악되고 무관심하고 방탕하는 백성들! 신실한 선지자! 이것이 본 장의 처음 열네 절이 보여주고 있는 장면이다. 예루살렘은 자기를 조성하신 자로부터 등을 돌렸다. "예루살렘아 예루살렘아 선지자들을 죽이고 네게 파송된 자들을 돌로 치는 자여 암탉이 그 새끼를 날개 아래 모음같이 내가 네 자녀를 모으려 한 일이 몇 번이냐 그러나 어희가 원치 아니하였도다 보라 너희 집이 황폐하여 버린 바 되리라"(마 23:37–38).

---

31) 약 와우(ו)와 함께 완료형은 선지자의 귀에 지속적으로 반향되는 상태 이상의 다른 행위를 의미하지 않는다(5:9을 참고하라).

32) עד 다음에 있는 미완료형은 미래적 의미로 사용될 수도 있다. *the usage of šumma*, 예를 들면 에살핫돈, D. J. Wiseman, *The Vassal Treaties of Esarhaddon, London*, 1958, lines 62ff., 73ff., etc 을 참고하라.

33) "*...sie werden tatsächlich urch ihren Tod diesen Frevel sühnen müssen*"(Fischer, *Com. in loc.*).

34) 마태복음 12:32; 마가복음 3:29; 누가복음 12:10.

9. 청지기 셉나(22:15-25)

15절, 주 만군의 여호와께서 가라사대 너는 가서 그 국고를 맡고 궁을 차지한 셉나를 보고 이르기를
16절, 네가 여기 무슨 관계가 있느냐 여기 누가 있기에 여기서 너를 위하여 묘실을 팠느냐 높은 곳에 자기를 위하여 묘실을 팠고 반석에 자기를 위하여 처소를 쪼아 내었도다
17절, 나 여호와가 너를 단단히 속박하고 장사 같이 맹렬히 던지되
18절, 정녕히 너를 말아 싸서 공 같이 광막한 지경에 던질 것이라 주인의 집에 수치를 끼치는 너여 네가 그 곳에서 죽겠고 네 영광의 수레도 거기 있으리라
19절, 내가 너를 네 관직에서 쫓아내며 네 지위에서 낮추고

22:15 지금까지 선지자는 접근해 오는 재난을 대면하고 있는 나라의 무관심하고 죄악된 상태에 대하여 언급했다. 책무가 있는 한 개인의 예를 들어 백성들의 이기주의와 사치성의 실례를 보여준다. 이 실례를 선지자 자신에게 주시는 "너는 가서"라는 명령으로 시작한다. 이 명령과 함께 자신의 책임을 오용하고 있었던 고관에게로 시선을 돌리고 있다.[35] 또다시 하나님을 "주"(주권자)로 묘사하고 있으니, 이것은 하나님이 주권자로서 셉나의 이기심뿐만 아니라 위험이 닥쳐올 때 나라의 사치도 책망하시기 때문이다. 선지자는 "에게"(אֶל)라는 일반적인 전치사 대신에 불쾌감의 기미를 내포하는 알(עַל)이라는 단어를 사용하고 있는데, 마치 "이 셉나에 대항하여 가라"고 말하는 것과 같다. 더 나아가서 "이 청지기(개역성경: 그 국고를 맡은 자)"란 문구는 아마도 경멸의 기미를 포함할 수 있다. 쏘겐(סֹכֵן)의 직책은 그 나라의 가장 높은 지위였으며 아주 중요한 직책인 것으로 보인다.[36] 두 번째 직함이 셉나에게 붙여졌는데 "궁을 차지

35) 이 명령형의 본 의미는 "이제 와서 들어가라"인 것으로 보인다(창 45:17; 겔 3:4을 참고).

36) הַסֹּכֵן–청지기, 하인. 이 형태는 여기만 나타난다(그러나 왕상 1:2, 4을 참고하라). 어근은 분명히 "봉사, 유익, 쓰임"의 의미를 갖는다(욥 15:3; 22:2; 34:4; 35:3; 사 40:20<또 히필형을 유의하라. 시 139:3; 민 22:30; 욥 22:21>을 참고하라). 아마르나에서는 *sakânu*, 돌보다. 또한 이 형식은 우가릿어 *amelšakin māt Ugarit*에서 확인된다. 이 문구는 한 편지에 나타난다. 이보다 짧은 형태 *amelšak<in māti>*은 업무 계약서에서 발견된다. 후자의 경우에 그 직임을 가진 자는 분명히 호리인의 이름 Enkite를 가졌다. 이 직책은 또한 우가릿어 b' ly skn bn Ss와 dt bd skn에서 나온 알파벳식의 본문들에서 확인된다. Virolleaud, *Revue d'Assyrologie*, No. 37, pp. 132ff., No. 22, col. 3, line 9. cf. 또한 Akk. *Lu za–ki–ni*을 참고하라.

한"이다. 이 직임이 솔로몬 시대 때에 있었다는 증거가 있기에(왕상 4:6), 솔로몬에 의하여 만들어졌을 수 있다. 이사야 당시에는 대단히 중요한 지위가 되었으며 아마도 고관(vizier)이었을 것이다. 그러나 후기에는 그 중요성이 줄어들었고, 예레미야 당시에는 서기관보다 더 하위였다(렘 36:12을 참고). 아마도 다윗이 그의 왕국을 수립했을 때 이 직분을 도입하지 않았을 것인데, 왜냐하면 그것이 왕 자신의 영예를 분산시킬 수 있었기 때문이다. 솔로몬 당시에 이것을 도입했다는 것은 신정국가의 참된 특성을 잠식하는 한 단계였을 것이며, 이 직임의 오용이 본 예언에 나타난다. 이 직임은 이 나라의 후기 역사에까지 계속되는데, "왕궁을 다스리는 그달랴"라는 직함이 새겨진 후대 봉인에 나타난다. 셉나의 부친의 이름이 없는 것은 셉나가 외국 태생이었음을 가리킨다. 이러한 사실은 의미심장하다. 많은 주석학자들은 셉나가 이스라엘 자손이라고 믿지만 여러 요인이 그것을 반박한다.[37] (1) 셉나의 부친의 이름이 항상 빠져 있다(본 단락의 끝에 있는 특주를 보라). (2) 이 이름 자체가 외국인의 기원을 가진 것일 수도 있다. (3) 이사야가, 셉나가 무덤을 판 예루살렘의 "여기"(here)와 셉나가 쫓기어 나갈 "그곳"(there) 사이에 강한 대조를 만들어 놓았다. 아마도 이 당시에 셉나는 애굽과의 동맹을 옹호하고 있었을 것이다. 야웨를 신뢰하기보다 애굽과의 동맹을 의지하는 것은 국가의 절실한 필요에 대한 해결방안이 아니었다. 셉나와 이사야 사이에 얼마나 큰 차이가 있는가! 한 사람은 스스로 영구적인 무덤을 파고 있고 다른 사람은 백성의 운명을 안고 울고 있다.

어쨌든 어찌하여 이사야가 그 사람이 차지하고 있는 지위를 그렇게도 강조하고 있는가? 단순히 이 유명한 사람의 이름을 언급하는 것만으로도 충분하지 않은가? 그러나 만약 이사야가 단순히 이름만 언급하였다면 그의 메시지를 상당히 약화시켰을 것이다. 이러한 상황에 대한 적절한 이해를 위하여 신정국가의 성격을 간단히 생각해 보아야 하겠다. 하나님의 나라는 하나님이 친히 다스리는 나라여야 한다. 그의 인간 대리자는 왕이며 그는 하나님의 마음에 합한 자여야 하였다. 그의 전 생애를 통하여 왕은 그가 대리를 하고 있는 하나님의 공의와 의를 나타내는 표본이어야 했다. 게다가 그는 장차 오실 위대한 왕 메시아의 상징이었다. 신정국가를 다스림에 있어서도 왕이 조력자들을 둘 수 있는 것은 기대할 수 있었다. 그렇지만 어느 누구도 그의 핵심적인 위치를 차지할 수 없었다. 하나님의 마음에 합하였던 다윗은 언약국

---

37) שבנא–이 이름은 세바냐후의 축약형일 수도 있다. 또한 애굽어 *šbnw* 혹은 *šbnw šrj*일 수도 있다. H. Ranke, *Die aegyptischen Personennamen*, 1935. p. 330을 참고하라.

가에 유익을 줄 기능을 시행할 특정 정부 관리를 세웠다. 그들 중에 서기관(scribe)과 사관(speaker or recorder)이 있다. 이 두 직임은 아마도 애굽의 표본들, sš와 *whm.m*에 근거하고 있는 것 같다. 다윗 통치 아래서 이것들은 참으로 언약적 직임이었으며 서기관은 필요한 것들을 기록하는 직임이었고 사관은 왕을 위하여 말하는 직임이었다. 그렇지만 애굽에서는 매우 유명하였던 직임이 다윗 당시의 이스라엘 안에서는 나타나지 않는 점을 주목할 만하다. 그것은 고관(vizier)에 해당하는 직임이다. 그러한 직임을 세움에 있어서, 당연히 왕권과 신정국가의 진정한 속성에 위협이 될 수도 있었다. 자기의 모든 행실 가운데서 하나님을 영화롭게 하기로 결심했고, 또 신정국가의 성격을 이해하였던 왕은 다윗과 같이 이 위험을 알았을 것이다. 그러나 솔로몬의 시대에 세속주의가 들어왔고 신정국가의 진정한 속성이 더 이상 관심을 얻지 못하였을 때 그러한 직임이 만들어졌다. 설사 그렇다고 할지라도 솔로몬이 그러한 직임들을 만들었다고 적극적으로 주장하는 것은 아마도 옳지 않을 것이다. 열왕기상 4:6에서 거의 일상적으로 아히살이 군내대신이었다는 것을 읽게 된다. 이러한 점에서 이 직임이 공적으로 만들어지지 않았을 수도 있으니, 이는 이러한 묘사가 다른 두 직임, 즉 "군대장관"(4절)과 "관리장"(5절) 다음에 따라 나오기 때문이다. 이러한 점에서 이 문구는 단순히 중요한 위치임을 표현하기 위한 일반적인 의미를 가질 수도 있는 것이며, 후에 이러한 지위에 대한 전문적인 칭호가 되었을 수도 있다. 열왕기상 4장에 있는 이 표현은 직책 목록과 함께 포함되어 있다. 어쨌든 이사야 당시에는 이 직책이 점차 증대되어 서기관과 사관, 그리고 다른 직책을 보다 중요하게 여겼을 것이다. 궁을 관장하고 있는(궁내대신-역주) 사람의 정확 임무들이 무엇이었는지 말할 수 없다. 아마도 가장 확실하게 말할 수 있는 것은 그가 왕 다음가는 사람이라는 것이다. 그렇다면 그의 지위는, 만일 지혜롭지 못하고 악하게 사용되었다면, 신정국가에 대한 위협이 되었을 것이다. 셉나가 그러한 중대한 지위를 차지하고 있었고 그러한 위치를 오용하고 있었으므로, 이사야는 그 사람과 함께 그 직책에도 주의를 기울이고 있는 것이다.

22:16 셉나가 얼마나 높은 지위였든 간에 이사야에게는 그에게 접근하는 것이 왕에게 접근하는 것 이상으로 어렵지 않았을 것이다. 선지자는 의례를 갖추지도 않았다. 셉나가 취급받을 만한 것으로 그를 대항하였다. 즉각적으로 문제의 핵심으로 가면서 그는 고관을 담대히 책망한다. 이 책망에서 단어 하나가 확연히 드러난다.

그것은 "여기"라는 단어이다. 단 족속이 예전에 미가에게 "누가 너를 이리로 인도하였으며 네가 여기서 무엇을 하며 여기서 무엇을 얻었느냐"(삿 18:3하)라고 물었던 것처럼, 이사야도 갑작스럽게 셉나에게 "네가 여기 무슨 관계가 있느냐 누가 있기에 여기서"(즉 여기에 네게 무슨 볼 일이 있으며 여기서 네가 볼 사람이 누가 있느냐?)라고 묻는다. 선지자가 무덤 곁에 있는 셉나에게 말하고 있었다는 것이 가능하지만 "여기"라는 단어는 무덤보다는 예루살렘을 가리킨다. 본 절에서 이 단어를 세 번 사용한 것은 18절에서 "거기"라는 단어가 두 번 나타나는 것과 뚜렷한 대조를 이룬다. 이사야가 다음과 같이 묻고 있는 것으로 보인다. "이 예루살렘 성과 너와 무슨 관계가 있느냐? 예루살렘이 재앙을 당하고 있는 이때에 너는 여기서 무엇을 하고 있느냐? 너는 이곳 예루살렘에서 신정국가의 본질적인 부분이 아닌 직임을 가지고 있는데, 이 직책을 네가 오용하는 바와 같이 왕의 주된 권위를 흐리게 하고 주의를 네 자신에게 기울이게 하도록 오용할 수 있는 것이다. 네가 예루살렘에서 무슨 권리를 가지고 있느냐? 너는, 여기서 권리를 가지고 있는 사람들과 동일한 위치에 너 자신을 두고 있다. 너 셉나여, 너 자신의 욕망을 만족시키려고 하지 말고 신정국가의 사역에 힘을 써야 할 것이다. 그런데 너는 너 자신을 위하여 여기서 무덤을 파왔다. 이곳은 사리사욕의 장소가 아니고, 하나님 나라에 관심을 두는 곳이다."

이사야는 자신의 미래에 관한 정당한 관심을 나타내는 데 대해서 셉나를 책망하는 것이 아니다. 다만 셉나는 호화로운 무덤을 원하고, 이 개인의 욕망이 나라의 번영을 가리고 있다.[38] 이 시점에서 이사야의 눈은 인간 셉나에게로부터 무덤으로 옮겨가서, 그 무덤과 그것을 준비하는 과정을 묘사하고 있다. "높은 곳에 자기를 위하여 묘실을 팠고 반석에 자기를 위하여 처소를 쪼아 내었도다."[39] 바위에 자기들의

38) 실로아 촌락에 바위를 깎아 만든 무덤의 입구 위에서 한 비문이 발견되었는데, 다음과 같이 번역될 수 있다. "이것은 궁을 관장하는─야후의 무덤이다. 거기에 은이나 금이 있지 않고, 다만 […그의 뼈들] 그리고 그와 함께 그의 여종 아내의 뼈들이 있다. 이것을 여는 자는 저주를 받을 것이다." 이 글의 형태는 히스기야 시대의 것이다. 그러므로 이것은 이사야가 말하고 있는 무덤일 가능성이 아주 크다. 셉나는 일반적인 무덤에 묻히기를 원치 않았다(왕하 23:6; 렘 26:23). N. Avigad, "The Epitaph of a Royal Steward from Siloam village," *Israel Exploration Journal*, Vol. 3. No. 3. 1953, pp. 137–152을 참고하라.

39) 본 문장은 2인칭으로 시작한다. 그러나 호격의 의미를 갖는 3인칭 분사로 옮겨가고 있는 점을 유의하라(사 47:7; 48:1; 54:1, 11을 참고). 이 분사형은 히렉 복합사(compaginis)를 가지고 있다. 이 히렉은 אֲבִי처럼 옛 연결형 어미일 수도 있다. 이 히렉은 분사에 보다 존엄성을 주는 역할을 하고 있다고 생각된다. 감동적인 어투로 쓰인 본 절에서 이 표현이 최소한 두 번 나타난다. 참고. GKC § 90

무덤을 쪼아 만들어 계속 존속하도록 한 사람들처럼, 셉나도 자기의 무덤을 팠던 것이다. 더구나 그것은 높은 곳에 쪼아 만든 것이었으니, 그렇게 하여 그곳에 매장된 사람을 왕들이나 고관들 가운데 속한 것으로 간주하도록 한 것이다. 히스기야의 죽음에 대하여 "히스기야가 그 열조와 함께 자매 온 유다와 예루살렘 거민이 저를 다윗 자손의 묘실 중 높은 곳에 장사하여(두드러지게 빼어난 곳) 저의 죽음에 존경함을 표하였더라"(대하 32:33)라는 기록을 보게 된다. 처소라는 호칭이 흥미롭다. 왜냐하면 그 무덤이 집으로 생각되었기 때문이다(참고. 14:18).

현대 예루살렘에서 "왕들의 무덤들"(qubur essalatin)이 발견되었는데, 그곳으로 들어가는 길이 바위를 깎아 만든 24개의 계단으로 되어 있다. 이 무덤들은 단단한 바위를 깎아 만들었는데, 어떤 것은 그 벽에 긴 의자들과 무덤 환기통이 있고, 어떤 것은 보조 무덤들이 있다. 유대인 전통에 따르면, 이 무덤들은 시드기야의 동굴로 알려져 있다. 그렇지만 헬레나(helena of Adiabene)가 여기에 장사되었을 가능성이 높다. 최소한 이 무덤들은 그것들을 준비하는 데 소용되었을 관심에 대한 예증이다. 셉나는 분명히 최고의 것을 만들려고 하였을 것이며 그것에 큰 공을 들이고 있었을 것이다.[40]

22:17 셉나는 자신을 위한 최후를 계획했겠지만 야웨께서는 다른 최후를 계획하셨다. 죄악의 극악성에 맞추어 이사야는 '보라'라는 도입어로 그의 선언을 엄숙하게 전한다. 셉나가 무관심으로 대했던 왕국의 여호와께서 이 무가치한 청지기에 대하여 행동을 취하실 것이다. 투창선수가 창을 던지듯이, 그리고 요나가 물속에 던져졌듯이 여호와께서 셉나를 내던지려 하고 계신다. 같은 어원을 가진 대격은 "너를 맹렬히 던지되"라는 선언에 강도를 더해 주고 있다. 영원한 안식처를 가지기 위하여

---

k–n. מָרוֹם은 분사 다음의 소유격인데 직역하면 높은 곳에 그의 무덤을 파는 자(*hewer of on high his grave*)이다. 소유격은 분사로 표현된 것이 드러나는 영역을 가리킨다. 참고. Brockelmann, *op. cit.*, §§ 77f. "높은 곳에"와 "반석에"라는 표현은 모두 셉나의 교만한 태도를 가리킨다. 바위를 쪼아 만든 무덤은 영원히 존속하도록 의도된 것이었을 것이다. 참고. Koranm Sura 41:28, dar *'l–hald* = 영원한 집. 비록 본문이 그의 거처를 말하지 않고 그의 무덤을 말하고 있기는 하지만 평행어 מִשְׁכָּן(처소)이 흥미롭다. 셉나가 많은 거처를 두고 있었을 수 있지만 그의 무덤은 단 하나였다. 두 번째 행은 예언적 형태로 삽입된 삽입구가 아니고, 단순히 인칭의 변화이며, 이것은 König이 주장하는 대로 동정심의 결여를 암시하고 있다.

40) 이 무덤들에 대한 충분한 묘사에 대해서는 Vincent, *op. cit.*을 참고하라. Baedeker, *A Handbook of palestine and Syria*, 1912 역시 충분한 내용을 제공한다.

최고의 무덤을 추구하였던 그는 예루살렘에서 무덤을 가지지 못할 뿐만 아니라, 먼 땅으로 던져져서 약속의 땅으로부터 멀리 떨어진 곳에서 죽을 것이다.

킹제임스 역은 "carry thee away with a mighty captivity"(너를 힘센 포로와 함께 데려갈 것이다)라고 번역하고 있다. 여기서 "힘센"(mighty)으로 번역된 히브리 단어는 하나님으로부터 구별된 인간을 지칭하기 위하여 자주 사용되는 통상적이 단어이다. 이것을 호격으로 취급할 수 있는데, 그럴 경우 "너를 던짐으로 던지려고 하고 있다, 오! 인간이여"로 번역하여야 하며, 그렇지 않으면 그 단어를 부사적 대격으로 취급하여 "한 인간으로서"로 번역할 수 있다. 만일 이 후자가 채택될 경우 그 뜻은, 비록 셉나가 하나님의 성읍에서 가장 높고도 가장 좋은 무덤을 추구하였을지라도 그는 단순한 한 인간처럼 성읍 밖으로 던져질 것이라는 것이다. 자신에게 속하지 않았던 어떤 특권들을 자기 스스로 사칭하여 그는 결국 자신을 하나님 위에 두었던 것이다. 하나님의 나라에서 추정(presumption)이라는 것은 있을 자리가 없다. 그러므로 하나님께서는 그를 단순한 한 명의 인간으로 그 땅으로부터 던지실 것이다. 자신의 이기주의에 상응하여, 그는 추방당하는 굴욕을 받을 것이었다. 그 던짐이 맹렬한 것임을 마지막 두 단어가 입증해 준다. "너를 속박하고"라고 번역할 수 있다. 하나님의 손아귀에서 셉나는 공처럼 꽉 쥐어질 것이고 자신의 땅으로부터 멀리 던져질 것이다.[41]

22:18 셉나의 운명에 대한 위협과 선포를 계속한다. 셉나의 던져짐은, 공이 굴러가는 것을 막아줄 것이 없는 넓고도 황량한 장소로 굴러감에 비교되어 있다. 사람이 두건(터번)을 머리에 둘러 감아 싸듯 셉나도 말아 쌈을 당할 것이니, 이것이 어근의 삼중적인 반복으로 표현되어 있다. "감을 것이다, 그가 너를 감음으로 감을 것이다."[42] 천이

---

41) 너를 던지려 한다(개역성경: 너를…던지되)–טול(던지다, 멀어지다)로부터 파생된 필펠(Pipel) 분사형. 이 어근은 창을 던짐에 대해 사용된다(삼상 18:1; 20:33). 요나를 물속으로 던짐에 대해서는 요나 1:5, 12, 15를 본국으로부터 던져짐에 대해서는 예레미야 16:13; 22:26를 참고하라. גָּבֶר–사람/끊어 읽기. 이 단어는 여기서 하나님으로부터 구별된 인간, 즉 단순한 인간을 가리킨다. עטה는 아마도 "싸다, 감싸다"를 의미할 것이다(아카드어 *zṭ ū*, "어두워지다"를 참고). 부정 절대형은 분사 뒤에 나와서 분사로 표현된 행동을 강화시켜 준다.

42) 한정동사, 부정 절대형 그리고 같은 어원을 가진 대격이 사용되었다. Vulgate역은 *coronans coronabit te*. כַּדּוּר–중기 히브리어에서 이 단어는 공을 의미한다. 아랍어 *ka–di–ra*는 두터워지다. 아카드어 *kuduru*는 원, 테두리. 여기서 이 단어의 의미는 확실하지 않다. 이것은 이어지는 단어와 함께 해석되어야 하고 앞에 있는 어원이 같은 세 개의 단어들과 함께 해석되어서는 안 된다. 분명히 동사가 다음과 같이 이해되어야 한다. 즉 "공처럼 그가 너를 던지실 것이다" 등.

공처럼 감싸지는 것과 같이 감싸져서 셉나는 내던져질 것이다. 반복은 청지기의 추방에 대한 준비의 세밀함을 강조하고 있다. 셉나가 추방당할 땅이 광막한 지경, 즉 공이 마음대로 굴러가는 데 아무런 장애가 없는 광대하고도 넓은 곳이다.

이사야는 셉나에게 "여기서 너는 활동하고 있다. 그러나 거기 광막한 땅에서 너는 죽을 것이다"라고 말했다. 이것은 성취가 확실한 예언이고, 이것이 가르치고 있는 원리는 참된 적용의 원리이다. 하나님의 교회에서 권위를 부여받고, 그 권위를 자신의 욕망의 목적들을 만족시키는 데 이용함으로써 남용하는 자를, 하나님의 백성으로부터 추방을 당할 것이고, 하나님의 백성으로부터 멀리 떨어진 곳에서 죽을 것이니, 곧 영원한 죽음을 당하게 될 것이다. 여기 교회에 있는 우리는, 하나님의 임재로부터 멀리 떨어진 곳에서 죽지 않도록 언제나 근신하고 우리의 부르심과 택하심을 확실하게 해두어야 한다.

마지막 구절은 가끔 다음과 같이 번역될 수 있는 것처럼 다룬다. "너는 거기서 죽을 것이고 거기서 너의 영광의 수레가 너를 옮길 것이다." 그렇지만 "거기에 너의 수레가 있을 것이다"라는 번역도 가능하다.[43] 셉나가 자랑으로 여기던 모든 것이 그와 함께 사라질 것이다. 그렇다면 마지막 전체 구절을 "거기에 네 영광의 수레가 너의 주인의 집의 수치가 될 것이다" 또는 "거기에 너의 영광의 수레가 있을 것이다. 오, 너의 주인의 집의 수치여"로 번역할 수 있을 것이다. 이 후자의 번역이 더 나을 듯하다. 셉나는 히스기야의 궁에 하나의 오점이었어니, 이는 히스기야가 진정한 신정국가의 원리를 따라서 자기의 궁, 즉 자기의 정부를 지키려고 힘썼기 때문이다. 우리 주님의 제자들 가운데도 그를 배신한 자가 있었다. 히스기야의 궁 가운데도 이기주의적 행실로 왕을 배반하였던 자가 있었다. 만일 우리 주님의 가족 가운데서 우리가 수치가 된다면 우리에게 저주가 있을 것이다.

22:19 엘리아김에 관한 선포로의 전환을 준비하기 위하여 이사야는 셉나의 운명을 짧은 문장 하나로 요약하고 있다.[44] 둠(Duhm)은 이 취지를 놓치고 말았는데, 일단 셉나가 포로가 되었기에 야웨께서 그를 더 이상 추방시킬 필요가 없다고 말한

---

43) 수레는 사치의 표징이었다(삼하 15:7; 사 2:7; 창 41:43; 45:19, 21, 27; 아 1:9을 참고). 아마도 수레는 애굽의 영향의 증거였을 것이다.

44) 본 절의 교차대구 구조를 주목하라. 동사—전치사구, 전치사구—동사. *BH*에서 부정확하게 기록된 우밈마아마드카(וּמִמַּעֲמָדְךָ)라는 단어는 각 원개음절을 위하여 두 개의 메텍이 있어야 한다. 본문의 수정을 불필요하다. 인칭의 변화는 22:16과 유사하고, 암시된 호격 이후에 나타난다.

다. 그러한 결론은 불필요하다. 본 절을 이끌고 있는 와우 연계형은, 기록한 사건들이 시간적으로 앞에서 언급된 사건들 이후에 일어나게 되는 것을 반드시 의미하지는 않는다. 여기서 와우 연계형은 요약의 의미를 가질 수 있다. 그런 까닭에 "그리고 내가 너를 네 관직에서 쫓아내며"라고 번역할 수 있다. 이것이 이 모든 일의 결론이다. 추방은 셉나에게 닥칠 것인데, 이것은 결과이다. 당시 그 나라에서 아마도 두 번째 지위를 차지하고 있었던 그가 그 지위에서 쫓겨날 것이다.

마지막 동사와 함께 인칭의 변화가 나타난다. "그가 네 지위에서 너를 쫓아내고." 이러한 인칭의 변화는 가끔 호격 다음에 발견되고, 이것은 실제로 앞절 "오, 주인의 집에 수치를 끼치는 너여"라는 문구에서 호격이 있었던 상황을 뒷받침해 주기 위해 나타났을 것이다. 어쨌든 인칭의 변화는 대화에 보다 강렬한 효과를 주고 있다. 마지막 동사를 비인칭적 의미로 취급해 "그리고 너의 지위로부터 너를 낮추고"로 번역할 수 있을 것이다. 두 개의 동사는 셉나가 추방될 사실에 대한 강력한 확증이다.

20절, 그 날에 내가 힐기야의 아들 내 종 엘리아김을 불러
21절, 네 옷을 그에게 입히며 네 띠를 그에게 띠워 힘 있게 하고 네 정권을 그의 손에 맡기리니 그가 예루살렘 거민과 유다 집의 아비가 될 것이며
22절, 내가 또 다윗 집의 열쇠를 그의 어깨에 두리니 그가 열면 닫을 자가 없겠고 닫으면 열 자가 없으리라
23절, 못이 단단한 곳에 박힘 같이 그를 견고케 하리니 그가 그 아비 집에 영광의 보좌가 될 것이요
24절, 그 아비 집의 모든 영광이 그 위에 걸리리니 그 후손과 족속 되는 각 작은 그릇 곧 종지로부터 항아리까지리라
25절, 만군의 여호와께서 가라사대 그 날에는 단단한 곳에 박혔던 못이 삭으리니 그 못이 부러져 떨어지므로 그 위에 걸린 물건이 파쇄되리라 하셨다 하라 나 여호와의 말이니라

22:20 셉나는 추방당할 것이지만 여호와께서는 한 사람을 일으켜 그의 자리를 차지하게 하실 것이다. "그 날에"란 문구는 예견의 성격을 가지고 있다. 셉나가 추방당하는 날에 주께서는 셉나의 공석이 된 지위를 차지하도록 자신의 종 엘리아김을 부르실 것이다. 엘리아김은 그의 실제 행위에 있어서나 그의 마음의 욕망이나 목적

에 있어서 여호와의 종이다.[45]

하나님께서 사람을 "내 종"이라고 부르실 때, 하나님께서 그 사람에게 높은 영예를 부여하신다. 그 사람이 자기를 섬길 자라고 확언하신다. 이 호칭은 누구보다도 하나님을 진정으로 섬겼던 이에게 주어졌으며 바로 선지자가 나중에 말하고 있는 "여호와의 종"이다. 상당한 인정과 영예로움이 "힐기야의 아들"이라고 불리는 것으로 엘리아김에게 주어진다. 아마도 어느 면에서나 그가 합법적으로 봉사할 수 있다는 사실을 시사하기 위하여 부친의 이름을 언급된 것이다. 하나님께서 지금 말하고 있는 것은 셉나를 향해서이며, 알려진 소식은 극단적인 절망감을 가져다주었을 것임에 틀림없다. 셉나가 수고했던 모든 것이 그에게서 옮겨서 다른 사람에게로 주어질 것이다.

22:21 언급된 옷은 분명히 셉나가 쫓겨나간 그 직책의 표징이었다. 이사야는 교차대구법적 방식으로 이 옷이 엘리아김에게 주어질 것이라고 알린다. 키톤(כֻּתֹּן)은 제사장의 옷이기도 하지만(출 28:4을 참고) 여기서는 단지 셉나의 독특한 옷을 지칭할 수 있다.[46] 셉나가 이 키톤과 띠로 스스로 제사장처럼 입었을 가능성이 있다. 어쨌든 이것이 그렇든 그렇지 않든 셉나가 귀중히 여겼던 것을 이제는 엘리아김에게로 옮겨갈 것이다. 이 모든 것을 "네 정권을 그의 손에 맡기리니"라는 문구로 요약한다. 여기서 청지기의 특별한 권세를 보게 된다. 그는 왕이 아닌 고관으로서 다스렸다. 이 모든 권위, 권세 그리고 다스림은 그것을 받기에 보다 적합한 사람의 손에 쥐

---

45) 20:3을 참조. 엘리아김은 "하나님이 세우신다, 일으키신다"를 의미한다. 그리고 힐기야는 "나의 분깃은 야웨"이다. 성경에 최소한 다섯 명의 인물이 엘리아김이라는 이름을 가지고 있다. 두 명은 그리스도의 조상이며(마 1:13; 눅 3:30), 한 사람은 느헤미야와 동시대 인물로 제사장이며(느 12:41), 한 사람은 유다의 왕이었고(왕하 23:34; 대하 26:4) 또한 이사야가 말한 사람이다. 인장 날인에 대한 세 개의 예가 있다. 두 개는 Tell Beit Mirsim에서 발견되었고, 하나는 'Ain Shams에서 발견되었는데, *L'lyqm n'r ywkn*, 즉 "Jokin의 젊은이(즉 종), 엘리아김에게"라는 비문이 들어 있다. *n'r*는 분명히 지위를 가진 사람을 가리킬 것이며, *ywkn*은 아마도 여호야긴의 축약형일 것이다(*DOTT*, p. 224을 참고).

"부르다"라는 동사는 하나님에 대하여 사용된다(42:5; 48:12; 49:1을 참고). 이 구절에서는 대격이 뒤따라온다. 그러나 여기서는 전치사가 뒤따라온다.

46) כתנתך–이 단어는 악센트가 없는 폐음절에서 짧은 우 모음의 사용을 예증하는 데 유익하다. 악센트가 없는 폐음절에서 단모음 우는 다게쉬 포르테 앞에서 키부츠(ֻ)로 나타나고, 그렇지 않은 경우 카메츠 하툽(ָ)으로 나타난다. אבנט는 일반적인 띠를 의미하는 것이 아니라 제사장이나 방백들의 띠를 의미한다. 레위기 16:4에서 체레가 연결형에 있는 것을 참고하라. 아마도 이 단어가 애굽어 *bnd*와 관련되어 있는 것 같다. B는 τόν στεφανόν σου로 되어 있다.

어질 것이다.

이사야는 이제 백성에 대하여 엘리아김이 누릴 승격된 위엄을 지적한다. 아마도 여기에 셉나에 대한 책망이 의도되어 있는 것 같다. 엘리아김이 할 일들은 셉나가 하지 않은 일들이었다. 무엇보다도 그는 예루살렘 거민들과 다윗 집의 아버지가 될 것이다. 메시아께서 영존하시는 아버지이신 것처럼, 엘리아김도 그 백성의 아버지가 될 것이다. 이 단어에 함축되어 있는 것은 아버지가 자기 자녀들에게 보여주는 모든 부드러움과 사랑이다. "빈궁한 자의 아비도 되며"(욥 29:16). 아마도 이 어투는 청지기가 어떤 사람이어야 하는지를 지적하는 것이며 실제 그가 되어야 할 인물에 대한 실제적인 예언의 역할을 하는 것은 아니다. 예루살렘 거민들 개개인들에 대하여 그는 아버지가 될 것이었다. 그들 각자에게 그는 참 아버지로서의 부드러운 관심을 나타내 보일 것이었다. 더 나아가서 그 정부, 유다의 집에 대해서도 그는 같은 관심을 나타내 보일 것이다. 하나님의 나라에 대한 관리직에까지도 부드러운 사랑이 필요하다. 루터가 "dein armes Christendum"이라고 말했을 때, 그는 이러한 태도를 보였었다. 즉 그의 말은 교회를 향한 참된 사랑과 부드러운 관심을 보이고 있다.

22:22 엘리아김은 셉나의 지위를 차지할 뿐만 아니라, 또한 하나님으로부터 대단한 권세와 권위를 받을 것이었다. "내가 그에게 주리니"라는 언급에 셉나에 대한 책망을 암시한다. "집을 다스리는" 직책의 기원은 다소 모호하다. 어쨌든 이사야 당시에는 이 직책의 중요성이 증대되었던 것으로 보이며, 이러한 증대는 셉나 자신에 의해서였을 것이다. 성경에는 이 직책을 하나님께서 세우셨다는 기록이 없다. 셉나가 하나님의 지시와 인가 없이 자기에게 합법적으로 속하지 않았던 권위와 영향력을 스스로 가로챘었을 것이라는 가정을 한다고 할지라고, 너무 빗나간 가정은 아니다. 어쨌든 엘리아김은 그에게 위임된 신적 권세를 소유할 것이다. 그를 단순히 찬탈자로 간주할 수 없다. 주인이 집의 열쇠를 가지고 있는 것처럼, 그래서 그 집에 대한 모든 권세를 가지고 있는 것처럼 하나님께서는 엘리아김에게 다윗 집 혹은 왕조에 대한 열쇠를 주실 것이다. 이 열쇠는 그의 어깨에 놓이게 될 것이니, 이는 다윗 정부에 대한 책임이 짐처럼 엘리아김의 어깨에 놓이게 될 것이라는 표현이다.[47] 이 지위의 중요성은 이 같은 묘사를 요한계시록 3:7에서 부활하신 그리스도에게 적용하고

47) 단순히 왕의 집 혹은 히스기야의 집이 아닌 "다윗 집"이라고 말하는 것으로 선지자는 그 보좌의 실제적인 재직만을 가리키는 것이 아니라, 메시아적 측면도 가리키고 있는 것이다.

있다는 사실 가운데서 나타난다. 엘리아김의 지위는 다윗과 그의 가문에 약속되었던 은혜의 큰 보화들을 잘 관리할 것이다. 이 왕의 집에 대하여 그는 거의 무한한 통치권을 가질 것이다. 그가 문을 열면 그것을 닫을 자가 없을 것이며, 그가 그것을 닫는다면 그것을 열 자가 없을 것이다. 그렇게 승격된 지위를 가진 사람이 왕보다 더 뛰어난 큰 세력의 영향력을 발휘할 것이다.

왜 하나님께서 엘리아김에게 그렇게도 엄청난 권세를 주셨는가? 엘리아김의 직위가 왕을 위협하고 그리하여 신정국가의 번영에 위협을 줄 위험은 내포되어 있지 않은가? 왕이 아닌 엘리아김이 메시아 예표의 자리를 차지하는 것이 아닌가? 아마도 이 문제는 원하는 것만큼 그렇게 충분히 답변될 수는 없겠다. 그러나 아래의 논지는 최소한 정확한 해답을 줄 길을 알려줄 것이다. 구약시대에 왕이 참으로 그리스도의 예표(type)이기는 할지라도 그는 단지 하나의 예표였지 대형(antitype)과 완전히 동일한 인물은 아니었다. 그리스도가 친히 행사하실 임무들은—오직 그만이 그의 교회의 머리요 왕이시므로—구약시대에는 대행자들에게 위임되었다. 그렇다면 무엇보다도 엘리아김을 하나님의 대행자로서 간주해야 하는데, 이것은 "내 종"이라는 호칭에 나타난 사실이다. 열쇠의 권세는 실제로 그의 손에 주어진 것이 아니고 어깨에 주어졌다. 왜냐하면 최종적인 권위가 하나님을 대표하는 왕에게 있기 때문이다. 열쇠의 권세가 종 혹은 대행자인 엘리아김에게 맡겨진 것처럼 신약시대에는 베드로에게 주어졌다. 그렇지만 복음서에서 열쇠에 대한 비유는 빠졌고 또 다른 것, 즉 묶거나 푸는 것을 소개하고 있다. 그렇지만 여기서는 요한계시록에서처럼 열쇠에 대한 비유가 일관되게 나타난다.

엘리아김은 하나의 대행자였지, 그 이상의 인물이 아니었다. 그는 나라의 참 관리자였다. 그리스도 자신은 그러한 관리자들을 필요로 하지 않으시고 자신이 직접 이사야가 앞에서 소개하였던 사상처럼(9:5) 그 나라의 절대적 관리권을 떠맡으신다. 유다의 역사 가운데서 이때는 엘리아김이 맡았던 것과 같은 직책이 특별히 필요하였다. 셉나 자신이 이 필요성을 느꼈던 것 같고, 옳지 않은 동기에서 그 직책의 세력을 증대시켰다. 그러나 하나님께서는 필요를 진정으로 공급해 줄 직책의 권위를 엘리아김에게 주셨다. 고대의 큰 나라들 가운데, 특히 앗수르인들 가운데서 큰 권세를 가졌던 "술 감독관"(랍사게)이 있었다. 악한 나라의 위정자의 지위에 맞대응하기 위해서 하나님의 나라의 위정자가 있어야 한다. 비록 그 직임 자체가 무가치한 동기에서 발달하였을지라도 하나님께서는 지금 직임자에게 그 지위를 올바른 방법으로 사용할 권세를 주신다. 랍사게가 하나님의 백성을 조소하려고 큰 군대와 함께 라기스에서 올 때 그를 맞이한 자들은 힐기야의 아들 엘리아김의 인도를 받은 정부관리들이다. 그들은 그 집을 맡은 자들이었다. 그들은 랍사게의 말을 들었으나, 왕에게 복종하여 그에게 아무 대답도 하지 않았다. 그러므로 그 집을 관장하는 사람은 여전히 왕에게 속해 있었던 것이다.

마지막으로 이 직책이 세습이 되지 않았다는 사실을 유념해야 한다. 하나님께서 엘리아김에게 열쇠를 약속하셨으나, 그의 후손들에게는 아니었다. 이 직책은 계속되지만 이 지위의 승격된 특성을 유지하지는 못한다. 엘리아김은 "랍사게"의 권세를 가졌고 또한 앗수르인은 그를 신정국가를 위하여 행동할 수 있었던 사람으로 인정했을 것이다.

22:23 이제 비유가 바뀌어 못이 단단한 곳에 박힘같이 하나님께서 친히 엘리아김을 견고케 할 것이라고 단언하신다.[48] 위치 자체가 확고하기에 그 못은 쉽게 움직여지지 않는 견고한 곳에 박혀 있을 것이다. 이러한 모습은, 무엇인가를 걸어놓기 위한 목적으로 집 벽에 박혀 있는 커다란 못을 연상시킨다. 이사야는 또다시 비유를 급전환시키고 있으며, 엘리아김이 그 아비 집에 영광의 보좌가 될 것이라고 말한다. 이 말은 18절 하반절을 반영하고 있다. 엘리아김 위에 앉는 자, 즉 그에게 의지하는 자는 영광과 명예를 얻을 것이다.

22:24 이사야는 벽에 고정된 못의 비유로 돌아와서 모든 사람들을 엘리아김에게 그들의 영광을 두려고 할 것이라고 선언하고 있다. 그들은 영광을 얻기 위하여 그를 이용하려고 할 것이다. 그를 통하여 그들은 자신들을 영예로운 위치로 올리려고 할 것이다. 얼마나 철저하게 그의 아비 집의 식구들이 그를 통하여 영광을 구하려고 노력할 것인지를 암시하기 위하여 이사야는 세부적인 사항을 다룬다. 그는 후손(남성

---

48) יָתֵד는 일반적으로 천막 못을 뜻하고, 무엇인가를 걸어두는 못을 뜻한다(스 9:8; 슥 10:4을 참고). 여기서 이 단어는 비유적으로 사용된다. Gesenius는 Vita Timuri에서 한 예를 제시하는데, Mohanned Ibn Mudaffir의 천막 못(아우타드)들이 견고하게 박혔다는 표현으로 이것은 그의 통치가 안전하게 되었다는 것을 의미한다. 또한 Koran 38:12에서 바로를 지칭하는 두아우타드를 참조하라. 영원히 세워진다는 동일한 개념이 예레미야 24:6; 32:41; 42:10; 45:4에 나타난다. יָתֵד는 즉 "하나의 못(peg)으로서" 설명적 대격으로 취급되는 것이 가장 좋다.

명사) 그리고 자손 혹은 족속(여성 명사)에 대해 말한다.[49] 그는 그 집의 비유를 묘사하고 나서 작은 왕, 직역하면 "작은 자의"[50] 모든 그릇에 대하여 말한다. 나아가서 "종지들의 그릇들로부터(제사장들이 피를 섞기 위하여 사용되었던 것<출 42:6을 참고〉 그리고 가정에서 포도주를 섞기 위하여 사용되는 것, 아 7:3)[51] 모든 물 그릇(즉 항아리, 주전자 혹은 가죽으로 만든 병)에 이르기까지"로 이 그릇들의 특성을 기록한다. 그 집안 전체가 엘리아김을 이용하려고 할 것이다.

그렇지만 엘리아김은 연고자 등용이 유혹에 굴복할 것인가? 그가 굴복하였다고 거의 예외 없이 받아들여지고 있지만 본문에 이러한 결과가 있었다는 뚜렷한 언급은 없다. 이사야가 이 말씀에서 엘리아김이 아닌 그의 가족들의 몰락을 지적하고 있다고 주장하는 드렉슬러가 아마도 옳을 것이다. 아마도 이 에피소드 역시 그 직임에 수반하였을 큰 위험들을 분명히 하기 위하여 언급되어 있을 것이다. 어쨌든 그 위험에 대한 언급 자체가 엘리아김이 그러한 유혹을 받았거나 혹은 최소한 그의 가족의 요구를 저버리지 않았음을 암시할 수도 있다. "그의 가족은 그를 잘못 이용하였고, 그는 그가 당연히 해야 하는 것 이상으로 행하고 있으며, 그들의 호감을 얻기 위하여 자기의 직책을 잘못 사용하고 있다! 그러므로 그는 넘어질 것이고 그와 함께 그 못에 걸린 모든 것들, 다시 말해서 그들이 신속하게 부를 쥐려고 하였던 일을 통하여 그를 파멸하게 하였던 모든 친척이 떨어질 것이다." 델리취의 이 말들은 옳지만 증명할 수는 없다. 최소한 본문이 연고자 등용의 위험을 지적하고 있는 것은 분명하다. 그리고 만일 연고자 등용이 공공사회에서 옳지 않은 것이라면, 하나님의 교회에서 시행되었을 때는 얼마나 더 가증하겠는가!

22:25 엘리아김이 실제로 연고자 등용의 죄를 범했는지 아니하였든지 간에 그들이 그의 아비 집의 모든 영광을 그에게 걸 당시에("그 날에") 그가 제거될 것임을 확연히

---

49) "그들"이라는 복수형은 앞절에 있는 "아비 집"의 집합적 의미로부터 파생되었다. צפעות의 정확한 의미는 알려진 바 없다. 그렇지만 이것은 여성형이고 남성형인 צאצאים과 평행을 이룬다. 그러므로 전체성을 의미한다. 즉 "누구든 그 모든 자손들" 등. 유음현상을 주목하라. 24절은 조건절을 이루고 있고, 귀결절은 25절에서 이어진다.

50) 수식하는 명사와 일치하는 대신 이 형용사는 마치 그것이 추상명사였었던 것처럼 취급된다. 그런 까닭에 작은 그릇들(small vessels)이 아니라, 작음의 그릇들(vessels of small, 수용성 혹은 크기)이다. 관사가 붙어 있는 것에 유의하라.

51) אַגָּנוֹת–주발들, 우가릿어 'gn, 애굽어 'ikn, 아카드어 *agannu*를 참고하라.

듣게 된다.[52] 분명히 그 직책 자체의 유용성이 사라질 것이다. 이 사건의 역사적 성취에 대해서 구체적으로 말할 수 있는 것이 없다. 후에 랍사게가 왔을 때, 엘리아김은 여전히 궁을 관장하는 자였고, 셉나(아마도 본 장에 있는 셉나일 것이다)는 그때 서기관으로 있었다. 이 예언이 어떻게 성취되었는가에 대해 듣지는 않지만 성취된 것은 확실하다. 이것이 예언 중에 위치해 있는 것이 이사야 편에서는 수치의 이유가 될 수는 없다. 백성은 엘리아김과 셉나의 마지막 결과에 대해 알았을 것이다.

이상한 것은 엘리아김의 제거를 말하고 있는 태도이다. 이 사람의 이름이 언급되지 않는다. 이사야는 단순히 단단한 곳에 박혔던 못이 삭을 것이라고 말한다. 이 선언은 엄중하여 만군의 여호와의 말씀으로서의 특징을 갖추고 있다. 난폭한 제거를 고려해 볼 수 있는데, 이는 그 못이 부러져 떨어질 것이라고 말하기 때문이다. 못에 걸어 놓은, 즉 그 못에 달려 있는 짐이 제거되어서 땅에 떨어지게 될 것이다. 이러한 그림 같은 비유를 통하여 선지자는 엘리아김의 철저한 파멸을 지적한다. 전형적인 이사야적 문구인"나 여호와의 말이니라"(참고. 1:2)가 적절히 끝맺음을 하고 있다. 엘리아김의 승격된 지위의 유용성은 종국을 맞게 된다. 엘리아김의 경우처럼 이 지위가 계속되었다면 이 지위는 나라의 번영을 위한 것이 아니었을 것이다. 그러므로 이 지위의 종국은 필연적이다.

특주

אשר הבית על–열왕기상 4:6; 16:9; 18:3; 열왕기하 10:5(על הבית); 18:18, 37; 19:2; 이사야 22:15; 36:3, 22; 37:2. 이 문구를 "그 집을 관장하는 자"(he who is over the house)라고 번역할 수 있다. 열왕기상 16:9에서 엘라가 왕이었을 때, 디르사에 있는 고관, 곧 아르사에 대해서 이 표현이 사용되었다. 열왕기상 18:3에서는 아합의 통치 때에 선지자이며 경건한 사람인 오바댜가 "그 집을 관장하는 자"(궁내대신)였다. 여기서는 한정하는 성읍의 이름이 붙여져 있지 않으며 이 직임이 그 당시 북왕국에서 중요한 지위로 떠올랐었을 것이다. 열왕기하 10:5에서 이 직책을 "그 성읍을 관장하는 자"와 관

---

52) Gesenius, Feldmann 그리고 다른 사람들에 따르면, 이것이 셉나의 제거를 가리킨다는 것이다. 이러한 해석은 일찍이 Ephraim Syrus와 Theodoret이 했던 것이다. 25절 하반절에 3중적 유음현상이 있는데, 각 동사가 눈(נ)으로 시작하고 있는 점에 유의하라.

련되어 언급한다. 아마도 그 성읍을 다스리는 자가 함께 협약하여 행동하였을 것이다.

맡은 임무의 영향력의 확대가 열왕기하 15:5에 나타나는데, "궁중 일을 다스리는"(여기서 관계사가 빠져 있다) 왕자 요담이 왕의 기능인 다스리는 기능을 행사한다. 열왕기하 18:18에서 엘리아김을, 이사야가 예언한 것과 같이 궁내대신으로 언급한다. 셉나는 서기관이며 요아는 사관이다. 여기에는 세 개의 직책을 함께 언급하고 있는데, 궁내대신이 보다 높은 지위로 되어 있다. 이와 비슷한 언급이 열왕기하 19:2에서도 발견되는데, 사관 대신에 제사장 중 장로가 등장한다. 평행절인 이사야 36:30에는 세 사람을 또다시 언급하고 있는데, 엘리아김과 요아의 아버지 이름은 언급하고 있으나, 셉나의 부친 이름은 빠져 있다. 11절에는 오직 세 이름들만 발견되고, 반면에 22절의 용법이 3절에 있는 것과 평행을 이룬다. 37:2의 용법을 열왕기하 19:2와 평행을 이룬다.[53]

실완(Silwan, Siloam)에 있는 바위를 깎아 만든 무덤문 위에서 나온 3행으로 된 비문은 다음과 같이 번역될 수 있을 것이다.

(1) 이것은 궁내대신 야후(-의 무덤이다)이다. 여기에 은과 금이 없고
(2) 다만(그의 뼈들과) 그와 함께한 그의 종-아내의 뼈들이 있다. 저주가 있을 것이다.
(3) 이것을 여는 자에게는!

필적에 근거하여 볼 때 이 비문은 주전 약 700년경의 것이다. 참고. N. Avigad, "The Epitaph of a Royal Steward from Siloam Village," *Israel Exploration Journal*, Vol. 3, No. 3, 1953, pp. 137-152. Gevirts, "West Semitic Curses," *VT*, No. 11, 1961, p. 151.

R. de Vaux가 최근에 애굽인의 파피리에 궁내대신의 이름이 바로의 사관과 그의 사절보다 직위가 높다는 사실을 제시하기 위해 시도하였다. 그는 셉나의 직책은 이스라엘에서 애굽의 궁내대신에 해당한다고 결론지었다.[54] 매일 아침 궁내대신은 보

---

53) 1935년에 S. H. Hooke(*Palestine Exploration Fund, Quarterly Statement for 1935*, pp. 195ff.)는 "궁내대신 그달랴"라는 비문이 담긴 인장을 출판하였다.

54) 한 가지 사실은 이 직임과 거의 동일한 애굽어가 있다는 것인데, 그것은 *hrj pr*, "그 집의 머

고하고 지시를 받기 위해 왕 앞에 나타났다. 그러고 나서 그는 국고대신을 방문하였고 왕궁의 문들(즉 궁전의 여러 집무실들)을 열었다. 왕궁의 제반사가 그의 손을 통하여 진행되었으며 그가 실제로 왕의 이름으로 다스렸다.

이것은 곧 요셉이 차지했던 직책이었다. 바로가 그에게, "너는 내집을 치리하라"(창 41:40; 45:8의 "바로의 아비를 삼으시며 그 온 집의 주를 삼으시며"를 주목하라)고 말했다. 요셉이 애굽 온 땅의 치리자(מֹשֵׁל, 창 45:8)와 바로의 아비였던 것처럼, 엘리아김도 나라를 치리하였고 백성의 아비가 되었을 것이다.

De Vaux는 מזכיר(사관)가 훨씬 더 큰 기능을 가졌으므로, מַזְכִּיר를 일반적으로 연대기 학자와 사관으로 번역하는 것이 옳지 않다고 주장한다. מַזְכִּיר가 훨씬 큰 역할을 하였기 때문이다. 대신 혹은 수상이라는 번역이 맞다고 할 수도 없다. 이와 정확하게 동일한 단어는 애굽어 ωημ̀ώ "잔복하는, 부르는, 알리는 사람"이다. *whn nsw.t*, "왕의 전령사"는 자주 확인이 된다. 이 직책의 임무를 J. H. Breasted, ***Ancient Records of Egypt, II***, §§763–771에서 볼 수 있다. 다른 일들 중에 그가 특별한 일들에 대해 바로의 주의를 상기시켜 주는 일이 있다. 이러한 기능은 술 맡은 관원장(מַשְׁקֶה; 참고. 아카드어 rab shaqeh도 그리고 히타이트어 *GAL.GESTIN*)에게 한 요셉의 말에서 예증되는데, 그는 "그리고 당신은 내 사정을 바로에게 고하여"라고 하였다(창 40:14).[55] 이스라엘의 מזכיל의 직능들에 관한 다소 명확한 본문은 '히스기야의 요아'인데, 그는 예루살렘에서 산헤립의 신하들과 협상하는 책임을 맡은 사람이었다(왕하 18:18, 37; 사 36:3, 22).

서기관 역시 애굽으로부터 도입해 온 직임이었던 것으로 보인다. De Vaux는 심지어 다윗 자신의 서기관이 애굽인의 sš에 비할 만한 이름을 가졌다고 믿고, 그의 이름이 주어져 있지 않으므로 그는 이방인이었다고 주장한다(삼하 8:17; 20:25; 왕상 4:3; 대상 18:16).[56]

리"이다.

55) Begrich는 이것을 "*bringe mich Anzeige*," 즉 '나에게…에 대한 증인으로 데려오라'로 번역하기도 한다.

56) 이 3중적 조직은 아마도 다윗이 자기의 "용사들"(삼하 23:9 이하를 참고)을 셋으로 구분하였던 사실과 어떤 관련이 있을 것이다. 히브리어 שָׁלִישׁ는 어근 שָׁלשׁ(셋)으로부터 파생되었다. 지중해 세계에서 군사 지휘관들은 세 명으로 구성되었다.

"그들과 함께 나는 세 번째(τρίτος)였다"(*Odyssey* xiv. 470–471).

"그리고 그들과 함께 Cebriones가 세 번째로 따랐다"(*Iliad* xii. 85–107). 다섯 번째 3인조에서 Sarpedon이 지도자이다("그리고 그가 모든 사람들 위에 섰다"–101–104행). 그와 같이 Abishai는 "셋 중 두목"이었다(삼하 23:18상). Cyrus H. Gordon, "Homer and the Bible," *HUCA*, Vol. 26, 1955, p.

참고서적

R. De Vaux: "Titres et Fonctionnaires Egypiens a la de David et de Salomon," *RB*, Vol. 48, 1939, pp. 394–405.

J. H. Breasted: *Ancient Records of Egypt*.

Joachim Begrich: "Sofer und Mzkir," *ZAW*, Vol. 58, pp.1–29

Henning Graf Reventlow: "Das Amt des Mzkir," *Theologisch Zeitschrift*, Vol. 15, 1959, 99. 161–175.

10. 두로, 해군력(23:1-18)

1절, 두로에 관한 경고라 다시스의 선척들아 너희는 슬피 부르짖을지어다 두로가 황무하여 집이 없고 들어갈 곳도 없음이요 이 소식이 깃딤 땅에서부터 그들에게 전파되었음이니라

2절, 바다에 왕래하는 시돈 상고로 말미암아 부요하게 된 너희 해변 거민들아 잠잠하라

3절, 시홀의 곡식 곧 나일의 추수를 큰 물로 수운하여 들였으니 열국의 시장이었도다

4절, 시돈이여 너는 부끄러워할지어다 대저 바다 곧 바다의 보장이 말하기를 나는 구로하지 못하였으며 생산하지 못하였으며 청년 남자들을 양육하지 못하였으며 처녀들을 생육지도 못하였다 하였음이니라

5절, 그 소식이 애굽에 이르면 그들이 두로의 소식을 인하여 통도하리로다

83을 참고하라. 마지막으로 세 명의 앗수르 장관에게로 주의를 기울여야 한다. *turtanu, rab BI–LUL* 그리고 *nagir ekalli* 혹은 *abarakku*. 아마도 3인조 군대는 에게해(Aegean)와 셈족계에서 통상적이었을 것이며, 이것이 앗수르와 팔레스틴과 애굽에서 3인조 군사두목이라는 조직을 세우도록 하였을 것이라고 말하는 것이 안전할 것이다. 다윗은 3인조 군대조직의 영향을 받았을 뿐만 아니라 넓게는 3인 정부조직의 영향도 받았다. 솔로몬은 아마도 애굽의 관리들에 의하여 영향을 받았으므로 그것이 보다 완벽하게 세워지는 것을 가능케 하였다.

23:1 비신정국가들에 대하여 주어진 신탁들이 두로에 대한 신탁으로 마무리되는 것이 적당하다. 왜냐하면 바벨론이 인간 나라의 심장에 있었던 것처럼, 두로 역시 인간 상업의 중심 도시였기 때문이다. 바벨론은 땅의 세력의 중심지였고, 두로는 바다 세력의 중심지였다. 그러나 그들 사이에는 대조되는 점도 있었다. 인간 국가의 중심으로서 바벨론은 다른 백성들을 정복하여, 자기의 확장된 세계적 왕국에 병합시켜 나가면서 전쟁방식으로 세력을 넓혀 나갔다. 반면에 두로는 자기의 세력과 영향력을 평화적인 방식, 즉 무역을 하고 장사하여 식민지를 두는 방식으로 넓혀 나갔다.

오늘날의 두로의 잔재는 수르로 알려진 아주 작은 촌락이 전부이다. 그러나 고대의 두로는 뛰어난 역사를 가졌다(특주를 보라). 팔레티루스(Palaetyrus)로 알려진 성읍의 가장 오랜 곳이 본토에 자리잡고 있었으나, 항구도시는 해안으로부터 떨어진 두 개의 바위섬들에 자리잡고 있었다. 히람 왕은 제방으로 두 섬을 연결하였고, 그 중 큰 섬으로 물을 끌어들였다. 이 큰 섬은 에스겔이 지적한 바와 같이 두로의 자랑이었다. "네 마음이 교만하여 말하기를 나는 신이라 내가 하나님의 자리 곧 바다 중심에 앉았다 하도다"(겔 28:2). 알렉산더 대제가 팔레티루스를 완전히 멸망시켰으며, 그의 유명한 제방의 구축을 위하여 그곳에서 취한 건축 자재를 사용했다고 한다. 섬 도시로 접근할 수 있도록 하기 위한 제방이었다. 지금은 도시와 내륙이 연결되어 있는데 이 도시가 이전에 큰 섬이었던 곳의 북쪽 끝에 자리하고 있다.

이사야는 두로의 멸망과 상업의 중단에 대해서 직접 선포하지 않고 명령형으로 시작하고 있는데, 그렇게 함으로써 그의 극적인 선포에 생동감을 더해 주준다. 사실 본 장의 각 단락들은 명령형으로 시작한다(1, 2, 4, 6, 10, 14절을 참고, 이것을 본 장의 두 번째 핵심 단락에서 다시 반복한다. 16절). 선지자는 상황의 중심부로 뛰어 들어가고 있는데, 말하자면 다시스의 선척들로 하여금 슬피 부르짖으라고 명령하고 있다. 그들은 찢어지는 애곡과 통곡을 터뜨려야 한다. 백성들은 그것이 무엇을 의미하는지 쉽게 이해하였을 것이니, 이는 이것들이 두로의 무역을 정기적으로 거래해 왔었던 배들이었기 때문이다. 이사야는 그것들을 의인화함으로써 자기의 말에 생동감을 더해 주고 있다. 이와 비슷한 극적인 시작이 13:2; 14:29; 21:13; 22:1에서도 발견된다. 슬피 부르짖으라는 명령은 남성형이지만 그 배들은 여성형이다. 그렇지만 난점은 없으니, 이는 그것이 하나의 의미의 구성(constructio ad sensum)으로 명령형에 주어지는 강한 강조이기 때문이다.[1] 선지자의 마음에서 가장 우선되는 것은 통곡의 필요성이다. 주어들, 즉 두로의 선척(ships)들은 한숨을 쉰 후에나 언급되어 있다. 이 배들은 그 당시에 알려진 세계의 모든 곳에 두로의 풍부한 무역품을 날라다 주었던 상인들이었다. 번창하는 배들이었으나, 이 배들이 두로에 봉사하는 날은 얼마 남아 있지 않았다.

이사야는 명령을 하는 이유를 밝히고 있다. 즉 멸망이 이루어졌다는 것이다.[2] 비록 이 본문에서 특별히 성읍의 이름이, 표제 안에 나타난 이름과는 상관없이, 5절까지는 소개되지 않을지라도, 이 동사는 성읍의 이름들과 함께 자주 사용된 것이다. 이 사실 자체로부터 이 표제가 얼마나 중요한지를 깨닫게 된다. 만약 이 표제가 사라진다면, 1절의 후반부는 풍성한 의미를 만들어 내지 못할 것이다. 그렇다면 이것은 단순히 무엇인지 말하지 않고 어떤 것이 황폐된다는 것을 선언하는 것이다.

황폐의 결과는 두로에 사람들이 들어갈 집이 남아 있지 않다는 것이다.[3] 황폐함은 완벽하고도 철저하다. 깃딤에서 오는 배들이 이 황폐에 대해서 들었다. 그래서 그들은 두로로 계속 나아갈 수 없고 거기에 정착할 수도 없다. 왜냐하면 그 성읍이 황무하였기 때문이다. 배들이 항해해왔던 이 깃딤은 어디인가? 성경에서 이 단어는 일반적으로 그리스 해안과 함께 에게해의 섬들을 가리키고 있으며 또한 아마도 이탈리아 남부를 가리키기도 할 것이다. 구브로 섬에는 깃디온이라고 알려진 페니키아 정착지가 있었다. 아마도 이사야는, 다시스의 배들이 북지중해의 섬들 쪽으로 접근하였을 때, 이 섬들로부터 항해해 온 다른 배들로부터 두로의 황폐에 대해서 들었다는 것을 의미한다.[4] 어떤 주석가들은, 배들이 구브로에 실제로 정박하였고, 거기

---

1) 슬피 부르짖으라!–2인칭 남성 복수형이 여성 주격을 소개하는 데 사용되었다(참고. 32:11). 이러한 형태가 의도적이라는 것은 14절에서 이것이 반복된 사실로 인하여 보여지기는 하지만 남성 복수형이 1–14절 안에 세 번 나타난다. 14절에 있는 여성형 접미사는 당연히 기대해야 할 것이지만, 남성 명령형은 인상적인 소리를 가지고 있고, 아마도 그러한 이유로 그것이 선택된 것 같다.

2) 여기서 비인칭적으로 사용된 완료형은, 비록 완료형으로 표현된 사실이 실제로 일어나지 않았을지라도, 앞의 명령에 대한 이유를 표현하기 위하여 자주 כִּי 다음에 나타난다. 저자의 마음속에 그 일어날 일이 너무나 확실하기 때문에 완료형을 사용하고 있는 것이다.

3) 직역하면 "이는 그것이 한 집으로부터 황폐되었기 때문이다" 즉 "집 한 채도 없다"이다. 두 번째 מִן은 앞 구절에 의존하고 있으므로 "들어갈 곳이 없도록"이 된다(참고. 24:10).

4) 깃딤과 다시스에 대해서는 특주를 보라. נִגְלָה의 용법은 의외인데, 이는 이것이 일반적으로 비밀스럽고 신비로운 일들에 대한 계시를 가리키고 그 반면에 הִגִּיד는 이미 일어난 통상적인 사건들을 전달하는데 사용되기 때문이다. 동사는 전체적으로 새롭고 기대하지 못했던 모든 생각을 뛰어넘는 것을 의미한다.

서 그 황폐됨을 들었다고 생각한다. 어쨌든 두로에 관한 소식은 북지중해에서 발원하여 어떤 방법에 의하여 귀향하는 다시스의 배들에게 전달되었다.

23:2 이사야는 이제 시돈(페니키아) 해안의 집에 있었던 사람들에게 두 번째 명령을 발한다. 시돈 거민은 잠잠하라는 명령을 받는데, 이것은 비극이 일어났기 때문이고 이 참사에 이어 일어난 커다란 애곡이 침묵을 낳을 것이기 때문이다(참고. 애 2:10).[5] 두로가 의미하는 바가 일반적으로 해안지방일 수도 있겠지만, 여기서는 섬으로 호칭된다. 두로의 이전의 영광에 대한 회상은 잠잠하라는 명령에 생동감을 더해 준다. 이제 새로운 상황이 등장한다. 이사야가 일반적으로 페니키아를 호칭하려 하였을 시돈의 상고들은 그 성읍을 가득 채웠다.[6]

23:3 두로의 이전의 영광과 그 중요성에 대한 묘사를 본 절에 계속한다. 동시에 2인칭에서 3인칭에로의 전환이 있다. 이사야는 그 성읍을 향해 직접 말하는 데서 돌이켜서 이제는 다소 객관적인 방식으로 3인칭으로 그에 대해서 말한다. 그는 상고들이 항해했던 바다를 "큰 물"로 말하고 있다. 후에 에스겔은 두로의 사공들에 대해 말하는데, 그들은 "너를 인도하여 큰 물에 이르게 하였고 동풍이 바다 중심에서 너를 파하도다"(겔 27:26). 이사야는 이 큰 물을 통하여 수운하였던 것들을 시홀의 씨로 표현하고 있으니, 이는 시홀에서 혹은 시홀에 의하여 산출된 씨를 의미한다. 그러나 시홀이란 단어로 의미하고자 하는 바가 무엇인가?[7] 어떤 이는 "검어지다"를 의미하는 어근으로부터 그 단어의 유래를 찾으며, 애굽을 기름지게 만들었던 검은 진흙으로부터 그 명칭이 나온 것으로 보아 검은 강을 가리키는 것으로 생각한다. 이것은 확신이 가지 않는 설명이다. 아마도 이 단어는 이집트의 동쪽 국경에 위치한 강의

---

5) דמו–잠잠하다. 어떤 사본에는 의외로 다게쉬가 멤(מ)에서 빠져 있다. Kissane은 아카드어 다마누, 즉 "슬퍼하다"와 연결시켰으나, 이는 의문시된다. "너를 채웠다"는 동사는 집합명사 속헤르, 즉 "상고들"을 설명하는 복수형이다. 어떤 사람은 그의 사자라고 읽도록 고쳐서 인칭의 변화를 피했다. 그럼에도 불구하고 이러한 변화는 불필요하다. אִי, 즉 섬은 애굽어 *'w*와 관계가 있다. Drechsler는 본 절과 6절에서 섬들의 거민들이 두로인들이라고 믿고 있으며, 2–5절 사이에 단계를 유지하고 있다고 생각한다.

6) 시돈–*Iliad* vi. 290ff.; *Odyssey* iv. 618; Ovid *Fasti* iii. 10을 참고하라. 그리고 성경 참고 구절들은 창세기 10:15; 사사기 1:31; 에스겔 27:8; 사도행전 27:3이다. 현대의 Saida인 시돈은 두로의 북쪽 약 25마일 지점의 페니키아 해안에 자리잡고 있다.

7) 선지서에서 시홀은 오직 이곳과 예레미야 2:18에만 나타난다(수 13:3을 참고).

이름일 것이며 아마도 나일의 동쪽 지류일 것이다. 이 구절에서 이사야는 이 단어를 나일강과 동의어로 사용하고 있는 것 같다. "나일의 추수"라는 평행구가 이를 뒷받침해 주는 것으로 보인다. 그렇다면 이 두 표현들은 나일이 산출하거나 혹은 만들어 내는 것을 뜻한다. 그러므로 다음과 같은 번역에 의하여 본 절의 의미를 발견할 수 있을 것이다. "그리고 큰 물 가운데서 나일의 씨가 있고, 나일의 추수가 그의(두로의) 산물이다." 페니키아 상고들은 자기들의 거대한 상선들 안에 나일의 소출을 실어 바다의 수로를 통하여 수운하였으며, 이것이 부로 명성을 얻은 두로의 수입원이 되었다. 이마도 이것은 우선적으로는 곡식을 가리킬 것이다. 곡식이 분명히 페니키아에서는 부족하였으나, 물이 풍부한 애굽 땅의 풍요로운 토양에서는 풍성하게 자랐었다. 그러므로 이사야는 나일이 애굽의 부와 산물의 원천이라는 사실을 암시하고 있는 것이다. 강을 떠나 애굽은 어느 것도 생산해 낼 수가 없었을 것이다.

마무리하는 문장에서 선지자는 자신이 앞에서 언급한 내용을 요약하고 있다. 두로의 수익은 열국들의 이익과 무역이 되었다. 두로는 자기가 애굽으로부터 받은 소출을 다른 나라와의 무역에 사용하였다. 사실상 그 나라로 하여금 그러한 무역을 운영해 나가도록 만들어 주었던 것이 대부분 이 소출이다. 그는 이 무역의 중심부에 있었고, 그럼으로써 그는 번영하고 번창하였다.

23:4 이사야가 앞에서 무역하는 배들로 하여금 슬피 부르짖으라고 요청하고 해변 거민들에게 잠잠하라고 요구하였던 것처럼, 이제는 시돈에게 부끄러워하라고 명령한다. 그는 분명히 시돈을 대조적인 방식으로 소개하고 있다. 나라의 상업의 중심이요 부의 원천인 두로는 파멸되었다. 남겨진 것은 슬퍼해야 하지 않는가? 그러므로 시돈은 두로의 멸망 후에 남겨진 것을 묘사하고 있다. 어쨌든 시돈은 단순히 그 나라의 남은 부분을 지칭하는가, 아니면 거대한 두 성읍 사이에 있는 다른 반대편을 표현하기 위하여 사용되었는가? 시돈이 두로와 대조를 이루는가? 답변이 불가능하지는 않겠지만 답하기가 어렵다. 두로 없이 시돈의 번영은 안정적일 수 없다. 이사야가 강조한 것은 이 후자의 생각이었을 것이다. 만일 큰 도성 중 하나가 사라진다면 다른 것도 사라질 것이다.

이사야는 시돈에게 부끄러워하라고 명령하고 있으니, 이는 두로가 자신의 파멸을 언급하는 것을 듣기 때문이다. 생소한 단어를 무관사로 사용하기는 하지만 2절에서 두로를 "해변"으로 칭했을 때와 같이 이사야는 두로를 "바다"라 칭한다. 키쎄인

(Kissane)이 어떻게 두로의 멸망이 그 바다를 생산하지 못하게(childless)으로 만들 수 있었는가 하고 물었을 때, 그의 질문은 핵심을 벗어난 것이다.[8] 이사야는 두로의 멸망이 바다로 하여금 생산하지 못하게 만들었다고 말하지 않고 있다. 그는 단순히 두로에게 바다라는 시적인 이름을 지어준 것이며 이것은 두로의 정체를 밝히고 두로에게 "바다의 보장"이라는 자격을 주는 것이다. 이 어투에는 단계적 변화가 있다. 바다가 말할 뿐만 아니라, 바다의 보장이 말하였다. 사실상, 이 호칭은 두로의 실제 상황과 정확하게 일치한다. 선지자가 말하고 있는 것은 그 땅의 본토에 있는 "옛 두로"가 아니고, 섬 도시를 말하는 것이다. 그리고 지금 불평스러운 말을 하고 있는 것은 이 섬 도시이다.[9]

이 불평의 말에서 도시는 자신을 아이를 잉태하지 못하는 여인으로, 즉 산고가 없는 여인으로 의인화하고 있다. 어투가 의외적인데 이는 두로가 실제로 크고도 번창하게 되기 위하여 할 수 있는 모든 일을 하였기 때문이다. 그리고 그는 성공하였다. 그러나 이제 모든 것이 사라졌다. 그리고 두로는 마치 자기가 이전에 결코 행운을 가져 보지 못한 것처럼 말하고 있다. 다른 나라들에게 일어나게 해주었던 그것이 그에게는 일어나지 않았다. 그는 슬퍼하기를, 다른 나라들은 수고하여 생산하였건만 두로는 아니라고 말한다. 의인화하여 말한다면 다른 여인들은 산통을 겪고 아이들을 낳았는데, 두로는 심지어 산통도 없으며 결국은 아이들을 낳지 못하였다고 말할 수 있을 것이다.

순수하게 이사야적인 어투를 담고 있는(참고. 1:3) 본 절의 마지막 문장은, 자주 킨나(애가) 운율로 불려지는 운율과 잘 어울린다. 이 문장에 두 개의 동사가 있지만 부정어는 하나만 나온다. 그렇지만 이 부정어는 두 동사 모두에 관계하므로 다음과 같이 번역할 수 있다. "그리고 나는 청년 남자들을 양육하지 못하였으며 또한 처녀들을 생육하지도 못하였다." 두로는 그 어떤 자녀들도 전혀 생산하지 못하였다. 두로는 이러한 표현방식으로 자기에게 다가올 철저한 멸망을 설명한 것이다.

23:5 애굽까지도 두로의 멸망 소식에 영향을 받는다. 이 다섯 절 가운데는 사고

---

8) *Com. in loc.*을 참고하라.

9) 17:9, 10; 25:4; 27:5을 참고하라. 원개음절에 있는 카메츠(ָ)가 있는 것을 주목하라. 이 단어는 연결형으로 되어 있다. 이 카메츠가 단모음을 나타낸다면 이상한 것이다. 이에 상응하는 아랍어 단어 마–아–둔(ma–â–dun; 보장)은 단모음을 가지고 있다. 카메츠는 자연적으로 장모음과 같이 취급되고 메텍을 수반하여야만 한다. חלתי–참고. 우가릿어 ḫl, 아카드어 ḫālu 즉 "수고의 고통을 가지다."

의 흐름이 나타난다. 첫째로 두로가 황폐하게 되는 사실이 언급되어 있다(1절 하반절). 애곡의 침묵이 두로 거민에게 닥치고, 모든 페니키아가 두로의 슬픔과 애곡을 듣게 된다. 마지막으로 애굽까지도 흔들린다. 이사야는 짧고도 간결하고 또 효력 있는 문장들로 그 소식이 어떻게 애굽에 영향을 주는지를 보여준다. 이사야가 "~하면"으로 시작하고 있기에 동사로 그 다음 말을 계속해 나아갈 것을 예상하게 된다. 그러나 그는 그렇게 하지 않고, 바로 "소식"이라는 명사를 먼저 말한다. 이 소식(직역하면, 들은 것)이 애굽에 이를 것이니, 이는 소문이 빠르기 때문이다.[10]

그 소식이 애굽에 이르면 나라가 통도(痛悼)한다. 멸망한 두로는 자기가 통도하지 않았다는 사실을 애통해했으나 두로에 대해 소식을 듣는 애굽은 통도한다. 그러므로 두로의 멸망은 애굽을 메소포타미아의 세계로 펼쳐 뻗어 나가는 열강의 선상에 오르게 하는데, 이는 애굽이 두로의 멸망과 함께 뻗어 나가는 앗수르 제국의 영향력을 느끼게 되는 선상에 가까이 서게 될 것임을 알기 때문이다. 점점 강성해져 가는 세계 권력의 정복군은 이제 두로까지 정복하였다. 그러므로 이제 애굽 자신이 다가오는 원수를 직면해야 한다. 애굽은 자신의 물질적인 번창과 번영이 대게 두로에게 의존하여 왔었다는 사실을 알았었다. 그렇지만 지상에서 두로의 사라짐은, 애굽역시 정복당할 선상에 서게 되었다는 사실을 애굽에게 분명히 밝혀주었다.

6절, 너희는 다시스로 건너갈지어다 해변 거민아 너희는 슬피 부르짖을지어다
7절, 이것이 고대에 건설된 너희 희락의 성 곧 그 백성이 자기 발로 먼 지방까지 가서 유하던 성이냐
8절, 면류관을 씌우던 자요 그 상고들은 방백이요 그 무역자들은 세상에 존귀한 자이던 두로에 대하여 누가 이 일을 정하였느뇨
9절, 만군의 여호와의 정하신 것이라 모든 영광의 교만을 욕되게 하시며 세상의 모든 존귀한 자로 멸시를 받게 하려 하심이니라

23:6 이사야는 이제 한 단계 더 나아간다. 두로의 비극적이고도 슬픈 황량한 상태를 묘사하고 나서 그는 거민들에게 그들의 식민지 중에서 피난처를 찾으라고 호소한다. 또다시 그는 복수형 명령형으로 시작하고 있으니, 이는 그가 마음에 개개

---

10) 갑자기 끊긴 어투가 효과적이다(26:9을 참고). 이 동사는 "소식이 애굽에 전해질 때"로 이해할 수 있다. צֹר(두로)는 목적격 소유격(objective genitive)이다.

인들로서의 거민들을 생각하고 있기 때문이다. 알렉산더 대제가 포위 공격하는 동안 두로인은 그들의 자녀와 노인들의 안전을 위하여 그들을 카르타고로 보냈는데, 이는 아마도 그 당시에 칼타고가 두로의 식민지였기 때문이었을 것으로 보인다.[11)] Vergil의 아름다운 말을 떠올리게 된다.

urbs antiqua fuit, Tyrii tenuere coloni,
Karthago, Italiam contra Tiberinaque longe
ostia, dives opum studiisque asperrima belli....

선지자는 다시스를 언급하고 있는데 이는 다시스가 주된 식민지였기 때문일 것이다. 지도적 위치에 있는 성읍이 더 이상 그 거민들을 위하여 안식처와 피난처를 제공해 주지 못하므로, 그들은 다른 곳에서 피난처를 찾아야 한다. 본문과 10절에서 다시스에 대한 언급은, 앞의 구절들과 연결이 되는 바(1절을 참고), 단락의 통일성을 보여준다.

그렇지만 극소수의 거민들만 남게 된다.[12)] 그들은 성읍을 위하여 슬피 울어야 하고, 그들의 애가는 당연한 것이다. 식민지에서 피난처를 구할 필요성까지도 다가올 재앙의 더 큰 쓰라림의 결과일 뿐이다. 두로의 거민들에게 슬피 부르짖는 것 이외에 무엇이 남아 있겠는가?

23:7 즐거움이 교만과 뒤섞여졌던 성읍이 어떻게 되었는가?[13)] 이제 그에게는

---

11) Diodorus Siculus xvii. 41, and Quintus Curtius iv. 3. 15을 참고하라.

12) Dillmann에 의하면 여기서 메시지를 듣는 자는 두로인들이 아니고 페니키아인들이라는 것이다. Gray는 주어를 팔레스틴의 해안 지방인 페니키아인들 가운데서 찾는데, 이것은 אִי를 페니키아 해안과 동일시하는 Gesenius의 견해에 의해서 지지를 받았다(20:5을 참고). Kissane은 메시지를 듣는 사람들이 항해를 하다가 페니키아로 돌아가고 있는 상고들과 선원들이라고 생각한다. Gesenius는 Holland가 해방될 수 없었다면 1672년에 Batavia로 가려던 Holland의 부유층 상인들의 결정을 상기시킨다.

13) עַלִּיזָה–관사의 삭제를 주목하라. 이는 발음의 편의를 위한 것일 수도 있다. 그러나 1Q에는 관사가 있다. 직역하면 "그렇다면 이것이 너희에게 희락이 되는 것이냐?"이다. 이 단어는 교만이라는 이차적 의미를 가지고 있다(22:2과 5:12을 참고). לָכֶם은 심성적 여격이다. Delitzsch는 "이것이 너의 운명이냐, 희락으로 가득 찼던 자여?"로 번역한다. 그러나 수(數)의 변화를 이해하기 어렵다. "희락"은 "상업상의 큰 소동과 두로의 사치와 교만"을 가리킨다(Alexander).

일단의 초라한 피난민들만 있을 것이며, 그들 가운데 예전에 희락의 성이 있었다고 인정하기가 어려울 것이다. 이사야는 여전히 이 피난민들을 말하고 있으며, 또한 한 때는 두로의 우월성을 즐거워하였던 모든 사람들을 그의 선포에 포함한다. "너희는 두로를 찬양하고 즐거워하였다"라고 말한 후 선지자는 "그 성이 이제 어디 있느냐? 이것이 희락을 낳았던 성이냐?"라고 말하면서 그의 생각을 이어간다. 이사야는 두로의 이전 영광과 현재의 상태를 대조하기 위하여 두로의 고대성(antiquity)이 상고로부터 온 것임을 설명한다. 그는 언어유희를 하고 있는데(케뎀〈קֶדֶם〉과 카드마타〈קַדְמָתָהּ〉), 이것은 단순히 중복되는 표현이 아니다. 어떤 사람은, 그가 성읍의 기원과 고대성 모두를 언급하려 한다고 생각한다. 그러나 그보다는 성의 고대성에 대한 확신이 성이 상당히 오래되었다는 사실에 근거하고 있다는 생각을 표현하고 있을 뿐이다.[14]

본 절은 두로의 광범위한 도착 지점을 더욱 묘사하면서 결론짓는다. 이사야는 두로의 발이 결코 쉬거나 머물러 있지 않고 언제나 두로를 어느 곳으로든 옮겨가면서 지속적으로 움직인 것으로 말한다. 그는 완료형이 아닌 미완료형을 사용하면서 이러한 움직임이 과거에 일어난 것이지만 그들에게 지속적이며 영속적인 의미가 있음을 암시하려고 한다.[15] 그는 말한다. "너의 발이 너를 옮겼고 또 그치지 않았다." "너의 발"과 "너를 옮겼다"는 두 표현은 자발적이었음을 암시한다. 두로는 완전히 자기 자신에 의지하여 행동하였다. 선지자는 이러한 생생한 어투를 사용하여 두로의 발이 그 자신을 옮겨가게 하였고 그래서 그가 먼 곳에 가서 유할 수 있었다는 생각을 나타내고 있다. 이것은 두로의 식민지화 활동을 간결하게 요약하는 방식이다.

23:8 이제 실문할 때가 되었다. 만약 그렇게도 큰 재난이 두로에게 닥쳤다면, 그것은 분명히 우연적인 사건이 될 수 없다. 그 사건 배후에 계획이 있었음에 틀림없

---

14) Herodotus(ii.44)에 따르면, Hercules의 제사장들은 자기들의 신전이 2,300년이나 된 것을 자랑하였다. 그리고 Arian(ii.16)은 그것을 역사상 가장 오래된 것이라고 부른다. Josephus는 이 신전이 솔로몬의 성전보다 240년 전에 건설되었고(*Archaeology* viii.3.1), Justinus(xviii.3)는 그것이 트로이의 멸망의 해에 시돈인들에 의하여 건설되었다고 말한다. 여호수아 19:29에는 구약성경 가운데서 처음으로 "그 성읍, 두로의 요새" 즉 "견고한 성읍 두로"라고 호칭되어 있다(특주를 참고).

15) "그들은 그를 옮기곤 하였다." 그러나 Alexander는 미래로 번역한다. 그것이 식민지로의 도망을 가리키지 않는다는 것은 반대를 받아 왔는데, 이는 그 도피를 배로 하였기 때문이다. 그러나 선지자는 비유적인 언어를 사용하고 있다. 그는 실제로 두로를 여인으로 의인화하여 왔고, 또한 단순히 그녀의 발이 어떻게 그녀를 옮겼는지를 지적하고 있다.

다. 그렇지만 누가 그러한 일을 계획하였는가? 누가 감히 그러한 재앙을 불러올 방안을 고안하였는가? 일어난 일은 분명히 계획된 예측의 결과이다. 그러나 누가 그 일에 책임이 있느냐고 선지자는 묻는다. 이사야는 이 질문에 대답을 하려는 의도를 가지고 있지만, 그의 답변을 주는 데 다음절까지 기다리고 있다. 그는 먼저 한 번 더 두로의 이전 영광을 묘사해야 했다.

그 계획은 특별히 두로에 대하여 착수되었다. 곧 다른 왕들에게 면류관을 씌우던 두로였다.[16] 다른 이들에게 면류관을 씌우는 특권은 두로에게 속해 있지 않았던가? 그렇다면 누가 감히 두로 왕이 그 면류관을 박탈당하고 두로 자신이 왕으로서의 권한을 박탈당하게 하는 계획을 고안할 수 있다는 말인가? 분명히 이사야는 마음속에 그들의 식민지들을 통치하였던 왕들에게 면류관을 씌우던 두로의 행실을 생각하고 있는 것이다.[17] 이것은 시돈 역시 때때로 구브로에서 왕들을 즉위시켰다는 사실을 부정하는 것이 아니다. 어쨌든 강조는 페니키아를 뛰어나게 만들어 주었던 성읍 두로에, 또한 그가 면류관을 씌어주는 주인공이라는 사실에 있다.

두로는 면류관을 수여하였을 뿐만 아니라, 그의 제왕적 특성이 또한 다른 관점에서 나타났다. 그의 상고는 방백이었고 무역하는 자는 세상의 존귀한 자였다.[18] 이사야는 이러한 강력한 어투로 상고가 실제로 방백이었음을 의미하지 않는다. 단순히 상고 중에서도 그들을 방백으로 간주할 수 있었다는 뜻이다. 그들은 상고의 방백이었고, 가장 높은 영예를 받기에 합당한 무역상이었다. 선지자는 이러한 어투로 두로의 위대한 존엄성, 세력, 권위 그리고 명성을 그리고 있다. 누가 그렇게도 중대한 성읍의 멸망을 계획할 수 있단 말인가? 이런 질문은 오직 초인적 세력만이 그렇게 할 수 있다는 것을 암시하지 않는가?

---

16) Vulgate역은 *quondam coronatam*, "면류관을 씌운 바 된"이라고 번역함으로써 그 효과를 약화시켰다. 수리아역, 탈굼역도 그렇게 하였다. 1Q는 요드(')를 빠뜨렸고, 그런 까닭에 수동분사로 읽을 수도 있다. 그러므로 그 성읍은 왕관을 쓴 여왕으로 간주될 것이다.

17) Cf. Herodotus i. 136; iv. 152; Stravo xvi.

18) Gesenius는 Pyrrhus의 사절이 로마인 원로에 대해서 *vidicivitatem regum*이라고 말했다고 상기시킨다. 무역자들—직역하면 가나안 족속들(*JNES*, Vol. 20, No. 4, Oct. 1961을 참고). 욥기 40:25; 잠언 31:21; 호세아 12:7; 스가랴 14:21을 참고하라. 가나안 족속들의 상업적인 활동은 당연히 그들의 이름을 일반적으로 상고들이라고 부르게 하였다. Gesenius는 이와 유사한 셈어의 발달을 예증하는데, 예를 들면 점성술사를 갈대아인이라고 부르는 것이다. "*wie wir mit Italiäner, Schweizer, Savoyar, Jude, fast immer die Vorstellung des Geschäfts verbinden, welches diese Landsleute in unsern Gegenden betreiben.*"

23:9 그렇다는 사실이 대답 가운데 분명히 드러난다. 이스라엘의 하나님이기도 하시는 만군의 여호와께서 이러한 계획을 정하셨다.[19] 그가 바벨론에 대하여(14:27), 애굽에 대하여(19:23) 계획을 하시고 정하셨던 것처럼, 두로에 대해서도 하셨다. "모든 영광의 교만을 욕되게 하시며"라는 문구로 이러한 결정의 목적을 우선 표현한다. 사용된 동사는, 거룩의 독특한 특성을 제거하여 거룩한 것을 더럽혀서 평범한 것이 되게 하고 모든 것의 접근을 가능하게 하는 것을 표현하는 데 쓰이는 동사이다. 그렇다면 여기서 이 동사는 영화로운 것이 평범하고 비속한 것으로 바뀌는 것을 암시한다. 두로의 교만과 자랑은 없어질 것이고 그리하여 두로는 비천하게 될 것이며 이전의 모든 영광을 잃게 될 것이다. 에스겔은 이러한 사상을 보다 세밀하게 그리고 있다. "그런즉 내가 외인 곧 열국의 강포한 자를 거느리고 와서 너를 치리니 그들이 칼을 빼어 네 지혜의 아름다운 것을 치며 네 영화를 더럽히며"(겔 28:7). 두로는 "나는 온전히 아름답다"(겔 27:3)고 말했었고, 에스겔은 두로에게 다음과 같이 말했다. "주 여호와의 말씀에 너는 완전한 인이었고 지혜가 충족하며 온전히 아름다웠도다"(겔 28:12).

두로의 상고들의 평판을 떨어뜨리려는 목적도 하나님의 계획 가운데 포함되어 있었다. 하나님께서는 스불론과 납달리 땅(8:23; 개역성경은 9:1—역주)을 멸시를 당케 하셨고(직역하면, 가볍게 만들다), 이제는 무역하는 자들 가운데 무게 있는 자(즉 존귀한 자)를 가볍게(즉 멸시를 당하게) 하신다. 그들의 상태가 완전히 뒤집힐 것이다. 이사야는 그 영광이 완전히 사라지고 남는 것이 없을 것임을 선포한다. 본 절은 앞 절의 질문에 대한 대답으로서 시작과 마침에 있어서 완전히 일치한다.

그러므로

8절 누가 이 일을 정하였느뇨?

....

세상에 존귀한 자이던
9절 만군의 여호와의 정하신 것이라

....

---

19) "그것을 정하셨다"라는 문구에 있는 접미사는 8절의 질문에 있는 "이것"을 가리킨다.

세상의 모든 존귀한 자로

이와 동시에 본 절의 하반절에서 "모든"의 이중적인 사용은 본 절을 보다 폭넓게 적용하게 하는 것으로 보인다. 그것은 8절을 가리킬 뿐만 아니라, 아마도 앞서 있었던 모든 위협, 즉 하나님을 대적하는 모든 세계 제국과 연관된 위협을 가리키는 것이다. 완전한 결말이 와야 하기에 생각이 다음과 같이 흘러간다. 영광의 모든 교만과 세상의 존귀한 자들이 무가치하게 될 것이니, 이는 하나님께서 그렇게 의도하셨기 때문이다.

본 절은 하나님께서 세상을 다스리신다는 사실과 그가 자신의 목적을 자기의 뜻대로 운영해 나가신다는 사실을 분명하게 밝혀주고 있다. 이러한 목적은 그의 백성의 구원과, 그와 그의 백성의 대적의 멸망과 관계가 있다. 그의 선하신 섭리 가운데서 악한 나라들과 인간들로 하여금 잠시 동안 지속해 나가도록 허락하시지만 그의 정하신 순간에, 즉 그의 목적과 일치하는 그 순간에 여호와께서는 행동하시며, 그의 영원하신 목적을 가로막는 모든 것을 멸망시키신다. 그의 목적은 실패하지 않을 것이니, 이는 그가 주권자이시기 때문이다.

10절, 딸 다시스여 나일같이 너희 땅에 넘칠지어다 너를 속박함이 다시는 없으리라
11절, 여호와께서 바다 위에 손을 펴사 열방을 흔드시며 여호와께서 가나안에 대하여 명을 내려 그 견고한 성을 훼파하게 하시고
12절, 가라사대 너 학대받은 처녀 딸 시돈아 네게 다시는 희락이 없으리니 일어나 깃딤으로 건너가라 거기서도 네가 평안을 얻지 못하리라 하셨느니라
13절, 갈대아 사람의 땅을 보라 그 백성이 없어졌나니 곧 앗수르 사람이 들짐승의 거하는 곳이 되게 하였으되 그들이 망대를 세우고 궁전을 헐어 황무케 하였느니라
14절, 다시스의 선척들아 너희는 슬피 부르짖으라 너희 견고한 성이 파괴되었느니라

23:10 이사야는 이제 "딸 다시스"라는 문구로 다시스에게 말씀을 전하고 있다. 같은 방식으로 그는 "내 딸 백성"(22:4)이라고 말했다. 이것은 다시스를 두로의 모든 식민지의 대표자로 만들기 위해 고안된 부드러운 전달의 형태였다. 두로가 멸망당하고 있기에 지금 식민지가 가지고 있는 자유를 설명하기 위하여 이사야는 그들에게 나일강처럼 그들의 땅을 자유롭게 지나다니라고 명령한다. 나일강이 그 강둑을 넘쳐 나서

자유롭게 애굽 전역을 가로질러 가는 것처럼, 그 식민지들도 이제 두로의 속박을 받지 않는다는 것이 비유의 핵심으로 보인다. 이사야는 먼저 두로의 멸망을 설명하면서 두로에 대한 그의 고소를 전한다. 그러고 나서 두로인 중 남은 자에게 그들의 식민지에서 피난처를 취하라고 명령했다. 이제 그는 식민지를 향하여 말을 한다. 명령을 통해 두로의 속박으로부터 벗어난 완전한 자유를 그들에게 보여준다.

그러한 명령의 이유로서 선지자는 이제 더 이상 구속할 어떤 것도 없다는 사실을 말하고 있는 것이다. 문구가 생소해서 그 정확한 의미를 이해하기 어렵다. 어쨌든 본문에 비추어 볼 때, 띠(개역성경은 "속박함"이라고 되어 있음—역주)라는 것은 두로의 속박하는 세력을 나타내기 위하여 언급된 것으로 보인다. 띠는 치워져 버렸다. 그래서 논지는, 그 결과로 식민지들은 그들이 원하는 대로 자유롭게 움직일 수 있다는 것으로 진행된다.[20] 어떤 사람은 두로가 너무나 완전히 약탈되었으므로 띠 하나라도 남아 있지 않을 것이라고 생각하였다. 그렇지만 사실이 그러했다면 어찌하여 선지자가 띠를 선택하여 특별한 주의를 끌고자 하였는가? 칼빈은 띠가 사방으로 보호를 받았던 성읍의 지역을 가리킨다고 믿는다. 그러나 문맥은 본서가 제시한 견해를 지지하는 것으로 보인다.

23:11 1절에서 이사야는 두로의 황폐케 됨에 대해서 알렸다. 그는 이제 그 황무함이 진행되는 방법을 포함한 여러 세부 사항들을 소개하고 있다. 또다시 그는 바다를 말하고 있는데 이번에는 정관사를 사용하고 있다. 선지자는 이 시점까지 땅의 세력들에 대하여 위협을 전하였다. 그러므로 바다를 언급함으로써, 4절에서 하였던 것처럼, 두로를 가리켜 말하지 않고 두로의 생계유지의 원천으로서의 바다, 그의 통치의 영역으로서의 바다를 가리키고 있다. 바다에서 두로는 안전하였으니, 이는 그가 스스로 그것의 주인이라고 믿었기 때문이다. 그러나 홀로 바람과 물결을 복종케 하시는 이가 계셨다. 수리아인이 이스라엘의 하나님께서 단지 산들의 신이 아니었다는 사실을 배웠던 것처럼(왕상 20:23), 두로도 역시 이스라엘의 하나님께서 바다를 다스리는 권세를 가지셨고, 바다가 그의 편 손의 징벌하는 능력을 느끼게 될 것임을 배워야만 한다. 이사야는 힘차고 강하게 말한다. 그는 불완전 구문(casus

---

20) 띠(애굽어 *moh*와 Lambin, *op. cit.*, p. 152을 참고하라)는 자주 속박에 대한 비유로 사용된다. 이것은 고귀한 신분의 사람이 입는 띠가 아니고, 노예의 줄이나 허리끈을 가리킨다(3:4을 참고). Herodotus i. 163; iv. 52; Diodorus v. 38; Josephus *Archaeology* ix. 14.2; 에스겔 26:17을 참고하라.

pendens) 형태의 "그의 손"이라는 표현으로 시작하고 있으며 징벌의 상징을 나타내는 단어를 강조 위치에 놓고 있다(5:25; 9:11, 16, 20; 10:4; 14:26–27을 참고). 하나님께서는 자신의 손을 펼치셨으니, 이는 페니키아 해안에 있는 교만한 성읍을 황폐화시킬 그 때가 왔기 때문이다.

그의 펼친 손으로 하나님은 이전에는 흔들리지 않았던 나라들을 또한 흔드셨다. 페니키아 해안과 두로를 의존하였던 나라를 포함한다. 바다 건너편의 땅들뿐만 아니라(12절) 애굽 또한 포함되었을 것이다(5절). 그러나 주님의 징벌하시는 손의 주요 대상은 가나안이다.[21] 하나님께서 선포한 명령은 가나안에 대한(אֶל) 것이며, 이 명령은 그의 견고한 성을 훼파하려는 목적을 위한 것이다. "명을 내려"라는 동사는 "그 손을 펴사"의 단순한 동의어가 아니고, 하나님의 섭리가 작정하신 것을 전개하는 것임을 암시한다. 그러므로 사건들이 목적 없이 연이어 단순하게 일어나는 것이 아니고, 하나의 계획이 시행되는 것이니, 이는 하나님 자신의 명령의 결과이다.

23:12 본 절은 "그리고 그가 말씀하셨다"로 시작하고 있는데, 요약하는 것으로 취급해야 할 것이다. 이 표현은 단지 주님의 메시지의 성취 혹은 묘사를 가리키고 있다. 마치 선지자가 "더 나아가서 방금 전에 알린 것에 덧붙여서 또한 주께서 말씀하셨다…"라고 말하고 있는 것과 같다. "그리고 그가 말씀하셨다"라는 도입 선언과 함께 우리는 본 절에 주어진 계시를 접할 준비를 갖추게 된다. 이사야는 이제 딸 시돈에게 말하고 있으니, 이는 시돈이 분명히 두로의 멸망 후에 남은 자들을 나타내기 때문이다. 선지자는, "네게 다시는 희락이 없으리라"고 말하고 있는데, "이는 희락할 근거가 없을 것이기 때문이다." 그 나라는 정복되었고, 시돈의 처녀 딸은 정복당했다.[22] 이사야의 표현은 "시돈의 딸의 처녀"라고 직역할 수도 있으니, 이러한 표

---

21) כנען–여기서 가나안에 대해 제한된 의미로 사용되었다. 또한 참고. 수 5:1, 그리고 *NSI*, p. 350. מעזביה–부정사 가운데서 헤(ה)가 가끔 생략된다. 참고. 사 3:8; 29:15; 33:1. 또한 부정사 히필 연계형에서 요드(י)가 빠진 것은 흔히 있는 일이 아닌데, 이 점을 유의하라. 그렇지만 1Q는 헤(ה)와 요드(י)를 모두 나타내고 있다. 1Q는 מעוזיה로 읽는다. 다게쉬 포르테가 눈(נ)의 삽입으로 말미암아 사라진 것으로 보인다. 1Q는 실제로 이 점을 지지하는 것으로 보인다. 그렇지만 Delitzsch는 글자들의 전위가 있다는 것이다. 마운제하(מָעוּנֶזיהָ)로 읽어야 한다고 주장한다. 탐누(תָמְנוּ), 예레미야애가 3:22와 코브노(קָבְנוּ), 민수기 23:13과 비교한다.

22) המעשקה – 멤(מ) 안에서 다게쉬가 빠져 있는 점을 유의하라, 이것은 이례적이니, 이는 다게쉬가 유음 문자에서는 일반적으로 유지되기 때문이다. 예외에 대해서는 GKC § 35 b를 참고하라. 이 단어가 강조되기 위해서 첫 번째 위치에 와 있다. 처녀–배둘라트(בְּתוּלַת)는 연결형인데 곧 "시돈의 딸의

현으로 그는 단순히 시돈을 처녀와 비교하고자 한다. 이 처녀는 정복되는 자라고 그는 덧붙인다. 이 동사를 사회적, 법정적 영역에서뿐만 아니라 성적인 영역의 학대에 모두 사용할 수 있다. 시돈은 압제를 당하고 패배당하고 정복당하지만 그럼에도 불구하고 그는 시돈의 딸의 처녀이다. 선지자가 먼저 시돈을 정복당한 자로 부르고 그 다음에 시돈의 딸 처녀로 부르고 있는 것으로 이해하는 것이 가장 좋을 것이다.

시돈은 즐거워하지 말아야 하며 따라서 도망가야 한다고 논증을 계속하고 있다. 시돈은 무기력해 졌다. 이제 일어나야 하고 구브로(깃딤)로 도망해야 한다. 그렇지만 그렇게 해도 그가 바라던 평안을 얻지는 못할 것이다.[23)]

23:13 6–9절의 범위 안에 들어 있는 8절과 9절이 두로의 멸망을 성취시키신 그에게 주의를 돌리게 하였던 것처럼, 10–13절의 범위 안에 들어 있는 본 절은 그의 사역을 이행하는 하나님의 도구가 오게 될 땅을 강조한다. 선지자가 갈대아인들에게로 주의를 집중하게 하고 있다고 생각할 수도 있겠지만 이상하게도 그는 독자들에게 눈을 돌려 그 땅을 바라보도록 한다. 이 점에 이의를 제기하여 왔으며 딜만(Dillmann)이 그 예이다. 즉 저자가 "갈대아인" 대신에 "갈대아인의 땅"이라고 쓰지 않았을 것이라는 것이다. 그렇지만 어찌하여 이사야가 이런 방식으로 기록하지 않았는가? 그의 목적은 사람들의 시선을 두로의 정복자들이 왔던 동쪽 방향으로 돌리는 것이었다. 침략자들이 바로 사막의 땅에서 오기 때문에 두로를 멸망시켰던 재앙을 이해하려고 한다면 이 사막의 땅을 바라보아야 한다는 것이다.[24)]

이사야는 난해한 삽입구로 이 도입어들을 이어간다. "이것은 그 백성들이다.[25)] 존재하지 않았는데 앗수르가 그 땅을 사막 거주자로 만들었다"라고 번역할 수도 있

처녀"란 의미이다. 각 소유격은 설명적이다. 그러므로 "시돈의 처녀 딸"이다. 이것은 특별히 시돈의 딸 성읍으로서의 두로를 가리키는 것이 아니고, 또 가나안, 즉 페니키아를 가리키지도 않고, 실제로 시돈 자체에게 대한 발언이다. 이는 시돈이 페니키아를 대표하기 때문이다. 깃딤–장소로서의 직접 목적격을 나타내며, 강조를 위해 동사 앞에 놓였다.

23) 구조가 비인칭적이다(욥 3:12; 느 9:28을 참고).

24) 예레미야는 이사야의 방식을 따른다(렘 25:12; 50:1, 45; 겔 12:13; 그리고 바벨론의 땅, 렘 50:28; 51:29).

25) 어떤 사람은 대명사가 강조의 위치에 있는 한정어구로 보아 "이 백성"이라고 주장한다(출 32:1; 수 9:12; Green, *Hebrew Grammar*, § 252:2a을 참고). 그러나 이 용법은 아마도 정상일 것이다. 즉 "이것이 그 백성이다"가 된다. 이 말의 뜻은 "존재하지 않았던 이 백성" 또는 "이것은 존재하지 않았던 백성이다"라는 의미이다.

다. 지금 갈대아 사막의 거주자들인 백성들이 앗수르를 통해 그들의 세력이 중요하게 된 자임을 강조하려는 것이 선지자의 의도로 보인다. "이것은 존재하지 않는 백성이다"라는 문장은 "이것은 존재하지 않았던 백성이다"를 의미한다. 이러한 강력한 선언은 이전에 갈대아인들이 존재하였다는 것을 부인하는 것이 아니고, 단순히 이 나라가 이전에는 중요한 존재가 아니었음을 의미한다. 이 나라가 지중해 연안으로 와서 두로의 멸망을 가져왔을 때 나라의 특징을 나타내는 크고 강력하며 조직된 형태를 갖추지 못했다.[26)]

무엇이 갈대아인으로 하여금 힘 있게 하고 중요한 위치에 있게 하였는가? 디글랏빌레셀 3세에 의하여 예증을 한 바와 같이, 메소포타미아의 세력으로 하여금 크게 성장케 하고 다른 나라들을 정복함으로써 그 영역을 확장하게 만들어 주었던 것은 앗수르였다. 이러한 과정은 갈대아 아래서 그 정점에 도달하였고, 갈대아의 왕은 느부갓네살의 거대한 우상의 금머리였다.

그러므로 야싸드(יָסַד)란 동사를 "건설하다" 혹은 "세우다"로 번역하여 위에 제시된 바처럼 비유적인 의미로 해석할 수 있다. 이러한 해석은 하박국 1:12 하반절의 "여호와여 주께서 심판하기 위하여 그를 두셨나이다 반석이시여 주께서 경계하기 위하여 그를 세우셨나이다"는 말씀과, 시편 104:8의 지지를 받는다.

이 문구는 갈대아인들의 땅이 앗수르에 의하여 식민지화되어 왔었다는 것을 의미하는 것으로 취급되어 왔다.[27)] 그러나 이러한 견해는 알려진 역사의 사실과 반대로 나가는 것이며, 이것이 본 절의 의미인지는 의문스럽다. 이사야서의 이 특정 단락(13–27장)의 전체 강조점에 비추어 볼 때, 그것이 아니라고 생각한다. 다시 말하면, 선지자는 갈대아 국가의 물리적 기원에 대해서 말하고 있는 것이 아니다.[28)]

열국들에게 힘과 명성을 가져다주시는 분은 하나님이시다. 그러나 앗수르는 하나님만이 홀로 가지신 특권들을 스스로 취하였고, 갈대아 세력에서 그 절정을 이룬 그 큰 힘을 움직여 나갔다. 바로 이러한 의미에서 앗수르가 그 나라를 세운 것이다.

본 절의 하반절은 세 개의 짧고 분리된 문장들로 구성되어 있다.

---

26) 유사한 용법에 대해서는 신명기 32:21을 참고하라.

27) 그래서 Rosenmuller는, "*ab Assyriis congregati, et in urbes collecti sunt*"라고 말했다.

28) Kissane은 갈대아인의 땅을 앗수르로 대치시키고, "이것은 앗수르가 아니었던 백성이었다"라는 문구가 후에 첨가되었다고 생각한다. 다른 사람들은 갈대아 사람을 깃딤으로(Duhm), 혹은 가나안으로(Driver) 대치시킬 것을 제안한다. Duhm은 이 구절에 "*eine böse crux interpretum*"이라는 표지를 붙인다.

그들이 망대를 세우고: 확실하지는 않지만, 아마도 이 세 개의 짧은 문장이 두로가 친히 행한 것을 설명하고 있는 것으로 보인다. 첫 번째 문장은 두로의 거민들이 다가오는 적군으로부터 성읍을 보호하기 위해 방어 진지 혹은 탑을 세웠다고 단언한다.[29] 그러나 이 말이 갈대아인들과 그들의 전쟁 방식을 의미할 수도 있다. 만약 그러하다면, 그 본뜻은 갈대아인들이 그 성읍을 포위 공격하면서 사용하였던 망대를 세웠다가 될 수도 있다. 그렇지만 갈대아인들이 실제로 그러한 탑을 포위 공격하는 도구로 사용하였는지는 의심스럽다.

궁전을 헐어: 이 동사의 의미는 이사야 32:11에 의해 명백해진다.[30] 이것은 장식들과 내용물들로 가득한 궁전의 모든 것들을 벌거벗기는 것을 가리킨다. 다시 의문이 일어나는데, 누가 주어인가?

그가 그것을 황무케 하였느니라: 여기서 주어는 단수이고, 침략해 들어오는 군대를 가리키는 것 같다.[31] 갈대아인은 두로를 황무케 하였다. 이 세 개의 짧은 문장들은 적어도 그 사역, 곧 계속되는 타격이 신속하게 진행되었음을 암시한다. 비록 해석상의 난점이 있기는 하지만 주 강조점은 분명하다. 두로를 멸망시키는 일은 성공적으로 완전하게 이루어질 것이다.

그러므로 앗수르에 대항하여 칭송을 받던 당당한 두로가 앗수르로부터 나온 곁가지에 의하여 무너진다. 사막의 거주자들이 문화의 대도시를 멸망시킬 것이었다. 난공불락으로 생각되던 바다의 요새는 육지 군대들의 무기를 사용하는 대초원 지대의 거민들의 손에 의하여 멸망당한다.

23:14 또다시 이사야는 다시스의 선척들을 향하여 슬피 부르짖으라고 명령한다. 첫 단락을 마감하는 이 구절은 이 단락을 열어주는 구절과 유사하며 그래서 알맞은 마감 형태를 갖추고 있으며 전체를 마무리해 준다. 본 단락의 통일성은 명백하다. 선지자는 두 번 질문을 던졌고, 13개의 구절에서 9개의 명령을 사용했다. 그렇지만 하나의 발전을 유의해 볼 만하다. 1절에서는 "두로가 황무하여"라고 일반적인 언급

---

29) בחין–애굽어 *bhn*(케레)를 참고하라. בחין은 탑을 지칭한다(32:14을 참고). 단수명사가 함께 쓰인 복수 접미사는 아마도 백성이라는 집합적 개념을 가리킬 것이다(렘 13:20; 케티브 미 1:11을 참고). "그들(백성)은 그들의 파수 망대를 세웠다."

30) 어근은 아마도 ערר, "벗겨 놓다"일 것이다(렘 51:58; 시 137:7; 합 3:13을 참고). 궁전들의 접미사는 두로를 가리킨다.

31) Drechsler는 단수 접미사를 앞의 복수들을 함께 모은 것으로 취급한다.

을 했다. 주어를 언급하지 않았었다. 그렇지만 여기에는 한 개의 주어, 곧 "너희 견고한 성"을 언급하고 있다. 이사야가 언급하고 있는 것은 다시스의 선척들의 힘이고, 그 힘은 두로였다. 이 명사 안에 나타나는 어근은 전에 사용된 것이다. 두로가 바다의 견고한 성(마오즈, מָעוֹז)으로 묘사되었고, 주께서 그 견고한 성(마우즈켄, מָעֻזְּכֶן)을 파괴시키라고 명령을 내리셨다. 두로의 정책들과 이를 시행하는 열정으로 인해 다시스의 선척들은 그들의 무역을 열심히 해낼 수 있었다. 그러나 그들의 힘이 사라지고, 그들은 슬피 부르짖을 수밖에 없었다.

15절, 그 날부터 두로가 한 왕의 연한같이 칠십 년을 잊어버림이 되었다가 칠십 년이 필한 후에 두로는 기생 노래의 뜻같이 될 것이라
16절, 잊어버린 바 되었던 기생 너여 수금을 가지고 성읍에 두루 행하며 기묘한 곡조로 많은 노래를 불러서 너를 다시 기억케 하라 하였느니라
17절, 칠십 년이 필한 후에 여호와께서 두로를 권고하시리니 그가 다시 취리하여 지면에 있는 열방과 음란을 행할 것이며
18절, 그 무역한 것과 이익을 거룩히 여호와께 돌리고 간직하거나 쌓아 두지 아니하리니 그 무역한 것이 여호와 앞에 거하는 자의 배불리 먹을 자료, 잘 입을 자료가 되리라

23:15 이어지는 4개의 구절은 산문체로 기록되어 있어서 시 형식으로 되어 있는 앞의 14개 구절과 대조를 이루고 있다. 이유는 앞 단락의 결론을 보다 부각시키기 위해서이다. 여기 서술된 것은 두로의 멸망의 결과를 제시한다. 이사야는 독특한 방식으로 이 단락을 "그 날부터"라는 말로 시작하고 있다. 이것은 선지자의 예견적인 어투이며, 19장의 후반부에서 발견되는 것과 유사하다. 선지자는 선언한다. "그 날부터 두로가 한 왕의 연한같이 칠십 년을 잊어버림이 될 것이다. 그는 사람들의 마음으로부터 지워질 것이고 그들은 그를 생각하지 않을 것이다. 이전에는 그의 이름이 모든 사람의 입술에 있었으나, 70년간 누구의 입술에도 있지 않을 것이다. 인생의 연한(60세와 10년–

시 90:10) 동안 이러한 잊혀짐이 계속될 것이다."[32] 그 기간이 "한 왕의 연한과 같이"로 보다 구체화되었는데, 이 문구는 다양한 해석들을 가지고 있다. 어떤 사람은 생각하기를 이것이 단순히 정상적인 인생연한을 가리킨다고 생각하고, 이사야가 한 사람이 아닌 한 왕을 말하는 이유는 그가 왕들을 다루고 있기 때문이라는 것이다. 이것은 전혀 설득력이 없는 설명이다. 이 문구는 상당히 난해하지만, 아래의 견해를 고려할 만하다. 이것은 왕의 생애를 가리키는 것이 아니고 그의 통치 기간을 가리키는 것이다. 이는 다른 곳에서 이사야가 이 문구를 사용한 것으로 알 수 있다(1:1; 7:1 등을 참고). 16:14; 21:16과 같은 구절들은 이 말을 이해할 실마리를 제공해 준다. 이 구절들은 이 문구가 "사람의 계산에 따르면" 혹은 "사람들이 한 왕의 날들을 계산하였던 것처럼"을 의미한다는 것을 보여준다. 그런 까닭에 다음과 같이 의역할 수 있다. "사람들이 한 왕의 통치를 계산하는 것으로서의 70년." 그러나 70년은 한 왕이 다스리기에는 긴 시간이다. 아마도 요점은 두로가 상당히 오랫동안 잊혀질 것이라는 사실을 보여주기 위하여, 계산을 너무 낮게보다는 너무 높게 하는 것이 더 지혜로울 것이라는 것이다. 이 해석은 분명히 완전히 만족스러울 만한 것은 못 되지만 그럼에도 이것이 다른 견해보다는 난점을 덜 가지고 있다.

본 절의 후반부는 상당히 명료하다. 70년의 끝에, 즉 70년의 기간이 지났을 때, 두로의 운명은 잊혀진 기생들에 의하여 불려졌던 잘 알려진 노래에 묘사된 것과 같이 될 것이다. 기생이라는 단어를 일반적인 의미로 보는 것이 가장 좋을 듯하다. 즉 어느 한 특정한 기생의 노래가 아니라 기생들이 부르는 노래라는 것이다. 그렇지만 왜 이러한 비교가 이루어져 있는가? 외관상으로 페니키아의 무역이 매춘행위와 아주 잘 비교될 수 있었기 때문이다. 육체적인 욕망의 만족을 위하여 사람들은 가능한 만큼 많이 얻으려고 힘썼다.

이것은 나훔이 니느웨에 대해서 하였던 것과 유사한 적절한 비교였다. "이는 마

---

32) ונשכחת–1Q는 이 단어와, כשירת 다음에 나오는 모든 것을 생략하고 있다. 그러므로 1Q는 다음과 같이 번역되어야 할 것이다. "그리고 그 날에 두로에게 기생의 노래 같은 것이 있을 것이다." Dillmann과 König은, 비록 와우 연속법 다음에 나오는 분사형이 보편적인 것이 아닐지라도(그러나 창 20:16을 참고하라), 이것을 분사로 간주한다. 보충하는 말이 분사형을 따라올 것으로 예상된다. Dillmann은, 라메드–헤와 라메드–요드 동사들 안에서만 아(ה ַ)를 대신해서 아트(ת ַ)를 쓸 수 있으므로, נִשְׁכַּחַת를 3인칭 여성 완료로 본다 해도 어려움이 있다고 주장한다. Dillmann은 이것을 에스겔 46:17처럼 아람어식 표기로 취급한다. 그러나 이 형태는 분사가 아니고(59:15) 과거형인데, 아마도 변증법적, 원래의 타브(t)를 유지하는 것이다(신 32:36을 참고). 두 개의 악센트를 가진 음절들의 출현을 피하기 위하여 악센트가 억제되었다(참고. 대상 14:2).

술의 주인 된 아리따운 기생이 음행을 많이 함을 인함이라 그가 그 음행으로 열국을 미혹하고 그 마술로 여러 족속을 미혹하느니라"(나 3:4). 또한 "그 음행의 진노의 포도주를 인하여 만국이 무너졌으며 또 땅의 왕들이 그로 더불어 음행하였으며 땅의 상고들도 그 사치의 세력을 인하여 치부하였도다 하더라"(계 18:3)도 주목하라. 물질을 얻기 위하여, 또한 육체의 정욕과 욕망들의 만족을 위하여, 사람들은 그들의 영혼을 팔 수도 있다.

23:16 본 절은 노래의 내용을 제공하고 있다. 이사야가 그의 예언 속에 담고 있는 것은 아마도 당시에 유행하던 일부 세속적이고 대중적인 노래의 잔여물일 것이다. 나이 들고 잊혀진 기생이 이 노래를 부른 것이 분명하다. 기생은 자신에게 말하면서 관심을 끌려는 요량으로 자기 연민 속에서 노래를 불렀을 것이다.

수금을 가지고: 이 악기는 이사야가 일찍이 비난하였던 유다의 사치스러운 거민들의 잔치에서 사용되었다. 5:12을 보라. 이것은 손으로 탈 수 있는, 그리고 기생이 자기에게로 주의를 끌기 위하여 노래를 곁들여 연주할 수 있었던 현악기였다. 이것은 그녀가 자기의 목적을 성취하기 위하여 행해야 하는 첫 번째 단계이다.

성읍에 두루 행하며: 사람들은 그녀에게 오지 않을 것이다. 따라서 그녀가 그들을 찾아 나가야 할 것이다. 잠언 7:10 이하에 이러한 내용의 실례가 나타난다. 고대 작가들은 유사한 암시와 예들을 기록하고 있다.[33] 이 그림은 사람들의 시선을 끌기 위하여 노래를 부르며 그 성읍의 거리들을 돌아다녔던 동양의 천박한 여자(begadere)의 모습이다.

잊어버린 바 되었던 기생 너여: 이 표현으로 노래부르는 자는 자기 연민의 음조를 표현하면서 자기 자신에게 말한다. 그녀의 매력은 이제 더 이상 충분하지 못하기에 그녀는 자기에게 도움이 오도록 하기 위하여 노래와 음악에 의존해야 한다. "잊어버린 바 된"이라는 호칭은 앞절에서 두로에게 적용되었던 것과 같은 단어와 연결된다.

기묘한 곡조로: 직역하면, "연주에 관하여는 잘하는"이다. 부사적 개념에 강조가 있다. 그녀는 수금을 연주함에 있어서는 잘하였지만 그 외에는 주목을 받지 못할 것이다.

많은 노래를 불러서: 하나의 노래로는 충분하지 못하다. 그녀는 너무나 완전하게 잊혀져서 그녀의 일에 가능한 모든 노력을 기울여야 한다. 그녀는 자기의 이전의 신

---

33) Horace *Epistolae* i. 14, 251: "*nec meretrix tibicina; cuius Ad strepitum salias.*"

분을 얻는다는 것이 거의 희망이 없는 일이라는 것을 알고 있다. 그러므로 성공하려면 노래를 계속 불러야 하는 것이다.

너를 다시 기억케 하라: 이 문구는 최종적인 클라이맥스이다. 모든 것이 이것을 위한 작업이었다. 모든 노력들과 수고들은 그녀를 기억하도록 하기 위한 것이다. 잊혀진다는 것은 커다란 재앙이다. 호레이스(Horace)는 나이 들고 잊혀진 한 창기를 조롱한 바 있다. 그러나 여기에는 기생에 대한 조롱은 없다. 그보다는 그녀의 상태의 곤고함에 대해서 연민을 일으키도록 하기 위하여 그녀의 비극적 상황을 개진하고 있는 것이다. 이 시는 아름답게 구성되어 있는데, 각 행의 단어들의 숫자가 완벽하게 일치하고, 더 나아가서 각 행은 마지막에 나타나는 결정의 내용과 함께 세 쌍의 단어들로 구성되어 있다.

23:17 이사야는 기생의 노래를 뒤로하고 그의 산문적인 예언(prediction)에로 돌아간다. "그리고 있을 것이다"라는 표현과 함께 예언을 다시 시작한다. 70년이 필한 후에 여호와께서 두로를 권고하실 것인데, 이번에는 징벌을 내리기 위해서가 아니고 두로를 돕고 회복시키기 위해서이다. 여호와의 행동의 결과로 두로가 다시 취하게 될 것이다. 노래로 기생은 사람들의 이목을 집중시키려고 모든 노력을 다 기울였다. 두로도 그와 같이 할 것이며, 그의 세력을 회복하기 위해 모든 노력을 쏟아야 할 것이다. 그러나 두로는 이 일을 할 수 없다. 두로는 여호와께서 하라고 허락하셨을 때 단지 옛 지위만을 회복할 수 있다. 때때로 하나님께서는 한 나라를 징벌하시기 위하여 권고하신다. 그리고 가끔은 유익을 위해 권고하신다. 하나님께서는 특별한 행동을 취하시는데, 그가 행동하였기 때문에 두로는 다시 열심히 무역을 재개하고 그로 인하여 들어오는 이익을 얻게 된다.[34)]

다시 한 번 두로는 이전의 화려한 이득을 얻기 시작할 것이다. 그리고 이러한 행위를 "지면에 있는 열방과 음란을 행할 것이며"라는 문구에 묘사한다. 이전처럼 이제 두로의 무역이 범세계적이 될 것이다. 이 마지막 양상을 "지면에 있는"이라는 어구의 첨가로 강조한다. 이 어구는 해석하기 어렵다. 창세기 2:6에서 그 어구는 땅에서 올라오는 안개에 의하여 물이 적셔진 한정된 지역을 가리킨다. 여기서도 역시 땅(에

---

34) 예레미야 27:22. אתננה–접미사에 *Mappiq*가 빠진 것을 유의하라(그리고 맛소라 사본은 다음과 같이 주를 달고 있다. "לוא מַפִּק הֵא–*non est producens literam He*"). 왜 Mappiq가 빠져야 했는지 이해할 수가 없다. 이 단어는 18절에 있는 סַחְרָהּ에 의하여 설명된다.

레츠)과 지면(아다마) 사이의 대조가 있는 것으로 보인다. 본 단어를 억지로 해석할 수는 있지만, 아마도 이사야가 두로의 무역이 세계적인 것이 될 것이라고 말하는 것으로 보인다. 나라가 이 땅의 어디에 세워졌던 간에 두로의 무역이 미칠 것이다. 어쨌든 어찌하여 무역이라는 것이 여전히 "음란을 행한다"는 말로 지칭되고 있는가? 그 대답은 바로 두로의 목적이 여전히 돈을 벌어들이는 자기만족이기 때문인 것으로 보인다. 두로는 이 점에서 하나님 나라의 번영에 대해서는 관심을 두지 않고, 오직 얻을 수 있는 것에만 관심을 둘 것이다. 그러므로 두로는 교환하여 얻을 수 있는 것을 위하여 자기 상품을 팔 것이다. 멸망했었음에도 불구하고 두로는 여전히 기생처럼 행동할 것이다.

23:18 이사야는 또다시 "그리고 있을 것이다"로 시작하고 있으며, 이 문구로 두로가 그의 무역으로 한 가지 일을 하려고 하였으나, 결과는 그가 의도한 것과 다르게 될 것임을 지적한다. 그는 그의 무역으로 이익을 얻으려고 계획하였다. 그러나 결과는 그렇게 되지 못한다. 그 대신에 그것들은 여호와께 거룩하게 돌려질 것이다. 신명기 23:18은 창기의 번 돈과 개 같은 자의 소득은 아무 서원하는 일로든지 사용하지 말도록 금하셨는데, 이것은 그와 같은 것들은 여호와께 가증하였기 때문이었다. 어쨌든 여기에 묘사된 것은 은유적인 표현이고, 모세 율법에 대한 위반은 아니다.[35)]

두로의 이 이익은 거룩한 것이 될 것이다. 즉 여호와를 위해 구별하여 바친 예물이 될 것이며 거룩의 속성을 지닌 예물이 될 것이다. 그럼에도 불구하고 이것은 놀랍고도 충격적인 묘사이다. 두로가 참으로 회심하였을 것이라는 가정 하에만 그것을 가장 잘 이해할 수 있다.[36)] 그는 무역 사업에 있어서 이전의 명성을 충분히 회복하지만, 그 무역의 결과는 이제 전혀 다르다. 아마도 급작스러운 전환보다는 점진적인 전환으로 생각해야 할 것이다. 두로는 이전처럼 자신의 목적을 추구하기 위해서 시작하였고, 그래서 그의 무역활동은 여전히 기생질을 하는 것으로 불려졌을 것이다. 그러나 하나의 변화가 찾아왔다. 그들이 처음에 추구하였던 목적을 이제 포기했고

---

35) **Dillmann**은 문자적 표현과 은유적인 표현이 함께 있는 것이 이사야적인 것이 아니라고 생각한다.

36) 그렇지만 어떤 학자는, 예를 들면 **Dillmann**, 두로의 회심은 보이지 않고, 다만 강조점이 두로의 상품이 예루살렘으로 돌아온다는 사실에 있다고 생각한다.

두로는 여호와께 예물을 드린다.

간직하거나 쌓아 두지 아니하리니: 이것은 이전의 경우와는 정반대이다. "두로는 자기를 위하여 보장을 건축하며 은을 티끌같이, 정금을 거리의 진흙같이 쌓았은즉"(슥 9:3). 두로는 이전에 자신을 위하여 그 이익을 쌓아 놓았었다. 이제 두로는 그것을 여호와께 드린다. 이 일을 억지로 하지 않고, 자원하여 한다. 그는 기쁨으로 자기가 얻은 것을 여호와께 드린다. 진정으로 변화된 사람의 한 가지 표식은 자원하는 마음이다. 자원하는 마음으로 여호와께 드리며 그가 가진 모든 것이 여호와께 속한 것임을 인정한다.

이 이익은 두로 자신을 위해 사용되지 않고 하나님의 종들에게 주어질 것이다. 이들을 "거하는 자"로 묘사한다. 아마도 이 말에는 자기 스승 앞에 앉아서 듣는 제자들과 가르치는 스승 사이의 관계에 대한 암시가 들어 있는 것 같다(참고. 왕하 4:38). 아마도 이 단어는 보다 넓은 의미도 가질 수 있어서, 성전에서 섬기는 제사장들과 레위인들이 기거했던 방들을 반영할 수도 있다. 이 말의 정확한 의미가 무엇이든 간에 이것은 주인을 섬기는 사람을 가리킨다. 그러므로 그들은 참되고도 헌신된 여호와의 종이다.

맛소라 악센트 구두점에 맞추어서, 이 문구를 다음과 같이 번역해야 한다. "이는 앉아 있는 자들(거하는 자들)에게, 여호와 앞에서 그들의 상급이 될 것이기 때문이다." 이러한 분배는 두로의 이익금을 여호와 앞에 드리고 그래서 참으로 거룩하게 된다는 사실을 강조한다. 이 성스러운 예물을 드리는 목적은 그 다음에 언급되어 있으니, 곧 "배불리 먹을 자료, 잘 입을 자료가 되리라"는 것이다. 처음 보면 이 어투가 놀라운 것이기에 마르티(Marti) 같은 사람들은 이것의 본 의미를 완전히 오해하였다. 마르티의 말을 유의해 볼 필요가 있다. "코데쉬는 오직 '바쳐신 예물'만을 의미한다. 유대교는 부분적으로 옛 우상숭배로 돌아서고 있다. 만일 단지 두로의 세계적인 무역이 유대인의 이익을 더해만 준다면, 즉 그들이 충분히 먹고 우아하게 옷을 입을 수 있는 이익을 더해만 준다면…" 윤리는 더 이상 선지자들과 함께했던 것처럼 큰 소리를 발하지 않는다. 이 "배불리 먹을" 그리고 "잘 입을"이라는 묘사로 선지자는 단순히 하나님을 섬기는 백성이 부의 축복을 받을 것을 말하고 있는 것이다. 두로가 얻은 이익들은 이러한 목적에 기여할 것이다. 두로의 식민지들이 예전에 두로와 그 안에 있었던 신전과 관계하였던 것처럼, 두로는 이제 참되신 하나님의 성전과 관계할 것이다. 그는 그 하나님을 의존할 것이고 그가 얻은 이익들을 하나님을 섬기도록 드릴 것이다. 그 결과는 하나님의 성전에서 섬기는 자들에게 축복이 될 것이다. 이것은 성경 다른 곳에서 표현된 "다시스와 섬의 왕들이 공세를 바치며 스바와 시바 왕들이 예물을 드리리로다"(시 72:10)라는 말씀 가운데서 볼 수 있는 견해와 동일하다. 그러한 예물들은 실제로 여호와께만 드려졌다. 비록 이 예언이 소진되지는 않았을지라도, 동방박사들이 예수께 예물을 가져온 행동에서 이 예언의 진정한 실현을 볼 수 있다. 더 나아가서 다가오는 시대의 축복들이 가끔은 여기서 사용된 표현처럼 묘사된다. "왕의 딸이 궁중에서 모든 영화를 누리니 그 옷은 금으로 수놓았도다"(시 45:13).

이사야 23:13에 대한 특주

마르티에 의하면, 만약 Meier를 따라 Kasdim을 Kittim으로 읽는다면 모든 것이 명백해진다. 전치가 쉽지 않은 한편, 그럼에도 불구하고, 마르티는 만약 요약형인 K" 앞에 hiš-mîd가 있는 것으로 가정한다면 어떻게 Kasdim이 나타나게 되는지 이해할 수 있다고 한다. 그러므로 "보라! 그가 깃딤의 땅을 황무케 하였다"라고 번역할 수 있다. 그 밖의 것은 설명어이다. 이는 제(זֶה)가 자주 설명어 앞에 나타나기 때문이다. 설명어가 본문에 덧붙여진 후 설명어 자체를 확장하거나 변경되는 것을 볼 수 있다. 원래는 "이것은 백성이며, 선원들(sea father)의 식민지이다. 망대와 성읍, 궁전들을 세웠다"로 기록되었다. 마르티는 치이임(צִיִּים)을 민수기 24:24; 다니엘 11:30에 근거하여 선원(schiffer)의 의미로 취급한다. 그는 오르루(עֹרְרוּ)가 아라우(עָרָיו, 그의 성읍들)의 와전이라고 생각한다. 이 해석의 목적은 구브로인을 시돈인의 식민지들 중 하나로 지칭하려는 것이었으나, 잘못 이해한 것이다. 아쉐르 예쏘다(אֲשֶׁר עִסְדָה)는 아수르 예싸다(אַשּׁוּר יְסָדָה)로 읽혀졌다. 그리고 최종적으로 "이전에는 없었다"라는 표현이 본문에 삽입되었다.

Delitzsch는 Ewald의 추측이 옳을 수 있다고 생각한다. 즉 "가나안인"이 "갈대아인"을 대신해 삽입되었다는 것이다. 그러므로 그는 다음과 같이 번역한다. "가나안 사람의 땅을 보라. 이 백성은 의미 없는 존재가 되었고, 아슈르(Asshur)가 그 땅을 사막의 짐승을 위한 것으로 만들어 버렸다." Delitzsch는 로(לֹא)가 실명사의 의미를 가질 수도 있다고 생각한다(렘 33:25). 그렇지만 Delitzsch는 다음 문구에서 70년의 언급이 이사야가 두로를 멸망시킨 자들이 앗수르가 아니라 바벨론으로 생각하였다는 결정적인 증거라고 이해한다.

펜나는 본문이, 두로가 갈대아인에 의하여 멸망당했다는 것과 느부갓네살의 포위 공격을 연관하여 취급해야 한다는 사실을 확증한다고 생각한다. 그렇지만 본문의 자연스러운 독법은(갈대아인의 땅, 이것은 그 백성이니, 앗수르가 아니었다 등), 앗수르 침략이나 혹은 점령에 대한 어떤 언급을 배제하기를 원하였다는 논쟁적인 어조를 보이고 있다. 펜나는 이러한 본문이 교정과 조작에 도움을 준다고 생각한다. "Naturalmente un testo come questo, con un ritmo poetico difficilmente riconoscibile, si prestava bene ad essere rimanipolato e corretto." 그러고 나서 펜나는 일부 제시된 교정을 언급한다. 이 중에는 "갈대아인들의 땅"과 "그것은 없었다"는 문구들을 삭제하는 가설이 있다. 이것은 앗수르인들이 두로의 멸망에 대한 책임이 있는 것으로 만든다. 그렇지만 이런 설명이 다른 곳에서 증명되지 않은 야사드(יָסַד)의 의미를 요구한다고 펜나는 지적한다. 펜나는 설명어 하나 정도는 있다고 보며 본 절이 갈대아인들이(13:19) 멸망시켰음을 확증하고 있다고 생각한다. 복수동사는 갈대아인들에게 일치하는 constructio ad sensum이다.

브루노(Bruno)는 본문의 수정에 있어서 상당히 급진적이다. 그는 "보라! 그 땅을" 대신에 הנערץ(두려운 자들)로 읽는다(시 89:8). 이것은 נוּחַ(12절)의 주어이다. 그는 다음과 같이 번역한다. "12b Zu den Kitthaern, auf! zieh hinuber–auch dort wird dir keine Ruhe gonnen 13 der Furchterliche. Nachdem er ihren Hafen zerstort hat', gibt es kein Volk, dass ihn zum Weichen bringen konnte." 이것은 본문의 지지를 받지 못한다.

벤천(Bentzen)은 프록쉬(Procksch)를 따라 앗수르가 본래 주어였고 시논이 목적어였다고 가정한다. 그는 다음과 같은 순서를 취한다. "보라! 앗수르가 그것을 세웠다. 그들이(즉 앗수르) 그 망대들을 세웠다."

딜만(Dillmann)은 문자적인 해석이 좋은 의미를 만들어 내지 못하는데, 이사야가 의도하려 했던 최소한의 것도 만들어 내지 못한다고 믿는다. 어찌하여 단순히 "갈대아인들"이라고 말하지 않고 "갈대아인의 땅"이라고 언급하는가? 여러 가지 제안들을 논의하고 또 그것들의 약점들을 지적한 후에 딜만은 설명어들이 있다고 가정하여 다음과 같이 번역한다. "Siehe das Hand der Ch…er hat es den Wustentieren bestimmt… hat es zum Trummerhaufen gemacht." 이 문장은 페르시아 시대의 것이며 바벨론의 멸망을 가리킨다. 설명어를 첨가한 자들에 의해 현재의 형태로 바뀌었다고 본다(대략 알렉산더 대제의 시대?). 아마도 Kasdim은 후에 첨가된 것일 것이다. "Was Du. sonst aus dem V. herausbraut ist Schaum."

오래전의 한 해석가가 이 본문을 어떻게 다루었는가를 주의해 본다면 교훈이 될 것이다. 로젠뮬러(Rosenmüller)는 말하기를, 선지자가 여호와께서 어떻게 두로 멸망의 궁극적 원인이 되셨는가를 보여준 후에, 하나님께서 이러한 일에 사용하기 위하여 결정하셨던 도구들에게로 주의를 집중시키고 있다는 것이다. 그는 다음과 같이 번역한다. "En terram Chaldaeorum! hic populus non fuit: Assur fundavit eum deserticolis." 선지자가 갈대아인들의 땅을 언급하여 바벨론과 갈대아 산악들로부터 페르시아 국경에 이르는 지역을 가리키는 것으로 본다. זה העם은 "이 백성은 한 백성이 아니었다"를 의미한다. 즉 신명기 32:21에서처럼 위대하거나 뛰어난 백성이 아니었다는 것이다. 그런 까닭에, 욥기 1:17에 묘사된 삶의 방식처럼, en!—non ita pridem in desertis vagatos, nullum habentes nomen, nullam rempublicam.

Wilhelm Rudolph, "Jesaja 23,1–14," Festschrift Friedrich Baumgartel, Erlangen, 1959, pp. 166–174을 참고하라.

특주: 두로 • 다시스 • 깃딤

[두로]

페니키아어는 צר 우가릿어는 Sr–m; 아마르나와 아카드어는 surru; B는 τύροϛ

두로의 기원은 흑암에 싸여 있다. Herodotus는 두로가 28세기에 설립되었다고 주장한다. 아마르나 본문이 두로에 대해 말하고 있기에 주전 14세기에는 두로가 이미 건설된 도시였다. 여러 왕들이 아모리인들에게로 돌아서고 있었음에도 불구하고 두로의 왕인 아비밀키(Abimelek)는 애굽의 바로에게 충성스러웠다. 따라서 Keret에서 "두로의 아세라 신전"에 대해 읽을 수 있는 것이다.

그러나 수리아에서 애굽의 세력과 영향은 기울어지고 있었는데, 이러한 사실이 Wen–Amon 본문에 나타난다. 점점 더 두로는 애굽에 의존하는 위치에서 벗어나서 세력이 자라났고, 무역과 해운업에서 주목을 끌게 되었다.

사무엘하 24:7은 이스라엘 왕국의 영역이 두로에까지 확장되었다는 것을 보여준다. 또한 다윗의 궁궐이 두로 왕 히람의 도움으로 건설되었다(삼하 5:11; 대상 14:1). 또한 히람은 솔로몬에게 백향목과 잣나무를 제공하고 그 대가로 밀과 기름을 얻었다(왕상 5장; 대상 22:4; 대하 2:3-18). 솔로몬의 시대에는 유다와 두로 사이에 흥미로운 관계들이 나타난다(왕상 7:13-45; 9:11-14; 9:26-28을 참고). 아마도 섬의 남쪽 편에 있었을 두로의 항구는, 히람이 건설한 8200야드의 길이와 약 90야드의 너비를 가진 방파제로 방비되었다.

후에 두로 왕이요 아스다롯의 제사장인 엣바알의 딸 이세벨은 이스라엘 왕 아합과 결혼하였고(왕상 16:31), 이스라엘에 바알 숭배를 들여오려고 하였었다. 두로는 자줏빛 옷감의 생산으로 특별한 주목을 받게 되면서 부와 세력을 신장하였다. 주전 약 850년에 두로의 식민지들은 북아프리카에 칼타고를 설립하였고, 두로인들은 Thrace(Strabo)의 금광 광산업의 일을 하였다.

주전 약 876년에 두로는 앗수르의 아수르나시르팔(Ashurnasirpal)에게 공물을 바치기 시작하였고, 또한 853년에 Qarqar 전쟁을 겪기도 하였다. 강제로 공물을 바치도록 요구를 받았음에도 불구하고 독립을 주장하는 것을 계속하였다. 디글랏 빌레셀 3세가 두로를 포위하여 공격하였고, 살만에셀 역시 그렇게 하였다. 그 성읍에 대한 포위 공격은 5년간 계속되었으나, 722년에 앗수르와 조약을 체결하였다. 결국 두로 왕 Elu-eli는 산헤립에 의하여 축출당하고 시돈의 엣바알로 대치되었다. 시돈은 주전 677년에 멸망당하였으며 그러고 나서 두로의 바알은 에살핫돈에게 공물을 바쳤다.

후에 느부갓네살은 두로를 주전 572년에 함락시키기 전에 13년 동안이나 포위 공격하였다. 페르시아 세력의 출현과 함께 시돈은 두로보다 더 우세하게 되었고, 주전 520년에 칼타고는 독립하였다. 주전 351년에 시돈은 아르타크세르크세스 3세 오쿠스에게 멸망당하였고, 페르시아인들이 알렉산더에 의하여 패배한 후에 시돈은 항복하였다. 그러나 두로는 자기의 위치가 안전하다는 것을 믿고 항전하였다. 두로는 홀로 남았으니, 이는 다른 페니키아의 도시들이 원조를 해주지 않았기 때문이다. 알렉산더는 해안으로부터 뻗어 나오는 길이가 약 반마일이며 너비가 200피트가 되는 방파제를 건설하였다. 이 방파제의 도움으로 7개월간 두로를 공격할 수 있었고, 그러고 나서 그것을 점령하였다. 패배한 성읍에 대한 알렉산더의 보복은 잔인하였는데, 그 성읍의 지도자 2,000명이 교수형을 당하였고 거민들 중 약 30,000명이 노예로 팔렸다.

비록 주전 126년에 독립을 얻기는 하였지만, 그 성읍은 다시는 이전의 영광을 회복하지 못하고 로마 시대 동안 상업과 산업의 중심지로 남아 있었다. 주후 636년 아랍인들이 이 성읍을 정복하였고, 오늘날의 수르(Sur)로서 약 6,000명의 거주민들을 가진, 하나의 조그마한 해안 도시에 지나지 않는다.

P. K. Hitti, *History of Syria*, 1951; A. Poidebard, *Un grand port disparu: Tyr*, 1939; G. Contenau, *La Civilisation Phenicienne*, 1928; W. B. Fleming, *The History of Tyre*, 1915을 참고하라.

[다시스]

성경에서 다시스는 팔레스틴에서 멀리 떨어진 지역의 이름으로 나타나며 위치를 말하기는 어렵다. 이사야 23장에서 다시스의 배들이 깃딤, 즉 구브로와 에게해(Aegean)와 관련되어 있다. 창세기 10:4과 이사야 66:19은 이 단어를 헬라 세계와 관련짓는다.

다른 한편, 열왕기상 10:22, 역대하 9:21(시 72:10을 참고), 열왕기상 22:49과 같은 구절들은, 다른 방향, 즉 에시온게벨과 인디아를 가리킨다. 역대하 20:36 역시 그러하다. 소아시아에 있는 다소 역시 제안되었는데, 구아달퀴비르(Guadalquivir) 강 입구에 있는 스페인의 타르테쑤스(Tartessus)가 많은 사람의 지지를 받고 있다. 오늘날에는 다시스가 북아프리카에 자리잡고 있는 것으로 생각하는 경향이 있다.

[깃딤]

요세푸스(Antiquities i. vi. 1)에 의하면 깃딤이라는 단어가 구브로 섬의 남쪽 해안에 있는 키티온(Kition, Latin, Citium, today Larnaka)이란 도시국가의 이름에서 온 것이다. 페니키아 비문에서 그 성읍은 키티(כתים)로 호칭된다. 이사야 당시에, 이 섬의 주민은 대게 헬라인들이었다(창 10:4; 대상 1:7도 참고하라.)

사르곤 통치하에서 구브로는 앗수르에 종속되었고, 더 이상 두로의 배들이나 혹은 앗수르를 피하여 도망가는 페니키아인들을 위한 항구가 될 수 없었다. 에살핫돈은 자기의 세력을 구브로에서 다시스까지 확장하였다고 주장하였다.

구약성경에서는 일반적으로 이 단어가 구브로를 의미하는 반면에 다니엘서는 로마를 가리키는 것으로 말한다(단 11:30).

참고. G. Hill, *A History of Cyprus*, I. 1940.

제2장

구원과 심판에 나타난 하나님의 주권: 13-23장의 결론(24:1-27:13)

24장-27장의 서론

이 장들에서 전체 예언 가운데서 가장 주목할 만한 단락들 중의 하나를 접하게 된다. 이 장들은 앞의 열국들에 대한 예언들과 긴밀한 연관을 이루고 있다. 실제로 이 장들은 앞의 예언들에 대한 아주 적절한 결론이다. 다른 한편, 만일 24-27장이 단순히 따로 떨어진 단위라면 이 장들을 이해하기란 불가능하다. 이 장들의 이사야 저작권을 부인하고 또한 앞의 단락과의 필연적 연관성을 부인하는 이들의 입장에서 발전시킨 다양한 해석들이 해석의 불가능성의 문제점을 보여준다.

주해를 계속해 나가면서 실제로 이 장들과 앞의 장들 사이에 존재하는 긴밀한 관련성을 지적하려고 노력할 것이다. 지금은 확실한 연관성을 나타내는 일부 본문에 대해 관심을 가질 수 있으니 다음을 비교해 보자.

24:13과 17:5, 6

24:16과 21:2

27: 9과 17:8

25: 3과 1:8; 23:18

이 본문들 간에 나타나는 연관성은 단순히 개별 구절이나 어구의 비교에 의한 것이 아니다.이 본문들 안에는 땅, 성읍, 및 성읍들에 대한 언급이 있으며 이름으로 언급되지 않는 것을 볼 수 있다. 성읍들, 망대들, 높은 성벽들 또한 언급되지만 그것들에 대한 정체나 이름들이 거론되지 않는다. 이것들은 던져져서 땅의 표면에까지 낮아진다(25:2; 26;5, 6 27:10, 11을 참고). 그들의 멸망을 기쁨으로 여기게 될 통치자들과 폭군들에 대해 듣게 된다(24:16; 25:2, 4, 5; 26:10, 11; 27:1, 4, 5, 7, 11). 이러한 사건들에 대한 언급은 의문점들을 남긴다. 선지자가 무엇을 말하고 있는 것인가? 왜 그는 보다 분명하게 그의 논지들을 밝히지 않는가?

선지자가 이전에 개별적으로 논의 했던(13–23장) 하나님의 백성들의 모든 대적들을 이제 하나로 묶고 있음을 본다면 이 의문들에 대한 답변을 얻을 수 있다. 결국, 그가 지금 심판을 예고할 때, 이것은 지역적인 것이 아니라, 우주적인 것이며 언약을 파괴하는 온 땅을 망라하고 있는 것이다. 그리고 이러한 심판 가운데 신정국가인 유다가 포함될 것이다(24:1–13, 15, 16, 18–23).

광범위한 심판 이후에(그리고 본질적으로 같은 묘사가 2:12이하에서 발견된다), 세계를 포괄하는 구원이 나타날 것이며(25:6–8; 26:9, 21; 27:1, 6), 결과적으로 온 땅 각처로부터 구원받은 남은 자들이 하나님의 영광과 위엄을 찬양할 것이며, 앗수르와 애굽으로부터 구원받은 갇힌 자들이 예루살렘에 계신 주님을 예배할 것이다(24:15–16; 27:13). 헤버닉(Havernick)이 이 단락과 앞의 단락의 관계를 잘 요약하고 있는바와 같이, "13–23장과의 관계는 단순히 외적인 것만은 아니다: 우리가 살펴보고 있는 예언은 내적인 열매, 즉 선지자에게 주어진 인식의 결과이다. 이 예언에서 우선 이 장들의 적절한 결론과 설명을 볼 수 있으며 통일성의 절정에 이르게 된다."

1절, 여호와께서 땅을 공허하게 하시며 황무하게 하시며 뒤집어 엎으시고 그 거민을 흩으시리니

2절, 백성과 제사장이 일반일 것이며 종과 상전이 일반일 것이며 비자와 가모가 일반일 것이며 사는 자와 파는 자가 일반일 것이며 채급하는 자와 채용하는 자가 일반일 것이며 이자를 받는 자와 이자를 내는 자가 일반일 것이라

3절, 땅이 온전히 공허하게 되고 온전히 황무하게 되리라 여호와께서 이 말씀을 하셨느니라

24:1 이사야는 독특한 방식으로 "보라!"라는 단어와 함께 거창하게 시작한다. 그리하여 그가 말하려고 하는 바의 중요성을 강조한다.[1)] 말하자면, 단호하게 대격변과 심판의 한 가운데로 뛰어 들어 간다. 이것들은 중요한 순간의 사건들이기에 소개될 가치가 있다. 몇 개의 짧고 대범한 문장으로 이사야는 뒤따르는 단락에서 묘사하게 될 심판의 핵심을 간결하게 설명한다. 이것은 그의 독특한 진행방식이다. 비록 "보라!"는 단어가 미래에 일어날 일을 가리키기는 할지라도 그것이 반드시 직후나 혹은 가까운 미래를 가리키지는 않는다. 사실, 이 단어만을 두고 볼 때, 언제 여기 묘사된 사건들이 일어날 것인지는 정확하게 말하기가 불가능하다. 이것은 다른 고려 사항에 근거하여 결정되어야 한다. 예를 들면, 이사야는 같은 단어를 7:14에 있는 메시아의 탄생을 선포하면서 사용했고, 또한 본 단락들 안에서 두 번 보게 된다. 즉 25:9과 26:21이다. 틀림없이 선지자는 게세니우스가 그의 주석에서 제시한 것처럼 지나간 사건을 가리키지는 않았을 것이다.

어쨌든 본 예언의 실제 주제는 대격변이 아니고, 주님이시다. "보라"라고 소리를 지른 후 바로 뒤따라 나오는 단어는 "여호와"이다. 2:12 이하에서처럼, 강조점이 만군의 여호와에게 있다. 왜냐하면 그가 행하시는 분이시기 때문이다. 그 다음으로 여호와께서 높임을 받으셨을 때 뒤따라 오는 심판을 강조한다. 그러므로 심판에 대해 듣기 전에 여호와를 대면하게 된다.[2)] 두 개의 분사가 그 뒤에 사용되고 있으며 두 개의 한정 동사가 그 다음에 나온다. 이 동사들은 각각 와우 연계형으로 시작한다. 두 개의 분사들은 인상적인 음을 나타낸다, 즉 보케크(בּוֹקֵק), 볼레카(בּוֹלְקָה).[3)] 첫 번째 분사를 "쓸모 없이 내버려둔다"는 의미인 "공허할 것이다"로 번역할 수 있다. 아랍어에 근거하여 이 분사가 병을 거꾸로 들고 내용물을 비우는 것을 묘사하는 것

---

1) 보라!–이사야 특유의 시작(3:1; 7:14; 17:1; 19:1 등을 참고)으로, 주로 가까운 미래를 가리킨다. 가끔은 과거를 가리킬 수 있다. 그러나 B는 이 동사를 미래로 번역하고 있다. Procksch는 도입어 "힌네"(보라)가 예언의 환상적 특징을 나타낸다고 생각한다.

2) 도입 불변화사 다음에 즉시 분사가 따라오지 않고, 7:14에서처럼, 여기서도 주의가 집중되어야 할 주어, "여호와"가 뒤따라 나온다.

3) 본 장들 가운데 있는 유음현상들과 다른 운율 효과들은 독특하고도 효과적이다. 그러나 운율에 맞추어 보려는(*leert und verheert die Erde*) Duhm은 다음과 같이 해석한다. "*...doch übertreibt der Verf. ein wenig in dieser Beziehung.*" 독자는 본 장들의 히브리어 본문을 큰소리로 읽어보라 그리하면 이사야의 어법이 얼마나 강력한가를 깨달을 것이다. 어근 בקק가 본 절을 반영하고 있는 19:3; 24:3; 예레미야 19:7; 51:2에 또한 나타난다. 어근 בלק가 나훔 2:11에 나타나고 בקק는 나훔 2:3에 나타난다.

이며 동사는 그릇이 비워질 때 나는 소리를 암시한다고 생각하기도 하지만 정확히 무엇을 묘사하려고 하였는지를 말하기는 어렵다.[4)]

어쨌든 이것을 강요할 수는 없을 것이며, 예레미야 19:7에 근거하여 살피는 것이 더 나을 듯하다. "내가 이곳에서 유다와 예루살렘의 모계를 무효케 하여 그들로 그 대적 앞과 생명을 찾는 자의 손의 칼에 엎드러지게 하고 그 시체를 공중의 새와 땅 짐승의 밥이 되게 하며"(렘 19:7). 두 번째 분사를 "공허하게 만들다"로 번역할 수 있으며, 이 단어의 어근이 니느웨의 황폐에 대해 말하고 있는 구절인 나훔 2:11에서 발견된다는 사실에 유의할 필요가 있다.

선지자는 여기에서는 단순하게 여호와께서 땅을 공허하게 하실 것이라는 일반적인 방식으로 말한다. 여호와께서 이일을 어떻게 하실 것이냐 하는 것을 후에 보다 세부적으로 언급한다(16절 하반절을 참고). 그곳에서는 궤휼자에 대해 언급하고 세상 심판을 동반하는 일반적인 현상에 대해 언급한다. 그렇지만 땅이라는 단어가 무엇을 의미하는가? 어떤 사람은 그것이 유다만을 가리키는 것으로 제한하는데, 그러한 의견은 1–3절이라는 한정된 문맥 안에서는 만족할 만한 것으로 보인다. 그러나 4절에서 이 단어가 사람이 살고 있는 땅을 의미하는 테벨(תֵּבֵל)과 평행으로 사용되었다.[5)] 그런 까닭에 이 단어는 여기서 보다 광범위한 의미를 가져야 한다. 칼빈이 그 개념을 단순히 유대인들에게 알려 있었던 나라들, 즉 애굽인, 앗수르인, 모압인, 두로인 그리고 그와 같은 사람을 가리키는 것으로 제한시킨 점에서 옳다고 본다. 이것은 실제적으로 이 단어가 사람들이 살고 있는 땅을 가리킨다는 것이다.

이제 선지자는 와우 연계형과 함께 완료형을 사용하면서 "그리고 그가 그 표면들을 즉 지면을 뒤집어엎으시고"라고 말한다. 어떤 것을 비틀거나 일그러뜨려서 알아볼 수 없게 만든다는 이해가 이 동사에 깔려 있다고 일반적으로 생각한다.[6)] 아마

---

4) 예를 들면 Penna가 그렇게 생각한다. "*...etmologicamente sembra indicare lo svuotamento di una brocca, di un'anfora ecc., allidendo al rumore caratteristico(ebr. baqaq) prodotto in tale operazione.*" Alexander도 역시 그렇게 생각한다. 병의 좁은 목을 통하여 쏟아지는 물로 인하여 나는 소리(*humming*)에 대해 사용된 아랍어 바크바카이다.

5) B도 그와 같이 번역하고 있다, 즉 τήν οἰκουμενον. 어떤 사본은 ολην을 덧붙인다(Ziegler를 참고). 다른 한편 1Q는 האדמה로 표현한다. 아마도 이것은 사마리아 사본의 영향을 받은 것 같은데, 이는 Hempel이 신명기 31:21에서 사마리아 사본이 ארצו를 אדמה로 대치시키고 있다고 지적하고 있기 때문이다(*ZAW*, 1934, p. 287).

6) 이 어근이 21:3에서도 사용된다. 그러나 "뒤집다"의 의미인 피엘형은 예레미야애가 3:9에만 나타난다.

도 이것은 전쟁이 가져다주는 폐허를 가리키는 것이며 완전히 뒤집어 엎고 모든 것을 예전처럼 보이지 않게 만들어 벌릴 폐허이다.

선지자는 계속하여, 이 일그러뜨림의 결과로 여호와께서 땅의 거민들을 널리 흩어 버리실 것이라고 말한다. 바벨을 상기하게 되는데, 그때 여호와께서는 "거기서 그들을 온 지면에 흩으셨더라"(창 11:9). 그때에 하나님께서 인간들을 땅의 모든 지면에 흩으셨던 것처럼, 심판을 통하여 일그러진 땅의 지면에 그들을 흩으실 것이었다. 본 절은 하나님께서 어떤 방식으로 심판을 시행하실 것인가를 말하지 않는다. 단순히 일반적이고도 우주적인 용어들로 말하고 있으며 다가오는 대격변이 모든 것을 포괄하는 것으로 나타내고 있다.

24:2 이 심판의 결과로 계층 간의 모든 구별이 사라지고 일상생활에서 나타나게 되는 정상적인 질서가 완전히 뒤집힐 것이다. 백성 계층 간의 모든 차이와 특별히 모든 종속관계가 사라질 것인데, 이것은 모든 사람들이 동등하게 되고 다른 사람보다 앞서지 않을 것이기 때문이다. 여기에 묘사되어 있는 것은 실제로 사회주의의 형태이다. 이것은 하나님의 형벌의 결과로써 이 땅에 다가올 징벌이다. 그러나 본 구절은 보다 깊은 의미를 가지고 있다. 계층의 구별이 사라질 뿐만 아니라, 특별히 하나님 앞에서 그 어떤 차별도 없을 것이다. 그의 면전에서 모든 인간은 똑같이 취급된다. 또 다른 관점에서 볼 때, 위치에 관계없이 모두가 심판의 결과들을 느끼게 되리라는 것이다. 3:1이하에서처럼 여기서도 무정부 상태의 그림을 보게 된다. 모든 계층 간의 구별이 완전히 사라질 때 무정부상태가 뒤따라온다. 정치 형태라는 것이 실제로 존재하는 한 그 본질상 인간들 사이의 차별은 존재해야 한다. 모든 인간들 사이의 차별들을 깨뜨리고 백성들을 동등하게 만들려는 정치철학들은, 만일 철저하게 이행하였다면 무법상태로 인도하였을 것이다. 인간 사이의 차별들이 사라질 때, 개인의 주도적 참여가 파괴되고, 혼돈이 정부 체제를 대신하기 때문에, 삶은 더 이상 안전하지 못하게 된다. 계층 간의 차별이 사라지는 것이 참으로 축복이 되는 유일한 경우가 있는데, 복음의 선물을 통하여 그리스도에 의하여 차별이 사라지는 경우이다. "거기는 헬라인과 유대인이나 할례당과 무할례당이나 야인이나 스구디아인이나 종이나 자유인이 분별이 있을 수 없나니 오직 그리스도는 만유시요 만유 안에 계시니라"(골 3:11).

이사야는 그의 요점을 강조하기 위하여 서로 극단적인 대조를 이루는 것들을 짝을

지어 여섯 개로 제시하는데 각 용어에 이중적 비교를 담고 있다. 그는 "백성과 제사장이 일반일 것이며"라고 말한다.[7] 비교에 나타난 명사에 정관사가 있는 것을 주목하게 된다. 이것은 아마도 이 단어가 관사 없이 사용될 때 의미하는 부류를 나타내는 것이며 일부의 경우에서는 강조점 없이 사용될 수 있다.[8] 둠이 제안하는 바와 같이, 열한 개의 단어 앞에 있는 관사는 이 단어들을 카(ka) 음절로 시작되게 하여 전체에 특정한 강조를 두게 한다.[9] 일부 주석가들은 만일 이사야가 이 구절을 기록하였거나 혹은 포로전기의 어떤 저자에 의하여 이것을 기록하였다면, 이러한 대조는 백성들과 왕이 되었을 것이라고 생각한다.[10] 제사장들이 언급된 것은 어떤 학자들에 의해서 제사장들이 다스리는 계층으로 간주되었던 때인 포로 후기의 편집의 시기를 가리키는 것으로 생각한다(스 10:5을 참고). 이러한 이유로 이 구절이 한편으로는 제사장들과 다른 한편으로는 일반 백성과 대조하고 있다고 논증한다.

그렇지만 무엇보다도 먼저, 이러한 대조가 개인과 그룹과의 대조가 아니고, 백성의 각기 다른 계층 간의 대조임을 유의해야 한다. 왕에 대한 언급이 있었다면, 본문이 "왕과 같이 백성과 같이"가 아니라 "왕들과 같이 백성과 같이" 기록되어야 함을 기대할 수 있다. 왕과 백성 사이의 구별을 이사야가 나중에 주인과 종 사이의 대조를 할 때 했던 일반적인 방식으로 암시한다.[11] 호세아 4:9에 다음과 같은 내용이 나

---

7) והיה 다음에 כ–כ가 뒤따라온다(호 4:9; 창 44:18; 수 14:11; 삼상 30:24; 겔 18:4; 단 11:29을 참고). 이 관용어는, 어떤 의미에서 두 용어가 동일하다는 것을 암시하는 역할을 한다. 이것의 본래 의미는 "A가 B와 같다"라든가 아니면 "B가 A와 같다"라는 것이 아니고, 오히려 "A는 B와 같고 B는 A와 같다"는 뜻이다. 헬라어 ὁ λαός ὡς ὁ ἱερεύς κτλ은 히브리어의 본 뜻을 충분히 반영하지 못하고 있다. 재앙을 당함에 있어서는 백성과 제사장이 같다는 것이다.

8) 관사는 그 의미를 잃지는 않으나, 부류를 가리키는 역할을 하는데, 곧 대상들의 모든 계층, "백성과 같이, 제사장과 같이"이다. כגברתה–관사가 접미사에도 불구하고, 다른 명사들과의 유음관계를 유지하기 위하여 이 명사 앞에 붙여져 있다(Jouon § 140 c; GKC§ 127 i.을 참고).

9) "*...dass jedes Wort nur einmal determiniert werden darf, mit dem Artikel versehen, um das Wort wie alle anderen elf mit der Silbe ka beginnen zu lassen, des Klangspiels wegen*"(op. cit., p. 173).

10) Gray는 단순하게 저자가 포로 후기 사람이었다고 기정한다. Marti등도 그렇게 생각한다. Mulder는 논증을 다음과 같이 요약한다: "*Hier word nie koning en volk teenoormekaar gestel nie, maar wel priester en volk. Van die monargie is hier nie meer sprake nie en die priesterschap staan aan die spits.*"

11) "*Der Gegensatz van König und Unterthan erscheint nachher in viel allgemeinerer Gestalt, in Form des allgemein menschlichen Gegensatzes von Herr und Diener*"(Drechsler). Penna 역시 적절한 설명을 하고 있다. "*ed e possible che all' uomo comune apparisse molto piú accentuala la*

온다. "장차는 백성이나 제사장이나 일반이라 내가 그 소행대로 벌하며 그 소위대로 갚으리라." 호세아는 분명히 야웨에 대한 지식을 나누어주지 못한 제사장들의 실패에 그의 주 강조점을 두고 있고, 반면에 본 구절은 강조점을 종교적인 분야에 제한하지 않는다. 어쨌든 말라기 역시 적절한 말을 하고 있다. "대저 제사장의 입술은 지식을 지켜야 하겠고 사람들이 그 입에서 율법을 구하게 되어야 할 것이니 제사장은 만군의 여호와의 사자가 됨이어늘"(말 2:7). 하나님의 대리자로서 제사장은 승격된 지위와 권위를 점유하였다. 그런 까닭에 심판의 결과 제사장은 평신도에 지나지 않게 될 것이었다. 그는 더 이상 하나님의 온전한 대리자가 되지 못할 것이었다. 제사장과 평신도 사이에 있는 모든 구별이 없어질 것이다. 그 후부터는 제사장들은 더 이상 평신도들보다 더 거룩하거나 성스럽지 못할 것이다. 그러한 구별이 무너진 나라는 모든 국민이 여호와로부터 떨어져 나간 나라이다. 그러므로 제사장을 왕 대신에 언급하고 있다는 것은 포로 후시대를 암시하는 것이 아니다. 일반인에게는, 제사장과 자신의 대조가 – 이는 그가 제사장과 상당히 관계를 많이 가졌으므로 – 왕과의 대조보다도 훨씬 더 강해 보인다. 제사장과 백성의 대조는 어느 때에나 의미를 가지는 것이고, 이사야의 목적은 어떤 특정한 장소나 시대에 한정되지 않으며 어느 시기에나 타당성을 가질 수 있는 일반적인 성격의 대조 즉 비교를 사용하려는 것이다.

두 번째 대조와 함께 이사야는 섬기는 자와 권위 있는 자들 사이의 관계 영역으로 들어간다. 이것은 성스러운 관계이며 이것이 없이는 정부가 지속되지 않는다. 참된 주인의 직위는 진정한 종의 직위에 축복이어야 하고, 주인과 종 사이의 관계는 신성한 것이어야 한다. 그렇지만 이러한 관계까지도 심판으로 말미암아 무너질 것이고 또한 동시에 성별 간의 구별도 잊혀질 것이다. 어떤 질서정연한 상태에서든 주인과 종 혹은 고용주와 피고용인의 구별은 존재해야 한다. 명령하는 것은 주인의 특권이며 순종하는 것은 종의 특권이다. 그리고 이러한 상태가 사라질 때, 거기에는 더 이상 질서정연한 사회는 없는 것이다. 이러한 구별을 폐지하려는 인간들의 시도들은 해악으로 인도할 뿐이고, 건전한 정부의 궁극적 와해로 인도할 뿐이다.

상업 역시 질서정연한 정부안에서 필요한 것이며, 이것이 사라짐으로써 혼돈이 도래한다. 그렇지만 이러한 대조와 함께, 표현의 순서가 변하고 있다. 처음 두 대조에서는 대조가 상승단계로 되어 있었다.–백성, 노예, 종, 비자. 그러나 여기서는 하강 단계로 되었다–사는 자, 채급하는 자, 이자를 받는 자. 이와 동시에 선지자는 또

---

distinzione fra sacerdoti e laici che non fra re e sudditi."

다른 형태의 대조를 제시한다. 처음 두 대조에서 그는 일반적인 것과 고상한 것을 대조하였다. 그러나 여기서는 가진 자와 가지지 못한 자를 대조하고 있고, 한 사람이 다른 사람에게 시행하는 권위의 형태에 대한 표현도 나타난다. "부자는 가난한 자를 주관하고 빚진 자는 채주의 종이 되느니라"(잠 22:7).

마지막 대조는 단계적 변화를 제시한다. 채급하는 자(빌리는 자)와 채용하는 자(빌려주는 자) 사이의 구별이 사라질 뿐만 아니라, 이자를 받는 자와 이자를 내는 자 사이의 구별 역시 사라질 것이다. 그러므로 첫 번째 대조에서 돈을 빌리는 자가 먼저 언급되고, 반면에 두 번째에서는 이자를 받는 자가 먼저 언급되었다.[12] 가장 강렬한 성격의 대조들이 제시되었다. 심판의 결과 세상은 완전히 뒤집어지고 바뀔 것이다.

24:3 이사야는 짧은 문장으로 하나님의 심판의 결과로 세상의 상태가 어떻게 될 것인가를 요약한다. 1절에서 사용하였던 어근으로 되돌아가서, 선지자는 이제 생동적인 힘이 넘치는 언어유희를 하고 있다. "공허하게 되고, 그 땅이 공허하게 될 것이며 황무하게 되고 황무하게 될 것이다"라고 번역할 수 있다.[13] 처음 두 절에서 이 멸망에 관계된 어떤 인간 대행자도 암시되지 않는다. 즉 여호와 홀로 멸망을 가져오시는 분으로 언급하고 있다. 그러나 "황무하게 될 것이다(will be spoiled)"라고 번역한 이 히브리어에는 인간 대적을 암시하고 있는 것 같은데, 왜냐하면 이 어근이 가끔 침략의 결과에 대해 사용되기 때문이다. 두운법과 음이 유사한 단어들을 나열하여 선지자는 혹독한 결말을 전달한다.

심판의 확실성은 의심의 여지가 없으니, 이는 이사야가 전형적인 형태로 하나님께서 이 말씀을 말씀하셨다고 알리고 있기 때문이다.[14] 이 말은 – 더 이상의 나은 것이 있을 수도 없고 – 확실성이 근거하고 있는 기초이다. 하나님께서 말씀하셨다 – 이것은 실제 이사야가 즐겨 사용하고 있는 형식이고, 그의 예언들의 당당하고 위엄 있는 특성을 나타낸다. 이것은 그의 예언의 초두를 상기시켜 주기도 하지만(1:2),

12) Kimchi는 לוה, "*usurpetur de pecunia mutuum data*"와 נשא, "*de frumento, vino, oleo caet*"를 구분한다.

13) 어근 בזז는 다른 어떤 구약성경보다도 이사야서에 더 자주 나타난다. 이 동사는 파타흐 대신에 홀렘을 가지고 있는데, 아마도 부정사 절대형과 유음관계를 유지하기 위해서일 것이다.

14) 1:20; 40:5; 58:14을 참고하라. Lindblom은 이것이 에스겔의 "나 여호와가 말하노라"에 대한 이사야의 대응본(counterpart)이라고 주장한다.

이사야서의 다른 부분에서도 자주 발견된다. 이사야를 그렇게도 담대하게 만들었고 확신 있게 그의 메시지를 선포하게 한 이사야의 확신의 출처를 찾고자 한다면, 그 출처를 이사야가 하나님께서 말씀하신 언어 계시(verbal revelation)를 믿었다는 사실에서 발견하여야 할 것이다.

4절, 땅이 슬퍼하고 쇠잔하며 세계가 쇠약하고 쇠잔하며 세상 백성 중에 높은 자가 쇠약하며
5절, 땅이 또한 그 거민 아래서 더럽게 되었으니 이는 그들이 율법을 범하며 율례를 어기며 영원한 언약을 파하였음이라
6절, 그러므로 저주가 땅을 삼켰고 그 중에 거하는 자들이 정죄함을 당하였고 땅의 거민이 불타서 남은 자가 적으며
7절, 새 포도즙이 슬퍼하고 포도나무가 쇠잔하며 마음이 즐겁던 자가 다 탄식하며
8절, 소고 치는 기쁨이 그치고 즐거워하는 자의 소리가 마치고 수금 타는 기쁨이 그쳤으며
9절, 노래하며 포도주를 마시지 못하고 독주는 그 마시는 자에게 쓰게 될 것이며
10절, 약탈을 당한 성읍이 훼파되고 집마다 닫히었고 들어가는 자가 없으며
11절, 포도주가 없으므로 거리에서 부르짖으며 모든 즐거움이 암흑하여졌으며 땅의 기쁨이 소멸되었으며
12절, 성읍이 황무하고 성문이 파괴되었느니라

24:4 이사야는 심판을 계속하여 묘사하면서 이미 땅이 슬퍼하고 있다고 말한 내용에 추가로 지적한다. 본 장의 처음 세 절에서 행위와 사건을 묘사했는데, 이제는 그 상태를 제시하고 있다. 이 시점까지 그는 와우 연속법과 함께 완료형이나 혹은 그 밖의 분사들 혹은 단순 미래형을 사용하면서, 미래적인 것으로 묘사했다. 그렇지만 본 절을 시작하면서 그는 완료형을 사용하고 있으며, 또 이것들은 아마도 예언적 완료형으로 이해해야 할 것 같다.[15] 묘사된 사건들은 아직 일어나지 않았으나, 그것들이 선지자의 눈에 너무나도 생생하여 마치 그것들이 이미 일어난 것처럼 묘사

---

15) "*Diese Praet. sind lauter sogenannte Praeterita prophetica, der Übergang vom Fut. ins Praet. lediglich dadurch bedingt, dass, wahrend es der Prophet in vv. 1–3 mit Handlungen und Ereignissen zu tun hatte, von v. 4 an Schilderung von Zustanden eintritt*"(Drechsler).

한다.

가장 두드러지게 나타나는 것이 언어유희인데 무엇보다도 순음글자들인 (ל) (מ) (ב)의 사용에서 보인다. 아(a)음이 두드러지게 나타나는 것 또한 의미가 있다. 다음 구절에서 나타나는 바와 같이, "땅"은 아마도 그곳 거민들과는 구별되는 땅을 지칭할 것이다. 동시에 본 구절들에서 테벨(거주할 수 있는 땅)이란 단어를 상호 교차적으로 사용하였으므로, "땅"이 팔레스틴 땅에만 한정되지 않고 모든 땅을 가리키는 것으로 이해해야 할 것이다.[16)]

어쨌든 땅이 하는 것을 강조하는 정도로 땅을 강조하는 것은 아니다. 그리고 이러한 강조를 분명히 하기 위하여 다음과 같이 번역할 수 있다. "땅이 슬퍼하고 쇠잔하며, 세계가 쇠약하고 쇠잔하며, 땅의 백성 중의 높은 자들이 쇠약하며." 동사가 완료형이지만 현재형으로 번역할 수 있다. 말하자면, 보고 있는 그대로 묘사하기 위하여, 바라다보고 있기 때문이다.

첫 번째 동사는 땅을 의인화하고 있다. 말하자면, 아담의 죄로 인하여 땅위에 떨어진 저주가 이제 충분히 나타났고, 땅을 파괴시켰으며, 그리하여 땅이 슬퍼하고 있는 것이다.[17)] 앞 부분에서 이사야는 성읍의 문들이 애도하는 것으로 말했고, 아모스는 애도로 초장의 특징을 묘사하였다.[18)] 이제 온 땅이, 마치 죽은 자를 두고 슬퍼하는 것처럼, 슬퍼한다. 땅은 슬퍼하는 가운데 그러한 슬픔의 당연한 표시들로 옷 입는다. 첫 번째 동사에 수반된 두 번째 동사는 식물들이 말라서 시들어 버리는 것을 묘사하는 것으로 땅의 고갈된 상태를 적절하게 표현하는 역할을 하고 있다.

첫 번째 행의 두 번째 단에서는 다른 동사 한 쌍을 사용한다. 이 중 첫 번째 것은 (쇠약하다) 땅의 힘이 사라지고 고갈되는 것과 땅 자체가 아무런 힘이 없이 존재한다는 것을 암시하고 있다. 이 단어를 잉태하지 못하는 여인과 식물에 대해서 사용한다. 이사야는 앞에서 이것을 헤스본의 밭(16:8)과 나일의 어부들(19:8)을 묘사하기 위하여 사용했었다. 여기서 "쇠잔하며"의 반복에 의하여 동사의 의미를 강조한다.

---

16) Kittel은 חבל이 결코 유다 땅에 사용되지 않았고, 26:9; 27:6에서처럼, 언제나 사람들이 거주할 수 있는 세계(ἡ οἰκουμένη)에 대해서 사용되었다고 주장한다. 그래서 그는 עם הארץ를 "땅의 거민"의 의미로 본다.

17) 동사들은 이사야적인 특징들을 가지고 있다(אבל, 3:26; 19:8; 33:9; 57:18; 60:20; 61:2–3; 66:10; נבל, 1:30; 28:1, 4; 34:4; 40:7–8; 64:5; אמלל, 16:8; 19:8; 39:9을 참고). 또한 33:9와 34:3을 참고하라.

18) 아모스 1:2.

"식물들이 경작이나 적절한 관리가 없는 상태에서 시들어 죽게 될 것이다." 그 의미를 다음과 같이 의역할 수 있다. "그러므로 지금 땅은 심판의 징벌을 통해 땅에 임한 저주 아래서 고통당하고 있기에 쇠약하며, 슬퍼하며, 쇠잔해 가고 있다"

땅 자체뿐만 아니라, 그곳의 거민 중 가장 높은 자들까지도 심판을 느낀다. 본 절의 마지막 단어들의 적당한 의미에 대해 의문점이 있지만,[19] 본문을 있는 그대로 취급하여, "높음"이라는 단어를 구체적인 존재를 위하여 사용된 추상명사로 간주할 수 있다. 이것은 가장 높은 부분, 즉 땅의 백성 중 높은 자들이다. 사람들 중에 가장 높은 자들이 심판을 느낄 것이다. 본 절은 땅 그 자체와 그 위에 살고 있는 사람 사이의 대조를 제시한다. 땅의 거민 중 가장 높은 자까지도 쇠약하여질 것이라는 사실을 알게 되는데, 이것은 외부로부터 오는 압력의 결과로서 일상적인 무역과 사업의 결핍이 일어나고 내적으로는 사회의 단체들이 붕괴되어서 결국에는 일상생활이 더 이상 지속될 수 없기 때문이다.

24:5 선지자는 이제 세계에 들이닥친 심판이 땅의 거민들의 믿음 없는 행동의 결과라는 사실을 분명하게 지적하고 있다. 그러나 구문에 대하여 말할 필요가 있다. 완료형들은 예언적 완료가 아니지만 그것들 자체로서 하나의 단위를 형성한다. "땅"이란 첫 번째 단어는 불완전 구문(casus pendens)이며, 그 다음 문장은 이 형태를 완성시키고 보완한다.[20]

그러므로 다음과 같이 번역해야 한다.

땅에 관하여 그것은 그 거민들 아래서 더럽혀졌다,
(이러한 언급에 대한 설명)
이는 그들이 율법을 범하였으며,
그들이 율례를 변질시켰으며,
그들이 영원한 언약을 파하였음이라

---

19) עָם을 עִם으로 고침으로써 "땅과 함께 하늘도"라는 내용을 얻게 된다. 그러나 Gray가 지적한 대로, 여기서 저자가 하늘을 심판의 영향을 받은 존재로 묘사하기를 원했다면, 그가 두 행과 그 다음 절반을 땅에 할애하고 오직 반행만을 하늘에 할애하였을 것 같지는 않다. 이어지는 행에서는 하늘은 더 이상 나타나지 않는다.

20) Marti는 "땅"을 접속사가 이끄는 명사절로 취급하고, "*Da die Erde entweiht ist*"라고 번역한다. 땅이 거민들을 품고 있는 것으로 이해된다.

여기서 강조되고 있는 것은 땅이고, 가장 중요한 것은 그 땅이 더럽혀졌다는 것이다.[21] 성지인 팔레스틴 그 자체가 그 땅의 거민들의 죄로 인하여 더럽혀졌고(민 35:33; 신 21:19; 렘 3:9; 시 106:38), 그와 같이 온 땅이 주어진 법령을 범하였을 때 더럽혀 졌다.[22] 세상은 하나님의 영광을 위하여 창조되었고, 인간은 하나님을 섬기기 위하여 또한 그를 대신하여 그 땅을 경작하도록 땅에 놓여졌다. 사람이 범죄하였을 때, 땅은 사람으로 인하여 저주아래 처하게 되었다(창 3:17). 인간의 죄의 결과로 모든 피조물들이 고통 가운데서 신음하고 고통하고 있으니, 이는 모든 피조물들이 인간이 가져다준 저주에 참여하기 때문이다(롬 8:19이하). 범죄는 하나님의 율법에 대한 것이며, 이것을 율법, 율례, 영원한 언약이라는 용어로 표현한다. 하나님께서 자기 백성에게 계시하신 율법은 모든 인류를 함께 묶는다. 그런 까닭에 예를 들면 인간의 마음에 기록된 하나님의 율법의 사역을 그러한 용어로 묘사할 수 있는 것이다.[23]

율법이 시내산에서 유대인들에게 주어졌으므로 특별히 이방인들에게 계시된 것이 아니었다. 그럼에도 불구하고, 바울에 의하면, 이방인들이 본성으로 율법이 명하는 바를 행한다. 그렇게 함으로써 그들은 그들의 본성에 실제로 심겨진 것들로 말미암아, 하나님의 율법이 그들 자신들에게 드러났다는 사실을 보여준다. 그리고 이러한 사실은 율법의 사역이 그들의 마음에 기록되었음을 보여준다.[24] 율법에 명한 것들을 범한다는 점에 있어서, 이방인들이 실제로 그 율법을 범하고 있었다고 말할 수 있다. 여기서 이방인들이 하나님의 명령들과 규례를 범하였으며, 또한 그들의 죄들

---

21) חָנְפָה–더럽게 되었다, B는 ἠνομησε, 그러나 S는 ἐφονοκτονήθη로 번역한다. 수리아 역 '에이다미아트('etdamyat)'는 피가 뿌려진이다. Vulgate 역은 *similis fiat*로 번역한다. 과거형은 예언적 완료가 아니고, 앞절의 내용에 연관되어 있는 과거를 나타내고 있다. 일부 주석가들은(예를 들면, Drechsler, Kittel), 여기에 살인자의 죄에 대한 강조가 있음을 강조한다(26:21을 참고). חנף란 어근은 이사야서에 자주 나타난다(9:16; 10:6; 32:6; 33:14을 참고).

22) 아래서–땅에 살았던 거민들의 죄로 인해 땅이 더럽혀졌다는 것을 의미한다. 그렇지만 역본들이 "때문에"로 번역할 때는 실제 해석적인 것이다.

23) 율법이 무엇을 가리키는가? Vitringa는 이것을 계시된 법이라기보다는 자연법과 세속법을 가리키는 것으로 취급한다(*ad describendum ius naturae et genitium*). 그러나, Gesenius는 이러한 의견은 Ibn Ezra에게까지 거슬러 올라가며, 계시된 율법 이외의 다른 것을 알지 못하는 히브리 정신에 반하는 것이라고 주장한다.

24) 바울은 마음에 기록된 율법에 대해서 실제로 말하지는 않지만, "그들의 마음 가운데 기록된 율법의 일"이라는 말을 하고 있다. John Murry, *Romans, NICNT*, Grad Rapids, 1959, Vol. I, p. 74을 보라.

이 많고도 다양하다는 것을 보여주기 위하여 복수형이 사용되었다. 이방인들이 율법의 구체적인 항목들을 범하였고, 명사의 복수형 역시 이것을 지지한다고 말할 수 있다. 이것은 일반적인 하나님의 뜻, 혹은 칼빈이 표현한 바와 같이 "율법 안에 포함된 모든 교훈"에 대한 범죄였다.

"율례"에 대한 언급은 아마도 구체화를 위한 것 같은데, 이는 계명과 약속이 모두 율법에 포함되어 있기 때문에 이 단어로 계명을 강조하는 것이다. 인간들은 자신의 범죄로 말미암아 계명을 너무나 변질시켰고 그래서 그것은 더 이상 본래의 계명이 아니었다. 계명은 위반되어 왔으며 마치 존재하지 않은 것처럼 간주되었다.[25]

마지막으로 인간들이 영원한 언약을 파기하였다 혹은 파하였다는 말을 듣게 된다. 이러한 어투는 고대 제왕의 용어에서 기원되었거나 아니면 최소한 유명했던 것으로 보인다. 이것은 홍수 후에 노아와 맺은 언약인 것으로 보인다. 이 언약은 우주적 언약이니, 이는 이 언약이 노아와 그의 후손들뿐만 아니라 모든 피조물과 맺어진 것이라고 말하고 있기 때문이다(창 9:9, 10). 이것은 또한 영원한 언약이다: "내가 너희와 언약을 세우리니 다시는 모든 생물을 홍수로 멸하지 아니할 것이라 땅을 침몰할 홍수가 다시 있지 아니하리라"(창 9:11). 동시에 이것은 무조건적 언약이다. 이것은, 약속이 성취되기 위해서 요구되는 어떤 이행이나 복종 명령을 포함하지 않았다. 그러므로 어떻게 노아언약을 깨뜨리거나 범할 수 있었겠는가?[26]

칼빈은 그것을 조상들과 맺은 은혜언약을 가리키는 것으로 제한한다. 어휘가 이 해석을 가능하게 하며, 또한 칼빈이 "영원한"이라는 단어를 해석하면서 그 언약이 모든 시대에 유효하다고 말한 것은 옳은 것이다. "그것은 결코 인간의 기억으로부터 지워질 수 없고, 순수하고도 온전하게 유지될 수 있는 바, 조상으로부터 아들에게 중단 없이 전달될 것이었다." 그렇지만, 영원한 언약을 파기한 자들은 유대인들 뿐만 아니라 온 세상이라는 것을 유념해야만 한다. 언약 파기는 우주적인 것이다. 이러한 이유로 인하여 여기에 언급된 영원한 언약이 하나님께서 그의 율법과 규례를 아담에게 주셨고 아담 안에서 온 인류에게 주셨다는 사실을 의미한다는 입장을 취할

---

25) 그들이 범하며 어겼다–칼형은 타동사의 의미로 사용될 수도 있다(삿 5:26; 욥 20:24 또한 Cheyne in Smend, *ZAW*, Vol. 4, 1884, p. 165을 참고).

26) Jenni("*Das Wort* עֹלָם *im Alten Testament*," *ZAW*, Vol. 65, 1953, pp. 18ff.)는 이 용어가 본래 왕궁 용어에서 나온 것이라고 생각한다. 이 어구는 구약에 16회 나타난다. 많은 주석가들은 이것이 노아언약을 가리킨다고 주장하지만, 그러나 Schmidt는 이것을 시내언약에 적용한다(*Der Ewigkeitsbegriff im Alten Testament*, 1940, p. 69).

수 있다. 이러한 규례들은 사람의 모든 방법으로 하나님에게 적극적으로 영광을 돌리는 것을 포함한다. 그렇지만 이방인들은 하나님을 영화롭게 하지 않았다. 그들은 마치 하나님이 존재하지 않은 것처럼 행동하였다. 즉 그들은 자기 자신들을 우상으로 만들었다. 그렇게 함으로써 그들은 하나님으로부터 떠나갔고, 하나님께서 그를 따르는 자들에게 주시는 모든 유익들로부터도 떠나갔다. 그들은 그의 길로부터 돌아섰으며, 그들 스스로의 길을 걸어갔다. 그러므로 그들이 삶의 의미를 왜곡시키는 한 그들은 하나님께서 이 진리를 나타내시기 위하여 인간과 맺은 언약을 파기한 것으로 보였던 것이다.

이사야는 모세 율법의 특징이 되는 언어를 사용하면서 인류의 우주적 범죄를 묘사하고 있다. "악인이 음부로 돌아감이여 하나님을 잊어버린 모든 열방이 그리하리로다"(시 9:17).

24:6 우주적 범죄의 결과로 저주가 온 땅을 삼킬 것이다. 유음 사용이 두드러지게 나타난다. "저주가 땅을 삼켰고(אָלָה אָכְלָה אֶרֶץ)"란 문장에서 각 단어가 알렙(א)으로 시작하고 있는데, 이는 이어지는 단어의 어근의 첫 자음이기도 하다. 비록 모세의 용어를 사용하고 있기는 하지만, 앞의 구절들에서 의미하는 바가 우주적 범죄이며 모든 인류와 관계 되었던 것처럼, 여기서도 어휘가 모세의 어휘이고 여전히 우주적인 것을 가리킨다. 그러므로 이 어휘를 이해하기 위하여 모세의 제사 규정에 나타난 이 용어의 용법을 연구해야 한다. 저주의 성격을 이해하기 위하여 신명기 28:15 이하, 29:19 이하 그리고 레위기 26:14이하를 비교해 볼 수 있다. 저주는 하나님으로부터 오는 것이며 저주가 그의 율법에 대한 범죄의 결과이기 때문이다. 그렇지만 저주가 이스라엘 백성에만 한정되는 것이 아니고, 온 땅의 거민이 범죄 하였으므로, 온 세계에 영향을 준다. 사도 바울이 제시한 그림에서 타락한 인류에게 임하는 저주와 같은 저주이다(롬 1:18–3:20).

이 저주는 불처럼 땅을 삼킨다. 땅을 태워서 더 이상 존재하지 않게 된다. "그가 내게 이르되 이는 온 지면에 두루 행하는 저주라"(슥 5:3). 완전히 태우고 삼키는 것은 불이다(사 1:31; 5:24; 9:18; 10:16, 17; 29:6; 30:27이하를 참고). 삼키는 저주의 결과로 땅의 거민은 죄가 있는 것으로 간주되며, 죄있는 자로 간주되기에 그들은 고통을 당하게 된다. 일부 교부의 견해를 따라서 칼빈은 이 말씀이 범죄하는 자들의 황폐함을 가리키는 것으로 보고 "황폐하게 만들어지다"(desolati sunt incolae eius)로 번역한다. 요엘 1:18을 언급하면서 게세니우스(Gesenius)는 "그 거민은 속죄하였으며"(es bussten seine Bewohner)로 번역한다.[27] 그렇지만 그러한 의미가 가능하다면, 이 의미는 니팔형을 위해 유보되어야 하며 요엘 1:18에 니팔형이 나타난다. 본 문맥 가운데 있는 동사의 의미는 예레미야 2:3에 의하여 설명될 수도 있는데, 그 본문은 다음과 같이 말할 수 있다. "그때에 이스라엘은 나 여호와의 성물 곧 나의 소산 중 처음 열매가 되었나니 그를 삼키는 자면 다 벌을 받아 재앙을 만났으리라 여호와의 말이니라." 누구든지 이스라엘을 삼킨다면(이사야서 본문과 유사한 점을 유의하라), 그는 범죄를 행한 것이며 징계를 받아야 할 사람으로 간주될 것임을 의미한다. 이사야가 표현하고자 하는 것도 역시 이러한 뜻이다. 땅의 거민이 범죄하였으므로 그들 역시 율법을 범한 자로 간주될 것이고, 그 결과로 범죄자에게 다가올 징벌을 받아 마땅하다.

징벌에 대한 선언을 제시하기 위하여 선지자는 "그러므로"라는 말을 반복한다. 그는 이 단어를 앞 절의 범죄에 대한 묘사와 연결시키고, 징벌 선언을 준비한다. 제1쿰란 두루마리에 비추어 볼 때 이 첫 번째 동사를 아마도 "그들이 감소하였다"로 번역해야 할 것이고,[28] 이 번역이 이어지는 내용과 잘 어울린다. 그러므로 본문을 고칠 필요는 없다.

인류는 거의 모두 지면에서 제거된다. 이사야는 여기에서 이것이 칼에 의해서인지 아니면 기근에 의해서인지 어떻게 실현될 것인지를 언급하지 않는다. 그러나 그의 어투는 남은 자가 있을 것임을 보여주고 있고, 모든 인류가 멸망당하지는 않을 것임을 시사한다. 펜나는 남은자에 대한 이러한 언급과 더불어 미래의 임무에 대한 생각이 발견되는 것은 아니라고 제안하며 이것이 이사야서의 특징이라고 말한

---

27) Bentzen은 "*de maa bφde for deras skyld*"로 번역하고 있으며, 호세아 14:1; 요나1:18; 시편 5:11; 34:22; 예레미야 2:3과 비교한다.

28) חרו: Procksch는 이 단어가 חור에서 파생된 것으로 생각하고 חָוְרוּ 즉 하베루로 읽는다(사 29:22. 1Q는 חוורו로 읽는다). Lindblom은 이것이 חלו를 잘못 들음으로써 기록되었다고 생각하고, 욥기 6:25에서 נמרתזו와 נמלחזו의 음의 전환과 비교한다. 이 단어가 חרבו의 오류라고 생각되어 오기도 했다. B는 πτωχοί ἔσονται로 읽고 있는데, 이는 דלו를 나타내는 것으로 보인다. 그러나 S는 ἐκτρυχωθήσονται로 되어 있으며, Vulgate은 insanient로 되어 있다. Drechsler는 많은 사람들과 유사하게 이 단어가 הרר로부터 나온 것으로 보고 다음과 같이 해석한다. "*Doch hat man den Sinn des Propheten nicht gerade(Vitr.) auf innere Gluth zu beschränken.*" 엑센트가 밀렐이다; 두 개의 Pashtas가 있어야 하는데, 첫 번째 것은 תהו(창 1:2)에서처럼 엑센트의 위치를 가리키고, 두 번째 것은 후치사이다. 참고. A. Guillaume, "The Dead Sea Scroll of Isaiah," *JBL*, Vol. 76, 1957, pp. 42f.

다.[29] 그러나 대답은 명백하다. 이사야는 여기서 다른 본문에서 하나님의 백성을 묘사하기 위하여 사용하는 것과 같은 용어로 전세계에 대해 말하고 있다. 그는 신정국가에 대한 용어를 사용하는데, '율법, 율례, 영원한 언약, 그들이 정죄함을 당하였고' 등의 용어이며, 이스라엘에게 속하는 호칭이다. 이사야가 이 용어를 전 세계에 적용하였다. 이제 심판의 격렬성을 보여주기 위하여 그는 인간의 죄의 결과로 오직 극소수의 사람들만 남을 것이라고 말한다.[30] 어휘가 특징상 이사야적이다.[31] 자연히 이사야는 더 나아가지 않고 이 남은 자의 임무를 언급하고 있지 않으니, 이는 남은 자 자체는 어떤 임무도 가지고 있지 않기 때문이다. 물론 이스라엘의 남은 자는 구원이 결국에는 세상에 임하게 될 거룩한 씨가 됨으로 해서 하나님의 뜻을 궁극적으로 수행할 것이다. 그러나 세상의 남은 자는 그러하지 않을 것이다. 세상의 남은 자는 사명을 가지고 있지 않다. 이들이 존재한다는 사실만 언급되어 있을 뿐이다. 심판은 완성되었다. 세계는 심판을 받았다. 더 이상 말할 것이 없다.

24:7 심판이 세상에 닥칠 때, 기쁨과 즐거움을 주는 모든 출처들이 파괴될 것이다.[32] 4절에서 온 땅에 대해서 사용했던 것과 같은 동사들을 사용하면서 선지자는 이제 이 동사들을, 새 포도주와 포도나무에 적용한다. 종종 지적되어온 바와 같이 요엘 1:10–12에 나타난 묘사를 생각나게 하는 비유들을 사용한다. 이사야는 로젠뮬러가 생각한 바와 같이 포도주를 마셔 줄 사람이 없어서 포도주가 슬퍼하거나 혹

---

29) מזער는 이사야 10:25; 16:14; 24:6; 29:17에만 나타난다. Penna는 다음과 같이 설명한다. "*Nell'ultimo distico si accenna alla pochezza degli nomini scampati(13, 12), ma non vi e nessuna allusione a una loro missione futura, quale e connessa con l'idea del 'resto' in Isaia.*"

30) 이러한 모습은 신 28:16–44, 53–57, 62–68; 레 26장에서 주어진 저주에 대한 초기의 묘사에 근거하고 있다.

31) Lindblom은 "*Unser Dichter zeigt also eine deutliche Neigung dazu, sich in der sprachlichen Welt Jesaias zu bewegen*"(*op. cit.*, p. 17)라고 말한다. 이사야 자신이 저자라는 것이 더 좋은 진술이 아닌가? S. B. Frost(*Old Testament Apocalyptic*, 1952, pp. 143ff.)는 이 장들이 의도적으로 이사야로 가장한 한 사람에 의하여 기록되었다고 주장한다.

32) 그러나 Bentzen은 다음과 같이 해석한다. "*Her er tale, ikke om fjendtlig haergens resultater, men om en naturbegivenhed*"(*op. cit., in loc.*). Lindblom은 생각하기를, "새 포도즙이 슬퍼하고 포도나무가 쇠잔하며"라는 문구가 설명어처럼 보이는데, 이는 이어지는 구절에서 그 포도주가 사라졌다는 것을 듣지 못하고 다만 그것이 마시는 자들에게 쓰게 될 것이라는 말만 듣기 때문이라는 것이다. 그러나 이러한 생각을 지지해 주는 객관적인 증거가 없고, 이 문구는 그 자체가 만족할 만한 해석을 해 주고 있다.

은 이방인들이나 타국민들이 포도주를 마셔서 슬퍼하는 것이 아니라, 포도주가 땅의 슬픔에 동참하기 때문에 슬퍼하는 것을 의미하는 것은 아니다. "새 포도주" 혹은 "새 포도액"(must)이라는 단어는 포도액을 담고 있는 포도들에 대한 환유로 사용된다.[33] 그러므로 두 번째 문장에 언급된 "포도나무"와 훌륭한 평행을 이룬다. 포도는 포도의 시들어진 애석한 모습으로 인하여 애곡하고, 포도를 맺는 포도나무는 포도와 연합하게 되는데 말하자면 같은 모습을 드러내게 된다. 다시 말하면 모든 자연계는 땅의 슬픔을 나누어 갖는다. 이 모습은 14:7, 8에 제시된 것과 반대된다.

포도나무에서 나는 포도주를 즐기는 사람들도 역시 탄식한다.[34] 항상 "마음이 즐겁던 자들"이 이제는 탄식하고 슬퍼하는 자가 된다. 그들이 지금 포도나무의 열매가 없는 상황에 직면하여야 하는 삶은 오직 탄식과 근심을 야기 시키는 삶이다. 사치를 사랑하는 자들은 이제 무미건조함을 싫어하는 자들이다. 마음이 즐겁던 자들은 모두 너무나 자주 하나님을 잊었던 자들이다. 하나님께서 그들의 사치를 그들에게서 빼앗을 때에도, 그들은 그에게로 돌아서지 않고, 그들 자신의 예상된 재난에 한숨만 짓는다.

24:8 이사야는 세 개의 짧은 문장과 함께 쇠약하는 땅에 대한 묘사를 계속해 나가는데, 이는 각기 세 단어들로 구성되어 있고, 동사로 시작하고 복합주어가 뒤따라오며, 그 첫 번째 것은 연계형으로 되어 있다. 첫 행과 마지막 행은 שָׁבַת라는 단어(그치다)로 시작하고 두 번째 행은 חָדַל(마치다)로 시작한다.[35] 이 단어는 본 절의 사상, 즉 환락의 그침을 힘주어 나타낸다.[36] 이사야가 묘사하고 있는 것은 예레미야 33:10, 11에 나타난 것과 반대이다. 소고의 기쁨, 즉 소고로 말미암는 기쁨이 그쳤고(참고. 5:12), 이 그침과 더불어 소고의 음악이 동반되었던 사치스러운 축제들도 사

33) Aqht ii. 6–7에서 תירוש가 יין의 동의어로 발견된다.

34) 일반적으로 אנח가 후기 히브리어라고 주장된다. 그러나 이것이 이사야 21:2; 35:10; 51:11; 시편 31:11(다윗의 탄식); 욥기 3:24; 23:2; 시편 6:7(다윗의 탄식)에도 나타난다. 명사형 אנח(탄식)는 Aqht ii. 1.18에서 발견된다, 즉 אנח גזר(영웅의 탄식)이 나타난다.

35) 5:12, 14; 아모스 6:4; 욥기 21:12; 마카비1서 3:45을 참고하라.

36) 이 어휘가 전형적인 이사야의 용어라는 사실을 유념해야 할 것이다. משוש는 8:6; 32:13–14; 60:15; 62:5; 65:18; 66:10에서 발견되고, 이사야서 외에서는 단 7회만 나타난다. שְׁאוֹן은 이사야 5:14; 13:4; 17:12(두 번), 13; 66:6에 나타나고, עליז는 이사야 13:3; 22:2; 23:7; 32:13에 나타난다(그 외에는 이사야서에 근거한 구절인 스바냐서에 두 번 나타난다). שבת의 이중 출현은 이사야 14:4하–21을 상기시켜 준다.

라졌다. 마시고 날뛰는 사람들이 지르는 소리들도 그칠 것이다. 심판의 실체가 나타날 때, 아무 근심이 없는 백성들의 무모한 날뜀이 얼마나 쉽게 그치게 되는지! 수금 타는 기쁨도 역시 그친다.[37] 이사야는 두 개의 악기 사이에 있는 백성을 언급하고 있으니, 말하자면, 그들은 음악에 에워싸여 있다. 그러므로 음악이 그칠 때 백성의 날뜀은 그치게 된다. 이것은 깊이 자리한 심오한 기쁨이 아니라 단순히 낙천적인 기쁨이다. 왜냐하면 하나님으로부터 떠난 기쁨이요 오직 즐기기만을 위한 기쁨이기 때문이다. 이사야는 그러한 음악을 정죄하지 않고 있으니, 이는 음악 그 자체가 하나님의 가장 놀라운 선물들 가운데 하나이기 때문이다. 오히려 그는 술 취하는 연회를 통해서만 즐거움을 찾으며 흥청대는 사람들이 그들의 쾌락의 유일한 방편이 제거 되었을 때 탄식하며 신음할 것임을 지적한다.

24:9 악기와 더불어서, 그 노래가 공적인 노래인지 아니면 주연에 동반되는 일반적인 노래인지 밝혀지지는 않았지만, 인간의 노래 소리가 동반되었다. 그러나 어떤 성질의 것이던 간에 쾌락을 주는 노래이다. 그런 까닭에 이 단어를 본 절의 앞에 나와 강조하고 있다.[38] 현재의 상황과의 대비를 언급하는 이 묘사는 단순히 노래가 동반되는 주연이 그치가 될 때가 오리라는 것을 의미한다. 다른 한편 이사야는 그렇게 많은 쾌락을 주었던 노래의 결핍을 강조하려는 의도일 수도 있으며, 사람들이 술을 마시지만 노래를 하지는 못할 것이라는 사실을 암시하려는 의도일 수도 있다. 그들은 불필요하게 마실 것이고, 이전에 그랬던 것과 같은 기쁨의 상태에서 마시지는 못할 것이다.

이사야는 포도주를 마시는 것을 정죄하지는 않는다. 그러나 이 음주는 외설적인 성격의 노래를 동반하였을 것인데, 그런 까닭에 그 모든 행위가 참석자에게 쾌락을 주는 것으로 생각되었고, 그것은 술잔치에 지나지 않았다. 만약 사람들이 음악이 없이 마신다면, 그로 인해 현실을 외면하는 것이였을 것이며 그러한 포도주는, 그들이 이전에 가졌던 쾌락을 그들에게 가져다주지 않았을 것이다(암 6:5, 6을 참고).

이제는 노래가 없는 독주가 마시는 자들에게 쓰게 되리라는 사실이 노래의 부재와 조화를 이룬다. 이사야는 단어를 교차 평행식으로 배열함으로써 강조를 만들어낸다. 본 절 하반절에서 그는 동사를 맨 앞에 두고("그것은 쓰다") 그 다음으로 독주

37) 토프(תֹּף)는 소고, 곧 탬버린이고, 킨노르(כִּנּוֹר)는 하프나 기타 혹은 아마도 수금이다.
38) 베트(ב)의 사용에 대해서는 30:32을 참고하라.

(폭음)를 언급한다. 그러므로 그러한 술잔치를 포도주에 국한하지 않았고, 독하고 취하게 하는 술도 무한정으로 나오는 잔치들이었다. 본 절은 하나의 절정을 이루고 있다. 7절에서 포도주의 쇠잔을 언급하였고, 8절에는 노래와 기쁨의 사라짐을 언급하였으며, 여기서는 이 둘을 모두 함께 언급한다.

24:10 여기서 새로운 국면을 소개한다. 앞에서 언급된 것은 사람들과 그들의 즐김을 언급했는데, 그것은 일반 세계를 가리켰다. 이제 선지자는 깨어져서 황폐케 된 성읍에 대해 말한다. 그는 또다시 동사를 앞에 놓고 있기에 우리의 생각이 동사에 의해 표현된 개념(성이 훼파되고)에 만큼 성읍에 머물지 않게 된다. 훼파된 성읍은 파괴되고 멸망당한 것이다. 그 성읍의 황폐된 상태를 표현하기 위하여, 이사야는 창세기 1:2에서 땅이 형성되지 않았던 상태를 묘사하였던 토후(황폐)라는 단어를 사용하고 있다.[39] 이 단어는 전쟁으로 파괴를 당한 성읍과 그 결과로 나타난 황폐한 상태를 나타내는 데 적절하다. 그 다음 세기에 예레미야는 느부갓네살의 군대가 그 땅을 황폐시켜 놓았던 이후의 팔레스틴에 대하여 이 단어로 적절하게 표현하였다(렘 4:23을 참고).

어쨌든, 선지자가 이 황폐한 성읍이라는 표현으로 어느 성읍을 가리켜 말한 것인가? 많은 사람들은 이 용어를 예루살렘에 적용하였고, 다른 사람은 바벨론, 그리고 다른 사람들은 그것을 일반적인 의미로 취급하였다. 최소한 한 가지 점은 유념해야 한다. 이제까지 묘사된 심판은 전 세계에 영향을 미쳤으며, 단순히 유다 땅만은 아니었다. 그럼에도 불구하고 사용된 이 용어는 대부분 시내산 율법에 나타나는 것이다. 그런 까닭에 이 용어가 우주적인 죄와 심판으로 이해되어야 한다고 단순히 결론 짓는 바이다. 그러므로 멸망한 성읍이란 어떤 의미에서 우주적인 죄와 심판을 대표하는 것이라는 결론을 내릴 수 있는 것으로 보인다. 결국 이 표현은 일반적으로 세상 세력을 나타내는 성읍 상징하거나 비한정적인 것으로 이해되어야 할 것이다. 비록 바벨론에 대한 반영이 나타나 있을 수도 있으나, 바벨론에 대한 언급으로 한정되고 있음을 의미하는 것은 아니다. 분명한 것은 이 성읍이 세상도시이며, 범죄하여 하나님의 심판을 겪는 세상을 나타낸다는 것이다.

성읍이 파괴되기는 하지만 그럼에도 불구하고 몇몇 가옥들은 아직 서 있다. 그렇지

---

39) תהו는 이사야 24:10; 34:11; 44:9; 45:18–19; 59:4; 40:17; 41:29; 29:21; 40:23; 49:4에 나타나며, 구약성경의 다른 부분에서는 단 9회만 나타난다.

만 이것들은 닫혀 있어서 아무도 그곳으로 들어오지 못하게 된다. 이 집들에는 성읍의 왕래를 금지하고 있기에 성으로부터 차단된다. 이것은 닫혀져서 출입이 없는 집들이 있는 성읍이기에 성읍도 아니다. 이사야는 폐허의 철저성을 묘사하는 데 비유적인 방식을 사용한다. 창세기 1:2에서 땅이 혼돈하고 그래서 사람이 거주하지 못했던 것처럼, 이제 이 성읍도 황무해져서 그 집들은 더 이상 정상적인 주거처가 아니다.

집들이 닫혀서 아무도 들어갈 수 없다는 말은 정확하게 무엇을 의미하는 것인가? 선지자가 이러한 묘사로 그 집들이 파괴되어서, 완전한 의미로 그 성읍이 폐허가 된 성읍이라는 것을 말하는 것인가, 아니면 그보다는 그 거민들이 너무나 두려워하고 두려움에 가득하여 스스로 자기 집에 칩거하고 아무도 들어오지 못하게 한 것을 의미하는 것인가? 강요할 수는 없지만 후자의 견해가 옳은 것 같다. 숙가르(닫힌)라는 단어는, 문들이 멸망한 성읍의 파편에 의하여 단순히 봉쇄되었다기보다는, 집 문들의 실제적인 닫힘이 있었다는 것을 암시한다.[40] 이 묘사에서 성읍은 실제적으로 이전의 본래 상태로 되돌아간다. 성읍의 거민들이 그들의 죄를 통해서 세상에 황폐와 혼란을 이끌어 들였기에 그들의 거처는 태초처럼 황폐하게 된다. 그 성읍은 본래 황폐하였으며 그 성읍의 운명과 마지막 결과도 역시 황폐가 될 것이다.

왜 선지자가 그 성읍을 이르(heb–yir)라고 하지 않고 키르야(heb–qiriyah)로 불렀는지 분명하지 않다. 라이첼(Reichel)은 이것이 단순히 그 성읍의 일부분을 가리킨다고 생각하지만, 이러한 입장을 지지할 만한 증거가 없다. 또한 이 단어가 인간들로 구성된 성읍을 지칭한다는 것도 분명하지 않다. 키르야(heb–qiriyah)는 이르(heb–yir)의 단순한 동의어인 것으로 보인다. 이 단어가 단순히 지시 대상의 모호성을 강조하는 역할을 하는 것은 아닌가!

24:11 11절의 첫 번째 부분이 생각의 흐름을 단절시키고 있다고 많은 사람들에

---

40) Kissane은 그 집들이 거민들이 남아 있지 않기 때문에 닫혀졌다고 생각한다. 그렇지만 이것이 어떻게 그 집으로 들어가게 하는 것을 불가능하게 만들 수 있겠는가? Alexander는 파괴된 잔재들로 인하여 집의 입구들이 막힌 사실을 가리킨다고 생각한다. Dillmann, Gray, Procksch, Lindblom, Bentzen 등은 대적들을 두려워하여 백성들이 문을 닫았고 그래서 아무도 그곳으로 들어갈 수 없고, 또 거리들과 시장들이 아무것도 공급해 주는 것이 없기 때문이라고 생각한다. Mulder는 거민들이 자기들의 집을 파괴하였다고 하는 Rudolph 주장에 동의한다(25:12; 27:10을 참고). Duhm은 여러 가지 이유들을 제시한다; "*sind die Stadtlore beseitigt, so sind die Hausturen verschlossen, weit die Bewohner teils tot oder flüchtig sind, teils sich nicht hinauswagen und sich vor ungebetenen Gasten furchten...*" from entering–cf. 23:1.

의해 주장되었다. 게세니우스는 본 절이 아마도 요엘 1:5에서 취해진 것이며 여기에 맞지 않는다고 생각하면서 야만적인 대적들에 의해 파괴된 성읍에서 사람들은 포도주의 결핍 보다는 보다 중요한 불평거리를 가지고 있었을 것이라는 의견을 말했다. 많은 사람들은 본 절이 본래의 것이 아니라는데 동의하고 본 절을 다른 곳에 맞추려고 노력했다. 그러나 본 절은 1Q를 포함한 모든 사본들과 역본들 가운데서 발견된다. 그리고 그것이 이 위치에 있는 사실을 부정할 만한 객관적인 증거는 없다. 그러므로 본 절은 있는 그대로 해석하여야 한다.[41]

인접 문맥의 형식과 관련하여 볼 때 단어가 순서에 맞지 않는 것이 아니다. 8, 10, 12절은 각기 동사로 시작하는 반면에 9, 11절은 명사로 시작한다. 본 절의 첫 번째 단어는 "외침"을 의미하는 명사이다. 포도주를 더 요구하는 주정뱅이의 부르짖음이 아니고, 회복을 요구하는 일반 거민들의 부르짖음이다. 백성들이 생계유지를 위하여 빵을 필요로 하는 것처럼, 그들은 회복을 위하여 포도주가 필요하였으며 그들의 갈증을 위해 포도주가 필요하였다. 동방의 왕들과 싸운 후에 멜기세덱이 아브람에게 가져온 것이 떡과 포도주였다. 이 부르짖음은 포도주와 관계가 있으며, 거리에서

---

41) "*Wahrscheinlich aus Joel 1:5, aber wie unpassend steht es hier! In einer von einem barbarischen Feinde zerstörten Stadt, wo Tausende umgekommen waren, gab es doch, sollte man denken, Wichtigeres zu beklagen, als dass kein Wein da sey: wenn dieser auch, wie die Ausleger bemerken, einen Theil des Reichtums des Bewohner ausgemacht hatte.*" Gesenius는 아마도 다른 사람만큼 설득력 있게 이의를 서술했을 것이다. Kissane은 본 절이 8–9절에 자연스러운 결말을 이루고 있다고 주장한다. Penna까지도 다음과 같이 해석한다. "*L'autenticita del primo stico del v. 11 e per lo meno molto discutibile*" 다른 한편, 본 절은 동사나 명사로 번갈아가며 시작하는 구절들의 특별한 체계 속에 짜 맞춘 것으로 보인다. 8절은 동사, 9절은 명사, 10절은 동사, 11절은 명사, 12절은 동사이다. 더 나아가서 본 구절과 앞 구절 사이에 모순이 반드시 내포되어 있지는 않다. 만일 거민들이 그들의 집 안에 있다면, 비록 그것이 무너진 것으로 묘사될 수는 있을지라도, 그 성읍이 폐허가 된 것은 아니다. 만약 거민들이 자기들의 집에서 문을 닫고 있다고 가정한다면, 이 구절은 일반적인 의미로 취급되어야 한다. 이것은 거리에 전혀 아무도 없다는 것을 의미하지 않는다. 만일 실제로 11절 상반절과 10절 사이에 현저한 모순이 있었다면, 이 지점에 11절을 삽입한 참으로 학식있는 "이사야의 제자"는 그것을 감지하였을 것이다. 이사야의 목적은 언젠가 웃고 즐기던 성읍과 현재의 황폐함을 대조하기 위한 것이었다. 언젠가는 즐기는 소리–지금은 포도주를 위한 부르짖음; 다시 말하면, 예전의 상태는 지나갔다는 것이다. 그러나 포도주만 부족한 것이 아니라, 모든 즐거움과 기쁨이 사라졌다(16:7–10을 참고). Drechsler는 이 단락의 3중적 구조에 주의를 환기시키고 있다: 서론, 1–3절, 결론, 13–15절(3절씩), 본론은 각기 3절로 세 개의 소단락들로 구성됨. 4–6절, 7–9절, 그리고 10–12절. 이와 같이 각 구절 가운데는 평행적 표현이 주로 3중적이다, 예를 들면, 4, 7, 8, 11절. צוחה–애처로운 부르짖음, 예레미야 14:2; 46:12.

들리는 고통의 부르짖음이다.[42)]

성읍의 기쁨 너머로 태양은 사라졌고, 기쁨은 밤 속으로 들어가 버렸다. 즉 어두움이 왔다. 실로, 온 땅의 즐거움이 포로가 되어 버렸다.[43)] 그러므로 인상적인 비유로 선지자는 땅에 닥친 황폐함을 계속 묘사해 나가고 있는 것이다.

24:12 11절이 보여 주는 것처럼 막대한 손실이 있었다. 행복은 사라졌고, 즐거움과 기쁨이 없어졌다. 그러나 그 뒤에 남아 있는 것이 있으니,[44)] 곧 황폐함과,[45)] 이에 따른 성문의 파괴이다.[46)] 샴마(שַׁמָּה, 황무, 싸늘함)는 포로를 상기시켜 주는 단어이다. 이사야는 앞에서 땅의 집들의 황무를 묘사하기 위하여 이 단어를 사용한 바 있다(5:9). 이 예언은 냉혹한 모습을 묘사하고 있다. 백성들의 환락을 수반하였던 한 순간의 환희와 즐거움은 사라졌고 그 자리에 폐허와 황폐함만 남아 있다. 이 폐허에 성읍의 가장 중요한 부분인 성문 또한 부서져서 단지 폐허가 될 것이라는 사실이 더해진다. 본 절의 첫 단락은 성읍 안에 황무함이 있다는 것을 보여 주고, 두 번째 단락은 그 성의 외부 혹은 성문 역시 파괴되었다는 것을 보여 준다. 황무함이 참으로 철저하다는 것이다.

13절, 세계 민족 중에 이러한 일이 있으리니 곧 감람나무를 흔듬 같고 포도를 거둔

---

42) 예레미야 4:4에서는 떡만 언급되었지만, 예레미야애가 2:12에서는 떡과 포도주가 모두 언급되었다.

43) **Lindblom**은 11절 하반절에 있는 משׂושׂ가 온 땅의 기쁨을 의미하지 않는 것으로 보며 "*Gegenstand der Freude des Landes*"라고 번역하고 있다. 13:19과 비교하면서 이것이 그 성읍의 백성 중 가장 높은 자가 포로로 잡혀갔다는 사실을 의미한다고 해석하였다. 이러한 견해를 입증하기 위하여 Lindblom은 이사야 32:14; 60:15; 65:18; 에스겔 24:25; 예레미야애가 2:15; 시편 48:3에 호소한다. 그러나 확실치 않다. 이 단락에 너무나 자주 등장하는 우주적인 어투를 견지하면서 이사야는 여기서도 우주적 의미를 의도하고 있을 수 있다. 어떤 의미에서 이것은 그 땅을 떠나 포로로 붙잡혀간 포로 중에서의 기쁨일 수도 있다.

44) נשאר은 גלה와 효과적인 대조를 이루고 있다. 형태는, 비록 여러 사본들이 분사(즉 카메츠<ָ>와 함께)로 읽고 있음에도 불구하고, 남성 3인칭 단수 완료형이다. 그렇지만 주어는 여성형이다. 동사가 중성으로 취급될 수도 있고, 혹은 שמה가 할(ḥal) 직접 목적격으로 해석될 수 있다. "그 성읍 가운데 황폐가 남아 있었다."

45) 황무–성경중 단 한 번 나오는 단어(hapax legomenon), 소산의 직접목적격.

46) יֻכַּת–כתת의 호팔 미완료형. 이 형태는 יוּכַּת를 나타내기 위하여 취해진 것이지만, 이것이 의문스럽다. 이것은 아람어 유비를 따르는 것으로 보이며 본래 יֻכְּכַת를 나타낸다. 반면에 יוּכַּת는 יוּכַּת를 나타낸다. "다게쉬 앞에 있는 모음은 당연히 짧다"고 한 GKC(§67)에 있는 설명은 사실상 무의미한 말이다. 문제는 '왜 다게쉬가 나타나 있느냐?'는 것이다.

후에 그 남은 것을 주움 같을 것이니라
14절, 무리가 소리를 높여 부를 것이며 여호와의 위엄을 인하여 바다에서부터 크게 외치리니
15절, 그러므로 너희가 동방에서 여호와를 영화롭게 하며 바다 모든 섬에서 이스라엘 하나님 여호와의 이름을 영화롭게 할 것이라

24:13 선지자는 이제 독특한 방식으로 그가 앞서 언급한 것을 요약하고 보다 분명하게 묘사한다. 선지자들 중 이사야만 사용하는 표현이기에 독특하다. "그리고 그러므로 그 땅 중에 있을 것이라." 도입에 "이는(for)"을 논리적 결론을 이끄는 단어로 이해할 필요가 없다. 즉 이것은 자주 단순한 연결사의 역할을 한다.[47] 여기서 바로 그러한 의미로 사용된 것으로 보이며 그 의미를 다음과 같이 의역할 수 있다. "방금 묘사한 것은 확실히 일어난다. 이는 실로 백성들 가운데 흔들림이 있을 것이기 때문이다." 영어 번역본의 "그때에(when)"는 옳지 않다. 두 번째 단어인 "그러므로"는 감람나무의 흔듦과의 비교를 지시한다.[48]

일어날 일은 그 땅 안에서 만이 아니라, 그 백성들 속에서도 일어날 것이다.[49] 그러므로 모든 백성이 멸망당하는 것이 아니라, 얼마만 멸망당한다는 사실을 암시하

47) 어쨌든 כי는 바로 앞 구절을 반영하는 것으로 보인다. 곧 이 후자가 백성의 완전한 멸망을 전제로 하는 요소들을 내포하고 있는 한 그러하다. 이 불변화사의 의미에 대한 흥미 있는 논의에 대해서는 Johannes Pedersen, *Israel*, Ⅰ–Ⅱ, 1926, pp. 117ff를 보라.

48) König은 "*zeigt darauf hin, dass V.13 nicht mit Dim.–Ki., v. Or., Gray, Feldm. Zum Vorhergehenden zu ziehen ist.*" 문제는 전적으로 כה의 의미에 있지 않다. 각주 47에 언급되어 있는 것이 적절하다. B는 ταυτα πάντα로 읽는다.

49) Kissane은 미래형에 대한 주의를 상기시키며 마지막 결말에 대한 요약을 전하기 위해 사용되었다고 주장한다. 그러나 Lindblom은 יהיה가 현재 상황을 가리킨다고 생각한다. 이 시점에서 동사의 정상적인 의미로부터 떠나야 하는 이유를 모르겠다. 이사야는 분명히 미래에 일어날 일에 대해서 말하고 있는 것으로 보인다. "땅 가운데서"–모든 선지자들 가운데서 오직 이사야만 이러한 표현을 사용하고 있다(5:8; 6:12; 7:22; 10:23; 19:24를 참고). 그밖에 이것은 오경과 시편 74:12에서만 발견된다. 해석학적인 문제는 이사야가 유다의 멸망만을 말하고 있는지(Rudolph), 아니면 세계의 중앙으로서의 유다에 대해 말하고 있는지 이다. 이 후자의 견해로 본다면, "민족들 중에"는 심판의 어두운 성격을 강조한 것일 것이다. Drechsler는 다음과 같이 해석한다. "*Einöde inmiten wogenden Völkergetummels, Wüstenei mitten in der ringsum bewohnten Welt.*" 예루살렘이 땅의 중심이라는 사실을 보여 주는 구절들은 2:2이하; 19:24; 미가 4:1; 예레미야애가 3:45; 에스겔 5:5; 38:12이다. 또한 예루살렘은 만군의 여호와의 성소로 언급되기도 한다. 그리고 시온은 온 세계의 왕이신 야웨의 보좌이다(Lindblom).

고 있다. 17:5, 6에서 같은 비유를 이스라엘에게 적용하였다. 여기서 이 비유는 열국을 가리킨다. 그러나 여기서 사용된 것처럼, 이것은 17장의 단순한 모방이 아니다. 여기서 후대의 저자가 17장을 모방 했다고 생각하는 사람들에 관한 알렉산더의 설명에 공감하고 싶을 수 있다. "그러므로 선지자는 딜레마에 처하게 된다. 만약 그가 자신의 표현을 반복하지 않는다면, 그는 자신에게와 자신의 기록에 대해 생소한 사람이 될 것이고, 만약 반복한다면, 그는 후기 시대의 모방자가 된다." 감람나무가 흔들린 후에 감람나무에는 여전히 열매가 남아 있을 것이다. 첫 번 추수 후에 이삭들, 즉 추수 후에 남은 것을 여전히 가지고 있을 것이다. 심판이 그와 같을 것이다. 심판이 임한 후에 남은 자가 여전히 존재할 것이다.[50)]

24:14 본 절의 첫 문구가 인상적이다. 이사야는 "그들이" 소리를 높여 부를 것이라고 선언한다. 그렇지만 이사야는 누구를 지칭하고 있는가? "그들"의 선행사가 무엇인가? 분명히 남은 자가 있을 것이라고 앞 절에 암시하고 있는바 그 구절에서 선행사를 발견한다. 대부분의 감람열매가 나무로부터 흔들려 떨어진 후에 남아 있는 것과 그리고 추수가 완료된 후에 첫 번째 포도가 거두어진 후에 남은 낱알은 심판 이후에 살아남게 될 남은 자들을 상징한다. 그들은 소리를 높여 부르짖을 것이다. 아마도 그 단어를 강조하고 동사들을 비인칭적으로 취급하는 것을 피하기 위하여, 선지자는 인칭대명사인 "그들"이라는 단어를 사용한다.[51)] 이사야는 왜 남은 자가 하나님을 찬양하는지를 명백하게 설명하지 않지만, 그들이 생명을 보존하고 심판의 참해와 파괴하는 세력을 피한 바로 그 사실에서 이유를 확실히 찾을 수 있다.

---

50) 남은 자는 아마도 예루살렘이 멸망할 때 유다에 남아 있는 소수와 동일하게 생각해서는 안 될 것이다(Kissane를 참고). עללות–두 번째 추수를 위하여 첫 번째 추수로부터 남아 있는 것, 즉 실제 추수이다.

51) Marti는 대명사도 역시 16절의 1인칭과 대조를 이루고 있다고 생각한다(렘 17:18; 시 120:7을 참고). Kissane은 הֵמָּה가 "백성들 중"(13절) 남아 있는 남은 자를 가리킨다고 한다. Lindblom은 이것을 낱알로 간주된 팔레스틴의 유대인들에게 적용한다. Marti는 그것을, 아시아의 해안과 섬들 혹은 애굽의 해안에 있는, 서방에 흩어진 유대인들로 취급한다. Gray는 본문이 훼손된 것으로 간주하면서도, 만일 14절이 13절을 적절히 이어가고 있다면 그 대명사는 선행사에 의하여 설명되어야 한다고 생각한다. Gray는 16절과 대조가 있다는 견해를 거부한다. 그러나 만일, 선행사를 가지고 대명사를 설명하려고 한다면, 그것은 다만 심판을 피한 사람들을 가리킬 수 있을 뿐이라고 주장한다. 그러나 이 남은 자는 유대인으로 되어 있는가 아니면 이방인으로 구성되어 있는가? Gray는 독단적으로 말하기를 꺼려하면서도 이방인을 가리킬 수 있다고 주장한다. 다른 한편 Smend(*ZAW*, Vol. 4, 1884, pp. 168f.)는 14–15절이 단지 16절의 첫 문구에 따라 설명될 수 있을 뿐이라고 생각한다.

그 부르짖음은 외치는 자들이 그들의 목소리를 높여 들리게 하는 것이기에 크게 외치는 것이다. 그들이 하나님의 위엄을 노래할 때 마치 모든 사람이 그들을 듣기를 바라기에 두 번째 동사를 "그들이 울려 퍼지게 부르짖었다" 혹은 "그들이 크게 부르짖었다"라고 번역할 수 있다.[52] 마지막으로 그들이 바다에서부터 울다 즉 큰 소리로 외치는 것으로 진술되어 있다. 이 말은 먼 열국들 해안지방에 살고 있는 자들까지도 하나님을 찬양할 것이라는 사실을 알려준다. 다른 한편, 앞에 있었던 바다의 소동에 대한 언급에 비추어(참고. 5:30과 17:12), 이사야가 남은 자들이 바다 그 자체보다도 더 날카롭게 부르짖는다는 것을 암시할 수도 있다.[53] 만일 그렇다면, 비록 바다가(이 문구를 통하여 그가 마음속에 소란스러운 열국들을 염두에 두었을 것이다) 예전에 외쳤을지라도 지금은 심판 이후에 남아 있는 자들이 바다가 외친 것보다도 더욱 크게 외친다고 말하고 있는 것이다. 이러한 후자의 견해를 독단적으로 주장할 수는 없다. 한 가지는 분명하다. 구원은 남아 있는 자의 마음 속과 입술에 기쁨의 노래를 가져다준다. 심판은 자주 기쁨을 가져다준다.

24:15 이사야는 이제 하나님을 찬양한 사람에게 직접 이야기를 하며 그들에게 노래를 계속하라고 명령한다.[54] 그의 어투는 난해하다. 두 번째 단어는 "빛 가운데

---

52) ירנו–이 단어는 접속사 없이 표현된 것이다. Procksch와 Mulder는 앞에 있는 단어와 함께 아트나를 둘 것을 제안한다. 이것은 불필요하다. 이는 티프하가, 두 개의 단어들이 분리되어야 한다는 사실을 보여 주고 있기 때문이다. 14절 상반절에 세 개의 단위들이 있다, 즉 "그들이–그들의 목소리를 높일 것이며 그들이 노래할 것이다."

53) Gesenius는 이러한 해석을 단호하게 거절한다. צהלו–"울다, 강하게 부르짖다"인데, 여기서는 기쁨으로 찬양하는 것을 의미한다. 형태는 베트(ב)와 함께 연결된 예언적 완료형으로 보인다(12:6; 54:1을 참고). 그렇지만 Sperber(*JBL*, Vol. 62, 1943, p. 195)는 이것을 단지 미완료형이 계속되고 있는 것으로 취급한다, 즉 "그들이 노래한다–그들이 소리친다." Gray는 과거형으로 번역하고 Lindblom은 명령형으로 읽었다. 이 구절은 여러 이사야적인 특징들을 가지고 있다.

54) 도입어 עַל־כֵּן–이 어려움을 야기시킨다고 말한다. Kissane은 이 불변화사를 사용한 뚜렷한 이유가 없다고 생각하고, עַל־כְּנַף–로 읽을 것을 제안한다. 반면에 Procksch와 IB는 צלזו로 읽을 것을 제안한다. 이 중 어느것도 본문의 지지를 받지 못한다. 그렇지만 Gray는 그들의 견해 중 그 어느것도 만족할 만한 해석이 될 수 없다고 생각하지만 14절과 15절의 연관성은 이방인들이 하나님을 찬양하고 있으므로, 흩어진 유대인들도 그렇게 할 수도 있다는 것을 의미한다고 제안한다. Mulder는 정확하게 이 불변화사의 의미를 이끌어내고 있는데, 곧 "*op grond van sulke toestande*"라고 말한다. 다음과 같이 의역할 수 있다: "그들이 하나님을 찬양할 것이다; 그런 이유로 그를 찬양하는 자로 묘사된 너희는 그 일을 계속하라." M은 B, δια τοῦτο와 모든 고대 역본에 의하여 지지를 받는다.

서"라고 직역할 수도 있다. 그러나 이러한 표현이 무엇을 의미하는가?[55] 아마도 이것은 빛이 비추어지는 곳인 동방을 가리킬 것이고, 만일 그렇다면, 바다와 대조를 이루며 서방 혹은 지중해의 해안을 나타낸다.[56] 그러므로 본 절의 두 부분은 모든 장소, 즉 동방과 서방 모두를 가리킨다고 말할 수 있다. 그러므로 전 세계가 여호와를 찬양하라고 요청을 받고 있는 것이다. 그가 마땅히 받아야 할 무게 있는 영광을 그에게 돌려 드리는 것은 주님을 영예롭게 하는 것일 것이다. 한 분 하나님밖에 없고 그는 이스라엘의 하나님이시다. 모든 인간은 그를 찬양하여야 하며 하나님만을 찬양해야 한다. 심판의 결과는 참되신 하나님에 대한 우주적인 찬양이 될 것이다.

16절, 땅 끝에서부터 노래하는 소리가 우리에게 들리기를 의로우신 자에게 영광을 돌리세 하도다 그러나 나는 이르기를 나는 쇠잔하였고 나는 쇠잔하였으니 내게 화가 있도다 궤휼자가 궤휼을 행하도다 궤휼자가 심히 궤휼을 행하도다 하였도다

17절, 땅의 거민아 두려움과 함정과 올무가 네게 임하였나니

18절, 두려운 소리를 인하여 도망하는 자는 함정에 빠지겠고 함정 속에서 올라오는

---

55) ארים–B에는 생략되어 있다. 이것은 일반적으로 태양이 떠오르는 장소인 동방을 지칭하는 것으로 본다. Perles는(*Analekten*, 1922, p. 56에서) 이것을 베이루트에 적용하여, 베이루트의 거민이라고 한다. 문제가 있는 어원적 설명은 제쳐두고, 이와 같이 구체화된 단어는 여기서 섬들과 대조를 이루지 않는 것으로 보인다. Targum은 "빛"으로 번역하고("빛이 의로운 자들에게 올 때, 그들은 주님 앞에 영광을 돌릴 것이다"), Vulgate는 *in docrinis*로, Saadia는 "그의 빛이 나타날 때"로 번역한다. Kimchi는 이 단어를 산들 가운데 있는 성읍들이 아닌, 골짜기 가운데 있는 성읍들로 취급한다. 그는 이것을 אור כשדים과 연관짓는다. Ibn Janah는, Gesenius에 의하여 제시된 바와 같이, 이 단어를 "먼 섬들"에 적용한다. Gesenius 자신은 이 문맥이 동방, 즉 빛의 영역이든, 아니면 북방, 즉 서방의 섬들과 적절한 대조를 이루는 영역이든, 한 지역을 가리키기를 요구한다는 것에 동의한다. 그 역시 서방과 대조를 이루고 있는, 아랍어 알-아우르(북방)에 호소한다. 시편 107:3; 이사야 49:12; 또한 신명기 33:23에 있는 서방과 남방, 아모스 8:12에 있는 북방과 동방에 주목하라. 주석가들이 Gesenius의 다음과 같은 말을 염두에 두는 것이 당연해 보인다. "*Unnöthig aber sind die zahlreichen zum Theil geschmacklosen Conjecturen, die hier versucht worden.*" 단어 자체는 "바다의 섬들"과 대조를 이룸에 틀림없다. 그러나 이 단어의 정확한 어원적 설명은 결정하기 어렵다. Lindblom은 "빛의 지역"이라는 의미를 가진 단어는 여기서 단 한 번만 사용되고 있다고 생각한다.

56) "섬(들)"–즉 서방에서. 11:11과 이점을 지적하고 있는 주해를 참고하라. 복수형 구문은 이사야 11:11과 24:15에서 발견되고, 이 두 경우에서 "바다"가 뒤따라온다. 복수 절대형은 이사야 40–66장에서 12회 나타난다(40–55장에 9회, 56–66장에서 3회). 이사야서 이외에서는 복수 절대형이 10회 발견된다. 단수는 이사야서에서 3회 나타나고(20:6; 23:2, 6), 예레미야서에서 2회 나타난다.

자는 올무에 걸리리니 이는 위에 있는 문이 열리고 땅의 기초가 진동함이라
19절, 땅이 깨어지고 깨어지며 땅이 갈라지고 땅이 흔들리고 흔들리며
20절, 땅이 취한 자같이 비틀비틀하며 침망같이 흔들리며 그 위의 죄악이 중하므로 떨어지고 다시 일지 못하리라
21절, 그날에 여호와께서 높은 데서 높은 군대를 벌하시며 땅에서 땅의 왕들을 벌하시리니
22절, 그들이 죄수가 깊은 옥에 모임같이 모음을 입고 옥에 갇혔다가 여러 날 후에 형벌을 받을 것이라
23절, 그때에 달이 무색하고 해가 부끄러워하리니 이는 만군의 여호와께서 시온산과 예루살렘에서 왕이 되시고 그 장로들 앞에서 영광을 나타내실 것임이니라

24:16 16절은 이어지는 단락의 서론이고, 23절은 결론이다. 이 두 구절을 제외하고, 세 그룹으로 되어 있는데, 각기 두절씩으로 구성되어 있다. 16절의 첫 부분은 15절의 결론을 이어간다. 즉 하나님을 찬양하자는 것이다. 이러한 찬양의 우주성을 나타내 보이기 위하여 이사야는 땅의 가장 먼 곳을 의미하는 "땅 끝에서부터(from the wing of the earth)"라는 문구로 시작하고 있다.[57] 이 단어가 단수형이지만, 일반적으로 이해될 수 있다. "우리가 심지어 땅끝으로부터 들려오는 노래를 들었다." 이 의미를 보다 세밀하게 정의할 필요도 없고, 할 수도 없다. 이 노래들로 말미암아[58] 14절과 15절의 하나님께 대한 찬양이 온 땅에 알려졌다. "우리가 들었다"는 문구는 아마도 비한정적 혹은 일반적 의미로, 즉 "노래들이 들려 왔다"를 의도한 것 같다. 만일 문자적인 의미를 유지해야 한다면, "우리"라는 단어는 선지자를 포함하는 것이며 선지자는 자신의 감정을 말하고 있는 것이 된다.[59]

"의로우신 자에게 영광을 돌리세(beauty to the righteous)"라는 표현을 통하여, 선

---

57) כְּנַף는 הָאָרֶץ와 함께 쓰여서 집합적 의미를 갖는다(11:12; 욥 37:3; 28:13; 겔 7:2을 참고). 그러나 Penna는 이것이 구체적인 지역을 가리킨다고 하여, "*molto lontana dalla Palestina*"라고 말하지만, 온 땅을 묘사하기 위하여 복수 대신에 사용되었을 수도 있다고 말한다. B는 복수형으로 번역하면서 알기쉽게 그 의미를 드러내고 있다. 그러나 이것은 본래 히브리어가 복수였다는 것을 전제로 하지 않는다.

58) 25:5; 욥기 35:10을 참고하라.

59) Drechsler는 이사야가 영으로 미래의 축복된 시대의 한가운데로 옮겨져 간 자신을 보고 있다고 생각한다. Penna는 선지자와 그의 동료들이(13절), 그때까지도 이방이었던 땅으로부터 들려 온 노래를 들었다고 말한다.

지자는 불려진 노래의 내용을 매우 간결하지만 분명히 밝히려고 한다.[60] 이 단어들의 관계에 대한 다른 견해들이 주장되었으나, 이 단어들을 의로운 자에게 속하는 영광의 아름다움을 선언하는 것으로 해석할 수도 있다. 4:2에 비추어 볼 때, 아름다움은 여호와의 싹으로 나타나고 그 싹은 메시아이다. 구속받은 자의 아름다움은 그리스도이시다. 심판의 황폐함을 피한 자들과 그곳으로부터 구속받은 자들을 위하여 진정한 영광과 아름다움, 즉 그들의 구속자가 있다.

칼빈과 다른 사람들은 "의로운 자"라는 단어가 하나님에게 해당하며, 그래서 구원받은 자들의 노래는 하나님에 대한 찬미의 찬양이 된다고 생각한다. 하나님만이 의로우신 자라는 사실은 틀림없는 사실이지만, 그러나 징벌 심판으로부터 구원받은 사람들도 역시 이 이름을 부여받을 수 있다.[61] 이 이름은 그 어떤 내재적 의로 인하여 그들에게 주어진 것이 아니고, 다만 이사야가 다른 곳에서 밝힌 바와 같이, 그들이 법정적으로 의로운 자라 칭함을 받을 수 있는 근거에 기초하여 하나님으로부터 의를 받았기 때문이다.[62] 이때까지 의로운 자에게 아름다움이 있었다는 사실은 알려지지 않았었다. 그러나 심판이 왔을 때, 이러한 사실을 노래를 통하여 널리 선포할 것이다. 그때, 의로운 자에게 아름다움이 있다는 사실을 우주적으로 알게 될 것이다.

다음으로 선지자는 찬양의 노래에 대한 자기 자신의 반응을 나타내면서, 자기 자신에게 주의를 집중시키고 있다. 그는 과거 시제를 사용하고 있는데, 이는 그가 실제

---

60) 4:2; 28:1–4; 13:19; 에스겔 20:6, 15; 다니엘 11:16, 41을 참고하라. "의로운 자"는 여기서 하나님의 종들에게 대해서 집합적으로 사용되었다. 이제까지 그들의 아름다움은 부분적으로든 완전하게든 숨겨져 있었으나, 이제 모든 세계가 보도록 드러나게 될 것이다. 이 견해는 부분적으로 "화로다 나여"라는 이사야 자신의 고백과의 대조를 통해 그리고 26:2절 이하에 의하여 지지를 받는다.

61) Marti는 "의로운 자"라는 용어를 율법에 대해서 의로운 백성에게 적용시킨다(26:2; 합 1:4, 13; 2:4). Penna는 다음과 같이 해석한다: "*Ora si tende a vedervi la nazione o Israele rendento da tanta catastrofe*(Gray, Kissane, Fischer, Rudolph)." Drechsler는 이 용어를 전적으로 하나님의 종들에게 적용하는데, 이는 본 주석서가 취하고 있는 핵심적인 입장이다. Hitzig는 이것을 정복자로 보고 있으며, Knobel과 Bredenkamp은 이것을 하나님께 적용한다. 그러나 하나님께서는 이사야서에서 결코 이 이름으로 불리지 않으신다. 그러므로 Kittel은 이 용어를 경건한 공동체 구성원을 가리키는 것으로 생각한다. Gesenius는 이것을 인류 가운데 있는 의로운 백성들에 대한 것으로 본다.

62) 이사야가 이러한 용어들을 가볍게 사용하지 않는다는 것은 충분하게 강조될 수 없다. 이 용어가 의로운 자들에게 적용된다는 것은 26:2("의로운 나라"); 26:7("의인의 길"); 26:9("세계의 거민이 의를 배움이라"); 26:10("악인은...의를 배우지 아니하며")에 의하여 지지를 받는다. 이러한 구절들은 의로운 자가 시편 1편에서처럼 악인과 구별되어야 한다는 것을 보여 주고 있으며, 또한 의가 배워지는 것, 즉 사람들이 본성적으로 의로운 것이 아니라, 그들의 의를 다른 존재로부터 받을 필요가 있다는 것을 보여 준다.

적으로 말하는 것이 환상 가운데서 이미 일어났기 때문이다. 델리취가 지적한 바와 같이, 그 상황은 요한 계시록 7:14에서 천사에 대한 요한의 반응과 유사하다. 이사야가 말한 것은 환상 가운데서 였다. 즉 지금은 그가 보았던 것을 되돌아보고 이미 일어난 일을 기록하면서 과거시제를 사용하고 있는 것이다. 그의 말은 말하자면, 그가 듣고 있는 노래들에 대한 답변과 반응인 것이다..

이사야의 부르짖음은 슬픔과 비탄의 부르짖음이다. 첫 번째 단어 רָזִי는 아마도 "쇠잔"으로 번역해야 할 것이다.[63] 이 단어와 צְבִי 사이에는 언어유희뿐만 아니라 의미의 의도적 대조도 있는 것으로 보인다. 이사야가 말한 것을 다음과 같이 묘사할 수 있다. 즉 "의로운 자에게 영광(צְבִי)이 있고," "나에게는 쇠잔(רָזִי)이 있도다." 전자가 모든 아름다운 것과 영광 받은 것을 말한 것처럼, 후자는 삼키고 태우는 것, 몸의 힘을 삼켜 버리는 쇠약함과 병듦을 말한다. 이사야는 이 표현을 반복하여 강조하고 있으며 "내게 화가 있도다"로 이어간다. 의로운 자에게는 아름다움이 있을지라도 선지자의 힘을 소멸시키는 것이 존재한다는 것이다. 그는 다른 곳에서 자신에 대해서 이와 유사한 말을 하였다. "나는 슬피 통곡하겠노라 내 딸 백성이 패멸하였음을 인하여 나를 위로하려고 힘쓰지 말지니라"(사 22:4). 이것은 쓰라린 슬픔의 부르짖음이었으니, 이는 백성들이 멸망당하고 있었기 때문이었다. 바울보다 이사야의 슬픔을 더 잘 이해한 사람이 없을 것이다. 바울 자신도 다음과 같이 부르짖었다. "내게 큰 근심이 있는 것과 마음에 그치지 않는 고통이 있는 것을 내 양심이 성령 안에서 나로 더불어 증거하노니 나의 형제 곧 골육의 친척을 위하여 내 자신이 저주를 받아 그리스도에게서 끊어질지라도 원하는 바로라"(롬 9:1하–3).

선지자의 슬픔의 이유가 본 절의 마지막 행에 다섯 단어로 표현되어 있다. 이 각 단어들은 같은 어근에 근거하고 있으며, 두 번은 불변화사로 나타나고 두 번은 완료형 정동사로 나타나며 한 번은 명사형으로 나타난다.[64] 이 모두를 다음과 같이 직

---

63) 나의 쇠잔–두 번 반복되고, "내게 화가 있도다"라는 말이 뒤따라오는 것은 의미심장하다. 이 단어의 형태는 רָזָה, "쇠잔하다"에서 파생되었을 수 있다(17:4; 10:16; 시106:15; 습 2:11을 참고). Gray는 그것이 רָזִי의 모습으로 구두점이 찍혀져야 한다고 생각한다. לִי와 조화를 이루기 위하여 이 단어가 엑센트를 잃어버렸고, 그래서 아가(ָ) 원개음절에 나타나고 메텍을 동반하고 있다. 그러므로 모음은 자연적으로 길게 나타난다. Drechsler는 בְּנִי와 נְקִי를 비교하지만, 그러나 이러한 비교의 타당성이 의심스럽다. 역본들(Gray가 말하는 바와 같이 M이 아님)은 확실히 이 단어를 "나의 비밀"이라는 페르시아어(Sir. 8:18을 참고)로부터 빌려온 아람어로 이해한 것 같다. 그러나 이 문맥 가운데서 이 단어는 צְבִי와 대칭되어 있다.

64) 21:2; 22:18; 예레미야 12:1을 참고. 역본들과 마찬가지로 현대 많은 학자들은 어근 בגד를

역할 수 있다. "약탈자들이 약탈을 하도다(완료형은 현재의 행동을 나타낼 수도 있다). 약탈자들과 함께 더욱 약탈자들이 약탈을 하도다."

이 어근의 정확한 의미에 대해서 독단적일 수 없으니, 이는 확인하기가 어렵기 때문이다. 이 단어를 영어로 "속이다"로 번역할 수도 있다. 그러므로 이사야는 속임으로써 백성을 멸망으로 인도하는 사람들에 대해서, 또는 나라를 약탈하는 외부의 적들에 대해서 말하고 있는 것이다. 그러나 어근의 5중적 반복과 두 개의 끊어읽기 형태는 가장 강한 강조를 시사하는 것으로 보인다. 선지자의 백성은 공격의 대상이었고, 이것이 선지자에게 영향을 주고 있다. 시온의 백성들이 고난을 당하고 있는 동안 그는 기쁨을 누릴 수가 없다.

24:17 약탈의 결과가 본 절에 제시되어 있다. 약탈자들이 약탈하고, 그 땅의 거민에게 남은 것이라고는 두려움과 함정과 올무뿐이다.[65] 이사야가 대중의 속담을 인용하여 이것을 구체적인 상황에 적용하고 있는지 여부에 대해 결정하는 것이 불가능한 것은 아니지만 어렵다.

본 절의 유음현상들은 그 의미에 힘을 실어 주고 있으며, 또한 앞 절의 마지막 부분과 긴밀하게 묶어 준다. 번역 과정에서 이러한 두운법을 맞추기 위해 노력한 것을 보면 흥미 있다. Grauen, Grube und Garn(Marti); terrore, trabocchetto e tranello(Penna). 여기에 사용된 이미지가 사냥용어에서 왔다고 보는 것이 가능하다. 야생동물은 추적자들을 두려워한다, 그리고는 함정을 발견한다. 만일 함정을 피하면, 올무에 걸린다. 그러면 더 이상 도망갈 길이 없게 된다.

24:18 이제 이사야는 그가 방금 전에 사용하였던 비유들을 계속 설명해 나간다. 사람이 듣고 도망하는 두려운 소리는[66] 두려움을 일으키는 사람이 내는 목소리이

"속이다" 혹은 "불성실하게 다루다"의 의미로 이해한다. 그러나 다른 사람들은(예를 들면, Kissane, Lindblom, Rudolph) 이것을 "강탈하다," "훔치다"로 취급한다. Mulder가 그렇게 번역한다. "*rowers roof, roof roof die rowers.*" 이 견해는 이것을 권장할 많은 근거를 가지고 있는데, 특히 문맥상 그러하다. 그리고 21:2; 33:1; 하박국 1:13에 있는 동사의 용법에 의하여 확실히 지지를 받는다(잠 23:28을 참고).

65) 같은 단어가 예레미야 48:43–44에서 모압에 관한 경고에 나타난다. Gesenius는 Augusti의 번역을 제공한다. "*Entsetzen, Verletzen in Netzen.*" 다른 단어들로 표현된 같은 사상에 대해서는 아모스 5:19을 참고하라.

66) 소리–즉 두려움을 자아내게 하는 소리. 두려움을 자아내게 하는 소리를 듣고 도망하는 것은

다. 사냥꾼 자신이든, 그의 무기이든, 아니면 그 밖에 무엇이든 간에, 이것은 사냥감 안에 두려움을 야기하는 것을 가리킨다. 그러므로 심판은 피할 수 없는 것이다. 심판이 사방에서 압박하기 때문이다. 어쨌든 도망하는 자가 두려움을 피할 수 있었다면 그는 함정에 빠질 것이다. 또한 그가 함정에서 올라 올 수 있다면, 올무에 잡힐 것이다.[67] 포획은 확실하고 피할 곳은 없다.

어쨌든 심판이 다가올 때, 그것은 우주적일 것이고, 노아 때의 홍수처럼 결정적인 사건이 될 것이다. 대홍수가 모든 것을 멸하였던 것처럼, 이 심판 역시 그러할 것이다. 창세기 7:11에서 홍수에 대해서 사용되었던 어휘와의 유사성은 이사야가 홍수를 암시하고 있다는 것을 보여준다.[68] 동시에, 여기에 홍수에 대한 분명한 암시가 있기는 할지라도, 이사야가 홍수사건을 단순히 되풀이하고 있는 것이 아니다. 왜냐하면 그러한 방식의 우주적인 멸망이 다시는 되풀이되지 않을 것이라고 분명하게 계시되었기 때문이다(창 8:21). 이 말은 하늘의 능력이 역사하게 될 때 땅의 기초 자체가 영향을 받게 된다는 것을 가르친다. 이 진리가 시적으로 표현되어 있다. "위에 있는 문"은 위로부터 능력이 흘러나오는 문들이다. 그 문들이 열려질 때, 위로부터 시작된 엄청난 폭포가 떨어진다. 창세기 7:11과 8:2에서 땅속에 있는 물이 언급되었는데, 그러나 이사야는 여기서 그것을 언급하지 않고 있다. 이는 그가 노아 홍수를 곧이곧대로 묘사하고 있지 않기 때문이다. 이러한 엄청난 퍼부음의 결과는 땅의 기초가 흔들리는 것이다.

가끔, 여기서 선지자가 고대 신화 개념을 취하여 이 개념을 종말론으로 전환시키고 있다고 주장하기도 한다. 반역 세력을 압제한 후 왕으로 등극하는 신에 대한 고대 신화가 배후에 자리하고 있다는 것이다. 그러한 입장을 지지하는 것으로 인용될 수 있는 유일한 실제 증거가 우가릿 본문에 나타난다. 그것은 다음과 같다.

그리고 알린 바알(Aliyn Baal)이 대답하였다…

두려움, 즉 그 자체 대상물로부터 도망하는 것이다.

67) אֶל+נפל– "에게로 떨어지다"(왕하 6:5을 참고).

68) 여기서 히브리어의 뜻은 특히 의미심장하다. 그것은 "위에 있는 문"이 아니라 "위로부터 오는 문"이다. 즉 "문이 열릴 것이니, 그것은 위로부터 오는 문"이라는 뜻이다. Penna는 본문이 궁창 위에 있는 물의 거대한 저수지와 지구를 떠받치고 있는 기둥들에 대해 말하는, 히브리인의 우주 개념을 전제로 한다고 생각한다. 그러나 이 어투가 참으로 고대 히브리인의 우주론을 제시하고 있는가? 그렇지 않고 오히려 단지 힘찬 시적 표현은 아닌가?

나는 바다의 아들 케틸(Kethir)을,
회합의 아들 케틸을 직위에 앉힐 것이다.
그로 하여금 집에 있는 문을 열게 하라
궁전의 중앙에 있는 창문을,
그리고 구름 속에 있는 갈라진 틈이 열리게 하라.
(Baal 7, 14-19행)

어쨌든 이것은 난해한 본문이고, 이 본문의 해석에 관여된 많은 의문점들이 있다. 이사야 본문과의 실제적인 유일한 유사점은 רבת라는 단어의 출현이다. 분명코, 이 증거는 선지자가 오래된 신화적 자료를 취하여 그것을 종말론으로 전환시켰다는 이론을 세우기 위하여 사용하기에는 너무나 빈약하다.[69)]

24:19 이사야는 전체 예언 가운데 가장 인상적이고 비극적인 발언 중 하나로 땅의 멸망을 선언한다. 심지어 단어의 배열이 상당히 인위적인 효과를 드러낸다. אֶרֶץ(땅)의 3중적 출현이 인상적인데, 곧 아레츠–에레츠–아레츠 배열로 되어 있다. 이 3중적 출현의 각 경우 이 단어 앞에 다른 두 단어가 나온다. 이 단어 바로 앞에 있는 것은 힛트폴렐(Hitpolel) 완료형이며, 이 완료형 앞에 부정사 절대형이 나타난다. 그러므로 다음과 같이 번역하여 본 절의 배열이 갖고 있는 의미를 충분히 나타낼 수 있다.

땅이 깨어지고 깨어질 것이다.
땅이 갈라지고 갈라질 것이다.
땅이 흔들리고 흔들릴 것이다.

그러므로 세 개의 부정사 절대형은 거의 각 경우 불완전 구문(casus pendens)으로 나타나며 강조되어야 할 견해를 강조한다. 그리고 각 경우 근본적인 견해를 땅과 연

---

69) 본문이 다음과 같이 음역될 수도 있다. *ktr. bn ym. ktr. bnm. ‘dt. ypth. hln. bbhtm urbt. bqrb(.) hklm. w.y(p)th. bdqt.* ‘rpt. Driver(*op. cit.*, p. 101)는 ימ이란 단어를 “날”의 의미로, כתר을 “교활한 사람”으로, רבת를 “창살”의 의미로 취급한다. “기초들”–단어의 격의 속성상 가장 강한 기초들을 의미하는 것으로 보인다.

관시키는 선언이 주어진다.[70)]

이 서술에서 사고의 단계적 변화가 상승하는 것으로 보인다. 첫 번째 동사는, 마치 지구의 조각들이 깨져 나가는 것처럼, 깨어지거나 혹은 흩어지는 것을 의미하는데, 이것은 의성어적 표현으로 보인다. 이 단어는 지진이나 땅을 산산조각 내버리는 대격변을 묘사하는 데 알맞다. 두 번째 동사는 보다 강한 것으로 보이는데, 땅이 실제로 갈라짐으로써 나누어지는 것을 암시한다. 한편 마지막 동사는 땅의 격렬하고도 크게 흔들리는 것을 나타낸다. 지진의 이미지나 형상이 묘사의 기저에 자리하고 있다는 것이 확실하다. 그렇지만 이사야의 목적은 지진을 묘사하려는 것이 아니고, 그보다는 하나님의 징벌 심판이 내리칠 때 다가올 땅의 엄청난 흔들림을 지적하고 있는 것이다.

24:20 그의 묘사를 계속해 나가면서 선지자는 또다시 땅에 대해 말하고 있는데, 땅이 술 취한 사람처럼 흔들거리거나 비틀거리고 앞뒤로 움직이는 것으로 묘사한다.[71)] 땅의 이러한 진동을 더 묘사해 나가면서 이사야는, 멜루나(מְלוּנָה, "침망")에 비유한다. 이 단어는 그가 앞서 1:8에서 채소밭의 오두막(원두밭의 상직막)을 가리키기 위해 사용했던 것이다. 이러한 구조물은 가볍고 약해서 당연히 바람에 흔들린다. 어떤 이들은 이 단어를 해먹(달아매는 그물 침대)으로[72)] 해석하지만 그러한 의

---

70) רֹעָה–GKC § 67은 헤(ה)를 중복오사에 기인한 것으로 간주한다. רוֹעַ가 예상되기에 이 형태는 일반적인 것이 아니다. Drechsler는 이 단어를 부정사 절대형을 대신하는 주격 능동태라고 설명한다 (잠 25:19을 참고). 엑센트가 밀렐인데, 단어가 부정사 절대형의 역할을 할 때 여성 어미가 최우선적인 중요성을 가지지 않는다는 것을 보여주려는 것 같다. 이어지는 두 개의 부정사 역시 영향을 미쳤을 수 있다. Green은 이 형태를 축약된 것으로 간주하고 어미음 쳐가 어미를 가진 것으로 본다. 부정사들이 칼형이지만 같은 어간에서 파생된 동족형인 것을 주목하라. Drechsler는 이러한 반복이 특별한 효과를 제공한다고 생각하는데, 이는 모든 것이 땅에서 일어나는 일들과 관련되어 있기 때문이라는 것이다. 반복되는 표현이지만 정관사를 한 번만 쓰면서도 다양성을 만들어 낼 수 있는 것에 주목하라.

71) 처음 두 어근들은 모두 점층법으로 사용된다. 첫 번째의 경우 부정사 절대형과 미완료형으로 점층법이 이루어지며, 두 번째에서는 파생된 형태에 의하여 이루어진다. 두 어근들 사이에는 두운법이 있다.

72) מְלוּנָה–1:8을 참고, 이곳에서 이 단어는 분명히 파수군이 밤을 보내는 원두막을 가리킨다. 1:8에서는 홀로 서 있다는 것이 비교의 핵심이며 여기서는 흔들리고 동요한다는 것이 비교의 핵심이다. 어떤 의미에서 이러한 개념이 원두막에 적용될 수 있는가? 그러므로 어떤 사람들은 이 단어에, 다른 의미를 부여하여 해먹이라고 본다. Carsten Niebuhr의 묘사를 인용한다.

수리아 역본과 탈굼역은, Saadia가 한 것처럼, "해먹(עֲרְזָל)"으로 번역한다; 그리고 Gesenius는 עֲרְזָל을 "원두밭을 지키는 자들이 사자들을 두려워하여, 종려나무의 가지들 가운데서 취하는 장소"라고 정

미를 가지느냐에 대해서는 의심스럽다. 만약 이 경우가 맞아서 이 단어가 은신처를 지칭한다고 하더라도 그러한 은신처는 일시적인 것이며 아마도 쉽게 무너지는 것이고, 강한 바람에 견딜 수 없을 것이다.

이사야는 땅이 그렇게 흔들리는 이유를 제시한다. 즉 땅의 죄가 지금 땅을 무겁게 내리누르고 있다는 것이다. 유사한 이미지를 사용하면서 다윗은 하나님의 손이 자기를 무겁게 내리 누르셨다고 말하였는데(시 32:4), 이 표현으로 다윗은 그의 죄가 항상 그 앞에 있었음을 의미했다. 마치 무거운 짐을 진 것처럼, 땅은 지금 자신의 죄의 무거운 짐 아래서 비틀거리고 있다. 마르티(Marti)는, 여호와께서 땅을 징벌하러 오실 때, 땅이 그 피를 드러낼 것(26:21)이라고 제안한다. 땅이 정결케되는 수단으로 생산하는 이 피가 독으로 작용하여 땅이 다시 질병으로 떨게 된다고 그는 주장한다.[73] 그렇지만, 이사야가 이때에 땅의 거민들이 범했던 죄가 이제 땅을 무겁게 내리누르고 있다는 사실 이상의 어떤 것을 가리키고 있는지는 의심의 여지가 있다.

땅은 떨어지고 일어서지 못할 것이다(즉 다시 일어서지 못할 것이다).[74] 이 어투는 아모스 5:2로부터 거의 그대로 인용되었다. 이 심판은 최종적인 것이다. 18b–20절에 나타나는 심판의 타격에 대한 묘사가 시적효과를 가지고 있음을 부인할 수 없다. 에레츠(אֶרֶץ)란 단어의 지속적인 반복, 단호한 히트폴렐(hithpolels)과 히트폴랄(hithpolals)은 자연의 거대한 격동을 두드러지게 묘사하고 있고, 유음현상들은 강력한 표면의 돌발과 분출, 그리고 흔들림을 보여준다."[75]

24:21 약간 다른 각도에서 주제에 접근하면서 이사야는 이제 땅이 무너지고 더 이상 일어설 수 없게 될 심판의 때에 하나님께서 높은 곳(하늘)에 있는 높은 군대와 땅의 왕들을 징벌로 벌하실 것이라고 선포한다. 군대는 별만이 아니라, 천사도 포함한다. 그러므로 군대는 땅위에 있는 자들과는 구별된 높은 데 속하는 자이다. 4절에서 마롬(מָרוֹם)이라는 단어가 이 땅의 거민들을 가리켰었던 것은 사실이다. 그러나 본 문맥에서는 이것이 땅위에 있지 않은 어떤 것을 가리키는 것이 분명하다. 이

의하는 Qamus에 호소한다. 그러나 Kimchi는 그 단어를 천막을 지칭하는 것으로 취급한다.

73) *Marti: "das auf ihr vergossene Blut, das sie 26 21 wieder herausgiebt, um dann gereinigt zu sein, wirkt wie ein Gift fur sie, so dass sie wie von giftiger Krankheit geschuttelt wird."*

74) 요한계시록 20:11을 참고하라.

75) Duhm에 의하면 20절의 마지막 행만이 아모스 5:2의 잘못된 문자적 인용이다.

문구는 실제로 "하늘의 군대 또는 무리(the army or host of heaven)"[76]와 뜻이 같다. 그들은 그들이 있는 높은 곳에서 벌을 받게 될 것이다. 그러므로 하나님에게 대항하도록 이 땅의 통치자들에게 영향을 주고 그의 율법을 범하도록 하는, 지상이 아닌 하늘(마롬)에 거주하는 세력들이 있음을 배우게 된다. 따라서 그들이 땅의 범죄에 참여하는 자들이기에 심판이 그들에게도 임하는 것이다. 바울의 견해는 전적으로 옳다. "우리의 씨름은 혈과 육에 대한 것이 아니요 정사와 권세와 이 어두움의 세상 주관자들과 하늘에 있는 악의 영들에게 대함이라"(엡 6:12). 이러한 심판에 대하여 우리 주님은 "이제 이 세상에 심판이 이르렀으니 이 세상 임금이 쫓겨나리라"(요 12:31)고 말씀하셨다. 바울 역시 이러한 심판에 대하여 "정사와 권세를 벗어 버려 밝히 드러내시고 십자가로 승리하셨느니라"(골 2:15)고 말하였다.[77]

높은 곳에 있는 군대와 더불어 땅의 왕들도 심판을 느낄 것이다. "높은데"는 "땅"과의 대조를 암시하였다. 그러나 이것은 전체의 개념을 나타내기도 한다. 하늘에 있든 땅에 있든 이 두 영역에서 가장 높은 자들 모두가 심판하시는 하나님에게 속할 것이다. 왕들을 언급함으로써 선지자는 땅의 높은 자들이 책임 있는 자들임을 보여주고 있다(사 34:4; 65:17; 학 2:6을 참고).

땅의 왕들은 여호와와 어린양(계 17:14)을 대항하여 전쟁을 수행하였다(행 4:26–27). 그러므로 땅의 역사에 대응하는 하늘의 세력들의 역사(歷史)가 나타난다. 하늘의 세력들은 그들의 창조주에게 반역하였고, 땅의 통치자들로 하여금 여호와와 그의 기름 부으신 자를 대항하도록 자극하였던 것이다. 그러나 그들은 실패할 것이니, 이는 여호와께서 만왕의 왕이시며 그들을 심판하실 것이기 때문이다.

24:22 이사야는 하늘의 군대와 땅의 왕들이 옥에 갇히게 될 것이며 여러 날 후에 하나님에 의해 징벌로 형벌을 받게 될 것임을 지적하면서 그의 주제를 계속 이어간다. 옥에 갇힘을 묘사하기 위하여 선지자는 "그리고 그들이 모임같이 모음을

---

76) 이 문구는 별들을 지칭하며(34:4; 40:26; 45:12), 천사들을 지칭한다(왕상 22:19; 대하 18:18). 이점을 탁월하게 다루고 있는 다음 책을 참고하라. A. H. van Zyl, "Isaiah 24–27; Their Date of Origin" *in New Light on Some Old Testament Problems(Papers read at 5th meeting of Die O.T. Werkgemeenskap in Suid–Afrika), 1962*

77) 칼빈은 "높은 군대"란 문구를 이사야가 "세상에서 별과 같이 비추고 반짝거리는" 왕들과 방백들을 의미하는 비유로 취급한다.

입게 될 것이다"라고 말한다.[78] 어근은 사람이 죽은 조상들에게로 모음을 입게 되는 것에 대해서 사용되지만(예를 들면, 왕하 22:20). 갇힘에 대해서 사용되기도 한다. "그리고 그가(즉 요셉) 그들을 다 함께 삼 일을 가두었더라"(창 42:17). 그들 위에 다가올 그 모음(gathering)은 죄수(직역하면, 묶인 자)가 구덩이에 들어가는 것과 같다.[79] 한 죄수가 구덩이에 끌려가 그곳으로 떨어지듯, 높은 군대와 땅의 왕들이 구덩이에 갇힐 것이다. 전치사(in)도 어떤 뉘앙스, 즉 구덩이에 내려가는 개념을 나타낸다. "구덩이"라는 단어 자체가 단순히 감옥, 혹은 지하 감옥을 가리킨다. 이사야는 이 단어를 14:17에서 스올에 대해 사용하고, 여기서는 이 단어를 타락한 천사와 주님을 알지 못한 자들을 위하여 예비된 영원한 고통의 장소에 대해 비유적으로 사용하는 것으로 보인다. 같은 사상이 베드로후서 2:4에도 나타난다. "하나님이 범죄한 천사들을 용서치 아니하시고 지옥에 던져 어두운 구덩이에 두어 심판 때까지 지키게 하셨으며." 유다서 6절도 유사하게 말한다. "또 자기 지위를 지키지 아니하고 자기 처소를 떠난 천사들을 큰 날의 심판까지 영원한 결박으로 흑암에 가두셨으며."[80] 이사야가 이 말을 실제로 스올을 의미하는 말로 사용하였는지 아닌지는 전혀 확실하지 않다. 다만 분명한 것은 그가, 하늘의 군대와 땅의 왕들의 운명이 구덩이에 떨어지는 죄수와 같은 방식으로 묶이는 운명이 될 것이라는 것을 묘사하고 있다는 것이다. 그곳은 빠져나갈 수 없는 장소이다.

탈출의 가능성이 없음을 강조하기 위하여 죄수들이 옥(갇힌 장소)에 갇히게 될 것이라고 서술한다. (다시 한 번 עַל이라는 전치사가 사용된 점을 유의하라). 여러 날 후에 그들은 보응을 받을 것인데 그 보응의 성격은 본문이 보여 주는 바와 같이 형벌의 보응일 것이다. 그러나 이 보응은 죄수들이 갇힌 직후에 일어나지 않을 것이고 오랜 후에 일어날 것이다. 이사야는 그것이 얼마나 긴 기간인지에 대해서 또한 왜 오

---

78) אסיר은 부사적 용법으로, "그리고 그들이 죄수가 깊은 옥에 모임같이 모임을 입고"이다(22:18를 참고). 이 단어가 1Q에는 빠져 있다. 이것은 부수적인 뜻, 상황적인 뜻을 나타내며, 상태(Ḥal)의 직접 목적격으로 간주될 수도 있다. 동사 뒤에 나오는 אספה는 내적인 혹은 동족 목적어의 역할을 한다. 3중적인 두운법을 유념해야 한다. Bentzen은 אַסִּיר를 집합적 개념인 "죄수들"로 보며 한 번밖에 사용되지 않는 אֲסֵפָה와 동격으로 취한다. אַסִּיר란 단어는 난해하다. Jerome은 *et congregabuntur in congregatione unius fascis in lacum*으로 번역한다. B에는 이 단어가 없다. Lindblom은 본문 상의 문제에 대해서 유익한 논의를 제공한다. 어쨌든, 본서에서 채택한 번역은 정당하며 본문의 의미가 적절하게 전달된다.

79) 전치사의 선택은 의도적인 것으로 보인다(왕하 4:4; 욥 6:16; 나 3:12을 참고).

80) 에녹 10:12; 91:12ff.; 요한복음 12:31; 베드로전서 3:19; 요한계시록 9:1–2을 참고하라.

랜 기간이 되는지에 대해서 말하지 않는다. 칼빈과 다른 사람들은 이것이 성도들의 인내를 가르치기 위한 것이라고 가정하는데, 이 가정에 있어서 그들이 옳다고 할 수도 있다. "여러 날"이 시작되는 때에 대해서 묻는 것이 적절하다. 왜냐하면 이 질문에 대한 적절한 대답은 이 문구의 목적을 확실하게 해 주기 때문이다. 주된 두 견해가 있다. 한편으로는 여러 날의 시작이 하나님의 대적들의 격분과 일치한다는 것이다. 이러한 해석에서, 대적들은 하나님에 대항하여 오랜 날 동안 소동하는 것으로 이해되며 그리고 나서 그들이 심판을 받게 될 것이다. 그러므로 예를 들면 헹스텐베르크는 다음과 같이 해석한다. "그들의 분노의 시작 후, 수세기에 걸쳐 계속되다가 드디어 그리스도께서 '담대하라, 내가 세상을 이기었노라'고 말하셨을 때가지 계속되었다." 그러므로 그는 열국의 보응을 함께 모음을 입는 것으로 해석한다.

두 번째 견해이면서, 보다 호응을 받는 것으로 보이는 것은, "여러 날"의 시작을 하나님의 대적들의 갇힘과 동시에 일어나는 것으로 보는 것이다. 이 견해에서 그들의 갇힘은 최종적으로 최후 심판이 그들에게 임할 때까지 "여러 날" 동안 지속된다. 이 해석은 신약성경의 지지를 받고 있다(벧후 2:4; 유6).[81] 요한계시록 20:1–6 역시 다른 각도에서 같은 주제를 나타내고 있다. 그리고 우리 주님을 향하여 귀신들이 한 말을 기억하게 된다. "하나님의 아들이여 우리와 당신과 무슨 상관이 있나이까 때가 이르기 전에 우리를 괴롭게 하려고 여기 오셨나이까?"(마 8:29). 악한 자와 그의 무리들의 최종적 운명에 관한 성경의 가르침 가운데는 신비가 많다. 그의 운명은 확실하다, 그러나 "여러 날" 동안 우리의 유일한 소망과 위로는 피난처를 찾아 우리 주님의 상처로 피하는 것이다. 오직 그곳에서만 우는 사자와 같이 삼킬 자를 찾아다니는 악한 자의 독한 화살로부터 안전할 수 있다.

24:23 선지자는 이제 심판의 최종 결과를 제시한다. 이 세상의 모든 세력은 제거될 것이고, 하나님의 영원한 나라가 예루살렘에 세워질 것이다. 이 진리를 상징적 언어로 묘사한다. 달은 밤에 땅을 주관하도록 창조되었다(창 1:16). 그러나 달은 그날에 무색하게 될 것이다. 왜냐하면 "그 성은 해나 달의 비췸이 쓸데없기"(계 21:23) 때문이다. "무색하다"는 동사는 달이 너무나 부끄럽고 혹은 할 말이 없어서 비추지 못할 것이라는 사실을 암시하는데, 이는 그것이 필요가 없다는 사실을 깨닫게 될 것

81) Robert Culver, *Daniel and the Latter Days*, Westwood, N. J., 1954, pp. 32, 50ff.에 의하면, 이 구절들은 천년왕국 시대를 가리킴에 틀림없다.

이기 때문이다. 이사야는 "달"에 대해서 시적 언어를 사용하고 있는데, 실제로는 그 단어가 "희다"는 말을 의미한다. 달의 영광은 그 하얀(whiteness) 것에 있으나, 이러한 하얀 것이 혼란 중에 사라질 것이다. 이사야는 또한 태양을 의인화하고 있는데, 마치 비친다는 사실이 이제는 부끄러움이나 되는 것처럼, 태양이 부끄러워할 것이라고 말한다. 실로 사실이 그러할 것이다. 왜냐하면 하나님의 영광이 거기에 비치고 그 빛은 어린양이 될 것이기 때문이다(계 21:23하를 참고). 태양은 낮에 땅을 주관하여야 했고, 그렇게 함으로써 하나님의 명령을 성취할 때 땅에 축복을 가져다 줄 것이었다. 그러나 새 예루살렘에서는 더 이상 태양의 빛이 필요가 없다. 왜냐하면 하나님의 영광 자체가 비치기 때문이다. 그때에 태양이 비치려고 한다는 것은 참으로 부끄러움이 될 것이다. 이사야는 태양을 지칭하기 위하여 "뜨겁다"(חַמָּה)를 의미하는 단어를 사용한다.[82] 태양의 영광은 그 뜨거움에 있는데 이 뜨거움이 부끄러워서 사라질 것이다. 하나님의 영광의 빛과 비교해 볼 때, 태양의 빛은 태양이 부끄럽게 되는 원인이 될 것이다. 그렇게 태양을 의인화함으로써 이사야는 태양이 참으로 복종적인 피조물이라는 것을 보인다. 두 개의 동사를 먼저 놓아서 강조를 만들어 낸다. "무색케 된 것은 달이요, 부끄러움을 당한 것은 태양이다."[83]

달과 태양 편에서 이러한 반응을 하는 이유가 있다. 즉 여호와께서 시온산과 예루살렘에서 다스리실 것이기 때문이다. 그날에 여호와께서 그 나라를 얻으시고 영광 중에 다스리실 것을 의미한다. 열왕기상 16:29과 22:41에서 "다스린다"는 동사의 의미가 나타난다. "유다 왕 아사 제 삼십 팔 년에 오므리의 아들 아합이 이스라엘 왕이 되니라(즉 이스라엘 통치를 시작하였더라)." 이 동사는 그 심판 후에 여호와께서 왕이 되시고 통치를 시작하실 것이라는 것을 의미하지 않는다. 그보다는, 그의 대적들이 모두 발아래 부복하고 영원한 징벌의 구덩이로 던져질 때에 하나님의 통치가 충만하게, 놀라운 능력 가운데 그리고 영광 가운데 드러날 것이다. 악의 나라가 완전히 정복당하였을 때 하나님의 나라는 실제로 모든 것을 얼싸안는 것으로 나타나게 될 것이다. 다스리시는 분은 만군의 여호와이시며, 아마도 21–22절에 비추어 볼 때, 이 호칭이 특별히 선택된 것임을 주시해야 할 것이다. 하나님을 대항하였던 높은

---

82) 시편 19:7에서 함마(חַמָּה)라는 용어는 태양의 뜨거움 혹은 타오름에 대해 사용되었다.

83) Drechsler는 *rex factus est, regnum adeptus est*라고 해석한다. 최근의 즉위 축제(*Thronbesteigungsfest*)에 대한 강조 때문에 이러한 해석은 보존되어야 한다. Mulder는 다음과 같이 정확하게 설명하고 있다. "*Maar dit hou nie in dat Jahwe voor die tyd nie koning is nie.*"

군대는 멸망당할 것이지만, 참되신 만군의 여호와께서는 영원히 다스릴 것이다.

통치의 보좌는 시온과 예루살렘이다. 구약 선지자로서 이사야는 신약의 영적 구원과 영원한 시대를 묘사하기 위하여 그에게 알려진 비유를 사용한다. 그가 의미하는 바는, 그 통치가 그가 알고 있었던 실제로 눈에 보이는 시온에서 이루어질 것이라는 것은 아니다. 그보다는 시온과 예루살렘은 모두 영원한 나라의 보좌에 대한 비유들이다.

이 통치 가운데서 교회가 영광을 받을 것인데, 이러한 진리가 "그 장로들 앞에서 영광을 나타내실 것임이니라"는 문구로 표현되어 있다. 장로들은 그의, 즉 하나님의 장로들이고, 그들은 그의 백성, 교회의 통치를 나타낸다. 이스라엘 가운데서 그들은 그렇게 사역하였고, 그들은 교회 안에서도 사역한다. 그렇다면 하나님의 회집된 백성이 통치적 직위 기능 안에서 하나님 앞에 있게 되며 그들 앞에 영광이 있다는 것을 의미한다. 여호와의 드러난 위엄 가운데 영광의 심연이 그들을 위하여 열려 있다. 시내산에서 예전에 하나님께서 그의 영광을 나타내셨다(출 24:9이하). 그와 같이 이제 영원한 나라에서 그 영광이 언제나 그의 장로들 앞에 있을 것이다. 이러한 모습에 대해서 요한은 다음과 같이 말한다. "또 보좌에 둘려 이십사 보좌들이 있고 그 보좌들 위에 이십사 장로들이 흰옷을 입고 머리에 금 면류관을 쓰고 앉았더라"(계 4:4).

본 절에 메시아를 언급하지 않은 것이 사실이지만, 야웨 이외에 메시아나 다른 왕에 대한 여지가 없다고 가정할 만한 충분한 이유가 없다.[84] 열국에 대한 예언의 결론으로, 야웨께서 참되신 왕이시고 열국들의 미래의 결과까지도 주관하신다는 사실이 보여야 한다. 열국들은, 야웨께서 다른 신들과는 다를 바가 없다고 대담하게 단언했다. 그들은 다른 나라의 신들을 정복했고, 야웨께서도 그렇게 되실 운명에 처해 있었다. 그러므로 선지자는 야웨께서 홀로 높임을 받을 것이고, 그만이 온 땅을 다스리실 것이라고 분명하게 밝혀야 했다. 이러한 강조를 위하여 메시아의 사역을 제외시키고 있다고 말하는 것은 정당하지 못하다. 하나님께서 구원사역을 이루고 그의 나라를 세우기 위하여 메시아를 사용한다는 것을 시사하는 것이 필요할 때에는 선지자가 메시아를 언급한다. 이사야가 그 나라를 언급할 때마다 메시아를 언급하지 않는다는 것이, 그 특정 본문에 메시아를 위한 여지가 없다는 증거는 아니다. 요

---

84) 예를 들면, Gray와 Mulder는 이와 비슷한 생각들을 표현하고 있으며, 다음과 같은 Gemser의 말을 인용한다. "*De testamentisch heilsverwchting toch ligt niet in den Mesias maar in die paroesie van Jahwe.*"

한 계시록 21:4에서 요한은 말한다. "모든 눈물을 그 눈에서 씻기시매 다시 사망이 없고 애통하는 것이나 곡하는 것이나 아픈 것이 다시 있지 아니하리니 처음 것들이 다 지나갔음이러라"(계 21:4). 요한이 이러한 표현을 통해, 전적으로 그리스도의 사역을 배제하고, 하나님께서 그리스도 없이 그의 백성을 축복하실 것이라는 사실을 주장하려고 의도했는가? 그러한 질문을 한다는 것은 질문의 어리석음을 드러내는 것이다. 마찬가지로, 이사야가 메시아를 언급하지 않는다는 사실은 단순히 그렇게 하려는 것이 그의 목적이 아니었음을 보여주는 것이다. 언급하지 않는 것이 메시아의 사역을 배제하고 있다고 보는 것은 근거없는 결론이다.

본 구절은 "영광…"이란 단어에서 절정을 이룬다. "…오직 그때에 하나님께서는 그의 정당한 권리를 얻게 되시며, 그에게 마땅히 돌려야 할 영예를 받으신다. 그때에 모든 피조물은 복종하게 되고 그만이 홀로 우리 눈앞을 비추신다"(칼빈).

25장

10장과 11장에서 세상 세력의 몰락과 하나님 나라의 건설에 대한 묘사가 주어지고 찬양의 노래가 뒤따랐던 것처럼 24장의 하나님의 대 심판에 대한 신학 다음에 이사야는 또 다른 찬양의 노래를 적어 넣는다.

1절, 여호와여 주는 나의 하나님이시라 내가 주를 높이고 주의 이름을 찬송하오리니 주는 기사를 옛적의 정하신 뜻대로 성실함과 진실함으로 행하셨음이라
2절, 주께서 성읍으로 무더기를 이루시며 견고한 성읍으로 황무케 하시며 외인의 궁성으로 성읍이 되지 못하게 하사 영영히 건설되지 못하게 하셨으므로
3절, 강한 민족이 주를 영화롭게 하며 포학한 나라들의 성읍이 주를 경외하리이다
4절, 주는 포학자의 기세가 성벽을 충돌하는 폭풍과 같을 때에 빈궁한 자의 보장이시며 환난당한 빈핍한 자의 보장이시며 폭풍 중에 피난처시며 폭양을 피하는 그늘이 되셨사오니
5절, 마른 땅에 폭양을 제함같이 주께서 외인의 훤화를 그치게 하시며 폭양을 구름으로 가리움같이 포학한 자의 노래를 낮추시리이다.

25:1 이사야는 이제 24:14의 사상을 회상하고 있는데, 그곳에서 그는 하나님을

찬양하는 백성들을 묘사했다. 그는 24:16-23에서 백성이 찬양을 한 이유를 제시했다. 말하자면 하나님께서 그의 대적들을 이기시고 영원히 통치하신다는 사실이다. 이제 이사야 자신이 하나님의 이름을 영화롭게 하는 데 동참한다.

그러나 이사야가 어떤 역할을 하고 있는 것으로 이해해야 하는가? 그는 환상 가운데 마지막 날로 옮겨졌는가? 아니면 구속받은 자들의 대표로서 역할을 하고 있는가? 아니면 단순히 선지자로서 하나님을 찬양하고 있는 것인가? 아마도 독단적인 답변은 불가능할 것이지만, 단순히 선지자의 위치에서 하나님의 구원의 놀라움을 배운 이사야가 그의 노래로 하나님을 찬양하고 있을 수 있다. 이사야는 특별계시의 은혜를 누리고 있으며 하나님께로부터 말씀을 받았기에 그는 열방에 분명히 심판이 임할 것과 여호와께서 승리하실 것을 알게 된다. 그런 까닭에 선지자로서 그는 그의 하나님에게 찬양을 올리는 것이다. 동시에 그는 그가 이미 언급했던 일들 중 일부에 대해 한층 더 깊이 설명하고 있다.

그는 일반적인 서정적 형식으로 시작한다. 즉 "그날에" 와 같은 어떤 특정한 표현을 사용하는 것이 아니라 곧바로 그의 찬양의 대상인 여호와에게 주의를 집중시킨다. 이스라엘을 그의 백성으로 택하시고, 그 나라를 구속하신 분은 바로 여호와이시다. 웨버(Weber)가 본문에 그리스도를 암시하고 있다고 주장한 것에 대해서 동의할 수 있는데, 이는 구속의 축복이 임하는 것이 그리스도 안에서이기 때문이다. 이사야는 여호와께서만이 그의 하나님이심을 인정하고 있는 것이다. 그는 다른 신을 인정하지 않고 있으며, 그러므로 실제로는 우상에 대항하여 말하고 있는 것이다. 그는 유일신론에 대한 중대한 고백을 하고 있는 것이다.[1] 선지자가 경배하는 하나님, 야웨가 그의 하나님이시라는 것이며, 그만이 홀로 이사야가 하나님으로 고백하는 분이시다. 다른 어떤 신도 그의 찬양과 경배를 받기에 합당치 못하다. 이 찬양에 있는 개인적 요소를 간과해서는 안 될 것이다. 앞 장을 마무리 하는 절에 묘사된 심판을 행하시며 그의 백성들을 위한 구원을 이루신 여호와가 또한 선지자의 하나님이며 선지자는 확신을 가지고 하나님께 나아온다. 열국들을 심판하시는 하나님이심에도 불구하고 그는 그의 백성 개개인의 기도를 들으신다. 진정으로 그러한 하나님께

1) 일반적인 독법은 "당신은 나의 하나님"(Duhm, Guthe, Feldmann, Penna)이다. 그러나 König은 다른 것을 너무 단조로운 것으로 간주하면서 "*der du mein Gott bist*"를 선호한다. 나아가서 그는 일반적인 독법은 1-5절이 선지자가 아니라 구속된 이스라엘에 대한 말이라는 결론으로 유도한다고 생각한다. 다른 사람들은 "여호와, 당신은 나의 하나님"이라고 번역한다.

서 모든 찬양을 받으시기에 합당하시다.

이전에 하나님께서 자녀들을 양육하였다(רוֹמַמְתִּי)고 선언하셨던 것과 같이(1:2), 이제는 선지자가 하나님을 높이 올릴 것이라고(אֲרוֹמִמְךָ) 선언한다.[2] 그는 그의 노래에서 이것을 하고 있다. 즉 그의 구속자의 영광과 속성들을 찬양한다. 어쨌든 이 노래에 표현된 것이 온 몸과 마음으로 여호와를 높이고 여호와의 이름, 즉 야웨를 찬양하고 있는 이사야의 생각과 행위 속에서도 나타난다.[3] 야웨라는 단어를 강조한다. 선지자가 선포하는 찬양을 받아야 하실 분은 언약의 하나님, 이스라엘의 하나님, 구원자로서의 하나님이시다. 주어진 설명이 이것을 뒷받침해 준다. 선지자의 찬양을 야기한 것은 야웨가 이루신 심판과 구원이기 때문이다.

펠레(פֶּלֶא)와 에초트(עֵצוֹת)라는 두 단어는 함께 등장하는 단어이고, 9:5에 있는 어근들의 동일한 결합을 생각나게 하는데, 9:5에서도 메시아가 실제로 그 정황에서 빠져 있지 않다는 점을 암시할 수 있는 내용이다.[4] 본문에 찍힌 엑센트대로, 다음과 같이 번역할 수 있다. "당신은 놀라운 일, 곧 정하신 뜻을 행하셨나이다."

하나님께서 하신 일은 놀라운 일이며 하나님만이 하실 수 있는 특별한 것이며 애굽으로부터의 구원과 관련된 기적들과 같은 경이로운 일이다(9:5 주해를 참고). 그의 뜻은 옛적부터, 즉 오래 전부터 정하신 것이다. 원수 국가의 가혹한 멸망은 인간들이 이해할 수 없는 것이다. 이는 열국들이 무적의 세력으로 보였기 때문이다. 그러나 그들은 멸절을 당할 것이다. 이것이 놀라운 일이지만 하나님께서는 이 일을 오래 전부터 정하셨다.[5] 그가 행하시는 일은 갑작스럽거나 경솔한 것이 아니고, 그의

---

2) 이것은 이사야적 어투임에 틀림없다. 이 노래의 남은 부분은 자주 등장하는 형식을 사용한 찬양의 형식을 띠고 있다(시 54:8; 118:28; 145:1을 참고). Drechsler는 אֲרוֹמִמְךָ와 שִׁמְךָ에 있는 운을 지적한다. אֲרוֹמִמְךָ에서 체레(ֵ)가 있어야 할 자리에 히렉(ִ)이 있음을 유의하라. 정상적으로는 세골(ֶ)이 기대된다.

3) 시편 54:8; 138:2을 참고하라.

4) 출애굽기 15:11; 시 77:15; 78:12; 88:11을 참고하라. König는 עֵצָה가 이어지는 단어와 수식어법(zeugma, 한 개의 형용사 혹은 동사로 다른 두 개의 명사를 억지로 수식하게 하는 것–역주)에 의하여 연결되어 있다고 생각한다. Duhm도 *Wunderbeschlüsse*로 번역한다. König는 Feldmann의 *Wunderpläne*이라는 번역을 잘못된 것으로 생각한다. 두 단어들은, 동격의 소유격의 관계를 나타내는 명사들, 즉 "계획들의 놀라움, 놀라운 계획들"이다. 필자는 König의 반대의 근거를 이해할 수 없다. Mulder와 Lindblom 역시 이러한 구조를 수용한다. 어근들의 결합은 이사야서에서만 발견된다(9:5; 28:29을 참고). H. S. *Nyberg*, *Studien zum Hoseabuche*, p. 24을 참고하라.

5) 22:11을 참고하라. רָחוֹק란 단어가 본 예언서 가운데 14번 나타나는데, 1–39장에서 6번, 40–66장에서 8번 나타난다.

영원하신 목적과 경륜에 의하여 이루어진다. 그의 행하심은 신실하고 확실하다, 즉 완전히 신실하다. 이 두 단어의 결합은 본 절의 선포에 힘을 실어 준다.[6)]

25:2 본 절은 하나님께서 찬양을 받으셔야 하는 이유를 제시한다. 실현된 놀라운 계획 안에서 하나는 세상 성읍의 멸망이다. 그러나 이것은 이 놀라운 계획 중 단지 하나일 뿐이며 이 계획이 무엇인가에 대한 실례이다. 놀라운 계획들이 세상 성읍들의 멸망에 다 소진되는 것은 아니다.

본 절에 있는 "성읍"과 "궁성"이라는 두 성읍의 정확한 의미가 무엇이든 이사야가 예루살렘을 말하고 있지 않다는 사실만은 확신할 수 있다. 그가 하나님의 성읍, 곧 하나님의 임재가 있었던 그 성읍의 멸망으로 인하여 하나님을 찬양하였을 것 같지는 않다. 이사야의 관심은 그 성읍의 번영에 있었다. 또한 그가, 비록 이방인이 그 땅을 삼키고 있었던 자라고 서술하기는 하였지만(사 1:7), 예루살렘과 관련하여 이방인의 궁궐에 대해서 말하였을 것 같지도 않다. 어쨌든 "외인"이라는 단어는 예루살렘 이외의 다른 장소를 가리키는 것 같다.

이 문구를 직역하면, "이는 당신께서 성읍에서 무더기로 만드셨나이다"이다.[7)] "성읍"이란 단어는 무관사이므로, 비한정적이다.[8)] 비록 구조가 다소 부담이 되기는 하지만, 그 의미는 "당신은 성읍을 무더기로 바꾸셨나이다"인 것으로 보인다. 그 성읍이 한 특정한 성읍, 즉 바벨론을 가리킬 수도 있다는 것이 분명히 가능하지만, 그러한 견해를 수용할 필요는 없다. 선지자가 단순히 일반적인 진리, 즉 하나님의 놀라운 계획이 세상 질서를 완전히 무너뜨림으로서 실현되었다는 사실을 선언하는

---

6) 결합된 단어들은 아마도 어떤 점층법을 나타내고 있다. J. C. van Dorssen, *De Derivata van de stam 'mn in het Hebreeuwsch van het Oude Testament, Amsterdam*, 1951을 참고하라. 두 번째 단어를 단순히 예배 의식상의 부가물로 간주하는 것은 타당성이 없다.

어떤 사람들은 이 두 단어들을 술어로 취급하여, "옛적부터 정한 계획들은 신실하고 진실하다"로 번역한다. 그러나 만일 여기서 채택된 문장의 구조가 허락된다면, 그 단어들은 부사적 대격으로 취급되어, "신실함과 진실함에 관해서는"이 되거나 혹은 술어 보어로 취급되어, "신실함과 진실함까지도"가 될 수 있다. 접속사는 아마도 욥기 30:3, 14; 38:27에서처럼 이해해야 할 것이다.

7) שמה에 대한 한정 목적격이 제시되어 있지 않기에 일반적인 개념이 유지되는 것인데, 선지자가 하나의 특별한 성읍에 대해서 말하지 않고 있다는 흔한 증거이다. 부정사 הֱיוֹת가 생략되어 있다(사 7:8; 17:1을 참고). Smend는 이 성읍을 모압 족속의 성읍과 동일시한다(참고. 10–12절).

8) 이것은 24:10–12과 유사하다. Kissane과 다른 사람들은 정관사를 삽입하였고, 어떤 사람은 전치사를 빼고 그 단어를 비한정적인 상태로 두었다(Lindblom, König, Rudolph, 등).

것일 수도 있다. 성읍이란 조직과 질서의 자리이다. 그러나 하나님께서는 성읍을 무더기로 바꾸셨다.[9] 이 구조에서 이 단어는 단순히 일반적인 성읍들을 가리킨다.

이러한 해석은 "견고한 성읍으로 황무케 하시며"라는 문구에 의하여 지지를 받는다. 여기서 또다시 비한정성을 유지하고 있지만 그 성읍이 견고하다는 부가적인 언급이 있다. 단계적 변화를 그 성읍이 외인들의 장소(궁성)로 지칭되면서 계속한다.[10] 이사야는 그 장소를 언급하면서 그 성읍을 지칭하고 있는데, 이것은 하나의 아름다운 건물을 중심으로한 성읍의 통일성과 장중함과 더불어 확연히 그려지는 성읍이다. 하나의 성채나 혹은 성채들은 그 성읍의 독특한 특징이었을 것이다. 펜나(Penna)는 적절하게 게르만 도시들 중 홉부르크(Hofburg)에 주의를 환기시킨다. 그러한 장소를 파괴시키는 것은 그 장소를 더 이상 성읍이 되지 못하게 만드는 것이다. 하나님께서는 그 장소가 성읍이 되지 못하게 하는 방식으로 역사 하였고, 그의 사역이 너무나 철저하여 그 성읍은 결코 다시 세워지지 못하게 된다.

25:3 여호와께서 이루신 대격변의 결과로 인해, 즉 그의 놀라운 계획을 이행하신 것을 인하여 강한 민족이 그에게 영광을 돌릴 것이며 열국에게 두려움을 주었던 성읍이 그를 경외할 것이다. "강한 민족"이라는 다른 신분을 제안하고 있지만, 문맥상 그들이 세상의 열국들에게 속한 자들, 즉 신정정치를 파괴하려 했던 백성들이며 신정 국가에 속하지 않는 자들이라는 견해가 요구되는 것으로 보인다. 그들은 강한 민족이니, 이는 그들이 스스로를 그렇게 묘사하였기 때문이다. 세상 성읍들이 무너질 때, 그들은 여호와의 권세와 놀라운 계획들을 보게 되며, 종교적인 의미에서 그에게 영광을 돌리게 된다.[11]

이방인들이 하나님을 예배하여야만 한다면 우선 그들의 연합된 세력이 파괴되어야만 한다는 심원한 신학적 교훈을 간과해서는 안된다. 이사야 당시에 앗수르인과

---

9) מפלה는 이사야 17:1; 23:13에만 나타난다. 이러한 어투는 앗수르 비문들에 있는 자랑들을 생각나게 한다. 예를 들면 아나 틸리 우 카르메 우티르, "나는 (그것을) 황폐한 언덕과 파헤쳐진 땅이 되게 하였다"(산헤립의 여섯 번째 원정).

10) 1:7; 29:5; 시편 54:5; 예레미야 30:8; 51:51을 참고하라. Gesenius는 이러한 어투가 바벨론의 궁궐들의 멸망을 가리킨다고 말하고 Duhm은 John Hyrcanus를 가리킨다고 말한다(Josephus, *Antiquities* xiii. 10–3을 참고).

11) 24:15을 참고하라. B는 ὁ λαός ὁ πτωχός로 되어 있지만 이사야가 다음 절에 가서야 비로소 이스라엘에 대하여 말하기 시작한다는 것은 분명하다. עַז와 עָרִיץ라는 두 개의 명칭은18:2, 7에서처럼 유사한 효과를 낳는다. עָרִיץ는 이사야의 표현이다(13:11; 29:5, 20; 49:25을 참고).

바벨론인이 대표하였던 이방 나라가 세계를 다스리려 하고, 신정국가를 그들 자신의 나라에 병합시키려고 하는 한, 그들에게 구원의 소망이 있을 수 없다. 바벨론과 그 나라가 대표하는 모든 나라들이 먼저 파괴되어야 한다. 인간의 세상적인 세력은 틀림없이 무너지게 되며, 열국들이 여호와께서 이 모든 땅의 하나님이시라는 것을 배우게 되며 그를 찬양한다. 세상 성읍들의 멸망은 이러한 결과를 가져올 것이다. 이제 강한 민족은 하나님의 도성과 나라의 멸망을 더 이상 추구하지 않고 이제 그들은 그를 참 하나님으로 영화롭게 한다. 그들은 경외심을 가지고 그에게 나온다. 이때 또한 두려움을 자아내는 나라들(포악한 나라들)로 구성된 성읍이 있어 하나님을 경외한다. "나라들의 성읍"이라는 문구는 생소하다. 아마도 이사야가 세상의 강력한 성읍들이 사라져 버리고 열방의 주거지가 단지 키르야(קִרְיָה, 성읍)라고 불려질 수 있다는 것을 보여 주려고 한 것 같다. 성읍(village)이라는 단어를 집합적 의미로 취급하며, 동사는 그 성읍의 실제 거민들 개개인들을 가리키는 복수형이다.

그러므로 이방인의 회심은 이중적인 방식으로 성취된다. 첫째로, 세상 성읍들은 제거되어야만 한다. 그리고 둘째로, "영화롭게 하며"와 "경외하리이다"라는 동사에 의해서 나타난 바와 같이, 하나님에게로 참된 영적 회심이 있어야만 한다. 하나님을 영화롭게 하는 것은 본래 그의 것인 영화를 그에게로 돌리고 그에게 속한 것임을 인정하는 것이다. 그를 경외한다는 것은 존경어린 경외심을 가지고 그에게 나아가는 것이다. 이 후자는 영적인 사역이며 영적 수단을 통해서만 이루어진다. 즉 복음의 효과적인 가르침의 결과로 인간의 마음에 일어나는 하나님의 역사에 의해서만 이루어진다. 하나님의 계획들이 얼마나 놀라운가! 그는 성읍을 무더기로 바꾸실 수 있다. 그러나 그보다 더 위대한 것은 강한 민족과 포악한 나라들을 그를 영화롭게 하며 경외하는 자들로 바꾸실 수 있다는 것이다. 이러한 하나님이 참으로 찬양을 받으실 수 있는 분이시다!

25:4 하나님께서 성읍들을 멸하실 뿐만 아니라, 자신을 자기 백성의 피난처로 나타내셨다. 이것은 그가 찬양을 받으셔야 하는 또 다른 이유이다. 이사야는 본 절을 키(이는, 개역 성경에는 없음—역주)로 시작한다. 그가 이 단어를 사용한 4개의 시리즈 중 세 번째이다.[12] 하나님께서 피난처이셨기에 찬양 받으셔야만 한다. 시편

---

12) Drechsler는 이 구절들에 나타나는 훌륭한 대칭을 지적한다. 2, 3절(공격적)은 자연적으로 1절을 이어가고 있으며 그와 같이 4, 5절(방어적)도 그렇게 한다. 1절 하반절 키(ki), 2절 키(ki), 3절 알

31:5; 52:9 등에 있는 바와 같이, "보장"(refuge)이라는 단어를 상징적으로 사용한다. 여호와를 보장으로 삼는 사람들은 빈궁한 자들인데, 이 호칭은 압제자들인 "강한 민족"과 현저한 대조를 이룬다. 이렇게 특징을 묘사하는 것은 땅에 임하게 되는 대이변을 특별히 가리키는 것이다. 이 묘사는 또한 야웨께서 도움이 필요한 자들을 돕기를 기뻐하시는 하나님이심을 드러내 준다.[13)]

고대세계에서 신들은 때때로 기도를 통해서 찬양을 받았었는데, 이는 그들이 빈핍한 자들에게 자비를 보였기 때문이었다. 예를 들면 태양에 대한 혯 족속의 기도는 다음과 같은 사상들을 담는다.

> 당신, 이스타누께서는, 압제 당한 자, 고독한 자, 그리고 고아의 아버지요 어머니이시나이다. 고독하고 압제 당한 자에게 당신 이스타누께서는 권리를 회복시키셨나이다.

이러한 독특한 기도는 계속하여 말한다. "개와 돼지의 안녕을 당신께서는 결정하셨나이다."

그러나 여기서 선지자는 단순히 공허한 일반적인 원칙을 말하고 있는 것이 아니다. 그는 찬양을 하고 있으니, 이는 이 위기 중에 하나님께서 자신을 가난한 자들 곧 그의 환난 당하는 백성이 피난처를 찾을 수 있는 장소를 실제로 나타내셨기 때문이다. 빈궁한 자가 단순히 하나님을 피난처로 찾는다는 것이 아니고, 그들이 환난을 당할 때에 하나님께서 그들에게 보장이 되어 주신다는 뜻이다. 빈궁한 자를 도우시는 신(神)에 관한 일반적인 원칙들을 말하는 것과 빈궁한 자가 위기의 때에 그들의

켄(ger–al–ken), 4절 키(ki), 4절 하반절 키(ki). 4절의 키(ki)는 2절의 키(ki)와 평행을 이루고, 1절에 있는 찬양에 대한 이유를 제시한다. Lindblom이 주장하는 바와 같이, 하나님의 사역이 새로운 입장에서 묘사된다. 야웨가 자신을 빈궁한 자의 보장으로 나타내셨다.

13) 본 절에 있는 달(דָּל)과 에브욘(אֶבְיוֹן) 사이에 강한 대조가 있고, 앞절에 있는 암–아즈(עַם–עָז)와 차리침(עָרִיצִים) 사이에도 그러하다. 이 대조는 בַּצַּר–לוֹ의 첨가로 한층 더 고조된다. 이사야는 접미사를 사용하지 않은 채, " 그들의 곤고한 중"라고 말하지 않고, 완곡한 표현으로, "환난 중에서 그에게(*in affliction to him*)"라고 말하고 있는데, 이것은 "그들이 환난 당하였을 때"의 의미를 가지고 있다. 여러 사람들은 달(דָּל)과 에브욘(אֶבְיוֹן)을 포로 중에 있는 이스라엘 백성들의 국가적인 재난을 지칭하는 일반적인 용어와 동일시하였다. 그러나 Gesenius는 때때로 이러한 표현들은 이스라엘 백성들 중에 있는 경건한 사람에 대해서 사용될 수도 있다고 인정한다. Kissane은 이 단어를 단순히 이스라엘 백성에게 적용한다.

하나님 안에서 참된 피난처를 발견하는 때는 완전히 다른 것이다. 선지자가 지금 찬양하고 있는 분이 바로 이러한 하나님이시다. 그의 백성이 필요에 처해 있을 때 그는 그의 도움으로 임하신다.

본 절의 하반절(개역성경에서는 상반절)은 4:6의 내용을 생각나게 한다. 이사야는, 압제 개념을 나타내기 위하여 반대상황을 나타내는 두 개의 비유를 결합시킨다. 폭풍이 일고 세찬비가 사납게 퍼부어져, 그 앞에 있는 모든 것을 쓸어버릴 때, 여호와께서 피난처가 되신다. 폭양이 이글거릴 때, 그가 그늘이 되어 주신다. 그런 후에 이사야는 이 비유들을 부분적으로 설명한다. "포악자의 기세(호흡)가 벽에 충돌하는 폭풍과 같다." 이 기세(호흡)는 가난한 자를 대항하여 싸우는 자들의 특징을 나타내는 포악한 영이다. 이것은 벽을 강하게 치는 폭풍과 같다. 벽을 쳐서 넘어뜨리지 못하고, 스스로 진로를 바꿀 수밖에 없게 된다. 이것은 하나님의 목적과 그의 나라에 대항하는 모든 폭풍이 그러한 것처럼 무력한 폭풍이다. 벽에 부딪히는 폭풍은 그 목적을 이루지 못한다.[14]

25:5 "폭풍 중에 피난처시며 폭양을 피하는 그늘이 되셨사오니"(4b)라는 표현에서 이사야는 두 개의 은유를 소개했다. 4절 하반절(개역 성경의 상반절)에서 이 중 첫 번째 것을 다루었고, 여기서는 두 번째 것, 즉 "폭양"을 언급하고 있다. 동시에 그는 "포악한 자의 기세(호흡)"란 표현을 생각나게 하고 있지만, 이제는 그것을 "외인의 훤화"로 묘사하고 있다.[15] 하나님에게 직접 말하면서 선지자는 하나님께서 포악한 자의 훤화를 그치게 하실 것이라고 선언한다. 그가 암시하는 것은 포악한 자들이 하나님의 백성들을 대적하면서 발하는 훤화와 소동이다. 이 비교가 흥미롭다. 이사야는 그의 생각에 점층법을 사용하고 있다. 폭양이 있을 뿐만 아니라, 이것은 또한 마른땅의 폭양이다. 곧 태양 아래 불타고 공기중에 습기가 부족해 고통당하는 땅이다. 그러나 이 비교의 요점은 무엇인가? 어떻게 해서 마른땅의 폭양–타는 듯한 극렬한 폭염–이 제거되었는지에 대해서 즉각적으로 듣지 못한다. 그 대답은 본 절의 하

14) 이 구절이 이사야의 특징을 가진 어투란 점이 유념되어야 할 것이다. זֶרֶם은 이사야서에 7회 발견되고 그 외에는 단 두 번만 나타난다. קִיר(벽)을 קוֹר(차가운, 즉 겨울)로 읽는 의견은 새로운 것이 아니며, 본문의 지지를 못 받는다. *Lectio difficilior praestat!*

15) שָׁאוֹן는 24:8; 13:4; 17:12–13을 참고하라. 본문의 수정을 지지할 만한 본문의 객관적인 근거가 없다. Gray가 지적하는 바와 같이 훤화는 교만보다는(Duhn) 노래와 더 나은 평행을 이룬다. 본 절에 대한 B의 번역은 하나의 해석으로만 간주될 수 있다는 사실에 유념해야 한다.

반절로 보류된다. 지나가는 구름이 태양의 뜨거움을 가려서 땅을 그 뜨거움에서 보호하는 것처럼 여호와께서 요란스러운 군대들의 자만스러운 훤화를 쉽게 잠잠케 하실 것이다.[16)]

6절, 만군의 여호와께서 이 산에서 만민을 위하여 기름진 것과 오래 저장하였던 포도주로 연회를 베푸시리니 곧 골수가 가득한 기름진 것과 오래 저장하였던 맑은 포도주로 하실 것이며
7절, 또 이 산에서 모든 민족의 그 가려진 면박과 열방의 그 덮인 휘장을 제하시며
8절, 사망을 영원히 멸하실 것이라 주 여호와께서 모든 얼굴에서 눈물을 씻기시며 그 백성의 수치를 온 천하에서 제하시리라 여호와께서 이같이 말씀하셨느니라

25:6 심판의 사역과 구원의 사역을 하실 수 있었던 하나님께 대한 찬양을 선포하기 위하여 24장의 묘사를 중단하였었는데, 이제 이사야는 이 묘사로 되돌아간다. 고대 시대에 즉위식 후에 제사를 드리고 제의 식사로 연회를 가졌던 것처럼(삼상 11:15; 왕상 1:9, 19, 25), 여호와께서 예루살렘에서 그의 통치권을 세우신 후 연회가 있을 것이다. 그러나 연회를 준비하는 자는 여호와이시다. 왜냐하면 모든 것이 그의 은혜로 말미암았기 때문이다. 잔치를 배설하시는 분은 만군의 여호와로 지칭되어 있으니, 이 호칭은 만군의 여호와께서 통치하신다고 선언되었던 24:23을 상기시켜 준다.[17)]

---

16) 24:16을 참고하라. 어떤 이들은 이 동사를 칼형으로 해석한다. "폭군들의 노래는 낮아진다." 그러나 히필 형은 평행구조를 더 잘 지지한다. 인칭의 변화는 흔한 일이다.

17) Dillmann은 그 연회를 왕이 통치권을 차지하게 될 때 그의 신하들을 위한 왕에 대한 경의의 표시로서 간주한다(왕상 1:9, 25; 삼상 11:15). Gray는 야웨께서 우주적인 통치의 자리로 즉위하신 후에 그가 그의 모든 신하들에게 연회를 준비해 주시는 것으로 생각한다(HTC, p. 147을 참고).

Penna가 지적하는 바와 같이 많은 사람들이 이 구절을 종말론적인 것으로 해석한다. 그러나 인간사를 종결짓는 사건들을 가리킨다는 사실을 입증하기는 어렵다. 어쨌든 여기에 묘사된 보편주의는 이사야서에서 나중에 강조하는 것들과 상충되지 않는다(Duchy에 반대).

Gray("Kingship of God in Prophets and Psalms," *VT*, Vol. 11, 1961, p. 23)는, 이 단락이 바알을 왕으로 묘사하는 신화를 폭넓게 사용하고 있는 것으로 생각한다. 그는 시온에서의 하나님의 연회를, 죽음으로부터 부활한 바알이 승리한 왕이 될 때 행한 "집들이 연회(housewarming)"로 생각한다. 죽음에 대한 승리는 못(Mot)의 실패를 반영하는 것으로 생각된다. 이 연회는 또한 묵시의 증거로 생각되기도 한다. Enuma Elish는 신들이 Marduk을 왕으로 인정하는 연회를 언급하고 있다(iii. 131–iv.32). 그러나 이들 연회에서는 오직 신들만 식사에 참석한다. A. H. van Zyl, *op. cit.*, pp. 44–57에 있는 탁

이사야는 곧바로 동사의 목적어를 제시하지 않는다. 그는 하나님께서 무엇을 하실 것인가에 대해 바로 말하지 않는다. 그러나 그는 하나님의 행위가 모든 백성의 유익을 위한 것이라고 선언한다. 열국은 그들 안에서 축복을 발견할 수 없고, 하나님께서 먼저 시온에서 그의 영원한 나라를 세우시기까지는 이스라엘 안에서도 축복을 발견할 수 없다. 모든 열국을 위한 연회가 있기 위해서는 심판과 그 나라의 설립이 있어야 한다. 이 어휘는 모든 것을 포괄한다. 어느 나라도 주께서 가져다주시는 축복으로부터 제외되지 않을 것이다. 앗수르 왕국은(또한 다니엘의 거대한 신상에 나타난 모든 나라들) 전 세계적인 왕국을 추구하였다. 그러나 이중 어느 나라도 진정한 의미에서 전 세계적인 국가가 되지 못하였으니, 이는 이 모두가 인간에게서 기원된 나라들이었기 때문이다. 오직 하나님께서 세우신 나라만이 우주적이고 진정한 의미에서 전 세계적이다. 하나님께서 예비하신 좋은 것은 모든 열국을 위한 것이다.

이사야는 여호와께서 하실 일이 무엇인지를 언급하기 전에 그 나라의 보좌를 언급한다. 그 나라는 "이 산"[18] 곧 시온에 세워질 것인데, 이 호칭은 같은 단어가 발견되는 24:23로 돌아가게 한다. 지금까지 시온은 보잘 것 없었으며 경멸당해 왔었으나, 이제는 하나님의 통치의 보좌, 곧 축복이 전 세계로 흘러 들어갈 중심지가 되는 것이다. 이 뜻은 일찍이 2:1–4에 표현된 것과 근본적으로 같다. 여기서 시온이 상징적 의미를 취하여 하나님의 교회를 가리키는 것처럼, 연회 역시 상징적 의미로 하나님께서 자기의 나라를 통하여 인류에게 가져다주시는 영적 축복을 상징하는 것으로 이해되야 한다.[19] 이러한 사상이 시편 22:26에도 나타나 있다. "겸손한 자는 먹고 배부를 것이며 여호와를 찾는 자는 그를 찬송할 것이라 너희 마음은 영원히 살지어다."

모든 열국을 위하여 여호와께서 하시는 일은 제공되는 음식과 포도주가 가장 좋고 질 좋은 것으로 구성되는 연회를 베푸시는 것이다. 이 연회에는 "기름진 것들"이 마련되는데 여기서 복수형은 극상의 음식과 이에 수반되는 모든 것이 함께 잘 준비된 상황을 의미한다(창 49:20; 사 55:2; 렘 31:14; 시 63:6; 욥 36:16; 느 8:10을 참

월한 논의를 참고하라.

18) 여호와의 산에 대한 개념은 전형적으로 이사야적이다. 2:2ff.; 4:5; 8:18; 10:32; 11:9; 16:1; 18:7; 29:8; 30:29; 31:4; 37:32; 56:7; 57:13; 65:11; 66:20을 참고하라.

19) **Bultema**는 이 구절들을 예수께서 다시 오실 때 모든 민족들을 위하여 하실 것을 가르치는 것으로 해석한다. 그는 단순하고도 문자적인 해석에 대한 강력한 반대를 할 수는 없다고 믿지만, 신자들은 그들의 새로운 육체를 가지고 분명히 이 연회에 참여할 수 있다고 생각한다.

고).[20] 이제 이사야는 점층법을 사용해서 오래 저장되어 숙성된 포도주로 연회의 특징을 설명한다. 쉐마님(שְׁמָנִים, 기름진 것들)과 쉐마림(שְׁמָרִים, 술찌꺼기)에는 점층법뿐만 아니라 언어유희도 나타난다. 이 후자의 단어는 본래 용기(用器)들 혹은 저장용기를 의미하였다가, 나중에 침전물 혹은 찌꺼기 위에 오랫동안 보존되어서 더 가치가 있게 된 포도주를 의미하게 되었다. 포도주는 강도를 높이고 색깔을 돋보이게 하기 위하여 찌꺼기들 위에 놓여있었다. 이러한 실례에 대한 암시가 예레미야 48:11에서 발견된다. 또한 스바냐 1:14을 보라.

본 절의 하반절에서 계속해서 이사야가 유사한 음을 가진 두 단어를 모두 강조하고 있으며 각각 복수형 푸알(Pual)분사를 덧붙인다. 이 분사들은 그 단어들을 보다 풍부하게 묘사하는 역할을 한다. 그러므로 기름진 것들은 영양분이 많다는 것이며 포도주는 잘 정제되었다는 것이다.[21] 이것들은 기름진 것 중 가장 좋은 것이었고, 희생제사나 연회에 가장 합당한 것들이었다. 찌꺼기 위에 있는 포도주는 잘 걸러지고 정제된 것이었다. 이 연회에서 최상품을 열국에게 제공한다.

하나님께서 그의 나라를 세우시고 시온에서 다스리실 때, 모든 세상이 복을 받을 것이다. 세상이 그로부터 받을 것은 무가치하고도 실망스러운 인간들의 철학이 아니고 영원한 복음의 값진 진리이다. 죄의 어두움으로 덮여진 세상을 향하여 참된 빛의 광선이 비칠 것이다. 왜냐하면 그의 빛 안에서 세상이 빛을 보기 때문이다. 그가 제공하는 것이 인류를 만족시키고, 축복하고, 풍요롭게 할 것이다. 그의 집의 좋은 것들은 목마름을 가라앉히고 빈궁한 사람들의 굶주림을 채우는 것들이다. 구약시대에 희생제사가 거행될 때마다, 이 대 연회의 예표가 있었다.[22] 임(ים)이라는 소리가 두드러져 있는 점이 흥미로운데, 이것은 마치 악기의 공명소리가 들려지는 것과 같이, 시적 성격을 더해 준다.

---

20) 기름진 것은 동물의 가장 먹음직스러운 부분으로 생각되었다. 이것은 풍부함의 상징이었다(시 26:8). 화목제에서 기름진 부분은 여호와를 위하여 제단 위에 태워졌다(레 3:3–16; 7:25). 또한 창세기 49:20; 이사야 55:2; 예레미야 31:14; 시편 63:6; 욥기 36:16; 느헤미야 8:10. 이 단어는 문자적으로는 기름을 의미한다를 참고하라(5:1; 10:27).

21) ממחים–푸알 분사: 복수형 어미 앞에서 이중모음 아이 안에 요드가 유지되는 것에 유의하라. 이 동사는 푸알형으로만 나타나는 מחה, 즉 영양분이 많은 음식물이라는 명사형에서 온 것이다. 이 단어는 한 번밖에 나오지 않은 단어이다. 라메드–요드 어간의 요드가 유지되어 있다(מְמֻחָה<מְמֻחָה>).

22) Mowinckel, *Ps. Stud.*, Vol. II, p. 296.

25:7 만일 여호와의 연회를 즐기려고 한다면 인간들을 그 즐거움으로부터 가로막고 있는 것들이 제거되어야만 한다. 지금 땅을 덮고 있는 무지와 슬픔의 어두움이 모두 먼저 치워져야 한다. 본 구절의 목적은 이 어두움이 제거된 것을 말하는 것이다. 무지와 슬픔의 어두움이 사라짐을 강조하기 위하여 이사야는 그가 이미 다른 곳에서 사용하였던 단어를 사용하고 있다. 그는 하나님께서 애굽의 계획을 제거하고 그것을 파멸시킬 것이라고 선포했고(19:3), 이제는 하나님께서 면박을 제거하실 것이라고 말한다.[23] 이 강력한 표현은 원수의 완전한 제거와 멸망에 대한 확신을 보증해 준다. 이것의 강조점은 방법보다는 사라짐의 신속성과 완전성에 있다.

하나님께서 통치하시는 이 산에서 그가 면박을 제거하실 것이라는 말씀을 하신다. 이 제거를 연회를 베푸는 일에 이어서 일어나는 것으로 이해할 필요가 없다. 오히려 두 언급은 여호와께서 자기 백성을 위하여 예비하실 구원의 충만함을 보여주는 것이다. 한편으로 연회를 베푸실 것이고, 다른 한편으로는 면박을 제거하실 것이다.

이사야는 생소한 묘사로 서술하고 있다. 즉 하나님이 면박을 제하리라는 것이다.[24] 이 면박은 분명히 이것을 바라보는 사람을 향하고 있는 덮개의 부분을 의미하는 것이다. 이 어휘는 분명히 애곡과 슬픔 중에 면박을 썼던 관습에서 취해 온 것이다(참고. 삼하 15:30; 19:5; 렘 14:3이하).[25] 이것은 백성들을 덮고 있는 면박이고, 이 면박이 제거될 때, 슬픔의 원인 역시 제거된다. 제거되고 나면 면박을 쓸 필요나 이유가 더 이상 없게 될 것이다.

또한 모든 열국 위에 휘장이 있으니, 이것은 덮개용으로 짠 것이다.[26] 휘장이란

---

23) בלע가 이사야서에 자주 등장한다(참고. 3:12; 9:15; 19:3; 28:4, 7; 49:19). Penna는 이 동사가 어떤 대상의 삭제의 의미라기보다는 신속한 속도의 개념을 강조한다고 생각한다(참고. 삼하 20:19ff.; 애 2:5).

24) 파섹(paseq)에 유의하라. 여기서 이것은 의미에서가 아닌 철자가 유사한 두 단어를 구분하고 있다. 첫 번째 것은 명사이고, 두 번째 것은 칼 분사형인데 이것의 통상적인 형태는 לָט이다. 비록 동사가 세 번정도 나오기는 하지만(왕하 16:7; 겔 32:30; 슥 10:5), 명사는 단 한 번 나오는 단어다.

25) *Odyssey* viii. 92을 참고하라.

26) 휘장은 덮개용으로 짜여진 것. 이 단어가 같은 의미로 이사야 28:20에 나타난다. "짜다"라는 의미로서의 נסך란 동사는 여기에만 나타난다. Drechsler는 이것이 슬픔의 제거를 가리킨다고 이해하는 것은 옳지 않다고 생각한다. 오히려 눈을 희미하게 하는 것, 마음의 과신과 유사하다고 생각하고, 여기서는 영성의 어두워짐과 둔감을 지칭한다고 생각한다. Lindblom은 8절과의 연관은 이것이 애곡을 가리킴을 증거한다고 주장한다.

단어는 앞의 면박과 평행을 이룬다. 그러나 그러한 휘장이 열방의 머리에 드리워져 있는 이유는 무엇인가? 그리고 왜 그들이 슬퍼하는가? 이 질문에 대해 두 개의 기본적인 답변이 주어져 있다. 한편으로는 이 덮개가 여호와가 없는 모든 민족을 덮고 있고 그들의 특징을 드러내 주는 영적 무분별과 무지를 가리킨다는 것이다. 이 휘장이 여호와를 알지 못하는 자들에게서 발견되는 영적 둔감함과 마음의 완고함을 가리킨다고 간혹 주장되기도 한다. 두 번째 견해는 휘장이 고통으로 인한 애곡을 의미한다는 것을 견지하며 이 견해가 옳다고 본다. 그 고통은 땅에 퍼부은 심판으로 말미암은 것일 수도 있으나, 이보다는 나라에 다가온 재난으로 인한 것이다. 이 재앙들은 앞에서 묘사된 심판으로 말미암아 온 것이 아니다. 왜냐하면 그 심판을 받은 사람들은 도망할 수 없을 것이기 때문이다. 즉 그들은 영원히 벌을 받아 멸망당할 것이다. 그러나 여기서 면박을 쓴다는 것은 재앙에 대한 애도의 표시이다. 즉 슬픔으로 인한 덮개이다.

슬픔과 애도를 야기하는 것을 다음절에 언급하고 있는데, 곧 사망이다. 사망은 열국을 지배하여 왔고, 그것과 함께 재앙이 왔다. 세상에 임한 모든 고통들이 결국 이렇게 극심한 재앙으로 끝난다. 이 통치자의 혹독하고 사나운 속박으로인하여 소망이 없는 것으로 보인다. 그러므로 백성은 자신의 비참한 상태를 애도할 수 있는 휘장을 쓰는 것이다. 그러나 하나님께서는 이 덮개를 제거할 것이다. 왜냐하면 더 이상 그것이 필요하지 않을 것이기 때문이다. 여호와께서 시온에서 연회를 베푸실 때, 애도와 슬픔의 모든 원인에서 벗어난 열국들은 와서 참여할 수 있게 된다. 그들이 그와 같이 온다는 것은 하나님의 은혜로 인한 것이지 그들의 공로로 인한 것이 아니다. 그러므로 열국의 소망은 하나님과 그의 구속사역에서 발견되는 것이지, 열국 자체에서 발견되지 않는다. 이것은 가장 실제적인 말씀이며 전 세계적으로 적용되는 말씀이다. 오늘날까지도 열국은 자기들 스스로의 노력으로 휘장을 벗어버리려고 부지런히 힘쓴다. 그러나 그 휘장을 치우시는 분은 오직 하나님뿐이시다. 사망으로부터의 구원은 은혜의 사역이다.

25:8 여기에 승리의 은혜가 비추고 있다. 이사야는 앞 절과 본 절을 접속사로 연결시키지 않고 있지만, 독립적인 진술을 통해 그보다 훨씬 더 효과적인 방식으로 하나님께서 사망을 영원히 제거하셨다는 진리를 선언하고 있다.[27] 동시에 비록 문법

27) 여기에 와우가 없이 완료형이 미래를 묘사하기 위하여 나타나며, 그렇게 해서 접속사를 생략

적으로는 그렇지 않을지라도 최소한 사상적인 면에서 앞 절과의 연결을 가지고 있다. 하나님께서 휘장을 제거하실 것이라고 선언한 후 이제 선지자는 같은 동사를 취하여 일반적 진리 곧 하나님께서 슬픔과 애도의 원인, 즉 모든 비극의 원인인 사망을 제거하셨다는 사실을 나타내기 위하여 사용한다.

이사야는 사망에 정관사를 사용하여 사망이 인류에게 공포라는 잘 알려진 사실을 강조한다. 이제까지 사망은 다른 모든 것들을 삼켜왔었다. 창세기 2:17에서처럼 여기서도 사망이란 단어가 그것과 관련된 모든 악을 포함한다. 사망이 삼킨바 될 때, 그와 함께 그것이 가져다주는 모든 재앙들도 삼킨바가 된다. 더 나아가 사망은 영원히 삼킨바가 된다. 즉 다시는 결코 나타나지 않을 것이다. 바울의 해석은 구약에 완전히 일치한다. “사망이 이김의 삼킨 바 되리라”(고전 15:54하). 요한 계시록은 그 의미를 분명하게 밝히고 있다. “사망이 없고”(계 21:4하).[28]

하나님께서 시온에서 통치를 시작하실 때, 열국을 위하여 풍성한 연회를 베푸실 것이고, 그때 또한 사망을 제거하실 것이며, 그리하여 더 이상 애통하게 하는 것이나 슬퍼하게 하는 것이 없도록 하실 것이다. 이것이 전체 그림을 간략히 요약한 것이다. 더욱이 신약을 통해 시온에 나라가 세워짐, 즉 교회와 더불어 여기에 예견된 축복들이 실제로 성취되었음을 알 수 있다. 그의 죽음을 통해 그리스도께서 승리로 사망을 제거하셨다. 또한 동시에, 신약성경으로부터 죄의 결과들은 남아 있다는 것과 오직 그리스도의 재림과 함께 완전한 의미에서 약속된 축복의 실현을 보게 된다는 사실을 배운다. 이사야는 여호와의 근본적인 승리에 대해서 말하고 있다. 즉 그는 오늘날 이 시대의 모든 성격들을 다 묘사하고 있지 않다는 것이다. 가장 고상한 의미에서, 이 축복은 어느 개인에 의해 그가 죽은 후까지는 결코 실현될 수 없다고 알렉산더는 바르게 지적한다.

이사야의 목적은 하나님께서 승리하리라는 것과 그가 시온에서 다스리시기 시작하실 때에 세상이 결코 알지 못하는 축복이 그의 통치와 함께 동반될 것이라는 확신

하고 씀으로써 그러한 묘사의 특성을 강조하는 데 도움을 준다. 고린도전서 15:54에서의 바울의 인용 본문은 Theodotion의 본문과 일치한다. B는 κατέπιεν ὁ θάνατος ἰσχύσας로 되어 있다(death, having become strong, swallowed <them> up).

28) לָנֶצַח–직역하면, 불멸, 영존, 영속을 위하여. 이 단어는 전치사와 함께 “영원히”로 번역될 수 있다. B는 ἰσχύσας; 아퀼라, 탈굼은 ἐις νίκος S는 ἐις τελος로 번역한다. 아람어에서 단어의 어근은 파알(pa‘al), ‘정복하다’의 의미를 가지고 있다; 그리고 נִצְחָנָא는 “승리”이고, 수리아어는 네차흐(n^{e}tzah), ‘정복하다’이다. 영감을 받은 바울이 이점에서 B를 따르지 않은 것은 얼마나 감사한 일인가!

을 가지고 그의 백성을 위로하는 것이다. 하나님께서 사망을 제거하실 것이라는 선언에 이어서 이사야는 애정이 깃든 아름다운 모습 하나를 소개한다. 선지자는 하나님의 주권적인 능력을 강조하기 위하여 선별된 단어를 선택하여 여호와(아도나이)께서 모든 눈에서 눈물을 씻으실 것이라고 말한다.[29] 부모가 아기를 달래고 어르듯이 모든 능력을 가지신 하나님께서 자기 백성의 눈에서 눈물을 씻으신다. 외견상으로 악은 사망으로 절정을 이루며 개별적으로는 눈물로 인도한다.[30] 부모가 아이의 눈물을 씻는다는 것은 어려운 일이 아니다. 그러나 하나님께서 그의 백성의 눈에서 눈물을 제거하시기 위해서는 우선 눈물을 흘리게 하는 악을 제거 해야만 하며 사망의 권세를 가진 자를 정복하는 일이 있어야만 한다. 그러나 하나님의 백성의 얼굴을 눈물로 뒤덮여지는 일이 더 이상 없을 것이다. 왜냐하면 하나님께서 그 눈물들의 원인을 제거하셨기 때문이다. 신약성경은 그가 어떻게 그 일을 하셨는지 분명히 밝혀준다. 그는 성자 하나님을 통해 이 일을 하셨으며 성자는 죄를 사하기 위하여 자신을 제물로 드리셨다. 여기에 묘사된 축복의 아름다움과 영광 배후에는 갈보리의 십자가가 서 있다.

그의 백성의 수치는 그들의 죄로 인해 그들 위에 놓여 있는 것이다.[31] 그의 생각에 포로에 대한 것이 담겨져 있을 수는 있겠지만 이사야가 반드시 포로를 가리키고 있는 것은 아니다. 그보다는 단순히 하나님의 백성이 자신의 죄로 인한 수치 아래 있었다는 사실을 지적한다. 이것은 필연적으로 물리적 재앙만은 아닐 수 있는데 고통과 슬픔, 수치와 수욕을 포함할 수도 있다. 죄를 통하여 이스라엘은 수욕을 당하였고, 세상에 축복이 아닌 수치를 가져다주었다고 할 수 있다. 그러므로 이스라엘로 인하여 세상에 놓여 있었던 수치는 하나님에 의하여 제거될 것이다. 마지막으로, 마치 그가 선언한 사실의 확실성을 확신시켜 주기 위한 것처럼, 이사야는 위로의 말을 덧붙인다. "여호와께서 이같이 말씀하셨느니라." 그러므로 이 예언은 틀림없이 성취될 확실성을 갖는 것이다.

반즈(Barns)는 그가 언젠가 본 절을 눈물 없이는 읽을 수 없었다는 시인 로버트 번즈(Robert Burns)가 예전에 논평한 것을 말하고, 복음만이 그러한 결과를 낳게 할 것

29) ומחה는 와우 연속법을 가진 규칙 완료형이고, 미래형으로 번역되어야 한다.

30) Gesenius는 이 언어가, 죽음과 삶 대신, 재난과 행운이라는 번역이 가능할 것이라고 인정하면서도, 정확히는 후자의 번역을 더 선호한다.

31) 백성의 수치를 제거한다는 개념은 이사야 54:4; 61:7에 또 다시 나타난다.

이다고 정확히 지적한다. 알렉산더는 이것이 "그가(번즈) 독일의 발견, 즉 이 예언이 지극히 서투르고 단조로운 편집이고, 태고로부터 잘못 연결 시켜왔던 선지자와는 전혀 어울리지 않는다는 것을 알지 못했다는 충분한 증거"라고 설명한다. 이 구절이 독일 비평가들에 의해서 뿐 아니라 다른 사람들에 의해서 다루어진 방식에 주목할 때는 이러한 강력한 논평에 동조할 수 있다. 오직 성경의 계시된 신앙만이 인간에게 진정한 위로를 줄 수 있고, 사랑어린 눈물과 감사의 눈물을 자아내게 할 수 있다. 왜냐하면 오직 성경의 계시된 신앙만이 죽음을 제거하고 눈물을 씻기에 필요한 값을 지불하신 참된 사랑과 긍휼의 하나님을 소개하기 때문이다. 일부 비평가의 무지와 본 절에 대한 이해 부족에도 불구하고 그리스도인의 심장은 언제까지나 여기에 계시되어 있는 말로다 할 수 없는 놀라운 진리에 경외감을 가질 것이다.

9절, 그날에 말하기를 이는 우리의 하나님이시라 우리가 그를 기다렸으니 그가 우리를 구원하시리로다 이는 여호와시라 우리가 그를 기다렸으니 우리는 그 구원을 기뻐하며 즐거워하리라 할 것이며
10절, 여호와의 손이 이 산에 나타나시리니 모압이 거름물 속의 초개의 밟힘같이 자기 처소에서 밟힐 것인즉
11절, 그가 헤엄치는 자의 헤엄치려고 손을 폄같이 그 속에서 그 손을 펼 것이나 여호와께서 그 교만과 그 손의 교활을 누르실 것이라
12절, 너의 성벽의 높은 보장을 헐어 땅에 내리시되 진토에 미치게 하시리라

25:9 본 절과 다음 구절들에서 선지자는 그가 방금 전에 제시하였던 것을 계속해서 보다 충분하게 설명한다. 구원이 다가올 때, 백성은 자신의 하나님을 자랑할 것이다. 그때 그들은 자신이 하나님의 약속을 의지한 것이 옳았다는 것을 알 것이고, 그들의 확신을 부끄럽게 여기지 않을 것이다. 그들의 소망은 성취될 것이며, 그들은 그 안에서 자랑하고 기뻐할 수 있다.

하나님께서 모든 눈물을 씻는 그날에 백성은 그를 찬양할 것이다. 동사가 비인칭이며, 이것은 아마도 구원받은 자들을 일반적으로 가리키는 것이다.[32] 이스라엘 백성이 하나님을 찬양할 뿐만 아니라, 그의 축복을 받은 모든 사람도 그를 찬양할 것

32) French *on dira*을 참고하라. 1Q의 ואמרת는 불필요하다. B의 ἐρουσι는 단순히 의미를 전달하기 위하여 시도된 것일 수 있다.

이다. 그들은 자신을 위해 그와 같은 일을 이루신 하나님이시며 그들 자신의 하나님이신 그에게 주의를 기울일 것이다. 그들은 그를 기다렸다고 말한다. 즉 하나님이 그들을 구원하기 위해 그의 약속을 이루시길 그들이 기다렸다는 것이다.[33] 그들은 그가 약속하신 것이 그들의 구원을 통해 성취될 것을 믿었고, 이제 그들은 그들의 소망이 헛되지 않았음을 바라본다. 진실로 이 하나님이 바로 이스라엘의 언약의 하나님 여호와이시며 백성은 그에게 그들의 신뢰를 두었던 것이다.

그러므로 백성들은 다른 사람에게, 그로부터 받은 구원 안에서 기뻐하고 즐거워하라고 용기를 주고 권면을 한다. 그들은 진실로 그것이 "그의 구원"이라고 말할 수 있으니, 이것은 구원이 그로부터 나오기 때문이며, 그가 구원의 조성자이시기 때문이다. 본 절에 강조된 내용이 중요하다. 접미사 "그의"와 "이것"이란 단어를 주목하라. 이것은 마치 이스라엘이 곧 "이분이 우리가 그렇게도 자주 말해 온 하나님이시다. 자 보라! 우리가 그분을 의지한 바와 같이, 그분께서 자신이 약속하신 것을 이루셨다."라고 말하는 것과 같다.

25:10 본 절과 더불어 상황이 변하고 하나의 대조를 도입한다. 시온산에서는 모든 것이 평화롭고도 복되다. 왜냐하면 거기에 하나님의 나라가 있기 때문이다. 그러나 요단강을 건너서 다른 산, 곧 모압의 산이 있다. 단수 명사 "산"은 일반적으로 모압의 산들을 의미한다. 이 산들과 시온 사이에는 큰 간격이 자리하고 있는데 마치 부자와 나사로 사이에 있는 간격과 같다. 예루살렘과 베들레헴 사이에 있는 언덕 위에 서서 모압의 요르단 계곡 너머를 바라보는 사람은 유다와 모압을 갈라놓는 계곡의 깊이를 인지하게 될 것이다. 시온산 위에 하나님이 자비와 은혜 가운데 임하셨으나 모압땅의 산 위에는 그의 손이 무겁게 임하며 모압을 그 밑으로 내리누르실 것이다.

왜 이사야는 이 특별한 시점에서 이러한 대조를 소개하고 있는 것일까? 이에 대한 답변은 모압이 이스라엘의 숙적이었고, 여기서는 하나님의 백성들의 오만한 원수들이 멸망될 것이라는 사실을 보여주기 위한 본보기로서 언급되었다는 것이다.[34] 하

33) Driver는 "그가 우리를 구원하실지도"라고 번역한다. 9절 하반절에서 백성들은 이미 구원받은 것으로 나타나 있으므로, 여기서 동사는 단순 미래보다는 가정법으로 번역되는 것이 더 낫다는 것이다. ישועה라는 단어는 이사야서에 자주 나타난다.

34) Dillmann은 모압에 관한 이러한 말씀들이 소개된 방식은 본 구절의 절정이 모압에 대한 보응에 있지 않다는 사실을 보여 주며, 그러나 다만 그것이 미래의 모습 가운데 있는 삽화적 사건이라고 생각한다(사 63:1이하와 유사함). 일부 학자들은(Guthe, Kissane 등) אוֹיֵב로 고치려고 한다.

나님의 백성들을 위하여는 사람들이 자랑할 수 있는 구원이 있을 것이고, 하나님을 경멸하고 그를 대항하여 돌아서는 사람들에게는 오직 징벌과 멸망만 있을 것이다. 이스라엘은 멸시와 무시를 당해 왔었다. 그러나 이제는 높임을 받게 될 것이다. 모압은 오만하고 자만하였으나 이제는 낮아져서 수치를 당할 것이다.

어휘가 돋보인다. 손이 놓이게 되고,[35] 모압은 타작을 당하거나 혹은 짓밟힘을 당한다. 비유의 변화가 나타나 있다. 모압을 밟는 것은 모압 위에 놓인 손이 아니라 오히려 밟는 것은 손이 그 땅에 놓인 것의 결과이다.[36] 그러나 밟는 그 자체는 그 손보다는 다른 대리자들에 의하여 실현된다. 이사야는 "그 아래서" 혹은 "그것 아래서(즉 그 처소에서)"라는 관용어를 사용하고 있는데, 이것은 다른 선지자들에 의해서도 사용되었다(2:13; 참고하며, 또한 사 46:7; 욥 40:12; 삼상 14:9; 삼하 2:23을 유의하라). 이 관용어는 그 손을 가리키는 것이 아니고 오히려 모압 자체를 가리키는데, 이는 마치 이사야가 모압이 모압 아래에서 밟히게 될 것임을 말하는 것과 같다. 이것은 이상한 표현이지만 모압이 완전히 정복될 것임을 분명히 보여준다. 그러므로 이스라엘은 더 이상 어떤 침입이나 이 대적의 괴롭힘을 두려워할 필요가 없으니, 이는 대적이 완전히 정복될 것이기 때문이다.

모압이 얼마나 철저하게 짓밟힐 것인가를 보여 주기 위하여 선지자는 모압에게 다가올 멸망과 함께 대대적 붕괴를 나타내는 비유를 도입하고 있다. 직역하면 이 문구는 "거름의 장소의 물들 가운데 있는 풀더미가 밟히는 것처럼"이다. מַתְבֵּן(마트벤, 풀더미)와 מַדְמֵנָה(마드메나, 거름의 장소) 사이에는 두운법과 유음현상이 있으며, 형태상 마드메나는 모압 성읍 맛메나(Madmena)를 상기시켜 준다.[37] 만약 이 번역이 옳다면, 이것은 초개가 밟히고 썩게 하는 못 가운데 남아 있듯이, 모압도 역시 짓

---

35) יַד יהוה는 흔한 이사야적인 표현이다. 다음 구절을 참고하라. 1:25; 11:11, 15; 19:16; 31:3; 34:17; 40:2; 41:20; 43:13; 49:2, 22; 50:2, 11; 51:16–17; 59:1; 62:3; 64:7; 66:2, 14; 11:2에서는 여호와의 신이 임한다.

36) נִדּוֹשׁ, 욥기 39:15; 왕하 13:7, "밟힐 것이다." 아카디아어 다수(dašu), "짓밟히다(*to tread down upon*)"를 참고하라. הִדּוּשׁ는 분명히 부정사 연결형으로 의도된 것이니, 그 정상적인 형태는 הִדּוֹשׁ이다. 아마도 이 철자법은 부정사 절대형으로부터 구별하기 위한, 계획적인 것 같다. Gesenius는 이것을 연결 구문으로 인한 축약 형태로 이해한다.

37) 이와 유사한 언어유희에 대해서는 예레미야 48:2를 참고하라. Dillmann은 모압 성읍과의 언어유희가 의도되어 있는지에 대해서 의문을 제기한다. 아마도 케티브로 읽어야 할 것이다.

Gesenius는 케티브에 대해 이렇게 주석을 가한다. "*…es ist das allein Passende, da im folgenden Verse das Bild eines im Wasser Versinkenden fortgesetzt ist….*"

밟힐 것을 암시한다. 일부 주석가들은 이 어투가 모압에 대한 저자의 증오심을 드러내고 있다고 생각한다. 그러나 이사야가 이 하나님의 백성의 숙적에게 다가올 잔혹한 징벌을 묘사하는 강력한 방식을 단순하게 사용할 수도 있지 않겠는가? 우리 주님께서 "만일 네 발이 너를 범죄케 하거든 찍어 버리라 절뚝발이로 영생에 들어가는 것이 두 발을 가지고 지옥에 던지우는 것보다 나으니라"(막 9:45)고 말씀하실 때, 그 말씀에서 잃어버려진 자에게 증오를 봐야 하는가? 본문에는 더 이상 어떠한 증오도 없다.[38]

25:11 패배는 굴욕적인 것이 될 것이고, 모압은 스스로 구원하려고 힘을 쓸 것이다. 초개는 밟히고 거름 구덩이에 남겨져 썩게 된다. 그러나 모압은 그렇게 밟힌 다음에 헤엄치려고 손을 뻗칠 것이다.[39] 모압은 그 가운데서 손을 펼칠 것이라고 말한다. 그런데 "그 속에서"라는 어구가 무엇을 가리키는가? 아마도 거름 처소, 곧 모압이 지금 헤엄치려고 하고 있는 못을 가리킬 것이다. 그러나 이에 대해서 확신할 수는 없다. 이 뜻은, 헤엄치는 자가 헤엄치기 위하여 손을 뻗치는 것처럼(이사야는 수동형을 사용하고 있음), 모압 역시 그 어려운 상황에서 가라앉지 않고 헤엄치기 위하여 스스로 뻗어 나가려고 힘쓰고 있는 것으로 보인다는 것이다.[40]

모압의 시도는 실패할 것이다. 왜냐하면 스스로 떠 있어서 자신을 구원하기보다는 그의 손으로 얻은 약탈물과 함께 그의 자만심만 떨어뜨리게 될 것이기 때문이다. 즉 가라앉게 될 것이기 때문이다.

25:12 모압이 스스로 생명을 구하려고 헤엄을 치는 비유를 뒤로 하고 선지자는 이제 모압에게로 직접 향하여, 모압의 멸망이 그의 운명이 놓여있는 분의 손에 의해 임하게 되었다는 것을 알아야 함을 모압에게 전한다. 어휘가 다소 일반적이며, 이사

38) Marti와 Duhm. Duhm의 주장은 특별히 강력하다. "*Das von Moab gebrauchte Bild zeugt von dem tiefen Hass and Widerwillen der Juden gegen dies Jes 16 Jer 48 und Zph 2 8 10 als prahlerisch, verlogen und schadenfroh gekennzeichnete Volk…*"

39) 외관상 탈굼은 "여호와"를 주어로 취급하고 있고, 이것을 Ibn Ezra, Kimchi, Mulder가 따르고 있다. 그러나 헤엄치는 자의 몸부림은 모압의 힘의 결핍을 더 잘 암시한다. 완료형의 엑센트가 있는 음절에서 체레의 위치에 파타흐가 있는 것을 유희하라.

40) Gray가 지적하는 바와 같이 남성 접미사는 당연히 "물"이나 "거름더미"를 가리키지 않았을 것이다. 그러므로 아마도 이것은 일반적으로 두 단어로 호칭된 장소를 가리키는 것으로 취급되어야 할 것이다.

야는 어떤 특정한 성읍을 가리켜 말하지 않는다. "너의 성벽의 높은 보장"이라는 표현으로[41] 이사야는 모압의 요새화되고 높은 성벽으로 둘러쌓인 성읍들에 자리하고 있었던 기세에 주의를 집중하게 하고자 한다. 성읍들은 모압을 대적들로부터 보호할 수 있는 안전한 요새로 생각되었다. 이러한 요새까지도 무너질 것이다.

세 개의 동사가 모압의 멸망과 낮아짐을 강조하기 위하여 사용된다. 이 동사들의 주어를 언급하지 않았으나, 선지자가 가리키고 있는 자는 하나님일 가능성이 제일 크다. 세 개의 동사들이 함께 나타나면서 본 절을 두드러지게 강조해 주고 있다. "그가 헐으셨다, 그가 낮추셨다, 그가 땅으로 내리셨다." 세 개의 완료형은 멸망이 철저하기 때문에 시온에 있는 하나님의 나라가 더 이상 동쪽의 산들 위에 있는 모압나라의 교만을 두려워할 필요가 없다는 사실을 강조하고 있다. 선지자의 어휘는 일반적이다. 곧 어떤 구체적인 정복을 지적하는 것이 아니고, 모압에 관하여 말한 것을 종합하고, 하나님의 나라가 시온산에 세워지고 영원히 지속되는 것처럼, 모압나라는 분명히 낮추어지고 망할 것이라는 사실을 강조하고 있는 것이다. 이러한 사실이 "진토에 미치게"라는 마지막 어구에 의해 확고해진다. 모압은 엎드러지고 더 이상 일어서지 못할 것이다.

26장

1절, 그날에 유다 땅에서 이 노래를 부르리라 우리에게 견고한 성읍이 있음이여 여호와께서 구원으로 성과 곽을 삼으시리로다

2절, 너희는 문들을 열고 신을 지키는 의로운 나라로 들어오게 할지어다

26:1 모압과 높은 성벽을 갖춘 요새는 무너져 내렸지만, 구속받은 자가 성의 존재로 인해 기뻐하게 될 성읍이 있다. 사람들이, 하나님께서 그의 능하신 목적을 성취하신다는 확신을 가지고, 사건들의 미래적 결과를 바라볼 때, 그들은 노래와 찬양을 시작할 것이다. 그 찬양의 노래는 25:9과 일치하고 24:23으로 거슬러 올라간다. 동시에 이것은 모압에 대해서 말했던 것과 대조를 이루고 바로 앞에 묘사되었던 멸망

41) 어투가 "너의 높고 요새화된 성벽들"보다 우아한 표현을 이루고 있다(2:15; 30:13을 참고). 실명사들의 사용은 그 개념들을 보다 두드러지게 강조하는 역할을 한다(렘 48:1; 사 33:16을 참고).

과도 대조를 이룬다. "그날에"는 모압이 멸망하게 될 때와 또한 시온 왕국에서 이스라엘의 위상이 올라가는 그때를 가리킨다. 동사는 수동형이고 비인칭으로, "노래가 불리워질 것이다"이다.[1] 주어가 명시되지 않았으나, 이것이 시온에 있는 이들에 의해 불리워지게 될 노래라는 것을 의미한다. 유다를 가득 채우게 되는 것은 노래이다. 왜냐하면 그때 시온이 모든 땅의 자랑과 영광이 될 것이기 때문이다. "우리에게 견고한 성읍이 있음이여."[2] 시온이 노래의 주제이다. 그래서 가장 먼저 언급되었다. 모압의 성읍들은 무너질 것이었지만, 시온은 견고하게 설 것이다. 거짓되고도 부당하게 찬양을 받았던 성읍들이 있었다(25:2, 12). 그러나 이러한 성읍들과 대조되어, 참으로 견고한 성읍이 있으며 이 성읍은 노래하는 자들에게 속한 것이다. 이 노래는 또한 모압 백성과 시온의 백성 사이의 대조도 나타내고 있다. 모압 사람은 거름물 속에 남아서 썩게되는 초개처럼 부끄러운 수치를 당하게 되었지만, 시온 백성은 구원을 받았고, 여호와를 찬양하는 노래를 부를 수 있었다. 그들은 흠이나 구김살 혹은 그 어떠한 것도 없었다.

마지막 문장에 상당 양의 두운법이 있다. 즉 처음 두 단어에 ישׁה, 그리고 마지막 두 단어에 אה이다. 목적어가 맨 앞에 위치하여 강세와 강조의 위치를 차지한다. 구원이 이 견고한 성읍의 특징을 말해 주며 성읍을 방어한다.[3] 이 구원은 하나님에 의하여 주어지게 된다. 왜냐하면 동사의 주어가 표현되지는 않았지만 주어를 "야웨"라

---

1) יוּשַׁר—호팔의 유일한 사용. 1Q는 칼 능동형인 יָשִׁיר로 읽는다. 지금의 이 형태는 실제로는 칼 수동형이다.

2) 견고한 성읍—이전의 24:10–12의 상황과 대조가 됨. 또한 25:2, 12의 거짓된 기세와 대조를 이룬다. 이 성읍은 진실로 견고한 성읍이니, 이는 주께서 그 보장이 되시기 때문이다(25:4). Lindblom은 주전 485년에 예루살렘 성벽의 부분적 재건이 있었다고 생각한다. Penna는 이 구절들이 미래에 일어날 선지자의 환상이며 멸망의 운명에 처한 이름 없는 성읍과 대조를 이루는 것으로 볼 수 있다고 믿는다. 이 문구는 "우리는 한 견고한 성읍을 가지고 있다"(시 18:10; 61:4을 참고), "한 성읍이 우리에게 견고함이다"로 번역될 수도 있을 것이다.

3) 문장 구조는 "그가(즉 야웨) 구원을 그 벽들과 성벽들로 삼으신다"(시 110:1; 91:9; 렘 17:5을 참고). 이 성읍은 통상적인 무장을 필요로 하지 않는다. 성읍의 힘은 승리와 구원 그 자체이다(시 125:2; 슥 2:9을 참고). 벽과 성벽들의 조화에 대해서는 60:18을 참고하라. חֵל앞에 있는 접속사는 카메츠(ָ)를 가지고 있는데(참고. 5:30), 이것은 근개음절에서는 정상이다. 그러나 실제로는 정상적인 용법이 비정상이 되었고, 그래서 카메츠가 쌍을 이루는 단어들을 연결하기 위하여 우선적으로 사용되고 있다. חֵל에서, 비록 이에 상응하는 아랍어 חַיִל이 이중모음을 가지고 있을지라도, 아이 이중모음이 나타난다. 이 단어는 빙 둘러싸는 것을 나타내는 것으로 보인다. Dillmann과 Duhm은 다음과 같이 번역하기를 선호한다, *zu Heil setzt er Mauern u. Zwinger*.

는 단어에서 발견되는 것으로 이해하기 때문이다. 구원이 성읍을 위한 성벽과 힘으로 자리하게 된다. 구원으로 무장된 성읍은 진정으로 견고한 성읍이니, 거짓된 찬양을 받은 모압의 요새와 대조되는 것(25:12)이며 여호와께서 그 성읍의 힘(maóz)이 되시기 때문이다.

본 절의 마지막 두 단어는 완전한 보호를 의미한다. 첫 번째 단어는 단순히 성을 둘러싸고 있는 벽들을 지칭하고, 마지막 것은 성채(보루)를 암시한다. 데이빗 킴키(Kimchi)는 보루를 사무엘하 20:15에 있는 것과 같은 외부 성벽에 속하여 있는 작은 벽이라고 본다. 또 어떤 사람들은 이것이 외벽과 내벽 사이에 있는 공간을 지칭한다고 생각하기도 하였다. 이 단어의 명확한 의미를 자세히 설명하려고 노력할 필요 없이 이 단어가 성채를 가리킨다라고 무난히 가정할 수 있다. 이 구원으로 둘러싸여지고 무장된 성읍은 완전한 난공불락의 성읍이다. 왜냐하면 하나님께서 그 성읍의 확실한 보호가 되셨기 때문이다.

26:2 이 성읍에는 아직 거민들이 살고 있지 않다. 왜냐하면 에덴 동산과 같이, 하나님에 의하여, 그가 사랑하시고 그 성읍의 거민이 되기를 바라시는 사람들을 위하여 먼저 만들어졌기 때문이다. 그러므로 노래하는 자들은 그들의 노래를 계속하면서 성문을 지키는 자들에게 말한다. 노래하는 자들을 언급하면서 이사야는 단순히 시적 기교를 사용하여 성읍이 이제 들어올 자격을 갖춘 자들을 맞이할 준비가 되었음을 시사한다.[4] 이 장면은 먼 길을 와서 그 성읍으로 들어오는 순례자들의 장면으로 보인다. 그들은 마치 그들이 그렇게 할 자격이나 있는 것처럼, 그들이 들어갈 수 있도록 성문들에게 열리라고 말한다. 이 순례의 길을 걸어온 사람들은 자신을 의로운 나라로 묘사한다. 그들은 공의와 율례에 내해 바른 관계를 맺고 있는 나라이기에 그들은 진정으로 의로운 자들인 것이다. 그러나 이 성읍의 성벽과 성채가 구원이기 때문에, 온 땅에서 온 자들로 구성된(24:16을 보라) 이 의로운 나라가 내재적 의를 소유한 나라가 아니라는 것은 분명하다.[5] 그보다는 시온에서 다스리시고 자기

4) 동사의 주어가 언급되지 않았고, 그 말을 듣는 자들의 정체가 누구인지는 특별히 중요하지 않다. Mulder는 그들을 "*die poortwagters*"라고 말한다(시 118:19을 참고). 이것은 실제로 거의 필요 없는 말이다, 그러나 천사들에게 말했다고 하는 Jerome의 견해보다는 이 견해가 나은 것으로 생각된다.

5) 가장 심오한 의미에서 Jerome이 다음과 같이 말했을 때, 그가 옳다. "*Urbs fortitudinis nostrae Salvator est, id est Jesus. Et ponetur in ea murus et antemurale.*" 그러나 다음과 같은 주해는 온당하지 못하다. "*Murus bonorum operum, et antemurale rectae fidei, ut duplici septa sit*

백성을 위하여 그 성읍을 예비하신 왕으로부터 의를 받아 가진 나라이다. 심판으로 거절된 백성이 아니며, 그 수치가 제함을 받고(25:8), 여호와로 말미암아 구원을 받은(25:9) 백성이다. 그러므로 이 나라는 의롭다. 왜냐하면 그 나라의 의를 만군의 여호와 주님으로부터 받은 나라이기 때문이다.[6] 더러운 것은 어떤 것이든 하나님의 거룩한 성읍으로 들어오지 못할 것이다. 그럼에도 불구하고 더럽혀졌던 백성이 들어올 것이니, 이는 그들의 더러움이 제거되고 주님의 의를 받았기 때문이다. 진실로 그곳에 들어오게 되는 것은 의로운 나라이다. 그들이 그와 같이 자신들을 부르는 것은 자만심의 표시가 아니라 가장 심오한 겸손의 표시이다. 그들의 자랑은 하나님으로부터 오는 의 안에서의 자랑이다.

신을 지키는–의로운 나라는 신앙을 지키는 자, 보존자, 수호자가 될 것이다.[7] 이것은 언약 안에서의 신실성이요 언약의 조항에 대한 신실성이다. 그러므로 그 나라는 언약국가가 해야만 하는 바대로 행할 것이다. 의와 신실함의 개념이 구약에 자주 연관되어 나타난다. 예를 들면 앞에서 이사야는 구속받아 새로워진 예루살렘을 의와 신실이 거주하던 성읍으로 특징지었다(1:26). 이 신실함은 신앙생활과 하나님의 백성에게 주어진 약속들을 믿고 의지함으로써 유지된다. 세상을 이기고 마지막에 승리하는 것이 이 신앙이며(행 2:10, 13), 그러한 신앙을 나타내는 사람이 신실성을 지키는 자이다. 여기에 인간의 공로는 배제되어 있으니, 이는 믿음을 주시고 신실성을 지키게 하시는 분이 하나님이시기 때문이다. 칼빈이 해석한 바와 같이, "그는 이리를 가지고 양을 만드신다," 그가 우리의 위선을 점검하시고 교정하시길 시작하자마자 곧바로 그는 우리를 참되고 의롭다고 부르신다."

이사야 당시의 예루살렘에는 이상과 현실 사이에 불균형이 가장 심했었다. 즉 이방인들에 의한 압제와 강탈의 지속적인 위협에 제거될 성읍이며(26:1), 완전한 거룩함으로 모든 괴로움을 피하게 될 공동체이다. 이것이 1, 2절의 노래이다. 이절들은

---

munimento."

6) 그 나라는, 의를 얻기 위해서가 아니라 의로운 나라이기 때문에, 야웨께 신을 지키고(*keeps faith*) 율례를 준수한다(1:26; 33:14; 35:8–10; 시 15; 24:3–6을 참고). 이 구절들 중 어느 구절도 의가 선행으로부터 온다고 가르치지 않는다.

7) 신실함을 지키는 자는 지키고자 하는 신실함을 친히 가지고 있는 자이다. 그는 확고 부동하고 움직이지 않는데 그의 내재적 성품이 그렇기 때문이 아니라 하나님께서 그를 그렇게 만드셨기 때문이다. אמנים은 신실(faithfulness)로 번역되어야 할 것이다. 이것은 확고부동, 부동, 책임감의 기질을 나타낸다(1:26; 계 22:14; 시 118:19, 20을 참고).

하나의 단위이고, 반면에 3절은 새로운 사상을 소개한다. 3절을 시작으로 어휘는 회상적 성향을 소개하고 있으며 9절과 10절에서 그 절정을 이룬다. 다른 노래들의 유사성이 이점을 지지한다. 사무엘상 18:7; 이사야 12:1, 2 그리고 4, 5; 24:16과 25:9; 25:1–5; 27:2–6.

3절, 주께서 심지가 견고한 자를 평강에 평강으로 지키시리니 이는 그가 주를 의뢰함이니이다
4절, 너희는 여호와를 영원히 의뢰하라 주 여호와는 영원한 반석이심이로다
5절, 높은 데 거하는 자를 낮추시며 솟은 성을 헐어 땅에 엎으시되 진토에 미치게 하셨도다
6절, 발이 그것을 밟으리니 곧 빈궁한 자의 발과 곤핍한 자의 걸음이리로다

26:3 3–6절은 백성의 소망에 대한 확실한 근거를 제시한다. 그리고 이 근거가 일반적인 진리로 본 절에 소개되어 있으며, 화자들은 이 진리가 하나님의 선하심에 대한 그들의 경험의 결과라고 선포한다. 그러나 해석에 난점들이 있다. 첫째로, 예체르(יֵצֶר)라는 단어가 생각이나 심지(마음)의 의미로 취급되어야 하는가? 이 단어 자체에 관한 한 이 단어의 근본적 의미는 "형태(form)"이다. 그렇다면 이 단어가 형성된 것, 즉 "목적," "계획," "책략"을 의미할 수도 있다. 마음의 구조에 대해 말하는 것이며, 이것이 이 단어의 의미일 수도 있다. 그렇다면 이 특정한 문맥에서 이 단어가 생각 그 자체나 혹은 그 생각을 구성하고 있는 마음을 가리키는가? 이사야는, 백성 가운데 공의와 신실함에 대한 개념이 확고하다는 것을 가르치고 있는가? 아니면 그러한 생각의 구성자가 견고하다는 것을 가르치고 있는가?[8] 후자가 옳은 것 같다. 그러므로 이 단어는 우선적으로 생각 자체를 가리키는 것이 아니고 생각을 구성하고 있는 마음을 가리킨다. 이러한 결론은 동사와 평강이라는 단어의 반복에 의하여 지지를 받는다. 견고한 것 즉 흔들림이 없는 것은 마음 혹은 심지이다.[9] 심지가 하나님께 머물러 있는 것이다. 그러므로 흠정역이 "그의 마음이 주께 견고하다"라고 번

---

8) יֵצֶר는 실제"형태"를 의미하며 "심장"과 함께 쓰기도 하고 쓰이지 않기도 한다(창 6:5; 8:21; 신 31:21). 소망(Ewald)도 아니고, 환상(Hizig)도 아니고, "마음의 형태"이다.

9) סָמוּךְ–지속된, 변함없는, 잘 견디는(시 112:8을 참고). 이것은 이사야가 7:4과 30:15에서 말한 생각을 표현한다. 즉 두려움에 흔들리고 교리의 모든 바람에 허우적 거리고 옮겨 다니는 인간 마음에 상반되는 것이다.

역한 것은 틀린 것이 아니다. 이븐 에즈라는 "그 마음이 당신에게 견고한 그를, 오, 하나님이여, 당신은 그를 평강 가운데 보존하셨나이다"라고 번역한다. 이것은 그 의미를 잘 드러낸 것이다. 수동분사 사무크(סָמוּךְ)의 뜻은 신약성경에 "믿음을 굳게 하여"(벧전 5:9), "그(믿음) 안에 뿌리를 박으며 세움을 입어"(골 2:7), "너희 믿음의 굳은 것을"(골 2:5)로 나타난다. 그러므로 "견고한 심지"라는 어구는 "그 마음이 오래 견디는 자"를 의미한다.

의로운 나라가 신실함을 지키는 자들이었던 것처럼, 화자가 지금 소개하고 있는 하나님께서 심지가 견고한 사람들을 완전한 평강으로 지키실 것이다.[10] 이사야는 타당한 강조를 전하기 위하여 평강이라는 단어를 반복하고 있다. 완전하고 충만한 행복, 곧 하나님의 은혜의 광선 안에서 누리는 참된 평안은 하나님께서 지키시는 자들의 몫이다. 맛소라 엑센트를 그 구문에 반하고 있기에 예체르(יֵצֶר)는 동사의 목적어로 볼 수 없고, 세부적 설명의 목적격으로 해석해야 한다. 그러므로 "견고한 마음에 대하여 당신께서 (그것을) 완전한 평강으로 지키실 것입니다"로 번역할 수 있다. 사건들의 결과는 평강이 될 것이고, 하나님의 약속에 고정되어 있는 마음이 받게 되는 것이 이 평강이다.[11] 오랫동안 하나님의 백성이 진정한 평강을 갖지 못했던 것으로 보인다. 그럼에도 불구하고 하나님께서는 자기 백성과 평강의 언약을 체결하셨고, 이 언약의 평강을 그가 그들을 위하여 지켜 주실 것이다. 그들은 그만이 주실 수 있는 평강을 알게 될 것이다.

마지막으로 선지자는 방금 전에 언급했던 선언의 이유를 제시하고 있다. 바투아흐(בָּטוּחַ)를시편 112:7에서처럼 수동 분사형이지만, 능동적 의미인 "의뢰하는"으로

---

10) 인칭의 변화는 종종 나타나는 것이다. 처음 두 단어들은 Procksch, Hylmö, Lindblom, Feldmann에 의하면 독립절로 취급되며, 붙여 있는 엑센트 부호에 의하여 지지를 받는다. 의역하면, "견고한 마음에 대해서는 당신께서 (그것을) 지키실 것입니다. 등," 많은 사람들은 이 어구를 단순히 동사의 직접 목적격으로 취급한다(Dillmann, Gesenius, Delitzsch, Duhm, 등). 동사로부터 파생된 התוזר(יצר가 아님)는 יֵצֶר와 언어유희를 이룬다.

11) 강조를 위한 이중적인 언급은 24:16; 27:5에 나타나며, 같은 단어로는 57:19에 나타난다(참고. 렘 6:14; 8:11). 이중적 언급은 1Q에도 나타나며, 최상급의 개념을 가진다. 이것이 B와 수리아어역에는 빠져 있지만, 헥사플라 필사본에는 나타난다(Ziegler, *Isaias*, 1939, p. 210을 참고). 그리고 그런 까닭에 이중 기록은 중복오사로 설명되어서는 안 될 것이다. 이중 언급이 운율("*Den Beweis wird die metrische Analyse liefern*"<Lindblom>)을 흩트려 놓는다는 것은 호소력 있는 논증이 아니다. 본문의 수정(*metri causa*)은 거부되어야 한다.

번역되어야 한다.[12] 마지막 문장은 사건의 실제적 상태에 대한 묘사이지, 하나님께서 왜 그러한 마음을 평강으로 지키시는지에 대한 이유를 제시하는 것이 아니다. 본 절에서 견고함에 주어져 있는 강조가 두드러져 있는데, 아마도 천성적으로 인간의 마음이 견고하지 못하다는 사실을 상기시켜 주는 것 같다. 교리의 온갖 변하는 바람을 따라 흔들리고 바뀌는 것이 바로 마음인데, 이는 굳건한 기초가 없기 때문이다. 그러나 그 마음이 주님 안에서 안식할 때, 견고하고 변치 않으며 그의 완전한 평강 안에 보호받게 된다. 이는 그 마음이 인간적 판단의 변덕스런 모래가 아닌 영원하고도 변치 않는 바위가 되시는 하나님을 의지하기 때문이다.

26:4 진리가 사람을 복음전도자로 만든다. 참으로 진리만이 사람에게 복음전도자적 열의를 일으켜 준다. 하나님께서 심지가 견고한 사람을 완전한 평강 안에 지키시는 분이라는 사실은, 노래하는 자 곧 시온에 들어갈 의로운 나라로 하여금 모든 사람에게 그를 의뢰하라고 명령하도록 유도한다.[13] 노래하는 자의 한 무리가 다른 무리에 이 명령을 말하는 것이 아니라 시온을 노래하는 이들이, 듣게 될 모든 사람에게 이 명령을 말하는 것이다. 이것은 구속받은 자들이 참된 반석으로 발견하게 된 하나님을 신뢰하라는 모든 사람들을 향한 구속받을 자들의 외침이다. 의뢰하라는 명령은 자기 자신이나 혹은 다른 인간에 대한 신뢰를 모두 포기하고 오직 야웨만을 신뢰한다는 것을 함의한다. 그러나 왜 사람이 야웨를 의뢰해야 하는가? 그 대답을 다음과 같이 구성할 수 있을 것이다. 선지자들은 인간들에게 그들이 죄인들이라는 것, 곧 그들이 하나님의 율법을 어겼으며 그의 계명들을 불순종하였음을 말한다. 그러므로 그들의 징벌이 될 심판이 그들에게 닥쳐올 것이다. 만일 그들이 이 심판을 피하고 이생에서 소망을 가지고 하나님만이 그들에게 줄 수 있는 참된 평강을 얻으려고 한다면, 그들의 모든 신뢰를 하나님께 두어야만 한다. 그들은 그들 스스로 평강을 얻을 수 없다. 왜냐하면 그들 자신들의 마음이 견고하지 못하며, 굳건하지 못한 것을 의지하기 때문이다. 그들은 주님을 의뢰하여야 하는데, 이것은 주님만이 그들에게 평강을 주실 수 있기 때문이다. 더 나아가서 요구되는 신뢰는 일시적인 것이

---

12) בָּטוּחַ–"confisus," 그러나 영어로는 능동으로 번역될 수 있다. 1Q에는 빠져 있다.

13) 명령형은 앞 절의 수동분사를 상기시킨다. 이점이 Dillmann에 의하여 정확하게 파악되어 있다. "*Milt Wiederaufnahme von* כטוח *ermahnen sie sich gegenseitig, solches feste Vertrauen auf immer festzuhalten.*" König는 그것을 일종의 3절 하반절에 대한 반복으로 말한다.

나 쉽게 사라져 버리는 것이 아니라 영원히 지속될 신뢰이다. 그러므로 이것은 하나님의 선물이어야만 한다. 만일 인간의 마음이 견고하지 않다면 그것은 분명히 스스로의 힘으로 영원히 견고케 될 수 없다. 그 마음이 본래 타고난 것과 대립된다면 그 이유는 하나님께서 그것을 변화시키셨기 때문이다.

노래하는 자들은 인간들이 왜 주님을 의뢰하여야 하는가에 대한 이유를 제시하고 있다. 그것은 이스라엘의 언약의 하나님 그분, 야(יָהּ)께서 영원한 반석이시기 때문이다.[14] 마지막 문장을 "이는 야(יָהּ) 주님께서 영원한 반석이심이라," 또는 "이는 야(יָהּ) 안에 여호와께서 영원한 반석이심이라."로 번역할 수 있다. 주님, 즉 이스라엘의 하나님, 야웨께서 영원히 계시는 반석이시다. 어떠한 폭풍과 시간의 변화도 그를 바꿀 수 없다. 이는 그가 확고하시고 영원하시기 때문이다. 그러므로 그를 의지하는 마음은 그와 같이 움직일 수 없는 것이다. 하나님을 반석으로 말하면서 선지자는 우선적으로 하나님이 견고하고 확실한 기초이기에 인간의 마음이 의지할 수 있다는 사실을 고려하고 있다. 동시에 반석이신 하나님이 피난처도 되신다는 생각을 배제할 필요가 당연히 없다.[15]

26:5 이사야는 사상의 뛰어난 발전을 나타내 보이고 있다. 주님을 의뢰하라는 것은 그 성읍으로 들어갈 사람의 외침이다. 선지자는 이제 계속하여 후자의 선언에 이유가 있음을 보여준다. 높은 데 거하는 자와 솟은 성을 낮추셨기에 주님은 영원한 반석이시다. 동사가 완료형이지만[16] 당시의 사건을 나타낼 수도 있다. 이것을 과거형으로 번역할 수도 있는데, 이럴 경우 1절의 노래하는 자들의 입장을 나타낸다.

---

14) עַד–עֲדֵי–עַד–이사야적 표현이다(65:18을 참고). יָהּ는 삭제하지 말아야 한다. 전치사는 "안에"로 번역되어야 할 것이고, *Beth essentiae*로 취급되어서는 안 될 것이다(König가 그렇게 함). 그러나 Ewald와 Gesenius를 따르는 Dillmann은 그것을 그렇게 취급하고, 여기서 주어 앞에 아무것도 없는 것으로 취급한다. Gesenius는 이 문구가 "이는 야가 하나님, 영원한 반석이심이라," 혹은 "이는 야 여호와가 영원한 반석이심이라"로 번역될 수 있다고 생각한다.

15) 17:10; 30:29을 참고하라. Dillmann이 עוֹלָמִים을 "nie bei Jes."라고 말하는 것에 대해 동의할 수 없다. 이 단어는 26:4; 45:17; 51:9 에 나오며 45:17에서는 연결형으로 나온다. 다니엘 9:24을 제외하고는 다른 예언서에는 나타나지 않는다. 분명히 Dillmann이 의미하는 것은 이것이 그가 이사야의 것으로 보는 구절들 중 어디에도 나타나지 않는다는 것이다. 하나님에 대해서 사용되는 צוּר는 선지서들 가운데도 발견되나 거의 유일하게 이사야서에서만 발견된다.

16) 예언적 완료, 25:12을 참고하라. 그러나 König은 "*er hat sie sinken lassen*"으로 번역한다. 이 동사들은 이사야에게 통상적인 단어들이다.

그 성읍의 정체를 밝히는 것은 불가능할 것이다. 여러 가지 제안이 제시되었는데, 선지자가 단순히 성경에 흔히 나타나는 일반적인 진리, 즉 여호와께서 교만한 자를 낮추시고 겸손한 자들을 높이신다는 것을 단순히 표현하고 있는 것으로 보인다[17](시 75:5–10을 참고하라). 동시에 하나님께서 그의 나라에 반대하여 높은 곳에 자신들을 세우고 이런 저런 방법으로 유다왕국을 괴롭혀왔던 자들을 낮추셨다는 면에서 이 일반적인 성경적 원리가 여기에 표현된 것이다. "솟은 성"이란 어구에는 접근 불가능의 개념을 함축한다. 형용사들은 비유적인 의미로 취급되어야 한다. 높은 데 거하는 자들은 교만한 자들이며 마치 그들이 다른 사람들보다 위에 있는 것처럼 행동하는 자들이다. 실제로 방백들과 통치자들을 특히 염두에 둔 것 같다. 솟은 성읍은 자신의 계산으로 높은 곳에 있다고 평가한다. 이것은 자만이며 오만이다.[18]

본 절의 하반부에는 세 개의 동사들이 있는데, 각기 히브리어로는 미완료형이며, "그가 그것을 낮추시며, 그가 그것을 땅에 낮추시며, 그가 그것을 티끌에 이끌어 내리신다"로 번역될 수 있다.[19] 두 개의 동사는 거의 철자가 유사하며, 이제 두드러지게 드러날 굴욕의 개념을 강조한다. 그러므로 이 동사들은 그 성읍과 백성의 실제 상태를 전면에 내놓고 있다. 백성들은 스스로 높은 것으로 간주하였으나, 사실상 그들은 너무나 낮아져서 티끌이 그들의 최종적인 거처가 될 것이다. 티끌이란 단어에 무덤이 암시되어 있을 수도 있다.

26:6 묘사가 계속되고 있으며, 높은 데 거하는 자의 압제를 당하였던 자가 이제

---

17) 이 성읍의 정체에 대한 논의에 대해서는 이사야서 24–27장에 대한 주석 부분의 특주를 보라.

18) "높은데 거하는 자들"은 그 다음에 나오는 단어 "솟은 성읍"에 의하여 설명되어 있다. "높은데"라는 개념은 접근 불가능의 개념을 강조하고 있다(시 18:49; 9:14을 참고).

19) 5절은 세 개의 단위로 나눌 수 있다. ① 야슈필렌나 ② 야슈필라 아드 에레츠 ③ 약기엔나 아드 아파르. 첫 번째 형태는 그 다음에 오는 것과 분리되어져야 한다. 그것은 그 자체에 굴욕의 의미를 담고 있다. נָּה라는 접미사를 가진 이 형태는 뒤에 나오는 단순 접미사를 가진 형태보다 더 강조된다. 두 번째 형태는(1Q에는 빠짐) 앞의 동사를 다시 취하고 있는데, 수식어와 함께 그 굴욕이 땅에까지 이를 것이라는 사상을 덧붙여 준다.(미완료형을 가진 연결 모음 아를 유의하라). 세 번째 형태는(역시 아 연결모음을 가지고 있음) 두 번째 동사에 의해 표현된 개념을 강조하고 확장한다. 첫 번째 동사로부터 두 번째 동사의 분리는, 비록 그것이 1Q와 B에는 빠졌음에도 불구하고, 그 진정성을 말해 준다. 그것이 없는 것보다도 그것이 있다는 사실이 설명하기에는 더 어렵다. 미완료형이 완료형으로 변했다는 Lindblom의 생각은 타당성이 없다.

무너진 성읍을 발로 밟아서 그 성읍의 완전한 정복을 확실하게 한다고 선포한다.[20] 발이 그들을 밟을 것이라는 것은 처음 언급된 것이다.[21] 높은 데 거하는 자들이 발 아래 밟히게 된다는 것은 실로 굴욕스러운 일이다. 밟는 발이 압제를 당하였던 자들의 발이라는 대목에서 이 굴욕감을 더욱 가중하는 것으로 보인다. 그들은 이전에 솟은 성읍에 거하는 자들로부터 고통을 받았던 궁핍하고 가난한 자들이다. 이사야가 사용하는 비유는 하나님의 나라의 원수들의 철저한 파멸과, 세상의 눈에 하찮고 가난하게 보였던 자들과 부당한 압제자들의 손에 고통을 당하였던 자들의 완전한 높아짐을 보여준다. 이것이 심한 비유이지만 지위의 완전한 역전이 있을 것이라는 점을 보여주는 것이 필요하다.

7절, 의인의 길은 정직함이여 정직하신 주께서 의인의 첩경을 평탄케 하시도다
8절, 여호와여 주의 심판하시는 길에서 우리가 주를 기다렸사오며 주의 이름 곧 주의 기념 이름을 우리 영혼이 사모하나이다
9절, 밤에 내 영혼이 주를 사모하였사온즉 내 중심이 주를 간절히 구하오리니 이는 주께서 땅에서 심판하시는 때에 세계의 거민이 의를 배움이니이다
10절, 악인은 은총을 입을지라도 의를 배우지 아니하며 정직한 땅에서 불의를 행하고 여호와의 위엄을 돌아보지 아니하는도다

26:7 선지자는 이제 하나님께 드리는 기도를 소개하고 있는데 이 기도에서 의인들의 소망을 표현하고 있으며 여기에는 여러 도덕적, 윤리적 금언들을 포함한다. 첫 번째 문구는 다음과 같이 직역할 수 있을 것이다. "의인을 위한 길은 곧다," 즉 "곧은 것은 의인의 길이다." 강조가 길에 있지 않고 "곧다"에 있다.[22] 왜냐하면 이사야가 의인이 여행해야 하는 길이 아니라 이 길을 여행해 나가는 의인에게 다가오는 축복에 주의를 집중시키기 때문이다. 삶의 과정은 여기서 길이라는 일반적인 비유로 제

20) 6절의 첫 번째 동사는 −엔나(−*ennāh*)라는 각운을 이어간다. 5절 하반절의 미완료 형과 함께 5절 상반절의 주된 행동의 결과를 표현하고 있다.

21) 1Q에는 빠진 רגל이 강조되어 있으니, "한 발까지도 밟을 것이다"는 것이다. 이것은 또한 다음에 따라오는 단어와 두운을 이루고 있다. פעם, "발"은 우가릿어에서 **p'n**으로 나타난다.

22) 이것은 선지자의 완곡한 표현으로 인한 것이다. "길"은 경건한 자의 고결한 과정의 표상이 아니고, 복된 삶의 과정의 표상이다(단순히 *seines Gluckes*이 아니다, 잠 3:6; 11:6을 참고). 이와 대조되는 것은(Gesenius가 지적하는 바와 같이) 험하고 돌 많은 길에서 사람들이 넘어지는 것이다(사 8:14). מֵישָׁרִים은 복수형이고 곤경이 없는 길을 상징한다.

시된다. 악인의 길은 굽어 있으며, 그곳에는 많은 장애물들이 있다. 그러나 의인의 유익을 위하여 예비된 길은 곧다. 의인이 언제나 물질적인 의미에서 번영할 것이라는 뜻이 아니라, 의인은 그의 발에 등과 그의 길에 그를 인도할 빛을 가지고 있다는 것이다. 또한 그가 사는 동안 자기 안에 거하시는 하나님의 성령과 함께 살아간다는 것이며, 그리하여 악인을 기다리는 수많은 덫과 함정들로부터 보호를 받는다는 것이다(시 91편을 참고).

본 절의 하반절을 해석하는 데 두 가지 가능성이 있다. "곧은—의인의 길을 당신께서 평평하게 고르시나이다" 혹은 "오 당신 곧으신 분이여, 의인의 길을 당신께서 평평하게 고르시나이다"로 번역할 수 있다. 첫 번째 문장에서 "곧은"이라는 단어를 세부설명을 위한 목적격으로 취급한다. 두 번째 문장에서는 호격으로 간주한다. 이 둘 중에서 결정하기는 어렵지만 첫 번째 것이 더 나은 것 같다. 동사가 무엇인가를 평평하게 고르고 순조롭게 만든다는 개념을 담고 있으며, 본 절의 상반절에 언급된 내용에 덧붙여진다. 의인의 길은 곧으니, 이는 하나님께서, 여행길에 장애가 되는 것은 무엇이든 그 길에서 제거하시면서, 그것을 순조롭게 만드시기 때문이다.

여기에서 하나님의 섭리의 원리, 즉 의인의 길이 여호와의 손에 있다는 것을 깨닫게 한다. 비록 때때로 오직 악인이 이 생애에서 유익을 얻는 것처럼 보이고 의인이 저버림을 당하는 것처럼 보일지라도, 의인이 걸어야 할 길을 평탄하게 하시고 순조롭게 하시는 분은 하나님이시다. 진실로 그는 그들의 목표에 도달하지 못하게 하는 장애물들을 그들로부터 제거하신다. 칼빈이 훌륭하게 설명한 바와 같이, "그러나 이로 인하여 그들이 기진하여 쉽게 넘어지거나 무너지고, 또한 너무나 많은 가시와 질려, 가파른 길, 복잡한 우여곡절, 거친 장소 가운데서 길을 거의 걸어갈 수 없었어도, 주님께서 그들을 이끌어 내거나 구출하지 않으셨다."

26:8 선지자는 다소 약한 점층법으로 본 절을 시작하고 있다. 그는 אַף(진실로)라는 단어를 통하여 길의 개념을 이어가고 여기서는 그것이 하나님의 심판의 길이라는 정보를 덧붙인다.[23] 이사야는 이 단어를 부사적 대격으로 사용하고 있다. 이를 "그 길에서"로 번역할 수 있다. 이 뜻은 우리가 하나님의 심판이 지정될 그 길에 있었다는 것이다. 드렉슬러는 이것을 과거, 즉 산헤립의 침공 때 백성이 그 길에서 벗어나고자 하는 유혹의 가능성이 여전히 있었던 때와 연관 짓는다. 이 견해를 뒷받침

23) 예를 들면 Dillmann은 "und wirklich, ja"; Lindblom은 "furwahr"로 번역한다.

하기 위하여 그는 "길"의 이중적인 용법을 제시한다. 이러한 논증은 설득력이 없다. 그의 율법과 규례들 가운데 명시된 바와 같은 심판이 아니라, 악인에 대한 그의 징계와 시온의 영원한 나라의 설립 가운데 명시된 바와 같은 하나님의 심판을 가리키는 것으로 보인다. 하나님의 심판을 기다리는 행위는 신앙의 행위이며, 이러한 심판들이 실제로 시행될 것이라는 믿음의 행위이다. 이 기다리는 사람들의 일행 가운데 이사야 자신도 포함되어 있다. 왜냐하면 그 역시 구속의 노래를 부르는 사람들 중에 들어 있기 때문이다. 칼빈은 다음과 같이 말한다. "비록 우리의 눈이 편하고 즐거운 길로 인하여 만족을 얻지는 못하고, 그 길이 우리의 발걸음에 평탄하지는 않을지라도, 우리는 수많은 어려운 난관들을 통과하는 수고를 하여야 하지만, 여전히 소망과 인내를 가질 여유는 있는 것이다." 상황의 현재 상태가 하나님의 징벌 심판의 최대 범위를 경험하는 것은 아직 아니지만 의인은 하나님이 그의 심판을 곧 나타내실 때까지 인내심을 가지고 기다린다.

본 절의 하반절에서는 같은 개념을 다른 문구로 표현한다. 영혼이 사모하는 것은 하나님의 이름이다. 즉 그의 사역을 통한 자신의 현시와 표현 속에 있는 하나님이다. 선지자는 이스라엘의 하나님으로 지칭되는 단순한 칭호 이상을 말하고 있다. 즉 오히려 하나님 자신에 대한 동의어를 사용하고 있다. "이름"과 "기념"이란 표현은 동의어이다.[24] "이는 나의 영원한 이름이요 대대로 기억할 나의 표호니라"(출 3:15 하, 또한 시 30:4을 유의하라). 이 이름은 출애굽과 같은 하나님의 능력과 위엄의 현시로 인하여 기억하고 기념해왔다. 영혼이 사모하는 것은, 애굽에서의 위대한 행위에 대한 회상이 있는 한 하나님의 이름이며 그 이름의 기념이다. 애굽에서의 사역은 하나님의 이름을 다시 기억하게 할 훨씬 더 위대한 하나님의 사역에 대한 약속이며 증거이다.

마지막 두 단어는 일반적으로 취급되야 할 것이다. "영혼의 사모"는 인간의 영혼들 속에서 발견되는 갈망이요 사모함이다.

26:9 본절에서 어휘는 보다 개인적 성향을 취하고 있으며 1인칭을 사용한다. 그렇다고 해서 선지자가 자신을 다른 사람들과 구별한 채 기도를 드리는 것을 의미하지는 않는다. 가끔 선지자가 그의 메시지들을 1인칭으로 선포하였지만, 언제나 그랬던 것은 아니다. 가장 전면에 부각되어 있는 것은 구원받은 나라이다. 선지자가 얼

---

24) 호세아 12:6; 14:8을 참고하라.

마나 자주 앞 절에서 방금 전에 사용하였던 단어를 다시 쓰는 방식(concatenatio)을 사용해 왔는지 주목해 볼 수 있다. 3절 하반절과 4절 상반절(בִּטְחוּ와 בָּטוּחַ), 7절 상반절과 8절 상반절(אֹרַח), 8절 하반절과 9절 상반절(נַפְשִׁי와 נֶפֶשׁ)을 주목하라.

내 영혼이 주를 사모하였사온즉—"내 영혼"이란 문구는 아마도 1인칭의 대명사에 대한 완곡한 표현일 것이다.[25] 이와 평행을 이루고 있는 것이 "내 영(중심)"이라는 어구인데, 이것 역시 동사와 함께 1인칭으로 번역할 수 있다. 여기서도 역시 "내 영(중심), 즉 내 안에 있는 내가 주를 일찍이 구하오리니"로 번역해야 한다. "내 안에" 라는 어구는 평행으로 점층법을 이룬다. 선지자는 '내 영혼뿐만 아니라 내 안에 있는 영(중심)도 사모의 주체가 된다'고 말하고 있는 것이다.

두 번째 동사는 "일찍이 바라보다," "갈망하다"를 의미하고, "밤에"와 대조를 이룬다. 어떤 이들은, "밤"이 하나님의 심판이 시행되기 전에 선행하는 고난의 오랜 기간을 가리키는 것으로 취급한다. 그러나 "밤"과 "일찍이 바라본다"는 말 사이의 대조가 의도되어 있는 것으로 보인다. 그러므로 선지자는 언제나 하나님을 사모한다는 개념을 표현하고 있는 것이다. 심지어 밤 동안에도 사모하는 일이 계속되고 아침에도 여전히 영혼이 하나님을 바라본다는 것이다.

이렇게 사모하는 이유가 있다. 이는 "주께서 땅에서 심판하시는 때에 세계의 거민이 의를 배우기" 때문이다. 이사야는, 심판이 땅에 시행되는 그때에, 땅에 거하는 사람들이 공의와 의가 무엇인지를 배운다고 말한다.[26] 그의 심판들이 보류되고 사람들이 형통하는 것으로 보일 때, 그들은 하나님을 잊어버리는 경향이 있다. 그러나 재난이 닥치고 하나님의 심판이 느껴는 바로 그 때에, 사람들은 하나님의 의를 배운다. 그러므로 하나님의 징계의 손길은 죄인을 회개로 인도하기 때문에 유익한 목적을 이루는 역할을 한다. 인간들이 본성적으로 의롭지 못하기 때문에 의를 배워야 함을 유념하는 것은 중요하다. 그들의 마음과 성향은 참된 의로부터 떠나간다. 그러나

---

25) 실제로 "내 영혼"은 상세한 설명을 위한 대격, "내 영으로 내가"로 보인다(10:30을 참고). 이것을 casus pendens(불완전 구문)로 보아 "내 영으로 말하면 내가"로 번역할 수도 있다. 시편 132:13, 14을 제외하고 אִוָּה는 네페쉬와 함께 주어로 사용된다. 9절 상반절에 있는 완료형과 미완료형을 주목하라. 첫 번째 것은 과거시제를 나타내고 두 번째 것은 미래 시제를 나타낸다. "나는 기다렸고 계속 간절히 바라볼 것이다."

26) כַּאֲשֶׁר는 "때에"로 번역될 수 있다. 이것은 또한 "마침…알 때에" 또는 "…함에 따라서"를 의미할 수도 있다. 만약 그렇다면, 본 절은 하나님의 심판들이 땅에서 시행되는 만큼 사람들은 의를 배운다는 것을 교훈한다. S. Talmon, *Annual of the Swedish Theological Institute*, Vol. I, 1962, pp. 67–68을 참고하라.

하나님의 채찍의 손길이 느껴지는 그러한 때에 인간들은 지금까지 알지 못했던 사실을 배운다. 하나님은 가르치시는 분이시며, 그가 의를 가르치시기 위하여 사용하시는 도구는 심판이다.

26:10 하나님의 심판이 느껴질 때, 모든 사람이 주께로 돌아와서 의를 배우지는 않는다. 심판은 오직 그의 백성만 회개로 인도한다. 그런 까닭에 재난과 역경의 때에 모든 인간들이 그들의 악을 버리고 주께로 돌아오리라고 기대해서는 안 된다. 반대로, 비록 악인에게 호의가 나타날지라도 그는 그의 악을 버리지 않으며 의를 배우지 않을 것이다.[27] 그렇지만 "은총을 입다"란 표현은 무엇을 의미하는가? 아마도 이것은 심판과 대조되는 것을 의미할 것이다. 인간들에게 좋은 시절이 올 때, 의를 배워야만 하지 않을까? 이것은 아마도 이 땅에서의 축복들, 즉 햇빛, 비, 추수, 또한 생활 속에서 물질적인 축복, 평화, 만족할 만한 생활의 즐거움들일 것이다. 이러한 은총의 증표가 악인에게 퍼부어질지라도 그것이 의를 가르쳐 주지 못한다. 그리고 사실상 은총이 악인에게 나타났다! 하나님께서 이 땅을 권고하시는 매일의 은총이 얼마나 풍성하며, 충만한가. 그러나 인간들은 감사치 아니하고, 이 축복의 참 원천이신 그를 인정치 않으며, 어리석은 길을 계속 걸어나가며, 인간적인 용어로 삶을 설명하려고 하며, 창조주를 부정하며, 자기 자신을 가장 기쁘게 하는 방법으로 살아간다. 삶의 은총조차도 의를 가르치지 못할 것이다. 이것은 오직 하나님의 영의 사역이다.

더 나아가서 악인의 생명의 보존 그 자체와 심판의 연기를 통하여 은총이 드러나는 것일 수 있다. 심판을 퍼부으시는 일을 중지하심으로써 하나님께서는 은총을 나타내 보이시는데, 이것은 심판이 떨어질 때, 은총이 멈추기 때문이다. 이러한 진리가, 그의 자비와 은총으로 인하여 우리로 하여금 하나님에게 감사의 외침을 외치고, 모든 사건들 가운데서 하나님의 손길을 인지하고, 우리의 죄를 미워하고 또한 겸비한 사랑으로 그에게로 돌아서게 해야 하는 것이 아닌가? 그러나 하나님의 선하심이 멸시를 받으며, 악인들은 이를 통해 의를 배우지 않는다.

그들은 의를 배우지 않을 뿐만 아니라, 정직한 땅에서까지 불의를 행한다고 선지자는 선언한다. 정직한 땅(직역하면, "정직한 것들")은 일들이 의에 일치하여 이루어지는 땅이며, 인간들로 하여금 불의를 행하게 만드는 강제적인 힘이 없는 곳이다.

---

27) "은총을 입을지라도"는 칼 수동형일 것이다; 참고. 우가릿어 *ḥnn*. 이 조건절에 있는 미완료형은 귀결절에 의하여 강하게 부정되는 가능성을 나타낸다. 조건문의 불변화사가 사용되지 않았다.

그들 스스로의 자유의지(타락한 인간의 의지는 악을 행하는 데 자유로울 뿐이다)를 가진 악인들은 불의에 손을 댄다. 의가 풍부한 땅까지도 악인이 의에 반대되는 것을 행하는 것을 보게 될 것이다.

무엇보다도 가장 슬픈 것은 정직한 땅에서까지도 악인이 여호와의 위엄을 돌아보지 않는다는 것이다. 어찌하여 돌아보지 않는가? 그 대답은 악인의 어두워진 눈이 비극의 실체라는 것이고, 마음의 완고함과 이해력의 둔함이 너무나 커서 스스로 악한 일에서 돌이켜 생명을 누릴 힘을 가지고 있지 못하다는 것이다. 만일 악인이 돌이킨다면, 그를 그렇게 하도록 할 수 있는 힘을 가지신 유일한 분이 있으니, 곧 하나님 자신이시다. 정직한 땅으로는 충분하지 못하다. 구원의 은혜, 주권적 은혜, 오직 하나님의 은혜이다.

> 11절, 여호와여 주의 손이 높이 들릴지라도 그들이 보지 아니 하나이다마는 백성을 위하시는 주의 열성을 보면 부끄러워할 것이라 불이 주의 대적을 사르리이다
> 12절, 여호와여 주께서 우리를 위하여 평강을 베푸시오리니 주께서 우리 모든 일을 우리를 위하여 이루심이니이다
> 13절, 여호와 우리 하나님이시여 주 외에 다른 주들이 우리를 관할하였사오나 우리가 주만 의뢰하고 주의 이름을 부르리이다

26:11 앞 절의 의미심장한 개념을 언급한 후 선지자는 이제 하나님에게 직접 말하고 있다. 하나님의 다스리심에 관한 그의 묵상은 그로 하여금 이스라엘의 하나님 여호와를 바라보게 한다. 그래서 다음 세 개의 구절은 각기(11, 12, 13절) 여호와란 단어로 시작한다. 그리고 이사야가 강조하기를 원하는 것은 역사하시는 하나님의 능력이다. 그런 까닭에 그는 "주의 손이" 높이 들려 있다고 말하고 있다. 이 들려진 손은 반드시 위협의 상징이 아니고 단순히 능력의 시행을 의미한다. 손이 내려졌을 때, 이것은 비활동의 표시이지만, 손이 들려졌을 때는 행동을 하려고 하거나 혹은 행동을 하고 있는 것을 보여주며, 그의 능력이 실행되고 있음을 표현한다. 하나님의 심판이 의인을 회개하게 하고 그의 은총이 악인들이 그들의 사악함 가운데 머물러 있는 동안 베풀어져야만 한다는 것은 하나님께서 그의 목적을 이루시는 중에 능력을 나타내 보이시는 증거이다. "주의 팔에 능력이 있사오며 주의 손은 강하고 주의 오른손은 높으시니이다"(시 89:13; 또한 신 32:27을 참고).

그러나 악인들은 하나님의 손이 높이 들리는 것을 보지 않는다.[28] 그들이 인지하지 못하는데 이는 그들의 눈이 멀었기 때문이다. 그리고 그들은 소경처럼 더듬으면서 삶의 어떤 의미를 찾는다. 그들이 실상과 접촉을 하지만 그것이 무엇인지를 알지 못한다. 이런 면에서 그들은 6장에서 "이 백성"이라고 표현된 유다 족속들과 같으니, 그들에 대해서 "보기는 보아도(라아<ראה>가 여기서 사용되고 있다) 알지 못하리라"고 언급되었다(5:12을 참고).

보면—이사야가 모순된 말을 하고 있는 것이 아니라, 동사를 약간 다른 함의로 사용하고 있는 것이다. 악인은 보지 않는다. 즉 역사 가운데 나타난 하나님의 역사(役事)를 인지하거나 이해하지 못한다. 그러나 그들은 그의 높이 들린 손을 보게 될 것이다. 즉 경험하게 될 것이다. 그들이 그의 능력을 경험할 때, 그들은 자기 백성을 위하시는 그의 열성이 얼마나 큰지를 깨달을 것이다. 그러나 그때에는 너무 늦을 것이다. 하나님의 능력을 경험하는 그때에는 오직 수치만이 있을 것이다. 자기 백성을 위하시는 하나님의 열성은 그의 구원의 목적을 이루시고 구속받은 백성에게 자신을 주시려는 그의 결정이다. 어쨌든 이것이 성취될 수 있다는 것은 악인이 징벌을 받는다는 것이다. 이 징벌 혹은 심판 자체가 자기 소유에 대한 하나님의 열성의 증거이다.

마지막으로 이사야는 불이 하나님의 대적을 사를 것이라고 서술한다. 하나님의 열심은 불과 같아서 그들의 일생을 통하여 하나님의 대적이었던 자들을 사를 것이다. 불이 전쟁이나 혹은 영원한 징벌의 불을 가리킨다기보다는 하나님의 열정을 가리키는 것으로 보인다. 그러므로 그의 대적들을 사르는 것은 하나님의 열정의 불이다. 이와 같은 분명한 구절은 하나님의 은혜가 궁극적으로는 결국 모든 사람을 구원할 것이라는 의미에서 승리할 것이라고 보는 일부 신학자의 견해에 이의를 제기한다.

26:12 또다시 여호와에게 호소한다. 선지자는 이제 미래를 바라보고, 동사들의 시제가 바뀐다. 하나님께 이와 같이 기도하면서 선지자는 이미 경험한 것에 근거한 굳은 소망과 확신을 나타내고 있다. 그는 생소한 동사를 사용하는데 무엇인가를 단지 위에

---

28) 백성의 열정—목적격 소유격, 즉 백성들을 위하여 느껴지는 열정. יֶחֱזָיוּן이라는 동사에 눈(נ)이 삽입된 것을 유의하고, 끊어읽기형에 요드(י)가 남아 있음을 유의하라. 본 절에서 동사들의 용법은 도움이 된다. רָמָה는 현재 의미를 가진 완료형이고 יֶחֱזָיוּן은 종속절에서 미래형(보지 아니하고)이고 יֶחֱזוּ는 미완료형(그들이 볼 것이다)이다. וְיֵבֹשׁוּ의 의미를 "부끄러움을 당한 그들이 볼 것이다"로 번역함으로써 드러낼 수 있다.

놓거나 사람을 흙 위에 세우거나 놓는 것을 표현할 때 사용되는 동사이다. 그러나 이 독특한 문맥에서 이 동사를 분명히 "정하다" 혹은 "확고히 세우다"란 의미로 사용하고 있다. 그러므로 이사야가 하나님은 우리의 유익을 위하여 평강을 확고히 세우시는 분이라고 말하고 있는 것이다.[29] 이것이 하나님의 사역이요 인간의 사역이 아니라는 것은 하나님의 이름이 첫 번째 위치에 와 있는 사실에 의하여 강조된다. 평강은 인간의 유익과 도움을 위한 것이니, 이 평강은 하나님의 심판 사역이 완성되었을 때 오는 평강이다. 신탁에서 종종 그러하듯 이사야는 또다시 평강의 사역을 하나님에게로 돌리고 있는데, 이는 적개심으로 가득한 마음은 평강을 베풀 수 없기 때문이다. 순수하고도 완전한 평강은 참 평강의 원천이신 주님에게로부터 온다.

그리고 나서 하나님의 보다 진전된 행동을 언급하는데, 이것은 그가 진정으로 평강을 확고히 세우실 것을 보여준다. 즉 우리의 유익을 위한 모든 일을 그가 우리를 위해 이루셨다는 것이다.[30] 그가 우리를 위하여 행하시지 않으신 사역은 단 하나도 없다. "우리 모든 일을"이란 표현은 우리가 행한 일을 가리키는 것이 아니고, 더욱이 우리의 영적 임무나 활동을 가리키는 것이 아니고, 우리의 축복과 유익을 위한 일들을 가리킨다.[31] 이 모든 일이 우리를 위한 것이기에 참으로 우리의 일이며 하나님이 친히 우리를 위해 이루시며 또한 우리를 통해 이루신다. 그는 우리의 완전한 평강과 번영을 위하여 필연적이고도 필요한 모든 것을 행하셨다. 여기에 구원의 놀라움이라는 당당한 선언이 있는 것이다. 주님 안에서 인간은 참 평강을 위해 필요한 모든 것을 발견한다.

26:13 세 번째 연이어 이사야는 본절을 "여호와"로 시작한다. 본 절에서 여호와를 "우리 하나님"으로 밝히고 있다. 선지자가 확고히 하고자 하는 것은 이스라엘 백성이 하나님을 모시고 야웨만이 홀로 그들의 하나님이시라는 진리이다.[32] 시내산

---

29) 1Q는 תשפט라고 잘못 기록하고 있다. שָׁפַת는 일반적으로 명사에서 파생된 단어로 생각된다. 이 단어의 용법에 대해서는 열왕기하 4:38; 에스겔 24:3; 시편 22:16을 참고하며 또한 우가릿어 spd를 참고하라. 구 남방 아랍어에서 이 어근은 "주다"를 의미하며, 이것이 B Sos에도 나타난다.

30) כי–과거의 경험들에서부터 온, 12절 상반절에 나타난 확신을 정당화하고 있다.

31) מעשׂינו–B에는 빠져 있는데, 곧 πάντα γάρ ἀπέδωκας ἡμίν으로 되어 있다. 수리아어 역은 하나님께서 우리의 행한 모든 것(시 90:17)과 우리에게 일어난 모든 것(전 1:13; 8:9, 11이하)을 가리킨다고 한다. "우리의 모든 인생 여정"은 하나님의 일이다. 이 단어는 인간의 행실들(삼상 19:4)에 대해서 사용되지만 동시에 자기 백성을 위한 하나님의 크신 일들(시 106:13; 66:3)에 대해서도 사용된다.

32) 우리 하나님–25:9을 참고하라. 이러한 사건들 가운데서 자기 백성의 보호자요 그들의 소유

에서 그들을 한 민족으로 만드신 분이 바로 야웨이시며, 그는 애굽의 압제로부터 그들을 건져내셔서 광야의 역경을 지나게 하셨고 다윗 왕국을 세우셨다. 야웨, 오직 그만이 그들이 고백하는 하나님이시다. 한 걸음 더 나아가서 그가 그들의 하나님이시니, 이는 그가 심판이라는 놀라운 기사를 행하셨고, 참되고도 영원한 평강을 베푸셨기 때문이다.

야웨 이외의 다른 주(主)들이 있어 왔으며, 이들이 백성을 다스렸었다. 이사야는 가나안의 바알을 상기시켜 주는 단어를 사용하고 있다. 그러나 이것은 선지자가 단순히 바알들에 대한 특별한 생각 없이 비교하려는 것일 수도 있다. "바알(baal)"이라는 단어가 법적 아내의 남편을 의미하는 것처럼 이스라엘은 존속하는 동안 그의 주권자 혹은 지배자이었던 남편들 즉 바알들(baal)을 가지고 있었다. 하나님께서 이스라엘의 참 보호자이시며 소유자이시지만, 그 외에 이스라엘이 인식하고 인정한 다른 이도 있어 왔다는 것이다. 먼저 애굽이 있었다. 다음으로 가나안의 백성이 왔고 그 다음에는 주변에 있는 땅의 백성이 있었다. 그들 각자가 자기 뜻대로 이스라엘을 다스렸던 바 다스리는 주인이 되었다.

그럼에도 불구하고 이스라엘 백성은 야웨 한 분에게서만 그의 이름을 부르게 된다. 뜻은 분명하기에 여기에서 70인경을 따르거나 본문을 고칠 필요는 없는 것이다.[33] 다른 주들은 진정한 주가 아니었고 이스라엘의 도움과 구원을 위하여 아무것도 하지 않았다. 오직 야웨를 통해서만 참된 도움이 왔으며, 그러한 이유로 인하여, 이스라엘 백성은 찬양으로 그의 이름을 기억하고 부를 것이다.[34]

14절, 그들은 죽었은즉 다시 살지 못하겠고 사망하였은즉 일어나지 못할 것이니 이는 주께서 벌하여 멸하사 그 모든 기억을 멸절하셨음이니이다

자로서 하나님의 영예가 문제가 된다.

33) Lindblom은 אֱלֹהֵינוּ가 본 절을 운율적으로 읽을 수 없게 한다는(*unlesbar*)는 이유로 이 단어를 삭제한다. 그리고 그는 다음과 같이 번역한다. "당신 이외에 다른 주들이 우리를 다스렸나이까?," 그리고 이 질문은 부정적인 대답을 예상한다는 것이다. 이유는 זוּלָתְךָ가 언제나 부정사와 함께 사용된다는 것이다. 그렇다면 그 대답은 "아니오, 당신을 통하여서만 우리는 당신의 이름을 찬양하나이다"가 된다. Mulder는 이러한 번역에 동의한다. בך לבדך(시 51:6; 잠 5:17)의 순서를 예상해야 한다. 전도사 7:29에서 לבד가 부사로 나타난다. 왜 בך가 "당신을 통하여"로 번역될 수 없는지 그 이유를 알 수 없다. 실제 어려움은 부정사 없이 זולתך가 등장하는 것이다.

34) 하나님을 아돈(אֲדֹן)으로 지칭하는 것은 이사야의 특징이다. 1:24; 3:1; 6:1; 7:14; 10:16, 33; 19:4을 참고하라.

15절, 여호와여 주께서 이 나라를 더 크게 하셨고 이 나라를 더 크게 하셨나이다 스스로 영광을 얻으시고 이 땅의 모든 경계를 확장하셨나이다

26:14 이사야는 이제 하나님의 백성 위에 폭군들로 행동하였던 자에게로 눈길을 돌리고 있다. 이들은 더 이상 이스라엘을 해치지 못할 것인데, 그들이 죽었기 때문이다. 그리고 그들이 죽었으므로 백성은 방해를 받지 않고 하나님의 선하심의 축복을 누릴 수 있는 것이다. 그러므로 다음과 같이 의역해 볼 수 있다. "죽은 자들에 대하여서는, 그들은 더 이상 살지 못할 것이다."[35] 그들은 이 세상의 무대에서 지나갔고 사라졌다. 사람들은 그들을 이 세상에서 더 이상 살아 있는 자로 보지 않을 것이다. 이 죽은 자들은 참으로 그림자들이며,[36] 그러한 이유로 인하여 다시 일어나 하나님의 백성을 괴롭힐 수가 없다. 바벨론 압제자들을 말할 때, 동일한 개념이 이사야에 의해서 표현되었다. "만군의 여호와께서 말씀하시되 내가 일어나 그들을 쳐서 그 이름과 남은 자와 아들과 후손을 바벨론에서 끊으리라 나 여호와의 말이니라"(사 14:22).

본절을 사용하여 여기에 죽은자의 일반적인 부활에 대한 가르침이 없고 단지 의인의 부활에 대한 가르침만 있다는 견해를 주장하는 것은 실수이다. 이사야가 말하고 있는 것은 부활에 대한 이야기가 아니라 예전에 이스라엘의 주(主)로 행사하였던 자들이 이제는 죽었기에 다시 살아나 이스라엘인을 괴롭힐 수 없다는 사실이다. 이사야는 그들 역시 일반적인 부활을 통해 영원한 심판으로 다시 일어나게 되는 것을 부인하지 않는다. 지금 그가 이 특정 주제에 대하여 말하고 있는 것이 아니다. 어쨌든 그가 말하고 있는 것은 이스라엘인에게 위로가 되는데, 이는 이것이 시온에 세워진 나라에서 그들이 이전에 그들을 압제하였던 자로부터 자유를 얻을 것임을 그들에게 가르치고 있기 때문이다.

선지자는 본 절의 두 번째 부분을 "그러므로"로 시작하고 있는데, 이 단어를 해석하기가 어렵다. 아마도 그 뜻은 다음과 같을 것이다. "그러므로 그들이 죽고 다시 살지 못하며, 그림자가 되어, 다시 살지 못하도록, 당신께서 벌하셨고, 그들을 멸망시

35) 열왕기상 17:22; 욥기 14:14; 에스겔 37:5, 10을 참고하라.

36) B는 ἰατρό로 되어 있는데, 이는 다른 모음부호를 나타낸다, 즉 רוֹפְעִים이다. 아퀼라 역은 ραφαιν이다. 이 단어는 그림자들, 사람들을 의미하는데, 곧 우가릿어에서도 가지고 있는 의미이다(예를 들면 124:8). 이 단어는 사람들에 대해서 사용되기도 한다(창 14:15; 1 Aqht 20:36–37, 47을 참고).

키셨나이다. …" 다른 한편 예를 들면 마르티가 지적하는 바와 같이, 삽입구 역할을 하는 14절 상반절의 사상에 대한 "그러므로"를 가리킬 수도 있다. 그렇다면 다음과 같이 의역할 수 있다. "오직 주를 통해서만 우리가 주의 이름을 부르리이다—죽은 자가 다시 살지 못하겠고 등—그러므로 주를 통해서만 우리가 주의 이름을 들어 말할 수 있으므로, 주께서 벌하여, 등."

하나님께서 악인을 벌하셨고 그들을 멸망시키셨으며 그들에 대한 모든 기억을 사라지게 하셨다. 13절에 있는 하나님의 이름을 부르는 것과 대적의 이름에 대한 모든 기억의 제거 사이에 대조가 나타난다. 원수의 멸망은 하나님의 일이며, 오직 그에게만 이 일의 공적이 주어진다. 만일 의인들이 시온의 왕국의 축복을 누릴 것이라면 악인은 멸망당할 것임에 틀림없다.

26:15 대적의 멸망과 왕국의 설립을 통하여 하나님께서는 백성을 더 크게 하셨다. 이 개념이 중요하기에 이사야는 이것을 두 번 언급하여 알맞게 강조한다. 그는 그렇게 하면서 완료형을 사용한다. 곧 "주께서 나라에 더하셨나이다." 이러한 언급은 9:3에서 발견된 것과 같다. 그러나 완료형을 강조하여 과거 시제로 번역한다면 이 완료형은 과거의 어떤 사건을 가르키는 것으로 볼 것이며 이것은 분명히 17–19절에서 서술한 것과 충돌을 일으키게 될 것이다. 이 절들에서는 그 땅이 아직 거주민으로 채워져 있지 않다고 불평하였다. 더 나아가 이 동사가 과거의 어떤 사건을 되돌아 보는 것이라면 가르키는 바가 무엇인지 알기가 어렵다. 그러므로 이 동사들을 희구(希求)나 혹은 예언적 완료로 취급하는 것이 가장 좋다.[37] 만약 희구를 나타낸다

---

37) Lindblom은 하나님이 백성에게 그들이 이전에 소유했던 것 이상으로 주셨다고 해석한다. ל이 일반적인 여격을 가리킨다는 점에서 על, 또는 עלל과는 구분된다. 레위기 19:25; 잠언 9:11(그 밖에 עַל과 אֶל이 사용된다)을 참고하라. 만약 동사가 능동 과거형으로 취급된다면, 17절과 19절에 모순되는 것을 가르치는 것으로 보이는데, 그곳에서 불평은 그 땅이 백성으로 가득 채워지지 않았다는 것이다. Dillmann은 이것이 다윗과 솔로몬 시기를 가리키는 것으로 생각한다.

Dillmann은 생각하기를, 13절의 완료형들 다음에 이것들을 예언적 완료형으로 취급하는 것은 불가능하고, 또한 לוּ가 그것들의 앞에 없다면, 희구를 나타내는 동사형이 될 수도 없다고 한다. 이 후자의 주장에 답하여 아랍어의 용법을 살펴보는 것으로 충분할 것이다. 예를 들면 라아나후 알라후, "하나님께서 그를 저주하시기를," 라힘 마후 알라후, "하나님께서 그에게 자비를 나타내 보이시기를." 문맥이 미래를 가리키고 있는 것을 분명히 해주고 있으며 이것은 13절의 완료형에 의해 방해받을 수 없는 사실이다. 사실, 과거형(주들이 우리를 관할하였다)과 미래형 사이의 전환은 미완료형(נַזְכִּיר)에 의하여 이루어진다. 나아가서 Dillmann에 의하면 본 절에 있는 완료형들은 다른 시기를 가리킨다.

면, 선지자의 소원을 표현하는 것이다. 즉 "주께서 나라를 더하시기를"이 된다. 이것이 거의 합당한 의미일 수도 있다. 그러나 만일 예언적 완료로 해석된다면, 전체 그림과 잘 어울리며 아직 일어나지는 않았지만 미래에 발생할 일을 묘사하는 것이 된다. 나라를 더 크게 한다는 것은 나라가 더 많은 백성을 받아들여서 증대된다는 점에서 축복의 행위가 된다. 이것은 하나님의 영예를 높일 것이다.

해석에 관한 한 앞의 절들에 비추어서 이 절들의 시온의 왕국에 대한 강조와 함께 본 단락이 이방인들 중 선택된 사람들의 영입을 가리킨다고 말할 수 있다. 물론 이것이 명백하게 언급되지는 않았다. 그러나 메시아 신학의 특징 중 하나는 메시아의 사역이 이방인에게 축복을 가져다 주며 진리가 그들에게 알려진다는 것이다.

마지막으로, 나라의 증대 개념이 땅의 경계를 늘린다는 묘사로 표현된다.[38] 하나님께서 땅의 경계를 확장하셨고 그래서 이쪽에서 저쪽의 거리가 더 멀어졌다는 것이다. 그 땅은 그 나라에 더해지는 사람을 수용할 수 있도록 더 커져야 한다.

16절, 여호와여 백성이 환난 중에 주를 앙모하였사오며 주의 징벌이 그들에게 임할 때에 그들이 간절히 주께 기도하였나이다
17절, 여호와여 잉태한 여인이 산기가 임박하여 구로하며 부르짖음같이 우리가 주의 앞에 이러하니이다
18절, 우리가 잉태하고 고통하였을지라도 낳은 것은 바람 같아서 땅에 구원을 베풀지 못하였고 세계의 거민을 생산치 못하였나이다
19절, 주의 죽은 자들은 살아나고 우리의 시체들은 일어나리이다 티끌에 거하는 자들아 너희는 깨어 노래하라 주의 이슬은 빛난 이슬이니 땅이 죽은 자를 내어 놓으리로다

26:16 구속이 실제로 오기 전의 어두웠던 시기를 되돌아보면서 백성은 자신을 객관화하고 얼마나 자주 그들이 하나님을 앙모하였는가를 기억한다. 구원받은 다음에 우상들로부터 돌아섰을 뿐만 아니라, 그 이전에도 그들은 겸손과 조용한 기도로 참되신 하나님께 왔었다. 구원의 때와 대조하여 그들은 이전의 고난의 시기, 곧

---

38) 이것이 유다 백성을 가리킨다는 것은 신명기 4:6; 이사야 10:6; 예레미야 7:28; 학개 2:14; 스바냐 2:9; 시편 33:12; 106:5(이스라엘이 거하는 땅) 같은 구절에 나타나 있다(11:14; 27:12; 욥 18이하를 참고).

아하스가 하나님의 약속으로부터 돌아서서 앗수르 왕의 도움을 받으려고 하였던 때를 가리키고 있다. “여호와께서 유다와 예루살렘을 진노하시고 내어 버리사 두려움과 놀람과 비웃음거리가 되게 하신 것을 너희가 목도하는 바라”(대하 29:8).

그럼에도 불구하고, 이 환난의 시기 동안 이스라엘 족속들은 기도와 간구를 통하여 하나님을 찾았었다. 여기서 이사야는 이례적이기는 하지만 정확하고 합법적인 방법으로 “방문하다”(앙모하다)라는 단어를 사용한다.[39] 그는 단순히 그들이 관심과 갈망을 가지고 하나님을 앙모하였음을 말하고자 한다. 그들은 그의 도우심을 필요로 하였기 때문에 그를 바라보았었다. 이것은 헛된 추구가 아니고, 그들의 곤궁으로 인하여 취할 수밖에 없었던 추구이다. 곤궁과 환난의 때가 하나님의 백성들로 하여금 그를 바라보게 하고 구원을 위한 그들의 열망을 표현하게 하기 때문이다. 번영의 때에는 주님을 쉽게 잊게 되고 실제적인 무신론적 삶을 산다. 그러므로 환난은 자주 사람을 하나님에게로 인도하는데, 이는 환란이 그로 하여금 그의 삶이 참으로 하나님의 손안에 있음을 깨닫게 만들기 때문이다. 그러므로 그러한 때에 백성은 진정한 간구로 하나님을 찾았다.

그러나, 그들의 기도와 간구의 방법은 이상했다. 궁핍과 환난의 때에 주로 하나님께 큰 소리로 부르짖으며 도움을 구한다. 그런데 이 경우에 백성들은 단순히 속삭였다. 어투가 상당히 특이하다. 만일 직역하면, “그들이 속삭임을 쏟아 놓았다”이며, 아마도 버질이 말한 fundebant preces(Aeneid vi. 55)의 의미로 이해되어야 할 것이다. 동사의 의미는 “여호와 앞에 나의 심정을 통한 것”이라고 말하는 한나의 행위를 통해 알 수 있다(삼상 1:15하). 기도를 쏟아 놓는다는 개념은 기도하는 영혼이 하나님께 말하기를 간절히 원하는 생각들로 가득차 있다는 것과 그가 이러한 생각들을 무수히 쏟아내고 있음을 암시한다. 그리고 실로 기도는 무거운 짐이 되어서는 안 되고, 사람이 수없이 마음으로부터 하나님에게 말하는 영적 훈련이어야 한다.

그런데 이러한 쏟아 놓음이 단지 속삭임으로 되었다.[40] 한나가 기도하였을 때,

---

39) פקד란 어근의 사용에 대해서는 23:17; 24:21; 사사기 15:1; 사무엘상 17:18를 참고한다. Drechsler는 다음과 같이 주해한다. “*ist hier von denen, die sich bekehren, gesagt, sofern sie sich umsahen nach dem Herrn, Hulfe bei ihm aufsuchten.*” 불특정 대다수(*Vielheit*)로서 백성이 주어이다. 헬라어 ἐμνήσθην에 근거하여 Gray, Lindblom등은 보다 쉬운 독법인 1인칭 복수로 읽는 것을 더 선호한다.

40) 그들이 간절히 기도하였나이다(그들이 쏟았나이다)—1Q에 의해서도 확인된다. 끝 글자 눈(ן)은 이례적이지만, 본문에 오류가 있다고 가정할 만한 이유는 없다. 이 눈이라는 어미음 첨가는 신

입술만 동하고 소리는 들리지 않았다. 그러므로 거의 들을 수 없는 기도였고, 단순한 속삭임이었다. 그렇게 기도한 사람들은 대단한 영적 열성의 특징을 가지고 있다. 그들의 천성은 너무나 강렬하여 그들은 마음속으로부터 진정으로 하나님께 말했고, 그 결과 그들의 기도는 속삭임으로만 나타났었다.

마지막 문장에서 이사야의 의도는, 기도가 계속된 시간의 길이를 서술하고자 하는 것이 아닌 것처럼 속삭이는 기도의 이유를 제시하고자 하는 것이 아니다. 하나님의 징계가 백성 위에 머물러 있는 한, 그만큼 그들은 속삭이는 기도를 쏟아 놓았었다. 징벌은 견디기에 괴로웠고, 그럼에도 그것이 백성들 위에 머물러 있는 동안 백성들은 진지하게 하나님께 기도하였다는 점에서 그 목적을 다하고 있었던 것이다.

26:17 이사야는 여기서 하나의 비교를 소개한다. 그 목적은 단지 이스라엘인이 그들의 고난으로 극심하게 고통당하였음을 보여주려는 것이 아니라 그들의 고난으로부터 스스로 벗어나기 위해 엄청난 노력을 하고 있음을 지적하기 위한 것이다. 그러므로 본 절은 18절을 설명하고 있는 하나의 비유를 도입하고 있는 것이다.

"잉태한 여인처럼"이라는 표현으로 이사야는 그의 비유를 생생하게 소개하고 있다. 이 잉태한 여인은 산기가 가까워 오고 있다. 즉 아이를 낳을 때가 닥친 것이다. 그런 까닭에 그녀는 구로하여 부르짖고 있었다. 왜냐하면 그녀의 통증이 심하기 때문이다.[41] 그리고 나서 선지자는 자신을 포함한 자기 백성이 이와 비슷하게 행동하였다고 논증한다. 그가 주장하는 바는 고통이 더 강해졌을때 우리도 역시 구로하였고 고통중에 부르짖었다는 것이다. 그리고 우리는 당신의 백성이라는 것이다. 그러

명기 8:3, 16에서도 발견되는데, 그곳에서 그것은 마치 형태가 미완료형인 것처럼 울티마에 음조를 이끌어 낸다. צוּק라는 어근은 여기서 יָצַק의 의미를 가진다(욥 28:2; 29:6을 참고). שָׁפַךְ도 역시 이런 의미로 사용된다(시 102:1을 참고). 그러나 Lindblom은 이 단어를 압제와 환난을 의미하는 צוּקָה와 מָצוֹק(Bedrangnis)와 동의어인 명사의 형태로 설명한다. Gray와 Duhm은 B가 Θλίψις라는 근거에서 צָקוּן으로 표기한다. 그러나 우에서 오(=아)로의 전환을 어떻게 설명할 것인가? GKC § 441, *TT* § 6, Obs. N. לחשׁ, 3:3, Beschwörung(간청, 진지한 호소), Talmon, *op. cit.*, p. 71을 참고하라.

41) 이사야 13:8; 21:3; 37:3; 호세아 13:13; 미가 4:10을 참고하라. 접속사가 생략된 구문에 유의하라, "그녀가 구로하여 부르짖는다." 즉 "그녀가 구로할 때에 부르짖는다" 혹은 "구로하는 중에." 옛 주석가 중 어떤 사람은(예를 들면 Gesenius) 구로를 포로의 표상으로 취급하였다. 그러나 이것은 타당성이 없다(특주를 보라). 후에 "메시아의 구로하는 고통"이라는 어구는 메시아가 오시기 전의 환난의 시기에 대한 유대인의 신학에서 고정된 호칭이 되었다. 특별한 흥미를 끄는 것 가운데 B의 τῷ ἀγαπητῷ라는 독법이 있는데, 이를 Seeligmann(*The Septuagint Version of Isaiah*, Leiden, 1948, pp. 25f.)은 기독론적 주석으로 간주한다(마 3:17; 막 1:11; 눅 3:22을 참고).

므로 비교는 기도로 결론을 맺는다.

이 구로는 하나님과 어떤 연관을 가지고 있는가? 관계를 표현하기 위하여 선지자는 "주 앞에 이러하니이다"라고 번역할 수 있는 어구를 사용하는데, 이 어구는 그 구로가 실제로 하나님으로부터의 분리로 인도하였다는 것을 암시하였을 수도 있다. "당신 때문에(on account of thee)"란 번역도 가능하다. 그러나 첫 번째 해석이 권하기에는 가장 좋을 것 같다. 다시 말해서 그 나라의 구로는 환난으로부터 스스로 벗어나려는 노력 자체였고, 그들의 부르짖음을 동반하는 이러한 노력은 그 나라로 하여금 하나님께 가까이 나가게 하지 못하였고 오히려 결과적으로 그분으로부터 더 멀리 인도하는 경향이 있었다는 것이다.

26:18 이사야는 이제 이 비유를 계속해서 설명한다. 선지자는 말한다. "우리가 잉태하였는데, 그렇지만 우리의 결과는 정상적인 잉태한 여인의 결과와는 달랐습니다. 잉태의 기간에 어린 아기가 세상에 나올 때 얻는 축복과 기쁨에 대한 전조가 있어야 합니다. 그렇지만 우리의 경우에는, 그 결과가 그와 유사하지 않았습니다." 선지자의 논증은 계속된다. "우리는 잉태만 하였고, 우리의 잉태의 진통 가운데 구로하였습니다. 그렇지만 우리는 기쁨을 가져다주는 아기는 낳지 못했습니다. 우리에게는 그러한 기쁨의 시기가 없었으니, 우리는 단지 바람만 낳았을 뿐입니다." 그러므로 근본적인 의미를 다음과 같이 의역할 수 있을 것이다. "우리는 참으로 우리 스스로, 우리의 환난으로부터 우리를 자유케 할 구원을 낳을 수 있을 것이라고 믿었습니다. 그러나 실제로, 우리는 기쁨을 가져다 줄 근거가 될 수 있는 그 어떤 것도 낳을 수 없었습니다."

무(無)의 비유로 "바람"이 가장 적절하다.[42] 이사야는 후에 이 단어가 우상을 묘사하는 데 적절하다는 사실을 발견한다. "과연 그들의 모든 행사는 공허하며 허무하며 그들의 부어 만든 우상은 바람이요 허탄한 것뿐이니라"(사 41:29).

선지자는 논증을 계속해 나간다. "우리의 구원하려는 수고가 아무런 효과가 없었으므로 그 땅에 관한 한 우리의 구원들을 성취하지 못하고 있나이다." "구원들"이란 복수형은 충분히 그 개념을 표현한다. 즉 말하자면 구원을 구성하고 있는 모든 부분

42) "우리가 낳았을 때, 그것은 바람이었다"는 번역은 "마치 우리가 바람을 낳은 것처럼"이라는 의미를 가진 맛소라 엑센트 부호의 지지를 받지 못한다. 이것은 Dillmann이 주장하는 것처럼 "그것은 마치…이었다"인 היה의 삽입을 요구하지 않는다. 하지만 첫 번째 번역이 만족한 의미를 산출한다.

을 포함한다. 이사야는 그 이유를 붙이기를, "우리의 모든 수고가 헛되었으니, 이는 그 수고가 아무것도 할 수 없었기 때문입니다. 우리 땅은 구원을 필요로 하였고, 우리는 우리 스스로 그러한 구원을 가져올 수 있을 것이라고 확실히 믿었습니다. 이점에서 우리는 완전히 실패하였습니다." 그렇지만 선지자가 무엇을 가리키고 있는가? 이러한 설명들은 아하스가 이사야에 의하여 주어진 메시아 예언을 거절하고 도움을 얻기 위하여 디글랏빌레셀에게로 돌아섰던, 아하스 편에서의 첫 번째 배교를 되돌아 보는 것으로 보인다. 이 행위는 결과적으로 유다를 계속해서 성가시게 하고 괴롭히는 일련의 결과를 가져왔다. 그러므로 이것은 단순히 외적인 압제나 환난을 가리키는 것만이 아니고, 그 나라의 영적 상태, 즉 외적인 행실 가운데 나타났던 상태도 가리킨다.

그 나라가 스스로 구원을 가져오지 못하였을 뿐만 아니라, 유다를 크게 압제하였던 세상의 열국들이 무너지지도 않았다. 하나님을 떠난 인간의 노력은 원수 압제자의 멸망을 가져다 주지 못하였다.

26:19 인간이 스스로 달성할 수 없는 구원을 하나님이 이루신다는 사실 이외에 스스로 구원을 이루려는 인간의 노력들의 무력함을 보다 분명하게 보여주는 것은 없다. 그 나라의 노력들을 통해서 어떤 구원도 오지 않았고, 이스라엘의 압제자들인 세상의 거민들이 무너지지도 않았다. 사실이 그러함에도 불구하고 죽은 자들이 다시 살아날 것이다. 이것은 이사야 편에서의 적극적인 선포이고 단순한 소원의 표현이 아니다. 인간이 잃어버린 것을 하나님은 회복시키실 수 있다. 그의 목적은 인간의 말이나 행위에 관계없이 실현될 것이다. 그러므로 이 구절은 승리에 대한 영광스러운 선포를 구성한다. 더 나아가 이것은 "당신의"("주의")라는 소유대명사가 하나님 자신을 가리키기 때문에 하나님께 향한 기도이기도 하다. 죽은 자들은 주께 속하였다. 그런 이유로 그들은 살아날 것이다.

그렇게 하나님께 말을 하면서 선지자는 따라올 모두를 위하여 하나의 실례를 제시한다. 그것은, 인간들의 몸부림이 무익하게 되는 것으로 나타나고, 그래서 절망의 때이며, 위기와 심판, 그리고 죽음의 때이다. 그리고 나서 이사야는 하나님을 바라보고 그에게 말하고 있는 것이다. 하나님 앞에서 그는 하나님의 생각을 전하고 있으며, 또한 인간에게 불가능한 것이 하나님에게는 가능하다는 진리 안에서 그의 위로와 확신을 발견한다.

이 표현을 비유적으로 취급해서는 안 될 것이니, 이는 하나님의 죽은 자는 그의 이름 안에서 실제로 육체적으로 죽은 자들이기 때문이다. "우리가 종일 주를 위하여 죽임을 당케 되며 도살할 양같이 여김을 받았나이다"(시 44:22). 이 의미를 보다 생생하게 표현하며 "우리의 시체들은 일어나리이다"라는 부가적 표현에 의하여 한층 강화한다. 본문의 명사는 단수, "나의 시체들"이며 동사는 복수이다. 명사가 국가를 하나의 단위로 말하고 있는 반면, 동사의 복수형은 전체를 구성하고 있는 개인들을 말하고 있기 때문이다.[43] 일부 대조들은 주목할 필요가 있다. 먼저 소유 대명사들 중에서 대조가 있다. "주의" 죽은 자들과 "나"(개역은 "우리"–역주)의 시체들. 이와 같이 말하면서 선지자는 자신을 주님의 목적과 동일시한다. 죽은 자들은 주님에게 속한 자들이고, 나라는 이사야의 나라이다. 주님께서 그러하듯 이사야는 그 나라의 멸망에 관심이 있는데, 이는 그가 주님의 선지자로서 말하고 있기 때문이다. 또한 단어의 교차 댓구적 배열을 주목해야 한다. 이 배열은 묘사를 더 강조해 준다. 그러므로 "살 것이다(A) 주의 죽은 자들이(B), 그리고 나의 시체(B) 그들이 일어날 것이다(A)."

이러한 부가적 언급 "나의 시체, 그들이 일어날 것이다"라는 부가적 언급을 통하여 선지자는 분명하게 몸의 부활 교리를 소개한다. 이점은 게세니우스에 의해서도 인정되는데, 그는 "이 구절이 실질적으로 몸의 부활 교리를 담고 있다는 사실은 의심의 여지없이 단어로부터 드러난다." 그리고 나서 게세니우스는 계속하여 말하기를, 만일 유대인이 조로아스터 신학으로부터 다른 교리와 함께 부활교리를 수용하여 이 교리를 자신의 메시아 개념에 적용하였던 때인 포로기에 이 구절을 저술한 것으로 본다면, 이 교리는 어떤 문제도 일으키지 않는다고 한다. 그렇지만, 그러한 설명에 호소할 필요가 없다. "주의 죽은 자들"과 "나의 시체들" 사이에 본질적인 차이는 없으니, 이는 이 두 표현 모두 죽은 자를 가리키기 때문이다. 그러나 후자는 죽은 자들이 육체들 혹은 시체들이라는 사실과 또 그들이 일어나리라는 사실을 강조한다.

이 교리가 이사야 당시와 비교해서 너무나 진보된 것이고, 이것이 포로기나 혹은 그 후의 시기 동안에 가서야 페르시아 인으로부터 유대인이 수용했을 뿐이라고 가정할 필요가 없다. 몸의 부활 교리에 대한 참된 교리는 하나님으로부터 받은 계시이

---

43) 나의 시체들–이 여성명사는 남성동사와 함께 해석되며, 집합적으로 사용되어 "나의 죽은 시체들"이 된다. 모음표기가 이례적인데, נְבֵלָתִי를 예상해야 한다. 보여지는 바로는 이 형태는 절대형이고, 요드(י)는 어미음 첨가의 것이 아니고, 이어 나타나는 요드로부터 중복오사에 의하여 일어난 것도 아니다. 이것은 1Q에 의해 증명이 된다.

며, 도움이 없이 인간의 이성에 의하여 발견된 교리가 아니다. 더 나아가서 어떻게 이사야 스스로 이러한 교리를 마련하였는지 주목해야 한다. 그는 메시아 왕국의 영원성(예를 들면, 9:6–7)과 여호와의 날의 영속적인 성격(2:12 이하), 그리고 영원한 영광에 대한 구속받은 자의 소망(12장)을 제시하면서 이 교리를 마련했다.

육체 부활이 의도되지 않았다는 생각의 어떤 가능성도 배제하기 위하여 이사야는 죽은 자를 깨어나는 것으로 말하고 있다. 그 어투 자체가, 죽은 자의 상태가 소멸의 상태가 아니라, 하나님의 생명이나 영원한 심판으로 깨어나게 되는 잠자는 것과 비교될 수 있는 상태임을 보여준다.[44] 뒤에 나오는 동사와 함께 중언법(hendiadys)을 이루어 "깨어 부르짖다(노래하다)"를 의미하는데, 직역하면 "그들이 깨어나서 부르짖을 것이다(노래할 것이다)"가 된다. 동사들은 티끌에 거하는 자들, 즉 죽은 자들에게 주어진 명령형이다.[45] 그러나 누가 죽은 자에게 살아나라고 명령하고 있는가? "인자야, 이 뼈들이 능히 살겠느냐?"(겔 37:3하)는 주님의 질문은 적절한 것이다. 이러한 질문에 답할 수 있는 유일한 대답은 에스겔 선지자의 대답이다. 곧 "주 여호와여, 주께서 아시나이다". "사망 중에서는 주를 기억함이 없사오니 음부에서 주께 감사할 자 누구리이까"(시 6:5). 그렇지만, 이사야의 명령은 헛되지 않다. 주님의 신중하고 헌신된 종으로서 그는 그가 말할 수 있는 단순한 명령이 죽은자들을 생명으로 이끌어 하나님께 찬양을 외치게 하는 이적을 행할 수 없다는 것을 잘 알고 있다. 죽은 자의 부활의 사역은 오직 하나님만이 하실 수 있는 초자연적 사역이다. "주 여호와께서 이 뼈들에게 말씀하시기를 내가 생기로 너희에게 들어가게 하리니 너희가 살리라 너희 위에 힘줄을 두고 살을 입히고 가죽으로 덮고 너희 속에 생기를 두리니 너희가 살리라 또 나를 여호와인 줄 알리라 하셨다 하라"(겔 37:5). 그러므로 이사야가 명령한 것은 진실로 여호와의 이름으로 하는 명령이다. 그리고 그는 하나님이 친히 죽은 자를 살리실 것이라는 확신을 가지고 명령한다. 이 해석이 옳던가 아니면 어휘가 무의미하고 선지자 편에서의 경건한 소원 이상의 아무것도 아니라는 가정만 남게 된다. 그렇지만 그러한 가정에 반대하여, 본 예언의 전체적인 핵심이 자리하고

44) 죽은 자가 잔다고 하는 묘사에 대해서는 시편 13:4; 욥기 3:13; 예레미야 51:39, 57; 다니엘 12:2, 그리고 요한복음 11:11을 참고하라.

45) 티끌–"거하다"와 "티끌"이 함께 결합되어 있는 시편 7:6을 유의하고, 욥기 7:21; 20:11; 21:26을 유의하고, 다니엘 12:2을 참고하라. 시편 22:16에서는 "죽음의 티끌"이라는 어구가 나타난다. 현대 아랍어 투랍(티끌)은 무덤에 대한 호칭이다. 깨어–**B**, 아퀼라, 심마커스, 데오도숀, 수리아 역, 탈굼에서는 완료형으로 취급되어 있음.

있다. 어찌하든 죽은 자들을 깨워 기뻐 외치게 하는 것은 본질상 선지자의 명령이 아니라 유일하시며 언제나 참되고 살아계신 하나님의 전능한 능력이다.

왜 죽은 자들이 선지자의 음성을 듣고 깨어나 노래해야 하는지 그 이유를 제시하고 있다. 그리고 이 이유를 제시하면서 그의 말을 지극히 생동감 있게 하여 선지자는 하나님께 말하고 있다. 그의 말들을 영어로 옮기는 일은 어려운데 이는 이 말들의 의미가 분명하지 않기 때문이다. 이사야가 하나님께 "빛들의 이슬은 당신의 이슬이니"라고 말하고 있거나, 또는 "식물들의 이슬은 당신의 이슬이니"라고 선언한다.[46] 만일 그가 빛의 이슬을 말하고 있다면, 아마도 하늘의 이슬 혹은 생명을 주는 이슬을 의미하고 있는 것 같다. 그렇다면 그 뜻은 원기 회복을 가져다주는 이슬은 주님의 이슬이라는 뜻일 것이다. 그러나 이것이 선지자가 말하는 것이라고 분명하게 말할 수는 없다. 열왕기하 4:39에서 이 말을 식물들(채소)로 번역하고 있고, 만약 이것이 옳다면, 선지자는 하나님의 이슬이 식물을 소생하게 하는 것과 같다고 선언하는 것이다. 예증을 위해서 시편 72:6을 주목해 볼 수 있다. "저는 벤 풀에 내리는 비같이, 땅을 적시는 소낙비같이 임하리니." 이 두 가지 번역 중에 어느 것을 채택하든 이 이슬이 죽는 자들을 생명으로 이끄는 하나님의 소생케 하는 은혜를 가르키는 것으로 이해해야 한다. 이러한 이유로 인하여 선지자는 죽은 자에게 명령하고 있는 것이다. 그들이 생명을 얻을 것이다. 왜냐하면 하나님께서 소생케 하는 이슬을 보내사 생명의 새로움과 활력을 주실 것이기 때문이다.

그렇지만 이사야는 또 다른 방식으로 죽은 자의 부활을 묘사한다. 그는, 땅에 대해서, 땅이 음령들(개역성경의 난외주—역주)로 하여금 떨어지게 한다, 즉 땅에서부터 떨어지게 하고 자라게 한다고 결론짓는다. 음령들은 땅에, 즉 스올에 있으며 말하자면 주로 아무것도 되돌려 주지 않는 하나의 거대한 모체(mother body)로 이해되는 땅은, 이제 음령을 내어 주어서 그들을 땅으로부터 떨어지게 한다. 땅을 주어로 하며 동사가 사역형으로 사용되는 것은 창세기 1장을 생각나게 한다. "그리고 땅은 내라." 주님의 말씀대로 땅은 그가 명령하시는 것을 내게 된다.

20절, 내 백성아 갈지어다 네 밀실에 들어가서 네 문을 닫고 분노가 지나기까지 잠

---

46) אורת—시편 138:12에서 단수형이 빛의 의미로 나타난다. 에스더 8:16을 참고하라. 탈굼역은 "빛의 이슬은 당신의 율법들을 행하는 자들을 위한 당신의 이슬들이니"로 번역될 수도 있다. 이 단어를 빛의 의미로 취급하는 자들은 생명을 주는 이슬로 해석한다. 호세아 14:6; 이사야 45:8. Mulder의 논의를 참고하라. *op. cit.*, p. 51.

깐 숨을지어다

21절, 보라 여호와께서 그 처소에서 나오사 땅의 거민의 죄악을 벌하실 것이라 땅이 그 위에 잦았던 피를 드러내고 그 살해당한 자를 다시는 가리우지 아니하리라

26:20 선지자는 하나님의 백성에게 임할 완전한 구원과 부활을 바라보는데서 돌이켜서 그 백성에게 실제적인 방식으로 말을 전한다. 압제와 고통의 때는 아직 끝나지 않았다. 그가 방금 전에 묘사하였던 미래의 영광은 아직 실제로 실현되지 않았다. 이것은 인간의 힘이나 능력에 의하여 이루어질 것이 아니고, 오직 하나님께서 구원에 대한 그의 놀라운 목적을 이루실 때에 기다리고 기대하는 것을 통해 이루어질 것이다. 이러한 진리, 즉 구속이 즉시 나타나지 않는다는 사실을 백성에게 전달하기 위하여 이사야는 위로와 안위를 주는 명령, 즉 "내 백성아, 갈지어다"라는 말을 하고 있다. 이 어투는 출애굽기 12:22에서 모세에게 하신 명령을 상기시켜 주며, 그 나라를 "내 백성"이라고 부르는 호칭은 부드러운 특성을 지닌 것이다. 그들은 주님께 속한 백성이요 그가 사랑하시는 백성이며, 그들의 미래의 구원은 그가 이루어 주실 백성이다.

그러므로 마치 아버지가 자기 아들에게 말하는 것처럼 말을 하고 있다. 알렉산더는 다음과 같이 기록한다. "약속된 부활의 이러한 안타까운 연기는 이 마지막 돈호법보다 더 부드럽고 아름답게 암시되어 있을 수 없다." 신명기서에서처럼, 여기서도 나라를 한 개인으로 언급한다. 밀실로 들어가서, 다가올 구속을 묵상과 기도로 기다려야 한다. 사실상, 칼빈은 이 단어를 비유적으로 취급하여 그 밀실이 단순히 마음의 평온과 침착함이라고 주장한다. 사실, 이러한 뜻을 포함하고 있기는 하지만 본 절의 하반부는 여기서 명령한 행위가 안정을 위한 것임을 또한 분명히 밝혀주고 있기에 이 단어는 비유 이상의 의미를 가지고 있다. 분노의 시기는 여전히 존재하고 있고, 그래서 이사야는 하나님을 거부하였기에 그 나라에 부어진 하나님의 진노의 호칭으로 "분노"라는 단어를 사용한다. 이것은 포로와 이에 수반된 모든 결과를 묘사하는 비유이다. 만일 백성이 밀실에 들어가서 문들을 잠그고 있다면,[47] 그들의 이방 약

47) 문을 잠근다는 것은 바깥 세상으로부터 자기를 완전히 차단하고 오직 하나님에게로만 돌이키는 결단력을 암시한다. דלתיך–쌍수, 케레에 의하여 단수로 변한 것, 그러나 단수형 דָּלָה은 입증되지 못하고, 다만 דֶּלֶת일 뿐이다. 케티브 편에서 볼 때, 형태가 חֲדָרֶיךָ와 조화를 이룬다. 그러나 쌍수가 역시 보수를 나타낼 수 있다; 참고. 45:1. חֲבִי–칼 미완료, 남성 2격은 아마도 아람어 영향을 나타내는 것으로 보인다(참고. 호 6:9). 여성형으로 고칠 필요가 없다. "잠깐"(참고. 스 9:8; 사 54:7). "지나기까지"

탈자와 압제자 위에 쏟아질 진노와 징벌로부터 보호를 받을 것이다. 진노가 머물러 있는 한 그들은 자신의 밀실에 머물면서 거기서 구원을 기다려야 한다. 그러므로 이러한 명령을 통해서 하나의 교훈을 가르치고 있는데, 곧 구원이란 오직 주님에 의해서만 성취된다는 것이다. 그의 백성은 그가 행동하시기를 기다려야 한다.

26:21 이사야는 계속해서 백성이 밀실에 들어가서 문을 잠그고 있어야 하는 이유를 제시한다. 이것은 굉장히 중요한 이유이고, 그래서 "보라!"는 단어로 시작한다. 이스라엘의 하나님 주 여호와, 자신의 밀실에 숨어 있는 자들의 하나님께서 그의 처소에서 나오시려 하신다. 그가 어떤 특정한 처소에 계시는 것으로 생각되고 있으며, 이 처소로부터 그는 이제 그의 목적을 이루기 위하여 나오려고 하신다. 주님의 처소는 하늘이다. "여호와께서 그 처소에서 나오시고 강림하사 땅의 높은 곳을 밟으실 것이라"(미 1:3).[48]

주님의 목적은 "땅의 거민의 죄악을 보응하시기 위한 것"이다. 거민이 단수이고, 그래서 땅에 거하는 모든 사람을 지칭하고 있음을 유념해야 할 것이다. 이스라엘 족속이 여기서 제외된 것같이 보이는데, 그러나 그들이 그러한지는 확실하지 않다. 땅에 거하는 모든 사람이 그들 위에 보응으로 임할 죄악을 가지게 될 것으로 보인다. 오직 하나님께 복종하여 그들의 잠겨진 밀실에서 기다리는 사람들만 구원 혹은 피함을 입을 것이다. 이사야는 강한 어투로 인간이 범한 죄가 그들에게 징벌이 임하게 되는 근거가 될 것임을 또다시 가르치고 있다. 그러므로 그 죄악에 합당한 징벌이 그들에게 할당될 것이다. 이것은 땅의 거민들이 사악하게 행하였다는 것을 의미한다. 그러한 행위는 인간으로 하여금 하나님 앞에서 죄인이 되게 하며, 그리하여 징벌을 모면할 수 없었기에 하나님께서 이제 그 벌을 할당하기 위하여 오신다는 것이다.

진실로 벌이 할당될 것이다. 살해당하여 땅에 누워 있는 사람들의 피가, 아벨의 피가 그러했듯이(창 4:10–11) 소리쳐 보응을 요구한다. 욥이 부르짖었던 것과 같다. "땅아 내 피를 가리우지 말라 나의 부르짖음으로 쉴 곳이 없게 되기를 원하노라"(욥 16:18). 그리고 에스겔은 "그 피가 그 가운데 있음이여 피를 땅에 쏟아서 티끌이 덮

–직역하면 진노가(거기서) 지나가기까지. 케티브는 케레에서 선호되는 마켑을 생략하는데, 이는 와우(ו)가 본래 장음 절이 의도된 것을 암시하고 있기 때문이다. זָעַם에 관사가 없는 점에 유의하라. 이 단어는 단호하다. 진노, 곧 여호와에 의하여 결정된 진노로서 백성들 위에 놓여져 있는 진노이다(참고. 10:25; 단 8:19; 11:36).

48) 호세아 5:15, 그리고 18:4에 있는 בִמְכוֹנִי을 참고하라

이게 하지 않고 말간 반석 위에 두었도다 내가 그 피를 말간 반석 위에 두고 덮이지 않게 함은 분노를 발하여 보응하려 함이로라"(겔 24:7, 8)고 말했다.[49] 피가 삼켜지고 덮어지지 않는 한 그것은 소리쳐 보응을 요구할 것이다. 그러나 이제 땅은 살해당한 자의 피를 드러낼 것이고, 그것들을 더 이상 덮어 주지 않을 것이며, 그리하여 그들의 피가 크게 부르짖어 보응을 요구하게 된다. 그때에 완전한 공의가 시행되고 땅의 거민은 그들에게 임한 그들 자신의 죄의식을 갖게 될 것이다.

27장

1절, 그날에 여호와께서 그 견고하고 크고 강한 칼로 날랜 뱀 리워야단 곧 꼬불꼬불한 뱀 리워야단을 벌하시며 바다에 있는 용을 죽이시리라

27:1 26:21에서 땅의 거민의 죄에 대한 하나님의 벌하심이 언급되었다. 본 절에는 하나님이 그의 칼로 그의 대적들을 벌하심을 언급한다. 더 나아가서 이 칼에 의한 벌하심이 "그날에" 있을 것이라고 말하고 있는데, 여기서 이 어구는 26:21에 서술된 것과 연결되며 24:17–23의 대 격변으로 거슬러 올라간다. 그러므로 강조해야 할 첫 번째 요점은 선행하는 단락들과 긴밀하게 연결되어 있다는 것이다. "그날"은 징벌의 날이며 여호와가 그의 대적들에게 징벌을 행하시게 될 날이다. 그러므로 이 어구는 종말론적이다.[1)]

이 징벌을 칼과 함께 언급하고 있는데, 칼을 견고하고 크고 강한 것으로 묘사한다. 모세가 이미 이 칼에 대해 말했었다. "나의 번쩍이는 칼을 갈며 내 손에 심판을 잡고 나의 대적에게 보수하며 나를 미워하는 자에게 보응할 것이라 나의 화살로 피에 취하게 하고 나의 칼로 그 고기를 삼키게 하리니 곧 피살자와 포로된 자의 피요 대적의 장관의 머리로다 하시도다"(신 32:41, 42). 그리고 이사야가 다시 그 칼에 대해 말한다. "여호와의 칼이 하늘에서 족하게 마셨은즉 보라 이것이 에돔 위에 내리며 멸망으로 정한 백성 위에 내려서 그를 심판할 것이라 여호와의 칼이 피 곧 어린

---

49) Gesenius는 Aeschylus, Choëphor 66-67에 있는 유사한 유사한 개념을 상기시키고, 그러한 장소에는 우로가 있지 않을 것이라는 하맛사에 표현된 아랍인들의 신앙들을 상기시킨다.

1) 벌하시며–야웨가 벌하시려 나오신다고 묘사한 26:21을 분명히 반영하고 있다.

양과 염소의 피에 만족하고 기름 곧 숫양의 콩팥 기름에 윤택하니 이는 여호와께서 보스라에서 희생을 내시며 에돔 땅에서 큰 살육을 행하심이라"(사 34:5, 6; 참고. 사 66:16; 슥 13:7, 여기서 그것은 메시아의 죽음을 가리킨다; 계 1:16; 2:12).

세 개의 이름이 제시되는데, 둠(Duhm)은 이 이름들이 살육 당해야 할 세 대적들과 일치한다고 제안했다. 이것이 옳을 수도 있다. 칼이 "견고하다"고 말하고 있으며, 쉽게 부러지지 않는다는 것을 암시한다. 원수들을 치기까지 무지러지지 않을 것이다. 즉 그 날카로움이 무디어지거나 사라지지 않는다. 이것은 또한 잔인하다는 개념일 수도 있다. 그 칼을 큰 것으로 묘사하였다. 왜냐하면 그 칼이 주님의 모든 대적을 죽이기에 능하고 강하고 충분하기 때문이다. 마지막으로 그것은 강한 칼이다. 즉 주님의 군대에 의하여 사용되기에 부족하지 않고 알맞은 것이다. 주께서 할당하시는 벌은 확실하고 틀림없을 것이다. 멸망시키는 능력은 그 칼 자체에 있는 것이 아니고 그것을 사용하시는 주님에게 있다. 그리고 그 칼이 강하다고 말하는 것은 하나님 자신이 효과적으로 그 징벌을 시행하실 것임을 달리 말하는 것이다.[2)]

어쨌든, 하나님의 징벌의 대상이 될 원수들이 누구인가? 징벌의 첫 번째 대상은 리워야단이라고 말한다.[3)] 시편 74:14에서 이 단어는 가상적인 피조물을 가리킬 수 있다. 왜냐하면 "리워야단의 머리들"이라는 표현이 있기 때문이다. 이사야가 여기서 이 단어를 동일한 의미로 사용하고 있는 것 같다. 우가릿에서 나온 본문에서 다음의 글을 읽는다(본문의 어휘와 유사한 점을 유의하라).

ktmhs. ltn. btn. brh
tkly. btn. ʿqltn
slyt. d. sb't. rsm[4)]

---

2) 칼-신명기 32:41, 42; 시편 7:13; 17:13; 이사야 34:5을 참고하라. 이 구절들은 모두 칼을 하나님의 징벌하시는 능력을 나타내는 것으로 말하고 있다.

3) 리워야단-성경에서 바다의 괴물로 언급됨, 시편 74:14; 104:26; 욥기 3:8. 욥기 40:25에서 악어와 동일시되는 것처럼 보인다. 탄닌은 이사야 51:9; 시편 74:13; 91:13; 148:7; 예레미야 51:34; 예레미야애가 4:3; 그리고 창세기 1:21에서는 또 다른 의미로 사용된다. B는 τόν δράκοντα로 번역한다. 이 단어는 결코 관사를 가지지 않고 복수형으로 나타나지도 않는다. 어원은 불확실하다. 아마도 접미사와 함께 꾸불꾸불함을 의미하는 לִוְיָה에서 파생된 것으로 보인다. Malatya에서 나온 주전 8세기경의 한 양각 벽화는 창들, 곤봉들 등을 가지고 꾸불꾸불한 용 Illyankas에 대항하여 싸우는 두 헷 족속의 신들을 그리고 있다. 본문에 대해서는 *ANET*,pp. 125–126을 참고하고, 실례와 묘사에 대해서는 *ANEP*, pp 218–229을 참고하라.

4) *Ugaritic Manual*, 1955, p. 148 그리고 *ANET*, pp. 137b, 138d을 참고하라.

다음과 같이 번역할 수 있다:

당신이 날랜 뱀 로탄(Lotan)을 칠 때
(그리고) 꼬불꼬불한 뱀을 끝장낼 것이다
일곱 머리들을 가진 샬리아트(shalyat)…

여기서 리워야단은 일곱 머리를 가진 뱀과 같은 신화적 피조물로 보인다. 이러한 피조물의 존재에 대한 신앙의 증언들이 고대 메소포타미아의 설형문자 문서에서도 발견된다.[5]

우가릿과 이사야서 본문 사이의 어휘의 유사성은 매우 뚜렷한 관계를 보여 주는데, 이러한 관계를 어떻게 설명해야 하는가? 우가릿어에서 그러하듯 여기서도 역시 리워야단이 상상의 존재이지만 이사야서에 하나님께서 신화적 괴물에 대항하여 싸우시는 분으로 나타나 있다는 결론을 여기서 주는 것은 아니다. 그보다 이사야는 단순히, 여호와의 대적인 특정 국가를 가리키기 위하여 설명적인 묘사로써 이 용어를 사용하고 있다. 우리가 오늘날 원수 국가를 괴물로 말하거나 혹은 어떤 적대적인 통치자를 괴물로 말하듯이, 이사야도 대적 국가들을 이와 비슷한 용어로 말하고 있다.[6] 야웨가 실제로 신화적 괴물과 싸울 것이라고 이사야가 주장하는 것이 아니며 또한 그가 고대 신화의 영향을 어떤 의미로든 받았음을 보여주는 것이 아니다. 그보다는 우리가 오늘날 실례를 위해 신화로부터 취해 온 용어를 사용하는 것처럼, 이사야도 역시 그렇게 하고 있는 것이다.

그렇다면 그는 바벨론 전승의 영향을 받지 않았고, 고대 우가릿 문헌 안에 있는

날랜(*fleeting*)–Gordon, *Orientalia*, Vol. 22, 1953, pp. 243f을 참고하라. 성경은 이 נָחָשׁ란 단어를 뱀으로 사용하는 반면에, 우가릿어는 파텐과 관계된 용어를 가지고 있다. *Anat* 3; 37:38, *istbm tnn isbm(n)h mhst btn 'qltn*, 내가 탄닌을 재갈 물렸으며 내가 실로 그에게 재갈을 물렸다. 내가 몸부림치는 *'qltn*을 죽였다.

5) 참고 본문들과, 성경과 고대 근동의 우주 창조론과의 관계에 대한 논의에 대해서는 Heidel, *The Babylonian Genesis*, 1951, pp. 107f.를 참고하라.

6) Penna는 다음과 같이 해석한다: "*Non si puo negare una relazione di dipendenza del nostro testo dalla leggenda ugaritica; ma e possibilissimo che, come altrove e come capita anche in autori cristiani rispetto a espressioni mitologische pagane, essa sia limitata solo al vocabolario.*" Penna는 유익한 논문인 Augutine Bea, in Biblica, Vol. 19, 1938, "*Ras Samra und das Alte Testament,*" 특히 pp. 444ff.에서 인용하고 있다.

개념의 영향을 받지도 않았다. 선지자가 말을 전하고 있는 백성은 분명히 그의 용어를 이해하였을 것이다. 왜냐하면 그것들이 그 당시에 잘 알려져 있었을 것으로 보이기 때문이다. 이런 경우가 아니라면 그가 이 용어를 사용할 이유가 없다. 그것들이 유행하던 용어였으므로 그 용어가 그가 사용하기에 적합하다는 것을 발견한 것이다. 그것들은 완전한 승리가 하나님 자신에게 속할 것이라는 것을 보여주기에 충분한 술어로서의 역할을 한다. 전쟁의 결과가 보증되어 있으니, 곧 여호와께서 승리하게 될 것이다.

선지자가 그 뱀이 바다에 있다고 말하고 있는 것은 목적이 없는 것이 아니다. 왜냐하면 바다에 대한 언급이 선포 내용에 배어 있는 신비의 분위기를 증가시켜 주기 때문이다. 바다는 인간의 통치권이나 능력과 지식으로부터 동떨어져 있는 분야이다. 이 신비한 지역에 바다의 괴물이 있다. 그러나 이 알려지지 않은 영역의 서식자까지도 야웨의 칼에 의하여 살육을 당할 것이다.

이사야가 비유적인 언어를 사용하고 있다는 사실은 의문의 여지가 없다. 그렇지만 그의 비유를 어떤 의미로 이해해야 하는가? 각 상징의 정체를 발견하려고 힘쓰는 사람들은 그 정체에 대해서 일치된 결론에 도달하지 못하고 있다. 물론 이것은 그러한 정체를 알고자 하는 일이 틀렸다는 사실을 증명하는 것은 아니다. 그러나 만장일치의 견해가 발견되지 않는다는 것이 의미심장한 일이다. 어떤 사람은 주로 앗수르, 바벨론, 애굽 등 세 나라와 동일시하려 한다. 다른 사람들은 오직 두 나라만이 나타나 있다고 생각한다. 그리고 또 다른 사람들은 한 나라만을 가리킨다고 생각한다.[7]

그렇지만 선지자가, 높은데 속하는 자, 가장 접근하기 어려운 곳에 살고 있는 자, 그리고 깊은 곳에 속한 자들을 포함하는 모든 종류의 원수가 하나님의 징벌 심판을 당할 것이라는 사실을 가르치고 있다는 것이 보다 그럴듯하다. 하나님께 대한 반감이 드러나는 곳은 어디나 그것이 어떤 나라이든 간에, 그곳에서 하나님께서는 자신

---

7) Penna, Gesenius 등을 참고하라. Penna는 바로 앞의 문맥(26:21)과 다른 곳에서 신화적인 이름들이 나라들을 가리키기 위하여 사용되어 있는 점(예를 들면, 겔 29:3; 32:2; 시 74:14 등)을 생각하고, 그것이 이방 열국들을 가리킨다고 주장한다. 일부 옛 주석가, KImchi, Ibn Ezra, Jarchi, Vitringa, Lowth, Rosenmuller와 보다 최근에 Prockche는 이것이 세 짐승을 가리키고 그래서 여러 세력을 가리킨다고 생각하며, 반면에 Eichhorn과 Gesenius는 여러 명칭들이 하나의 짐승을 가리키기 위하여 사용되었다고 믿었다. Gesenius는, 이 하나의 세력이 애굽이 아니고, 바벨론이라고 말한다. 비록 리워야단과 탄닌만 언급되어 있을지라도 다양한 병치(幷置)와 함께 리워야단의 반복적 언급은 세 피조물이 의도되었다는 견해를 지지하는 것으로 생각된다.

을 승리하시는 분으로 나타내 보이실 것이다.[8)]

2절, 그날에 너희는 아름다운 포도원을 두고 노래를 부를지어다
3절, 나 여호와는 포도원지기가 됨이여 때때로 물을 주며 밤낮으로 간수하여 아무 든지 상해하지 못하게 하리로다
4절, 나는 포도원에 대하여 노함이 없나니 질려와 형극이 나를 대적하여 싸운다 하자 내가 그것을 밟고 모아 불사르리라
5절, 그리하지 아니할 것 같으면 나의 힘을 의지하고 나와 화친하며 나로 더불어 화친할 것이니라
6절, 후일에는 야곱의 뿌리가 박히며 이스라엘의 움이 돋고 꽃이 필 것이라 그들이 그 결실로 지면에 채우리로다

27:2 본 절로부터 시작하여 그리고 계속해서 6절까지 주님이 친히 말씀하신다. 어휘가 다소 끊어져서 주님의 메시지를 전함에 있어서 선지자의 흥분이 보인다. 이 메시지는 5:1–7에 있는 포도원 비유를 반영한다.[9)] 그 단락에서 선지자는 주께서 포도원을 만드셨으나, 그 포도원이 그를 실망시켰으므로 그것을 멸망시킬 것임을 보여주려고 하였다. 여기서의 목적은 그 반대다. 여기서 주님은 자신이 자기 백성을 다시 모을 것임을 보여주기 위하여 포도원의 비유를 사용한다. 이 두 단락에서 주님

---

8) 이것은 후기 선지자들이 이 근본적인 예언을 개별적인 의미로 사용하고 있고 각기 다른 적용을 하고 있다는 사실에 의하여 수정되지 않는다. 에스겔 29:3; 32:2을 예레미야 51:34과 비교하라. 또한 이사야 51:9; 요한계시록 12:3ff.; 13:1ff. בים–통치와 심지어 인간의 지식에서 상당히 동떨어진 지역에서, 그런 까닭에 모든 종류의 괴물들과 모든 장소들, 위(He,. a.)와 아래(Hem. b.)의 큰 괴물들, 하늘의 높은 곳들과 바다의 깊은 곳들의 가장 접근하기 어려운 지역의 괴물같은 서식자들이 심판을 당한다. 본 절은 분명히 상징적으로 이해되어야 할 것이다. 본 뜻은 이렇다. 하나님에게 대항하는 모든 분야와 모든 종류의 세력들, 곧 그들의 지위를 지키지 않는 높은데 있는 세력, 하나님에게 대항하는 자연적 세력이 형성된 땅에 있는 왕들과 나라들이 징벌 심판을 받게 된다는 것이다. 본 절의 본 뜻은 24:21과 동일하다.

9) "그날에"란 어구 다음에 "그것이 말해질 것이다"로 이해해야 할 것이다. 그러나 이것은 불필요하다. 본 절은 다음과 같이 직역할 수도 있을 것이다. "그날에, 포도원에 대하여 등." 그렇지만 Drechsler는 이런 식으로 본 절의 두 부분을 연결시키는 것은 잘못이고 두 번째 부분을 선지자의 말로 간주하는 것도 잘못이라고 믿는다. Penna는 "그것이 말해질 것이다"나 혹은 그와 유사한 말을 삽입할 만한 본문의 타당한 근거가 없다고 인정한다. 그러나 이것이 어떤 제안된 수정들보다는 더 낫다고 생각한다. 예를 들면 Lindblom은 "기쁨을 주는 한 포도원은 주님의 것이니, 나 곧 주가 그것을 지킨다"로 번역한다.

이 화자이며, 주님의 말씀이 선지자에 의하여 전달되는 점이 공통적으로 나타난다.

"그날에"라는 도입어는 27:1에 있는 것과 같이 징벌의 때를 가리킨다. 이것은 종말론적이다. 야웨께서 자기 대적들을 징벌로써 벌하실 때, 그곳에 포도원이 있을 것이다. 포도원이란 단어를 강조한다. 그것은 즉시 5:1의 비유를 생각나게 하며, 본 절의 중심 주제에 초점을 맞춘다. 이 단어와 함께 즉시 이스라엘과 직접 대면한다. 포도원에 대하여 언급하는 것은 하나님의 백성, 이스라엘을 상기시키기 위함이다.

이 포도원은 어떤 종류의 것인가? 맛소라 본문에 의하면, 그것은 포도밭이다. 곧 포도주를 생산하는 포도원이다. 이 단어는 즉시 포도원이 존재하는 기능을 성공적으로 실현하였다는 사실을 보여준다. 이것은 분명히 5:1이하에 주어진 비유와 다르다. 그렇지만 많은 사람들은 이 비유가 적절치 못하다고 생각한다. 그리고 일부 고대 역본에 근거하여 "즐거움의 포도원"이라는 독법을 얻어내기 위하여 본문을 살짝 수정하였다. 특별히, 아모스 5:11에 호소를 한다.[10] 그러나 쿰란 이사야서 사본은 분명히 חומר(포도주)로 읽고 있으며 그런 까닭에 그 의미를 유지해야 한다는 사실을 유념해야 한다. 이 의미를 유지한다면 이 표현은 5:1 이하와 뚜렷한 대조를 이룬다. 그 비유에서 주님은 포도원을 파괴시키기로 작정하셨으니, 이는 그것이 당연히 산출해 냈어야 할 포도를 생산해 내지 못하였기 때문이다. 그렇지만 여기서는 표상 전체가 변했다.

본 절의 하반절에 있는 명령형은 번역에 문제점이 있기는 하지만 일반적으로 "그녀를 (포도원을) 두고 노래를 부르라"로 번역된다.[11] 알렉산더는 "그녀를 괴롭혀라"로 번역한다. 무엇보다 먼저, 그는 포도원이라는 단어가 남성이기 때문에 "그녀

---

10) 포도주—참고. 아랍어 하므르와 우가릿어 *ḥmr*, 신명기 32:14, 이것은 Vulgate의 *vinea meri*의 지지를 받으며, 수리아어 역과 B는 *ḥmd*를 전제로 하여 καλός ἐπιθύμεμα로 읽고 있으며, 이것은 Targum(*kkrm nsb*, 즉 극상품 포도원처럼)에 의하여 적극적으로 지지를 받는다. 1Q는 M을 지지한다. 그렇다면 이 어구는 사사기 15:5에 있는 כֶּרֶם זָיִת와 유사하다. 이러한 유사성은 포도원의 보다 세밀한 의미를 암시한다. כֶּרֶם은 주로 남성이지만, 이러한 결합어에서는 여성으로 간주된다(왕하 4:39의 גֶּפֶן을 참고). B와 Targum이 아모스 5:11과 이사야 27:2의 평행 구절들을 반영하고 있을 가능성이 있다.

11) Gray는 "너희는 그것에게 노래를 부르라"(민 21:17)라는 번역도, 그리고 "너희는 그것의 노래를 부르라"(5:1)라는 번역도 매우 바람직하지 못하다고 인정하고, 그래서 이 본문이 의심스럽다고 생각한다. 피엘형은 출애굽기 32:18에서 노래의 의미를 가지고 있으며 시편 88:1에서도 가능성이 있다. 출애굽기 32:18에서도 피엘형이 의문시되며, 각 형태가 칼 부정 구문일 수도 있다. 만일 이것이 그렇다면 피엘형이 성경에서 노래의 의미로 언제나 사용되는지 의심스럽다. 다른 한편, 피엘형은 일반적으로 "괴롭히다"의 의미로 사용된다. 이사야 60:14; 64:11; 58:3, 5에서도 나타난다는 점을 유념해야 한다.

를"이 포도원을 가리키지 않고 예루살렘 혹은 딸 시온, 그의 배우자로 간주되는 하나님의 백성을 가리킨다고 본다. 알렉산더는 그의 해석을 위하여 다음과 같은 논증을 증거로 인용한다. (1) 어느 누구도 가상의 노래가 어디서 끝을 맺고 있는지를 결정적으로, 정확하게 지적할 수 없다. 이것은 최소한 이 경우에, 끝마치는 곳이 발견될 수 없는 노래가 시작도 가지지 않을 수도 있다는 가정을 제기한다. (2) 뒤따르는 절들에서 이 절들을 노래로 구별지을 만한 특별한 것이 없다. (3) 백성이 부르게 되는 노래를 "나, 여호와가 그것을 지킨다"등으로 시작하게 한다는 것이 어울리지 않는다. (4) 5:11 이하에서는 "노래하다"라는 동사와 동족명사 "노래"가 나타나는 반면에 여기에는 동족명사가 없다. (5) ענה의 피엘형이 나타나는 56개의 경우 중에서, 단 세 번만 노래의 개념을 담고 있다. (6) 피엘형 어간으로 된 이 동사의 통상적인 의미가 여기서 상당히 어울리는 데 말하자면 "괴롭혀라"는 것이다. 그렇다면 그 뜻은 교회의 원수에게 전달되는 말이며, 하나님의 백성에게 그들의 가장 악한 일을 행하라는 명령이 되는 것이다. 그들은 성공할 수 없는데, 이는 하나님께서 자기 백성을 보호하시기 때문이다. 이러한 해석을 선호함에 있어서 4, 7, 8, 및 9절에 괴롭힘에 대한 암시를 보게 된다. 알렉산더는 전통이 그의 의견에 반대하는 것을 인정하지만, 그가 제안한 해석은 동사의 정확한 의미로 되돌아 감으로써 많은 난점을 제거한다고 설명한다. 또한 그가 동사의 용법에 관하여 제시한 사실에 대해서 아무도 유의하지 않은 것 같다고 말한다. 더 나아가서 이러한 해석의 난점을 인정하지만 알렉산더는 난점이 통상적인 견해에 내포된 난점만큼 크지는 않다고 주장한다. 결론적으로 그는 다음과 같이 해석한다. "그날에 포도의 포도원처럼, 그녀(예루살렘, 딸시온)를 괴롭혀라," 혹은 "그날에 그녀를, 포도주의 포도원을 괴롭혀라." 이것은 하나님께서 선지자를 통하여 자기 백성에 대해 적대감을 갖고 있는 자에게 예루살렘을 괴롭히도록 명령하고 있다는 뜻이다. 그들은 그들의 가장 악한 행위를 실행할 것이지만 하나님께서 자기 백성과 함께 하심으로 그가 승리하실 것이다.

27:3 본 절이 나 여호와로 시작하고 있으므로, 주석가들은 난점을 발견하고 이해되는 바대로 "여호와께서 말씀하신다"로 보려고 한다. 그렇지만 만일 이것들이 노래가 아니라면 난점들은 사라진다. 대적들은 하나님의 백성을 괴롭힐 수 있지만, 그가 그의 백성을 지켜 주신다. 5:1에서 그가 포도원의 망대를 세웠다고 말하였고, 지금은 그 자신이 그 망대로부터 지켜보고 있다. 여기에 있는 여성형 접미사들은 2절

에 있는 바와 같이 포도원의 비유 하에 간주되고 있는 예루살렘을 가리킨다. 여기에 주어진 그림은 5장에 있는 것과 반대되는 것이다. 여기서 하나님은 자기 포도원을 위하여 모든 일을 하실 것이며, 거기서는 그가 필요로 했던 모든 것을 이미 하셨기에 포도원을 헐어 버리기로 결정하셨다.

진실로 그가 끊임없이 물을 주실 것이다. 때때로(all moments)란 의미심장한 어구는 하나님께서 지속적으로 그의 포도원을 돌보실 것이라는 것을 암시한다.[12] 5장에서 그가 비를 명하여 그 위에 내리지 못하도록 명령하셨지만 지금은 끊임없이 포도원으로 하여금 마시게 하실 것이다.[13] 은혜의 강수가 끊임없이 하나님 자신으로부터 흘러나올 것이다. 어느 누구도 그의 백성들에게 징벌을 행하지 않도록 하나님께서 이같이 하실 것이라는 것은 필연적이다. 이사야 5:5에서 하나님께서는 포도원의 담을 헐어 버리시고 동물들로 하여금 들어와서 그것을 짓밟도록 하셨다. 그러나 여기서는 그가 포도원을 보호하실 것이며 그 결과 어느 것 하나라도 어떤 모양으로든 포도원을 파괴하지 못할 것이다. 예루살렘을 멸망시키려고 하는 많은 원수들이 있을 수 있으나 그들은 성공하지 못할 것이다. 왜냐하면 부지런히 지키는 분이 계시기 때문이다. "이스라엘을 지키시는 자는 졸지도 아니하고 주무시지도 아니하시리로다"(시 121:4). 하나님께서는 밤낮으로 자기 백성을 보호하실 것이다. 밤을 먼저 언급한다. 왜냐하면 외부로부터의 보호가 가장 필요한 때이기 때문이다.[14] 그 돌보심은 잠시 중지하거나 중단됨이 없는 돌보심이다.[15] 5장에서 포도원으로부터 거두어 가 버린 것이 여기서는 회복된다. 더 나아가서 그보다 더 좋은 상태가 주어진다. 이전에는 하나님께서 일부 위임된 장치들을 통하여 포도원을 보호하였으나, 지금은 그가 친히 포도원지기가 되신다. 여호와께서 그러한 방식으로 교회의 보호자가 되시므로 멸망이 절대로 교회에 미칠 수 없다.

27:4 5장에서는 여호와께서 포도원을 징벌하는 것이 그의 목적이었다고 선언했

---

12) 욥기 7:18; 이사야 33:2을 참고하라.

13) 물을 주며(*I shall cause it to drink*)–이 미완료형은 어떤 기간 내의 확실한 실현의 사실성을 확언해 준다.

14) 열왕기상 8:29; 예레미야 14:17; 이사야 34:10를 참고하라.

15) אֶצֳּרֶנָּה–근개음절에서 단음절 우나 이는 쉐와로 약화될 수도 있다. 여기서는 레쉬 앞에서 하텝–카메츠(ֳ)가 첫 번째 끊어읽기에 나타난다. 가끔 하텝–카메츠(ֳ)가 본래의 모음이 홀렘이었을 때 나타난다(민 23:25; 요 2:7; 겔 41:4; 렘 31:33, 등을 참고).

다. 이제는 벌하지 않으시고 보호하실 것이다. 이러한 사상을 "나는 노함이 없나니" 란 단언과 함께 소개한다.[16] 이 진노는 지나갔고 가라앉았다. 예전에 포도원에 대하여 내려졌던 분노는 모두 지나갔다. 노(怒)라는 단어를 문장의 맨 앞에 있어서 강조한다. 이것은 이전의 상황을 상기시켜 주고 있다. 그렇지만 그 상황은 더 이상 존재하지 않는다. 대부분의 백성은 그들을 향한 하나님 편에서의 진노가 없다고 믿기를 좋아할 것이다. 그렇지만 상황이 그러하다는 하나님으로부터의 확신을 가지고 있지 않다면 그렇게 믿는 것은 속는 것이다. 하나님의 백성에게 있어서 이것은 허풍이 아니다. 그들에게 진노는 없다. "노"가—예전에 선택된 사람의 머리들 위에 매달려 있었던 것—제거되었다.

다음 문장은 난해하지만, 문법적으로 가장 지지를 받는 해석은 "오! 내가 전쟁에서 질려와 형극들을 만날 수 있다"이다.[17] 5장에서 주께서 포도원을 황폐하게 만드신 후에 질려와 형극들이 생겨난다. 이것은 멸망의 마지막 단계가 될 것이다. 포도원이 더 이상 소산을 내지 못할 것이며, 이것은 질려와 형극의 밭에 지나지 않기 때문이다. 이제 주님의 태도가 변하였다. 이제 그가 질려와 형극들 자체를 원수로 맞서게 될 것이다.[18] 만일 그가 그것들에 대항하여 전쟁을 선포하신다면, 그것들은 정복되고 멸망할 것이다. 이것들은 포도원의 진정한 원수들이며 그 나라의 불경건하고 위험스러운 원수들의 표상이 된다(참고. 9:17; 10:17).

비유가 바뀌어서 이제 주님께서 그것에 관여하실 것이라고 선포하신다. 즉 예루살렘 백성이 포도원으로 이해되던가 혹은 그 접미사를 질려와 형극을 가리키는 중성으로 취급할 수도 있다.[19] 이 선언은 하나님께서 전쟁에서 그들에게 대항하여 전

---

16) 26:20을 참고하라. 본 뜻은 5:5–7에 상반된다(5:25을 참고). 어떤 사람은 예를 들면, Lowth, Procksch와 같은 사람들은 חוֹמָה, "담"으로 읽는다. 이 후자를 증명하기 위하여 26:1에서 언급된 내용에 호소한다. 그러나 5:5에서 보호가 언급되어 있기는 하나, 그것을 하나님이 헐어버릴 것이라고 하고 있으며, 여기서 담을 언급하는 것은 아무런 의미가 없는 것으로 보인다. 이 단어는 또한 חַמָּה, "태양"으로도 읽을 수 있지만, 이것 역시 문맥에 잘 어울리지 않는다.

17) 직역하면, "나에게 줄 것이다"(who will give me) 동사의 본래 의미를 수정한 후에, 보다 먼 목적(여기서 그것은 לִי일 것이다)은 대격 접미사 형태에서 동사에 부가된다. 즉 "나에게 준다"(who gives to me) 대신에, 단순히 "내게 준"(who gives me), 즉, "아! 내가 가졌다"(Oh! that I had)가 된다.

18) 접속사의 생략에 유의하라(32:13을 참고). שָׁמִיר와 שַׁיִת란 이 두 단어는 확실히 이사야의 용어이다.

19) אֶפְשְׂעָה–*BH*에서는 단순쉐와를 가지고 있으나, 복합쉐와는 우 모음을 유지하는 역할을 한다, 그리고 후음문자로 인하여 나타날 수도 있다.

면으로 나서리라는 것이다. 엑센트를 무시함으로써 "전쟁에서 내가 그들을 대항하여 앞으로 나설 것이다"라는 해석을 얻을 수 있다. 최종적 멸망은 여호와께서 자기 백성의 원수들인 가시와 엉겅퀴를 불사름으로써 임할 것이다. 이것은 26:11에 언급되었던 불이다. 본 절 전체를 통하여 울려 퍼지는 도전의 어조가 있다. 이스라엘의 하나님이 감당하기에 큰 대적은 없다. 그는 참으로 모든 것들을 다스리시는 주권적 통치자이시며, 주님은 자기 뜻대로 원수들을 처리하신다. 그러한 하나님께서 은혜로 누군가의 편에 계시다는 사실을 안다는 것은 얼마나 놀라운 일인가!

27:5 어쨌든 원수들에게까지도 소망은 있으나, 그 소망은 오직 하나님에게로 돌이키는 것에서만 발견된다. 첫 번째 단어를 "…외에는"으로 번역할 수 있다. 그러므로 "그가 나의 피난처를 붙들거나 혹은 붙잡지 않고서는"으로 번역할 수 있다.[20] 피난처로써 제단을 붙잡는 행위를 암시하는 것으로 보인다. "만일 누구든 (동사들이 부정 동사이므로) 나의 피난처를 붙잡기만 한다면, 그러면 그는 나와 평화를 가질 것이다."[21] 본 뜻은 만일 사람이 구원을 받아야만 한다면, 하나님께서 예비하신 피난처를 간절히 구해야 한다는 것이다. 아도니야의 행동이 그 실례를 보여준다. "아도니야도 솔로몬을 두려워하여 일어나 가서 제단 뿔을 잡으니"(왕상 1:50).

그 다음 어구는, 비록 강조가 다르기는 할지라도, "그들과 화친"(수 9:15)하였던 여호수아의 행위를 상기시켜 준다. 본 구절의 세부 내용은 난해하지만, 하나님께서 죄인들을 위하여 가지신 부드러운 관심을 보여준다.[22] 그가 수많은 소망의 빛을 제공하고 계시므로, 마지막 말씀이 들려오고 믿을 수 있는 마지막 기회가 왔을 때, 그 구원을 등한히 여긴다면 어찌 피할 수 있겠는가? "지금은 구원의 날이다."

27:6 앞 절의 개념을 계속하고 있지만, 포도나무의 비유는 사라지고, 직선적인

---

20) 직역하면, "혹은 달리 그로 하여금 나의 요새를 붙잡게 하라," 즉 그가 붙잡지 않는다면, 등. 참고. 아랍어 아우 유스-리-마, 그가 모슬렘이 되지 않는다면(가정법), *TT*, p. 217; 레위기 26:41.

21) 25:4을 참고하라. 형태가 장모음 아(ָ)를 가진 מָעוֹז로 나타나지만, 그럼에도 이에 대응하는 아랍어 형태는 단모음을 가진 מַעַר이다. 동사의 주어는 앞 절에서 질려와 형극으로 묘사된 하나님 백성의 원수들이다.

22) 히필 명령형으로부터 보통 미완료 형으로의 전환을 유의하라. 두 개의 미완료 형들은 상황절을 표현하고 있으며 그리하여 절 전체가 "그가 나의 힘을 붙잡고 나와 화평을 맺지 않으면"이라고 해석될 수도 있다. 반복은 강조를 나타내는데, 이는 두 번째 상황절에서 목적격을 첫 번째 위치에 둠으로써 한층 강화된다.

설명과 함께 나무의 비유로 대치되었다. 이 말씀들이 하나님에 의하여 직접 주어진 것인지, 아니면 선지자의 말인지 분간하기가 어렵다.[23] 본 절은 난점을 가지고 있으며, 이 난제를 해결하는 것이 항상 가능한 것이 아니다. 첫 번째 표현을 "그가 오는 자들로 하여금 뿌리를 박게 하실 것이다" 혹은 "오는 자들(즉 오는 날들)안에 그가 뿌리를 박게 하실 것이다"로 번역할 수 있다. 선택하기가 어렵지만, 아마도 후자의 구문 분석이 더 나을 것 같다.[24] 그렇다면 그 의미는 장차 하나님께서 자기 백성으로 뿌리를 박게 하실 것이라는 뜻이다. 이것은 선지자가 살아 있는 동안에 실현될 축복이 아니고, 그 당시에 실현될 것도 아니며, 다가올 시대에 성취될 일이다. 여기서 포도나무를 실제로 이스라엘과 야곱과 동일시한다. 이 포도나무는 장래에 심기어질 것이고 그 결과 열매를 맺을 수 있게 된다.

이제 강조가 뿌리를 박은 것의 성장에 주어진다. 야곱은 꽃이 필 것이니, 이는 이것이 의미심장한 점이기 때문이다. 그것은 뿌리를 박을 뿐만 아니라, 충분히 자라서 꽃은 피울 것이다.[25] 그것은 모든 점에서 식물로서의 기능을 다할 것이다. 야곱이란 용어가 모든 이스라엘 백성들을 나타내기 위해 자주 사용되며 신탁의 후반부에 특히 그러하다. 이스라엘은 성장을 해 나갈 것이고, 그 결과 세상의 모든 지면이 그 결실로 채워질 것이다.[26] 야곱과 이스라엘의 결실이 세상 거민들이 거하는 모든 지면을 채울 것이다. 이것은 이스라엘이 온 땅에 영향을 발휘할 것이라는 진리를 훌륭하게 표현하는 것이다. 이스라엘에게 주어진 하나님의 진리가 온 땅을 채울 것이다. 복음의 선교적 선포를 통하여 이 진리가 성취될 것이다. 주어진 그림은 24:1, 13; 26:18; 2:2–4의 것이다.

---

23) Delitzsch와 다른 사람들이 따르고 있는 루터는 여기서 교회가 말하고 있다고 주장한다.

24) Alexander는 "오는 (날늘 안에) 야곱이 뿌리를 박을 것이다"로 해석한다(전 2:16을 참고). הבאים은 행동이 일어나는 시간의 직접 목적격이다(렘 28:16을 참고). 뿌리를 박다–37:31; 시편 80:9ff.; 호세아 14:6ff.; 에스겔 19:10ff.

25) יציץ–아마도 명령형의 의미를 가지고 있는 미완료 형일 것이다. "그것이 꽃을 피우기를." 두 개의 동사는 성장이 충분하게 이루어졌음을 나타낸다. 순서가 뒤바뀐 내용에 대해서는 시편 92:8을 참고하라. Drechsler가 다른 곳에서 지적한 바와 같이, פָּרַח는 싹의 발아를 함축할 수도 있지만(창 40:10), 여기서 이 행위는 정점으로 간주된다. 그러므로 성장은 완성에 도달한 것이다.

26) 묘사가 5:24에 반대된다. 본 절에서 어조의 변화가 나타나고, 예언적 담화로 전환된다. 그들이 채울 것이다–주어는 야곱과 이스라엘이다. תְּנוּבָה–열매, 산출, 사사기 9:11; 신명기 32:13을 참고하라. 이 단어는 야곱과 이스라엘이 하나님과 평화를 맺고 번성하여 결실을 맺게 될 축복을 가리키는 것으로써 상징적 의미로 취급되어야 할 것이다.

7절, 주께서 그 백성을 치셨은들 그 백성을 친 자들을 치심과 같았겠으며 백성이 살륙을 당하였은들 백성을 도륙한 자의 살륙을 당함과 같았겠느냐

8절, 주께서 백성을 적당하게 견책하사 쫓아내실 때에 동풍 부는 날에 폭풍으로 그들을 옮기셨느니라

9절, 야곱의 불의가 속함을 얻으며 그 죄를 없이함을 얻을 결과는 이로 인하나니 곧 그가 제단의 모든 돌로 부숴진 횟돌 같게 하며 아세라와 태양상으로 다시 서지 못하게 함에 있는 것이라

10절, 대저 견고한 성읍은 적막하고 거처가 황무하며 버림이 되어 광야와 같았은즉 송아지가 거기서 먹고 거기 누우며 그 나뭇가지를 먹어 없이하리라

11절, 가지가 마르면 꺾이나니 여인이 와서 그것을 불사를 것이라 이 백성이 지각이 없으므로 그들을 지으신 자가 불쌍히 여기지 아니하시며 그들을 조성하신 자가 은혜를 베풀지 아니하시리라

27:7 본 절의 목적은 부정적 질문을 통하여 압제자들이 이스라엘에 했던 것처럼 이스라엘이 침을 당했다는 불평에 답하려는 것이다. 하나님께서 이스라엘을 쳤던 자들을 치셨던 것처럼 그가 이스라엘을 치셨는가? 그러한 부정을 가끔 질문으로 표현한다(삼하 7:5; 대상 17:4). 게세니우스는 편지에 "더 무엇이 있는가?" 즉 "더 말할 것이 있는가?"로 답을 하는 인도인들의 관습을 참고한다. 말해야 할 모든 것을 말했다는 것이다. 본 절의 전체의 의미를 다음과 같이 나타낼 수 있을 것이다. "하나님께서 앗수르를 치신 것과 같이 그가 유다를 치셨는가? 아니면 대적의 살육 당한 자들의 살육처럼 유다도 살육을 당하였는가?"[27]

하나님의 징벌에는 차별이 있다. 하나님께서 유다를 치시면서 도구로 사용하였던 대적은 징벌을 받아 완전히 멸망할 것이다. "…이는 주께서 벌하여 멸하사 그 모든 기억을 멸절하셨음이니이다"(사 26:14). 그러나 유다에 미친 징벌은 정죄의 목적이 있으며 남은 자들을 보존하려는 것이다. 이들에게서 때가 되면 구속자가 나올 것이며 징벌의 차별을 만들어 내었던 것은 바로 남은 자들의 존재이다. "여호와여 나를 징계하옵시되 너그러이 하시고 진노로 하지 마옵소서 주께서 나로 없어지게 하실까

---

27) מַכֵּהוּ–목적격 소유, 직역하면 "그것은 그를(이스라엘) 치는 자(세상 세력)에 대해 쳤던 것과 같이 그가(하나님) 그를(이스라엘) 치셨는가? 친다는 일반적 개념이 강조된다(16:9을 참고). 7절 하반절은 "혹은 그가 살육한 것의 살육처럼 그가(이스라엘) 살육 당하였던가?" 그의 살육 당한 자"에 있는 접미사는 7절 상반절에 있는 그의 살육자에 있는 접미사를 가리킨다.

두려워하나이다"(렘 10:24). 그러므로 징계 중에라도–이러한 이스라엘에 대한 징벌을 참으로 그러하였다–자비와 선하심이 있었다. 이것이 "이스라엘, 내 아들 나의 장자"에 대한 징계였고, 그런 까닭에 "네 아들 너의 장자"에게 내려진 것과는 전혀 다른 것이었다. 하나님의 징벌을 이해할 수 있다는 것은 복된 것이다. "멸망을 위하여 빚어진 진노의 그릇"에게는 그것들이 멸망을 가져다준다. "내 아들 나의 장자"에 대해서는 그것들이 약속에 대한 하나님의 신실성을 보여 주며, 그들의 죄로 인하여 인간들을 멸망시키지 않으신다는 그의 자비를 보여 준다.

27:8 7절의 일반적인 의미는 분명하지만, 8절은 본 단락에서 가장 논란이 되는 것 중 하나이다. 흠정역에 번역된 대로는 훌륭한 의미를 드러내지 못하고, 다른 역본들도 그보다 낫지 못하다. 본 절과 9절에서 이사야의 목적은 전체 그림을 이해하는데 필연적인 요소를 이스라엘과 관계하여 강조하려는 것이다. 곧 심판의 혹독한 괴로움이 땅위에 임한 곳에서 유다가 고통당하지만 약하게 당한다는 것을 강조하고자 한다. 그러므로 "백성을 쫓아 내실 때에 당신께서(주께서) 그들을 적당히 견책하시고 동풍이 부는 날 그가 그의 폭풍으로 그 백성을 옮기신다"라고 번역할 수 있다. 그 뜻을 다음과 같이 의역할 수 있다. "유다를 적당히 포로로 보내시면서 당신께서는 유다와 논쟁을 하거나 따져 보려고 합니다. 동풍이 불어오는 날에 당신께서 당신의 폭풍으로 유다를 옮기십니다." 본 절의 단어를 하나씩 상고하는 것이 가장 좋을 것이다.

적당하게(in measure): 이 히브리어는 매우 어렵지만, 이러한 번역을 선택하는 충분한 이유가 있다.[28] 기본적인 개념은 하나님께서 분량에 따라서, 정확하게 분량을

28) 일반적으로 이 단이는 십입된 다게쉬를 가진 סְאָה בְּסְאָה의 축약으로 간주되어 왔다(Hreen, Hebrew Grammar, § 24 a을 참고). 아퀼라 역과 S는 모두 ἐν σάτω σάτον으로, T는 ἐν μέτρω μέτρον으로 번역한다; Vulgate역은 *in mensura contra mensu–ram*으로 번역하였다. 탈굼과 수리아 역은 "어느 정도로"로; Saadia는 "그 정도에 따라서," "정도에 맞추어," 즉 "적당히"로 번역한다. 이중적 표현은 하나에서 다수로의 지속적인 전개의 개념을 표현하는 것으로 생각된다. 그런 까닭에 "한 번에 즉시가 아닌 점차적으로"이다. Gesenius는 "분량(올바름)에 따라서"로 번역하지만, 완화에 대한 이차적인 개념을 가진다. 그는 예레미야 10:24; 30:11; 46:28에 호소한다. Gesenius는 סְאָה, "일정한 분량"의 의미를 이해하는 데 실패를 초래하게 하는 아랍어에 에 호소하는 것을 비난한다. 그는 그러한 호소들이 필연적이거나(erweislich) 혹은 적절하지(passend) 않다고 생각한다. 특히 그는 사–사라는 목자의 소리를 지칭하는 סַאסְא에 호소하는 일을 적당하지 못한 것으로 간주한다. B는 μακόμενος로 되어 있다. 그러나 그의 반대에도 불구하고 많은 사람들은 그 형태를 필펠(Pilpel)로 간주하거나 재반복

결정하여, 이 분량에 넘치는 징벌에 의하여 멸망하지 않도록 유다를 징계하셨다는 것으로 보인다. 동시에, 이 단어가 중복된 형태일 것이므로, 본 뜻은 이 분량이 완화와 점진성을 가진 것으로 나타날 수도 있다. 이 징벌은 치명적이지 않은 것이고, 완화된 것이다.

백성을 쫓아내실 때에: 즉 주께서 유다를 내보내실 때에. 그러나 왜 여성형 접미사가 사용되었는가? 이사야 50:1에서 이 단어가 이혼에 대해서 사용되었다. 그러므로 여기에 나타난 그림은, 내어버려지는 아내와 같이 유다와의 인연을 끊는다는 의미로 내어 보내는 것일 수도 있다. 만일 이것이 그 의미라면 이 강동사는 반드시 포로를 가리키는 것이 아니라, 그 나라가 더 이상 신정국가로 생각되지 않을 것이라는 사실을 가리키는 것이다. 여호와의 아내로서의 백성에 대한 비유는 선지자들에 의하여 자주 사용되었다. 그런 까닭에 남자가 이혼하는 아내를 내어 보내듯이 여호와께서도 예전에 신정국가를 이루었던 불성실한 나라를 내어 보내시는 것이다.

견책하사: 즉 징벌에 의하여 주께서 그에게 심판을 내리시고 있다는 것.[29] 이제 이사야가 하나님께 직접 말하면서 3인칭 묘사에서 2인칭 직접화법으로 전환한다. 25:5에서 그는 2인칭에서 3인칭으로 전환했다. 유다를 쫓아내신다는 것은 유다를 견책하는 수단으로 유다의 죄가 자신에게 임한 일련의 비극적 사건들을 초래하였다는 것을 징벌을 통해 유다에게 지적해 준다. 하나님께서는 자기 백성을 깨닫도록 하기 위한 수단으로 징계를 사용하신다.

폭풍으로 그들을 옮기셨느니라: 흠정역은 "그가 그의 거친 바람을 머무르게 하셨다"고 번역한다.[30] 이스라엘을 본국으로부터 옮기는 것은 이사야서에 때때로 등장하고 있는 사상인데 여기서 염두해 두고 있는 것은 바벨론 포로이다. 비록 동사의 한정된 대상을 표현하지는 않았을지라도, 선지자가 유다를 생각하고 있다는 것은 분명하다. 다른 곳에서처럼 여기서도 하나님의 심판의 도구들이 강한 바람 혹은 폭

된 부정사로 간주한다(G. Driver, *JTS*, Vol. 30, pp. 371ff을 참고). 그러므로 전통적인 번역을 따르지 않을 이유가 없다. 그렇지만 놀라운 것은, 이사야의 목적이 이스라엘이 경험할 심판의 완화에 대해 말하는 것이므로, 그가 두려운 심판의 무게를 상당히 강조하고 있다는 것이다. 무서운 폭풍이 세상에 몰아칠 때 이스라엘은 완전히 멸망시켜 버리는 심판을 받지 않고 그러한 심판으로부터 남은 자가 돌아올 것이다(J. Hermann in *ZAW*, Vol. 36, 1916, p. 243을 참고).

29) 미완료형은 과거 시제에서 지속을 암시한다: "주께서 계속적으로 그와 견책하셨나이다." 이 동사는 주로 전치사와 함께 사용된다. 그러나 욥기 10:2을 참고하라.

30) 아랍어 와-가-아, 찌르다(잠 25:4; 삼하 20:13을 참고).

풍의 비유로 표현된다. "내가 그들을 그 원수 앞에서 흩기를 동풍으로 함같이 할 것이며"(렘 18:17상, 욥 27:20, 21을 참고). 이사야는 의미있는 형용사를 사용한다. 그 나라를 옮겨 놓은 바람은 거친 바람이다. 바벨론 포로는 유다에게 쉬운 일이 아닐 것이다. 신정국가는 지나가고, 굴욕을 당한 나라가 그 나라를 적대시하는 다른 세력에 의하여 포로로 잡혀갈 것이다.

동풍 부는 날에: 이 뜻은 동풍이 불어오는 날에, 하나님께서 그 나라를 옮기시려는 것이다. 주지하고 있는 바와 같이, 이 동풍 혹은 열풍은 강하고 세차며 격렬한 바람이다(욥 27:21; 시 48:8; 렘 18:17; 겔 27:26; 창 41:6; 호 13:15을 참고). 그럼에도 불구하고 이 용어 자체에는 거센 동풍이 일시적이며 지나가는 종류의 바람이라는 암시가 있는 듯하다. 이것은 지속적으로 부는 바람이 아니고 어느 날엔가 우연히 부는 바람일 것이며, 이 바람이 부는 날에 여호와께서 자기 백성을 벌하실 것이다.

어떤 필연적 논리를 가지고 본절과 앞절을 연결시키는 것은 의심의 여지없이 어렵다. 이사야는 그의 논쟁을 논리적으로 발전시키지 않고 본절에서 단순히 유다에 닥칠 징벌이 완화된 것이라는 사실을 강조한다. 선지자가 논리적으로 발전된 논증을 제시하는 방식으로 하지 않고 이런 식으로 진행시켜 나간다는 것이, 그가 본 절의 저자임을 부정하는 충분한 근거가 되지는 못한다.

27:9 본 절과 함께 이사야는 자기가 방금 전에 말한 것에 대한 결론을 내린다. 그는 "그러므로, 그 징계가 일시적이고 그 나라를 완전히 멸망시키지 않을 것이므로, 이 징계로 말미암아 야곱의 죄가 정결케 될 것이다"라고 논증한다. 야곱의 죄에 대한 이러한 정화와 더불어 예루살렘뿐만 아니라 우상숭배의 모든 기구들이 파괴될 것이다.

속함을 얻으며: 이사야 6:7과 비교를 통하여 볼 수 있는 바와 같이 이 단어는 실제로 "속함을 얻은" 혹은 "속죄된"을 의미한다. 동시에 본절의 문맥은 이 단어가 결과, 즉 정화 또는 정결에 대한 환유로 사용되고 있음을 보여준다. 이 의미가 잠언 16:6에서도 발견된다. "인자와 진리로 인하여 죄악이 속하게 되고 여호와를 경외함으로 인하여 악에서 떠나게 되느니라"(잠 16:6). 다시 말해서 선지자는 바벨론 포로가 이스라엘의 죄를 속하였다고 말하고 있는 것이 아니라, 단순히 바벨론 포로로 말미암아 정화가 있었다고 말하고 있는 것이다.[31] 바벨론 포로는 정결케 하는 혹은

31) יכפר–22:14을 참고하라. 바벨론 포로는 도구였을 수는 있지만, 정화의 근거는 아니었다.

정화하는 경험이었고, 그 결과로 유다는 그 죄가 정화되어 등장하게 된다. 여기에 이사야가 나중에 선포하였던 내용이 예견되어 있다. "그 모든 죄를 인하여 여호와의 손에서 배나 받았느니라 할지니라"(사 40:2하).

그 결과는 이로 인하나니: 이 문구는 그 자체로 한 단위를 형성하고, "모든" 이라는 단어를 "전적으로, 완전히"라는 부사로 취급할 수도 있다. 어쨌든, 분리 엑센트가 "열매"를 의미하는 페리(פְּרִי)라는 단어에 나타나 있으므로, 이것은 다음에 따라오는 단어와 분리된다. 본 절의 이러한 배열에 비추어 볼 때, 열매라는 단어는 실제로 "이익" 혹은 "의도된 목적"을 상징한다.[32)]

그 죄를 없이함: 직역하면, "그것의 죄를 없이함(제거함)"이다. 이 단어들은 술부인 앞의 어구의 주어이다. 그러므로 전체는 다음과 같이 나타낼 수 있을 것이다. "그 죄를 없이함은 전체 열매 혹은 목적이다." 여기에 또다시 없이함이 있다. 그렇지만 이번에 이것은 유다의 제거가 아니라, 유다의 죄들의 제거이다. 만일 유다의 죄를 제거하려면, 유다 자신이 그 땅으로부터 옮겨져야만 한다. 모든 것이 하나님의 사역이다. 유다의 죄를 제거하시고자 그는 유다를 제거하신다. 그러므로 예루살렘의 멸망은 축복의 기회와 원인이 된다.

제단의 모든 돌로 등: 이 문구에서 하나님께서 어떻게 유다의 죄를 제거하시는지를 듣게 된다.[33)] 이방의 제단들의 모든 돌들을 부수어진 횟돌 같게 하심으로써 이 일을 행하신다. 이 문구에서 이사야는 이방 제단들의 파괴를 묘사하고, 이 제단들이 유다의 죄악의 원인이었음을 보여준다.[34)] 예배에서 유다는 우상 숭배의 혼합주의를 허용하였고, 그렇게 하기까지 여호와께 불성실하였다.

다시 서지 못하게: 이 우상들의 특성에 대해서는 17:8에 있는 주해를 참고하라. 이사야는 마치 그 우상들이 그들 스스로의 힘으로 일어설 수 있는 것처럼, 능동태로 말하고 있다. 그러나 그들의 날은 지나갔다. 이 묘사에 비애의 요소가 있다. 하나님께서는 그의 백성을 신정국가로 만드셨으나, 그 나라는 우상들에 의하여 다스려

---

32) 열매(결과)는 이미 비유적인 의미로 사용된 바 있다(3:10; 10:12). 이것은 그 나라의 죄를 제거하기 위한 목적이다. Penna는 본문을 לְ כּוֹפֶר, "*prezzo per*"로 고쳐서 읽도록 한다. כָּל은 부사적으로 취급되어, "이것이 전적으로 그 열매이다"로 될 수도 있다.

33) "이로"와 "이(*this*)"는 다음에 따라오는 내용을 가리킨다. 이 표현들의 의미는 "그가…같게 하며"와 관계된다.

34) מזבח–이 단수형은 같은 유의 모든 물건들을 포함하는 역할을 한다, 즉 "모든 제단들." מנפצות–산산이 부서진 즉 가루가 된.

지는 나라가 되었다. 그러므로 그 나라는 추방을 당해야 하고, 이 추방 가운데서 우상들로부터 해방을 얻게 된다. 우상은 멸망할 것이고 다시는 일어나지 못할 것이다.[35] 그렇지만 포로지에는 그 삶 자체가 우상숭배로 가득 찬 나라가 있을 것이다. 그런 까닭에 포로기가 팔레스타인의 우상을 제거하지만 유다로 하여금 다른 우상과 이방의 신을 접촉하게 할 것이다. 하나님께서 그의 구속의 목적을 이루어 가지 않으셨더라면, 유다나 세상을 위한 소망이 없었을 것이다. 분명하게 나타나 있는 점은, 유다가 그 자체 안에 진정한 회개나 개선의 능력을 가지고 있지 않다는 것이다. 유다의 마음은 여호와께로 기울어지지 않고 우상에게로 기울어져 있다.

27:10 그러므로 유다에 임할 징벌이 완화된 것이라는 선언을 한 후에, 이사야는 계속해서 그럼에도 불구하고 징벌이 참으로 임하게 될 것이며 예루살렘이 멸망하게 될 것임을 지적한다. 이점에서, "견고한 성읍"은 예루살렘인 것으로 보인다. 알렉산더는 이것이 바벨론을 가리키는 것으로 보며, 드렉슬러는 이것을 일반적인 것으로 간주한다.

만일 이것이 예루살렘을 가리킨다면, 앞에 나오는 키(כִּי)는 "그러나" 혹은 "이는"으로 번역되어야 한다. 하지만 만일 언급된 성읍을 예루살렘으로 본다면, 이것은 주요 난점이다. 그렇다면, 이 뜻은 다음과 같이 의역할 수 있을 것이다. "유다에 할당된 징벌이 전부가 아니고 이것은 자비와 섞이게 될 것이다. 그러나 예루살렘은 황폐하게 될 것이다." 그러나 이 난점은 성읍의 정체를 다른 성읍으로 보는 것에도 동일하게 적용되는 문제이다.[36] 왜 선지자가 그의 생각을 "이는(for)"이라는 단어로 소개하고 있는가?

어휘가 불명확한데, 이것을 간과하지 않아야 한다. "징벌이 완화될 것이니, 이는 견고한 성읍이 황폐하게 될 것이기 때문이니라." 어휘가 예레미야애가 1:1과 3:28을 생각나게 한다. 만일 성읍의 요새들이 파괴의 힘을 느낀다면 당연히 성읍의 나머지 부분들은 멸망하게 될 것이다.

거처가 황무하며 버림이 되어: 예전에 견고하였고 그래서 굳게 잠긴 성읍이 이

35) 미완료형은 결과를 표현하고 있으며, 이 문장은 조건절이다. "그리하여 그들은 일어나지 못한다" 등.

36) עִיר—불완전 구문(*casus pendens*)이며 직역하면, "견고한 성읍에 대해서는 그것이 황폐될 것이다." 명사가 부정(indefinite) 명사임에 주목하라.

제는 그곳으로 들어가기를 원하는 자는 누구나 들어갈 수 있는 열린 목초지가 되었다는 것을 의미한다. 이 목초지가 황무하며 버림이 되었다고 묘사되어 있으니, 분명히 이것은 그 거민들이 버려진바 되고 황무한 목초지가 되었다는 것을 의미한다. 그것은 버려진바 되고 광야와 같이 된다.

앞에서(7:25) 이사야는 유다에게 다가올 황폐함을 묘사했다. 그는 이 묘사를 다시 택하여, 가축이 풀을 뜯어먹고 거기에 누우며 나뭇가지를 먹어 치울 것을 지적하고 있다. 이것들은 그 성읍에 속한 가지들이다. 성읍 자체가 멸망당할 때, 가축이 들어와서 그 폐허 속에 남아 있는 것을 모두 먹어 치운다.[37)]

27:11 이사야는 가지를 언급하면서 도입한 비유에 근거하여 여기서는 큰 가지들에 대해 말하면서 묘사를 계속 이어간다.[38)] 그러므로 그는 멸망한 성읍을 묘사하기 위하여 나무의 비유를 교묘하게 도입한다. 가지들이 마르게 되었을 때, 이것들은 나무를 모으기 위하여 나온 여인들에 의하여 꺾여진다. 그러므로 폐허가 된 성읍이라 할지라도 지금 무엇인가를 산출해 내고 있는 것이다. 예전에 그 성읍이 산출해 내었던 것과는 대조적으로, 지금은 불을 피울 나뭇가지들만을 산출해 낼 뿐이다. 이것만이 성읍의 수확물이 된다. 숲이 거의 없는 땅에서는 화목(火木)을 조달하기도 어려울 것이다. "성문에 이를 때에 한 과부가 그곳에서 나뭇가지를 줍는지라…"(참고. 왕상 17:10; 민 15:32–33). 선지자 자신이 이미 이것을 암시했었다(17:19).[39)]

이사야는 이제 설명을 시작하고 있으며, 이 의미의 연결을 다음과 같이 표현할 수가 있다. "비극적 운명이 예루살렘에 닥칠 것이니, 이는 그 거민이 지각이 없는 백성이므로 징벌을 받을 것이다." 이 백성이 지각이 얼마나 많던지 간에 어떤 단편적인 면에서만 소유한 것으로 보이며, 가장 중요한 지각은 부족하였다. 이 묘사는 이사야

---

37) 먹어 없이하리라–와우 연속법을 가진 완료형은 미완료형 다음에 사용되어 반복적인 의미를 가진다; 그러므로 "그것이 누우며(직역하면, 그것이 늘상 하듯 누으며), 나뭇가지들을 먹어 치우리라." 버림을 받는다는 의미를 가진 נעזב는 이사야의 어휘이다. 그리고 משלח는 선지서들 중 이곳과 이사야 16:2(여성형은 50:1)에만 나온다. סעיף는 이사야 2:21; 17:6; 57:5에 나타나며, 선지서들 중에는 어디에도 나타나지 않는다.

38) 가지가 마르면 꺾이나니–여기서 이 표현은 집합적 의미를 가진다. "가지들, 나무가지들." 동사는 여성 복수이고, 여성형 단수 대신 사용되었다고 가정할 필요가 없다. 주어는 집합적이고, 그렇지 않다면 앞 절의 "그 가지들"이 주어일 수도 있다. 그러므로 "그 가지들이 마르면, 그 가지들이 꺾이나니"이다.

39) אותה–여성형 접미사는 마르게 된 가지들(קָצִיר)을 가리킨다, 직역하면, "불을 피우게 할."

가 앞에서 언급하였던 것과 어울린다(1:3을 참고).[40]

백성이 그와 같이 지각이 부족하였으므로, 백들을 만드시고 조성하신 자가 그들에게 자비와 긍휼을 보이지 않으실 것이다. 하나님이 모든 인간을 만드시고 조성하신 분이시지만, 이러한 묘사들은 유다에 특별한 의미에서 적용되는 것으로 보인다. 43:1에서 하나님은 자신을 야곱을 조성하신 자로 밝히셨으며, 44:2에서는 그가 야곱을 만드시고 조상하신 자라는 것이다. 그런 까닭에 이것을 하나님의 백성에게 적용하는 것이 지극히 적절하다. 이 나라가 신정국가로 지음을 받는 하나님의 특별한 축복을 받았으므로 자비를 예상할 수가 없고 다만 이 신정국가는 완전히 멸망할 것이다. 이것은 앞부분에서 언급된 내용과 상충되지 않는다. 신정국가의 대표격인 예루살렘 성읍이 자비나 긍휼이 없이 멸망되어야 한다는 것을 의미한다. 그럼에도 불구하고 백성만은 지상에서 완전히 사라지지 않을 것이니, 이는 하나님께서 여전히 그의 구원의 약속을 마음에 두고 계시기 때문이다. 그렇지만 유다는 하나님을 그의 창조자와 조성자로 인정하지 않았다. 대신 유다는 파멸의 원인인 우상들을 만들고 조성하였다.

12절, 너희 이스라엘 자손들아 그날에 여호와께서 창일하는 하수에서부터 애굽 시내에까지 과실을 떠는 것같이 너희를 일일이 모으시리라
13절, 그날에 큰 나팔을 울려 불리니 앗수르 땅에서 파멸케 된 자와 애굽 땅으로 쫓겨난 자가 돌아와서 예루살렘 성산에서 여호와께 경배하리라

27:12 우상숭배는 신정국가를 멸망으로 인도하였다. 그 멸망시킴에 있어서 하나님은 자비나 긍휼을 보이지 않으셨다. 왜냐하면 예루살렘 성이 완전히 멸망당해야 하기 때문이다. 그럼에도 불구하고 그 심판은 축복의 전조일 뿐이다. 왜냐하면 재앙이 그 나라에 닥치는 그날에 모으는 사역이 시작될 것이기 때문이다. "그날에"란 어구가 가리키는 바를 정확하게 확인하기가 어렵다. 이것이 방금 언급한 예루살렘의 멸망을 가리키거나 아니면 보다 일반적인 의미에서 이 단락의 장들을 통하여 제시된 심판의 도래를 가리킨다. 결정하는데 어려움이 있기는 하지만, 바로 앞 절들에서

---

40) 표현의 부정적 특성과 1:4과 대조하여 부정적 측면을 강조하고 있음에 유의하라. "지각 있는 백성이 '하나도' 없으므로." 예레미야 23:20을 제외하고는 בִּינָה가 이사야서에서만 발견된다. 복수형은 강조를 나타낸다. 대명사 הוּא 역시 어느 정도 강조가 되어 있다. 이것이 야곱과 이스라엘을 가리킨다고 보는 것이 가장 자연스럽다.

언급한 사건들을 가리킬 수도 있다.

나무의 비유를 이어가면서 선지자는 사람이 나무를 쳐서 그 가지들에서 과실을 흔들어 떨어뜨리는 비유를 통해 정화를 묘사한다.

이사야는 알곡을 떠는 비유를 통하여 모으는 일을 묘사한다.[41] 그러나 그의 어휘가 난해하다. 사용된 동사가 감람나무에서 감람 열매를 떨어내거나 혹은 두드려 떨어내는데 대해 사용될 수도 있다. 만약 이것이 맞는 비유라면 선지자는 나무의 비유하에 떨어진 과실을 모으는 것을 그리고 있는 것이다. 그러나 동사가 이삭에서 알곡을 두들겨 떨어내는 것을 가리킬 수도 있다. 만일 이것이 비유하는 바라면, 팔레스타인 땅이 떨어낸 알곡이 떨어지는 타작마당인 것으로 보인다.

그러나 난점은 다음에 나타나는 단어 십볼렛(שִׁבֹּלֶת)으로 말미암아 야기되는데, 이것은 두 가지 해석을 가능하게 한다. 한편으로, 만일 이 단어가 곡식의 낱알을 가리킨다면 이것을 선행하는 동사와 함께 고려하여 위에서 언급한 두 번째 의미를 그 지시하는 바를 이해하는 것에 마음이 끌린다. 즉 곡식에서 알곡을 떨어내는 것이다. 그렇지만 이 단어가 창일하는 혹은 시내의 물길을 가리킬 수도 있다. 그리고 다음에 따라오는 "강"과 관련하여 이것은 상당히 자연스러운 해석이 된다. 그러므로 후자의 의미로 취급하는 것이 가장 좋을 것 같다.

전체적인 면에서 이 비유를 다음과 같이 이해해야 할 것 같다. 여호와께서 열매 혹은 낱알들이 떨어지도록 치실 것이고, 다시 모으는 일은 그러한 떨어짐과 비교될 수 있을 것이다. 이것은 사람들을 다시 모으기 위해 이루어질 것이며 그들은 예전에 약속된 땅을 가장 넓게 점령할 것이다.

하수에서부터 애굽 시내까지: 애굽의 시내 혹은 강은 틀림없이 와디 엘-아리쉬(Wadi el-Arish)이며, 하수는 유프라테스이다. 이 용어들은 백성이 모일 땅을 묘사하는 것이 아니고, 그들이 떠나게 될 장소를 묘사하는 것이다. 앗수르와 애굽은 유

---

41) 선지서 중에 חבט는 이곳과 이사야 28:27에만 나온다. 일반적인 비유에 대해서는 이사야 17:5을 참고하고, 단어의 유사성을 유의하라. 신명기 24:20에서 이 어근이 감람나무를 쳐서 감람열매를 떨어뜨리는 데 사용되었다. 그렇지만 사사기 6:11과 룻기 2:17에서는 이것이 곡식 낱알을 떠는 것을 가리킨다. 본문에서 이 후자의 의미로 사용된 것으로 보이는데, 이는 감람나무를 떠는 것을 말하면서 이사야가 נקף이란 단어를 사용하였기 때문이다(17:6; 24:13을 참고). 전치사는 타작하는 일이 일어날 구역을 가리킨다. 그 일은 강이 창일하는 데서부터 애굽의 시내에 이르기까지의 지역에서 있을 것이고, 포로된 땅에서는 있지 않을 것이다. 그런 까닭에 여기서 강조는 포로에서 돌아오는 데 있지 않고, 가장 넓은 범위의 이스라엘의 통치 영역 안에서 일어나는 심판의 결과로 생기게 되는 끌어모음에 있다(창 15:18; 왕상 8:65을 참고).

다를 포로로 취한 대표적인 두 세력이다. 그러므로 앗수르와 애굽으로부터 백성들이 다시 모일 것이다.

이사야는 이스라엘 자손들에게 주는 부드러운 말로써 본 절을 마친다.[42] 모으는 일은 거대한 유입이 되지는 않을 것이고, 한 사람씩 이루어질 것이다. 이 히브리어를 "하나에 대해서 하나"로 번역할 수도 있다.[43] 즉 백성의 귀환에 있어서 극도의 정확성과 관심이 드러날 것이다. 각 사람이 중요한 자이며, 다시 모으는 사역은 이들 각 사람이 예루살렘으로 돌아오기까지 그치지 않을 것이다.

27:13 이제 이사야는 다른 비유로 앞 절에 함의된 것과 같은 진리를 제시한다. 그러므로 그는 본 단락을 소망의 어조로 마무리 한다. 여기서 그는 하나님의 흩어진 백성을 다시 모으심에 강조를 두고 있다. 이 다시 모으심의 신호는 나팔 소리가 될 것이다. 동사가 비인칭인데, "그날에 큰 나팔의 붊이 있을 것이니"란 뜻이다.[44] 이러한 비유적인 어휘는 귀환의 부르심을 상징한다. 문자 그대로 나팔이 불어져야 하는 것으로 생각해서는 안 될 것이다. 그러므로 만일 이 나팔 부는 것이 비유적인 표현이라면, 일관성 있게 다시 모은다는 묘사도 역시 그리스도 안에서 하나님께로 나아온다는 것을 묘사하기 위하여 의도된 비유이지 예루살렘의 성산으로의 실제 귀환이 아니라고 가정할 수 있지 않을까?

나팔을 분 결과로 파멸케 된 자들이 다시 모일 것이다. 묘사가 흥미롭다. 일찍이 모세는 이스라엘 족속에게 그들이 성전에 나아올 때 "내 조상은 유리하는 아람사람이었다"고 말하라고 가르쳤다(신 26:5상). 말하자면 이제 그 나라를 위한 새로운 시작이 있어야만 한다.[45] 포로라는 징벌을 통하여 그 나라는 신정국가가 될 수

---

42) 그리고 너희–강조 용법이며 침을 받아 멸망할 자들과 폭풍으로 옮겨갈 자들(8절)과는 대조를 이룬다.

43) 전도서 7:27을 참고하라. אַחַד란 형태가 항상 연결형인 것은 아니며 자주 뒤에 나오는 단어와 함께 긴밀히 연결된다(창 48:22; 삼하 17:22; 슥 11:7을 참고). אֶחָד란 형태는 본래 형태인 אַחַד를 대신한다. 복합된 형태는 한 단어로 간주되어야 한다.

44) Dillmann은 이것이 축어적으로(*eigentlich*) 취급되어야 하고 단순히 하나의 그림으로(*blosses Bild*) 취급되어서는 안 될 것이라고 주장하며, 관사와 형용사에 호소한다(*wegen des Artikels u, des Beisatzes gross*). 그러나 나팔이란 단어는 무관사이고, 형용사는 단순히 나팔 소리가 멀고도 널리 들려져야 할 것을 암시하고 있다(사 5:26; 슥 10:8; 호 11:10; 사 11:12; 슥 9:14을 참고).

45) 파멸케 된 자들–이 단어는 잃어버린 양에 대해 사용된다(렘 23:1; 50:6; 겔 34:4ff.; 시 119:176; 삼상 9:3, 20).

가 없었다. 지금은 유리하는 나라이지만, 이 나라가 다시 모아지게 될 것이다. 게세니우스는 "파멸케 된 자들"이라는 용어가 표호와 같은 뜻이라고 생각하고 있으며 Verbannung을 Eland로 쓰는 옛 독일어에 주의를 환기시킨다. 하지만 용어 자체가 그런 의미를 가질 필요는 없다. 여기서 이 단어는 하나님이 없는 자, 그로부터 분리된 자, 그러한 의미에서 파멸된 자를 가리킨다. 동시에 여기서 "파멸케 된"으로 묘사된 자들은 포로로 붙잡혀 갈 자들이다.

이사야는 추방의 장소, 즉 애굽과 앗수르를 언급한다. 그가 앗수르를 언급하는데, 이는 그 나라가 그 당시 신정국가를 무섭게 위협하였던 세력이었기 때문이라는 사실을 유념해야 할 것이다.[46] 흩어진 자를 묘사하는 두 단어, 즉 "파멸케 된 자"와 "쫓겨난 자"는 다른 곳에서 가축에 대해 사용되었다. "나 여호와가 말하노라 내 목장의 양 무리를 멸하며 흩는 목자에게 화 있으리라"(렘 23:1; 또한 참고. 50:6; 겔 34:12–16). 애굽과 앗수르가 하나님의 백성을 약속의 땅으로부터 포로로 붙잡아 간 두 강대국 세력이었으므로 이 두 나라를 언급하는 것이다. 이 백성이 앗수르와 애굽의 통치 아래 있는 한 그들은 약속의 실현을 볼 수가 없었던 것이다.

다시 모으는 목적을 언급하는 것은 필연적이다. 흩어진 자들로 하여금 여호와를 예배할 수 있도록 하기 위한 것이다. 이것은 영적 성취를 위한 것이지, 유대인들로 하여금 팔레스틴 땅에서 정치적 국가를 건설할 수 있도록 하기 위한 것이 아니다. 이 예배는 예루살렘의 거룩한 산에서 시행될 것이다. 이사야는 24:23과 25:6–7, 10에 있는 이전의 그의 어휘를 반영한다. 이것이 귀환의 중요하고도 핵심적인 목적이다. 가장 먼저 성취되어야 할 것, 참으로 온전한 모음의 목적은 흩어진 자들로 하여금 예루살렘에서 여호와를 예배하도록 하기 위한 것이다. 이러한 묘사에 비추어서 볼 때, 본 절이 근본적으로 포로를 가리키지 않고 예수 그리스도 안에서 죄인의 회심을 가리키는 것으로 보인다. 하나님이 온 땅에 흩어진 그의 백성을 하나로 모으신 것은 하나님 안에서이다. "때가 찬 경륜을 위하여 예정하신 것이니, 하늘에 있는 것이나 땅에 있는 것이 다 그리스도 안에서 통일되게 하려 하심이라"(엡 1:9하–10).

---

46) 이 구절이 이사야의 글이라는 사실을 부정하는 사람들은 앗수르라는 용어가 바벨론과 페르시아에 대해서도 사용될 수도 있다는 점을 지적한다(스 6:26). 이것이 맞기는 하지만 여기서는 그렇게 가정할 필요가 없다. 분명히 앗수르와 애굽이란 호칭은 이사야 당시와 잘 어울린다. 쫓겨난 자(11:12; 16:3ff. Merodach–baladan Ⅱ는 Maduk)에 의하여, "이 사람은 흩어진 자들을 모으는 목자이다"(mupahhiru sephati)라고 선포되었다.

이사야 24-27장에 대한 특별 참고 문헌

Rudolf Smend, "Anmerkungen zu Jes. 24–27," *ZAW*, Vol. 4, 1884, pp. 161–224. Smend는 이 장들이 기원전 500–300년 사이, 특히 4세기에 기록된 것으로 생각한다. 적대 세력은 알렉산더의 세력이며, 이 성읍은 바벨론이나 니느웨도 아니고 모압의 한 성이라고 한다.

Ernst Liebmann, "Der Text zu Jesaia 24–27," *ZAW*, Vol. 22, 1902, pp. 1–56, 285–304; Vol. 23, 1903, pp. 209–286; Vol. 24, 1904, pp. 51–104; Vol. 25, 1905, pp. 145–171. 역본들에 대한 철저한 연구.

A. H. van Zyl, "Isaiah 24–27; Their Date of Origin," in New Light on Some Old Testament Problems(Papers read at 5th Meeting of Die O.T Werkgemeenskap in Suid–Africa), 1962. 본 장들에 대한 이사야 저작권 변호.

Edward Robertson, "Isaiah xxvii 2–6," *ZAW*, Vol. 47, 1929, pp. 197–206. 이 구절들이 아랍의 배경을 가지고 있다고 생각한다.

P. Lohmann, "Die selbstandigen lyrischen Abschnitte in Jes. 24–27," *ZAW*, Vol. 37, 1917–18, pp. 1–58.

M. J. Lagrange, "Apocalypse d'Isaie(xxiv–xxvii)," *RB*, Vol. 3, No. 2, 1894, pp. 200–231. 이 장들을 이사야 저작으로 생각한다.

W. Rudolph, "Jesaja 24–27" in Beitrage zur Wissenschaft vom Alten Testament, Leipzig, 1908.

이사야 24-27장 특주

"인간 비평가 어느 누구도 선지자 누구에게든 부여된 하나님의 계시의 정도를 선험적으로 결정할 수 없으며, 모든 가능한 근거들이 통합적으로 이사야서에서 그 위치에 의하여 요구된 바와 같이, 24–27장에 대한 이사야 저작권을 옹호하고 있다고 하는 예전에 설정되었던 사실을 그대로 두도록 하자."

"열국을 향한 신학에서 예고된 특정 심판은 (즉, 13–23장) 바다로 흘러 들어가는 것처럼 모두 마지막 심판으로 흘러들어간다. 그리고 열국을 향한 신학의 끝머리를 빛나게 만드는 구원이 여기서는 모두 한낮의 태양의 영광에 집중되어 있다"(Franz Delitzsch).

I. 단락의 통일성

대부분의 경우 학자들은 24–27장이 하나의 단위를 이루고 있다는 견해를 고집한다. 마우러(Maurer)가 표현한 바와 같이 "carmen efficiunt continum"이다. 그렇지만 둠(Duhm) 이후에 본 단락의 통일성에 대한 의심을 보다 자주 표현하였다.

둠은 신탁과 후기 시들을 구별지어 놓았는데, 24:1–23; 25:6–8; 26:20–27:1, 12–13을 신탁으로 분류하고, 25:1–5, 9–11; 26:1–19을 후시대의 시로, 25:12; 27:2–5은 첨가로 분류한다.

린드블롬(Lindblom)에 의하면 극소수의 후기 삽입(Zutaten)을 제외하고는, 시들의 두 평행 구절들을 다루어야 한다. 이것들 중 하나는 마지막 때, 최후 심판, 그리고 하나님의 나라를 강조하고 있으며, 다른 하나는 당시 역사적 사건, 이방 세상 성읍의 멸망, 그리고 유대 내에 있는 공동체의 당시 상황을 강조한다. 그렇게 하여 린드블롬은 "묵시"를 묵시적 신탁과 비종말론적 노래로 나누는 사람들과 같은 견해를 취한다.[47] 그는 "묵시"에서 일련의 종말론적 시, 일련의 찬양과 기쁨의 노래, 세 개의 보다 작은 설명, 그리고 하나의 대중적 애가(26:15–19)를 보게 된다고 한다.

이러한 의견과는 달리, R. H. Pfeiffer는 찬양들이 "묵시"의 필연적이거나 본래의 부분이 아니였다는 증거가 없다고 생각한다. 그의 논리는 대부분의 후대 묵시들이 무질서한 배열의 특징을 나타내고 있다는 것이다.[48]

26:1에 노래라는 명백한 언급(이 노래)이 있다. 아마도 25:1이하도 역시 노래로 지칭될 수 있을 것이다. 왜냐하면 이것이 인칭의 변화와 찬양의 개념을 담고 있기 때문이다. "내가…주의 이름을 찬송하오리니." 이 단락이 공식적인 노래가 아닐 수 있지만, 최소한 서정시적인 단락이다.[49] 주해에서 27:2에 있는 ענה라는 동사를 "노래"라는 의

---

47) *Op. cit.*, p. 62.

48) *Op. cit.*, p. 443.

49) 미출간된 이 단락의 통일성에 대한 탁월한 논의에 대해서는 Kenneth Howard Umenhofer, *An Interpretation of Isaiah 24–27*, May, 1961을 참고하라.

미보다는 "환난"의 의미로 취급해야만 한다는 것을 지적한바 있다.

그러므로 "노래들"과 서술 사이를 분명하게 구별짓기는 어렵게 되었다. 유먼호퍼(Umenhofer)는 "노래들과 서술과의 관계는 자연스러운 것이요 단절이 아니다. 이 노래들은 생각의 흐름을 제멋대로 가로막는 삽입으로 생각되어서는 안 되고, 서술에 대한 반영으로, 중요한 감정과 소망을 나타내는 것으로 생각되어야 한다. 이 본문들을 두 종류로 분리시킬 필요가 없기에 이것들이 어떻게 합쳐졌느냐에 대한 이론을 꾸며낼 필요도 없다. 전체 단락에 대한 가장 훌륭한 설명은, 그것이 역사적으로 전해져 내려왔다는 데 대해 반대할 만한 증거가 없으므로, 그 전체를 본래의 것으로 받아들이는 것이다" *op. cit.*, pp. 3, 4). 이러한 결론에 동의하는 바이다.[50]

Ⅱ. 본 단락의 저작권

현대 학자들은 이 단락을 이사야의 것으로 간주하는 것을 반대하는 데 거의가 일치하고 있으며, 이것을 포로 후기 시대의 것으로 본다. 그래이(Gray)가 다른 입장뿐만 아니라 이 입장에 대한 주장을 서술하고 있기에 그의 논증을 고려하는 것이 유익할 것이다.

1. 백성의 전체적인 상황이 포로 후기를 가리킨다. 그래이는 구체적이고도 특정한 언급을 파악하기가 어렵다는 것을 인정하지만 전체적인 상황이 명료하고 암시적이라고 주장한다. 이것들 중에서 그는 다음의 사실에 호소한다. (1) 구원을 기다리는 유대인의 무력한 상황, (2) 정치적인 의존, (3) 왕의 부재와 제사장의 최고 지위, (4) 책망의 대상이며 온 땅에 흩어진 백성. 앗수르를 가리키고 있는 구절도 역시 후대 상황과 어휘, 그리고 사상의 특징을 나타낸다(27:13).

2. 이 장 중에서 표현된 사상 역시 포로 후기 시대를 가리키고 있으며, 아마도 포로 후기의 매우 늦은 시기일 것이다. 사실 그래이는 이 사상이 상당히 진보된 것이기에 과연 예언적 정경의 어느 부분이 이것들을 담을 정도로 후대의 것일 수 있는지를 의심하게 된다고 생각한다. 이러한 사상들 가운데는 다음과 같은 것들이 있다. (1) 이

---

50) Gray가 소위 말하는 노래들은 서술과 분리된 것으로 간주하기는 하지만 포로후기에 속하는 이 노래들은 서술들로부터 그 시기에 있어서 멀리 떨어진 것이 아니라고 주장한다.

스라엘인의 개인적 부활에 대한 잘 정리된 신앙(26:19), (2) 죽음의 폐지에 대한 예고(25:8), (3) 천군의 감금에 대한 개념(24:22), (4) 시온에서의 야웨의 즉위(24:23), (5) 영원한 언약에 대한 파기자로서의 열국에 대한 묘사, 그리고 제2이사야서에 나타나는 것으로 생각된 다른 개념을 포함하고 있는 점.

3. 본 단락의 문체와 어휘가 분명하게 포로 후기 시대의 것이라고 말한다. 그래이는 이 문체를 묵시적인 문체라고 생각한다. 또한 어휘의 특색과 구문의 한두 개의 특색이 있다. 언어유희와 심지어 각운의 꾸준한 사용이 비이사야 저작권을 암시한다는 것이다.

이 단언과 주장은 검토해 볼 필요가 있다. 먼저 본 구절 중에서 묘사된 백성의 전체적 상황이 포로 후기를 가리킨다는 주장이 있다. 그래이는 유대인이 야웨의 기적적인 구원을 기대하는 필요 상황에 있었음을 제시하며 25:1-4, 9; 26:5-12, 16-18; 27:7에 호소한다.

드렉슬러는 이 예언들이 히스기야 시대에 산헤립으로부터의 구원을 받음으로 성취되었다고 믿는다. 재앙을 수반한 아하스의 장기간의 통치는 지나갔고, 선한 왕이 권좌에 있다. 그 시기는 하나님께 감사를 드리고 찬양을 드릴 시대이다. 그러나 우리 편에서 볼 때, 우리는 본 예언에 대한 이러한 지엽적이고도 제한된 적용을 받아들일 수가 없다. 본 단락이 분사가 따라오는 הִנֵּה와 함께 시작한다는 것과, 그래서 미래를 가리키는 것으로 이해해야 한다는 사실을 기억해야 한다. 다음과 같이 해석될 수 있다. 24-27장에서 선지자는 13-23장에 나타난 열국에 관한 예언을 요약한다. 그는 그것들을 요약할 뿐만 아니라, 이 예언의 궁극적인 논쟁점이 무엇이 되어야만 하는지를 드러내 주는 이른바 예언의 머릿돌을 제공한다. 심판이 올 것이니, 이 심판을 통하여 선지자는 마음속에 바벨론 포로와 포로 후기의 재앙을 떠올리고 있으며, 또한 이 심판 뒤에는 메시아 시대의 구원이 있을 것이다. 그러므로 이 장들은 예언의 일반적인 음조와 잘 어울린다.

이러한 짤막한 언급과 더불어, 이것에 대한 변호를 검토해 볼 수 있을 것이며, 이것은 먼저 그래이가 제시하였던 포로 후기 시대에 대한 논증을 검토해 봄으로써 가장 잘 이루어질 수 있을 것이다. 묘사된 전체적인 상황이 포로기나 포로 후기의 것이라는 사실에 대해서, 어느 정도는 이것이 사실이라는 것을 유념해야 한다. 그러나 이것이 모순없이 사실인 것은 아니다. 더 나아가서 감사가 포로로부터의 귀환으로 인

해서가 아니라 영적 구원으로 인하여 하나님께 드려지고 있다.[51)]

25:1–4은 현저한 이사야적인 어휘를 가지고 선지자가 하나님의 놀라운 구원으로 인해 그를 높이는 선지자의 아름다운 기도이다. 이 단락에는 화자가 유대 공동체이며 알 수 없는 어떤 세력에 의해 압제를 당하고 있다는 그래이의 견해를 뒷받침해 줄 단어가 하나도 없다. 화자는 마치 구원이 이미 실현된 것처럼 말하고 있다. 이것은 선지자가 하나님의 놀라운 역사이 이미 성취된 것으로 말하고 있는 이상적인 상황이며 12장의 상황과 유사하다. 기쁨에 대한 선지자의 심정적 동기가 압제하는 인간 나라를 대표하는 성읍이 멸망을 받았다는 사실에 놓여 있다. 그럴 경우 이 이름이 밝혀지지 않은 성읍을 바벨론으로 간주할 수도 있고, 그렇지 않으면 사건의 일반적인 질서가 변했다는 사실을 보여주기 위하여 그 성읍을 언급한 것일 수도 있다. 마찬가지로 9절에 야웨께서 성취하신 구원으로 인하여 기뻐하고 즐거워하라는 호소가 있다. 예언의 가르침에서 일반적으로 속박으로부터의 "귀환"과 "구원"은 메시아적 구원을 가리키는 것처럼, 여기서도 그러하다.

26:5–12에서 기뻐하는 이유를 보다 자세하게 제시하고 있고, 하나님의 심판의 의라는 부가적 요인을 강조한다. 16–18절에서 그 나라의 절망적인 상태가 전면에 나타난다. 이 모든 것은 바벨론 포로가 진실로 심판의 핵심이라는 것을 보여주지만, 이 단락이 반드시 포로 후기에 기록되었다는 결론을 주지는 않는다.

백성들이 실제 정치적으로 의존적이었음을 26:13이 시사하였다는 것을 증명하는 것은 어렵다. 본 절의 바알(주〈主〉)들에 애굽을 포함하고 있고, 다음에 가나안의 족속을 포함하고 있는 것으로 이해해야 할 것이다. 이 절에는 포로에 대한 특별한 언급이 없다(주해를 보라).

24:2의 주해 부분에서 본 절이 왕이 없었던 포로기와 같은 시기를 암시하지 않는다는 사실을 지적했다. 그리고 온 세상에 자리하고 있는 하나님의 백성에 대한 책망에 대해서 말하고 있는 25:8은 바벨론 포로를 포함할 수도 있지만, 그러나 보다 깊은 의미에서 이스라엘의 죄가 그 나라에 가져다주었던 책망을 가리키고 있다.

---

51) 24:17, 18은 예레미야 48:43f.에 약간 다른 형태로 다시 나타난다. 처음 볼 때는 24–27장의 편집자가 이 구절들을 예레미야서에서 가져다가 삽입하였다고 주장할 수도 있다. 그러나 이 주장은 실패로 돌아가게 되는데, 이는 다른 선지자들의 글을 인용하는 것이 이사야의 특징이 아니기 때문이다. 그렇지만 예레미야는 이러한 특징이 있음이 드러난다. 그러므로 48:18은 이사야 47:1을 인용한 것이다. "*...eine solche Art und Weise der Entlehung ist in der jes. Sammlung ohne Beispiel*"이라고 델리취는 말한다. 또한 예레미야 49:7, 22과 오바댜 1:9을 비교하라.

24–27장의 내용을 보다 충분히 상고하기 전에, 이 장들이 앞의 예언과 맺고 있는 관계를 보다 신중하게 논하는 것이 필요하다. 24:1–3에서 이사야는 7:18–20의 개념을 다시 취하고 있는 것으로 보이며, 이 두 단락이 같은 주제의 다른 면을 제시하면서 서로 보충하고 있는 것으로 보인다. 24:1–13은 이 대재난의 기원과 본문이 마무리하며 언급하고 있는 재앙에 대해 아무것도 말하지 않는다. 이에 대한 정보를 얻기 위해서는 7장으로 가야 한다. 그러나 7장에서 이 징벌의 결말에 대해서는 알 수가 없지만 24장이 이에 대해 충분히 언급한다. 또한 7:18은 징벌의 시작이 하나님께서 애굽과 앗수르를 모으는 것으로 되지만, 27:13에 따르면 이 징벌이 흩어진 자를 애굽과 앗수르로부터 본국으로 부르심과 함께 종결된다.[52)]

24–27장은 또한 7장과 그 앞의 장뿐만 아니라 바로 인접한 장과도 관계를 맺는다. 22:1–14에서 이사야는 예루살렘의 사치스러운 생활을 비난했는데, 24:1–13의 심판은 부분적으로 이 죄로 인하여 다가온다(참고. 24:8; 22:2). 22:1–14에서 이사야는 역시 물리적인 도구를 통하여 구원을 추구하려 한 것을 책망하였는데, 24–27장에서 이사야는 구원의 유일한 소망을 강조한다.(27:11 하반절과 22:11 하반절을 비교하라). 22:14에서는 사망의 세력이 제시되지만 25:8에서는 그 죽음의 세력이 삼킨바 된다. 22:4, 12은 부르짖음의 때를 선언하지만, 25:8에서는 그것의 종결을 선언한다.[53)]

또한 19장과 24–27장 사이의 관계를 주목하라. 먼저 심판이 이루어지는 사건에 대한 언급이 있고(19:1–4과 24:1–3을 비교하라), 그 다음으로 그 사건들의 결과로 있게 될 상황에 대한 묘사가 나타난다(19:5–15과 24:4–13비교). 언어학적으로, 19:3과 24:1을 비교하라(어근은 בקק), 24:2과 19:2, 3 하반절에 있는 목록, (19:5–15에 있는 묘사와 24:4–13을 비교하라) 그리고 또한 24:3–13에 있는 נאנח, אמלל, אבל, נבל과 19:5–10에 있

52) 24:1–3은 7:18–20과 일치한다고 Drechsler는 추론한다. 사건들은 같지만, 그것들이 우리를 인도하는 방향은 다르다. 7:19–20과 27:12을 비교할 때 같다고 말할 수 있다. 7:21–25에서 유다에 대하여 의도된 황폐의 상태가 27:10, 11에서 다시 다루어지고 있으며, 27:2–6은 이스라엘의 상태가 확실히 다를 것임을 보여 준다. 7:21–25에서처럼 24:4–13에서 포도주가 주 역할을 하고 있다. 또한 27:4과 7:23–25을 비교하고, 27:10과 7:21–25을 비교하라.

Drechsler의 논증을 계속 살펴보는 것이 좋을 것이다. 7:17–25을 통하여 그는 앞의 예언들과의 관계를 살필 수 있다고 주장한다. 그러므로 24:1–13은 6:11–13을 취한다. 24:1–13에 예상된 상황은 5:5이하에 예상된 것이다. 특별히 24:7–9과 5:10–14을 비교하라. 24–27장은 5장과 대조를 이루고 있는데, 타락으로부터 이전의 영광에로의 회복을 그리고 있다. 이점에서 27:2–6과 5:1–7을 비교하라. 또한 24:1–13과 3:1–4:1이 비교될 수 있으며, 또 24:4–5과 4:5–6을 비교하라.

53) 또한 26:19–21과 22:1–14을 비교하라.

는 אמלל, קמל을 주목하라. 25:1의 עצות는 19:12을 취하고 있으며, 24:17에 있는 פחד를 비교하라. 19장의 전반부는 24:17–23에서 계속되며, 후반부는 25:3과 25:6–8에서 다시 계속된다.

모압에 대한 예언(15, 16장)은 25:10–12에서 계속되며, 이 두 구절은 주의 깊게 비교되어야 한다.[54)]

이 단락의 사상이 포로 후기 시대를 나타낸다고 하는 그래이의 주장에 대하여, 다음과 같이 답할 수 있을 것이다. 이 단락은 이사야서의 다른 곳에 분명하게 명시되지 않은 일부 사상에 의하여 특징지울 수 있는데, 말하자면, 25:8에서 사망에 대한 사상과 그것의 정복, 그리고 26:19에서의 부활(14절을 참고)이 그것이다. "이 범주 안에서 우리는 영의 세계에 대한 통찰력을 가질 수 있다(24:21–22)." 그러나 25:8에 언급된 바와 같은 사망은 앞서 있었던 모든 심판의 선언의 전체 내용을 모두 하나 안에 단순히 모으는 것이다.

부활의 언급도 마찬가지이다(Gray, *Com. in loc.*을 보라). 이러한 사상은 이때까지의 이사야의 가르침의 절정 혹은 기초로서 잘 어울린다. 하나의 사상의 역사를 상세히 진술한다는 것은 매우 어려운 일이다. 개인의 부활에 대한 사상이 이사야 당시에 알려지지 않았다고 누가 증거할 수 있겠는가? 펜나는 우리 주님 당시 사두개인들이 부활을 부인하기 때문에 몸의 부활의 개념이 구약성경에 발견되지 않는다고 주장하는 것이 논리적인가?라고 적절하게 묻는다. 그래이의 논증은 그의 시대에 지배적이였던 이스라엘의 종교의 발전에 대한 특정한 이론에 근거를 두고 있다.[55)] 그는 예언서 정경 중 어떤 것이 어떻게 이러한 사상을 포함할 만큼 후대의 것일 수 있겠는가 하고 의아해 하는데, 이것은 그가 이런 사상이 주전 약 165년이나 그보다 늦은 시기로 잡고 있는 다니엘서의 시기에 속하는 것으로 생각하기 때문이다. 그러나 다른 곳에서 제시한 바와 같이, 다니엘서는 주전 6세기경의 것이다.[56)]

---

54) Drechsler의 논리를 더 발전시키기보다는 단순히 앞의 구절들과 약간 더 비교되는 점들을 여기에 제시하는 바이다: 17:6과 24:13; 21:2 하반절과 24:16 하반절; 13:10과 24:23; 9:5–6 및 16:5과 24:23 하반절; 4:2, 5 및 11:10과 24:23 하반절; 9:5; 11:2, 5; 23:8, 9; 19:12, 17; 14:24–27과 25:1; 17:1 및 23:13과 25:2; 13:11 및 19:4과 25:3.

55) Robert Dick Wilson, *Studies in the Book of Daniel, Second Series*, New York, 1938, pp. 124–127.

56) *Prophecy of Daniel*, 1949, 그리고 특히 탁월한 작품인 Robert Dick Wilson, *Studies in the Book of Daniel*, First Series, New York, 1917; Second Series, New York, 1938을 참고하라.

마지막으로 24–27장의 문체에 대하여, 왜 이 단락이 이사야의 문체가 될 수 없는지에 대한 이유가 없다. 24–27장의 문체는 여러 면에서 이사야서의 두 번째 부분의 문체와 유사하고, 어떤 비평주의자들이 "진짜" 이사야의 것으로 보기를 원하는 구절과는 다르다. 언어유희, 각운, 대조법, 단어의 반복, 그리고 오직 후반부에만 나오는 일부 단어가 상당히 많다. 그러나 스타일은 분명히 포로 후기의 히브리어보다 더 순수하다. 예를 들면 펜나는 아람 사상이 거의 없고, 라자(24:16)를 제거할 수만 있다면, 페르시아어 단어는 없다고 지적한다. 린드블롬도 심지어 이사야를 의도적으로 모방한 것(Nachbildung, 모조품)이라고까지 말하며, S. B. Frost(Old Testament Apocalyptic, 1952, pp. 143ff.)는 이 장을 의도적으로 이사야로 가장한 사람에 의하여 기록했다고 생각한다. 그런 까닭에 그는 이 장들에 위이사야서(Pseudo-Isaiah)라는 이름을 붙인다. 주해를 하면서 이 장들 가운데 구체적인 이사야적 용어가 있음을 상기시킨바 있다. 이러한 단어의 출현은 이사야 저작의 강한 증거가 된다. 또한 이사야가 언어유희를 좋아하였고, 또한 다른 곳에서보다 더욱 이 장에서 그것을 많이 사용하였는데, 이는 이 장들이 앞의 모든 내용의 절정이 되기 때문이라는 점을 유념하도록 하자. 앞의 문맥으로부터 이 장들을 없애버린다면, 의미 없이 공중에 떠버리게 되며 동시에 앞에 언급된 것에 대한 결론이 없게 된다. 가장 확실한 의미에서 이 장들은 이사야에게 속한 것이며 델리취가 말하는 것처럼 이사야는 "영광으로부터 영광으로" 나아가고 있다. 델리취가 더 깊이 설명하는 바와 같이 전체 흐름이 "가장 밑바닥에 있는 근본 기초에 있어서나 그리고 여러 세부적인 면에서 상당히 철저하게 이사야의 것이므로, 단순히 이 특성에 기인하여 전체가 분명히 이사야의 것이 아니라고 말하는 것은 가장 타당성이 없는 말이다.[57]

---

57) 자신의 작품의 네 번째 판에서 **Delitzsch**는 불행스럽게도 이 장들의 내용이 이사야 후기 시대를 가리킴에 틀림없다고 주장하면서 이러한 입장을 수정하였다. 이 장들의 저자는 여기서 그의 스승을 능가하고 있는 이사야의 제자였다는 것이다. 그러나 **Delitzsch**는, 전승이 이 선지자의 이름을 망각 속으로 가라앉게 할 정도로 그렇게 부주의하였다는 사실을 이상하게 생각한다. 분명히 그 점이 이상하다고 동의하는 바이다. 그러나 선지자들의 기억이 단순한 전승에 기인한 것인가? 아니면 예언적 기록들은 하나님의 말씀인가? **Delitzsch**는 여기서 그의 주석의 초창기 판을 특징지었던 고차원적 입장으로부터 떨어져 나간다. 동시에 그는 여전히 이 단락의 단어들이 앗수르 시대보다 더 후기의 것을 전혀 담고 있지 않고 있으며, 이 예언 어디에서든 이사야 당시의 정치적 상황을 넘어가지 않고 있으며, 이 장들은 그 말씀의 가장 엄밀한 의미에서 13–23장에 피날레를 장식하고 있다고 생각한다. **Penna**는 본 단락이 이사야 열광주의자라고 불릴 수 있었고, 그리고 그의 스타일과 어휘에 감탄하였던 한 선지자의 작품이었다고 생각하며, 그것이 아마도 주전 539년경 예루살렘으로부터 기록되었을 것이라

Ⅲ. 본 단락의 특성

많은 현대 학자에 의하면 24–27장을 묵시로 간주해야만 한다. 이것이 그러한지 아닌지는 묵시에 대한 정의에 달려 있다. 단순히 이 단어의 어원학적 설명에 호소하지는 않을 것이다.[58] 다른 한편 무엇이 실제로 묵시를 구성하는가에 대한 동의를 얻어 내는 것이 어렵다. 흔히 묵시를 구성하는 것으로 말하는 문학적 특성과 종교적 특성의 사이를 구별해 낼 수는 있을 것이다.[59] 문학적 특성 가운데는 익명성, 상징, 재기록된 역사, 기록된 환상이 있다. 물론 이러한 문학적인 특성을 종교적인 특성으로부터 완전히 구별해 내기는 가능하지 않다. 종교적인 특성은 계시의 형태로서 환상, 비밀, 풍부한 상징을 포함한다.[60]

그렇지만 24–27장을 읽는다면 익명성이 완전히 결여되어 있는 점을 발견할 것이다.[61] 저자는 오래된 어떤 비유를 취하지 않고 자신을 천사의 계시의 수납자로 만들지도 않는다. 이 장들은 그 내용을 전수자들의 선별된 무리에게 주어진 계시로 제시하지 않을 뿐만 아니라 천사들에 의해 보전된 감추어진 비밀을 담고 있는 것으로 제시하지 않는다. 그 문체에 관하여 이 장들에는 다니엘서, 에스겔서, 스가랴서에서 살필 수 있는 바와 같은 특별히 환상적인 것이 없다. 상징이 있으나 역사적인 이름도 나타난다. 묵시적 요소라고 간주될 수 있는 다른 것도 나타나지 않는다. 이사야 24–27장은 순수한 예언이며 선행하는 예언들과 필연적 연관성을 가지고 있다. 이와 같이 이해될 때 이 장들은 정확하게 해석될 수 있다.

고 생각한다. 그는 이를 위하여 강력한 사례를 개진하지 않고 단순히 역사적 배경이 진짜 이사야에 의하여 기록된 것으로 예상된 그것과 다르다(*risulta assai diverso*)고 논평한다.

58) Umenhofer, *op. cit.*, pp. 13ff.에 있는 논의를 참고하라.

59) Cf. George E. Ladd, “Apocalypse, Apoclyptic,” *Baker's Dictionary of Theology*, 1960, pp. 51–2.

60) Lindblom은 초월주의, 신화, 우주의 기원, 역사에 대한 염세적 태도, 이원론, 시기의 나눔, 두 세대의 교리, 숫자 놀음, 거짓–황홀경, 영감에 대한 인위적 선언들, 익명성, 신비를 열거한다. Cf. also H. H. Rowley, *The Relevance of Apocalyptic*, London, 1914, p. 23.

61) Umenhofer는 “작품의 저자가 자기를 선지자 이사야로 정체가 밝혀져 있는 작품의 문맥 가운데 서 있다”고 논평한다(*op. cit.*, p. 18).

이사야 24-27장의 성읍

본 장들의 범위 안에 멸망당하는 성읍에 대한 언급이 있으나, 그 이름은 나타나 있지 않다. 어느 성읍이 의도된 것일까? 그것이 바벨론, 예루살렘, 니느웨, 두로, 시돈, 사마리아, 칼타고인가? 이 모든 성읍이 로마를 포함한 다른 도시와 함께 제안되어 왔다. 어떤 사람은 그 성읍을 악의 성읍 혹은 사단에 대한 의인화와 같이 상징적으로 해석하였다.

이 성읍을 이르(עִיר)와 키리야(קִרְיָה) 두 가지로 지칭한다. 그것은 솟은 성읍(26:5), 포도주를 사랑하는 쾌락자로 가득한(24:7-9) 성읍이다. 거민은 교만하다(25:2). 견고한 성읍이다(25:2; 27:10). 이 성읍에는 흔들리지 않는 자로 생각되는 강한 민족이 있다. 땅에 엎어지고(26:5) 황무한 채로 버려진다(27:10). 혼돈의 성읍이며(24:10), 그곳에서 짐승이 풀을 뜯어먹는다(27:10). 하나님께서 그것을 멸망시키셨음을 인하여 찬양을 받을 것이다(24:14이하). 이 성읍을 멸망시키시면서 하나님께서는 그의 공의(26:7ff.; 27:11), 그의 약속에 대한 신실성(25:1), 그리고 자기 백성에 대한 열성(26:11)을 나타내 보이셨다.

이 이상 더 말하는 것은 옳지 못하다. 본 예언은 그 성읍에 대해 언급함에 있어서 모호하다. 하나님께 대항하는 인간 세력을 대표하는 성읍의 멸망을 통하여 하나님께서는 반드시 영광스럽게 승리하신다.

제3부

참 구원은 애굽이 아닌 여호와에게서 발견된다 (28:1-35:10)

이사야서 주석(II)

제1장

주님의 목적(28-29장)

1. 사마리아에 임박한 심판(28:1-29)

1절, 취한 자 에브라임의 교만한 면류관이여 화 있을진저 술에 빠진 자의 성 곧 영화로운 관같이 기름진 골짜기 꼭대기에 세운 성이여 쇠잔해 가는 꽃 같으니 화 있을진저

2절, 보라 주께 있는 강하고 힘 있는 자가 쏟아지는 우박같이, 파괴하는 광풍같이, 큰물의 창일함같이 손으로 그 면류관을 땅에 던지리니

3절, 에브라임의 취한 자의 교만한 면류관이 발에 밟힐 것이라

4절, 그 기름진 골짜기 꼭대기에 있는 그 영화의 쇠잔해 가는 꽃이 여름 전에 처음 익은 무화과와 같으리니 보는 자가 그것을 보고 얼른 따서 먹으리로다

28:1 그의 예언이 집중하고 있는 큰 역사적 시점 중 첫 번째 것을 준비하면서, 이사야는 평강과 축복을 말한다. 왜냐하면 이 시점이(앗수르의 발흥기의 어두운 배경에 대항하여 메시아에 대한 약속을 가지고 있는 7장) 본질적으로 축복으로 끝나게 될 시점이기 때문이다. 두 번째 큰 역사적 시점을 준비하면서, 이사야는 화와 황폐를 말한다. 첫 번째 시점은 아하스의 통치와 메시아에 대한 축복에 집중하였다. 악한 왕이 권좌에 있었고, 암울한 구름에 반하여 소망의 약속을 선포하였다. 히스기야가

왕이였을 때 정확히 역전이 이루어졌다. 선한 왕이 권좌에 있었으나, 약속은 없었고, 앗수르 왕의 침입과 파멸의 전조만 있었다. 그런 까닭에 선지자는 화와 황폐를 강조한다.

그러므로 이 예언은 다음의 다섯 장들과 함께 "화"라는 단어로 시작되고 있다. 알려진 바와 같이(4:1 참고), 이 단어는 다소 다른 뉘앙스를 가질 수도 있다. 그러나 여기서 가장 현저한 것은 다가오는 재난의 개념이다. 본 절에서도 역시 "슬프다"라는 단어에 담긴 뉘앙스가 결여된 것은 아니지만, 선지자가 무엇보다도 이 슬픔을 나타내는 음성의 단어를 가지고 하고자 하는 것은 하나님의 백성에게 다가올 비극에 주의를 집중시키는 것이다. 이 장과 함께 예언의 두 번째 큰 단락 중 두 번째 부분으로 옮겨간다. 이 시점까지의 예언들은 대부분이 아하스 생애 당시의 사건들에 집중하였다. 유다가 이사야의 사상의 중심에 위치해 있었으니, 이는 디글랏-빌레셀 3세의 출현으로 말미암아 일어나게 된 커다란 위협이 조만 간에 신정국가의 멸망을 초래할 것이었기 때문이었다.

그러나 이제 히스기야 시대로 넘어왔다. 디글랏-빌레셀을 향한 치명적인 도움 요청은 이미 이루어졌고, 유다는 그 도움을 요청한 결과를 경험하기 시작하였다. 이스라엘 역시 고통을 당하였으며 사마리아만이 남아서 자신의 독립을 기뻐하고 자신의 지위의 탁월성을 자랑하였다. 다른 분위기가 우세하게 된다. 애굽에 도움요청을 함으로써 앗수르로부터 도피할 수 있는 가능성이 있을 수도 있지 않을까? 이것은 앗수르가 침입하여 그와 같은 도움요청의 가능성을 파괴시키기까지 히스기야 시대를 지배하였던 질문이다. 애굽에는 소망이 없었다. 실제로 남아 있는 유일한 소망은 여호와이며, 그래서 유다가 주님으로부터 돌아서는 한 분명히 멸망할 것이다. 사실 히스기야의 통치 동안 어느 정도의 진정한 신앙의 부흥이 있었지만, 애굽의 도움을 얻고자 하는 욕망을 동시에 가지고 있었던 부흥이었다. 그 나라가 처한 상황의 실제 본질을 알기 위해서는 저주가 그 나라를 위협하고 있다는 사실을 견지해야만 한다. 무엇보다도 유다는 그가 사마리아와 같다는 것과 그도 역시 낮아져야만 한다는 것을 알아야만 한다. 이 시대에 예언했던 미가도 역시 그의 예언을 사마리아에 대한 언급으로 시작했다.

그러므로 사마리아는 아직 멸망하지 않았다. 그는 "취한 자 에브라임의 교만한 면류관"으로 남아 있다. 여기에 여러 소유격이 나타나는데 상당히 의미가 있다.[1] 사

1) 교만의 면류관, 즉 교만한 면류관. Gesenius는 히브리인이 헬라인과 로마인에 유행한, 연회

마리아는 교만의 면류관이고 또한 에브라임의 술취한 자들의 면류관이다. 일부 옛 주석가들은 연회에서 화환과 면류관을 쓰는 관습이 있었다는 암시가 있었고, 그러한 이유로 백성은 술취한 자로 불렸다고 생각하였다. 그러나 "면류관"이라는 별명이 위상적 의미를 가지고 있다는 것이 훨씬 더 타당해 보인다. 왜냐하면 사마리아가 언덕에 위치해 있었는데 이것이 면류관을 암시했던 것으로 생각된다. 아마도 이것은 거민들 자신이 좋아하는 호칭이였을 수도 있다. 에브라임 족속은 자신의 성읍에 대한 자부심이 있었고, 그 위치의 아름다움을 자랑하였다. 현대 발굴 작업은 그 성읍의 특징인 사치와 우아함에 대한 성경의 기록을 확인시켜 주었다(참고. 암 3:1이하; 4:1; 6:1).

그렇지만 어찌하여 그 거민이 취한 자라고 불리워지고 있는가? 여러 주석가 중에서도 드렉슬러는 유일하게 선지자가 실제적인 술취함을 말하고 있는 것이 아니라, 그보다 더 나쁜 것 곧 육신의 쾌락을 자랑하고 하나님을 사랑하는 일이 아닌 하찮은 일 중에서 쾌락을 찾는 교만을 말하고 있는 것이라고 주장한다. 드렉슬러는 이사야가 본 절에서 혹은 7–8절에서 방종을 책망하고 있지 않다고 생각한다. 그러나 대부분의 주석가는 이사야가 실제적인 술취함을 책망하고 있다고 믿고 있는데, 이는 이 구절을 아모스 4:1; 6:1, 6과 비교해 볼 때, 실제적인 술취함이 사마리아의 보다 만연하고 현저한 죄 중 하나였다는 것이 분명해 보이기 때문이다.

영화로운 관…쇠잔해 가는 꽃: 이사야는 비유를 달리하여 이제 사마리아를 꽃으로 말한다. 그렇지만 이것은 그의 선지자적 시각으로 분별해 볼 때 곧 시들거나 떨어지게 될 꽃이다. 그러므로 그는 사마리아에게 다가올 재난의 임박성을 암시하고 있다. 사마리아가 아름다운 꽃과 같지만 그럼에도 불구하고 그 안에 사망의 씨를 가지고 있고, 곧 시들려고 한다. 이 시들어질 꽃 사마리아는 에브라임의 영화로운 관(ornament), 즉 에브라임을 아름답게 만드는 관이다. 다음과 같이 번역함으로써 전체 문장의 뜻을 드러낼 수 있을 것이다. "아름다운 관(장식)으로 된 꽃은 시들어 가고 있는 꽃이다." 치츠(צִיץ)와 체비(צְבִי)의 두운법이 인상적이다.

본 절 하반절은 관계대명사가 "관"과 "꽃"을 지시하고 있기 때문에 상반절과 연결이 된다. 그렇기에 다음과 같이 번역할 수 있다. "골짜기 꼭대기에 있는 교만의 관과 교만." 이사야는 사마리아가 위치해 있었던 언덕을 머리로 부르고 있는데, 이것은 주변 골짜기들 위로 솟아오른 언덕에 대한 적절한 묘사이다. 이 언덕이 면류관, 즉

중에 면류관을 쓰는 관습을 알고 있었다는 주장을 한다(지혜서 2:7–8).

성읍을 쓰고 있다. 그 골짜기는 풍부함의 골짜기이다. 즉 기름진 골짜기로 넘치도록 산들을 내었다.[2]

술에 빠진 자: 번역에서 이 어구가 선행하는 것과 연결되지 않았다. 그렇지만 이 어구는 소유격 형태의 명사에 붙어 있어서 "물에 빠진 자들의 기름진 골짜기"로 번역해야만 할 수도 있다.[3] 구문이 난해하지만, 만약 이것이 그 의미라면, 이사야는 사마리아가 넘치도록 산물을 내는 골짜기들의 꼭대기에 있었고, 이 골짜기들의 산물이 술에 빠진 자들에게 주어졌음을 말하고 있는 것이다. 이사야의 어휘는 생생하며, 포도주의 지나친 사용에 대한 경고를 내포하고 있다. 사람이 철침을 두들겨서 만들 듯이, 포도주 역시 사람을 쓰러지기까지 두들긴다. 알렉산더는 질(Gill)의 말을 인용한다. "마치 망치로 하듯 포도주에 빠지고, 맞고, 쓰러뜨림을 당하여 땅에 엎드려 누워있게 된다. 거기서 그들은 땅에 고정되어 누워있게 되고 일어날 수 없게 된다."

비록 선지자가 특별히 사마리아라는 이름을 언급하고 있지는 않으나, 그가 그 성읍을 염두에 두고 있는 것은 분명하다. 사치스러운 상태와 기름진 골짜기가 가져다 준 안락함이 물질주의적인 태도, 즉 안일과 사치를 사랑하게 만들어서 사마리아는 실제로 곧 시들게 될 꽃에 지나지 않았다.

28:2 참된 실상과 특징을 제시하고 난 후 선지자는 이제 계속해서 사마리아에서 일어날 일에 대해 서술한다. 그는 "보라!"라는 주위를 환기시키는 단어를 통하여, 주권자께서 이러한 상태까지도 주장하시고 있으며, 그가 사마리아에 대한 그의 목적

---

2) גיא–따라오는 복수형은 의미강조형이며, 기름짐, 즉 매우 기름진 골짜기이다. 여기서 소유격이 절대형 뒤에 등장하는 것에 주목하라. 1Q도 그러하다. Delitzsch는 논리적 관계가 구문적 용례를 압도한다고 지적하고 이사야 32:13과 역대상 9:13을 인용한다. 그러나 성경 히브리어에서 소유격이 절대형 명사를 뒤따를 수도 있다는 가능성을 배제시킬 수 없다. 에스겔 6:11; 45:16; 45:19; 역대하 15:8; 여호수아 8:11을 참고하라. 또한 애굽어 *tpht.t wr.t iwnw*, "*Heliopolis*의 큰 구멍들"을 유의하라. Godon, *Ugaritic Handbook*, I, p. 44을 참고하라.

3) Drechsler는 사마리아를 아름답고(암 3:15), 풍요롭고(호 9:6; 12:9; 13:15), 훌륭하게 문명화되고(암 3:12, 15; 6:4–6), 강한 성읍(17:3)으로 묘사한다. 이와 유사한 고대문서들에 대해서는 Plautus Cas. 3, 5, 16; Tibullus i. 2. 3; Martial iii. 68을 참고하라.

보여지는 바와 같이 הֲלוּמֵי는 절대형 שְׁמָנִים에 종속된 소유격이다. 이 단어는 절대형일 것이니, 이는 이차적 개념을 함의하고 있고, "기름진"이라는 형용사를 제한하기 때문이다; "술에 빠진 자들의 기름진 골짜기의 머리 위에." Duhm을 따르는 Brockelmann은 관계사가 빠졌다고 주장하는데, § 82 e, 이것은 반드시 그런 것은 아니다.

을 이루어 가실 강한 능력을 소유하시고 있다는 사실에 주의를 이끌고 있다. 루터와 다른 사람들은 첫 번째 문장을 "강하고 능한 것이 주님으로부터 온다"고 해석하기를 선호하며, 문법적인 근거에서 이러한 해석에 반대할 수 없다. 그러나 전치사를 통상적인 의미로 취급하며 본 문장이, 주권자께서 그의 명령을 이행하실 힘과 능력을 소유하시고 있다고 단언하고 있는 것으로 간주하는 것이 더 나을 것 같다.

대부분의 주석가는 여기서 왕이라는 인물이나 군대로 대표되든 간에 앗수르에 대한 암시를 찾아낸다. 어느 쪽이든, 의미는 본질적으로 같다. "강하고 힘있는"이라는 단어의 정확한 의미가 무엇이던 간에 주께서 사마리아를 징벌하시고자 사용하시는 도구를 가리킨다. 이사야는 강조를 하기 위하여 하나님을 주권자(אֲדֹנָי)로 말한다. 이것은 이스라엘의 하나님께서 인간 군대를 그의 마음대로 하실 수 있는 분이라는 것을 밝혀주고 있기 때문에 중요한 표현이다. 그는 그의 백성을 보호하심에 있어서 주권적일 뿐만 아니라 그의 뜻에 따라 그들을 징벌하심에 있어서도 주권적이시다.

쏟아지는 우박같이, 파괴하는 광풍같이: 이러한 비교를 통하여 이사야는 심판의 잔혹성을 나타내려 한다. 이 비유에는 강한 자의 힘과 능한 자의 능력을 묘사하고 있다. 쏟아지는 우박의 파괴 능력은 잘 알려진 사실이고, 이 광풍을 특징짓는 것이 곧 파괴의 요소이다. 이사야는 일찍이 광풍을 피할 피난처의 필요성에 대해 말한바 있다(참고. 4:6; 25:4).

큰물의 창일함 같이: 이사야는 이제 주권자 하나님께서 사마리아에 행하실 일의 잔혹성을 강조하기 위하여 더 진보된 비유를 사용하고 있다. 이 어구의 구조가 흥미 있는데—"폭우처럼, 물들도, 능한, 몰아치는"—이는 창세기 6:17을 상기시켜 준다. "내가 홍수를 땅에 일으켜 무릇 생명의 기식 있는 육체를 천하에서 멸절하리니 땅에 있는 자가 다 죽으리라." 이 언급은 하나님께서 사마리아에 보내실 폭우의 파괴적 성격을 부각시키는 동시에, "물들"이라는 단어를 "폭우"라는 단어 바로 뒤에 위치해 둠으로써, 이사야는 "능한"과 "몰아치는"이라는 두 형용사를 강조하게 된다.[4] 이사야는 그 나라의 소동을 묘사하면서 일찍이 큰물에 대해 말했다(17:12). 그러므로 아마도 그는 사마리아를 뒤덮고 멸망시킬 홍수에 소동하는 열국들이 포함될 것임을 암시하고자 한 것 같다.

손으로 그것(면류관)을 땅에 던지리니: 동사가 완료형이기는 하지만, 아모스 5:7

---

4) 아카드어 šatapu, '넘치다'를 참고하라

에 있는 것처럼 현재형으로 번역해야 한다.[5] 이 동사는 땅에 던진다는 개념을 암시하지만, 목적격이 언급되지 않았고, 본 절의 상반절에도 언급되지 않았다. 그러나 1절에 비추어서 사마리아를 암시하고 있음이 분명하다. 그렇지만 본 절에서, 심판 자체가 강조되어야만 하는데, 이것은 이것이 중심 주제이기 때문이다.

"손으로"라는 마지막 어구는 난해하다. 단순히 그 성읍이 손쉽게 전복된다는 용이함을 암시하는가? 아니면 손이 능력과 동의어인가? 후자의 해석이 물의 창일함이라는 언급과 잘 어울리는 것 같다. 이 둘 가운데 독단적으로 결정하기는 어려울 것 같다. 사마리아의 멸망은 분명히 능력을 보여주었으며, 동시에 그 멸망은 단순히 손에 의하여 실현된 것이었다. 앗수르가 사마리아를 공격한 기간은 이 후자 해석에 반론이 않된다.[6]

특주

배열에 있어서, 1절과 2절 사이의 대조가 흥미롭다. 히브리어 본문 1절은 각기 네 단어로 구성된 세 그룹으로 되어 있다.

술취한 자 에브라임의 교만한 면류관
쇠잔해가는 꽃은 영화로운 관이다
기름진 골짜기, 포도주에 빠진 자들

이 어구들의 각 구성어들은 명사 혹은 분사이고, 이 합성어들은 각기 두 쌍의 단어로 구성되어 있고, 두 번째 쌍이 소유격 관계로 첫 번째 쌍에 의존하고 있으며 이러한 방식으로 두 번째 쌍은 실제로 각 행의 첫 번째 단어에 의존하게 된다. 그러므로 관, 꽃, 골짜기란 단어는 두 번째 구성어 혹은 어구가 실제로 소유격 관계로 의존하

5) 과거형은 확정적이며 피할 수 없는 미래에 대해서 사용되는데, 이는 이사야가 사마리아가 이미 땅에 던져짐을 당한 것으로 보고 있기 때문이다.

6) B는 βια로 되어 있으며, 이것을 Saadia가 따르고 있다. König도 mit Gewalt로 번역하는데, 이것이 대부분의 견해이다. 그러나 Dillmann은 "*so gewltige Kraft hat er, dass er durch einen Streich seiner Hand sie niederwirft*"라고 번역한다. Vitringa는 이 단어를 비와 관련지어서, "그가 능력으로 내리시는 것"이라고 번역한다. 그러나 본 주석에서 채택한 구문이 보다 자연스럽다.

고 있는 세 개의 단어이다. 동시에 1행에서는 첫 번째와 두 번째 어구 사이의 실제 연결적 관계가 있는 반면, 2행에서는 실제로 두 번째 어구가 첫 번째 어구를 서술하고 있으며, 3행에서는 소유격 관계로 사용된 절대형의 확실한 실례를 보게 된다. 다른 한편 2절에서는 확언 다음에 비유가 뒤따르고 그리고 나서 주절이 나온다. 그렇게 하여 문장의 배열이 교차적인 순서를 나타낸다.

28:3 묘사를 계속해 나가면서 선지자는 발이 그 성읍을 멸할 것이라고 선언한다. 이 발에 대한 언급은 앞 절이 실제적인 손을 가리켰다고 하는 입장을 뒷받침하는 것으로 보인다. 땅에 던져지는 것으로는 충분치 않다. 땅에 던져진 그 성읍을 승리한 군인의 발들이 밟을 것이다. 성읍의 던져짐이 순간적인 것으로 여긴 반면에 이 후자는 계속적인 행위이다.[7)]

28:4 이사야는 이제 사마리아에 대한 그의 생각을 요약하고 있으며, 그렇게 함에 있어서 이미 사용한 표현을 사용한다. "쇠잔해 가는 꽃" 그의 생각을 다음과 같이 의역할 수 있다. "기름진 골짜기의 꼭대기에 있는 에브라임의 영화로운 관은 여름이 오기 전의 무화과와 같다. 사람이 그러한 무화과를 볼 때, 그것이 그의 손에 있는 한 그것을 삼킨다."[8)] 무화과 추수는 8월이다. 그렇지만 가끔 무화과가 일찍 익는다. 누군가가 추수기가 오기 전에 일찍 익은 이 무화과를 보았다면 그것을 빨리 따서 그 즉시 먹지 않겠는가? 비유의 요점은 사마리아가 신속하게 망한다는 데 있다. 나훔은 이런 신속성을 나타내기 위하여 비슷한 비유를 사용하였는데, 즉 무화과나무의 처음 익은 열매가 흔들기만 하면 먹는 자의 입에 떨어진다는 것이다(나 3:12). 그렇지

---

7) 이 3인칭 여성 복수가 단수로 사용된다고 가정할 필요는 없다. 그보다는 집합적 의미로 사용되었다. 엑센트가 있는 음절의 파타흐(ַ)를 유의하라. 이는 통상적인 것이고 단순히 끊어 읽기로 인한 것이 아니다. עטרת는 통상적으로 집합적이 아니지만, 여기서는 그렇게 해석되며, 그런 까닭에 복수동사이다(출 1:10; 삿 7:7; 삼상 12: 21 등 참고). 이것은 단어에 집합적 의미를 부여하는 복합구문이다. *BH*가 암시하는 대로 이 단어를 복수로 고치는 것은 불필요하다.

8) 쇠잔하는 것의 꽃. 이 구문에서 형용사가 명사 다음에 소유격 형태로 나타난다. 그러나 1절을 참고하라. 처음 익은 무화과—헤(ה)에 마피크(Mappiq)가 있으며 이것을 생략할 수 없다. 이것은 발음 편의를 위한 마피크인데, 이는 헤(ה)가 접미사가 아니기 때문이다. בטרם—이 부정어 다음에 주로 동사가 나온다. 그러나 여기에는 동사가 생략되었다. 직역하면, "아직 여름이(되지) 않았을 때." הראה—참고하라. 통상적인 아랍어 표현, 칼라 카일룬. 비한정 주어가 주어와 술어 사이에 언어유희를 통하여 표현되어 있다. 직역하면 "보는 자가 그것을 보는," 즉 "사람이 그것을 본다면."

만 여기서는 손이 그것을 잡음과 동시에 입속으로 던져 넣은 것으로 보인다.

그러므로 사마리아의 운명에 대한 선포는 에브라임 족속들에게는 어떤 소망도 남겨 두지 않는다. 땅의 호사스러운 산물을 받고 하나님의 선물을 즐기면서도, 공급하신 자를 경멸하는 자들은 그러한 선물이 곧 사라질 것이라는 것을 예상해야 한다.

5절, 그날에 만군의 여호와께서 그 남은 백성에게 영화로운 면류관이 되시며 아름다운 화관이 되실 것이라
6절, 재판석에 앉은 자에게는 판결하는 신이 되시며 성문에서 싸움을 물리치는 자에게는 힘이 되시리로다 마는
7절, 이 유다 사람들도 포도주로 인하여 옆걸음 치며 독주로 인하여 비틀거리며 제사장과 선지자도 독주로 인하여 옆걸음 치며 포도주에 빠지며 독주로 인하여 비틀거리며 이상을 그릇 풀며 재판할 때에 실수하나니
8절, 모든 상에는 토한 것, 더러운 것이 가득하고 깨끗한 곳이 없도다.

28:5 사마리아가 멸망하였을 때, 하나님의 백성은 그들의 참 면류관이 무엇이고 아름다움이 무엇인지를 알 것이다. 본 절의 개념은 4:2이하의 개념과 상당히 평행을 이루며 본 절 자체는 1절과 대조를 이룬다. 교만의 거짓된 대상이 이스라엘의 하나님의 주권적인 사역을 통하여 사라졌을 때, 만군의 주 여호와 자신이 영화로운 관으로 나타나신다. 참된 영광이 거짓된 영광을 정복할 수 없고 제거할 수 없다면 그것은 실제로 참된 영광이 아니다.

이사야는 게우트(גֵּאוּת, 교만)를 체비(צְבִי, 영화로운)로 대치시킴으로써 1절의 어휘를 살짝 변경시키고 있으니, 이는 전자의 단어가 좋지 않은 개념을 지닐 수 있기 때문이다. 더 나아가서 그는 체비(צְבִי)라는 단어를 사용함으로써 체피라트(צְפִירַת, 면류관)와 뚜렷한 두운법을 만들어 낸다. 두운법의 사용과 체브(צב)와 차프(צף)라는 음의 돌출이 본 절의 상반절에서 인상적이다.

"영화로운 면류관"으로 번역할 수 있는 충분한 이유가 있을 수 있다.[9] 그러므로 두 개의 표현이 있으며, 각기 두 단어로 구성되어 있다. 각기 연결관계를 갖고

9) צפירת가 "땋은 머리, 화관, 왕관"을 의미할 수 있으며 이 의미는 고대 역본들이 증거해 주고 있는 바이다. 그렇지만 어원학적으로는 여전히 의문의 여지가 있다(삿 7:3; 겔 7:7을 참고). Gesenius는, 어근이 "돌아다니다, 둘러싸다." 그러므로 "돌다"를 의미한다고 보고 있는 "고대 아랍 랍비들(*die alten arabischen Rabbinen*)"에 동의한다.

있어서 "영화로움의 면류관"과 "아름다움의 관"이 된다. 두 구문 모두 히브리어로는 전치사로 소개되고 있으므로 "여호와께서 영화로운 면류관이 되시며 아름다운 화관이 되실 것이다"라고 번역해야 한다. 더 나아가서 이 서술어 모두 여호와라는 하나의 주어를 가진다. 다른 한편 본 절은 4:2과도 대조가 되어야 할 것인데, 거기에서는 "여호와의 싹"과 "땅의 소산"이라는 두개의 주어가 나타난다. 이 주어들은 각기 두개의 술어를 가지고 있으면서 각기 하나의 명사를 이루고 있다. 4:2과 본 절 모두에서 서술 방식의 차이는 선행하는 내용에 기인한다. 그러므로 1절은 본 절을 위한 형식을 설정하고 있고, 반면에 4:2의 형식은 2:12–16과 3:18–22에 의하여 설정되었다.

그 남은 백성에게: 여기서 이 어구는 사마리아가 멸망한 후에 남아 있는 사람을 특별히 가리키는 것으로 보인다. 그러므로 남은 자는 주로 유다일 것이다. 그러나 사마리아의 멸망 후에 남게 되는 에브라임과 북쪽의 남은 자를 포함할 수도 있다. 10:20–22과 같은 구절을 여기에 적용할 수 있다.

28:6 이제 이사야는 계속해서 여호와께서 그의 백성의 진정한 아름다움이 되실 것임을 지적한다.

판결하는 신이 되시며: 맛소라 학자들은 미슈파트(מִשְׁפָּט, 판결)란 단어에 아트나(이접사 엑센트)를 정확하게 찍었으니, 이것은 개념이 그 자체로 완성되기 때문이며, 따라서 분리됨으로써 강조되어야 한다.[10] 여호와께서 영화로운 면류관이 되실 뿐만 아니라, 판결하는 신도 되시며, 그렇게 되심으로써 어떻게 그가 영화로운 면류관과 화관이 되시는가를 드러내신다. 이 말은 하나님께서 판결하는 영을 가지고 판결을 이행하신다는 것을 의미하시 않고, 그가 친히 판결하는 신이 되신다는 것을 의미한다. 11:2에 대한 분명한 반영이 나타난다. 메시아 위에 일곱 영을 두신 그가 참된 판단을 베푸는 성령으로서 친히 재판관들 위에 임하실 것이다. 그러므로 그가 재판관에게 공의롭게 판단할 능력과 열심을 주신다.

재판석에 앉은 자에게는: 본 절이 실제로 재판석에 앉는 것을 가리키는가 아니면 단순히 재판의 목적을 위하여 앉는 것을 알려주는가에 대해서 사소한 해석학적 의문점이 제기된다. 후자를 지지하면서, "앉다"라는 단어의 용법에 호소하는데, 이것

---

10) 그러나 Dillmann은 이것이 옳지 않으며 아트나가 함미슈파트(הַמִּשְׁפָּט)에 있어야 한다고 생각한다. *BH*도 마찬가지다.

이 목적을 암시하는 것으로 보인다는 것이다(삼상 20:24; 30:24을 참고). 그렇다면 사람이 재판을 선고하려는 목적으로 앉아 있다는 뜻이 된다. 다른 한편, 시편 9:5에 대한 강조가 있다. "보좌에 앉으사 의롭게 심판하셨나이다"(시 9:4, 히 9:5). 이 둘 사이에 단정적으로 결정하기는 어려우며 불가능할 수도 있다. 사실, 이것을 실제로 분리해서는 안된다. 왜냐하면 법정에 앉은 자가 재판을 선고하려는 목적으로 거기에 있는 자이기 때문이다. 그리고 재판을 선고하기 위하여 앉아 있는 자는 재판석에 앉아 있는 자이다. 당연히 재판관을 가리키는 것이다. 왜냐하면 그가 백성의 안녕에 영향을 미친 판결을 선고할 수 있기 때문이다. 법정에서의 공의의 결핍은 퇴폐적인 상황의 표지이지만, 참된 판단은 오직 하나님의 판단의 신을 받은 사람에 의해서만 선고될 수 있다.

힘이 되시리로다: 능하신 하나님이시며(10:21), 능력의 신(11:2)을 주시는 여호와께서는 이제 자신을 성문에서 싸움을 물리치는 자에게 참된 능력으로 나타내신다.[11] 대적들을 대항해 나아가서 그들을 전쟁터에서 몰아내고 결국 그들이 나온 성읍의 문까지 추격하는 자를 가리킨다. 이 문은 대적의 요새의 문이고 그런 까닭에 주님으로부터 그들의 힘을 얻은 전사들은 방어 전쟁을 하는 것이다. 그들은 전쟁에서 스스로 공격하러 나아가지 않고 단순히 하나님의 능력을 통하여 원수의 침입을 막고 물리치는 것이 가능하게 된다. 거짓된 영화는 위기의 때에 사라진다. 그러나 참된 영화는 지속된다. 유다에 전적으로 주님이 후원하시고 강화시키는 참되고 의로운 통치가 있을 것이다.

28:7 이사야는 이제 유다와 사마리아를 대조하려 한다. 하나님께서 영화로운 면류관이 되어 주실 백성의 남은 자는 포도주로 인하여 옆걸음을 치게 되었다. "이들도"라는 문구는 앞 절과 본 절의 통일성을 지적하는 역할을 한다. 에브라임 족속의 자랑인 사마리아는 반드시 멸망하지만 그러나 여호와는 그의 백성의 남은 자에게는 영화로운 면류관이 되실 것임을 의미한다. 그런데 심지어 그 남은 자도 사마리아가 그랬던 것처럼 포도주로 취해 있다. 이는 비애의 표현이다. 심판에서 살아남은 사람

---

11) מְשִׁיבֵי–첫 번째 전치사 역시 이 단어의 의미를 결정한다. שַׁעְרָה–이 단어에서 끊어 읽기를 해야 하며, 1Q에는 빠져 있는 헤(ה)는 위치를 나타내는 헤(ה)일 수도 있다. 카메츠는 엑센트가 있는 음절에 나타나며, 후음 문자 아래서 무성 쉐와가 뒤따라온다. T는 이 단어를 수리아역과 Saadia가 그러했듯 부분을 표시하는 의미의 ἀπό πύλης로 취급하였으나, 어휘가 이것을 불허한다.

들까지도 술취한 자에 불과하다.

독주로 인하여 비틀거리며: 포도주가 첫 번째로 언급되면서 백성이 비틀거리는 이유로 먼저 강조된다. 정관사의 사용이 흥미로운데 마치 잘 알려진 것, 즉 포도주를 지적하려는 듯하다. 그러나 그의 기록에서 그러하듯, 이사야는 포도주의 사용 자체를 정죄하지는 않고 있다. 포도나무의 열매인 포도주 자체는 인간과 하나님의 마음을 기쁘게 하기 위한 하나님의 선물이다(참고. 삿 9:13). 그러나 하나님의 선물이 쉽게 악용될 수 있으며 이사야가 여기서 말하고 있는 것은 바로 악용이다. 포도주를 언급하면서 이사야는 실제로 우리로 하여금 술취함을 깨닫게 하려고 한다. 사람들이 포도주에 취해 비틀거리게 되는 지경에까지 이르게 되는데 바로 이것이 이사야가 정죄하고 있는 것이다. 동사는 휘청거리며 걷는 것, 즉 술취해서 비틀거리며 이리저리 걷는 것을 의미한다.[12)]

그리고 나서 이사야는 점층법을 사용한다. 포도주로 그들은 옆걸음치며, 독주로 인하여 비틀거린다. 어감이 상당히 강하다. "그가 사용하는 단어들로 술고래들의 비틀거림과 넘어짐을 흉내내고 있다는 사실이 이사야의 의분을 드러내 준다. 즉 'Sta pes sta mi pes stas pes ne labere mi pes'라고 잘 알려진 구절과 같다. 예를 들어 샤구 타우, 샤구 타우, 샤구 파쿠(שָׁגוּ תָעוּ, שָׁגוּ תָעוּ, שָׁגוּ פָּקוּ)의 삼중적 반복을 주시하라."[13)] 선지자는 이 동사들을 모두 과거형으로 제시하면서 술취함이 관직을 차지한 자 가운데 내려온 오랜 습관이었다는 사실을 암시한다.

앞서 국가 전체와 "내 백성의 남은 자"들 사이에 구분이 있었다. 이제는 남은 자들의 구성원들까지도 분류된다. 이사야는 먼저 두 영적 지도자인 제사장과 선지자에 대해 언급한다. 제사장은 하나님 앞에서 나라를 대표하며, 선지자는 백성을 향한 하나님의 공식적인 대변자이다. 이 두 그룹은 나라와 여호와 사이에 중재자가 되도록

---

12) 정상적인 엑센트가 밀렐이 되어야 함에 반하여, 엑센트가 밀라이다. 이같은 특성은 본 절의 모든 라멧-헤 동사들을 특징지어 주며, 독특한 강조를 주고 있다. Alexander는 본 절의 요점은 관능적인 탐닉과 "그것이 초래하는 영적 악들을" 암시한다고 생각한다. Calvin은 "포도주와 독주"라는 단어들을 비유적으로 취급한다. 하지만 1절에서는 문자적으로 취급하였다. 그의 논지는 백성들이 술취한 사람들과 같다는 것이며 "포도주로 인하여" 앞에 "처럼"을 덧붙이게 되는 것이다. 그러나 이것은 언어학적으로 허용될 수 없다.

13) Delitzsch, *com. in loc.* 본 절의 전치사들의 사용이 흥미롭다. 브(בְּ)는 포도주를 "통하여"라는 수단을 나타낸다. 즉 포도주로 인하여, 포도로 말미암아 그들은 취했다는 것이다; 그리고 민(מִן)은 결과 혹은 효과를 가리킨다. 그래서 "…의 결과로"라고 번역될 수도 있다. Speiser(*JBL*, Vol. 82, Part 3, 1963, p. 304)는 פְּלִילִיָּה를 "추론"으로 번역한다.

의도되었다. 예배의 가장 성스러운 행위 즉 성전에서 하나님께 나아감에 있어서 제사장은 직무를 행하며 백성의 요구와 상황을 하나님 앞에 고해야 했다. 다른 한편, 선지자는 공식적으로 말함에 있어서 그 입에 하나님 자신의 말씀이 놓여진 자로서 하나님의 대변자가 되어야 했다(신 18:18). 선지자가 말하였을 때, 그가 선포한 것은 하나님의 실질적인 말씀이었다. 모든 사람 중에서 최고의 책임을 가진 제사장과 선지자는 여호와 앞에서 겸손하고 헌신적이어야 했고 그 나라의 경건의 모범을 제시해야 했다. 그러나 그들은 독주로 인하여 비틀거렸고, 포도주로 인하여 삼키운 바가 되었다. 포도주가 그들을 삼켜 버려서 그들이 완전히 삼키운바 되었다는 것은 생생한 표현이다. 다시 말해서 그들은 완전히 술취한 자가 되었고 포도주의 노예가 되어 버렸다.

그의 말에 대한 오해가 없도록 분명하게 하기 위하여 이사야는 계속해서 그들이 독주로 인하여 옆걸음 친다고 말한다. 환상 가운데서도 그들은 비틀거린다. 보는 행위 그 자체 혹은 선견자의 사역을 감당함에 있어서도 선지자는 백성에게 하나님의 메시지를 전하지 않고 술취함으로 인하여 비틀거린다. 심판의 결정이 선포되어야 할 때, 그는 비틀거린다. 이것은 비극적인 모습이다. 신정국가를 위임받은 이 직분자가 모두 실패한다. 그들이 포도주와 독주에 흠뻑 취함으로써 그들은 그 나라에 필요한 메시지를 줄 수가 없다.

그리고 만일 이 영적 지도자들이 이러한 인물이라면, 그 땅의 백성이 그보다 더 나을 것이라고 생각할 수 있겠는가? 선지자들이 하나님보다 포도주를 더 사랑하였기에 하나님의 말씀을 선포하는 고귀한 사역이 멸시를 받게 되었다. 그리고 나라의 번영을 위한 결정을 선포할 수 있었던 영예를 가진 제사장들도 비틀거렸으니, 이것은 그들이 독주에 만취되었기 때문이다. 심판을 위해 무르익은 백성이었으며, 이 심판은 영원히 살아 거하는 하나님의 말씀에 의해 선포된 것이다.

드렉슬러는 본 절의 구조에 주의를 상기시켜 주고 있는데, 그의 말을 다음과 같이 번역할 수 있을 것이다. 상반절에서 주된 내용은 포도주가 그들의 머리로 들어갔다는 것이다. 그들을 흐리게 하는 것은 술취함이다. 다른 한편 하반절에서는 술취함의 정도가 강조된다("비틀거림, 옆걸음침"). 본 절의 상반절에서 "포도주로 인하여," "독주로 인하여"란 표현이 동사 앞에 나오고 있고, 본 절의 하반절에서는 동사들이 앞에 나오고 있는 점을 유의하라. 동사의 반복은 그 술취함이 지속적이고도 끊임없이 계속되었음을 암시한다.

28:8 가장 강력한 현실적인 어휘로, 이사야는 이제 자신이 방금 전에 표현했던 사실을 생생하게 만들어 준다. 본 절의 어휘를 상징적인 방법으로 해석하기 위하여 많은 시도가 있어 왔음에도 불구하고 그러한 시도는 만족을 주지 못한다. 어휘가 매우 강하며 거의 혐오감을 일으키는 것이지만, 그 나라의 영적 지도자들이어야 할 그들의 타락한 상태를 분명하게 밝혀 주고 있다. 32:13에서처럼, 도입어 키(כִּי)를 "진실로"로 번역할 수도 있는데, 독일어 und zwar(실로, 참으로)와 다소 유사하다. 그러므로 이것은 선지자가 말해 온 것에 대한 하나의 실례를 선택한 것이다. 사람들이 차려 놓고 먹어야 할 식탁이 술취한 자의 오물로 뒤덮여졌다.[14)]

사람들이 이러한 더러움을 접하게 되는 것이 간헐적인 경우가 아닌 것을 보여주기 위하여 이사야는 구토물로 가득찬 상들이라고 말한다. 이 단어를 연결형으로 보아, 더러움의 구토물, 즉 더러운 구토물로 번역할 수 있다. 이것은 메스꺼운 모습이며 최종적으로 이것을 강조하기 위한 듯 이사야는 깨끗함이 발견될 만한 곳이 남겨진 바가 없다고 덧붙인다. 이러한 개념을 두 개의 짤막한 단어 "곳이 없도다"로 표현한다. 그렇게 혐오스러운 술취함이 발견될 때, 이것은 그 나라의 참된 영적 상태에 대해 많은 것을 말해 준다.

9절, 그들이 이르기를 그가 뉘게 지식을 가르치며 뉘게 도를 전하여 깨닫게 하려는가 젖 떨어져 품을 떠난 자들에게 하려는가
10절, 대저 경계에 경계를 더하며 경계에 경계를 더하며 교훈에 교훈을 더하며 교훈에 교훈을 더하되 여기서도 조금, 저기서도 조금 하는구나 하는 도다
11절, 그러므로 생소한 입술과 다른 방언으로 이 백성에게 말씀하시리라
12절, 전에 그들에게 이르시기를 이것이 너희 안식이요 이것이 너희 상쾌함이니 너희는 곤비한 자에게 안식을 주라 하셨으나 그들이 듣지 아니하였으므로
13절, 여호와께서 그들에게 말씀하시되 경계에 경계를 더하며 경계에 경계를 더하며 교훈에 교훈을 더하며 교훈에 교훈을 더하고 여기서도 조금, 저기서도 조금 하사 그들로 가다가 뒤로 넘어져 부러지며 걸리며 잡히게 하시리라.

---

14) 비록 명사가 한정적인 것으로 간주될 수 있을지라도 시적, 예언적 스타일에서, 정관사가 빠져 있음을 유의하라. 이것이 성전 예배와 관계된 상(床)들을 가리킨다고 할 정당한 근거가 없다. 고대 해석가들 가운데 어떤 이들은 순전히 공상적인 해석을 하여, 그 상들이 불의의 더러운 것과 토한 것으로 뒤덮인 법정들(Grotius), 거짓된 교리들이 가르쳐지는 학교들(Vitringa), 타락한 대화의 더러운 것(Cocceius)이라고 하였다.

28:9 그의 말을 들어야 하는 사람들의 극단적인 부패상을 강조하기 위하여 이사야는 그들을 자신을 조롱하는 자로 소개한다. 하나님에게 헌신된 나라가 되기는커녕, 유다는 사악한 나라였으며 그 사악함을 선지자를 조롱하는 말로 기꺼이 드러내었다. 이 단어가 난해하지만 그 뜻을 다음과 같이 의역할 수 있다. "그가 누구에게 가르치고 있다고 생각하는가? 그는 누구에게 하나님의 계시를 설명하고 있다고 생각하는가? 그가 원하는 만큼 널리 찾게 하라, 그는 그러한 가르침을 필요로 하는 어느 누구도 찾아낼 수 없을 것이다. 젖을 뗀 자에게인가? 나이 들어 어미의 젖을 필요로 하지 않는 자에게인가?" 그렇다면 이 질문은 다음과 같은 대답을 요구하는 것이다. "우리는 우리가 무엇을 행하고 있는 것을 알고 있으며, 우리는 이 선지자가 우리에게 주고자하는 것 같은 지혜를 필요로 하지 않는다."

이 말에 대한 보다 세밀한 분석이 도움이 될 것이다.

누구에게: 히브리어에서 의문사는 6:8에서처럼 대격 분사 앞에 나타난다. 이 단어의 위치가 그것을 강조하고 있다. "사람으로 하여금 그 땅 구석구석을 보게 하라. 그는 그러한 가르침의 대상이 될 사람을 아무도 발견하지 못할 것이다."[15)]

지식을: 여기서 이사야의 사역을 가르치는 것으로 간주했다는 증거가 명백하다. 하나님의 말씀을 선포함에 있어서 선지자는 그 나라에게 하나님의 뜻에 대해 가르치고 있었다. 이 일은 설교를 통해서, 하나님의 말씀에 대한 공적인 선포를 통해서 이루어 졌다. 동시에 동사는 가능한 한 비인칭으로 되어 있다. 이것은 가르치는 사람이 아니라, 가르치는 행위를 강조한다. 이러한 가르침을 위해서는 구체적인 내용이 있었는데, 즉 하나님의 뜻에 대한 지식이었다. 11:2에서 성령을 지식의 영으로 묘사한다. 여기서 이 단어는 하나님의 사역과 방식에 대한 지식과 이에 상응하는 인간에 대한 하나님의 요구를 의미한다. 그러므로 참된 지식이란 하나님의 뜻이 무엇인가에 대한 단순한 이해뿐만 아니라 그 뜻에 대한 순종을 수반한다.

전하여(report): 직역하면, 하나님의 계시에 의하여 "들려져 온 것이다." 그러나 53:1에 있는 대로 이 단어는 선포된 것을 의미한다. 그러므로 이것은 하나님의 말씀이다. 먼저는 선지자가 들었고 그에 의해 나라에 선포된 말씀이다.[16)] 어쨌든 그러한 전파는 이해되어야 하고 그것을 이해하기 위해서는 사람이 교훈을 받아야 한다. 그러므로 하나님의 말씀을 선포함에 있어서 이사야는 나라로 하여금 들려진 바의

---

15) את는 미(מִי) 앞에 나타나지만, 마(מַה) 앞에는 결코 나타나지 않는다.
16) 22절과 예레미야 49:14에서 이 어근의 용법을 참고하라.

참된 의미를 깨닫게 하려고 애썼던 것이다. 그 나라까지도 선지자를 조롱함에 있어서 이것을 선지자의 참된 기능으로 인정하였다.

젖 떨어져: 어미의 품의 젖으로부터 방금 떠난 자들은 하나님의 진노와 심판의 선포를 받기에 적합한 자들이 되지 못할 것이다.[17] 그렇다면 왜 이사야가 유다에게 선포하고 있는가? 방금 젖을 뗀 자들을 교훈하고 있다고 그가 생각하고 있는가? 그는 우리를 어린 아이들, 즉 백성들이 생각하는 바와 같이 가장 단순한 교훈을 필요로 하는 아기 정도로 간주하고 있는가?

품을 떠난: 사실상 이 표현은 앞의 것과 비슷한 말이며, 그 개념을 강화시키는 역할을 한다. 이사야가 주고 있는 교훈은 방금 젖뗀 자들을 위한 것이다. 유다족속에게는 다른 특별한 것이 필요하였다고 가정할 수 있다. 예를 들어 지혜로운 정치적 활동과 같은 다른 수단의 필요를 그들이 생각하였다고 마르티가 제안하였을 때 그가 전적으로 옳을 수 있다. 마르티가 생각하는 바와 같이, 유대인들에게는 예언적 의미에서 "하나님을 아는 지식"의 능력에 대한 개념이 없었다(호 4:1, 6; 5:4; 6:6).

28:10 이제 경멸하는 자들의 조롱을 분명히 표현하고 있는데, 술취하여 더듬는 말을 하면서, 이사야의 메시지를 흉내내고 풍자하려고 한다. 도입어 "이는"은 그 나라의 태도의 예를 소개함으로 선지자가 방금 말한 것에 대한 이유를 제시하는 역할을 한다.

경계에 경계를 더하며: 호세아 5:11에 비추어 이 차우(צַו)란 단어를 "규례" 혹은 "계명"을 의미하는 순수한 히브리어 단어로 보아야 한다. 이것은 미츠와(מִצְוָה)의 축약형일 것이다.[18] 드렉슬러는 지혜롭게도 이것은 "Gebot(제공된)" 대신에 "Bot(제

---

17) 이 수동 분사 구문은 서술문에서 연결어로 사용되며, 이것을 *nomen rectus*으로부터 분리시키는 전치사가 뒤따라온다. 이것과 평행을 이루는 다음 구문도 마찬가지이다(9:2; 5:11; 30:18을 참고).

18) 그러나 수리아 역본은 תִבוּ עַל תִבוּ וְתִבוּ עַל תְבְתוֹ תְבְתוֹ라고 번역하는데, 8절의 צֹאָה로부터 צַו가 그리고 קִיא로부터 קַו가 파생한 것이다. B는 이상한 번역을 제공한다. θλίψων επί θλίψων προσδέχού ἐλπίδα ἐπ' ἐλπίδι. Theodoret은 니골라당과 Basilius의 추종자가 이 קַו를 그리스도 안에서 세상에 임한 시대(aeon), 혹은 구속자가 거주하셨던 세계에 적용하였다고 말한다. 확실히 이 어구가 영지주의 체계 속에서 한 몫을 하였다(Irenaeus; *Epiphaninus Haereses* 24).

이 단어들을 번역하기 위하여 흥미 있는 시도들이 있어 왔다. Vulgate은 *manda reman–da, manda remanda, exspecta reexspecta, exspecta reexspecta, modicum ibi modicum ibi. Jerome*은 *praecipe, praecipe, impera quae facere deneamus; exs–pecta paulisper, exspecta modicum*로 번역한다.

공)"로 번역하였다. 호세아서에서의 용법을 생각해 볼 때, 그 단어 자체가 경시에 대한 약한 음조를 함축하고 있다고 말하는 것이 정당할 것 같은데, 이는 호세아서에서 이 단어가 하나님의 율법에 대조하여 인간들의 임의적인 명령을 가리키기 때문이다. 이러한 축약형 단어를 사용하면서 백성은 선지자의 가르침을 조롱하고 있다. 그의 율법은 시시하고 하찮은 골칫거리와 같다. 즉 한 명령이 주어지면 다른 명령이 뒤따르며 한 명령에 또 다른 것을 연결하여 계속해서 주어진다.

교훈에 교훈을 더하며: 직역하면, 먹줄, 이 단어의 사용은 상징적이니, 이것은 이 단어가 실제로 앞에 나오는 "경계에 경계를 더하며"와 동일한 것이기 때문이다. 이 단어는 두드러진 유음현상을 이루고 있고, 이것은 특별한 예술적인 효과를 나타낼 목적으로 소리를 사용하는 이사야의 특징적인 기교이다(18:2, 7을 참고). 여기서 선지자는 개개의 율법을 전면에 드러내기를 바라고 있다. 그러나 이 개별적인 율법들이 지기 어려운 전체, 말하자면 성가시게 하는 훈계들의 홍수를 이루고 있음을 보이고자 한다. 이를 위해 그는 단음절을 사용하고 같은 단어를 반복하며 또한 적절한 언어유희를 활용한다.

여기서도 조금, 저기서도 조금: 이런 식은 이사야의 가르침이 준 인상이었다. 유다는 일관된 그림을 받지 못했다. 통합된 의미에서 그의 선포를 이해하지 못하였고 단지 그것은 여기 저기에 던져진 일관성이 없고 단절된 교훈의 조각들로 간주하였다. 사람이 돌아서는 곳에서는 어디서든지 선지자의 교훈을 접하였지만, 그러한 교훈의 의미와 뜻의 분명한 개념을 간파하지 못하였다. 그가 들은 것이 그에게는 단지 조각난 낱알들로 보였다. 어떤 사람은 실제로 단지 단어의 조각들만 들려 왔다고 생각하였다. 그러므로 아이히혼(Eichhorn)은 이점을 독일어로 모방하려고 하였다. "Ges., ges., gel.. gel for Gesetz, Gesetz, Regel, Regel." 그렇지만 이것이 이사야가 의도한 것인지는 의문스럽다. 그보다는 사람들이 어디를 가던 그 가르침의 영향력으로부터 피한다는 것이 불가능하다는 사실을 강조하려는 듯 보인다. 그런데도 그들에게 통합된 영향을 주지는 못하였으니 이는 그들이 그것들을 조금씩만 접하였기 때문이었다.

보다 최근의 학자들은 이 형태들을 알파벳의 글자들을 가리키는 것으로 생각하였다. R. H. Kennett, *Ancient Hebrew Social Life and Custom as Indicated in Law, Narrative and Metaphor*, 1933, p. 12; G. R. Driver, *Semitic Writing*, pp. 89f. 그리고 Hallo, *JBL*, Vol. 77, Part 4, 1958, pp. 337f을 참고하라.

28:11 본 절과 앞 절과의 관계를 정하기가 어려우며, 여러 가지 의견이 제시되었다. 전체적으로 여기에 제시된 견해가 가장 무난해 보인다. 앞의 두 구절에서 백성이 이사야의 가르침을 조롱하면서 풍자적인 어조로 말하는 것으로 언급되었다. 이제 본 절에서는 이사야가 하나님께서 어떻게 이 백성에게 말하실 지를 밝힌다. 그러므로 그의 도입어 키(כִּי)를 "그러나, 실제로는"으로 번역할 수도 있다. 본 절의 키는 앞 절의 도입어 키와 평행을 이룬다. 동시에 이것은 내용에 관한 대조를 이끌어 낸다. 10절에서 백성은 선지자의 말을 조롱한다. 본 절에서 이사야는, 말하자면 하나님께서 어떻게 백성을 조롱하실지를 서술한다.

생소한 입술과: 더듬는 입술이라 직역할 수 있는데, 이 표현은 듣는 이가 횡설수설하는 말로 듣게 되는 분명하지 않은 중얼거림 정도를 의미하는 것으로 보인다. 그렇지만 이어지는 어구는 의미하는 바가 다른 나라 언어인 것을 보여준다. 그러므로 하나님께서 그 나라가 알지 못하는 언어로 그들에게 말씀하실 것이다. 그들은 선지자를 통하여 하나님께서 말씀하시는 것을, 아주 하찮은 것으로 간주했다. 그러나 실제로 하나님은 이제 그들이 이해할 수 없고 단지 그들에게 헛된 지껄임으로 보이는 소리를 듣게 되는 방식으로 그들에게 말씀하실 것이다. 여기에 앗수르인의 침입에 대한 암시가 있는 것으로 이해하는 것이 타당해 보이며 유대인은 자연히 자신의 언어를 이해하지 못할 것이다. 이때부터 아하스가 무대로 불러낸 앗수르인이 유다의 정사를 명령하고 유대인은 이 앗수르어를 하는 자를 상대하게 된다.

"입술"과 "방언"사이에는 약간의 어감의 차이가 있을 것이다. 창세기 11:1, 6, 9에서 이 두 단어를 긴밀히 연결하여 사용하였다. 사파(שָׂפָה)가 외부 기관 즉 입술을 가리키는 반면에 라숀(לָשׁוֹן, 혀)은 외부 기관과 내적인 생각을 모두 포함하는 듯 하다. 또한 이사야 29:13과 33:19을 참고하라. 여기서 방언은, 이사야가 후에 "내가 열방과 열족(방언–역주)을 모으리니"(사 66:18)라고 말한 바와 같이 백성을 가리킬 수 있다. 그렇다면 하나님께서 유다에게 유대인의 말과 다른 언어를 말하는 백성을 통하여 말씀하실 것을 의미하게 된다. 이것은 우선적으로 말로하는 언어가 아닐 것이다. 그러나 하나님의 손에서 도구로 사용되는 이 나라가 유다와 신정통치에 대항하여 행하게 되는 파괴의 엄청난 행위를 통해 깨닫게 될 것이다. 이것이 "이 백성"을 향한 메시지가 될 것이다. 이 호칭을 통해 다시 하나님께서 선지자에게 주셨던 임무를 상기하게 된다. 그가 "이 백성"에게 말할 때, 그들은 듣지 않을 것이다. 그들은 자신들의 지혜를 의지하여 그의 말을 조롱하고, 그러한 이유 때문에 하나님께서는 그들이 이해하지 못할 언어 혹은 방언으로 "이 백성"에게 말씀하실 것이다. 이 시점으로부터 유다에는 이방 백성들의 통치 아래 들어올 것이다.[19]

28:12 백성이 이해하지 못하는 방언으로 그들에게 말하면서, 여호와께서는 변덕스럽게 행동하지 않으시다. 이것은 그가 이미 그들에게 분명한 어조로 말씀하셔서 평강과 안식에로의 참된 길을 지적하셨기 때문이다.[20] 이사야는 앞의 것과 대조를 이루고 그 메시지를 보다 강하게 하기 위하여 본 절을 삽입하고 있다. 그러므로 그는 야웨를 그들, 즉 "이 백성"에게 이미 말씀하셨던 분으로 소개한다. 이 말씀하심은 선지자들을 통하여 수년에 걸쳐 수행되어 왔었다. 그들이 죄를 공공연히 비난하면서 회개를 설득하고 다가올 멸망을 지적하면서 말하였을 때마다 그들을 통하여 말씀하신 분은 바로 하나님이셨다.

두 개의 짧은 단어 안에 전체 예언적 메시지를 표현한다. "이것이 안식이요." 미가가 백성의 죄악된 행실에 대하여 말하면서, "이것이 너희의 쉴 곳이 아니니"(미 2:10)라고 외칠 때, 분명히 이 단어의 의미를 어느 정도 밝혀준다. 미가는 바로 전에 나라의 상태를 비난하여 왔었다. 그러한 상황은 그들의 진정한 안식을 표현하지 못한다. 그들의 참된 안식은 그 반대편, 즉 여호와의 명령에 대한 순종 안에서 발견되는 것으로 보인다. 다시 말해서 이사야가 말하고 있는 것은 영적 안식이며, 오직 하나님 안에서만 발견되는 안식이다. 그러므로 넓은 의미에서 이 단어는 구원의 실제적인 동의어이며 구원이 가져다 주는 축복을 강조하는 의미를 담고 있다.

너희는 곤비한 자에게 안식을 주라: 이 표현은 안식이 주어지는 방식을 표현하지는 않지만, 실질적으로 삽입구를 이룬다. 알렉산더는 "이것이 참 안식이니, 곤비한

---

19) 믿지 않는 자를 위한 표적으로서의 방언의 목적을 보여 주기 위하여 바울은 고린도전서 14:21에서 본 절을 언급한다. 바울의 어휘는 대체적으로 아퀼라 역과 일치한다.

20) אשר–레가르메를 유의하라. "그들에게 말하는 자" 또는 "곧 그가 그들에게 말했다" 즉 "그가 말했던 자들에게"가 된다. "그들에게"는 11절의 백성을 가리킨다. 안식–이 단어는 또한 안식의 장소를 의미할 수도 있고, 상징적으로 안전에 대하여 사용될 수도 있다(삼하 14:17을 참고). אבוא–끝 글자 알렙이 1Q에는 빠졌고, Penna는 그렇게 읽혀져야 한다고 주장한다(또한 수 10:24을 참고). 시편 139:20과 예레미야 10:5은 실제 이와 관련하여 언급되어서는 안된다. 왜냐하면 이 두 경우에는 알렙이 사실 마지막 자음이기 때문이다. 이것이 아랍 필사자의 작업인지가 의문스럽다. 이것은 아랍어 고어체일 수 있는데 일반적인 아랍어 복수형에서 전해지며, 예를 들면 파알루(fa–'a–lû')이다. 듣지–전치사가 없는 부정사는 더 강하다. 이것이 직접 목적격인지, 아니면 상황적 직접 목적격인지는 말하기 어렵다.

자로 그것을 누리게 하라"고 의역한다. 명령형은 유다백성을 향한 것이다. 하나님께서는 그의 선지자들을 통하여 참 안식을 지적하여 주실 뿐만 아니라, 또한 곤비한 자가 그 안식을 찾기를 원하신다. 그 뜻은 40:1에 있는 "너희는 위로하라"는 말씀과 유사하다. 곤비한 자는 죄와 반역으로 인하여 지친 곤비한 백성이었다. 이 백성으로 하여금 안식을 얻게 하라는 것은 참된 안식의 길로 행하라는 명령이며 곧 여호와의 명령에 순종하라는 것이다. 달리 말하면, 백성들이 실제로 행하는 것과 정반대로 행하라는 것이었다.

이것이 너희 상쾌함이니(34:14을 참고): 이렇게 안식의 개념을 반복함에 있어서 이사야는 하나님께서 얼마나 강력하고도 생생하게 백성에게 말씀하셨는지를 강조하고 있다. 그렇지만 두 번째 단어는 사역형 어간에 기초하고 있는데, 이는 아마도 얻어진 안식이 수혜자가 아닌 누군가로부터 부여받게 된다는 사실을 강조할 수도 있다.

(그러나) 그들이 듣지 아니하였으므로: 이것은 우리 주님의 "그러나 너희가 원치 아니하였도다"(마 23:37)라는 말씀을 상기시켜 주는 비극적인 결론이다. 그들은 주께서 그들에게 제공하시는 안정과 안식을 원치 않았다. 대신에 그들은 자신의 방편을 수용해 원수와 싸우길 원했으며 그들에게 닥친 모든 문제를 직면하길 원했다. 야웨의 메시지는 그들에게 안정과 안식이 되지 못하고 오히려 성가신 잔소리가 될 뿐이었다(행 17:18을 참고). 그런 까닭에 안식을 가져다주는 하나님의 말씀을 거절한 그들은 다른 방언으로 말하는 자의 말은 기꺼이 복종하려고 하고 있으며, 그들의 멍에는 쉽지도 않으며 그들의 짐은 가볍지 않다. 그러므로 믿지도 않고 감사치도 않는 나라는 자신의 배교로 말미암아 자처한 멸망으로 급속하게 달려가고 있다.

28:13 이사야는 여기서 11절의 개념을 이어가고 있다.[21] 안정과 안식을 가져다 줄 하나님의 메시지가 그들에게 왔을 때, 그들은 그것을 조롱했다. 그들에게 하나님의 말씀은 중얼거림에 지나지 않았다. 이제 그의 말씀은 실제로 중얼거림이 될 것인데, 이는 그가 그들이 이해할 수 없는 말을 사용하는 백성을 통하여 말씀하실 것이기 때문이다. 이사야는 10절의 표현을 반복하는데 여기서는 이 표현이 전체 문장에서 서술어라는 것이 다를 뿐이다. 그 나라에게는 하나님의 말씀이 그 나라가 생각해

---

21) 그리고 있을 것이다—11절의 심판의 결과로 있게 될 것이다.. 이 표현은 11절에서 "그가 말씀하실 것이다"라는 개념을 이어가고 있다. 그럼에도 불구하고 Alexander는 와우가 연계형이라고 한다.

왔던 것처럼 보일 것이다. 그러나 하나님의 말씀은 이스라엘의 거룩하신 자의 성스러운 말씀을 그토록 조롱하였던 그 나라에 멸망을 가져다 줄 것이다.

하나님의 말씀이 왜 이러한 형태를 취한 것인지의 이유가 있는데, 이사야는 이 이유를 유다의 운명을 가장 잘 제시하는 다섯 개의 동사로 표현하고 있다.

가다가: 직역하면 "가다." 많은 주석가가 바르게 지적한 대로, 이 동사는 뒤에 나오는 것들을 수식할 뿐만 아니라 그 자체로 뚜렷한 행동을 표현한다. 하나님의 말씀을 듣는 것은 백성으로 하여금 행동을 개시하게 하기에 그들은 그들의 멸망으로 나아간다. 백성을 붙들고 그들을 남게 하기보다는 하나님의 메시지는 그들로 하여금 걸어가지 않을 수 없게 한다. 그들은 멸망을 당하기까지 박차를 가하여 나아갈 것이다.

(그리고) 뒤로 넘어져: 죄인의 길은 험난하니 이는 백성이 넘어질 뿐만 아니라 뒤로 넘어질 것이기 때문이다. 그들 스스로가 자기의 주인이 아니고, 길에서 그들이 대하게 되는 장애물에 의하여 압도당하게 된다. 본 절의 개념이 8:15에 근거하고 있다는 점을 유의하라.

부러지며: 죄인의 완전한 멸망을 표현하기 위한 강한 비유이다.

걸리며 잡히게 하시리라: 여기서 절정을 이룬다. 8:15에서 취해 온 이 두 표현에는 포로에 대한 암시가 들어 있는 것 같다. 백성은 사로잡혀서 앞으로 가지도 못하고 덫에 붙들린 동물과 같다. 그들은 스스로 자유민이라고 생각했지만, 그들이 조롱하였던 하나님의 말씀이 이제는 실제로 포로가 되는 과정으로 몰아가고 있다.

14절, 이러므로 예루살렘에 있는 이 백성을 치리하는 너희 경만한 자여 여호와의 말씀을 들을지어다

15절, 너희 말이 우리는 사망과 언약하였고 음부와 맹약하였은즉 넘치는 재앙이 유행할지라도 우리에게 미치지 못하리니 우리는 거짓으로 우리 피난처를 삼았고 허위 아래 우리를 숨겼음이라 하는도다

16절, 그러므로 주 여호와께서 가라사대 보라 내가 한 돌을 시온에 두어 기초를 삼았노니 곧 시험한 돌이요 귀하고 견고한 기초 돌이라 그것을 믿는 자는 급절하게 되지 아니하리로다

17절, 나는 공평으로 줄을 삼고 의로 추를 삼으니 우박이 거짓의 피난처를 소탕하며 물이 그 숨는 곳에 넘칠 것인즉

18절, 너희의 사망으로 더불어 세운 언약이 폐하며 음부로 더불어 맺은 맹약이 서지 못하여 넘치는 재앙이 유행할 때에 너희가 그것에게 밟힘을 당할 것이라

19절, 그것이 유행할 때마다 너희를 잡을 것이니 아침마다 유행하고 주야로 유행한 즉 그 전하는 도를 깨닫는 것이 오직 두려움이라
20절, 침상이 짧아서 능히 몸을 펴지 못하며 이불이 좁아서 능히 몸을 싸지 못함 같으리라 하셨나니
21절, 대저 여호와께서 브라심 산에서와 같이 일어나시며 기브온 골짜기에서와 같이 진노하사 자기 일을 행하시리니 그 일이 비상할 것이며 자기 공을 이루시리니 그 공이 기이할 것임이라
22절, 그러므로 너희는 경만한 자가 되지 말라 너희 결박이 우심할까 하노라 대저 온 땅을 멸망시키기로 작정하신 것을 내가 만군의 주 여호와께로서 들었느니라.

28:14 백성에 대한 조롱이 충분히 언급되어 있다. 그들은 또다시 심판의 말씀을 들어야 한다. 이사야는 "그러므로"라는 도입어로 방금 전에 말한 내용을 요약하고 있다.[22] 다음과 같이 의역할 수 있다. "이 백성이 조롱하는 자, 전적으로 부패한 자, 그리고 하나님의 말씀에 둔감한 자이므로, 그들은 하나님께서 야기하실 심판으로 눈을 돌려야 할 것이다." 선지자는 일찍이(1:10) "소돔의 백성"에게 여호와의 말씀을 들으라고 명령했던 것처럼, 이제 "경만한 자들"에게 여호와의 말씀을 들으라고 요구하고 있다. 소돔 사람은 소돔 족속의 특성을 지니고 있었던 유다와 예루살렘 거민이었으며, 그와 같이 "경만한 자"들은 그들의 주된 특성이 하나님의 말씀을 경멸하는 것이다. 경만(לָצוֹן)으로 번역된 이 명사는 잠언 29:8에 나온다. "오만한 자는 성읍을 요란케 하여도 슬기로운 자는 노를 그치게 하느니라."

하나님께서 자기를 멸시하는 자들에게 말씀하신다. 이 사람은 선지자를 통하여 말씀한 그의 말씀을 조롱하였다. 자신들의 마음의 욕망을 따라서 여호와의 율법을 경멸하는 그들은 그 나라의 통치자로써, 그 나라를 멸망으로 이끌어가는 과정에 있었다. 명령이 그들에게 주어졌고, 이 명령과 함께 은혜, 즉 마지막 한번의 기회가 주어졌다. 선지자는 외친다. "너희 경만한 자여, 너희 어리석은 길을 그치고 이제 구원의 길을 찾을 수 있는 유일한 말씀, 곧 여호와의 말씀을 들으라."

이사야는 그 조롱하는 자들을 "이 백성을 치리하는"이라고 지칭하면서 그들의 정

---

22) 그러므로–"*all das Vorangegangene zusammen fassend*"(Drechsler). 통상적인 לֵצִים(예를 들면, 시 1:1)을 대신하는 לָצוֹן은 특별한 강조를 내포한다.

체를 구체적으로 밝힌다. 앞에서(7절) 그는 백성의 영적 지도자들인 가르치는 자들을 강조했고 이제 주의를 정치 지도자에게로 돌리고 있다. "이 백성"이라는 어구는 주로 심판과 위협의 분위기에서 발견되는데 본 단락이 그러한 특징을 나타내고 있다. 하나님의 말씀을 조롱함에 있어서 영적 지도자들과 비종교 지도자들 모두가 하나였다. 나라 전체가 끝없는 회개를 필요로 하고 있었다.

본 절을 비극에 대한 기록으로 맺고 있다. 관계사 "그(who)"를 "치리자"로 해석되어야 할지, 아니면 "백성"으로 해석해야 할지는 결정하기 어렵다. 어쨌든 치리자들이나 백성이나 모두 이스라엘의 거룩한 자에게 속한 성읍에 있다. 하나님의 말씀을 조롱하는 죄는 거룩하신 하나님의 성전 주변에 살고 있는 자들에 의하여 범하여 질 때 특별히 극악하다. 무지한 야만인들이 아닌 유다의 치리자들이 하나님의 말씀을 조롱하였다. 이사야의 말에 간절함이 있는 것에는 정당한 이유가 있다.

28:15 본 절에서 이사야는 경만한 자들이 여호와의 말씀을 들어야 하는 이유와 또한 하나님께서 시온에 모퉁이 돌을 반드시 두어야 하는 이유를 밝히고 있다.[23] 언급되고 있는 것은 조롱하는 자들의 실제적인 발언이 아니고 그들의 행위에 대한 평가이다. 이 행위가 말로 번역되었다면, 이러한 말이 되었을 것이다. 다른 방식으로 말한다면, 여기에 조롱하는 자들의 육신적으로 생각해 낸 생각과 목적의 표현이 있다는 것이다. 그리고 이러한 생각이 그들의 행위에 동기를 부여하였으므로, 하나님 자신이 개입하셔서 시온에 한 돌을 세우실 것이다.

이사야는 "이 백성"의 치리자들에게 말한다.

너희 말이(너희가 말하였다): 이것은 상당히 말이 아닌 그들의 마음에 의도한 것이다.

우리는…언약하였고: 이 개념은 욥기 5:23에 표현된 것과 유사하다. "밭에 돌이 너와 언약을 맺겠고 들짐승이 너와 화친할 것임이라"(욥 5:23). 만약 사람이 사망과 언약을 맺는다면, 사망은 그를 해치지 않을 것이니, 이는 그 사람과 사망이 평화관계에 있기 때문이다. 그러므로 선지자의 생각은 이러한 것 같다. "너희는 마치 사망

---

23) 14절에서 여호와께서는 그의 선지자를 통하여 경멸하는 자들에게 말씀하시고, 그들이 그의 말씀을 조롱거리로 간주하였던 그러한 입장에 있었기 때문에 그가 심판을 행하여야만 한다고 선언하신다. 15절에서 그는 유다 족속을 "경멸하는 자"들로 묘사하는 근거를 마련한다. "너희는 경멸하는 자들이고 심판을 받아야 한다." "이는 너희 스스로 말하였기 때문에, 등"으로 의역할 수도 있다. Ludwig Köhler, *ZAW*, Vol. 48, 1930, pp. 227f을 참고하라.

과 무덤이 너희를 정복하지 못하고 너희를 빼앗아 가지도 않을 것처럼 행동하고 있구나. 그것들은 다른 사람에게 다가가지만 너희는 제외된다. 너희 주변에서 다른 사람들이 멸망하는 것을 보아 왔고, 심지어 열 지파들까지도 포로로 붙잡혀 간 것을 보았지만 너희는 사망이 너희를 지나쳐 갔다고 생각한다."

스올(음부): 문맥에서 이 단어는 사망과 다름이 없다(욥 10:21ff.; 38:17; 렘 9:21을 참고).

(우리가) 맹약하였은즉: 비록 이 표현에 본문의 문제가 있기는 하지만, 스올과의 협약이 이루어졌다는 것을 의미하는 것으로 보인다.[24] 백성들은 마치 자기 자신의 의지로 이 일을 한 것처럼 말한다. 자신의 힘으로 모든 문제를 해결하려는 것은 인간 능력에 대한 뻔뻔스러운 확신이다.[25]

넘치는 재앙: 징벌에 대한 이 묘사에는 비유들이 섞여서 나타난다. 재앙 혹은 채찍질이 넘친다라고 말할 수 있는가? 이사야는 재앙의 비유를 10:26로부터 취하고 있는데 그 절에서 이미 앗수르인의 무자비한 침략을 묘사하기 위해 이 비유를 사용했다. 그는 또한 물의 창일함에 대한 비유를 사용한 바 있다(8:8; 10:22). 이 두 단어는 두드러진 유음현상을 이루고 있으며(쇼트, 쇼텝) 의심할 여지없이 조화를 이룬다.[26] 델리취는 채찍을 휘두를 때 채찍이 흔들리며 움직이는 것에 주위를 환기시키

---

24) חזה, 직역하면, 선견자. 이 형태는 실제로 추상명사 חָזוּת(18절) 대신에 사용된 분사형이다. 29:11에서 חָזוּת는 율법, 계시를 의미한다. 그러나 어떻게 해서 맹약하다라는 의미가 חָזוּת라는 단어에 첨부되었는지 사실상 분명하지 않다. B는 이 의미를 지지하여, διαθήκην으로 하였고, Vulgate은 *pactum*으로, Targum은 "셀라마"로 하였으나 S는 뜻이 분명치 않은 헤즈-오오로 번역하였다. BDB는 신접을 통하여 환상으로 스올을 보고 그 결과로 백성들은 안심을 얻었다고 제안한다.

25) Jennings는 죽음과 스올의 인간 대표자와 맹약이 맺어졌다고 주장하며 유대 나라가 동맹을 맺을 수 있을 정도로 조직을 갖추게 되는 미래에 이 예언이 성취될 것이라고 생각한다. 우가릿 본문에서 *Mot*는 멸망과 적대감의 영에 대한 구현이다. 그러나 여기에 이러한 사실이 반영되어 있는지에 대해서는 매우 의심스럽다.

26) 실질적으로 두 비유의 혼합이 나타난다. 하나는 "큰 물"로부터 이끌어 온 것이다. 8:8과 10:22을 참고하고, 또 다른 하나에 대해서는 10:26을 참고하라. 1Q는 סוּת로 읽고 있는데, 이것은 케레이기도 하다. 주어를 강조하기 위하여 주어가 첫 번째 자리에 위치해 있으며 그 결과로 키의 위치는 정상적인 것이 아니다. 케티브 עָבַר는 케레보다 더 선호되어야 하는데 이는 15절과 18절이 분명히 동일하게 하려고 의도된 것이 아니기 때문이다. סוּת를 홍수로 해석한 것에 대한 논의를 위해서는 Barth, *ZAW*, Vol. 33, 1913, p. 306; Vol. 34, 1914, p. 69; Poznanski, *ZAW*, Vol. 36, 1916, pp. 119f를 참고하라. Barth는 넘치는 재앙의 비유가 어울리지 않는다고 생각하고, "넘치는 홍수"라는 번역을 지지하는 Koran 89:13과 Ethiopic에 호소한다. 그러나 Koran이 반드시 지지하는 것은 아닌데 이는 아랍어 사우트(sauṭ)가 분깃을 의미할 수도 있기 때문이다. Vulgate도 flaugellum을 지지하고 있는 바와 같이

고 예레미야 8:6에 호소한다. 게세니우스는 코란 89:13로부터 흥미 있는 예 하나를 제시한다. "당신의 주인이 그들에게 징벌의 재앙(사우타)을 퍼붓는다."

유다인은 넘치는 재앙이 그들을 가로질러 간다는 것을 인식하지만 두려워하지 않는다. 왜냐하면 재앙이 그들을 지나쳐 갈 것이라고 생각하고 있기 때문이다. 이에 대해서 확신을 가졌으니, 이는 그들이 허언과 거짓으로 만든 피난처를 가지고 있기 때문이다. 이사야가 의미하는 바는 유다 족속들이, 모든 상황에 자신들을 맞추어 갈 수 있도록 그릇된 성격의 정책을 채택하고 있다는 것이다. 그들은 편의주의에 지배를 받았다. 만일 거짓말이 자기들의 목적에 맞는다면 그들은 그것을 말할 것이다. 만일 위선이 그들에게 유익을 가져다준다면 그들은 그것을 사용한다. 방법의 선택이 어떤 부끄러움도 주지 않는다. 의심할 여지없이 이사야의 말에는 아이러니의 음조가 있다. 백성들은 스스로 그들의 피난처의 특성을 그와 같이 말하지 않을 것이다. 아마도 그들이 거짓말을 하고, 그들의 정치적 편의주의를 채택하였을 때, 그들은 사람들이 언제나 그러한 상황 가운데서 해왔던 바를 하였다. 그들은 자신의 길이 진리와 정의의 길이라고 선포하였다. 제닝스(Jennings)가 해석한 대로, 사람들은 "언제나 가장 올바른 말들을 가장 불결한 행실에다가 갖다 붙인다."

그들은 온갖 속임과 배반, 위장의 기술과 은밀한 음모 및 그 외에 그릇된 외교와 일반 정치에 속하는 모든 것에 능숙하였다. 30:1이하와 31:1이하는 이 백성이 자신의 일에 있어서 얼마나 능동적이었는지에 대한 실례를 제공한다. 이사야가 이러한 행실을 이에 적절한 이름으로 불렀을 때, 이 행위의 본질과 백성의 이에 대한 평가 사이의 대조가 핵심적으로 확연하게 드러난다. 그들의 정책은 앗수르의 침략에 대항하여 애굽으로 돌아가 도움을 얻고자 하는 그들의 욕망 가운데 드러나게 되었으니, 이는 이것이 유다에 팽배해 있는 정치적 전략에 대한 하나의 표현이었을 수도 있었기 때문이다.

이사야의 말은 유다가 스스로 가졌던 확신을 확연히 드러내 준다. 유다 자신은 안전을 얻기 위하여 자기가 필요하다고 생각한 모든 것을 하였다. 그의 확신은 자신의 손으로 하는 일과, 자신의 마음속의 생각에 있었다. 그는 여호와를 필요로 하지 않았다. 즉 그는 자기 자신을 가지고 있다. 본 절에서 선지자는 자신을 신뢰하는 인간

Ag와 S가 Whsp를 지지하고 있음에도 불구하고 Barth가 B(κατκιγίς)나 T(κατακλυσμός)에 호소하지 않는 것이 이상하다. Poznanski는 케티브도 Barth의 번역을 지지한다고 생각하며 Targum, Ibn Ezra, Eliezer of Beaugency 그리고 Ibn Ganah에서 근거를 찾는다.

을 그리고 있으나, 그 배경에는 멸망이 어렴풋이 나타나 있다.

28:16 거짓된 안전에 대한 그 나라의 헛되고도 잘못된 확신의 배경에 반하여 이사야는 본 이사야서 가운데서 가장 장대한 메시아 예언 중의 하나를 선포한다. 이 예언은 어떤 점에서 7장에 나타나는 상황을 상기시켜 준다. 믿지 못하는 아하스가 여호와께서 제공하신 표적을 거절하고 그 결과로 여호와 자신이 표적을 주셨던 것처럼, 여기서도 역시 여호와께서 행동을 취하여 유다가 신뢰하고 있는 연약한 기초와는 현저히 다른 참되고 확실한 돌을 세우신다. 이것은 사람들이 의지할 수 있는 유익한 기초이다.

7:14에서처럼 여기서도 선지자는 그의 메시지를 "그러므로"란 단어로 소개한다. 상황이 그러하므로, 즉 유다 백성이 자신감이 지나쳐서 오직 멸망만을 가져올 것에 신뢰를 두었으므로, 여호와께서 행동하셔야만 한다. 이 단어는 14절의 "그러므로"에 대한 단순한 재현이 아니다. 왜냐하면 여기서 이 단어가 그 나라의 어리석은 행동에 대조되는 여호와의 행위를 나타내는 역할을 하기 때문이다. 7:14에서 표적을 주신 이는 주(주권자, the Sovereign One, אֲדֹנָי)이신 것처럼 여기서도 말씀을 하시는 이가 주(주권자, the Sovereign One, אֲדֹנָי)이시다. 시온에 한 돌을 놓음에 있어서 하나님의 힘과 능력이 나타나며 주(אֲדֹנָי)라는 단어가 하나님의 능력의 개념을 표현하기에 가장 적절하다. 또한 이 단어에는 주님이 홀로 그 나라에 참된 유익이 될 일을 행하시기에 능력이 있으시며 하실 수 있다는 암시가 담겨져 있다. 7:14에서 예언이 "보라!"라는 단어와 함께 소개되었던 것처럼 여기서도 그렇게 소개된다. 그렇지만 그 예언에서는 메시아의 모친에게 주의가 집중되었지만, 여기서는 하나님 자신에게로 집중되어 있다. 그러므로 하나님이 현저하게 드러나게 되는데, 이는 돌을 놓으시는 사역이 주권적 은혜의 사역이기 때문이다. 하나님의 주도권이 두드러지게 나타난다. 인간의 능력은 시금석을 세울 수가 없다. 그러한 일은 하나님이 하시는 일이다. 하나님을 전면에 놓기 위하여 이사야는 특이한 문법적 구문을 사용하고 있는데, 그 개념을 다음과 같이 표현할 수 있겠다. "보라! 기초를 놓은 자는 내로라, 등." 접미사가 1인칭으로 되어 있지만, 동사는 3인칭 완료형이다. 여기에 인칭의 변화가 수반되는 것은 예언적 기록 중에서 자주 있는 것이다.[27]

---

27) 인칭의 변화는 자연스러운 것이며, *BH*, Penna 등이 분사형으로 수정하도록 제안한 것은 옳지 않다. 생략된 부분이 있는데, Rashi는 이를 정확하게, "보라! 내가 세우는 그로다"라고 설명한다. 그

선지자가 말하는 이 기초 돌은 무엇인가? 이사야는 앞에서 시온을 세운다는 표현을 사용하였다(14:32). 그러나 여기서의 의미는, 하나님께서 땅에 한 돌을 쉽게 움직이지 못하도록 견고하고 깊게 심으셔서, 사람이 그 위에 집을 아주 안전하게 지을 수 있게 하신다는 것이다. 중요한 것은 과거시제인데, 이는 그 돌이 이미 땅에 놓여졌기 때문이다. 그리고 굳건한 기초가 놓여져 있으므로 굳건하게 놓여 있지 않은 기초에 신뢰를 두는 것은 매우 어리석은 일이다.

하나님께서 그 돌을 시온에 두셨다는 사실이 강조되어 있으니, 이는 오직 시온에만 참된 기초가 있기 때문이다.[28] 애굽으로 돌이킨다는 것 혹은 그 일로 인하여 도움을 위하여 다른 어떤 인간적 차원으로 돌이킨다는 것은 안전한 기초로부터 돌이키는 것이다. 시온 자체가 기초가 아닌데, 이는 이사야가 분명히 하나님께서 시온 "안에" 그 돌을 두셨다고 말하고 있기 때문이다.

돌의 개념이 근거하고 있는 기본 구절은 창세기 49:24인데, 그곳에서 "야곱의 전능자"가 "이스라엘의 돌"이 되신다고 언급된다. 신명기 32:4에서는 하나님께서 반석(צוּר)으로 불리셨고, 이사야 8:14, 15에서는 하나님께서 돌과 바위로 동일시되셨다. 그러나 9:6에서 메시아께서 하나님이시라는 사실을 들은 바가 있다. 그와 같이 소위 말하는 하나님이 친히 시온의 돌을 두셨다는 본절의 선언이 준비된 것이며 이와 같이 메시아적 특징들이 충분하게 나타난다.

여호와께서 친히 자신을 움직이지 않으며 변하지 않는 분, 따라서 모든 것이 무너져 내릴 때 의지할 수 있는 확고한 기초와 흔들리지 않는 반석으로 제시하셨던 것이, 앞에서 언급된 바와 같이 이사야는 우선 일반적인 그림을 제시한다. 따라서 돌은 우선 돌 자체로 언급되어서 돌에만 집중하게 한다. 현저하게 나타나 있는 것은 이 돌이니, 곧 거짓의 흔들리는 피난처와 대조되는 굳건하고 강하고 움직일 수 없는 돌이다.[29]

러므로 관계사절의 주어는 הִנְנִי에 있는 접미사를 가리킨다. 더 나아가 과거형 자체는 그 행위가 역사적 과거에 있게 되는지 아니면 이상적 미래에 있게 되는지에 대한 의문을 자아내지만 분사는 미래에 일어날 일이다. 문맥이 돌을 놓는 그 자체에 관한 한 과거를 요구하지만, 돌 위에 세워지는 것은 미래이다. 인칭 변화에 대한 유비로 Gesenius는 *c'est moi, qui a fonde*와 아랍어 *'innama' qama 'ana'*, '오직 내가 일으켰노라'라는 말을 제시한다. 그렇지만 1Q는 분사를 가지고 있다.

28) 시온에—어떤 사람은 이 전치사를 본질을 나타내는 베트로 간주하여, "내가 시온을 기초로 만드노라"로 해석한다(GKC § 119 i을 참고). 이것이 문법적으로는 가능하나 문맥의 뜻과는 상충된다.

29) 이런 이유로 *BH*에 제안되어 있는 대로 이 단어를 삭제해서는 안 된다. 베드로는 그의 글에서 이 구절을 사용하면서 이러한 특별한 강조를 필요로 하지 않았기에 자유롭게 인용하고 있는 것이다

얼마나 현저한 대조인가! 거짓의 자리에 한 돌. 유다는 거짓말과 허위를 의지하였지만, 하나님께서는 시온에 한 돌을 두셨다. 하나님의 행위가 이미 성취되었다는 것을 유념하는 것이 좋을 것이다. 그러나 만일 사실이 그러하다면 어떻게 그 돌이, 이사야 이후 여러 해 동안 세상에 오지 않으셨던 예수 그리스도가 될 수 있겠는가? 그 대답은 하나님의 작정이 영원으로 돌아가고 있다는 것이다. 즉 구원의 계획은 작정되었고, 시간이 되면 성취될 것이다. 그 기초 돌이 하나님에 의하여 놓여졌고, 그가 작정하신 것은 성취된 것과 마찬가지다. 동사가 실제로 메시아 시대에 대해서 "상고에 태초에니라"고 예언하였던 미가의 사상과 같다. 델리취는 말한다. "역사적으로 실현된 것은 영원한 존재를 가지고 있으며 실제로 심지어 역사의 중심에도 이상적인 전존재(pre-existence)를 가지고 있다(12:11; 25:1; 37:26). 다윗 통치가 있어 왔던 이후 언제나 이 돌은 시온에 놓여 있었다. 다윗 왕조는 이 안에 그 정점을 가지고 있을 뿐만 아니라 왕조의 존속의 기초도 가지고 있었다. 그것은 오메가일 뿐만 아니라, 알파이기도 하였다. 심지어 구약성경에서도 진노로부터 도피하였던 것은 무엇이든지 이 돌 위에 서 있었다."

어쨌든, 이사야는 곧바로 이 돌의 특성을 설명한다. 이것은 시험한 돌이다. 곧 사람이 의지할 수 있는 시금석이다.[30] 다시 말하면, 이 돌로 말미암아 사람들은 시험을 받게 될 것이다. 어떤 사람들에게 죄의 원인이 될 것이고, 다른 사람들에게는 그들의 영혼과 삶의 기초가 될 것이다. 사람들을 나누는 분은 예수 그리스도이시다. 그들은 그에 대한 그들의 태도에 의하여 식별될 것이다. 기초(모퉁이) 돌—이 표현은 직역하여, "고정된 기초의 귀중한 모퉁이(돌)"로 번역할 수도 있다. 이 돌은 모퉁이

(벧전 2:6).

30) בֹּחַן—시험, 즉 시험된 돌로 쓸모 있다고 인정된 돌. BK는 이것을 회색, 녹색을 띤 편마암(片麻岩, schist gneiss)으로 묘사한다. Sethe(*Die Bau-und Denkmalsteine der alten Ägypter und ihre Namen*, pp. 864-912)는 이 בֹּחַן을 Wadi Hammamat에서 나온 다량의 돌에 해당하는, 애굽어 *bhhn. w*와 동일시하는데, 이는 화강암과 섬록암(閃綠岩)과 관계가 있다. 애굽인의 습관에 근거하여 Sethe는 시금석(touchstone)으로 해석한다. Lambdin (*JAOS*, Vol. 73, No. 3, p. 148)은 언어학적 난점들을 제기한다: 애굽어 bāhan이 히브리어 בֹּחַן이 되었으며 반면에 이것은 *Qutl*(segolate) 형태이다. 어쨌든 시금석이라는 개념을 완전히 거부할 필요는 없다. בֹּחַן은 금속시험에 사용되고 비유적으로 사람들의 마음에 대한 시험에 사용된다(시 17:3; 잠 17:3; 욥 23:10을 참고). Köhler(*Theologische Zeitschrift*, Vol. 3, 1947, pp. 390-393)는 실제로 수정되지 않은 본문을 견지하여 "한 기초가 다른 기초를 만나는 모퉁이," 곧 "*die Ecke, wo eine Grundmauer(ein Fundament) die andre(das andre Fundament) trifft*"로 번역한다.

로 묘사되어 있고, 그런 까닭에 구별이 되는 돌이며 건물의 두면을 묶어준다. 그러므로 전체 구조에서 필수적인 위치를 차지하고 있는 돌이다. 단순히 다른 돌들 가운데 한 돌이 아니고 전체 건물을 떠받치고 있는 큰 모퉁이 돌이다. 시편 118:22을 유념할 필요가 있다. "건축자의 버린 돌이 집 모퉁이의 머릿돌이 되었나니."

"귀한 모퉁이(돌)"의 의미를 전달하기 위해 두 명사가 함께 다루어져야 하며 돌 자체가 가치가 있는 것임을 보여준다. 그렇게 귀한 돌이 기초로 사용되었다(왕상 5:17; 7:9–11).

견고한 기초: 이 표현은 그 돌의 흔들리지 않는 특성을 강조하고 있다. 이 기초는 고정되어 있고, 굳건하게 놓여 있어서 움직일 수가 없다.[31)]

믿는 자는: 이 돌이 진정으로 하나님에 의하여 놓여진 것이라는 것을 믿는 자를 가리킨다. 이렇게 믿는 자는 하나님께서 이 돌을 놓으셨다는 것을 믿는 것이며 따라서 이 돌을 의지할 기초를 보게 된다.[32)] 다시 말해서 그 돌에 대한 믿음을 가진 자이다. 이것은 그가 문자적인 돌에게 신뢰감을 둔다는 뜻이 아니고, 돌이 상징하는 것, 즉 하나님께서 자기 백성의 구원자가 되리라고 약속하신 임마누엘에 믿음을 둔다는 뜻이다.

급절하게 되지 아니하리로다: 이것은 믿지 않는 자들과 대조하여 말한 것이다. 여호와의 길에는 안정과 안식이 있다(12절을 참고). 그렇지만 이 길을 거절한 사람들은 스스로 안정과 안식이 결핍된 삶의 길을 선택하였다. 그들의 삶은 동요되고 긴장되고 지루한 길이었다. 그러나 하나님의 약속을 믿는 자는 성급할 필요가 없으니, 이는 그가 안식과 안정을 소유하고 있기 때문이다. 신약성경은 본 절을 매우 아름답고도 구약의 사상에 걸맞게 "부끄러움을 당하지 않을 것이라"고 번역하고 있다.[33)] 이

---

31) מוסד–기초가 된 기초, 즉 견고한 기초, 두 번째 단어는 분사이다. 그러나 치찰음에 있는 다게쉬를 유의하라.

32) Blank(*Prophetic Faith in Isaiah*, 1958, p.38)은 "믿는 자"가 מַאֲמִין에 대한 해석임을 거부하고 "믿음을 지키는 백성"으로 대치하고, 기초를 "믿음을 지키는 백성은 당황할 원인을 가지지 않는다"라는 상투적인 문구로 간주한다. 분사와 함께 나오는 정관사는 보다 자연스럽게 개인을 가리킨다. 더 나아가 אמן의 히필형은 어떤 사람과 "믿음을 지키다"가 아니라, "의지하다" 혹은 "믿다"를 의미한다.

33) יחיש–1Q도 이와 같다. 많은 사람들이 이것을 다가오는 폭풍으로부터 급히 도망치는 것을 의미하는 것으로 해석한다(예를 들면, Dillmann). 그러나 이 단어는 믿는 자의 안정에 대립되는 조급함을 보여 주는 역할을 한다. B는 ὀυ μή κατκισχυνθη로 읽고 있으며, 이것이 신약에 수용되었다. Vulgate은 *non festinet*이다. ימיש로 수정하는 것을 지지할 객관적인 증거가 없다(또한 눅 2:34을 참

사야는 그리스도 밖에 있는 사람들의 특징을 나타내는 당황스러운 삶과 의미 없는 삶에 대해 심각하게 말하고 있다. 그에게는 구원이 없을 뿐만 아니라, 진정으로 균형 잡힌 삶을 위한 필수적인 안정과 평강도 없다.

28:17 선지자는 여기서도 건물의 비유를 계속해서 이어간다. 여호와께서는 1인칭으로 바꾸어 자신이 줄로 심판을 행하실 것을 말씀하신다. 건축자가 측량줄로 그가 나란히 놓은 돌을 측량하듯, 여호와께서는 공평으로 그 건물의 영적 돌을 잴 것이다. 만일 그 돌이 공의의 치수를 충족시켜 주지 못한다면, 그것들은 버림당할 것이다. 이사야는 또다시 줄(קַו)이란 단어를 사용하고 있지만, 이번에는 측량하는 줄의 의미로 사용한다. 하나님께서도 줄을 사용하고 있으니, 그것으로 돌들의 수평과 매끄러움을 결정하신다. 그리고 이 "수평"(level)은 의이다. 만약 그렇게 유다 족속이 공평과 의로 측량된다면, 그들에게 어떤 소망이 있겠는가?

하나님의 행동의 결과는 하나님의 심판이 그 나라가 안전을 발견하였다고 생각한 거짓 피난처를 휩쓸어 버리는 것이다.[34] "우박"은 하나님의 심판에 대하여 사용되는 비유이며(참고. 2절), 하나님의 심판 사역의 방법은 "소탕하며"라는 표현으로 상징적으로 표현된다. 우박의 소탕하는 폭풍 앞에, 거짓으로 만들어진 피난처는 날아가 버리고 더 이상 찾을 수 없게 된다. 이 거짓의 피난처는 애굽 자체가 아니라, 참 피난처가 아닌 것을 신뢰하는 행위이다. 애굽 및 다른 나라와 맺은 그릇된 도모와 동맹은 모두 그 나라에 밀어닥칠 하나님의 심판의 폭풍 앞에서 날아가 버리게 될 것이다. 15절의 "거짓으로 우리의 피난처를"이라는 표현을 이사야가 취하여 여기에서 그것을 어떻게 반전시키는 지를 유의해 보는 것은 흥미 있는 일이다.

그 숨는 곳: 선지자는 또다시 15절의 어휘를 사용하고 있으며 또한 2절에까지 거슬러 올라간다.[35] 유다는 죄에 있어서 사마리아와 같이 되었다. 그런 까닭에 유다

고).

34) יעה, 한 번밖에 안 나오는 단어. משקלת는 추, 평면을 재는 기구이다. 이 형태는 끊어 읽기 형태이다. וסתר–어순에 유의하라. 목적격, 주어, 동사. 우박과 물(홍수)은 30:30; 32:19에서 하나님의 심판을 묘사하는 역할을 한다. 9:6에서처럼, מִשְׁפָּט와 צְדָקָה가 함께 사용되고 있는데, 이는 이 단어들이 하나님의 통치의 특징을 나타내주기 때문이다.

35) 2절에 대한 반영이 "우박," "물," 그리고 "창일함(넘침)"의 사용에서 나타난다. 죄에 있어서, 유다족속들이 사마리아와 같다면(7, 8절; 또한 1, 3절을 참고) 그 징벌에 있어서도 같을 것이다. 하나님께서 책망하시는 자들은 교회에서 기둥들로 여겨지기를 원하였으나 그들은 교회를 무너뜨리는데 최선을 다 하였다.

는 심판이 사마리아에 닥쳤던 것처럼 심판이 그에게 닥치게 되리라는 것을 기대하였을 것이다. 사람이 숨고자 하는 곳은 어디나 심판의 물이 넘쳐흐를 것이며 그 피난의 장소를 덮어 가리고 말 것이다.

28:18 이사야는 이제 그 나라를 향하여 직접 말을 하는데, 그 나라가 사망과 맺은 언약이 어떻게 될 것인가를 표현하는 동사로 시작한다. 이 언약은 덮어질 것이며, 즉 지워질 것이며, 그리하여 그것을 읽을 수 없을 것이다. 선지자는 문질러 지워져서 더 이상 읽을 수 없는 서판을 생각하고 있는 것 같다.[36] 그렇지만 그가 단순히 비유적 표현을 사용하여 언약의 조건이 완전히 폐기 되어서 더 이상 구속력이 없다는 것을 보여주고 있는 것일 수도 있다.[37] 그렇다면 사망은 더 이상 구속되지 않는다. 따라서 사망은 이제 유다를 통치할 수 있다.

이와 같이 백성이 친히 스올과 맹약하였다고 생각하였던 협약은 유지되지 못할 것이다.[38] 이사야는 단순히 백성의 자랑을 취하여, 숨을 곳을 찾는 곳에서 어떤 피난처를 가지고 있던 간에 어찌하여 그들이 결코 피난처를 가질 수 없는 지를 보여준다. 그는 그들의 자랑거리를 단계적으로 고려하여 그것을 완전히 들추어낸다. 그리고 넘치는 재앙에 있어서 그것이 지나갈 때, 그 나라는 재앙에게 밟힘을 당할 것이다. 15절에서 이사야는 완료형을 사용하였는데, 그 절에서는 유행하는 재앙에 대한 생각이 단순히 백성에 의해 하나의 가능성 정도로 시사되었기 때문이다. 그렇지만 여기서는 미완료형을 사용하고 있다. 왜냐하면 여기에 사용된 어투가 예언의 어투이며 또한 넘치는 재앙이 확실하기 때문이다.[39]

---

36) 그리고 덮여질 것이다(폐하며)—남성 동사 다음에 여성 단수 주어가 나온다. 이와같이 일반적 규칙에서 벗어난 형식은 술어가 주어 앞에 놓일 때 나타날 수 있다. 18절 상반절의 교차적 배열을 주목하라. כפר는 다른 곳에서 죄와 관계하여 사라지는 것에 대해 푸알형으로 사용되고 있다(6:7; 22:14; 27:9을 참고). 여기서는 이것이 "덮은," *obliterabitur foedus vestrum*의 의미로 사용되었다. Houbigant의 וְתֻפַר(그리고 깨어질 것이다)로 고치도록 제안한 첫 번째 사람일 것이다(렘 33:21을 참고). 그러나 이러한 수정은 불필요하다. Gesenius는 이것이 철필로 그 글자들을 삭제하는 것을 가리킨다고 생각하고, 어근이 "지우다"를 의미하는 아람어와 수리아어 역과 비교한다.

37) 고대에는 계약을 파기할 수가 없었다. Esarhaddon은 그의 신민들에게 그들이 계약의 맹세들을 변경시키지 말고, 그것을 불에 넣지도 말고, 어떤 방법으로든 그것을 파기하거나 사라지게 혹은 지워지게 하지 말라(타—사—판—아—니)고 요구하다(봉신 계약들의 410—413행을 참고). 또한 Sefire Inscriptions에 있는 저주들을 참고하라(또한 *JAOS*, Vol. 81, No. 3, 1961, pp. 178—222을 참고).

38) 15절의 חֹזֶה대신에 추상명사 חָזוּתְכֶם이 사용되었다.

39) 유행할 때—15절의 과거형 대신 미완료형. 15절에서 재앙을 다가올 수도 있는 어떤 것 정도로

이제 세 번째 비유가 등장한다. 재앙이 어떻게 넘쳐흐르고 밟을 수 있는가라고 물을 수 있다. 알렉산더가 이점에서 누구보다도 지혜롭게 주석을 하였다고 생각된다. "이 어투를 인위적인 편집의 법칙들과 일치시키기 위한 시도는 이 경우 같은 주제에 엄밀히 적용될 수 없는 표현들의 배합으로 말미암아 가망이 없게 된다. 군대가 밟을 수는 있으나, 군대가 문자적으로 넘쳐흐르는 것은 될 수가 없다. 시내가 넘칠 수는 있으나, 그것이 문자적으로 밟을 수는 없다. 마치 선호의 문제처럼 이와 같이 혼용된 비유의 효과와 명확성이 정확함이나 정당함의 임의적 기준과 관련하여 이 비유의 부정확성보다도 더 중요하다고 간주하게 될 때가 아마도 오게 될 것이다."그러나 "밟힘"이라는 단어와 함께 한 군대가 오고 있고, 유다는 그 발에 밟힐 것이라는 뜻이 확연하다(참고. 5:5; 7:25; 10:6).

28:19 앞 절에 결론지었던 개념을 취하여, 이사야는 이제 대적과 대적의 파괴하는 세력으로 주의를 이끌어 들이고 있다. 그는 재앙의 개념으로 되돌아가서 "그가 유행할 때마다 너를 잡을 것이니"라고 단언한다. 백성은 넘치는 재앙이 유행할 것이라고 인정하였지만, 그것이 그들에게 닥치지 않을 것이라고 생각하였다(15절). 이에 대해 이사야는 재앙이 확실히 유행할 것이며 밟을 것이라는 선언을 하였다(18절). 여기서는 한 걸음 더 나아가 그는 재앙이 단지 한번이 아니라 상당히 여러번 유행할 것이며 이것이 유행하게 될 때마다(혹은, 때때로) 백성을 취하여 갈 것이라고 지적한다.[40] 파도에 파도가 유행할 것이며(지나갈 것이며) 피할 길이 없을 것이다. 밀려오는 각 파도는 백성을 사로잡아 갈 것이다. 이 단어는 반드시 바벨론 포로를 가리키지 않으며, 예레미야 15:15의 "주의 오래 참으심을 인하여 나로 멸망치 말게 하옵시며"에서 보여진 바와 같이, 하나님의 존전으로부터 그들이 사로잡혀 감을 가리킨다.

이사야는 이제 이어서 그의 선언에 대한 이유를 제시한다. 그 재앙은 매일 아침마다 유행할 것이다. 매일 아침마다 재앙이 마치 새로운 시작인 것처럼 시작할 것이고, 밤낮으로 지속할 것이며, 그리고 나서 그 다음날도 시작할 것이다. 다시 말해서 이것이 변함없이 지속적으로 넘치게 되어, 이로부터의 구원이나 구조의 길이 없을 것이

생각하는데서 그 나라의 자랑을 볼 수 있다. 그러나 여기서는 재앙이 지나갈 것이라는 것을 강조하기 위하여 미래형이 의도적으로 사용된다.

40) 직역하면, "양껏," "…때마다." זועה, 밟음, 예레미야 15:4; 하박국 2:7을 참고하라. כי는 19절 상반절의 선언에 대한 이유를 소개한다.

다. 그 나라는 재앙이 결코 그 나라에 도달하지 못할 것이라고 믿었다. 그러나 실제로 그 나라는 그 재앙의 미침으로부터 결코 도망할 수 없을 것이다.

또다시 선지자는 그의 설교에 대한 백성의 조롱으로 되돌아간다. 전하여 진 것 곧 계시가 있으며, 백성은 그것을 깨닫게 될 것이다. 그러나 그들이 무엇을 깨닫게 될 것인가? 이에 대해서 이사야는 "오직 두려움이라"는 두 단어로 대답한다. 그는 이 두 단어를 맨 앞에 두어 강조한다. "오직 두려움만이 전하여 진 것에 대한 이해이다"라고 번역할 수도 있다.[41] 그 메시지 자체를 깨닫는다는 것이 두려운 것이라는 뜻이 아니고, 깨달아 듣게 되는 것의 결과가 두려움이 되리라는 뜻이다. 그러므로 이 표현은 백성이 이사야의 설교에 대해 말했던 내용과 날카롭게 대조를 이루고 있다. 그의 설교를 들으면서 그들은 조롱했다. 이제 그들은 보다 잘 배우게 될 것이니, 이제 하나님의 말씀을 들을 것이고, 두려움이 그들의 마음으로부터 일어날 것이다.

28:20 이사야는 그가 방금 전에 말했던 내용의 신실성을 뒷받침하기 위하여 속담을 말하는 방식을 사용한다.[42] 백성의 상황은 침상이 너무 짧아서 몸을 펼 수가 없는 것과 같다고 말한다. 침상이 너무나 짧아서 사람에게 필요한 안식을 제공해 주지 못하는 것처럼, 백성의 상황은 그들이 처한 곤경 중에 그들에게 필요한 안식이 없게 될 것이다. 그들이 눕는 침상이 그들을 필요로 하는 안식을 제공하지 못하는 것이다. 다시 말해서, 그들은 다가올 진노를 피할 수 없는 상태에 있었다.

본 절의 하반절에는 이불이 너무나 좁아서 사람을 덮지 못하는 비유로 의미가 전달된다. 그들의 상황이 백성의 필요를 충족시켜 주지 못하고 있다. 이 비유들은 생생하며 선지자가 마음에 담고 있는 진리를 표현하기에 아주 적합하게 사용되었다.

28:21 또다시 이사야는 "이는"이라는 단어로 본 절을 시작하고 있는데, 이번에는 하나님의 징벌 심판의 특성을 예증하고 있다. 그는 이것을 그 나라의 역사로부터 취해 온 두 개의 사건들과 비교함으로써 하고 있다. 먼저 그는 브라심 산과 비교

---

41) Gesenius의 다음과 같은 번역에 동의할 수 없다. "*nur das Gerucht zu vernehmen, ist Schrecken.*" 그보다는 맛소라 학자들이 제시한 대로 "오직"이 "두려움"과 함께 해석되어야 할 것이다. 이 뜻은 소식에 대한 이해는 두려움만 가져온다는 것이다.

42) 그러므로 כִּי는 왜 백성들이 더 이상 웃을 수 없는지에 대한 이유를 제시하고 있다. 직역하면, "이는 그 침상이 짧아서" 즉 "너무 짧아서…할 수 없다."

한다.[43] 이곳은 분명히 다윗이 블레셋을 무찔렀던 바알브라심을 가리킨다(삼하 5:20). 다윗은 그가 그 장소에 지어 주었던 이름을 친히 설명한다. "여호와께서 물을 흩음같이 내 앞에서 내 대적을 흩으셨다." 이 언급에서 "흩음"이 강조되어 있고 또 물에 대한 언급이 있음을 유념해야 할 것이다(본 장의 2, 15, 17, 18절을 참고). 그러므로 이 비교와 더불어 이사야는 여호와께서 일어나 심판을 행하시게 될 방법을 시사한다. "일어나시며"라는 동사는 주께서 자기 백성에 대항하여 행동을 취하실 준비가 되어 있음을 지적하고 있는 것이다(2:19을 참고).

두 번째 비교의 대상은 여호수아가 가나안의 다섯 왕들과 싸웠던 기브온 골짜기이다(수 10:8–14). 여기서 가나안 족속은 우박에 의하여 멸망당했다. "여호와께서 하늘에서 큰 덩이 우박을 아세가에 이르기까지 내리우시매 그들이 죽었으니 이스라엘 자손의 칼에 죽은 자보다 우박에 죽은 자가 더욱 많았더라"(수 10:11). 이것은 이사야 당시의 백성들이 신뢰하였던 거짓된 피난처를 쓸어버리는 우박에 대한 강조와 잘 어울린다. 진노를 발하심에 있어서, 기브온 골짜기에서 보여진 것과 같이, 여호와께서는 그 나라에 임하실 것이다. 그의 보응은 그의 진노의 결과가 될 것이며 죄악된 사람을 향한 것이다.

그의 일어서심과 진노의 목적은 그의 사역, 심지어 심판 사역을 성취할 것이다(5:12을 참고). 그러나 이사야는 이것을 비상한 일로 묘사하고 있으며 그의 사역을 이루심을 기이한 것으로 묘사한다.[44] 이것은 하나님께서 그의 사역에 있어서 낯선 사람이나 이방인이 행하는 것처럼 행동하실 것을 의미하지는 않는다. 또한 보복하는 공의가 하나님의 성품과는 생소하거나 소원한 것임을 의미하지도 않는다. 하나님은 사랑이시다. 그러나 하나님은 동시에 소멸하는 불이시며, 징벌하시는 사역은 바르고 의롭다. 그의 성품의 본질적인 속성은 그의 보응하시는 공의이다. 확실히 이사야가 의미하는 것은(비록 어휘가 난해해서 독단적으로 주장할 수는 없을지라도) 일어난 일이 섭리의 일반적인 과정과는 다른 비상하고도 기이한 것이다. 신정 통치의 징벌은 사람으로 하여금 잠시 멈추고 묵상하게 만들만큼 이상한 사건이다. 하나

---

43) 브라심–사무엘하 5:20; 역대상 14:11을 참고하라, 예루살렘과 베들레헴 사이에 있는 언덕들이다. 기브온–사무엘하 5:25; 역대상 14:16, 예루살렘의 북쪽 몇 마일(약 7마일) 지점에 있는 El–Jib과 일반적으로 동일시됨. 이 두 곳에서 다윗은 블레셋인들로 하여금 곤혹을 치르게 하였다.

44) Green(*op. cit.*, p. 273)은 "비상한"과 "기이한"이란 형용사를 강조를 위해 앞에 둔 한정사로 본다. 그러나 그럴 경우 형용사가 관사를 가져야 하지 않겠는가? 형용사를 서술어로 해석하는 것이 더 낫고 더 요구된다.

님이 자신의 작품을 파괴하시는 것처럼 보인다. 그는 구원이 신정통치를 통하여 올 것이라고 약속하셨다. 그러나 이제 이 신정통치를 곧 멸망시키려고 한다. 이것은 자신의 목적에 역행하여 나가는 것이 아닌가? 실로, 이것은 이상한 일이요, 하나님께서 통상적으로 하시는 일에는 기이한 일로 보였을 것이었다!

28:22 그 나라에 대한 호소는 이제 적절하며, 이 호소에서 선지자의 부드러운 관심과 궁극적으로는 주님의 부드러운 관심이 뚜렷이 나타난다.

그러므로(and now): 이 표현은 방금 전에 말한 내용의 결론을 짓는 데 잘 어울린다. 심판이 확실한 사건이므로, 이제 주의하고 그에 따라서 행동하는 것이 적절하다.

경만한 자가 되지 말라: 이러한 명령은 백성에게 필요한 것이다.[45] 물론 이사야는 14절의 호칭을 취하여, 마치 "너희 조롱의 사람들아, 더 이상 조롱하지 말아라. 만약 너희가 조롱하기를 계속한다면, 너희는 너희의 결박이 견고하여 떠나가지 않을 것이다"라고 말하는 것 같다. 이 결박들은 애굽과의 동맹과 같이 백성이 의지하였던 그릇된 방법이었다. 이것들은 그 나라가 거짓된 소망과 확신에 묶이고 엮이는 결박이었다. 만일 백성이 계속 조롱한다면, 이 결박들은 강화될 것인데, 그것들이 헐거운 결박이 아니었으므로 점점 더 조여지게 된다는 것이 아니고, 느슨해지거나 끊어질 수 없다는 의미에서 강화된다는 것이다. 그 나라는 결박들에 꽉 조여져서 결국 멸망할 것이다. 만일 백성이 하나님의 말씀을 조롱하는 어리석은 길을 고집한다면 그렇게 종말이 닥칠 것이다.

이사야는 그가 이미 소개하였던 개념을 취하여(10:23을 참고), 그 심판을 "멸망시키기로 작정하신 것"으로 말한다. 후에 다니엘이 칠십 이레의 놀라운 예언에 사용한 이 표현을 통하여 선지자는 하나님의 작정 가운데 결정되어 온 신정통치의 종말을 염두해 두고 있다. 유다는 종말이 신정국가에 다가오고 있다는 진리를 배워야 한다. 더욱이 이 종말은 하나님 편에서의 마음의 변화를 의미하는 것이 아니고 오히려 특별히 결정된 것이다. 그런 까닭에 이것이 변경될 것이라는 말은 있을 수 없다. 쉐무아(שְׁמוּעָה, 전하여진 것, 9절)란 단어를 반영하여, 이사야는 여호와께로부터 들었다(샤마티, שָׁמַעְתִּי)고 선언한다. 그가 하나님을 주권자로 언급하면서 본 예언을 시작하였던 것처럼, 그는 이 메시지를 비슷한 언급과 함께 결론으로 이끌어 간다. 주권자께서 그에게 이 진리를

---

45) תתלוצצו–경멸하는 자(조롱하는 자)로 행동하다. 결박–1Q에서는 보다 공통 복수형이 나타난다(렘 2:20; 5:5; 27:2; 30:8을 참고).

계시하여 주셨으므로 그것은 확실한 것으로 받아들여져야 한다.

"온 땅을"이라는 말로 표현된 전우주적 개념이 나타난다. 이 말의 등장으로 야기된 난점으로부터 쉽게 벗어나는 것은 이 말을 설명어로 간주하는 것이다. 그러나 이러한 접근방식에는 타당한 근거가 없다. 본 장에서 이사야가 우주적 심판에 대해서 말하여 온 것이 아니라 앗수르가 신정국가에 행하는 유린에 대하여 강조하여 말해 왔으므로, 문맥에 비추어서 이 표현을 이해해야 한다. 결과적으로 신정국가의 멸망이 어떤 의미에서 하나님의 온 땅에 대한 심판을 나타내는 사건으로 보여질 수도 있을 것이다. 이스라엘은 이방을 비추는 빛으로 의도되었고 세상의 축복이었다. 그리고 무대에서 이 나라의 사라짐과 더불어 온 땅은 고통을 당할 것이다. 성전이 시온에서 있는 한, 진리의 축복은 우상숭배와 미신으로 가득 찬 세상 가운데서 발견될 수가 있었다. 그러나 성전이 파괴되었을 때, 온 땅 자체는 헤아릴 수 없는 고통을 받을 것이다. 본 예언의 마지막 말씀은 이러한 의미로 이해해야 할 것으로 보인다.

23절, 너희는 귀를 기울여 내 목소리를 들으라 자세히 내 말을 들으라
24절, 파종하려고 가는 자가 어찌 끊이지 않고 갈기만 하겠느냐 그 땅을 개간하며 고르게만 하겠느냐
25절, 지면을 이미 평평히 하였으면 소회향을 뿌리며 대회향을 뿌리며 소맥을 줄줄이 심으며 대맥을 정한 곳에 심으며 귀리를 그 가에 심지 않겠느냐
26절, 이는 그의 하나님이 그에게 적당한 방법으로 보이사 가르치셨음이며
27절, 소회향은 도리깨로 떨지 아니하며 대회향에는 수레 바퀴를 굴리지 아니하고 소회향은 작대기로 떨고 대회향은 막대기로 떨며
28절, 곡식은 부수는가, 아니라 늘 떨기만 하지 아니하고 그것에 수레 바퀴를 굴리고 그것을 말굽으로 밟게 할지라도 부수지는 아니하나니
29절, 이도 만군의 여호와께로서 난 것이라 그의 모략은 기묘하며 지혜는 광대하니라

28:23 이사야는 네 개의 명령형으로 백성에게 그가 말하는 것을 들으라고 명령한다. 비록 그의 핵심 메시지가 마무리 되기는 하지만, 그는 설명과 예증의 방식으로 비유를 덧붙이곤 한다. 그의 처음 두 명령은 하늘과 땅을 향한 그의 첫 번째 요청(1:2)을 상기시켜 준다. "목소리"와 "말"이란 단어는 이 메시지가 말로 전하려고 하는 메시지임을 보여준다. 방금 전해 준 엄청난 메시지 이후에, 메시지를 비유로 제시

하고 있는 말이 어느 정도 묻혀 버릴 수가 있기에 이를 방지하기 위해 명령형이 의도된 것이다. 뒤에 이어지는 것이 중요한데, 곧 듣고 순종해야 하는 것이다.

28:24 선지자는 적절한 질문으로(이것은 부정적인 답변을 기대한다) 그가 말하고 있는 것에 집중케 하고 있다. 매일 – 하루 종일이 아니고 언제나 – 이 용례는 창세기 6:5에 있는 것과 유사하다(사 65:5을 참고). 가는 자가 종일 갈고 다른 일은 아무것도 하지 않는다는 뜻이 아니고, 그가 지속적으로 매일 간다는 것이다. 이사야가 일하는 자를 밭가는 자로 말하고 있기는 하지만 마음속에 농부, 곧 농사를 짓는 데 필요한 모든 허드렛일을 해야 하는 농부를 염두해 두고 있다. 아마도 가는 일이 농사일 중 가장 힘들고 시간을 소모하는 일이기에 이와 같은 이유로 구별하여 언급한 것이다.

오늘날에는 성경 시대에 사용된 쟁기에 대하여 많이 알려져 있지 않다. 이것은 쇠로된 끝부분에 나무 막대가 연결된 것으로 보이며 소가 끌었다(왕상 19:19을 참고). 쇠가 도입되기 이전에는 가는 부분을 구리나 동으로 만들었다. 그러나 이 금속들은 땅을 파는 데 있어서는 단단하지 못하고 쉽게 구부러지고 꺾어졌다. 쇠는 더 강했으므로 더 크고 확실히 더 쓸모 있게 끝을 뾰족하게 할 수 있었다.

파종하려고: 이 표현은 농부의 일의 목적을 언급하기 위하여 첨가되었다. 만일 그가 파종할 것이라면, 그는 지속적으로 끊임없이 가는 일에 매달려야만 하는가? 이 질문에 대한 대답은 부정적이다. 즉 그가 해야 할 다른 일들도 있다.

개간하며: 이것은 해야 할 다른 일 중에서 첫 번째 것이지만 이 일이 정확하게 어떤 일인가? 어떤 사람은 이것이 두 번째 가는 것이라고 생각하여 왔는데, 가능한 생각이다. 다른 사람들은 이 단어가 사실상 질문에 담긴 생각의 반복이라고 믿는다. 이 해석에 따른다면 "가는 자가 파종하기 위하여 언제나 갈기만 하겠는가? 그가 갈고 고르게만 하겠는가?"를 의미하게 된다. 출애굽기 28:9에 비추어 이 행위는 밭에 고랑을 만드는 것으로 생각되어 왔다. 이것이 옳을 것이다. "그가 개간하다"란 동사에 의하여 표현된 행위는 고르게 하는 것과 동의어이든 아니면 괭이로 고랑을 만드는 것을 가리키거나 혹은 두 번째 가는 행위를 가리키든지 할 것이다. 아마도 이것은 특히 땅의 흙덩어리들을 깨뜨리는 일과 관계된 행동일 것이다. 고대 이스라엘에서 쟁기의 쇠끝은 깊이 뚫고 들어갈 수 없어서 기껏해야 3, 4인치 정도 들어갔고 실제로는 파종하기에 알맞는 고랑을 만들 수 없었다.

고르게만 하겠느냐: 이 동사의 어근의 개념에 내포된 것은 질질 끈다는 뜻이다.[46] 사실상 고르게 하는 일은 단순히 나뭇가지들을 질질 끌어서 갈아진 땅을 고르게 하는 것일 수 있다. 빗물의 흐름을 점검하여 땅의 침식을 막기 위해 단지별로 땅을 고르는 일은 예루살렘의 언덕과 같이 경사진 지대에서는 특별히 중요하였다. 이 두 단어를 시간적 순서에 따라 반드시 볼 필요는 없다. 이사야는 개간하는 일이 반드시 고르게 하는 일에 앞서야 한다는 것을 의미하지 않는다. 그가 전적으로 말하는 것은 땅을 가는 일에 추가해서 농부는 개간하고 고르는 작업을 해야만 한다는 것이다.

그 땅을: 이 단어는 의미에 확연히 중요한 효과를 더해주는데 그 땅이 농부에게 속해 있으며 그의 관심과 돌봄의 대상이었음을 보여주기 때문이다. 그와 같이 하나님의 징계하는 손길을 느끼게 될, 그러나 결국에는 그의 구원의 목적들이 실현되는 것을 보게 될 신정국가는 하나님의 특별한 사랑과 돌보심의 대상이었다.

이제 이사야의 예증의 요점이 무엇인가 물을 수 있을 것이다. 어떤 사람은 그것이 단순히 하나님의 섭리적 사역 방법의 차이점들을 예증하였다고 제안하였다. 이러한 설명은 너무나 일반적이어서 문제의 핵심을 파헤치지 못한다. 본 장의 앞부분에서 선지자는 약속과 심판을 모두 제시했었다. 그 약속(5–6절)은 실패로 돌아가거나 취소될 수 없다. 그렇다면 어떻게 그 약속과 하나님의 확실한 심판사역(14–22절)을 조화시켜야 하는가? 그 답변은 이 둘이 서로 배타적이지 않다는 것이고, 그렇지만 약속과 심판 모두 그의 백성들에 대한 하나님의 목적을 실현하는 데 필요하다는 것이다. 그의 목적은 자기 백성의 궁극적 구원이고 그래서 그의 이름이 영화롭게 되는 것이다. 그는 그의 구속받은 자들의 "영화로운 면류관과 아름다운 화관"으로 보여져야만 한다. 동시에 만일 그의 백성이 진정으로 구원받아야 한다면, 단지 표면적으로 신정국가의 구성원인 사람들을 포함하여 모든 대적이 심판의 보응을 받아야만 한다. 그러므로 그의 계획의 완전한 성취를 위하여 구원사역과 심판사역 모두가 있어야 한다. 이 두 가지가 다 그의 백성의 구원이라는 궁극적 목적이 성취되기 위하여 필수적이다.

이사야의 예증이 지적하려는 것이 바로 이것이다. 파종을 하려면 농부는 한 가지 이상의 일을 해야 한다. 그는 물론 갈아야 한다, 그러나 이것이 다가 아니다. 그 외에

---

46) 아카드어 사다두, "끌다, 질질 끌다"를 참고하라. *aratione per transversum iterata, occatio sequitur, crate vel rastro, et sato semine iteratio*(Pliny Historia Naturalis xviii. 20).

도 그는 땅을 개간하고 고르게 해야 한다. 하나님도 마찬가지이다. 그 땅이 파종하기에 충분히 준비되기 위해서, 그는 약속과 경고를 모두 준다. 선지자가 유다 백성에게 들으라고 명령하는 것이 바로 이 메시지이다.

28:25 이사야는 질문을 이어간다. 농부의 일은 땅을 파는 것이 전부가 아니다. 땅이 소산을 낼 수 있도록 파종하는 것 역시 농부의 일이다.[47] 농부는 흙을 깨뜨리고 또한 돌보고 관심을 둘 것이다. 그가 어떻게 땅을 고르는지에 대해 말하지는 않지만 이 표현은 단순히 고르게 하다의 동의어일 수 있으며 또한 땅의 표면 위로 나뭇가지를 끄는 행위일 수 있다.

소회향: 어휘의 교차적 순서에 주목해야 한다. "그는 소회향을 뿌리고 대회향을 그가 뿌린다." קצח는 소회향(black cumin)이고 맛을 내는 데 사용되는 회향(nigella sativa)으로 조그맣고 검은 매운 씨를 가지고 있는 식물이다.

대회향: 양념으로 재배되는 식물(Cuminum sativum)이다.

묘사가 계속되는데 다른 행위들은 소맥을 줄줄이 심는 것이다. 사용된 단어가 분명하게 이해되지는 않지만 씨를 심는 밭의 고랑들을 의미하는 것으로 보인다.

대맥을 정한 곳에 심으며: 씨를 아무렇게나 심어서는 안 되고 정한 곳, 곧 지정된 혹은 결정된 장소에 심어야 한다.

귀리를 그 가에: 접미사는 일반적으로 밭을 가리킬 수 있기에 그 귀리가(만일 이것이 히브리어의 의미라면) 밭의 가장자리를 따라서 심겨진 것으로 이해해야 할 것이다. 이것이 왜 그렇게 되는지는 분명치 않다. 접미사가 농부 자신을 가리킬 가능성도 있다. 어느 경우든 의미는 대략 같은데, 곧 귀리가 밭의 가장자리에 심겨져서 보리밭의 경계를 이룬다는 것이다. 농부는 자기의 일을 조심스럽게 계획에 따라서 장소와 방법을 직접 알아보고서 다른 곡식들도 자라나도록 일을 하는 것이다.

---

47) 과거형들은 그 행위가 자주 반복되는 것을 암시할 수도 있다. 다음과 같이 번역될 수도 있다. "그가 고르게 할 때가 아니며, 그가 뿌리며, 줄줄이 심을 때가 아니냐?" König는 "*Ist nicht vielmehr das der Fall? Wenn er ihre Oberfläche eben gemacht hat, so streut er Scharzkümmel aus und streut andern Kümmel.*" קצח는 소회향이며, B는 μελάνθιον으로 번역한다. Vulgate 역은 *gith*로 하고 있는데, 셈어 기원을 가진 단어이다. Penna는 이것이 고대 칼타고를 통하여 라틴으로 유입되었을 수도 있다고 생각하고 히브리어 גַּד(미나리과 식물인 고수)에 비교한다. שׂערה–아마도 "열을 지어"일 것이니, 1Q에 의하여 증명된다. 이것을 부사적 대격으로 볼 수 있다. נסמן–"정한 자리에," B는 빠졌다. 형태는 니팔 분사형이고, Gesenius는 그것을 *designatum*, 즉 "지정된(*bezeichenten*) 장소"로 보며 Targum도 그렇게 번역한다.

28:26 농부가 이같은 지혜로운 방법으로 행한다는 것은 그를 가르치신 하나님의 선물에 기인한다. 하나님께서는 그를 정확하게 교훈하시고 가르치신다. 이것이 본 절의 자연스러운 독법으로 보인다. 즉 하나님을 두 동사의 주어로 보는 것이다. 다른 한편 드렉슬러의 견해를 주목해야 하는데, 그는 첫 번째 동사를 농부에게 적용하고 두 번째 것을 하나님에게 적용한다. 이러한 해석에 따라 "그리고 하나님께서 그에게 가르치시는 규칙에 따라 그것을 준비한다"고 번역할 수도 있다. 이러한 해석은 가능하며, 의미에 실질적으로 영향을 미치지 않는다.

하나님은 농부가 하는 일을 그에게 가르치신다.[48] 이것은 교훈이 특별계시를 통하여 농부에게 온다고 말하는 것이 아니다. 그보다는 농사에 대한 지식이 그에게 주어진 하나님의 선물이라는 일반적인 선언이다. 인간은 자기 일을 스스로 해 나가지 못하니, 이는 도움이 없이는 무엇을 해야 할지 알지 못하기 때문이다.

농부는 자기가 하고 있는 것을 안다. 그는 무지 중에 더듬어 찾으며 그가 따르는 절차가 풍성한 수확을 거두리라고 헛되이 바라지 않는다. 그는 하나님을 통해 그가 해야만 하는 것을 알고 있는 자이기에 그에 따라 행한다. 일하는 농부를 보고 그가 하고 있는 것을 이해하지 못하는 사람은 그의 절차의 지혜를 비웃거나 의문시할 수도 있다. 그렇지만 그러한 사람은 단지 자신이 무지하고 이해력이 부족하다는 사실을 드러낼 뿐이다. 조롱하는 자들은 야곱의 하나님께서 행하시고 있는 일에 까닭도 이유도 없다고 생각할 수 있다. 만일 하나님의 행하신 행위의 지혜를 의심하는 대신에 그들이 하나님의 방식에 대한 자신들의 무지를 인정하였더라면 훨씬 더 지혜로웠을 것이며 하나님의 의로운 심판에 순복하여 그것을 의와 심판의 길로 인정하였을 것이다.

28:27 실제로 농사일을 해 나가는 옳은 방법이 있는데, 선지자는 이제 그 바른 방법을 서술한다. 그런 까닭에 그는 농부가 자기 농사일을 할 때 여호와의 가르치심을 따른다는 증거를 제시하고 있다. 이사야의 설명의 형식이 독특한데, 이는 어떻게 농부가 자기 일을 하지 않는지를 보여주기 위해 부정사를 앞에 놓고 있기 때문이다. 그

48) 그리고 그가 가르치신다—직역하면, 교정하다. 약 와우를 가진 완료형은 반복적 행동을 나타내는 것으로 보인다. 이러한 개념은 평행을 이루는 동사와 일반적인 문맥에 의하여 지지를 받는다. 동사들의 교차적인 순서를 유의하라. Vergil Georgics i. 147, 그리고 Lucretius v. 14는 농업을 Bacchus와 Ceres 신들의 것으로 돌린다. 그리고 Dios. i. 14, 15, 17은 Isis와 Osiris가 애굽인들에게 농업을 가르쳤다고 말한다.

는 "소회향은 도리깨로 떨지 아니하며"라고 말한다. 이 타작 기구는 판자에 뾰족하고도 날카로운 쇠못을 박아 만들어진 것으로, 야외에서 바닥에 펼쳐놓은 낟알들 위로 쳤을 것이다. 이런 타작 기구는 너무 무거워서 소회향을 적절하게 타작하지 못했을 것이다.

선지자는, 대회향에 대해서 수레바퀴를 그 위에 굴리지 않는다고 말한다.[49] 또 다른 타작 기구가 분명히 여기서 의도되었는데, 작은 바퀴 혹은 롤러를 굴리는 것이다. 아마도 이 바퀴는 낟알을 눌러 부술 수 있는 톱과 같은 이를 가지고 있었을 것이다. 어쨌든 이 도구의 구체적인 특징이 어떻든 간에 그것들이 여기 언급된 곡식을 타작하는 데는 알맞지 않았음에는 틀림없다. 그것들은 너무 무거워서 그러한 세밀한 일에는 쓸모가 없고 그래서 농부는 그의 목적을 위하여 이런 도구를 사용하지 않았을 것이다.

그러나 이러한 목적을 이루기 위한 좋은 방법은 있다. 소회향에 대해서는 작대기로 그것을 때리는 것으로 충분할 것이고, 대회향에 있어서도 막대기로 충분할 것이다. 단어의 배열이 흥미 있는데, 25절에서처럼, 여기서도 뜻이 교차적으로 제시되고 있다. 더 나아가서 본 절의 강조된 부정적 도입어는 하반절의 강조 도입어와 조화를 이룬다.

28:28 빵을 만드는 곡식은 부숴져야 하지만, 무거운 타작 기구로 부수지는 않는다.[50] 가루를 준비함에 있어서 갈아서 부수어야 할 것이다. 본 절의 초두를 "빵을

---

49) אוֹפַן, 바퀴–부정적 의미는 두 번째 문장에까지 확대된다. יוּסָב에서, 치찰음에 있는 다게쉬 포르테를 유의하라. יְחֻבַּט에서 연결 액센트가 카메츠와 함께 나타나며, 그 바로 뒤에 따라오는 이접사로 인하여 울티마로부터 옮겨졌다. 이것은 *Nasog Ahor*현상이다. 울티마의 체레가 이제 쎄골로 변했는데, 이는 엑센트의 옮김과 함께 울티마가 폐음절에 엑센트가 없는 음절이 되었기 때문이다.

50) 1Q에 לחם이 빠져 있다. 28절 상반절의 문법적 어구 배열은 지극히 난해하지만, 다음의 설명이 다른 어떤 것보다도 난점에서 벗어난다고 생각된다. לֶחֶם은 주어가 아니고 목적어이며, 동사는 비인칭으로 취급될 수도 있다. 첫 번째 문장은 의문문으로 취급되는 것이 가장 좋고, 그렇지만 의문 불변화사(*BH*)를 삽입할 필요는 없다. "곡식을 부수는가?" 혹은 직역하여, "빵을 위한 것이라면, 그것이 부수어져야 하는가?," 즉 완전히 분쇄되도록 부수어져야 하는가? 그 대답은 부정적이다. 그러므로 부정불변화사를 넣어 이해하여야 한다. 그렇다면 대답은 "아니라, 이는 사람이 그것을 늘 떨기만 하는 것이 아니기 때문이다"로 번역될 수 있다. Vulgate은 *panis autem comminuetur. Verum non in perpetuum triturans triturabit illum*으로 읽는다. 이 번역은 כִּי를 כִּי אִם의 의미로 취급하고 있는데, 이것이 가능한 지에 대한 확신이 없다. Drechsler의 번역도 가능할 수 있다. *Zu Brot wird's zermalmt, denn nicht ewig dreschen thut man's.* 여기서 의미하는 바는, 빵을 만들려면 곡물을 부수어야 하며

위해서는 그것이 부서져야 될 것이다"로 번역할 수 있을 것이다. 이 부서짐은 분명히 타작을 통해 이루어지는데 이 동사에 이것이 반드시 암시된 것은 아니다. 다음 문장은 이러한 해석을 뒷받침한다. 어쨌든 타작하는 것은 언제나 계속되는 것은 아니다. 왜냐하면 그것이 낟알을 겨와 같이 부수어 버릴 수 있기 때문이다. 다시 말해서 농부는 알곡이 아닌 겨만을 부서뜨리기 위하여 조심해야 하는 것이다.[51]

농부가 하는 일을 본 절의 하반절에 제시한다. 그는 그의 짐수레의 바퀴를 굴린다. 분명히 그 바퀴가 곡식을 부수기에 충분하지만 다른 한편 그는 그것을 말로 타작하지는 않을 것이다. 만일 동물들이 그 곡식을 밟는다면 발굽으로 곡식을 부서뜨릴 것이다. 이는 곡식의 알곡을 지나치게 다루는 것이므로 농부는 이 방법을 사용하지 않을 것이다. 그와 같은 방식으로 하나님께서는 그의 목적을 위한 도구를 그의 백성의 상황에 맞게 계산하여 그의 거룩한 뜻을 이루실 최상의 방법을 사용하신다.

28:29 농부는 곡식을 다룸에 있어서 신중하고도 지혜롭게 행동한다. 그들 편에서의 그러한 행실은 하나님으로부터 주어진 선물이다(25절). 그렇지만 하나님으로부터 주어진 다른 것도 있으니, 곧 인간들을 다루시는 하나님의 섭리이다. 이것(즉 14절 이하의 내용) 역시 하나님으로부터 온 것이다. 실로, 그것은 만군의 여호와로부터 나온 것이고, 이사야는 그렇게 말하면서 그것의 기원이 여호와 안에서 발견된다고 주장하고 있다. 이러한 섭리들은, 약속과 경고를 동시에 포함하는 것으로써 이해하기 어렵다. 그렇지만 그것들은 신성한 것이며, 그래서 전능하신 지혜를 나타내고 있다.

선지자는 앞에서 메시아에 대해서 사용한 바 있는 어휘를 사용하여 만군의 여호

그러기에 떠는 것이 그치는데 이는 늘 떨기만 하는 것이 아니기 때문이라는 것이다. 그래서 Luther는 *Man mahlet es, dass es Brod werde*라고 하였다. 여기서의 난점은 לֶחֶם을 마무리된 생산물의 의미로 고려하는 것인데 이는 구문에서 לֶחֶם이 떨고 난 후의 생산물이 아니라 부수는 행위를 받는 대상을 의미하는 것으로 보이기 때문이다.

S. C. Thexton은 수정을 근거로 하여 다음과 같이 번역한다. "빵을 위한 곡식은 갈아야 한다. 그것을 계속하여 막연하게 타작하지 않기 때문이다–마차 바퀴를(그것 위에) 돌리며 그것을 까부르면서 타작하지 않는다. 아니–그것을 부수어야 한다"(*VT*, Vol. 2, 1952, pp. 81–83, 116).

51) אדוש–부정사 절대형이지만 어근 אדש는 구약성경 어디에도 나타나지 않는다. 1Q는 חדש로 읽고 있는데, חִדּוּשׁ로 읽혀질 수도 있다. Drechsler는 그것이 강조를 위하여 사용된 부정확한 형태라고 말하고 스바냐 1:2; 예레미야 8:13; 48:9에 있는 אָסֹף와 סוּף어간들과 비교한다. 아마도 어근은 부정사를 위하여 접두사 알렙(א)이 붙은 דוש일 것이다.

와의 사역에 관한 두 가지 주목할 만한 선언을 하고 있다. 첫째로 "그의 모략은 기묘하다"는 것이다. 하나님의 계획과 목적은 진실로 신성한 것이며 하나님께서 홀로 계획하신 것이다. 이와 같이 지혜는 하나님에 의하여 확대된다. 그의 지혜는 단순한 인간의 지혜가 아니고 인간의 지혜를 훨씬 초월하여 확대된 것이다. 그것은 하나님 자신의 생각을 예시하는 지혜이다. 흔들리는 신정정치에 적용된 그의 거룩한 뜻이라는 알 수 없는 모략 앞에서, 사람은 다만 다음과 같이 부르짖을 뿐이다. "깊도다 하나님의 지혜와 지식의 부요함이여, 그의 판단은 측량치 못할 것이며 그의 길은 찾지 못할 것이로다"(롬 11:33).

특주

28:16에 대한 주된 해석학적 문제는 돌의 정체에 관련되어 있다.

1. 크노벨(힛지히도 포함)은 그 돌을 예루살렘으로 간주한다. 예루살렘만이 정복되지 않은채 남게 된다는 것이다. 그는 스가랴 12:3에 호소한다. 그 돌이 시온 안(in)에 세워져 있다는 반박에 대해서 그는 전치사를 본질의 나타내는 베이트(Beth essentiae)로 설명하고, 26:4; 시편 124:8을 인용한다. 그러나 이 주장을 강력하게 반박하는 의견들이 있다. Beth essentiae가 여기에 나타나는지 여부는 의문의 여지가 있다. 딜만은 단정적으로 그것을 부정한다. 왜 예루살렘이 단지 돌만이 아니라 기초돌과 비교되어야 하는지의 의문이 일어날 수도 있는데, 이는 기초 돌이 건물을 함께 지탱해 주는 의미를 지니고 있기 때문이다. 더 나아가서 스가랴 12:3은 전혀 다른 비교를 제공한다. 예루살렘은 그것을 드는 자를 해치는 무거운 돌이다. 마지막으로 예루살렘에 있는 악한 자들까지(14–18절) 그들의 피난처에 맞아 넘어질 것이다. 예루살렘 자체까지도 그들을 위한 피난처가 되지 못할 것이다.

2. 마우러(게세니우스 등)는 이 기초돌이 히스기야인 것으로 보인다고 말한다(Lapide angulari et fundamento significari videtus Hizkia, cf. 32, l. 33, 17). 그러나 이사야는 어디에서도 그 나라의 소망이 인간에게 있다고 가르치지 않는다. 사실상 이사야의 가르침은 그 반대이다(2:22을 참고). 따라서 데오도렛은 이러한 해석이 지극

히 어리석은 것이라고 주장하였다. 그 돌이 백성의 피난처 즉 거짓과 대조되어 세워져 있음을 유념해야 할 것이다. 거짓의 반대는 인간이 아니고 진리이다.

3. 어떤 이는 돌이 남은 자를 가리킨다고 말한다(예를 들면 스킨너, 그는 "이미 심판 이후에 하나님에 의해서 세워질 영적 공동체의 이미 놓여진 기초"라고 해석한다. Com. p. LXVIII). 이것은 본문의 어휘와 잘 어울리지 않는다. 이 돌이 거짓의 피난처에 반하여 진리와 정의를 보증하기에 이 돌을 신뢰하는 자는 급절하게 되지 않는다. 남은 자들조차도 더욱 정결케 되어야만 하는 때에도 이것이 남은 자에 대해 말하는 것이라고 할 수 있는가?(6:13) 위의 2항에서 인간에 대한 신뢰에 대해 언급한 바를 여기서 적용할 수 있다.

4. 키쎄인은 때때로 제시되었던 한 의견, 즉 그 돌이 여호와를 의지하는 것이라는 견해를 주장한다. 이 해석은 돌과 믿는 자들을 동일시한다. 이 의견에 대해 최소한 세 개의 반대 논증들이 있다. (1) 이사야가 말하고 있을 때 그 돌은 이미 놓여져 있는 반면 "믿는 자"라는 표현은 선지자의 선언에 그 돌에 대한 사람의 반응을 나타낸다. 믿는 행위는 그 돌을 세우시는 하나님의 행위를 가리킨다. 모든 인간은 이 행위에 믿음의 방식으로든 불신앙의 방식으로든 반응할 것이다. 믿음의 방식으로 반응하는 자는 급절하게 되지 않을 것이다. (2) 이 견해는 하나님께서 시온에 그에 대한 믿음을 시금석으로 세우신 것을 견지하도록 한다. 그러나 이 믿음이 항상 인간이 심판을 받는 시금석이지 않았는가? 예를 들면 이것이 아하스가 책망을 받게된 시금석이지 않았는가? (3) 그 돌은 그 나라의 거짓된 피난처에 반대되어 세워졌다. 야웨에 대한 신뢰가 충분한 대조를 이루는가? 그렇지 않으면, 참으로 대조를 이루고 있는 것이 오히려 야웨 자신이나 신뢰를 하게 되는 어떤 대상인가?

5. 하나님께서 시온에 세우신 것은 그의 아들 예수 그리스도의 인격 안에서 인간들 가운데 거하시는 그의 거주이다. 그 돌은 인간이 그들의 믿음이나 신뢰를 둘 어떤 대상이다. 이 견해는 또한 다음 사항들에 의하여 지지를 받는다. (1) 메시아적 해석이 명백히 신약에 채택되어 있다. 바울은 그리스도를 가리켜 말하면서 이 구절의 문구를 사용한다. "누구든지 저를 믿는 자는 부끄러움을 당하지 아니하리라"(롬 10:11). 앞에서(9:33) 바울은 이미 이 구절을 이사야 8:14과 뒤섞어서 사용했다. "기록된 바 보라

내가 부딪히는 돌과 거치는 반석을 시온에 두노니 저를 믿는 자는 부끄러움을 당치 아니하리라 함과 같으니라"(롬 9:33). 이스라엘 백성들이 넘어뜨리는 돌에 걸려 넘어졌으니(롬 9:32), 이는 믿음에 의지하지 않고, 의의 법에 도달하지 않았기 때문이라는 것을 보여주기 위해 이것이 사용되었다.

베드로 전서 2:6, 7에서 또다시 이 두 구절들에 대한 언급을 발견하는데, 이에 덧붙여서 시편 118:22을 언급한다. "경에 기록하였으되 보라 내가 택한 보배롭고 요긴한 모퉁이 돌을 시온에 두노니 저를 믿는 자는 부끄러움을 당치 아니하리라 하였으니 그러므로 믿는 너희에게는 보배이나 믿지 아니하는 자에게는 건축자들의 버린 그 돌이 모퉁이의 머릿돌이 되고." 마태복음 21:42-44에 시편 118편과 이사야 8:14-15에 대한 언급이 있는 반면에 사도행전 4장에서는 시편 118편을 참조하고 있다. (2) 헹스텐베르크에 의하면 그 돌은 하나님의 나라 곧 교회이다(슥 3:9을 참고). 그렇지만 하나님의 나라에 대해 언급된 바는 우선 그 머리와 중심을 가리킨다. 이러한 진리를 이사야 14:32에서 예증하고 있다. 그렇지만 여기서 시온과 그 돌 사이에 구별은 이루어져야 한다. 반면에 어떤 의미로는 다윗 왕조가 이 언급된 내용에 내포되어 있을 수도 있는데, 주된 것은 신뢰를 둘 수 있는 것, 즉 뛰어난 다윗계열의 통치자 그리스도이다.

2. 예루살렘의 죄와 구원의 선포(29:1-24)

1절, 슬프다 아리엘이여 아리엘이여 다윗의 진친 성읍이여 연부년 절기가 돌아오려니와
2절, 내가 필경 너 아리엘을 괴롭게 하리니 네가 슬퍼하고 애곡하며 내게 아리엘과 같이 되리라
3절, 내가 너를 사면으로 둘러 진을 치며 군대로 너를 에우며 대를 쌓아 너를 치리니
4절, 네가 낮아져서 땅에서 말하며 네 말소리가 나직히 티끌에서 날 것이라 네 목소리가 신접한 자의 목소리같이 땅에서 나며 네 말소리가 티끌에서 지껄거리리라

29:1 에브라임의 교만의 면류관인 사마리아의 멸망을 말하고 나서 이사야는 이제 남으로 돌이켜서 남왕국의 수도인 예루살렘을 향해 그의 소견을 말한다. 그의 도

입어가 그 소리의 격함과 더불어 다윗성에 대한 그의 관심을 드러내는 것으로 보인다. 그는 그 성을 아리엘이라고 부른다. 그렇게 하면서 그가 예루살렘을 마음 속에 두고 있는 것이 의심의 여지가 없는 반면에 이 생소한 호칭의 정확한 의미에 대하여는 의문점이 있다.[1] 분명히 이사야는 이 단어를 단순히 다윗 시대에 "다윗의 성읍"으로 알려진 언덕에 적용하기 위하여 제한된 의미로 사용하지 않고, 이 호칭에 그 당시의 예루살렘 전체를 포함시키고 있다. 이어지는 문장으로부터 언급하는 바가 바로 다윗성이라고 확실히 단언할 수 있으나 정확한 의미를 명확히 파악할 수 없는 상징적 이름으로 이 언급을 표현하였다. 그러나 예루살렘의 이 상징적 호칭이, 22:1이

---

1) אריאל–상당히 논란이 많은 단어. B는 πόλις ’Αριηλ로 되어 있고, Aq. S. T는 음역하였다. 7–8절을 볼 때 이것이 예루살렘을 가리키는 것이 분명하다. 아마도 B에 의하여 오도되었을 Theodotion(Theodoret, Eusebius, 그리고 Epiphanius가 따름)은 이 용어를 ’Αρεόπολις́ 곧 "*Moabitarum urbe celebri*"(Rosenmüller)에 적용한다. 1Q는 ארואל로 읽고 있는데, 이는 아루엘(אַרוּאֶל)이라고 발음할 수도 있다. Penna 역시 우루엘(אוּרוּאֵל)을 주장한다. 이것은 우루엘(אוּרוּאֵל)이라고 발음될 수도 있다. 즉 원개음절에서 자연히 장모음이 된다. Penna는 이 본문에서 예루살렘의 이름의 첫 부분과 하나님에 대한 호칭을 보게 된다고 생각한다. 이것은 언어학적으로 문제가 되며, 그래서 오루엘(אָרֻאֵל)을 예상해야 한다. 가나안 신에 대한 언급을 피하기 위하여 살렘(שָׁלֵם)을 엘(אֵל)로 의도적으로 대치하였다고 주장되어 왔다(*Syria*, Vol. 14, 1933, pp. 133, 137f., 147f.을 참고). Vulgate은 Ariel, Ariel civitas로 읽는다. 그러나 Jerome은 아리(אֲרִי, 사자)와 엘(אֵל, 하나님)로부터 파생된 것으로 생각하여 leo dei로 설명한다. "…*quondam fortissima vocatur Jerusalem.*" 이 견해는 널리 채용되었으나 해석가들은 그것의 정확한 의미를 다르게 해석하였다. 예를 들면 Dillmann은 시온이 하나님 안에서 사자처럼, 성읍들 중의 여왕처럼, 그를 압제하는 자들을 향한 암사자처럼, 무적의 도성처럼 강하다고 말한다. 그러나 예루살렘에 대한 그러한 호칭의 타당성을 진지하게 묻게 된다. Targum은 하나님의 제단이라고 하고 있는데, Saadia는 이를 따른다(삼하 23:20; 대상 11:22을 참고). Rosenmüller는 그것이 번제단으로부터 온 환유로 이 호칭을 담고 있다고 말한다. 가끔은 에스겔 43:15 이하에 호소되기도 하였다 정관사로 인한 하아리엘(הָאֲרִיאֵל)이 같은지 어떤지는 매우 의심스럽다. 그리고 아리(אַר)의 요소는 아라(אֲרָה)에서 온 듯 하다. 그러나 형태가 상투적으로 되었을 가능성 있기에 정관사의 쓰임이 이 단어를 이사야 29:1의 단어와 동일시 하는 것에 대한 해결할 수 없는 반론이 되지 않을 수 있다. 다른 한편, 이 단어를 지지하는 하하르엘(הַהַרְאֵל)이란 형태는 엘(אֵל)과 합성된 것이 아니고, Kerem으로부터 온 카르멜(כַּרְמֶל)과 같은 형태이다. 에스겔서에서 이 단어는 희생제물이 태워졌던 제단의 일부분을 가리킨다. Galling이 *Bronzeaufsatz des Altars*로 해석한 Mesha 비문 אראל을 유의해 볼 수도 있다(Albright, *The Religion of Israel*, p. 244, and JBL, Vol. 39, 1920, p. 138을 참고). 이 단어가 "하나님의 산"을 의미한다는 견해도 언급될 수 있겠지만 그러나 이에 대한 언어학적 반론이 강하다. 바벨론어 아랄루에 호소되기도 하였지만, 언어학적으로 그리고 종교적 이유로 이것 역시 배제된다. "하나님의 표지(sign)"란 번역은 아리(אַר)란 요소가 야라(יָרָה)(아카드어 arû)로부터 파생되었다고 가정함으로써 얻어진 것이다. 아마도 우가릿어 ary(혈족, 가족), 애굽어 *r*, 후리어 ’ari(–의 사람)에 호소해야 할 것이다. 이 경우 이 단어는 "하나님께 속한 것, 하나님의 소유"를 의미하게 된다. 이러한 제안이 잠정적으로 제기 되었다.

21:1과 관계된 것과 같이, 28:1에 사마리아에 대한 언급과 관계되어 있다는 것을 유념해야 한다.

아리엘은 다윗이 진을 쳤던 곳으로서 예전에는 하나님의 사랑을 그토록 받았지만 이제는 멸망을 위해 무르익었다.[2] 다윗이 시온을 포위하고 정복한 것을 암시하는 것으로 보인다(삼하 5:7–9). "진 친"을 시온에 실제로 텐트를 친 것이라기보다는 시온을 대항하여 진지를 구축한 것으로 이해해야 한다. 다른 한편, 단순히 다윗이 시온을 그의 거처로 만들었다는 것을 의미할 수도 있다.

년부년: 이사야가 역설적으로 말하는 것으로 보이는데 마치 "실로 멸망이 임할 것이며 이것을 막을 길이 없다. 지금과 같이 너희 정례 제사를 계속해서 드려라. 해가 지나가게 하라. 그러나 너희는 심판을 피할 수 없다"라고 말하는 것 같다. 명령형은 백성이 추구하고 있는 삶의 과정에서 해가 이어가도록 해야만 하는 것을 암시한다. 이것은 심판의 확실성을 배제하는 것이 아니다.

절기가 돌아오려니와[3]: 이 문구를 앞의 문구와 연결하여 취급한다. "비록 일 년 이상이 지나갈지라도, 비록 네가 지금 누리고 있는 평화가 결코 중단되지 않을 것처럼 보일지라도, 비록 네가 사건들의 현재 흐름이 영원히 계속되고 네가 너의 조상들처럼 평화롭게 죽을 것이라고 생각하여도, 갑자기 네가 기대하지 않은 것이 너의 삶에 닥칠 것이며 하나님의 보응이 너에게 임할 것이다" 이사야는 사망과 언약하고 스올과 맹약하였다고 자랑하였던 바로 그 백성에게 말하고 있다. 육신적인 안정은 그들이 안식할 참된 기초가 되지 못할 것이다.

전체 절의 의미를 다음과 같이 요약할 수 있다. "아리엘아, 너는 다윗이 예전에 그의 거처로 삼았던 바로 그 성읍이지만, 너 아리엘은 불안정한 자리에 있다. 너에게 화가 있도다! 너의 실제 상황을 인정하길 거부하고 있지만, 너의 현재의 안정이 전혀 안정이 아님을 알게 될 것이다. 그러므로 네가 해온 것처럼 계속하거라. 너의 현 상태가 끝없이 계속될 것이라고 생각하고 있으니 해에 해를 더하거라. 해마다 해온 것처럼 정기적으로 절기를 지켜라. 그것이 소용없게 될 것이다."

29:2 이사야는 1절의 의미를 이어가면서, 의식의 정기적인 과정이 중단될 것이

---

2) 성읍—호세아 1:2에서처럼, 이 구문 뒤에 정형동사가 따르고 있으며(창 1:1은 아님), 아카드어로는 *awat iqbi*이며, 다윗이 진을 쳤던 성읍을 가리킨다.

3) ינקפו—눈(נ)이 동화되지 않았다는 점을 주목하라.

며 그것으로 하나님께서 아리엘을 괴롭게 하실 것임을 지적한다. 본 절은 자연적으로 세 부분으로 나뉘어지고, 이 세부분은 각기 뒤이어 나오는 세 절의 순서를 나타낸다.[4] 내가 필경 너 아리엘을 괴롭게 하리니–여기서 여호와께서 친히 경고의 말씀을 전하신다.[5] 그가 행동하실 것이라고 친히 선언하고 있으며, 그리하여 보응의 확실성에 대한 어떤 의심도 제거해 버리신다. 이전에 다윗이 예루살렘을 포위하여 공격하였던 것처럼, 여호와께서도 이제 그렇게 예루살렘을 압제하실 것이다. 그가 예루살렘을 감금하여 곤란한 지경에 처하게 할 것이다. 말하자면 성을 심판으로 내리눌러서 부서지게 하겠다는 것이다. 이 선언은 일반적이지만(내가 압제할 것이다), 전치사를 통하여 구체화되고 있다. 그러므로 "내가 아리엘에 대하여 압제할 것이다"라고 번역할 수 있다.

네가 슬퍼하고 애곡하며: 주어는 바로 그 성읍이다. 하나님께서 그를 괴롭게 한 결과로 아리엘은 슬퍼하고 애곡하게 될 것이다. 이것은 그 성읍이 슬퍼함과 애곡함이 가득할 것임을 강하게 말하는 방식이다. 이사야는 두 개의 비슷한 발음을 가진 단어들을 사용하고 있는데, 번역으로 나타내기가 아주 어렵고, 이것이 예레미야애가 2:5에도 나타난다. 번역에서 맛소라 본문의 독법을 되살리기 위한 흥미있는 시도가 있어 왔는데, 그것은 비트링가의 moeror ac moestitia, 펜나의 lamenta e lamentela, 그리고 여러 독일 주석가들의 Gestohne und Stohnen와 같은 것들이다.

내게 아리엘과 같이 되리라: 이 문구는 이해하기가 어렵다. 그 성읍이 망하게 될 것을 가리키는 의미로 취급되어야 할 것인가? 그렇지 않으면, 다른 한편으로 그 성읍이 그 이후로 진정으로 아리엘이 되어서 본래 의도되었던 바대로 된다는 것을 의미하는 것으로 보아 마지막 문장을 호의적으로 이해하여야 하는가? 8절에 비추어서 후자의 입장이 더 나을 것 같다. 그러나 아리엘이란 이름으로부터 어떤 추론도 이끌어 내서는 안되는데, 이는 각주 1에서 지적된 바와 같이 그 이름의 정확한 의미가 알려지지 않았기 때문이다. 의미는 "비록 내가 아리엘을 압제할지라도 그는 나에게 본래 되어야 할 그 아리엘이 될 것이다"인 것으로 보인다. 그러므로 압제가 다가오고 아리엘이 실제로 멸망하는 것처럼 보여질 찌라도 아리엘은 압제를 견디어 진정한 아리엘임을 증명해 보일 것이다. 의미하는 바가 다음과 같은 것으로 보인다. "예전에 야곱이 천사와 씨름하였던 것처럼, 그의 후손들도 나와 나의 은혜의 제안과 또

---

4) 그러므로 2절 상반절은 3절을 요약하고, 2절 중반절은 4절을, 2절 하반절은 5절을 요약한다.
5) 그리고 내가 괴롭게 하리라–안티페널트에 메텍을 유의하고, 밀라를 유의하라.

다시 씨름을 할 것이다. 그들은 구원의 약속을 지적하며, 그것들의 성취를 간청할 것이다. 그런 까닭에 나는 백성에게 한 나의 옛적 언약을 기억할 것이고, 그들을 구속할 것이다. 지상의 예루살렘은 무너질 수 있고 그 거민들은 포로로 잡혀 갈 수 있으나, 나의 약속은 실패하지 않을 것이며 나의 백성은 나의 약속을 기억하도록 나와 겨룰 것이다." 이 구문에서 "나에게"란 단어는 "나와 마주대하여"란 의미를 가지는 것으로 보인다. 그런 까닭에 이 마지막 문장을 "그리고 나와 관련하여 아리엘이 될 것이다"라고 번역할 수도 있다.

이 구절에는 하나님의 사역에 대한 강한 강조가 들어 있다. 비록 앗수르가 신정국가를 멸망시키는 그의 도구였을지라도 그럼에도 이사야는 이 시점에서 앗수르를 언급하지 않는다.

29:3 여호와께서는 이제 그 성읍을 압제하실 방법을 묘사해 나가신다. 그리고 이 묘사를 표현하는 어투는 여호와께서 문자적 압제가 아닌 영적 압제에 대해 말하고 계심을 분명하게 해준다. 그 성읍을 멸망시킬 목적으로 그의 진은 성읍을 마주 대하여 세워질 것이며 원처럼 성읍 둘레에 있어서 도망할 곳이 없게 될 것이다.[6]

(그리고) 군대로 너를 에우며: 동사 자체는 단순히 "에워싸다"를 의미한다. 이 용법에 대한 좋은 예가 다니엘 1:1인데, 그 구절은 느부갓네살이 예루살렘에 와서 그것을 에워쌌다고 말하고 있다. 동시에 이 일반적인 개념을 여기서는 "참호"란 단어로 수식한다. 의미하는 바는 일종의 방책 또는 공성작업이다. 포위 공격을 하시는 분은 여호와 자신이시다. 방책들에 대한 언급에 포위 공격의 도구로서의 앗수르에 대한 이차적인 암시가 있는지 없는지는 말하기 어렵다.

대: 포위의 또 다른 단계 혹은 국면.[7] 이것이 공성작업 또는 누벽을 쌓는 일을 가리키지만 포위 공격에 이를 어떻게 사용하였는지는 추측만 해 볼 뿐이다. 포위 공격이 성공적으로 이행되기 위해서 그것들이 세워져야 했다. 그리고 이 일을 행하시는 분은 여호와이시다. 마치 그 성읍이 실제로 아리엘이 아닌 것처럼 여호와께서 그것

---

6) 사면으로 둘러–참고. 아카드어 dûra, 에어싸는 벽, 또한 영속(*perpetuity*). 아랍어 dâra, 원을 그리다. 그리고 포위공격에 대해서도 사용됨, B는 ὡς Δαυιδ로 읽고 있으며, 이것이 Penna에 의하여 받아들여졌다. *Io mi accampero 'come David' contro di te,* 그러나 Aq. T는 σπαιραν으로 읽으며, Vulgate는 마치 히브리어 본문이 כַּדּוּר, 공(ball, 랍비들 가운데 일부도 그렇게 생각함)인 것처럼, *Quasi sphae–ram*으로 읽는다. Drechsler는 *ring*이라고 생각한다(눅 19:43; 21:20을 참고).

7) מְצֻרֹת–누벽, 공성작업. 장모음 우가 불완전하게 기록되어 있다(겔 4:2을 참고).

을 공격하신다. 예전에 다윗이 여부스의 가나안 족속 성읍을 공격하였는데 이제 여호와께서 또다시 실제로 가나안 족속의 성읍이 된 그곳을 공격하신다. 다윗이 그 성읍을 정복하여 참된 예루살렘이 건설되었고 이제 여호와께서도 같은 목적을 가지시고 그것을 정복하신다.

29:4 그 성읍을 향하여 계속하여 말하면서, 여호와께서 그 성읍이 깨어진 상태에서 여전히 말할 것이라고 선언한다.[8] 처음 두 동사의 관계가 흥미롭다. "그리고 너는 낮아지게 될 것이고, 그 땅에서부터 너는 말할 것이다"라고 번역할 수도 있다. 이 두 동사는 접속사가 없이 연결된 등위관계를 가진다. 그러나 첫 번째 동사는 두 번째의 행동이 일어나는 상태 혹은 상황을 나타내고 있다. 그런 까닭에 첫 번째 동사를 부사로 번역할 수도 있는 것이다. "낮게 너는 땅으로부터 말할 것이다." 그 성읍이 말할 때, 그 성읍은 이미 낮아진 상태이고 그의 음성도 낮아져서 티끌로부터 올라올 것이다. 이 티끌 가운데 있는 그는 애도자이며, 바로 지금 용서와 최후의 심판을 피할 길이 있기를 간청할 준비가 된 사람과 같을 것이다.

그 백성이 얼마나 철저하게 멸망할 것인지를 강조하기 위하여 선지자는 그 성읍이 말할 때, 그 음성이 마치 죽은 영의 소리처럼 될 것이고, 또 그 말들이 땅으로부터 올라오는 속삭임처럼 될 것이라고 말한다. 죽은 자의 영은 사실 이 땅에 속하지 않은 존재이다. 그러므로 그 영은 분명한 목소리로 말하지 못하고 단지 속삭일 뿐이다. 유다의 목소리가 그와 같이 될 것이다. 예전에 유다는 비웃고 조롱하는 음성으로 가득했으나, 이제는 그 음성이 음령들의 속삭임처럼 될 것이다(8:19을 참고). 육신이나 뼈를 가지지 않은 영은 큰 소리로 말할 수 없으며 유다도 멸망당할 때 그렇게 하지 못할 것이다. 교만의 음성은 사라지고, 그 자리에 겸손한 사람의 음성이 있다.

5절, 그럴지라도 네 대적의 무리는 세미한 티끌 같겠고 강포한 자의 무리는 불려 가는 겨 같으리니 그 일이 경각간에 갑자기 이룰 것이라
6절, 만군의 여호와께서 벽력과 지진과 큰 소리와 회리바람과 폭풍과 맹렬한 불꽃으로 그들을 징벌하실 것인즉
7절, 아리엘을 치는 열방의 무리 곧 아리엘과 그 보장을 쳐서 곤고케 하는 모든 자는 꿈같이, 밤의 환상같이 되리니

---

8) 4절은 2절 하반절을 다시 취한다.

8절, 주린 자가 꿈에 먹었을지라도 깨면 그 속은 여전히 비고 목마른 자가 꿈에 마셨을지라도 깨면 곤비하며 그 속에 갈증이 있는 것같이 시온산을 치는 열방의 무리가 그와 같으리라

29:5 이사야는 갑자기 유다의 대적들에게 일어날 일에 대한 언급으로 돌이킨다. 그러나 그는 여전히 유다를 향하여 말하고 있다. "그리고 그것이 있을 것이다"라는 도입 문장은 앞 절의 "그리고 그것이 있을 것이다"와 같다(한글 개역성경 4절과 5절에는 생략되었음—역주), 선지자는 먼저 비교될 대상에 앞서 비교의 대상을 언급한다. 티끌(אָבָק)은 그 미세함에 있어서 에페르(אֵפֶר)와 구별되어야 한다. 대적은 가벼워질 것이고 미세한 가루가 될 것이니, 단순한 티끌과 같지 않을 것이다. 그리고 이러한 의미가 세미한(다크, דַּק)이란 단어의 첨가로 한층 강화된다. 이것 다음에 비교될 대상 자체가 소개되고 있는데, 즉 "네 대적의 무리"이다. 이사야는 자신이 이미 사용했던 단어 하몬(הֲמוֹן, 신음함, 무리의 슬퍼함)을 사용한다. 신정국가를 압제하여 왔으며 압제하게 되는 것이 바로 이 대적의 무리이며 그들의 멸망은 확실하다. 그들은 외인으로 특징지어진다. 그러나 이 단어 역시 대적을 가리키기 위하여 사용되었고(25:2; 시 54:9을 참고), 그런 까닭에 본문을 수정할 이유가 없다(대하 32:7을 참고).

5절과 4절은 강한 대조를 이루고 있는데, 특히 접속사가 사용되지 않는다. 이것은 단지 대조를 강화시켜 주는 역할을 한다.

징벌의 완료와 대적이 휩쓸려가는 것의 용이함을 지적해 주는 두 번째 비교는 날아가 버리는 겨와의 비교이다. 로우드(Lowth)는 시적으로 "훨훨 나는 겨"로 번역한다. 바람이 아주 용이하고도 가볍게 겨를 날려버릴 것이며 사라져서 더 이상 발견되지 않게 된다.[9] 그처럼 신정국가를 괴롭히는 흉악한 자의 무리도 흩어지게 될 것이다(13:11; 25:3–5을 참고).

이사야는 현저한 두운법을 통하여 대적이 흩어지게 될 갑작스러움을 표현한다(페타아 피트옴, פֶּתַע פִּתְאֹם).[10] 그렇지만 바벨론인이 예루살렘을 정복하였고 백성을 포로로 붙잡아 갔으므로, 어떻게 이것이 이사야가 여기서 말하고 있는 것과 일치

9) וכמץ—관사가 빠져 있음을 유의하라. 비교된 대상이 수식어에 의하여 한정될 때, 그럴 수도 있다.

10) פִּתְאֹם—부사적 우(ו) 어미를 내포하고 있는데, 이는 일부 셈어들의 특징이다. "Adverbial u in Semitic," *WThJ*, Vol. 13, No. 2, 1951, pp. 151–154을 참고하라.

하는지 물어야 할 것이다. 이에 대한 대답은 다음과 같다. 아리엘을 향한 이 신학에서 이사야는 느브갓네살 왕의 경우와 같은 예루살렘에 대한 어떤 구체적인 공격을 말하고 있는 것이 아니다. 오히려 단순히 언급하는 바는 "예루살렘이 대적의 손에서 고통당해야 하는 악에 대한 은유적 묘사이다. 그러나 어떤 하나의 포위공격이나 문자적 의미로서의 포위공격에 대한 한정적 암시가 없이 주어진 묘사이다"(알렉산더). 이것은 본 장의 후반부에 언급된 악들이 영적 속성을 가졌다는 사실에 의하여 지지를 받는다.

29:6 이사야는 이제 그가 2절에서 사용했던 3인칭 활용으로 전환한다. 그렇지만 3–5절에서 2인칭이 나타나고 7절과 8절에서 다시 3인칭이 계속된다. 그러므로 본 절에서 예루살렘을 직접적으로 이야기를 듣는 것이 아니라 객관적으로 언급한다. 보응은 만군의 여호와께로부터 오고 그러한 사실을 본 절의 초두에 언급함으로써 강조된다. 그 보응(방문)이 축복의 보응인지 징벌의 보응인지는 학자들 사이에 서로 다른 견해를 가진 문제이다. 예를 들면 펜나는 이것이 은혜와 보호의 보응이라고 생각하는데, 이는 문맥이 이것을 요구하고 있다고 주장하기 때문이다. 다른 한편, 많은 주석가는 그 보응이 징벌의 보응이라고 믿는다. 델리취는 동사가 중립적 의미로 "징벌이 가해졌다"로 다루어져야 한다고 주장한다. 이 문제는 결정하기가 불가능하지는 않을지라도 어려운 문제다. 유의할 것은, 예루살렘에 대한 형벌 또는 보응이 하나님의 백성을 괴롭히는 대적(폭군)을 흩은 다음에 이루어진다. 그러한 까닭에 의미하는 바가 바벨론의 예루살렘 정복에 한정되지 않는다고 말할 수도 있다. 예루살렘은 만군의 여호와로 말미암아 보응을 받을 것이다. 이 보응의 세밀한 성격에 대해서 단정적으로 결정할 수가 없다.[11]

그렇지만 어떤 어구들은 보응을 묘사하고 있다. 벽력과 지진과 큰 소리가 그러한 것들이며, 이것들은 하나님의 능력과 위엄을 나타내지만 여기서는 문자적인 의미로 의도된 것이 아니다. 이사야는 두 단어를 언어유희로 나타내고 있으며, 또한 3중적 두운법으로 나타내고 있다(베라암 우베라아쉬). 이 어휘를 다른 곳에서 신현현을 나타내기 위해 사용하였다.

---

11) תפקד–이 여성형은 중립적 의미로 취급되어야 한다. אוכלה–통상적으로, 근개음절이며 단모음을 가진 원개음절이 앞에 있지 않으면 이(i)모음(여기서는 체레)은 쉐와로 바뀌어야만 한다. 아마도 여기서는 끊어 읽기의 영향이 체레를 갖게 하는 것이다.

이 모습은 굉장히 장엄한 것이다. 왜냐하면 심지어 자연의 힘들이 여호와의 오심에 관여하여 움직이기 때문이다. 폭풍(tempest)과 폭풍우(storm)가 삼키는 불의 불꽃과 함께 나타난다. 이 보응은 보는 자로 하여금 경외심을 자아내게 하는 두려운 것이다. 그의 오심에 자연계가 편하게 있을 수가 없다. 왜냐하면 그의 오심이 장엄하며 천둥소리와 동요하는 자연의 힘들의 소리를 수반하기 때문이다. 그 앞에서 어느 것도 설 수 없으니, 이는 극렬한 불꽃과 모든 것을 삼키는 것이 그와 함께 있기 때문이다. 예전에 그가 시내산애 강림하셨을 때처럼, 이제도 예루살렘은 그의 임재의 보응(방문)을 받을 것이다.

29:7 또다시 이사야는 본 구절을 "그리고 있을 것이다"라는 단어로 소개한다. 꿈과 비교하는 것은 꿈이 속히 사라지는 것처럼 아리엘의 멸망을 위협하는 자도 그렇게 될 것임을 보여주기 위한 것이다. 꿈에 나타난 일처럼 하나님의 백성의 대적도 그러하다. 이것은 꿈꾸는 자를 가리키는 것이 아니라, 곧 사라져 버리는 꿈 자체의 헛됨을 가리키는 것이다.[12)] 꿈은 밤에 속하는 특징이 있다(욥 20:8; 33:15; 4:13을 참고). 이사야의 목적은 이 둘을 동일시하려는 것이 아니고 단순히 꿈과 밤의 환상이 속히 사라지고 없어지는 것처럼, 하나님의 백성의 대적도 그렇게 되리라는 것을 보여주고자 하는 것이다.

그 대적의 정체가 "아리엘을 치는 열방의 무리"로 드러난다. 또다시 "무리"라는 단어를 사용하고 있으며, 이 대적을 더 나아가 "그 보장을 쳐서 곤고케 하는 모든 자"로 묘사한다.[13)] 그러므로 어느 정도의 성공이 이 대적의 사역에 있다고 본다. 언급된 "보장"은 분명히 시온 언덕이다(참고. 삼하 5:7). 대적은 예루살렘에 집중할 뿐만 아니라, 특별히 그 보장, 다윗이 살았었던 시온에 집중한다. 상징적으로 이것은 하나님이 거하시는 성전을 가리킬 것이다. 성읍의 중심부, 즉 하나님의 거처를 공격하면서 대적은 그 성읍을 완전히 멸하려 한다.

29:8 대적을 속히 사라진 꿈으로 비유한 이사야는 이제 대적을 꿈꾸는 자로 비유

---

12) 그렇지만, חֲלוֹם을 상대를 나타내는 대격으로 보아 "꿈 속에 있는 것과 같이"로 해석할 수도 있다.

13) (그리고) 그 보장을 쳐서 곤고케 하는 모든 자—더 가까운 한정 속격들이 접미사의 형태로 나타난다.

한다. 인접한 문맥에서 자주 그러하듯 본 절에서도 역시 "그리고 있을 것이다"로 시작한다. 여기서 이 문구는 앞 절과 본 절을 연결시키는 역할을 하고, 또한 같은 주제의 보다 발전된 개념을 소개하는 역할을 한다. 즉 여기서 대적이 꿈꾸는 자와 비교되기는 하지만, 실제로 이것은 이미 언급된 것, 꿈 자체가 덧없는 것이고 순식간에 사라진다는 사실을 단순히 강조한다. 꿈꾸는 자가 먹는 것을 꿈꾸었어도 여전히 그는 배고픈 사람이다. 아마도 사용된 단어가 음식에 대한 강한 욕구의 개념을 담고 있기에 영어 단어 배고픔(hungry)이 히브리어의 완전한 의미를 충분히 나타내기에는 역부족일 것이다. 암시된 의미는 대적이 신정국가를 먹어 치우려고 열망하나 그의 욕망을 실현시키기 이전에 그가 좌절된다는 것이다. "그리고 보라!"는 문구(한글 개역성경은 생략됨–역주)를 자주 꿈 서술들에 사용하며(예를 들면 창 40:9을 참고), 꿈의 핵심이 되는 내용에 관심을 집중시키는 역할을 한다. 여기서의 핵심내용은 대적의 열망, 말하자면 먹는 것, 즉 예루살렘과 유다를 정복하는 것이다. 그렇지만 그러한 꿈은 무한정으로 계속되지 않을 것이니, 이는 꿈꾸는 자가 깨어나고, 그 다음에 그의 영혼은 텅비게 되기 때문이다. 이 뜻을 어순에 의해 강조한다. 즉 "빈 것은 그의 영혼이다."

두 번째 비교가 그 다음으로 소개된다. 대적은 꿈속에서 물을 마시는 갈한 사람으로 비유되어 있다. 그가 깰 때 그는 지쳐 있고 그의 영혼은 갈망한다. 이 묘사에 점층법이 나타난다. 앞의 비교에서는 "빈 것은 그의 영혼이다"라는 문장으로 표현된 것이, 여기서는 "그리고 보라! 그는 곤비하다"와 "그의 영혼이 갈망한다"(개역은 '그 속에 갈증이 있다'–역주)라는 두 문장으로 나타나 있다. 첫 번째 비유는 그 자체가 부정적인 언급에 한정되어 있는 반면에 여기서는 긍정적 선언이 들어 있다. 더 나아가서 문장이 꿈에 대해 "보라!"를 반영하는 "보라!"에 의하여 소개된다. 이것은 마치 선지자가 "꿈에 그가 원하는 바대로 마시고 있다. 그러나 실제로 그것은 꿈에 지나지 않는다. 보라! 그가 마시지만 실제로는 그가 곤비하다는 사실이다"라고 말하고 있는 것과 같다. "보라!"의 두 번째 출현은 꿈의 환상으로부터 실제 상황으로 옮겨가게 한다. 대적은 그가 정복하고 있다고 꿈꾼다. 그러나 실제로는 지쳐 있다. 더 나아가서 그가 지쳐 있는 동안, 그의 영혼에는 갈증이 있다.[14] 사용된 단어는 영혼이 물

14) Penna는 *con lo stomaco vuoto*로, Fischer는 *seine Gier*로, Steinmann은 *l'estomaccreux*로 번역한다. נֶפֶשׁ는 여기서 욕망의 좌소로 사용된 것으로 보인다(5:14; 56:11; 58:10을 참고). שׁוֹקֵקָה–체레( )가 나타남에 유의하고 각주 11을 참고하라. 어근은 "돌진한다, 달리다"를 의미하며, 여기서는 상징적

을 갈망하면서 황급히 다니는 것을 암시한다. 이사야는 패배하고 꿈에서 깨어난 대적을 그린다. 결국 정복의 꿈은 정복하고자 하는 대적의 욕망을 단지 자극할 뿐이다. 이 대적은 아리엘을 삼킬 수 있을 것으로 계산했다. 그러나 실제에 있어서 대적 자신이 패배하였다(9:11; 28:4; 민 14:9을 참고).

주석가들은 본 절에 표현된 사상과 대비를 이루는 구절을 주목하였다. 호머(Iliad xxii. 199ff.)는 다음과 같이 말한다.

꿈속에서 앞서 도망가는 사람을 쫓아갈 수 없듯이,
사람이 도망할 수도 없고 또한 다른 사람이 쫓아갈 수도 없다…

Vergil(Aeneid xii. 908):
잠자는 자가 감기는 눈을 감았을 때 신물나고 엉뚱한 공상이 밤에 고역을 치루는 것처럼 우리는 다소 무시무시한 환상속의 원수를 피한다. 바람같이 성큼성큼 가보지만, 뛰어 가려는 노력은 허사가 되고만다.
우리의 팔다리가 헛되이 그 수고를 다한다.
우리는 기진하고, 버둥거리며, 녹초가 되며, 쓰러지게 된다.
힘이 다 빠진 상태에서 싸울 수도 도망갈 수도 없다.
버둥거리는 말투는 혀 위에서 사라져간다.
(Pitt 譯)

루크레티우스(Lucretius, iv. 1091ff.):
꿈에서 목마른 자가 애타게 찾을 때 몸 속에 불타는 갈증을 해소해 줄 물을 얻을 수 없는 것처럼 그가 물 같은 것을 찾지만 헛되이 고생할 뿐이다.
넘쳐흐르는 강물 속에서 마시지만 그는 목말라 할 뿐이다.

9절, 너희는 놀라고 놀라라 너희는 소경이 되고 소경이 되라 그들의 취함이 포도주로 인함이 아니며 그들의 비틀거림이 독주로 인함이 아니라
10절, 대저 여호와께서 깊이 잠들게 하는 신을 너희에게 부어 주사 너희의 눈을 감기셨음이니 눈은 선지자요 너희를 덮으셨음이니 머리는 선견자라

으로 물을 갈급해 하거나 목말라 하는 영혼을 묘사하고 있다.

11절, 그러므로 모든 묵시가 너희에게는 마치 봉한 책의 말이라 그것을 유식한 자에게 주며 이르기를 그대에게 청하노니 이를 읽으라 하면 대답하기를 봉하였으니 못하겠노라 할 것이요
12절, 또 무식한 자에게 주며 이르기를 그대에게 청하노니 이를 읽으라 하면 대답하기를 나는 무식하다 할 것이니라
13절, 주께서 가라사대 이 백성이 입으로는 나를 가까이하며 입술로는 나를 존경하나 그 마음은 내게서 멀리 떠났나니 그들이 나를 경외함은 사람의 계명으로 가르침을 받았을 뿐이라
14절, 그러므로 내가 이 백성 중에 기이한 일 곧 기이하고 가장 기이한 일을 다시 행하리니 그들 중의 지혜자의 지혜가 없어지고 명철자의 총명이 가리워지리라

29:9 이사야는 이제 계속해서 그 백성에게 왜 심판이 임하게 될 것인지에 대한 이유를 제시한다. 그의 소명의 때에 예언되었던 것, 즉 "이 백성"의 눈멀고 심령의 강퍅함이 이제 현실로 나타나게 되었다. 아하스 아래에서는 일반적인 배교와 하나님으로부터의 멀어짐이 있었는데, 최소한 왕 자신이 그러했다. 히스기야 아래에서는 진정한 회개가 있었던 것으로 보인다. 히스기야 자신은 여호와를 찾았으나, 백성은 외적인 의미에서만 하나님께 충실하였다. 실질적으로는 진정한 회심이 없었다. 그러므로 이사야는 그러한 백성을 그들에게 걸맞는 태도로 다루고 있다. 역설적으로 그는 그들에게 그들의 현재 상태를 유지하라고 명령한다.

놀라고 놀라라: 이 동사들은 동족어이며 유음현상이 인상적이다. 첫 번째 동사는 망설임 혹은 지체의 개념을 나타내지만, 두 번째 동사와 정확하게 동의어는 아니다.[15] 이것은 사람이 놀라서 말이나 행동을 할 수 없는 주저함이다. 이사야는 그러한 사람에게 다음과 같이 말하고 있는 것이다. "행동하지 말아라, 말하지 말아라, 계속하여 너의 놀람과 주저함의 상태에 있으라." 유음으로 이어가면서 선지자는 두 개의 동사를 더 제공한다.[16] 동사 어근의 선택에 있어서 6:10에 대한 암시가 있는 듯

---

15) 어근 מהה는 "우물쭈물하다, 지체하다, 연기하다"를 의미한다. 아랍어 *mahat*, '연기하다', Vulgate은 *obstupescite*를 참고하라. 이 형태는 1Q에도 나타난다. 하박국 1:5에 있는 것과 같이 הִתַּמְּהוּ로 수정하는 것은 9절 상반절과의 대칭평행을 깨뜨린다.

16) שׁעע—놀다, 즐기다. 1Q는 두 번째 사멕(ס) 위에 기록된 타브(ת)와 함께 השתעשעו로 읽는다. 6:10에서 이 어근이 눈 위에 바르는 행동에 사용되었다(습 2:1을 참고). נשו에 엑센트 밀라가 나오는데 밀렐이 정상이다. 포도주—원인을 나타내는 대격(51:21; 28:1, 4, 7을 참고). Gesenius는 Montanabbi로부

하다. 백성은 자신의 눈에 무엇인가 발라서 소경이 되어 보지 못하게 하라는 명령을 받는다. 이 두 쌍의 동사에서 각 경우 힛트파엘 다음에 칼형이 따라오는 것을 보게 되는데, 이는 언급된 행동을 백성이 스스로 선택하였다는 의미를 지적하는 것으로 보인다. 그들은 소경이 되기를 선택했다. 그들은 망설임을 택했고, 이사야는 단지 그들이 바라는 한 그러한 상태를 지속하라고 명령하는 것이다.

선지자는 이제 이와 같이 직접적으로 말하는 방식에서 돌이켜서 백성을 3인칭으로 묘사한다. 3인칭 묘사로 왜 그가 그들에게 그들이 원하는 상태를 유지하라고 역설적으로 명령하고 있는지에 대한 이유가 드러난다. 그는 2인칭으로 "취한 너희들아, 등"으로 말할 수도 있었으나, 그는 3인칭을 사용하여 백성에 대한 어느 정도의 경멸감을 가지고 말하고 있다. 이들은 취한 백성이며, 그 취함은 포도주로 취함보다 더 심각한 것이다. 취한 사람이 분명하게 판단을 내릴 수 없는 것처럼, 영적 의미에서 취한 이 백성도 가장 중요한 관심사가 되는 일에 관하여 분명하게 생각할 수가 없다.

그 취함의 결과로 백성은 방황하고 비틀거린다. 독주보다 강한 어떤 것이 이 백성을 취하게 하였고 이들로 하여금 술취한 자처럼 행동하게 하였다. "포도주로 인함이 아니며"와 "독주로 인함이 아니라"는 두 표현은 가장 심한 종류의 취함을 암시하는 것으로 보인다. 이들이 신정국가의 구성원이며, 이들에게 약속이 주어졌으며, 이들이 여호와의 구원을 들어야 했던 자들이다. 하나님 백성의 대적의 완전한 멸망을 방금 전에 선포한 후, 하나님의 대변인으로서 말하고 있는 선지자는 이제 백성에게로 돌이켜서, 그가 선포했던 놀라운 구원의 메시지에 대해서 철저하게 비정한 그들을 보아야만 한다. 드렉슬러는 그러한 상황을 그리스도께서 제자에게 그가 죽고 부활하실 것이라는 메시지를 선포하실 때 제자의 영적 소경 상태와 비교한다. 그들은 "어리석고 마음에 더디 믿는 자들이었으나," 유다백성은 거기에 악하기까지 하다.

29:10 다시 백성에게 직접 말하면서 이사야는 그 나라의 영적 무감각의 궁극적 원인을 제시한다. 펜나는 이차적 원인을 지나쳐 버리는 셈족의 경향에 대해 논평한다("non si dimentichi mai tendenza a sorvolare le cause seconde in uno scrittore semita…"). 그러나 여기서 하나님에 대한 언급을 그러한 경향으로 대강 처리해서는

터 흥미로운 유사구를 인용한다, *sa–did 'ls–sakr min ghair la–mi–dam*, "취하였으나 포도주로 인한 것이 아닌."

안 될 것이다. 사람들이 그러한 행동에 대해 책임이 있는 것은 사실이고, 또 범죄함에 있어서 그들이 스스로 소경 되도록 만들었다는 것도 사실이다. 그 궁극적인 원인이 하나님 자신이었다는 것도 역시 사실이다. 그가 그의 주권적이며 선한 뜻 안에서 그 나라가 소경됨과 영적 술취함을 지속하도록 작정하셨기 때문이다. 칼빈은 이러한 문제를 최선을 다해 다루고 있으며 이 문제의 핵심을 이해하는데 도움이 되므로 그의 말은 고려해 볼 가치가 있다. "보는 눈을 주고 판단과 깨달음의 영으로 말미암아 마음이 깨닫도록 하는 일이 그에게 속하는 것처럼, 우리가 자발적으로 진리에 대한 악하고 타락한 혐오로 말미암아 어둠을 소원할 때 그가 스스로 우리에게서 모든 빛을 박탈하신다. 따라서 사람들이 특히 너무나도 분명하고 명백한 것들에 있어서 소경이 될 때 우리는 그의 의로운 심판을 인식하게 된다."

주께서 위로부터 성령을 부어 주시는 것처럼(32:15을 참고), 그는 깊이 잠들게 하는 신을 부으셨다. 이 깊은 잠은 영적 술취함의 필연적 결과가 아니며 오히려 같은 상태에 대한 묘사이다. 백성은 술취하였다. 따라서 그 의미를 하나님께서 그들에게 깊은 잠을 부으셨기 때문이라고 의역할 수도 있다. 그들의 마비 상태는 9절에서 술취함으로, 그리고 본 절에서는 깊은 잠으로 묘사된다. 이것은 자연스러운 잠이 아니요 하나님께서 재우신 잠이며, 아담에게 임한 그 잠처럼 그 잠에 빠지는 자는 그에게 어떤 일이 닥치는지를 알지 못한다.

본 절의 두 번째 부분에서 선지자는 더 이상 백성 전체를 향하여 말하지 않고, 그들 중 죄와 범죄가 절정에 이르는 일부에게 말한다. 그러한 구별은 실제로 11절과 12절에서 이어지는 내용에 의하여 미리 예상된 것이다. 11절에 있는 유식한 자가 그 나라의 지도자들이나 혹은 교육받은 부류를 나타내는 반면에 12절에서 무식한 자는 백성의 대다수를 나타낸다. 어떤 사람은 다음과 같이 번역함으로써 본 절의 대칭적 배열을 나타내려고 하였다. "그리고 그가 너희 눈을 감기셨음이니, 선지자들까지도, 그리고 너희 머리들인 선견자들을 그가 덮으셨다." 그렇지만 이것은 불필요하다. 다음과 같이 번역하는 것이 더 낫다. "그리고 그가 너희 눈을 닫으셨다. 선지자들과 너희의 머리인 선견자들을 그가 덮으셨다." 백성의 눈은 닫혀져서 스스로 볼 수가 없다. 그보다 더 하나님의 뜻에 대한 영적 통찰력을 가졌고 그 뜻을 말씀하였던 선지자들을 하나님께서 덮으셨고, 그 결과로 그들은 소경들처럼 되었고 실제로 소경들의 소경된 지도자들이 되었다. 지도자들(머리들)은 보는 자들 혹은 단순히 "선견자들"로 묘사되고 있는데, 그들 역시 선지자들처럼 덮힘을 받았다. 이방인을 비추는 빛이 되어야 할 그 나라 자체가 소경이 되고 지각을 잃게 하셨다.

29:11 "하나님께서 온 나라를 깊이 잠들게 하셨고 그 결과 내가 너희에게 예언하였던 모든 환상이 봉한 책의 말처럼 되었다." "모든"이란 단어는 방금 전에 말한 내용에 한정되지 않고 그 나라의 운명과 관계되는 메시지의 모든 과정을 포함한다. 그의 백성을 향한 하나님의 모든 목적들이 백성들에게 닫혀진 책처럼 되었다. 계시가 그 나라에 알려졌으나 그 나라는 그에 대한 이해가 부족하였고 결과적으로 그 메시지의 진실성에 대한 믿음이 없었다. 이사야는 소명 당시부터 유다를 멸망시키려고 위협하였던 위험의 성격과 여호와께서 성취하려고 목적하였던 구원에 대한 그의 뜻을 백성 앞에 조심스럽게 제시하였다. 선지자가 너무나도 진지하고 조심스럽게 선포하였던 이 모든 것은 누구도 접근할 수 없는 닫혀진 글이 되는 것이 낫다. 깊은 잠의 어둠 속을 걷고 있는 백성은 그것에 주의를 기울이지 않았다.

봉인된 기록들에 대한 언급은 8:16로 거슬러 올라가지만 이러한 어휘로부터 예언이 이때 곧 바로 기록된 것으로 반드시 결론지을 필요가 없다. 요지는 예언을 글로 제시하였다는 것이 아니고 오히려 선지자를 통해 전달된 계시를 봉인된 책에 비유한다는 것이다. 봉한 책은 말아져서 봉함된 것이다. 이것을 읽기 위해서는 먼저 그 봉함을 뜯어야 할 것이고 그 책을 펼쳐야 할 것이다. 그 책이 봉함되어 있는 한 그것을 읽을 가능성은 없을 것이고, 유식한 자에게 그 책을 낭독하라고 요구하는 것도 의미가 없을 것이다. 그러나 웨버(Weber)는 그 봉함을 상징적 의미를 가리키는 것으로 취급한다. 그는 감추어진 것이 그 책 자체라고 생각한다. 읽고 쓰는 법을 알고 있는 유식한 자까지도 그 책을 이해할 수 없는데, 이는 그가 비록 글자를 구별해내고 단어를 소리내어 읽을 수는 있어도 그 의미는 그에게 닫혀져 있어서 그가 읽은 바를 이해하지 못한다는 것이다. 그러나 "봉하였으니 못하겠노라(즉 그것을 읽지 못한다)"라는 유식한 자의 대답은 읽을 능력의 부족을 의미하기보다는, 단지 무엇을 읽어야 할지를 알지 못하므로 읽을 수가 없다는 것을 의미하는 것으로 보인다. 읽어야 할 것이 봉함되어 있는 것이다.

29:12 유식한 자들이 읽을 수 없을 뿐만 아니라, 무식한 자 역시 그러하다. 그 책이 글을 알지 못하는 자에게 주어지고, '이를 읽으라'는 유사한 명령이 주어진

다.[17] 그의 대답은 글을 알지 못한다는 것이다. 그가 실제로 그 책의 말들을 보고 있던 그렇지 않던 간에 그는 무식하기 때문에 읽으려조차 하지 않는다. 유식한 자는 읽을 수 없었다. 왜냐하면 그 책이 봉함되어 있기 때문이며, 무식한 자도 읽을 수 없으니, 이는 그가 읽을 줄을 모르기 때문이다. 그러므로 모든 백성이 읽을 수 없는 것이다. 그들 앞에 하나님의 계시가 분명한 말로 제시되었다. 이 세상의 유식한 자와 지혜로운 자에게 이것이 의미가 없는 말씀이었다. 왜냐하면 이것이 그들에게 봉함한 것과 같은 것이었기 때문이다. 무식한 자에게도 이것이 의미 없는 것으로 다가왔으니, 이는 그들이 계시를 이해할 능력조차도 가지고 있지 않았기 때문이다. 그러므로 예외없이 모두가 영적으로 둔감하였다. 하나님의 신실한 선지자들을 통하여 선포된 하나님의 모든 계시가 능력의 말씀의 위엄과 영광으로 그들 앞에 비추어졌지만 모든 백성 위에 깊은 잠이 내리워져 있었다. 술취하며 비틀거리며 더듬어 찾았지만 진리를 결코 발견할 수 없었던 나라이었다.

이것은 아마도 구약성경 다른 곳에서 발견되는 것과 같은 비극적인 모습이다. 은혜로우신 하나님께서 이 백성에게 주셨던 온갖 다양하고 풍성한 선물을 고려하고 이 백성을 "제사장 나라와 거룩한 나라"를 만드는 것이 그의 계획이었음을 고찰해 볼 때 그리고 나서 그 나라를 특징지어 주었던 반역과 배교를 읽을 때, 하나님의 선하심과 오래 참으심에 대해서 놀랄 수밖에 없게 된다. 그럼에도 하나님의 목적은 좌절되지 않았다. 비록 그 나라 전체가 그에게 등을 돌렸을지라도 하나님께서는 그의 은혜로우신 지혜로 이 나라 가운데 그의 이름을 경외하는 자를 보존하여 두셨고, 때가 차매 그 아들을 보내셨고 그의 나타나심을 사모하는 자들과 진정으로 "제사장의 나라와 거룩한 백성"이 될 자들은 그 아들 주위에 모이게 된다. 이들은 더 나아가 "택하신 족속이요 왕 같은 제사장들이요 거룩한 나라요 그의 소유된 백성이니 이는 너희를 어두운 데서 불러내어 그의 기이한 빛에 들어가게 하신 자의 아름다운 덕을 선전할"(벧전 2:9) 자들이다.

29:13 본 절은 원인절을 이루며 결과절이 14절에 뒤따라 나온다. 여호와의 말씀이다. 그를 지칭하기 위하여 사용된 용어는 그의 전능하신 능력을 상기시켜 주는 것이다. 그의 백성의 특징에 대해 여기서 말씀하고 있는 분은 전능하신 하나님이시다. 자주 그러하듯, 그는 그 나라를 경멸적인 "이 백성"으로 부르고 있는데, 이는 마치

---

17) 자에게—이 전치사는 암묵의 선행사에 속하는 것이다.

"깊이 잠들게 하는 영을 퍼부은 이 백성, 곧 취한, 비틀거리는 백성, 등"이라고 말하는 것처럼 보인다. 이사야는 그의 원인절의 첫 부분에서 교차적인 배열을 사용하고 있으니, 말하자면, "이 백성이 그 입으로 가까이 하며, 그 입술로 나를 영화롭게 하였으므로"이다. 백성은 종교적 예배행위를 행하기 위하여 가까이 나왔으나, 입으로만 드려진 것이었다. 즉 순전히 형식적이었다. 그 다음 표현에는 두드러진 인칭의 변화가 나타나 있다. "입술로는 그들이 나를 존경하나." 그러한 인칭의 변화는 꽤 일반적인데, 여기서 단수는 한 개인으로 인식된 그 나라를 지적하고, 복수형은 그 구성원 전체를 포함하는 그 나라의 일체를 강조한다. 이 개인의 입술은 말하고 그 백성은 하나님을 영화롭게 한다. 그러나 이 표현은 그들의 외식을 드러내 준다.

이사야는 상황 절을 통하여, 입과 입술의 예배가 드려지고 있으나 참된 예배의 기관인 마음은 하나님에게서 멀리 떠난 것을 보여준다(렘 4:3–4; 24:7; 31:31 이하를 참고).[18] 만일 예배의 참된 기관이 예배 자체에서 멀어졌거나 그 자체가 하나님으로부터 멀어졌다면, 그에게 가까이 나가는 그 어떤 것도 가식일 뿐이다. 비록 히스기야 자신이 헌신된 왕이었고 개혁을 진지하게 실현시키려고 하였으나, 우상들이 완전히 제거된 것은 아니었으며 백성들의 마음은 이전의 습관으로 기울어져 있었다. 기껏해야 피상적인 회심이었지 진정한 회심은 아니었다. 종교는 사방에 있었으나 백성의 마음은 여호와를 찾지 않았다.

어떤 의미에서 백성은 하나님을 경외했다. 그러나 그들의 여호와 경외는 단순히 배운 것, 즉 사람의 계명이었다. 선지자가 말하는 경외는 외적인 의미로서만의 존경으로 이해되어야 할 것이다. 이것은 실제 종교적 행위로서의 봉사 혹은 예배와 동의어이다. 마음속으로부터 나온 경외가 아니었다. 여호와를 경외하는 것이 지식의 근본이지만 그러한 경외는 마음으로부터 나오는 것이며 하나님에게 자신의 모든 것을

---

18) (그리고) 그 마음은–접속사는 그 표현에서 "그 입술"에 반대되는 새로운 주제를 소개하고 있다. 문장이 상황절이고, 주어는 강조를 위하여 맨 앞에 위치해 있다. יראתם–이 동명사(부정사 구문)는 주격 대명사의 접미사를 취하고 있고 목적격 대명사를 지배한다. 쿠틀루후 이이야후(קְתָלוּהוּ אִיָּהוּ), '그의 그를 죽이는'을 참고하라. 계명–즉 가르침을 받은 사람들의 계명 직역하면 계명.…가르침을 받은 것, מלמדה–계명(연계형)을 수식하고, 또한 그것에 어느 정도의 한정을 덧붙여 준다.

물론 이사야의 어휘는 가장 가깝게는 그 당시 사람을 가리킨다. 그럼에도 불구하고 그는 예언의 영을 통하여 그리스도 당시의 바리새인들에 관하여 말하였으니, 이는 그리스도께서 분명하게 그렇게 말씀하셨기 때문이다. "외식하는 자들아 이사야가 너희에게 대하여 잘 예언하였도다 일렀으되"(마 15:7; 막 7:6). 그의 인용문은 근본적으로 칠십인경(*Codex B*)을 따르고 있으며, 그의 비난은 바리새인이 인간들의 계명을 마치 하나님께로부터 온 교리인 것 처럼 가르친다는 것이다.

헌신함으로써 특징지어진다. 이사야가 지금 말하고 있는 이 경외는 외식적인 것이기에 전혀 참되 경외가 아니었다. 하나님의 계시로부터 기인한 것이라기보다는 단지 인간으로부터 기원된 계명들로 이루어진 것이었다. 이것은 다른 사람들로부터 배워야 하는 어떤 것이었다. 그와 같이 예배하였던 사람들은 하나님이 아닌 사람들의 가르침을 받았다. 인간의 권위가 그들의 예배에 충분하였다. 그러나 인간의 권위는 하나님에게는 충분하지 못하다.

바리새인을 책망하시면서(마 15:9) 우리 주님은 특별히 그들이 율법에 부과하였던 요구를 마음에 두셨다. 전승이 점점 증대되어 갔고 마침내 미쉬나와 게마라로 기록되었다. 그리고 그리스도에 의하면 이것은 하나님의 말씀을 헛되게 만드는 것이었다. 물론 이사야 당시에는 그러한 구전으로 된 전승은 없었다. 그렇다면 선지자가 무엇을 가리켜 말하고 있는 것인가? 이에 대한 대답은 백성이 기록된 방식이 아닌 그들을 기쁘게 하였던 방식으로 하나님을 예배하였다는 것이다. 그들은 자신의 마음의 태도와는 관계없이 예배의 외적인 형식만을 충분한 것으로 간주하여 이렇게 행하였다. 제사장은 예배자가 요구된 희생제물을 가져오는 것에만 관심을 나타내면서 분명하게 이것을 부추겼었고, 여호와께 겸손과 참된 헌신으로 나아오는 것은 부추기지 않았다.

29:14 본 절은 앞 절의 결과절이다. "그 나라의 외식적인 예배가 사실이므로 하나님께서 행동하실 것이다." 하나님께서는 "보라!"라는 강력한 말과 함께 자신에게 주의를 집중시키고 있으니 이는 그가 곧 다시 기사를 행하시려고 하시는 분이시기 때문이다.[19] 동사는 자주 그의 백성의 구원에 나타난 하나님의 놀라운 행위를 지칭한다. 여기서 이것은 특별히 심판이나 징벌의 사역을 가리키지 않고 놀라운 일이나 경악을 자아내는 일을 가리킨다. 알렉산더의 "생소한"이란 번역은 너무 약한 편이다. 아마도 이 단어의 정확한 의미를 영어로 나타내기는 불가능하다. 이사야가 말하고 있는 바는 하나님께서 이 백성을 위협하거나 이 백성에게 하나님만이 하실 수 있

19) יוסף, 1Q도 같다. 맛소라 본문은 분명히 3인칭 남성 단수 히필형을 의도한다(참고. 사 38:5). 그런 까닭에, "보라! 더해 줄 나를(그것이 나다)"가 된다. להפליא—동사적 개념이 같은 어간의 부정사 절대형과 명사에 의하여 강화된다. 그러므로 "기이하고 기이한 일을 행함에 있어서 기이하게 행할 것이다." 이 부정사 절대형은 부사적이고 부정사 구문을 수식하며 명사는 대격이다. פֶּלֶא의 어근의 개념은 '분리하다, 구별하다"이지만 명사는 "놀라운 일"을 의미한다. 이 동사는 명사에서 파생한 낱말인 것으로 보인다. 1Q는 각 경우 어근의 끝에 ה를 써넣고 있다.

는 일을 행하시겠다는 것이다. "기이하고 가장 기이한 일"이라는 언어유희를 통하여 이 뜻을 강화한다.

"이 백성"에 대하여 행하실 하나님의 사역은 그들의 지혜를 없애는 것이다. 하나님께서 그렇게 행동하심으로써 백성의 지혜는 없어질 것이다. 즉 지혜가 무대에서 완전히 사라지고 없어질 것이다(참고. 19:1, 9–15; 고전 1:19). 이것은 하나님의 새로운 사역이 아니고, 그가 이전에 하셨던 사역의 연장이다. 아하스의 통치 아래서도 인간의 지혜가 하나님의 계시를 능가하려고 하였다. 그 당시에는, 하나님의 경고에 반대됨에도 불구하고, 앗수르에 도움을 요청하는 것이 사려깊고 지혜로운 행보처럼 보였다. 그러나 그러한 계획의 결과는 파멸만을 몰고 올 뿐이었다. 백성은 이제 숨었다고 생각하였고, 그래서 앗수르가 그들에게 올 수 없다고 생각하였다. 그리고 그들은 애굽이 동맹군이 되고 피난처가 될 것이라고 잘못 믿었다. 그들의 지혜는 한 번 더 어리석은 것으로 나타날 것임에 틀림없다. 그리고 여호와께서 그의 소유된 백성을 포기하지 않을 것이라는 생각도 거짓된 것으로 나타날 것이었다. 여호와의 놀라운 사역이 백성을 인간 지혜에 대한 모든 신뢰가 어리석은 것으로 드러나게 될 그러한 상황으로 이끌어 갈 것이었다. 어느 누구도, 심지어 가장 지혜로운 자도 그 난점을 해결할 길을 알지 못하며 누구도 답변할 수 없게 된다. 이는 인간 안에는 빛이 없고, 지혜도 없으며, 이해력도 없기 때문이다.

선지자의 어휘는 실로 강하다. 그는 단지 지혜 자체가 사라져 없어진다고 말하는 것이 아니라, 특별히 그 나라의 지혜자들의 지혜가 없어질 것이라고 말한다. 위기의 때에 해야 할 일을 알아야 할 지혜로운 자들이 지혜를 가지지 못할 때, 그 나라의 상태는 참으로 불안정하다. 그렇지 않겠는가? 그때 그 나라는 참 지혜와 지각의 유일한 원천이신 하나님에게로 돌이킬 수 있다. 평행구문을 통해 이사야는 이 의미를 강조한다. 그 나라의 명철자 혹은 총명한 자의 명철과 총명이 스스로 가리워질 것이다. 그러므로 필요한 때에 지혜가 없게 될 것으로 보인다. 모든 총명은 완전히 사라질 것이다. 사람은 지혜가 없으니 이는 하나님께서 놀라운 방법으로 역사하셨기 때문이다.

15절, 화 있을진저 자기의 도모를 여호와께 깊이 숨기려 하는 자여 그 일을 어두운 데서 행하며 이르기를 누가 우리를 보랴 누가 우리를 알랴 하니

16절, 너희의 패리함이 심하도다 토기장이를 어찌 진흙같이 여기겠느냐 지음을 받

은 물건이 어찌 자기를 지은 자에 대하여 이르기를 그가 나를 짓지 아니하였다 하겠으며 빚음을 받은 물건이 자기를 빚은 자에 대하여 이르기를 그가 총명이 없다 하겠느냐
17절, 미구에 레바논이 기름진 밭으로 변하지 않겠으며 기름진 밭이 삼림으로 여김이 되지 않겠느냐
18절, 그날에 귀머거리가 책의 말을 들을 것이며 어둡고 캄캄한 데서 소경의 눈이 볼 것이며
19절, 겸손한 자가 여호와를 인하여 기쁨이 더하겠고 사람 중 빈핍한 자가 이스라엘의 거룩하신 자를 인하여 즐거워하리니
20절, 이는 강포한 자가 소멸되었으며 경만한 자가 그쳤으며 죄악의 기회를 엿보던 자가 다 끊어졌음이라
21절, 그들은 송사에 사람에게 죄를 입히며 성문에서 판단하는 자를 올무로 잡듯 하며 헛된 일로 의인을 억울케 하느니라.

29:15 위기의 때에 하나님께서 모든 인간의 지혜를 완전히 없앨 것이라는 것은 참으로 놀라운 일이다. 그러므로 지혜를 빼앗긴 사람들은 불쌍하게 될 자들이니, 이는 실상 그들이 스스로 자신의 악함과 위선적인 예배를 통하여 자신으로부터 지혜를 제거하였기 때문이다. 본 절에서 백성의 책임을 전면에 부각하고 있고, 그들의 불쌍한 상태에 관심을 집중하고 있다. 백성들이 자기들의 도모를 하나님으로부터 깊숙이 숨기려는 시도를 보여주기 위하여 이사야는 흥미로운 화법을 사용한다. "자기의 도모를 여호와께 깊이 숨기려 하는 자여"라고 말한다.[20] 분명히 만약 그들이 충분히 깊이 내려간다면 하나님의 보시는 눈을 피할 수 있을 것을 의미한다. 그런 까닭에 마치 사람이 여호와께로부터 실제로 멀리 떠나 갈 수 있는 것처럼 깊이 내려가는 행위가 강조된다.

그 나라의 도모는 그 자체가 행동의 계획에 나타난다. 이러한 일들이 어둠 속에 있어서 여호와로부터 숨기어졌다고 상상할 때, 백성은 모든 것이 잘 될 것이라는 확신을 갖는다. 그때 그들은 아무도 그들을 볼 수 없고 자기들이 한 일을 알 수도 없다고

---

20) …께 깊이 숨기려 하는—여호와보다 더 깊이 내려가서 그보다 더 깊이 숨는 의미이든, 아니면 그가 도달할 수 없는 다른 곳으로 가는 것이든. והיה—분사 다음에 와우 연계형과 함께 완료형은 현재 계속되거나 혹은 현재에 반복되는 행동의 결과로서의 현재의 행동을 나타낸다. "깊게 하여 그러므로 해서 어두운데(자기들의 일이) 있는," 즉 그들의 일이 어둠 속에 있는.

생각한다. 단지 인간적인 계획을 세운 자들이 하나님과는 상관없이 이러한 계획을 도모하고 이루어 갈 수 있을 것이라고 생각함에 있어서, 인간 지혜의 어리석음 자체가 여기서보다 더 잘 나타난 곳은 없을 것이다.

29:16 인간 편에서의 이러한 행위는 선지자로부터 책망받아 마땅하다. 그러므로 그는 "오! 너희 패리함이여"라고 외친다.[21] 이 도입어(*wie seyd ihr so verkehrt*)의 실제 의미를 깨달은 루터 시대 이후로, 아마도 대부분의 해석학자는 본 절의 첫 문구를 부르짖음으로 바르게 생각하였다. 이 첫 번째 단어를 "사악" 혹은 "어리석은 짓"으로 번역할 수도 있다. "모순"도 그 의미를 분명히 해준다. 이사야가 가리키는 것은 하나님으로부터 무엇인가를 숨기려는 태도이다. 이러한 일을 하는 자는 분명히 하나님이 전지하신 분이라고 생각하지 않았을 것이다. 저급한 신들이나 혹은 부족 신들로부터는 분명히 숨길 수 있는 것들이 있다. 인간의 모양으로 만들어진 신으로부터는 어떤 것이든 쉽게 숨길 수 있다. 그렇지만 유다 백성은 그러한 신들과 관계하고 있는 것이 아니다. 그들은 모든 것을 다스리시고 모든 것을 아시는, 언제나 살아 계시고 주권을 가지신 여호와에 대하여 반역을 하고 있는 것이다. 그로부터 무엇인가를 숨기려고 노력하는 것은 완전히 모순이다. 하나님과 인간 사이의 참된 관계를 뒤집어엎으려는 것은 패리이다. 하나님은 창조주이시며 인간은 피조물이다. 그로부터 무엇인가를 숨기려 하는 것은 마치 그가 아무것도 모르고 그래서 진정한 창조주가 아닌 것처럼 행동하는 것이다. 실제로 이것은 그가 창조주라는 사실에 대한 부인에 지나지 않는다. 그보다 더 나아가 이것은 사실상 인간을 창조주 위에 올려놓는 것이다. 왜냐하면 인간이 자기를 만드신 분을 어리석은 자로 생각하기 때문이다. 그러므로 가장 심오한 의미에서 – 모든 죄, 모든 오류, 인간의 지혜에 근거를 둔 모든 철학, 모든 우상숭배 – 이것들은 패리이다.

이사야가 "심하도다"와 같은 말로 그의 신랄한 부르짖음을 마무리하는 것을 예상할 수도 있다. 그렇지만 아마도 그의 격렬함과 흥분으로 말미암아 외침의 일부분이 억압을 받는다. 그 문구가 지금 나타내고 있는 바대로 그 의미는 "너희의 패리함이

---

21) אם이 의문을 이끌고 있는 소수의 예 중의 하나인데, 이것은 앞의 것과 분리된 관계로 되어 있다. 열왕기상 1:27; 열왕기하 20:9; 잠언 27:24; 예레미야 48:27을 참고하라. Robinson, *ZAW*, Vol. 49, 1932, p. 322는 수정에 기초하여 "토기장이가 완성된 그릇으로 혹은 진흙으로 여겨질 것인가?" 라고 번역한다.

얼마나 심한가!"이다. 어쨌든 이사야가 그러한 기분으로 말할 수 있었을까? 마르티는 이사야가 그의 반대자들과 신학적 논쟁을 하지 않고 단지 그들을 반역하는 자로 간주하였다고 주장한다(30:1). 토기장이와 그릇 그리고 창조주와 피조물에 대한 개념은 단지 "제2 이사야서"에만 나타난다고 그는 생각한다. 이에 대한 대답으로 단지 가장 넓은 의미에서 이 어투를 신학적 논쟁이라고 말할 수 있다. 이러한 말의 중심에 있는 것은 백성의 패리함(그리고 분명히 그것은 반역이다)이다. 그러나 다른 한편, 어찌하여 이사야는 그 나라와 변론하지 않았던 것인가? 그는 1:18의 말을 하지 않았던가? 그는 앗수르가 오기 전에 아하스와 변론하지 않았던가?(7:1 이하) 그리고 실제로 토기장이와 진흙 혹은 창조주와 피조물의 비유를 이사야의 것으로 돌리는 것을 부정할 만한 근거가 없다. 본 단락과 같은 본문은 단순히 이사야서 후반부의 본문이 근거하는 기초를 형성한다.[22)]

비교하는 것을 앞에다 놓음으로써 첫 번째 비유의 어휘를 상당히 강조한다. "진흙처럼 토기장이가 여겨지겠느냐?" 그러므로 이 비교는 토기장이를 진흙으로 여기는 것은 토기장이를 격하시키는 것임을 가르치고 있다. 왜냐하면 진흙과 토기장이 사이에 엄청난 간격이 있기 때문이며 창조주와 피조물, 하나님과 인간 사이의 간격과 같은 것이다. 토기장이에게 반역하는 진흙을 상상하는 것은 불가능하다. 그와 같은 생각은 어리석은 것이다. 인간의 의지가 타락하였기에 그의 창조주에게 반역한다. 그렇지만 그의 행동은 진흙이 토기장이에게 반항하는 것만큼이나 어리석은 것이다. 토기장이는 진흙을 다룰 권한을 가졌고, 그 반대가 될 수는 없다. 창조주가 그의 피조물을 다룰 권세를 가지고 있으며 피조물이 창조주를 다룰 수는 없다.

히브리어 본문의 엑센트에 따라 "그가 토기장이의 진흙과 같이 여겨지겠느냐?"로 번역해야 한다. 지은 자와 지음 받은 자 사이의 이어지는 비교는 여기서 수용한 해석 즉 한편으로는 진흙과 다른 한편으로는 토기장이 사이의 대조를 지지하는 것으로 보인다.

사람은 진흙과 같다. 그는 지음을 받았지 자기 자신을 만들지 못했다. 이러한 진리가 기본인데, 이 진리에 대한 부인이 많은 현대의 사상과 행동의 근저에 놓여 있

---

22) 이사야 45:9ff.; 64:7; 예레미야 18:6을 참고하라. Penna는 다음과 같이 논평한다. "Esso(즉 하나님과 토기장이 사이의 비교) *e implicito in tutti i testi*(Gen. 2, 7s; Ger. 1, 5; Am. 7, 1 ecc.), *nei quali l'azione creativa di Dio e descritta col verbo jasarplasmare(joser—vasaio)*"(롬9:20–23을 참고).

다. 하나님은 인간의 생각으로부터 제외당하고, 인간은, 최소한 그 모든 의향과 목적에 대하여, 자기 자신의 권한에 의해 존재하는 것으로 간주된다. 인간을 하나님이 필요 없다고 생각한다. 그런 까닭에 하나님에 대해서 말하기를 "그는 나를 만들지 않았다"고 한다. 이보다 더 나쁘고 더 어리석고 더 영혼을 파괴시키는 말은 인간의 입술로 진술된 바 없다. 어거스틴이 그의 회고록에서 말하는 바와 같이, 그가 별에게 하나님에 관하여 묻고 별이 큰 소리로 "그가 친히 우리를 만드셨다"고 대답하였을 때 그의 기쁨은 얼마나 컸었던가! 여기에 모든 지혜의 심장이 있고 근본이 있으며, 유다 사람이 자신의 패리함으로 인해 부정하고 있었던 것이 바로 이것이었다.

지음을 받은 것이 그것을 지은 자가 지각과 지력이 없다고 말하는 것은 똑같이 어리석은 것이다. 만일 지은 자가 지각이 없었다면 지음 받은 것은 분명히 그 특성상 지각을 가지지 못한다. 기독교는 비합리주의에 대한 헌신의 물결이 교회에 닥쳐올 때마다 크게 고통을 당하였는데, 이는 비합리주의가 하나님은 지각이 없다고 말하기 때문이다.

29:17 이사야는 속담투의 표현으로 완전하고 뿌리깊은 변화를 선언한다. 어투가 시적이므로 약속된 변화가 일어나기 전에 얼마나 많은 시간이 경과해야 하는지 정확하게 결정하려고 해서는 안 될 것이다. 잠시 후에 레바논은 지금의 상태에서 바뀌어서 낙원이 될 것이다.[23] 그것은 하나의 갈멜, 즉 정 반대로 변화될 것이다. 카르멜(heb–Karmel)은 식물과 나무가 풍성하게 자라날 수 있는 비옥한 땅을 가리킨다. 레바논은 물론 산악지대로 이루어진 지역을 나타낸다. 잠시후에 산악지대는 인간의 유익을 위하여 소산을 풍성하게 내는 기름진 밭으로 변할 것이다. 다른 한편, 그 기름진 밭은 삼림으로 여김을 받게 될 것이다. 삼림과 기름진 밭 사이에 구별이 없게 될 것이다. 일부 주석가가 생각하는 대로 이러한 비교에 대한 해석은 유다가 경작 되고 기름진 밭처럼 만들어지는 반면에 앗수르는 원시림의 땅으로 변한다는 것일 수도 있다.

29:18 레바논과 기름진 밭의 비유를 통해 큰 변화가 올 것이라는 것을 제시한 후에 이사야는 이제 다른 묘사로 그 변화를 강조한다. 레바논과 기름진 밭이 하나가 되는 그 때에, 귀머거리가 책의 말을 들을 것이다. 귀머거리는 신체적인 귀머거리가

23) ושב–확정된 시간 다음에 와우 연속법을 가진 완료형.

아니고, 영적 귀머거리, 즉 약속을 듣지 못한 사람이다. 왜냐하면 이는 책의 말이 그들에게 봉한 책의 말씀으로 되었기 때문이다.[24] 선지자가 앞의 13절과 14절에서 말했던 것에 대한 분명한 암시가 있다. 깊이 잠들게 하는 신이 그 나라에 부어져서 그 나라는 들을 수가 없었다. 그들의 들음은 단순한 신체적 행위가 아니라 몸에 밴 순종을 가져올 신체적 행위가 될 것이다. 물론 유대인은 그들의 신체적 귀로 이사야의 말을 들었으나, 그것이 그들에게 하찮은 말에 지나지 않았다. 순종이라는 반응이 없었다.

그 책은 어떤 책을 가리키는가? 그것은 율법 책이 아니고 단순히 하나님의 약속이 발견되는, 지금까지 그 나라에 봉함되어 온 책이다.[25] 이러한 해석은 앞에서 언급되었던 책의 봉함에 대한 반영에 의하여 분명한 지지를 받는다. 아무도, 학식 있는 자들까지도 읽을 수 없었던 그 책이 그때에는 모든 사람, 심지어 귀머거리에 의해서 이해될 것이다.

본 절의 두 번째 부분에서 어휘가, 최소한 형식에 관한 한 첫 번째 부분과 대조를 이룬다. 직접 목적격이 제시되지 않고, 그 대신에 소경의 이전 상태를 언급한다. 소경은 모호함과 어두움 가운데 있었다. 이러한 상태는 사라지고 이제 소경됨으로부터 벗어난 눈들이 볼 것이다. 본 절의 앞부분과 같이 이 부분 또한 일반적으로 상황의 완전한 역전을 나타내는 것으로 보아야 한다. 이것은 단순히 이방인만을 가리키는 것이 아니라, 모든 이들이며 우선적으로는 앞 절에서 언급된 어둠과 소경됨 중에 행하였던 이들을 가리킨다. 이러한 비유를 통하여 다가올 변화의 상당히 급진적인 성격을 보게 된다.

29:19 앞 절이 구원을 경험해야 했던 사람들의 지적인 관점에 있어서 변화를 제

24) 그러나 Penna는 이 말을 물리적 귀머거리와 소경에 적용한다(*si trata di veri ciechi e sordi*). 그는, 축복의 시대에 육체적 약점들이 고침을 받게 된다고 생각한다. 비록 이사야가 영적 소경을 의중에 품고는 있을지라도, 그의 생각이 고대시대에는 낭독이 큰 소리로 이루어졌다는 사실에 근거하고 있는 것은 가능한 일이다(예를 들면 행 8:30을 참고). 그러므로 귀가 먼 사람들이 그렇게 읽는 것을 들을 수 없었다. Alfred Tacke, *ZAW*, Vol. 31, 1911, pp. 311–313을 참고하라.

25) 그렇지만 Maurer는 *de libro legis dicitur, ut apud Arabes 'al–ki–tâb de Corano*라고 말한다. Gesenius는 시편 40:8; 다니엘 9:2에 호소하고 또 Koran 2:53의 글에 호소한다. "우리는 모세에게 그 책과 판별력(*furqân*)을 주었다." 그러나 모세의 율법을 가리켰다면 34:16에 있는 것과 같은 부가적 호칭을 기대하게 된다. 또한 11절에 대한 분명한 반영이 있다. 정관사의 생략은 아마도 시적이기 때문인 것 같다.

시한 것처럼, 본 절은 그들의 번영에 있어서도 변화가 있을 것임을 드러내고 있다. 앞 절이 그 나라 중에서 신체적 장애를 가진 자들을 구별해 내지 않으므로 단지 그 나라의 일부가 축복을 경험하게 될 것이라고 강조하지 않은 것처럼, 본 절 또한 겸손한 자들을 그 나라의 특정한 부류로 구별하지 않는다. 본 절의 "겸손한 자"와 "빈핍한 자"는 앞 절의 "귀머거리"와 "소경"과 같다.[26] 선지자가 가르치고 있는 것은 구원이 너무나 커서 그것이 사물의 속성에 급진적인 변화를 가져다준다는 것이다. 이전에 귀머거리였고 소경이었던 자들이 이제는 듣고 본다. 겸손한 자는 기쁨이 더하고 빈핍한 자는 즐거워한다.

구문 상으로 본 절은 교차적으로 배열되어 있어서 동사로 시작하고 동사로 마친다. 이사야가 말하는 압제 받는 자와 겸손한 자는 누구인가? 선지자가 물리적 의미에서 실제적으로 고통당하고 겸손한 자만을 구분해 내어 말하지 않은 것으로 보인다. 그는 오히려 그들을 여기서 믿는 자로 지칭하고 있다. 세상이 보기에 그들은 겸손한 자로 간주되었을 것이다. 이러한 의미는 우리 주님께서 "심령이 가난한 자는 복이 있나니"(마 5:3)라고 하신 말씀과 같은 것이다. 아마도 그 의미를 다음과 같이 의역할 수 있을 것이다. "여호와께서 귀머거리로 간주하시는 자들이 이제는 듣게 되고, 사람들이 겸손한 자로 간주하는 이들이 이제는 기쁨이 더하게 될 것이다." 이들은 스스로 기뻐하는 중에 여호와 안에서 기쁨을 더한다는 것이고, 그리고 이미 존재하고 있는 기쁨에 더해진다는 것이다. 이 기쁨은 "여호와 안에" 있는 것이기에 거룩한 즐거움이며 오직 여호와의 구원을 경험한 자에 의해서만 나타나게 된다.

두 번째 호칭은 특별한 의미를 가지고 있으니, 이것은 다른 사람이 아니라 사람들 중에서 가난한 자를 의미한다. 이 단어가 경건의 이차적 함의를 가질 수도 있다. 사람들이 가난한 사람들로 간주하는 그들이 기뻐할 자들이다. 이사야는 비천함의 개념을 부각시키는 아담(אָדָם)이란 일반적인 단어를 선택한다. "빈핍한 자들"이라고 번역함으로써 이 두 단어의 의미를 나타낼 수 있다. 사람들에 의하여 고통을 당하지만 하나님의 축복을 받을 사람을 지칭하기 위하여 이러한 개념이 구약성경에서 자주 사용되었다(참고. 시 5:12; 32:28–32). 이들은 이스라엘의 거룩한 자 안에서, 즉 그의 놀라운 구원사역 안에서 기뻐할 것이다. 하나님이 그들의 기쁨의 원인이 되실

26) 빈핍한 자, 즉 가난한 자—아마도 틀림없이 이 구문과 뒤따라오는 소유격은 이 어구에 최상급의 의미를 부여한다. 즉 "극히 빈핍한 자들."

것이다. 사람들이 하나님으로부터 구원을 경험할 때, 그들은 자신의 조성자요 구속자이신 하나님 안에서 기뻐한다.

29:20 그러한 기쁨에는 그에 합당한 이유가 있다. 왜냐하면 구원이 이전에 백성에게 고통을 주었던 압제자로부터의 구출했기 때문이다.[27] 강포한 자는 소멸되고, 경만한 자가 그칠 것이다. 이 단어들은 이제까지 하나님의 백성을 고통스럽게 하였던 자들을 묘사한다. 동사는 앞 절과 관련하여 과거를 나타낸다. 강포한 자가 사라졌으므로 백성은 기뻐할 것이다. 동시에 선지자의 관점에서 동사가 미래를 나타내고 있다. 여기에 제시된 약속은 그가 말하고 있는 그 당시에는 아직 일어나지 않았다. 이것은 미래에 일어날 축복이다.

"강포한 자"와 "경만한 자"라는 단어에 정관사를 사용하지 않았다. 그리고 그러한 이유와 의미의 일반적인 논조와 맥을 같이 하여 의미하는 바가 어떤 특정한 강포한 자와 경만한 자는 아닌 것으로 볼 수 있다. 그러므로 강포한 자를 산헤립 또는 심지어 그 백성 중에 있는 강포한 자와 동일시해서는 안 된다. 이 단어는 강포한 자로 분류될 수 있는 모든 자를 암시한다. 강포한 자든—그들이 누구든지 어떤 성격의 사람이든지—하나님의 백성을 더 이상 압제하지 않을 것이다. 그들과 함께 모든 경만한 자도 사라질 것이다(28:14, 22을 참고).

선지자는 세 번째 동사를 통하여 죄악의 기회를 엿보던 자가 끊어질 것이라고 선언한다. 그들은 해로운 일을 하고 악을 행할 기회를 부지런히 찾는다.[28] 이사야는 악의 세 가지 형태 또는 부류를 언급하였다. 하나는 폭력으로 그릇된 것을 행하는 것이며, 다른 하나는 진리에 대한 경멸이며, 그리고 세 번째는 행악할 기회를 찾는 속임으로 표현된다. 알렉산더가 강조한 대로, 하나님의 진리가 선포되는 곳은 어디든지 이 세 형태의 악이 스스로를 드러낸다. 하나님께서는 그러한 악으로부터 구원을 이루셨다.

---

27) כִּי—단순완료형이 뒤따르며 앞 절에서 언급된 것의 이유를 제시한다. וְכָלָה—약 와우를 가진 완료형은 방금 전에 언급한 것과 동등한 행동을 나타낸다.

28) Gesenius는 이 표현을 의를 행할 기회를 찾고 그것을 양성해야 하는 자들이지만 잘못을 계속하는 자들에게 적용한다. 그러나 용법은 본문에 채택된 해석을 지지한다(렘 31:28; 44:27; 단 9:14을 참고). Maurer는 다음과 같이 바르게 해석한다. "*qui omne studium in hoc contulerunt, ut non aequum fieret, sed iniquum.*"

29:21 본 절과 함께 계속해서 이사야는 악을 행하기 위하여 기다리는 자가 자신의 일을 어떻게 부지런히 하는가를 보여준다. 그들이 하는 것은 사람들을 죄악으로 꾀어내는 것으로,[29] 분사형이 연계형이므로 "사람을 죄를 짓게 하는 자들" 즉 "사람을 범죄하도록 하는 자들"로 번역되어야 한다. 아담(אָדָם)이란 명사는 이쉬(אִישׁ)와 반대되는 것으로 인간들 중 더 낮은 계층을 지칭한다. 선지자가 말하고 있는 단어는 출애굽기 18:16에 나타난 대로 법정적 절차이다. 그리고 전치사를 "에 의하여"로 번역하는 것이 가장 적당하다.[30] 그런 까닭에 첫 번째 문장을 "말로 사람으로 하여금 범죄케 하는 자들"로 번역할 수 있다. 이것이 정확하게 어떤 방식으로 이루어졌는지는 말하기 어렵다. 그들의 말을 통하여(아마도 사람을 속이고 꾀어내는 것일 것이다) 그들은 다른 사람들로 하여금 죄를 짓게 한다. 어쨌든 다음에 따라오는 평행구에서 이것이 재판 과정에서 일어났다고 흔히 가정된다.

평행구는 앞에서 언급한 사실을 확증한다. 법정이 열리는 곳인 성문에서 자신의 소송사건을 변론하고 호소하는 자는 악한 자들이 덫을 놓는 대상이다.[31] 이 표상은 법정에서 재판관들 앞에서 자신의 소송의 정당성을 제시하고자 하는 사람의 그림(명사는 논증, 논쟁, 변론의 의미를 가짐)과 덫을 놓아서 그의 논쟁에서 그를 잡거나 넘어뜨리려는 악한 자들의 모습이다. 그가 죄 있다는 것과 그가 변론하는 소송이 정당하지 않다는 것을 보여주기 위하여 힘쓰는 또 다른 모습이기도 하다. 이 악한 자들은 그들의 속이는 진술로 의인을 죄인으로 보이도록 만들기를 원한다.

헛된 일로 의인을 억울케 하느니라: 직역하면, "그리고 그들은 헛된 일을 통하여 의인을 농락하다"이다. 동사는 의인을 빗나가게 하여 그로 하여금 공평하게 대우받지 못하게 하는 행위를 가리킨다(10:2을 참고). 이것은 "헛된 일"을 통하여 성취되

---

29) 히필형에서 이 어근은 '죄로 이끌어 가게 한다'를 의미한다. 예를 들면 열왕기상 14:16; 15:26 이하; 예레미야 32:35; 등.

30) 말-죄로 인도 받은 자들의 말을 가리킬 수도 있다. 그러므로 "사람들을 그들의 말로 죄짓게 하는," 즉 "그들이 말하는 것이 죄를 짓도록 만들어진."

31) 그들이 올무로 잡듯하며-Green은 이 형태를 יקשׁ의 3인칭 복수 과거형(יָקְשׁה)으로 설명한다. יְדָעוּן(신 8:3, 16)과 צָקוּן(사 26:16)에서도 나타나는 어미 운(וּן)의 첨가는 엑센트를 취하고, 쉐와(ְ)로 대치될 수 있는 원개음절에 카메츠(ָ)를 두었을 것이다. BDB는 형태를 קושׁ로부터 온 것이라면 יְקֹשׁוּן을 예상해야 하는데, 이는 יְקֹשׁוּן이 명령을 나타내는 것이기 때문이고, 이것이 여기에 쓰이는 것은 의미에 적절하지 않을 것이다. Dillmann, "*Die im Part. begonnene Beschreibung wird im Impf. fortgesetzt(5, 11.23 u. o.)*"을 참고하라.

었다. 이사야는 그가 이미 사용했고(24:10) 창세기 1:2에서도 발견되는 명사를 사용한다. 여기서 이 단어는 헛되고 진리에 근거하지 않은 어떤 거짓말이나 허위를 의미할 것이다. 그러한 진실하지 못한 방법으로 이 악한 자들은 의인을 속여 빼앗으려 한다. 율법에 따라 정당한 주장을 하는 사람이 계략과 속임의 대상이다. 그리고 거짓된 수단에 의해 그의 주장은 농락을 당하게 되고 거짓되고 쓸모없는 것으로 간주된다(참고. 암 5:12). 이러한 악한 행실이 재판관 자신들에 의하여 행하여 졌을 가능성이 상당히 높다. 21절 상반절에서 그들이 고소자들이며, 21절 중반절에서는 명백히 고소를 받는 자들이다. 21절 상반절에서 의인은 고소를 받는 자들이고, 21절 중반절에서는 고소자들이다.

22절, 그러므로 아브라함을 구속하신 여호와께서 야곱 족속에 대하여 말씀하시되 야곱이 이제부터는 부끄러워 아니하겠고 그 얼굴이 이제부터는 실색하지 아니할 것이며
23절, 그 자손은 나의 손으로 그 가운데서 행한 것을 볼 때에 내 이름을 거룩하다 하며 야곱의 거룩한 자를 거룩하다 하며 이스라엘의 하나님을 경외할 것이며
24절, 마음이 혼미하던 자도 총명하게 되며 원망하던 자도 교훈을 받으리라 하셨느니라

29:22 "그러므로"라는 도입어는 바로 앞의 내용을 반영한다. 논리가 진행되는 바와 같이 하나님의 백성이 악인으로부터 구원을 받는 영광스러운 미래가 있으므로, 여호와께서 말씀하신다. 다가올 축복의 때가 모든 것을 분명하게 밝혀 줄 것이다. 그런 까닭에 하나님께서는 야곱의 집을 향하여 말씀하신다. 야곱의 집이란 어구는 야곱의 모든 후손을 포함한다. 여기서 고려하고 있는 이들은 본질적으로 후손 전체이며 하나님께서 야곱에게 주신 약속의 후손인 구원받은 자들이다.

여호와를 아브라함을 구속하신 분으로 묘사한다. 관계 대명사 "who"와 선행사 "여호와" 사이에 "야곱 족속에 대하여"라는 어구를 삽입하고 있다. 그렇지만 선행사가 여호와라는 것이 분명하다. 그렇지 않다면 의미하는 바가 야곱이 아브라함을 구원하는 것으로 되는데 이것은 확연히 말이 되지 않는다.[32] 여기에 본 예언서의 후반부에서 다시 나타나고 발전될 하나의 개념을 소개한다. 드렉슬러가 지적한 바와

32) Gesenius는 Hensler의 해석을 상기시킨다. "주께서 아브라함과 함께 자유케 하셨던" 야곱이라는 것이다. 그러나 "야곱 족속"이란 어구는 한 개인으로서의 조상이라기보다는 야곱의 후손들을 가리키는 것으로 보인다.

같이, 이 문장에서 이사야서 40–66장의 소리를 듣는다.

아브라함의 구속이 의미하는 바가 무엇인가에 대해서 여러 의견이 있다. 마르티는 아브라함이 갈대아 우르에서 박해를 받았고 거기서 하나님에 의하여 구출을 받았다는 후기 유대인의 전설(legend)에 대한 반영이 나타나 있음에 틀림없다고 생각하며,[33] 반면에 다른 사람들은 이것을 우상의 땅으로부터 아브라함의 떠남에 적용시킨다. 그렇지만 이 단어는 구원에 대한 일반적인 용어이며 이방 세계로부터의 분리와 더불어 주어진 아브라함의 소명 전체와 하나님의 약속을 간직한 자로 택함을 받은 것을 포함한다. 이 단어를 애굽의 압제로부터의 이스라엘 족속의 구출에 대해 사용하기도 한다.

하나님께서는 아브라함을 구출하셨고, 그와 같이 야곱은 현재에도 또한 항상 부끄러움을 당하지 않을 것이다.[34] 그의 얼굴이 마치 수치로 희게 되는 것처럼 실색하지 않을 것이다. 예전에 하나님께서 아브라함을 갈대아 우르에서 이끌어 내셨고, 여호와께 속해야 할 무리의 조상이 되도록 하기 위하여 당시의 이교로부터 그를 분리시키셨다. 이와 같이, 하나님께서는 미신과 불신앙으로 푹 젖은 물리적인 그 나라의 커다란 공동체로부터, 야곱 족속을 참 하나님 백성의 기초로서 분리시키실 것이다.

29:23 본 절의 말씀은 야곱이 부끄러움을 당하지 않을 이유를 제시한다. 그는 하나님께서 그에게 주신 자손을 볼 것이며, 그들은 그의 자연적인 후손 중에 있을 것이다. 그들은 하나님의 이름을 거룩하게 할 것이며 그 크신 구원 사역을 가져다주시는 분으로서 그에게 영광을 돌릴 것이다. 이것이 본 절의 일반적인 의미이지만 세부적으로 해석함에 있어서는 난점이 있다. 이사야는 또다시 키(כִּי)라는 단어로 본 절을 시작하고 있는데, 이렇게 하는 목적은 그가 방금 전에 언급한 내용의 진리성에 대한 근거를 제시하기 위해서이다. 다음과 같이 의역할 수 있다. "야곱이 부끄러움을 당하지 않을 이유가 있는데, 그 이유란 그가 그의 자손을 볼 때, 그들이 하나님께 영광을 돌릴 것이기 때문이다." 하나님의 백성의 압제자들은 너무나도 강하고 힘이 있어서 그들이 실제로 언약적 약속들을 파괴시킬 것으로 보였을 것이다. 그러나 실제로는 결과가 전혀 다른 것이 되는데, 즉 하나님의 약속은 성취될 것이고 야곱은 그의

33) Marti, *Com. in loc.*

34) 이제부터는–야곱이 그의 아들들을 볼 때를 가리킨다. 이 단어는 9:6; 미가 5:3에서와 같이 사용되고 있고, '그러므로'의 의미가 아니라 *demnach*, "또한"이다.

자손을 볼 것이다.

그 자손은…것을 볼 때에(그가 그의 자손을 볼 때): 많은 주석가에게 "그의 자손"이란 단어의 출현은 난점의 원인이 된다. 그러므로 어떤 사람은 "그가(즉 그의 자손이) 볼 때에"라고 번역하였다. 그러나 이것은 난점을 해결하는 것이 아니다. 왜냐하면 이 어구를 불필요하게 만들기 때문이다. 다른 사람들은 접미사를 완전히 빼버리는데, 이 점에서 그들은 본문 상의 근거를 가진다. 그렇다면 본 절을 "그의 자손이 나의 손으로 행한 것을 볼 때에"로 번역할 수 있다. 또 다른 주석가는 단순히 "그의 자손"이라는 표현만을 삭제한다. 다른 사람들은 접미사와 "그의 자손"이란 표현을 모두 빼고 "나의 손으로 행한 것을 보면서 그들은 거룩하게 할 것이다 등"으로 번역한다.[35] 그렇지만 만일 본문이 본래 그대로 유지된다면, 두 가지 가능성이 있다. 한편으로 부정사 구문의 접미사를 중복적인 의미로 취급하여, "그리고 그의 자손이 그것, 즉 나의 손이 행한 것을 볼 때에"로 번역할 수 있다. 또는 "그리고 그가 (즉 야곱이) 그의 자손, 나의 손으로 행한 것을 볼 때에"로 번역할 수 있다.

마지막 두 제안 중 어느 것이나 가능하지만, 후자의 번역으로 마음이 기울어진다. 이사야는 "그의 자손"이란 용어로 야곱의 자연적 후손들, 곧 유대인을 가리키지 않고, 그가 이미 18절에 언급한 귀머거리와 소경을 가리킨다. 이들은 그들의 특성상 약속의 후손이 될 수 없는 것으로 볼 수 있다. 그렇지만 17절에 묘사된 것과 같은 철저한 변혁이 있게 되면, 그들은 구원의 후사로서 인정될 것이다. 하나님께서 그의 주권적 은혜를 통하여 그들을 그의 소유가 되도록 선택하셨고, 그들의 마음에 거듭남의 사역을 이루셨다는 점에서 그들은 하나님의 손으로 행하신 것이다. 그들은 육정으로나 인간의 뜻으로 나지 아니하고 하나님의 뜻으로 난 야곱의 영적 씨이다. 선지자는 그들에 대하여 후에 다음과 같이 말한다. "네 백성이 다 의롭게 되어 영영히 땅을 차지하리니 그들은 나의 심은 가지요 나의 손으로 만든 것으로서 나의 영광을 나타낼 것인즉"(사 60:21).

어쨌든 "나의 손으로 행한 것"이란 이 어구에 의해 의도된 자들의 정체를 보다 구체적으로 밝히려고 힘써야 할 것이다. 심판 이후에 하나님의 백성 중에 남게 되는 자가 포함된다. 그 나라에 닥친 첫 번째 심판은 바벨론 포로였으며, 이 포로로부터 남

---

35) Dillmann: *wann er d.i. seine Kinder*; B, S, T. 그리고 수리아 역본은 접미사를 삭제하였다. *BH*는 ילדיו를 삭제할 것을 제안한다. 그러나 이 단어는 1Q에 발견된다. Gesenius는 나의 자손이 그것을 볼 때, 나의 손의 행사들, Penna는 *poiche vedendo 'l'opera delle mie mani fra loro*로 본다.

은 자가 있게 된다. 그러나 깊은 의미에서 이 남은 자는 궁극적으로 구원받은 사람들이다. 그들 가운데 헌신한 유대인(육체를 따라 난)을 포함하여 이방인도 포함된다. 당연히 교회를 하나님이 행한 것으로 생각하는 것이 옳을 것이다. 이방인을 신약에서는 아브라함의 씨로 언급하고 있다. 그리고 그들이 아브라함의 씨라면, 분명히 야곱의 씨이기도 하다. 그렇다면 넓은 의미에서 이 어구는 단순히 모든 구속받은 사람을 포함한다.

그 가운데서: 이 어구가 난해하기에 선지자가 무엇을 표현하고자 한 것인지 확실히 주장할 수 없다. 가장 자연스러운 의미에서 영적 자손이 야곱의 육체적인 후손, 유대인 중에 있을 것이라는 사실을 암시하는 것 같다. 그렇다면 단순히 야곱의 육체적 후손 중에 하나님의 손으로 행하신 그의 참된 자녀들이 있다는 것을 의미하게 된다.

영적 자손을 가리킨다는 것은 "(그들이) 내 이름을 거룩하다 하며"라는 묘사에 나타나 있다. 하나님의 이름을 거룩하게 한다는 것은 그 이름을 거룩한 것으로 간주하고, 또 그에 따라 행동하는 것이다. 이것은 그를 이스라엘의 거룩한 자로, 참으로 신들 중의 신이신 분으로, 궁극적으로는 피조물로부터 구별되시고 모든 악으로부터 분리되신 분으로 인식하는 것이며, 모든 일에 있어서 자신을 하나님과 그의 길에 순복시키는 것이다. 하나님 편에서의 참된 승리의 표지는 인간들이 그의 이름을 거룩하게 한다는 것이다.

본 절의 하반절에 사람들이 야곱의 거룩한 자를 거룩하게 할 것이라는 일반적인 선언이 있다. 비록 동사를 여기서 비한정적 의미로 취급해야 할지라도, 주어가 반드시 본 절의 상반절의 주어와 다르다는 결론이 되는 것은 아니다. 오히려 본 절의 하반절이 구속받은 자가 여호와를 거룩하게 하리라는 강조적 진술이다. 그러므로 영어로 "와우"라는 도입어를 "그래," "진실로"로 번역할 수 있다. 야곱의 거룩한 자는 이사야가 소명 환상에서 보았던 그분이다. 여기서 야곱의 이름이 사용되는데, 이것은 이 이름이 본문 안에 나타나기 때문이다. 이스라엘과 야곱의 상호 교차적인 사용은, 이사야서의 후반부에서 선지자가 이것을 사용하게 될 것을 기대하게 한다. 델리취가 잘 지적한 대로, "그리고 사실상 논의가 필요 없는 이사야의 실제 예언 전체를 통하여 40–66장의 어휘를 발견할 수 있다. 상반부 전체를 통하여 실제로 지배하는 개념들과 형식들의 점진적 발전을 추적해 볼 수 있다."

동시에 야곱이란 단어가 사람들이 어느 날 조상 야곱이 예배하였던 동일한 하나님을 하나님으로 예배하게 될 것임을 지적하기 위하여 사용된다. 야곱이 다른 신이 아닌 그만을 인정하였던 것처럼, 그만이 존경받으실 분으로 인정될 것이다. 이스라엘의 하나님의 존전에서 인간들은 두려움과 경외심을 느낄 것이다. 그의 사역에 대한 조소가 더 이상 있을 수가 없을 것이니, 이는 두려워하는 경외심 가운데서 그의 손으로 행한 것이 그 이름을 거룩하게 할 것이기 때문이다.

29:24 뛰어난 방법으로 이사야는 하나님의 이름을 거룩하게 하는 것과 이해와 깨달음이라는 배움을 연결시킨다. 본 절의 동사들의 주어는 23절 하반절에 있는 동사의 주어와 같은 것으로 보인다. 비록 주어가 여기서 "마음이 혼미하던 자"(직역하면 영의 방황 자들)로 묘사되어 있기는 하지만 이것이 맞다. 이들은 18절의 귀머거리와 소경과 동일한 자이다. 그들은 마음이 혼미한 자이다. 왜냐하면 그들이 거짓된 가르침에 빠졌으며, 어디로 가야 할지 알지 못하였기 때문이다. 더 나아가 그들은 불평하는 자들였는데, 이것은 그들이 진리에 저항하였기 때문이다. 그렇지만 이 모든 것이 변화될 것이며, 이것은 그들이 알게 될 것이며, 즉 통찰력을 가지게 된다는 것이며(욥 38:4을 참고), 교훈을 받을 것이기 때문이다(잠 4:1을 참고). 이것을 이루는 것은 바로 하나님의 사역이다. 본 절에서 분명하게 교훈하는 바는 깨닫는 지식이 사람들이 배워야 할 특별한 것이며, 그들이 이것을 자신의 교사이신 하나님으로부터 배운다는 것이다.[36] 교훈을 하나님으로부터 배우고 나서야 인간은 비로소 교훈을 이해하게 된다. 그를 영화롭게 할 자들은 그에게 배운 자들이다. 그들만이 지식과 교훈을 소유한다.

---

36) לֶקַח–가르침을 받는 의미에서 교훈, 가르침(잠 4:10을 참고). Gesenius는 적절히 아람어 카발라, 사마리아어 nsib(신 32:2), B의 λαμβάνω에서 파생된 λημμα, 신탁, 그리고 통찰력과 이해력을 가진다는 의미에서 accipere(*Cicero de natura devorum* iii. 1)와 비교한다.

제2장

유다의 애굽과의 동맹(30-31장)

1. 애굽을 의지하는 것은 속는 것이다(30:1-33).

1, 2절, 여호와께서 가라사대 화 있을진저 패역한 자식들이여 그들이 계교를 베푸나 나로 말미암아 하지 아니하며 맹약을 맺으나 나의 신으로 말미암아 하지 아니하였음이로다 그들이 바로의 세력 안에서 스스로 강하려 하며 애굽의 그늘에 피하려 하여 애굽으로 내려갔으되 나의 입에 묻지 아니하였으니 죄에 죄를 더 하도다

3절, 그러므로 바로의 세력이 너희의 수치가 되며 애굽의 그늘에 피함이 너희의 수욕이 될 것이라

4절, 그 방백들이 소안에 있고 그 사신들이 하네스에 이르렀으나

5절, 그들이 다 자기를 유익하게 못하는 민족을 인하여 수치를 당하리니 그 민족이 돕지도 못하며 유익하게도 못하고 수치가 되게 하며 수욕이 되게 할 뿐임이니라

30:1 죄는 증가한다. 하나의 죄는 또 다른 죄로 인도한다. 하나님의 약속을 의지하지 않고 앗수르에 도움을 구하고 난후 그 나라는 하나의 커다란 대적이 그 위를 뒤덮는 것을 알게 된다. 이 대적의 속박을 피하기 위하여 백성은 이제 구원의 또 다른 인간적 자원, 즉 애굽을 바라본다. 사실 히스기야 궁궐에는 친애굽파가 있어 왔을 수도 있다. 어쨌든 본 예언은 위험에 직면하여 하나님보다는 사람을 의지하는 마음의 태도에 있어서 하나의 특정한 행위에 그다지 관련시키지 않는다. 선지자가 책

망하는 것은 어디에서 드러나건 간에 이러한 태도이다.

이사야는 이미 "자기의 도모를 여호와께 깊이 숨기려 하는 자"들에 대하여 말했는데(사 29:15), 이는 애굽에 원조를 구하는 것을 가리킬 수도 있다. 아하스의 어리석음과 죄는 반복될 것이다. 복음 전도자로서 선지자는 "화 있을진저!"라고 외치고 있으니, 이는 관심과 동정심을 불러일으키는 상황이기 때문이다. 이러한 방식으로 행동한 백성들은 불쌍하게 될 것이다. 왜냐하면 그들이 자신의 도모를 그르치기 때문이다. 그들에게도 "패역한 자식들"이라는 두려운 호칭이 해당되며, 이 어휘는 신명기 21:18–21의 "패역한 아들"을 반영한다. 그러한 아들은 자기 부모의 말을 듣지 않는다. 그는 돌에 맞아 죽을 형벌에 해당하는 탐욕스럽고도 술취한 자였다. 이스라엘과 유다는 그 패역한 아들과 같았다(선지자가 마음 속에 백성 전체를 염두에 둔 것 같다). 그들은 여호와의 말씀을 듣지 않을 것이며 오히려 자신들의 욕망에 만족한다. 그들 역시 죽어 마땅하다.

동시에 백성들은 여전히 "자식들(sons)"로 불리고 있다. 하나님께서는 그들을 버리지 않으시고, 그들을 벌하심에 있어서 아버지가 패역한 아들을 향하여 행하시는 것과 같이 행동하신다. 이사야는 앞에서 그 나라의 방백들의 특징을 패역한 것으로 나타내었으나, 이제는 이 형용사를 모든 백성에게 적용한다(1:23을 참고).[1] 이 형용사의 어근의 개념은 "옆으로 빗나가는"이다. 백성은 여호와께로부터 빗나갔다. 그들은 그의 말씀을 듣기를 원하지 않았다. 그 대신 그들은 자신의 욕망과 계획을 의지한다. 그렇게 함으로써 자신의 패역성을 드러냈다.

이사야만 백성을 그렇게 특징지운 것이 아니라 하나님 자신도 그렇게 하시는데, 이는 이렇게 특징짓는 것이 분명히 여호와의 신탁으로 언급되었기 때문이다. 이러한 패역이 하나님께로부터 오지 않은 도모를 행하고 헌주를 퍼붓는 것으로 드러난다. "그들이 계교를 베풀었기 때문에"라고 번역할 수도 있는데, 원인의 개념이 분명히 전치사와 부정사 구문이 사용의 근저에 있기 때문이다(또한 삼상 14:33; 19:5을 참고). 백성에게 들려진 행위는 계교를 단지 제안하거나 택한 것뿐만 아니라 그들이 도모한 계교를 실제로 베푼 것이다(삼하 17:23을 참고). 그러나 그 계교는 하나님으로부터 온 것도 아니고 그에 의하여 시행되는 것도 아니다. 이것은 전적으로 인간적 기원과 시행의 계교이다. 그러한 계교를 고안하고 시행함에 있어서 그 나라는 패역으로 특징지어진다.

---

1) 또한 이사야 1:2, 4, 23; 65:2; 예레미야 3:22; 5:23; 호세아 9:15을 참고하라.

두 번째 행실은 그 나라에 의한 것으로 언약을 맺는 것이다.[2)] 실제로 이러한 행동을 "헌주를 퍼부음"이라는 용어로 묘사하고 있다. 그러나 이것은 언약을 비준할 때 행했던 행동이므로 백성들이 책망 받는 것은 실제적인 언약관계에 들어간 것이라고 결론지을 수 있을 것이다. 이것은 분명히 유다가 앗수르를 방어하기 위하여 했던 다른 세력(애굽)과의 맹약이었을 것이다. 선지자들은 그들을 통하여 말씀하셨던 성령을 부여받았었다. 그러나 그 나라는 성령님에게 묻지 않았으니, 곧 그들은 선지자들에게 묻지 않고 그들 스스로 앞서 갔다.[3)] 이러한 이유로 그들은 자원하여 죄에 죄를 더하고 있었던 것이다.[4)]

30:2 이사야는 이제, 보다 정확하게는 하나님께서 선지자를 통하여, 이 패역한 자식이 행한 일을 지적한다. 그들은 도움을 구하러 애굽으로 내려간다.[5)] 성경에서 애굽으로의 여행을 내려가는 것으로 말하고 있는데, 이는 애굽이 예루살렘보다 낮은 곳에 있기 때문이다. 유다 족속은 여호와의 대언자와의 상의도 없이 애굽으로 내려간다.[6)] 그러한 행위는 하나님으로부터 나오지 않은 계교의 실행을 나타낸다. 주님의 입(대언자)에게 문의한다는 것은 그의 선지자들과 상의한다는 것이다. 그런 까닭에 그에게 불순종함에 있어서 그들은 그의 선지자들을 무시하였다. 아하스는 이러한 불순종에 대한 전형적인 실례였고 그의 실례가 이제 널리 받아들여지고 있었던 것이다.

애굽을 의지하는 목적은 바로의 힘으로 말미암아 강하게 되고 애굽의 그늘 속에 피하기 위함이었다.[7)] 그들 앞에 위기가 도사리고 있었다는 것을 백성이 충분히 인

---

2) מסכה–이 단어는 헌주(獻酒)의 의미를 가질 수도 있는데, 분명히 언약을 맺는다는 의미로 사용되었다(σπένδεσθαι σπονδήν을 참고). 그렇지만 Vulgate은 *ordiremini tela*, 직역하면 '직물을 짜 맞추다'인데, 아마도 계획, 즉 애굽과의 협상의 의미인 것 같다.

3) 나의 신–전치사 민(מִן)에 종속되어 있다(사 28:6을 참고). 그러나 Penna는 *nel mio spirito*로 번역한다.

4) ספות–1Q도 같다. סְפֹת로 수정되어서는 안 된다. 이것은 페 와우 동사인데, 첫 번째 어근이 칼형에서 떨어질 때, 라멧 헤 동사들의 형태를 따르는 경향이 있다(사 29:1; 민 32:14; 신 29:18을 참고). 그리고 메사 비문(21행은 리슈포트로 읽혀져야 할 것이다).

5) 내려갔으되(걸어갔다)–즉 그들이 출발하다. 그들의 걸어감은 내려가는 목적을 위함이다.

6) 나의 입–본 단어의 위치가 이 표현을 강조로 만든다(창 24:57을 참고).

7) לעוז–우리는 통상적으로 לָעוֹז를 예상해야 하지만, 예외적인 기록이 나타났다(수 2:15; 겔 10:17을 참고). 어근은 עוז 혹은 עוּז이다. 피하려–카메츠가 분명히 자연적으로 장모음이고 그런 까닭에 구문에서 쉐와(ְ)로 대치되지 않았다. 그렇지만 비록 음절이 폐음절에 엑센트가 없기는 해도 홀렘(ׂ)

식했다. 바로는 그에게 피하려는 사람을 보호할 능력이 있는 무적의 왕으로 생각되었다. 그의 그늘은 요구만 한다면 그의 날개 아래로 오는 모든 이에게 보호를 베풀지 않겠는가? 그러나 이것은 의외의 계략이었다. 예전에 이스라엘은 애굽의 그늘 아래 있었고 애굽은 그의 압제자가 되었었다. 이러한 끔찍한 압제와 노예 상태로부터 여호와께서 이스라엘을 구출하셨고 그에게 다시는 애굽으로 돌아가지 말라고 경고하셨다. "너희가 이후에는 그 길로 다시 돌아가지 말 것이라"(신 17:16하). 이스라엘은 그들의 하나님의 옛적 구원을 어찌 그리 속히도 잊어버렸는가! 이스라엘은 지금 그의 참되신 왕을 기꺼이 버리고 전에 그의 혹독한 압제자였던 그 나라에 돌아갔다.

30:3 그러한 행위와 계교가 실패할 것이라는 것은 더 말할 나위도 없다. 3절은 2절 하반절의 두 부분과 상응하여 두 단락으로 구성되어 있다. 이사야는 바로의 세력이 그 백성에 관한 한 수치의 대상이 될 것임을 분명하게 선언한다. 그리고 애굽의 그늘 아래서의 보호에 대하여 그것이 혼란의 원천이 될 것이라고 선언한다. 이것이 왜 그러한 지 언급되지 않는다. 즉 애굽이 그의 맹약을 파기하였기 때문인지 아니면 애굽이 유다가 필요로 했던 신뢰와 보호를 제공할 수 없었기 때문인지 언급되지 않는다. 어쨌든 하나님을 의지하지 않고 인간적인 자원을 의지하는 것은 언제나 수치의 원인이 된다.

30:4 선지자가 애굽의 그늘을 의지하는 것이 수치가 되는 이유를 제공하지만 본 절을 해석하기는 어렵다. 첫 번째 난점은 접미사들의 출현에 있다. 만약 이것들이 1절의 패역한 자식을 가리킨다면, 3인칭이 재개되는데, 이것은 3절에서 2인칭의 도입으로 말미암아 중단되었던 용법이다. 인칭의 변화는 갑작스럽기는 하나 가능하며, 유다의 방백과 사자를 가리킬 수 있다.[8] 유다의 사자와 함께 이 방백은 사신으로서 당시의 애굽의 북으로부터 남쪽에 이르는 영역을 통과하였다. 분명히 소안과 하네스는 왕조의 소규모 영주로 간주되며 이 지역들에 대한 언급은 유다의 사신이 그 땅을 통과해 돌아다녔다는 것을 보여준다. "심지어 하네스

이 유지된다. 주로 1인칭 단수 접미사와 함께 슈렉(ֻ)이 기록되었다는 것을 제외하고, 그 접미사와 함께 순 단모음 우가 나타난다. לַחְסוֹת–부정사 구문을 가진 라메드(ל) 다음에는 폐음절이 정상이다.

8) 그러나 Hitzig를 따르는 Duhm은, 고유 명사들이 그 당시의 애굽의 북부에서 남부지역을 나타내며 사바코와의 전쟁에 이 지역들이 팔레스타인에서 자주 거명되었기 때문이라고 주장하면서 접미사들이 애굽을 가리킨다고 말한다. A. Kuschke, *ZAW*, Vol. 64, 1952, pp. 194f을 참고하라.

까지도 이 사신들이 이르렀으니 그만큼 그들은 애굽의 도움과 보호를 기어코 얻고자 한다"라고 의역할 수 있다. 소안은 타니스와 동일한 것으로 간주할 수 있다(19:11을 참고). 스트라보는 소안을 심지어 그의 시대에도 큰 성읍으로 말하였다(xvi.1.20). 그곳은 나일강의 동쪽 지류 한 곳에 위치한 고대 폐허로부터 약 800미터 떨어진 현대의 산 엘 하갈(San el Hagar) 근처이다. 제21왕조와 22왕조가 소안에서 시작되었다. 하네스란 이름은 성경에서 오직 여기만 나타난다. 그곳은 로마 당시의 헤라클레오폴리스 마그나(Heracleopolis magna)와 동일시되었고, 아마도 베니 수이프(Beni Sueif)의 서쪽으로 약 18킬로미터 지점의 현대 헤낫시에 엘 마디나(Henassijeh el madina)일 것이다.[9)]

30:5 3절의 개념을 반복하면서 이사야는 이제 애굽을 찾는 모든 사람이, 소안의 방백이었거나 하네스에 도착한 사자들이었던 간에 수치를 당하게 될 것임을 지적한다.[10)] 그들은 자신에게 유익을 줄 수 없는 백성, 애굽인에게로 왔다. 애굽인은 도움이나 유익이 되지 못하기 때문에 자신 스스로 줄 수 없는 것을 얻기 위하여 그들에게 간다는 것은 어리석은 일이다. 하나님의 백성이 그러한 나라로부터 받을 수 있는 것이란 수치와 비난이다. 애굽이 강력한 나라이기 때문에 이것이 이상해 보인다. 어쨌든 애굽은 유다가 필요로 하였던 앗수르의 위협으로부터의 구원을 제공해 줄 수 없었다. 오직 하나님만이 그의 참 피난처와 보호가 될 수 있었다.

6절, 남방 짐승에 관한 경고라 사신들이 그 재물을 어린 나귀등에 싣고 그 보물을 약대 제물 안장에 얹고 암사자와 수사자와 독사와 및 날아다니는 불 뱀이 나오는 위험하고 곤고한 땅을 지나 자기에게 무익한 민족에게로 갔으나

7절, 애굽의 도움이 헛되고 무익하니라 그러므로 내가 애굽을 가만히 앉은 라합이라 일컬었느니라

8절, 이제 가서 백성 앞에서 서판에 기록하며 책에 써서 후세에 영영히 있게 하라

30:6 대부분의 주석가는 본 절의 첫 단어를 편집자에 의하여 삽입된 표제로 간주

---

9) 하네스–아슈르바니팔은 그의 첫 번째 원정에서 그 지역의 왕이 나–아–키–에(*Na–ah–ki–e*)였던 히–니–인–시(*Ha–ni–in–ši*)를 언급한다. 참고. 애굽어 *ḥn–n–štnj*. "왕의 대저택(?)"

10) בָּאַשׁ에서 파생된 הִבְאִישׁ로 읽어라, 이는 멸시를 당함에 대한 비유적 의미를 가질 수 있다(삼상 27:12을 참고). הבאיש란 단어는 문법에 맞지 않는다. 같은 경우에 대해서는 스가랴 10:6을 참고하라.

하고 있으며, 그러므로 사실상 해설로 간주한다. 만일 이것이 그렇다면, 문제가 발생한다. 만일 이 문구를 삭제해 버린다면, 문맥 가운데 주제의 변화나 혹은 예언의 새로운 단락의 시작을 암시하는 것이 아무것도 없게 된다. 그렇다면 무엇 때문에 편집자가 이 특별한 시점에서 표제(title)를 삽입하였을까? 이 질문들의 적절성을 깨달은 알렉산더는 여기에 표제가 있음을 전적으로 부인하고 단순하게 이 단어를 감탄사로 번역하여, "오! 짐승들의 무거운 짐(burden)이여" 혹은 "짐승들의 무거운 짐에 대하여"라고 번역한다. 이러한 해석에 근거하면, 본 절은 단순히 앞의 내용에 대한 계속이다.

이러한 입장에 대해 강력한 반대가 제기될 수 없다. 그러나 동시에 마사(מַשָּׂא, 무거운 짐)라는 단어를 자주 표제로 사용한다. 무엇 때문에 이사야 자신이 이 시점에서 표제를 삽입할 수 없는가? 1–5절에서 선지자는 그가 관심을 둔 주제를 대담한 필치로 제시하였다. 말하자면 이것은 그가 발전시키고 확장시키기를 원하는 그의 본문이다. 그는 이 본문으로부터 발전시키길 원하는 생각과 결론을 이제부터 제시한다. 이 중 첫 번째가 다른 나라에 대한 유다의 헛된 확신으로 인해 유다에 미칠 심각한 속임이다. 유다는 무익한 일에 너무나 많은 수고를 하였다. 생명의 샘이신 하나님께서 헛되고 무익한 것들로 인하여 도외시 당하셨다.

이러한 생각을 공개적으로 공표하고 유다의 관심의 주의를 이것으로 돌리게 하기 위하여 이사야는 마치 이것이 새로운 것처럼 시작한다. 마치 속임과 좌절이 서로 분리된 단일의 신탁을 구성하듯 그는 이 개념을 구분하고 있는데, 이것은 사람으로 하여금 그가 말하고 있는 것의 중대성을 분명히 보도록 하기 위해서이다.

그러므로 이사야는 이 단락에 "무거운 짐을 진 짐승들에 관한 신탁이라"고 머리말을 붙이는 것이다. 이것들은 "남방 짐승들"로 묘사되고 있는데, 그들의 목적지가 남방이기 때문이다.[11] 이사야는 독사나 날아다니는 불뱀을 말하고 있는 것이 아니라, 본 절의 후반부에 언급되어 있는 나귀와 약대를 말하고 있는 것이다. 이 동물은 애굽의 세력 있는 자의 호의를 얻어내기 위하여 유다로부터 상품을 싣고 애굽으로 보내졌다.[12] 사신과 방백은 이미 언급되었다. 이것은 선지자가 지금 짐승의 무거운

---

11) בהמות–*BH*는 בַּהֲמוֹת라고 모음부호를 붙이고 있는데, 이러한 형태가 복수형 연결구로는 정상이다. 동시에 13–23장에 있는 여러 경우들에서처럼, 이 단어는 מַשָּׂא 다음에 있는 목적격 소유격이다. 즉 "남방 짐승들에 관한 경고라." 표제의 구문에 대해서는 21:13; 22:1을 참고하라.

12) 이것은 구약성경에서 나귀들이 타는 짐승이 아닌, 짐을 싣는 짐승으로 언급하는 것으로는 유일한 언급으로 보인다(삿 10:4; 12:14; 슥 9:9).

짐에 대해 말하고 있는 표현의 다양성을 위한 것뿐이다. 소와 나귀들보다도 이해력이 부족한 유다의 고관들도 이 짐승들과 함께 분류되어야만 한다는 한(Hahn)과 델리취의 제안은 흥미 있지만, 이것이 옳은지 여부는 의심스럽다.

선지자가 주의를 집중하고 있는 것은 이러한 짐승 자체가 아니고 슬픔과 고통의 땅을 통과하여 걸어다니는 짐승들이다. 이 땅은 애굽도 아니고 유다도 아니며 그들 사이에 놓여 있는 황량한 땅이다.[13] 배교자 유다가 애굽의 도움을 얻기 위하여 그 어떤 수단도 아끼지 않았던 것처럼, 선지자도 애굽으로 내려가는 길에 가로놓인 위험을 묘사하기 위하여 어구에 어구를 이어 삽입하고 있다. 세 개의 종속구가 연이어 유다 족속의 행실을 소개한다. 여기에 성경 전체에서 가장 서글픈 모습들 중 하나가 나타난다. 예전에 하나님께서 조상을 그들의 노예 되었던 나라로부터 이끌어 내실 때, 그들을 바로 이 사막을 통하여 인도하셨다. "너를 인도하여 그 광대하고 위험한 광야 곧 불 뱀과 전갈이 있고 물이 없는 건조한 땅을 지나게 하셨으며 또 너를 위하여 물을 굳은 반석에서 내셨"던 분이셨다(신 8:15; 렘 2:6을 참고). 하나님께서 예전에 그 나라를 위하여 행하신 일을 전혀 마음에 두지 않는 백성은 지금 그 옛날 노예생활을 하였던 그 나라로부터 보호를 받기 위하여 같은 광야 길을 가로질러 간다. 유다의 어리석은 행보에 커다란 어려움이 놓여 있다는 사실을 강조하려는 듯, 많은 종속구를 사용하고 있다. 그는 또한 차라(צָרָה)와 추카(צוּקָה, 위험과 곤고)라는 음이 유사한 두 단어를 사용함으로써 뛰어난 효과를 주고 있는데, 이 두 단어는 히브리어로 시작과 끝이 모두 유사하다. 이 위험과 곤고는 그 사막을 가로 질러가는 여행객의 운명이었을 것이다. 이사야 당시에도 여행은 그러한 어려움에서 자유롭지 못했다.

이 사막에는 여행자와 그들의 짐승을 공격하고 사막여행을 어렵게 만드는 사자가 있었다.[14] 거기에는 또한 위험한 뱀과 독사, 날아다니는 불뱀이 있었다.[15] 이사야

---

13) Procksch는 이 사신이 아라비아로 보내졌다고 제안한다. 이것은 נֶגֶב란 단어를 한정된 의미와 형식적인 의미로 취급하였기 때문일 것이다. 이사야는 팔레스틴과 애굽 사이에 놓여 있는 사막 지역을 암시하기 위하여 일반적인 의미로 말하고 있다. 실제적인 통로는 해안선을 따라 있었을 가능성이 높다. Penna가 지적한 대로, 선지자는 그 땅들이 가지고 있는 위험성을 보다 분명하게 인식시켜 주기 위하여 보다 내륙지역을 말하고 있다.

14) 5:29을 참고하라. לַיִשׁ–사자, 아랍어 *layth*, 그리고 Bochert, *Hierozoicon*, 3.125–137을 참고하라.

15) "스랍들"이 날개를 가진 뱀의 형체를 가진 악마적 존재라는 주장에 대해서는 타당한 근거가 없다(참고. Martin Noth, *Überlieferungsgeschichte des Pentateuch*, 1960, p. 134). Cf. Herodotus ii.

는 모든 동물과 뱀의 이름을 집합명사로 표기하면서 각 종류의 동물이 많다는 것을 암시한다.[16] 사막지역을 가로 질러가는 여행은 뱀의 출현으로 인하여 위험하다. 하나님께서는 그러한 땅을 통과하여 그의 백성을 안전하게 인도하셨으나, 지금은 그들이 도움을 줄 수 없는 백성으로부터 원조를 구하기 위하여 자원하여 이 땅을 통과하여 여행할 것을 선택한 것이다. 그 결과는 자명하다.

이미 다 자라서 일할 준비가 된 동물들인 나귀의 등과[17] 약대의 육봉에 사람들은 자신의 짐을 올려놓고, 이 짐승들이 사막을 가로질러 유익을 줄 수 없는 백성에게로 자신의 짐을 싣고 가게 하였다.

30:7 6절이 4절과 조화를 이루는 것처럼 본 절은 5절과 조화를 이루며, 애굽이 왜 유익을 주지 못하는 나라인지 그 이유를 제시한다. (그리고) 애굽의–그러므로 선지자는 유다가 도움을 얻기 위하여 돌아섰던 땅으로 직접 주의를 집중하여 그의 주제를 소개한다.[18]

도움이 헛되고 무익하니: 이사야는 이 문구를 통하여 유다가 도움을 구한 그 나라의 특성을 나타내고 있다. 애굽이 돕기 위하여 노력할 수도 있으나 그러한 노력은 무익하고 헛될 뿐이다. 즉 그들은 전혀 도움이 못된다. 그들은 유다에게 유익을 주지 못한다. 하나님의 이름으로 말하고 있는 선지자가 그 땅을 라합(רַהַב)이라고 부르는 이유가 바로 이것이다. 다른 곳에서 이 용어는 애굽의 시적 명칭으로 사용되었다(시 87:4; 89:10; 사 51:9을 참고). 이 단어 자체는 "교만," "폭풍"을 의미한다. 그래서 바다를 따라 누워있는 커다란 뱀 혹은 악어로 생각된 애굽을 가리킨다. 애굽에 적용되어서 이 단어는 그 땅이 이스라엘 족속에 드리워진 폭풍인 것을 암시하며 이 폭풍은 할 수만 있다면 그들을 삼켜버릴 것이다. 강한 실체로서 그 나라는 그 신들과 함께 이스라엘에게 폭풍처럼 일어날 것이었다. 그것은 진실로 라합이었다. 마지막 단어의 구성이 난해하다. 동사의 목적어가 "라합이 그들이니–가만히 앉아 있는"이라는 표현으로 주어진다. 달리 말하면 목적어를 문장으로 표현하였다. 맛소라 본

75; iii. 109; Ammianus Marcellinusxxii. 15.

16) 그것들 가운데(개역성경은 생략되어 있음—역주)—즉 위험과 곤고함.

17) עַיִר–숫나귀, 일을 할 준비가 된 어린 당나귀(사사기 10:4; 12:14). 아랍어 *'ayr*. דבשת–약대의 육봉, 우가릿어 *gbtt*; 아카드어 *gupsu*을 참고하라.

18) (그리고) 애굽의–이 단어는 불완전 구문(*casus pendens*)을 이룬다. "애굽에 대하여는 그들이 돕는 것은 무가치함과 헛됨이다."

문의 모음 부호가 제시하는 것처럼 "라합이 그들이니"라는 단어는 함께 다루어져야 한다. 이 표현은 애굽에 대한 일반적인 견해 또는 명칭을 제시한다. 애굽인들의 눈에 그리고 아마도 일반인들의 눈에 그들은 삼키고 파괴할 수 있는 힘센 괴물인 라합으로 간주되었다. 그러나 실제로 그들은 세베트(שֶׁבֶת, 쉼)에 지나지 않았다. 이 후자의 단어는 행동의 정지, 쉼의 기간을 의미하며, 그러므로 라합과 대조를 잘 이룬다. 그러므로 애굽은 라합이 아니고, 멈춘 자, 혹은 쉬는 자로 알려질 것이며, 그래서 하나님의 백성들에게 전혀 도움이 될 수 없는 세력으로 알려지게 될 것이다. 하나님께서 말씀하셨다. 말하자면 그의 표시가 애굽에 있게 된다. 그는 라합이 아니고 다만 가만히 앉아 있는 자이다.[19] "보라 네가 애굽을 의뢰하도다 그것은 상한 갈대 지팡이와 일반이라 사람이 그것을 의지하면 손에 찔려 들어가리니 애굽 왕 바로는 그 의뢰하는 자에게 이와 같으니라"(사 36:6). 그러므로 애굽은 새로운 이름을 받게 된다. 곧 "그들은 라합이냐? 아니다 오히려 가만히 앉아 있는 자이다." 애굽의 큰 힘은 사라졌다. 즉 그 나라는 이전의 그 나라가 아니다.

30:8 이사야가 방금 전에 한 것과 같은 선언은 애굽이 라합의 특성을 잃어버렸고 단순한 세베트가 되었음을 사람들에게 확신시켜야만 한다. 동시에 이러한 선언에 의하여 표현된 진리는 기록되어야 했다. 이는 애굽이 이스라엘에게 도움이 될 수 없다는 것을 이스라엘이 친히 경험하여 배운 후에 이 말들이 예언된 것의 확증으로 사용되기 위해서이다. 그러므로 8절은 선지자 자신에게 주어진 명령이다. "이제 가서"라는 도입어는 그의 주의를 명령에 집중하기 위한 것이다. 그토록 가혹하게 애굽의 특징을 묘사하고 난 후 선지자는 이제 하나님이 말씀하신 것을 들어야 하고 기록하라는 하나님의 명령에 순종해야 한다.[20] 그는 일부 사람들이 제안하는 것처럼 앞 절들의 마지막 세 단어만이 아니라, 애굽을 신뢰하는 데 관하여 방금 주어졌던 메

---

19) 7절 하반절에 있는 엑센트들은 정확하다(출 14:3; 레 11:8, 10; 사 9:20; 잠 4:22을 참고). "그러므로 내가 이(즉 애굽)를 불렀다 그들이 라합이냐? 이리와 가만히 앉은 자이다." 최소한 Michaelis와 같은 구시대에 흔한 수정은 자음들을 결합하여 הַמַּשְׁבִּית로 읽는 것이다. 직역하면 "그치도록 하는 자"이다. 그 밖의 제안된 수정들은 הַמְּשֻׁבִּית, '활동하지 않는 자', הַמֻּשְׁבָּת, '비난받은 신뢰'이다. RSV는 "가만히 앉아 있는 라합"이라고 번역한다. 그러나 Gesenius는 이러한 수정은 "*wird man bei einer richtigen Auffassung leicht entbehren*"이라고 논평한다.

20) כתבה–이 형태는 כְּתְבִי를 전제로 하는 것으로 보인다. 아카드어 *purus*와 아랍어 우크–투브(*'uk–tub*) 참고. 여성형 접미사는 일반적으로 앞의 문장, 즉 애굽이 도움을 줄 수 없고 그들의 힘은 정지되어 있다는 사실에 표현된 동사적 개념을 가리킨다.

시지의 내용을 기록하라는 명령을 받는다. 8:1, 16에서처럼 이 메시지는 보존되도록 기록되어야 했다. 백성의 눈에 언제나 보여지도록, 그래서 그들이 경고를 받고 그로 인하여 훈계를 받도록, 보존될 수 있는 서판에 글로 기록되어야 한다(8:1의 주해를 보라). 선지자가 의미하는 바는 백성이 보는 앞에서 기록이 이루어졌다는 것이다. 전치사 어구 잇탐(אִתָּם, 그것들과 함께)의 정확한 의미를 확인하기는 어렵다.

어떤 주석가는 서판과 책을 구분하려고 하였다. 예를 들면, 마우러는 선지자가 먼저 서판을 준비하라는 명령을 받고 나서 그의 메시지를 책에 기록하라는 명령을 받았다고 주장한다. 이것은 이중적인 작업을 필요로 한다. 세페르(책)란 단어는 기록을 의미할 수도 있고, 두 개의 평행적인 표현은 실제로 같은 명령을 행하라는 명령이다.[21] 이사야는 서판에 기록하면서 그의 말을 책으로 새기고 있다. 이렇게 하는 목적이 "있게 하라"는 명령으로 표현된다. 이러한 표현은 창조시 선포되었던 명령과 유사하게 그 기록이 후세에 있게 하라는 하나님의 엄명을 만들어 낸다. 이것은 대단히 심각하게 취급되어야 할 메시지이다. 유다는 도움을 얻기 위하여 앗수르를 의지하였던 아하스가 당했던 것과 거의 같은 재앙의 과정으로 들어가고 있는 것이다. 이제 그 치명적인 행동의 결과들을 피하기 위하여 유다 백성은 유사한 어리석은 짓을 범할 준비가 되어 있다. 즉 앗수르에 대항할 도움을 얻기 위해 애굽을 의지하는 것이다. 애굽은 그들을 도울 수가 없다. 큰 위기에서 오직 하나님만이 그들의 의지가 될 수 있다. 그들은 애굽이 약한 갈대라는 사실을 배워야 했고, 이 진리의 말씀은, 그들이 사람을 의지하는 어리석음을 언제나 상기하게 되도록, 그들 가운데 기념비로 서 있어야 했다. 보다 깊은 의미에서, 이 말씀은 하나님의 옛 약속이 확실하고 진리라는 사실과, 백성의 어리석음과 죄악에도 불구하고 그가 정하신 때에 하나님께서 그의 약속을 실현시키실 것이라는 사실에 대한 증거가 될 것이었다. 신뢰는 애굽이 아닌 하나님에게 두어야 할 것이다. 이 말씀의 깊은 의미는, 구원이 하나님을 통하여 세상에 오는 것이지 인간을 통하여 오지 않는다는 것이다.

9절, 대저 이는 패역한 백성이요 거짓말 하는 자식이요 여호와의 법을 듣기 싫어하는 자식이라

10절, 그들이 선견자에게 이르기를 선견하지 말라 선지자에게 이르기를 우리에게

21) 어떤 사람은 סֵפֶר에 청동(*bronze*)이란 의미를 부여하기도 한다. 아카드어 *siparru*, 욥기 19:23; 하박국 2:2; J. Friedländer, in *JQR*, Vol. 15, 1902, pp. 102ff을 참고하라.

정직한 것을 보이지 말라 부드러운 말을 하라 거짓된 것을 보이라

11절, 너희는 정로를 버리며 첩경에서 돌이키라 이스라엘의 거룩하신 자로 우리 앞에서 떠나시게 하라 하는도다

30:9 이스라엘이 순종하는 백성이었다면, 예언의 메시지가 기록으로 보존될 필요가 없었을 것이니, 선지자의 단순한 말만으로 충분하였을 것이기 때문이다.[22] 그러나 이스라엘은 순종하지 않았고, 그러한 이유로 그 메시지는 하나님의 심판의 공정성과 그의 사역의 신실성이 후대에 알려지고, 이스라엘 족속이 친히 그들의 눈으로 확인하고 계속 상기할 수 있도록 보존되어야만 한다. 1장에서 사용하였던 어휘를 사용하면서(1:4, 백성, 자식을 참고) 이사야는 그 나라를 백성으로 인지하기는 하지만 패역한 자들로 말한다. 이 나라가 아들들의 나라인 것은 확실하지만 거짓말하는 자식의 나라이다.[23] 이 별칭의 정확한 의미에 대해서는 의문이 있다. 어떤 사람은 강조가 하나님 아버지에 대한 습관적인 부인에 있다고 생각하고, 다른 사람들은 그것이 너무나도 은혜스러우셨던 그의 소망과 기대를 기만하는 데 있다고 생각한다. 비록 문맥이 자녀와 그들을 축복하시는 이와의 관계를 지적하고 있지만 이 두 견해 중 하나를 절대적인 견해로 선택할 수는 없을 것이다. 그들은 이 분을 실망케 한 자식들이다.

그들이 주님의 음성을 듣고 싶어 하지 않는다는 것을 서술하면서 이사야는 문제의 핵심으로 접근한다. 자식들에게 기대되는 것은 그들의 아버지가 그들에게 가르쳤던 것을 듣기를 즐거워 하는 것이다. 그러나 이 자식들은 패역한 자들이다. 그들은 하늘 아버지를 진정으로 사랑하지 않는데, 이는 그가 말씀하실 때, 그들은 듣기를 싫어하기 때문이다. 만일 그들이 기꺼이 들었더라면, 그들은 땅의 좋은 것을 먹었을 것이다(1:19을 참고). 그러나 그들은 자식들임에도 불구하고 불순종한 것이다. 그들이 듣기를 싫어하는 율법은 이사야가 애굽에 신뢰를 두는 어리석음에 관하여 그들에게 선포하고 있는 메시지이다.

30:10 본 절에서 선지자는 그 나라의 패역한 속성에 대한 증거를 제시한다. 그들은 하나님의 법을 듣기를 거부하였을 뿐만 아니라, 선지자에게 말해야 하는 것을 가

22) כִּי–"이는," 메시지가 기록되어야 하는 이유를 나타낸다.

23) כֶּחָשִׁים–거짓된, 허위의; 기본적인 형태는 כַּחַשִׁים이다.

르치려 하였다. 그들이 듣지 않은 것으로 충분하지 않았고 그들은 친히 하나님의 사자들에게 무엇을 전해야 할 것인지를 말했던 것이다. 하나님의 진리보다도 인간의 지혜가 그들의 입에 더 맞았다.

이사야는 백성의 말을 실제로 인용하지는 않는다. 그들은 선지자들에게 말할 때 이러한 구체적인 말을 사용하지는 않았다. 그보다도 이사야가 하고 있는 것은 그 나라의 태도를 제시하는 것이다. 이 백성은 선지자가 하나님의 법을 말하는 것을 원치 않고, 하나님의 사자에게서 자신이 바라는 것을 듣고 싶어 했다. 동시에 이사야는 바르게 문제의 핵심으로 들어갔다. 마르티가 지적한 대로, 실제 내면적으로 이것들은 백성들의 말이었다. 이것은 백성이 바랬던 내용의 실제 표현이다.

하나님의 사자를 묘사하면서, 이사야는 선지자라는 용어를 사용하지 않는다. 그는 오히려 선견자들과 이상을 전하는 자들에 대해서 말한다.[24] 이 두 단어는 실제적으로 동의어이고, 모두 계시를 보는 행위에 강조를 두고 있다. 그리고 이들의 기능 또한 유사하다. 그러나 그들은 하나님의 말씀을 선포하는 사람들이다. 선견자에게 백성은 말하기를, "너는 선견하지 말라"고 말하는데, 이것은 "네가 해 온 방식대로 선견하는 일을 계속하지 말고, 그 본 결과로서 그 메시지를 말하지 말라"는 것을 의미한다. 다시 말해서 선견자는 참된 선견자로서 행동하지 말아야 한다는 것이다. 그러한 말을 들은 사람들이 틀림없이 거짓 선지자들이었다는 가정에 대해서는 타당한 근거가 없다. 실제로 충분히 아첨하는 메시지를 말하는 사람들이 있었을 것이다. 그러나 여기서의 개념은 백성이 주님으로부터 메시지를 받는 사람들에게 가서 그들이 받은 대로 행동하는 일을 그치라고 명령하였다는 것이다. 평행적인 표현으로 호제(חֹזֶה)라는 단어가 사용되었다. 이 단어와 로에(רֹאֶה) 사이에 근본적인 차이는 없다. 둘다 환상적 경험을 통하여 하나님으로부터 그들의 메시지들을 받았던 사람들이다. 호제(חֹזֶה)가 그의 메시지를 받았을 때, 그는 그 메시지를 전하였고 그것은 옳고 유익한 것으로 증명되었다.

이 명령은 먼저 부정적으로 언급되고 나서 긍정적으로 혹은 단정적으로 언급되었다. 이것은 옳은 것에 대한 의식적이고도 의도적인 거절과 옳지 않은 것에 대한 적

---

24) 이 두 용어의 의미에 대한 논의에 대해서는 *My Servants the Prophets*, 1952, pp. 5–75을 참고하라. 또한 열왕기상 22:8; 예레미야 38:4을 주목하라. 백성이 원하는 것과 반대로 설교하는 사람은 미움을 받았다(Iliad i. 106을 참고). "흉한 일을 전하는 선지자여, 너희는 절대로 나에게 선한 것을 말하지 않았다. 너희 마음에는 언제나 악을 예언하는 것을 좋아하고 있다. 그러나 너는 선한 말을 말하지도 않았고 전하지도 않았다."

극적인 욕망을 표현한다. 백성이 듣기를 바랬던 것은 부드러운 것과 거짓된 것들이었다. 루터는 "우리에게 부드럽게 설교하라"고 번역하여 근본적인 사상을 표현하였다. "부드러운 말"이란 아첨하는 말이며 그 나라의 죄악됨과 무가치함을 지적하는 것이 아니라 오히려 그것을 권장하는 말이다. 불신앙은 언제나 "부드러운 말"을 듣기를 원한다.[25] 사실상 이 "부드러운 말"은 속이는 것이었으니, 이는 이 말이 진리를 나타내고 있지 않기 때문이다. 그 나라가 스스로 그 메시지들을 속이는 것이라고 칭하지는 않았지만 그것들은 속이는 것들이었다. 그 나라가 자기들의 아버지를 기만하는 거짓의 자식들로 구성되어 있었던 것처럼, 그 자체의 성격과 일치한 메시지를 듣기를 원했다.

백성의 명령은 선지자가 그들의 임무를 중단하였다는 것을 의미하지 않는다. 말하는 선지자들은 종교의 유지를 위하여 필요했고, 이 백성은 종교적이길 원했다. 선지자의 활동이 그 나라의 실제 상황을 지적하지 않고 주어진 경우 그들의 활동에 대한 이의는 없었다. 종교는 언제나 불신앙적인 세계의 환영을 받는다. 논쟁을 일으키는 것은 복음의 전파이다.

30:11 여기서도 이사야는 백성이 선지자에게 말한 명령을 이어간다. 선견자에게 치우치도록 명령하면서 백성은 하나님의 사자가 걸어왔던 길에서 빗나가기를 원한다. 그들은 야웨의 참 선지자로서 행하는 것을 중단해야 했고, 그 대신 거짓 선지자들처럼 행동해야 했다. 그들이 걸어왔던 길은 하나님의 법을 두려움 없이 선포하는 것이었다. 그 나라가 이들로 하여금 저버리기를 원하는 것은 바로 이 길이다. 그들의 사역이 진리가 아닌 사악한 자들의 만족으로 인도하는 방향을 취하기 위해서는 이 길에서부터 벗어나야만 한다.[26] "이스라엘의 거룩하신 자로 우리 앞에서 떠나시게 하라"는 명령에서 절정에 이른다. 많은 사람이 지적한 대로, 이사야가 그의 설교에서 자주 하나님의 호칭을 "이스라엘의 거룩한 자"로 사용하였다는 사실에 대한 반영이 확실히 여기에 나타나 있다. 의심할 여지도 없이 백성들은 그 아름다운 호칭을 듣기를 싫어하였다. 왜냐하면 이 호칭이 귀하신 하나님의 특성과 그들 자신의 무가치한 상태 사이의 대조를 지적하였기 때문이었다. 그러나 사실 그보다 더한 어떤 것

---

25) חֲלָקוֹת–부드러운, 그래서 환영할 만한 일들, נְכֹחוֹת의 반대말, מַהֲתַלּוֹת–허위들, 환영(幻影)들.

26) מִנֵּי–오직 여기만 나온다. 히필형이 "빗나가다"의 의미를 가진 자동사로서 사용된 것으로 보이며, 따라서 직접목적어가 생략된다.

이 있는 것 같다. 만일 선지자들이 하나님의 메시지를 전파하기를 그치고, 그 나라에 아첨하여 그 나라의 운명에 만족하게 만드는, 그들 자신이 이해한 메시지로 돌아서야 한다면 실제적으로 선지자들이 하게 되는 것은 이스라엘의 거룩한 자로 하여금 그 나라의 마음으로부터 사라지게 하는 것이다. 진리가 더 이상 선포되지 않을 때, 진리의 하나님께서는 사람들의 마음으로부터 사라지신다. 백성들이 원했던 것은 바로 이것이다.

12절, 이러므로 이스라엘의 거룩하신 자가 말씀하시되 너희가 이 말을 업신여기고 압박과 허망을 믿어 그것에 의뢰하니
13절, 이 죄악이 너희로 마치 무너지게 된 높은 담이 불쑥 나와 경각간에 홀연히 무너짐 같게 하리라 하셨은즉
14절, 그가 이 나라를 훼파하시되 토기장이가 그릇을 훼파함같이 아낌이 없이 파쇄하시리니 그 조각 중에서, 아궁이에서 불을 취하거나 물웅덩이에서 물을 뜰 것도 얻지 못하리라

30:12 그 나라의 반역적인 태도의 결과에 대하여 진술할 때가 되었다. 백성은 언뜻 보기에 자신들이 선지자들을 조종할 수 있고, 그래서 그들로부터 이스라엘의 거룩한 자 야훼에 대한 어떤 생각이든 사라지게 할 수 있었을 것이라고 생각하였다. 이러한 이유로 인하여 이스라엘의 거룩한 자께서 말씀하신다. 그 나라가 사라지게 하고자 했던 그가 그 나라로 하여금 사라지게 하실 분이시다. 그가 말씀하신다. 그의 말씀은 다가올 멸망에 대한 선포이다. 지금은 왜 그러한지 이유를 제시하시고 있으며 그 이유는 이사야가 말한 말씀에 대한 백성의 업신여김에서 발견된다.[27] 동시에 백성은 하나님의 약속이 아닌 압박과 허망에 대한 신뢰를 나타냈었다. 이 허망이란 용어는 일반적 의미로 취급되어야 할 것이다. 이것은 하나의 특정한 압제 행위가 아

---

27) 너희가 업신여기고–직역하면 너희의 업신여김으로 인하여. 전치사와 부정사로 이루어진 이 구문은 주로 또 다른 등위 부정사(מָאָסְכֶם, 너희의 업신여김)보다는 정형동사에 의하여 계속된다. 정상적인 부정사 מֻוֹס의 기저에는 또 다른 형태인 *Qutul*이 있다. 1인칭의 접미사와 함께 מאאסִי를 쓸 수 있다. 그러나 중(重)접미사들을 가진 מאסְכֶם이 쓰였다. 후음문자는 합성쉐와를 취하여 מָאֳסְכֶם이 되어야 하는데, 이는 엑센트가 없는 폐음절에서는 완전한 모음, אָס가 되어야 하므로 가능하지 못하다. 그러므로 쉐와(ְ)는 지금의 형태로 길어지고 현재의 형태가 나타나게 되며 원개음절에 완전한 모음이 있으므로 메텍이 삽입되었다.

닌 그 나라의 지도자들을 통해 예시된 그 나라의 일반적인 태도를 가리킨다. 아마도 이것은 선지자들에 대한 지도자들의 태도를 지적한 것이며 이러한 태도로 하나님의 사자들의 설교를 억누르려고 하는 시도를 하였다. 그들 자신들의 욕망의 길에 어떤 것도 들어서지 못하게 하기 위해서 이와 같이 하였다. 압제는 그들의 뜻을 이루기 위한 열쇠였다. 이것과 짝을 이루는 것이 허망이였다. 이사야가 사용하는 단어는 '빗나가다'를 의미하는 어근의 부정사 형이다.[28] 이것은 "그릇된," "구부러진"을 의미하며, 29:15에 기록된 행실들 가운데 예증되어 있다. 그들은 스스로 그러한 피난처를 원하였다(28:16). 그러므로 그들 자신들의 말은 이사야가 질책하고 있는 것의 진실성을 증명한다.

이것들이 백성이 의지하는 지주들이다. 선지자의 묘사에는 점층법이 나타난다. 그들은 단순히 이것들을 의지할 뿐만 아니라 더 나아가 이것들을 지주로서 의지한다. 하나님과 그의 약속들에 대한 신뢰를 비실제적인 것으로 보는 이들은 인간이 제공하는 대체물의 속성을 충분히 고려하게 된다.

30:13 12절은 징벌의 근거를 제공하는 반면, 13절은 징벌을 선포한다. 12절은 원인절이고 13절은 결과절이다. 그 관계를 "방금 전에 말한 것이 사실이므로, 징벌이 임할 것이다"라고 의역할 수 있다. 본 절과 앞 절 모두 라켄(לָכֵן, 그러므로)이란 단어로 시작한다. 이사야는 문제의 핵심으로 곧바로 들어가서 백성의 태도를 죄악으로, 실로 그 백성에게 영향을 미칠 죄악으로 설명하고 있다. 그가 "이 죄악이 너희에게…될 것이다"라고 말하고 있는데, 그 의미는 백성과 관계하여 그들의 죄악이 깨어짐과 같이 되리라는 것이다. 비교의 어휘가 난해하기에 어구별로 고려해 보아야만 한다.

마치 무너지게 된 높은 담이[29]: 이 표현이 어려움을 야기시켜 왔는데 이는 벽에 있는 틈 하나로 무너져 내릴 수 있느냐는 질문을 할 수 있기 때문이다. 의도하는 바는 갈라져 내리면서 결국 벽 전체를 무너지게 하는 틈이다.

불쑥 나와: 틈이 갈라져 내릴 때, 이 틈은 벌어지고 크기가 점점 커진다. 이것이 높

---

28) נלוז–'그릇된', '구부러진 것'으로, לוז의 니팔 분사형이다. J. Van der Ploeg, *OS*, Vol.5, 1948, p. 145을 참고하라.

29) 무너지게 된 –이 뜻은 벽을 향해 돌진하는 삼림의 홍수 또는 부서진 벽(BDB)이 아니고, 벽 가운데 생기는 틈 혹은 갈라짐이다.

은 벽에서 일어나므로 무너져 내릴 때 훨씬 더 크고 보다 두렵게 될 것이다. 이 묘사는 진흙으로 된 높은 벽에 대한 묘사일 가능성이 높다. 습기가 벽을 약화시키고 틈이 생기기 시작한다. 갈라지는 틈은 벽 자체로부터 시작되고, 그 틈이 내려갈 때, 점점 커지며 결국에는 무너져 내리게 된다. 이와 같이 그 나라 안에 있는 백성들의 죄가 스스로 크게 증가하게 되어 결국 그 나라의 멸망을 야기한다. 다시 말하면, 신정국가의 멸망은 사실상 메소포타미아에 그 원인을 돌리지 말아야 한다. 그 나라는 그의 징벌의 목적을 이루기 위하여 하나님의 손에 들려진 도구에 지나지 않았다. 신정국가의 멸망에 실질적인 원인이 되었던 것은 그 안에 있는 죄였다. 이것은 유다의 높은 벽안에서 발견된 무너지는 죄, 즉 불쑥 솟아나온 죄였다. 그러므로 심판의 징벌은 단순히 죄를 통하여서만 오는 것이 아니고 죄자체를 통해서 오는 것이다. 그 갈라진 틈이 서서히 진행되겠지만, 결국에는 그 벽이 더 이상 지탱될 수 없는 지점에까지 도달하게 되고, 그리하여 그 벽의 붕괴는 즉각적으로 일어난다.

30:14 이사야는 무너진 담에 대한 묘사를 계속 이어간다. 첫 번째 동사는 아마도 비인칭이나 혹은 수동형으로 보아야 할 것이다.[30] 선행사가 틈 자체라는 것이 가능하며 그래서 이 틈은 벽을 무너뜨리는 것이 된다. 이사야의 비유는 매우 생생한데, 이는 토기장이의 흙으로 된 그릇이 쉽게 부서지기 때문이다. 이 점은 "훼파됨"이라는 단어에 의해 강조되며 이 단어는 결과를 나타낸다. 자비나 긍휼이 없이 그 그릇은 훼파된다.[31]

더 나아가서, 훼파된 그릇의 모든 조각 중에는 어떤 유용한 목적에 쓰일만한 한 개의 파편도 찾아볼 수 없다. 불과 물은 서로를 보충해 주는 정반대의 것으로 언급된다. 그 파편은 전자나 후자 어디에도 쓸모없는 물건이다. 만약 그것이 아궁이로부터 불을 취하는 데 사용될 수 없거나, 혹은 물웅덩이나 우물에서 물을 길어 올리는 데도 사용될 수가 없다면, 그것은 전혀 쓸모가 없는 것이다. 즉 그것은 아무짝에도 쓸모없는 것이다. 유다의 종말에 대한 얼마나 놀라운 모습인가?—수많은 흩어지고, 깨어진 파편은 아무 쓸모가 없다.[32]

30) Delitzsch는 여호와를 주어로 보는 반면에 Drechsler는 주어를 지속적으로 가라앉아 벽의 붕괴를 가져오는 틈으로 본다.

31) 아낌 없이—이 구문은 부사적으로 사용된다. 즉 아끼지 않고.

32) מְכִתָּתוֹ—한 번밖에 안 나오는 단어, 그것의 깨어진 파편들, יָקוּד—수동 분사, 불이 붙여진 것. 어근 חשׂף에 대해서는 *Moshe Held in Studies and Essays in honor of Abraham a. Neuman*, 1962, p.

15절, 주 여호와 이스라엘의 거룩하신 자가 말씀하시되 너희가 돌이켜 안연히 처하여야 구원을 얻을 것이요 잠잠하고 신뢰하여야 힘을 얻을 것이어늘 너희가 원치 아니하고
16절, 이르기를 아니라 우리가 말 타고 도망하리라 한 고로 너희가 도망할 것이요 또 이르기를 우리가 빠른 짐승을 타리라 한 고로 너희를 쫓는 자가 빠르리니
17절, 한 사람이 꾸짖은즉 천 사람이 도망하겠고 다섯이 꾸짖은즉 너희가 다 도망하고 너희 남은 자는 겨우 산꼭대기의 깃대 같겠고 영 위의 기호 같으리라 하셨느니라
18절, 그러나 여호와께서 기다리시나니 이는 너희에게 은혜를 베풀려 하심이요 일어나시리니 이는 저희를 긍휼히 여기려 하심이라 대저 여호와는 공의의 하나님이심이라 무릇 그를 기다리는 자는 복이 있도다

30:15 "이는"(개역은 생략되었음—역주)이란 도입어는 9–11절에 있는 그 나라에 대한 묘사를 정당화한다. 이것은 단언적이고도 선지자의 주장을 강화하는 단어이다. 이 말의 정확한 의미를 영어로 표현해내기는 어렵겠지만, 다음과 같이 의역할 수 있다. "너희는 애굽을 의뢰하였으나 너희의 의뢰가 헛되다. 모든 것을 다스리시고 너희에게 심판을 내리실 분은 여호와이시다. 너희의 구원은 돌이킴과 안연함 가운데서 발견될 것이다." 그러므로 본 절은 실제로 6절과 대조를 이루고 있으며, 그 나라가 자기 구원을 위하여 실제로 행한 일들에 대한 모든 표현들과도 대조를 이룬다.[33]

그가 말하고 있는 바를 강화하기 위하여 이사야는 여호와를 언급한다. 이스라엘의 거룩한 자가 다가올 심판의 확실성을 선언하셨던 것처럼(12–14절), 동일한 이스라엘의 거룩하신 자가 참된 구원이 어디서 발견되는지를 선언한다. "이스라엘의 거룩한 자"라는 반복되는 하나님의 호칭은 자기 중심적이고 참으로 불신앙적인 "신정국가"에 대한 꾸짖음이다. 동시에 하나님이 여기서 또한 주권자로 불리워지고 있는

284을 참고하라.

33) 15절의 목적은 구원의 근거가 아니라 구원이 어디에 존재하는가를 서술하는 것이다. 그런 까닭에 Penna의 번역, "*dalla concersione e dalla calma dipende la vostra salvezza*"는 거절되어야 할 것이다. 구원이 이러한 것들에 근거한 것이 아니라 이러한 것들로 구성되어 있다. 구원은 오직 하나님의 은혜에 달려 있다. B의 이상한 번역 στενάξης는히브리어 동사 נחה에 우가릿어(*nwh*), '신음하다'에 의하여 증명된 의미를 부여한다. 또한 하박국 3:16을 참고하라.

데, 이는 그가 그 나라의 구원을 성취하실 수 있는 힘을 가지신 유일한 하나님이시기 때문이다. 구원은 능력과 권세의 일이므로 애굽을 의뢰함으로써 얻어질 수 없다. 이것은 모든 권세를 가지신 주권자, 하나님, 이스라엘의 거룩한 자이신 그에 의해서만 이루어질 수 있다.

구원을 얻을 수 있는 방편은 오로지 돌아섬과 안연함(rest)이다. 첫 번째 단어는 일반적이며 하나님께로 돌아섬, 진정한 회심을 암시한다. 그리고 나서 이 돌아섬이 어떻게 이루어지는지에 대한 실례가 뒤따라온다. 이사야가 선택한 단어는 그 나라의 실제적인 행동과 뚜렷한 대조를 이룬다. 그들은 애굽의 호의를 얻어내기 위하여 바쁘게 사신들과 상품을 실은 짐승을 보내느라 분주하였다. 그들은 적극적이었고 자신들을 구하려는 작업에 분주하게 빠져있었다. 그러나 그러한 행동은 구원의 길이 아니었고, 구원의 길은 오로지 안연함, 즉 인간의 활동을 멈춤과 하나님의 은혜에 거함에 있다.

어쨌든 구원이란 단순히 소극적인 것만은 아니다. 구원은 또한 악에 대한 승리에 있다. 구원은 하나님의 아들로서 행동하는 능력을 포함한다. 이스라엘은 능력 곧 그의 대적들 위에 드러나는 참된 힘을 가져야만 했다. 그러나 그 능력은, 지금 그들이 하고 있는 광적인 활동에서가 아니라, 고요함과 신뢰 가운데서 발견될 수 있었다. 이사야는 아하스에게 종용하라고 명령하였으나(7:4), 아하스는 그렇게 하지 않았다. 오히려 그는 불순종의 문제에 있어서 그의 백성에게 본보기를 보여주었다.

비극적 절정이 본 절을 결론으로 이끌어 간다. "그러나 너희는 원치 아니하고" 이것은 우리 주님께서 예루살렘에 대하여 말씀하신 서글픈 반복구와 같다. "만일 너희가 원하였다면" 하나님께서는 선지자를 통하여 약속을 하셨을 것이지만, 그 나라는 원치 않았다. 그 나라에 관하여 선언한 일이 이루어지고 있었다. 그 마음은 둔해지고 그 눈은 어두워졌으며 귀는 닫혔다. 그 나라는 원치 않았다

30:16 구원의 참된 길을 거절하면서 백성은 친히 그들이 그 구원을 어떻게 얻고자 하는지를 말한다. 그들을 말을 구하기 위하여 애굽에 호소하고 말들의 도움으로 도망가고자 한다. 고대 시대에는 말이 자만심의 상징이었을 것이다. 예를 들면 플라톤에 대한 이야기가 있는데, 그는 말로 인해 자만심에 빠지지 않으려고 그의 말에서 내렸다는 것이다. 성경에서 말을 증식시키는 것은 자주 비난을 받았는데, 이는 말들이 사람들이 의지하게 되는 강한 군대를 상징하곤 하였기 때문이다(창 50:9; 출

14:6이하; 15:1; 대하 12:3; 렘 46:4, 9; 아 1:9; 왕하 18:24; 신 17:16을 참고).

동사가 명사와 흥미로운 언어유희를 이룬다. "말을 타고 우리는 도망할 것이다"(נָנוּס סוּס). 어떤 사람은 "서두르다"로 번역하기를 원하지만, 이 동사는 "도망하다"라는 일반적인 의미를 가지고 있다.[34] 그 나라는 서두르는 것이 아니라 위험으로부터 도망가길 원한다. 그 나라는 그 위험의 실재를 인식하고 그것으로부터 도망가길 원하고 말들을 이용하여 그 욕망을 이루고자 한다. 만일 이것이 백성이 원하는 것이라면 그들이 이것을 얻게 될 것이라고 이사야는 말한다. "그러므로 너희는 도망할 것이다." 그들의 욕망은 이루어진다. 그러나 선지자는 도망에 실제적으로 무엇이 관여되는지는 서술하지 않는다. 이를 분명하게 하는 것은 본 절의 하반절의 몫이 된다.

계속해서 이사야는 믿지 않는 나라의 말을 이어가고 있으며 이 말은 그 생각에 있어 심화되는 것을 보여준다. 백성은 말을 타고 도망하기 원하였을 뿐만 아니라, 더 나아가서 또한 빠른 말을 타기 원했다. 점진성은 명사에서만 나타난다. 단순히 타고 갈 말이 아니라 발 빠른 말이었다. 이것들이 자신들을 안전한 곳으로 데려가 줄 수 있을 것이라고 믿고 그들은 이것들 위에 올라탔다. "우리가 도망하리라"는 첫 번째 동사에 도망하는 것의 이중적 개념이 결합되어 있는데, 원했던 것 즉 구원으로 도망가는 것과 그들에게 닥칠 징벌의 위협으로부터 도망치는 것이다. 어쨌든 여기서 "타다"라는 동사로 충분하다. 만일 백성이 빠른 말을 탈 수 있다면, 그들의 목적, 완전한 구원은 달성될 것이라고 그들은 생각한다.

마지막 문장에서 이사야는 어근 קלל(재빠르다)을 취하여 이것을 이제 백성의 추격자들에게 사용한다. 이는 마치 그가 "너희가 빠른 무엇인가를 탈것이다. 실제로 빠른 것이 있을 것이다. 그러나 너희가 타는 말들이 아니라 너희를 쫓는 자들이다." 라고 말하는 듯하다. 그러므로 백성의 계략은 무산된다. 그들은 도망할 것이지만, 붙잡히게 될 것이다. 애굽에 도피하는 것은 아무런 도움이 못된다(호 14:3; 암 2:14, 15; 시 20:8을 참고).

30:17 빠른 말에 대한 신뢰가 헛된 환상인 것처럼, 다수에 대한 신뢰도 그러하다.

---

34) 예를 들면, Maurer는 *celeri cursu vehemur*라고 하였는데, 이는 Vergil의 *Georgics* iii. 462에 있는 라틴어 fugere와 같다. *cum fugit in Rhodopen atque in deserta Getarum.* 그러나 *fugere*가 여기서 그러한 개념을 품고 있을 필요가 있는지에 대해서는 의심스럽다. Rosenmüller는 그 동사를 נוּץ와 어근이 같은 것으로 취급하여 *super equis emicabimus*로 번역한다. Rosenmüller는 N. Schroeder를 따르며 자기의 해석을 지지하기 위하여 고전적 저술가들에게 호소한다.

하나님께서 그의 패역한 자식을 벌하시기로 작정하셨기에 그로부터의 도피의 가능성은 없다. 천 명이 한 사람의 꾸짖음 앞에서 도망할 것이다.[35] 다섯 명의 꾸짖음 앞에서도 백성이 다 도망할 것이다. 그 나라가 가나안 땅으로 갈 때 압도하던 상황과 완전히 반대의 상황이 여기에 나타나 있다. "너희 다섯이 백을 쫓고 너희 백이 만을 쫓으리니 너희 대적들이 너희 앞에서 칼에 엎드러질 것이며"(레 26:8). "그들의 반석이 그들을 팔지 아니하였고 여호와께서 그들을 내어 주지 아니하셨더면 어찌 한 사람이 천을 쫓으며 두 사람이 만을 도망케 하였을까"(신 32:30). 단 한명의 꾸짖음만으로도 심지어 천명을 도망치게 하기에 충분하다. 틀림없이, 징벌의 날에는 단순히 숫자만으로는 전혀 소용이 없을 것이다.

일부 주석가는 본문을 수정하여 "그리고 다섯의 꾸짖음 앞에서 한 무리"로 읽는다. 그렇지만 이것은 불필요한데, 이는 여기서 강조가 꾸짖는 작은 무리에 있기 때문이다. 더 나아가서 별도의 단어를 삽입하는 것은 실제로 뒤에 나오는 것과의 분명한 연관을 파괴한다. 이사야는 "너희가 남겨질 때까지 너희는 도망할 것이다"라고 말하고 있는 것이다. 이것은 본 절의 첫 행의 두 번째 부분에 여분의 단어의 첨가로 말미암아 모호하게 될 수 있는 의미이다.

도망의 결과는 백성이 단지 남은 자로 줄어들어 예전의 수많은 무리 대신에 홀로 남게 되는 것이다. 아마도 선지자는 그가 예루살렘에 대해서 하였던 비유(1:8)를 마음 속에 두고 있는 것 같다. 그러나 여기서 그는 남은 자를 산 꼭대기의 깃대에 비유한다. 토렌(תֹּרֶן)이란 단어는 돛대를 의미하지만 높은 언덕 위에 있는 돛대를 생각하기가 어렵다. 따라서 이사야가 아마도 배의 돛대와 같은 역할을 하는 높은 깃대를 염두에 둔 것으로 보인다. 그 높은 깃대가 지금 산꼭대기 위에 서 있다. 선지자가 강조하기 원하는 것은 이 깃대의 고독함이다. 그것들은 주위에 키 큰 나무가 없이 홀로 서 있다. 그리고 모두가 그것을 볼 수 있으니, 이는 언덕과 산 위에 있는 유일하게 높은 물건이기 때문이다. 이것은 애굽을 의뢰하는 자들에게 다가올 운명이었다. 인간의 도움은 멸망과 함께 고독으로 인도할 것이다.

30:18 "그러므로"라는 도입어가 난점을 야기시켜 왔다. 그러나 이것을 일반적인 의미로 취급하는 것이 가장 좋다.[36] 그렇다면 선지자가 말하고자 하는 의미는 "너

35) 대조를 강조하기 위하여 אחד가 אֶלֶף 바로 뒤에 놓여 있다, '천 사람까지도.'

36) לָכֵן앞에 있는 와우(ו)는 불필요한 것이 아니다. 왜냐하면 완전히 새로운 개념을 소개하고 있으

희는 애굽을 의뢰하는 어리석은 길을 따르고 있다, 그리고 분명히 심판이 너희에게 닥칠 것이다. 그러한 이유로 인하여 여호와께서는 너희에게 은혜를 나타내시기 위하여 기다리실 것이다"이다. 그의 긍휼의 사역을 드러내시기 전에 그는 먼저 심판의 사역을 이루셔야만 한다. 도입어인 "그리고"는 목적이 없는 것이 아니며 앞에 있는 것과 그 의미를 연결시킨다. 다른 곳에서 사용된 바와 같이 "기다리다"라는 동사는 단순히 "간절히 기대를 가지고 기다리는 것과 어떤 것에 대한 소원을 가지고 바라는 것"을 의미한다.[37] 하나님의 목적은 자비를 보이고 은혜를 나타내시는 것이지만 심판이 지나가기 전에는 이것을 행하시지 않으실 것이다. 어쨌든 그는 은혜를 베푸시기를 바라시며 그가 그러한 일을 하실 수 있는 때를 진지하게 기다리신다. 이러한 의미와 유사한 것이 여호와를 오래 참으시는 분으로 묘사하고 있는 점이다.

이 문장이 "그리고 그가 일어나시리니 이는 너희를 긍휼히 여기려 하심이라"는 평행적 표현에 의하여 강조된다.[38] 의미하는 바는 그가 백성에게 긍휼을 베푸실 수 있도록 스스로 자신을 높이실 것이라는 것이다. 긍휼을 보이시면서 하나님께서는 찬양을 받으시며 높아지신다. 이에 대한 설명에서 여호와는 공의의 하나님이라고 진술한다. 그렇지만 이러한 진술은 난점을 야기시키는데, 이는 하나님의 긍휼이 그의 정의에 근거를 두고 있는 것으로 보이기 때문이다. 이사야는 하나님께서 공의의 하나님이시므로 그러한 이유로 긍휼을 나타내 보이실 것이라는 뜻으로 말하고 있는 것인가? 난점을 피하기 위하여 여러 가지 시도가 있어 왔다. 그러므로 정직(rectitude)이란 단어로 번역하기를 제안하여 오기도 하였고, 혹은 본 문장이 엄격한 의미에서 의 혹은 공의와 관계되지 않는다고 생각하기도 하였다. 또 어떤 사람은 불변화사 키(כִּי)를 "비록"으로 번역하기도 하였다. 이 모든 조처가 흥미롭기는 하지만 그것들이 정당한지 여부에 대해서는 의심의 여지가 있다. 왜 이 표현을 있는 그대로 번역하면 안 되는가? 만약 그렇게 번역한다면 선지자가 하나님께서 긍휼을 보이기 위하여 기다리실 것이라고 말하는 것으로 이해해야 할 것인데, 하나님께서 자신이 그렇게 행하실 때가 되기까지는 긍휼을 보이지 않으실 공의의 하나님이시고, 또 그

며 이 와우와 함께 15–17절의 전체 내용을 요약하고 있기 때문이다.

37) לַחֲנַנְכֶם–중 접미사 앞에서 파타흐가 나타난다. 이에 대해서 설명할 수는 없다. 그렇지만 시편 102:14에서 특이한 모음부호를 붙이고 있는 לְחֶנְנָהּ를 유의하라. 아마도 파타흐는 아람어 영향으로 인한 것 같다.

38) לְרַחֶמְכֶם–체레 대신에 쎄골이 나타나는 것이 자연스러우니 이는 음절이 폐음절이고 액센트가 없기 때문이다.

를 바라는 모든 자들에게 복을 내리실 공의의 하나님이시기 때문이다. 다시 말해서 하나님께서 긍휼을 보이시기 위하여 기다리신다는 사실은 공의의 하나님으로서의 그의 존재에 기인한다.

그는 긍휼을 나타내시기를 기다리시는 한편, 그를 기다리는 자들에게 복을 선언하신다. 이사야는 여호와를 기다리지 않은 자들에 관해서 많은 것을 말해 왔다. 따라서 그는 여호와를 기다리는 자들에 관한 진술과 함께 본 절을 마무리하고자 한다. 그들은 기꺼이 믿음에 거하며 주께서 그의 때에 역사하시길 신뢰한다. 그들은 그가 약속하신 것의 성취를 바라고 소망한다(습 3:8; 단 12:12을 참고). 여호와께서는 그가 은혜 베풀기를 기다리시며, 기대를 가지고 기다리는 자들은 복을 받는다(시 2:12; 25:3; 사 49:23; 애 3:25을 참고).

19절, 시온에 거하며 예루살렘에 거하는 백성아 너는 다시 통곡하지 않을 것이라 그가 너의 부르짖는 소리를 인하여 네게 은혜를 베푸시되 들으실 때에 네게 응답하시리라

20절, 주께서 너희에게 환난의 떡과 고생의 물을 주시나 네 스승은 다시 숨기지 아니하시리니 네 눈이 네 스승을 볼 것이며

21절, 너희가 우편으로 치우치든지 좌편으로 치우치든지 네 뒤에서 말소리가 네 귀에 들려 이르기를 이것이 정로니 너희는 이리로 행하라 할 것이며

22절, 또 너희가 너희 조각한 우상에 입힌 은과 부어 만든 우상에 올린 금을 더럽게 하여 불결한 물건을 던짐같이 던지며 이르기를 나가라 하리라

23절, 네가 땅에 뿌린 종자에 주께서 비를 주사 땅 소산의 곡식으로 살지고 풍성케 하실 것이며 그날에 너의 가축이 광활한 목장에서 먹을 것이요

24절, 밭 가는 소와 어린 나귀도 키와 육지창으로 까부르고 맛있게 한 먹이를 먹을 것이며

25절, 크게 살육하는 날 망대가 무너질 때에 각 고산, 각 준령에 개울과 시냇물이 흐를 것이며

26절, 여호와께서 그 백싱의 상처를 싸매시며 그들의 맞은 자리를 고치시는 날에는 달빛은 햇빛 같겠고 햇빛은 칠 배가 되어 일곱 날의 빛과 같으리라.

30:19 18절 하반절에서 방금 진술된 내용의 진실성을 나타내기 위하여 이사야는 본 절의 개념과 함께 계속 이어가고 있다. 그렇지만 어떤 방식으로 본 문장의 첫

번째 동사를 해석해야 하는가? "대저(for) 시온에 있는 자들이 예루살렘에 거할 것이다," 혹은, "대저 그 백성이 시온, 곧 예루살렘에 거할 것이다"로 번역이 가능하다. 흠정역은 "대저 그 백성들이 시온에서 예루살렘에 거할 것이다"라고 번역한다. 다른 사람들은 호격으로 번역하여, "오, 시온에 있는 백성, 예루살렘에 거하는 자들아"라고 해석한다. 그렇지만 이 마지막 번역은 도입어 키(이는, 대저)에 적당하지 않다. 따라서 본 절과 앞 절 사이의 전체 관계를 그럴 듯하게 적당히 설명할 뿐이다. 더 나아가서 델리취가 지적한 대로, 이것이 호격이었다면, 분명히 "너희"라는 인칭 대명사가 나오는 것을 기대해야 한다. 또한 분사 앞에서 관계 대명사를 기대하는 것이 지극히 당연하다. 그리고 덧붙여 백성에 대한 이러한 긴 묘사는 호격 구문에서는 상당히 어색해 보인다.

그러므로, 단어들의 자연적 순서에 따라 "대저 시온에 있는 백성이 예루살렘에 거할 것이다," 아니면 맛소라 모음부호를 따라서 "대저 백성이 시온, 곧 예루살렘에 거할 것이다"로 번역해야 할 것이다. 어느 경우든 선지자의 목적은 백성이 구원에 대해 품고 있는 소망이 속이는 것이 되지 않을 것이라고 백성에게 확신을 주는 것이다. 그들은 다윗의 성읍인 시온에 거한다. 그들은 하나님께서 거주하시는 예루살렘에 있다. 그들은 하나님 자신의 장막 안에 거한다. 이것이 그들의 미래의 분깃이 될 것이다.

이러한 이유로 선지자는 백성에게로 돌이켜서 마치 개개인에게 말하는 것처럼 의도적으로 단수형으로 이것을 말하고 있다. "너는 다시 통곡하지 않을 것이라 그가 너의 부르짖는 소리를 인하여 네게 은혜를 베푸시되"[39] 이사야는 부정사 절대형을 사용하여 하나님의 은혜로우심을 강조한다. "은혜로우신 그가 너희에게 은혜를 베푸실 것이다." 축복은 확실하고 확고하다. 그가 듣자마자 도움의 부르짖음에 응답하신다. 이 동사가 완료형으로 되어 있는 반면에 선행 동사는 미완료형이었다. 이러한 시제의 사용은 목적이 없지 않다. 하나님은 들으심에 따라서 그 부르짖음에 응답하신다.[40]

---

39) יְחָנְךָ–יחנך 즉 יָחֹן(Barth의 법칙에 따라서 모음이 붙여진)에 대해서는, יְחָנְנְךָ > יְחָנְךָ. 그렇다면 우 모음은 접두 요소로 되돌아가게 되어 יְחָנְךָ가 된다(창 43:29을 참고).

40) עָנְךָ–자주 라멧–알렙과 라멧–헤 동사들과 함께 나타나는 남성 접미사의 끊어 읽기 형태에 유의하라. "그는 듣자마자 너희에게 응답하셨다." 이 완료형의 용법은 생생한 묘사에 대한 미완료형의 용법에 준하며, 묘사의 개별적인 면을 특별히 강조한다.

30:20 첫 번째 동사는 와우 연계형과 함께 단순미래로 보아야 한다. "그리고 그가 주실 것이다." 만일 상황이 현재라면 이것은 암시된 것이며 표현되지 않는다. 이 양식을 주시는 분은 주(Sovereign One)이시며, 인간의 복지는 그의 뜻에 달려 있다. 그 다음에 따라오는 어휘들을 일반적으로 연계형 관계에 있는 것으로 취급하여, "환난의 떡과 고생의 물"로 번역해왔다. 그러나 이것은 옳지 않으니, 이는 이 단어들이 동격 관계이기 때문이다. 그래서 "환난인 떡과 고생인 물"로[41] 번역해야 한다. 이 어휘는 죄수에게 주어진 음식을 가리키고(왕상 22:27을 참고), 그런 까닭에 이 어휘를 동격 소유격으로, "환난의 떡과 고생의 물"로 해석할 수도 있다. 연결형 관계로 가정하거나 이사야가 백성이 실제로 죄수들이 되어서 죄수들의 음식을 먹게 될 것이라고 가르치고 있는 것으로 가정할 필요도 없다. 그가 말하고 있는 것은 환난의 시기가 확실히 올 것이고 그 시기 동안 백성의 생활은 환난과 고생으로 특징지우게 될 것이라는 것이다.

만일 어떤 조건이나 양보가 첫 번째 동사에 암시되어 있다면, 그 귀결절은 이제 스승이 더 이상 자신이 익숙하게 행동해 왔었던 것처럼 숨지 못하는 것으로 서술된다. 이 스승들은 선지자들이며 숨음으로 백성을 하나님의 참된 말씀으로부터 멀어지게 하였다. 그들이 숨었다는 것은 백성 스스로 마음을 강퍅하게 함으로 말미암는 것인데, 왜냐하면 아하스 시대 이후, 즉 이 백성이 하나님의 말씀을 듣지 않을 것이라고 예언되었던(사 6장을 참고) 이후로 선지자들이 스스로 백성의 면전에서 숨었던 것으로 보이기 때문이다. 그러나 이제 그들은 다시 자신의 공적인 사역을 시작할 것이다. 그리고 백성의 눈은 그들을 볼 것이다.[42] 하나님의 말씀에 대한 공적인 사역이 없는 신정국가는 위기의 상황에 있었다. 특별히 위험한 것은 백성 스스로가 그것을 원했을 때의 상황이다.

30:21 백성의 귀가 뒤에서 들려오는 말소리를 듣게 될 것이라는 진술로 서술을 계속해서 이어간다. 표현이 난해하다. 만일 백성의 눈이 스승을 본다면, 왜 그들의 귀는 뒤에서 나는 말소리를 듣는가? 일반적으로 이것은 목자가 그의 양떼를 불러내

---

41) לֶחֶם과 מַיִם은 연결형이 아니고 절대형이며, 뒤따라오는 단어는 동격의 의미를 가진다. 일부 사본은 단수로 되어 있고, Vulgate은 *ultra doctorem tua*로 되어 있다. 복수형은 위엄을 나타내는 역할을 할 수도 있다.

42) 그리고 그들은 볼 것이며—정동사가 여기에 사용되어 분사가 표현해주고 있는 기간의 개념을 보다 정확하게 강조하고 규정해 준다(여기서는 시간과 관계됨).

어 그 뒤를 따르고 있는 모습으로 여긴다. 또한 돌아선 백성이 그들의 스승을 뒤에 남겨 놓은 모습일 수도 있다. 이 모습을 지나치게 세밀하게 따질 필요는 없다. 백성의 눈은 그들의 스승들을 볼 것이고 그들의 귀는 들을 것이다. 그 말소리는 백성에게 선포된 권면과 교훈의 말씀이다. 그들은 회개하고 여호와께로 돌아오라는 요청을 들을 것이다.

메시지는 분명하고 직접적이다. 백성은 그 길로부터 빗나갔고 그 제시된 참된 길을 택해야만 한다. 이것이 신실한 스승들의 임무이다. 그러나 사람이 진리를 아는 것으로는 충분하지 못하다. 그는 또한 진리를 행해야 한다. "너희는 말씀을 듣는 자만 되지 말고 행하기도 하라." 그 길이 백성에게 제시되었을 때, 그들은 또한 그길로 걸어가라는 명령을 들어야만 한다(신 28:14을 참고).

본 절의 마지막 단어는 난해하다. 이 단어들이 "정녕 너희가 우편으로 갈 것이고 왼편으로 갈 것이다"라는 진리를 진술하거나 아니면, "너희가 바른편으로 갈 때와 너희가 왼편으로 갈 때"라는 시간적인 묘사일 수도 있다.[43] 세부사항이 난해한 반면에 그럼에도 불구하고 교훈이 필요하다는 것을 의미하는 것으로 보인다. 왜냐하면 이들이 길을 잃게 될 실수하는 백성이며 그들에게 제시된 생명의 참된 길을 택해야만 하는 백성이기 때문이다. 그 길은 앞의 15절에서 안연과 돌이킴의 길로 제시되었다. 이 길을 잊어버리기가 쉬울 것이니, 이는 우편이나 좌편은 언제나 백성을 끌어들이려고 놓여 있기 때문이다. 그런 까닭에 지속적인 교훈이 필요한 것이다.

30:22 히스기야의 영적인 개혁 후에도 우상숭배가 그 땅에서 계속되었다. 하나님의 은혜로우신 징벌(visitation)의 결과 중 하나는 모든 우상숭배가 사라지게 되는 것이다. 첫 번째 동사는 열왕기하 23:8 이하에서 보여진 바와 같이, "그리고 너희가 더럽게 할 것이다"로 번역될 수도 있다. 우상들을 사용하지 않음으로써 백성은 그것들을 더럽게 할 것이며, 즉 부정한 것으로 간주할 것이다. 분명히 이 조각한 우상들은 신명기 7:25에 묘사된 것처럼, 금이나 은으로 입혀졌다. "너는 그들의 조각한 신상들을 불사르고 그것에 입힌 은이나 금을 탐내지 말며 취하지 말라 두렵건대 네가 그것으로 인하여 올무에 들까 하노니 이는 네 하나님 여호와의 가증히 여기시는 것임이니라." 비록 문법적으로는 그 단어가 치푸이(צִפּוּי, 덮음) 혹은 페씰레이(פְּסִילֵי,

---

43) תְּימִינוּ–תאמינו를 의미하며 철자법의 오류이다. 페–알렙 동사와 페–요드 동사는 종종 번갈아 사용된다.

우상들)로 해석될 수 있을지라도, 그 입힌 것은 금이나 은이고, 그 우상들 자체는 아니다.[44] 단어들을 "너희 우상들의 은 덮개들"로 번역한다면 그 실제 의미를 드러낼 수 있을 것이다. 우상 자체는 나무로 만들어졌을 것이다. 이사야 2:20과 예레미야 10:3–4을 참고하라. 동사가 복수이지만 명사의 접미사는 단수이다. 본문을 수정할 필요가 없으니 이러한 변화가 분명히 의도적이기 때문이다. 복수형은 전체 모습을 나타낸다. 즉, 백성 전체가 모든 우상을 제거할 것이다. 동시에 단수형은 개인의 그러한 행위를 가리킨다. 그 나라는 개개인이 그렇게 했을 때에만 우상을 부정하다고 선언하게 될 것이다. 개개인의 행함 속에서 그 나라는 행동할 것이었다.

평행적 표현을 통하여 선지자는 그 우상들이 어떻게 완전하게 사라지게 될 것인지를 지적할 수 있게 된다. "너희의 금으로 부어 만든 형상의 덮개(or case)," 즉 "너희의 부어 만든 형상의 금 덮개"는 "너희 은으로된 우상의 덮개"라는 문구와 평행적 구조를 이룬다. 두 표현이 함께 완전성을 암시한다. 어떤 종류의 우상이든지 모두 부정한 것으로 간주될 것이다. 역시 형상 자체는 부어만든 금속이지만(사 40:19을 참고), 이 경우 덮개가 금이다. 백성은 이 형상들을 부수어서 흩어 버릴 것이다. 그러나 우선 그것들을 짓이겨서 부서뜨릴 것이다. 우상들이 완전히 경멸을 받게 될 것을 보여주기 위하여 이사야는 월경기의 여인의 만짐으로 인하여 부정하게 되는 것을 암시하는 강력한 표현을 사용한다. 이 단어는 여성형이지만 분명히 중성으로 이해되어야 할 것이다. 사람이 더러운 것을 혐오하여 던져 버리듯이, 사람들은 파괴된 우상들을 던져 버릴 것이다. 이보다 더 심한 경멸의 모습을 상상하기 어렵다. 하나님의 은혜의 아름다움에 비추어 이 세상의 우상들은 경멸과 혐오의 대상이 된다. 거절의 행동은 마치 "잘 떼어버렸다"라고 말하는 것과 같은 외침을 수반하게 될 것이다. 사람들은 이 우상들에게 "나가라"고 할 것이다. 그것이 끝이다. 그 나라가 우상으로부터 돌이켜서 살아 계시고 참되신 하나님을 섬기게 된다.

30:23 심판에 의하여 야기된 환난 대신에 하나님의 백성은 풍요로운 땅의 풍성하고도 호화로운 복을 경험할 것이다. 펜나는 본 단락이 덕과 물질적인 번영은 불변하는 이항식(二項式)을 이룬다는 원리로 시작한다고 주해한다. 그러나 여기에 묘사되어 있는(만일 그것들이 그러하다면) 물질적인 복은 자신의 어떤 공로나 덕에 기인

---

44) אֲפֻדַּת–우상의 형상들의 덮개–언짢은, 월경이 있는. 선행사가 복수형이지만, לוֹ 에 남성 단수 접미사가 있다.

하지 않고 남게된 자에게 하나님의 거저 주시는 은혜와 긍휼로 주어진 하나님의 선물이다. 본 절은 은혜, 부요, 충만함 그리고 자유의 수여이다. 이것은 하나님의 활동과 함께 시작한다. "그리고 그는 주실 것이다"라고 기록되어 있으며 이 동사는 공로에 따라서 얻은 것이나 혹은 값주고 얻은 어떤 것이 아니라 선물을 가리킨다. 이 선물은 "너의 씨의 비"라는 선물인데, 이사야가 의미하는 것은 "너의 씨를 자라게 하는 비"이다. 여름 더위의 여러 달이 지나고 난후 11월 말경에 내리는 이른 비는 가장 환영받는 비이다. 이 비는 팔레스타인 사람이 그의 땅에 뿌린 씨를 싹트게 한다.[45] 땅은 풍성하게 소산을 내는데, 이는 하나님께서 비를 내리셨고 사람은 씨를 심었기 때문이다. 사람이 경작을 하고 씨를 뿌리기에 인간의 땅이지만 그 땅으로 소산을 내도록 하는 능력의 원천은 하나님 자신이시다. 어투가 부드러우며, 땅과 그 소산을 사모하는 자에게 사랑의 심정으로 말한 것이다.

비에 조화를 이루는 것은 역시 하나님의 선물인 "곡식, 땅의 소산"이다. 이 표현은 "그가 줄 것이다"라는 동사의 목적어로 해석해야 한다. "그리고 살지고 풍성케 하실 것이며"라는 표현으로 선지자는 하나님의 선물인 곡식을 전체적으로 가리킨다(창 49:20을 참고). 하나님이 주시는 것은 최고이다. 이 곡식은 영양분이 풍부하고 양식으로 훌륭하다. 그 당시 풍성하게 풀을 내는 초장은 가축을 위한 축복이 된다. 가축은 영양분을 풍성하게 얻을 수 있는 광활한 초장에서 먹을 수 있게 된다.[46] 만일 목장이 광활한 것이라면 그것은 한 때는 좁았던 것이 이제는 넓혀졌다는 것을 암시할 것이다.[47] 하나님께서는 자기 백성의 즐거움을 위한 모든 것을 준비하셨다.

30:24 이사야는 인간에게 닥칠 축복에 대하여 언급해 왔다. 이제 그는 인간을 위해 수고하는 가축인 소와 나귀에게로 눈을 돌린다. 그들을 위해서까지도 풍요의 때가 준비된다. 소들은 우선적으로 밭을 가는 일에 사용되었고 짐을 나르는 짐승이다. 다른 한편 나귀들은 타는 데 사용되었다. 이러한 일의 분배가 항상 지켜진 것은 아니다. 왜냐하면 신명기 22:10은 소와 나귀를 함께 겨리하여 밭을 가는 데 사용하는

---

45) which–행동이 실행되는 도구는 이차적 목적어나 먼 목적어로 간주된다. לֶחֶם–떡, "그리고 그가 주실 것이다"에 종속된다. 이어지는 문장은 종속 소유격을 구성한다. "소산의 양식, 등." 레헴(לֶחֶם)을 여기서 "곡류"(*bread–corn*)로 번역해야 하는지 확신할 수 없다.

46) 너의 가축–형태는 집합적 의미를 가진 단수형이다.

47) Hengstenberg는 카르(כַּר)가 목장을 의미할 수 있다는 것은 부인하지만 앗수르어 키루(*kirū*), 작은 숲에 호소할 수도 있다. 여기서 문맥은 이러한 해석을 요구한다.

일을 금지하고 있기 때문이다. 오늘날까지도 근동에서는 밭을 가는데 짐승이 다른 종류와 짝을 이루어 사용되는 흥미있는 일을 보게 된다. 농사에 있어서 이 두 짐승은 이미 선지자에 의하여 언급된 바(1:3) 필수 불가결한 짐승들이다. 이렇게 수고하는 짐승을 위하여 으깬 식물 사료의 음식물이 있을 것이다.

첫 번째 단어 베릴(בְּלִיל)은 적셔서 발효시킨 꼴을 가리키며, 두 번째 단어, 하미츠(חָמִיץ)는 양념이 된 사료를 가리킨다.[48] 이것은 분명히 이 짐승이 좋아하는 먹이였다. 사람이 자신의 음식물이 될 알곡을 채로 까불렀던 것처럼, 이제 짐승의 먹이가 될 곡식을 까부르게 될 것이다. 그러므로 이것은 이물질이 제거되어 준비된 것이기에 동물의 영양 공급에 적합하다. 이 까부르는 과정에서 키와 육지창이 사용되었다. 다시 말해서 가축들에게 가능한 한 좋은 음식을 준비하기 위해 모든 도구가 사용되었다. 그 나라가 죄악되고 패역한 상태에 있었을 때, 곤란한 상황이 수고하는 짐승들에게도 닥쳤다. 구원의 축복이 올 때는 이 짐승들에게까지도 풍요로운 생활이 있을 것이다.

30:25 본 절과 함께 이사야는 앞으로 이루어지게 될 더 나은 것을 위한 큰 변화를 계속해서 묘사한다. 그가 전에는 물이 없던 곳에 풍성한 물이 있게 될 것을 제시하는 것은 이를 위한 것이다. 물이 도달할 수 없는 산과 언덕 위에 그리고 경작이 지극히 어려운 곳에 물이 발견되고 땅이 비옥해 질 것이다(암 9:13; 욜 3:18; 겔 47:1이하를 참고). 본 절은 22절이 20절과 21절에 관계되어 있는 것처럼, 앞의 두 절과 같은 관계에 있다. 이제까지 시내들이 골짜기에만 있었고, 높은 언덕의 꼭대기는 타오르는 태양 아래 건조한 채로 남아 있었다. 이제는 모든 것이 달라질 것이다. "내가 자산에 강을 열며 골짜기 가운데 샘이 나게 하며 광야로 못이 되게 하며 마른땅으로 샘 근원이 되게 할 것이며"(사 41:18).

이사야는 물의 풍성함을 나타내기 위하여 시내들을 언급하고, "수로"라는 어구를 덧붙임으로써 이것을 강화시키고 있다. 이것은 장차 있을 물의 풍성함을 강조하고 한 것으로 보인다. 즉 단순한 시내들이 아니라 수로를 말하고 있다. 이러한 강조는 "산"과 "언덕"이란 명사를 수식하기 위하여 사용된 두 개의 형용사에 의하여 한층

---

48) 베릴(בְּלִיל)–혼합된 먹이, 아마도 으깬 먹이(아카드어 *ballu*와 *bulilu*를 참고). 하미츠(חָמִיץ)–양념이 된(소금으로?). 이것은 아마도 인간 소비를 위하여 살찌워 진 가축을 위하여 비축된 진미였을 것이다. 조레(זֹרֶה)–체로 치는 것. 본형은 명확하지 않고, 주어는 표현되지 않았다.

강화된다. 산들 위에 있는 물은 놀랄만 하다. 이 물은 높은 산들 위에 있고 높이 솟은 준령에 있다. 이사야는 강조를 극대화하기 위하여 노력하였고,[49] 그가 사용하는 단어는 하나님께서 이루실 변화가 얼마나 위대한 지를 보여 준다.

이 놀라운 변화는 큰 전쟁이 있을 때 나타날 것이다. 먼저 전쟁과 살육의 기간이 있어야만 하고 그 다음에 축복이 올 것이다.[50] 선지자는 망대의 무너짐을 언급함으로써 표상을 이끌어 가고 있다. 그가 여기서 제시하고 있는 표상은 17절에 나타난 것과 대조가 된다. 어떤 사람은 망대를 지상에서 세력을 가진 자를 의미하는 상징적 의미로 취급하는데, 특히 교만한 앗수르 세력을 의미하는 것으로 본다. 그럴 수도 있겠으나, 이 어휘를 하나의 특정한 살육에 대한 것으로 이해해야 하는지는 의심스럽다.[51] 선지자는 전쟁과 재앙에 대해서 말하고 있으며, 이것들과 함께 평화와 축복의 도래에 대해 말한다. 이 후자는 전자가 하나님의 심판인 것처럼 하나님의 역사하심이다. 틀림없이 땅에 닥쳐올 심판의 전조로서 앗수르가 이 그림에 들어 있다. 이 표현의 일부가 축복과 평화의 시기를 가리킬 수도 있을 것이지만, 가장 심원한 의미로는 메시아께서 가져다주시는 축복의 그림이다.

30:26 또다시 이사야는 앞 절에서 했던 방식대로 본 절을 "그리고 있을 것이다"로 시작하고 있다. 25절은 23–24절에서 제시된 내용을 요약하고 26절은 20–25절에서 제시된 내용을 요약한다. 26절은 이 구절들(20–25절)에 묘사된 것의 영향으로 오게 될 결과를 나타낸다. 단순히 잃어버린 것이 회복되는 것만이 아니라 모든 것이 이전보다 더 영광스럽게 되는 영광스러운 회복이 있을 것이다. 각각 열과 백색을 의미하는 두 개의 시적 이름을 사용하여 이사야는 태양과 달에 대해 말한다.[52] 달빛(백색)은 햇빛(열)처럼 될 것이니, 이는 곧 태양 빛처럼 밝아질 것이라는 뜻이다. 이사야는 태양에 대해서 그 빛이 일곱 배나 더 클 것이라고 말할 뿐만 아니라, 자신의 마음속에 있는 내용을 보다 분명하게 제시하기 위하여, 그것이 주의 일곱 날의 빛처럼 될 것이라고 말한다. 이러한 축복은 백성의 상처 치료와 함께 묶여 있다.[53] 백

---

49) 이사야는 '산'과 '언덕' 모두에 '높은', '솟은'이라는 형용사를 덧붙이고 있으며, 두 번이나 '모든'이란 단어를 붙인다. 그는 '시내'라는 명사에 '수로'를 덧붙인다.

50) 예를 들면 Targum의 랍르빈(רַבְרְבִין), 고관들. S는 μεγάλους이다.

51) 만약 이것이 앗수르의 멸망을 가리킨다면(Drechsler 등), 27절 이하를 지시할 것이다. 만일 이것이 유다족속들의 멸망을 가리킨다면(Delitzsch 등), 이것은 16절 이하와 29:20 이하를 되돌아본다.

52) Horace *Odes* iv.5, 8, *soles melius nitent*. Aeschylus *Persae* 298을 참고하라.

53) 날에는–실제적으로 전치사와 동일한 시간을 나타내는 어구 다음에 연결형 부정사가 나오며

성의 틈을 묶는 것, 즉 백성의 상처를 싸매는 것은 13절과 14절을 참조한 것이다. 백성을 파괴한 것이 여호와로 말미암아 싸매지고, 맞아서 생긴 상처가 고침을 받을 것이다. 이 상처는 죄로 인한 심판을 통하여 얻었던 것이다. 당연히 선지자가 앗수르 군대로 말미암아 입은 상처들에 대해서 말하고 있는 것으로 반드시 이해할 필요는 없다(참고. 24:23; 60:19하; 19:22).

이 축복의 요약을 통하여 이사야가 무엇을 가리키고 있는 것인가? 알렉산더는 일반적으로 생각하는 의견을 제시하여 주장하기를, 이전의 직유나 비유처럼 본 절의 어휘가 자연의 큰 변화 혹은 다가올 사회적 상황의 대혁명을 제시하기 위하여 사용되었다고 한다. 그러므로 그는 이 어휘를 상징적으로 취급해야 한다고 주장한다. 이것은 근본적으로 드렉슬러의 입장이다. 그러나 델리취는 이러한 주장에 대해 그를 비난하고, "이해하기 어려운" 해석이라고 말한다. 델리취는 이 표현이 자연의 "부패"를 종국으로 치닫는 것으로 말한 바울의 표현과 같이 비유적이라고 주장한다. 이사야가 새 하늘과 새 땅을 말하고 있는 것이 아니라, 단순히 신구약성경에 약속된 자연의 영화(榮化)에 대해 말하고 있다고 델리취는 생각한다. 동시에 밝은 햇빛의 날들과 가장 빛나는 달빛의 밤 사이에 교체가 있을 것이다. 이것은 세상의 일주간 중에 일곱째 날이 될 것이며 세상의 역사에서 안식일이 될 것이다. "세상 주간(week)의 일곱 날의 빛은 모두 일곱째 날에 집중될 것이다. 창조의 시작이 빛이었으므로 창조의 마침도 그처럼 빛이 될 것이다."

사실 델리취가 여기서 한 말에는 진리가 들어 있다. 그러나 이 어휘를 상징적으로 이해해야 한다.[54] 이사야는 어느 날엔가 일어날 놀라운 대격변을 묘사하기 위하여 자연 세계로부터 취한 이러한 비유를 사용하고 있다. 델리취의 해석 가운데 있는 진리의 중요한 요소는 이 세상의 안식이 결국에는 올 것이라는 것이고, 태양 빛이 이 세상의 안식에 적합한 빛을 주는 데 집중하게 된다는 것이다. 지금 낮과 밤을 지배하는 달과 태양은 현재와 같은 기능을 발휘하지 않을 것인데, 현재의 자연 질서가 사라질 것이기 때문이다. 그리고 "햇빛은 칠 배가 되어" 이 세상에 대해 가지신 하나님의 목적이 성취되고 하나님의 영광이 그 찬란함을 다 발휘할 것이라는 진리를 단

그 다음에 정동사로 이어진다.

54) Penna도 "*Un linguaggio metaforico non insolito*"(24:4; 65:17)라고 말한다. 흥미로운 교차대구법이 본 절의 마지막 부분에 나타난다. 즉 "여호와의 싸매심, 그의 백성들의 상처 그리고 그 상처의 맞은 자리를 그가 고치실 것이다."

순히 진술하기 위하여 사용된 상징적 언어이다. 실제로 "그 성은 해나 달의 비췸이 쓸데없으니 이는 하나님의 영광이 비취고 어린양이 그 등이"(계 21:23) 되시는 영원한 안식이 될 것이다.

27절, 보라 여호와의 이름이 원방에서부터 오되 그의 진노가 불붙듯 하며 빽빽한 연기가 일어나듯 하며 그 입술에는 분노가 찼으며 그 혀는 맹렬한 불 같으며
28절, 그 호흡은 마치 창일하여 목에까지 미치는 하수 같은즉 그가 멸하는 키로 열방을 까부르며 미혹되게 하는 자갈을 여러 민족의 입에 먹이시리니
29절, 너희가 거룩한 절기를 지키는 밤에와 같이 노래할 것이며 저를 불며 여호와의 산으로 가서 이스라엘의 반석에게로 나아가는 자같이 마음에 즐거워할 것이라
30절, 여호와께서 그 장엄한 목소리를 듣게 하시며 혁혁한 진노로 그 팔의 치심을 보이시되 맹렬한 화염과 폭풍과 폭우와 우박으로 하시리니
31절, 여호와의 목소리에 앗수르가 낙담할 것이며 주께서는 막대기로 치실 것인데
32절, 여호와께서 예정하신 몽둥이를 앗수르 위에 더하실 때마다 소고를 치며 수금을 탈 것이며 그는 전쟁 때에 팔을 들어 그들을 치시리라
33절, 대저 도벳은 이미 설립되었고 또 왕을 위하여 예비된 것이라 깊고 넓게 하였고 거기 불과 많은 나무가 있은즉 여호와의 호흡이 유황 개천 같아서 이를 사르시리라.

30:27 본 장의 마지막 구절들은 제기된 수많은 의문점에 대해 답변하는 역할을 한다. 이 절들은 다가올 멸망이 앗수르의 멸망 가운데서 밝혀지기 시작했다고 지적한다. 크게 살육하는 날(25절)과 하나님께서 그 백성의 상처를 싸매시는 날은 어떤 날인가? 이러한 질문과 그 외 다른 질문이 제기되었다. 이사야는 이제 답변을 하기 시작한다. 그는 심판이 분명히 올 것이라고 선언하고 그 첫 번째 타격이 하나님의 백성에 대항하여 스스로 교만했던 나라에 임하게 될 것이라고 말한다.

이사야는 이러한 내용을 소개하기 위하여 그의 독특한 용어 "보라!"를 사용하면서, 이와 함께 야웨의 이름에 곧바로 주의를 기울이게 한다. 칼빈은 이러한 표현을 단순히 여호와 자신을 가리키는 것으로 취급한다. 그리고 선지자가 이러한 완곡한 표현을 사용하여 앗수르인과 다른 민족을 당황하게 하려는 것이라고 생각한다. 왜냐하면 그들은 은과 금으로 만든 신들을 섬겼지만 자신들의 하나님의 형상을 만들지 않았다는 이유로 유대인을 조롱하였기 때문이라는 것이다. 그러나 그보다는 이

단어들이 자신의 말과 행동을 통한 하나님의 계시를 가르키는 것 같다. 그는 하나님께서 자신을 위하여 이름을 가질 수 있다는 것과, 또 그가 행하신 것을 말했다. 하나님은 자신의 모든 영광과 능력 가운데서 승리자로 오신다.

이 이름이 원방에서부터 온다는 것이다. 왜냐하면 야웨께서 스스로 멀리 떨어져 계셨기 때문이다. 말하자면 그의 백성에게 도움이 되어 주지 않으셨다. 앗수르 나라는 마치 실제로 주권을 가진 것처럼(18:4을 참고) 제멋대로 행동하도록 허락을 받았다. "원방에서부터"란 단어가 하늘을 가리킨다고 생각할 필요는 없으며, 또한 분명히 시내산을 가리키지도 않는다. 야웨께서 기다리시기에 지쳤기에 행동하기 시작하셨다고 말하는 것도 옳은 것이 아니다. "원방에서부터"란 단순히 하나님께서 이제 자기 백성을 돕기 위하여 오신다는 것을 암시한다. 지금까지 그는 그들에게서 떨어져 계셨다. 그에게 있어서 거리는 의미가 없다. 그들이 필요로 하는 때에 그는 그의 도움으로 함께 하신다.

그의 진노가 불붙듯 하며: 이것은 그 이름을 가리키지 않고, 독립적 진술인 것으로 보인다. 따라서 접미사가 야웨를 가리킬 것이다. 올라가거나 일어나는 것은 타오르는 불길로부터 일어나는 연기를 가리키는데, 이를 하나님의 진노가 불과 연기 기둥으로 묘사하기 때문이다. 신명기 29:20; 32:22; 시편 18:8; 74:1 을 참고하라. 올라가는 혹은 일어나는 연기의 맹렬함 내지는 기세의 의미를 표현하기 위하여 선지자는 그것들을 "빽빽한(무거운)" 것으로 말한다.

이제 이사야는 하나님의 진노에 대한 묘사를 이어가면서 그의 입술이 진노로 가득찼다고 선언한다. 이것은 여호와의 분노를 나타내는 여러 독립된 진술들 가운데 첫 번째 것이다. 그의 입술로부터 평화의 말이 없으니, 이는 그 입술의 분노로 가득찼기 때문이고 분노만이 그곳으로부터 나오기 때문이다. 혀가 그 다음에 언급되고 그 다음에 호흡이 언급되는 식의 점진법이 의도되어 있는 것 같다. 혀는 입술과 함께 말들을 발한다. 그리고 이 말들은 분노의 삼키는 말이다. 왜냐하면 혀가 삼키는 불과 같이 타오르기 때문이다. 심판의 선언은 입을 통하여 이루어진다. 그리고 하나님께서는 자기 백성을 공격해 온 자신의 대적에 대한 극렬한 심판을 선포하실 것이다.

30:28 앞에서 그의 입술의 기운으로 악인을 살육하실 것이라는 메시아에 대한 말씀이 있었다(11:4). 여기서 하나님의 호흡을 창일하는 시내와 같은 것으로 말한다. 이것은 이사야가 여호와의 진노를 묘사하기 위하여 여기서 사용하고 있는 세 개

의 은유 중 첫 번째 것이다. 이 호흡 혹은 영은 와디(wadi)와 같다. 즉 큰 비가 내려서 격랑이는 물로 창일해 질 때 물로 곧 바로 채워지는 메마른 강바닥과 같다는 것이다(66:12; 렘 47:2을 참고). 이 홍수는 깊어서 사람의 목까지 차올라 사람을 불균형한 두 부분으로 나눈다. 이사야는 8장으로부터 취해 온 비유로 하나님의 창일하는 분노에 대한 묘사를 제시하였다(7–8절; 17:12; 28:2을 참고). 이 홍수는 저항할 수도 없으며 모든 것을 쓸어 가 버린다. 앗수르는 견디지 못할 것이다. 목에까지 차 오르는 물은 사람을 익사시킬 수 있는 물이다. 이 홍수를 느끼면서 앗수르는 실제로 심각한 위기에 처하게 된다.

물론, 왜 이 분노가 그렇게도 거세고 넘쳐 나는지에 대한 이유가 있다. 이것은 멸망의 키로 열방을 까부르려는 목적을 가지고 있다.[55] 여호와께서는 진실로 주권자이시며, 그가 열방을 까부를 때가 되었기에 그의 벌하시는 진노가 심판을 받아 마땅한 열방 위에 내리게 될 것이다. 그가 사용하실 키는 까불러지는 열방에게 파멸을 가져다 줄 것이다. 본 절의 마지막 문장을 상황절로 보아야 한다. 열방이 제어할 수 없는 거칠고 강한 말로 묘사되어 있지만, 그들의 입에 재갈이 물려짐으로써 제어를 받는다. 그들은 심판으로부터 빠져나가지 못하도록 제지를 당하고, 그리하여 멸망을 당한다. 이 재갈은 미혹케 하거나 눈멀게 하는 영으로 이 재갈을 물고 있는 열방으로 하여금 그들이 관여하고 있는 사건의 진정한 성격을 알지 못하게 한다. 그러므로 그들은 사건의 과정을 이해하는 데 제지를 받는다. 앗수르 국가가 자신을 사단의 세력에게 내어주었기 때문에 이 무지의 영이 임하였다고 생각할 필요가 없다(왕상 22:19이하를 참고). 왜냐하면 하나님께서 그의 섭리 가운데서 이 무지의 영이 앗수르를 덮는 것을 허락하셨기 때문이다.

30:29 29절은 상황절이고 여호와께서 행동하시는 그 때의 상황을 제시한다. 신정국가를 멸망시키는데 도구로 사용하셨던 나라를 심판하고자 야웨께서 전진해 가시는 동안 이스라엘은 노래를 부르게 된다. 문장의 첫 단어는 강조된 단어이고 전체 문장의 열쇠 혹은 어조를 나타낸다. 이사야는 정관사를 붙여 "그 노래"라고 말하고 있는데, 이것은 총칭적 의미로 취급되어야 할 것이다. 그런 까닭에 선지자는, 26:1에서 한 것처럼, 하나의 특별한 노래를 말하지 않고, 단순히 노래들을 부르는 것으로 말하고 있다.

---

55) לַהֲנָפָה–까불다, 앞뒤로 흔들다. 여성형 어미를 가진 히필 부정사 절대형(단 5:20을 참고).

이사야의 진술방식이 다소 이례적이고도 강하다. 그는 "노래가 너희에게 있을 것이다"라고 말하는데, 이것은 백성이 노래를 가질 것이다 혹은 소유할 것이라는 것을 의미한다. 그들은 노래하는 일에 참여할 것이다. 이 노래하는 일은 '거룩한 절기를 지키는 밤에와 같이' 될 것이다. 그렇지만 선지자가 말하고 있는 절기가 어떤 절기인가? 이사야가 첫 번째로 비교하는 바가 아마도 국가적 예배 축제로부터 파생한 신년 축제라고 제안되어 왔다.[56] 이러한 해석에 대한 동의할 수 없다. 왜냐하면 그러한 축제가 이스라엘에 실제로 언제 있었으냐 하는 것에 대해 심각한 의문점이 있기 때문이다. 축제의 절정은 밤이다. 왜냐하면 축제가 거룩하게 되는 것이 밤이었기 때문이다. 그보다는 아마도 유월절을 가리키는 것으로 보이는데, 이 절기의 규정에서도 밤을 강조하기 때문이다. "이 밤은 그들을 애굽 땅에서 인도하여 내심을 인하여 여호와 앞에 지킬 것이니 이는 여호와의 밤이라 이스라엘 자손이 다 대대로 지킬 것이니라"(출 12:42). 니산월 14일 해질 때(즉 밤에) 유월절 양이 살육을 당하고 이 양을 먹는다. 그리고 15일에는 7일간 계속되는 무교절기를 시작한다. 이 절기의 첫 날과 마지막 날에 성회가 열렸다(민 28:16–25을 참고). 유월절에 노래를 불렀다는 것을 신약성경으로부터 알 수 있다(마 26:30을 참고). 따라서 이것이 오래된 관습이었다는 추정을 할 수 있다. 신약성경은 또한 유월절을 잔치로 말하고 있다(마 27:15; 요 4:45; 5:1; 18:39; 참고 2:13, 23).

이사야가 실제로 두 번째 비유를 소개하고 있는지 아닌지는 말하기 어렵다. 최소한 본 절의 두 번째 행에서 그가 마음의 깊은 내적 기쁨을 언급하고 있는 반면에 첫 번째 행에서는 절기에서 나타난 외적 기쁨을 말했다는 것은 분명해 보인다. 성소를 향하는 행렬은 악기 연주가 동반되었을 것이다(시 42:4; 삼하 6:5–6을 참고). 이 절기는 큰 기쁨의 날이었을 것이다. 왜냐하면 사람이 거룩하신 하나님께 다가가서 그를 예배하였기 때문이다. "여호와의 산"은 하나님의 거처가 있는 성전 산이고, "이스라엘이 반석"은 야웨 사신이시다.

30:30 그의 백성의 남은 자가 그의 구원을 기뻐할 그 때에 그는 앗수르와 유다의 대적 열국들에게 내릴 징벌 심판으로 그의 능력의 크심을 나타내실 것이다. 이사

---

56) Penna를 참고하라. 그는 또한 Gilgamesh 11:74에 있는 축제와 비교한다. 그렇지만 Dillmann은 "*Da feiert Isr. mit Lobgesängen das Fest seiner Erlösung*"이라고 논평한다. 관사는 일종의 축제에 잘 알려진 노래를 가리킨다.

야는 "그 목소리의 위엄" 즉 "그 장엄한 목소리"라는 완곡한 표현을 사용한다. 이러한 이미지는 폭풍이 동반되는 신현현의 이미지이다. 많은 주석가들은 여기에 뇌성에 대한 구체적인 암시가 있다고 생각하는데, 이는 이러한 개념이 시편 18:13; 68:8; 77:18–20 등의 개념과 유사하기 때문이라는 것이다. 그럴 수도 있지만 중심 개념은 폭풍이 아니고 하나님의 나타나심이다. 그런 까닭에 음성을 반드시 뇌성을 가리키는 것으로 생각할 필요는 없다.

그의 장엄한 목소리가 들려오게 함과 동시에 여호와께서는 자신의 팔의 치심을 보이신다. 전체 문장은 교차적으로 배열되어 있으며 강조하는 효과를 제공한다. 높이 올라간 팔이 이제 징벌을 위해 내려오게 된다. 이와 같이 팔을 내리는 것은 진노의 분개와 삼키는 불의 불꽃을 수반하는데, 행동의 목적이 멸망시키는 것이기 때문이다. 이사야는 가장 생생한 방법으로 본 절을 맺으면서 높이 치켜든 팔을 내리는 것에 수반하여 일어나는 것을 언급한다. 치심, 폭우, 우박[57]이라는 단어가 생생하게 드러난다.

30:31 이제 설명이 주어진다. 여호와의 음성으로 인하여 앗수르가 사라진다. 이것은 뇌성이 앗수르를 사라지게 한다는 뜻이 아니고 여호와의 음성이 그를 사라지게 한다는 뜻이다. 그의 분노 중에 말한 명령이 앗수르를 국가로서 존속하지 못하게 만든다는 것이다. 이사야는 앞에서 에브라임이 국가로서 존속하지 못하게 될 것임을 언급하면서 이 단어를 사용한 바 있다(7:8). 지금 그는 그 본문을 생각하고 있는 것으로 보인다. 그때 힘이 없었던 것은 바로 에브라임이었다. 아하스는 앗수르를 바라보았고, 앗수르는 유다로 왔다. 그러나 이제 멸망할 나라는 앗수르 자신인 것이다. 본래 이 동사의 어근은 '부서지다'를 의미하며, 경고와 두려움을 통하여 심령이 무너져 내리는 것에 대한 상징적 의미로 사용되었다.

이사야는 본 절의 마지막 문장을 "막대기"라는 명사로 시작한다.[58] 그는 이 단어를 동사 앞에 둠으로써 엄습해 올 징벌의 가혹함을 강조한다. 그리고 나서 본 절은 "그가 치실 것이다"라는 진술과 함께 마친다. 지시하는 바는 여호와이며 생략된 목적어는 앗수르이다. 그러므로 본 절은 분명히 앗수르의 멸망을 진술하는 것이며 선지자가 본 장에서 제시해 오고 있는 하나님의 섭리의 원리를 설명한다.

---

57) נֶפֶץ–뚫다. 이 단어는 아마도 구름의 갈라짐을 가리킬 것이다. זֶרֶם–내던지다, 비를 내리다. 우박에 대해서는 10:11을 참고하라.

58) 막대기–동사의 상황절

30:32 본 절의 일반적인 의미는 29절의 의미와 유사하다. 하나님께서는 앗수르를 징벌하시고 이스라엘은 노래하며 즐거워할 것이다. 그런 까닭에 "그리고 있을 것이다"라는 도입어는 앞 절에서 하나님께서 앗수르를 치심에 관하여 언급된 것과 연결시키고 있으며, 이것이 얼마나 완전하고 철저하게 시행될 것인지를 보여준다. 선지자의 도입어에 대한 직역은 "그리고 지정(문자적으로 세움, 확정)의 막대기의 모든 사건"이다.[59] 앗수르에 엄습해 올 막대기는 오래 전부터 결정되어 온 것이다. 앗수르의 멸망은 "우연한" 사건이 아니라, 하나님에 의해서 그의 작정 가운데서 계획된 것이다.[60] 드렉슬러가 말하는 바와 같이, 의미하는 것은 섭리적 결정이 아니라 하나님의 영원한 작정이며 이것이 이제 그의 섭리의 행위로 시행되고 있는 것이다. 하나님께서 섭리 가운데 하시는 것은 단지 그의 영원한 작정을 펼치시는 것이며, 그가 세계의 기초를 놓기 전에 의도하신 그의 영원한 목적을 이루시는 것이다. 이것은 야싸드(יָסַד)가 사용된 다른 구절에 의하여 지지를 받는다(하박국 1:12; 시편 104:8을 참고). 단어들은 인상적인 두음법을 나타내고 있으며 주목해 보아야 한다.

또다시 이사야는 여호와께서 치시는 분이라고 선언한다. 여호와께서 사람으로 하여금 그의 팔의 치심을 보게 하실 것이라고 30절에서 선언한 것처럼, 이제 야웨께서 앗수르를 미리 정하신 몽둥이로 치실 것이라고 덧붙인다. 30절 하반절에서는 여호와의 팔을 강조하였으나 여기서는 몽둥이를 강조한다. 하나님께서 이 몽둥이로 앗수르 위에 놓이게 하실 것인데, 그것이 움직임 없이 거기에 놓여 있을 것이라는 의미에서가 아니라 앗수르가 이 치심의 대상이라는 의미에서이다. 이러한 치심이 앗수르에 닥치게 될 때 소고와 수금의 악기소리를 수반할 것이다. 이것들은 29절에 언급된 노래에 수반되는 악기들이다. 여기에 강한 대조가 나타난다. 이것은 마치 전쟁에서 공격이 있을 때마다 환희의 함성이 하나님의 도성 안에서 일어나는 것과 같다. 한편에서 시온의 대적에게 야웨의 벌하시는 몽둥이가 떨어질 때, 다른 편에서는 구원으로 인한 즐거움과 기쁨의 노래가 있다.

이러한 모습은 무엇을 의미하는가? 이스라엘인의 기뻐하는 곡조에 맞추어 앗수르인이 베임을 당하는 모습인가? 어떤 사람들은 살육을 위한 음악연주는 우리의 정

---

59) והיה–예언적 신탁을 진전시키는 일반적 공식으로 "모든 치심(개역은 '더하실 때마다')"과 연관되지 않음(14:3을 참고). 따라서 "그리고 있을 것이다. 모든 치심…소고를 가지고…"라고 번역해야 하며 "그리고 모든 치심이 있을 것이다…"라고 번역할 수 없다.

60) מוסדה–세움(28:16을 참고). 즉 징벌을 위하여 확정됨의 의미에서. 1Q에서는 מוסדו이며, 분명히 달렛(ד)을 가지고 있다. 이것은 레쉬(ר)로 수정될 수 없다.

서뿐만 아니라 이스라엘의 정서에도 너무 지나치다고 주장한다. 따라서 이러한 문구를 이사야의 것으로 돌리기를 거부한다. 그러나 본 절의 사실성을 반대하는 사람들은 이사야가 말하고 있는 것의 진정한 의미를 깨달은 것인가? 이사야가 단순히 한 무리의 사람이 그저 다른 무리의 불행을 기뻐하는 살육을 위한 음악 연주를 우리에게 전달하고 있는 것인가? 이것은 사실과 거리가 멀다. 그 깊은 의미는 하나님의 백성이 구원을 받았다는 것이고, 그들이 그의 목적을 이루심을 인하여 그를 찬양하고 기뻐한다는 것이다. 그들은 악인이 징벌을 받을 때, 기뻐 뛸 것인데, 이는 마치 우리가 "나라이 임하옵시며"라고 기도하는 중에, 하나님의 나라의 도래를 가로막는 모든 것의 멸망을 하나님께 간청하는 것과 같은 것이다. 여기서도 그렇게 하고 있는 것이다. 하나님의 원수는 이 땅에 구속자를 오게 하시는 하나님의 목적을 좌절시키기 위하여 사단에 의하여 사용되는 존재이다. 만약 그들이 성공했다면 구원이 없었을 것이며 모든 인간은 멸망하게 될 것이다. 스스로 하나님의 목적에 대항하고 그것을 훼방하고자 사단의 도구가 된다는 것은 심각하고도 악한 일이다. 앗수르인은 그러한 일을 하였고, 그런 이유로 인하여 그들의 왕국은 멸망되어야만 한다. 원수 국가들의 멸망은 남은 자의 마음속에 기쁨을 가져다 줄 뿐이다. 이는 특정한 사람들이 징벌 받음으로 인한 것이 아니라, 하나님의 사역을 대적하는 자들이 멸망 받음으로 인한 것이다.

이 특별한 장을 마침에 있어서 이사야는 앗수르의 멸망의 특성을 "전쟁 때에 팔을 들어(흔들어) 치리라"라는 것으로 더 묘사한다. 앞에서 그는 여호와의 손이 흔듦에 대해서 말했는데, 이것은 이러한 전쟁을 묘사하는 것이다. 이러한 전쟁에서 여호와의 손이 대적을 흔들어서 징벌하신다. 이사야는 "전쟁들"이라는 단어를 가지고 하나님의 손의 대적을 치심을 분명하게 그려주어 대적의 군대 전체를 멸망시키는 일에 관계된 작업이 얼마나 대단한 것인지를 강조한다. 이런 식으로, 즉 흔듦의 전쟁으로 하나님이 싸우신다.

30:33 이사야는 징계의 막대기가 미리 정해졌다는 진리를 입증하기 위하여 도벳이 예로부터 준비되었다고 설명한다. 예레미야 7:31–32을 통하여 도벳이 예루살렘의 남쪽 힌놈의 골짜기에 위치해 있으며, 불신앙의 이스라엘 족속이 자신들의 자녀를 몰록에게 제사드린 장소였음을 알 수 있다. 여기에 또한 그 성읍의 쓰레기들도 던져지고 태워졌다. 태워 버리는 불들이 지속적으로 타올랐다. 그러므로 그 장소는

게헨나, 즉 힌놈의 골짜기라는 이름을 갖게 되었고 영원한 고통의 장소의 상징이 되었다. 멸망이 오래 전에 앗수르에게 정해졌다고 말하는 대신 이사야는 도벳이 오래 전에 예비되었다고 설명한다. 도벳은 불타는 장소이다. 그러나 이사야는 도벳이라는 단순한 언급을 통하여, 말하자면, 저주와 추방이라는 이차적인 개념을 포함시키고 있다. 이사야가 신정국가의 무대에 앗수르를 이끌어들인 아하스의 행실을 마음속에 두고 이 비유를 선택하였는지에 대해서 당연히 의아해 할 수도 있다. 아하스는 자기 자녀를 불 가운데로 지나가게 하는 죄를 지었다(왕하 16:3). 그리고 아하스는 여호와를 거부하고 도움을 얻기 위하여 앗수르에게로 향하였다. 아하스는 신앙적인 행실에 있어서 이방 열방을 따랐다. 그러나 이제 그가 유다로 끌어들인 바로 그 나라가 우상숭배와 잔인한 관습으로 인하여 징벌을 받을 것이다. 이 나라는 아하스가 희생제사를 드렸던 그 장소에서 소멸될 것이다. 이것을 위하여 도벳을 예비한 것이다. 이 혐오스러운 장소에서 올라가는 불과 연기를 언제나 의식하고 있었던 이사야는 이 장소를 앗수르에 다가올 멸망의 상징으로 사용하고 있다. 앗수르가 예루살렘 근처에 있는 실제 이 장소에서 멸망할 것임을 반드시 의미하는 것은 아니며, 그 이름을 단지 상징적으로 사용하고 있는 것이다.

강조된 수동형 분사가 그 의미를 전달한다. "예비된"이라고 번역하였는데, 그 단어가 21:5에서처럼 사용되었기 때문이다. 어근이 시편 23편에서도 나타난다. "주께서…상을 베푸시고." 하나님께서 자신의 소유물을 위해서는 상을 예비하시지만 대적을 위해서는 도벳을 예비하신다. 각 경우에 정돈하시고 진설하시는 분은 하나님이시다. 이 정돈은 이미 이루어졌다. 실제로는 어제부터 이루어진 것이다.[61] 알렉산더는 지옥이 창조의 두 번째 날, 즉 어제를 가질 수 있는 첫 번째 날에 예비되었다는 유대전통을 언급한다. 이 전통은 의심할 여지없이 바로 이 본문에 기초하고 있다. 이러한 이유로 하나님께서 그 날에 복을 선포하지 않으셨다는 것이다. 이 특별한 정항에서 이 표현이 의미하는 바는 도벳이 이미 예비되었다는 것이다. 도벳이 선지자가 말하고 있는 바로 그때에 예비되고 있다는 것이 아니고 이미 앗수르 왕을 기다리고 있다는 것이다.

---

61) 직역하면 '어제부터'–슈렉(ו)과 함께 쓰인 것이 이상하다, 그러나 미가 2:8을 참고하라. תפתה–1Q에서는 헤트(ח)를 가지고 있다. 이러한 형태는 여기에만 나타난다. Drechsler는 어미가 *Nomen unitatis, a Tophet*을 묘사한다고 생각한다. Delitzsch는 이것을 תפת의 어근 형태로 본다. מדרתה–그 더미, 즉 그 화장용 장작더미는 불과 나무이며, 불과 나무로 이루어진 것이다.

심지어 이것이 왕을 위하여 예비된 것이라. 이 문구는 "심지어 왕을 위하여 이것이 예비되었다"는 의미보다는 이러한 의미로 보아야 할 것이다. 정관사를 사용함으로써 이사야는 "그 왕"이라는 단어에 특정한 의미를 부여하고 있다. 이것은 위대한 왕, 랍사게가 그를 규정한 것처럼(36:4) 앗수르 대왕이다. 그러므로 앗수르 왕들이 어떻게 자랑하였는지에 대한 단 하나의 예를 든다면 에살핫돈이 자신을 "세계의 왕, 앗수르 왕"으로 말한 것이다. 충분한 영토를 정복할 수도 없었고 자기 영역을 충분히 넓히지도 못했던 이 왕은 죽음의 자리에서 자신이 원했던 터를 받을 것이었다. 그를 위하여 도벳은 확장되어 왔다. 실제로 힌놈의 골짜기는 좁은 골짜기에 지나지 않았다. 이제 이것이 거대함을 자랑하며 기뻐하였던 자에게 알맞게 준비될 것이다. 이사야가 이와 같은 의미를 표현한 바 있다. "음부가 그 욕망을 크게 내어 한량없이 그 입을 벌린즉…"(사 5:14).

적합한 종말이 예비 되어있다. 도벳의 장례용 장작더미는 단순히 불이며, 이것으로 이사야는 그 왕의 최후가 장례식이라는 사실을 전한다. 그는 불타오르게 될 장례용 장작더미 위에 있는 자이며, 그의 특징은 불에 던져진 자라는 것이다. 이것은 화장용 장작더미로 불이 태울 장작이 많기 때문에 큰 불을 낼 것이다. 그러나 무엇보다도 여호와의 호흡이 그 안에서 타오를 것이며, 이 호흡은 유황천과 같다. 그 나무에 불어서 그것을 불사르는 것은 바로 여호와의 호흡이다. 이 표현을 상징적으로 이해하여야 하는 것이 이 표현의 일반적 특성을 볼 때 이 표현은 상징적으로 이해되어야만 한다. 산헤립의 죽음에 대한 구체적인 방식을 가리키는 것이 아니라, 하나님의 백성에 대항하여 일어났던 앗수르 왕이 영원한 죽음을 당할 것이라는 일반적인 진리를 단순하게 진술하는 것이다. 성경에서 불은 여호와의 존전에서 완전한 멸망을 상징하기 위하여 사용되었다. 그리스도께서 친히 지옥 불에 대해서 말씀했다. 이사야가 여기서 가르치고 있는 것은 이스라엘의 하나님과 그의 주권적 목적들에 대항하여 스스로 높인 세력의 완전한 멸망과 파멸이다.

2. 애굽은 소망이 없고, 주께서 예루살렘을 보호하실 것이다(31:1-9).

1절, 도움을 구하러 애굽으로 내려가는 자들은 화 있을진저 그들은 말을 의뢰하며 병거의 많음과 마병의 심히 강함을 의지하고 이스라엘의 거룩하신 자를 앙모

치 아니하며 여호와를 구하지 아니하거니와
2절, 여호와께서도 지혜로우신즉 재앙을 내리실 것이라 그 말을 변치 아니하시고 일어나사 악행하는 자의 집을 치시며 행악을 돕는 자를 치시리니
3절, 애굽은 사람이요 신이 아니며 그 말들은 육체요 영이 아니라 여호와께서 그 손을 드시면 돕는 자도 넘어지며 도움을 받는 자도 엎드러져서 다 함께 멸망하리라.

31:1 개념의 특별한 단절 없이 이사야는 도움을 얻기 위하여 애굽을 바라보는 사람들에 대한 책망을 계속 이어 간다. 델리취는 이것을 여러 민족을 향하여 말한 다섯 개의 화(28장–33장) 시리즈 중 네 번째 것으로 간주한다. 이사야는 백성이 스스로 만족시킬 수 없는 것에 신뢰를 두고 있는 것을 보면서 다시 자신의 심적 슬픔을 표현한다. 그는 그들을 애굽으로 내려가는 자들이라고 말하고 있는데, 그가 분사를 사용하고 있는 것은 그들이 처음으로 애굽으로 내려가고 있는 것이 아님을 보여준다. 이것은 그와 같은 일을 자주 행하는 자들의 특성을 간단히 나타내는 것이다. 그는 앞에서 다소 이와 유사한 표현으로 그들의 정체를 묘사했다. "그들이 내려갔다"(30:2). 그들이 내려가는 목적은 도움을 구하기 위해서였다. 왜냐하면 그들이 도움이 필요하다는 것을 잘 알고 있기 때문이다(20:6; 30:5–6을 참고).

애굽을 의지하는 것은 자신의 신뢰를 애굽이 소유한 풍요로움, 즉 말과 병거에 두는 것을 수반한다. 산이 많은 나라와는 대조적으로 애굽은 디오도러스 시쿨루스(Diodorus Siculus, i. 57)가 적절하게 묘사했듯이 말들을 위한 이상적인 땅, 즉 힙파시모스(hippasimos)였다. 고전적 작가들은 애굽에 말들이 많았다고 증거한다. 예를 들면, 호머(Homer)는 테베스의 100개의 각 문들을 통하여 약 200명의 "사람들이 말과 병거를 가지고 나간다"고 선언한다.[1]

이사야는 분사 뒤에 와우 연계형을 가진 미완료형을 통하여 그의 생각을 전개한다. 백성은 도움을 얻기 위하여 애굽으로 내려가서 말을 의지한다. 그보다는 기병대에 신뢰를 두고 있다. 유다와 같은 작은 나라는 단지 보병만을 유지할 수 있었다. 그러므로 애굽이 소유하고 있었던 것과 같은 기병대는 그러한 나라에게 아주 필요한 것으로 보였던 것이다. 그러나 신명기 17:16은 애굽으로 돌아가는 것을 금하였다.

1) *Iliad* ix. 383. 전쟁터로 나아가고 있는 병거를 묘사하고 있는 테베스의 람세스 2세의 궁전에서 나온 유물을 비교하라.

애굽의 기병대는 강하고 유다 족속은 힘과 세력을 믿고 있다. 그들은 시편 기자가 기록하였던 내용의 하나의 실례가 되었던 것이다. "이 사람은 하나님으로 자기 힘을 삼지 아니하고 오직 그 재물의 풍부함을 의지하며 제 악으로 스스로 든든케 하던 자라 하리로다"(시 52:7). 애굽의 기병들은 대단히 강력한 것으로 알려져 있고, 유다는 역시 그들을 신뢰의 대상으로 간주한다. 이사야는 먼저 일반적으로 말을 언급하고 있으니, 이는 말들이 짐마차 혹은 병거를 끌며 전사들이 타는 데 사용되기 때문이다. 그러나 두 번째 행에서 그는 병거와 기병에 대한 언급을 중단한다. 본 절의 마지막 행을 과거완료형으로 번역할 수도 있다.

유다인은 애굽을 의지하였지만 이스라엘의 거룩하신 자는 의지하지 않았다. 그들은 후자를 행함이 없이 전자를 행하였다. 드렉슬러가 지적한 바와 같이, 본 절에서 이사야는 그가 사용하는 어휘를 통하여 30장 전체에 표현된 개념을 취하고 있다. 30:2(애굽으로 내려갔으되); 30:5(도움); 30:7(도움); 30:16(말); 30:12(의뢰하니); 30:12, 15(신뢰)을 참고하라.

31:2 첫 번째 표현은 반어적이다.[2] 이사야는 유대인이 구하는 애굽인의 지혜와 힘만큼 하나님께서도 지혜로우시다는 사실을 의미하거나, 그렇지 않으면 어리석게도 애굽인의 도움을 얻기를 구하고 있는 유대인만큼 하나님도 역시 지혜롭다는 것을 의미할 수도 있다. 아마도 후자가 옳은 것 같다. 마치 이사야가 "너희가 지혜롭다고 주장하지만 너희는 어리석게 행동하고 있다. 왜냐하면 너희가 하나님의 지혜 없이 너희의 계획을 수행할 수 있다고 생각하기 때문이다(29:15). 그러나 하나님 역시 지혜로우시니, 그 결과로 그의 목적이 실현될 것이다"라고 말하는 것 같다.

하나님의 지혜는 그가 재앙을 내리셨을 때 드러나게 된다는 것이다. 만약 동사가 예언적 미래라면 그것은 하나님께서 언젠가 내리실 재앙을 가리킨다. 와우 연계형은 최소한 그 동사가 하나님의 지혜의 결과를 표현하고 있다는 것을 보여준다. 여기서 재앙(evil)은 도덕적 악이라기보다는 전쟁의 재앙을 가리킨다. 또 다른 점에서 하나님의 지혜가 나타나 있으니, 말하자면 그가 그의 말을 바꾸지 않으신다는 것이

---

2) König는 와우 연계형을 가진 미완료형이기에 과거로 번역하여, "그리고 그가 지혜가 있었다"로 한다. 교차적 표현을 유의하라, "그리고 그가 내리셨다 재앙을 그리고 그의 말을 돌이키지 않으셨다." 현재형으로 취급하여, "그리고 그가 지혜로우신즉"이라고 번역할 수 있다. 교차적인 표현은 지혜의 결과를 나타내는 미래형으로 번역해야 하는 예언적 완료로 보아야 한다.

다. 그는 그가 말씀하신 바를 지키신다. 여기에 참으로 지혜의 특성이 있다. 만일 말을 하시고 후에 자기 말을 취소해야 한다면, 분명히 충분한 지식이 없이 말한 것이다. 이러한 개념에 대한 해석이 민수기 23:19에 나타난다. "하나님은 인생이 아니시니 식언치 않으시고 인자가 아니시니 후회가 없으시도다 어찌 그 말씀하신 바를 행치 않으시며 하신 말씀을 실행치 않으시랴?" 이사야의 표현은 생생하다. 그의 표현은 언급된 말이 방해를 받게 되었을 때 말을 바꾸는 것을 암시한다. 그러한 말은 제거되어야 한다. 왜냐하면 그것들이 거짓된 것으로 드러나기 때문이다. 말을 바꾸는 것은 인간사에서 일상적인 것이다. 따라서 논리에 따르면 하나님은 지혜로우시므로 그렇게 하실 필요가 없다.

하나님의 지혜는 재앙을 분별없이 내리심으로 나타나는 것이 아니라 하나님께서 악행하는 자의 집(가문)을 치심으로써 드러난다. 표현이 선포하고 있는 선지자의 실제 입장과 조화를 이루며 완료형과 와우 연계형으로 계속해서 이어진다. 행악의 종자인(1:4) 야곱의 집(2:5)이 이제 행악하는 자의 집이 되었다. 하나님은 행악자들이 베푸는 도움에 반감을 품으시므로 그와 같은 일에 대적하신다. 이 행악자들은 애굽인이 아니고, 하나님이 아닌 인간으로부터 도움을 얻으려고 하는 유다에 사는 사람들이다. 단어들이 적절하게 유다 족속을 묘사하고 있으며, 다음 구절들에서 이사야는 그가 애굽인을 어떻게 지칭하는지를 보여준다. "행하는 자들의 도움"이라는 어구는 행악자들이 받는 도움을 의미한다. "돕는 자"는 애굽인을 가리킨다. 그러므로 하나님께서 돕는 자(애굽인)와 죄악을 행하는 자(악한 유다족속) 모두에게 대적하여 일어나시리라는 것을 알 수 있다.

31:3 도입어 "그리고"는 "그리고 여전히," 또는 "이는"의 의미로 보아야 한다. 본절은 왜 애굽이 멸망하게 되며, 유다가 필요로 하는 도움이 될 수 없는지에 대한 이유를 보여준다. 애굽은 사람이지 하나님이 아니다.[3] 이러한 구분은 형이상학적인 것으로 창조주와 피조물 사이의 차이점을 제시하기 위하여 의도된 것이다. 이러한 이유로 "엘로힘"이 아닌 "엘"이란 용어가 사용되었다. 엘로힘은 특정한 경우에는 실질적으로 피조물이었던 존재를 나타낼 수도 있지만 엘은 그렇지 않는다. 다른 한편 야웨께서는 사람이 아니고 하나님(엘)이시다. 오직 엘(하나님)만이 이 심각한 위기의 시기에 신정국가에 도움이 될 수 있으시다. 유다가 의지하기를 원하였던 애굽의

3) 10:15을 참고, 나무가 아님.

말들은 육체요 영이 아니다.[4] 여기에 물질적인 것과 비물질적인 것 사이의 대조가 있는 것이 아니라 바로 전에 인간과 하나님 사이의 대조가 있었던 것과 유사한 대조이다. 말들은 단순히 육체일 뿐이며 육과 피로 된 피조물들이다. 즉 육체 위에 있지 않으며, 초자연적이지 않으며, 신적 속성이 없다. 그것들은 육체가 할 수 있는 것만 할 수 있을 뿐, 영이 할 수 있는 것은 할 수 없다. 그러므로 시편 기자가 "혈육 있는 사람이 내게 어찌하리이까?"(시 56:4)라고 물었을 때, 그는 단순히 피조물인 인간이 자기를 해칠 수 없다는 것을 말하고 있는 것이다. 이러한 대조는 또한 스가랴 4:6에도 나타나 있다. "만군의 여호와께서 말씀하시되 이는 힘으로 되지 아니하며 능으로 되지 아니하고 오직 나의 신으로 되느니라." 여호와와 애굽이 서로 대조를 이룬다. 한 분은 참된 도움이시고 다른 하나는 그렇지 못하다. 그러나 하나님의 백성은 참된 도움이 아닌 것을 택하고 있다.

애굽과는 대조적으로 하나님께서는 그의 손을 드신다. 애굽의 특성에 대한 묘사가 주어져 있으나, 하나님께서는 행동하시는 분으로 제시되고 있다. 그는 능력이 있으시며 그의 손을 드심으로 애굽과 그 애굽을 의지하였던 유다 족속 모두에게 멸망을 행하신다. 돕는 자 애굽은 넘어지고 도움을 받는 자 유다는 엎드러진다. "넘어지다"와 "엎드러지다" 사이에 흥미를 끄는 점진법이 나타나며, 그와 마찬가지로 이 단어들 안에 각운을 볼 수 있다. 그들 모두가 함께, 또는 말하자면 양쪽 다 종국을 맞이하게 될 것이다. 마지막 두 단어는 히브리어로 인상적인 언어유희를 나타낸다. 본 장과 앞 장 사이에 사고의 흥미로운 발전이 있다. 30장은 유다가 애굽으로부터 도움을 구하려 하였고 거짓된 것을 의지하였다고 알려준다. 그러나 애굽의 도움은 그에게 치욕을 가져다 줄 것이다. 본 장에서는 진전된 생각이 나타나다. 유다는 애굽으로부터 도움을 구하려고 할 뿐만 아니라 여호와의 도움을 거절한다. 여기서 강조되는 것은 그 나라의 불신앙이고, 유다와 도움을 얻기 위하여 의지하였던 그 나라로 하여금 수욕을 받게 하시는 분은 여호와이시라는 것이다.

4절, 여호와께서 이같이 내게 이르시되 큰 사자나 젊은 사자가 그 식물을 움키고 으르렁거릴 때에 그것을 치려고 여러 목자가 불려 왔다 할지라도 그것이 그들의

---

4) 육체는 신약에서처럼, 아직은 죄와 연합되어 있지는 않다. 육체는 하나님으로부터 떨어져 나온 피조물의 내재적 타성인 반면에 "영"은 하나님 안에 있는 생명의 에너지를 가리킨다. G. Vos, *Biblical Theology*, 1948, p. 257을 참고하라.

소리로 인하여 놀라지 아니할 것이요 그들의 떠듦을 인하여 굴복치 아니할 것이라 이와 같이 나 만군의 여호와가 강림하여 시온산과 그 영 위에서 싸울 것이며

5절, 새가 날개 치며 그 새끼를 보호함같이 나 만군의 여호와가 예루살렘을 보호할 것이라 그것을 호위하며 건지며 넘어와서 구원하리라 하셨나니

6절, 이스라엘 자손들아 너희는 심히 거역하던 자에게로 돌아오라

7절, 너희가 자기 손으로 만들어 범죄한 은우상, 금우상을 그날에는 각 사람이 던져 버릴 것이며

8절, 앗수르는 칼에 엎더질 것이나 사람의 칼로 말미암음이 아니겠고 칼에 삼키울 것이나 여러 사람의 칼로 말미암음이 아닐 것이며 그는 칼 앞에서 도망할 것이요 그 장정들은 복역하는 자가 될 것이라

9절, 그의 반석은 두려움을 인하여 물러가겠고 그의 방백들은 기호를 인하여 놀라리라 이는 여호와의 말씀이라 여호와의 불은 시온에 있고 여호와의 풀무는 예루살렘에 있느니라

31:4 이사야는 이제 유다의 진정한 도움에 대하여 말한다. 도입어 "이는"은 1–3절에 언급된 것을 이어가며 그것을 뒷받침해준다. "이미 언급된 것에 비추어 여호와께서 친히 말씀하신다"라고 의역할 수도 있다. 도입 공식은 여호와의 말씀을 단순히 소개하는 것 이상이다. 이 공식은 메시지를 강화시키고 권위를 부여해 주는데, 유다 백성이 무시하고 있는 바로 그 여호와에 의해 선포된 메시지라는 것이다.

여호와께서는 그의 말씀을 비유로 시작하신다. 이것은 자주 지적되는 바와 같이 일리아드 xviii, 161에도 역시 나타나나는 것이다.

> 그리고 들판에 거하는 목자들이 짐승의 사체로부터 황갈색의 사자를 쫓아낼 방법이 없다.

정관사는 총칭적인 것이다. "사자가 으르렁거리고 있고, 젊은 사자가 먹이를 움키고 있을 때."[5] 사자는 그 먹이를 방어할 준비가 되어 있고 그것을 뺏어 가려고 하

---

5) 으르렁거리다–미완료형은 습관적인 행동을 나타낸다. "으르렁거리는 습관이다." 사자–즉 사자들, 정관사는 총칭적으로 사용되었다.

는 자들을 향하여 으르렁거린다. 사자가 강탈한 양이나 어린 양을 구출하는 것이 목자들의 일이곤 했다. 그러나 사자가 그들의 음성을 들을 때 놀라지 않는다. 이 표현과 다음 문장이 도입절에 종속되므로, "그것이 들었을 때…그들의 목소리에 놀라거나 그들의 떠듦에 굴복하지 아니하여"라고 번역할 수 있다.

이사야는 여호와를 목자들을 대면하는 사자에 비교한다. 그는 만군(צְבָאוֹת)의 여호와로 강림하셔서 시온산과 그 영 위에서 싸우실(צבא) 것이다. 이 영은 예루살렘 성의 모든 봉우리를 가리킨다. 유다의 악인들을 대항하여 여호와께서 싸우실 것이며 그의 군대를 진군하게 하시며 애굽인이 줄 수 있는 어떤 도움에도 불구하고 그 성을 파괴하게 하신다.

31:5 5절은 4절을 보충해 주는데 말하자면 그 장면의 이면을 제공하여 보충한다. 이사야는 비유를 바꾸어 강림하시는 여호와의 폭발하는 진노로부터 자신의 백성을 향한 하나님의 은혜가 또한 나타나는 것을 보여준다. 하나님을 새끼를 보호하기 위해 펼친 날개로 날고 있는 새에 비교한다.[6] 분사의 여성형은 자기 새끼에 대한 어미의 보호를 암시한다고 말하는 것이 옳을 것이다. 하나님께서는 어미 새가 보금자리에서 자기 새끼를 돌보는 것처럼 예루살렘을 돌보신다. 또한 복수형의 사용은 보호의 완전함을 강조할 수도 있다. 시온산에 대항하여 싸워야만 하는 사자와 같은 맹렬함이, 새들에 대한 어미의 사랑처럼, 남은 자를 향하여 나타난다. 비록 목적어인 시온과 예루살렘이 여기서 구분없이 사용되기는 하지만 그럼에도 불구하고 예언의 전체 문맥을 고려할 때, 하나님의 진노가 물리적 예루살렘 성을 무가치하게 만들고 신정국가를 멸망시킬 것이지만 자신의 백성, 즉 남은 자들을 향하여서는 하나님의 구원하시며 구속하시는 은혜가 나타나게 될 것이라고 이해하게 된다.

만군의 여호와께서 시온을 대적하여 싸우시는 것처럼 또한 만군의 여호와께서(이 단어의 반복을 유의하라) 예루살렘을 보호하실 것이다. 본 절의 근본적이고도 핵심적인 개념은 보호이며 이것을 미완료형 정동사로 표현한다. 그런 후 이 개념을 두 개의 부정사 절대형으로 강화하며 이것들은 각각 그 의미를 완결하고 완성하기

---

6) 그는 덮고, 둘러싸고, 보호할 것이다. 이 형태는 아마도 칼형일 것인데, 이는 정상적인 히필 미완료형은 야긴(יָגֵן)이 되기 때문이며, 그렇지만 히필형은 이 의미로 나타나지 않는 것으로 보인다. Barth는 이 형태가 두 번째 음절에 원형의 이(i)를 가지는 것으로 간주하며, 아랍어 *ya–jin–nu*에 호소한다. 또 *yaf–rir*에 대해서는 *ya–fir–ru*를 참고하라. Houtsma, *ZAW*, Vol. 27, 1907, p. 57을 참고하라.

위하여 와우 연계형과 함께 완료형 동사가 뒤에 나온다.[7] 덮으시거나 호위하여 여호와께서 건지실 것이며 넘어와서 구원하실 것이다. 이사야는 출애굽을 상기시키는 표현을 선택하는데 그 때 파괴하는 자가 그 땅을 통과하였다(출 12:13; 23:27). 그 때에 파괴하는 자가 이스라엘 백성의 집을 넘어갔던 것처럼 이제 새처럼 하나님이 그의 백성을 넘어가시고 그들을 건지신다.[8]

앞에서 설명한 바와 같이, 이 두 비유는 서로 보충해 준다. 먼저 하나님께서 강하고 용감하고 두려움을 모르는 힘센 사자와 비교된다. 그 다음에 그들의 보금자리를 보호하는 부드럽고 사랑이 많은 새에 비교된다. 그러나 단순히 유순한 새가 자신의 보금자리를 보호할 수 있는가? 후자의 비유를 입증하기 위하여 첫 번째 비유가 주어진 것이다. 보호하시는 주님은 자기의 목적을 이루심에 있어서 사자와 같이 강하시다.

31:6 여호와의 보호의 확실성을 제시하고 난 후 이사야는 이제 이스라엘에게 여호와께로 돌아오라고 명한다. 비록 그를 심히 거역하였을지라도 만약 그들이 돌아오기만 한다면, 그만이 도우실 수 있으며 받아 주실 것이다. 서술의 형태가 다소 난해하다. "이스라엘 자손들이 심히 거역하던 자에게로 돌아오라," 혹은 "사람들이 심히 거역하였던 그에게 돌아오라, 너희 이스라엘 자손들아"라고 번역할 수 있다. 난점은 있지만 선지자가 한 말의 의미를 보다 신실하게 제시하고 있는 후자의 해석을 선호한다.[9] 그는 "너희는 돌아오라"는 명령형으로 시작하고 있는데, 그 나라가 우상숭배를 통하여 반역하였을 때 여호와로부터 멀리 떠나간 것이었기 때문이다.

이러한 명령을 선포하면서 이사야는 그의 소명에 불순종하고 있는 것인가? 하나님께서는 그 백성이 돌아오지 않을 그러한 방식으로 선포하라고 그에게 명령하셨다(6:10). 이제 그는 그들에게 돌아오라고 명령한다. 이 문제에 대한 대답은 아마도 다음의 논리에서 찾을 수 있다. 상당히 많은 은혜를 받았지만 그 나라 자체는 회개하지 않고 포로로 끌려갈 것이라고 하나님께서 선언하셨다. 그러나 그 나라는 완전히

---

7) והציל–부정사 절대형 다음에 와우 연계형을 가진 완료형이 뒤따라오는데, 이는 미래의 의미를 가진 반복을 나타내는 표현으로 간주될 수도 있다(수 6:13; 삼하 13:19을 참고).

8) פסח–지나감. Penna는 원수에 대한 대학살의 함축적인 암시가 나타나 있고, 여호와께서는 그 대학살에서 구원하신다고 생각한다. B. Couroyer, "L'Origine Egyptienne du mot 'Paque'," *Revue Biblique*, Vol. 62, 1955, pp. 481–496을 참고하라.

9) 그들이 심히 거역하였던 자에게로(삿 8:15을 참고). 이 어구가 1Q에서는 반복된다. 2인칭에서 3인칭으로의 전환에 유의하라. Vander Ploeg, *OS*, Vol. 5, 1948, p. 144을 참고하라.

멸망하지는 않을 것이다. 남은 자가 돌아올 것이고(스알야숩이라는 이사야의 아들의 이름에 있는 동사의 사용에 유의하라), 이 남은 자를 통하여 궁극적으로 구원이 세상에 오게 될 것이다. 그렇지만 어떤 방식으로 이 남은 자가 나타날 것인가? 오직 개개인이 여호와께로 돌아옴을 통하여 나타날 것이다. 그러므로 이사야는 나라 전체를 향해 회개하라고 명령하고 있는 것이다(동사가 복수임을 유의하라). 나라 전체가 회개하지는 않을 것이고 다만 그들 중에 선택된 자들만 그렇게 할 것이다. 선지자의 명령은 헛되지 않다. 왜냐하면 하나님께서 그 나라를 축복하시며 이스라엘의 진정한 자손들, 즉 하나님의 약속에 따라 선택된 자들이 이 명령을 듣고 악한 길에서 돌이켜 여호와께로 되돌아 올 것이기 때문이다.

그 명령에 뒤따라오는 히브리어 단어들은 "그들이 심히 거역하였던 그에게로"라고 번역할 수 있다. 주어는 비인칭일 수도 있는데, 만일 그렇다면 여호와께 대한 거역이 심하고 심각한 형제의 것이었다는 사실을 가리키게 된다. 혹은 그 주어가 일반적인 이스라엘인일 수도 있다. 무엇을 의도한 것인지 결정하기가 어렵지만 이 동사를 단순히 비인칭적 의미로 이해할 수도 있다. 어휘는 거역의 심화를 암시한다. 그러므로 거역을 심화시킨다는 것은 극악하게 거역한다는 것이다(호 9:9을 참고).[10] 그 다음에 백성이 "이스라엘의 자손"으로 불리워지고 있기에 그들의 영광스러운 조상에게 주의를 기울이게 된다. 이스라엘 자손은 참으로 이스라엘의 자손이 되어야 하는데 심한 거역의 길을 버리고 여호와께로 돌아올 때만 그렇게 될 수 있다. 야곱에게도 강요되었던 것이 바로 이것이다. 그는 그의 초창기 삶의 특징을 보여주는 행실로 심하게 거역하였다. 그러나 여호와께로 돌아오도록 강요받게 되는 때가 임하였다. 이스라엘 자신이 그랬던 것처럼 이스라엘 자손도 그렇게 하게 하라. 그들로 하여금 야곱이기를 멈추고 이스라엘이 되게 하라. 그들로 하여금 여호와께로 돌아오게 하라.

31:7 이제 계속해서 이사야는 회개하라는 그의 명령을 위한 동기를 제공한다. "돌아오라, 이는 그날에 너희가 배반하였던 것을 실제로 인정한 후 너희의 우상들을 던져 버릴 것이기 때문이다." "그날에"란 표현은 단순히 하나님께서 백성을 구원하시는 때를 가리킨다. 그때, 즉 그들이 그의 손의 능력을 볼 때, 그들은 자신들의 행실의 어리석음을 인정하고, 그들 자신의 손으로 만든 은과 금의 우상들을 경멸하며 던져 버릴 것이다.

---

10) 동시에 하나님에 대한 거역에는 가라앉음, 내려감, 굴욕이 있다.

본 절의 상반절과 하반절 사이에 흥미로운 인칭의 변화가 있다. 우상을 소유하고 있으면서 필요한 때에 그 우상들이 자신들을 돕기를 기대하는 자들은 이 우상들을 만든 인간 손에서 이것들을 받았다. 우상에 대한 신뢰와 더불어 인간 조력자에 대한 신뢰가 또한 짝을 이룬다. 이것은 복합적인 어리석음이다. 그 결과는 모든 일이 이스라엘에게 죄가 되었다는 것이다.[11] 이것은 구원을 가져다주지 못하고 죄만 가져다 주었다. 이 "죄"라는 인상적인 단어와 함께 본 절은 마무리된다.

31:8 만일 여호와께로의 진정한 돌이킴과 모든 거짓 신들을 던져버리는 것이 있으려고 한다면 먼저 하나님께서 유다에 대한 심판의 도구로 사용하셨던 세력의 파괴가 있어야 한다. 이 세력이 앗수르이지만 이사야가 여기서 단순히 산헤립의 침입을 말하고 있는 것은 아니다. 그가 여기서 염두에 두고 있는 것은 앗수르 세력 자체이다. 앗수르 세력은 먼저 사라져야 하고, 그 다음에 남은 자가 충만한 구원의 축복을 누릴 것이다.

첫 번째 동사는 지금 존재하고 있는 앗수르가 무너지고 세력을 잃게 된다는 것을 암시한다. 이 무너짐이 사람이 아닌 자의 칼(직역하면 "사람 아닌 자의 칼에 의해")에 의하여 이루어지게 된다는 것이다.[12] 이 강한 호칭을 사용하면서 선지자는 그가 이미 10:15에서 사용했던 유사한 용례를 분명히 반영한다. 의미하는 바는 그 칼이 인간의 칼이 아니라 인간보다 훨씬 더 월등한 존재, 즉 여호와 자신의 칼이라는 것이다. 단어의 교차적인 배열을 통하여 이사야는 "인간의 것이 아닌 칼이 그것을 삼킬 것이라"는 개념을 반복한다. 이사야는 "인간"에 대한 두 개의 다른 단어를 사용하지만, 그 의미의 연상에 있어서는 특별한 차이가 없다. 그의 목적은 단지 앗수르를 멸망하게 하는 칼이 결코 순전히 인간에 의하여 휘둘러진 것이 아니었고, 오직 하나님의 손에 의하여 휘둘러졌다는 것을 보이려는 것이다. 앗수르는 온 땅을 지배하려고

---

11) 인칭 변화에 특별한 이유가 있을 것이다. 이사야가 말을 전하고 있는 나라는 백성이 어느 날 거절할 우상숭배에 대한 책임이 있다. חטא—결과를 암시하는 두 번째 대격, "죄의 대상" 혹은 "죄를 위하여"(41:24을 참고). 구절 전체에 대해서는 인칭의 변화가 아닌 숫자의 변화가 나타나는 2:20을 참고하라.

12) 칼로 말미암아—즉 인간의 칼이 아닌, 본 절과 대조를 이루고 있는 3절을 참고하라. 1:20의 유사한 어법을 주목하라. 요점은 하나님께서 앗수르를 멸망시킴에 있어서 인간 대리자를 사용하셨을 수도 있다는 사실을 부인하려는 것이 아니고 그 멸망의 궁극적 원인으로 눈을 돌리게 하기 위해서이다 (24:21; 27:1; 34:3 등을 참고).

시도하곤 하는 인간 왕국을 대표한다. 인간의 나라가 인간 아닌 자의 칼에 의하여 멸망하게 된다는 것은 의미심장하다.

앗수르는 자신의 안전을 위하여 이 칼로부터 피하려고 할 것이다. 그러나 성공하지 못할 것인데, 이는 앗수르의 장정들이 복역하는 자가 될 것이기 때문이다.[13] 앗수르는 자기가 다른 사람들에게 지워 주었던 것을 맛볼 것이다. 앗수르는 그 나라의 역사 내내 다른 나라에게 공물을 부여하였다. 사실 히스기야 자신도 공물을 강제로 드려야 했다. 이러한 상황이 그치고 이제는 앗수르가 가장 무거운 공물을 드려야 할 것이니, 전쟁하는 데 있어서 가장 적합한 자, 가려 뽑은 자, 자신의 장정까지도 공물로 드려야 할 것이다.

앗수르 역사상 앗수르의 장정이 유다에 부역을 하였던 때는 분명히 없었다. 선지자는, 가능하다면 신정국가를 멸망시키려 하는 세력의 최종 멸망이라는 보다 폭넓고도 장엄한 어조로 말하고 있는 것으로 보인다. 앗수르의 장정이 복역하게 될 것이라고 말하는 것은 앗수르 자체가 완전히 멸망당할 것이라고 말하는 것이다.

31:9 본 절에서 이사야는 패배당한 앗수르에 대한 묘사를 계속 이어간다. 첫 번째 표현에 대한 여러 해석이 주어졌다. "그의 반석은 두려움을 인하여 물러갈 것이다"를 의미하는가 아니면, "두려움으로 인하여 그가 그의 반석을 지나갈 것이다"를 의미하는가? 비록 첫 번째 것이 더 선호될지라도 이 번역들 중 어느 하나를 확신을 가지고 선택하기는 불가능할 것이다.[14] 이 표현의 강조점을 다음과 같이 드러낼 수도 있다. "그의 반석에 대해 말하자면, 그것은 두려움으로 인하여 물러갈 것이다." 반석은 앗수르의 힘이 아니고, 그가 보호받으려는 장소, 그의 요새, 33:16에 있는 바와 같이 "보장"(the munitions of rocks)이다. 그 바위는 극도의 고통이 없이는 오를 수도 접근할 수도 없는 곳이며 또한 쉽게 방어할 수 있는 곳이다. 더 나아가 이 바위 사이에는 방어 역할을 하는 데 도움이 되는 동굴과 갈라진 틈이 있다. 이 요새가 두

---

13) לוֹ–심성적 여격. 본 절에서 칼에 강조가 되어 있음을 유의하라. Drechsler는 그 성취를 37:37에 적용한다. 그는 산헤립의 군대가 완전히 사기가 저하되어 사방에 흩어지고 자신의 이익을 위한 기회로 사용하였던 자들의 손에 들어갔다고 생각한다.

14) 피난처–Terence Phormio v을 참고. 2, 3: *fugit etiam praeter casam.* König는 "그의 반석"이 주어가 되어야 하고 또 왕을 지칭한다고 주장한다. 만일 "그의 반석"이 주어로 취급된다면 9절 상반절에는 아주 효과적인 교차 대구법적 배열이 나타나게 된다. "반석"을 앗수르 신들에 적용하는 사람들은 23행의 산헤립의 호칭인 사두 라부(직역하면, 큰 산)에 호소한다.

려움을 인하여 피하는 것으로 묘사된다. 그러므로 이 바위를 의인화하고 있다. 이사야는 앗수르인의 어떤 구체적인 요새를 말하는 것이 아니고, 단지 앗수르의 세력, 그의 피난처가 두려움에 압도당하여 도망하여 그 땅을 넘어갈 것이라는 일반적인 진술을 하는 것이다.

첫 문장의 설명이 확실하게 두 번째 문장에 의해 이어지는데, 하나님께서 친히 들어올리실 기호 앞에서 앗수르의 방백이 놀라게 되리라는 것이다. 앗수르인은 세워진 기호를 보고 낙담과 공포에 사로잡히게 될 뿐이다. 이러한 패배의 사실성이 여호와에 의해 입증되는데 그가 바로 이사야가 말하고 있는 시온에 불을 가지고 있는 분이다. 이것은 번제단 위에서 계속 타오르는 불을 가리킨다. "불"과 평행을 이루는 것이 예루살렘에 있는 "풀무"인데, 선지자는 하나님의 타오르는 진노를 이렇게 지칭한다. 제단 위에 거룩한 불이 있고 예루살렘 가운데는 그 나라의 대적을 삼켜버릴 하나님의 임재의 진노가 있다. 원수들이 보응의 불꽃으로 고통당하게 되는 하나님의 진노의 풀무로서의 도벳에 대한 특별한 암시가 있을 수도 있다. 그렇지만 이에 대해서 확신할 수는 없다. 분명한 것은 그 불과 풀무가 여호와의 것이며 대적들을 삼킬 준비를 갖추고 예루살렘에 있다는 것이다.

본 절이 4절과 5절을 넘어서 상당한 진보를 나타낸다는 것은 의미심장하다. 이 구절은 하나님께서 자기 백성을 보호하실 것이고 또 그렇게 하실 수 있다는 확신을 주었으나, 원수의 완전한 패망에 관해서는 언급된 것이 아무것도 없었다. 그런 후 백성이 여호와께로 돌아오라는 명령을 받는 것은 적절한 것이었다. 왜냐하면 드디어 여호와의 불이 앗수르인의 완전한 멸망을 이루고자 타오르고 있음이 드디어 알려졌기 때문이다. 본 절은 또한 33:14이하를 위한 준비를 하고 있고, 30:33을 반영하고 있다.

제3장

다가올 구원의 확실성(32-33장)

1. 참 축복의 상태가 올 것이다(32:1-20).

1절, 보라 장차 한 왕이 의로 통치할 것이요 방백들이 공평으로 정사할 것이며
2절, 또 그 사람은 광풍을 피하는 곳, 폭우를 가리우는 곳 같을 것이며 마른땅에 냇물 같을 것이며 곤비한 땅에 큰 바위 그늘 같으리니
3절, 보는 자의 눈이 감기지 아니할 것이요 듣는 자의 귀가 기울어질 것이며
4절, 조급한 자의 마음이 지식을 깨닫고 어눌한 자의 혀가 민첩하여 말을 분명히 할 것이라

32:1 구원받고 난 후 시온은 의와 공평으로 새로워진다. 시온을 위하여 새로운 시대, 하나님의 의의 시대가 시작된다. 일들이 마땅히 되어야 할 그대로 되었다. 통찰력의 은사를 가진 자들이 실질적으로 목도한다. 이사야는 이러한 개념을 먼저 긍정적인 방식으로(1–4절), 그 다음에는 부정적인 방식으로(5–8절) 표현한다. 만물의 새로워진 상태로 주의를 집중시키기 위하여 선지자는 그가 애호하는 단어 "보라!"를 사용하고, 곧바로 이 단어에 이어서 "의"로 통치할 것이라고 진술한다. 전치사 라메드(ל)는 통치의 목적이나 아니면 통치의 방법을 나타낼 수 있다. 그런 까닭에 "의를 위하여"로 번역할 수도 있고 혹은 11:4에 있는 대로 "의를 따라서"로 번역

할 수도 있다. 일반적인 영역본들은 "의로"(in righteousness)로 번역하고 있으나 이것은 일상적으로 전치사 베트(ב)로 표현된다.

그 왕이 의의 목적을 위하여 통치할 것이라고 이사야가 서술하고 있는 것인지 아니면 그 왕이 의를 따라서 통치할 것이라고 서술하고 있는 지는 해결할 수 없는 문제이다. 어떤 경우이든 의라는 단어가 전면에 자리하게 되는데, 이는 이 왕의 통치가 전적으로 일반적인 왕의 통치와 상반되기 때문이다. 선지자들은 자주 신정국가인 유다에 공의가 결핍되어 있음을 비난했다. 가난한 자들은 짓밟히고 압제를 받았으며, 공의는 그 땅에서 떠나갔다. 그러나 심판 후에는 의롭고 공의로운 통치가 있을 것이다(9:5이하; 11:1–5; 16:5을 참고). 그렇다면 이 통치는 다른 모든 통치들과 상반되는 것이다. 일반적인 영역본들은 "한 왕이 의로 통치할 것이라"는 문장의 의미를 놓치고 있다. 본래의 의미를 드러내기 위하여 "보라! 한 왕이 의를 따라 통치할 것이다"로 번역할 수 있다.[1)]

누가 이 왕인가? 제롬은 이 예언이 그리스도의 강림과 그의 사도(방백)와 관련되어 있다고 주장하였다. 그래쓰만도 역시 이 표상이 메시아적이라고 주장하였다. 그러나 많은 주석가는 엄밀하게 메시아적 해석은 받아들여질 수 없다고 생각한다. 왜냐하면 이 표상이 개별적인 왕에게 집중하는 것이 아니라 오히려 이상적인 통치자들 아래에서 발견되는 것과 동일한 이상적인 의의 표상이기 때문이다. 이들은 위선적인 아하스보다 더 헌신되고 히스기야보다 능동적이고 열정적이어야만 한다.

여기에 묘사된 의로운 통치의 표상은 앞 장에서 묘사된 대심판과 징벌의 보응의 결과라는 사실이 인상적이다. 여기에 묘사된 것은 앞의 내용과 완전히 대조를 이룬다. 이 통치는 의롭다. 이것은 앗수르 왕의 교만한 허세뿐만 아니라 유다 통치자의 공의와 의의 결핍과 대조가 된다. 그러므로 이것은 메시아의 통치이다. 그렇다고 본다면 한 인물로서의 왕에 대한 더 이상의 언급이 없다 하더라도 오직 메시아만이 의로 통치하실 수 있다. 히스기야가 의로운 왕이 되고자 노력하였기에 그가 메시야를 어렴풋이 나타내었다고 말할 수도 있다. 그러나 이사야는 단지 부분적으로 의로운 통치에 대해 말하고 있는 것이 아니다. 즉 선지자는 완전한 의로움을 가진 자에 대해서 말하고 있다. 이것이 메시아적 왕국이라는 견해를 지지하는 것은 바로 선지자

---

1) 그러므로 본 문장은 멜렉(מֶלֶךְ)에서 절정을 이루고, 더욱 언어 유희 및, 동사가 마켑에 의하여 멜렉(מֶלֶךְ)과 연결되면서 주요 엑센트를 잃어버린 사실에 의하여 한층 강화된다. 이것은 동사의 울티마에 엑센트가 없는 폐음절을 만들어서 카메츠 하툽 모음을 취하게 한다.

당시의 실제 정부와의 이러한 확연한 대조이다.

이사야는 단순히 그 왕에 대해 말하기만을 원하고 것이 아니라, 앞의 1:21–23에 묘사된 일의 상황과의 대조를 나타내기 위하여, 모든 통치에 대해서 말하기를 원하고 있다. 그러므로 방백을 언급하고 그들이 공평으로 통치할 것이라고 선포한다. 왕과 방백 모두가 마땅히 되어야 할 자들이 될 것이다. 다윗 정부는 가장 참된 의미에서 다윗다워질 것이다. 이제 하나님이 제정하시고 계시하신 표준이 우세하게 되고 그 정부의 경영에서 준수된다. 메시아를 개인적으로 말하지 않는다는 의미에서 본 절이 메시아 예언이 아니라고 말하는 것이 옳을 것이다. 그러나 이것은 메시아에게만 속할 수 있고 그에 의하여 다스려지는 통치를 말하고 있다. 그런 의미에서 메시아적 예언이라고 이름 붙일 수 있는 것이다. 이사야가 말하고 있는 것은 심판의 결과로서 완전하고 의로운 통치가 있게 될 때가 올 것이라는 것이다.[2)]

32:2 이제 복된 시기의 첫 번째 결과가 서술된다. 그러나 처음부터 해석학적 문제가 생긴다. "그리고 각 사람이 …같이 될 것이다"로 번역해야 할 것인가? 아니면 "그리고 한 사람이 …같이 될 것이다"로 번역해야 할 것인가? 많은 주석가들은 이 단어를 마치 각 개인이 가리우는 곳 같이 될 것이라는 사실을 가르친 것처럼 배분적 의미로 취급하기를 선호한다. 그렇지만 "그들 각기"로 번역하여 1절의 방백들을 가리킨다고 말할 수 없다. 그런 까닭에 일반적인 인간들이라는 의미를 가진 "한 사람"이라고 번역하는 것이 가장 좋을 것 같다. 의역하자면, "그리고 사람들이…같이 될 것이다." 이쉬(אִישׁ)라는 단어가 배분적 의미로 사용될 때, 이것은 주로 복수 동사와 함께 연결된다. 한 사람이 가리우는 곳 같이 될 것이며 이 사람이 보좌에 있게 되리라는 것을 의미하는 것으로 보인다. 이사야는 아마도 커다란 바위에 의하여 마련된 폭풍으로부터의 보호를 가리키고 있는 것으로 보인다. 보좌에 있는 자가 그러한 한 보호막이 될 것이다. 그는 불의로 백성을 압제하는 대신에 압제로부터 그들의 보호가 될 것이니, 곧 노출되어 있고 보호가 없는 나라에 있는 자들을 사정없이 내리치는 폭풍으로부터 사람들이 숨을 수 있는 장소가 될 것이다.

---

2) 방백들에 관하여는–전치사는 실제로 그 단어를 불완전 구문(*casus pendens*)로 번역하는 의미를 가진다. 방백들에 대한 언급으로 인하여 왕이 다소 배후로 밀려 나간다. 그런 까닭에 본 단락은 한 인물로서의 메시아에 대한 직접적인 예언은 아닐 것이고, 메시아 시대가 의를 위하여 통치하는 통치자들을 가질 것이라는 사실을 강조한다. 이렇게 넓은 의미에서 본 단락은 메시아적 예언인 것이다.

본 절의 하반절에서 훌륭한 비유를 통해서 이사야는 그 사람이 가져다주는 보호에 대한 묘사를 계속한다.[3] 그는 또한 마른땅에 있는 냇물같이 될 것이라고 말한다. 메마름이 있는 곳에서 풍성한 물이 발견될 것이다. 물이 없어 목마른 땅에서 그는 작렬하는 태양의 뜨거움으로부터 보호하기 위하여 커다란 그림자를 드리워 주는 커다란 바위가 될 것이다. 유다 지경에 살고 있는 사람에게 이러한 비유는 위로의 의미가 분명하였을 것이다. 홍수, 폭풍, 폭염은 위험을 자아내었을 것이다. 그러나 보좌에 앉은 사람이 이 모든 것으로부터 보호가 될 것이다. 이러한 위험 요소가 인간 대적에 대한 암시에 의해서가 아니라, 자연 세계로부터 취한 비유가 의하여 상징화되었다는 것이 흥미롭다. 일상생활의 평범한 과정에서 보좌에 있는 사람이 그가 다스리는 자들에게 피난처가 될 것을 의미한다.

32:3 일들이 당연히 될 그대로 되어질 것이라는 진리가 이제 다른 방식으로 표현된다. 보는 자들의 눈들이 볼 수 있게 될 것이다. 그 눈들이 흐려지게 되거나 소경이 되어 보지 못하게 되지는 않을 것이다.[4] 선지자가 말하고 있는 지금은 하나님께서 그 나라에 부여하신 강퍅함으로 인하여 그 눈들이 흐려져서 볼 수가 없다. 다시 말하면, 보는 자들은 지금 소경이다. 그러나 메시아 시대에는 강퍅함이 사라지고 그들이 볼 것이다(사 29:10). 더 나아가 지금까지 닫혔던 귀들이 본래대로 들을 것이다. 강퍅함의 시대(사 6:9–10)는 지나갔다. 예전에 그 나라의 눈들과 귀들을 닫으셨던 하나님께서 심판의 목적이 이루어진 지금 귀들과 눈들을 열어서 본래대로 보고 들을 수 있게 된다.

32:4 이사야는 묘사를 계속해 나가면서 분별이 없거나 당황하게 된 자의 마음이 지식을 깨달을 것이라고 진술한다. 그가 사용하고 있는 단어는 근본적으로 조급하게 행동하는 자를 가리키며, 그러므로 당황하게 된 자에 대하여 사용된다. 그러한 백성은 자기들의 이성을 바르게 사용할 능력이 없으므로 그들은 스스로 당황하고

---

3) Vergil *Georgics* iii. 145, *speluncaeque tegunt et saxea procubat umbra*; and Hesiod Works 588f을 참고하라.

4) 감기게 되다–"그러나 이 경우 그 반대 의미(즉 바라보다)가 문맥과 평행구 모두에 의하여 너무나 분명하게 요구되어 있으므로, 고대와 현대의 대부분의 해석가들은 שעע로부터 그것이 파생되었거나, 혹은 שעה가 때론, 앞의 동사가 6:10과 29:9에서 가지고 있는 '눈먼'의 의미로 사용된 것으로 보는데 동의한다"(Alexander).

혼란에 빠지게 되는 것이다. 말하자면 그들의 마음이 그들을 돌보지 않는다. 그리고 그 결과로 그들은 지혜롭지 못하게 행동한다. 본 절과 앞 절에서 언급된, 눈과 귀 그리고 마음은 6:9–10에서 언급된 동일한 기관들과 일치한다는 것에 주목해야 한다. 여기서 이해력의 좌소로 생각되는 마음이 지식에 도달하는 방식으로 깨달을 것이다(29:24을 참고). 이 시점까지 백성들은 혼란의 무감각 가운데 있었고 그들은 사실을 있는 그대로 이해하지 못했다. 그런 까닭에 그들은 여호와를 외면하고 도움을 얻기 위하여 애굽을 바라보았던 것이다. 그러나 하나님께서 그들에게 이해력을 주시고 그 결과 그들은 사실을 사실 그대로 알게 될 것이다. 이해력과 지식을 소유한다는 것은 하나님과 그의 명령에 순종하여 산다는 것이다. 오직 그로 말미암아 깨닫게 된 자들만이 알 수 있도록 이해할 것이다. 지식은 오직 그들만의 것이다.

한층 더 큰 변화의 증거가 어눌한 자의 혀가 분명하게 말한다는 것에 나타난다.[5] 이사야는 신체적 의미에서, 날 때부터 어눌한 자에 대해서가 아니라 술취하여(28:7–8; 29:9을 참고) 의미없이 떠벌렸던 자들에 대해서 말하고 있는 것이다. 이것이 완전히 바뀌게 될 것이다. 그들은 이전에 전혀 그러지 않았던 것처럼 이제 유창한 화술을 소유하게 될 것이며 분명한 것을 말하게 될 것이다. 그들의 말은 쉽고 명백하게 나올 것이며 심지어는 상당한 설득력을 동반할 것이다. 당연히 메하림(מְהַרִם)과 테마헤르(תְּמַהֵר) 사이의 대조에 주목해야 한다. 조급하여(in haste) 당황하게 된 자들의 마음은 지식을 깨닫고, 어눌한 자의 혀는 민첩하게(will hasten) 혼란이 아닌 분명하고 명백한 것을 말할 것이다.

5절, 어리석은 자를 다시 존귀하다 칭하지 아니하겠고 궤휼한 자를 다시 정대하다 말하지 아니하리니

6절, 이는 어리석은 자는 어리석은 것을 말하며 그 마음에 불의를 품어 간사를 행하며 패역한 말로 여호와를 거스리며 주린 자의 심령을 비게 하며 목마른 자의 마시는 것을 없어지게 함이며

7절, 궤휼한 자는 그 그릇이 악하여 악한 계획을 베풀어 거짓말로 가련한 자를 멸하며 빈핍한 자가 말을 바르게 할지라도 그리함이어니와

8절, 고명한 자는 고명한 일을 도모하나니 그는 항상 고명한 일에 서리라

---

5) 분명히–צחת(눈부신, 선명한, 분명한)의 여성 복수, 모음부호가 특이하다. צַחֹ(ח)וֹת를 기대할 수 있다.

32:5 메시아의 통치로부터 흘러 나올 세 번째 축복은 사람이 겉으로 드러난 것이 아닌 실질적인 사람됨으로 인정받을 것에 나타난다. 사람들의 마음이 어두워졌을 때 그들은 다른 사람들의 진정한 인격을 보지 못하고, 단순히 외모로만 판단한다. 그러나 그들의 눈이 참으로 보게 될 때, 그들은 사람들의 실질적인 가치를 볼 것이다. 그러므로 진정한 현실이 구원 가운데서 발견된다. 이사야는 그가 가장 선호하는 단어라고 불릴 수 있는 표현, 즉 니팔 미완료형, "불릴 것이다"를 사용한다. 어리석은 자(נָבָל)가 더 이상 존귀한 자(נָדִיב)라고 불리지 않을 것이다. 이 땅에서 존귀한 자로 섬기기에 가장 부적당한 사람이 어리석은 자이다. 그럼에도 불구하고 그들의 마음의 부패로 인하여, 사람들은 정확한 평가를 내리지 못하고 어리석은 자를 존귀한 자라고 칭한다. 그들의 눈이 열릴 때 그들은 더 이상 이렇게 하지 않고 실제로 어리석은 사람을 그러하다고 인정할 것이다. 존귀한 자(나디브)는 인격이 높고도 고상한 사람이며, 이 단어 자체는 위치와 지위의 고상함을 지칭한다. "출생과 부의 고상함은 인격의 고상함에게 자리를 내어 줄 것이다"라고 델리취는 말한다. 어리석은 자는 죄를 의보다 더 좋아함에 있어서 자신의 가장 큰 어리석음을 나타냈고, 그런 까닭에 어리석은 자라는 단어는 실제적으로 악인을 지칭하게 된다.

본 절의 하반절의 구체적인 의미는 결정하기 어려운데, 이는 단어 중 일부의 정확한 의미가 알려져 있지 않기 때문이다. 본 절의 상반절에 있는 나발(어리석은 자)이란 단어에 일치하는 단어가 키라이(כִּילַי)인데 이것은 여기에만 나타난다. 어떤 사람은 이것이 구두쇠 혹은 인색한 사람을 나타낸다고 생각한다. 만약 이것이 그러한 의미라면, 본 절은 그러한 사람이 더 이상 실제 그와 반대되는 인물로 간주되지 않을 것임을 가르친다. 그가 실질적으로 인색할 때 그는 후한 사람 혹은 너그러운 사람으로 간주되지 않을 것이다. 또 다른 의견은 키라이(כִּילַי)란 단어를 '교활한' 혹은 '속이는'의 의미로 취급하는 것이며, 이것이 정확한 독법일 가능성이 크다. 그렇다면 본 절은 간교하고 교활한 계획에 관계된 사람이 부를 소유한 자로 혹은 고상한 인물로 간주되지 않는다는 것을 가르친다.[6]

6) נדיב–관대한, 고상한(마음과 성격에 있어서). כילי–무뢰한(knave). נבל이란 어근은 분명히 '교활한, 속이는, 못된'을 의미한다. nakalu을 참고하라. שוע–어근 שוע의 정확한 의미는 명확하게 알려지지 않았다. נדב(고상한)의 동의어인 것으로 보이며, 여기서는 아마도 고상한 혹은 독립적인 사람을 지칭할 것이다. 1Q에서는 동사들이 복수이다.

32:6 이사야는 본 절과 다음 절에서 방금 전에 말한 자들의 특성을 지적한다. 어리석은 자는 어리석은 것을 말하는 것으로 그 특성을 묘사한다(9:16을 참고). 그 입으로부터 나오는 말들은 지혜가 결핍되어 있고 어리석은 것으로 가득하다. 이사야는 흥미로운 두운법(נָבָל נְבָלָה)을 사용한다. 더 나아가 어리석은 자의 마음은 악을 궁리한다. 즉 악한 목적을 계획한다. 어리석은 자는 위험하니, 이는 그의 마음이 악을 이루는 일에 마음을 쏟고, 그의 입은 어리석은 것을 말하기 때문이다. 그의 전 인격이 악한 일을 실행하는 데 전념한다.

왜 인격이 그와 같이 관계되는 지에 대한 이유가 있다. 그것은 무엇보다도 사악한 혹은 부정한 일을 행하려는 목적(그리고 이사야는 부정사로 이 목적을 표현한다) 때문이다.[7] 여기에만 나오는 사악(progane)으로 번역된 단어는 여호와께 대한 죄와 관계된 것이며 그의 뜻에 반대되는 것을 행하는 것이다. 두 번째 부정사는 두 번째 목적, 즉 패역한 말로 여호와를 거스려 말하는 것을 나타낸다. 말한 것이 진리와 일치하지 않는다. 이사야는 이미 이 단어를 29:15에서 사용했다. 이 단어의 어근의 분사형은 요셉의 들판에서의 방황에 사용되었다(창 37:15). 토아(תּוֹעָה)는 길을 잃고 진리를 떠나 방황하는 것이다. 영어의 error는 히브리어 단어의 의미를 잘 나타내고 있다. 말한 것은 여호와를 거스려 말한 것이다. 그래서 사람들로 하여금 그로부터 떠나가게 만들 것이다.

묘사를 완성하기 위하여 이사야는 두 개의 다른 문제를 언급하고 있는데, 부정사로 첫 번째 것을, 정동사로 두 번째 것을 소개한다. 이 두 문제를 교차적 순서로 서술하고 있다. "주린 자의 심령을 비게 하며, 목마른 자의 마시는 것을 없애며," 악한 계획을 궁리하는 어리석은 자들은 더 나아가 그의 이웃들에게 무자비하다. 그는 하나님에게 대항하여 싸우고 결과적으로 인간들에게도 대적을 하는데, 하나님에 대한 사랑과 인간에 대한 사랑이 함께 속하여 있기 때문이다(마 22:36-40을 참고).

이사야는 자신의 묘사를 철저하게 하려고 하였다. 본 절의 첫 부분에서 내적인 것과 외적인 것 사이를 대조했다. 또한 본 절의 첫 번째 부분은 하나님에게 대적하는 어리석은 자를 나타내고 있으며, 두 번째 부분은 인간에게 대항하는 어리석은 자를

---

7) חָנֵף-멀리함, 오염되다, 하나님과의 바른 관계로부터 멀어지려는 경향. מַשְׁקֵה-마시다. 이 단어는 상황 절을 이끌고 있는 절대형이다. 첫 번째 미완료형은 미래형으로 보아야 하며, 왜 그 때에 어리석은 자들이 존귀한 자로 간주되지 않을 것인지에 대한 이유를 나타낸다. 없어지게 함이며-반복적인 행동.

나타낸다. 또다시 어리석은 자의 목적을 나타내는 각 행들이 두 문장으로 나뉘어진다. 우선 하나님께 대항하는 그의 행동과 말이며 그 다음 인간과 관계된 음식과 마실 물 사이의 대조를 표현한다.

32:7 이사야는 어리석은 자에 대해서 말하고 나서 이제 궤휼한 자(kelay)가 실제로 어떤 존재인지를 진술한다. 이 단어는 그 다음에 곧 뒤따라오는 כֵּלָיו(도구)란 단어와 언어유희를 만들기 위하여 의도적으로 선택되었다. 첫 번째 단어는 불완전 어구(*casus pendens*)이고, "그리고 악인에 대해서는 그의 도구들이 악하다"로 번역할 수도 있다. 여기서 강조는 악인이 일하는 방식에 있다. 그의 모든 계획과 교묘함에도 불구하고 그가 하는 일은 악하다. 즉 그의 일하는 방식은 선하지 못하다. 그의 마음을 부유함에 두었기에, 그의 길을 방해하는 모든 자를 압제한다. 알렉산더가 제시한 바와 같이, "서둘러 부유하게 되려고 하는 자는 부정직한 술책과 가난한 자에게 불친절한 행실을 하는 일을 피할 수가 없다." 그 이유는 두 번째 문장에 진술되어 있는 바와 같이, "그가(대명사가 강조되어 있다) 악한 계획을 베풂"기 때문이다.[8] 그는 언제나 자기의 목적을 달성하기 위하여 계획을 꾸미고 고안하는 속임수와 책략의 사람이다. 계획(יָעָץ)이란 단어가 의도적으로 사용된 것으로 보이는데, 이는 궤휼한 자가 자신의 목적을 달성하기 위하여 해야 할 일을 다른 사람에게 충고하는 사람이기 때문이다. 문장들이 짧고 어조가 강하며 야아츠(그의 계획들)란 동사의 끊어 읽기 형태에서 절정에 도달한다.

이러한 계획의 목적은, 비록 가난한 자가 자기의 정당한 이유를 호소할지라도, 거짓된 말을 통하여 가련한 자를 파멸시키기 위한 것이다.[9] 이사야가 의미하는 바는 빈핍한 자를 위한 정당한 소송에 있어서 빈핍한 자가 소송을 제기할지라도, 궤휼한 자는 인정이 전혀 없다는 것이다.[10] 그는 동정의 호소 혹은 바른 호소에 동요되지 않는다. 그는 자신의 부와 목적만을 추구할 뿐이다. 만일 가난한 자들이 그의 일을 방해한다면 그들은 사라져야만 한다. 그는 모든 사람들 중에서 가장 자기 중심적이며 이기적이다. 그의 소원은 이루어져야만 한다.

---

8) 허술한 행실-아랍어 *damma*, 비난하다. 우가릿어 *tdmm(t)*. 아마도 의미하는 바는 부끄러운 행실일 것이다.

9) 빈핍한 자-이 단어는 애굽에 기원을 둔 것으로, *b'n*(나쁜, 악한)이란 어근으로부터 파생된 것이다. 이것은 우가릿어 *'abynt*에도 나타난다(Aqht ii.1.17).

10) 접속사가 강조되어 있다. "심지어 가난한 자가 판단을 말할 때에"

32:8 마지막으로, 고명한 자가 참으로 어떤 사람인지 서술할 필요가 있다. 그릇된 정신을 가진 나라는 사람들이 어떤 사람인지 인식할 수 없다. 그러므로 사태의 실제 상황에 대해 들어야만 한다. 그들은 어리석은 자와 궤휼한 자가 어떤 자들임을 알아야 하고, 고명한 자(noble)가 어떤 자인지도 알아야 한다. 본 절의 구조는 7절 상반절과 유사하다. 선지자는 또다시 두운법을 사용한다.[11] 궤휼한 자와 같이 고명한 자 역시 다른 사람을 충고한다. 그러나 그의 도모는 특성과 기질이 고상하다. 그가 권하는 것은 권하는 자 자신과 같은 고상함의 높은 특성을 지닌다. 그는 습관적으로 고명한 일들에 관계한다.

5절에서 이사야는 네 개의 개념을 언급하였고 이들 중 단지 세 개만 뒤따르는 구절들에서 전개된다. 네 번째 것(소아, שׁוֹעַ)이 빠져 있는데, 고명한 자에 대해 말한 내용에 의해 다루어진 것이 분명하다.

9절, 너희 안일한 부녀들아 일어나 내 목소리를 들을지어다 너희 염려 없는 딸들아 내 말에 귀를 기울일지어다
10절, 너희 염려 없는 여자들아 일 년 남짓이 지나면 너희가 당황하여 하리니 포도 수확이 없으며 열매 거두는 기한이 이르지 않을 것임이니라
11절, 너희 안일한 여자들아 떨지어다 너희 염려 없는 자들아 당황하여 할지어다 옷을 벗어 몸을 드러내고 베로 허리를 동일지어다
12절, 좋은 밭을 위하며 열매 많은 포도나무를 위하여 가슴을 치게 될 것이니라
13절, 형극과 질려가 내 백성의 땅에 나며 희락의 성읍, 기뻐하는 모든 집에 나리니
14절, 대저 궁전이 폐한 바 되며 인구 많던 성읍이 적막하며 산과 망대가 영영히 굴혈이 되며 들나귀의 즐겨 하는 곳과 양 떼의 풀 먹는 곳이 될 것임이어니와

32:9 31:1에서 시작된 네 번째 화에 대한 완결로써 이사야는 예루살렘의 여인들에게 전한 단락을 하나 더 추가한다. 그의 의도는 그 여인들의 당시 상태와 태도가 잘못되었고 거짓된 것임을 보여 주려는 것이며 참된 상태가 무엇인지를 지적하고자 하는 것이다. 비록 그들을 여인들이나 딸들로 부르고있지만 그는 마음속에 이 두 부류의 여인들만을 두고 있는 것이 아니다. 평행적 관계에 있는 이 두 단어는 동의어이

11) 단어 순서에 유의하라. 주어, 목적어, 동사. 티프하는 주어에 있고, 거의 불완전 구문(*casus pendens*)의 의미를 가진다. "고명한 자에 대해서는, 그가 고명한 일을 도모한다."

다. 3:24에서 여인들에게 말했던 것처럼 그는 또다시 그들에게 말할 필요성을 느낀 것이다. 여인들은 남자들보다 더 감성적이고 이해력이 많다. 따라서 확실히 선지자의 호소는 그들에게 감동을 주었을 것이다. 그렇지만 이것은 그러한 경우가 아니였다. 왜냐하면 그들이 계속해서 거짓된 신뢰와 안전에 머물러 있었기 때문이다.

그러한 이유로 이사야는 그들에게 "염려 없는" 자들이라고 말하고 있는 것이다. 이 단어는 나쁜 의미로 사용되었고 태평함을 넘어선 것을 의미한다.[12] 이들은 자기들의 안전에 대해서 거짓된 확신을 가지고 있고, 그래서 해악으로부터 보호를 받고 있다고 스스로 믿는 여인들이다. 그들은 닥쳐오는 어떤 위험도 알지 못하기에 그것에 대해 아무런 생각도 하지 않는다. 그들은 시온에서 안일한(암 6:1) 상태에 있었고 그 성읍의 참된 안녕에 대해서는 관심을 두지 않았다. 확실히 그들도 역시 어떤 교만함으로 특징지어진 자들이었고 선지자들의 진지한 호소나 경고에 무감각하였다. 한 나라의 여인들이 그 나라의 참된 안녕에 대해서 무관심할 때 그 상태는 실로 비극적이다.

그러한 여인들에게 일어나서 그들이 실제로 행동하고 있는 것과 반대되는 일을 행하라는 명령이 주어진다. 이 단어를 이사야가 마치 실제로 앉아 있는 여인의 무리에게 일어나라고 말하고 있는 것처럼, 문자적인 의미로 취급해서는 안 될 것이고,[13] 완전히 태도를 바꾸라는 일반적인 명령이다. 현재의 무감각과 무관심의 상태에서 여인들은 선지자의 음성을 들을 수 없다.[14] 그들은 먼저 그들의 무관심을 던져 버려야 하고, 그런 후에야 이사야가 말하고 있는 바를 들을 수 있게 된다. 마음이 잠에서 깨어났을 때에만 하나님의 음성을 듣는다.

이사야가 여인들을 딸들로 부르면서 그들을 그 성읍의 거민으로 지칭하려고 하는 것 같다(시 45:12, 두로의 딸들을 참고). 그들은 자신만만하고 의심할 줄 모르는 딸들이었는데, 그들이 자기들의 불안정에 안심하고 있기 때문이다. 망상적인 평온이 그들의 삶과 생각을 다스린다. 만일 그 땅의 여인들이 거짓 안정과 확신을 가지고 있다면, 그들은 남자들에게 바르게 행동하도록 영감을 줄 수 없으며 위협하고 있는

---

12) 염려 없는–헬라어, 수리아, 벌게이트 역은 부유한, 예를 들면 *mulieres opulentae*라고 번역한다. Rosenmüller도 "*divites, luxriantes, urbes et vici Judaeae prospere, hilariter ac secure ad omnem copiam et abundantiam pasti*"라고 해석한다.

13) David Kimchi를 따라서 Hitzig, Vitringa, Rosenmüller 등도 역시 유다의 촌락들을 가리키는 것으로 본다.

14) האזנה–어미형 눈(ן)과 접미사의 눈(נ)과의 축약에 유의하라.

위기를 피할 수가 없다.

32:10 왜 이사야가 시온의 여인들에게 그의 목소리를 들으라고 명령하는지에 대한 타당한 이유가 있다. 그의 멸망의 예언은 참된 것이다. 포도수확이 없게 되고 예견된 재난이 나타날 황폐의 때가 오고 있다. 그러나 이러한 일이 언제 일어날 것인가? 이사야는 이 시기를 일년 남짓이라고 부르고 있다. "날들"이라는 표현 자체는 며칠 못되는 날들이나(참고. 창 24:55, 여기서는 주로 열흘로 사용되었다) 많은 날을 가리킬 수 있다. 그러나 어떤 경우이든 여기서는 함께 취급되어 전체를 이루는, 즉 전체로서의 날들을 나타낼 수 있다. 그래서 이러한 의미에서 "날들"이란 단어는 사실상 일년을 의미하는 것으로 이해해야 할 것이다(삼상 27:7; 삿 17:10; 사 29:1을 참고). 그러므로 "일년 남짓"이란 전체 표현은 "일년이나 혹은 그 이상"을 말하는 것과 동일하다. 게세니우스는 적절하게 독일어 표현인 "über Jahr und Tag"을 상기시킨다. 이 단어들은 심판의 길이를 지정하는 것이 아니다. 왜냐하면 이사야가 "너희는 일년 남짓 떨 것이다"라고 말하고 있지 않기 때문이다. 그보다는 이 표현은 심판이 임하게 될 때를 암시하는 역할을 한다. 선지자가 마치 "일년 남짓 안에 너희는 떨 것이다"라고 선포하는 것 같다. 이 표현은 시간적인 대격이기에 "일년 남짓 안에" (within a little more than a year)라고 영어로 번역하여 그 의미를 드러낼 수 있다.

동사와 대조를 이루는 단어를 사용하면서 이사야는 다시 한 번 여인들을 "염려없는 자들"이라고 부른다.[15] 지금은 여인들이 잠잠하고 차분하고 자신만만하지만 그때에는 두려워할 것이다. 왜냐하면 두려움은 모든 확신과 지주가 떠나간 표시이기 때문이다. 그때에는 현재의 그들과 정반대의 모습이 될 것이다. 심판을 생생하게 나타내기 위하여 이사야는 심판의 결과를 언급한다. 그 중에서도 특히 포도 수확기가 끝나고 포도를 거두는 일이 실패로 돌아갈 것이다. 이것은 시온의 여인들의 현재의 호화로운 생활과 대조가 된다. 그들에게 쾌락을 주는 포도주가 그때에는 떨어질 것이다. 추수 잔치는 가장 즐거운 일들 중 하나였다(16:10–17). 수확에 대해 말하면서 선지자는 현재의 사치스런 생활이 종국을 맞이할 것임을 분명하게 말한다.[16]

---

15) "너희가 당황해 하리라"와 "염려 없는 여자"가 나란히 나타난다.

16) 포도 수확과 열매 추수는 같은 시기에 일어난다(신 16:13). 이사야 16:7–10에 나타난 묘사와 비교하라.

32:11 그런 까닭에 이사야는 마치 그 결핍의 시기가 이미 닥친 것처럼 염려 없는 여인들에게 말하고 있으며, 그들로 하여금 애도하는 자들의 행동을 취하라고 명령한다. 그러나 명령에는 성의 변화가 나타난다. 이사야는 남성 복수 명령형으로 시작한 후에 영성 단수형으로 그의 명령형들을 이어간다.[17] 아마도 단어들의 이러한 선택에 의도가 있는 것 같다. 그러므로 명령에 표현의 다양성을 부여하여 선지자는 명령을 심화시키려는 것 같다. 사실이 그렇든 그렇지 않든, 본문을 수정할 타당한 이유가 없는 것은 분명하다. 첫 번째 명령은 일반적인 것이다. 이것은 두려워하라는 명령이고 염려하지 않는 사람들에게 주어진 것이다. 태도의 완전한 전환과 역전이 요구되고 있으니, 마치 선지자가, "너희가 지금은 걱정하지 않지만 마치 너희가 크게 걱정하였던 것처럼 두려워 해야만 한다"라고 말하는 듯하다.

이제 이사야는 여성형 단수 명령형을 사용하면서 여인들을 한 무리로 이해한다.[18] 이 단어는 지진의 흔들림에 사용된다. 자신 있고, 차분하며 염려 없는 그들이 흔들리게 될 것이다. 이는 그들의 확신이 더 이상 존재하지 않을 것이기 때문이다. 더 나아가서 그들은 애도의 행위에 참여하게 되어 그들은 벗은 몸으로 겸비함에 있게 될 것이다. 호화로운 모든 의복과 겉옷들은 벗어 던져야 할 것이다.왜냐하면 이것들이 여호와께로 향하는 진실된 태도를 가로막는 것들이기 때문이다. 그들의 허리에 베옷을 걸칠 수 있도록 여인들에게서 그들의 옷이 완전히 제거되어야만 한다.[19] 선지자가 애도의 단순한 외적 모습에 관심을 두지 않고 있다는 것은 말할 필요도 없다. 여인들에게 스스로 허리를 동이라고 명령하면서 그는 그러한 행동이 회개의 참된 내적 상태의 표현이 되기를 바라고 있다.

32:12 11절에서 이사야는 여인들에게 애도하라고 명령했다. 이제 그는 어떻게 곡하는지를 묘사하고 있다. 그러나 그의 표현은 상당히 난해하다. 첫 번째 세 개의

17) 저자가 전체적인 면에서 복수 주어를 고려할 때 그는 관계된 단어를 단수로 쓸 수도 있다(사 59:12을 참고). 또한 성에 대한 어떤 강조를 의도하지 않을 때는 남성형들이 여성형 주어들과 함께 사용될 수도 있다(왕상 8:31; 22:36을 참고).

18) 레가자(רְגָזָה)–이 단어와 뒤따라오는 명령형들은 일반적으로 2인칭 여성 복수의 아람어화 하는 형태들로 간주된다(F. scerbo, "*Di alcune presunte forme aramaiche in Isaia*" in *Giornale della Societa asiatica italiana*, Vol. 16, 1903, pp. 269–273을 참고). 본인은 이 작품을 보지 못했다.

19) 아히람의 석관에 그려진 곡하는 여인들의 장면에 대해서는 *ANEP*, p. 456을 참고하라. 이 경우에 허리에 두르는 것은 오직 곡하기 위한 것이다.

단어를 "가슴들을 위하여 애도함" 또는 "가슴을 때리면서"로 번역할 수 있다. 만일 이 번역들 중 첫 번째 것을 택한다면, 아마도 그 단어를 상징적 의미로 취급해야 할 것이다. 그렇다면 가슴은 땅의 풍요를 나타내고, 애도하는 일은 그 땅이 더 이상 예전에 그 땅의 특징이었던 풍요로운 산출을 내지 못함으로 인한 것이다. 그러나 두 번째 해석은 애도하는 실제적인 행위를 나타내는데, 슬픔의 표시로 가슴을 치는 것을 가리킨다. 이 둘 중에 어느 것이 옳은지 구별하기는 어렵다.

더 큰 난점이 있다. 주어진 대명사가 없으며 우는(쏘프딤, סֹפְדִים)이라는 부정사는 남성형이다.[20] 그러므로 최소한 문법적으로 앞 절의 개념을 이어가지는 않는다. 왜냐하면 이것은 스스로 허리를 동인 후의 여인들에 대한 단순한 묘사가 아니기 때문이다. 성의 변화는 난해하지만 단순하게 의미에 있어서 이 분사를 앞 절의 남성 분사들과 유사한 것으로 간주해야 할 것이다. 만약 그렇게 간주된다면 그 분사를 여인들이 스스로 허리를 동였을 때 그들의 행동을 묘사하는 상황적 분사로 볼 수도 있다. 또한 그 분사를 가장 심각한 애도의 모습을 나타내는 부정적(不定的) 의미로 보는 것이 가능한 데, 이는 오직 그러한 애도만이 심판 때에 어울리게 될 것이기 때문이다. 만약 이 단어가 부정적 의미로 취급된다면, 선지자는 여인들을 뒤로 하고, 나라 전체의 일부분으로서만 그들을 다루는 것이다. 그가 지금 말하는 애도는 나라 전체의 깊은 애도이다.

위에서 제시된 첫 번째 해석을 지지하는 것은 두 번째 문장, "그리고 좋은 밭을 위하여"이다. 본 문장과 다음 문장에 있는 알(עַל)이라는 전치사는 애도하는 대상을 지칭한다. 그렇다면 동사는 실질적으로 세 개의 대상을 애도하는 것으로 나타난다. 즉 가슴, 밭, 그리고 포도나무이다. 첫 번째 단어인 가슴은 히브리어에서 쌍수이며, 아마도 옛 주석가들이 주장한 대로 결실이 풍부한 밭에 대한 상징일 것이다. 가슴(שָׁדַיִם)과 밭(שְׂדֵי) 사이에 확실히 언어유희가 있다. 좋은 밭은 포도원과는 구별되는 풍성한 곡식을 내는 밭들일 것이다. 더불어 밭과 포도원은 인간의 생활을 기쁘게 하는 빵과 포도주를 생산하였다. 포도원은 열매가 많았다. 그러나 그것들이 파괴되었을 때 그 나라의 일상적인 생활은 끝나게 되었다.

---

20) 애곡하는—"그들이"라는 대명사가 빠졌다. 그러므로 이 복수 분사형은 부정 주어를 나타낸다 (*Iliad* ix. 141을 참고). 의미하는 바는 가슴을 치는 것이라기보다는 애곡의 소리인데(미 1:8), 이는 עַל 이 붙은 ספד란 어근이 사람이 불평하는 이유를 나타내기 때문이다(렘 4:8; 미 1:8; 슥 12:10). 비인칭 남성형은 그 자체가 가슴을 치는 여인들 개념에 잘 어울리지 않는다.

32:13 특별히 비극적인 것은 이 황무함이 하나님의 백성에게 속한 풍성한 땅에서 일어나게 된다는 것이다. 자신이 선호하는 호칭을 사용하고 하나님의 이름을 말하면서 선지자는 그 나라를 "내 백성"이라고 말한다. 그 땅은 젖과 꿀이 흐르는 땅 유다이다. 이사야는 방금 전에 그것을 좋은 밭과 열매가 많은 포도나무로 묘사했다. 그러나 지금 모든 것이 사막으로 변하게 될 것이다. 그 땅은 더 이상 아다마(אֲדָמָה, 풍성한)가 되지 못하고 쉐마마(שְׁמָמָה, 메마른, 황폐한)가 될 것이다. "너희의 땅은 황폐하며"라고 이사야가 앞에서 선언했으며(1:7), 그가 다시 그려주고 있는 것이 바로 그 상태이다. 이어지는 단어들은 "그것에 형극과 질려가 날 것이며"라고 번역해야 한다. 두 명사 모두 남성형이며 상황적 대격으로 보아야 한다. 다른 한편, 동사는 여성형이고 그런 까닭에 비인칭적이다.[21] 하나님의 백성들의 땅이 좋은 밭과 열매 많은 포도나무 대신에 형극과 질려로 뒤덮이게 된다는 것을 의미한다. 동사는 어떤 생산이 있을 것임을 암시한다. 즉 수확이 올라올 것이다. 그렇지만 나오는 것은 현재의 잘 경작된 땅이 산출해 내는 것과 반대되는 것이다.

이사야는 이제 그가 말해온 것에 대한 근거를 제시한다. 확실히 질려가 올라올 것이고 그러므로 그 뜻을 그 집들에도 그것들이 나타날 것이라고 의역할 수 있다. 질려는 예외 없이 모든 땅을 뒤덮을 것이다. 기뻐하는 모든 집에, 즉 예전에 그 집들이 서 있었던 곳에 돋아날 것이다.[22] 질려가 나타날 때 모든 것은 폐허가 될 것이다. 이것들은 태평하고 염려 없는 여인들이 살았었던 예루살렘 성읍의 집들이었다. 예전에는 쾌락이 집들에 만연해 있었지만, 이제는 집들의 폐허가 형극과 질려로 뒤덮이게 될 것이다.

이사야는 "기쁨의 집들"에 동격 어구를 덧붙이면서, 이 집들을 희락의 성읍이라고 규정한다. 예루살렘의 부유한 거민들이 자기들의 쾌락을 발견하고 삶의 쾌락을 즐겼던 이 집들을 모두 함께 취하면 희락의 성읍이다.

---

21) 질려-접속사 생략 용법에 주목하라, 이는 이 단락의 특징이다. 여섯 개 구절에서(9-15상) 접속사 불변화사가 단 세 번만 나타난다(27:4을 참고). 이사야의 특징은 두 개의 실명사 형극과 질려(사밀 와샤이트, שָׁמִיר וָשַׁיִת)를 사용하였던 점이다. 그러나 여기서 그는 또 다른 단어, 즉 창세기 3:18에서 이미 나타났었던 코츠(קוֹץ)란 단어로 대치하고 있다. 분명히 이사야는 지금 심판의 개념을 마음에 상기시켜 주기 위하여 이 단어를 사용하고 있는 것이다. 멸망의 결과로 질려(코츠, קוֹץ)가 그 땅에 자라났었던 것처럼, 하나님께서 유다를 징벌로서 보응하실 때, 코츠가 다시 자라날 것이다.

22) מָשׂוֹשׂ-기쁨. 이 형태는 절대형이고, 뒤따라오는 단어들은 동격이다. "기쁨의 집들 위에-희락의 성읍 위에." 자켑-카톤 때문에 뒤따라오는 단어가 소유격으로 간주되어서는 안 된다.

32:14 예전에 희락의 성읍을 만들어 주었던 개개의 사물을 언급하면서 선지자는 그가 바로 전에 말한 것의 진실성을 지적한다. 예전에 궁궐이 있었던 곳이 이제 버려진 곳이 된다.[23] 그 궁궐은 왕의 처소이며 궁궐 전체가 고려된 것으로 보인다. 궁궐의 멸망과 함께 왕권도 역시 없어질 것이다. "궁궐"이란 단어의 출현은 예루살렘의 멸망을 시사하고 있음을 분명하게 해준다. 이사야의 문장들은 짧다. 이것은 성읍의 멸망에 대한 자신의 비통을 반영하는 듯하다.

두 번째의 짧은 문장은 13절 하반절에서 선언했던 것을 확증한다. "인구 많던 성읍이 적막하며." 이사야의 강조점은 일상생활의 특징을 보여주는 와글거림과 콧노래를 부르는 번잡한 활동을 암시하는 어구인 그 성읍의 소동에 있다. 처음 두 문장 중에서 주목할 만한 것은 이 문장들이 버려진 또는 폐한 성읍에 대해 말하고 있으며 성읍의 멸망에 대해 실제로 언급하지 않는다는 것이다.

그 다음으로 이사야는 오벨과 바한이라는 두 장소에 대해서 언급한다. 두 장소 중 첫 번째 것은 잘 알려져 있는데, 예루살렘의 성전 지역 남쪽의 작은 언덕이다. 그러나 이사야가 어떤 구체적인 지리적 위치를 언급하려고 한 것 같지 않다. 오벨이란 용어는 다른 곳에서도 사용되는데,[24] 아마도 단순한 언덕을 지칭하기 위하여 의도된 것일 수도 있다. 바한이라는 단어는 오벨과 밀접한 연관이 있으며 "증명하다" 또는 "시험하다"를 의미한다.[25] 그런 까닭에 이것이 망대를 지칭한다는 주장이 있어 왔다(느 3:25-27을 참고). 그러나 만일 오벨을 고유명사로 본다면, 아마도 그렇게도 생각될 수도 있는데, 바한 역시 유사하게 해석되어야 할 것으로 보인다. 만약 이것이 그러한 경우라면 의도된 바를 단순히 알 수가 없다. 아마도 바한은 어떤 망대의 이름이었던 것 같고 이에 대해서는 아무것도 말할 수 없다.

주목되는 점은 바한과 오벨 둘 다 굴혈이 된다는 것인데, 아마도 바한과 오벨 안에 굴혈들이 생기게 되는 것을 암시하는 것으로 보인다. 버려진 망대 속으로 야

---

23) 궁궐—본 절의 열거 형식에서 관사가 빠진 점을 유의하라. 또한 끊어 읽기가 있는 것에 유의하라. Penna는 궁궐이란 용어를 13절 하반절의 표현과 실질적인 동일어로 취급한다. Steinmann 역시, "*Le mot palais designe-t-il palais de Solomon ou généralment toutes les demeures somptueuses des riches?*"라고 묻고 후자의 장면이 보다 그럴듯하다고 생각한다.

24) 예를 들면 열왕기하 5:24(사마리아), 모압의 돌, 22행(Dibon). Penna는 여기서 이것이 지형의 고유명사일 것 같지는 않고, 언덕이나 혹은 요새화된 산등성을 암시하는 일반적인 단어일 뿐일 것이라고 주장한다.

25) בַּחַן, 23:13을 참고하라. 접속사 아래 있는 카메츠는 바한과 오벨이 밀접한 관계가 있음을 보여준다(참고. 5:30).

생 동물들이 올 것이고 이것은 오랫동안 지속될 것이다. 들나귀들은 가치가 있는 짐승으로 사람들에게서 멀리 떨어져서 살고 있는 사냥감이었다. 그들은 망대에서 즐거워할 것이다.[26] 이러한 표현은 얼마나 철저하게 그 성읍이 버림당하게 될 것인가를 지적한다. 예전에 기쁨의 집들이었던 곳에서 들 나귀들이 기쁨을 얻게 될 때, 그 성읍이 다름아닌 광야가 되리라는 것이 분명하다. 그곳은 이사야가 이미 7:21–22에서 예고하였던 대로 양떼가 풀을 먹는 곳이 될 것이다. 드렉슬러는 본 절의 상반절과 하반절의 대조점을 잘 드러내 주고 있다. "궁궐들이 거기 있다. 굴혈이 여기 있다. 소동하고 고함치는 생활이 거기 있다. 광야의 적막함이 여기 있다." 그리고 전체적으로 풀을 뜯고 있는 동물들의 고요함이 있으며 안일한 여인들의 무관심과 정반대이다.[27]

15절, 필경은 위에서부터 성신을 우리에게 부어 주시리니 광야가 아름다운 밭이 되며 아름다운 밭을 삼림으로 여기게 되리라
16절, 그때에 공평이 광야에 거하며 의가 아름다운 밭에 있으리니
17절, 의의 공효는 화평이요 의의 결과는 영원한 평안과 안전이라
18절, 내 백성이 화평한 집과 안전한 거처와 종용히 쉬는 곳에 있으려니와
19절, 먼저 그 삼림은 우박에 상하고 성읍은 파괴되리라
20절, 모든 물가에 씨를 뿌리고 소와 나귀를 그리로 모는 너희는 복이 있느니라

32:15 앞 절에서 묘사된 성읍의 상태는 종결될 것인데, 본 절은 종결이 오게 될 때를 진술한다.[28] 바로 위에서부터 성령을 부어 주실 때이다.[29] 그때에는 현재의

---

26) 들나귀들은 창세기 16:12; 예레미야 2:24; 14:6 등에도 언급되어 있다. 고대 근동에서 들나귀들이 중요한 역할을 하였다는 것을 유의해 본다는 것은 흥미 있는 일이다. Fenshaw는 본 절을 예언적 저주라고 말한다("The Wild Ass in the Aramean Treaty Between Bar–Ga'ayah and Mati'el," *JNES*, Vol.22, 1963, pp. 185–186을 참고).

27) 아르몬(אַרְמוֹן)과 하몬(הֲמוֹן), 누타시(נֻטָּשׁ)와 우짜브(עֻזָּב) 사이의 언어유희를 유의하라. 또한 עִיר עֻזָּב, עַד–עוֹלָם, מְשׂוֹשׂ와 מִרְעֵה의 두운법, 그리고 עֲדָרִים의 운율을 유의하라. 굴혈과 궁궐이 상응하고, מְשׂוֹשׂ는 13절의 בָּתֵּי מָשׂוֹשׂ를 반영하여 선택되었다.

28) 아드올람(עַד–עוֹלָם)이란 단어가 있음에도 불구하고 이것은 사실이다. עַד–עוֹלָם과 유사한 용법들에 대해서는 사무엘상 1:22; 열왕기상 1:31; 느헤미야 2:3; 다니엘 2:4등을 참고하라. 이 어법은 과장법이다.

29) 루아흐(רוּחַ)–무관사로 사용되었다. Gesenius는 부어진 성령이 메시아적 표현에 속한 것으로 생각한다. 그 영은 새 창조를 성취하시는 하나님의 창조적인 성령이시다(사 24:18; 31:3; 44:3; 시

상황의 역전이 일어나게 될 것이다. 진정한 개혁이란 갱신이며 29:10에 묘사된 상황과 정반대이다. 더 이상 잠들게 하는 영이 백성에게 부어지지 않을 것이고, 위로부터 오시는 성신, 단순한 육체와 대조가 될 영(31:3), 풍성한 은사들을 가져다주시는 성신(11:2)이 부어질 것이다. 이 성신이 하늘의 위로부터 부어지며(24:21을 참고), 29:17에서 사용하였던 것과 유사한 속담식으로 이사야는 다가올 변화를 묘사한다.[30] 하나님께서 잠들게 하는 신을 "너희에게" 부어 주셨던 것처럼 이제는 그의 성령을 "우리에게" 주시며, 그러므로 우리는 그가 주시는 축복을 받는다.

성령의 부어 주심 다음에 원대하고도 총괄적인 변화가 있다. 13절에서 묘사된 심판의 결과로 유다 땅은 광야가 되었으나, 아름다운 밭으로 변화될 것이다.[31] 추수가 실패하였다. 모으는 일이 그쳤다. 즐거움의 밭은 더 이상 없고, 결실이 풍성한 포도원은 더 이상 소출을 내지 못하였다. 유다 백성의 안일하고도 사치스러운 삶의 결과로 비극적인 변화가 들어왔다. 오직 성령만이 인간의 죄가 파괴한 것을 회복시킬 수 있게 될 것이다. 성령이 만들어 내시는 아름다운 밭(카르멜, כַּרְמֶל)은 인간이 경작하여 열매를 내는 어떤 땅보다도 훨씬 더 풍성하고도 영광스럽다. 왜냐하면 여기서 비옥한 밭의 비유가 성령을 통하여 하나님께서 새롭게 된 인류에게 베푸시는 부요와 참된 축복을 의미하기 때문이다.

이 아름다운 밭(카르멜, כַּרְמֶל)에 대해서는 삼림으로 보아야 한다. 이사야가 의미하는 바는 현재에 아름다운 밭으로 생각되는 것이 그때에는 훨씬 더 영광스러운 것, 즉 모든 것이 멋지게 자라는 숲으로 간주되리라는 것이다. 이것은 완전한 역전, 완전한 변화의 또 다른 모습이다.

32:16 성령이 메시아에게 임하여 그가 의로 심판하시도록 그를 덮으시는 것처럼 성령이 그 땅에 부어질 때 공평과 의가 그 안에 거할 것이다. 예전에 광야이었던

33:6; 104:30을 참고).

30) Penna는 성령께서 먼저 물리적 영역에서 역사하시며 그 다음에 도덕적인 영역에서 역사하신다고 생각한다.

31) מִדְבָּר과 כַּרְמֶל의 무관사적 사용에 유의하라. 그렇지만 כַּרְמֶל의 카프에 있는 다게쉬를 주목하라. 이러한 형태는 본래 וְהַכַּרְמֶל이었을 것인데, 헤(ה)가 떨어져 나갔다. 이것은 לְכַּרְמֶל과 부합하는 형태로 되었을 것이다. 파타흐와 단순쉐와는 부주의하게 복합쉐와로 기록되었을 수도 있다. 본 절의 어투를 29:17과 비교하라. 그리고 본 절의 구조와 59:14을 비교하라. 또한 공평과 의가 59:8–9과 9:6에 있는 평화와 긴밀한 관계를 맺고 있음을 주목하라. 이러한 조화는 이사야 이외의 성경에서는 나타나지 않는다. 이것은 우연히 일어난 것이 아니고 선지자의 메시아적 메시지에 기인한다.

곳에 이제는 공평이 거처를 잡고 거할 것이다. 그리고 예전에 아름다운 밭으로 간주되었던 곳에 의가 거주할 것이다. 이사야는 1장에서 소개하였던 개념으로 돌아가고 있다. "내가 너의 사사들을 처음과 같이 너의 모사들을 본래와 같이 회복할 것이라 그리한 후에야 네가 의의 성읍이라 신실한 고을이라 칭함이 되리라 하셨나니"(사 1:26). 성령이 예루살렘에 부어질 때, 그 성읍은 공평과 의로 가득 차고 그 안에 영원히 거할 것이다. 얼마나 놀라운 거민들인가! 인간들은 얼마나 자신의 힘으로 이 거민들을 자신의 땅에 거주하게 하려고 노력하는가! 그리고 그러한 인간의 노력이 얼마나 불가능한가! 공평과 의가 발견될 때 이것은 위로부터 부어진 성령으로 인한 것이니, 이는 이것들이 오직 하나님의 선물이기 때문이다.

32:17 공평과 의는 게으르지 않다. 이것들은 일하고 그들의 수고로부터 열매를 맺는다. 성신은 의를 주고 의는 평화가 되는 일을 한다.[32] 그때에 평화는 죄인의 노력의 결과로 올 수 없고 의를 통해서만 올 수 있다. 더 나아가서 의는 행하여야 할 수고가 있으며 이 수고는 확실한 복된 결과를 낳는다. 앞 절에서 이사야는 공평과 의 둘 다 말했지만 여기서는 의만을 말하면서 제시된 모든 축복들이 의에 기인한 것으로 전한다. 이것은 먼저 화평을 낳는다. 그러나 이 화평이 거짓된 안전 가운데 잠잠해 있었던 예루살렘 거민의 안일함과 확신과는 얼마나 다른가![33] 이것은 의로부터 흘러나오는 복된 화평이며, 하나님의 놀라우신 은혜 안에 있는 최상의 평온함이다. 이 화평과 함께, 시온의 염려없는 여인들의 신뢰 혹은 안전과는 전혀 다른, 안전이 존재하니, 이는 이 안전이 하나님의 확실한 약속 위에 세워져 있기 때문이다. 이것은 하나님 자신의 성령의 사역이다. 그리고 이러한 상태가 영원히 지속될 것이다. 14절의 아드 올람(עַד–עוֹלָם)과 본 절의 것과는 얼마나 대조가 되는가! 14절의 황무의 상태는 성신의 부어 주심으로 말미암아 중단되어 끝날 것이다. 그러나 본 절에 묘사된 상태는 성신에 의하여 이루어질 것이고 끝이 나지 않을 것이다.

32:18 이사야는 이제 구원의 미래 상태에 대한 묘사에 또 다른 항목을 덧붙이고 있으며, 이것을 이 미래와 현재의 실제 상태 사이의 명확한 대조를 전달하는 방법으로 하고 있다. 알렉산더는, "바로 이 기쁜 약속의 소식 안에 마음을 진정시키는 것이

---

32) 평화와 의의 조화는 이사야적이다(48:18; 60:17을 참고).
33) השקט–부정사 절대형이 술어로 사용된다.

있다.…" 그것은 "내 백성"에게 제한된 약속이니, 이는 오직 선택된 사람들만 여기에 제시된 축복을 누릴 수 있기 때문이다.[34] 하나님의 백성의 거주를 나타내기 위하여 이사야는 일반적으로 목장을 의미하는 단어를 사용한다.[35] 하나님의 백성이 목자가 공급해 주는 것을 받는 양이라는 개념이 내포되어 있다. 이 거처의 특성을 나타내는 것은 화평이다. 어떤 탐욕스런 동물도 이 "거처(초장)"로 들어와서 양떼를 멸할 수 없다. 그들은 완전한 화평의 장소에 거할 것이다.

"초장"이 거의 유사한 형식의 두 단어, "안전한 거처"에 의해 더 묘사된다. "안전한"으로 번역된 단어에 이사야는 어근 בטח를 사용한다. 이것은 앞절에서도 쓰였고 여인을 묘사하기 위하여 사용되었던(10절) 것이다. 이 단어를 통해 대조가 특별하게 표현된다. 지금 여인들은 자신에게 어떤 일도 일어나지 않을 확신을 가지고 있다. 그들이 안정감을 가지고 있으나, 이것은 거짓된 것이다. 그러나 구속과 축복의 때에는 진정한 확신이 있을 것이다. 즉 그때에 그들의 거처는 그 어느 것도 움직일 수 없고 멸망시킬 수 없게 될 것이다. 또다시 돌아가서 이번에 이사야는 "염려 없는"이란 단어를 취해 온다. 안일의 장소는 언젠가 "염려 없는" 곳이 될 것이다. 그렇게 대조를 강화한다. 지금은 여인들이 염려가 없으나, 그렇게 있지 못할 이유가 있는데, 위기가 이르렀기 때문이다. 미래에는 그들의 안일의 장소가 염려 없는 곳이 될 것이니, 이는 그때에 방해받을 염려가 없기 때문이다.[36] 하나님의 선하심이 유일한 안전, 즉 염려와 근심으로부터 벗어날 유일한 근거를 제공해 준다.

32:19 화평의 장면이 갑자기 중단되는데, 이는 이러한 화평이 심판이 실현되었을 때에라야 올 수가 있다는 것을 상기해야 하기 때문이다. 그러므로 이사야는 13절에서 중단하였던 심판을 이끌어 내어 다시 언급한다. 그러므로 그는 미래에 있을 큰 화평에 대한 약속으로부터 예루살렘을 위협하고 있는 불원간에 닥칠 멸망의 위협으로 눈을 돌린다. 평화가 오기 이전에 하나님의 심판의 비유인 우박이 있어야 한

---

34) 즉 예언 전체를 통하여 말한 바와 같은 "하나님의 백성." 그렇지만 Penna는 이 소유 대명사가 선지자를 가리키는 것으로 말한다.

35) 거처의 의미로는 이사야 33:20; 34:13; 35:7, 초장의 의미로는 이사야 27:10; 65:10에 사용되었다.

36) 11:10에서 메누하(מְנוּחָה)가 메시아에 대하여 사용되었으며 백성들에 대하여는 민수기 10:33; 신명기 12:9가 사용되었다.

다.[37] 그리고 우박은 실제로 앗수르를 멸망케 하였던 세력들 중 하나였다(30:30–31; 28:2, 17을 참고). 처음 두 단어 사이에 언어유희와 두운법이 있다. 우박이 떨어져서 삼림을 망가뜨릴 것이다(10:18–19, 33, 34을 참고). 삼림은 도끼로 잘려진 나무들로 인하여 망가질 것이다(동사에 대해서는 신 28:52; 슥 11:2을 참고하라). 삼림의 나무들이 쓰러지고 있는 동안, 징벌하는 심판의 우박이 떨어질 것이다. 아마도 삼림이 앗수르를 상징하겠지만 이러한 해석을 강요할 수는 없다.

본 절의 하반절에서 선지자는 굴욕 혹은 "낮아짐"에 대해 말한다. 정관사는 이것이 굴욕에 대한 특정한 예라는 것을 지적하고, 그 단어가 문장의 첫 번째 위치에 있는 것은 그 의미를 강조하는 것이다. 이 굴욕의 중대한 행위가 임하게 될 때, 그 성읍은 낮아질 것이다. 그러나 어느 성이 의도된 것인가? 이 질문에 있어서 명확하게 정체를 밝히는 것이 불가능해 보인다. 어떤 사람은 그 성읍이 예루살렘이라고 생각하는데, 그 이유는 이 예언들의 특정한 흐름 속에서 세상 성읍이 전혀 언급되지 않기 때문이다. 이것이 사실이지만, 다른 한편 첫 번째 문장과의 평행이 나타나며 이것은 앗수르의 멸망을 가리키는 것으로 보인다. 이러한 평행 관계에 비추어 다른 사람들은 하나님의 백성에 대한 적의의 발상지인 세상 성읍을 가리키는 것으로 생각한다. 예루살렘을 가리킨다고 생각하는 사람들은 세상 세력과 거룩한 성읍을 모두 벌하는 이중적인 심판이 있다고 생각하는데, 이는 참된 평화를 얻기 위하여 심판의 굴욕을 통과하여야만 하기 때문이라는 것이다. 어떤 경우이든 야아르(יַעַר)와 이르(עִיר) 사이에 흥미로운 언어유희가 있다.

32:20 본 장을 결론짓기 위하여 선지자는 하나님의 축복을 누릴 자들에게 속하는 축복들을 선언한다. 이들은 기회가 생길 때마다 모든 물가에 씨를 뿌려서 가장 비옥한 땅의 생산성과 풍요를 누린다. 그들은 동물을 지킬 필요가 없다. 왜냐하면 동물이 모든 위험으로 방해받지 않고 자유롭게 원하는 데로 떠돌아다닐 수 있기 때문이다.[38] 축복을 받은 이들은 풍성한 추수를 거두기 위하여 적절한 곳에 씨를 뿌

---

37) 직역하면 "그리고 삼림이 망가질 때 우박이 내릴 것이다." Penna는 삼림과 성읍 사이에 어떤 관계가 있는가를 묻는다. 아마도 이것이 갑작스러운 재난을 가리키는 것 같다. Penna는 B가 그럴듯한 해결점을 제공한다고 생각하고, 본 절이 삽입되었거나 아니면 제자리에 위치해 있는 것이 아닐 수도 있다고 가정한다. 그는 첫 글자를 웨야라드(וְיָרַד)로 읽는다. Delitzsch는 이것을 낮추어지는 징벌을 당해야 하는 예루살렘 성으로 이해한다(29:2–4; 30:19이하; 31:4이하).

38) "무리를 모는 자들"이란 어구는 '그들의 발길을 자유롭게 하는 것', 즉 '그들이 가고자 원하는

리고 부지런히 자신의 밭을 개간하는 자들과 같다. 그들은 부지런하고 매일 그들이 해야 할 일들을 행한다. 그러한 일은 참으로 축복을 받을 자들을 위한 최상의 절차이다. 이 교훈은 필요로 하는 의미를 충분히 담고 있다. 일어날 놀라운 변화는 오직 하나님의 사역이다. 그의 목적은 이루어질 것이다. 심판은 올 것이고, 이와 함께 약속된 평화도 올 것이다. 그렇다면 그의 백성들의 책임은 무엇인가? 그를 위하여 지혜롭게 살면서 자신들의 일을 계속하는 것이다. 그러한 사람들이 복있는 자이다. 그렇다. 참으로 복있는 자이다.

2. 압제는 끝나고, 하나님의 나라가 설립될 것이다(33:1-24).

1절, 화 있을진저 너 학대를 당치 아니하고도 학대하며 속임을 입지 아니하고도 속이는 자여 네가 학대하기를 마치면 네가 학대를 당할 것이며 네가 속이기를 그치면 사람이 너를 속이리라

33:1 이 시리즈의 다섯 번째 화가 하나님의 백성의 대적을 향하여 주어져 있다. 대적이 언급되고 있는데, 이사야는 앗수르 세력의 대표자로서 산헤립을 마음속에 두고 있는 것 같다. "화"라는 선언 다음에 선지자는 분사형을 사용하고 있으므로 "강탈을 하고 있는 너희에게 화 있을진저, 그리고 너희는 강탈을 당하지 않았다"라고 번역해야 할 것이다. 이 뒤 문장은 사실 상황절이다. 따라서 "너희에게 화 있을진저, 너희 편에서는 결코 강탈을 당하지 않았으면서도 강탈하는 너희여"로 의역할 수도 있다. 대적은 분명히 그가 강탈을 당하지 않았던 점을 자랑했다. 그 자신이 강탈했다. 하지만 그가 벌였던 일이 그에게 결코 벌어지지는 않았었다. 더 나아가서 대적은 속이는 자였으나, 그 반대로 사람들은 그를 속이지 않았었다.[1] 21:2에서 동일한 표현들이 반대 순서로 사용된다.

곳으로 떠돌아다니게 하는'을 의미한다. 그들은 동물들로 하여금 자유롭게 풀을 뜯도록 허락하는데, 이는 어떤 해도 그들에게 닥칠 수 없다고 생각되기 때문이다.

1) 양보를 나타내는 의미를 가진 동사적 상황절, "그러나 그들은 속임으로 다루지 않았다." **Penna**는 בגד란 어근을 '약탈하다, (원수를)경멸하여 다루다'의 의미로 본다. 그는 21:2(아마도 24:16절일 것임)에 호소를 하고 하박국 1:13과 잠언 23:28과 비교한다. 앗수르인의 자랑에 대해서는 이사야 36:13이하를 참고하라. 그러한 자랑의 일반적인 어조가 앗수르 왕들의 비문에서 발견된다.

그러나 대적이 자랑할 수 있었던 이같은 사건들의 상태는 계속되지 않을 것이니, 이는 대적이 강탈하는 일을 마쳤을 때, 그 자신이 강탈을 당할 것이기 때문이다.[2] 강탈하는 일의 완료 여부는 대적의 손에 달려 있지 않다. 언제 끝낼는지를 그가 결정하지 않는다. 그가 하나님께서 정하신 강탈을 완료하였을 때, 오히려 그 자신이 강탈을 당할 것이다. 같은 어근의 능동태와 수동태를 근접하게 병치함으로써 이사야는 독특한 효과를 내고 있다.

이러한 진리가 평행 형식으로 서술되고 있는데, 대적에게 말을 하고 있는 이사야는 대적이 하나님에 의하여 할당된 한계 또는 목표에 이르게 되었을 때 인간들이 대적을 압제할 것이라고 선언한다.[3] 그러므로 대적의 주장은 아무것도 아닌 것으로 나타난다. 자신의 힘으로 행동하고 있다고 믿으면서 대적은 그의 힘과 세력을 자랑하였다(참고. 10:7이하). 사실상 대적은 하나님의 손에 들린 도구에 지나지 않았다. 그의 강탈의 때가 종결되었을 때, 사람들은 유례없는 대항을 해 올 것이고, 그를 강탈하고 압제할 것이다.

2절, 여호와여 우리에게 은혜를 베푸소서 우리가 주를 앙망하오니 주는 아침마다 우리의 팔이 되시며 환난 때에 우리의 구원이 되소서

3절, 진동시키시는 소리로 인하여 민족들이 도망하며 주께서 일어나심으로 인하여 열방이 흩어졌나이다

4절, 황충의 모임같이 사람이 너희 노략물을 모을 것이며 메뚜기의 뛰어오름같이 그들이 그 위로 뛰어오르리라

5절, 여호와께서는 지존하시니 이는 높은 데 거하심이요 공평과 의로 시온에 충만케 하심이라

6절, 너의 시대에 평안함이 있으며 구원과 지혜와 지식이 풍성할 것이니 여호와를

---

2) 히필형의 자동사의 사용은 잘 알려진 것이다. 또한 사무엘하 20:18을 참고하라. 부정사의 정상적 형태는 הָתֵם이다. 그러나 접미사의 첨가와 함께 변화들이 나타난다. הַתִּמְּךָ > הֲתִמְּךָ. 그렇지만 다게쉬 포르테가 일반적으로 후자에 유성쉐와가 따라올 때 멤 안에 첨가되지 않는다. 그러므로 밀렐은 엑센트가 없는 폐음절이고, 그 안에 있는 이(i) 모음은 자연히 히렉이 된다. 다게쉬의 누락으로 인하여 모음을 강조하기 위하여 메텍(*Meteq*)이 기록되었다. 직역하면 "너희가 강탈자이길 그침에 따라," 즉 네가 강탈하기를 그칠 때라는 해석이 가능하다.

3) כנלתך–너의 그침을 따라서, 즉 네가 그쳤을 때, 아마도 아랍어 어근 *nala*(마치다)와 관련된 것으로 어근 נלה로부터 온 단어이다(참고. 욥 15:29). 이 형태는 כְּהַנְלוֹתְךָ를 대신한다. 다게쉬가 영향을 주지 못하며 유성쉐와를 강화한다.

경외함이 너의 보배니라

33:2 앞 절을 이끄는 호이(הוֹי, 슬프다 혹은 화 있을진저)와는 대조적으로, 본 절은 여호와(יהוה)로 시작한다. 이사야는 그의 백성을 대신하여 하나님께서 그들의 힘이 되어 달라는 기도를 드린다. 그런 후 백성의 기도를 전한다. 30:19에서 그는 하나님께서 백성이 그에게 부르짖을 때, 그들에게 은혜를 베푸실 것이라고 예언했다. 이제 그는 그러한 경우가 되도록 기도를 한다. 또한 예언된 바와 같이(25:9), 이사야는 백성의 이름으로, 즉 그 나라를 대신하여 말하거나 대표하는 것처럼 그들이 소망 중에 하나님을 기다려 왔음을 밝힌다. 그리고 나서 그는 자신을 백성으로부터 구별시킨다. 말하자면 3인칭으로 그들에 대해 말하면서 하나님께서 그들의 팔, 즉 그들의 힘을 얻을 수 있는 분이 되어 주시길 간구한다.[4] 사람들은 매일 하나님의 힘이 필요하다. 아침에 날이 밝을 때, 그의 힘은 나타나야만 한다. 그런 까닭에 선지자는 "아침마다" 하나님께서 그들의 힘이 되어 달라고 기도한다. 에워싸고 있는 위험이 매일 존재한다. 새로운 날마다 하나님의 능력이 있음을 발견해야 한다(28:19을 참고).

그러나 환난은 증가될 것이다. 그리고 여전히 많은 대적이 있을 것이다. 그런 까닭에 선지자는 또다시 그가 기도해 주고 있는 자들과 자신을 동일시하여 하나님께서 환난 때에 "우리의 구원"이 되어 달라고 간청한다. 이사야가 사용하고 있는 도입어 아프(אַף, 실로)는 26:9에서처럼 어조가 강한데, 이는 그가 하나님께서 그 나라의 힘이 되어주시길 기도하는 것이 이 특별한 국면, 즉 구원의 상황에 드려진 것이기 때문이다. 하나님이 그들의 구원이 되어야만 한다. 그렇지 않으면 구원은 없다.

33:3 이사야는 계속해서 하나님께 기도를 드리면서, 진동의 소리(즉 진동시키는 소리)에 민족들이 도망한다고 지적한다. 뇌성을 가리키는 것이 아니라 하나님께서 말씀하시는 것을 가리킨다. "여호와께서 그 장엄한 목소리를 듣게 하시며 혁혁한 진노로 그 팔의 치심을 보이시되 맹렬한 화염과 폭풍과 폭우와 우박으로 하시리니"(사 30:30).[5] 또한 다니엘 10:6과 요한계시록 1:10을 참고하라. 이러한 민족들 중에서 지

---

4) זרעם의 어미형 멤(ם)은 멤 후접어일 수도 있다.

5) 그러나 "*il rumore è il rombo del tuono*"라고 한 Penna의 말을 참고하라. רוֹמְמֻתֶךָ–일어나는, 올리는. 1Q에는 מדממתך로 되어 있다. 두 개의 동사(완료형)는 미래의 행동을 나타낸다, 즉 "도망할 것이다, 흩어질 것이다." 이러한 해석이 문맥에 가장 잘 어울린다.

금은 앗수르로 대표되고 있지만 대적 메소포타미아가 우두머리가 될 것이다.

하나님의 음성의 의미와 평행을 이루는 것은 행동하기 위한 하나님의 일어나심이다. 이 개념을 30:27–28에 잘 예증하고 있다. 음성과 일어나심은 모두 단순히 원수들에 대한 행동개시의 의미를 가진 요소이다. 후에 33:10에서 하나님께서는 "내가 이제 일어나리라"는 말씀으로 그 기도에 응답하신다.

33:4 이사야는 농작물을 모으는 일에 사용되는 단어를 사용하면서 그 노략물이 또한 모이게 될 것이라고 대적에게 선포한다(17:5을 참고). 대적이 이 노략물을 얻기 위하여 오랫동안 수고하여 왔다. 그러나 밭의 곡식처럼 이 노략물이 수확물로 모아지겠지만, 대적은 그것을 누리지 못할 것이다. 예언을 일반적 진리에 대한 서술로 본다고 하더라도, 즉 대적이 그의 목적을 위해 전력할 때 하나님께서 개입하셔서 그의 능력을 제거하실 것에 대한 서술로 본다 하더라도 그 땅에서 산헤립의 갑작스러운 철수에 대한 생각을 할 수밖에 없다.

두 번째 문장에서 소유격이 주격인지 혹은 목적격인지를 결정하기가 어렵다. 이사야가 "황충을 모음같이(목적격)"라고 말하길 원하는가? 아니면 "황충이 만드는 모음같이(주격)"라고 말하길 원하는가? 만일 전자라면, 황충을 박멸시키려는 목적으로 사람들이 그것들을 모으는 방법을 가리킬 것이다.[6] 이러한 구문으로 본다면 황충은 첫 문장의 노략물과 비교되어야 한다. 지금도 사람들은 이러한 목적으로 황충을 모은다. 필자는 아카바의 바로 북동쪽인 트랜스 요르단에서 황충들을 어떻게 도랑으로 몰아 넣어 토치램프로 박멸시키는 지를 보았다. 요점은 그 노략물이 무수하리라는 것이다. 노략물이 상당히 많다고 하더라도 완전히 다 가져가서 대적을 위해 남는 것은 없다.

만약 소유격이 주격이라면 황충(문자적으로 벅어지우는 자)이 밭에 떼로 몰려 내려와 모든 것을 파괴하는 방식을 가리킬 것이다. 그렇다면 고려하고 있는 것은 우선적으로 황충이 그들 앞에 모든 것을 모아 놓는 민첩성과 탐욕스러움일 것이다. 그러나 만일 이 해석이 옳다면, 아싸프(אסף)란 어근은 전혀 적합하지 않다. 그런 까닭에 소유격을 목적격으로 해석해야 할 것이다.

---

6) חסיל–열왕기상 8:37; 여호수아 1:4; 2:25; 시편 78:46; 역대하 6:28. 이 단락들은 이 단어가 추수를 망칠 수 있는 해로운 곤충들임을 암시한다. משק–제1어근이 중복된 שקק의 연결형

본 절의 하반절은 메뚜기떼의 뛰어오름을 가리킨다.[7] 그러한 방식으로 사람들은 대적의 노략물을 모으며 돌아다닐 것이다. 순서나 배열은 없다. 단지 메뚜기들이 여기저기 뛰어 다니듯 사람들도 대적이 모아왔던 것을 모으기 위하여 뛰어다닐 것이다.[8] 이 뛰어오르는 메뚜기들은 상황을 완전히 파악하고 있으며, 그들이 할 수 있는 한 모든 것을 다 가져가 버린다.

33:5 예루살렘 사람의 승리를 보면서 이사야는 갑자기 하나님을 찬양한다. 하나님은 그의 능력을 나타내셨고 이 사실을 강조하는 것은 당연하다. 왜냐하면 앗수르인이 하나님에게까지 올라가서 그를 끌어내릴 수 있다고 생각하였기 때문이다(10:9–11, 15; 36:18–20; 37:10–13, 16–20, 23–24). 그러나 하나님은 지존하시다. 즉 인간이 그에게 미칠 수 없을만큼 높은 곳에 계신다. 이사야는 “지존하다”는 단어를 문장의 첫 번째 위치에 두어서 이 단어를 강조한다.[9] 이 구문은 하나님께서 자신을 인간에게 나타내시어 대적의 멸망으로 지존하게 되심을 암시한다. 앗수르는 많은 신들을 정복하였고 그가 원하는대로 그들을 내던져 버렸다. 그들에게는 야웨까지도 그렇게 할 수 있는 것처럼 보였다. 그러나 그는 달랐다. 오히려 그들을 멸망시키심으로 그가 지존하심을 보이셨다. 그는 그 어느 누구도 올라가서 그를 끌어내릴 수 없는 높은 데 거하신다(16절을 참고). 하나님께서 그의 성신을 부으시는 것은 위로부터였다. 높은 데 거하시는 하나님은 앗수르인에게 새로운 존재였다. 그들은 전에 결코 그러한 하나님을 경험해 본 적이 없었다. 그러나 이스라엘의 하나님은 제한 받으시는 지역적인 부족 신이 아니라 하늘에 거하시는 하나님이셨다.

외적으로 하나님께서는 자기 백성을 위하여 큰 승리를 이루어내셨으며, 내적으로 거룩한 성을 의와 공평으로 채우셨다. 이것들은 그의 백성이 거하는 그곳에 나타내신 그의 속성이며, 이 곳은 대적의 점령으로부터 자유롭게 되었다. 이 대적의 멸망으로 하나님의 권능과 영광이 나타났다. 그리고 그 성읍에서 단번에 대적은 사라지고,

---

7) גֹּבִים–메뚜기 떼. *Theologische Zeitschrift*, Vol. 4, 1948, p. 317에서 Ludwig Köhler는 이 단어를 논의하고 있다.

8) 이 분사는 비한정이다. 직역하면, “메뚜기 떼의 뛰어 다니는 것처럼 그것 위에 뛰어오를 것이다” 이거나 아니면 “사람이 그것 위에 뛰어 오를 것이다”이다. J. Ziegler in *Biblica*, Vol. 14, 1933, pp. 460–464을 참고하라.

9) “그가 지존하게 되었다”가 아니다. B는 ἅγιος로 읽는다. 분사 שֹׁכֵן과 함께 인칭 대명사의 생략에 유의하라.

참되신 왕의 속성이 나타난다. 그 성읍은 공평과 의로 가득 차 있다.

33:6 이사야는 그 나라를 개인으로 부르면서 앞 절의 개념을 이어나간다. 첫 번째 동사의 주어는 여호와이다. 그래서 이사야는 "그리고 여호와께서 너의 시대의 평안함(certainty)이 되실 것이다"고 말한다.[10] "평안함"으로 번역한 단어는 믿음과 같은 어근에서 온 것으로, '일관성', '신실성'을 의미한다. 백성의 시대는 순환하며 변화하는 시대, 즉 그들의 역사의 시기를 의미한다. 백성의 삶의 변화의 장마다 하나님은 평안함이시시고 백성의 불변자이시다. 본 문구의 관계를 해석하는 또 다른 방식은 "그리고 구원과 지혜와 지식의 힘이 너의 시대의 평안함이 될 것이다"로 번역하는 것이다. 그러나 위에 제시된 번역이 가장 좋아 보인다.

구원의 힘: 보다 좋은 번역은 "구원의 충만함"이다. 그 충만함과 충분함에 있어서 구원이 여호와 안에서 발견된다는 것을 의미한다. 지혜와[11] 지식이란 단어도 역시 충만함과 함께 번역될 수 있다. 따라서 전체 구문은 '구원과 지혜와 지식의 충만함'으로 읽을 수도 있다. 그렇지만 이 단어들을 "충만함"에 종속되도록 만드는 것은 문법적으로 불필요하다. 또한 "구원의 충만함은 지혜와 지식이다"로 번역할 수도 있다. 지혜는 사물에 대한 참되고 옳은 평가이고, 반면에 지식은 사물의 본질에 대한 참된 인식이다. 지식은 객관적인 면을 강조하는 반면 지혜는 주관적인 면을 내세운다.

마지막으로 "여호와 경외, 이것이 그의 보배이다"라는 말을 듣는다.[12] 어느 정도 점진법이 나타나는 것으로 보인다. 구원은 외부로부터 주어진 선물을 가리키며, 지혜와 지식은 그 자체가 구원의 일부분으로 내적 선물을 가리키며, 마지막으로 여호

---

10) 일반적인 영역본들은 그렇게 번역한다. 이 구문은 단순하고 자연스럽다. 주된 난점은 "그의 보배"가운데 있는 접미사가 하나님을 가리켜야 한다는 것이다. 이 구문에서 하나님의 보배는 여호와를 경외함이라는 것이다. 그러나 이 표현이 2:7 상반절을 반영하는 것처럼 보인다. 그런 까닭에 어떤 사람은 접미사를 여성형으로 수정하여 그 나라를 가리키는 것으로 만들고자 한다. 그러나 여기에 나타난 자음들이 1Q에도 나타난다. 그러므로 본인은 본문의 구조를 유지하여 위의 주해처럼 해석하였다. 많은 사람이 "구원의 부요 등"을 주어로 취급하고 있으나 이것은 다소 곤란하고 남성 접미사로 인하여 야기된 난점을 해결하지 못한다. Vulgate역은 *et erit fides in temporibus tuis*로 읽는다. B는 자의적으로 하고 있다.

11) חכמת–지혜. '–아트(עַת)'라는 어미(語尾)는 ְ מָה–의 탈자를 피하기 의하여 의도된 것 같다 (35:2을 참고). 에스겔 26:19에서는 단어가 접속사 앞에서 연결형으로 나타난다.

12) 한정 술어는 그것이 속한 계층을 제한하며, 주어는 그것과 동일하다. 대명사는 주어를 지시하고 강조해 준다.

와를 경외함은 여호와를 향한 전인간의 철저하고 전적인 헌신을 가리킨다. 이 보배는 하나님에게 속하지만 하나님께서는 그것을 백성에게 주신다. 그러므로 이것은 그들의 참된 보배가 되며, 그 나라가 지금 소망을 두고 있는 거짓된 보배와 대조를 이룬다.

본 절에서 다른 단어들의 어미 타브(ת)가 현저한데 의도된 효과로 보인다. 이사야는 그의 예언 전체를 통하여 자주 소리의 유사성을 나타내려고 힘쓰고 있으며, 본 절에서 어미 타브가 많이 나타나는 것은 이러한 노력의 실례이다. 여덟 개의 명사가 줄지어 이어져서 나타나며, 짝을 이루어 배열되었다. 이 쌍들 중 세 개는 연계적 관계에 있으며, 이 목록 중 세 번째 쌍은 동격 소유격의 관계인 것으로 보인다. 첫 번째와 네 번째 쌍에서, 첫 번째 단어는 연결형이며 타브(ת)로 끝난다. 그리고 실질적으로 절대형인 세 번째 쌍의 첫 번째 단어도 역시 타브로 끝나고 있는데, 아마도 속격의 관계를 강조하기 위한 것으로 보인다. 세 번째 쌍에 있는 두 번째 단어의 끝에 있는 타브(ת)도 역시 중요하다. 왜냐하면 이것이 양 단어가 모두 타브로 끝나는 유일한 쌍이기 때문이다. 이 쌍의 두 단어가 특별한 관계를 갖고 있다는 것은 접속사의 모음부호에 의하여 나타난다.

7절, 보라 그들의 용사가 밖에서 부르짖으며 평화의 사신들이 슬피 곡하며

8절, 대로가 황폐하여 행인이 끊치며 대적이 조약을 파하고 성읍들을 멸시하며 사람을 생각지 아니하며

9절, 땅이 슬퍼하고 쇠잔하며 레바논은 부끄러워 마르고 샤론은 사막과 같고 바산과 갈멜은 목엽을 떨어치는도다

10절, 여호와께서 가라사대 내가 이제 일어나며 내가 이제 나를 높이며 내가 이제 지극히 높이우리니

11절, 너희가 겨를 잉태하고 짚을 해산할 것이며 너희의 호흡은 불이 되어 너희를 삼킬 것이며

12절, 민족들은 불에 굽는 횟돌 같겠고 베어서 불에 사르는 가시나무 같으리로다.

33:7 이사야가 그의 메시지를 제시함에 있어서 그의 습관에 따라 되돌아와 다른 각도에서 다시 본 주제로 다가선다. 이제 그의 목적은 상황의 비참함을 보여주는 것이다. 그는 백성들과 함께 그들의 현재 곤경을 슬퍼하며 도입어 "보라"를 통하여 우리로 하여금 그 주제에 직면하게 한다. 그러나 이어지는 단어 "에르엘람(אֶרְאֶלָּם)"은

많은 논쟁을 일으켜 온 단어다.[13] 어떤 의미에서는 부르짖는 대적의 용사들을 가리키는 것처럼 보인다. 구체적인 의미가 알려져 있지 않아서 이 히브리어 단어를 해석하기가 어려우므로, 전령사들 혹은 영웅들이라는 잠정적인 번역을 사용할 수도 있다. 예루살렘 성읍을 향하여 항복하라고 명령했던 랍사게의 오만하고도 위압적인 어투를 가리키는 것으로 보는 것에 상당히 마음이 끌리며 여기서 당연히 그렇게 보아야 할 것이다(사 36:13을 참고).

평화의 사신들 혹은 대사들은 36:3에서 언급된 사람들일 것이다. 즉 앗수르인으로부터 화평을 구하지만 그들의 목적은 이루지 못하고 그들의 실패를 슬퍼하는[14] 예루살렘의 대사들이다. 산헤립은 히스기야에게 은 300달란트와 금 30달란트를 요구하였으나(왕하 18:14하) 이것은 만족스럽지 못하였다. 산헤립은 자기 말을 파기하고 전 성읍이 항복할 것을 요구하였다(왕하 18:17이하). 히스기야의 사신들로 하여금 비통함으로 울게 한 것이 바로 앗수르 왕의 이러한 행위였다. 자신의 협정과는 반대로 산헤립은 유다의 요새들을 계속해서 공격하였다.

33:8 이사야는 이제 앗수르인의 약탈의 결과로 인한 유다의 상태를 묘사한다. 앞 절에서 그의 시선은 그 성읍 자체와 성읍 밖에서 자랑스럽게 부르짖는 사람들, 그리고 슬피 곡하는 사신들에게 집중되어 있었다. "밖에서"라는 단어가 본 절을 위한 연

---

13) 어떤 이는 그 단어가 아리엘(29:1)에서 파생된 것으로 말하고, 이 단어를 예루살렘의 거민에게 적용한다(Fischer, Drechsler를 참고). 대부분의 고대 역본(탈굼, 수리아역)은 이것을 에레 람(לָם אֶרְאֶה <내가 그들을 볼 것이다>의 합성어 형태로 보았고, 니팔형으로 발음하였다. 1Q는 הנארא לם로 기록한다(참고. Aq, S, T, Ibn Ezra). Vulgate은 *ecce videntes*, 그러나 B는 분명하게 이것이 יָרֵא(두려워하나)에서 파생한 것으로 본다.

어떤 이들은 '영웅들'이란 단어로 번역한다. 사무엘하 23:30에서 אֲרִיאֵל이 불완전하게 기록되었나. 그리고 אַרְאֵלִי가 아버지의 이름을 딴 것일 수도 있다고 주장한다. 즉 하나님의 사자의 후손 즉 한 영웅의 아들(창 46:16; 민 26:17; König를 참고). 접미사는 이스라엘을 가리킬 수도 있다. 즉 "그들의 영웅들"로 단어를 집합적인 것으로 보거나 어미 자체를 집합적인 것으로 보는 것인데 출애굽기 8:16–18의 킨남(כִּנָּם)과 유사하다. Gesenius는 אֶרְאֵלִים이나 אַרְאֵלִים으로 모음부호를 붙일 것을 주장하는데, 이는 여덟 개의 필사본에 있는 이문(אראלים)에 의하여 지지받는다. 그러나 Gesenius가 지적하는 바와 같이 만일 이 이문이 본래 본문에 있었다면 고대인들의 잘못된 설명은 결코 생기지 않았을 것이다(*JBL*, Vol. 39, 1920, p. 138에 있는 Albright의 논증을 참고하라). 아마도 가장 지혜로운 방향은 두 번째 단어에 있는 명사와 평행을 이루는 단어를 번역에 수용하는 것이다. 평화의 사자들이 슬피울며 אֶרְאֶלָּם이 밖에서 운다. 이것은 본문 가운데 제시된 해석을 사용하는 데 대한 유일한 변호이다.

14) מַר–형용사는 부사와 같은 역할을 한다.

결점의 역할을 하고 있으니, 이는 지금 선지자가 우리를 성읍 밖 그 나라로 데리고 가기 때문이다. 원수가 있음으로 인하여 사람들은 더 이상 안전하게 여행을 할 수 없었다. 그런 까닭에 대로가 텅 비었고[15] 황폐하게 되었다(5:6을 참고). 더 이상 여행자가 없으며[16] 행인이 그쳤다.

본 절의 하반절에서 선지자는 이 황폐와 행인이 그친 이유를 말하고 있으니, 곧 앗수르가 언약을 깨뜨렸다는 것이다.[17] 이사야는 이제 24:5에서 했던 것처럼 보편적인 어투를 사용한다. 거기서 그는 세계의 열국이 일반적으로 언약을 파기한 것으로 말했다. 이제 그는 가장 뛰어난 세계적 국가인 앗수르가 세상의 세력의 특징이 되는 일을 행하였다는 것을 보여준다. 즉 앗수르가 언약을 파기하였다. 여기서 가리키고 있는 것은 산헤립이 히스기야와 맺은 언약 혹은 협약을 철저하게 무시한 것이다. 그는 진군해 오면서 어려움 없이 성읍들을 쉽게 정복하였다(36:1).[18] 이사야가 묘사하고 있는 것은 역사의 실제 과정과 일치한다. 그러므로 자기 말을 가볍게 파기하고 성읍들을 정복하는 자는 인간의 생명을 무시하는 자이다. 이사야는 앗수르인이 인간 생명을 제물로 받치는데 주저함이 없다고 지적한다. 도덕적 책임감(언약)이나 물리적 저항(성읍들)에 대한 두려움이나 그 어떤 자비도 그의 길에는 없다. 짧으면서 접속사를 사용하지 않는 문장들이 하나씩 쳐서 정복하는 대적의 신속한 공격과 어울린다.

33:9 25장의 어투를 계속하여 사용하면서 이사야는 이제 거기서 보편적 의미로 사용하였던 어투를 유다 땅 자체에 적용한다. 7절에서 그는 성읍에 집중했고, 8절에

---

15) מסלות–길 혹은 대상들의 길, 성읍의 도로가 아님. Smith가 말한 바와 같이(*Isaiah Chapters XL–LV*, London, 1944, p. 169) 이것은 거의 이사야의 특성을 지닌 단어이다(7:3; 11:16; 19:23; 40:2; 49:11; 59:7; 62:10을 참고). 그는 여기서 이것이 여러 세기 동안 앗수르 군대가 통과해 왔었던 자연적인 간선도로를 가리킨다고 생각한다.

16) 직역하면, '(그) 길을 지나가는 자'(51:23을 참고), 그리고 עֹבְרֵ דֶרֶךְ(시 80:13; 89:42 등), 그리고 시편 8:9, '바다의 (그) 길로 지나가는 자(해로로 다니는 것)'을 주목하라. 이 어구는 거의 유사한 표현이다.

17) 열왕기하 17:14–16과 17이하를 참고하라. Penna는 이 어구에 대해서 상세한 논의를 하고 있다. בְּרִית가 무관사임을 유의하라.

18) 성읍들–1Q는 עדים이라고 기록한다. 그런 까닭에 Penna는 *ha respinto 'i testi–moni*라고 번역한다. 그러나 M이 적절한 의미를 전달한다. 자신의 힘을 알고 있는 앗수르는 어려움 없이 성읍들을 정복한다. 이것은 앗수르에 대한 정확한 묘사이다(10:9; 36:19; 37:12–13을 참고). 그리고 산헤립 자신의 기록에 대해서는 *ANET*, p. 288을 참고하라.

서는 땅에 집중했는데, 이제는 거룩한 땅 전체에 관심을 집중한다. 처음 세 단어들은 인상적인 두운법을 나타내고 있으며, 두 번째 동사에서만 주격의 성을 분명하게 해 준다.[19] 그 거민과 함께 그 땅은 슬퍼하며, 쇠잔의 기운이 땅 전체를 사로잡았다. 말하자면 생명이 땅 전체에서 빠져나갔다. 이사야의 표현은 물론 상징적이다, 그러나 이것은 앗수르의 침입이 팔레스틴에 가져다 준 비참한 상태를 생생하게 나타낸다. 푸르름으로 소문난 레바논은 이제 갈색이 되었다.[20] 잎들은 떨어지고 레바논은 부끄러움을 당한다. 실로 레바논은 마치 생명력을 박탈당한 것처럼 메마르고 쇠잔한다. 최상의 꽃으로 유명한 샤론 또한 사막이나 다름 없이 되었다(참고. 65:10).[21] 샤론은 지중해 연안을 따라 위치해 있었으며, 겨울에는 녹색으로 뒤덮여 있었다. 아네모네가 들판을 뒤덮었다. 그러나 앗수르의 출현은 이곳을 쓸모 없는 땅으로 바꾸어 놓았다.

결론이 본 절의 마지막 문장에서 주어진다. 이것은 문장들의 긴 목록에서 접속사가 이끄는 첫 번째 문장이다. 바산과 갈멜이 묘사되어 있는데, 곧 잎들이 땅에 떨어져서 그곳의 나무들이 벌거벗은 채로 서 있다. 갈멜은 무성한 잎으로 유명하며 바산은 떡갈나무로 유명했다(참고. 2:13). 앗수르에 대한 두려움이 그 땅을 뒤덮었고, 모든 것이 공포에 사로잡혀 적막하며 차갑고 활기가 없다. 그 땅은 쇠잔케 되었다.

33:10 그 땅의 황무함에 대해 묘사한 후에 선지자는 여호와를 화자로 소개한다. 하나님 편에서 높이 올리우는 행동을 위한 적당한 때가 왔다. 그런 까닭에 본 절에서 강조점이 "이제"라는 단어에 놓여 있는데, 이 단어는 본 절에 세 번이나 나타난다. 인간의 나라는 스스로 올라갔고 스스로 세계 위에 군림하였다. 이제 하나님 자

---

19) 슬퍼하고–남성형 동사는 첫 번째에 위치하면서 부정사 절대형의 의미를 가진다. 둘 이상의 수식어가 함께 있을 때(여기서는 '슬퍼하고, 쇠잔하며'), 수식을 받는 여성명사에 가장 가까이 있는 하나만 여성형으로 된다(GKC § 145 t를 참고).

20) קמל–쇠잔하게 되었다, 주조된. 파타흐로 되어 있는 것은 קָמַל 대신에 이 형태에 끊어 읽기가 있음을 암시한다(19:6과 חַתּוּ, 18:5을 참고). 두 동사가 중간에 있는 주어에 의하여 분리되고, 그래서, 첫 번째 문장의 두 동사들처럼, 연결이 되지 않는다. 첫 번째 진술은 그 땅을 총괄적으로 가리키고, 두 번째 것은 보다 구체적이다. 레바논은 부끄러움을 느끼고 시들어졌다.

21) נער–흔들다, 칼 능동 분사, 직역하면, "그리고 바산과 갈멜이 (그 잎들을) 흔든다." 아마도 היה와 함께 해석되는 상황절로 보인다. 샤론이 아라바같이 된 한편, 바산과 갈멜은 흔들고 있었다. 잎사귀들이 나무로부터 떨어질 때, 나무는 벌거벗은 채 서 있을 것이다. 이러한 상징적 어투는 바산과 갈멜의 상태를 묘사한다.

신이 행동을 취하실 때가 이르렀다.

내가 일어나며[22]: 이 동사는 가까운 미래에 있을 행동, 곧 활동이 없는 시기를 깨뜨리는 행동을 가리킨다. 어떤 의미에서 하나님께서 그의 징벌의 손을 거두심이 그러한 시기로 묘사될 수도 있다. 그는 그의 때를 기다리신다. 그는 악한 사람과 나라가 단지 그 만큼만 멀리 가도록 허락하신다. 그리고 나서 행동을 하시기 위하여 일어서신다. 이 첫 번째 동사는 앉아 있는 위치에서 일어나는 것을 암시할 뿐만 아니라 대적에 대해서 행동하시려는 의도를 가리키기도 한다(31:2). 뒤따라오는 "여호와께서 가라사대"로 인하여 동사를 강조한다.[23]

내가 이제 나를 높이며[24]: 자신을 높이는 의미이다. 이 단어를 52:13에서 여호와의 종의 승귀에 대해서 사용하였다. 하나님께서는 이제 자신을 높이 일으켜 세우셔서 그가 행하실 일들을 통하여 그의 높으심을 모든 인간에게 알게 하실 것이다. 아마도 같은 어근이 발견되는 3절의 "주께서 일어나심으로 인하여"라는 어구에 대한 암시가 있는 듯하다.

내가 이제 지극히 높이우리니: 이사야는 또다시 그가 나중에 여호와의 종의 승귀에 대해 사용할 동사(52:13)를 사용한다. 이것은 의미에 있어서 앞의 동사와 실제적으로 동일하다. 선지자는 세 개의 각 동사 앞에 "이제"라는 단어를 삽입하고, 유사한 의미를 가진 두 개의 동사를 사용하여 만들어 내는 일반적인 점층법 대신에 세 개의 짧은 독립 문장을 사용하고 있으며 실제적으로 동일한 의미의 동사 두 개를 사용할 뿐 아니라, 동사들을 접속사 없이 연결시켜 놓는다. 이렇게 함으로 해서 그는 본 절에 인상적인 효과를 만들어 낸다.

33:11 이사야는 이제 여호와를 이길 수 있다는 확신을 가진 앗수르를 향하여 말한다. 원수들의 모든 노력은 헛될 것이니 이는 하나님의 승리의 목적이 알려질 것이

---

22) 내가 일어나며—이 동사는 화자 편에서의 결정의 개념을 담고 있다. 하나님의 행위들은 우연이 아니니, 이는 그가 오직 자신이 정하신 그 시기에 행동을 하시기 때문이다(요 2:4; 12:31을 참고).

23) 가라사대—파타흐를 가진 미완료형은 이사야적 특성을 가지고 있으며, 1:11, 18; 33:10; 40:1, 25; 41:21(두 번); 66:9에도 발견된다. 이러한 형태가 본서의 각 단원의 서론(1, 40장) 가운데 두 번 나타나는 점을 주목하라. 또한 이 각 구절들의 유사한 구조들과 동사의 반복적 의미도 유의하라.

24) 내가 나를 높이며. 이 형태는 타우(ת)가 레쉬(ר) 앞에서 흡수되는 히트파엘 형이다. 아마도 예나세(אֶנָּשֵׂא)와 일치시키려는 의도가 이 기록에 영향을 미친 것 같다. 카메츠(ָ)는 분명히 자켑—카톤과 함께 끊어 읽기가 되고, 발음에 엄숙함을 더해 주는 역할을 한다. 고대 근동에서 있었다고 생각되어지는 것과 같은 죽었다가 부활하는 신 모티브에 대한 어떤 반영도 없다.

기 때문이다.

너희가 겨를 잉태하고[25]: 이사야는 대적이 능동적이라는 것을 전혀 부정하지 않는다. 대적을 잉태한 것으로 말함으로써 이루려고 애쓰는 계획과 도모로 대적이 충만해 있음을 의미한다. 그러나 그것을 출산하는데는 실패할 것이다. 그가 낳게 될 모든 것은 겨와 같을 것이다. 마찬가지로 실제 출산 때 대적은 단지 짚을 생산해 낼 뿐이다. 대적이 목적하는 것의 모든 것 즉 목적을 위한 계획과 성취가 헛된 것이다. 그들은 이익이 없는 것을 위하여 힘쓰고 노력한다. 그들은 좌절하게 될 것이니, 이는 그들이 만군의 여호와와 싸우고 있기 때문이다. 건초와 겨와 짚은 쉽게 타며, 쉽게 소멸되며, 견디지 못한다. 따라서 대적의 계획도 그와 같이 될 것이다. 그 계획은 쉽게 헛되이 될 것이다.

너희의 호흡은[26]: 이사야는 이 단어를 25:4; 30:28에 있는 것과 같이 호흡의 의미로 사용한다. 여호와와 그의 백성을 향하여 거친 숨을 쉬거나 혹은 내뿜는 대적의 호흡이 바로 자신의 멸망의 도구가 되리라는 것을 의미한다. 대적의 호흡이 그들의 대적들을 소멸시키는 대신에 자신들을 소멸시키는 불이라는 것이다.

33:12 그리고 나서 이사야는 방금 진술한 내용의 결과를 이어서 제시한다. 그는 복수형을 사용하면서 "민족들"에 대해서 말한다. 그가 앗수르 군대를 구성하였던 다양한 민족을 가리키던가 아니면 대적국가를 총체적으로 가리킬 수 있다. 앞에서 (3절) 그는 민족의 도망에 대해서 말했다. 아마도 어떤 구체적인 대상을 지시하기보다는 하나님의 심판의 결과로 하나님 없는 인간 세계를 대표하는 민족들이 자신의 권력에 의지한 계획들을 포기할 수밖에 없고 도망하게 되리라는 의미가 분명히 드러난다. 이 민족들은 횟돌의 타오름같이 강하고 밝은 타오름이 될 것이다. 한 예가 아모스 2:1에 나타나 있는데, 모압은 에돔왕의 뼈를 불살라 회로 만든 것으로 인하여 비난받았다. 그 뜻은 민족이 타는 횟돌이 될 것인데, 이것은 그들의 말살의 철저함을 나타내는 비유이다.

이 백성이 얼마나 철저하게 그들의 힘을 잃어버릴 것인가를 강조하기 위하여 선

---

25) קַשׁ—끊어 읽기로 되어 있는 파타흐(ַ)를 주목하라(בַּז, 8:1과 אַת, 8:6을 참고).

26) M은 1Q의 지지를 받고 있다. Targum의 루히 케모(רוּחִי כְּמוֹ), '나의 영이…와 같다'를 따르는 것이 가능하다. 이는 이것이 자음의 변화를 일으키지 않기 때문이다. 다른 한편, 변화는 불필요하다. 그리고 전부 2인칭으로 유지하는 것이 더 좋다. 삼키는 불이라는 어구에 대해서는 26:11; 29:6; 30:27, 30; 33:14을 참고하라.

지자는 그들이 잘려진 가시나무같이 탈 것이라고 진술한다.[27] 잘려진 가시나무는 건조하여 불에 타기 쉽게 된다. 탁탁 소리내면서 불에 타서 쉽게 살라지는 그들이 하나님에 대항하여 싸운 민족이다.

13절, 너희 먼 데 있는 자들아 나의 행한 것을 들으라 너희 가까이 있는 자들아 나의 권능을 알라

14절, 시온의 죄인들이 두려워하며 경건치 아니한 자들이 떨며 이르기를 우리 중에 누가 삼키는 불과 함께 거하겠으며 우리 중에 누가 영영히 타는 것과 함께 거하리요 하도다

15절, 오직 의롭게 행하는 자, 정직히 말하는 자, 토색한 재물을 가증히 여기는 자, 손을 흔들어 뇌물을 받지 아니하는 자, 귀를 막아 피 흘리려는 꾀를 듣지 아니하는 자, 눈을 감아 악을 보지 아니하는 자

16절, 그는 높은 곳에 거하리니 견고한 바위가 그 보장이 되며 그 양식은 공급되고 그 물은 끊치지 아니하리라 하셨느니라

17절, 너의 눈은 그 영광 중의 왕을 보며 광활한 땅을 목도하겠고

18절, 너의 마음에는 두려워하던 것을 생각하여 내리라 계산하던 자가 어디 있느냐 공세를 칭량하던 자가 어디 있느냐 망대를 계수하던 자가 어디 있느냐

19절, 네가 강포한 백성을 다시 보지 아니하리라 그 백성은 방언이 어려워서 네가 알아듣지 못하며 말이 이상하여 네가 깨닫지 못하는 자니라

20절, 우리의 절기 지키는 시온 성을 보라 네 눈에 안정한 처소된 예루살렘이 보이리니 그것은 옮겨지지 아니할 장막이라 그 말뚝이 영영히 뽑히지 아니할 것이요 그 줄이 하나도 끊치지 아니할 것이며

21절, 여호와께서는 거기서 위엄 중에 우리와 함께 계시리니 그곳은 마치 노질하는 배나 큰배가 통행치 못할 넓은 하수나 강이 둘림 같을 것이라

22절, 대저 여호와는 우리 재판장이시요 여호와는 우리에게 율법을 세우신 자시요 여호와는 우리의 왕이시니 우리를 구원하실 것임이니라

23절, 너의 돛대 줄이 풀렸고 돛대 밑을 튼튼히 하지 못하였고 돛을 달지 못하였느니라 때가 되면 많은 재물을 탈취하여 나누리니 저는 자도 그 재물을 취할 것이며

---

27) 살라지리라–타브는 다게쉬 경강점(*affectuosum*)이 있는데, 이는 주된 끊어 읽기 안에 있는 모음을 보다 강조한다.

24절, 그 거민은 내가 병들었노라 하지 아니할 것이라 거기 거하는 백성이 사죄함을 받으리라.

33:13 대적은 멸망하였다. 바벨탑에서처럼 사람들을 모아 하나님을 인정하지 않는 하나의 전세계적 제국, 즉 인간만이 높임을 받는 제국을 이루려고 자신을 높였던 대적이다. 하나님께서 이루신 것의 위대함을 인식하기 위하여 잠깐 멈추는 것이 적절하다. 그러한 이유로 하나님께서 친히 인간들에게 그의 사역의 능력을 듣고 알라고 명령한다. 그가 먼데 있는 자들과 가까이 있는 자들에게 말하고 있는데, 이것은 모든 인간을 망라하는 단어이다.

두 개의 명령이 본 절의 다른 부분에 나타나기는 하지만, 그 의미에 있어서 서로 분리되지 않는데, 이는 이 둘이 하나님의 명령이 충분하다는 것을 보여주기 위하여 필요하기 때문이다. 하나님께서는 인간들에게 그가 행하신 것을 들을 뿐만 아니라 또한 그 의미도 이해할 것을 명령하신다. 그들은 일어난 위대한 일들의 의미, 즉 우연한 일이거나 혹은 단순하게 일어난 사건이 아니고, 유다의 하나님의 크신 능력에 의한 것임을 깨달아야 한다. 동시에 동사들의 분배는 확실히 적절하다. 한편, 가까이 있는 자들은 알라고 명령을 받는다. 그들은 멀리 있어서 하나님의 사역을 볼 수 없었던 사람들처럼, 들을 필요는 없었다. 가까이 있는 사람들에게는 예루살렘에서 일어난 일의 의미를 이해할 필요가 있었다. 그들은 알았을 것이니, 이는 그들 대다수가 여호와의 능력을 알기를 거절하였기 때문이다. 그리고 그들은 그의 능력 앞에서 떨면서 계속 회개하지 않았다. 그러므로 본 절은 뒤따라오는 시온의 죄인들에 대한 말씀에 대한 서론을 이룬다.

33:14 이제 여호와께서 가까이 있는 사들에세로 돌이거서 시온의 죄인들에게 말씀하신다. 예루살렘 성읍 안에 거주하고 있었던 유대인들은 심판이라는 위대한 사건들에서 여호와의 손길을 보지 못했다. 그들은 회개하지 않았고 계속 큰 죄를 저질렀다. 동시에 그들은 두려워하고 떨었다. 그들은 부패하고 불경건하였다. 이 단어는 이사야가 다른 곳에서 사용하고 있는 것이며(9:16; 10:6; 또한 24:5; 32:6을 참고), 하나님을 경멸하고 비웃었고 성스러운 것을 경멸과 모욕으로 취급하였던 자들을 가리킨다. 이들은 하나님에 대한 필요성을 느끼지 못한 사람들이었고, 자신들에게 이익이 된다고 느낄 대는 자신들의 능력에 안주하면서 그의 율법을 범하여 그의 길과

명령을 무시하였던 자들이다. 그러나 일어난 사건들의 의미를 이해하지 못하고 지금 그들은 두려워하고 공포에 사로잡혀 있다.

그 다음 이 죄악된 자들의 말이 소개된다. 이 말을 위기의 때, 곧 떨림과 두려움이 말하는 자들을 사로잡았을 때에 말한 것으로 이해해야 한다. 이 말들은 불평과 애가의 말들이다. 모든 것이 잘되고 있을 때 그들은 하나님이 필요 없다고 생각하였다. 그러나 환난과 재앙의 때에 그들의 목소리가 놀라서 필사적으로 높아진다. 질문의 충분한 의미를 드러내기 위하여, "누가 우리의 형편에 유리하게 머물겠는가?"라고 다소 직역해 볼 수 있다. 이 질문이 자주 "우리들 가운데 누가 머물 것인가? 등"으로 번역되지만 이것은 옳지 않다. "우리가 체류자가 되기를 원한다"는 것이므로 그 의미를 "그러나 유익과 축복이 우리에게 저절로 생기도록 누가 체류자가 될 수 있는가?"(신 30:12, 13; 샷 1:1; 사 6:8을 참고).[28] "체류"라는 단어 자체에는 거주자가 손님이며 이 손님은 하나님의 징벌의 손길이 느껴졌을 때 거주할 권리가 없는 자라는 개념이 암시되어 있는 것으로 보인다.

유대인이 인식할 수 있는 것은 기껏해야 삼키는 불이다. 그리고 그들의 질문의 취지를 "누가 삼키는 불과 함께 거할 수 있는가?"라고 말할 수 있다. 이사야서와 다른 곳에서 이 삼키는(직역하면, 먹는) 불은 심판하시는 하나님의 임재와 함께 동반되는 것이다(29:6; 30:30; 31:9–10, 16–18을 참고). 절망 가운데 부르짖는 사람들은 그 삼키는 불이 단순한 지역적 현상이 아니라, 하나님의 영원한 형벌을 나타내는 것으로 인식하고 있다. 이는 그들이 그 불을 "영원히 불타는 장소들"로 묘사하고 있기 때문이다. 그러므로 불이 진노의 끝없는 구덩이라는 사실과 불타는 장소들이 언제나 심판의 새로운 자원을 제공해 준다는 사실이 부각된다. 이 질문들에 일정한 점층법이 있는 것으로 보인다. 마치 죄인이 "우리 중 어느 누구도 소멸하는 불의 일시적 징벌과 함께 머물 수 없다. 그러므로 분명히 우리 중 어느 누구도 영원히 불타오르는 그 장소들에 머물 수가 없다."라고 묻는 것 같다. 만약 이것이 질문의 의미라면 하나님의 일시적 심판은 뒤따라오는 영원한 징벌을 준비하고 경고한다는 것을 가르쳐 준다. 만약 그렇게 하지 않으면 우리에게 화가 있을 것이다.

---

28) לנו–우리의 유익을 위하여, 심성적 여격. גור–'거하다'는 대격과 함께 사용될 수도 있다. "누군가와 함께 거하다." 시편 5:5; 120:5; 사사기 5:17; 아랍어 *ja–'i–run*, '이웃.' Penna는 χηι δι νοι πυο ρεσιστερε라고 번역한다. 다른 사람들은 '누가 두려워 할 수 있는가?'라고 번역한다. 그러나 이 번역들은 문맥에 적합하지 못하다.

33:15 이제 이사야가 친히 죄인들의 질문에 답변을 주고 있으며 상당히 전반적으로 이 답변을 시편 15편과 24편의 어투로 담고 있다.[29] 선지자는 알고 있지만 죄인들은 알지 못한다. 예루살렘에 있는 모든 자에게 듣고 알라는 명령이 내려졌다. 예루살렘에 있으면서 이사야처럼 하나님을 사랑하는 사람들은 듣고 알았지만, 죄인들은 듣지도 않았고 알지도 못했다. 선지자와는 달리 그들은 어떻게 사람이 삼키는 불과 함께 체류할 수 있는지를 알지 못했다. 그들은 무지에는 풍부하였고 지식에는 빈약하였다. 떨며 두려워하는 데에는 부자였지만, 순종에는 가난에 찌들었다. 다른 한편, 이사야는 지식에 풍부하였는데, 이것은 그가 듣고 순종하는 데 부요하였기 때문이다.

선지자는 삼키는 불과 함께 거주할 수 있는 사람을 묘사한다. 여기서 선지자가 사람이 심판으로부터 피할 수 있는 근거를 제시하고 있다고 가정하는 것은 잘못일 것이다(시 15, 24편에서도 잘못인 것처럼). 이사야는 사람이 의롭게 살았기 때문에 그가 징벌에서 구원받을 것이라고 단언하는 것이 아니다. 그보다 그는 단순히 심판을 피하는 사람들을 묘사하고 있을 뿐이다. 구원의 근거는 하나님의 주권, 선택적인 사랑과 작정에서만 발견되며, 인간의 어떤 공로에서 발견되지 않는다. 이것은 본 예언서의 여러 단락에서 충분히 제시되었다. 이사야의 의도는 선택을 받은 자의 특징을 설명하려는 것이며, 여호와께서 의를 사랑하시고 죄를 미워하신다는 사실을 모든 사람이 알 수 있도록 말하고 있는 것이다. 본문이 사람들로 하여금 심판을 피할 수 있게 해주는 다양한 윤리적 덕목의 목록을 단순히 제시하고 있다고 보는 것은 예언의 특성을 정당하게 다루는 것이 아니다.

그렇다면 선지자가 그 심판을 받지 않을 사람들을 어떻게 묘사하고 있는가? 의롭게 행하는 자, 즉 삶의 전 과정을 의의 범주 안에서 행하는 것.[30] 이 삶은 의로운 삶이며 하나님의 율법의 의로운 요구에 맞주어 행하는 삶, 올바르며 하나님과 올바른 마음으로부터 나오는 행위로 가득찬 삶이다.

정직히 말하는 자: 이 명사의 복수형은 추상명사의 역할을 하여 의와 정직을 의미할 수 있다. 악한 것들을 말하는 것과 행하는 것의 차이처럼 옳은 것을 말하는 것

---

29) 15절은 죄인들의 질문들에 대한 선지자 자신의 답변으로 되어 있다. 한 무리는 질문을 노래하고 다른 무리는 답변을 노래하는 두 무리의 합창단 개념을 도입하는 것은 상당히 신중한 이사야의 선포와는 어울리지 않는 것으로 보인다. 토라-예배 의식에 대한 Gunkel의 견해는 적용될 수 없다.

30) 의-'의의 길'에 대해 함축적으로 사용된 강조의 복수형(시 13:4에 있는 '사망'을 참고). 움직임의 동사(הלך)는 행동이 일어날 장소를 가리키는 목적어로 취급될 수도 있다. '의(안에서) 행함.'

과 악한 것들을 말하는 것의 차이가 그렇게 많이 나는 것은 아니다. 그러나 의인은 율법에 따라 행동할 뿐만 아니라 옳고 바른 것을 말하는 사람이다.

토색한 재물을 가증히 여기는 자: 즉 강탈을 통해 얻게 되거나 주어진 재물. 그는 이러한 방식으로 얻어진 이득을 받지 않을 뿐만 아니라, 그의 마음으로 그러한 이득을 경멸한다. 본 절의 초두에 사용된 일반적인 표현의 특정한 실례를 소개하고 있음에 주목해야 한다. 의롭게 행하며 정직한 것을 말하는 것을 모두 행하는 방식은 불의하게 얻는 재물을 경멸하는 것이다. 이사야는 단어 자체가 그러한 재물을 나타내고 있는 단어를 사용한다. 여기서는 이러한 재물을 어떻게 얻게 되는가를 보여주기 위하여 특정한 예가 적시된 것이다. 힘없는 자들로부터 불법적인 지불을 강요하는 재판관들과 통치자들의 행실을 암시하는 것으로 보인다(1:16–17, 23; 3:14–15을 참고).

손을 흔들어: 다른 사람들이 억압으로 얻은 재물을 손 안으로 밀어 넣어 줄 때, 그는 손을 흔들어 그 재물이 땅에 떨어지게 한다. 그의 행동은 그러한 모든 재물과 돈에 대한 격한 거절을 나타낸다. 그 반대 개념이 잠언 21:14에 나타나 있다. 만약 손을 꽉 쥔다거나 흔든다면 그 뇌물은 그 안에 남아 있을 수 없다. 의인은 악에 대항하여 말할 뿐만 아니라, 그것에 참여하기를 거절한다.[31]

귀를 막아: 생명을 취하거나 피흘리려는 것에 관계된 계획에 대해 듣게 될 때 그는 그러한 계획에 어떤 부분도 감당하지 않을 것이기에 듣지 않으려고 귀를 막는다.[32]

눈을 감아: 의인은 기쁨을 가지고 악을 보지 않으며, 악한 행실에 참여자가 되기를 바라지도 않는다. 그의 수용 기관들, 즉 눈, 귀, 그리고 손은 악을 돕는 일을 하지 않는다. 마찬가지로 그의 활동 기관들, 혀와 발은 악과 함께하는 부분이 없다. 높은 곳에 거하려는 사람은 자기 몸의 어떤 기관도 불의의 도구로 넘겨주기를 원치 않는다.

33:16 본 절에 조건문의 귀결절이 따라 나온다. 15절에서 묘사된 일을 행하는 자는 여기에 묘사된 축복을 받는 자가 될 것이다. "그"라는 인칭 대명사를 사용하면서

---

31) 복수형의 사용은 강조를 위한 것이다(마 10:14; 행 13:51을 참고).

32) 들음으로부터–전치사는 어떤 것으로부터의 움직임이나 혹은 분리를 의미한다. 귀는 단수형이며 악이 속삭여지는 귀를 의미한다.

이사야는 주어를 강조한다. 높은 곳에 거하였지만 그들의 사악함으로 인하여 그곳으로부터 끌어 내려질 자들이 있었다. 그러나 의인은 다른 사람보다 높이 올려진 높은 장소를 점령할 것이니, 이제 그가 대적의 영역보다 더 높이 있게 될 것이기 때문이다.[33] 그의 거처는 완전한 안전지대가 될 것이다. 이곳은 단순히 체류하는 장소가 아니고 실제로 거주하는 장소이다. 악인은 삼키는 불과 함께 체류하는 것에 대해 말하고 있으나, 의인은 영원히 높은 곳에 거주한다. 그가 사는 높은 곳은[34] 대적의 영역 위에 있게 될 것이며 그 땅의 험악한 절벽들 위에 높이 세워진 요새로 이루어져 있게 될 것이다. 이것은 완전한 불접근성과 안전성에 대한 비유이다. 유대 산악지대의 높은 바위산은 실질적으로 접근 불가능한 곳이다. 의인에게 다가올 완전한 안전성에 대한 얼마나 좋은 비유인가!(25:12; 26:5을 참고)

그러나 이러한 비유 자체로는 완전하지 못하다. 바위산의 꼭대기는 음식물을 얻을 수 있는 장소가 아니다. 그러므로 의인은 단지 접근 불가능한 장소에 두어질 뿐 홀로 생계를 유지하도록 방치되는가? 이 무언의 질문에 대해 선지자는 구원받은 자가 필요로 하는 음식이 그들에게 주어지고 물도 계속 공급될 것이라고 분명하게 말하고 있다. 예레미야 15:18의 말라버리는 물과는 달리 이 물은 확실하고도 지속적이다. 그것은 결코 마르거나 줄어들지 않을 것이고 그것을 마셔야 하는 사람들의 필요를 즉시 공급해 줄 것이다. 이 비유는 일관성 있게 유지되지 못하며 될 수도 없다는 것이 분명하다. 어떻게 바위산의 요새 안에 물의 지속적인 공급이 있을 수 있으며 풍성한 음식의 공급이 있을 수 있겠는가? 이 표현은 음식과 물의 선물들이 하나님으로부터 온다는 것을 암시한다. 이것들은 은혜로 주어진 것들이며 인간의 노력으로 얻어지는 것이 아니다. 음식과 물에 대한 언급에는 하나님이 공급하시는 구원의 부요함과 풍성함에 대한 암시가 있다.

33:17 그의 묘사를 이어가면서 이사야는 6절에서 먼저 한 것과 같이 이제 백성을 한 개인으로 부른다. 그의 말 중 강조되는 것은 백성의 눈이 바라보게 될 대상, 즉 자신의 영광 중에 있는 왕이다. 앗수르의 침입으로 신정국가의 왕은 심하게 모욕을 당하였고 수치 가운데 낮아졌다. 그러나 하나님께서 대적을 물리치시고 시온의 죄인

---

33) 높은 곳들–집합적 복수형은 수평적 높이를 나타내기 위해 사용되었을 것이다(욥 16:19; 사 26:5을 참고).

34) 자주 하나님에 대해 사용되는 미슈갑(מִשְׂגָּב)이란 용어가 여기에 적절하다.

이 징벌을 받게 될 그 때에 하나님의 은혜로 징벌의 심판을 피한 의인들을 위하여 왕이 그의 왕권의 모든 영광 중에 통치하게 될 것이다. 그는 유다의 실제 왕들과 같지 않다는 의미에서 승리의 왕이시다. 그 왕은 히스기야도 아니고 어떤 인간 왕도 아니다. 전체 문맥은 히스기야가 얻었던 존경의 수여보다 훨씬 더 위대한 것을 가리킨다. 그는 구원받은 이스라엘의 왕이며 외부의 대적이 징벌을 받았을 때와 시온의 죄인들이 심판을 받았을 때 통치하는 자이다. 그가 메시아이며 오직 그 만이 메시아가 될 수 있다.[35] 이것은 22절의 여호와 자신이 왕이시라는 진술과 상충되지 않는다. 메시아는 여호와의 통치의 현시이다. 가장 심원한 의미에서 여호와만이 왕이시다, 그러나 메시아는 왕적 중보자이시며, 이 문맥에서 그에 대해 묘사된 것과 같이 다스리신다. 영광(beauty)은 단지 물리적인 것만이 아니고 영적이기도 하다. 여기에서 고려하고 있는 분은 그의 교회를 다스리시는 그의 놀라우신 통치의 영광 중에 계시는 메시아이시다.

왕을 보는 것에 더하여,[36] 백성의 눈은 또한 광활한 땅, 즉 먼 땅을 목도하게 될 것이다. 이로써 선지자는 왕국의 모든 개념을 포함시킨다. 본 절의 상반절에서 왕이 언급되었으니, 그가 없이는 나라도 없기 때문이다. 그러나 그의 땅에 대한 언급도 나타난다. "영광 중의"란 어구가 "왕"을 수식하듯 "먼"이라는 단어는 "땅"을 수식한다. 그러므로 본 절에 흥미로운 평행구가 형성된다. 그것은 광활한 땅, 곧 먼 곳을 포함하고 모든 방향으로 뻗어 나가는 땅이다. 이사야는 대적에 의해 점령 당했을 때의 땅과 대조적인 상태를 만들어 낸다. 그때에 그것은 좁고 한정되어 있었다. 그러나 이제 영광 중의 왕이 다스릴 때, 그것은 광활하고 넓은 땅이다(26:15; 32:1이하를 참

---

35) 메시아적 해석을 변호함에 있어서 다음 사항을 유의해 볼 수 있다. (1) "그 영광 중의(*in his beauty*)"란 어구는 결코 하나님에 대해서는 사용되지 않으며, 전적으로 메시아에게 적용될 수 있다(시 45:3을 참고). (2) "광활한 땅"에 대한 언급은 메시아의 왕국이 우주적일 것이라는 강조와 잘 어울린다(사 26:15을 참고). 어쨌든 그러한 언급은 히스기야의 통치에는 적용될 수 없다. 이사야 8:9에서 이방 나라들이 "먼 나라"라고 불린다. (3) 만약 히스기야가 의도되었다면 מלך에 관사를 사용하지 않은 것이 이상하게 되는데, 이는 그것이 너무나 막연하기 때문이다. 또한 מלך이 여기서 나타나는 것처럼 전적으로 하나님에 대해서도 사용되지 않는다. 만약 이것이 하나님을 가리킨다면 "하나님을 볼 것이다"라는 표현을 기대해야 한다. 강조된 מלך이란 단어의 신비적인 모호성은 우리를 영적 영역으로 끌어들인다. 슬픔과 고난 가운데 왕은 사라질 것이고 그 대신에 "광활한 땅"을 다스리는 한 왕이 있을 것이다. 병약한 히스기야와는 대조적으로(사 38장) 영광 중의 왕이 있을 것이다.

36) "너의 눈들"이라는 단수형에 의해 표현된 부드러움이 간과되어서는 안된다. 선지자는 그 나라가 마치 한 개인인 것처럼 그에게 말을 하고 있다.

고). 그의 통치의 영광 중의 왕, 넓고도 광활한 영역, 이러한 것들은 지금 압제를 받는 백성의 눈이 어느 날 보게 될 영광스러운 환상이다.

33:18 이사야는 눈들이 보게 될 것에 대해 방금 전에 말했다. 이제 그는 마음이 생각할 것으로 주의를 유도한다. 앞 문장에서는 보게 될 것, 즉 왕이 강조되었던 반면에 여기서는 생각하는 마음이 강조된다. 생각하게 되는 것은 두려움, 즉 대적이 상황을 지배하고 있었을때 그 나라가 처했던 이전의 상태에 대한 기억이다. 승리와 구원이 너무나 크기 때문에 만일 백성들이 그것을 생각해 내려고 한다면 그들은 자신의 생각을 더듬어 거슬러 올라가서 그것을 마음에 떠올리고 묵상해야만 한다.

본 절의 첫 번째 진술을 입증하기 위하여 이사야는 세 개의 질문을 하는데, 이것들은 대적하는 원수들의 모든 흔적이 백성의 기억으로부터 얼마나 완전하게 사라졌는가를 보여주기 위하여 의도된 것이다.

계산하던 자가 어디 있느냐?: 직역하면, "계산하던 한 사람." 이 사람은 공물로 모아진 돈을 계산하는 임무를 가졌던 것으로 보인다. 그런 까닭에 계산하는 자는 대적이 있었음을 생각나게 하는 자였다. 이 질문에는 마치 대적을 조소하는 듯한 다소 조롱 섞인 어조가 있는 것으로 보인다. 하나님의 백성의 생활을 그렇게도 힘들게 하였던 대적의 대표자들이 이제 어디 있느냐? 두 번째 명사는 계산된 돈의 무게를 다는 사람을 가리키고, "망대를 계수하던 자"라는 세 번째 단어는 히스기야의 통치 하에 있었던 나라가 소유할 수 있도록 허락된 망대와 요새를 기록하였던 사람인 것 같다.

33:19 방금 전에 한 질문은 대적이 완전히 사라졌다는 것을 암시한다. 이러한 개념이 본 절에 의하여 강화되는데, 여기서 이사야는 그 나라가 더 이상 대적을 보지 않을 것이라고 백성들에게 말하고 있다. 대적은 강포한 백성으로 이스라엘을 내적하는데 과감하고 용감하며 야만적이다.[37] 그러한 백성이 역사의 무대에서 완전히 사라져서 더 이상 보이지 않을 것이다. 더 나아가서 방언이 어려운 백성으로 묘사되고 있다. 이사야가 의미하는 바는 그 백성은 방언이 어려워서 알아들을 수 없다는 것이다. 어려운 방언은 이해하기가 힘들다.

이 백성은 유대인이 알아들을 수 없는 낯설고 세련되지 못한 언어를 사용한다. 이 백성은 "그 방언을 네가 알지 못하며 그 말을 네가 깨닫지 못하느니라"(렘 5:15)고

---

37) נועז–יעז의 니팔 분사. 문맥은 "야만스러운"과 같은 의미를 요구하는 것처럼 보인다.

했던 그 나라이다. 비록 대적이 히브리어와 같은 어원의 언어를 말했을지라도 이것은 사실이었을 것이다. 델리취는 흥미 있는 해석을 한다. "그들의 언어는 화란어가 독일인에게 생소한 것보다도 더 이스라엘인에게 생소하게 들렸음에 틀림없다." 거리에서 그리고 자신의 성문에서 자만스러운 정복자의 알아들을 수 없는 언어의 거칠고도 이해할 수가 없는 소리를 듣는 것이 얼마나 자존심이 상하는 일인가! 말함에 있어서 그 나라는 더듬거리며 조롱하는 듯 보인다. 그리고 조롱하는 어조는 진정한 이해를 배제한다.

33:20 하나님의 백성에게 떠나간 앗수르인들 대신에 시온을 보라는 명령이 주어진다. 명령형은 미래에 일어날 일에 대한 단순한 진술보다 더 강하다. "앗수르 대신에 시온을 보라!" 왕과 그의 땅이 언급되었고 이제는 바로 성읍이 언급된다. 이사야는 그 성읍을 종교적 모임의 중심지로 묘사한다.[38] 이 어구는 오경에서 언급된 회막으로 거슬러 올라간다. 거기서 하나님은 그의 백성과 만나셨다. 후에는 성전이 하나님께서 그의 백성과 만나시는 회합의 중심이 되었다. 깊은 의미에서 "우리의 절기 지키는 곳"은 하나님께서 그 백성을 만나시는 장소를 가리킨다. 백성이 함께 모이는 것은 하나님께서 친히 그들을 만나시기 위한 것이었다. 그러므로 이 묘사에는 종교적인 강조가 있다. 또한 갈망과 즐거운 회상의 어조가 있는 것 같다. 구속받은 자는 그들의 성읍을 하나님께서 그들을 만나주셨던 장소로 생각하기를 좋아할 것이다.

선지자는 이제 명령형을 사용하지 않고 미래형을 사용하여 구속받은 자들에게 말을 한다. 17절에서처럼 여기서도 그는 "네 눈"을 강조한다. 그때에 주목하게 될 장소를 믿음이 얻게 될 것인데, 그 백성이 예루살렘, 곧 압제의 날에 있었던 성읍이 아니라, 새로워진 영원한 예루살렘, 옮겨지지 않을 성읍을 보게 되리라는 것이다. 선지자는 그 성읍을 묘사하기 위하여 유목생활의 비유에서 어휘를 취하여 목자와 양떼의 거주를 암시하는 단어를 사용한다(시 48:13–14을 참고). 이 처소는 옮겨지지 않을 것이다(32:18을 참고, 여기에 두 단어가 함께 사용되어 있다). 묘사를 계속해 나가면서 선지자는 예루살렘을 옮겨지지 아니할 장막이라고 부른다.[39] 사막의 여행자

---

38) 이사야는 회합 자체를 반대하지 않았다. 다만 하나님으로부터 떠나서 시행되었던 절기들을 배격하였을 뿐이다. 미래의 시온에서는 회합이 진정으로 백성의 것이 될 것이다. 그러나 지금은 하나님께서 "너희의 절기들"이라고 미워하신다(1:14).

39) יצען–직역하면 방황할 것이다. 이것은 장막의 움직이지 않음을 가리킨다(Koran 16:82을 참고).

들은 아침마다 말뚝을 빼고 장막을 옮겨야 한다.[40] 옮겨지지 아니할 장막은 영구적인 것이다. 유목민의 언어 영역에서 이것이 영구성에 대한 가장 강력한 상징일 것이다. 이전 예루살렘("당시의 예루살렘")의 거주자들은 순례길에 오른 것과 같은 삶을 경험하였으며 바벨론 포로 사건이 닥쳤을 때 말뚝을 뽑고 거처를 옮겨야 할 필요성을 알았었다. 그러나 그 말뚝은 다시는 뽑히지 않을 것이니, 이는 택함을 받은 자들이 "다가올 예루살렘"에 거할 것이기 때문이다. 말뚝에 연결된 줄들도 결코 끊어지지 않을 것이다. 특성상 장막은 영구적 처소가 아니다. 그러므로 이 표현은 영구성의 사실을 보다 분명하게 만든다(렘 10:20은 그 반대 모습을 보여준다).

33:21 이사야는 이제 앞 절과 대조되는 내용을 제시한다. 시온이 단지 옮겨질 장막으로 보일지라도 시온은 가장 견고하게 건설된 성읍보다도 더 견고하다. 시온은 옮겨지지 않을 것이고, 오히려 여호와께서 우리의 힘이 되실 것이다(26:1을 참고). 그곳 시온에 하나님께서 우리의 유익을 위해 거하실 것이다. 시온 성은 하나님께서 전능자로서 그의 백성을 만나시는 곳이며 그의 구원의 목적과 그의 원수의 멸망을 이루시는 놀라운 역사의 능력을 보이시는 곳이다.[41] 그가 행하시는 놀라운 일들은 모두 우리의 유익과 축복을 위한 것이다. 더 나아가서 그는 강과 넓은 하수들의 장소가 되실 것이다. 즉 그가 그곳에 거하시므로 그곳은 성읍들을 둘러싸고 있는 넓은 하수들의 장소와 같이 될 것이다.[42] 그는 수로들과 넓은 하수들이 다른 장소들에 그러하였던 것처럼 예루살렘에 그와 같이 되신다. 그런 까닭에 어떤 대적의 배도 거기에 접근할 수 없다. 군함이 노젓는 배(직역하면 노의 배)이든[43] 아니면 큰 배이든간[44] 그 성읍에 접근할 수 없으니, 이는 그 성읍의 방어물이 여호와이시기 때문이다. 본 절의 상반절에 있느 동일한 단어, 큰(אַדִּיר)이란 단어를 선택하여 언어유희를 만든다. 여호와께서 위엄이 있으시므로(크시므로), 반드시 위엄 있는 배가(큰 배가)

---

40) 말뚝, 핀-복수형에서 에(e) 모음은 자연히 길어진다. 즉 יְתֵדֹתָיו, 그리고 메텍을 동반하게 된다. 그러나 복수형 연결형 יִתְדוֹת에 주목하라. 복수형의 장모음 에(ֵ)는 단순히 상투적인 기록일 수도 있다.

41) 10:34을 참고하라.

42) 직역하면, 강들의 장소, 나일, 즉 실제 나일과 같은 강들(7:18; 19:6을 참고). 원문의 문제와 제안된 본문 배열의 문제에 대해서는 Penna를 참고하라.

43) שַׁיִט-노를 젓는, 한 번만 나오는 단어. 1Q는 שש로 적고 있는데, מָשׁוֹט와 동의어일 것이다.

44) צִי-배. 이 단어는 애굽어($g^{3}j$) 기원을 가진 것으로 일종의 강에 띄우는 배이다. 콥트어의 *goi*(cf. Lambdin, *JAOS*, Vol. 73, No. 3, 1953, p. 153).

지나지 못할 것이다.[45] 이것들은 크고 웅장한 배(river ships)들이었을 것이다. 이것들의 정확한 성격이 무엇이든 간에 이것들은 이스라엘의 참 힘(might)이 거하시는 곳으로 올 수 없을 것이다.

33:22 이사야는 이제 백성의 확신의 이유, 즉 주님의 임재를 보여준다. 그는 세 번이나 여호와란 단어를 사용하고 있으며 각 경우 그것을 강조의 위치에 두고 있다.[46] 이 세 절을 문장들로 보아 "여호와께서 우리 재판장이시요"로 번역하든 아니면 단순히 이것들을 명사와 명칭으로 구성된 것으로 보아 "여호와, 우리 재판장을 인하여"로 번역하든 간에 큰 차이점은 없다. 어느 경우든 강조는 여호와에게 있다. 하나님을 재판장으로 지칭함으로써 백성은 하나님께서 그들을 위해 구원자들을 세우셔서 그 나라를 다스리게 하셨던 사사시대를 기억하게 된다. 그와 같이 해방과 구원은 오직 그로부터 온다. 또한 당시 그 나라의 불의한 재판장과의 대조도 암시되었을 것 같다. 그날에 여호와께서 홀로 재판장이 되실 것이다. 결과적으로 공의가 참으로 시행될 것이다. "율법을 세우신 자"라는 명칭은 창세기 49:10의 메시아 약속 및 또한 통치의 실행에 대한 반영을 나타낸다(신 33:21; 삿 5:13–14을 참고). 이 단어는 전쟁의 시기이든 평화의 시기이든 백성의 진정한 우두머리를 가리킨다. 왕은 율법을 세우는 자이기도 하고 율법을 시행하는 자이기도 하다. "만일 루이 14세의 표현에서 거만함과 경솔함을 뺀다면 'L'etat c'est moi'(짐은 국가다)라는 말이 이 개념을 가장 근접하게 나타낼 것이다. 이것은 우리의 관점에서 볼 때 좋은 정책이 아니며 종교에 있어서도 허용될 수 없다. 그러나 이것은 참된 종교적 관계가 세워질 수 있는 유일한 원리이다. 계시는 이러한 군주적이며 왕 중심 국가의 정사들을 이용하여 하나님의 나라의 교리를 의의 영역에 세워 놓았다."[47] 그는 절대적 권위를 가지고 통치할 율법 수여자이시다. 그는 또한 왕이시고 신정국가의 참 통치자이시다. 이러한 직임들을 맡고 계시는 여호와 그분과 함께 백성은 확신과 신뢰의 모든 근거를

45) יַעַבְרֵהוּ–יעברנו 대신에, 두 개의 모음 사이에 모음 탈락을 방지하기 위하여 눈(נ)을 삽입한 점을 유의하라.

46) 본 절에 에누(ֵנוּ)라는 음이 자주 사용되고 있음에 주목하라. Jerome은 מְחוֹקְקֵנוּ를 *legifer noster*로 번역하였다. 이것은 חקק가 자주 율법을 지칭한다는 사실에 의하여 입증된다(겔 12:24; 30:21).

47) Vos, *Biblical Theology*, Grand Rapids, 1948, pp. 419f. 현대의 성례전적 왕권 개념에 대해서는 A. R. Johnson, *Sacral Kingship in Ancient Israel*, Cardiff, 1955, and J. *de Fraine, L'aspect religieux de la royaute israelite*, Rome, 1954을 참고하라.

가지고 있었다.

33:23 "너의 돛대 줄이 풀려 있고"라는 표현으로 신탁을 전하고 있다. 그렇지만 선지자는 누구에게 말하고 있는가? 일반적으로 그가 대적에게 말하고 있는 것으로 주장한다. 21절에서 그는 어떤 배도 예루살렘 근처로 접근할 수 없을 것이라고 말한 바 있다. 그러나 이제는 배 한척, 즉 앗수르가 그렇게 하고 있는데 결과적으로 재앙을 경험하게 된다.[48] 그러나 드렉슬러는 시온 그 자체에게 이 말이 주어져 있다는 입장에 대해 좋은 논거를 마련했다. 20절에서 예루살렘이 장막의 비유로 제시되었고, 여기서는 배로 제시되었다는 것이다. 가난한 상태에 있는 배이며 파도에 이리저리 흔들리는 배이지만 그럼에도 불구하고 침몰되지 않는 배이다. 현재 즉 선지자가 시온에게 말하고 있을 때에 시온은 돛대 줄이 풀린 배와 같다.[49] 돛대 줄들은 팽팽하고 강해야 하는데 그렇지 못하다. 사람들은 더 이상 돛대의 지지대를 똑바로 붙들 수가 없다.[50](이 지지대는 그 안에 하나의 구멍을 가진 가로 지름대였던 것으로 보이며, 그 구멍 안에 돛대가 끼어져 있었다.) 어느 누구도 기나 기장을 펼칠 수 없다.[51]

본 절의 하반절은 예루살렘의 지금의 상태와 대조적인 상황을 소개한다. 선지자가 말하고 있을 때에는 예루살렘이 가난한 상태였다. 그러나 구원이 이루어지게 될 그때에 예루살렘은 용맹스럽게 행할 것이다. 이사야는 예루살렘의 풍요로움을 암시하기 위하여 "노획품" 혹은 "전리품의 탈취"라는 표현을 사용한다. 풍부한 전리품이 나누어지고 심지어 저는 자도 그 탈취물을 취할 것이다. "저는 백성들이 그 재물을 취할 것이며"라는 마지막 표현은 거의 결과론적으로 덧붙여져 있다. 이것으로 선지자는 또다시 전리품의 풍성함과 그것을 취하기가 용이함을 강조한다. 앗수르 왕들이 전리품을 취하는 것을 계속적으로 강조한 것에 대한 암시가 있는 듯하다 앗수르 왕들은 언제나 전리품을 취한 것을 자랑하였다. 하나님의 백성 가운데는 심지어 저

---

48) 예를 들면, 칼빈은 앗수르에게 말하는 것이라고 진술한다.

49) 그것들이 풀려져 있다–어근은 '저버리다, 버리다, 헐겁게 하다'를 의미한다.

50) כֵּן–직역하면 '기초' 혹은 '받침', 여기서는 '지지' 혹은 '구멍'이다. Gesenius는 이것을 다음과 같은 낱말들과 동일시한다. μεσόδμη(*Odyssey xv*. 290), τά μεσόκοιλα, ἱστοδόκη(*Iliad i*.494), 그리고 ἱστοπέδα(*Odyssey xii*. 51). 이 단어는 연결형이지만, 체레와 함께 확연히 상투적으로 되었다.

51) 문맥은 네스(נֵס)라는 단어가 여기서 돛을 의미하도록 요구한다.

는 자도 전리품을 취한다.[52)]

33:24 이 결론적 구절에서 이사야는 새예루살렘 거민의 완전한 축복을 지적한다. 그의 목적은 이 개념을 앞 절의 개념과 연결시켜서 마치 전리품을 나누는 일에 참여하는 것이 너무나 대단해서 모든 사람이 그의 병듦을 잊게 될 것이라고 말하려는 것이 아니라, 오히려 구원의 날에 육체적이거나 영적 고통이 없을 것임을 말하려는 것이다. 본 절의 상반절에서 그는 어떤 외적인 질병도 백성을 사로잡지 못할 것이라고 선언하고 있고, 하반절에서는 그 어떤 내적인 질병도 그들에게 있지 않을 것이라고 선언한다. 이 둘 사이에는 실질적인 인과관계가 있다. 백성이 죄 사함을 받은 자들이기 때문에 외적 질병으로 고통 받지 않는 자들이다. 24절 상반절에서 백성은 "내가 병들었노라"고 말하는 것으로 나타난다. 그리고 24절 하반절에서는 이유가 3인칭으로 서술된다. 거민이 범한 죄악은 사함을 받고 더 이상 죄인으로 생각되지 않는다. 이사야는 죄사함을 표현하기 위하여 잘 알려진 관용어를 사용한다.[53)] 이것이 모든 문제의 핵심이며 하나님의 백성에게 다가올 평강, 안일, 그리고 축복의 근거이다. 그들의 죄악이 그들로부터 제거되었고, 더 이상 그들을 대항하여 존속하지 않는다. 그들은 죄사함을 받았다.

---

52) 이러한 자랑의 실례에 대해서는 Shalmaneser Ⅲ의 동상에 있는 비문을 참고하라, "나는 헤아릴 수 없는 성읍들을 멸망시켰다. 초토화시키고 불로 태워서 많은 생명을 잃게 하였다. 나는 그들의 헤아릴 수 없는 전리품을 취하였고, 나는 그의 공물을 받았다"(*Iraq*, Vol. XXⅣ, pp. 90–115, lines 33f.). 저는 자 혹은 절름발이가 전리품을 취한다는 개념은 어느 정도 Era Epic, Tablet V, line 27과 일치한다. "절름발이 악카드로 하여금 Sutu 힘을 던져 버리게 하라"(*a–ku–u kur akkadu ki dan–na su–ta–a li–sam–qit*).

53) 직역하면, '백성–죄사함을 받은', 즉 죄가 사함을 받은 자. 소유격 명사(죄)는 앞에 있는 특성(사함)이 적용되는 대상을 나타낸다.

제4장

심판과 구원 가운데 나타난 하나님의 주권: 28-33장의 결론(34-35장)

1. 심판 가운데 나타난 하나님의 주권(34:1-17)

1절, 열국이여 너희는 나아와 들을지어다 민족들이여 귀를 기울일지어다 땅과 땅에 충만한 것, 세계와 세계에서 나는 모든 것이여 들을지어다

34:1 이사야는 되풀이하여여 이방 열국에 대하여 경고를 하여 왔다. 이제 그는 그들에 대한 비난을 요약하고 있으며, 주제의 중요성으로 인하여 이방 열국과 땅에게 들으라고 요청한다. 그는 "가까이 나아오라"는 명령으로 시작하면서 열국에게 그들이 하고 있는 것이 무엇이든 간에 던져 버리고 그가 이제 곧 말하고자 하는 것을 들을 수 있도록 그에게 가까이 나아오라고 명령한다.[1] 그들은 듣기 위하여 나아와야 하며, 미래의 심판에 대한 그의 메시지의 엄중성에 귀를 기울여야 한다. 이 두 장(34, 35장)은 24-27장이 앞에 나오는 13-23장에 관계된 것과 동일한 관계를

---

1) 이러한 형태의 소환에 대해서는 1:2, 10; 33:13; 41:1; 49:1을 참고하라. 다양성에 주목하라—먼저 명령형과 부정사, 그 다음에는 단순 명령형이 나온다. 이것 다음에 두 번째 행에서 명령형이 따라 나온다. *The Indivisible Isaiah*, New York, 1964에서 Mrs Margaliouth가 지적한 대로, 어근 קרב와 שמע이 근접하여 쓰이는 것이 이사야 48:16에서도 발견되지만, 다른 선지서에서는 발견되지 않는다. 또한 49:1에 있는 어투를 참고하라. '나는 것들'(צֶאֱצָאִים)이란 단어는 이사야적 용어로 22:24; 42:5; 44:3; 48:19; 61:9; 65:23에도 나타나며, 다른 선지서들 중에는 어느 곳에도 나타나지 않는다.

28–33장에 대하여 가지고 있다.

그 메시지가 상당히 의미심장하고 중대하므로 심지어 땅도 들어야 한다. 이사야는 엄중한 명령형이 아닌 "땅으로 하여금…하게 하라"는 여격형 명령형을 사용한다. 그러나 동사의 의미는 전혀 격감되지 않는다. 열국은 가까이 나아와야 하고 그와 같이 땅도 선지자를 통하여 들려오는 하나님의 말씀에 귀를 기울여야 한다. 이사야는 시편 24장을 생각나게 하는 어투를 사용하면서 땅과 "땅에 충만한 것 그리고 세계와 세계에서 나는 모든 것"[2)]에 대하여 말한다. 지금 선지자에게 복종해야 하는 것은 모든 거민들을 포함한 전체로서의 땅, 그리고 땅에 속한 모든 것이다. 하나님께서 심판의 말씀을 하시려 하시기에 땅은 들어야만 한다.

2절, 대저 여호와께서 만국을 향하여 진노하시며 그들의 만군을 향하여 분내사 그들을 진멸하시며 살륙케 하셨은즉

3절, 그 살륙당한 자는 내어던진 바 되며 그 사체의 악취가 솟아오르고 그 피에 산들이 녹을 것이며

4절, 하늘의 만상이 사라지고 하늘들이 두루마리같이 말리되 그 만상의 쇠잔함이 포도나무 잎이 마름 같고 무화과나무 잎이 마름 같으리라

34:2 본 절에서 선지자는 1절에서 말한 소집 명령의 이유를 제시한다. 2:12에서 볼 수 있는 내용과 비슷한 표현의 형식을 사용하면서 "여호와께 진노가 있으며, 만군의 여호와께 한 날이 있다"고 말한다. 그가 의미하는 바는 여호와께서 진노를 소유하고 계시다는 것이지만 "진노"[3)]라는 단어를 문장의 초두에 둠으로써 그것을 강조한다. 다시 말해서 본 절의 주제는 "진노"이다. 그리고 이사야가 말하고 있는 이 진노는 여호와께 속하며 그런 까닭에 적절하다고 판단될 때 그에 의해 사용될 수도 있다. 이것은 모든 이방 열국과 관련이 있는 진노이고(2:12에 있는 유사한 문장 구조를 참고하라) 또한 그들의 만군과 관계되는 진노의 타오름이다. 이 "만군"이란 표현은 단순히 열국이 가진 모든 세력들을 가리킨다. 모세가 이 단어를 창세기 2:1에서 이와 유사한 의미로 사용한 바가 있다.

---

2) 이 의미는 "세계에서 나는 모든 것," 즉 모든 인류와 평행을 이룬다.

3) Dillmann은 קצף와 חמה라는 단어를 이사야의 것으로 돌리기를 거부한다. 그러나 חמה는 이사야 27:4; 34:2; 42:25; 59:18; 66:15; 51:13, 20, 22; 63:3, 5–6; 51:17에도 나타난다.

선지자는 두 개의 단순한 진술로 하나님께서 열국에게 하실 일을 말한다. 그는 이 진술들을 마치 하나님의 행위가 이미 일어난 것처럼 과거형으로 말하고 있으며, 그러므로 이러한 일들이 일어날 것에 대해 그가 얼마나 확신하고 있는지를 보여준다. 하나님께서는 열국에 저주를 내리셨고 그들을 완전하고 철저한 멸망에 내맡기셨다.[4] 그들은 유다에 대해 그렇게 진멸하기로 결정하였으나 성공을 하지 못했다. 그들의 여러 시도에도 불구하고 은혜의 남은 자들이 하나님의 자비로 인하여 보존되었다. 그러나 열국에게 그 저주는 철저하다. 그들은 피하지 못한다. 이 저주가 열국에 임하게 되는 방식이 본 절의 마지막 문장에 의하여 설명되어 있다. 즉 "그가 그들을 살육케 하셨은즉." 하나님의 칼은 하늘에 준비되어 있고, 그의 목적을 성취할 것이다. 비록 사용된 용어가 전쟁터에서 적군을 살육하는 것을 묘사하는 군사적 용어이기는 할지라도 상황의 특성상 멸망은 영적인 것이며 하나님의 칼에 의하여 이루어진다. 지상의 전투로 멸망당하는 열국을 실제로 반영할 수도 있지만 고려하고 있는 것은 스스로 하나님께 대항하고 있는 대적 국가들의 철저한 패배이다. "네가 철장으로 저희를 깨뜨림이여 질그릇같이 부수리라 하시도다"(시 2:9).

34:3 선지자는 이제 하나님의 징벌적 행위의 결과를 서술한다. 본 절 전체와 앞 절의 일부에서 그는 대적을 "그들이" 혹은 "그들을"이라고 가리킨다. 이것은 히브리어 본문에서 "멤"(מ)음에 현저한 강조를 만들어 낸다. 살육당한 대적의 시체는 죽어 내던진 바 되고 매장되지 못한다.[5] 이스라엘인에게 이것은 극단적인 모욕이었을 것이다(신 28:26; 삼하 21:10이하; 겔 32:5이하를 참고).

이사야는 매우 생생하게 묘사하고 있다. 연이어 그는 살육당한 자들의 시체에 대해 시체들의 악취가 솟아오른다고 묘사한다. 루칸(Lucan)의 "악취나는 들판"이 생각난다. 시체들이 묻히지 못한 채 들판에 누워 있으며 부패하고 썩어가는 시체들의

---

4) 저주의 시행은 앗수르인들에 의해서도 사용되었으며(37:11; 왕하 19:11) 모압의 돌비에 언급되어 있는데(14–17행), 이것은 다음과 같이 번역될 수 있다. "그리고 그모스가 나에게 말했도다, '갈지어다, 이스라엘에 대항하여 느보를 엄습할지어다.' 그리고 나는 밤에 가서 동터 올 때부터 정오까지 그것을 대항해서 싸웠다. 그리고 나는 그것을 함락시키고, 칠천 명의 어른들, 소년들, 여인들, 소녀들 그리고 노예들을 모두 살육하였는데, 내가 Ashteroth Chemos에게 그것을 헌납하기 위해서였다. 즉 그것을 저주 아래 두었다."

5) יֻשְׁלְכוּ–호팔 미완료. 카메츠–하툽(ָ)의 자리에 있는 키부츠(ֻ)를 주목하라. 엑센트가 없는 폐음절에서 단모음 우는 키부츠 혹은 카메츠 하툽으로 나타날 수도 있다. 1Q는 יוסלכו로 기록한다.

악취가 땅에서 계속 올라온다. 이 표현은 정확한 용어들로 여호와와 그의 기름부은 자를 대항하여 스스로 결집하였던 예전의 거만한 열국의 치욕스러운 패배를 분명하게 보여준다(욜 2:20; 암 4:10을 참고).

이사야는 효과적인 과장법을 사용하여 산들이 그 살육의 피로 인하여 녹을 것이라고 선언한다. 그가 말하는 바는 억수 같은 빗물이 흙을 씻어 내려가 버리듯, 시체들로부터 흘러 나오는 피가 그러한 위력으로 산을 녹아 내리게 할 것이라는 뜻이다. 점진적 표현을 분명히 볼 수 있다. 먼저(2절 하반절), 여호와께서 열국을 살육에 내어 준다는 선언이 나오고, 그 다음에(3절 상), 살육의 치욕스런 성격과 특성이 언급된다. 이것은 계속되는 살육이다. 마지막으로 살육의 광범위한 범위를 묘사한다(3절 하). 간략한 언급과 전조가 이사야 37:36에 주어진다..

34:4 본 절은 바로 전에 소개된 묘사를 이어간다. 산들이 녹을 뿐만 아니라 멸망으로 인하여 나타날 우주적인 변화가 하늘에도 나타난다. 하나님이 친히 창조하신(창 2:1) 하늘의 만상이 사라질 것이다.[6] 그러므로 하나님의 심판은 하늘과 땅의 모든 피조물에게 영향을 준다. 이러한 이유로 인하여 이 표현의 시적 특징에도 불구하고 여기서 세상 끝에 있을 최후 심판에 대한 묘사를 볼 수 있다고 말할 수 있다.[7] 앗수르의 패배와 함께 시작되는 악한 열국에 대한 징벌은 모든 대자연의 완전한 전복에서 절정에 도달할 것이다. 바로 이러한 사실이 스스로 하나님의 택한 백성을 대항하고자 하는 민족들의 대표로 에돔을 언급하는 것에 대한 준비를 마련해 준다.

자신이 방금 전에 진술한 내용을 확장해 나가면서 이사야는 사람들에게 끝이 없는 것처럼 보였던 하늘이 두루마리 혹은 책처럼 말리게 될 것이라고 지적한다.[8]

---

6) 그리고 그것들이 사라질 것이다-어근 מקק는 '썩다, 곪다, 부패하다'를 의미한다(3:24; 5:24을 참고). 1Q는 יתבקעו והעמקים(그리고 골짜기들이 따로 갈라져 나갈 것이다)로 읽는다. 복수 동사와 교차적인 배열을 유의하라. 4절 상반절에서 '하늘의 만상'을 보게 되고, 반면에 하반절에서는 '하늘과 그 만상'을 보게 된다. 이러한 표현에 대해서는 24:21과 **Gilgamesh** i. 5. 28, **kima ki-is-ru sa 4tA-nim**를 참고하라.

7) 그러나 **Gesenius**는 가장 강력한 왕국들이 멸망하게 되는 정치적 개혁이며 마지막 날로 표현될 수 있는 것으로 해석한다. 최후 심판에 대한 묘사에 대해서는 베드로후서 3:12; 마태복음 24:29; 요한계시록 6:12-14을 참고하라(또한 **Koran, Sura** 81:1 참고하라). 그러므로 해석학적 문제는 여기에 묘사된 심판이 최후 심판의 전조인지 아니면 최후 심판 자체인지에 대한 것이다. 이 묘사는 13:10, 13에 제시된 것 이후에 관한 것이다.

8) 성경은 천문학의 진보에도 불구하고 여전히 오늘날에도 사용되는 일상생활의 언어를 말한

산도 사람들에게 영원할 것으로 간주되었고(시 90:2), 하늘도 영원히 있을 것으로 생각되었다. 하늘이 하나님에 의하여 펼쳐진 공간이었기에 사람이 고대의 두루마리를 감아 말았듯이 말릴 수 있다. 시편 기자는 다른 단어들로 표현하지만 근본적으로 동일한 개념을 전한다. "천지는 없어지려니와 주는 영존하시겠고 그것들은 다 옷같이 낡으리니 의복같이 바꾸시면 바뀌려니와"(시 102:26). 하늘의 만상에 있어서 그것들은 포도나무 잎이 시들 듯이 시들어지고 마르게 될 것이다. 다른 곳에서 선지자는 풀과 꽃들의 시듦을 지나가버리는 것에 대한 상징으로 사용한다(40:6–8; 시 103:15–16을 참고).

이 비유는 인상적이고 강력하다. 포도나무의 풍성한 색깔을 가진 잎이 그 색깔과 생기를 잃고, 포도나무로부터 땅으로 떨어진다. 강한 것으로 생각되었던 하늘의 만상이(만상이란 단어의 의미를 주목하라) 그와 같이 시들어지고 사라진다.[9] 모든 피조물들, 가장 힘있는 것들까지도 하나님의 심판의 숨결이 그것들을 강타할 때, 그 힘과 세력이 완전히 사라진다. 여호와만이 가장 권세가 크시고 여호와만이 통치하신다.

> 5절, 여호와의 칼이 하늘에서 족하게 마셨은즉 보라 이것이 에돔 위에 내리며 멸망으로 정한 백성 위에 내려서 그를 심판할 것이라
> 6절, 여호와의 칼이 피 곧 어린 양과 염소의 피에 만족하고 기름 곧 숫양의 콩팥 기름에 윤택하니 이는 여호와께서 보스라에서 희생을 내시며 에돔 땅에서 큰 살륙을 행하심이라
> 7절, 들소와 송아지와 수소가 한가지로 도살장에 내려가니 그들의 땅이 피에 취하며 흙이 기름으로 윤택하리라.

34:5 이제 하나님께서 말씀하시며 바로 전에 묘사된 심판의 잔혹함에 대한 이유를 알려 주신다. 그의 칼은 살육의 피가 아닌 진노와 분노로 취하였다.[10] 진노가 칼

다. 카쎄페르(כַּסֵּפֶר)에 붙어 있는 정관사는 계층을 결정한다. 이 단어가 앞에 위치함으로써 확실히 강조된다. "두루마리 같이 하늘들이 말릴 것이다." 4절 상반절과 하반절은 모두 הַשָּׁמַיִם으로 마친다.

9) 세 개의 동사, 즉 ונמסו(3절 상), ונמקו 그리고 ונגלו의 동일한 구조를 주목하라. 세 번째 동사에서 홀렘(ֹו)이 카메츠(ָ)의 반복을 피하기 위하여(아인–와우 동사들에서처럼) 사용되었다(*P. Wernberg–*MØller in *ZAW*, Vol. 71, 1959, p. 63을 참고하라).

10) רוה는 충분히 마신다는 개념을 나타낸다(16:9 참고). 여기서 이 피엘 형은 "취하였다"로 번역

을 가득 채워서 칼이 술 취한 것 같이 하나님의 대적에 대한 보응을 수행하기 위하여 활보하며 앞으로 나아간다. 이 칼은 하늘에 있으면서 시행하라는 여호와의 명령을 기다리고 있다. 말하자면 이 칼은 그가 부르실 때 그의 명령을 수행할 준비를 하고 쉬고 있는 것으로 생각된다. 이것은 인내하여 온 칼이며 진노와 분노가 그것을 삼켰다. 그리하여 하나님의 칼은 그것들로 취해 있다. 그런 까닭에 지체가 길어질수록 그 심판은 더 격렬해질 것이다. 창세기 3:24에서 여호와께서는 생명 나무로 가는 길을 지키도록 모든 방향을 향하여 칼을 두셨다. 그 칼은 백성이 "여호와와 기드온의 칼이여" 하고 소리를 질렀을 때(삿 7:20; 또한 참고. 수 5:13), 기드온에게 큰 승리를 주었다. 하나님께서 여기서 자신의 칼을 말하는 것은 모세의 노래에 근거한 것이다(신 32:41–43).

하나님은 갑작스럽게 칼의 활동에 주의를 집중하신다. 그가 "보라!"라고 부르짖고 있으니, 이는 오래 기다린 후에 그 칼이 이제 에돔에 임하고 있기 때문이다. 그 칼은 갑자기 나타난다. 이 칼의 활동에 대한 예로 에돔이 언급되고 있는데, 이는 25:10–12에서 모압이 예로 사용된 것과 같다. 모압처럼, 에돔도 역시 이스라엘의 숙적이었다(11:14을 참고, 여기에 그들이 모두 함께 언급되었다). 진노를 족하게 마신 칼은 하늘로부터 내려와서 큰 보응으로 에돔에 임하게 될 것이다. 에돔도 역시 "내 멸망으로 정한 백성"으로 묘사되어 있으며, 심판을 위하여 그렇게 무르익어 있었다. 공의가 결국은 하나님의 진멸 아래 있는 자들 위에 시행될 것이다. 공의가 하늘로부터 시행되며 칼이 내려온다. 그리고 하나님의 저주 아래 있는 땅은 징벌을 받는다.

34:6 연결하는 단어 없이 계속 이어가면서 이사야는 여호와께서 칼을 피로 만족케 하셨다고 선포한다. 그는 칼에 주의를 집중시키고 그 다음에 칼에 관한 두 개의 진술을 한다. 칼은 여호와께 속해 있고 피에 만족한다. 이 말의 뜻을 문자적인 번역으로 잘 이해할 수 있다. 곧 "칼이 여호와께 있으며 이것이 피로 가득 찼도다." 구약에서 큰 전쟁은 자주 희생의 살육에 비유된다(렘 46:10; 50:27; 51:40; 겔 39:17–19 또한 계 19:17–18을 참고). 이 칼은 희생제사의 동물들을 쳤고 그 결과 피로 뒤덮였다. 만일 이 표현의 가혹함에 화가 난다면, 칼빈의 경고를 기억해야 할 것이다. "그러므로 하나님의 심판은 생생한 모습으로 제시되어야 함은 당연하다. 이것은 그들의 둔한 마음에 깊은 인상을 심어 줄 뿐만 아니라 하나님의 뜻일 때에는 그들의 대적들

해야 한다. Vulgate은 inebriatus est로 번역하였다.

의 교만과 반역이 도살 당하는 가축처럼 끌려 가는 것을 결코 막을 수 없다는 것을 신자들이 알게 될 때 그들에게 거룩한 확신으로 용기를 주기 때문이다." 붉은 피로 물든 반역의 죄는 붉은 피의 심판의 징벌은 요구한다.

짐승들의 기름에 담그어진 후에 칼은 또한 윤택하게 된다.[11] 기름과 피는 단순히 희생제물로 드려지는 동물의 본질을 가리킨다. 이 용어들은 6절 하반절에서 다시 사용되며 이사야는 그가 마음 속에 어떤 피와 기름을 가지고 있는 지를 밝혀준다. 어린양과 염소의 피요 수양의 콩팥 기름이다. 어린양은 동물 중에서 가장 기름지고 가장 살진 동물이었고, 염소는 수컷이었다. 이러한 비유를 통하여서 선지자가 그 나라의 거민을 가리켜 말하고 있는 것으로 보인다. 이 서술들을 설명하기 위하여 선지자는 여호와께서 보스라에서 희생을 내시며 에돔 땅에서 큰 살육을 행하신다고 덧붙인다.[12] 여기서 희생은 실제적인 살육행위를 가리킨다. 살육 당한 것은 멸하기로 정한 것이었다. 레위기 27:28에 따르면 멸하기로 정한 것(바쳐진 것)은 여호와께 지극히 거룩한 것이었다. 희생당할 대상물은 여호와께 속하였고 이 희생의 행위를 하는 것은 그의 권리였다. 이사야는 평행적 표현을 통하여 그 희생이 큰 살육이었다고 지적한다. 보스라는 에돔의 주요한 성읍으로 언급되어 있지만 살육은 실제로 전국에 가득할 것이다.

왜 여기서 에돔이 언급되었는가? 13–23장에서 에돔은 언급되지 않았다. 그러나 여기서는 모압을 25장에 언급한 것처럼 하나의 예로 소개한다.

34:7 본 절은 계속해서 묘사를 이어간다. 칼로 친 결과로 들소가 죽을 것이다[13](이 동사의 사용에 대해서는 학개 2:22을 참고하라). 레에밈(רְאֵמִים)이란 히브리어는 강한 뿔을 가진(신 33:17; 시 22:21; 92:10) 야생 동물을 가리킨다(욥 39:9이하). 우가릿어에서 이것은 들소(buffalo)를 가리키는 것으로 보이며, 히브리어에서도 역시 들소를 가리킨다. 살육이 사방에 퍼져 있고 광범위 하기에 일반적인 희생동물들인 어린 양과 염소와 함께 들소도 역시 죽게 될 것이다. 마찬가지로 수소와 더

---

11) הדשנה–후트다쉐나(הִתְדַּשְּׁנָה)를 대신하는 것으로 "더렵혀진". 다른 두 개의 동사에서 타브가 첫 번째 어근에 흡수될 때, 우 모음이 접두사에 위치한다. 신명기 24:4과 레위기 13:55–56을 참고하라. 히트파엘이 실제 수동적 의미를 가지는 곳에서 수동형 모음을 사용하는 경향이 있다.

12) 보스라–아마도 사해의 남동쪽 25마일 지점에 있는 현대의 el–Buseira인 것 같다(창 36:1; 대상 1:44; 암 1:12; 렘 49:13, 22; 사 63:1을 참고).

13) וירדו–직역하면, "그리고 그들이 내려올 것이다." 즉 떨어질 것이다(32:19; 학 2:22을 참고).

불어 송아지도 죽게 될 것이다. 이것들은 힘이 세고 거친 짐승이다. 이것들은 그 나라의 지도자, 강하고 세력 있는 사람, 자기들의 의도대로 결정하는 자를 상징하는 것으로 보인다. 그러나 그들은 하나님의 보응하는 칼을 받게 될 대상들이다.

이 짐승들에게 속한 땅이 그들의 피로 취할 것이며, 그 땅의 티끌은 기름으로 윤택하게 될 것이다. 모든 것을 삼키고 태우는 희생이지만 진정한 희생이다. 묘사가 종교적 제의 언어로 제시된다. 희생은 여호와께 대한 예배이다. 그리고 살육의 장면 자체는 혐오스러운 반면에 그럼에도 불구하고 희생으로 이스라엘의 하나님께서 높임을 받으시고 영광을 받으셨다. 따라서 이것이 심지어 심판에서도 있게 될 것이다. 칼은 공정하고도 공평하게 임할 것이니, 그 누구도 공평치 못하다고 말할 수 없다. 그리고 이 심판을 여기서 희생제사 용어로 묘사하고 있으므로 하나님께서는 심지어 악인의 심판에서도 영광을 받으실 것이다. 타락한 자들 위에 닥쳐올 보응의 심판에서도 하나님의 영광은 밝게 비출 것이다. 여기에 언급된 것에 대해서 실제로 기분이 상하는 사람은 이스라엘의 거룩한 자에게 대항하는 죄악된 반역의 흉악한 성격에 대한 실제적인 개념이 없는 사람이다.

8절, 이것은 여호와의 보수할 날이요 시온의 송사를 위하여 신원하실 해라
9절, 에돔의 시내들은 변하여 역청이 되고 그 티끌은 유황이 되고 그 땅은 불붙는 역청이 되며
10절, 낮에나 밤에나 꺼지지 않고 그 연기가 끊임없이 떠오를 것이며 세세에 황무하여 그리로 지날 자가 영영히 없겠고

34:8 이사야는 "이는(for)"이라는 도입어를 통하여 앞 단락과 본 단락을 연결시키고 있으며, 방금 전에 진술한 내용을 한층 확대하여 설명하고 있다. 선지자는 그가 이미 6절 하반절과 2:12 그리고 22:5에서 사용하였던 진술의 형태를 사용하면서 여호와께서 보수할 날을 가지고 계신다고 선언한다. 이 시기가 앙갚음의 해라는 특징이 더 설명되고 있다. 즉 하나님의 대적의 죄악들에 대해서 충분한 앙갚음이 있을 해이다.[14] "날"과 "해"라는 표현은 모두 하나님께서 그의 보응의 목적을 실행하시는 기간을 지칭하기 위하여 사용되었으며, 이 보응은 그의 명령을 범한 자들에게 당

14) 보수(앙갚음)—복수형은 이 단어의 의미를 강조시키는 역할을 한다.

연한 징벌을 행하시는 것이다.[15)]

이것은 인간의 보복의 경우처럼 원한이나 악이 섞여 있는 것이 아니다. 보응이란 하나님의 신적이며 찬양 받으실만한 속성이며, 보응을 행하심으로 하나님께서 존경과 영광을 받으신다. 더 나아가 시온의 신원을 위하여 존재하게 되는 날이며 해이다. 보복을 행하시고 앙갚음을 하시는 것을 통하여 하나님께서는 그가 택하신 백성의 성읍, 시온의 송사를 신원하실 것이다.[16)] 수년 동안을 시온은 이방 열국과 법적 소송을 하여 왔었다. 그의 권리는 완전히 땅에 짓밟혀졌다. 그의 소송은 받아들여지지 않았다. 그러나 이제 그의 하나님께서 그를 대신하여 개입하신다. 그가 하시는 것은 시온의 소송을 진행시키는 것이다. 열국 중에서 특히 에돔이 일찍부터 시온을 불의로 다루어 온 자로서 두드러지게 나타난다.

34:9 이제까지 선지자는 대적 자체에 대해서 말을 해 왔는데, 이제는 대적의 땅으로 향한다. 심판은 큰 격변을 가져다 준다.[17)] 에돔의 시내들, 즉 신속하게 채워지는 에돔의 와디들(wadies)이 역청으로 변할 것이다. 소돔과 고모라의 멸망에 대한 표현을 사용하면서 선지자는 이 표현을 에돔 자체에 적용하는데, 역청이라는 언급을 덧붙인다.[18)] 물뿐만 아니라 땅 곧 티끌까지도 영향을 받을 것이다. 그러므로 선지자는 온 땅을 망라하고 그 다음에 에돔 땅이 불붙는 역청이 될 것이라고 말하는 것으로 요약한다.[19)] 이 후자의 의미에 있어서 그는 정치적이나 지리적 존재로서 그 나라를 가리키기보다는 에돔의 땅이나 토지를 가리킨다. 이 비유들은 황폐케 하는 심판이 그 땅에 떨어질 것임을 보여준다.

34:10 "영속성을 나타내는 용어의 인상적인 점층법과 강화를 번역으로는 거의

---

15) 이 진리가 니느웨에 적용됨으로써 나훔의 예언은 이 진리를 예증해준다.

16) 그러나 König는 "에돔 족속들의 시온과의 싸움을 위하여"라고 해석한다. 이것은 자연스럽지 못한 것 같다.

17) וְנֶהֶפְכוּ. 카프(כ) 안에 다게쉬 레네의 생략을 주목하라. 이것은 앞에 있는 쉐와(ְ)가 유성이기 때문이다. 쎄골이 헤(ה) 아래에 있는 합성쉐와 대신에 나타난다. 대격 접미사가 없고 정동사의 끊어 읽기가 없는 형태에서 근개음절에 있는 단모음(여기서는 파타흐<ַ>)은 쉐와(ְ)로 약화된다. 앞에 있는 합성쉐와는 동질의 단모음으로 바뀌어야 한다. 그리하여 נֶהְפַּךְ > נֶהֶפְכוּ > נֶהֶפְכוּ가 된다.

18) 예레미야 49:18은 에돔이 소돔과 고모라처럼 멸망할 것이라고 분명하게 진술한다.

19) בֹּעֵרָה–유성음화는 아마도 끊어 읽기 때문인 것으로 설명되어야 할 것이다. 그렇지 않다면, רָה בְּאֵ를 예상하게 된다.

표현할 수 없다"(알렉산더). 그러나 시도는 해 보아야 할 것이다. 그런 까닭에 다음과 같이 번역해 본다.

밤낮 그것은 꺼지지 않는다.
언제나 그 연기가 피어 오르며,
세세토록 타오를 것이니,
영원 무궁토록 그리로 지나갈 자가 없다.

밤낮으로 그 땅은 피치와 역청으로 타오를 것이며 스스로 꺼지지 않을 것이다. 계속 타오른다. 밤새 그 불길의 빛이 하늘로 올라가고, 낮에도 그 불길이 감소되지 않는다. 이것은 지속적이고도 영원한 타오름이다. 타오름과 동반된 연기는 끊임없이 올라간다. 본 절에 영원성이 네 차례나 나타나 있고, 각 경우 영원함을 나타내는 표현이 강조의 위치인 문장의 초두에 있다. 한 세대가 지나가고 다른 한 세대가 올 때, 그 후세대는 같은 타오름을 본다. 이것은 영원히 지속되는 끊김이 없는 타오름이다. 그래서 그 땅에는 여행자들이 있을 수가 없다. 아무도 그리로 지나가지 않을 것이다.

다른 문장들처럼, 이 마지막 문장도 역시 상징적 의미로 보아야 할 것이다. 에돔에 황폐된 마을이 있다는 것이나 혹은 거기에 여행자들이 거의 없다는 것을 보여 주려는 시도는 예언의 의미와 관계가 없다. 이사야가 비유적 언어로 묘사하고 있는 것은 하나님의 백성의 옛 원수들의 완전한 멸망이다. 이 멸망이 지속되어서 에돔은 더 이상 이스라엘인을 압제하고 괴롭힐 수 있는 나라가 되지못할 것이다.[20)]

11절, 당아와 고슴도치가 그 땅을 차지하며 부엉이와 까마귀가 거기 거할 것이라 여호와께서 혼란의 줄과 공허의 추를 에돔에 베푸실 것인즉
12절, 그들이 국가를 이으려하여 귀인들을 부르되 아무도 없겠고 그 모든 방백도 없게 될 것이요
13절, 그 궁궐에는 가시나무가 나며 그 견고한 성에는 엉겅퀴와 새품이 자라서 시랑의 굴과 타조의 처소가 될 것이니
14절, 들짐승이 이리와 만나며 숫염소가 그 동류를 부르며 올빼미가 거기 거하여 쉬는 처소를 삼으며

---

20) 베드로후서 3:7, 10, 12을 참고하라.

15절, 부엉이가 거기 깃들이고 알을 낳아 까서 그 그늘에 모으며 솔개들도 그 짝과 함께 거기 모이리라

16절, 너희는 여호와의 책을 자세히 읽어 보라 이것들이 하나도 빠진 것이 없고 하나도 그 짝이 없는 것이 없으리니 이는 여호와의 입이 이를 명하셨고 그의 신이 이것들을 모으셨음이라

17절, 여호와께서 그것들을 위하여 제비를 뽑으시며 친수로 줄을 띠어 그 땅을 그것들에게 나눠 주셨으니 그것들이 영영히 차지하며 대대로 거기 거하리라.

34:11 비유의 전환으로 인하여 묘사에 큰 힘이 주어진다. 에돔을 결코 꺼지지 않고 지속적으로 타오르는 것으로 묘사한 후 이사야는 아무도 그리로 지나가지 않을 것이라고 언급했다. 그러므로 그는 공허함과 황무함의 개념과 거민이 없는 땅의 개념을 도입했다. 그가 지금 취하고 있는 것은 이 후자의 개념이다. 인간 거민은 어느 누구도 발견되지 않을 것이다. 그러나 예전에 거기에 살았던 자들로부터 유산으로 그 땅을 물려받은 거주자들이 있을 것이다. 에돔의 인간 거주자들은 본 절에 언급되어 있는 자들에게 그 땅을 남겨 주었다. 이들은 당아(pelican)와[21] 고슴도치, 부엉이와 까마귀이다. 이 묘사는 이사야가 일찍이 바벨론에 대해 사용했었던 묘사와 매우 유사하다(13:21–22).

당아는 사막에 둥지를 튼다. 스바냐 2:14와 시편 102:6을 참고하라. 두 번째 명사에서 구르는 것에 대한 암시가 나타나는데, 이것은 스스로 구르는 동물이다. 그러므로 고슴도치나 호저를 가리키며 또한 사막과 같은 장소들을 좋아하는 동물이다.[22] 세 번째 명사는 사막에 사는 새를 가리키며 날카로운 소리를 내는 새일 것이다. 올빼미일 수 있지만 확실하게 말하기는 어렵다.[23] 마지막으로 까마귀가 언급되는데 황량한 절벽에 사는 새이다.[24] 이것들은 모두 황량함과 황무함의 모습을 나타내는 역할을 한다. 사납고 고독한 새들만 발견될 것이다.

---

21) קָאַת–새를 가리킨다. 펠리칸이나 올빼미과의 부엉이인가?(Bochert, *Hierozoicon*, Ⅱ: 454–462을 참고하라) B는 ὄρνεα; Vulgate은 *onocrotalus*로 번역한다. 이 단어가 정관사를 가지고 있을 때 레위기 11:18; 신명기 14:17에 있는 모음 부호를 참고하라. 관사의 효과는 끊어 읽기 효과와 유사하다.

22) קִפּוֹד–꼬부라진 것(14:23을 참고). 어근은 '굴리다, 함께 모이다'를 의미한다.

23) יַנְשׁוֹף–이 단어는 새를 지칭하고(레 11:17), 본 절에서는 황무하고 황량한 곳에 거주하는 것을 가리킬 것이다. B는 ἴβεις로 되어 있다. 이것은 올빼미일 것이다.

24) 까마귀–B는 κόρακες로 번역한다. 이 단어의 의미는 다른 단어들보다 더 잘 확인된다(창 8:7; 왕상 17:4, 6을 참고하라).

본 절을 마치면서 이사야는 하나님께서 그의 일을 세밀하고도 철저하게 시행하신다는 것을 지적한다(분명히 하나님을 동사의 주어로 이해해야 할 것이다). 그는 그 파괴가 완전하게 진행될 수 있도록 다림 줄과 그 끝에 달린 추를 늘이신다.[25] 창세기 1:2의 표현을 취하여, 선지자는 그 황폐함이 얼마나 클 것인지를 보여주고 있는데, 다림줄은 혼돈의 줄이며 추는 공허의 추라고 말한다. 이사야가 복수형을 사용하고 있는 것은 의도가 있는데, 복수형이 강조의 역할을 하기 때문이다. 이것은 성취된 종말이 될 것이다. 즉 그 땅은 황량하고 쓸모 없게 되어 더 이상 거민을 받아들일 수가 없을 것이다.

34:12 접속사 없이 이사야는 또 다른 주어를 소개하여 그 땅의 황폐함을 강조한다.[26] 그렇지만 이 주어는 무엇인가? 알렉산더에 의하면 선지자가 지금 에돔의 동굴에 대해서 말하고 있다고 한다. 그는 호림(חֹרִים)이란 단어가 구멍 혹은 굴을 의미할 수 있으며 또한 에돔이 동굴로 가득찬 것을 잘 지적하면서 원래 거주민은 혈거인 즉 동굴 거주자로 알려져 있었다는 설명을 한다. 그러므로 알렉산더에 따르면, 선지자는 모든 나라가 황폐화된 동굴의 왕국이 될 것이라고 말하고 있는 것이다.[27]

그렇지만 이러한 해석에는 난점이 있는데, 이는 본 절이 한 나라와 방백을 언급하고 있으며 이들은 동굴의 언급과는 잘 어울리지 않기 때문이다. 그렇다면 그 단어를 대부분의 주석가들이 말하는 대로 "귀인들"이라는 의미로 취급하는 것이 더 낫다. 이러한 해석이 본 절의 나머지 부분과 더 잘 어울린다. 어쨌든 이 단어는 문장의 첫 번째 위치에 있음으로써 강조되고 있으며, 절대형의 의미를 가지고 있기에, "그(즉 에돔의) 귀인들에 관한 한"으로 해석할 수 있다.

아무도 없겠고: 여기서 "거기"라는 단어를 강조하는데, 이는 에돔이 당아와 고슴도치가 거처하는 장소이지, 그 나라의 귀인들이 살고 있는 곳이 아니기 때문이다. 에돔의 귀인들에 관한 한, 논리의 흐름이 그러하듯 그 나라를 선포하는 자들이 전혀

---

25) 혼란의 줄-바로 앞에서 음절을 닫고 있는 와우(ו)에도 불구하고 기식음(즉 타브(ת)로부터 다게쉬 레네의 생략)임을 주목하라.

26) 그러나 1Q에서는 접속사가 기록되어 있다. 접속사는 표현을 강화시킬 수 있다. "너희 귀인들은 결코 하나도 없다"(Leo prijs, "*Ein 'Waw der Bekraftigung*'" *Biblische Zeitschrift*, Vol. 8, No. 1, Jan. 1964, p. 106를 참고하라.).

27) "호리인들"이란 용어는 여기서 후리인들을 가리키는 것으로 보여지며, 고대 해석인 "혈거인"은 지양해야 한다.

없을 것이다. 일부 주석가는, 귀인들이 그들의 통치자를 요청할 수 있는 선거에 의한 국가 형태를 에돔이 가지고 있었다고 생각한다. 그러나 이에 대한 증거는 없다. 다른 사람들은 "국가를 이으려 하여"라는 표현을 "나라를 선포하다" 혹은 "왕을 요청하다"를 의미하는 것으로 본다. 또 다른 견해는 그 나라로 누군가를 부르는 것을 가리킨다는 것이며 또 다른 견해는 나라가 더 이상 존재하지 않을 것임을 가리키는 것으로 본다. 이 어구가 난해하다는 것이 인정된 바이지만 다음과 같은 가능성이 있다. "귀인들에 관한 한 그들 중 나라를 선포할 자가 어느 누구도 없다." 다시 말해서 동사의 목적격이 "그리고 아무도 없겠고"라는 표현에서 발견된다. 에돔의 이전 귀인들은 모두 사라졌고, 국가를 구성할 수 있는 사람이 아무도 남아 있지 않다. 이 표현도 비약적인 것이며, 난점으로부터 완전히 벗어난 것은 아니지만, 위의 내용이 다른 어떤 제안보다도 난점을 피할 수 있는 것으로 보인다.

이사야는 점층법을 사용하여 에돔의 모든 방백도 없어질 것이라고 선언한다. 귀인들이 없을 뿐만 아니라 모든 방백도 사라져 버렸다. 에돔에 관한 한 그들의 자랑은 그들의 통치자들에게 있었다. 창세기 36:40–43은 귀족정치가 정절에 도달하였던 에돔의 두목들을 언급하고 있다. 에돔이 당하는 가장 큰 치욕과 굴욕은 그들의 통치자들을 박탈당하는 것이며, 그가 경험해야 하는 것이 바로 이러한 굴욕이다. 그의 통치자들은 사라지고 그들은 더 이상 존재하지 않을 것이다.

34:13 본 절은 황폐함의 결과를 말한다. 예전의 위대한 화려함을 상기시켜 주는 에돔의 궁궐들에 관하여서는 가시나무가 날 것이다.[28] 예전에 인간들로 가득했던 화려한 궁궐들이 이제 가시나무에게 자리를 내어준다. 황폐함을 이보다 더 강하게 묘사하기는 어렵다. 마찬가지로 에돔의 견고한 성들은 쐐기풀과 질려의 장소가 될 것이다. 이보다 더 쓸모 없고 무익한 식물이 있을 수 있는가? 그러나 이 궁궐들과 견고한 성들에 거주자들이 완전하게 아주 없는 것이 아니다. 시랑들이 거기를 목초지로 삼을 것이며, 그곳은 타조를 위한 풀밭이나 뜰이 될 것이다. 본 절의 하반절은 상반절과 평행을 이룬다. 궁궐들 대신에 목초지가 있게 될 것이며 견고한 성들 대신에

---

28) 그리고 날 것이다–여성 단수. סִירִים(가시나무)란 명사는 이 경우에 분명히 여성으로 간주된다 (Brockelmann, 50 c를 참고하라). 그 궁궐–관련을 나타내는 대격, "그리고 궁궐과 관련하여서는 가시나무가 날 것이다," 즉 "가시나무들이 그 궁궐에 날 것이다." 짐승들 등을 나타내는 명사들에 대한 논의에 대해서는 13:21이하에 대한 주석 부분을 참고하라.

풀밭이나 뜰이 있게 될 것이다.[29] 에돔이 여전히 처소가 되기는 하지만 이 처소는 이전의 처소의 모습과 정반대가 될 것이다.

34:14 13장에서 취한 표현을 부분적으로 사용하면서 이사야는 황폐함에 대한 묘사를 계속해 나간다.[30] 예전에 있었던 축제의 모임 대신에 또 다른 형태의 모임들이 있을 것이다. 그때 사막의 야생 동물들이 서로 모일 것이다.[31] 이것들이 예전에 영광스러웠던 국가의 유일한 거민들이 될 것이다. 다시 13장으로부터 빌려와서 선지자는 염소형태(사이르, שָׂעִיר)의 귀신들이 서로 간에 부를 것이라고 서술한다.[32] 바벨론의 황폐가 에돔을 압도할 것이다. 또한 그 장소에 어둠의 세력이 존재하기에 잘 어울리는 올빼미가 있다. 거기서 올빼미가 둥지를 틀고 쉬는 처소를 삼는다.[33] 앗수르와 바벨론 신화에서 릴리투(Lilitu)는 밤의 여귀신으로 나타난다(또한 토빗 8:3을 참고하라). 여기서의 뜻은 마태복음 12:43에 표현된 것과 유사한 것으로 보인다. 릴리투(Lilitu)는 사막을 돌아다니는 귀신(demon)이다. 그 단어 자체는 단순히 "야행성인 것"(Nocturnal)을 의미한다. 알렉산더는 여기서 귀신의 언급은 짐승의 목록과는 어울리지 않는다고 생각한다. 그러나 이에 답변으로 사이르(שָׂעִיר)가 실제로 염소 형태를 가진 귀신을 가리키는 것 같다. 이사야는 에돔의 황폐가 얼마나 클 것인가를 지적하기 위하여 이 단어를 사용하고 있는 것이다. 오직 악의 세력만이 여기서 안식을 얻을 것이다.

34:15 첫 번째 단어가 "거기"인 것은 의도가 없지 않다. 선지자는 또다시 이 야생 짐승이 살게 될 장소인 에돔을 주목하게 한다. 영역본들은 여기에서 오류를 범하고 있다. 흠정역이 "큰 올빼미"라고 번역하고 있는 단어는 아라비아와 아프리카에 서

---

29) חציר–정착된 거처 혹은 소굴, 이는 13절 상반절의 견고한 성과 평행을 이룬다. 닫혀진 견고한 성들에 반대되는 곳은 타조 등의 처소이다. 그러나 1Q는 חצר로 기록한다.

30) 본 절에 나오는 여러 명사들에 대한 논의에 대해서는 13:21이하에 있는 설명들을 참고하라.

31) את–두 명사에 모두 관사가 없지만 목적어 표시어(*notum accusativum*)가 여기서는 목적어와 주어를 구분하기 위하여 필요하다.

32) 부르며–이 단어는 아마도 12절을 반영하는 것으로 보인다. 에돔에서 아무도 나라를 세우지 못하고 오직 귀신들만 서로간에 부를 것이다. 아마도 독특한 어조(대항하여?)가 אל대신에 על에 의하여 의도된 것 같다. 6:3에서 스랍들의 부름을 참고하라.

33) 1Q는 ליליות, 그리고 Vulgate은 헬라–로마 신화에서 차용해 온 *ibi cubavit lamia et invenit sibi requiem*로 적고 있다.

식하는 작은 뱀으로 보이며 활모양의 뱀을 가리킨다. 이 뱀은 나무나 혹은 다른 다른 매복 장소로부터 사람에게 달려들어 심각한 상처를 입힌다.[34] 이 뱀은 보금자리를 가지고 있으며 알을 낳아 부화시키고 그늘 안으로 모은다.[35] 이것은 새들이 날개로 덮듯이 뱀이 새끼를 덮어 그들을 보호하는 것을 의미한다. 30:2에 있는 바와 같이 여기서도 그늘은 보호의 상징이다.

이 땅이 얼마나 무섭고 황무하게 될 것인가를 보여주기 위하여 이사야는 거기에만 솔개들이 날아들 듯 짝을 지어와서 모인다고 서술한다. 세 개의 문장(14절 하, 15절 상, 15절 하)이 "거기"라는 단어로 시작한다. 바로 거기, 예전에 유일한 귀족국가였던 에돔에 광야의 흉한 짐승들이 자신의 거처를 마련할 것이다.

34:16 선지자가 선언한 것이 이상하고 믿기 어려운 것으로 보일 수도 있다. 에돔이 상당히 번영하고 너무나 강하고 우세한 유다의 숙적인데 과연 에돔이 이사야가 바로 전에 언급한 별난 거주자들을 갖게 되는 것이 가능한가? 그의 말을 대조해 볼 만한 것이 있는가? 그 예언의 신실성을 입증할 어떤 방도가 있을까? 실제로 그러한 방도, 즉 메시지의 신실성이 입증될 수 있는 유일한 방도가 있다. 그리고 이사야는 사람들에게 이 방도를 사용하라고 초청한다. 아니 오히려 명령한다. 그것은 여호와의 책 혹은 기록이며 이사야는 사람들에게 이 기록을 연구하라고 명령한다. 그러고 나면 예언을 그것의 성취와 비교해 볼 수 있으며, 선지자가 예언한 모든 것이 실제로 실현되었다는 것을 알 수 있을 것이다.

이사야는 "…로부터"라는 전치사를 사용한다. 자주 책에 기록하라는 말을 듣는다(수 10:13; 삼하 1:18을 참고). 이제 사람들은 그 책으로부터 읽으라, 즉 그 책에서 발견되는 글을 읽으라는 명령을 받는다. 직접적으로 의미하는 것은 바로 이 예언이다. 사람들에게 글을 살펴보라고 명령하면서 그는 그들이 그 글을 보고 이 예언이 참인지 아닌지를 알아보기를 원하고 있는 것이다. 그와 동시에 여호와의 책 혹은 글을 말하면서, 수많은 주석가가 지적해 온 바와 같이, 이사야는 바로 이 예언 이상의 것을 마음속에 품고 있다. 결과적으로 그는 이 예언을 전체의 일부분으로 언급하고 있

34) 화살 뱀(아랍어 fiq–qa–za를 참고), B는 ἐχινος, Vulgate은 *ibi habuit foveam ericius*로 번역하며 이것은 קִפּוֹז를 반영한다. 1Q에서도 발견된다.

35) מלט–피엘형 '낳다', 예를 들면, 알을 낳게 하다. דגר–'알을 품다' דיות–이 단어가 말똥가리와 함께 나타나는 신명기 14:13을 참고하라(레 11:14을 또한 참고).

는 것이다. 이것은 실제 성경 즉 기록된 책의 일부분이기에 사람들은 성경으로 가서 그 안에서 이 예언에 대한 언급을 발견할 수 있다. 이사야는 사람들이 그의 예언의 신실성을 판단해야 하는 권위있는 기록으로서 하나님의 기록된 말씀에 호소를 하고 있다. 사람이 성서에서 예언을 발견할 때, 그는 읽어야만 하고 그 읽음을 통하여 이사야가 예고한 내용의 신실성을 증명할 수 있게 될 것이다.[36]

선지자 자신은 그의 말이 성취되리라는 것을 의심하지 않는다. 그런 까닭에 그는 예언적 완료형을 사용하면서 적극적으로 그가 방금 언급한 모든 짐승 중 어느 것 하나도 빠지지 않을 것이라고 주장한다.[37] 이 짐승들은 선지자가 예고한 그대로 그 땅의 거민으로써 에돔에 모두 있게 될 것이다. 이것은 마치 이사야가 그 책에서 읽고, 그가 언급한 짐승들 하나 하나가 언급되었다는 것을 발견하라고 명령한 것으로 보인다. 이 진술로 그가 의미하는 바는 그 예언이 가장 확실하게 성취된다는 것이다. "이것들이 하나도 빠진 것이 없고"라는 부가적 설명에 의하여 의미가 강화된다. 이 어구가 어렵기는 하지만, 언급된 짐승이 모두 거기에 있을 것이라고 말하는 방식일 뿐이다. 그 어떤 것도 빠지지 않을 것이다. 그 짝이 없는 것이 없을 것이다.

하나님께서 이것을 말씀하셨다는 선언이 이 진리를 확언해 준다. "나의 입"은 이사야 자신의 입을 가리킨다. 그가 "내가 친히 이 예언을 말하였고 이것을 진실하게 말하였다"라고 말하는 것으로 의역할 수 있다. 그가 말하고 있는 것을 다음과 같이 바꾸어 쓸 수 있다. "그리고 내가 그것을 진실로 말하였다." 실제로 믿음의 결핍의 관점에서 선지자 자신의 입이 명령했다는 것이다. 이사야는 야웨를 위한 대언자였고, 야웨의 이름으로 명령할 권리를 가졌다. 실제로 그를 통하여 말씀하신 분은 야웨였다. 이 명령은 에돔에 짐승이 있을 것이라는 언급을 담고 있다. 이것은, "그의 신이 이것들을 모으셨음이라"는[38] 본 절의 마지막 문장에 의하여 입증되고 설명된다(참고 사 63:14; 슥 4:6). 하나님의 목적을 시행함에 있어서 그의 대행자이신 성령은 이사야가 명령한 대로 그 짐승들을 모두 모으실 것이다. 선포된 말은 성령의 역사하

36) Fischer는 이것이 이사야 1–34장을, 특히 13장을 가리킨다고 믿고 있는데, 20–22절은 야생 짐승들에 대한 유사한 묘사를 말하고 있다. 그런 까닭에 본 예언은 13장에 있는 묘사의 확장 혹은 적용이 될 수 있다는 것이다. 그러나 이것은 불가능하다. 왜냐하면 지금 에돔에 대해 말한 것을 입증하기 위하여 바벨론에 대해 말한 것에 호소하고 있기 때문이다.

37) אַחַת–비록 본 절의 어미에서 여성형이 두드러지게 나타나지만, 중성으로 사용된 여성형이다. 세 개의 끊어 읽기 형태와 완전히 기록된 מֵהֵנָּה는 이 표현에 장중함을 주고 있다.

38) רוּחוֹ–그의 신, 이 명사는 여기서 분명히 남성으로 해석된다.

심으로 성취되며 그는 그 말을 효력있게 하신다. 이것이 말씀에 대한 참된 성경적 묘사이며 이 묘사는 말씀 자체에 특별한 효력이 있다는 일반적 개념에 상반된다.

34:17 16절 상반절에 그 명령이 주어진 다음에 16절 하반절에 짐승들을 모으는 것이 나오고 이제 이 짐승들이 에돔의 땅을 영원히 차지하게 될 것(17절 하)에 따른 그 땅의 분배와 측량이 나온다(17절 상). 이 표현은 분명히 가나안 땅의 분배로부터 취해 온 것이다(참고. 민 26:55–56; 수 18:4–6). 하나님께서 예전에 가나안을 분할하시고, 그것을 이스라엘게 나누어 주셨다. 이제 비슷한 방식으로 에돔 땅을 선지자가 말해 온 피조물에게 나누어 주신다. 그들은 그 땅의 영원한 상속자가 될 것이다. 하나님께서 그들의 유익을 위하여 제비를 뽑으시고, 그들을 위하여[39] 줄로 나누시는 것은 바로 그의 손이다.[40] 그 분배는 당연히 정확하고도 정밀할 것이니, 이는 이 분배가 재는 줄로 측량되었기 때문이다. 하나님께서 친히 분배를 하셨으므로 이것은 사람에 의하여 제멋대로 변경되지 않을 것이다. 이것은 영원히 지속될 영구적인 정착이다.

선지자는 짐승들을 이 땅의 상속자로 간주하며 이 땅은 그들의 거처가 된다. 이 상속의 영원성을 강조하기 위하여 그는 영원을 가리키는 단어들을 마지막 두 문장의 첫 번째 위치에 두고 있다. 이것은 그가 앞서 10절에서 사용했던 것과 같은 절차이다. 10절에서 두 개의 표현을 취하여 영원성의 개념을 강조한다. "영원까지"와 "세세에"라는 이 두 표현은 하나님의 백성의 이 숙적을 압도하게 될 완전하고도 결코 끝이 없는 황폐의 사실을 전면으로 가져온다.

---

39) חלקתה–'그것을 나누었다', 히레카트하(הִלְקָתָה) 대신에 쓰임.
40) להם–비록 여성 목적어들을 가리킬지라도, 총괄적으로 사용됨.

참고문헌

Capari Wilhelm, "Jesaja 34 and 35," *ZAW*, Vol. 49, 1931, pp. 67–86.

Gray G. B. , *ZAW*, Vol. 31, 1911, pp. 123–127, 그는 에돔 왕조가 선거에 의한 것이었는지 여부에 대한 문제를 논의한다.

Pope Marvin, "Isaiah 34 in Relation to Isaiah 35; 40–66," *JBL*, Vol. 71, 1952, pp. 235–243.

Torrey C. C., *The Second Isaiah*, Edinburgh, 1928, pp. 279–295.

Young Edward J., "Isaiah 34 And Its Position in the Prophecy," *WThJ*, Vol. 27, No. 2, 1965, pp. 93–114.

2. 구원 가운데 나타난 하나님의 주권(35:1-10)

1절, 광야와 메마른 땅이 기뻐하며 사막이 백합화같이 피어 즐거워하며
2절, 무성하게 피어 기쁜 노래로 즐거워하며 레바논의 영광과 갈멜과 샤론의 아름다움을 얻을 것이라 그것들이 여호와의 영광 곧 우리 하나님의 아름다움을 보리로다.

35:1 이사야는 대조를 즐긴다. 앞 장에서 그는 예전에 화려했고 호화로웠던 에돔이 어떻게 황폐한 광야가 되었으며, 흉한 피조물의 거주지가 되었는가를 묘사하였다. 이제 그는 광야였던 곳이 풍성한 꽃이 나오고 무성하게 자라서 지면을 뒤덮는 곳이 될 것을 지적하고 있다. 이것은 10장과 11장 사이에서 발견되는 것과 유사한 대조이다. 전체 주제의 요지로서 동사가 먼저 등장한다. 이 놀라운 변화는 기뻐함으로 그 특징이 묘사되는 변화이다. 앞 장의 암울함과 대조적으로 만물의 새로운 질서를 맞이하는 기쁨이 돋보인다. 히브리어에서 동사가 "그들"이라는 접미사를 가지고 있다. 그리고 만일 이것이 유지된다면 선지자가 광야에 거주하게 될 자들을 가리키는 것으로 이해해야 한다.[1)]

---

1) 그들이 기뻐할 것이다–Kennedy는 어미형 멤(ם)을 그 다음 단어로부터 "소급된 이중 표기"로 간주하여 생략한다. 따라서 단순히 미완료형 יְשֻׂשׂוּ를 얻게 된다. "광야와 사막이 기뻐할 것이다." 또한 어미형 눈(ן)이 뒤에 나오는 멤(ם)에 동화된 것이며 따라서 이중으로 기록되었다고 추측하기도 한다.

광야와 메마른 땅은 대적에 의하여 황폐하게 된 땅을 나타낸다. 이것은 이제 소생케 될 것이며 살아있는 생명체로서 기쁨으로 충만하게 될 것이다. 이것을 묘사하기 위하여 이사야는 여격형 명령형, "기뻐하게 하라"를 사용하여 아라바에 호소한다.[2] 이것은 아카바만에 이르는 사해의 남쪽 지역을 가리킨다. 분명하게 이사야가 마음속에 우선적으로 유다를 염두에 두고는 있지만, 그의 의도는 자신을 그렇게만 한정시키지 않는다. 그는 인간의 세계적 제국의 침략을 통하여 사막이 되어 버린 모든 것을 가리키고 있다. 황폐한 세상이 지상 낙원과 같이 될 것이니, 이는 상황의 완전한 반전이 이루어질 것이기 때문이다.

그 땅은 아라바로 남아 있지 않고 기뻐할 것이며 장미꽃같이 피어오를 것이다. 이사야는 정확한 의미가 알려져 있지 않은 단어를 사용한다.[3] 이것이 일종의 크로커스라는 것이 가장 그럴듯하지만 확실하지 않다. "장미"라는 일반적인 번역이 정확하게 맞지 않을 수도 있는 반면에 크로커스보다 훨씬 더 아름다운 꽃일 것이다. 알렉산더는 식물은 아니더라도 시문은 뛰어나다고 설명한다. 그리고 이 히브리어 단어의 정확한 의미를 알지 못하기에 일반적인 영어번역을 그대로 따를 수 있다.

본 장의 표현이 상당히 아름다운데, 하나님이 자신을 사랑하는 자들을 위하여 장소를 준비하셨다는 것을 선지자가 제시하기 위하여 겨울 몇 달 동안 언덕들과 들판이 아네모네로 뒤덮이는 팔레스타인과 같이 이제 화려한 꽃들로 옷을 입고 있는 메마른 땅의 비유를 사용하고 있기 때문이다. 큰 축복의 시기가 교회에 임하게 될 것이며 아마도 유대인의 포로귀환이 이 시기의 전조이다. 그러나 무엇보다도 여호와의 구원사역에서 그 실현을 보게 되는 시기이다. 이 놀라운 기쁨과 아름다움의 땅에

이 추측은 의문을 남긴다. 어미형 멤이 1Q에 나타나며 이것은 접미사일 수 있으며, "그들을 위하여 기뻐할 것이다"가 된다. 동사가 자동사이므로, 접미사는 실제로 간접 목적어를 표현하였을 것이다. 예시숨(יְשִׂשׂוּם)이 예상되지만 1Q에도 요드(י)가 없다(GKC § 47, note). 부정사 연결형은 라수스(לְשׂוּשׂ)이다(신 30:9을 참고). 동사는 이사야서 후반부에 일곱 번 나타난다. 사 61:10; 62:5; 64:4; 65:18 이하; 66:10, 14.

2) 웨타겔(וְתָגֵל)–"그리고 기뻐하게 하라." 예언으로 인도하는 여격형 명령형은 선지자의 찬동과 예언된 것에 대한 그의 승인을 시사한다.

3) חבצלת–수선화? 이것은 이곳과 아가 2:1에만 나타난다(아카드어 *hab<a> sillatu* 참고). 일반적인 식물을 가리키는 것이 아니라 어떤 구체적인 식물을 가리키는데, 정확한 정체는 알려지지 않았다. 장미(Luther, Kimchi, Ibn Ezra)는 아니고 백합화(B, Vulg., Targ.)도 아니고 수선화(Saadia, Abulwalid)도 아니다. 수리아어 *hamᵉcaloyto'*, 즉 콜히쿰(가을에 피는 꽃)에 근거하여 이 단어가 크로커스를 지칭하는 것으로 생각된다. *BH*는 카프(כ) 대신 베트로(ב) 읽고 있는데, 즉 '사막이 장미와 함께 꽃필 것이다'로 하고 있다. 그러나 1Q는 M을 지지한다.

평강과 축복이 있으니, 이는 이곳이 임마누엘의 땅이며, 그 축복은 왕에 의하여 친히 구속받은 사람들을 위한 것이기 때문이다.

35:2 본 절은 미래의 변화에 대한 묘사를 계속 이어간다. 부정사 절대형이 본 절을 시작하고, 그 다음 앞 절에서 사용된 두 개의 동사들이 따라온다. 부정사 절대형을 통하여 특별한 강조가 첫 번째 동사에 주어져 있고 이 강조는 그날에 땅이 생산하게 될 풍성함을 지적한다. 앞 절에서 기쁨의 개념이 맨 앞에 위치해서 관심의 핵심을 사로 잡았던 것처럼 여기서도 "피다" 혹은 "싹트기 시작하다"가 강조된다. 두 동사를 1절에서 취하기는 하지만 여기서는 순서가 바뀌어 나타난다. 먼저 싹이 트는 것을 언급하고 그 다음 기뻐하는 것을 언급한다. 기뻐한다는 개념이(또다시 명령을 나타낸다) 세부적인 내용을 전달하는 대격으로 해석될 수도 있는 두 개의 명사에 의하여 강화된다. "기뻐하고 노래함에 관해서는."[4)]

사실 사막에게 이와 같이 크게 기뻐하라고 명령하는 데는 이유가 있는데, 레바논에 속한 영광이 사막에 주어질 것이기 때문이다. 레바논의 영광은 그 아름다운 나무와 장대한 식물에 있다. 레바논을 영광스럽게 만들었던 것이 사막에도 주어질 것이다. 사막 자체로는 그러한 영광을 낼 수가 없다. 그런 까닭에 그 영광은 주어져야 한다. 사막에 이 영광을 주실 수 있는 분은 하나님 오직 그 뿐이다. 따라서 "얻을 것이다"라는 동사 자체가 하나님의 은혜를 나타낸다. 구원의 풍성한 축복은 모두 하나님의 선물이다. 이 영광과 함께 갈멜과 샤론의 아름다움이 그 사막에게 주어질 것이다. 이사야가 여기서 말하고 있는 것은 갈멜산이다. 레바논, 갈멜, 샤론이란 단어들을 가지고 그는 그 나라의 광대한 서쪽 부분을 포함시킨다. 산들은 수리아 본토에 속하며, 갈멜은 팔레스틴에 있고, 샤론은 서해안을 따라 펼쳐진 평야이다. 이사야는 33:9에서도 아라바와 대조하여 이 세 곳을 언급한 바 있다. 여기서 또다시 동일한 관계가 소개되고 있으나, 이번에는 이 장소에 대한 비난이 아니라 영광에 대한 것이다. 사막이 하나님의 역사를 통하여 변화되어서 이 세 장소들처럼 영광스럽고도 출중한 곳이 될 것이다.

"그들이"라는 대명사가 다소 해석하기 어렵지만 1절에 언급된 광야와 메마른땅

4) 기뻐하는-접속사 앞에있는 연결형(33:6; 겔 26:10 그리고 사 51:21을 참고). רַנֵּן-노래하는, 동명사(피엘 부정사 연결형).

을 가리키는 것 같다.[5] 대명사를 강조한 이유가 있는 것 같다. 마치 이사야가 그것들, 곧 아무도 변화하리라고 믿을 수 없었던 광야와 메마른 땅이 이제 레바논과 갈멜과 샤론의 특징을 나타내는 것과 같은 화려한 초목과 식물의 귀한 선물을 받았다고 말하는 것 같다. 그들에게 닥친 변화를 통해 그들은 여호와의 영광을 볼 것이다. 이것은 이사야가 사모하며 선지자가 된 하나님의 아름다움이다. 다시 말해서 이 표상은 하나님의 은혜가 가져 올 큰 변화의 상징이며, 이 사역의 실행을 통해 이스라엘의 하나님의 참되신 아름다움과 영광과 명예가 나타나게 될 것이다.[6]

3절, 너희는 약한 손을 강하게 하여 주며 떨리는 무릎을 굳게 하여 주며
4절, 겁내는 자에게 이르기를 너는 굳세게 하라, 두려워 말라, 보라 너희 하나님이 오사 보수하시며 보복하여 주실 것이라 그가 오사 너희를 구하시리라 하라.

35:3 광야와 메마른 땅에 다가올 변화를 고려하여, 여호와의 선지자로서 이사야는 유다의 거민에게 서로 힘을 돋우어 줄 것을 권한다.[7] 그의 명령은 총괄적인 것이지만, 백성 자신들을 향한 것이다. 그들은 지금 약한 손을 강하게 해야 하며, 떨리는 무릎을 굳게 해야 한다. 비트링가(Vitringa)는 손과 무릎은 행동과 인내력의 개념을 통합하기 위하여 언급된 것으로 지적한다. 약한 손은, 손의 주인이 놀라고 두려워하기 때문에 해야 할 일을 하지 못한다.[8] 흔들리며 떨리는 무릎은 지탱할 수 없으며, 당연히 그렇게 해야 하지만 그 사람을 곧바로 서게 하거나 굳건하게 지탱해 줄 수도 없다. 두려움은 사람에게서 힘을 빼앗는데 그 당시에 두려움의 이유가 있었다. 먹이를 찾아 큰 새, 앗수르가 그 날개를 지면 위로 펼치고 있었다. 유다에게는 미래

---

5) 어떤 사람은 이 주어를 세 개의 지명들과 동일시하려고 하였지만 그렇게 한정시킬 이유가 없다. B는 ὁ λαός μου(내 백성)을 삽입하지만 이것은 문제가 되며, Penna가 주장한 바와 같이, 무생물들이 하나님의 영광을 바라보기를 원하는 바램에기인할 수도 있다.

6) 6:3 주석 부분을 참고하고, 40:5, 9; 60:1을 유의해 보라. Hengstenberg는 여호와의 영광을 본다는 것은 그의 성품의 충만한 영광 가운데 계시는 그를 바라보는 것이라고 주장한다. 그러한 계시가 하나님의 영광의 광채시요 그분의 인격의 나타난 형상이시며, 아버지의 독생자의 영광을 나타내셨던(요 1:14; 2:11) 그리스도 안에서 일어났다. 그러나 본 절의 강조는 당연히 메시아의 사역으로 인해서만 가능한 기적적인 변화에 있다.

7) 어떤 사람은 이 단어들을 선지자들에게 말한 것으로 취급한다. 분명히 그들도 그 안에 포함되어 있다.

8) 손(들)—쌍수 명사가 여성 복수 형용사들에 의하여 수식받을 수도 있음을 유의하라.

가 없는 것처럼 보였다. 파멸과 멸망이 확실해 보였다. 옛 질서가 사라진 것이 분명하고 조상에게 주어졌던 약속이 무시되었다. 두려움과 떨림의 때였다.

그러나 그러한 두려움은 사실상 불신앙의 표시였다. 두려워 할 이유가 없었다. 하나님께서 약속하셨고, 그의 약속은 실현될 것이었다. 구속의 축복이 나타날 것이었으니, 이는 하나님께서 참되시기 때문이다. 그러므로 여호와 안에서 힘을 얻고 자랑을 할 때이다. 만약 그 백성 중에 손이 약한 자가 있고 무릎이 떨리는 사람이 있다면, 그들에게 힘을 주어 강하게 만들어 주어야 한다. 그리고 이것은 하나님의 옛적 약속을 상기시켜 줌으로서만 될 것이며 그가 그의 구속을 이루실 미래를 바라봄으로서만 될 것이다. 이러한 명령을 진술하기 위하여 이사야는 능숙하게 단어의 교차적 배열을 사용한다. 본 절에서 발견되는 동사들의 결합은, 여호수아가 이스라엘 백성을 약속의 땅으로 인도하는 그의 사역을 감당하게 되었을 때 그에게 준 명령에서도 나타난다. 하나님께서 그에게 수행하게 하셨던 위대한 일을 위하여 그는 "강하게 하라 담대히 하라"는 이 두 개의 동사를 통하여서 힘을 얻었다. 그 사역이 실패하려 하고 그 백성으로부터 약속의 땅이 박탈될 것처럼 보였을 때 동일한 명령이 온 것이다. 여호수아의 태도는 그러한 시기에 꼭 들어맞는 유일한 태도였는데 여호수아와 함께 하셨던 하나님께서 역시 모든 시대에 그의 백성과 함께 하신다는 것을 깨달은 때에만 이러한 태도를 가질 수 있다.

35:4 앞절에서 상황의 외적인 현상을 언급했던 반면에 이제 선지자는 사람들의 내적 상태를 가지고 그들을 묘사한다. 마음의 성급함은 마음 속 깊이 하나님의 약속의 성취가 확연히 늦어지는 것에 대해 인내하지 못하는 자들에 관한 것이다. 그들은 자신의 마음 속으로 하나님이 너무 느리고 그가 그의 구원을 지연시킨다고 생각하면서 하나님께서 일하시는 동안에 서두르게 된다. 유다 안에도 틀림없이 그러한 사람들이 있었고, 그들의 마음의 태도는 대개 왜 그들의 손이 약하며 그들의 무릎이 떨리고 있었는지를 설명해 준다. 그러한 태도는 사실상 하나님의 약속과 그것을 이루시는 그의 방법에 대한 불만이었다. 그러한 백성들은 마음을 강하게 하고 두려움을 없앨 필요가 있다. 하나님께서는 자신의 때와 방법으로 그의 말씀을 실현하실 것이다.

마음이 성급한 모든 사람에게 이사야는 그들의 하나님을 바라보라고 명령한다.[9] 사실상 그들은 그를 특별한 방향으로 바라보아야 할 것이다. 그는 보응하러

---

9) 너희 하나님–파쉬타(Pashṭa)가 본 단어를 다음에 따라오는 단어로부터 분리시킨다.

오신다. 선지자의 표현이 다양한 구문으로 묘사되었지만, 이 표현을 "너희 하나님을 바라보라! 보응하러 그가 오신다"라고 해석함으로써 그 의미가 가장 자연스럽게 드러날 수 있을 것으로 보인다.[10] 하나님이 보응으로 임하시며 보응을 행하실 목적으로 오신다는 것을 의미한다. 하나님께서 오신다고 말하는 것은 그가 멀리 떨어져 계셨다가 가까이 계시기 위하여 여행하셔야 한다는 것을 암시하는 것이 아니다. 이것은 하나님께서 필요한 순간에 가까이 계실 것을 서술하는 강력한 방법이다. 그는 그의 백성을 돕기 위하여 오셔서 그의 원수들에 대한 보응을 시행하신다. 이사야는 40:10에서 이와 유사한 구문으로 된 표현을 사용한다.

간결한 표현은 해석하기가 어렵다. 다음과 같은 의역이 그 의미를 나타낸다고 생각한다. "보라! 너희 하나님, 그가 보응과 관계하여 오신다. 진실로 하나님의 보복은 일어날 것이다." 이러한 단어의 배열이 난점을 최소화하는 것으로 보인다. 이 구문에서 "하나님의 보복"이란 표현은 "보수"에 대한 설명적인 단어이다. 인간들에게 자신이 행한 대로 보수하실 분은 하나님이시다. 그러므로 바울은 "너희로 환난 받게 하는 자들에게는 환난으로 갚으시고"(살후 1:6). 이 표현은 대적에게 보응이 될 보복은 인간의 일이 아니라 하나님 자신의 일이라는 사실을 부각시킨다.

마지막 문장에 하나님에 대한 언급이 있으며 이것은 그가 미래에 행하실 구원 사역을 가리킨다. 이것은 외적인 원수로부터만의 구원이 아니라, 개인적인 대적으로부터의 구원이다. 그러나 그보다 더 깊은 의미에서 이것은 인간의 가장 큰 원수인 죄와 그 결과로부터의 구원이다. 이것은 영적인 구원이며 이러한 구원은 오직 하나님만이 이루실 수 있다. 구약성경에서 구원을 주님의 오심과 연관시키고 있다.[11] 구원이 성취되었을 때 하나님께서 자기 백성과 함께 계실 것이다.

5절, 그때에 소경의 눈이 밝을 것이며 귀머거리의 귀가 열릴 것이며

---

10) נָקָם–할(Hal) 대격으로 취급될 수도 있다. '보응으로서(보응의 상태로) 그는 올 것이다.' 그러나 König는 "보라! 너희 하나님을, 보응이 올 것이다, 하나님의 보복이"로 번역한다. 그러나 대명사 הוּא는 보응을 가리키기보다는 하나님을 가리킬 것이다. 접미사가 난해하기는 하지만 주해에 제시된 구문을 선호한다. *Manual of Discipline*, 5:25에 영향을 받은 Wernberg–MØller(*VT*, Vol. 69, 1959, pp. 72f.)는 "보라, 너희에게 보응이 다가올 것이다, 하나님의 보복이 올 것이다, 그리고 너희의 구원"이라고 번역하였다. 이것은 역본들이나 1Q에 의해서 지지를 받지 못하는데, 후자는 본 주석에서 채택한 번역을 강력히 뒷받침 해준다.

11) 그리고 그가 너희를 사하시리라–여격 명령 히필형. 미완료형은 יוֹשִׁיעֲכֶם이 될 것이다. 이 명령형은 정상적이기에 수정할 필요가 없다.

6절, 그때에 저는 자는 사슴같이 뛸 것이며 벙어리의 혀는 노래하리니 이는 광야에 서 물이 솟겠고 사막에서 시내가 흐를 것임이라.

35:5 본 절과 다음 절은 모두 "그때에"로 시작한다. 이것은 묘사될 축복이 나타나게 될 메시아의 구원의 때를 암시하는 단어이다. 하나님께서 오셔서 자기 백성을 구원하실 그 때에 그들은 큰 변화를 경험할 것이다. 사막 자체가 이전의 상태와는 다른 특별한 것으로 변화되듯이 백성 자신도 변화될 것이다. 옛것들은 확실히 지나갈 것이고 모든 것이 새로워질 것이다. 두드러진 변화의 증거는 소경의 눈이 밝아지게 된다는 것이다.[12] 마찬가지로 귀머거리의 귀가 열릴 것이다.[13] 기적 자체는 변화가 이루어지는 방법의 일부이기는 하지만 우리 주님께서 행하신 치유의 기적들을 특별히 가리키는 것은 아니다. 그보다 본 장의 전체 강조점은 여호와께서 오실 때 그가 세상에 급진적인 변화를 일으키신다는 것이다. 사막이 더 이상 사막이 아니고 장미처럼 피어나게 되는 것처럼 소경이 볼 것이다.

이 표현들은 모두 단순히 뛰어난 방식으로 여호와의 도래가 이루시는 변화들이 얼마나 원대하고 철저하게 급진적인지를 나타낸다. 우리 주 예수 그리스도께서 자신의 메시아직의 증거로서 이 구절을 반영하셨다(눅 7:22). 예수 그리스도께서는 능하신 이적을 행하심으로 그가 하나님이심을 보여주셨으나, 본 단락은 이러한 이적들이 시행되리라는 것 이상을 가르쳐준다. 이것은 완전하고도 총괄적이고 급진적 변화를 가르쳐 준다.[14]

35:6 이사야는 엄청난 변화를 계속 묘사해 나가면서 지금은 비틀거리며 저는 자가 그때에 사슴같이 기뻐 뛸 것이라고 설명한다. 미문에 앉았던 앉은뱅이가 기적적

---

12) פקח는 20번이나 사용되었고, 19번은 눈들의 열림에, 그리고 한 번(42:20)은 귀의 열림에 사용되었다.

13) 본 절에 있는 교차 댓구법과 두 동사 사이에 있는 언어유희를 주목하라.

14) 소경과 귀머거리는 약하고도 죄악된 인간성의 표현들로 언급된다(참고. 요 5:3). 그러나 그들 자신들이 또한 이 약속의 축복들을 받을 것이다. 육신적으로 눈멀고 귀머거리 된 자들이 의도되었다. 그러나 더 넓은 의미에서 영적으로 눈멀고 귀머거리 된 자가 포함된다(사 29:18; 42:18; 43:8; 56:10; 사 6:10; 마 15:14; 요 9:39; 엡 1:18; 벧후 1:9을 참고). 그 성취에 대해서 마태복음 11:5; 15:31; 21:14; 마가복음 7:37 그리고 요한복음 9:39을 주목해 볼 수 있을 것이다. 그러나 심지어 지금도 어두운 유리를 보는 것처럼 볼 뿐이다. 그리스도께서 재림하실 그때에 보게 될 것이며 이 예언은 가장 완전한 성취를 얻게 될 것이다.

으로 고침을 받았을 때 그는 뛰어 일어섰다(참고. 행 3:8).[15] 이 개념은 저는 자의 이전의 상태와 생생한 대조를 나타낸다. 벙어리의 혀가 노래하리라는 개념이 또한 이 대조를 강조해준다. 벙어리는 더 이상 조용히 있을 수 없을 것이다. 그는 말할 뿐만 아니라 기쁨으로 크게 노래할 것이다.[16]

이러한 상황의 반전에는 이유가 있다. 물이 없던 광야에 물이 터져 나오고 모든 것이 메말랐던 아라바에 시내가 흐른다. 이것들은 다가올 큰 변화에 대한 진전된 상징들이다. 하나님의 사역은 그의 백성 안에 기쁨을 낳을 것이다. 출애굽기 17:3이하와 민수기 20:11에 대한 암시가 있다. 사막의 물은 구원의 비유이다.

7절, 뜨거운 사막이 변하여 못이 될 것이며 메마른 땅이 변하여 원천이 될 것이며 시랑의 눕던 곳에 풀과 갈대와 부들이 날 것이며
8절, 거기 대로가 있어 그 길을 거룩한 길이라 일컫는 바 되리니 깨끗지 못한 자는 지나지 못하겠고 오직 구속함을 입은 자들을 위하여 있게 된 것이라 우매한 행인은 그 길을 범치 못할 것이며

35:7 사막에서 지친 나그네에게는[17] 물을 찾는 것보다 더 기쁘고 기운나게 하는 일은 없을 것이다. 하나님의 구원이 임할 때 물 연못이 발견될 것이다. 메마른 땅이 실제로 물 있는 샘이 될 것이다. 복수형을 사용하면서 이사야는 비유를 보다 강하게 만든다. 땅 자체가 마실 물을 사모한다. 땅이 목말라 있는데 그 어떤 물도 가까이에 없다. 그러나 이제 겨우 졸졸 흐르는 물이 아니라 솟아나는 실제 샘이 있을 것이다. 광야에는 파괴하고 훔치는 시랑의 거처가 있다. 그러나 이제 축복을 가져다주는 물 자체가 바로 사랑의 거처 가운데 있을 것이다.[18] 여기 골풀과 갈대의 자리에

---

15) 또한 사도행전 8:7; 14:10; 요한복음 5:9; 히브리서 11:12을 참고하라.

16) 마태복음 12:22을 참고하라.

17) שָׁרָב–아마도 "바짝 마른 땅" 혹은 "타는 뜨거움". B, Vulgate(*et quae erat arida*), Syr. 그러나 이것이 여기서 바벨론 신의 이름인 šarrabu와 관련되어 있지는 않다. 이것은 צִמָּאוֹן "메마른 땅"과 평행을 이루고 있는데, 이는 위에 주어진 의미를 뒷받침해주며 49:10의 용례도 또한 이와 같이 한다. רָהָב ש, "신기루"에 호소하는 것은 내 생각에는 의심스럽다. 그러나 Gesenius(본서 뒤에 있는 참고 서적 참고)에 있는 언어학적 논의를 참고하라.

18) רִבְצָהּ–직역하면 그의(들짐승의) 굴. 어느 성(姓)이든 짐승들의 복수형 호칭은 여성 단수와 결합될 수 있다. Hengstenberg는 시온이 하나님의 동산으로 변화된다고 가정하여 이 접미사가 시온을 가리킨다고 잘못 생각한다. Drechsler는 이 접미사가 물을 가리킨다고 생각한다(욥 14:19을 참고). 난

푸른 풀이 있을 것이다. 여기에 그들의 필요를 충족시켜 주는 풍성한 물이 있을 것이다. 물은 여기서 땅을 기름지게 하고 생명을 주는 요소로 보인다.

35:8 사막은 황무지요 물이 없다. 그런 까닭에 풍부한 초목의 성장을 유지시킬 수가 없다. 또한 그곳은 통신 수단도 없고 길도 없다(시 107:4을 참고). 사막이 메마르게 되지 않을 뿐 아니라 거기에는 또한 하나님의 백성이 안전하게 여행할 수 있도록 대로가 있을 것이다. 34:14 상반절과 15절에서처럼 여기서도 이사야는 강조점을 "거기"라는 단어에 두고 있다. 황폐한 그 장소에 이제 일반적으로 사막이 갖지 못하는 것, 즉 대로가 있게 될 것이다. 선지자는 중언법(hendiadys)을 통하여 대로(大路), 즉 곧게 뻗은 길에 대해 말한다. 욥기 12:24은 "길 없는 거친 들"을 언급하고 있으며, 예레미야 18:15은 "닦지 아니한 길"을 언급한다. 그 때에는 이곳 사막에 일반적으로 발견되는 어렴풋한 소로 정도가 아니라 길이 있다는 것을 아무런 문제 없이 알 수 있는 준비되고 곧게 뻗은 길이 있게 될 것이다.

이것은 여행을 위한 일반적인 길이 아니고 순례자들이 거룩한 성으로 여행하게 될 거룩한 길이다. 부정하거나 거룩하지 못한 것은 그곳으로 들어갈 수 없다.[19] 아마도 이 비유는 제의 행렬이 있었던 고대의 "거룩한" 길에서 취해 온 것 같다. 예를 들면 데베(Thebes)에 지금은 룩소르(Luxor)와 카르낙(Karnak)으로 알려진 성전과 연결된 길이 있었다. 그와 같은 길을 제의적으로 불결한 어떤 것도 지나갈 수가 없었다. 그러나 이사야가 말하는 깨끗지 못한 자들은 제의적인 면에서뿐만 아니라 이스라엘의 거룩한 자의 율법을 따르지 않음으로 인하여 깨끗하지 못한 자들이다.[20] 깨끗하지 못한 자는 거룩하신 자에게 속하지 못한다. 오직 하나님 자신의 백성인 구속받은 자만 이 길을 통하여 사막을 가로질러 갈 것이다. 현재의 상황과 얼마나 대조가 되는가! 지금은 이방인과 외인이 유다의 대로와 우회로를 장악하고 있다. 그 땅은 더 이상 그곳 거민의 소유가 아니다. 그러나 그때에는 사막을 가로질러 거룩한 성으로 인도하는 길이 하나님의 백성을 위하여 확보될 것이다. 이사야는 상황절로 이 사실을 강조한다. "깨끗지 못한 자는 지나지 못하겠고 오직 구속함을 입은 자들

점에서 벗어나는 가장 좋은 것으로 보이는 구문은 "시랑의 거처, 곧 그들의 소굴"일 것이다.

19) לָהּ–'그것에게'(1Q에서도 역시 여성형임), 집합적인 의미로 '대로, 길'을 가리킨다.

20) 그들은 반드시 타락한 이스라엘 백성이나 무가치한 자들이 아니다(32:5, Penna를 참고). 이 대로로 행하는 모든 사람은 무가치한 자이다.

을 위하여 있게 된 것이라."[21]

그러므로 본 절의 마지막 문장의 뜻은 다음과 같이 표현될 수도 있겠다. "그 길을 여행하는 그들은 비록 어리석을지라도 길을 잃지 않을 것이다."[22] 이사야는 이 대로를 걸어갈 어리석은 자가 있다는 것을 의미하는 것이 아니다. 그는 단순히 현실로부터 취한 비유를 사용하고 있을 뿐이다. 그 길이 너무나 분명하게 나타나 있고, 너무나 잘 건설되어 있으며 너무나 따라가기 쉽게 되어 있어서 어리석은 자라도 거기서 길을 잃지 않을 것이다. 또다시 당시 실제 상황과의 대조가 생생하게 드러난다. 안내자가 없거나 그가 가야 할 길을 알지 못하고 사막 길을 여행하는 사람은 아주 쉽게 길을 잃어버린다. 좁은 길은 가끔 모래에 의하여 지워져 버린다. 이 길은 뚜렷하지 않고 분명하게 나타나 있지 않다. 그러나 거룩한 길은 길을 잃게 하는 길이 아니다. 그것은 그 길의 목적지로 인도한다. "어리석은 자까지도 길을 잃게 할 수 없다는 사실은 구원의 풍성한 충만함을 나타내며 결과적으로 상당히 쉽게 접근할 수 있다는 것이다. 인간의 어떤 노력, 기술, 또는 뛰어남도 이 길을 소유하는데 요구되지 않는다"(Hengstenberg). 이러한 묘사의 장대함을 과대 평가하지 않을 수 없다! 삶 속에서 방황하고, 삶의 의미도 모르고, 그들의 목적지도 알지 못하고 그들이 어디로 가는지도 모르는 사람들이 얼마나 많은가! 길과 진리와 생명을 알고 하나님의 은혜를 통하여 이스라엘의 거룩한 자가 근엄한 위엄과 영광으로 다스리시는 성읍으로 실수 없이 확실하게 인도하는 이 거룩한 길에 있는 이들은 얼마나 복된 자들인가!

9절, 거기는 사자가 없고 사나운 짐승이 그리로 올라가지 아니하므로 그것을 만나지 못하겠고 오직 구속함을 얻은 자만 그리로 행할 것이며

10절, 여호와의 속량함을 얻은 자들이 돌아오되 노래하며 시온에 이르러 그 머리 위에 영영한 희락을 띠고 기쁨과 즐거움을 얻으리니 슬픔과 탄식이 달아나리로다.

35:9 이사야가 앞에서 말한 바와 같이(30:6) 사막은 위험한 짐승들의 거처였다. 광야 길을 여행하는 자는 많은 두려움을 가졌다. 단순히 솟아오른 대로가 있다는 것

21) "그것이 그들을 위한 것이므로," 즉 '그들 자신의 소유로서'라는 상황절이다. 엔누(נוּ)라는 남성 접미사처럼 이 남성 대명사는 분명히 중언법의 첫 번째 단어인 마쓸룰(מַסְלוּל)을 가리키고 집합적인 표현을 가리키지 않는다.

22) 직역하면, '걷는 자, 한 길을 가는 자, 여행 자.'

이 이러한 짐승으로부터의 충분한 보호가 될 것인가?[23] 아마도 대로 자체는 아닐 것이고, 이 대로는 거룩한 길이고, 그 길로 여행하는 자는 완전한 안전 가운데 여행할 것이다. 사자가 여행자들이 만나는 큰 공포들 중의 하나일지라도 이 대로에는 그 어떤 사자도 주변의 사막으로부터 올라오지 않을 것이다. 이 진술은 단언적이다. 즉 완전한 부정이다.

이어지는 문장은 야생동물들의 탐욕스러운 성격을 강조한다. "짐승들 중 탐욕스러운 것은 어느것도," 즉 탐욕스러운 짐승 곧 찢고 잡아먹는 짐승은 어느 것도 그 길로 올라오지 않을 것이라고 번역하여 그 충분한 의미를 드러낼 수 있다.[24] 거기를 걸어가거나 여행하는 자는 구속받은 자들일 것이며 오직 그들뿐이다. 앞 장의 결론과 얼마나 대조되는가! 앞 장에서는 에돔의 거민이 그들의 땅에서 제거될 것이며 오직 사막의 흉한 피조물만 거주하게 될 것이다. 여기서는 모든 가로막는 것과 장애물이 그 땅에서 제거되고 오직 구속받은 자, 곧 그 약속의 정당한 상속자만 그 땅에서 걷게 될 것이다. 구속받은 자는 대적의 손에서 구원받은 자이다. 이사야는 포로에서의 귀환과 같은 단순히 물리적인 구원만을 말하는 것이 아니고, 전체 문맥이 보여주는 바와 같이, 더 큰 구원, 즉 영적 구원을 말하고 있는 것이다. 이 예언의 성취를 우리 주님의 말씀에서 볼 수 있다. "담대하라 내가 세상을 이기었노라 하시니라"(요 16:33).

35:10 선지자는 이 마지막 절에서 회복과 갱신의 약속을 요약한다. 시온으로부터 멀리 떨어져 있었던 여호와의 속량함을 얻은 자는 이제 기뻐하고 감사하며 돌아올 것이다. 이 속량함을 얻은 자들은 여호와께서 그들의 속박으로부터 그들을 구원하심으로 구속하신 자들이다(신 7:8; 13:5; 삼하 7:23; 미 6:4을 참고). 그렇지만 그 의미에서 "속량"이란 단어를 빼낼 필요는 없을 것이다. 이것이 분명히 구속받은 자들을 지칭하지만, 앞 절에서 사용된 것과는 다른 단어이다. 그런 까닭에 이것을 단순히 이것이 말하고 있는 것을 의미하는 것으로 취급하여야 할 것이다. 이것은 여호와의 속량함을 받은 자, 즉 그들을 위하여 여호와께서 속전을 지불한 자들로서 구속받은 자들을 가리킨다. 알렉산더는 구 프랑스 역본의 번역을 상기시킨다. "*ceux-la*

---

23) 여성형 접미사는 아마도 집합적인 대로 혹은 길을 가리킬 것이다. 성(姓)의 변화가 인상적이다.

24) 탐욕스러운 짐승. 페리츠(פְּרִיץ)는 명사 하요트(חַיּוֹת)를 지배하는 연결형으로 되어 있다.

deswuels l'Eternel aura paye la rancon." 이것은 전적으로 옳다. 이 구속받은 자들을 위하여 여호와께서 속전을 지불하셨다. 이 단어의 배후에는 값의 지불이라는 개념이 있다.

그들이 돌아와서 시온으로 올라갈 것이다. 이렇게 말하는 방식의 기초가 사실상 이스라엘인들이 포로로 끌려갔던 그 땅으로부터의 구원의 개념인 것으로 보인다. 이사야는 적대적인 대적의 침입과 포로로 끌려갈 것을 예고했다. 그러한 포로에서의 구원은 약속의 땅으로의 귀환일 것이다. 그러나 이사야는 이 시점에서 단지 메소포타미아로부터 팔레스틴으로의 귀환만을 예고하고 있는 것이 아니다. 비록 의심할 여지없이 이러한 표현의 근저에는 그러한 귀환이 놓여 있지만 선지자는 예수 그리스도 안에서 하나님에게로의 귀환, 즉 여호와께로의 영적인 귀환을 염두에 두고 있다. 바울은 데살로니가인에게 "너희가 어떻게 우상을 버리고 하나님께로 돌아와서" (살전 1:9)라고 기록하고 있다. 여기서 염두에 두고 있는 것이 바로 이러한 귀환이다. 본 장의 전체 어조는 부정하고 더러운 것으로부터의 구원과 관계가 있다. 사막의 대로는 단순한 물리적 도로가 아니며 분명히 현대의 애굽과 팔레스틴을 잇는 철도가 아니다. 이것은 영원한 생명으로 인도하는 길이다. 천로역정에서 선의(Good-will)가 기독교도(Christian)에게 말한 바와 같다. "당신의 앞을 바라보시오. 당신은 이 좁은 길을 보십니까? 이것이 당신이 가야 할 길입니다. 이것은 족장, 선지자, 그리스도 그리고 그의 사도에 의하여 만들어진 길입니다. 그리고 이것은 마치 자로 잴 수 있을 만큼 똑바른 길입니다. 이것이 당신이 가야 할 길입니다." 속량함을 얻은 자들이 노래하면서 그 길을 걸어갈 것이니, 이는 그들이 거룩한 성읍으로 들어가는 것을 훼방하는 짐이 제거된 것을 알기 때문이다. 그들은 부정한 자 중에 포함되는 것이 아니라 여호와의 속량함을 얻은 자 중에 포함된다. 그들의 머리 위에 왕관처럼 놓여 있는 것(참고. 시 8:6)은 영영한 희락이 될 것이다. 이사야는 독특한 두운법으로 기쁨과 즐거움이 그들을 사로잡을 것이라는 개념을 표현한다. 압제의 시기 동안 기쁨과 즐거움은 사라졌다. 죄의 속박 가운데 있을 때, 기쁨은 없다. 말하자면 이제 그들에게 그토록 오래 떨어져 있었던 기쁨과 즐거움이 그들을 뒤쫓아와서 따라잡아 거룩한 성읍으로 가는 그들의 여정에 그들과 동행한다.[25] 다른 한편 언제나 그들과 함께하는 동반자였던 슬픔과 탄식은 이제 도망할 것이다. 그것들이 단순히 떠나가는

25) 기쁨과 즐거움을 목적어로 해석하는 것이 가능하다. '그들이(즉 구속받은 자들이) 기쁨과 즐거움을 만회할 것이다.'

것이 아니다. 그것들이 도망가는데, 이는 그것들이 기쁨과 즐거움과 함께 거할 수 없기 때문이다. 앞 장들(28–34장)에 대한 얼마나 인상적이고 복된 절정인가! 하나님의 구속받은 자들의 미래가 얼마나 영광스러우며 얼마나 영원한 축복들로 가득하게 될 것인가! 이사야가 나중에는 그렇게 하지만 아직은 신약 계시의 경지에 올라가지 않는다. 그러나 그는 모든 일 즉 하나님께서 그에게 속한 자들을 위하여 이러한 선물들을 안겨 주시고자 행하실 복된 일의 핵심을 준비하고 있다. 그는 여호와의 종의 구원사역을 가리키고 있다. 속량함을 얻은 자들 위에 왕관처럼 놓여 있는 모든 아름다움과 영광, 기쁨과 즐거움 배후에는 하나님의 종, 예수 그리스도의 고난과 죽음이 있다.

제4부

1-35장과 40-66장을 연결하는 내용들(36-39장)

이사야서 주석(II)

제1장

앗수르 시대의 종결(36-37장)

1. 산헤립과 하나님의 나라를 멸망시키려는 인간 제국의 첫 번째 시도(36:1-22)

1절, 히스기야 왕 십사 년에 앗수르 왕 산헤립이 올라와서 유다 모든 견고한 성을 쳐서 취하니라

2절, 앗수르 왕이 라기스에서부터 랍사게를 예루살렘으로 보내되 대군을 거느리고 히스기야 왕에게로 가게 하매 그가 세탁업자의 터의 대로 윗못 수도구 곁에 서매

3절, 힐기야의 아들 궁내대신 엘리아김과 서기관 셉나와 아삽의 아들 사관 요아가 그에게 나아가니라.

36:1 36장과 함께 본 예언서의 첫 번째 부분과 두 번째 부분 사이를 연결하는 고리 혹은 다리를 이루고 있는 역사적 서술 부분을 접하게 된다. 35장까지 이사야는 앗수르 시대를 다루었다. 그러나 때때로 그의 눈은 그의 시대로 제한하여 한계를 그어주었던 지평을 가로질러 앗수르의 후계자, 즉 후대 인간 제국의 대표자에게로 향하였다. 앗수르의 중요한 마지막 대표자는 산헤립이었고, 그래서 36-37장에서 그 왕을 다룬다. 그런 후 그는 더 나아가 미래를 바라보고, 39장에서 그의 사역 후반기 동안 그 배경에 어렴풋이 등장하였던 왕국 바벨론을 소개한다. 36-37장은 앗수르 시대를 되돌아보고, 38-39장은 바벨론의 주도권을 내다 본다. 이런 훌륭한 방법으

로 이사야는 그의 사역의 배경을 이루는 두 시기 사이의 간격을 연결시킨다.

본 장의 시작은 그 주된 사건들이 "윗못 수도 끝 세탁자의 밭 큰 길"에서 일어나는 7장의 시작과 유사하다. 일전에 한 번 유다는 그 왕을 대신하여 오명의 지점에 서 있었는데, 이는 아하스가 하나님의 말씀을 거절하고 앗수르에로 돌아섰던 것이다. 앗수르는 와서 임마누엘의 땅을 침략하였다. 그러나 유다에 새로운 왕이 일어났으니, 아하스와 다른 특징을 지닌 인물인 히스기야였다. 그는 신자였고 그 역시 같은 지점에서 결정을 해야 할 일에 직면하게 되었다. 그는 도움을 얻기 위하여 하나님에게로 돌이킬 것인가 아니면 단순히 인간의 힘을 의지할 것인가? 그는 또 다른 아하스였던가?

관련된 사건의 연대는 히스기야 통치 14년이다.[1] 산헤립은[2] 예루살렘과 구별하여 그의 관심을 유다의 모든 견고한 성읍에 두고 함락시켰다. 역대하 32:1은 산헤립이 이 견고한 성읍들을 향하여 진지를 구축하고 자기의 수중으로 넣으려고 하였다고 설명한다. 라기스와 립나는 제외된 것으로 보인다. 최소한 산헤립이 예루살렘으로 눈을 돌렸을 때 그 성읍들은 함락되지 않았다. 1절은 도입과 요약적 서술로 의도된 것으로 보인다. 37:8에서 산헤립은 여전히 싸우고 있었다. 유다 침입에 대한 산헤립 자신의 기록에 대해서는 부록 Ⅲ에 있는 번역문을 보라.

36:2 1절과 본 절 사이에 3개 구절을 삽입하고 있는 열왕기하 18:14–16을 참고하라. 또한 역대하 32:2–8을 참고하라. 히스기야는 앗수르 왕에게 사람을 보내며 그와의 동맹을 모색하고 앗수르와의 협정을 거부한 자신의 잘못을 인정하였던 것으로 보인다. 동시에 히스기야는 성읍의 물 공급을 보호하고자 조처를 취하였다. 히스기야의 요구에 응답하여 앗수르 왕 산헤립은 랍사게를 예루살렘으로 보낸다.[3] 이것은 개인의 이름이 아니고 관직 이름이며 당연히 군사적 관직이었다. 따라서 여기서 랍사게는 군대장군을 말한다. 랍사게와 더불어 열왕기서의 기록에는 다른 두 장군 타르탄(Tartan)과 랍사리스(Rabsharis)를 언급한다.

---

1) 앗수르 연대기에 따르면, 팔레스틴에 대한 산헤립의 침입은 주전 701년에 일어났다(참고. "The reign of Hezekiah"<부록 I>).

2) 산헤립이 올라와서(참고. 7:1). 앗수르 이름은 mdSîn–aḫḫê–erriba(Sin이 형제들을 증가시켰다)인데, 즉 '신(Sin)이 죽은 형제들을 위하여 대리자를 수여하셨다'는 뜻이다.

3) רב–שקה–직역하면 술관원(rab–saqu). 이 단어는 분명히 군대 계급의 한 직책을 가리킨다(the Hittite *GAL.GEŠTIN*<wine–chief>을 참고). The Annals of Mursilis Ⅱ, Nu–ua–an–za–aš에 *GAL.GEŠTIN*으로 불린다.

이 사람들은 예루살렘의 남서쪽에 있는 라기스(현대의 Tell ed–Duweir)로부터 보냄을 받았는데, 이곳은 당시에 산헤립이 진을 치고(왕하 18:17; 대하 32:9을 참고) 포위 공격을 하고 있었던 곳이다. 히스기야가 그의 사신들을 보낸 곳이 라기스였다(왕하 18:14). 산헤립이 자기 사람들을 예루살렘으로 보냈으며, 특히 왕 히스기야에게 보냈다. 본문의 표현은 우리를 한 여정으로 인도하는데, 말하자면 먼저 예루살렘으로 그 다음 임무의 실제 대상인 왕에게로 인도한다.

강조가 랍사게를 따르는 큰 군대에 있다.[4] 그러나 이것은 다소 상대적인 의미로 취급되어야 할 것이다. 랍사게는 실제로 그 성읍을 점령하려 하기보다는 왕을 설득할 의도로 보냄을 받았다. 그는 멈춰섰고, 즉 군대를 머무르게 하였고 그의 작전 기지, 즉 자주 화합을 가졌을 한 장소에 자리를 잡았다. 이곳은 아하스가 여호와의 말씀과 참되신 왕을 저버리고 앗수르 왕에게로 돌아섰던 곳이었다. 지금 앗수르인이 유다의 불신앙을 상기시켜 주는 그 지점에 와 있다. 사건 전체의 배후에는 참되시며 약속을 이행하시는 이스라엘의 하나님의 신실한 선지자 이사야가 서 있다.

36:3 열왕기하 18:18에 따르면 앗수르 왕의 사신이 히스기야를 불러냈고 이에 대한 응답으로 히스기야 왕의 사신들이 나왔다는 추가적 정보를 얻을 수 있다. 그들의 개인 신상과 직책에 대한 논의에 대해서는 이사야 22:20이하에 대한 주해를 보라. 여기서 엘리야김은 셉나의 후계자로 보이고 셉나는 보다 하위직을 가지고 있는 것을 주목하게 된다. 셉나의 직위는 서기관 혹은 기록자의 직위이며 아마도 비서관일 것이다. 이 직위의 정확한 기능이 무엇인지 명확하게 규정하기는 불가능하다. 언급된 관직자 중에 아삽의 아들 사관 요아가 있다. 역시 이 직책의 정확한 의미가 무엇인지 알려져 있지 않지만, 22:20이하의 주석을 참조하라. 엘리야김과 요아 모두 아버지가 언급되지만 이들 두 사람의 사이에 있는 셉나의 이름에는 아버지의 이름이 포함되지 않는다는 것을 살피는 것은 흥미롭다.

4절, 랍사게가 그들에게 이르되 이제 히스기야에게 고하라 대왕 앗수르 왕이 이같이 말씀하시기를 네가 의뢰하니 무엇을 의뢰하느냐

---

4) 대군을 거느리고–이 명사는 형용사 앞에서 연결형으로 되어 있다(왕상 10:2; 왕하 6:14을 참고). 위치에 대한 최근의 논의에 대해서는 Gilbert Brunet, "Le Teerain aux Foulons," in *RB*, Vol. 71, No. 2, April, 1964, pp. 230–239을 참고하라.

5절, 내가 말하노니 네가 족히 싸울 모략과 용맹이 있노라 함은 입술에 붙은 말뿐이니라 네가 이제 누구를 의뢰하고 나를 반역하느냐
6절, 보라 네가 애굽을 의뢰하도다 그것은 상한 갈대 지팡이와 일반이라 사람이 그것을 의지하면 손에 찔려 들어가리니 애굽 왕 바로는 그 의뢰하는 자에게 이와 같으니라
7절, 혹시 네가 내게 이르기를 우리는 우리 하나님 여호와를 의뢰하노라 하리라마는 그는 그의 산당과 제단을 히스기야가 제하여 버리고 유다와 예루살렘에 명하기를 너희는 이 제단 앞에서만 경배하라 하던 그 신이 아니냐 하셨느니라
8절, 그러므로 이제 청하노니 내 주 앗수르 왕과 내기하라 나는 네게 말 이천 필을 주어도 너는 그 탈 자를 능히 내지 못하리라
9절, 그런즉 네가 어찌 내 주의 종 가운데 극히 작은 장관 한 사람인들 물리칠 수 있으랴 어찌 애굽을 의뢰하여 병거와 기병을 얻으려 하느냐
10절, 내가 이제 올라와서 이 땅을 멸하는 것이 여호와의 뜻이 없음이겠느냐 여호와께서 내게 이르시기를 올라가 그 땅을 쳐서 멸하라 하셨느니라.

36:4 무례함이 랍사게의 특성으로 나타나 있다. 그의 직책명의 일부분은 랍(두목, 큰 자)이다. 그러나 그는 큰 인물이 못되니, 이는 그가 무례한 사람이기 때문이다. 즉시 그는 사신들에게 히스기야에게 말하라고 명령하고, 왕을 언급할 때, 그를 유다의 왕으로 칭하지도 않았다. 그는 예의가 없고, 심지어 외교적 수완의 특징이 되는 거짓 예의까지도 없다. 오히려 여기에는 무뚝뚝하고 무례한 명령이 있을 뿐이다. 그러나 랍사게는 앗수르 왕이 자신을 지칭하기 위하여 선택한 "대왕 앗수르 왕"이란 상투적이고도 단조로운 어구로 산헤립을 언급하는데 주저하지 않는다.

모욕적인 질문, 곧 멸시의 기미를 담고 있는 질문으로 메시지를 시작한다. "어떤 류의 신뢰냐?"라고 번역할 수 있다. 그러나 그보다는 경악의 어조가 들어 있다. 마치 랍사게가, "네가 애굽과 같이 연약한 갈대를 신뢰하고 있으니 네게 무슨 일이 있었던 것이냐? 도대체 신뢰하고 있는 그게 무엇이냐?"라고 말하는 것처럼 보인다. 랍사게는 단수로 말한다. 즉 그는 세 사신들을 무시하고 왕에게만 관심을 두고 있다.

36:5 모욕적인 발언을 계속해 나가면서 랍사게는 히스기야의 전쟁에 대한 모략과 용맹이 단순한 입술의 말, 즉 헛된 말일 뿐이라고 그의 의견(내가 말하노니)

을[5] 말한다. 유대인은 모략을 취하였고 용맹을 축적했지만, 이 모든 것은 단지 가식이고 헛된 말일 뿐이라는 것이다. 이것은 앗수르의 힘에 대항할 때는 쓸모가 없을 것이다. 랍사게의 말을 다른 구문으로 표현하는 것도 가능하다. 따라서 그가, "너희의 신뢰는 단순한 입술의 말에 불과하다. 전쟁을 위하여 필요한 것은 모략과 힘이다."라고 말하는 것으로 달리 해석할 수 있다.[6] 이 두 견해 중에서 후자가 더 나은 것처럼 보인다. 그의 질문으로 돌아가서 랍사게는 유다가 앗수르에게 반역하기 위해서 의뢰할 만한 자가 과연 누가 있느냐는 다음 질문을 한다. 그는 마치 히스기야가 그에게 개인적으로 반역하였던 것처럼 1인칭으로 말한다.

36:6 랍사게는 자신의 질문에 답하고 "보라!"라는 표현으로 그 답변에 주목하게 한다. 이는 마치 그가 "너는 대답하지 않지만 그러나 내가 너에게 네가 누구를 의뢰하는 지를 알려 주겠다"라고 말하는 것과 같다. 그는 애굽의 특징을 상한 갈대 지팡이로 묘사한다.[7] 애굽이 갈대의 땅이었기에 이러한 호칭은 특히 적절하다. 염두에 둔 것은 나일강의 둑을 따라 자라나는 왕갈대(arundo donax)이다. 갈대를 의지한다는 것은 어리석은데, 이는 그것이 사람을 전혀 지탱해 줄 수 없기 때문이다. 더우기 상한 갈대를 의지하는 것은 더욱 어리석은 것이다. 왜냐하면 전혀 지탱해 줄 수 없기 때문이다. 애굽과 바로가 그러하였다. 그러한 갈대는 단지 사람의 손에 찔려 들어가서[8] 애굽을 의지하는 자는 이전보다 더 악화될 뿐이다. 후에 에스겔은 동일한 비유를 취한다(겔 29:6). 이것은 애굽을 의지하는 모든 자에게 일어났었다. "에브라임을 고려해보라! 저가 애굽 왕 소(즉, Sais)에게 사자들을 보내고 해마다 하던 대로 앗수르 왕에게 조공을 드리지 아니하매 앗수르 왕이 호세아의 배반함을 보고 저를 옥에 금고하여 두고"(왕하 17:4). 애굽은 결코 유익이 되는 동맹국임을 증명해 보인 적이 없었다.

---

5) 1Q는 אמרתה로 기록한다. 그런 까닭에 RSV는 '너희는 생각하느냐?'라고 번역한다(M. Weinfeld, "Cult Centralization in Israel in the light of a Neo–Babylonian Analogy," *JNES*, Vol. 23, No. 3, p. 206을 참고).

6) 모략과 용맹–이러한 결합은 이사야적이며 이 단락의 이사야적 기원을 말해 준다.

7) 상한 갈대–또 다른 이사야적 표현(42:3을 참고).

8) 그리고 나서 그것이 온다–와우 연계형을 가진 완료형은 조건문의 귀결을 소개하는 의미를 가진다.

36:7 그러나 유다가 그의 하나님 여호와를 의뢰한다고 가정한다면? 애굽이 거짓된 것으로 증명이 될 것이라면, 야웨는 참된 버팀목이 되지 못하지 않겠는가? 의미하는 바는, "네가 내게…라고 말을 해야만 한다면…그렇다면 이것이 답변이 될 것이다."[9] 랍사게는 히스기야의 종교개혁에 대해 알고 있었다. 즉 어떻게 그가 산당들을 제거하고 사람들을 불러 여호와의 제단 앞에서 예배드리게 하였는지를 들었다. 히스기야는 야웨 예배의 중앙화를 추구했다(왕하 18:4; 대하 31:1을 참고).[10] 상황의 참된 성격을 모르고 랍사게는 실제로 왕을 비난하고 있는 것이다. 여호와에 대한 언급은 모독적이다. 분명하게 랍사게는 히스기야가 치워 버렸던 산당들의 하나님이 그 당시의 백성에게 도움이 될 수 없다는 것을 암시한다.

36:8 논쟁의 결론을 내릴 때가 되었다. 내가 말해 온 내용의 결론으로 "그러므로 이제 청하노니." 이 동사는 맹세를 교환하는 것, 언약을 맺는 것, 공동 사업을 함께 떠맡는 것을 의미한다. 히스기야가 언약을 맺어야 하는 자는 랍사게의 주인 곧 앗수르 왕 이외에 아무도 없다는 것이다.[11] 유다에 말들이 부족하다는 것을 암시하면서 랍사게는, 만일 히스기야가 자기편에서 기병으로서의 역할을 할 수 있는 2,000명을 준비할 수 있다면, 그가 히스기야에게 말 2,000필을 주겠노라고 선언한다.[12] 이것은 유혹적인 제안인데, 당시에 유다는 말을 통하여 안전을 얻을 수 있으리라고 생각하였기 때문이었다(사 30:16을 참고). 예전의 약속들에 불순종하여(신 17:16; 20:1) 유다는 말을 구하기 위하여 애굽을 바라보았다(사 31:1, 3). 그러나 유다의 기병대는 앗수르의 세력에 대항할 수 없었다.

---

9) 열왕기하는 복수형을 가지고 있는데, 이는 '우리는 의뢰하였다'와 보다 잘 어울린다.

10) 1:1과 2:1에서처럼 '유다와 예루살렘'의 순서에 유의하고, 1장의 각주 13에 있는 이 어구에 대한 논의를 참고하라. 산당–이것들은 본래 가나안인들의 예배 장소였던 것으로 보인다. 이사야 당시에 이것들은 성전예배에 대립하여 시행되었던 우상숭배의 중심지들이 되었다. בָּמָה라는 이름이 암시하는 바와 같이, 이것들은 주로 산꼭대기 위에 세워졌다(*New Bible Dictionary*, Grand Rapids and London, 1962, pp. 525f.; W. F. Albright, "The High Place in Ancient Palestine," *Supplement to VT*, Vol. 4, 1957, pp. 242–258; A. von Gall, *Altisraelitische kultstatten*, 1898; *L. J. Vincent*, "*La notion biblique du haut–lien*," *RB*, Vol. 55, 1948, pp. 245–278, 438–445을 참고).

11) …의 왕– 연결형 명사는 정관사를 취할 수도 있다. 또한 그 명사가 절대형이 되는 것도 가능하다.

12) 그리고 내가 주리라–희구를 나타내는 헤(ה)를 가진 미완료형은 결심을 나타낸다.

36:9 랍사게는 자기의 논리를 이어가고 결론으로 이끌어 갈 좋은 근거를 가지고 있다고 믿는다. 사태가 그러한 상황에 처해 있었으므로 히스기야가 어떻게 한 명의 장관인들 물리칠 수 있겠는가?[13] 요구된 모든 것을 들어주어야 한다. 히스기야는 장관 한 사람도 물리칠 수 없다. 그에게 제안된 것이 무엇이든 그는 받아들여야 한다. 그는 아무것도 거절할 수 없다! 실제로 앗수르 왕이 친히 요구한다면, 히스기야는 억지로라도 그의 요구를 들어주어야 한다. 그러나 동일한 것이 왕의 종들 중 가장 하찮은 극히 작은 장관들에게까지 적용된다. 심지어 그러한 자들의 요구들도 히스기야는 들어주어야 한다! 그는 그들 중 한 사람이라도 물리칠 수 없다. 앗수르에 대한 히스기야의 완전한 의존을 이보다 적절하게 표현하기 어려울 것이다. 그런데 아직도 유다는 말과 병거들과 관련하여 애굽을 의뢰하였다.[14] 본 절의 마지막 표현은 유다가 하고 있었던 일의 철저한 무익함을 보여준다.[15]

36:10 마치 유대인의 두려움과 낭패를 더하게 하려는 것처럼, 랍사게는 자기가 그들이 의지한다고 말한 하나님의 도우심으로 예루살렘에 올라왔다고 선언한다. 일부 사람이 생각하는 것처럼, 앗수르인이 실제로 앗수르에 대한 이사야의 예언을 알고 있었다고 가정할 필요는 없다. 그보다 이것은 유대인을 공포로 몰아넣기 위한 과감한 시도이며 대담한 공격이다. 그들의 하나님까지도 그들을 대항하고 공격자 편에 서 있다는 것이다. 랍사게는 예루살렘을 공격해 온 목적에 관하여 위장하지 않는다. 그는 예루살렘을 멸망시킬 것이고, 그런 시도를 하면서 그는 하나님께서 자기와 함께 하신다고 믿는다. 실제로 그는 여호와께서 그에게 예루살렘으로 올라가서 그곳을 멸망시키라고 명령하셨다고 선언한다. 랍사게는 일이 어떻게 진행되고 있는가를 보면서 실제로 유대인의 하나님께서 그들을 버리셨고, 모든 것이 지금은 자기편에 서 있다고 믿었을 가능성도 있다.[16]

11절, 이에 엘리아김과 셉나와 요아가 랍사게에게 이르되 우리가 아람 방언을 아오니 청컨대 그 방언으로 당신의 종들에게 말씀하고 성 위에 있는 백성의 듣는 데

---

13) 장관 한 사람–이 명사는 숫자 하나 앞에 연결형으로 나타난다.

14) לָךְ–'네 자신을 위하여', 와우 연계형을 가진 미완료형 다음에 나오는 이익의 심성적 여격

15) …을(*with reference to*)–라메드(ל)는 동사의 개념과의 느슨한 관계를 이끈다.

16) Penna는 적절하게 고레스의 비문에 주의를 환기시키는데, 그 비문에서 그는 Marduk 신이 자기와 함께 한다고 선언한다(*ANET*, p. 315b을 참고).

서 유다 방언으로 말하지 마소서

12절, 랍사게가 가로되 내 주께서 이 일을 네 주와 네게만 말하라고 나를 보내신 것이냐 너희와 함께 자기의 대변을 먹으며 자기의 소변을 마실 성 위에 앉은 사람들에게도 하라고 보내신 것이 아니냐

13절, 이에 랍사게가 일어서서 유다 방언으로 크게 외쳐 가로되 너희는 대왕 앗수르 왕의 말씀을 들으라

14절, 왕의 말씀에 너희는 히스기야에게 미혹되지 말라 그가 능히 너희를 건지지 못할 것이니라

15절, 히스기야가 너희로 여호와를 의뢰하게 하려는 것을 받지 말라 그가 말하기를 여호와께서 반드시 우리를 건지시리니 이 성이 앗수르 왕의 손에 붙임이 되지 아니하리라 할지라도

16절, 히스기야를 청종치 말라 앗수르 왕이 또 말씀하시기를 너희는 내게 항복하고 내게로 나아오라 그리하면 너희가 각각 자기의 포도와 자기의 무화과를 먹을 것이며 각각 자기의 우물 물을 마실 것이요

17절, 내가 와서 너희를 너희 본토와 같이 곡식과 포도주와 떡과 포도원이 있는 땅에 옮기기까지 하리라

18절, 혹시 히스기야가 너희에게 이르기를 여호와께서 우리를 건지시리라 할지라도 꾀임을 받지 말라 열국의 신들 중에 그 땅을 앗수르 왕의 손에서 건진 자가 있느냐

19절, 하맛과 아르밧의 신들이 어디 있느냐 스발와임의 신들이 어디 있느냐 그들이 사마리아를 내 손에서 건졌느냐

20절, 이 열방의 신들 중에 어떤 신이 그 나라를 내 손에서 건져내었기에 여호와가 능히 예루살렘을 내 손에서 건지겠느냐 하셨느니라

21절, 그러나 그들이 잠잠하여 한 말도 대답지 아니하였으니 이는 왕이 그들에게 명하여 대답지 말라 하였음이었더라.

36:11 랍사게의 말이 그것을 듣는 사람들의 마음속에 공포심과 당황스러움만 불러 일으킬 것임을 깨닫고, 히스기야의 사신들은 랍사게에게 아람어로 말할 것을 요구한다.[17)] 그들의 명령은 정중하다. 그럼에도 불구하고 이것은 명령이다. 그 당시

---

17) ויאמר–이 동사는 복수형 주어를 가진 단수형이다. 이 관용어는 히브리어에서 상당히 일반적

사신들은 아람어를 이해할 수 있었다. 그리고 랍사게가 아람어를 할 수 있었다고 추정된다.[18] 아람어는 그 당시에도 외교를 위한 통상적인 언어였다. 동시에 일반 시민과 군인은 그것을 이해할 수 없었던 것 같다. 북왕국이 더 이상 독자적으로 존재하지 못하였으므로 히브리어는 이제 당연히 "유다 방언"으로 불릴 수 있었다. 일부 옛 주석가들은(예를 들면 게세니우스, 힛지히) "유다 방언"이란 단어가 후기 연대의 암시라고 생각하였고, 이스라엘의 멸망 이후 오랜 시기로 추정하였다. 이것을 반드시 따를 필요는 없다. 비록 열 지파가 몇 년동안 포로에 있었을지라도, 유다와 이스라엘 사이에는 그들의 역사 내내 적대감이 있어 왔었다. 느밧의 아들 여로보암 아래서 크게 분열된 이래로, 남 왕국이 그들의 언어를 "예후딧"으로 지칭하기 시작하였다는 것이 상당히 가능하다.

아람어가 주전 8세기에 널리 사용되었다는 것은 더 이상 의심될 수 없다. 이 언어의 사용의 일례로 아람어로 된 세파이어(Sefire)의 비문을 주목할 수 있다.[19] 랍사게가 히브리어를 말할 수 있었다는 것은 그의 학식과 지식을 입증해준다. 유대인들은 자신의 목적을 성취하기 위하여 심리를 어떻게 잘 사용해야 하는지를 알았던 사람을 다루고 있었다.

36:12 랍사게의 대답은 교만한 경멸감으로 곤두서 있다. 분명히 엘리야김이 히스기야의 사신의 자격으로 행동하였을 것이다. 왜냐하면 랍사게가 마치 한 사람에게 말하는 것처럼 단수를 사용하고 있기 때문이다. 어쨌든 랍사게는 상황을 파악하고 장악하게 된다. 히스기야의 사자 중 어느 누구도 교서가 제시될 수 있는 협정을 내놓으려 하지 않았다. 그는 결국 "나의 교서는 너의 주(즉 히스기야)를 위한 것이 아니고, 너를 위한 것도 아니다"라고 말하고 있는 것이다. 랍사게는 "내 주"와 "네 주" 사이에 강한 대조를 만든다. 이는 다음의 번역이 드러내려고 하는 점이다. "내 주가 나를 보낸 것이 네 주에게냐?" 산헤립은 다가올 기근의 혹독성을 백성이 알 수 있도록 그때 성벽 위에 앉아 있었던 성읍의 평민에게 교서를 선포해야만 했다는 것이다. 흥미 있는 전치사의 변화가 나타난다. 첫 번째 질문에서, 랍사게는 "에게(엘, אֶל)"라는 단어를 사용한다. 이

이며, 동사를 복수형으로 만들 필요가 없다.

18) שֹׁמְעִים–직역하면 '우리가 듣도록', 즉 '우리가 그 말을 들을 때 우리는 그것을 이해한다.' 분사가 전달해 주고 있는 개념을 강조하기 위하여 주어가 분사 뒤에 나온다.

19) J. A. Fitzmeyer, "The Aramaic Inscriptions of Sefire Ⅰ and Ⅱ," *JAOS*, Vol. 81, No. 3, pp. 178–222을 참고하라.

제 그는 또 다른 전치사 "관하여(אֶל)"를 사용한다. 그는 히스기야에게 보냄을 받지 않았고, 성벽 위에 있는 백성과 관련하여 보냄을 받은 것이다. 그의 교서는 그들에게 관련된 것이다. 단순한 호기심에서 수많은 거민이 그때 일이 어떻게 되어 가는지를 듣기 위하여 성벽 위에 앉아 있었다. 랍사게는 단순히 거민의 대표로 그들에게 말을 하고 있다. 그러나 그가 그 성읍을 방어할 준비를 하고 있는 사람들을 간접적으로 언급하는 것이며 그들에게 닥치게 될 것을 암시하고 있다는 것도 가능하다. 따라서 가장 혹독한 기근과 곤란이 그들에게 닥치게 될 것을 암시하고 있다는 것도 가능하다. 정상적인 음식이 너무나 부족하여 사람들은 어쩔 수 없이 자신들의 대변을[20] 먹어야 할 것이다.[21] 이러한 표현은 역겨운 것인데, 그럼에도 랍사게는 그 기근을 가장 역겹고도 혐오스럽게 채색하기 위하여 의도적으로 이 표현을 선택한 것 같다. 그는 마치 그의 주인 산헤립이 상황을 지배하였던 것처럼 확신을 가지고 말한다. 그러나 그는 전체의 진리를 알지 못하고 있으니, 이는 하나님의 의도가 그 백성을 완전히 멸망시키는 것이 아니었기 때문이다(사 30:20을 참고).

36:13 그의 교만한 말을 교만한 행동으로 전환하면서 랍사게는 이제 백성들에게 직접 말한다. 이것은 상상할 수 있는 가장 효과적인 굴욕이다. 히스기야의 관리들은 완전히 무시당했으며, 랍사게는 마치 그들이 존재하지 않는 것처럼 행동했다. 첫 번째 동사가, 그가 단순히 자기 목소리를 높인 것을 의미하는지, 아니면 랍사게가 말하기 위해서 특정한 위치를 차지하였다는 것을 의미하는지에 대해서는 결정하기 어렵다. 어쨌든 자기 자신에게 주의를 집중시키기 위한 위치에 섰다는 것을 확신할 수 있다. 이러한 위치와 말 중에서 사단의 음성과 태도가 엿보인다. 이제 야웨께서 다른 신들과 같고 인간 제국 안에 담겨질 수 있는 단순한 하나의 신이라는 확신을 가지고 말하는 것은 인간, 즉 거듭나지 못하고 자기 충족적인 인간의 나라이다. 랍사게는 모욕을 한층 높이기 위하여 자기 목소리를 높여 유다 거민이 알아들을 수 있는 말로

---

20) 먹다–'그들이 먹어야 하는 사실에 대해서는 등'으로 의역할 수 있다.

21) 자기의 대변…자기의 소변–대변과 소변으로 번역된 이 두 단어가 함께 나타나는 구절은 본 절과 왕하 18:27뿐이다. 케레는 그 표현을 '그들의 오물과 그들의 발의 물'로 완화시키려고 하였다. 최소한 케티브에 관련하여서는 자음들이 하르에헴(חַרְאֵהֶם)과 쉐네헴(שֵׁינֵיהֶם)으로 모음부호가 붙여져야 할 것이다. 제안된 모음부호(예를 들면 *BH*) 하라에헴(חֲרָאֵהֶם)은 원개음절에서 자연히 장모음 카메츠(ָ)를 도입한다. 이에 대해서 증거가 없는 것으로 보인다. 수리아 역은 *ḥaryo'*, 아랍어는 *ḥur*, 암하라어(Amharic)는 *ḥa–ru*.

말한다. 그는 최후 통첩을 내리려고 한다.[22]

36:14 그럼에도 랍사게는 자기 자신의 이름으로나 혹은 자기 자신의 권위로 말하지 않는다. 그가 말하는 것은 왕의 메시지였고 듣고 있는 자들에게 이러한 사실을 상기시킨다. 이사야는 소명 환상에서 왕, 만군의 여호와를 보았다. 그리고 그는 백성으로 하여금 바로 이 왕에게로 돌아가게 하려고 힘썼다. 이제 세상권세가 하나님의 성읍에게 야웨가 아닌 자기의 왕, 곧 범세계적이 될 제국의 보좌에 앉아 있는 인간의 말을 들으라고 명령한다.

그러한 왕에게 들으라는 것은 거짓되고도 속이는 말을 들으라는 것이다. 그 말의 의미를 다음과 같이 표현할 수도 있다. "히스기야로 하여금 너희를 속이지 못하게 하라."[23] 랍사게는 히스기야가 거짓된 소망을 일으켰다고 암시하려는 것처럼 여격을 사용한다. 그러므로 다음과 같이 의역할 수 있다. "히스기야가 너희 안에(혹은 너희를 위하여) 구원의 소망을 일으키려고 할 것이다. 이것은 믿을 수 없고 속이는 것이니, 이는 그가 그의 약속을 이룰 수 없으며 구원을 가져다 줄 수 없기 때문이다." 그러므로 랍사게는 자기 자신의 힘과 위치에 대해 망상을 품고 있는 왕을 질책하고 있는 것이다. 그렇지만 히스기야가 야웨에게 신뢰를 두고 있는 한, 야웨의 뜻이 선지자 이사야를 통하여 표현되었던 바와 같이, 성읍이 구원받을 것이라는 그의 확신은 정당한 것이였으며, 자신의 신뢰를 거기에 두었던 자는 속지 않았을 것이다.

36:15 랍사게는, 히스기야가 백성을 속이는 것으로 생각되는 방식의 특정한 예로써, 신뢰를 여호와께 둔다는 개념을 뽑아 내고 있다.[24] "그가 너희로 하여금 여호와를 의지하게 하도록 하지 말라." 그것은 어느 것보다도 가장 속이는 것이 될 것이다. 악인은 하나님에 대한 신뢰를 어리석음의 극치로 간주한다. 랍사게가 말하길, 한 가지는 분명히 구원하지 못하는데, 그것이 여호와를 의지하는 것이다. 그러나 랍사게는 히스기야의 신앙의 진정한 특성을 정확하게 분석하고 있다. 즉 이스라엘의

---

22) …의 말씀(들)—열왕기하 18:28에서 데바르(דְּבַר, …의 말씀)를 볼 수 있다. 단수형은 단수로서 이어지는 명령을 생각하는 반면 이사야서의 복수형은 상당수의 설명과 개인적 진술로서의 궁극적 결론에 주목하게 한다.

23) 그는 속일 것이다—만일 이 형태가 여격형 명령을 나타내는 것으로 의도된 것이라면, 이것은 자연히 장모음 히렉(ִי)으로 기록된다.

24) 부정어 אַל은 여격형 명령어와 함께 사용될 때 경시 혹은 충고의 어조를 가진다.

하나님께 신뢰를 두는 것이다.[25] 곧 야웨께서 그의 약속을 기억하실 것이고 그의 성읍을 앗수르 왕의 손에 들어가도록 허락하지 않으실 것이라는 신뢰이다.

그럼에도 불구하고 랍사게는 틀렸다. 그 자신의 때에 하나님께서는 자기 성읍을 세상 나라의 또 다른 대표자 곧 바벨론에게 넘겨지도록 허락할 것이었다. 그러나 세상 제국의 그 첫 번째 나라의 손아귀에 예루살렘이 멸망하게 하는 것은 그의 뜻이 아니었다. 교만한 나라는 자신의 계획과 의도를 자랑하였으나, 예루살렘에 관한 한 그것들을 실행할 수 없을 것이다. 각 단계마다 범세계적이 되려고 추구하는 나라는 이스라엘의 하나님 야웨의 권세에 지배를 받았다. 예루살렘은 내어준바 될 것이지만, 앗수르가 원했을 때가 아니라, 야웨께서 이미 준비하셨던 그때에 그렇게 하실 것이었다.

36:16 랍사게는 이제 그의 요구의 항목을 제시한다. 그는 먼저 히스기야의 말에 귀를 기울이지 말라고 반복하고 있는데, 만일 백성이 왕의 말을 듣는다면 앗수르 왕의 말을 듣지 않을 것임을 그가 잘 알고 있기 때문이다.[26] 그리고 나서 그는 적극적인 메시지로 나아간다. 히스기야의 말을 듣지 않아야 하고 그 성읍을 구원하실 야웨의 능력을 신뢰하지도 않아야 한다. 다만 왕이 요구하는 것만 있을 뿐이며, 이 요구는 "앗수르 왕이 또 말씀하시기를"이라는 말로 강조된다. 랍사게는 마치 다른 왕이 없는 것처럼 말한다. 앗수르 왕이 말할 때 모든 사람들은 들어야 한다. 그는 먼저 그들에게 그와 함께 복을 만들어가자고 요구한다(개역에는 없는 표현). 이 표현은 난해한데, "복"이라는 단어가 구약의 다른 곳에서 이러한 의미로 사용되지 않았기 때문이다. 랍사게가 의도하는 바는 거민들이 양자에게 복이 될 앗수르왕과의 관계를 맺어야만 한다는 것으로 보인다. 다시 말하자면, 그들이 왕과 계약을 체결하거나 그와 평화적 관계를 맺어야만 한다는 것이, 그가 의미하는 것으로 보인다.

백성이 자진해서 성읍에서 자신에게 나왔다가 그들의 생업으로 돌아가는 것으로 그와 같은 협약을 기꺼이 체결하는 마음을 보여줄 수 있다.[27] 반드시 백성이 그들의 가정을 저버리고, 성벽들 안에서 방비하려고 하였다고 생각할 필요가 없다, 비록

---

25) 신뢰가 부정사 절대형의 사용으로 인하여 강조된다.

26) המלך–1Q에는 관사가 빠져 있다(8절을 참고).

27) עשו–צאו안에 포함된 상태의 결과들을 나타낸다. 그러므로 '…등을 하여라, 그리고 나서 너희는 나가라.' 이러한 결과들은 이어지는 명령형들에 의하여 계속된다.

일부 사람들이 그렇게 하였을지라도 말이다. 그러나 랍사게의 말은 단순히, 만일 백성이 자기에게 항복하면, 일상적인 생활로 돌아갈 수 있다고 약속하고 있다. 포도나무, 무화과나무 그리고 우물물은 적절히 일상생활의 풍요로움을 의미하고 있으며 12절에 제시된 예견과 뚜렷한 대조를 이룬다. 그리고 랍사게의 오만한 말은 앗수르 왕이 이것들을 수여하는 권세를 가졌다는 것을 암시한다.

36:17 어느 정도의 진솔함이 이제 앗수르 사신의 표현에 나타난다. 그가 약속하고 있는 정상적 생활 조건은 영원히 지속하지 않을 것이고, 다만 앗수르 왕이 와서 백성을 데리고 갈 때까지만 계속될 것이다.[28] 산헤립이 먼저 애굽 원정을 마치고 그 다음에 돌아와서 백성을 데리고 가야만 했다고 일부 사람들에 의하여 주장되어 왔다. 실제로 상황이 그러하였는지 아니하였는지는 말하기 어렵다. 랍사게가 의미하는 것은 만일 그들이 그에게 항복하면 앗수르 왕이 그들을 포로로 취해 갈 준비가 될 때까지 그들의 일상생활을 계속해 나갈 수 있다는 것이다. 사로잡혀 가게 될 땅에 대한 랍사게의 묘사가 흥미롭다. 그는 이 땅이 유대인이 소유하였던 땅처럼 충분하게 생산적인 땅이 될 것이라는 사실을 분명히 밝히기를 원한다. 그의 표현이 반드시 반어적인 것은 아니다. 실제 부분적으로는 사실이다. 그가 예루살렘 백성에게 전달하고자 하는 내용은 그들이 추방되어서 가게 될 땅이 소산에 있어서 지금의 그들의 땅과 비교할 만한 땅이라는 것이다. 그러한 조건은 정복자에게도 유익이 되는 것이었다. 사실 후에 일부 유대인은 그 땅에 남아 있는 것에 만족하였으니, 이는 다니엘도 기회가 있었음에도 불구하고 팔레스틴 땅으로 돌아오지 않은 사람들 중에 있었기 때문이다.

36:18 분명히 랍사게는 히스기야가 그의 백성에게 미친 영향력을 알고 있기에 그는 또다시 히스기야가 그들을 속이고 있다고 경고하게 된다.[29] 이사야는 앗수르인이 여기에 나타난 교만한 방식으로 말하리라는 것을 미리 예고한 바 있다(10:9이하를 참고). 랍사게의 논리는 분명하다. 만일 다른 성읍의 신들이 그 성읍을 구원할

---

28) באי–'나의 옴 그리고 내가 취할 것이다', 즉 '내가 와서 취할 때까지.' 전치사를 가진 부정사 구문이 또 다른 동격 부정사가 아니라 와우 연결형을 가진 완료형 정동사로 이어진다. B는 정확하게 ἕως ἄν ἔλθω καί λάβω라고 번역한다.

29) 유혹하다–보통 סות에서 파생된 히필 3인칭 남성 단수. '선동하다, 유혹하다, 부추기다.'

수 없었다면, 어찌하여 유대인의 하나님 야웨께서 예루살렘을 구원할 수 있다고 생각해야만 하는가? 랍사게에게 신들은 모두 똑같았다. 모두가 똑같이 앗수르 왕 앞에서 무능하였다. 자기 뜻에 따라 행하고 자신의 의도들을 실행할 수 있는 이가 있는데, 그는 열국의 신들도 아니고 예루살렘의 야웨도 아니고, 오직 앗수르 대왕이었다. 펜나는, 이것은 반드시 하나님의 권세와 능력에 대한 부정이 아니고, 단순히 이때가 기적을 바랄 때가 아니라는 주장이라고 제안한다. 그러나 랍사게는 유대인이 예배하는 하나님이 주변의 열국의 신들과 마찬가지로 구원할 수 없다고 확신하고 있는 것으로 보인다.[30)]

36:19 이 질문의 의미는, "지금 이 여러 땅들의 신들이 어디 있느냐? 그들에게 무슨 일이 일어났느냐, 이는 내가 그들의 나라들을 공격하였으므로 그것들이 사라져 버렸다"일 수도 있고, 혹은 "내가 그들을 공격하였을 때 그 여러 땅들의 신들이 어디 있었으냐?"일 수도 있다. 후자의 의미가 아마도 더 나은 것 같다. 다시 말해서 랍사게는 이 다른 나라들의 신들이 어떻게 되었느냐고 묻는 것이 아니라, 그들이 자신의 땅을 보호해야 할 그때에 어디 있었느냐고 묻고 있는 것이다. 그가 공격하였을 때 저들의 신들은 구원하기 위하여 나타나야 했지만 그들은 나타나지 않았다. 그렇다면 그들은 어디 있었는가? 이 의미는 19:12에 표현되어 있는 의미와 사실상 같다. "너의 지혜로운 자가 어디 있느냐?"(사 19:12) 도움이 필요할 때 이 신들이 나타나지 않았던 것처럼, 야웨도 예루살렘이 그 도움을 필요로 할 때 돕기 위하여 나타나지 않을 것이다. 사르곤은 720년에 하맛의 수리아 성읍을 점령하였고 디글랏-빌레셀은 740년에 아르밧에 입성하였다. 이 두 성읍은 모두 10:9에 언급되어 있다. 스발와임은 아마도 수리아 북쪽에 있었던 것으로 보이나 그 정체는 확실하지 않다.[31)]

본 문장의 나머지 부분에 생략이 있는 것으로 이해하는 것이 가장 좋을 것이다. "그리고 다른 열국의 신들이 나의 손에서 사마리아를 구원했어야만 했다면 과연 그들이 어디있었느냐?" 10:11에서 사마리아를 예루살렘과 관련하여 언급하였다.

---

30) 랍사게는 7, 10절에서 구원하고자 하는 하나님의 의지를 부정하였고, 반면에 여기서는 하나님의 능력을 부정하고 있다는 Hitzig의 주장이 맞는 것으로 보인다.

31) 일부 사람이 스발와임과 에스겔 47:16의 시브라임을 동일시하려 하였으나, 이것은 의심스럽다. 이 지방은 앗수르인에게 정복당했고, 거민은 이스라엘 백성의 추방 이후에 사마리아 식민지로 보내졌다(왕하 17:24, 31; 18:34을 참고).

36:20 랍사게는 "내 손"이란 단어를 강조한다. 앗수르 왕의 손 혹은 힘이 그의 생각에는 최상이었다. 그 세력에 대항하여 그 어떤 신도 맞설 수 없었다. 그는 "이 열방의 모든 신들 중에서 누가 그들의 땅을 내 손에서 구원하였느냐?"라고 묻는다. 따라서 "내가 정복한 이 모든 땅들은 신들을 가지고 있었다. 그러나 결정적인 순간에 이 신들은 각기 구원할 능력이 없음을 증명해 주었다"라고 의역할 수 있다. 랍사게는, 원수로부터의 구원이 신의 임무라는 고대에 널리 퍼진 신앙을 표현하고 있다. 그러므로 이 모든 신들 가운데 어떤 신도 자기 땅을 구원할 수 없었으므로, 야웨도 예루살렘을 구원할 수 없다는 것이다. 랍사게의 눈에는 야웨가 고대의 다른 신들과 동등하였다. 귀신들은 믿고 떤다. 그러나 앗수르 왕의 권세에 눈이 먼 랍사게는 그가 대항하여야 할 하나님이 인간들의 손의 창조물인 신들처럼 무능하다고 생각한다.

36:21 성벽 위의 사람들에게 한 랍사게의 말은 원했던 효과를 이루어 내지 못하였다. 이 동사는 아마도 먼저 세 명의 사신들을 가리킬 것이다. 그러나 성벽 위에 있는 사람들을 가리키는 것이 전적으로 배제되어 있는지는 분명치 않다. 어쨌든 히스기야는 몸을 굽혀 자신의 하나님에 대해 쌓아 놓은 그러한 모욕들에 대해 대답하기를 원치 않았다. 신성모독에 대한 최선의 답변이 경멸적인 무응답일 때가 있는데, 이것이 그러한 때였던 것으로 보인다. 오히려 비난은 랍사게 앞에서 완전히 실패로 끝났을 것이다. 역사는 이 순간까지도 그가 경멸하고 부인한 야웨께서 실제로 그 전체 상황을 조종하고 계셨음을 보여줄 것이다. 랍사게는 그의 오만과 교만에 있어서 성공적이지 못하다.

> 22절, 때에 힐기야의 아들 궁내대신 엘리아김과 서기관 셉나와 아삽의 아들 사관 요아가 그 옷을 찢고 히스기야에게 나아가서 랍사게의 말을 고하니라.

36:22 이와 동시에 세 명의 사신들은 비통해 했었고, 그들의 괴로움을 옷을 찢음으로 표현한다.[32] 그러한 상태로 그들은 왕에게 나아간다. 찢어진 옷은 괴로움의 상징인데 왕에게 전달해야만 하는 메시지에 대한 괴로움뿐만 아니라 하나님께서 모욕을 당하셨다는 사실과 예루살렘이 위협을 받고 있다는 것에 대한 괴로움이다.

---

32) 직역하면, '옷들의 찢음', 즉 '찢어진 옷들을 가지고' 소유격은 찢겨진 부분을 나타낸다.

2. 하나님의 나라를 멸망시키려는 첫 번째 시도의 실패(37:1-38)

1절, 히스기야 왕이 듣고 그 옷을 찢고 굵은 베를 입고 여호와의 전으로 갔고
2절, 궁내대신 엘리아김과 서기관 셉나와 제사장 중 어른들도 굵은 베를 입으니라
왕이 그들을 아모스의 아들 선지자 이사야에게로 보내며
3절, 그들이 이사야에게 이르되 히스기야의 말씀에 오늘은 환난과 책벌과 능욕의
날이라 아이를 낳으려 하나 해산할 힘이 없음 같도다
4절, 당신의 하나님 여호와께서 랍사게의 말을 들으셨을 것이라 그가 그 주 앗수르
왕의 보냄을 받고 사시는 하나님을 훼방하였은즉 당신의 하나님 여호와께서
혹시 그 말에 견책하실까 하노라 그런즉 바라건대 당신은 이 남아 있는 자를 위
하여 기도하라 하시더이다.

37:1 이 이야기는 중단 없이 계속 이어진다. 랍사게의 발언에 대한 공식적인 보고를 받고 히스기야 역시 베옷을 입고 성전으로 들어간다. 고대에는 필요를 느끼는 왕이 성전에 들어가는 일이 있었다. 히스기야도 성전으로 향했는데 이는 그곳이 "살아계신" 하나님의 거처이기 때문이며 그곳에서 기도하고자 한다. 기도는 희생제사와 함께 연결되어 있었다. 그런 까닭에 희생제사를 드리는 장소인 성전은 하나님에게 나아가는 가장 적절한 곳이었다. 성전의 휘장은 아직 둘로 갈라지지 않았었다. 히스기야는 위기의 순간에 해야 할 일이 무엇인지를 올바로 알고 있다. 자기 옷을 찢고 베옷을 입은 것은 마음의 진정한 회개와 뉘우침을 나타내며, 그리고 이러한 상태에서 그는 여호와의 얼굴을 뵈오려고 나아간 것이다. 그러한 통치자를 가진 나라는 행복하리라!

37:2 히스기야의 경건은 참으로 귀감거리인데, 그 자신이 기도를 할 뿐만 아니라 선지자의 입을 통하여 나오는 하나님의 말씀을 들으려 하기 때문이다(신 18:18). 그가 보낸 사신 가운데 요아를 언급하지 않고(36:3, 11, 22을 참고), 그 대신 제사장 중 어른을 언급한다. 이것은 개인의 나이, 즉 제사장들 중에서 가장 나이가 많은 사람을 가리키지 않고, 제사장 무리들 중에 우두머리 혹은 지도자를 가리킨다.

히스기야는 이사야에게 단순히 자기의 슬픔에 동참하게 하려고 사람들을 보낸 것이 아니고, 이런 주어진 상황 속에서 하나님의 말씀이 무엇인지 듣기 위해서였다. 이

특별히 곤란한 때에 이사야는 왕이 의지할 수 있는 유일한 사람이었다.

왕이 그의 의견을 듣고자 사신을 보내는데, 이 사신에 제사장들의 지도자들도 포함된 것으로 보아 이사야의 고귀한 태생을 짐작해 볼 수 있다. 자기 개인의 역량으로 인하여 이사야가 문의를 받는 자가 된 것이 아니라는 사실은 "선지자"라는 호칭이 사용된 것을 보아 분명해진다. 히스기야는 하나님의 대변자로서 말하는 이사야의 말을 듣기를 원했다. 그러므로 히스기야는 하나님의 대변자인 선지자에게 합당한 존경과 위엄을 가지고 그의 요구를 꾸민다. 사실상 히스기야는 직접 만군의 여호와이신 왕에게 나아가고 있다. 그러므로 그는 예의 바르고 정중한 태도로 보낸 것이다.

37:3 히스기야의 명령에 따라서 그 사신들은 이사야에게 말한다. 명령을 받은 것에 대해 처음에 기록할 필요가 없다. 왜냐하면 그들이 친히 명령받은 것을 말하고 있다고 진술하기 때문이다. 알렉산더가 서술하는 바와 같이, "명령의 세부적 사항은 그것의 실행의 기록으로부터 얻을 수 있다."

22:5의 어투와 유사한 어투로 히스기야는 그날을 묘사한다. 이 날은 우선 고통의 날이다. 사용된 단어는 밖으로부터, 곧 앗수르의 압제부터 온 고통일 뿐만 아니라, 마음의 온갖 고민과 고통을 의미하며 이것은 비극적 상황이 수반하는 외적 내적 번민을 나타낸다. "책벌" 혹은 "징벌"은 하나님 자신의 책벌을 가리키는 것이지 랍사게의 신성모독을 가리키는 것이 아니다. 왜냐하면 대적이 입힐 수 있었던 재난이 자주 하나님으로부터 오는 징벌로 간주되었기 때문이다. 호세아는 그 단어를 이와 유사한 의미로 사용한다. 호세아 5:9을 참고하고, 또한 시편 149:7을 참고하라. 이 날은 더 나아가서 "능욕" 혹은 "경멸"의 날이다. 왜냐하면 지금 신정국가가 여호와로 인하여 능욕을 당하기 때문이다. 이것은 1장에서 "그들이…이스라엘의 거룩한 자를 만홀히 여겼다"(4절)는 이사야의 외침과 얼마나 대조적인가! 정녕 유다가 저질러왔던 것과 같이 야웨를 만홀히 여기는 것은 때가 되면 야웨께서 그의 백성을 만홀히 여기시게 되는 원인이 된다. 그 의미를 신명기 32:18이하에 분명하게 표현한다. 또한 예레미야 14:21과 예레미야애가 2:6을 참고하라. 아마도 이 단어들은 히스기야가 예전에 앗수르인에게 굴복함으로 어리석었던 것에 대한 인정일 것이다. 그러나 아마도 이 단어들은 단순히 아하스에 의하여 시작된 앗수르에 대한 복종이라는 전체적인 정책이 이제 그 열매를 맺고 있음을 지적하는 것 같다. 앗수르를 얻음으로써 유다는 야웨의 눈앞에 치욕의 대상이 되었다. 반면에 많은 사람들 편에서 볼 때, 그날

은 앗수르의 침입으로 인하여 고통의 날이었을 것이다. 히스기야에게 그 고통은 더 깊었을 것이다. 그는 실제 재앙이 지금 그 나라에 닥치고 있는 이유가 여호와의 노여움에 있는 것이지 물리적 대적의 출현에 있지 않다는 것을 알았다. 필요한 것은 영적인 것이다. 그러므로 히스기야는 그가 의지할 수 있으며 또한 영적 도움을 받을 수 있는 유일한 사람인 이사야를 의지한다.

왕은 현재의 상황을 지금 막 출산하려고 하나 그렇게 할 힘이 없는 임산한 여인에 비교한다. 태어나려고 하는 아기는 돌파구, 즉 자궁의 입구에까지 왔다(호 13:13을 참고). 그렇지만 출산할 힘이 없는 것이다. 마지막 문장에서 강조하는 단어는 "힘"이다.[1] "아기가 태어나려고 하는데, 힘, 출산을 위한 힘이 없다."라고 번역할 수 있다.[2] 이 비유는 극단적인 곤궁, 필요, 고통을 묘사하고 있으며, 무엇보다도 특별한 도움의 개입이 필요하다는 사실을 묘사한다. 사실상 이것은 하나님의 도움이 요구된다는 철저한 인정의 부르짖음이다. 만약 자궁이 열려지지 않아서 아기가 태어날 수 없다면, 그 아기는 죽을 것이고 그 산모 역시 죽을 것이다. 마찬가지로 유다를 구원해 줄 힘이 즉시 있지 않게 된다면 유다 역시 멸망할 것이다.

37:4 히스기야의 말은 이어져 왔던 정책, 즉 유다가 애굽이라는 약한 갈대를 의뢰한 것과 같은 정책에 대한 상당한 수치심을 드러내는 것으로 보인다. 그런 까닭에 그는 "혹시"라고 말한다. 이것은 희망을 표현하는 단어다. "혹시, 우리의 죄와 어리석음에도 불구하고 참되신 하나님께서 우리의 기도를 들으시고, 우리가 처한 곤경을 살피실 것이다." 랍사게의 말을 듣는다는 것은 단순히 한 말만 듣는 것이 아니라 징벌하리라는 의도와 함께 그 말을 주목하는 것이다. 하나님 편에서의 그러한 들으심은 가끔 출애굽기 2:24; 3:7에서처럼 좋은 의미로 언급되는데, 출애굽기 본문에서 하나님은 노예상태에 있는 자기 백성의 부르짖음을 들으시고 그들을 돕기 위하여 내려오셨다. 그러나 여기서는 하나님께서 신성모독적인 말을 하는 자를 징벌하시기 위하여 그러한 말을 들으신다.

히스기야가 말한 호칭, "당신의 하나님 여호와"에는 자제력과 경외심이 들어 있는데, 이 호칭은 이사야가 하나님과의 특별한 관계에 있다는 것을 인정하는 말이기

---

1) 힘–절대형 אַיִן은 언제나 부정된 단어 뒤에 따라온다.

2) לֶדֶת–לֵדָה 대신에 여성형 어미를 가진 칼 부정사 연결형. 또한 דֵּעָה를 참고하라(출 2:4; 렘 13:21; 호 9:11).

때문이다. 그는 하나님께서 그에게 명령하신 말씀을 선포하는 하나님의 대언자였다. 더 나아가서 이사야는 그가 "이스라엘의 거룩한 자"로 사랑하였던 하나님의 신실한 종이었다. 히스기야는 야웨께서 자기 자신의 하나님도 아니고, 그가 더 이상 그 나라의 하나님도 아니시라는 것을 암시하고자 하는 것이 아니다. 그러나 그는 특별하고 유일한 의미에서 야웨가 이사야의 하나님이신 것을 인정한다. 또한 그의 표현은 그와 그의 백성이 이사야처럼 하나님께 신실하지 못했다는 것을 암시한다.

최소한 히스기야는 이사야의 하나님께서 살아 계시는 하나님이시라는 것을 인정하고 있으며, 그는 의도적으로 랍사게의 신성 모독적 발언과 대조를 이루기 위하여 이 호칭을 사용하고 있다.[3] 이 신성 모독적인 발언은 랍사게가 야웨를 단순히 많은 신 중 한 신으로 간주하였다는 사실에 있다. 그러나 히스기야는 그가 살아 계시는 하나님이심을 안다. 따라서 모든 다른 신은 존재하지 않는다. 그러므로 살아계신 하나님께서 그가 들으신 비난의 말로 인해 징벌로 견책하시리라는 것이 왕의 바램이다.[4]

더 나아가 히스기야는 이사야가 해주기를 바라는 것을 구체적으로 서술한다. 그는 지금 남아 있는 자를 대신하여 기도를 올려야 한다. 이 표현은 단순히 기도하는 것 이상을 의미한다. 이것은 "음성을 높이다" 혹은 "마음을 높이다"라는 표현을 암시한다. 그러므로 이사야는 자기 백성을 위하여 자기 마음의 소원을 하나님께 진지하게 올리도록 명령을 받고 있다. 따라서 히스기야가 의지한 것은 바로 선지자로서의 역량을 가진 이사야이다. 아브라함처럼 그는 그의 기도가 효력이 있었던 선지자였다(창 20:7을 참고).

히스기야가 남은 자에 대해 말할 때 무엇을 염두에 두었는지는 확실하게 분명하지는 않지만 이 단어가 여기서 이사야서의 다른 본문에서와는 다른 의미로 쓰인 것으로 보인다. 여기서 이것은 아마도 그 나라의 남은 자들과 구분되는 예루살렘을 가리킬 수 있다. 왜냐하면 단지 예루살렘만 지금 남아 있기 때문이다. 또는 남아 있는 모든 자를 가리키는 일반적인 의미로 취급될 수도 있을 것이다.

---

3) 그와 같이 다윗도 골리앗의 신성 모독적 발언에 대해 말했다(삼상 17:26, 36을 참고하라).

4) 그리고 그가 그 말에 견책하실까 하노라—즉 랍사게의 말에 대하여 하나님께서 견책하실 것이다. 견책은 징벌의 형태를 취할 것이다. 따라서 Drechsler의 번역 "*Züchtigung vornehmen*"은 그 뜻을 정확하게 드러내고 있다.

5절, 이와 같이 히스기야 왕의 신하들이 이사야에게 나아가매
6절, 이사야가 그들에게 이르되 너희는 너희 주에게 이렇게 고하라 여호와께서 말씀하시되 너희의 들은 바 앗수르 왕의 종들이 나를 능욕한 말을 인하여 두려워 말라
7절, 보라 내가 신을 그의 속에 두리니 그가 풍성을 듣고 그 고토로 돌아갈 것이며 또 내가 그를 그 고토에서 칼에 죽게 하리라 하셨느니라.

37:5 본 절의 동사는 방금 전에 서술된 것에 뒤이어 일어난 것을 묘사하고 있다는 것을 암시하지 않는다. 오히려 이것은 앞의 내용과 평행을 이룬다. 영어로 "그래서 신하들이 이사야에게 왔다"라고 번역하여 그 의미를 나타낼 수 있다. 그러므로 본 절은 단순한 반복이 아니고, 전체 사상을 간단명료한 방식으로 제시하여 다음 구절을 준비를 한다.

37:6 이사야의 응답은 권위가 있으면서도, 단순하고, 직접적이고, 용기를 북돋우는 것이며 인상적인 대조를 담고 있다. "그러므로 너희는 고하라"는 "그러므로 여호와께서 말씀하시되"와 대조를 이룬다. 사신들은 하나님께서 이미 그의 선지자에게 말씀하신 것을 반복해야 한다. 이것은 하나님에 의하여 말씀되어진 것이기에 권위가 있다. 그러므로 이것은 이사야 자신의 단순한 의견이 아니다. 그 메시지는 간단하고 실제적이다. 즉각적으로 왕에게 두려워하지 말라고 명령한다. 이사야는 예전에 이와 유사한 방식으로 아하스에게 말했다(7:4; 또한 41:10, 14을 유의하라). 그 경우처럼 여기서도 역시 두려워해야 할 근거가 없다. 앗수르왕의 군사들이 신성모독적인 말을 했다.[5] 그들을 앗수르왕의 군사들이라고 지칭하면서 이사야는 경멸의 어조를 사용하고 있는 것으로 보인다. 그들은 사실 젊은이이었고, 앗수르인 중에서 가장 높은 고관들이 아니다. 오직 군인들만, 게다가 젊은이들만 신성 모독적인 말을 하였다. 이러한 말은 하나님 자신을 겨냥한 것이었다.

37:7 이사야는 이제 그의 말의 이유를 전달한다. 신성 모독적인 말이 선포되었지만 앗수르 왕은 영광의 왕을 대항할 힘이 없다. 하나님께서 그 왕의 마음에 본국으로 돌아가게 만들 한 신을 두심으로 행동하실 것이다. 다른 곳에서도 이사야는 "신"

---

5) אשר–"…를(을) 인하여," 행동의 수단은 여기서 떨어져 있는 목적어로 간주된다.

을 주심에 대해서 말했다. 19:14에서 야웨께서 애굽 가운데 사특한 마음을 섞으셨다고 선언하였고, 또다시 29:10에서 야웨께서 깊이 잠들게 하는 신을 부으셨다고 설명한다. 이번 경우에서 이 단어는 "의도"나 "뜻"을 의미하지 않고 오히려 인간의 행동과 생각에 영향을 미치는 하나님이 보내시는 충동 또는 힘을 가리키는 것으로 보인다. 이는 두려움이나 공포 같은 어떤 구체적인 것을 가리키는 것이 아니라, 단순히 하나님이 인간의 마음에 두시는 행동하도록 강요하는 일반적인 충동을 가리킨다.[6] 이사야는 일찍이 말했다. "앗수르는 칼에 엎더질 것이나 사람의 칼로 말미암음이 아니겠고 칼에 삼키울 것이나 여러 사람의 칼로 말미암음이 아닐 것이며 그는 칼 앞에서 도망할 것이요 그 장정들은 복역하는 자가 될 것이라 그의 반석은 두려움을 인하여 물러가겠고 그의 방백은 기호를 인하여 놀라리라 이는 여호와의 말씀이라 여호와의 불은 시온에 있고 여호와의 풀무는 예루살렘에 있느니라"(사 31:8–9).

산헤립이 소식(풍성)을 듣는다고 말한다. 이 단어는 단순히 "듣는 것"을 의미한다. 자주 이것이 디르하가의 내습을 가리킨다고 생각되었으나, 그러한 내습의 소식은 단순히 산헤립으로 하여금 히스기야에게 항복을 요구하는 사신을 보내게 만들었다(9절 이하를 참고). 그 풍성은, 니느웨 혹은 바벨론과 같은 그의 광활한 제국의 다른 어떤 곳으로부터 앗수르 왕에게 전달된 풍성이라는 것이 더 그럴듯하다.

"그리고 그가 돌아갈 것이며"란 표현은 앞의 내용과 긴밀하게 연결되어 있어서 산헤립이 그 풍성을 들은 결과로 니느웨로 돌아간 것으로 이해해야 할 것이다. 이 점에서 이사야는 앗수르 군대에 곧 닥치게 될 대재앙에 관하여 아무것도 말하지 않는다는 사실을 주목해야 할 것이다. 그 이유는 히스기야의 신앙을 강하게 하려는 의도 때문일 가능성이 크다. 한 번에 왕에게 모든 것을 말할 필요는 없다. 하나님께서 대적의 왕을 그 땅으로부터 제거하실 것임을 알고 있다면 그에게는 충분하다. 만약 그가 산헤립이 자기 땅으로 돌아갈 것이라는 하나님의 단순한 말을 믿는다면, 그의 믿음은 진실로 강하다. 나중에 그는 그 군대를 멸망시키시는 하나님의 놀라운 능력과 여호와께서 앗수르를 유다로부터 물리치기 위하여 사용하실 사건을 볼 것이다.

마지막으로 세부적인 사항 하나가 묘사를 완성하기 위하여 덧붙여진다. 이것은 이사야가 산헤립이 앗수르로 돌아가자마자 죽게 된다고 선언하고 있다는 결론을 주지 않는다. 이사야의 목적은 왕에 관한 모든 것을 열거하는 것이 아니고 다만 히

---

6) 칼빈은 하나님께서 산헤립을 물리치시기 위하여 사용하셨던 바람 혹은 회리바람이라고 해석한다.

스기야가 반드시 알아야만 하는 세부 사항을 열거하는 것일 뿐이다. 사실상 산헤립은 20년 동안 혹은 그 후에도 살해를 당하지 않았다. 중요한 것은 그 시기가 아니라 그의 죽음의 사실이다.

8절, 랍사게가 앗수르 왕이 라기스를 떠났다 함을 듣고 돌아가다가 그 왕이 립나 치는 것을 만나니라
9절, 그때에 앗수르 왕이 구스 왕 디르하가의 일에 대하여 들은즉 이르기를 그가 나와서 왕과 싸우려 한다 하는지라 이 말을 듣고 사자들을 히스기야에게 보내며 가로되

37:8 랍사게에게 들려 온 풍성에 관해서 언급된 것이 아무것도 없다는 것을 주목하는 것은 흥미롭다. 그의 요구에 대한 히스기야의 거절이 그에게 전달되었다고 추론할 뿐이다. 그러므로 그가 단순히 돌아갔다고 말함으로써 이야기는 힘을 얻게 된다. 앗수르인의 핵심 대표자로서 랍사게만 언급된다. 그는 립나로 갔는데, 산헤립이 라기스로부터 떠났다는 말이 그에게 들려 왔기 때문이다.[7] 비록 산헤립이 그의 기록에서 라기스를 언급하지 않고 있을지라도 대영 박물관에 있는 한 소장품은 산헤립이 그 성읍을 포위 공격하는 모습을 보여준다(*ANEP*, 129–132쪽을 참고). 랍사게가 히스기야의 항복을 받아올 수 있을 것이라고 확실히 생각하면서 산헤립은 그의 공격 작업을 계속하였고 그의 관심을 구약에서 여러 번 언급된 마을인 립나로 돌렸다(수 10:29, 31이하; 12:15; 15:42; 렘 52:1을 참고). 립나는 도피성으로서 의미가 있었다. 립나는 아마도 엘라의 배일(Vale)의 입구에 있는 세펠라(Shephelah)에 위치해 있었을 것이며, 약간 보다 남쪽에 있는 텔 보르낫(Tell Bornat)이 그 위치로 제안되기도 했지만, 일반적으로 텔 에스–사피(Tell Es–Safi, 참고. the Alba Specula of the Crusaders)로 본다. 그러므로 라기스로부터 도망을 친 후 산헤립은 북쪽으로 행진하고 있었던 것으로 보인다. 그리고 랍사게는, 북으로 진군하고 있는 그를 만나기 위하여 갔다. 아마도 그 목표를 예루살렘으로 잡고 착수된 진군일 것이다.

37:9 급작스럽게 주어의 전환을 한다. 디르하가의 침략에 대해 듣는 사람은 바로 산헤립이다. 디르하가는 제25왕조(소위 에티오피안 왕조)의 가장 유명한 통치자로서,

---

7) 여호수아 10:29–32에 있는 순서를 참고하라.

주전 690년에 사바타카(Shabataka)를 계승하여 주전 664년까지 통치한 자였다. 디르하가는 주전 710년경에 출생하였다. 따라서 주전 701년에는 군대를 지휘할 수 없었을 것이라고 주장되어 왔다. 그러나 이러한 논증이 반드시 결정적인 것은 아니다(부록 I, "히스기야의 통치"를 보라). 여기서 예기적으로 디르하가가 왕으로 불리어졌음에 거의 틀림없다. 누구도 그의 출생 연대를 확신할 수 없는데, 그의 부친 피앙키(Pianki)가 710년에 죽었기 때문이다. 이 시기의 연대기가 너무나 복잡하므로, 우리가 아직 모든 사실을 다 알지 못한다고 인정하는 것이 지혜로운 일로 보인다.

성경은 디르하가가 실제로 산헤립과 대항하였는지 여부에 대해 말하지 않는다. 단순히 후자가 상황이 그러하였음을 들었다는 것을 말할 뿐이다. 이 소문이 사실이든 아니든 간에 앗수르 왕으로 하여금 히스기야에게 되풀이되는 항복 요구와 함께 사신을 보내도록 하기에는 충분하였다. 이것이 그로 하여금 그의 원정을 취소하고 니느웨로 돌아가게 하지 않았다. 만약 디르하가가 진군하고 있었다면 예루살렘을 그의 편에 넣는 것이 반드시 필요하였을 것이다. 왜냐하면 그의 배후에 있는 적대적인 예루살렘은 실제로 심각한 위협을 일으킬 수 있기 때문이다. 그러므로 산헤립은 즉각적으로 히스기야를 설득하려는 행동을 취한다.

10절, 너희는 유다 왕 히스기야에게 이같이 고하여 이르기를 너는 너의 의뢰하는 하나님이 예루살렘이 앗수르 왕의 손에 넘어가지 아니하리라 하는 말에 속지 말라
11절, 앗수르 왕들이 모든 나라에 어떤 일을 행하였으며 그것을 어떻게 멸절시켰는지 네가 들었으리니 네가 건짐을 얻겠느냐
12절, 나의 열조가 멸하신 열방 고산과 하란과 레셉과 및 들라살에 거하는 에덴 자손을 그 나라 신들이 건졌더냐
13절, 하맛 왕과 아르밧 왕과 스발와임 성의 왕과 헤나 왕과 이와 왕이 어디 있느냐 하라 하였더라.

37:10 산헤립은 히스기야를 유다 왕으로 언급함으로써 어느 정도 존경심을 나타내고 있는데, 이는 지금 그의 의도가 히스기야에 대한 그 나라의 신뢰를 깨뜨리려는 것이 아니고 히스기야의 하나님에 대한 신뢰를 깨뜨리려는 것이었기 때문이다. 산헤립은 랍사게가 이미 36:18–20에서 말한 요점에 집중하고 있다. 야웨가 앗수르 왕

의 조언과 반대되는 조언을 히스기야에게 주었으므로 야웨가 히스기야를 "속이고 있다"는 것이다. 그러나 히스기야는 야웨를 신뢰하였고, 예루살렘이 멸망을 당하지 않을 것이라는 단언으로 그의 확신을 나타내 보였다. "예루살렘이 앗수르 왕의 손에 넘어가지 아니하리라"는 표현은 앞의 "의뢰"와 함께 해석하는 것이 가장 좋으며, 따라서 하나님의 진술이라기보다는 히스기야의 생각을 나타낸다. 흠정역(KJV)은 하나님의 진술로 보는 해석을 선호하며 표준 개정역(RSV)은 훨씬 더 그러하다. 물론 히스기야의 신뢰는 하나님께서 그의 선지자인 이사야를 통하여 주신 계시에 근거하였다. 또한 랍사게에 대한 응답도 역시 히스기야가 그의 하나님께서 그와 예루살렘을 구원하실 것을 믿고 있었다는 것을 분명하게 해주었다.

37:11 그리고 나서 산헤립은 히스기야가 알고 있을 만한 패배에 주목한다. "보라!"라는 도입어를 통하여 그는 이 정복이 실제로 잘 알려져 있었고, 확실한 사실이었음을 암시한다. 마치 그가 "내 조상이 한 일을 네가 충분히 잘 알고 있다"라고 말하는 듯 하다. 그는 인칭 대명사 "너"를 사용함으로써 그의 진술에 효과를 더한다. 이 단어는 강조적인 어조이며 최소한 히스기야는, 비록 그 나라의 일반 백성 중 일부는 잘 알지 못하였다고 하더라도, 이러한 일을 알았다는 것을 암시한다. 산헤립은 랍사게가 산헤립 자신의 공적으로 돌렸던 것을 그의 조상에게 돌리고 있다.

앗수르 왕은 원수의 영토의 완전한 멸망을 표현하는 용어를 사용한다. 종교적 관점에서 대적의 땅은 부정한 것으로 간주되었고, 그러므로 저주 아래 있어야 하며 철저하게 멸망되어야 한다.[8] 산헤립의 조상이 자기들이 정복했던 땅을 향하여 가졌던 것이 바로 이러한 태도였다. 그들의 주, 아슈르(Asshur)의 능력으로 싸우고 있었다고 믿었던 그들은 이 땅들을 멸망에 받쳐진 것으로, 그들을 완전히 파괴하기까지는 만족을 하지 않았다.

이 모든 다른 땅들이 멸망했을 때 자신이 구원받을 수 있다고 히스기야가 생각할 만한 그 어떤 이유가 있겠는가? 이 질문에는 히스기야의 신이 산헤립과 함께하는 신들만큼 강하지 못하다는 의미가 암시되어 있다. 앗수르 왕은 완전히 이것을 신들의 싸움, 곧 야웨와 자신의 신들 사이의 전쟁으로 간주하고 있는 것이다.

---

8) 그러므로 예를 들면 Ashurbanipal은 애굽에 대해 그의 의도를 서술한다. *a–na da–a–ki ha–ba–a–te u e–kem mat Mu–sur il–li–ka siru–us–su–un*, '죽이고, 약탈하고, 애굽의 땅을 탈취하기 위하여 그는 그들을 대항하여 왔다'(첫 번째 원정).

37:12 앞 절을 마무리 했던 질문을 정당화하기 위하여 산헤립은 즉시 또 다른 질문을 한다. 멸망당한 열국의 신들이 자신을 구원하기에 능하지 못했는데, 그렇다면 어찌하여 네가 구원받겠느냐는 것이다. 그러므로 히스기야의 하나님도 열국의 신들보다 더 능하지 못하다는 것이 암시되어 있다. 산헤립의 열국에 대한 목록은 랍사게의 것보다 간략하고, 사마리아가 빠진 것이 주목할 만하다. 고산은 열왕기하 17:6과 18:11에서 포로민이 정착하였던 강가로 언급되어 있다. 구사나(Guzana)란 용어가 앗수르 문서들에 니시비스(Nisibis)의 남쪽과 하란(Haran)의 동쪽의 위치의 이름으로 나온다. 하란은 아브라함과 관련하여 잘 알려져 있다(창 11:31; 12:5; 27:43을 참고). 이곳은 발리크(Balikh) 강에 위치해 있다. 레셉(Reseph)은 아카디아어 라사파(Rasappa)와 동일한 곳으로 간주되어 왔으며 아마도 오늘날의 팔미라(Palmyra)와 유프라테스(Euphrates) 사이에 있는 루사페(Rusafe)인 것 같다. 에덴의 자손(즉 עֶדֶן בְּנֵי)은 유프라테스 중앙에 있고, 들라살(Telassar)은 메소포타미아에 있는데, 이 단어는 분명히 지역을 가리킬 것이다.

37:13 랍사게처럼 이 왕은 몇 개의 수사학적 질문을 한다. 그러나 특정한 지역의 신들이 어디 있으냐고 묻는 대신에 그는 "왕"이란 단어를 사용한다. 이 질문에 대한 대답은 이 왕들이 지금은 사라졌다는 것이다. 즉 한 때는 그들이 앗수르에 저항을 하였지만, 지금은 정복을 당했고, 무대에서 사라졌다는 것이다. 특별히 흥미 있는 것은 산헤립이 스발와임에 대해서 말하는 방식이다. 그는 "스발와임 성의 왕이 어디 있느냐"라고 묻지 않고 "그리고 스발와임 성의 한 왕이 어디 있느냐"라고 묻고 있다.[9] 마지막 두 성읍은(왕하 18:34; 19:13) 알려져 있지 않다. 분명 산헤립은 이 성읍이 특정한 왕을 가지고 있을 만하다고 판단하지 않는다. 만일 이 성읍의 왕이 있었다면, 그는 지금 어디 있는가?

14절, 히스기야가 사자의 손에서 글을 받아 보고 여호와의 전에 올라가서 그 글을 여호와 앞에 펴놓고

15절, 여호와께 기도하여 가로되

---

9) לְעִיר–'그리고 그 성읍 스발와임에게 한 왕', 즉 그 성읍과 관련하여. 자신과 스발와임의 성읍을 동일시할 한 왕이 어디 있느냐? 그렇지만 아마도 라메드(ל)가 '…로부터'로 번역될 수도 있을 것이다.

37:14 이 시점까지 편지에 대한 어떤 언급도 없었다. 대화가 서신으로만 이루어졌는지 아니면 말로도 전해졌는지 말하기는 불가능하다. 아마도 틀림없이 말로 전달되었거나 아니면 사신들에 의하여 왕에게 낭독되었을 것이다. 어쨌든 히스기야는 이제 사신들로부터 서신을 받는다. 이것은 역대하 32:16–17과 가장 잘 어울리는데, 이 본문은 산헤립의 신하들이 여호와를 욕한 것과 앗수르왕이 서신을 기록한 것을 모두 언급한다. 서신(글)으로 번역된 단어는 복수형인데, 아마도 그 종이가 여러 페이지로 접혀 있었기 때문인 것으로 보인다. 그렇지만 복수형 단어는 라틴어 litterae 처럼 단순히 하나의 편지를 지칭한다.[10] 히스기야가 먼저 그 편지를 읽고, 그 다음에 참된 도움의 원천이 되시는 하나님에게 의뢰하였다. 그는 여호와 앞에 그 편지를 펼쳐 놓았는데, 여호와께서 읽으실 수 있도록 하기 위해서가 아니라, 청원의 방식으로 그렇게 한 것이다.

이사야는 히스기야가 어떤 방식으로 이 일을 하였는지, 즉 그가 친히 성전의 마루 바닥에 부복하고 자기 앞에 그 편지를 놓았는지, 아니면 그 편지를 제단 위에 놓았는지는 서술하지 않는다. 이러한 행동은 왕이 하나님 앞에 자기의 모든 필요를 내어 놓는 상징적 행위이다. 이것은 더 나아가서 어린아이와 같은 신뢰의 행동인데, 왕이 하나님께서 그의 도움이 되실 것을 확신하고 있기 때문이다. 우리가 하나님께 말씀 드리기 전에 그가 우리의 필요를 아신다는 것은 말할 필요도 없다. 진실로 그는 우리 자신이 아는 것보다 우리의 필요를 더 잘 아신다(마 6:8). 그러나 하나님께서는 그의 백성으로 하여금 자신의 문제와 난처한 일을 가지고 나아오게 하시곤 한다. 히스기야는 참 하나님의 자녀가 행동하여야 할 그러한 행동을 하였다.

37:15 히스기야가 이전의 경우에 올렸던 기도는 기록되지 않았다. 그 때에는 왕이 성전에 들어간 것을 서술한 것으로 충분하였다. 산헤립으로부터 문서 형식으로 전달된 새로운 요구는 히스기야로 하여금 앗수르 왕이 자기를 폐위시키려 한다는 것을 깨닫게 하였다. 왕은 그 편지에 즉각 대답하지 않고 하나님께서 그 대답을 주시기를 기도한다. 히스기야의 행동이 아하스의 행동과 얼마나 다른가! 후자는 하나님이 주신 예언에 순종하여 표적을 구하지 않을 것이다. 그보다는 디글랏–빌레셀

---

10) 직역하면 그 책들, 아마도 파피루스나 혹은 양피지의 두루마리일 것이다(렘 36:2). 설형문자로 기록된 편지들의 견본에 대해서는 *ANET*, pp. 482–490을 참고하라. Mari 편지에게 대해서는 *Claus Westermann, Grundformen prophetischer Rede*, 1960, pp. 82–91을 참고하라.

의 원조와 같은 인간적 방어 수단을 의지할 것이다. 그러나 히스기야는 기도로 향한다. 그러나 히스기야를 비현실적인 몽상가로 생각하지 않아야 한다. 히스기야는 그가 행동해야만 할 때에 기도를 하였는데, 이는 결국 하나님만이 도움이 되실 수 있기 때문이었다. 이와 동시에 열왕기하 20:20에서 그의 현실적인 행동을 읽어보게 되는데, "…못과 수도를 만들어 물을 성중으로 인도하여 들인 일"들이다. 그렇다면 여기에 나타난 것은 그 자체가 행동으로 나타난 신앙이었다.

16절, 그룹 사이에 계신 이스라엘 하나님 만군의 여호와여 주는 천하 만국의 유일하신 하나님이시라 주께서 천지를 조성하셨나이다
17절, 여호와여 귀를 기울여 들으시옵소서 여호와여 눈을 떠 보시옵소서 산헤립이 사자로 사시는 하나님을 훼방한 모든 말을 들으시옵소서
18절, 여호와여 앗수르 왕들이 과연 열국과 그 땅을 황폐케 하였고
19절, 그들의 신들을 불에 던졌사오나 이들은 참 신이 아니라 사람의 손으로 만든 것뿐이요 나무와 돌이라 그러므로 멸망을 당하였나이다
20절, 우리 하나님 여호와여 이제 우리를 그의 손에서 구원하사 천하 만국으로 주만 여호와이신 줄을 알게 하옵소서

37:16 이 기도는 진정으로 경외하는 마음을 쏟아 붓는 것이다. 히스기야는 즉시 하나님을 구속과 언약의 이름인 야웨로 부르고 있는데, 이것은 참 하나님을 이스라엘의 하나님으로 확인해 주는 이름이다. 그리고 나서 그는 "만군의"라는 명칭을 덧붙이는데, 예언서에서는 자주 이 단어들의 조화가 나타나지만 역사서에는 가끔 나타난다. 여기서 이 단어는 전능하신 하나님의 능력을 주목하게 한다. 그 다음으로 히스기야는 자기 하나님을 이스라엘의 하나님으로 밝혀준다. 여기에 자신의 하나님에게 말하고 있는 한 왕이 있으니, 그의 앗수르 대적과는 달리 자신이 아닌 자신의 하나님을 자랑하는 왕이다. 히스기야는 그의 도입어를 선택하여 그가 경배하는 하나님에게 최상의 존경을 표현다.

그 다음 어구는 난해하다. 문자적으로 번역하면 이것은 "그룹 위에 앉으신 분" 혹은 "그룹의 앉는 자"이다. 히스기야는 하나님과 그룹을 동일시하고자 하지 않고, 언약의 법궤 위 그룹 사이에 있는 하나님의 거처를 가리키고 있을 것이다. 그렇게 하심으로 이스라엘의 하나님께서는 자신을 이스라엘의 하나님으로 나타내셨다. 그룹은

지성소의 언약 궤의 시은 소를 덮고 있는 날개 달린 형상들이다. 히스기야는 그룹을 언급함으로써 결코 하나님에 대한 어리석은 개념을 생각하고 있는 것이 아니다. 그는 하나님이 어떤 한 지역에 제한되거나 묶이지 않으시는 분이심을 잘 알고 있다. 그는 하나님을 산헤립이 숭배하는 우상들의 범주에 두지 않는다. 그러나 하나님께서는 그의 백성 가운데 거주하시기 위하여 스스로 성전을 그의 거처로 택하셨다. 그러므로 성전은 이스라엘에게 하나님께서 그들 가운데 거하심을 의미하였다. 그룹에 대한 언급을 하면서 히스기야는 단순히 하나님께서 예루살렘의 포위된 성읍 안에서 그와 함께 하신다는 것을 회상하고 있을 뿐이다. 산헤립은 그가 히스기야를 예루살렘 안에 "새장 안의 새처럼"(부록 3을 보라) 닫아 넣었다고 생각하였으나, 하나님께서 그 성안에서 히스기야와 함께 하셨다. 산헤립의 자랑은 진실로 헛된 것이었다.

왕이 그가 경배하였던 하나님에 대한 잘못된 개념을 마음속에 품지 않았다는 것은 이어지는 "주는 유일하신 하나님이시라"는 문구에 나타나 있다. "하나님" 앞에 정관사를 사용하면서 히스기야는 그의 하나님께서 참되신 분이라고 단언하고 있다. 전체 문장은 단순히 "주는 참되신 하나님이시니이다"를 의미한다(삼하 7:28; 사 43:25; 51:12 등을 참고). 여기에 왕은 "유일하신"이란 단어를 덧붙이고 있으며, 그리하여 성경의 다른 곳에서 발견되는 것과 같은 진정한 유일신론에 대한 강한 확신을 나타내 보인다. 그러나 이 유일신론은 그 자체가 특별한 사건 가운데서 나타난다. 하나님께서 자신을 유일하신 참된 하나님으로 보이시는 것은 지상의 모든 나라와 관계된 것이다. 히스기야는 실제로 소유격 대신에 완곡한 표현을 사용하고 있다. 그가 의미하는 바는 모든 나라에 관한 한 이스라엘의 하나님 야웨께서 참 하나님이시다는 것이다. 그러므로 이 모든 나라의 신들은 자신의 행복을 위하여 행동을 할 수가 없는 헛된 우상들일 뿐 아무것도 아니라는 것이다.

그 다음으로 창조의 사실에 대한 고귀한 확언이 뒤따른다. 이것은 이스라엘의 종교 발달 이론에 의하여 영향을 받은 둠(Duhm)과 다른 사람들에 의하여 이사야의 것으로 인정되지 않았다. 그러나 이스라엘은 자기 스스로의 힘으로 하나님에 대한 개념에 도달하지 않았다는 것을 기억해야만 한다. 그보다는 이러한 개념이 하나님에 의하여 이스라엘에게 알려졌다. 히스기야가 말했던 것처럼 말하지 않았을 것이라는 것에 대한 이유가 없다. 단지 그가 말하는 것은 창세기의 첫 구절에 계시된 창조의 사실에 기초를 두고 있다. 히스기야는 자기의 기도에 인칭대명사를 삽입하고 있으며, 마치 "주는, 다른 어떤 존재가 아닌, 오직 주님만이 하늘과 땅을 만드셨나이다"라고 말하는 듯하다. 야웨께서 참되신 하나님으로 나타나신 것은 창조를 통해서이다. "만방의 모든 신은 헛것이요 여호와께서는 하늘을 지으셨음이로다"(시 96:5). 창조에 대한 이러한 언급을 통하여, 히스기야는 모든 것을 창조하신 하나님께서 그의 사역을 지속하실 것이며 앗수르 왕과 같은 대적에 의하여 멸망되도록 허용하지 않으실 것이다.

37:17 본 절부터 하나님을 향한 탄원이 시작된다. 이것을 다섯 개의 명령형으로 표현하고 있는데, 하나님께서 기울이시고, 들으시고(두 번), (그의 눈을) 뜨시고, 보시길 요구한다. 이것은 하나님께서 앗수르 왕이 하고자 하는 것을 모르시고 있다는 것을 의미하지 않는다. 이것은 "마치 당신께서 보시고 들으신 것처럼 행동하시옵소서"라고 말하는 것과 동일하다. 이 명령형들은 효과적이며 수반되는 행동을 의미한다. "당신의 귀를 기울이시고, 일어나는 일을 들으신 자처럼 행동하시옵소서."

이 명령형이 가리키고 있는 것은 단지 왕이 그 앞에 펴 놓은 서신의 내용만을 가리키는 것이 아니다. 그보다 히스기야는, 자신과 자기 백성이 처한 당시의 모든 상황을 하나님께서 인식하시기를 바라고 있는 것이다. 히스기야는 진실로 하나님께서 그 귀를 기울이셨다는 것을 믿었는데, 그렇지 않았다면 그는 기도하러 성전에 들어가지 않았을 것이다. 이러한 명령들을 통해 그가 보여주는 것은, 그가 진정으로 하나님께서 상황을 주목하시기를 간청하였다는 것이다. 우리는 자주 기도를 통해 하나님께서 우리를 들어주시기를 간청한다. 그가 들으신다는 것을 믿지 못해서가 아니라, 단순히 하나님께서 우리에게 응답하시라는 우리의 집요한 요구와 필요를 표현하는 것뿐이다. 칼빈은 "…우리는 자주, 마치 하나님께서 거기에 계시지 않고 우리의 고통에 동참하시지 않으신다고 생각하는 것과 같은 태도로 이야기한다" 라고 말한다. 히스기야는 귀와 눈을 모두 언급하고 있는데, 이는 그가 하나님께서 사건들의 상황을 모두 인지하시기를 원하기 때문이다. 기도의 이유가 분명하게 진술되어 있다. 산헤립은 사람을 보내어 살아계신 하나님을 모독하였고 히스기야가 하나님께서 주목하시길 원하는 것이 살아계신 하나님을 향한 바로 이 신성모독이다. 그렇다면 왕의 우선되고 주된 관심은 자신과 자신의 나라의 번영이 아니라, 하나님의 영광이었던 것으로 보인다. 산헤립은 욕설로 하나님을 모독하였다. 그 자신은 분명히 야웨께서 이러한 욕설을 징벌하실 수 없는 것으로 생각했다. 그에게 있어서 야웨는 유대인의 국가적인 신에 지나지 않았고 자신의 명예를 보호할 힘이 없는 무능한 신이었다. 그러나 히스기야는 그룹 사이에 거하시는 하나님께서 실제로 하늘과 땅의 창조주이시며, 이 살아계신 하나님을 모독하는 것은 그의 진노를 초래하는 것임을 알고 있다. 히스기야는 하나님의 영광에 관심을 기울이고 있다. 그는 신정국가의 참되고 선한 왕임을 스스로 드러내고 있는 것이다.

37:18 첫 번째 단어는 "확실하게 되다, 진실로, 과연"(독일어 allerdings)으로 번역될 수 있다. 이 단어는 양보를 나타내는 불변화사이고, 산헤립이 말해 온 것, 즉 그가 주변의 모든 땅들을 정복한 것이 사실임을 인정하는 것이다. 그가 실제로 그들을 정복하였음을 히스기야는 인정한다. 이어지는 단어인 "모든 땅들과 그들의 땅"은 많은 난점을 야기시켰다. 열왕기하의 평행 본문은 "모든 나라들과 그들의 땅"으로 적고 있다. 난점을 해결하기 위하여 다양한 조처들이 제안되어 왔으나, 이사야가 단순히 "땅들의 모든 나라들과 그들의 땅"을[11] 의미하였을 가능성이 높다. 이것은 창세기 6:11–12에 있는 것과 유사한 용법인데, 그 땅의 거민들이 부패하였다고 말하는 대신에 그 땅이 부패한 것으로 말하고 있다. 그러므로 히스기야는 산헤립과 그의 군대가 그 땅의 거민과 그들의 땅 자체를 황폐케 하였음을 인정하고 있는 것이다.

37:19 히스기야는 앗수르인이 행한 일에 대해서 계속 묘사해 나간다.[12] 그들은 그 땅들의 거민들과 그들의 땅을 황폐하게 하였을 뿐만 아니라, 그들의 신들도 불에 던졌다. 그들은 간단하게 이 나라와 땅의 우상들을 화장시켜서 멸하였다. 그들이 이렇게 할 수 있었던 것은 이 신들이 전혀 신이 아니고 다만 인간의 손으로 만든 것이며, 나무와 돌이기 때문이었다고 히스기야는 설명한다. 히스기야는 참되신 하나님께서는 인간의 손으로 만들어질 수 없음을 매우 분명하게 주장한다. 인간이 만든 것은 신이 아니다. 그런 까닭에 앗수르인이 쉽게 불에 던졌던 것이다. 더 나아가서 이 우상들은 나무나 돌로 만들어진 물질이다. 그런 까닭에 신이 아니다. 참되신 하나님은 물질이 아니라 영이시다.

---

11) Rosenmüller, "genies et terram earum. *Eadem metonymia Genes*, VI 11. 12. I Sam. XIV, 29. terra *pro* terrae incolis ponitur."

12) 웨나톤(וְנָתֹן)–부정사 절대형은 정동사에 의하여 서술된 진술을 이어갈 수도 있으며 직접 목적어를 취할 수도 있다(또한 사 22:13을 참고하라).

37:20 도입어 "이제"는 기도의 결론으로 인도해 주고 있으며, 논리적 의미를 가진 것으로 보인다. "방금 전까지 진술해 온 것이 그러하므로 이제 주께서는 행동하소서"라고 그 의미를 의역할 수 있다. 산헤립은 이스라엘의 하나님을 모독하였고 많은 열국을 멸망시켰다. 그러므로 하나님께서 그의 이름을 지키고 그의 백성을 구원하기 위하여 일어나셔야만 한다. 히스기야는 하나님을 야웨로 소개하고 있는데, 이는 야웨께서 이스라엘을 애굽으로부터 구원하신 자이시며 그의 백성으로 선택하신 분이시기 때문이다. 이 야웨가 다른 열국의 신들과는 구별되는 우리의 하나님이시다. 아마도 "우리 하나님"이라는 말에는 소망과 확신이 표현되어 있는 것 같다. 히스기야는 멸망당한 땅의 신들이 도울 수가 없었다는 것을 알고 있다. 그러나 그의 백성의 하나님께서는 죽은 우상들에게는 불가능했던 것을 하실 수 있는 살아 계시는 하나님이시다.

기도 자체는 단순하고 직접적이다. "우리를 그의 손에서 구원하소서." 이것은 인간의 무능의 고백이며, 상황의 참 본질에 대한 인식이며, 자신과 자신의 소망을 이스라엘의 하나님 여호와께 완전히 드리는 것이다. 또한 이것은 이루어져야 하는 일을 하나님께서 하실 수 있다는 확신으로 드려진 믿음과 신뢰의 기도이다. 칼빈이 지적하는 바와 같이, 왕은 지금 그가 씨름하여 왔던 두려움을 초월하고 있다. 그는 그의 하나님께서 구원하실 수 있다고 확신한다. 산헤립의 손은 그의 세력을 의미한다. 히스기야는 그가 실제로 앗수르 왕의 세력 안에 있다는 것을 잘 알고 있었다. 그 자신이 이것을 가능하게 만들었다는 것은 아마도 그의 영혼을 괴롭게 하였을 것이다. 그러나 그는 하나님이 그를 그 세력으로부터 자유롭게 하실 수 있다는 것을 알고 있다.

어쨌든 히스기야의 관심은 우선적으로 자신을 위한 것이 아니고 하나님의 이름의 영광을 위한 것이다. 그는 땅의 모든 나라들이 하나님은 야웨 한 분뿐이라는 것을 알 수 있도록 구원을 바라고 있다. 마지막 단어들은 두 개의 구문이 가능하다. "야웨, 당신은 홀로 한 분이십니다"로 번역할 수도 있는데, 이것은 홀로 참되신 하나님으로서의 야웨에 주목하게 한다. 또는 "당신은 홀로 야웨이십니다"라고 번역할 수도 있는데, 이것은 야웨라는 이름의 모든 풍성한 의미와 함께 그 이름의 의의를 주목하게 한다. 맛소라의 모음 부호는 첫 번째 것을 지지하는 것으로 볼 수 있지만 어느 구문이든 상당히 권할 만하다. "주만 여호와이신 줄"이라고 말하는 것은 야웨 외에 다른 하나님이 없다고 말하는 것이다.

히스기야의 배타적 태도는 주시되어야 한다. 그는 야웨께서 다른 신들과 함께 지위를 나누어 가져야 한다는 것을 원치 않고 있다. 그는 다른 신들을 모두 거절하고 있으며, 그런 까닭에 다른 종교까지도 모두 거절한다. 그는 모든 사람이 각자가 맞다고 생각한 대로 예배해야 한다는 것을 의도하지 않았다. 야웨는 많은 신들 가운데 한 분 하나님이 아니시다. 그는 홀로 계시며 그외에 다른 신이 없는 유일하신 하나님이시다. 하나님께서는 절대적인 순종과 의뢰를 요구하시는데, 이는 야웨만 홀로 계시기 때문이다.

21절, 아모스의 아들 이사야가 보내어 히스기야에게 이르되 이스라엘의 하나님 여호와께서 말씀하시되 네가 앗수르 왕 산헤립의 일로 내게 기도하였도다 하시고

22절, 여호와께서 그에 대하여 이같이 이르시되 처녀 딸 시온이 너를 멸시하며 조소하였고 딸 예루살렘이 너를 향하여 머리를 흔들었느니라

23절, 네가 훼방하며 능욕한 것은 누구에게냐 네가 소리를 높이며 눈을 높이 들어 향한 것은 누구에게냐 곧 이스라엘의 거룩한 자에게니라.

37:21 그의 선지자가 히스기야에게 메시지를 전달함으로 하나님께서는 그 기도에 즉각적인 응답을 시작하신다. 종종 관련된 사람에게 선지자가 직접 갔었다. 그러나 여기서 사자를 통해 히스기야에게 응답을 보내는 것을 선택한다. 이 응답이 기록으로 주어졌을 가능성이 높다. 최소한 그 내용과 형식이, 상황이 그러하였음을 암시하는 것으로 보인다. 만약 그렇다면, 이사야는 의도적으로 기록하는 것을 택하여 기록된 하나님의 말씀이 앗수르 왕의 신성 모독적이며 덧없는 말과 대조를 이루게 하였다.

이사야가 야웨를 이스라엘의 하나님으로 지칭한데는 의도가 없지 않다. 이것은 왕이 친히 그의 기도에서 말했던 것과 일치하며 왕에게 그가 지금 진실로 "우리의 하나님"이신 그 하나님의 말씀을 받고 있음을 확증해 준다. 본 절을 마무리하는 문장은 전제절이며 귀결절은 다음 절들에 뒤이어 나온다. 이 전제절을 통해 기도가 드려진 대상뿐만 아니라 히스기야의 기도의 진상과 내용이 모두 서술된 것을 주목하게 된다. 즉 "네가 앗수르 왕 산헤립에 관하여 내게 기도하였으므로."

37:22 이제 가장 장엄하고 위엄있는 이사야의 예언들 중 하나가 평행시의 형식

으로 계속된다. 그는 이것을 야웨께서 말씀하신 말로 소개하고 묘사한다. 그렇게 함으로써 구두로 된 계시 혹은 진술된 계시로서의 이 말씀의 특성을 주목하게 한다. 이 메시지는 산헤립에 대한 하나님의 백성의 반응을 명백히 묘사해주고 있는 동사로 시작한다. 그 의미를 드러내기 위하여 "너에 대하여 경멸하였다. 너에 대하여 조롱하였다"로 번역할 수도 있다.[13] 그러므로 동사는 일반적인 진술을 제시하고 있고, 구체적인 사항은 그 다음에 따라온다. 이스라엘의 멸시와 조소는 산헤립을 향한 것이다. 이사야는 그 나라를 처녀, 시온의 딸로 부른다.[14] 이 백성은 시온에 속한 처녀이며 딸이니, 이는 시온이 야웨의 거처이기 때문이다. 선지자는 "처녀"라는 용어를 통하여, "비열한 악인과 파렴치한 강도"(칼빈, 23:12을 참고)가 만질 수 없는 시온의 불접근성을 암시하고 있는 것으로 보인다.

평행절의 두 번째 행에서, "너를 향하여"란 첫 번째 문구는 묘사를 보다 생생하게 해준다. 선지자가 마치 "네가 도망할 때에 너를 향하여 예루살렘은 경멸하여 머리를 흔든다"고[15] 말하는 것처럼 보인다. 이것은 경멸의 행위이며 대적은 단지 자신의 모 습을 넘어설 수 없기에 도망가야 한다고 말하는 듯 하다. 즉 그는 다르게 행동할 수 없다. 그는 그의 악한 계획을 실현시킬 수 없다. 다시 말해서 이스라엘의 거민은 산헤립의 시도들을 단지 멸시하는 태도로 보고 있을 뿐이다.

37:23 예루살렘의 경멸감은 그의 신앙의 표시이다. 예루살렘은 하나님을 알지만 산헤립은 모른다. 그러므로 예루살렘의 자랑은 여호와에게 있다. 4절과 17절에서 "훼방하다"란 동사가 나왔다. 이제 이것이 다시 나타난다. 산헤립은 누구를 훼방하고 능욕하였다고 생각하는가? 그는 그와 조상이 정복한 열국의 신들처럼 무의미한 헛된 것을 향하여 오만한 말을 하고 있었다고 생각하는가?[16] 그 신들은 사라졌으니, 이는 그들이 신이 아니기 때문이다. 그들은 결코 실세로 가까이 있었던 적이 없다. 그렇지만 이제 그는 전혀 새로운 상황을 접하게 된다. 그는 살아 계신 하나님을

---

13) Drechsler는 בוז가 일반적으로 여격보다는 대격으로 사용되며, בָּזָה는 그 반대라고 기록하고 있다; 즉 "그것(시온)이 너에 대하여 경멸을 보였다."

14) 이 구문에 대한 설명에 대해서는 23장의 각주 22를 참고하라.

15) ראשׁ의 무관사적 사용과 동사 앞에서의 강조적 위치를 주목하라.

16) Rosenmüller는 "너는 알지 못하느냐? 오 불쌍한 사람아, 네가 누구를 모욕하였느냐? 너는 네가 범한 죄가 얼마나 큰지 알지 못하느냐?"(*nescis, O miser, cui convitiatus sis? ignoras, quantum scelus conmiseris?*)라고 적절하게 해석한다.

다루고 있다. 그는 누구를 모욕하였다고 생각하는가? 그것은 적절한 질문이요 매우 타당하다.

이 모독적 발언은 은밀한 방식으로 하지 않고 공개적으로 하였다. 그 음성을 거만한 태도로 드높였고, 그 눈은 하나님이 거하셨던 하늘을 쳐다보았었다. 말하자면 산헤립은 신성 모독적 발언을 할 때 정면으로 하나님을 바라보았었다. 하나님에 대한 그의 경멸은 컸으니, 이는 이것이 하나님에 대한 무지에 근거하였기 때문이다. 귀신들은 믿고 떤다. 산헤립은 믿지 않았으니, 이는 그가 믿을만큼 충분히 알지 못했기 때문이다. 따라서 떨지 않았던 것이다. 대신에 그는 자만하였다. 무지에 근거한 자만스러운 신성모독은 파멸로 이끌 뿐이다.

전체 장면 중 특히 비극적인 것은 산헤립이 그의 눈을 높이 들어 이스라엘의 거룩한 자를 향하였다는 것이다. 이전에 이사야 자신이 높이 올리어진 보좌 위에 앉으신 이 거룩한 자를 보았었다. 그러나 이사야의 봄은 그로 하여금 자기 죄로 인하여 낙담하여 부르짖게 하였다. 산헤립이 그의 눈을 높이 들지만 이스라엘의 거룩한 자를 보지 못한다. 그는 소경이다. 즉 그는 참되신 하나님을 알지 못한 것이다. 그러므로 그의 죄는 더 크다. 그의 신성모독은 이사야가 존경하고 섬겼던 그분을 향한 것이었다.

24절, 네가 네 종으로 주를 훼방하여 이르기를 내가 나의 허다한 병거를 거느리고 산들의 꼭대기에 올라가며 레바논의 깊은 곳에 이르렀으니 높은 백향목과 아름다운 향나무를 베고 또 그 한계 되는 높은 곳에 들어가며 살진 땅의 수풀에 이를 것이며

25절, 내가 우물을 파서 물을 마셨으니 나의 발바닥으로 애굽의 모든 하수를 밟아 말리리라 하였도다

26절, 네가 어찌 듣지 못하였겠느냐 이 일들은 내가 태초부터 행한 바요 상고부터 정한 바로서 이제 내가 이루어 너로 견고한 성을 헐어 돌무더기가 되게 하였노라

27절, 그러므로 그 거민들이 힘이 약하여 놀라며 수치를 당하여 들의 풀같이, 푸른 나물같이, 지붕의 풀같이, 자라지 못한 곡초 같았었느니라.

37:24 이사야는 이제 그가 방금 전에 제기하였던 질문에 답한다. 강조를 위하여 그는 "네 종으로"라는 표현을 맨 앞에 놓고 있다. 이것은 랍사게와 그 사신들의 모독적인 접근을 가리키며, "여호와"와 대조를 이룬다. 이사야는 의도적으로 하나님의

능력을 나타내는 단어를 선택한다. 산헤립은 참되신 "주인"을 모독하기 위하여 그의 "종들"을 보냈다. 본문은 왕 자신이 신성모독을 하였다는 것을 부정하지는 않지만 그의 죄악의 극치를 지적한다. 왜냐하면 이 본문이 그가 참되신 하나님을 모독하기 위하여 종들을 기꺼이 사용하였고 그렇게 하여 보다 분명히 하나님을 향한 그의 비난과 모욕을 표현하고자 한 것으로 제시하고 있기 때문이다.

이르기를(그리고 너는 말하였다): 이사야는 이제 산헤립의 모든 행동을 인도해 왔던 근본적인 생각을 제시한다.[17] 산헤립은 오직 물리적인 힘만을 의지하였다. 그의 표현 중에 "허다한"이란 단어가 눈에 띈다. 산헤립은 허다한 병거를 거느리고 있었고, 그러므로 자기가 원하는 대로 할 수 있다고 믿었다. 그는 그가 전능하신 하나님 곧 참되신 주의 손에 들린 도구에 지나지 않는다는 것을 깨닫지 못하고, 자신의 힘과 무기가 그의 욕망들을 성취시켜 줄 수 있다고 생각함으로써 속았다. '로브(רֹב)'와 '리크비(רִכְבִּי)'(나의 허다한 병거) 사이에 흥미로운 두운법이 있으며, 병거를 특별하게 언급하는데, 병거가 전투력에 있어서 무수한 군대를 적절히 묘사해주기 때문이다. 그의 비문에서 산헤립 자신이 병거에 대해 말하였다. 병거는 평평한 나라에서 사용하기에 가장 적합하다(삿 1:19; 사 22:7을 참고). 그러나 그러한 의미는 여기에서 보이지 않는다. 병거가 많은 군대는 강력한 군대이며 오직 그러한 이유로 인하여 병거를 언급하였다. 산헤립은 레바논 산들에 올라간 실제적 방법에 대해 말하려고 하지는 않는다. 병거가 자랑의 근거였는데, 왕이 "나"라는 대명사를 강조하고 있기 때문이다. 이것은 마치 "나는 레바논에 올라갔다. 나 외에 어느 누구도 그리하지 못했다. 그 어느 누구도 이 공적에 찬양받을 가치가 없다"라고 말하는 듯하다. 마찬가지로 자신의 비문에서 산헤립은 1인칭 대명사를 확실히 많이 사용한다. 그의 훌륭한 군대는 산의 최정상, 심지어 레바논의 꼭대기까지도 올라갈 수 있었다. 그에게 너무 높아서 못 오를 정상은 없었고, 너무 어려워서 통과하지 못할 길도 없었다.

뒤에 나오는 문장들은 등위절이 아니고 종속절이며, 의도를 표현하는 것 같다. "내가…을 베기 위하여." "백향목의 높음"이란 어구는 단순히 "높은 백향목"을 의미한다. 이 단어들의 순서는 높음의 개념에 특별한 강조를 더해 준다. 뒤따르는 표현에서 동일한 구문이 나타난다. "그 향나무의 아름다움"은 "아름다운 향나무"를 의

---

17) 산헤립의 생을 요약하면서 선지자는 앗수르 왕이 사용한 실제 용어를 반영하고 있는 것으로 보인다.

미한다.[18]

비유적인 언어로 왕은 그의 여정의 실제 목표를 제시한다. 그는 극단의 정상(즉 그 한계되는 높은 곳)과 그 살진 땅의 수풀(즉 살진 땅을 이루고 있는 수풀)에 이를 것이다. 그러나 이 표현은 무엇을 가리키는가? 어떤 의미로 사용되었는가? 한 가지는 본 절과 다음절에서 과거형이 꾸준히 사용된다는 것이 묘사된 사건이 실제로 과거에 일어난 것임을 입증해 준다는 것이다.

그러나 만일 산헤립이 과거에 대해서 말을 하고 있다면 그가 염두에 두고 있는 것은 무엇인가? 그는 친히 병거를 몰고 레바논의 정상에 올라가지 않았다. 오히려 이 표현은 앗수르가 모든 것을 정복할 수 있다고 확신하는 정신을 보여준다. 레바논은 가장 높고도 가장 올라가기 어려운 장소이다. 분명히 이 용어는 모든 서쪽 해안을 망라하기 위하여 사용되었고, 이러한 의미에서 상징적이라고 말할 수 있다. 산헤립은 그가 서방의 땅을 정복하였다는 것과 그의 세력이나 힘으로 정복하지 못할 장애물이 없다는 것을 자랑하고 있다.

37:25 또다시 산헤립은 자신에게 주의를 집중시킨다. 그의 군사적 여정에 어려움이 없지는 않았는데, 이는 그와 그의 군대가 물이 없는 광야로 가야 했기 때문이다. 그럼에도 불구하고 그러한 광야는 앗수르 왕에게 장애가 되지 못했다. 그는 필요하면 우물을 파서 물을 마셨다. 높은 산과 레바논의 깊은 곳이 그의 군대에게는 장애가 되지 못하였던 것처럼, 메마르고 타는 듯한 광야도 그에게 물을 마시지 못하게 할 수 없었다. 어떤 형세의 땅이든 그것이 그의 길 앞에 놓였을 때, 그는 그것을 정복하고 자기 목적에 도움이 되게끔 만들었다. 한 인간, 앗수르 왕이, 언제나 자연을 정복할 수 있다는 확신을 가지고, 자연과 대항하고 있다.

왕이 우물을 판 결과로 그는 그의 군대의 말발굽 혹은 발바닥으로 애굽의 나일을 모두 말려 버렸다. 그는 그의 군대보다는 자신의 행동을 가리키고 있는데, 그가 계속해서 자신의 공로로 돌리고 있기 때문이다. 나일은 델타지역의 하수이며 애굽을 점령하려는 누구에게나 큰 장애물이다. 그러나 산헤립에게는 나일이 장애물이 아니었다. 그는 쉽게 그것을 밟고 말려 버린다. 더욱이 그의 확신은 "나일" 앞에 사용하고 있는 "모든"이란 단어에서 보여진다. 델타의 수많은 하수들 중 어느 것 하나도 그의 앞길을 막을 수 없다. 그 나라 전체가 그의 존재로 말미암아 영향을 받았다. 산헤

18) 아름다움—부분을 표시하는 소유격 앞의 연결형 명사는 한정적인 개념을 나타낸다.

립은 자기 권세의 완전함을 보이기 위하여 그 땅의 전체 모습 중 여러 부분을 언급한다. 즉 높은 산, 사막, 하수다. 그는 그의 업적이 얼마나 광대한가를 보이기 위하여 북쪽(레바논)과 남쪽(애굽)을 말한다. 그리고 그의 묘사의 의미가 예루살렘 백성에게 충분히 전달되었을 것이다. 그들 앞에 세계적 정복자가 서 있었다.

37:26 산헤립이 거만하게 행동한 것은 잘못이었다. 하나님의 손안에서 앗수르는 그의 택하신 백성을 징벌하시려는 하나님의 계획을 실행하기 위하여 예로부터 정하신 도구에 지나지 않았다. 그러므로 큰 겸손으로 행동하는 것이 앗수르인에게 어울리는 것이었다. 그러나 그들은 마치 자신이 모든 상황을 조종할 수 있는 능력을 가진 것처럼 행동하였고, 그들 자신의 뜻대로 행하였다. 그들의 임무의 성스러움을 인정하거나 하나님께 영광을 돌리기는커녕 그들은 마치 모든 것이 그들 자신의 힘과 그들 자신의 능력으로 이루어진 것처럼 자랑하였다.

이것은 어리석은 것이었다. 왜냐하면 그들이 하나님의 의도를 알았어야 했기 때문이다. 본 절이 시작하고 있는 질문은 사실 앗수르인을 향한 것이다. 동시에 히스기야와 유다 백성을 위해 의도된 것이다. 즉 그들도 역시 일어나고 있는 사건들의 의미를 알 수 있기를 바라고 있다. 모두가 이 일에 관해서 들어야만 했었는데, 이것들이 장시간의 힘겨운 탐구를 통해서만 알 수 있는 은밀한 일이 아니였기 때문이다. 그보다 이 사건은 이미 선지자들에 의하여 선포되었고, 또한 공개된 진리였다. 이것들은 알려졌어야만 했다. 또한 이 질문에는 누구든지 이 잘 알려진 진리에 무지할 수 있다는 놀라움의 요소가 포함되어 있다. 일어나고 있는 것은 새로운 것이 아니고 하나님의 영원하신 작정 가운데 있었다.

태초부터: 즉 오래 전부터.[19] 하나님께서는 이 계획을 최근에 계획하신 것이 아니다. 이것은 태초부터, 멀리서부터, 즉 영원선부터 정해진 것이다. 앗수르 나라가 레바논에 오르고 사막에서 물을 길어 올리고, 나일을 말리는 일 등은 하나님께서 오래 전에 결정하신 일이었다. 그 의미가 특별히 "내가 행한 바요"라는 말에 의하여 생동감 있게 만들어진다. 이러한 표현과 평행을 이루는 것이 "상고부터 정한 바로서"라는 진술이다. 이 동사들에는 "계획을 궁리하다"라는 개념을 포함한다. 이것이 하나님의 사역이기에 하나님에 의해 시행되었으며 그가 이것을 고안하셨기에 그에 의

19) למרחוק–'오래 전부터'(태초부터). 이 단어의 라메드(ל)는 "오래 전부터 있어 온 것에 대하여"라는 세부적인 기록을 가리키거나 아니면 '민(מִן, 로부터)'과 동의어로 사용된다.

해 만들어진 것이다.

"태초부터"와 "상고부터"라는 단어 자체가 영원성을 가리키지 않는다는 것은 확실한 사실이다. 그럼에도 불구하고 이것이 하나님의 영원한 작정을 가리키고 있다는 것을 보여주는 것은 문맥이다. 전 구약성경은 시간과 공간에 종속되어 있는 하나님 개념을 거부한다. 이 지상에서 일어나는 일들은 세상의 기초가 놓여지기 이전에 하나님께서 영원 가운데서 작정하신 목적과 계획의 성취이다. 야웨께서는 이 계획을 이스라엘 역사의 초기 어느 시점에 작정하지 않으셨다. 그는 영원 가운데서 이 일을 작정하셨다.[20] 산헤립이 지금 하는 일과 지금까지 해온 것은 단순히 하나님의 영원한 목적을 실현하고 있는 것이다. 하나님께서는 일어나는 무슨 일이든 미리 정하셨고 산헤립과 앗수르의 침입도 역시 그러하다.

그러나 이제 하나님의 계획을 실행해야 할 때가 도래했다. 그리고 그러한 이유로 산헤립은 팔레스틴으로 오도록 허락되었다. 동사의 접미사는 하나님의 계획을 가리킨다. 이제 하나님께서는, 견고한 성읍들이 황무한 무더기로 쓸모 없게 되도록 하기 위하여, 그 일이 일어나게 하셨다.[21] 견고한 성읍은 유다의 요새와 앗수르인의 공격을 받는 그밖의 지역이다. 그것들은 지금의 상태와는 정반대의 상태, 즉 폐허가 된 무더기로 변할 것이다. 산헤립이 친히 성읍을 폐허로 만든 것에 대해 말한다.[22] 다시 말해서 산헤립이 팔레스틴에서 이루었고 이루고 있으며 또한 그 앞의 다른 앗수르 왕들이 이루어 놓을 황폐케 하는 사역은 하나님의 영원한 계획을 이행하는 것이다. 하나님께서는 이 황폐화 작업을 예루살렘 자체가 최종적으로 멸망할 때까지 계속되도록 정하셨다. 그러나 하나님의 작정은 변덕스러운 것이 아니다. 앗수르인의 이러한 사역에는 이유가 있었다. 이 모든 것으로 하나님은 그의 놀라운 구원의 약속

---

20) ויצרתיה–'내가…정한 바로서.' 문장의 단절된 부분 다음에 나오고 특히 이것이 시간을 지칭할 때, 와우 연속법은 그렇게 번역될 수도 있다. 아마도 와우는, 강조어일 것 같은데 "진실로 내가 그것을 정하였다"가 될 것이다(*Biblische Zeitschrift*, Vol. 8, 1964, p. 106을 참고).

21) וּתְהִי–약 와우는 여기서 과거형 다음에 의도를 나타낸다. 이어지는 부정사는 우회적으로 번역될 수도 있다. "황폐하게 될 것," 임의적으로 "너는 황무하게 될 수도 있다"라고 번역할 수도 있다. 전체구문이 수동형으로 취급될 수도 있다. "견고한 성읍들이 황폐한 무더기로 멸망당할 수도 있다." 이것은 וּתְהִי를 3인칭으로 해석한다. 부정사 다음에 결과를 나타내는 대격이 뒤따라오고 이것은 직접 목적어 앞에 위치한다. 즉 "견고한 성읍들을 황폐한 무더기가 되도록."

22) 예를 들면 두 번째 원정(카스인들에 대항하여)에서 산헤립은 그 성읍들을 폐허로 만든 것을 말한다(*u–še–me kar–miš*). 여섯 번째 원정에서 "내가 (그것들을) 언덕들과 폐허로 만들었다"(*a–na tilli û kar–me u–tir*)라고 말한다.

들에 신실하심을 보여주는 것이었다. 이 신정국가는 오점이 되기까지 타락하였다. 하나님께서 그 나라를 그 땅으로 다시 인도해내시고 메시아에게 주기까지, 포로의 수치를 당해야 하고 종처럼 살아가야 했다. 동시에 하나님께서는 유다의 멸망과 앗수르(그리고 후에 뒤따라오는 바벨론)의 교만을 통하여 하나의 교훈을 세계에 가르치고 계셨다. 이 교훈은 단순하고도 분명하게 진술될 수 있다. 하나님 자신의 백성이라 할지라도 범죄할 때, 그들은 징계를 받아야 한다. 하나님께서는 사람을 차별대우하시는 분이 아니시다. 예전에 그는 그의 구원의 계획을 이행하시고자 그 땅에서 가나안 족속을 몰아내셨다. 이제 이스라엘 자신이 죄에 관계 되어서는 가나안 족속이고, 그런 까닭에 그 역시 구원의 계획이 성취될 수 있도록 쫓겨 나야 한다. 하나님의 뜻을 실행하면서 산헤립은 교만하고 사악한 도구였다. 그는 이스라엘로부터 교훈을 배우지 않았고, 하나님의 목적이 선지자들을 통해서 알려졌을 때 이 목적에 유의하지 않았다. 그런 까닭에 산헤립은 실패할 것이다. 예루살렘을 정복하지 못하고 또한 죽게 되면서 실패할 것이다.

37:27 본 절은 개념적인 면에 있어서 앞 절과 직접적으로 연결된다. 이사야는 성읍 자체에 미친 앗수르 세력의 파괴적 능력의 결과를 바로 전에 묘사하였다. 이제 그는 그 성읍의 거민에게 미친 이 세력의 결과에 주의를 돌린다. 실제적으로 "그리고 그 거민들"이란 표현을 의미에 있어서 앞 절에 있는 "내가…되게 하였노라"와 연결해야 한다. 다시 말해서 앗수르인이 황폐하게 만든 성읍의 거민이 스스로 힘이 약해지도록 만드셨던 것은 하나님의 역사이다. 거민이 첫 번째로 언급된 것은 강조를 위한 것이다. 앗수르인은 자랑하면서 "용감한 자 같이 위에 거한 자를 낮추었으며…"(참고. 사 10:13–14)라고 주장하였다.

"힘이 약하여"(손이 짧으며)란 표현은 무능한 상태를 나타낸다. 손이 원하는 것을 이룰 수 있을 만큼 충분한 길이에 미치지 못한다. 이사야 50:2; 59:1과 민수기 11:23을 참고하라. 이 표현은 그 손들이 약하거나 혹은 불구가 되었다는 것을 의미하지 않고, 단지 그것들이 너무나 짧아서 필요한 것을 이루지 못한다는 것을 뜻한다. 이어지는 두 개의 동사는 실제로 이 표현을 설명하는 역할을 한다. 백성은 깨어졌고 그래서 지속할 수 없었다. 즉 그들은 무엇이 일어났는지 이해하지 못하고 혼란에 빠졌다.

이사야는 앗수르의 침입을 식물과 동물에게 모두 해로운 영향을 주는 동양의 시로코(Sirocco)에 비유한다. 들판의 풀과 푸른 채소가 파괴적인 바람이나 폭풍의 세력에 견딜 수 없는 것처럼, 정복된 나라들의 백성도 그러하였다. 성경에서 인간은 자주 풀과 비교되었다. 이사야 40:6–8; 시편 37:2; 90:5–6; 103:15–16을 참고하라. 그리고 이사야는 앞에서 풀의 쇠잔함과 모든 푸른 것의 결핍에 대해서 말했다(15:6). "지붕의 풀"은 "자라기 전에 마르는"(시 129:6) 풀이다. 동양의 지붕은 평평하며 흙이 깊지 못하다. 뜨거운 태양과 거센 바람 앞에서 그러한 풀은 오래 살 수 없다.

본문의 마지막 단어들은 보이는 그대로 "서 있는 곡초 앞의 들판처럼"으로 번역되어야 한다. 이것은 줄기가 생기기 전의 곡초가 자라고 있는 들판은 약하고 쉽게 파괴된다는 것을 암시할 것이다. 여기에 사용된 비유들은 모두 앗수르인이 정복한 성읍의 거주민이 얼마나 허약하고 약한지를 보여지는 역할을 한다.[23)]

28절, 네 거처와 네 출입과 나를 거스려 분노함을 내가 아노라
29절, 네가 나를 거스려 분노함과 네 오만함이 내 귀에 들렸으므로 내가 갈고리로 네 코를 꿰며 자갈을 네 입에 먹여 너를 오던 길로 돌아가게 하리라 하셨나이다
30절, 왕이여 이것이 왕에게 징조가 되리니 금년에는 스스로 난 것을 먹을 것이요 제이년에는 또 거기서 난 것을 먹을 것이요 제삼년에는 심고 거두며 포도나무를 심고 그 열매를 먹을 것이니이다.

37:28 하나님께서 이제 그의 선지자를 통하여 산헤립에게 직접 말씀하신다. 그의 말씀은 앗수르인이 행한 모든 일을 잘 알고 계심을 보여준다. "네 출입"이라는 어구는 구약에서 일반적으로 사람의 활동 전체를 표현하기 위하여 사용되었다. 그렇지만 충분함과 강조를 위하여 여기에 "네 거처와"라는 부가적 문구가 덧붙여 진다(신 28:6; 왕상 3:7; 시 121:8, 등을 참고, 시 139:2은 "앉고 일어섬"을 말한다). 앗수르인의 행실은 결코 하나님에게서 감추어지지 못한다. 그러므로 하나님의 지식은 단순한 앎 이상이다. 사실, 안다는 동사는 함축된 의미로 사용된다. 이것은 앗수르인과 관련된 이전의 행위를 암시한다(시 139편은 안다는 동사에 대한 주석이다). 하나님께서는 앗수르인이 할 모든 일을 미리 정하셨다. 가장 근본적인 의미에서, 그가

---

23) 1Q의 관점에서 본 본문에 대한 논의에 대해서는 Greenberg, "Text of the Hebrew Bible," *JAOS*, Vol. 76, No. 3, 1956, p. 164; Millar Burrows, *BASOR*, No. 111, 1948, p. 23; No. 113, 1949, p. 28을 참고하라.

산헤립의 모든 길을 익히 잘 아신다는 것이다. 앗수르 왕이 행하는 그 어떤 일도 하나님에게는 놀랄 일이 아니니, 이는 하나님 자신이 그 왕의 행실들을 작정하셨기 때문이다.

거의 결과론적인 표현으로 "(그리고) 나를 거스려 분노함"이란 진술이 부연된다. 이사야는 모든 산헤립의 행실의 목적을 이 표현에 담고 있다. 이 왕은 그의 행동을 주 여호와 이스라엘의 하나님을 향하여 행하고 있는 것이다. 이사야는 상황에 대한 단순한 진술을 통하여 스스로 하나님에게 대항하는 일이 얼마나 어리석은지를 보여주고 있으니 이는 사람이 자신의 주권적이고 독립된 힘으로 행동하는 것이 아니고 하나님의 지배를 받고 그의 통제 하에 행하기 때문이다. 지존자를 전복시키려는 인간의 계획조차도 그가 미리 정하신 것이요 그의 손안에 있는 것이다. 그렇다면 산헤립의 음모와 행실은 얼마나 무모한 일인가! 참으로 하나님을 대항하려는 모든 악인의 노력이 얼마나 무모한가! 그리고 악인이 행하고 있는 모든 것을 하나님께서 알고 계시다는 것을 깨달을 때 하나님의 백성에게 임하는 위로는 얼마나 큰가! "내가 아노라!"라는 말씀에 들어 있는 위로와 확신은 얼마나 큰가!

37:29 또다시 하나님께서는 그를 거스리는 자의 분노함을 언급하고, 이것이 동반하고 있는 오만함에 대한 언급을 덧붙인다. 다시 말해서 산헤립의 행실 가운데 하나님께 대항하는 오만함이 나타났다는 것이다. 산헤립은 자신을 확신하였고 그가 시작한 일을 이룰 수 있다는 오만함이 있었다. 이것이 하나님의 귀에 들렸다—이는 하나님께서 이것을 들으셨고 알고 계신다는 것을 말하는 확실한 방법이다. 이것은 하나님이 알지 못하는 어떤 일이 아니었다. 그런 까닭에 그는 이것에 대항하여 행동을 취하실 것이다. "악인들이 더 격렬하게 하나님을 대항하여 일어날수록, 그들을 자극하는 상포가 더 난폭할 수록, 결국 그만큼 더욱 그들에게 대항하시는 것이 하나님의 방식이다."(칼빈).

산헤립의 죄가 그를 중단시킬 것을 요구한다. 하나님께서는 제지를 받아야 하는 말이나 황소에게 하는 것처럼 그를 다루실 것이다. 하나님은 그의 갈고리를 왕의 코에 꿰어서 그를 제압하여 길들이시고 그를 자신의 죄수와 같이 다루실 것이다. 코나 윗입술에 있는 고리에 달린 끈이나 줄에 의해 끌려가는 죄수들을 그린 삽화가 앗수르의 유물에 있다.[24] 이때부터 산헤립은 강제로 그의 자랑을 그치게 될 것이며 굴

24) 죄수들의 결박을 그리고 있는 예증들은 *ANEP*에서 발견된다.

레를 먹인 짐승처럼 인도를 받게 될 것이다. 자신의 행동에 억제를 당하는 여호와의 죄수가 되어 강제로 예루살렘에 대한 포위 공격을 그치고 본국으로 돌아가게 될 것이다. 그러므로 하나님의 죄수로서 그는 그가 왔던 길을 통하여 본국으로 돌아갈 될 것이다.

간과하지 말아야 할 것은 자기 백성에 대한 하나님의 놀라우신 은혜이다. 한 구속자를 통하여 세계를 구속하려는 것이 하나님의 목적이었다. 자신의 국가인 신정국가가 너무나 악하게 되어서 멸망해야 했을 때, 하나님께서는 앗수르로 하여금 무대에 등장하게 하셨다. 신정국가를 징벌하시는 그의 사역을 실행할 도구로서 메소포타미아인을 사용하시는 것이 그의 목적이었다. 그런 까닭에 그는 먼저 디글랏-빌레셀 3세로 하여금 그의 일을 하도록 허용하셨고 그 다음에 산헤립에게 허용하셨다. 그러나 히스기야 편에서는 경건한 슬픔이 있었다. 그런 까닭에 하나님께서는 기꺼이 유예를 허락하신다. 산헤립에게 신정국가를 멸망시키는 것이 허락되지 않았던 실제 이유는 히스기야의 개혁에 있다.

하나님께서 자신의 궁극적 목적을 포기하지는 않으셨으나, 그것을 잠시 중지하셨으니 곧 자기 백성으로 하여금 자신의 죄로부터 진정으로 돌아설 수 있도록 하기 위해서이다. 산헤립은 멸망시키는 작업을 성취하지 못하게 된다. 그는 신정국가에 대한 그의 욕망을 이루지 못한 채 그의 본토로 돌아가야만 한다. 그러나 므낫세가 히스기야의 뒤를 이었고 다시 한 번 죄악이 곧 만연하게 되었다. 신정국가가 멸망해야만 하는 것이 세계를 위해서는 최상이었다. 그리고 결국 이것이 이루어 졌으나, 산헤립에 의해서 이루어지지는 않았다. 죄와 심판이 얼마나 긴밀하게 연결되어 있는가! 회개는 심판을 저지한다. 그러나 그 회개가 진실하지 않으면 심판은 반드시 따라올 것이다. 이 구절들 안에 하나님의 주권이 빛나고 있는 것이 그의 백성들에게 얼마나 다행인가!

37:30 이사야가 2인칭을 계속 이어가고는 있지만, 이제는 다른 대상에게 말한다. 그의 신탁이 여전히 선포되는 것이지만, 그는 더 이상 앗수르인에게 말하지 않는다. 그자 지금 말하는 대상은 히스기야이다. 더 나아가서 말의 성격이 완전히 변한다. 앞 절에서는 위협의 말, 즉 앗수르인의 수욕에 대한 선언이 있었지만 이제는 유다 왕을 향한 위로의 말이 나온다. 이사야는 잘 알려진 관용적 표현을 사용하여 선지자의 말이 사실임을 보여주는 징조를 하나님께서 주실 것임을 표현한다. 히스기

야와 관련된 징조이고 그의 유익을 위한 것이다. 징조 자체는 단순히 약속이며 약속된 것이 성취될 것이라는 증거이다.

이 표현은 아하스에게 주어진 징조와 비교되어야 한다. 아하스는 징조를 선택하는 기회를 부여받았으나 거절하였다. 그러므로 여호와께서 사태를 그의 손으로부터 제거하시고 백성에게 메시아의 탄생을 통해 성취될 징조를 주셨다. 그러나 여기서는 하나님께서 단순히 그 징조가 무엇인지에 대해 말씀하신다. 아하스와 관련하여 그 징조가 기적이거나 혹은 뭔가 놀라운 일일 것이라는 기대를 하게 된다. 그러나 지금의 경우에 있어서 그 징조가 특별히 기적이어야 할 필요가 반드시 있는 것은 아니다.

징조의 본질을 "먹는다"는 개념으로 표현한다. 이사야는 명령형 혹은 정동사 대신에 부정사 절대형을 사용하고 있는데, 부정사 절대형이 징조의 본질적인 성격을 잘 드러내기 때문이다. 이 징조를 이루고 있는 것은 올해 또는 내년에 먹는다는 것이 아니라 먹는다는 것 자체이다. 그 먹음이 이어지는 여러 해 동안 다양하게 표현되고 있으나 해에 대한 언급은 이 특별한 징조의 본질이 아니다. 동시에 "먹는다"는 개념이 정의되어 있지 않다. 이것은 이미 일어난 먹음이 아니고 미래에 일어날 일이다. 그런 까닭에 "너희가 먹을 것이다"로 적절하게 번역할 수 있다. 이러한 번역은 문맥에 의하여 드러나며 특히 "이것이 네게 징조가 되리라"는 표현에서 드러난다. 더 나아가서 "금년에, 제이년에, 제삼년에"라는 표현들은 그 징조가 아직 일어나지 않은 특별한 것을 가리킨다는 사실을 보여준다.

먹는다는 개념의 첫 번째 정의 혹은 한계는 "금년에"라는 표현에서 발견된다. 이사야가 정관사를 사용하고 있기에 "그해"라는 어구를 통상적인 "그날"처럼 "금년"이라는 의미로 이해해야 한다. 즉 히스기야가 살고 있었던 그때 그 특정한 해 곧 그 당시의 해이다. 씨를 뿌리는 정상적인 일을 하지 못하고 있었던 해였다. 왜냐하면 앗수르인이 그 땅에 있었기 때문이었다. 그리고 그러한 이유로 그들은 싸피아흐(סָפִיחַ), 즉 우연히 흘렸거나 혹은 뿌려져서 스스로 자라난 것에 의존했다. 이것은 의도적으로 심어진 곡식이 아니고, 전년의 추수 때에 땅에 떨어진 것이다. 그 나라가 그러한 곡식을 먹어야 했다는 것은 그 땅이 비참한 상태에 있었다는 증거였다.

제이년, 즉 방금 묘사된 해의 이듬해에는, 백성이 사히쓰(שָׁחִיס), 즉 스스로 자라난 곡식, 곧 첫 번째 해의 곡식인 싸피아흐(סָפִיחַ)로부터 생기게 된 곡식을 먹게 된다. 이것은 일의 상황이 향상되지 않았다는 것을 암시할 것이다. 그러나 제삼년에는 백성이 평상시와 같이 뿌리고 거둘 것인데, 이것은 재난과 위기의 기간이 지나갔음을 상징한다. 이사야는 이제 일련의 "뿌리라, 거두라, 심으라, 먹으라"는 명령형을 잇달아 사용하면서 예언을 명령으로 바꾼다. 그러므로 그는 정상적인 농사 활동을 완전하게 표현한다. 더 나아가서 이 명령형은 그 나라에 확신을 심어 준다. 정상적인 일을 하러 나가는 데 있어서 주저함이 없을 것이며, 앗수르인이 되돌아올 것이라는 두려움으로 인한 망설임이 없을 것이다. 이 예언의 성취는 너무나 확실할 것이므로 백성은 자신의 일을 하도록 명령을 받는다. 여기 이 명령형에는 부정사에서 결핍되어 있는 명확성이 나타나 있고, 그리하여 명령형과 부정사 사이에 명확한 대조가 이루어진다. "먹는다"라는 단어는 단조로운 규칙성과 일률성의 개념을 표현하고 있다. 그러나 명령형은 활동의 다양성과 충만함의 개념을 드러낸다. 처음 두 개의 명령형이 중요한데, 이는 이 명령형이 씨뿌리는 작업에 이어서 수고의 열매를 누리는 일이 있게될 것임을 적시하고 있기 때문이다. 뿌린 것을 추수하게 될 것이다. 이것은 앗수르인의 손에 들어가지도 않을 것이고 죽지도 않을 것이다. 씨뿌림은 당연히 그러해야 하는 것처럼 추수로 결과가 나타날 것이다. 이사야가 세 번째 명령형을 사용하고 난 후 다시 부정사 절대형으로 마무리하는 것으로 다양성이 더 드러난다. 그는 "포도나무를 심고 그 열매를 먹으라"고 명령한다. 따라서 그들이 그들의 포도나무를 심는다면 그들이 계속해서 그 결과를 누릴 수 있다는 것을 의미한다. 징조의 묘사가 "먹는다"는 개념으로 시작되었던 것처럼, 끝맺음도 그렇게 한다. 그러나 끝맺음에 나타난 이 개념은 보다 복된 것이다. 왜냐하면 이제 이것은 기쁨과 만족 가운데 끝없이 계속될 "먹음"이기 때문이다. 일시적인 재난과 황폐함의 상태에서의 먹음은 회복과 기쁨의 상태에서의 먹음에게 자리를 내어주게 된다.

이제까지 징조 자체의 실제 어투는 아주 분명하다. 그러나 이것을 어떤 의미로 히스기야의 시대에 적용해야 하며 히스기야는 어떤 의미로 이해했겠는가? 일부 사람들은 첫해를 과거에 적용하였고, 두 번째 해를 이사야가 신탁을 주고 있는 당해로 보았고 세 번째 해를 그 이듬해로 간주하였다. 다른 사람들은, 이사야가 마치 백성이 2년 동안 싸피아흐(סָפִיחַ)와 사히쓰(שָׁחִיס)를 먹어 왔었으나, 이제 다가올 해에는 상황이 좀 더 좋아질 것이라고 가르치고 있었던 것처럼, 첫 번째 해와 두 번째 해를 과거로 놓는다.[25] 그러나 부정사 절대형이 과거형으로 번역되어야 한다는 것을 증거하기는 어려울 것 같고 "그해"를 2년을 가리키는 것으로 볼 타당한 근거도 없다.

---

25) 사피아흐(סָפִיחַ)란 단어가 안식년의 묵혀 둔 땅으로부터 나온 추수에 대해 사용되었다(레 25:5을 참고하라).

그러한 의미의 유례가 없다.

이 단락을, 2년 동안 백성들이 정상적으로 뿌리지 못한 것을 먹고, 그 다음 삼 년째에 그들이 정상적인 일상생활로 돌아가게 될 것을 묘사하고 있는 것으로 보는 것이 문법적으로 훨씬 더 어울린다. 그러나 하나의 문제가 생기게 되는데, 사실상 산헤립 군대의 굴욕이 매우 가까운 미래에 일어날 것처럼 보이는데, 어찌하여 축복의 시기가 그렇게도 먼 미래에 놓여져 있는가?(36절을 참고) 많은 학자는 이사야가 이 예언을 말했던 해가 희년이 바로 뒤이어 나오는 안식년이었다고 주장한다. 이 이년 동안에는 정상적인 파종이 중지된다(레 25:4, 11을 참고). 그런 까닭에 상황의 특성상 이 파종은 세 번째 해까지 다시 시작되지 않게 된다. 이 해가 안식년이었다는 증거는 없다. 그리고 이것 자체가 이러한 견해에 대한 충분한 반박이 되는 것으로 보이지 않는다. 그러나 보다 심각한 것은, 두 해와 제삼년 사이에 의도된 대조인 것으로 보인다. 두 해는 뿌림이 없는 해인데, 정상적인 상태로 인한 것이 아니다(그리고 안식년은 정상적 상태일 것이다). 그보다는 문맥에 비추어 볼 때, 그보다는 그러한 정상적인 씨뿌림을 방해하였던 외부로부터의 재난이 있었기 때문이다. 더 나아가서 만일 이사야가 안식년 동안에 말하고 있었다면, 그는 단순히 백성에게, 그들이 이미 알았던 것을 말하고 있는 것이 된다. 그렇다면 어떻게 일의 정상적인 과정이 징조로 간주될 수 있었는지 이해하기 어렵다. 징조는 최소한 어떤 구체적이고도 현저한 것이 되어야 한다. 일의 정상적인 과정은 이 경우에 거의 그렇게 지칭될 수가 없다.

다른 사람들은 선지자가 속담투의 표현을 사용해서 상황이 유다 백성을 위해서 점차적으로 호전될 것임을 암시해 주었다고 생각한다. 이 해석에 대해 세부적인 사항들을 지나치게 세밀하게 공격할 필요가 없을 것이다. 그러나 이 견해에 반하여 이 표현이 속담투의 화법이 아니라는 이의를 적절히 제기하였다. 사실상 선지자는 다가올 일에 대해 구체적인 예언을 하고 있는 것으로 보인다.

그렇다면 이 난해한 어투에 대해 어떤 정당한 설명이 있는가? 하나가 절대적일 수는 없지만 하나의 가능성으로 다음을 제안한다. 이사야가 히스기야에게 말했을 때(즉 그 해에) 백성은 산헤립의 침입의 결과로 고통을 당하고 있었다. 이사야는 일찍이 이것이 재난의 때가 될 것이라고 예견한 바 있다(7:21–25). 이 때는 질려와 가시의 시기였다. 델리취가 제안했던 것 처럼 이 때가 가을이었고 새해가 바로 곧 시작된다고 가정해 보자. 비록 산헤립의 굴욕이 곧 일어났을지라도(그리고 6절은 상황이 그렇게 되었음을 암시한다), 앗수르인의 침입으로 말미암은 황폐와 고통의 상태는 당분간 계속되었을 것이다. 그 상태가 하룻밤새 바뀌지 않았을 것이다. 그런 까닭에 제이년에는(그 해는 곧 시작되었을 것이다) 그 나라가 정상적이지 않은 식사를 계속하였을 것이다. 그러나 제삼년에는 정상적인 시기처럼 백성이 자기 일을 하러 갈 충분한 시간이 있었을 것이다. 제이년에 해당하는 사히쓰(שָׁחִיס)를 먹는 것이 정확하게 365일 동안 지속되었을 것이라고 가정할 필요는 없다. 이 해에는, 사실 더 많은 날수 동안 비정상적인 상태가 계속되었을 것임을 아는 것으로 충분하다. 그리고 나서 점차적으로 앗수르의 침입의 영향이 제거되거나 사라지면서 정상적인 생활로 변화되었을 것이다. 주저함과 함께 제시한 이 설명에 난점이 없는 것은 아니지만, 이것이 이사야가 의도한 것일 수도 있다.

31절, 유다 족속 중에 피하여 남는 자는 다시 아래로 뿌리를 박고 위로 열매를 맺히리니
32절, 이는 남는 자가 예루살렘에서 나오며 피하는 자가 시온에서 나올 것임이라 만군의 여호와의 열심히 이를 이루시리이다
33절, 그러므로 여호와께서 앗수르 왕에 대하여 가라사대 그가 이 성에 이르지 못하며 한 살도 이리로 쏘지 못하며 방패를 가지고 성에 가까이 오지도 못하며 흉벽을 쌓고 치지도 못할 것이요
34절, 그가 오던 길 곧 그 길로 돌아가고 이 성에 이르지 못하리라 나 여호와의 말이니라
35절, 대저 내가 나를 위하며 내 종 다윗을 위하여 이 성을 보호하며 구원하리라 하셨나이다.

37:31 이사야는 앞 절의 개념을 계속 이어가면서 삶의 정상적인 질서가 회복될 때 유다로부터 도피한 것(즉 앗수르인의 약탈 이후에 그 땅에 남아 있는 것)이 식물처럼 뿌리를 박고 열매를 맺게 될 것임을 보여준다. 이 잘 알려진 비유를 통하여(사 11:11을 참고) 선지자는 유다가 또다시 번영하는 나라가 될 것임을 보여준다. 또다시 그 나라는 번성하고 한 민족으로서 성공할 것이다. "아래로"와 "위로" 사이의 대조가 인상적이다. 땅으로 내려감으로써 그 나라는 그 열매를 위로 맺을 것이다.[26)]

---

26) 이 표현은 완전한 회복을 말하고, 뿌리와 열매를 쓸어버리거나 혹은 멸절시킨다는 정반대 개념이 철저한 멸망을 암시하는 것과 같다(Gevirts, *VT*, Vol. 11, No. 2, 1961, p. 150, note 1을 참고).

37:32 이사야는 이제 계속해서 앞 절의 "남은"과 "피하여"란 단어를 설명한다. 예루살렘에 남은 자가 있게 된다. 이것은 예언으로 말미암아 알려진 사실이다. 그러므로 방금 전에 진술된 내용은 하나님에 의하여 이미 정해진 내용과 일치한다. 본 절은 그 형식과 내용에 있어서 본질적으로 이사야의 것이다. 예루살렘과 시온산으로부터 남은 자가 그 땅을 모두 덮기까지 나올 것이다(신 30:1–10을 참고).

만군의 여호와의 열심을 통해서 성취될 것이다. 이것은 놀라운 구원이며 사실상 메시아가 성취하게 될 보다 위대한 구원의 전형(그 구원의 전조)이다. 그러한 이유 때문에 이사야는 그가 앞에서 메시아의 탄생과 관련하여 사용했던 형식을 사용한다(9:6을 참고). 참으로 이 구원은 중요하다. 왜냐하면 남은 자들을 당시에 보존하는 것이 궁극적으로 하나님의 정하신 때에 인류의 대적과 죄로부터의 완전한 구원이 이루어질 것에 대한 전조를 나타내기 때문이다. 예루살렘으로부터 남은 자가 나올 것이라는 표현에서 하나님의 백성의 갱신과 또는 아마도 백성의 증가를 볼 수 있다. 이것은 소망의 징조이고 격려의 징조이며 메시아가 오신다는 것의 증거이다.

37:33 선지자는 이제 전체 메시지의 결론, 즉 앗수르 왕과 관련된 결론을 전달할 준비가 되어 있다. 앗수르 왕이 이 성(예루살렘)에 이르지 못한다는 것은 단호하고 확정적인 선언이다. 그는 들어오지 못할 뿐만 아니라, 거기에 한 개의 화살도 쏘지 못할 것이다.[27] 본 절의 남은 부분은 주된 개념을 설명한다. 방패를 가지고 접근하지도 못하며, 그 성읍에 대하여 흉벽도 쌓지 못할 것이다. 산헤립 자신이 예루살렘을 정복했다는 언급을 하지 않고 있는 것이 흥미롭다. 그가 말하고 있는 것은 기껏해야 그가 히스기야를 새장의 새처럼 가두었다는 것이고, 그가 그 성읍을 포위 공격했다는 것이다.[28] 산헤립은 이전 시기, 아마도 랍사게의 침공이나 그보다 훨씬 이전 시기를 가리키고 있는 것으로 보인다. 이사야의 예언은 이때부터 앗수르가 예루살렘을 공격하지 못한다는 것이며 이 예언은 성취되었다(부록, 3 "산헤립의 침입"과 부록, 1 "히스기야의 통치"를 보라). 산헤립은 더 이상 헤칠 힘을 갖지 못할 것이다. 그는 예루살렘을 향하여 더 이상 아무 것도 못할 것이다.

---

27) Iwry, *JAOS*, Vol. 81, No. 1, 1961, p. 29는 화살을 쏘는 행위를 최면 마법의 행위로 해석한다.

28) Hattusilis의 "변증"에서 왕은 Ishtar 여신이, 돼지우리에 있는 한 돼지처럼, Urhitesupas를 Samuhas의 성 안에 가둔 것으로 말한다(*na–an–kam I–NA* ^{uru}*ŠA–MU–HA ŠAH GIM–an ḫu–u–um–ma EGIR–pa iš–tap–pa–aš*).

크노벨(Knobel)이 몇 년 전에 주장했던 것처럼 재앙은 이미 일어났으며 이사야가 사실상 약삭빠른 추측을 하고 있는 것에 불과하였다고 가정할 이유가 없다. "그러므로 여호와께서…가라사대"란 도입어는 이것을 진정한 예언으로 취급해야 함을 보여준다. 이사야는 그의 소명 환상에서 남은 자가 돌아올 것이라고 확언했다. 그는 이 사실을 회상하고 있으며 이제는 이전에 언급했던 모든 것을 요약하면서 이 사실이 분명하게 드러난다. 말하자면 이것이 절정이다. 즉 앗수르 왕이 예루살렘에 들어오지 못할 것이다. 그 명확성은 예상될 수 있는 것이다.

37:34 방금 전에 진술된 내용에 보다 진전된 개념이 더해진다. 왕이 예루살렘으로 들어오지 못할 뿐만 아니라 오히려 그는 그가 왔었던 그 길을 통하여 본국으로 돌아갈 것이다. 바아 바흐(בָּא בָּה, 그가 그곳으로 왔다)에 흥미 있는 두운법이 있는데, 이것이 열왕기서에서는 야보(יָבֹא, 그가 올 것이다)로 대치시킴으로써 약화되었다. 왕이 후퇴하면서 예루살렘을 공격하기 위하여 곁 길로 빠지지 않을 것이다.

37:35 산헤립의 퇴각을 우연히 일어난 일로 평가하는 것은 잘못일 것이다. 하나님이 친히 역사하셔서 그가 그 성을 구원하시려고 했던 그러한 방법으로 예루살렘을 보호하셨다. 하나님이 친히 산헤립으로 하여금 예루살렘을 만지지 못하도록 조치하실 것이다. 하나님은 이 일을 두 가지 이유로 하실 것인데, 자기 자신을 위하여 그리고 그의 종 다윗을 위하여 그렇게 하실 것이다. 히스기야가 기도했던 것처럼 하나님께서는 자신을 위하여 그 성을 구원하실 것이다(20절). 예루살렘의 구원을 통하여 세상은 하나님께서 그의 약속에 신실하시며, 그가 자신의 소유된 백성을 강력한 압제자의 손에서 구원하실 수 있음을 알게 될 것이다.

더 나아가서 구원은 다윗을 위한 것이 될 것인데, 다윗 자신이 개인적으로 받을 만한 자격이 되어서 그의 성읍의 큰 구원을 얻을 수 있었던 것이 아니라, 다윗에게 주어진 약속 때문이다. 이사야는 하나님께서 자신의 나라의 보좌를 영원히 세우시겠다고 맹세하신 사무엘하 7장의 약속을 가리키고 있다(왕상 11:13, 34, 36; 왕하 8:19을 참고). 이사야는 앞에서 다윗에 대해 말했고, 여기에 있는 다윗의 언급은 열왕기서의 본문이 이사야의 본문보다 앞선다는 증거가 아니다(부록 2, "이사야 36-39장의 성격과 저작권"). 이사야 9:6; 7:2, 13, 17; 16:5; 22:22과 같은 구절들을 주목하라. 그러나 어찌하여 이 지점에서 다윗을 언급하는가? 한 가지는 히스기야가 다윗과 유사하다는 것이며 그와 비교가 된다는 것이다(왕하 18:3). 히스기야는 다윗 왕조가 완전히 멸망을 당할 것처럼 보였던 결정적인 때에 보좌에 앉아 있었던 다윗의 후손이다. 산헤립으로 대표되었던 인간 나라가 승리하고 다윗 왕국은 파멸해야 했는가? 이것이 직면한 문제였다. 다윗 왕국이 구원받을 수 있었다는 것은 하나님이 개입하셨다는 것이다. 예루살렘을 구원하시면서 하나님께서는 그가 다윗에게 하였던 약속을 지키려고 의도하셨음을 보여주셨다.

36절, 여호와의 사자가 나가서 앗수르 진중에서 십팔만 오천 인을 쳤으므로 아침에 일찍이 일어나 본즉 시체뿐이라
37절, 이에 앗수르 왕 산헤립이 떠나 돌아가서 니느웨에 거하더니
38절, 자기 신 니스록의 묘에서 경배할 때에 그 아들 아드람멜렉과 사레셀이 그를 칼로 죽이고 아라랏 땅으로 도망한 고로 그 아들 에살핫돈이 이어 왕이 되니라.

37:36 본 절과 함께 이사야는 그의 예언의 성취를 서술하기 시작한다. 이것은 단지 선지자가 방금 전에 선포한 메시지의 성취만이 아니고 앗수르의 패망을 지적한 그의 모든 예언들의 성취이기도 하다. 왜냐하면 인간이 높임을 받고 하나님이 무시되는 범세계적 나라가 일어날지라도 그리고 그 나라가 결국에는 승리하고 신정국가를 망하게 할지라도, 그럼에도 불구하고 유다에 대한 그 나라의 첫 번째 시도에서, 말하자면, 이러한 나라의 존재를 나타내는 앗수르의 단계에서는 이 나라가 성공하지 못할 것이기 때문이다. 이 인간 나라에게까지도 하나님은 자비로우셨다. 그가 주관하고 계심을 깨닫게 하고 그 나라의 패배를 통하여 하나님의 백성에 대한 공격을 중단하게 되는 기회를 그 나라에 주셨다.

이사야는 전쟁용어를 사용하면서 "여호와의 사자가 나가서"라는 직설적인 산문으로 그의 서술을 시작한다. 이 동사는 전쟁의 착수에 대해 사용되는데, 이는 그 사자가 대적에 대하여 적대적인 의도를 가지고 착수하고 있기 때문이다. 밖으로 나간 자는 이스라엘의 하나님 야웨에게 속한 사자였다. 이 어구는 여호와 자신에 대한 대용어가 아니며 또한 단순히 사자(messenger)를 지칭하는 것이 아니라 천사(angel)를 지칭한다. 이 표현은 출애굽기 12:12–13, 23과 사무엘하 24:1, 15–16의 죽이는 사자를 상기시켜 준다. 이 본문들에서 모두 멸망을 일으키시는 여호와를 강조한다. 그러나 이러한 목적을 위하여 보내신 그의 천사를 통하여 이 일을 하신다. 이러한 사

실로부터 상황의 심각성과 구속의 역사 가운데서 그 중대성을 배우게 된다. 이것은 모든 인간을 하나로 묶어 세계적인 인간 제국을 세우고자 하는 바벨의 영과 하나님의 나라의 전개 사이의 갈등이었다. 하나님의 백성을 대적한 첫 번째 시도에서, 모두가 야웨께서 참으로 하늘과 땅의 하나님이시고 자기 백성을 구원하실 수 있다는 것을 완전히 알 수 있도록 이 세상 나라는 멸망당해야 했다. 슬프게도 메소포타미아인도 유다의 거민도 이 교훈을 깨닫지 못했다. 그래서 야웨께서는 결국 그의 섭리 가운데 바벨론인들로 하여금 예루살렘을 함락시키도록 허락하셨다. 그렇다면 천사는 하나님의 뜻을 행하도록 보내심을 받은 사자이다.

열왕기하 19:35은 이사야서의 기록에 "밤에"라는 단어를 덧붙이는데, 이는 이사야가 메시지를 보냈던 그날 밤을 가리키는 것으로 보인다. 어쨌든 앗수르인을 치는 일이 그 메시지 직후에 일어났다. 출애굽 당시에 천사가 애굽인을 쳤던 것처럼, 이제는 천사가 앗수르 진영에서 185,000명을 친다. 어찌하여 전체 군대가 아니고 이 사람들만 침을 당했는가에 대해서는 언급이 없다. 남은 자들은 왕이 죽음으로써 더 큰 징벌을 받아야 할 앗수르로 서둘러 돌아가야 했다. 심지어 그렇게 회군해야 하는 수치도 그 악한 왕을 회개로 이끌지 못한다. 출애굽 때에는 야웨께서 친히 치신 것으로 되어 있다. 그러나 여기서 치는 자는 천사이다.

이 당시 앗수르인이 있었던 정확한 위치를 말하기는 불가능하다. 그들에 대한 성경의 마지막 언급은 그들이 립나에 있는 것으로 말하고 있지만 그곳은 그들이 디르하가의 접근을 막기 위하여 애굽으로 향해 가던 곳으로 보인다. 헤로도투스가 이것에 대해 언급했을 가능성이 있다. 그는 산헤립이 펠루시움(Pelusium)으로부터 퇴각할 수밖에 없었던 것을 상세히 이야기한다. 벌칸(Vulcan) 신이 그의 제사장 세토스(Sethos)와 애굽 왕을 구하기 위하여 들쥐들을 보냈기 때문이라고 말한다. 이러한 전승을 볼 때, 그 재난이 애굽에서 일어났던 것으로 보인다. 확실히 가능하기로는, 앗수르인이 실제로 애굽 왕을 대항하기 위하여 애굽 국경 지역에 도달하였던 것으로 보인다.

"치다"라는 동사는 질병으로 침을 암시한다. 그러나 이 질병이 무엇이었느냐에 대해서 말할 수 없다.[29] 앗수르 군대의 멸망은 자연적 사건의 용어들로 설명될 수 없고 그의 천사를 통하여 행하셨던 하나님의 초자연적 기적적 행동의 결과로 설명되어야 한다. 말하자면 천사가 단 한 번의 공격 또는 타격으로 그 진영에 죽음을 가

29) 그리고 그가 쳤다—와우 연계형과 함께 헤(ה)가 유지되고 있음을 주목하라.

져다 주었다. 자연적 현상이 이 일을 이룬 것이 아니라, 하늘과 땅을 다스리시는 오직 한 분 참되신 주님의 주권적인 능력이 이 일을 이루신 것이다. 이 결정적인 순간에 세계는 예루살렘에서 다스리시는 이가 다른 신들과 같지 않다는 것을 알아야 한다. 오직 그만이 살아 계시고 참되신 하나님이시다.

살아남은 자들이 아침에 일어났을 때, 그들은 그들 외에 모든 사람들이 죽은 시체였음을 보았다. 이들 살아남은 자들 가운데 오만한 왕 산헤립이 있었다. 그 앞에 죽은 군대의 시체들이 누워 있다. "그리고 보라! 그들 모두가, 시체들, 죽은 자들이다"라는 강한 어조로 표현되고 있다. 의심의 여지가 없다. 아무 것도 할 수 없었다. 앗수르보다 더 능력이 크신 자가 역사 하셨다. 모든 것이 갑작스럽게 일어났다. 어떤 소란이나 어떤 고함도 왕을 깨우지 않았다. 밤새 그와 그의 군사들은 잠들었고, 평상시와 같이 아침에 일어나서 자기 할 일을 하러 나가려고 준비하였다. 그러나 보라! 그들 모두가 죽은 시체가 되었다.

37:37 이곳은 산헤립을 위한 장소가 아니었다. 아르밧과 스발와임과 다른 장소들은 그를 이겨낼 수가 없었다. 그러나 이제 그는 야웨의 능력을 느꼈다. 그는 떠났으며, 그의 철수는 짧고 신속한 용어들로 언급된다. "그가 출발하였고, 그가 갔으며 그리고 그가 돌아갔다." 많은 주석가들은 산헤립이 급히 떠나간 것에 대한 묘사와 키케로(Cicero)가 카탈라인(Cataline)에 대해 "그가 가 버렸다, 떠나갔다, 그가 도망갔다, 그가 도망해 버렸다"라고 말한 것 사이의 유사성에 감명을 받았다.[30] 산헤립은 아마도 이미 본국으로부터 소식을 들었을 것이다. 즉각 돌아가야할 강한 충동이 그 안에 있게 된다. 이제 더 이상 지체할 이유가 없다.

그는 유다의 하나님에게 대항할 수 없다. 그는 니느웨로 돌아가서 자신의 궁궐에 거주해야만 한다. 이 마지막 동사는 그가 거기서 어느 정도의 기간 동안 생명을 이어갔음을 암시한다. 사실상 그가 살해를 당하기까지는 약 20년이 남아 있었다.

37:38 본 절은 그 왕이 니느웨로 돌아간지 약 20년 후에 그에게 무슨 일이 일어났는지를 설명한다. "그리고 그 일이 일어났다"라는 전형적인 서사체 형식으로 본 절을 시작한다. 인칭 대명사를 사용하여 기도하고 있던 자가 왕 자신이었다는 사실을 강조한다. 히스기야가 기도했고, 그의 하나님께서 그를 들으시고 그를 위기에서

---

30) *Abiit, excessil, evasit, erupit(In Catilinam ii).*

구원하셨다. 산헤립도 역시 기도했으나, 그의 신은 그를 듣지 않고 그를 어떤 위기에서도 구원하지 않았다. 오히려 그가 기도하는 바로 그 순간에 그의 아들들이 그를 살해하였다. 그의 신은 니스록이었고,[31] 히스기야의 신은 야웨였다. 히스기야가 그의 하나님의 전으로 갔던 것처럼, 산헤립도 그의 신의 전으로 갔었다.

그가 이 예배의 일을 하였을 때, 그의 두 아들이 칼로 그를 살해하였고, 그런 후 그들은 설형문서에는 우라르투(Urartu)로 나오는 아라랏 땅으로 도망갈 수 밖에 없었다. 그곳은 아랏세(Arasse) 강 주변에 있는 아르메니아 지방이다. 그 왕국은 에살핫돈에게 넘어갔고, 그리하여 산헤립은 무대에서 사라진다. 그는 더 이상 하나님의 백성을 헤칠 수 없었다. 하나님의 나라를 파괴하려는 인간 나라의 첫 번째 중요한 시도가 완전한 실패로 끝났다.

31) 니스록–마르둑의 변조(의도적인가?). P. Dhorme, *RB*, Vol. 19, 1910, p. 510을 참고하라. 아드람멜렉–아마도 *Ašur–šum–ušabsi*를 의미하는 것으로 보인다. 사레셀–*Šar–usur*.

제2장

바벨론 시기의 도래(38-39장)

1. 경건한 히스기야(38:1-22)

1절, 그 즈음에 히스기야가 병들어 죽게 되니 아모스의 아들 선지자 이사야가 나와
서 그에게 이르되 여호와께서 이같이 말씀하시기를 너는 네 집에 유언하라 네
가 죽고 살지 못하리라 하셨나이다
2절, 히스기야가 얼굴을 벽으로 향하고 여호와께 기도하여
3절, 가로되 여호와여 구하오니 내가 주의 앞에서 진실과 전심으로 행하며 주의 목
전에서 선하게 행한 것을 추억하옵소서 하고 심히 통곡하니

38:1 본 장과 다음 장은 본 예언의 후반부(40-66장)를 도입하기 위한 전환으로서의 역할을 한다. 처음부터 하나의 난점이 등장하는데, 즉 이 두 장과 앞 장들과의 관계이다. "그 즈음에"라는 도입어는 방금 전에 묘사된 사건을 가리키는 것으로 보이는데, 말하자면 히스기야의 통치 14년의 사건을 가리키는 것으로 보인다. 만약 이것이 사실이라면, 히스기야가 총 29년간 통치하였고 15년을 더 살 것이라는 약속을 받았으므로, 많은 사람은 그의 병이 산헤립이 침입한 해, 즉 그의 통치 14년에 발병한 것으로 믿는다. 겉으로 보아서는 이러한 입장에 난점은 없는 것처럼 보인다.

난점을 일으키는 것은 산헤립의 침입이 주전 701년에 일어났다는 사실이다. 만약 히스기야가 주전 727년(혹은 대략 그 무렵에)에 통치를 시작했고 주전 701년에 15

년을 더 살 것이라는 약속을 받았다면 그는 주전 686년까지 살았을 것이다. 그러나 만일 그가 주전 727년에 시작하여 모두 29년을 다스렸다면, 그는 주전 698년에 통치를 끝마쳐야 한다. 상상하건대, 그가 통치를 그만둔 이후에도 살아 있었을 수 있지만 열왕기서의 본문은 그의 죽음이 그의 통치의 종국을 가져왔고 그를 대신하여 므낫세가 통치하였음을 암시한다(왕하 20:20-21을 참고).

만약 "그 즈음에"라는 어구가 다음 장에 기록된 므로닥-발라단의 시기를 가리킨다면, 히스기야의 병듦에 대한 기록은 명확하게 산헤립의 침입 앞에 위치해야 할 것이다. 므로닥-발라단은 721-710년에 바벨론의 초대 왕이었고 주전 703년에 9개월간 다시 통치했다. 39:1은 "그때에"라는 말로 시작하는데, 이것 역시 일반적인 언급을 가리킨다. 히스기야가 이미 산헤립의 침입을 경험하였다면 그가 바벨론 왕에게 자기의 보물을 보여주지 않았을 것으로 보인다. 실제로 산헤립이 대다수의 보물을 공물로 요구하지 않았겠는가? 그러므로 이러한 생각에 비추어 볼 때, 아마도 38-39장의 사건이 36-37장의 사건 이전에 일어난 것으로 이해해야 할 것이다.

그러므로, "그 즈음에"는 일반적인 표현이며 히스기야의 생존 당시 그가 메소포타미아 국가들과 관계를 가지고 있었을 때를 가리킨다. 보다 정확하게 이것은 때를 의미할 수 없다. 왕에게 생긴 질병이 어떤 것인지에 대해서는 언급이 없다. 그러나 질병이 상당히 심하여 죽음을 초래할 수 있었다. 부정사는 히스기야가 곧 죽게 될 수 있는 질병이었음을 나타내는 것으로 보인다. 요한복음 11:4에서 이와 유사한 어구가 실제로 죽음으로 끝난 질병을 가리키기 위하여 사용되었다.[1] 특별한 개입이 없다면 히스기야는 죽을 것이다.

그 질병이 치명적이었다는 것은 또한 이사야가 왕에게 와서 그가 죽을 것이라고 선언한 사실에서도 보여진다. 이사야의 출현은 하나님께서 그 왕을 저버리지 않았다는 암시이기도 하다. 곧 죽게 될 사람은 모든 면에서 준비를 해야 한다. 히스기야는 하나님과 바른 관계를 가지고 있었다. 그러나 죽음을 앞둔 사람은 차근차근 모든 일들을 정리해야 한다.

네 집에 유언하라: 직역하면, "너의 집에 대해서 명령하라"(삼하 17:23을 참고). 히스기야는 그의 집의 정사가 질서있게 정리되도록 명령을 내려야 한다. 이 명령들은 그의 집의 최대의 유익을 위한 명령이 되어야 했다. 왕이 바람직하게 그의 재정적, 사업적 업무들을 떠나야 하며 그리하여 부당한 짐이 그의 후계자들에게 발생하

---

1) αὕτη ἡ ἀσθένεια οὐκ ἔστιν πρὸς θάνατον

지 않게 하는 것을 의미한다. 그러나 그는 또한 그의 집 자체, 즉 그의 후계자들이 그로부터 걸어가야만 하는 길에 대한 교훈을 얻었다는 것을 확인해야만 한다. 사람은 올바른 유언과 유서가 시행될 때뿐만 아니라 그의 가족들을 여호와의 길로 가르쳤을 때 바람직하게 그의 집을 떠나게 된다.

이사야는 그의 명령에 대한 이유를 전한다. 히스기야는 죽을 것이고 그의 병으로부터 회복하지 못할 것이다. 이 마지막 부분은 불필요한 부분이 아닌데, 이는 그것이 첫 번째 진술을 강화시켜 주기 때문이다. 선지자가, "당신은 죽게 될 것이고, 이 질병 이후 당신이 다시 살 소망은 없다"라고 말하는 듯하다. 그러므로 이 마지막 문구는 어느 정도의 강조를 더해 주고 있다. "당신은 죽을 것이고 이를 피할 수 없다."[2] 상황의 정상적인 진행에는 소망이 없다. 오직 하나님의 기적적인 개입만이 왕의 생명을 구할 수 있다. 그리고 먼저 왕이 간구를 통하여 하나님에게로 나아가지 않는다면 이 하나님은 아무 일도 하지 않을 것이다. 그러므로 히스기야는 그의 생명이 얼마나 철저하게 하나님의 손에 놓여 있는지를 배워야 한다.

사망에 대한 이사야의 예언과 15년의 생명의 연장 사이에 나타난 명확한 어려움이 조정되는 것은 바로 이 방법에 있다. 비트링가는 이것을 다음과 같이 훌륭하게 서술했다. "정상적인 것을 넘어서 하나님께서 그의 도움으로 반드시 개입하지 않으시면 그는 (즉, 히스기야는) 자연적인 원인으로 죽어야만 할 것이다. 그러나 하나님은 왕의 간구가 없고 그의 믿음과 소망의 시련이 없다면 개입하지 않으시기로 결정하셨다. 더 나아가 이러한 경우(창 20:3)에 있어서 하나님께서 이것을 자원하여 행하는 것을 요구하시고자 조건이 언급되지 않는다."[3]

38:2 이 슬픈 소식이 히스기야로 하여금 그의 생명을 위하여 여호와께 간구하도록 만든다. 히스기야는 죽기를 원치 않았다. 그의 행위는 간혹 "떠나서 그리스도와 함께 있을 욕망을 가진 이것이 더 좋으나"(빌 1:23)라고 말한 바울의 행위와 비교되어 왔다. 그러나 이러한 비교는 정당하지 못하다. 바울은 히스기야보다 다가올 영광에 대한 훨씬 더 충분한 계시를 가지고 있었다. 바울은 부활하신 그리스도를 알았고

---

2) 이와 대조되는 행동은 창세기 42:2; 43:8; 민수기 4:19에 나타난다.

3) "*moriendum illi esset secundum causas naturales, nisi Deus sua ope praeter ordinem intervenieret; erat autem Deo statutum non interveniere, nisi ad supplicationem regis eiusque fidei et speri experimenta. Reticetur autem in eiusmodi casibus conditio, ut Deus illam tanquam voluntariam eliciat*"(*Com. in loc.*).

그리스도의 사역을 이해하였다. 히스기야는 구약의 경륜에 속해 있었다. 하나님께서 아직은 아들로 말씀하지 않으셨다. 더 나아가서 이 당시 히스기야에게 후계자가 없었을 가능성이 높다. 므낫세가 통치를 시작하였을 때 그는 12세였다(왕하 21:1). 만약 히스기야가 15년을 더 살아야 했다면, 그리고 만일 히스기야의 죽음과 그의 통치의 마침이 일치한다면, 므낫세는 3 년간 태어나지 않았을 것이다. 만약 상황이 그러하였다면 히스기야는 자손에 관심을 가졌을 것이다. 사실상 그가 경건한 왕이었으므로(왕하 18:3), 그의 관심은 훨씬 더 심오한 것이었다. 만약 그가 자손없이 죽어야만 한다면 어떻게 다윗 왕조가 메시아의 도래에서 완결될 수 있겠는가? 히스기야는 아들을 받치라는 명령을 받은 아브라함에게 다가왔던 동일한 시험을 당연히 직면하고 있었을 것이다. 그때 그는 벽으로 향한다. 일부 주석가들이 제안하는 것처럼[4] 어린아이 처럼 행동하고 있는 것이 아니라 방해 없이 그의 하나님께 말하기 위해 단지 홀로 있기 위해서이다. 아마도 그의 행동은 이사야마저도 염두에 두지 않는 것이다. 그는 방해받지 않고 하나님께 말하고 삶과 죽음의 문제를 주관하시는 그에게 그의 슬픔을 쏟아 놓기 위하여 벽으로 향한다. 벽은 성전의 벽이 아니고 히스기야 자신의 방의 벽이다. 본문은 바깥 세상의 모든 생각들을 차단시키고 자기의 생각을 하나님께만 집중하기 위하여 힘쓰는 한 인간을 그리고 있다.

38:3 본 절은 왕의 기도, 애절한 통곡으로 끝나는 기도의 내용을 담고 있다. 아!–히스기야의 영혼의 슬픔과 고뇌를 표현하고 주님의 긍휼을 간청하는 외침.[5] 히스기야는 그의 백성의 언약의 하나님, 시내 산에서 그들을 하나의 국가로 형성하신 분에게 기도한다. 그는 하나님에게 그의 생활 태도를 기억해 달라고 요구한다.[6] 구약에서는 장수를 축복으로 간주하였다. 만약 이 기도가 그의 통치 14년에 드려졌다면, 그는 39세였을 것이다. 그러나 히스기야가 바라는 것은 단순히 장수를 위한 것은 아니다. 그는 분명히 그가 후계자가 없이 죽어야 하는 것으로 보이므로 충분히 관심을 가졌을 것이다. 그의 생활 태도는 하나님 앞에서(Coram Deo) 살아왔던 것이

---

4) 예를 들면, Hitzig(아하스의 태도, 왕상 21:4을 참고).

5) אנה–간청의 불변화사, '아! 이제.' 이 단어는 אָנָּא가 아니라 אָנָּא이며, 밀렐과 함께 메텍이 와야 한다. 카메츠(ָ)가 엑센트가 없는 폐음절에 있을 수 없으므로 주 강세는 피널트에 있어야 한다. 테트라그람마톤(יהוה) 앞에서 이 단어는 주 강세(메텍과는 구별되는)를 받는다. 창세기 50:17과 출애굽기 32:31에서 연결형 엑센트가 메텍을 대신한다.

6) …것–אשר에 의하여 시작된 절은 동사의 직접 목적어이다.

며, 외식이 없이 혹은 동요 없이 시종일관하여 왔다. 그는 하나님 앞에서, 마치 그가 구원받을만 하다고 주장하는 듯, 그의 공로를 호소하고 있는 것이 아니고, 하나님 앞에서 의롭게 자신의 삶을 살아왔었던 신정국가의 통치자가 후계자 없이 죽어야만 한다면, 생길수도 있는 비극을 지적하고 있는 것이다.

전심으로: 즉, 여호와께 철저히 헌신된 '온 마음.' 하나님을 향한 히스기야의 섬김은 냉담한 것이 아니었다.

내가…주의 목전에서 선하게 행한 것: 히스기야는 자신을 선한 재판장으로 포장하지 않는다. 하나님만이 무엇이 선한 것인지를 말씀하셔야 하며, 하나님께서 선하다고 선포하신 것을 히스기야가 행하여 왔다. 출애굽기 20:12; 신명기 5:30 그리고 30:16에 표현된 옛 약속을 따라, 히스기야는 자신을 위하여 장수를 구하였을 것이다. 그의 생명이 갑자기 끝날 수 있다는 생각은 왕에게 견딜 수 없는 것이며, 이에 그는 심히 통곡한다.[7]

4절, 이에 여호와의 말씀이 이사야에게 임하니라 가라사대
5절, 너는 가서 히스기야에게 이르기를 네 조상 다윗의 하나님 여호와께서 이같이 말씀하시기를 내가 네 기도를 들었고 네 눈물을 보았노라 내가 네 수한에 십오 년을 더하고
6절, 너와 이 성을 앗수르 왕의 손에서 건져내겠고 내가 또 이 성을 보호하리라.

38:4 즉각적인 답변이 선지자를 통하여 주어진다. 칼빈은 "선지자가 떠났다가 다시 돌아오는 사이에 얼마의 시간이 경과하였는지는 우리는 모른다"고 해석하고, "길고 모진 몸부림" 후에 비로소 왕에게 주어진 주님의 말씀이 있었다고 진술한다. 그러나 동일한 사건을 다루고 있는 열왕기하 20:4에서 "이사야가 성읍 가운데까지도 이르기 전에 여호와의 말씀이 저에게 임하여 가라사대"라는 말씀을 읽을 수 있다. 이 본문은 예언적 계시의 방법을 설명하는데 도움이 된다. 이사야가 왕을 떠나 아마도 성읍의 군중들 사이로 걸어서 그의 집으로 향하고 있을 때 여호와의 말씀이 분명하고 뚜렷한 말로 그에게 임하게 된다. 그의 소명 환상에서 육신의 귀로 하나님의 음성을 들었던 것과 같이 하나님의 말씀이 선지자의 육신의 귀를 통하여 들려 왔다고 이해할 필요는 없다. 내적인 귀로 듣는 진정한 들음이 있었고, 그 말씀은 이사

---

7) 심히 통곡하니-이 문장은 부사적 의미를 가진다.

야 외에 어느 누구도 들을 수 없었다. 그러나 그 말씀은 선지자로부터 시작된 것이 아니라 하나님께서 말씀하신 것이었다. 이것은 친히 하나님으로부터 선지자에게 임한 객관적인 말씀이었다.

38:5 이사야에게 주어진 명령에는 다소 엄숙함이 배어 있다. 하나님께서는 명령형 대신 부정사 절대형을 사용하신다. 이사야는 히스기야에게서 떠나고 있는 중이었다. 그는 이제 그에게 가서 그에게 말하라는 명령을 받는다. 이 메시지는 하나님을 히스기야의 조상, 다윗의 하나님 야웨로 분명히 밝히면서 시작된다. 히스기야가 호소하였던 주 여호와는 다윗을 아셨던 그 하나님이시다. 칼빈이 적절히 설명한 바와 같이 다윗을 여기서 개인적 인물로 언급한 것이 아니라, 그의 후손 중에서 영원한 나라를 바라보아야 했던 왕으로서 언급하고 있다. 왕정의 축복을 성취시켜 줄 다윗의 후손은 그리스도였다. 히스기야는 다윗이 그의 조상이라는 것과, 그러므로 자신이 다윗 보좌에 앉은 법적인 통치자며 하나님께서 다윗에게 약속하신 약속의 후계자임을 상기하게 된다. 하나님이 그리스도 구주 안에서 성취되는 약속과 구원에 신실하시다는 것을 아는 것보다 더 큰 위로는 있을 수 없다. 만약 히스기야가 후손이 없이 죽어야 한다면 다윗의 씨는 태어나지 않을 것이다.

하나님께서 왕의 기도를 들으셨다. 이 기도가 하나님을 움직여 그의 목적을 바꾸시게 하지는 않는데, 이는 그가 변하지 않으시는 분이시기 때문이다. 그러나 하나님께서는 이제 히스기야에게 그의 목적이 무엇이었는지를 계시하신다. 일어나야 했던 일의 일부분만 왕에게 보이심으로 하나님은 히스기야로 하여금 철저하게 그를 의지하게 하여 오직 그에게만 도움을 구하게 하시고 오직 다윗의 하나님 야웨 안에서만 구원과 도움을 발견할 수 있음을 인정하게 하신다. 히스기야의 기도는 눈물을 동반하였는데, 그의 기도가 극도로 자극을 받아 격한 감정으로 그것을 표현하게 된 마음으로부터 흘러 나왔기 때문이다. 그리고 나서, 홀로 인간의 생명을 연장시키실 수 있는 하나님께서 히스기야의 수한에 15년을 더할 것이라는 기쁜 선언이 이어진다.[8)]

---

8) 보라! 내가(그인 내가) 더하리라—인칭의 변화가 인상적이다. 동사의 형태는 3인칭 남성 단수 히필형이고 분사가 아니다. 이와 다소 유사한 형태가 Hatusilis의 Apology에 나타난다. "Hatusilis에게 햇수가 짧다. 그는 살지 못할 것이다. 이제 그가 나의 제사장이 될 수 있도록 그를 나에게 달라. 그리하면 틀림없이 그가 살 것이다(*nu–wa–ra–aš Ti–an–za*)."

38:6 이 예언이 선포된 때가 정확하게 언제이었든 간에 앗수르 왕이 시야에 있었던 것은 분명하다. 상황이 그러하였을 수는 있지만 산헤립이 실제로 그 당시에 팔레스타인에 있었다고 가정할 필요는 없다. 어쨌든, 히스기야가 그의 생명에 더해진 15년 동안 안전하게 통치할 것이며, 예루살렘은 앗수르인에게 함락되지 않을 것이라는 사실을 알 수 있도록 하기 위하여 이 약속과 앞 절의 약속을 함께 묶을 필요는 있다. 이 기간에 하나님께서는 대적이 그 성읍을 정복하지 못하도록 그의 보호의 손길로 친히 그곳을 덮으실 것이다.

7절, 나 여호와가 말한 것을 네게 이룰 증거로 이 징조를 네게 주리라
8절, 보라 아하스의 일영표에 나아갔던 해 그림자를 뒤로 십 도를 물러가게 하리라 하셨다 하라 하시더니 이에 일영표에 나아갔던 해의 그림자가 십 도를 물러가니라

38:7 히스기야는 여호와께 징조를 요구하였다(참고. 왕하 20:8; 사 38:22). 그래서 그의 태도는 아하스의 태도와 현저한 대조를 보였다. 하나님께서는 아하스에게 징조를 제안하셨지만, 아하스는 그것을 거절하였다. 그러므로 하나님께서는 아하스로부터 징조의 선택권을 박탈하시고 친히 신자들에게 위로의 징조를 주셨으나, 아하스와 그의 백성에게는 재난의 예조가 되었다. 다른 한편 히스기야는 그에게 임한 시험의 혹독함을 깨달으면서 그의 믿음을 강화하기 위하여 징조를 원한다. 다시 하나님께서는 징조를 선택하시는데, 그가 주시는 징조는 축복의 징조이다. 이것은 왕의 유익과 축복을 위한 것이며("네게"는 유익을 위한 심성적 여격이다), 여호와로부터 오는 징조이다.[9] 이것은 그에게서 비롯되었고 그의 선택하심이다. 이것은 하나님께서 말씀하신 것을 시행하실 것이라는 맹세이다.

38:8 아하스에게 주어진 징조처럼(7:14) 이 절 또한 "보라!"라는 단어로 시작한다. 그러므로 이것은 중요한 징조이다. 그러나 이사야의 기록은 열왕기하(20:9하–11)의 기록보다 짧다. 그 본문에서는 그림자가 앞으로 10도 가는 것을 원하는지 아니면 뒤로 10도 물러가는 것을 원하는지 왕에게 묻는다. 그림자가 10도 내려가는

---

9) 아쉐르(אֲשֶׁר)–키(כִּי)대신에 '…것', 예를 들면 출애굽기 3:12. 이 두 단어는 종속절과 독립절을 느슨하게 연결시킬 수 있다.

것이 정상적인 것임을 깨달은 히스기야는 그것이 뒤로 물러가도록 요구하고 그의 요구는 이루어진다. 약간 다른 표현을 사용하여 동일한 것을 말하면서 이사야도 역시 태양이 뒤로 물러선 것을 언급한다. 열왕기서에 주어진 보다 긴 본문은 단순히 후대에 기적을 확장한 것이라고 생각하는 스테이드(Stade)와 마르티(Marti)와 그외 사람들에 동의할 수 없다.[10] 열왕기서의 기록이 보다 완전한 기록이며, 아마도 이 사실이 이사야서의 기록이 더 앞선 것임을 보여줄 수도 있다. 그러나 열왕기서에 기록되어 있는 내용의 신빙성을 의심할 이유는 없다.

처음부터 해석학적 문제가 발생하는데, 이사야가 해시계를 말하고 있는가 아니면 일반적인 계단을 말하고 있는가에 관한 것이다.[11] '도'(度, steps)라고 번역한 단어가 일영표의 눈금들 내지는 도 표시들을 가리키는가? 이것은 근본적으로 탈굼, 제롬, 그리고 심마커스에서 채택한 입장이다. 다른 한편 B, 수리아 역, 요세푸스는 이 단어를 실제적 의미에서 계단을 가리키는 것으로 본다. 이 후자의 입장을 채택하는 사람들은 그림자를 드리우는 일종의 기둥 혹은 방첨탑이 있었다고 흔히 가정하는데, 이 경우 드리우는 그림자가 그 계단들을 내려갔을 것이라고 생각한다. 그러므로 전체 계단 자체가 일종의 해시계로서의 역할을 하였다. 아마도 이 질문에 확실하게 답할 수는 없을 것 같다. 해시계가 히스기야 시대만큼 이른 시기에는 알려지지 않았다고 주장되어 왔으나, 헤로도투스는 바벨론인이 해시계를 발명하였다고 주장하고 있다(ii. 109). 아하스가 다메섹 제단을 유입했던 것처럼(왕하 16:10이하 참고) 그가 해시계를 예루살렘에 도입했을 가능성이 크다. 어쨌든 이것이 실제 해시계를 가리키든 아니면 그림자의 위치로 시간을 알리도록 고안된 층계의 계단을 가리키든, 이 사건은 참된 징조였고 동시에 놀라운 일이었다.

문장의 첫 번째 부분의 번역에 관한 문제가 생기는데, 이 문제는 첼(צֵל, 그림자)을 연결형으로 볼 것인가 아니면 절대형으로 볼 것인가에 관련된 것이다. 맛소라 모음부호를 따르면 이 단어를 연결형으로 보아야 한다. 그러나 이어지는 단어를 소유격이 아닌 목적격으로 보는 것이 더 타당해 보이므로, "보라! 내가 곧 그것이 나아갔

---

10) Duhm은 열왕기하 20:8-11에 첨가가 있었다고 믿는다. Marti 역시 그림자가 앞으로 나아갈지 아니면 10도 뒤로 물러갈지에 대해서 히스기야에게 주어진 선택권은 그 기적 사건에 대한 후기의 확장이라고 주장한다. Stade(*ZAW*, Vol. 6, 1886, pp. 184ff.)는 이 논리를 발전시켰다. 비록 열왕기서의 본문이 확장되었다 하더라도 그 선택이 실제로 히스기야에게 제공되었다는 것은 의심할 이유가 없다.

11) Delitzsch는 "아하스의 일영표"란 아하스가 그의 일영표 중 하나에 붙인 이름이라고 말한다.

던 도(steps)와 관련하여 (도를 따라) 그림자를 물러나게 할 것이다"라고 번역할 수 있다. 그렇다면 도(steps)란 단어는 부사적 대격으로 해석되는 것이 가장 좋다. 관계사의 선행사는 그림자일 수도 있고 아니면 도일 수 있다. 그렇다면 이사야는 나아간 그림자에 대해서 말하고 있거나 아니면 나아간 도(등급)에 대해서 말하고 있는 것이다. 아마도 이들 중에 첫 번째 것이 더 나을 것 같다. "아하스의 일영표"란 표현은 그늘이 지는 장소(해시계나 계단이든 간에)를 가리킨다. "해에 의하여"라는 어구는 그림자가 단순히 인간의 뜻이나 힘에 의해서가 아니라, 오직 태양에 의해서만 변화될 수 있었다는 사실을 강조한다. 이 어구를 "나아갔던"이란 동사와 함께 해석하는 것이 가장 좋다. 그러므로 전체가 의미하는 바는, 하나님께서 태양에 의해 아하스의 계단(일영표의 도)에서 뒤로 나아갔던 그림자를 그 계단(일영표의 도)에서 열 개의 계단(일영표의 10도)을 물러나게 하신다는 것이다. 이 기구의 정확한 형태를 거의 알지 못하지만, 최소한 20도로 되어 있었을 것으로 보인다. 이것은 그림자가 10도를 나아갈지 아니면 기울어질지에 대해 히스기야에게 선택이 주어졌다는 사실로부터 알 수 있다. 생각건대 24도가 있었던 것 같으며 각기 반시간을 나타냈었던 것으로 보인다. 또는 48도가 있었을 수도 있고, 이 경우 각 도는 25분을 가리킬 것이다. 이 점에 대해서는 확실히 말할 수 없다.

약속의 성취를 매우 간단히 기록한다. 이사야는 단순히 태양이 10도(혹은 계단)를 물러갔다고만 말하고 있다. 열왕기하의 본문은 하나님께서 "아하스의 일영표 위에 나아갔던 해 그림자로 십 도를 물러가게 하셨더라"고 서술한다. 그러나 상충되는 점은 없다. 한 본문은 그림자를 움직이시는 하나님의 행위에 주의를 집중하고 있으며, 다른 것은 태양에 집중하고 있다. 이로부터 최소한 하나님께서 결과를 만들어 내고자 태양을 사용하셨다는 것을 알 수 있으며, 이것은 본 절의 상반절에서 "해에 의하여"라는 표현이 사용된 것에 의하여 뒷받침된다.

이 기록을 단순히 무용담이나 전설로 보고자 하는 사람들이 옳은 해석을 변호해 주는 표현 하나를 무심코 말해왔다. 이는 그들이 이 이야기를 기적적인 것으로 간주하면서도 이것이 실제로 일어났다는 것은 믿지 않는다는 것이다. 실제로 이 이야기는 기적이 포함된 이야기이다. 하나님께서 어떤 방법으로 이 결과를 이루셨던지 간에, 보이는 것으로는 하나님의 일반적인 섭리의 활동에 반하지만, 하나님의 초자연적 능력에 의해 외계 세계에서 실행되어졌고 하나님의 구속적 목적에 대한 증거나 징조가 되도록 의도된 행위를 여기서 발견하게 된다. 그 징조가 이 정의에 적합하므로 그것이 기적이었다고 정당하게 말할 수 있다. 하나님께서 이 기적을 어떻게 행하셨는가는 또 다른 문제이다. 단순한 굴절에 의해서였는지 아니면 인간이 알 수 없는 어떤 법칙에 의해서였는지 말할 수 없다.[12] 웨스트민스터 신앙고백을 기억하는 것이 적절하다. "하나님께서 그의 일반 섭리에 있어서 방편을 쓰시지만, 그의 기쁘신 뜻대로 그것들 없이, 그것들을 넘어서, 그리고 그것들을 거스려서 자유롭게 일하신다"(V:III). 두려움에 있었지만 믿음을 가지고 있는 왕에게는 이 징조가 상당히 특별한 것이기에 하나님께서 그가 주신 생명의 약속을 이루시겠다는 서약이며 보다 깊은 의미에서는 히스기야의 조상 다윗과 맺은 구원의 약속에 신실하시겠다는 서약이다.

9절, 유다 왕 히스기야가 병들었다가 그 병이 나을 때에 기록한 글이 이러하니라
10절, 내가 말하기를 내가 중년에 음부의 문에 들어가고 여년을 빼앗기게 되리라 하였도다
11절, 내가 또 말하기를 내가 다시는 여호와를 뵈옵지 못하리니 생존 세계에서 다시는 여호와를 뵈옵지 못하겠고 내가 세상 거민 중에서 한 사람도 다시는 보지 못하리라 하였도다
12절, 나의 거처는 목자의 장막을 걷음같이 나를 떠나 옮겼고 내가 내 생명을 말기를 직공이 베를 걷어 말음같이 하였도다 주께서 나를 틀에서 끊으시리니 나의 명이 조석간에 마치리이다
13절, 내가 아침까지 견디었사오나 주께서 사자같이 나의 모든 뼈를 꺾으시오니 나의 명이 조석간에 마치리이다
14절, 나는 제비같이, 학같이 지저귀며 비둘기같이 슬피 울며 나의 눈이 쇠하도록 앙망하나이다 여호와여 내가 압제를 받사오니 나의 중보가 되옵소서

---

12) "…그것은 단순히 굴절 현상을 통하여 있을 수도 있으니, 이는 필요한 것이 단지 오후에 바닥에 드리워 있었던 그림자가 갑작스럽고도 예상 밖의 굴절로 인하여 위로 옮겨지는 것이었기 때문이다"(Delitzsch) 1Q는 עלות을 덧붙인다.

이 장치는 계단들 위에 그림자를 드리우는 벽을 각기 바라보고 있는 한 쌍의 계단들로 구성된 것으로 생각된다. 태양이 떠올랐을 때 동편 계단들은 벽의 그림자 안에 있게 되며, 이 그림자는 낮 시간이 흐르면서 짧아지게된다. 한편 서편을 향하고 있는 계단들이 오후 동안 점점 그늘지게 되었을 것이다. 1Q에 의하면 그 계단들은 아하스의 עלות(윗 방)의 계단들이었다. 아마도 이사야가 말했을 때는 한 낮이었을 것이다. 방금 동쪽 방향 계단들을 내려갔던 그림자가 이제는 서쪽 방향 계단들을 오르려는 준비를 하고 있었다("보라! 내가 아하스의 계단에 내려갔던<아침동안> 계단의 그림자, 즉 태양을 물러나게<즉 올라가게> 할 것이다").

38:9 열왕기서에 있는 평행적 기록은 이 구절을 생략하고 있지만, 이 노래의 진정성은 의심할 여지가 없다. 그가 너무나 닮았던 왕인 다윗이 하나님에 대한 찬양의 노래를 기록하였던 것처럼, 히스기야도 역시 그렇게 한다. 이 노래는 글이라고 불리지만 그 형태에 있어서는 믹담(mikdam)과 유사하다. 이 노래는 히스기야를 저자로 말하고 그로부터 나온 것이라고 말하고 있는 기록이다. 저작 시기도 주어져 있는데, 대략 히스기야가 병들었다가 나았던 시기이다. 그러나 이 시의 각 단락 혹은 연(聯)은 같은 시기를 반영하지 않는다. 그러므로 처음 다섯 절(제1연)에 반영된 시기는 2절과 3절에 묘사된 시기, 즉 왕이 병이 들었고 그가 낫게 될 것이라는 은혜로운 소식을 아직 듣지 못했던 시기이다.

38:10 히스기야는 그가 죽음을 깊이 생각했을 때 그가 가졌던 암울한 생각에 대한 묘사로 바로 시작한다. 도입어 "내가 말하기를"은 왕을 사로잡았던 생각을 제시하거나 소개한다. 일부 주석가들은 첫 번째 단어 "나"에 특별한 강조가 있지 않다고 생각한다. 이 단어 안에서 그들은 전도서와의 유사성을 보고, 이 시의 후기 연대를 주장한다. 이러한 결론이 당연히 도출되는 것은 아니다. 왕이 죽음 외에는 다른 것을 생각할 수 없는 사람이었음을 지적하기 위하여 인칭 대명사를 강조할 수도 있다. 그러나 비록 이 단어에 특별한 강조가 있지는 않을지라도, 분리된 인칭 대명사가 사용되었다는 사실이 특별히 후기 연대를 의미하지는 않는다.[13)]

본 절의 세 번째 단어는 왕이 그의 생각을 말하였을 때를 나타낸다. 중지 혹은 단절의 시기가 그의 생애 가운데 들어왔을 때였다. 데미(דְּמִי)란 단어의 정확한 의미에 대해 문제가 있는데, 구약의 다른 곳에서 발견되지 않기 때문이다.[14)] 그러나 문맥에 비추어 볼 때 왕의 생애 중 그의 삶이 곧 끝나게 되었을 때의 시기에 적용되는 것으로 보인다. 이 단어의 위치가 특별한 강조를 주고 있는 곳임을 유념해야 할 것이다. 활력있고 부족함이 없는 왕의 생애 안으로 하나의 중지가 들어왔던 그때, 바로 그때 그는 죽음을 두려워 하였다. 사실상 이것이 본 단락의 주요 개념들 중의 하나이다(12–13절을 참고). "나의 여년"을 말하면서 왕은 단순히 그의 생애, 즉 그가 이

---

13) Brockelmann은 이 대명사에 특별한 강조가 없다고 생각한다. *op.cit.*, §34b. Green, *op.cit.*, §246:1a. 그러나 Drechsler는 다음과 같이 주해한다. "*Der Nachdruck liegt auf* אני*, anzudeuten: ich ein Solcher, für den schon atwas Anderes nicht mehr übirig zu sein schien.*"

14) דמי–닮음, 절반, 중간.

지상에서 살아야 할 날을 지적한다.

아마도 이 동사를 앞의 단어와 함께 해석해야 할 것이고, 그렇다면 이어지는 단어들은 단순한 부사적 수식어로서의 역할을 하게 된다. 그러므로 "나의 날들의 중간(pause)에 내가 음부의 문에 갈 것이다"로 번역할 수도 있다. 최소한 어떤 단절이 동사와 그 다음 단어 사이에 있는데, 이는 동사의 형태가 끊어 읽기 형식을 가지고 있기 때문이다. "내가 나의 삶의 날들로부터 음부의 문들로 갈 것이다"를 의미한다.[15)]

"음부의 문에"는 히스기야가 가야 한다고 믿고 있는 목적지를 나타낸다. 강조가 되어 있는 것은 단순히 스올뿐만 아니라 그 문이다.[16)] 문에 대한 언급은 귀환의 불가능성을 암시한다. 일단 문이 들어온 사람에 대하여 닫힌다면, 그 문들을 통과해서 이 생의 날들로 도망치거나 되돌아올 가능성이 없다. 종국의 개념, 즉 이생의 확실한 종결의 개념이 왕에게 밀려들어 오게 된다.

평행구의 두 번째 부분은 "내가" 나의 여년을 "빼앗겼다"라고 번역될 수 있다. 이 빼앗김은 징계로 고려하고 있으며 이것은 왕의 영혼의 괴로움에 더해졌을 생각이다. 상황의 정상적인 과정에서 히스기야가 장수를 기대할 수도 있었으나, 그는 이제 그의 죄로 말미암아 하나님께서 그로부터 그의 삶 중 정상적으로 남아 있을 수 있는 것을 취해 가시는 것을 느끼고 있다. "내가 빼앗기게 되리라"는 "내가 들어가고"처럼 분리 엑센트로 인해 이어지는 단어들로부터 분리되는 것을 주목해야 한다. 본 절에서 강조되고 있는 것은 "나의 연중에"라는 어구이다. 평행구를 드러내기 위하여 다음과 같이 기록할 수도 있다.

나는 말하기를
나의 날들의 중도에(중년에)
  a. 내가 스올의 문들 안으로 들어갈 것이다.
  b. 내가 나의 여년을 빼앗기게 될 것이다.

38:11 앞 절과 같이 본 절 역시 "내가 말하기를"로 시작한다. 그러나 여기서는 인칭 대명사가 생략된다. 왕의 불평은 그가 더 이상 이생에서 하나님을 보지 못한다는 것이다. 생존 세계는 팔레스타인 땅이 아니라, 생존 자체, 곧 스올의 문들과는 구별

---

15) 나는 가야 한다—이 형태는 실제적으로 절망의 부르짖음을 표현한다.
16) 스올—14장, 각주 20을 참고하라.

되는 생존의 거처를 가리킨다. 하나님을 본다는 것은 하나님 자신을 본다거나 인간이 볼 수 없는 그의 본체를 바라본다는 것이 아니라 그의 피조물에 그가 나타난 대로 그를 본다는 것이다. "창세로부터 그의 보이지 아니하는 것들 곧 그의 영원하신 능력과 신성이 그 만드신 만물에 분명히 보여 알게 되나니…"(롬 1:20상). 그러나 히스기야는 특별히 성전에서 하나님을 예배하는 것을 언급했을 수도 있다. "내가 어느 때에 나아가서 하나님 앞에 뵈올꼬?"(시 42:2상; 또한 사 1:12; 시 63:3을 참고하라). 하나님을 본다는 것은 그와 그의 사역을 기뻐한다는 것이며, 사람이 예배로 그에게 나아가면서 기뻐하는 것이다. 그러나 왜 왕이 야(יה)라는 단어를 사용하고 있는가?[17] 이 단어는 12:2과 26:4에서 이미 나타났었다. 야(יה)라는 단어가 두 번 사용된 것은 오류가 아니다. 오히려 이것은 의미에 특별한 의의를 부여하고 있으며, 왕이 마치 "내가 야(יה)를 보지 못할 것이다. 바로 야(יה)를 생존 세계에서"라고 말하고 있는 듯하다. 그러므로 의미의 점진적 흐름이나 강화가 이입되고 있으며, 이것이 수식하는 어구인 "생존 세계에서"를 통하여 완성된다. 이 두 본문으로부터 이 단어가 하나님을 두려움으로부터 구원하실 수 있는 믿을 만한 분으로 나타내기 위하여 사용된 것을 알 수 있다. 아마도 히스기야가 야(יה)가 없이는 오직 두려움만 있으며 그러므로 죽음이 그를 요구할 수 있다는 것을 깨달은 것 같다. 만약 그가 야(יה)를 뵈올 수 있었다면, 그는 죽음을 두려워하지 않았을 것이다. 어쨌든 왜 왕이 이 표현을 택하였는지를 정확하게 말할 수는 없을 것 같다. 그의 말은 단지 그가 과거에 했던 것처럼 전능하신 하나님을 더 이상 볼 수 없게 될 것임을 의미할 수도 있다. 이 세상에서 예배의 친밀한 교제는 더 이상 히스기야의 것이 되지 못할 것이었다.

만일 그가 이 세상에서 하나님과의 교제를 빼앗기게 될 것이라면, 인간과의 사귐도 잃어버리게 될 것이다. 평행구에 비추어 볼 때, "하델(חֶדֶל)의 거민"이란 표현은 인간의 장소를 지칭하는 역할을 한다. 이 표현은 "생존 세계"와 평행을 이룬다. 히스기야가 생존 세계에서 더 이상 야(יָהּ)를 보지 못할 것처럼, 그는 하델의 거민 wnddp 한 사람도 다시는 보지 못할 것이다.[18] 야(יָהּ)는 생존에 계시며 나는

17) 1Q에 יה는 한 번만 기록되었다. S와 Syr.에 호소하면서 *BH*는 יה יה를 יהוה로 읽어야 한다고 제안한다.

18) חדל–이 단어가 가끔 חלד의 의도적인 변형이라고 생각되었다(시 17:14; 49:2을 참고). 그러나 Drechsler는 이것을 지하 세계로 해석한다. 그는 이것이 행동과 고통의 중단이라는 개념으로부터 파생되었고(욥 14:6; 시 39:5을 참고), 우선적으로 사망을 의미하고 그 다음에 죽은 자들의 나라(욥 3:17을 참고)를 의미한다고 주장한다. 언어유희를 통하여 이 단어는 חלד와 대조를 이룬다.

하델의 거민 중에 있다. 첫 번째 행에는 왕의 진정한 경건이 나타나 있는 반면에 두 번째 행은 그가 인간임을 보여준다. 다른 사람들과 교제하기를 원하는 것은 자연스러운 감정이며, 왕을 슬프게 하는 것은 이 교제의 박탈이다. 칼빈은 "우리는 서로간에 상호 친절한 직무들을 이행하는 목적을 위해 태어났다"고 말한다. 그리고 히스기야가 그의 동료를 섬기기 원했던 것은 성경이 그의 생애를 기록하고 있는 것을 통해 충분히 드러난다.

38:12 히스기야는 이제 두 개의 다른 비유를 통하여 본질적으로 동일한 의미를 표현한다. 첫 번째 비유를 표현하기 위하여 히스기야는 아람어로 "거처"라는 의미를 가진 단어를 사용하고, 이 단어를 상징적으로 사용하여 몸을 인간의 거처로 언급한다. 본 절이 "내가 말하기를"로 시작되지 않지만, 대신에 앞 절을 완만하고 자연스럽게 이어간다. 이 거처에 대해서 히스기야는 이것이 떠나갔으며(강제적인 제거의 개념이 있다. 33:20을 참조), 그에게서 제거되었다고 불평한다. 그는 마치 이것이 이미 벌어졌고 따라서 그가 생명을 빼앗긴 사람이며 그에게서 생명이 떠나가 버린 것처럼 말한다(참고. 고후 5:8). 왕은 자기의 생명을 목자가 거주하는 장막에 비유한다.[19] 첫째로, 장막은 왕의 영구적인 궁전과 대조적으로 임시적인 거처이다. 둘째로, 이것은 단지 임시적인 목적으로 사용되는, 쉽게 세우고 쉽게 걷을 수 있는 목자의 장막이다. 히스기야가 오늘날의 베두윈의 검은 장막들과 유사한 목자들의 장막을 생각하고 있는 것으로 보이는데 이것은 쉽게 걷고 옮길 수 있다. 한 장소에서 방목이 마무리 되었을 때, 목자는 다른 곳으로 옮겨가서 거기서 또다시 임시적인 거처를 세운다. 일단 장막이 걷히고 제거되면 그 장소는 그것을 더 이상 기억하지 않는다. 그와 같이 장막은 왕의 생명과 유사하다.

두 번째 비유에서, 왕은 그가 직공처럼 생명을 말았다고 선언한다. 직공이 그의 일을 마무리 했을 때 베를 롤러에 말고 실타래에서 끊어 버리는 일만 남은 것처럼 이와 같이 히스기야도 삶의 모든 책임을 마무리하고 다가올 죽음을 기다리는 것 외에는 할 일이 아무것도 없다. 그러므로 왕은 죽음의 원인을 자기 자신에게로 돌리고 있다. 그가 스스로 그의 죽음을 초래하였다. 그러나 궁극적으로 그의 죽음이 하나님의 손에 있으며, 하나님이 죽음의 진정한 실행자임을 인정하고 있다.[20] 그리고 그는

---

19) 로이(רֹעִי)–한 목자에게 속하는, *pastoricius*. 이 단어는 "내 목자"로 번역될 수도 있다.

20) 12–13절에서 주어인 하나님의 생략에 주목하라. 이것이 시적 용법으로 나타나는 것이지만

행위의 주체를 1인칭에서 3인칭으로 옮겨간다. 실타래에서 그를 끊어 버리시는 분은 하나님이시다. 달라(דַּלָּה, 실)란 단어가 문장 맨 앞에 위치하여 강조되고 있다. 이것은 직물을 축에 동이고 있는 실타래의 끝자락을 가리킨다.

연류된 시간의 갑작스러움과 짧음을 표현하기 위하여 히스기야는 "나의 명이 조석간에 마치리이다"라고 단언함으로써 다소 속담적인 표현 형식을 사용한다. 아침에는 좋지 않은 일이 일어나리라고 기대하지 않았는데 어둠이 내려 저녁이 되었을 때에 그 일이 이미 벌어진 것을 의미한다(욥 4:20을 참고). 1인칭 대명사로 시작한 후 왕은 3인칭으로 바꾸고 마무리는 2인칭으로 바꾸어서 한다. 그러므로 본 절의 마지막 어구는 하나님께 직접적으로 드려진 기도이다. 이 동사는 일의 완성(왕상 7:51; 느 6:15)과 시간의 흐름의 완성(사 60:20)에 대해 사용된다. 히스기야의 생명의 시간은 끝났고, 완료되었으며, 만기가 되었다(갈 4:4을 참고).

38:13 1인칭으로 돌아와서, 왕은 자기가 아침까지 기다렸다고 말한다.[21] 온 밤을 지새우며 왕은 야웨께서 야웨로서 행하실 것을 기대하며 사자를 바라보듯 그를 바라보았다. 히스기야는 계속하여 그의 하나님 야웨의 임재를 염두에 두고 있었다(욥 7:4; 30:17을 참고). 그는 그의 죽음을 그의 모든 뼈들의 꺾어짐에 비유한다. 그것은 마치 사자가 그의 먹이에게 행하는 것과 같은 철저한 부서뜨림과 파괴이다. 하나님께서 그에게 보내신 죽음은 먹이의 모든 뼈들을 부서뜨리는 사자의 공격과 같다. 왕은 뼈들을 언급하면서 철저하고도 완전한 멸망을 가리킨다. 그는 앞 절을 마무리했던 개념을 반복하면서 본 절을 맺고 있으며 이로써 그가 앞에서 말한 내용을

산문에서도 볼 수 있다.

21) שִׁוִּיתִי-직역하면, "나는 …처럼 되었다, …과 비슷하게 되었다." 시편 131:2에서는 "내가 나의 영혼을 평온하게(즉 가라 앉혔다) 하였다"라고 번역할 수도 있다. 그런 까닭에 어떤 사람은, "나는 나 자신을 고요하게 하려고 하였다(*ich suchte mich zu beschwichtigen*)"로 번역한 Gesenius 처럼, 여기에 נַפְשִׁי(내 영혼)을 덧붙였다. 이를 입증하기 위하여 Gesenius는 "평온한"이란 개념이 고요한 것에 적용되고 있는 아랍어에 호소한다. *'an-nafsu-l-mut-ma-'in-nah*-안식 중(에 있는) 영혼(Koran 89:27). 그런 까닭에 Vulgate의 *sperabam*(나는 기다렸다) *usque ad mane*를 이해할 수 있다..

어떤 이는 Targum을 따라서 본문을 *šiw-wa'-ti*, '나는 부르짖었다'로 수정한다. König는 이 어근의 문자적 의미를 고집한다. "나는 아침까지 사자처럼 행동하였다(*ich machte es bis zum Morgen dem Lowen gleich*)," 즉 고통에 울부짖으면서. 만일 어투가 이 의미를 담을 수 있다면, 이것은 쉽게 이해할 수 있고 14절의 첫 문장과 적절한 평행을 이룬다, 그러나 13절의 כֵּן이 야웨께서 그의 뼈를 꺾으실 방법을 가리키는 것으로 보인다.

강화시키고 확증하고 있다. 이 표현의 반복이 애가의 효과를 주고 있다는 드렉슬러의 지적은 타당하다.

38:14 히스기야는 본 절을 그의 고통을 특정 새들, 즉 제비와 학의 지저귐에 비유하면서 시작한다. 이 두 명사는 접속사가 생략된 채 연결되어 있는데, 아마도 두 새의 소리들 간에 효과적인 대조를 나타내기 위한 것 같다. 제비는 속삭이듯 소리를 내고 보다 부드러운 소리를 내는 반면에, 학은 더 크고 껄끄러운 소리를 낸다.[22] 이 새들의 소리처럼, 왕도 역시 소리내어 울고 있으며 비탄의 부르짖음으로 그의 소리를 중얼거리며 도움을 바라고 있다. 비둘기가 내는 구슬픈 소리처럼 히스기야는 소리내어 울고 있다(참고 사 59:11; 겔 7:16; 나 2:7).

그러나 왕은 모든 소망을 버리지 않았다. 그의 눈은 약해졌으나 그는 하나님께서 그를 주시하시기를 바라면서 위를 바라본다. 실제로 그의 눈을 쇠약하게 한 것은 이러한 앙망이다. 그러므로 그는 그의 커다란 절망감에 대해 또 다른 표상을 주고 있는 것이다. 여전히 그는 하나님을 아도나이(אֲדֹנָי, 주권자)로 말하면서 하나님에게 부르짖는다. 이것은 이사야 자신이 하나님을 그의 놀랄만한 목적을 성취하실 수 있는 분으로 제시하기 위하여 상당히 자주 사용하였던 단어이다. 히스기야는 모든 권세를 가지시고 자기를 도와줄 수 있는 유일한 분인 하나님께 호소하고 있다. 그는 그에게 닥친 상황을 간단하게 서술한다. 압제가 그에게 닥쳤다.[23] 이것은 비인칭구문으로 왕에게 임한 철저한 절망을 간단하고 충분하게 제시해 준다. 그러므로 그는 간절하게 "나의 보장이 되옵소서"라고 기도한다.[24] 이것은 히스기야의 편을 들어달라는, 그리고 하나님 자신의 손에 왕의 상태와 원인을 취해 달라는, 그래서 그의 일로 만드시라는 명령이다. 이 기도는 시편 기자의 기도와 유사하다. "주의 종을 보증하사 복을 얻게 하시고 교만한 자가 나를 압박하지 못하게 하소서"(시 119:122). 히스기야는 절망적 상태에 직면하였고 기도에 의지하였다. 히스기야는 3절에서 산

---

22) עגור는 새의 이름인 것으로 보이고 그런 까닭에 형용사로 해석되어서는 안 된다(렘 8:7을 참고).

23) 나에게 압제가 있다—비인칭적. 모음부호가 보여주듯, 이것은 명사, עָשְׁקָה(압제, BDB)가 아니다. GKC,§ 48 i note는 이것을 강조 명령형으로 취급한다.(그렇지만 카메츠—하툽<ָ>이 원개음절에 있을 수 있는가?). 이 형태 그대로 이것은 3인칭 여성 단수 명령임에 틀림없다.

24) 나를 위하여 보장을 보내소서, 나를 위하여 담보를 취하소서—"아라본(ἀρραβῶν)"이란 단어는 아랍어에서 오늘날까지도 담보 혹은 기탁금의 의미로 사용된다.

문적 서사체로 묘사된 지점, 즉 그의 기도를 하나님께 연결짓고 있는 그 지점에 도달했다. 그러므로 이어지는 구절들은 그의 구원을 다루고 있고, 이사야의 사역을 언급하는 4–8절의 산문적 기록과 평행을 이룬다.

> 15절, 주께서 내게 말씀하시고 또 친히 이루셨사오니 내가 무슨 말씀을 하오리이까 내 영혼의 고통을 인하여 내가 종신토록 각근히 행하리이다
> 16절, 주여 사람의 사는 것이 이에 있고 내 심령의 생명도 온전히 거기 있사오니 원컨대 나를 치료하시며 나를 살려 주옵소서
> 17절, 보옵소서 내게 큰 고통을 더하신 것은 내게 평안을 주려 하심이라 주께서 나의 영혼을 사랑하사 멸망의 구덩이에서 건지셨고 나의 모든 죄는 주의 등 뒤에 던지셨나이다
> 18절, 음부가 주께 사례하지 못하며 사망이 주를 찬양하지 못하며 구덩이에 들어간 자가 주의 신실을 바라지 못하되
> 19절, 오직 산 자 곧 산 자는 오늘날 내가 하는 것과 같이 주께 감사하며 주의 신실을 아비가 그 자녀에게 알게 하리이다.

38:15 우리가 살피고 있는 이 구절은 난점으로 둘러싸여 있고 해석도 다양하다. 예를 들면 칼빈은 히스기야가 자신의 슬픔과 애도를 계속해서 이어가고 있다고 믿는다. 그러나 그보다는 본 절이 관점의 전환을 나타내며, 왕이 이제 경험한 구원에 대해서 감사의 말을 하기 시작하고 있는 것으로 보인다. 사무엘하 7:20(또한 창 44:16을 참고하라)의 다윗처럼 히스기야는 "내가 무슨 말씀을 하오리이까?"라는 질문을 통하여 상황의 변화에 대하여 감사의 마음을 표한다. 어떻게 그가 하나님께서 행하신 일에 대하여 적절하게 찬양과 감사를 드릴 수 있을까?

본 절의 세 번째 단어를 이끌고 있는 접속사를 간과해서는 안 된다. 이것은 앞 절에서 드려진 기도와 의미를 묶어 주며, 또한 그 기도에 대한 답변을 지적한다. 왕이 여호와께 간청하자마자 여호와께서는 그에게 확증의 말로 말씀하셨다. 그렇다면 어떻게 히스기야는 그러한 하나님의 자비를 적절하게 찬양할 수 있는가? 주께서 히스기야에게 말씀하신 것은 그가 히스기야에게 생명을 회복시켜 주실 것이라는 약속이요 확신이었다. 더 나아가서 그는 위로의 말씀을 하셨을 뿐만 아니라 그것을 시행하셨다. 여기서 인칭대명사를 강조하고 있는데, 히스기야가 그의 고치심에 대한 모든 공로를 감사함으로 하나님께 드리고 있기 때문이다. 발람의 말들을 기억할 수 있을

것이다. "어찌 그 말씀하신 바를 행치 않으시며 하신 말씀을 실행치 않으시랴?"(민 23:19) 여기에 하나님의 백성 모두에게 속하는 위안이 되는 확신이 있다. 곧 "하나님께서는 말씀하시고 친히 자기의 말씀을 시행하신다"는 것이다. "주께서 말씀하셨다"는 히스기야의 말은 4–5절에 있는 "가라사대"라는 동사를 반영하고 있으며, 반면에 "그리고 그가 친히 이루셨사오니"는 7절의 "이룰"을 상기시켜 준다.

하나님의 신실하신 조치의 결과로, 히스기야는 그의 남은 삶을 어떻게 살 수 있는가를 묘사한다. 사실상 15절 하반절은 15절 상반절을 시작한 질문에 대한 실제적인 대답이다. 그는 한 계단 한 계단 천천히 나아갈 것이고, 그리하여 고요하고도 평화로운 삶을 살 것이다. 그리하여 그의 전 생애는 그가 그의 하나님을 어떻게 찬양할 것인가에 대한 답변이 될 것이다.[25] 상황은 왕을 겸손하게 하였고 그를 낮추었다. 그는 교만하고 거만하게 살 수 없고, 그의 평생 동안 그의 하나님 앞에서 겸손히 살아가야만 한다. 이것은 삶의 오랜 기간이 될 것인데, 이는 왕이 "종신토록"이라고 말하고 있기 때문이다. 그는 하나님께서 그의 날에 15년을 더할 것이라는 이사야의 메시지를 들었다. 교만하게도 하나님으로부터 오는 메시지를 거절하였던 아하스와는 달리 히스기야는 메시지의 진실성을 인정하고 그의 남은 여생을 "종신토록"이라고 감사하여 말하고 있다. 예전에 백성은 시온으로 진지하게 행렬을 지어 나아갔었다(시 42:4). 이제 히스기야는 백성의 진지한 행진을 묘사한 것과 같은 동사를 사용하며 자신의 생활 방식에 적용한다. 그 역시 진지하게, 조용히, 겸손하게 시온으로 걸어갈 것이다. 그의 생애는 하나님 앞에서 살아가게 될 것이다.

이러한 결심의 이유가 나타나 있으니, 그 이유가 "내 영혼의 고통을 인하여"란 어구에서 발견된다. 이것은 그의 영혼이 자신이 죽을병에 걸렸다는 생각 중에 경험했던 고통이었다. 이 경험의 고통은 언제나 그 앞에 있을 것이다. 너무나 큰 구원을 경험했던 사람은 조용히, 한 걸음 한 걸음 그의 하나님 앞에서 걸어갈 수 있을 뿐이다.

38:16 이것은 난점으로 가득한 구절이다. 펜나는 이 절이 전체의 노래 가운데 가장 풀기 어려운 절이라고 말하고, 제안된 번역들의 여러 예를 제시한다. 본문의 단어들을 있는 그대로 연구하려고 노력해야 한다. 히스기야는 하나님을 아도나이(주권자)로 부르면서 본 절을 시작한다. 이 단어는 잘 선택된 것이니, 이는 인간의 생명을

25) אדדה 일반적으로 אֶתְדַּוֶּדֶה의 축약형으로 간주된다. דָּדָה, 의도적으로 "걷다," 즉 "편안하게" 걷다에서 파생된 히트팔펠(Hitpalpel)형이다.

유지시키는 것이 하나님에게만 속한 사역이라는 개념에 잘 어울리기 때문이다.

두 번째 단어 알레이헴(עֲלֵיהֶם, 그들 위에)은 중성으로 해석해야 하는 접미사를 가지고 있다. 이것은 앞 절에 언급된 하나님의 말씀과 행위를 가리키고, 은혜로운 약속과 능력과 축복의 사역을 가리킨다. 델리취가 지적한 바와 같이, 이것들은 "하나님의 은혜로운 말씀과 은혜로운 행위이다. 이것들은…각 사람을 위한 참된 생명의 지주이며, 이것들 안에서 그의 영혼의 생명이 이루어진다…." 이 문맥에서 두 개의 동사, "말씀하셨다"와 "행하셨다"가 7절과 15절에 함께 나타난다. 이 두 동사에 나타난 행위는 창조에서 인간을 피조물로 조성하셨던 그 행위이다. 창세기 1장에서 "그리고 그가 말씀하셨다"와 "그리고 그가 만드셨다"라는 개념이 짝을 이루고 있다.

동사를 비인칭으로 하여 "사람들이 산다"라고 번역할 수도 있다. 창조의 말씀과 창조의 행위가 피조물을 존재하도록 하였던 것처럼, 그들의 능력 만이 피조물을 생명으로 유지할 수 있고, 생명을 새롭게 할 수 있다. 본 절의 상반절의 남은 부분에서 "모든"이라는 단어가 강조된다. 이것은 인상적인 단어인데, 이는 히스기야가 죽음에 직면했기 때문이다. 이제 그는 그의 생애에 있어서 모든 것이 하나님의 말씀과 능력에 의하여 유지되고 있다고 말할 수 있다. 그것들을 통하여—또다시 이것은 은혜로우신 하나님의 말씀과 행위를 가리킨다—왕의 심령의 생명을 유지한다.[26] 아마도 심령(רוּחַ)이란 단어는 인간의 생명의 능동적인 원리를 가리킨다는 점에서 נֶפֶשׁ보다 더 강하다. 히스기야는 살 것이고, 능동적으로 살 것이다. 죽음에 대한 생각은 완전히 지나갔다.

마지막으로, 왕은 두 개의 동사를 통하여 연관된 개념을 표현한다. 기도로 하나님께 말하면서 그는 하나님께서 그를 회복시키고 생명을 또다시 주실 것이라고 진술한다. 젊었을 때의 육체적인 용맹에 대해서 사용되는(욥 39:4을 참고) 첫 번째 동사는 여기서 히스기야의 회복에 따른 육신의 힘의 회복을 가리킨다.[27] 더 나아가서 하나님께서는 왕의 생명을 생명의 모든 충만함과 능력을 갖도록 회복시키실 것이다. 후자의 동사는 실제적으로 명령형이지만, 미래의 의미를 가질 수도 있다. 히스기야는 본 절에서 어느 정도 깊이 있는 진리를 표현하였다. 그는 하나님을 주권자로 부

---

26) בהן —이 접미사가 다른 곳에서는 사무엘상 31:7과 에스겔 42:14에만 나타난다.

27) ותחלימני—그리고 주께서는 나를 건강으로 회복시키실 것입니다. 나를 건강하게, 강하게 하실 것입니다. 본 절 그대로의 의미는 "오 주여, 그것들(주의 말씀들과 행위들)에 근거하여 사람이 살 것이고, 그것들 안에 온전히 나의 심령의 생명(혹은, 그리고 그것들을 통하여 나의 심령의 모든 생명)이 있고, 나를 살게 하셨나이다."

르면서 시작한다. 그리고 나서 그는 하나님의 은혜로운 말씀과 행위로 말미암아 사람들이 산다고 선언한다. 다음으로 그는 이 일반적 진리를 자신에게 적용시킴으로써 구체화시킨다. 이러한 놀라운 일을 통하여 그의 영혼의 생명 자체가 유지된다. 마지막으로 기도에서 그는 하나님을 그에게 회복의 힘을 주시고 그의 생명을 지키시는 분으로 부르고 있다.

38:17 상황은 왕이 예상했던 것과는 달리 다르게 바뀌었다. 그래서 그는 "보옵소서!"고 부르짖는다. 이것은 당연히 찬양하고 놀라워해야 할 일이다. 왜냐하면 하나님께서 그를 너무나 관대하게 다루셨기 때문이다. 사람들은 상황이 왕의 죽음으로 끝나고 그의 뼈들은 사자가 뼈들을 부서뜨리는 것처럼 부서질 것이라고 생각하였을 수 있다. 그러나 사실상 모든 것이 평안을 위해 잘 해결되었다. 이 표현에서 나타난 것은 신약의 저자가 제시한 것과 동일한 진리이다. "후에 그로 말미암아 연달한 자에게는 의의 평강한 열매를 맺나니"(히 12:11). 왕의 상태는 고통의 상태였고 실로 큰 고통의 상태였다. 그리고 그는 고통의 극단을 보여 주는 표현을 사용한다.[28] 그러나 이 고통의 상태는 평강과 충만함으로 바뀌었다.

이제 "그러나 주께서"라는 대명사를 강조한다. 왕에게 임한 고통에도 불구하고, 하나님께서 그를 사랑하셨음을 의미한다. 그는 바로 멸망의 구덩이 안에 있었지만 하나님께서 그를 사랑하셔서 그를 그 밖으로 끌어 내셨다.[29] 이 사랑이, 야웨께서 히스기야의 모든 죄를 자신의 등뒤로 던져 버리셔서 그것들을 제거하심으로써 드러났다. 이것은 분명히 알 수 있는 비유이다. 사람이 원하지 않는 것은 자기의 등뒤에 던져 버린다. 하나님께서 행하신 것이 곧 이것이다. 그런 까닭에 그는 더 이상 왕의 죄를 보거나 기억하지 않을 것이다. 그것들은 영원히 그의 목전에서 사라졌다. 성경에서 언제나 그러하듯 죄와 사망 사이의 밀접한 관계를 여기에서 볼 수 있다. 히스기야는 경건한 왕이었고, 이스라엘의 위대한 종교 개혁가였다. 그러나 그는 그의 죄가 사망의 원인이었던 것을 깨달았다. 하나님께서 그의 죄를 자신의 등뒤로 던졌을 때, 그 때에 히스기야는 그에게 생명이 있을 것이고 그가 참으로 하나님의 사랑을 받은 자였음을 알았다.

---

28) (그것은) 나에게 쓰라림(이었다), 쓰라림-11, 18절에 있는 반복을 참고하라. 첫 번째 단어가 비인칭 동사로 해석되어야 하는지는 결정하기 어렵다.

29) בְּלִי -직역하면, 달아지다, 상징적으로 멸망.

38:18 본 절에서 왕은 구원으로 인해 하나님께 감사하는 확고한 이유를 표현하고 있으며 하나님께서 왜 그의 생명을 지키실 것인지에 대한 이유를 암시한다. 하나님께서는 인간들이 자신을 찬양하기를 바라신다. 그래서 히스기야로 하여금 하나님을 찬양하도록 히스기야의 날수를 더해 주실 것이다. 죽은 자로서 왕은 찬양으로 하나님을 높이는 특권을 박탈당할 것이다. 그런 까닭에 그의 생명을 연장시켜 주신 것에 대해서 하나님께 깊은 감사를 하고 있는 것이다. "담겨질 것을 담고 있는 것"(continens pro contento)라는 전문적인 용어를 사용하면서 그는 스올에 대해 말하는데, 이는 스올에 있는 자들을 의미한다. 죽은 자들은 단일체로 이해된다. 그들 모두가 무덤 속에 있다. 사망 그 자체를 왕에 의하여 스올과 동일한 것으로 언급하고 있다. 죽음이 사람에게 들이닥칠 때, 그 사람은 스올의 거민이 된다. 사망이 주를 찬양하지 못한다고 말하는 것은 죽은 자들이 하나님을 찬양하지 않을 것이라고 말하는 것이다. 이 표현들에 다소 통렬함이 담겨져 있는데, 이 표현들이 기도이며 그렇게 하나님께 드려졌기 때문이다.

사망은 영혼을 소멸시키기 때문에, 죽은 자는 전혀 존재하지 않게 된다는 것을 히스기야가 주장하려는 것인가? 특별히 죽음과 스올에 대한 그의 두려움은 그의 영혼이 소멸되고 잊혀지게 되어서 그가 더 이상 존재하지 않게 된다는 두려움인가? 아니면 죽음으로 영혼이 잠들게 되어서 부활 때까지는 더 이상 하나님을 찬양할 수 없다는 것을 시사하는 것인가? 믿기로는 이러한 질문에 부정적인 답변을 줄 수밖에 없다. 히스기야는 그의 죄를 깊이 의식하고 있다. 이에 대해 그가 바로 전에 언급을 했으며 하나님께서 그의 죄를 하나님 등뒤로 던져 버리셨음을 기뻐하였다. 그는 그의 죄가 그의 죽음의 원인인 것을 알고 있으며 이 죽음을 그의 죄에 대한 징벌로 본다. 더 나아가서 그는 하나님을 그를 징벌하시는 분으로 본다. 하나님께서 사자가 자기 먹이를 엄습하듯 그를 엄습하실 것이며 그의 뼈를 꺾으실 것이다. 그러한 사망으로 들어간다는 것은 그가 찬양하기를 바라는 하나님으로부터의 영원한 분리를 의미했을 것이다. 만약 그러한 사망이 그에게 닥친다면, 그땐 실제로 그가 하나님을 찬양하지 못할 것이다. 히스기야의 마음에 가장 먼저 떠오른 생각은 이러한 측면에서 인식된 죽음이며 이 관점에서 고려된 스올이다. 너무나 악하여 자신의 죄가 사망으로 삼킨바 되어야 하는 자는 하나님을 찬양하기에 전혀 적합하지 못하다. 시편과 전도서에 있는 일부 표현은 바로 이러한 의미로 이해해야만 한다. "죽은 자가 여호와를 찬양하지 못하나니 적막한 데 내려가는 아무도 못하리로다"(시 115:17). "사망 중에서는 주를 기억함이 없사오니 음부에서 주께 감사할 자 누구리이까?"(시 6:5). 어쨌든 스올과 무덤은 실제적인 장소다. 이사야가 다른 곳에서 알려준 바와 같이 이 장소는 거민으로 가득 차 있다. 히스기야가 존재하지 않는 것에 대해 말하고 있는 것이 아니다. 즉 그가 영혼 소멸설의 어떤 교리나 영혼 수면설을 동의하고 있는 것이 아니다. 그의 말은 보다 깊이 있고 통찰력이 있다. 그는 사람의 죄가 하나님을 찬양하는 특권을 그 사람에게서 박탈하는 문제에 관심을 두고 있다. 진술 형태에 의미가 있다(18상). 히스기야는 부정어를 앞에 놓고, 그 다음에 주어, 마지막으로 동사를 놓고 있다. "맞지 않다. 스올, 그것이 주를 찬양한다는 것이" 부정어를 강조하고 있다. 평행을 이루는 행에서 사망이란 단어를 접속사 없이 소개한다. 그러나 영어 번역에서 nor을 삽입함으로써 그 의미를 드러낼 수 있다. "사망도 주를 찬양하지 못하나이다."[30]

본 절의 하반절에서는 부정어를 덜 강조한다. 소망하는 자들은 소망할 것을 가지고 있는 이들이다. 그들은 여전히 지상에서 살아가는 자이고 영원한 상태에 대한 축복을 소망한다. 그러나 구덩이에 들어간 자, 즉 자신들의 악함을 인하여 생존세계에서 끊어진 자는 소망이 없다. 소망의 대상이 "주의 신실"이라고 말한다. 죽은 자들을 위한 소망의 길은 하나님의 신실을 향하여 놓여 있지 않다. 죽은 자들은 하나님의 약속의 신실성을 소망할 수 없다. 살아 있는 사람으로서 왕은 이 약속의 성취를 보게 될 것이지만, 악한 자의 사망은 그를 이 약속으로부터 끊어 버린다.

38:19 하나님을 찬양하는 사람들은 살아 있는 자이며, 본 절에서 왕은 방금 그가 진술했던 것과 확연한 대조를 제시한다. 스올과 사망에 대조적으로 그는 다시 살게 된 자의 삶에 대해 말한다. 하이(חַי)란 단어를 반복하고 있으며 "산 자 곧 다시 살아난 자, 바로 그가 주를 찬양할 것이라"라고 번역하여 그 의미를 드러낼 수 있다. 인칭 대명사를 강조한다. 하나님을 찬양해야 할 자는 다시 살게 된 자이다. 이러한 일반적인 진술을 한 후 왕은 자신을 하나의 실례로 제시한다. 그 자신이 살아 있는 자이며 참으로 다시 살게 된 자인데, 그가 선지자의 약속을 들었기 때문이며 따라서 그는 하나님을 찬양한다. 오직 그러한 자들이 하나님을 찬양하게 되는 자들이며 사망으로 구덩이에 들어가는 자들이 아니다.

두 번째 행에 해석학적인 문제가 있다. "아비"란 단어가 주어인가 목적어인가? 히

30) 사망-부정적 의미가 확장되어 두 번째 문장도 포함한다.

스기야가 "아비가 자녀들에게 알게 할 것이다"라고 말하고 있는가? 아니면 "그가 아비와 자녀들에게 알게 할 것이다"라고 말하고 있는가? 아마도 단정적으로 결정하기는 어려울 것이지만, 분명한 것은 "아비가 그 자녀에게"라는 어구가 강조의 위치에 있다는 것이다. 이 표현은 생명의 연속성을 암시하는데, 아비가 그의 자녀들에게 하나님의 약속의 신실성에 대해 말할 것이기 때문이다. 히스기야가 아직 자녀가 없는 것으로 보이기에 이것이 그의 경우에 아직은 가능하지 않았던 반면에 그럼에도 불구하고 그가 이러한 말을 하는 것은 하나님께서 그에게 후손을 주실 것이며, 그가 살게 되고 그 후손에게 하나님께서 맺으셨으며, 이루시게 될 약속들에 대해 말할 수 있을 것이라는 그의 믿음의 표현이다.

20절, 여호와께서 나를 구원하시리니 우리가 종신토록 여호와의 전에서 수금으로 나의 노래를 노래하리로다

38:20 이 구절은 아름다운 감사기도의 전체 결론을 이루고 있다. 아마도 본 절의 앞 부분에 생략된 부분을 "여호와께서 나를 구원하기 위하여 임재하여 계신다"라고 번역할 수도 있다. "왔다, 준비되었다, 등"과 같은 동사가 생략된 것으로 이해하는 것도 가능하다.[31] 왕이 심각한 위기의 순간에 있었을 때, 즉 무엇보다도 그가 죽음으로부터의 구원을 요구하였을 때 하나님께서 그에게 구원을 주시기 위해 개입하셨다. 이 구원의 결과는 왕이 자신의 노래들을 성가대와 함께 노래하리라는 것이다.[32] 그는 실제로 회복되어서 노래하며 하나님을 예배하였다(대하 29:30). "나의 노래"에 대해 말함에 있어서 왕은 그가 친히 작곡한 감사와 구원의 노래들을 언급하고 있는 것으로 보인다. 그러나 단수에서 복수로 전환하면서 왕은 자신을 노래를 부르는 다른 사람들, 즉 성가대와 동일시하기를 원한다. 그 노래는 찬양의 신앙적 예배이니, 이는 찬양이 노래하는 이들이 살아 있는 동안에는 성전에서 시행되었을 것이기 때문이다.

성전이란 단어 앞에 전치사(עַל)를 사용하였고 이 전치사는 성전의 높은 위치를 의미하며, 마치 "위로 성전으로"라고 말하는 듯하다. "우리가 여호와의 성전으로 올

---

31) 여호와께서 나를 구원하실 준비를 하고 계신다—부정사와 함께 사용된 전치사는 목적, 경향, 혹은 방향을 표현한다.

32) נגינה—아마도 현악기의 음악.

라가서 거기서 우리가 사는 날 동안 나의 노래를 부를 것이다." 또다시 왕은 "생명"이라는 단어를 언급하는데, 이것은 이제 그에게 값진 의미로 채워진 단어이다. 왜냐하면 생명이 하나님께로부터 온 얼마나 놀라운 선물인지를 깨닫고 있기 때문이다. 이사야는 왕에게 제삼일에 그가 성전으로 올라가게 될 것이라고 말해야 했으며(왕하 20:5, 8), 왕의 인상적인 기도를 마무리하는 것이 바로 이 예언이다.

21절, 이사야는 이르기를 한 뭉치 무화과를 취하여 종처에 붙이면 왕이 나으리라 하였고

22절, 히스기야도 말하기를 내가 여호와의 전에 올라갈 징조가 무엇이뇨 하였더라

38:21 열왕기하의 기록에는 본 절과 다음절이 하나님께서 왕의 생명에 15년을 더하리라는 선포 직후에 나타난다. 그러한 까닭에 일부 주석가들은 이 절들이 이사야서의 현재 위치에서 잘못된 자리를 차지하고 있는 것으로 생각한다. 그러나 열왕기서의 기록이 히스기야의 시를 포함하고 있지 않다는 사실을 유념해야 할 것이다. 더 나아가서 열왕기서에는 해시계에 관한 대화를 포함하는 추가된 자료가 있다. 그러므로 열왕기서에는 구절들이 있어야 할 위치에 나타나 있는 것으로 생각된다. 이사야가 이 구절들을 찬양의 시 다음에 둔 것은 잘못된 위치에 있다는 것을 의미하지 않는다. 이 구절들은 단지 전체 기록에 적절한 결론을 내리는 역할을 하고 있을 뿐이다.

하나님께서는 이사야 선지자를 통하여 왕에게 그의 생명의 연장을 선언하셨다. 하나님께서는 또한 이사야를 통하여 사용해야 할 치료방법을 명하신다. 이사야는 히스기야가 살기 위해서는 즙을 짠, 아마도 말린 한 뭉치의 무화과를 취하여 종처에 발라야만 한다는 명령을 준다. 아마도 이 뭉치는 우유나 액체 같은 것에 섞은 후 발랐을 것이다. 무화과의 정확한 효과가 무엇인지는 말하기 어렵다. 이것이 해로운 것이며 회복을 저해하였을 것이라고 생각하기도 하며[33] 다른 한편 다른 견해를 주장하기도 하였다. 라스 사므라(Ras Shamra)에 무화과 열매(תלבד)를 치료에 사용하였음을 보여주는 증거가 나타나 있다.[34] 그러나 왕의 병을 고치게 된 것은 무화과 자

33) 특별히 랍비 해석가들 중 일부이며 Grotius도 이 견해를 취한다.

34) C. H. Gordon, *Ugaritic Literature*, 1949, p. 129; *Ugaritic Manual*, 1955, p. 146을 참고하라.

체가 아니었다. 하나님께서는 자주 그의 사역을 이루심에 있어서 방편들을 사용하시기를 기뻐하시는데, 무화과는 이 경우에 사용하신 것이었다. 히스기야를 낫게 한 것은 하나님의 말씀, 곧 능력 있고 효력 있는 말씀이었다. 약속된 말씀을 떠나서 무화과는 왕을 고치지 못했을 것이다. 그는 단순히 약으로 그의 생명을 유지할 수 없었던 그러한 상태에 처해 있었다. 히스기야를 위하여 초자연적인 개입이 필요했고 이것이 주어졌다. 무화과는 단지 하나님의 능력이 역사하였다는 것을 보여주는 도구일 뿐이었다.

이사야의 명령은 한 뭉치 무화과를 상처에 붙이거나 밀어 넣으라는 것이다. 이 상처가 정확하게 어떤 성격의 것이었는지는 말할 수 없다. 아마도 이것은 종기이거나 발진이었을 것인데, 히브리어 단어가 그러한 상처를 암시하는 것으로 보이기 때문이다. 이것은 애굽의 재앙 중 한 재앙에 대해 사용된 단어이며 "독종이 발생한 것"을 가리킨다. 아마도 이것은 체내의 상처에 대한 표현이었을 것이며 죽음의 결과를 가져오게 될 정도로 심각한 성질의 것이었다. 어쨌든 이사야를 순종하였을 때 왕은 살게 되었다.

38:22 히스기야의 질문은 자기의 치료와 관련하여 언급된 것으로 이해해야 한다. 그는 "징조"라는 단어를 관사 없이 사용하고 있는데, 마치 "여호와께서 어떤 종류의 징조를 나에게 주실 것인가?"라고 묻고 있는 것처럼 보인다. 이 질문은 제삼일에 왕이 여호와의 전으로 올라갈 것이라는 이사야의 약속(왕하 20:5)과 관련하여 물은 것이다. 이 질문은 믿음의 결핍의 증거가 아니었고 오히려 그 반대였다. 약속을 듣고 난 후 히스기야는 약속이 성취될 것이라는 징조가 또한 무엇이냐고 묻는다.

21, 22절의 위치에 대한 특주

제롬은 본 절들의 위치에 관계된 난점을 직시한 첫 번째 인물이다.

"Hoc prius legendum est, quam oratio Ezechiae, sive Scriptura, quam nunc interpretati sumus, ante enim cataplasma vulneri impositum est, et prius signum ab eo petitum futurae sanitatis, quam gratias ageret Domino, quod dicitur fecisse sanatus."

현대 비평주의는 이 구절들이 잘못된 위치에 있으며 7절 앞에 있어야 한다고 주장하기를 주저하지 않는다. 이러한 입장을 입증하기 위하여 다음의 사항을 제시하였다.

1. 열왕기하에서 이 구절들은 자연스러워 보이는 위치인 20:6 이후에 나타난다. 9절에서 이사야는 분명히 징조에 관한 히스기야의 질문에 답한다.
2. 현재의 위치에 시가 삽입된 후에 후대의 어떤 저자가 두 개의 사소한 추가 내용을 덧붙였다.
3. 21절은 아마도 처음에는 5절에 대한 난외주였을 것이며 22절은 7절의 난외주였을 것이다. 그리고 이 두 개가 모두 후대의 손길에 의해 히스기야의 노래에 덧붙여졌을 것이다.
4. 주해자가 히스기야의 치료에 대한 기록을 볼 수 없었기에 현재의 21절인 주해를 삽입하였다. 더 나아가서 그는 히스기야가 징조를 요구한 것을 중요하게 생각하고 현재의 22절인 주해를 삽입하였다.
5. 22절은 실제로 7절의 도입부가 된다.
6. 이 기록이 열왕기하에서 왔다는 것을 성전에 나아갔다는 언급에 의하여 알 수 있다.

위의 내용 중 얼마나 많은 부분이 단순한 가정에 지나지 않는다는 것을 단번에 주목할 수 있을 것이다. 예컨대 주해자 누군가가 히스기야가 징조를 구한 것을 상당히 중요하게 고려하여 현재의 22절을 난외주로 삽입해야 할 필요를 느꼈다는 것을 과연 어떻게 알 수 있는가?("…und weiter schen ihm zu V.7 erwahnenswert, dass Ezeckias erst nach dem Zeichen gefraght hat(2 K. 20, 8), daher die Glosse V.22.")

1Q에서 필사자는 21절을 20절 바로 다음에 삽입하였다. 그러나 그는 그 다음 행을 39장 1절로 시작하였고, 21, 22절은 옆쪽의 가장자리에 이어갔다. B 역시 이 구절들을 20절 다음에 놓고 있다.

21, 22절이 7절 앞에 있어야 한다는 유일한 논증은 21절이 7절에서 답변된 질문을 담고 있다는 것이다. 그러나 만약 이 절들이 잘못된 위치에 있는 것이라면 이 절들이 어떻게 7절 앞에서 삭제되어 현재의 위치에 놓이게 되었는가? 만일 우리가 살펴보고

있는 이 구절이 열왕기서에 근거한 것이라면 이 질문은 상당히 타당하다. 그렇다면 왜 이 구절들이 빠졌을까?

열왕기하 20:7에서는 표현이 이야기체로 이어져 가지만, 여기서는 서정적 효과의 여운 속에서 시적으로 고취된 히스기야의 심상이 극적인 성격을 가진 두 가지 요소, 즉 명령과 질문을 언급한다. 이 두 요소는 전체 이야기의 절정이었다.

알렉산더는, 이사야 38장이 이 이야기의 원형이며 21절과 22절의 내용은 다소 반추적인 것으로 추가되었고, 이것들을 다시 기록하면서 선지자가 이 절들의 자연스러운 흐름에 놓게 되었다고 제안한다. 이 제안이 가정뿐만 아니라 난점을 설명해 주기에 타당한 것으로 보인다.

2. 선포된 바벨론 포로(39:1-8)

1절, 그때에 발라단의 아들 바벨론 왕 므로닥발라단이 히스기야가 병들었다가 나았다 함을 듣고 글과 예물을 보낸지라

2절, 히스기야가 사자를 인하여 기뻐하여 그에게 궁중 보물 곧 은금과 향료와 보배로운 기름과 모든 무기고와 보물고에 있는 것을 다 보였으니 궁중의 소유와 전국내의 소유를 보이지 아니한 것이 없은지라

3절, 이에 선지자 이사야가 히스기야 왕에게 나아와 묻되 그 사람들이 무슨 말을 하였으며 어디서 왕에게 왔나이까 히스기야가 가로되 그들이 원방 곧 바벨론에서 내게 왔나이다

4절, 이사야가 가로되 그들이 왕의 궁전에서 무엇을 보았나이까 히스기야가 대답하되 그들이 내 궁전에 있는 것을 다 보았나이다 내 보물은 보이지 아니한 것이 하나도 없나이다

5절, 이사야가 히스기야에게 이르되 왕은 만군의 여호와의 말씀을 들으소서

6절, 보라 날이 이르리니 네 집에 있는 모든 소유와 네 열조가 오늘까지 쌓아 둔 것이 모두 바벨론으로 옮긴 바 되고 남을 것이 없으리라 여호와의 말이니라

7절, 또 네게서 날 자손 중에서 몇이 사로잡혀 바벨론 왕궁의 환관이 되리라 하셨나이다

8절, 히스기야가 이사야에게 이르되 당신의 이른 바 여호와의 말씀이 좋소이다 또 가로되 나의 생전에는 평안과 견고함이 있으리로다 하니라.

39:1 본 장은 산문으로 기록되었고, 바벨론 왕 므로닥-발라단으로부터 사신이 온 것을 기록하고 있다. "그때에"라는 일반적인 어구로 이 사건의 연대가 기록되고 있는데, 이것은 분명히 히스기야의 병듦과 회복의 시기를 가리킨다. 앗수르의 위협이 수면 위로 드러났기에 바벨론의 축하 사신은 확연히 히스기야에게 그 위험을 벗어나는 길로 보였을 것이다. 므로닥-발라단이란 이름은 설형문자, 마르둑-아팔-잇디나(Marduk-apal-iddina)의 필사이며 "마르둑 신이 아들을 주셨다"를 의미한다.[1] 그는 페르시아만의 해안에 자리잡은 빗-야킨(Bit-Jakin)의 통치자였다. 그는 엘람인의 도움으로 주전 721년에 이미 바벨론을 취하였고, 사르곤 2세에 의하여 축출되었던 주전 710년까지 그곳에서 통치를 계속하였다. 사르곤의 죽음 후인 주전 703년에 그는 또다시 바벨론을 정복하였다. 그러나 그는 먼저 통치를 위한 심리적 준비를 한 것으로 보인다. 이 당시 혹은 직후에 그가 바벨론의 왕좌를 다시 차지하였을 때, 그의 사신들을 히스기야에게 보냈다. 만약 이것이 맞다면 왕의 질병과 므로닥-발라단의 사신은 703년에 있었고, 그러므로 산헤립의 침입보다 앞선 것으로 보인다. 므로닥-발라단은 앗수르인에 의해서 패배하기 9개월 전까지 통치를 이어갔다. 이것은 산헤립의 첫 번째 원정 때의 일이며 그는 그의 대적을 카르두니아쉬(Karduniash)로 묘사하고 그의 패배뿐만 아니라 엘람 군대의 패배에 대해서도 언급한다. 산헤립이 므로닥-발라단의 궁뿐만 아니라 그의 보물창고에 들어가 귀한 보물을 취하여 간 것을 진술하고 있는 것을 히스기야가 바벨론인을 위하여 행한 것에 비추어 주목해 보는 것은 흥미롭다. 히스기야에게 사신들을 보낸 목적은 산헤립에 대한 반역을 위한 도움을 구하기 위한 것이었을 수도 있다.

바벨론 왕은 축하의 편지를 보냈다.[2] 히스기야의 질병과 회복에 대한 소식을 들은 후 므로닥-발라단은 인사를 보내기를 원하였다.[3] 그러나 그의 목적은 분명히

---

1) 디글랏-빌레셀의 비문에서 Merodach-baladan에 대해서 처음 듣는데, 그는 그를 해양국(Sea Country)의 왕으로 언급한다. 그는 왕의 후손이라고 주장하고 조상으로 에리바-마르둑(Eriba-Marduk, 782-762)을 언급한다. Sargon 2세 아래서 그는 엘람의 도움을 받아 스스로 바벨론의 통치자가 된다. Merodach-baladan은 710년까지 통치를 계속하였다. 703년에 그는 Marduk-zakir-šumi를 바벨론에서 몰아내고 다시 왕이 되어 아랍인과 함께 앗수르의 봉신 국가를 자극해서 반역하도록 시도한다. 이것이 히스기야에게 그의 글을 보내는 목적이었다. 그러나 산헤립은 그에게서 바벨론을 취하였고, 그는 엘람으로 도망하였다. 오직 성경에서만 부친의 이름이 Baladan으로 언급된다.

2) ספרים-37:14을 참고하라. "한 통의 편지"이지, "편지들"이 아님.

3) 그리고 그가 들었다-이 문구는 주절의 주된 행동을 이끌어 낸 특별한 상황을 제시하기 위한 삽입구으로서의 역할을 한다.

정치적이었다. 본 절의 하반절은 상반절을 설명해 준다. 이것은 분명히 바벨론 왕에게 전달되었던 질병에 대한 이야기를 나타낸다. 그는 히스기야가 병들었다가 다시 건강하게 되었다는 것을 들었다. 최소한 이 시점에서 히스기야의 기적적인 회복에 대해서는 언급이 되지 않는다(그러나 대하 32:31을 참고하라). 어느 정도의 예물이었는지는 모른다.

39:2 사신들의 도착은 히스기야에게 기쁨을 가져다주었다. 먼 나라인 바벨론 왕의 관심의 대상이 되었다는 것은 영예로운 일이었다. 그러나 히스기야는 그를 회복시켜 주신 하나님을 망각했던 것으로 보인다. 그는 기뻐하였으니, 이는 이 사건이 앗수르의 접근을 대처할 기회로 보였기 때문이었다. 그런 까닭에 그는 기꺼이 사신들에게 그가 소유한 무기와 보물을 보여주었던 것이다.[4] 은과 금은 그 가치로 인하여 일반적으로 부의 세부적 목록에서 먼저 언급된다. 산헤립 역시 이것들을 먼저 언급하지만 그 순서를 거꾸로 하여 금과 은으로 말한다. 이 향료를 방향제와 연고로 사용하였다. 보배로운 기름, 즉 양질의 기름 역시 연고와 고약의 역할을 하였다. 무기고는 아마도 군수품 창고일 것인데, 레바논 숲의 집으로도 알려져 있다(참고. 22:8). 왕이 수집하여 그의 보물창고에 쌓아둔 모든 것을 바벨론 사신들에게 공개하였고 보여주었다.[5]

본문의 단어들은 모든 것을 포괄하는 표현이다. 예외 없이 모든 것이 바벨론인에게 보여졌다.[6] 이것은 어리석은 행동이었으며, 이 보물의 일부는 본래 그 보물이 불리하게 사용되어야할 대상인 앗수르인에게로 곧 보내지게 될 것이다. 실제로 이 때 이후로 유다로의 접근은 예루살렘이 완전히 파괴될 때까지 메소포타미아 세력의 우선적인 욕망이 되었던 것으로 보인다.

39:3 늘 그러하듯 성경은 사건의 핵심으로 들어가는데, 여기서는 단지 이사야가

---

4) 아카드어를 참고, *bit nakāmti* 혹은 *nakānti*. 히브리어에서 이 단어는 향료들의 집을 의미하는 것 같다. 그래서 Vulgate은 *cellam aromatum*으로, Aq와 S도 그렇게 번역하였다. 그러나 Targum은 Syr.와 Saadia가 한 것처럼 보물고(*bèt gnzwhy*)로 번역한다. B는 단순히 음역한다. 모든 이접사 엑센트들을 본 절에서 볼 수 있다.

5) 그가 그들에게 보여 주었다—헤(ה) 밑에 있는 쎄골을 유의하라, 이것은 라멧—헤 동사의 히필 완료형에서 가끔 나타난다.

6) 이것들이 산헤립의 요구가 있기 이전에 일어났다는 점을 기억해야 할 것이다.

왕에게로 갔다고 말한다. 의심의 여지없이 비트린가(Vitringa)가 시사했던 것과 같이 이것은 하나님의 명령에 따른 것이었다. 이사야는 선지자의 자격으로 행동하고 있었던 것이지 개인적으로 향한 것은 아니었다. 분명히 왕이 그를 소환한 것 같지는 않다. 그러한 일로 인하여 왕이 그를 만나기를 원하지 않았을 것이다. 왜냐하면 이사야의 출현이 하나님의 뜻을 상기시켜 주었을 것이기 때문이다.

바벨론 사람에게 그의 보물을 모두 보여줌에 있어서 히스기야는 어느 정도의 허영심과 자만심을 드러냈다. 그는 하나님의 약속을 잊어버리고 앗수르의 멍에를 벗어 버리고자 인간 세력과 야합하기를 원하였던 것으로 보인다. 그러므로 그의 행동은 아하스의 계획과 같은 선상에 있는 것이었다. 그는 기꺼이 신정국가를 지키려고 하지만 인간적인 수단을 통하여 메시아적 약속의 성취를 이루려고 한다. 즉 그는 신정국가의 왕처럼 행동하지 않고 이방 열국들의 왕처럼 행동하고 있는 것이다. 그러므로 이사야가 개입할 필요가 있었으니, 왕들이 더 이상 신정통치의 방식으로 행동하지 않을 때 그들까지도 질책하는 것이 신실한 선지자로서 그에게 지워진 의무였다. 그러므로 "이사야"란 단어에 선지자라는 묘사가 덧붙여진 것은 우연한 것이 아니다. 이사야는 여호와의 신임을 받는 선지자로서 히스기야에게 접근하였다.

그의 질문은 어떤 정보를 얻기 위한 목적이 아니라, 왕에게 그가 행한 일의 사악함에 대한 깨우침을 주려는 것이었다.[7] 이 질문은 히스기야로 하여금 두 가지 중요한 점에 주의를 집중케 한다. (1) 동방과의 교섭과 (2) 물질적 화려함과 과시에 대한 자랑이다. 그리고 이에 답하면서 히스기야는 문제의 핵심에 접근한다. 그러나 사실 히스기야는 이사야의 두 번째 질문에 대해서만 대답한다. 그는 그 사람들이 말한 것을 선지자에게 말하지 않는다. 이사야의 접근은 왕으로 하여금 하나님으로부터 돌아서서 인간들과 힘을 의지하는 어리석음을 깨닫게 하였음에 틀림없다. 그는 그가 말하고 행동한 것에 대해 하나도 감추지 않고 분명하고도 노골적으로 말한다. 왕은 겸손하고 진실한 사람이다. 그에게 있어서 그렇게 답변하기는 어려웠을 것임에 틀림없다.

대답에는 점층적 흐름이 있다. "온 사람들이 원방에서 왔고, 곧 바벨론으로부터 왔나이다." 바벨론은 하나님 나라를 대항하는 중심지가 되기 위한 것이었다. 때가

---

7) 그들이 왔나이까?–미완료형이 여기서는 현재형으로 번역될 수도 있으니, 이는 화자의 마음에 이 행위가 아직 완료되지 않은 것으로 간주되기 때문이다. 반면에 אמרו(무엇을 말하였는가?)는 화자의 마음에 이미 완료된 행위를 가리킨다.

되면 느부갓네살의 통치하의 바벨론에서 절정을 이루게 되는 것이 실제로 히스기야의 때에 이미 앗수르에서 나타났다. 히스기야는 약하여져서 대적의 마음으로부터 나온 호소에 귀를 기울였다. 그는 동방을 바라보지 않아야 했고 최소한 바벨론을 바라보지 않아야 했다.

39:4 이사야의 질문은 6절에서 말하려고 하는 예언을 준비해준다. 일부 주석가들은 답변에 여전히 어느정도의 교만이 나타나 있다고 생각한다. 왜냐하면 왕이 그의 궁에 있는 모든 것에 대해 말하고 있기 때문이다. 그러나 그보다는 히스기야가 이사야의 내방을 받고 자기의 어리석음을 깨닫게 되었고 단순하게 사실을 숨김없이 진실하게 말하고 있는 것으로 보인다. 그가 일어난 일을 말해야 하는 것은 당연하였다.

39:5 본 절은 자명하다. 그러나 어투에 위엄을 더해 주는 어느 정도의 강조와 엄숙함이 있음을 유념해야 할 것이다. 이어지는 메시지는 선지자의 말이 아니고, 즉 신앙이 깊은 사람의 단순한 충고가 아니고, 만군의 여호와께로부터 온, 즉 그가 말하신 말씀이다. 자주 설명된 바와 같이 "만군의"라는 단어가 열왕기서의 동일한 사건의 기록에는 빠졌으나, 이 단어가 있으므로 그 메시지에 어느 정도 강도를 더해 준다. 히스기야는 앗수르 사신들의 메시지를 받게 될 때(37:16), 만군의 여호와께 기도하러 나아가게 될 것이다.

39:6 히스기야가 바벨론 사신들에게 그의 창고와 성전에 있는 모든 것을 보여주었던 것처럼, 그의 창고와 성전에 있는 모든 것이 바벨론으로 옮긴 바 될 것이다. 이것은 이사야에 의하여 처음으로 바벨론 포로가 명백하게 언급된 것이다. 히스기야의 어리석음이 이 포로를 야기시켰다고 생각해서는 안 된다. 이것은 원인이 아니었고 계기였다. 이미 오경에서 이스라엘이 그 땅으로부터 취해감을 당할 것이라는 글을 읽은 바 있다(참고. 레 26:33; 신 28:64–67; 30:3). 포로에 대한 이전의 예언이 있었으나, 여기서는 다윗의 집이 포로로 끌려가게 되는 것을 강조하고 있음을 주목해야 한다.

이사야는 일반적인 용어로 예언을 진술한다.

보라!: 이 도입어를 통하여 예언의 주제에 주의가 집중되고 있으며, "날이 이르리니"라는 표현이 주제를 나타낸다. 이 날의 보다 구체적인 정체나 내용은 언급되지 않는다.

실질적으로 이 예언은 므낫세의 포로 사건으로 실현되기 시작했지만(대하 33:11), 시드기야의 통치 동안에 완전히 성취되었다(대하 36:18). 어투가 예견적인 예언의 어투이다. 포로로 끌려가는 날은 아직 나타나지 않았다. 이 날은 미래의 일이다.

다가올 그날에 일어날 일을 묘사하면서, 선지자는 "제거될 것이다"라고 번역될 수 있는 수동태를 사용한다. 왕과 그의 집에 속한 모든 것이 그로부터 제거될 것이다. 이 동사와 함께 장소를 나타내는 대격, "바벨론으로"가 결합되어 있다. 즉 모든 것이 바벨론 쪽으로 제거될 것이다.[8] 모든 것을 예루살렘으로부터 제거하는 목적은 바벨론으로 옮기려는 것이다. 이사야는 먼저 왕 자신의 모든 소유, "네 집에 있는 모든 소유"를 언급하고 그 다음에 이사야가 말하고 있는 당시에도 여전히 예루살렘에 있었던 히스기야의 조상이 쌓아둔 모든 것에 대해 말한다. 본 절을 마치고 있는 부정적 서술이 예언을 특별히 강조해 준다. 모든 것이 제거되어서 정말로 아무것도 남지 않을 것이다.

바벨론이 왕의 재산이 옮겨지게 될 목적지로 언급되고 있음을 주목하는 것이 중요하다. 이사야 당시에, 특히 이 당시에 바벨론은 힘있는 나라가 아니었다. 므로닥-발라단은 703년에 짧은 기간 동안만 통치하였다. 앗수르는 중흥기에 있었고, 바벨론은 앗수르 세력에 대항하기 위하여 히스기야의 도움을 구하고 있었다. 이사야가 어떻게 앗수르가 아닌 바벨론이 포로의 목적지가 되리라는 것을 확신할 수 있었는가? 그 자신의 독자적인 지혜와 지식으로 이것을 추측할 수 없었을 것이다. 그가 바벨론을 언급하는 것은 그가 하나님의 감동을 받은 선지자로서 말하였다는 증거이다. 순전히 인간의 지략을 의지하였다면, 앗수르가 다윗 집을 사로잡아 갈 것이라고 예고하였을 것이다. 이 예고가 너무나 독특하므로, 일부 주석가들은 본문의 저자를 포로 후기의 사람이라고 말할 수밖에 없었다. 그렇게 말함에 있어서 현대 주석가들이 예견적 예언을 없애 버리려는 욕망에 의하여 자극을 받았는지 아닌지는 우리가 할 말은 아니다. 그러나 하나는 분명하다. 이 주석가들이 이러한 욕망에 의해 자극을 받았든 그렇지 않았든, 그들은 사실상 예언의 정당한 위치에서 참된 예견적 예언을 제거해 버린다. 이러한 조처의 결과는 극도로 심각하다. 만일 본 절이 포로 후기 저자의 작품이라면 예언으로서의 역사적 중요성은 없다. 만약 이것이 참된 예언이

---

8) **Dillmann**은 본 구절이 바벨론 포로를 가리키지 않는다고 생각하는데, 이는 이것이 왕의 집과 보물의 추방만을 언급하고 있고 백성에 대해서는 말하고 있지 않을 뿐 아니라, 성읍이나 성전의 파괴에 대해서도 언급하지 않고 있기 때문이라고 말한다.

라면, 이것은 히스기야의 행동이 얼마나 중요한 것인지를 지적하고, 하나님께서 신정국가를 멸망시키기 위하여 바벨론과 같은 나라를 일으키셔야 했다는 것이 얼마나 비극적이었는가를 보여 준다.

39:7 이 예언이 선포되었을 때에 히스기야는 자녀가 없었다. 그러나 본 예언은 그의 친자손이 아니라 후손을 가리키는 것이다. 38:5에서 다윗은 히스기야의 조상이라고 불려졌다. 그럼에도 불구하고 왕과 이 후손과의 밀접한 관계가 "네 허리에서 날"이란 표현에 드러나 있으며, 이것은 "네게서 날"이란 부가적 표현에 의하여 한층 강화된다. 이사야는 이 자손과 왕 자신과의 밀접한 관계가 있다는 개념을 의도적으로 강화한다. 그들은 그의 자손, 그가 낳게 될 자들이다. 그러므로 약속의 말씀이 실현될 것이다. "네 자녀를 다른 민족에게 빼앗기고 종일 생각하고 알아봄으로 눈이 쇠하여지나 네 손에 능이 없을 것이며"(신 28:32).

자신의 의지와는 관계없이 이 자손들은 바벨론으로 갈 것이다. 그들은 사로잡혀 갈 것이다. 또다시 수동태가 사용되어 유대인보다 더 큰 세력이 그들을 사로잡아 갈 것임을 보여준다. 그들을 기다리고 있는 운명은 바벨론 왕의 궁정의 환관이 되는 것이며, 이에 대한 성취는 다니엘 1:3-4, 6; 역대하 33:11; 열왕기하 24:12-16의 말씀 안에서 발견된다. "환관들"이란 단어가 바티칸 사본(Codex Vaticanus)에서와 같이 엄격한 의미로 보아야 할지 아니면 여기서 이 단어가 보다 넓게 적용되어야 하는지를 단정적으로 결정하기가 어렵다.

또다시 바벨론에 대한 언급을 주시해야 한다. 만약 본 장과 앞 장에 묘사된 사건들이 36-37장에 묘사된 사건보다 약 2년 전에 일어난 것이라면, 왜 이사야가 36-37장 다음에 이 장들을 두었을까? 이 질문은 부록 2에서 언급된다. 선지자가 바벨론을 언급하는 것은 그가 독자로 하여금 40장에 대한 준비를 하도록 하고 있기 때문이다. 그 장에 제시된 내용의 배경은 여기 묘사된 사건이다. 이사야가 40장부터 시작하고 있는 그의 자비로운 위로의 말씀을 선포할 수 있는 것은 이 장에서 제시된 절망의 어두운 배경을 향한 것이다.

39:8 히스기야의 진정한 경건은 선지자를 통하여 선포된 하나님의 말씀에 순종하려는 자발적인 마음으로 나타난다. 그는 하나님의 말씀이 "좋소이다"라고 인정하고 있는데, 그는 이 단어를 "의로운" 혹은 "옳은"의 의미로 사용하고 있다. 이것은

"의로운 말씀이니 이는 이것이 참된 것을 선포하였기 때문이다. 동시에 이것은 은혜로운 말씀인데, 예상된 것보다 훨씬 더 관대한 것이었기 때문이다. 히스기야는 이사야에게 어느 정도의 찬사를 보내고 있는데, 이는 이사야가 여호와의 말씀을 말하였다고 인정하기 때문이다. 이 표현은 선지자가 그의 의무를 이행하였다는 무언의 인정이다. 그는 야웨의 신실한 선지자였으며 어려운 시기에 그의 말씀을 선포하였다. 이제 두 사람 모두 적절하게 드러난다. 한편에는 신실하고도 용기있는 선지자가 있다. 다른 한편에는 겸손히 하나님이 말씀하신 것이 옳다고 인정할 준비가 되어 있는 마음이 진실된 왕이 있다.

진술이 더 추가되고 있으며, 이것은 "또 가로되"라는 표현으로 소개된다. 이 말은 단순히 자손에게 닥쳐올 징벌과 자신과의 관계에 대해 언급한 왕의 일반적인 진술이다. 게다가 이 표현은 왕이 하나님의 말씀을 좋은 것으로 간주해야만 하는 한 가지 이유를 지적한다. 그러므로 왕의 생각을 "야웨의 말씀이 좋소이다 이는 나의 생전에는 평화와 진리가 있을 것이기 때문입니다"라고 의역할 수 있다. 펜나가 생각하는 바와 같이 이 말에는 이기주의가 들어 있지 않다. 그 이유는 왕이 이러한 축복을 자신의 공로로 돌리지 않고 있기 때문이다. 실제로 이 표현은 예언의 진실성과 이 예언과 함께 섞여있는 긍휼에 대한 어린아이와 같은 인정을 의미한다. 확실히 그는 그의 생애 동안 그 징벌이 닥치지 않을 것을 감사하였을 것이다. 동시에 그의 표현 자체는 그가 징벌의 완화를 자신을 위한 축복으로 생각하였으나 그의 자손들에게 선고된 화를 자기 자신의 재난으로 간주하였음을 보여준다. "나의 생전에는 최소한 평강과 진리가 있을 것이다. 그러나 나는 나의 자손들이 포로로 잡혀갈 것을 아는 그 불행을 모면하지는 못한다."

그의 남은 통치 기간에 평화가 있게 될 것이다. 그 당시 산헤립의 그늘은 전세계에 드리워져 있었고 히스기야는 이 정복자의 세력을 느껴야 했을 것이다. 그럼에도 불구하고 예루살렘을 향한 전쟁은 없게 된다. 히스기야는 그의 군대를 이끌고 나가지 않으며, 그의 백성이 포로로 잡혀가는 것도 보지 않게 된다. 게다가 확실함과 진리가 있을 것이니, 인간의 것이 아닌 백성에게 은혜의 축복을 가져다주실 하나님의 진리이다. 하나님의 은혜는 히스기야의 생애 동안에 떠나가지 않을 것이다. 그러므로 본장은 하나님의 선하심을 나타내는 어조로 마감한다. 그럼에도 대적은 지평선에 떠올라 있다. 세계적인 인간 국가의 대표인 메소포타미아의 세력이 점점 더 강해져 가고 있으며, 정하신 때에 유다라는 작은 나라를 공격할 것이다. 만약 이것이 성공을 거둔다면, 하나님의 약속은 완전히 실패할 것이다. 히스기야의 생애 동안만 평강과 진리가 있을 것임을 아는 것은 근본적이고도 최종적인 위로가 아니다. 하나님의 백성의 미래의 운명은 무엇인가? 어떤 궁극적인 위로가 "내 백성"에게 주어질 수 있을 것인가? 이 질문들에 대한 대답을 이어지는 장을 위하여 보류한다.

이사야서 주석(II)

부록 1

히스기야의 통치

A.

처음부터 연대기적 문제에 직면한다. 이사야 36:1과 열왕기하 18:13은 모두 히스기야 14년에 산헤립이 유다의 모든 요새를 향하여 올라와서 에워쌌다고 진술한다. 이 산헤립의 원정은 주전 701년에 일어났고 그런 까닭에 히스기야의 즉위는 주전 715년인데, 이것이 많은 현대의 학자가 받아들이고 있는 연대이다. 그러나 열왕기하 18:1–2에 따르면 히스기야가 이스라엘 왕 호세아 3년에 통치를 시작하여 예루살렘에서 29년을 통치하였다.[1] 북 왕국 이스라엘이 주전 721년에 살만에셀에게 함락되었으므로(왕하 18:9이하), 이것은 히스기야가 사마리아가 함락되기 6년전, 즉 727년에 다스리기 시작하였음을 의미하게 된다. 그러므로 이러한 구절에 비추어 볼 때 히스기야는 주전 715년에 통치를 시작할 수가 없게 된다. 또 하나의 난점이 나타난다. 열왕기하 16:1에 의하면 아하스가 20세에 유다에서 다스리기 시작하여 16년을 통치하였다. 이것은 베가의 통치 17년때의 일이다. 아하스 12년에 베가를 이어

1) 호세아는 산헤립이 예루살렘을 포위 공격하였을 때 이스라엘의 왕이었다. 이것은 호세아 7년이고 히스기야 4년이었다. 3년 후, 즉 호세아 9년과 히스기야의 6년에 호세아가 포로로 끌려갔다(왕하 18:9–10). 참고. Hayim Tadmor, "The Campaigns of Sargon II of Assur: A Chronological–Historical Study," *Journal of Cuneiform Studies*, Vol. 12, 1958, pp. 22–40, 77–100.

호세아가 즉위하였는데, 그는 9년을 다스렸다(왕하 17:1). 그러므로 아하스는 호세아의 즉위 이후에 4년 동안을 다스렸을 것이다. 또는 살만에셀의 공격이 있기 3년 전까지 다스렸을 것이다.

히스기야의 통치 연대와 관련하여 여러 가지 문제가 복잡하게 얽혀 있지만, 지금 우리의 관심은 위에 주어져 있는 자료들을 일치시키는 문제이다. 만약 히스기야가 주전 715년에 통치하기 시작하였다면 어떻게 그가 사마리아의 함락 이전에 왕좌에 있었다는 진술과 일치시킬 수 있겠는가? 이 문제에 대해서 여러가지 해결 방안들이 제시되어 왔다. 예를 들면 올브라이트(*BASOR*, No. 100, p. 22, n. 28, and No. 130, p. 9)는 히스기야의 통치를 주전 715–686년으로 잡았다. 이것은 필연적으로 살만에셀의 사마리아 침공을 히스기야 4년으로 보는것(왕하 18:9)뿐만 아니라 히스기야와 호세아의 통치를 동시대로 놓고 있는 본문들을 거부하게 된다.

브라이트 역시(*A History of Israel*, n. d. p. 259) 열왕기상 18:1이하를 무시한다. 그러나 그러한 해결책은 너무나 경솔하다. 로울리(Rowley)는 히스기야와 호세아의 통치의 동시대성이 한 번 이상 그리고 두 인물의 통치의 다른 시점에서 언급되었음을 지적하면서 그러한 이유로 그는 숫자의 부정확한 전승이 불일치를 설명할 수 있다는 가능성을 배제시킨다. 로울리와 다른 사람들이 지적했던 것과 같이, 열왕기하 18:1이하를 거부하는 것은 숫자의 전승 과정에 발생하는 오류에 대한 거부보다 훨씬 더 심각한 문제를 내포한다. 실제로 내포하게 되는 것은 사마리아의 함락을 잘못된 통치자에게 적용하는 것이다. 동시대적 배열은 살만에셀의 공격에 대한 진술과 묶여 있다. 이 배열은 모든 본문의 증거에 의해 지지를 받고 있으며 문맥에서 필연적 구성요소를 이룬다. 따라서 쉽게 폐기될 수 없다.

키쎄인(Edward J. Kissane)은 그의 주석(in loc.)에서 이사야 36:1과 열왕기하 18:13에 있는 숫자의 수정을 제안한다. 그는 "14년" 대신에 "26년"이라고 읽는다.[2] 그는 주장하기를, 14라는 숫자는, 하나님께서 그의 생명에 15년을 더하셨다고 히스기야에게 말하도록 이사야가 위임을 받은 이사야 38:5로부터의 추론에 의하여 얻어졌다고 한다. 이 논리는, 만일 히스기야가 29년을 통치했고, 그의 회복 후에 15년을 살았다면 그의 질병이 그의 통치 14년에 발생하였음이 틀림없다는 것이다.

이에 답을 한다면 논증의 이러한 흐름이 비록 타당할지라도, 기껏해야 "십사 년"이라는 숫자가 있는 것을 설명할 뿐이라는 것이다. "26년"이란 단어로 대치할 타당

---

2) Oppert는 29로, Rawlinson은 27로 읽는 것을 제안한다.

한 이유를 제공하지 못한다. 사실상 어떤 사본도 그러한 대치를 허용하지 않는다. 이것은 결국 정당성이 없는 본문의 개작이나 다름없다. 문제는 그러한 방식으로 해결될 수 없다.

내겔바흐(com. in loc.)는 단순히 이 숫자를 히스기야의 질병 이후 14년을 가리키는 것으로 해석한다. 이것 역시 타당하지 못한데, 이는 이사야서와 열왕기서의 두 본문이 명백하게 그의 질병 이후 14년이 아니라 왕의 14년이라고 언급하고 있기 때문이다.[3] 히스기야의 통치 14년에 산헤립이 유다의 성읍을 포위하였다는 것을 의미한다.

문제를 해결하는 훨씬 더 간단한 시도는 열왕기하 18:13에 있는 14년을 24년으로 바꾸는 것이다. 이것은 실제로 עשׂרה를 עשׂרים으로 바꾸는 것이다. 사실, 이것은 ה를 ם으로 한 글자만 바꾸는 것이다. 고대의 뾰족한 필기 문자(페니키아어)에서 두 글자들은(𐤌, m)과 (𐤄, h)로 나타났을 것이다. 이 글자들은 분명히 쉽게 구별되는 반면에 그럼에도 불구하고 아주 유사하여서 만약 부주의하게 기록한다면 다른 글자로 대치되었을 수도 있다. 만약 이러한 해결책을 채택한다면, 히스기야의 반역을 산헤립의 침입 2년 전인 주전 703년에 놓게 되며, 대부분의 난점들이 해소될 것이다.[4]

그러나 이러한 수정을 입증할 만한 현존하는 사본의 증거가 없다. 1Q까지도 M과 동일하다. 그러므로 만약 ם을 ה로 대치하는 것이 있었다면, 매우 초창기에 일어났음에 틀림없다. 만약 이 수정이 정당한 것이라면 히스기야 24년은 주전 701년이 될 수 있으며 그의 통치 원년은 주전 727년이 된다. 이것이 난제를 모두 해결하지 않는다면 최소한 히스기야의 생애에서 중요한 사항을 이해할 수 있음을 지적한다. 분명히 주전 715년에 히스기야의 통치의 시작을 놓으려는 시도를 버려야 한다. 성경의 증거는 그러한 입장에 너무나 강하게 대립된다.

---

3) C. Schedl, "*Textkritische Bemerkungen zu den Synchronismen der Könige von Israel und Juda*," *VT*, Vol. 12, No. 1, Jan. 1962, pp. 112ff.는 14년을 주전 714년으로 본다. 본래 히스기야의 질병과 므로닥-발라단의 사신에 대한 기록을 소개하는 이 연대는 정확하지만 잘못된 자리에 있다고 주장한다. 그러나 본문의 증거는 이것을 지지하지 않는다.

4) Rowley, *op. cit.*, p. 413은 제24년이 반역의 해(주전 703년)일 수 있다고 제안한다. 이것은 히스기야의 즉위 연도를 주전 727년으로 잡게 하며, 이는 히스기야가 사마리아가 함락되기 6년 전에 통치를 시작하였다는 진술과 어울릴 것이다. 그러나 주된 문제는 제24년(이 수정이 옳다고 가정하고)을 이사야서와 열왕기서가 모두 산헤립의 침입의 해로 선언하였다는 것이다. 반역과 앗수르 왕의 팔레스틴 도착 사이에 어느 정도의 시간이 지나야 하지만, 아마도 이사야서와 열왕기서는 산헤립의 원정의 시작에 대해서 말하고 있는 것으로 보인다.

B.

두 번째 난점은 이야기 자체의 성격과 관계가 있다. 이사야서의 본문에 따르면 예루살렘의 항복을 요구하는 산헤립의 시도를 두 번 언급한다(즉, 사 36:1–37:8과 사 37:9–38). 첫 번째 시도에서 앗수르 왕은 랍사게를 보내어 예루살렘의 백성을 조롱하고 그들이 산헤립과 협정을 맺지 않으면 그들을 포로로 사로 잡아 갈 것이라고 말한다. 이 모든 것에 대해서 이사야는 하나님께서 산헤립으로 하여금 소문을 듣게 하실 것이고 본국으로 돌아가서 거기서 살해를 당할 것이라고 선언하였다. 랍사게는 회군하는 중에 립나를 대항하여 싸우고 있는 산헤립을 만나고, 에디오피아의 디르하가가 그를 대항하여 싸울 준비를 하고 있다는 것을 전달한다. 거기서 앗수르 왕은 또다시 예루살렘의 항복을 요구하는 사신을 히스기야에게 보낸다. 다시 이사야는 산헤립이 예루살렘 성으로 들어오지 못하고 그가 왔던 길로 돌아갈 것이라고 선언한다. 그리고 나서 여호와의 사자가 앗수르인의 진영을 쳤다. 산헤립은 떠나갔고 결국은 살해를 당하였다.

두 개의 연속적인 사건(즉 예루살렘을 위협하는 산헤립의 두 번의 시도)을 담고 있는 이어지는 이야기가 아니라 우리가 가지고 있는 것은 동일한 사건에 대한 두 개의 설명이 혼합된 기록이라고 주장되고 있다. 다시 말하면, 산헤립이 단 한 번만 예루살렘으로 사신을 보냈고 성경이 알려 주고 있는 것처럼 두 번이 아니라는 것이다. 산헤립의 행동이 있을 법하지 않다는 것이다. 히스기야는 이미 랍사게를 무시하였다. 에디오피아인 디르하가로부터 도움이 있었던 당시에 단순히 편지 한통을 전달하여 히스기야로 하여금 항복하도록 설득하기에 충분하였을 것이라고 생각할 수 있는가?[5] 더 나아가서 두 개의 사건은 같은 사건에 대한 두 개의 설명이라는 것을 암시하는 면밀한 유사성을 보여준다. 또한 두 이야기가 중요한 면에 있어서 차이가 있다는 것이다. 예를 들면 스킨너는 차이점들을 다음과 같이 열거한다.

1) ① 항복의 요구가 군사적인 힘에 의하여 힘을 얻고 있다.
   ② 항복의 요구가 단순히 편지를 통하여 전달되었다.
2) ① 히스기야가 이사야에게 사신을 보낸다.

---

5) 예를 들면, 디르하가에 대한 언급이 연대에 맞지 않는 것임이 널리 주장되었음에도 불구하고 Skinner의 주석에서 볼 수 있는 이러한 논리가 제시된다.

② 히스기야가 편지를 성전으로 가져간다.
3) ① 이사야가 문의를 받기 위하여 기다린다.
② 이사야는 자발적으로 개입한다.
4) 각 경우 이사야가 다른 대답들을 준다.
5) ① 한 소문이 전달되어 산헤립으로 돌아가게 한다.
② 앗수르의 군대가 기적으로 멸망한다.

스킨너 자신도 마지막 두 개의 사항에서만 자료적 중요성의 차이가 있다고 생각하고 있으며, 이러한 상이점이 실제로는 별로 중요하지 않다고 지적한다. 그러나 본문의 통일성에 대한 전반적인 의문점을 검토할 필요가 있을 것이다.[6)]

무엇보다도 역대하 32장에서 있는 기록에 관해서 한마디 해야 한다. 열왕기서와 역대기서 모두 히스기야의 개혁과 산헤립의 침입을 강조한다. 열왕기서는 앗수르 왕과의 경험에 보다 강조를 두고 있으며, 반면에 역대기서는 역대기서의 목적에 맞추어 다윗 계열을[7)] 찬양하기 위하여 개혁을 강조한다. 그러나 역대기서는 원정의 핵심적인 사실들을 서술하고 여러 가지 부가적 세부사항을 제공한다.

산헤립의 침입의 연대는 언급되어 있지 않지만, 그의 의도가 자신을 위해 성읍들을 정복하려는 것임을 알 수 있다(1절). 이에 반응하여 히스기야는 준비를 한다(2–8절). 산헤립은 그의 종들을 히스기야와 예루살렘에 있었던 모든 유대인들에게 보낸다(9–11). 예루살렘으로 군대가 보내졌다는 것에 대해 언급된 바가 없는 것이 사실이지만, עבדיו란 단어가 군사들을 나타내는 것일 수도 있다. 역대기서는 단지 열왕기서와 이사야서가 말하고 있는 것을 요약하고 있는 것으로 보이는데, 이는 역대기서가 산헤립의 군대장관들의 주요 생각만 제시하고 있기 때문이다. 이것은 역시 16절의 서술에 의하여 입증되는 것으로 보인다. “산헤립의 신복들도 더욱 여호와 하나님과 그 종 히스기야를 비방하였으며”(대하 32:16). 역대기서는 분명히 산헤립의 사신들의 신성 모독적인 발언에 대해 모두 말할 필요가 있다고 생각하지 않은 것 같다.

히스기야는 이사야와 함께 도움을 구하려고 여호와께 기도한다(20–23절). 이것

---

6) L. Honor, *Scnnacherib's Invasion of Palestine*은 사건들의 과정을 재구성하는 것이 가능하지 않다고 결론짓는다.

7) *Introduction to the Old Testament*, Grand Rapids, 1958, pp. 393f.에 있는 이점에 대한 본인의 논의를 참고하라.

은 실제 적으로 열왕기서와 이사야의 기록과 상충되지 않는다. 열왕기하 19:2이하와 이사야 37:2이하는 히스기야가 이사야에게 사신들을 보내어 그에게 기도해 주기를 요청하였다고 기록한다("그런즉 바라건대 당신은 이 남아 있는 자를 위하여 기도하라"–시 37:4하; 왕하 19:4하). 이 요구에 응답하여 이사야는 답변을 준다. 이사야가 실제로 기도하였고, 그의 답변은 그의 기도에 대한 응답이었음을 추론할 수 있다. "이사야가 성전에서 왕과 합류하여 두 사람 다 기도로 호소한다"고[8] 주장하는 것은 아마도 본문 안에 너무 많은 것을 읽어 들어가는 것이다. 역대하 32:20은 단지 히스기야 왕과 이사야 선지자 모두가 이에 관해서 기도하였다고 서술한다. 그들이 기도할 때 있었던 장소와 만난 장소에 대해서 아무것도 언급된 바가 없다. 역대기서는 단지 두 사람이 기도했다고만 설명한다. 즉 한 사람은 히스기야 왕이요 다른 사람은 이사야 선지자이다. 역대기서는 이사야가 선포한 구원에 대한 어떤 말도 자세히 말하지 않고 단순히 여호와께서 히스기야를 산헤립에게서 구원하셨다고 말한다. 히스기야가 산헤립에게 보낸 조공에 대한 어떤 언급도 없다.

역대기서에 있는 이러한 기록을 어떻게 평가해야할 것인가? 드 모이네(De Moyne, *Melanges rediges en l'honneur de Andre Robert*, 1957, pp. 149ff.)는 역대기서가 열왕기하 18:26–34과 19:8–37만을 사용하였다고 주장한다. 그러나 많은 학자는 열왕기하가 두 개의 다른 전승을 제공하고 있으며 역대기서는 그것들을 하나로 융합시킨다고 생각한다(참고. Rowley, *op. cit.*, pp. 400f.). 그러나 그러한 견해를 견지하는 것은 불필요하다. 역대기서 저자는 교훈적 목적을 가졌다. 그는 하나님께서 어떻게 히스기야를 산헤립으로부터 구원하셨는가, 그리고 어떻게 그가 기적으로 교만한 앗수르를 낮추셨는가를 지적하기를 원한다. 그러므로 그의 의도는 산헤립이 두 번에 걸쳐 사신을 보낸 것에 대한 세부사항을 모두 서술하는 것이 아니고, 단지 자기의 의도에 맞는 내용을 요약하여 제시하는 것이다. 그가 기록하고 있는 것은 사실과 일치하며, 열왕기서와 이사야서가 기록하는 것과 상충되지 않는다.

(1) 보다 확장된 이야기로 되돌아와서 위에서 살펴본 산헤립의 두 사신들 사이에 추정된 차이점들을 생각해 볼 수 있다. 첫째로, 항복하라는 요구의 실제적인 성격이다. 첫 번째 기록에서는 항복 요구가 힘에 의해 지지를 받고 있다고 말하는 반면에 두 번째 기록에서는 요구가 단지 편지에 의해서만 제시된다. 논리가 그러하듯 산헤

8) Rowley, *op. cit.*, p. 399.

립의 군대가 항복을 얻어낼 수 없었을 때 그가 그의 요구를 반복하는 편지 한 통만을 보냈을 것 같은가?

산헤립은 세 명의 지도자를 대군(בחיל כבד, 직역하면 '무거운 세력')과 함께 보냈다. 그들은 즉시 예루살렘을 공격하지 않고, 오히려 심리전을 펼치면서 성벽 위에 있는 사람들에게 히스기야가 그들을 구원할 수 없다는 것을 선포하고 그들에게 앗수르왕과 협약을 맺으라고 명령하였다. 히스기야가 이 메시지를 들었을 때, 그는 자기 종들을 이사야에게 보냈고, 그는 하나님께서 구원해 주실 것이라고 선포하였다.

이제 산헤립의 사신들에게 아무런 대답도 주어지지 않았다는 것을 주목해야 한다. 성벽 위에 있는 사람들은 랍사게의 조롱에 대해 대답하지 않았는데, 이는 히스기야가 침묵하라고 명령하였기 때문이다(왕하 18:36; 사 36:21). 또한 이 시점에서 랍사게에게 주어지는 어떤 공식적인 답변에 대한 언급이 없다. 갑자기 본문은 랍사게가 돌아갔다고 서술한다(왕하 19:8; 사 37:8). 랍사게의 행동의 유일한 실마리는 "랍사게가 앗수르 왕이 라기스를 떠났다 함을 듣고 돌아가다가"(사 37:8하; 왕하 19:8하)라는 표현에 있다. 그러므로 아마도 이사야의 메시지가 랍사게에게 전달되었고 랍사게는 산헤립이 라기스를 떠났다는 말을 듣고, 자기가 예루살렘을 공격할 입장이 아니라는 것을 느꼈을 것이라고 가정해 볼 수 있다. 드라이버(Isaiah: His Life and Times, New York, p. 79)는 "그의 지휘 아래 있는 군대들은 항복을 강요할 만큼 충분히 많지 않았고, 그는 그의 임무가 성공적이지 못하였다는 보고와 함께 어쩔 수 없이 그의 왕에게 돌아가게 되었다"고 주해한다. 이 시점에서 산헤립이 디르하가가 그와 전쟁을 하기 위하여 왔다는 것을 들었다는 것이 언급된다. 그런 까닭에 그는 또다시 사자들을 히스기야에게 보낸다. 왜 그가 이렇게 하고 있는가? 그는 놀라게 되었고 디르하가의 군대와 히스기야의 군대가 동맹할 가능성을 두려워 하였으며 예루살렘에 해를 입히지 않은 것이 실수였음을 깨닫게 되었을 가능성이 충분하다.

어쨌든 그는 오만하게도 항복을 요구하는 사신들을 히스기야에게 보낸다. 그들은 백성을 조롱하기 위하여 성벽 앞에 서지 않고 앗수르 왕의 메시지를 히스기야에게 편지로 제시하였다. 히스기야는 편지를 가지고 성전으로 가서 그것을 여호와 앞에 펼쳐 놓고 구원을 기도하였다. 그리고 나서 이사야가 히스기야에게 사람을 보내서 산헤립이 그 성읍을 취하지 못할 것이라고 예언하였다. 또다시 우리는 사신들에게 보내진 어떤 메시지나 심지어 그들의 떠남에 대해서도 알 수 없다. 현대 학자는 간혹 군대를 보내는 것과 편지를 보내는 것을 구분하려는 듯 보인다. 그러나 성경은 실제로 두 개의 사절단이 있었으며 첫 번째 사신들은 메시지를 구두로 전달하였고, 두 번째 사신들은 글로 전달하였음을 분명하게 하고 있는 것으로 보인다.

두 사신들에 대한 기록 사이에 분명한 유사성이 있다.

① 두 경우 모두 요구가 동일하며, 오만하고도 조롱하는 어투로 표현되어 있다.
② 두 경우 모두 이사야가 구원을 예언한다.
③ 산헤립의 사신들에 전달된 답변에 대한 기록이 어느 경우에도 제시되지 않는다.

동일한 사건에 대한 두 개의 다른 설명을 가지고 있는 것이 아님을 분명하게 해 주는 차이점들도 충분히 있다.

(2) 히스기야가 이사야에게 문의한 것에 대해 언급할 필요가 있다. 히스기야가 랍사게의 요구를 들었을 때, 그는 그의 옷을 찢고 베옷을 입고, 성전으로 간다(왕하 19:1; 사 37:1). 그리고 나서 그는 선지자 이사야에게 사신을 보내어 기도할 것을 당부한다. 두 번째 사신들의 요구가 있은 후에 히스기야는 성전에서 여호와 앞에 편지를 펼쳐 놓고 기도한다. 그리고 나서 이사야가 그에게 사람을 보내어 위로의 메시지를 전달한다.(왕하 20:1이하; 사 37:1이하).

여기서 차이점은 두 개의 다른 사건을 지적하는 것처럼 보인다. 첫 번째 경우에 히스기야는 이사야에게 공식적인 사절단에 상응하는 사신들을 보낸다. 두 번째 경우에 이사야가 왕에게 메시지(아마도 한 제자를 통하여)를 보낸다. 하나님의 구체적인 명령에 순종하여 이사야는 개인적으로 아하스에게 갔었고(7:3) 셉나에게도 갔다(22:15). 후에 그는 개인적으로 히스기야에게 갔다(38:1; 39:3). 그러나 현재의 경우에는 먼저 사신이 이사야에게 보내어진 것에 대해 읽고 그 다음에 이사야가 왕에게 사람을 보낸 것을 읽게 된다. 이에 대한 이유가 있는가?

히스기야는 자원하여 앗수르의 멍에에 순복하였고 조공이 그에게 지워졌다(왕하 18:14–16, 이사야서에는 빠졌음). 그러나 산헤립은 확실히 이 공물에 만족하지 않고 예루살렘의 완전한 항복을 요구한다. 산헤립에게 순복한 히스기야는 하나님의 뜻에 불순종하였는데, 이는 이사야가 앗수르는 그의 백성들을 징벌하시기 위하여 하나님에 의해 사용된 도구에 지나지 않는다고 분명하게 말하였기 때문이다. 이사야가 아하스에게 나아갔던 것처럼, 왕에게 즉시 나아가야만 한다고 예상되는 것은 아니다.

히스기야가 이사야에게 사신을 보냈던 것은 히스기야가 그릇 행하였고 이제 그러한 사실을 깨닫고 있다는 무언의 인정일 수도 있다. 그의 옷을 찢음과 베옷을 입은 것 역시 그가 한 일에 대한 진정한 후회의 표시일 수도 있다.[9] 어쨌든 이사야의 응답은 다소 간결하다.

그러나 두 번째 사신 후에는 전혀 다른 상황이 펼쳐진다. 이제 단순한 외적인 옷을 찢음은 없고 진정한 의지함으로 하나님께로 향한다. 진정한 겸손과 뉘우침으로 히스기야는 성전으로 가서 기도한다. 이제 그는 신정국가의 왕이 행하여야 하는 것과 같이 행동한다. 그가 스스로 죄에 대한 진정한 인정을 하지 않은 채 단순히 선지자에게서 소망의 메시지를 구하고 있는 것이 아니다. 그는 하나님께서 자기의 진정한 도움이시라는 것을 자신의 행동으로 인정하고, 하나님께서 하나님의 백성들을 구해 주시길 간청한다.

히스기야의 기도는 하나님께서 이사야를 통하여 그에게 말씀하시는 것으로 응답을 받았다. 이것은 위로로 가득 찬 응답이요, 조상에게 하셨던 약속을 담고 있는 응답이다. 하나님께서는 그의 신실하심을 잊지 않으시고 구원자 그리스도를 보내실 것이다(왕하 19:30–31, 34; 사 37:31–32, 35). 이사야는 개인적으로 히스기야에게 오지 않고, 사자를 통하여 그의 메시지를 보낸다. 산헤립이 히스기야에게 편지를 보냈던 것처럼, 이사야도 역시 지금 하나님의 메시지를 편지로 보낼 수 있지 않았을까? 어쨌든 이것이 그러하든 그러하지 않든 이사야의 메시지는 위로로 가득 차 있고, 이전의 메시지의 간결함과 두드러진 대조를 나타낸다. 그러므로 왜 히스기야가 첫 번째 경우에는 이사야에게 사람을 보냈고, 왜 두 번째 경우에는 이사야가 그의 메시지를 히스기야에게 보냈는지에 대한 충분한 이유가 있다. 이 문제에 관련되어 있는 것은 하나의 사건에 대한 두 개의 전승이 있다는 입장을 지지하는 것이 아니라 오히려 두 개의 분리된 사신들이 있었다는 것이다.[10]

(3) 각 경우 이사야가 다른 답변을 주고 있는 것이 논란이 된다. 그러나 이것은 두 개의 전승을 입증하지 않고 단순히 각 경우에 이사야가 그 상황에 맞는 가장 적합

9) 사신들 역시 그들의 옷을 찢었는데 이것은 단지 절망과 슬픔의 표시일 수도 있고 일어난 일에 대한 분노의 표시일 수도 있다(마 26:65; 욥 2:12을 참고).

10) 위에 제시된 내용은 또한 왜 이사야가 '문의를 받기 위하여 기다리고 있는지', 반면에 다른 경우에는 왜 그가 '자원하여' 개입하고 있는지에 대한 문제를 다루기도 한다.

한 방식으로 답변하였다는 것을 보여준다. 첫 번째 대답은 단지 두려워하지 말라는 명령과 산헤립이 본국으로 돌아가서 거기서 칼에 죽임을 당할 것이라는 선포이다. 두 번째 대답은 히스기야의 기도에 대한 직접적인 대답으로 진술되어 있다(왕하 19:20; 사 37:21). 히스기야가 기도했던 것과 관련된 것으로 예상할 수도 있다. 이사야에게 개성이 허락될 수 없는가? 왜 이 두 경우에 대한 그의 답변이 동일해야만 하는가? 각각의 답변은 답변이 선포되는 경우에 잘 적용된다. 그러므로 상이점은 두 개의 전승이 있다는 것보다는 있는 그대로의 이야기의 진정성을 논증한다.

(4) 한 경우에는 이스라엘의 구원이 소문에 의하여 이루어지고 반면에 다른 경우에는 기적적인 구원의 결과로 언급된다. 그러나 이 설명들 모두가 사실일 수 있지 않을까? 슈미트(H. Schmidt)에 호소하면서 스킨너는 1866년의 프러시아–오스트리아 전쟁에서 비스마르크의 예를 든다. 비스마르크는 나폴레옹이 러시아 편에서 개입할 것을 두려워하여 비엔나를 취하지 않고 평화조약을 맺기를 원하였다. 그러나 이것이 성사되기 전에 그는 콜레라가 일부 연대에서 발생한 것을 알게되었다. 그러므로 이 두 가지 고려사항의 영향으로 인하여 그는 왕에게 즉각적으로 전쟁을 종식할 것을 간청하였다.

열왕기하 19:7(사 37:7)에서 여호와께서는 그가 산헤립의 마음에 루아흐(רוּחַ), 즉 왕으로 하여금 행동하게 할 하나님께서 부여하신 능력이나 욕구를 두실 것이라고 말씀하신다. 더 나아가서 그는 소문을 들을 것이고(디르하가의 침입이 아니라 본국으로부터 온 어떤 소식, *com. in loc.*을 보라), 그 결과로 돌아갈 것이다. 이것이 열왕기서와 이사야서에서 모두 예언으로 제시되고 있다. 다른 한편, 열왕기서와 이사야서 둘다 천사가 앗수르 진영에서 많은 수의 사람들을 죽였고, 그래서 왕이 그의 공격을 포기하고 본국으로 돌아갔다고 말한다.

산헤립이 소문을 듣지 않고 고국으로 돌아가는 것을 결정했는지도 모른다는 이유는 없으며 재앙이 그의 진영을 치지 않고도, 말하자면 그의 결정을 매듭지었을지도 모른다는 이유는 없다.

그렇다면 기록으로 보아서, 열왕기서와 이사야서에서 이 기록은 일치하며 일관성이 있다. 잠시 열왕기하 18:14–16을 기록에서 제외하고 상황을(이사야서에 근거하여) 다음과 같이 설명할 수 있다. 산헤립은 랍사게를 대규모의 군대와 함께 예루살렘으로 보낸다. 랍사게는 예루살렘을 공격하지 않고 히스기야의 사신들과 대화를 하는데, 그들은 성벽 위에 있는 사람들이 알아듣지 못하도록 아람어로 말해 줄 것을 요구한다. 그들은 순전히 외교적 통로를 통하여 협상이 진행되기를 원한다. 그러나 랍사게는 무례하고 거만한 태도로 모든 사람이 듣고 알 수 있도록 히브리어로 그의 야비한 말을 불쑥 내뱉는다. 그리고 나서 히스기야의 사신들은 그 메시지를 히스기야에게 보고한다. 그것을 듣고 히스기야는 베옷을 걸치고 성전으로 들어가고, 이사야를 부르고, 이사야는 하나님께서 산헤립을 본국으로 돌아가게 하실 것임을 선포한다.

그리고 나서 랍사게는 떠나고 립나에서 산헤립을 만난다. 디르하가에 관한 보고가 분명히 산헤립으로 하여금 편지를 히스기야에게 보내도록 하는데, 히스기야는 이것을 성전에서 여호와 앞에 펼쳐 놓는다. 이사야는 히스기야에게 예루살렘이 함락되지 않을 것이라는 확신을 준다. 한 천사가 산헤립의 진영을 공격하고, 그는 본국으로 돌아간다.

그러므로 이 기록에 통일성이 있다고 결론을 짓는 바이다. 그럼에도 불구하고 이것은 많은 난점을 내포하고 있으며, 이제 이 난제로 주의를 돌려야 한다. 먼저 열왕기하 18:14–16과 그 기록의 나머지 부분과의 관계에 주의를 기울이는 것이 필요하다. 왜 이 절들에 포함된 자료가 이사야서에서는 생략되었는지에 대해 그것을 포함하는 것이 확실히 선지자의 목적에 맞지 않았다는 것을 제외하고는 말하기가 어렵다. 이사야는 그들의 호통과 오만함에도 불구하고 하나님의 백성의 대적은 하나님 자신에 의하여 파괴된다는 사실을 강조하기를 원한다. 이 목적을 이루기 위하여, 사실상 히스기야의 믿음의 결핍을 자세히 열거할 필요는 없다. 만약 디글랏–빌레셀 3세가 아하스에게 지워 주었던 공물을 거절하면서 히스기야가 확고부동하게 나아갔더라면, 그는 아마도 더 강한 입지에 있었을 것이다. 그러나 잘못에 대한 그의 고백은 이사야가 강조하고 있는 왕의 해결 방법으로 인도했다.

산헤립이 친히 히스기야와 자신의 관계에 대한 기록을 남겨 놓았는데, 이 기록을 성경에 기록되어 있는 내용에 비추어 검토할 필요가 있을 것이다.[11] 그가 헷 족속의 땅(a–na^{mat} Hat–ti lu al–lik)이라고 부르는 곳을 향한 그의 세 번째 원정에서 그는 서쪽으로 왔다. 시돈의 왕 룰(Lule)은 도망하였고, 그의 모든 소유지는 정복되었다. 산헤립은 시돈의 왕좌에 투발루(Tuba'lu)라는 사람을 두었고, 그에게 조공을 부

---

11) 그 본문은 Daniel David Luckenbill, *The Annals of Sennacherib, Chicago*, 1924에서 볼 수 있다.

과하였다. 유다의 이웃 국가 대부분이 조공을 바치도록 강요를 받았으나, 아스글론의 시드카(Sidka)가 반역하였다. 앗수르 왕은 그를 앗수르로 끌고 갔으며, 그의 전임자 사룰루다리(Sharru–lu–darri)를 복위시켰다. 산헤립은 불레셋에서 계속 승승장구하였다. 에그론 왕 파디(Padi)는 앗수르에 충성스러웠지만 백성은 그를 "유대인" 히스기야에게 넘겨주었으며, 히스기야는 그를 원수처럼 감옥에 가두었다. 산헤립의 침입에 백성은 두려워하여 애굽과 에디오피아의 군대에 도움을 요청하였다. 그러나 그들은 엘데케(Eltekeh) 근처에서 패배당하였고 파디가 복위되었다.

그의 주의를 히스기야(ù ^{m}Ha–za–ki–a–u ^{mat}Ia–u–da–ai)에게로 돌리면서 왕은 그가 작은 성읍들을 포함하여 그의 46개의 요새를 취하였고 크게 약탈하였다고 서술한다. 그는 히스기야를 새장에 있는 새처럼 예루살렘에 가두었고, 그의 땅을 축소시켰으며, 금 30달란트와 은 800달란트 이상의 조공을 부과하였다.

이러한 기록과 열왕기하에 있는 기록과는 어떤 관계가 있는가? 어떤 학자들은 양자가 하나의 원정을 묘사하고 있다는 가정에 따라 이 기록을 일치시키기가 불가능하다고 믿는다. 그런 까닭에 두 개의 원정이 있었다는 결론을 내린다. 이 입장이 최근에 존 브라이트(John Bright)에 의하여 *A History of Israel, Philadelphia*, pp. 282–287에 제시되었다. 브라이트는 열왕기서의 저자가, 하나는 주전 701년에 일어났고(왕하 18:13–16) 다른 것은 그 후에 일어난(왕하 18:17–19:37) 두 개의 원정의 기록을 짜맞추었다고 믿는다. 이 두 원정들 사이에 디르하가가 서방에서 반역을 후원하였다고 가정한다. 그리고 이것이 앗수르 왕을 되돌려 보냈다. 언뜻 보면 이러한 해결방법은 난점을 제거하는 것처럼 보이지만 실제로는 그렇지가 않다.

열왕기서와 이사야서 두 곳에 있는 본문의 통일성에 대하여 위에서 설명한 것에 덧붙여서 더 설명해야 할 것들이 있다.

(1) 14년이라는 언급과 더불어 열왕기하 18:13은 분명히 16절 이하와 이사야 36:1에 묘사된 사건을 가리킨다. 이사야의 기록이 보다 이른 것으로 생각된다(앞부분을 보라). 열왕기하 18:14–16이 이사야의 목적에 절대적으로 필요한 것이 아니기에 그는 그 구절들을 삭제한다. 그러나 이사야가 36:2이하의 사건들을 히스기야 14년 중에 일어났던 침입과 연결시키려고 하는 것은 분명하다. 성경의 저자들이 그들의 자료에 대해 혼동하였거나 알지 못하였다고 가정하는 것은 성경 자체의 견해와 상충되는 견해를 수용하는 것이다. 또한 와이트페셈(וַיִּתְפְּשֵׂם)이란 동사가 산헤립 자신의 서술과 일치한

다는 점을 유념해야 할 것이다. 만약 36:1하반절이 실제로 다음에 나오는 구원의 기록과 상충되는 것이라면 이사야가 이것을 그대로 두는 것이 이상하다.

(2) 이 두 번째 원정이 언제 일어났는가? 산헤립 자신은 두 번째 원정에 대해서 아무것도 말하지 않는다. 로울린슨(Rawlinsn)이 제안했던 것처럼 만약 이것을 주전 701년 직후로 놓는다면, 원정을 701년에 놓는 것에 반하여 주장하는 일부 난점을 직면하게 된다. 예를 들면 디르하가에 대한 언급과 같은 것이다.[12)]

그러므로 두 개의 원정이론 옹호자들은 일반적으로 주전 687/6년의 디르하가의 즉위 이후 어느 시기에 두 번째 원정을 둔다. 예를 들면 브라이트는 앗수르의 패배에 대한 소식과 애굽으로부터의 원조의 약속이 히스기야로 하여금 반역하도록 움직였을 지도 모르며, 이것이 산헤립을 두 번째로 서방으로 오게 하였다고 제안한다. 물론 이에 대한 현존하는 증거가 없기 때문에 이 모든 것은 가정에 불과하다. 그러한 원정이 실제로 있었다면, 산헤립이 특히 디르하가와 애굽인과 같이 강한 대적을 이겼을 때 원정에 대해 언급하지 않았을 것이라고 믿기는 어렵다. 더 나아가서 다르하가의 즉위 후에 히스기야가 여전히 권좌에 있었는지 여부에 대해서 의문을 갖는 것은 당연하다. 만약 히스기야가 주전 727년에 통치를 시작하였다면, 그는 주전 698년까지 29년을 통치하였다(왕하 18:1). 비록 히스기야가 주전 715년에 왕좌를 맡았다고 할지라도 그의 통치는 아마도 디르하가의 즉위 2년 전인 주전 689년에 종결되었을 것이다.[13)] 열왕기하 20:21을 보면 히스기야의 죽음이 그의 통치를 종결시켰고, 므낫세가 공동 섭정 통치자가 아니였으며 히스기야가 죽은 다음에 왕좌에 오른 것으로 보인다. 그러나 만일 가정된 두 번째 원정이 히스기야의 죽음 이전에 위치해 있다면 열왕기하 18:17이하가 701년을 가리키는 것에 반대하여 주장된 난점을 실제로 피하지 못하게 된다. 다른 한편 만약 두 번째 원정이 디르하가의 즉위 다음에 있었다면, 디르하가의 문제는(후에 논할 것이지만) 만족할 만하게 다루어질 것이지만, 새로운 난점이 덧붙여진다.

그러므로 산헤립의 두 번의 침입이 있었다는 가정은 사실상 성경의 기록과 산헤립의 기록 간의 관계의 문제를 해결하지 못한다. 산헤립이 그의 마지막 패배를 언급

12) Rowley는 두 번째 원정이 주전 701년이나 혹은 1년 후에 일어날 수 있었다는 견해를 효과적으로 충족시켰다(*op. cit.*, pp. 407–408).

13) Rowley, *op. cit.*, p. 413을 참고하라.

하지 않고 그의 군대에 닥친 재앙을 언급하지 않은 것에 대해서 놀랄 필요는 없다. 그가 그의 유물에서 드러내고 있는 스타일은 다소 자랑 섞인 것이다. 그래서 그의 실패에 관하여 거의 혹은 전혀 말하지 않았을 것이라고 예상할 수 있다.

어쨌든 잘 알려진 것처럼, 헤로도토스는 그 상황을 담고 있는 듯한 전승을 보존해 주고 있다. 산헤립이 애굽으로 들어갔을 때 그는 애굽 전사들이 그들의 왕 세토스(Sethos)를 도우러 오기를 거절하였다고 말한다(ii. 141). 그러므로 세토스는 그의 운명을 탄식하며 성소의 내전으로 들어갔다. 꿈에 신이 그에게 나타나서, 용기를 북돋아 주었고 그래서 세토스는 그가 발견할 수 있었던 사람들은 누구든지간에 모아서 펠루시움에 진을 쳤다. 밤에 수많은 들쥐들이 대적의 화살 통들과 화살들과 방패의 가죽끈까지도 갉아먹었다. 그 다음날 싸울 무기를 갖추지 못한 대적은 큰 수를 잃었다. 이 전승의 정확한 의미가 무엇이든 간에 이것은 대적의 무리가 패배당했다는 견해를 입증하는 것으로 보인다.

열왕기하 18:14에 조공 지불액이 언급하고 있고, 그리고 나서 산헤립의 히스기야와의 협상에 대한 세부사항이 뒤따라온다. 그러나 산헤립 자신의 기록에는 다른 순서로 나타나는데, 그 기록에는 군대가 먼저 예루살렘으로 보내어지고 조공이 그 후에 부과된다. 그러나 열왕기하 18:13–16에서는 짧고도 간략하며, 다음 구절들에서 언급된 추가된 세부사항들을 산헤립은 전혀 제시하지 않는다. 산헤립의 기록이 실제로 단지 열왕기하 18:14–16과만 평행을 이루는 것이기에 어떤 상충이 있을 수 없다. 더 나아가서 앞으로 살펴보겠거니와, 앗수르 연대기에서 자주 그러하듯이, 앗수르의 기록은 엄격한 연대기적 순서로 주어지지 않는다.

부과된 조공의 양에 있어서 약간의 차이가 나타나는데, 성경에서는 은 300달란트로 말하고 반면에 산헤립은 800달란트로 말한다. 금 30달란트를 언급함에 있어서는 양자가 일치한다. 그러나 유능한 학자들이 앗수르인의 달란트와 히브리인의 달란트가 같지 않을 수 있기 때문에 상충이 없을 것이라고 제안하였다.[14)]

보다 중요한 것은, 만일 성경의 순서를 따른다면, 왜 히스기야가 처음에 복종하였다가(왕하 18:14–16) 나중에 반역하였는지(왕하 18:17이하; 사 36:21이하)의 문제

---

14) 특별히 J. Brandis, *Das Munz–Mass und Gewichtswesen in Vorderasien*, 1866, p. 98를 참고하라. 다른 문헌은 Rowley, *op. cit.*, p. 415에 의하여 인용되었다. 산헤립이 과장하는 것이 가능하지만 그런 것 같지는 않다. 또한 전승 과정에서 히브리어 숫자가 훼손되었을 수도 있었다고 제안되었다. 그러나 이것 역시 매우 의심스럽다.

이다. 열왕기하 18:14에 따르면, 히스기야는 라기스에 있는 산헤립에게 사신을 보내어 "내가 범죄 하였나이다"라고 말한다. 반역이란 의미로 하타(חָטָא)의 사용은 잘 입증된다. 산헤립 자신이 반역적이지 않았던 에그론의 사람들(*la ba–ail hi–ti–ti*)에 대해 이러한 표현을 사용한다. 히스기야는 블레셋인들과 싸웠고, 산헤립에 따르면 앗수르 지지자인 파디(Padi)를 죄수로 취하였다. 그러나 이제 산헤립이 왔고 엘테케(Eltekeh)에서 그는 애굽의 도움을 받은 불레셋 저항을 좌절시켰다. 이것이 히스기야로 하여금 심약하게 행동하게 하였고 항복하도록 하기에 충분하게 만들었던 것으로 보인다.

그러나 이 당시 산헤립이 실제로 라기스에 있었는가?[15] 성경은 분명히 그가 거기에 있었다고 확실하게 말한다. 열왕기하 18:14은 히스기야가 라기스에 있는 앗수르 왕에게 사신을 보냈으며, 열왕기하 19:8(사 37:8)은 그가 라기스를 떠났다고 서술하고 있는데, 이는 열왕기하 18:14–15과 잘 어울린다. 산헤립은 자신의 기록에서 라기스를 언급하지 않지만, 대영 박물관의 한 부조는 거기에 있는 그를 그리고 있다. 그는 라기스에서 그의 왕좌에 앉아서 취해 온 전리품을 받고 있다. 한 짤막한 4행의 설형문자 비문은 분명하게 라기스를 산헤립에게 전리품을 전달했던 장소라고 언급한다. 그 비문은 다음과 같이 번역할 수 있다. "세계의 왕, 앗수르 왕 산헤립은 니메두–왕좌(nimedu–throne)에 앉아서 라기스(La–ki–su)로부터 온 전리품(취해온)을 살펴보았다."[16] 산헤립에 대한 히스기야의 복종이 엘테케 전쟁보다 먼저 일어났는지 아니면 뒤에 일어났는지에 대해서는 확실하게 결정할 수 없다.[17] 어쨌든 산헤립은 지금 예루살렘을 제외한 실제적으로 모든 것의 주인으로 보이기에, 의심과 연약한 믿음의 순간에 히스기야가 그가 했던 것과 같이 왕에게 글을 써서 보냈을 수 있다는 것은 쉽게 이해할 수 있다.

공물은 요구되었고 지불되었으며, 부트플라워(Boutflower)는 공물이 라기스로 보내졌다고 주장했지만,[18] 아마도 니느웨로 보내졌을 것이다.[19] 이 공물을 지급하

15) 랍사게는 라기스로부터 보냄을 받았다(왕하 18:17; 사 36:2).

16) James B. Pritchard, *Archaeology anf the Old Testament*, princeton, 1958, pp. 19ff을 참고하라.

17) 참고 문헌에 대해서는 Rowley, *op. cit.*, p. 417을 참고하라.

18) 아마도 Padi의 귀환과 전쟁 도구들이 포함되었을 것이다. 후자에 대한 언급은 Luckenbill, *op. cit.*, p. 60에 게재되어 있는 본문 Rassam Cyrinder안에 들어 있다.

19) *Journal of the Transactions of the victoria Institute*, 1928, p. 208; Hans Schmidt, *Die*

기 위하여 히스기야는 성전에서 은을 취하였고 성전 문들에서 금덮개를 벗겨 내었다. 틀림없이 일정 시간이 걸렸을 절차이다. 분명히 이것이 산헤립에게 만족을 주었을 것인데, 이는 그가 히스기야를 권좌에서 밀어내지 않았기 때문이다. 이것은 실로 이례적이었다. 히스기야는 폐위되었을 것이고, 산헤립에게 복종하고 충성하는 왕이 다윗의 왕좌에 대신 들어 앉았을 것이라고 당연히 예상하였을 지도 모른다. 약소한 대적을 앗수르 왕은 보다 무례하게 다루었다. 그러나 어찌하여 히스기야에게 이런 관대함을 베풀었을까? 이것은 나중에 극복될 수 없었던 전술상의 실수였다. "홀이 유다를 떠나지 않을 것이다." 그리고 이러한 산헤립의 전술상의 오류에서 하나님의 절대적인 구속의 목적을 이루어 가시는 그의 손길을 깨달을 수 있다. 히스기야는 폐위되지 않았고 예루살렘도 정복당하지 않았다.

이제 태도의 변화가 일어난다. 산헤립은 분명히 히스기야가 더 이상 복종하려는 마음이 없음을 알게 되었다. 그런 까닭에 그는 랍사게를 보내어 완전한 항복을 요구한다. 어쨌든 산헤립은 그의 실수를 후회하였다. 히스기야 편에서 변화의 증거가 없었고 랍사게의 파송은 단지 그의 전술상의 실수를 바로잡기 위한 산헤립 편에서의 결심이었을 가능성이 높다. 만약 이것이 그렇다면, 이것은 히스기야의 마음을 가득 채웠던 당혹감을 설명해 줄 것이다. 히스기야의 태도의 변화의 실질적인 증거가 있었든 혹은 그렇지 않든, 랍사게의 임무는 그가 처음에 이루어야만 했었던 일을 이루려는 산헤립의 노력으로 간주해야 할 것이다.

동시에 랍사게의 임무는 특이한 것이었다. 이것은 일어날 일에 대한 거센 협박이나 다름없다. 이것은 히스기야와 그 성읍의 기를 꺾으려는 심리적 방법에 의한 공격이다. 그때 산헤립은 친히 예루살렘을 취하러 올 수 없으니, 이는 그가 블레셋 국경에서 교전 중이기 때문이다. 그러나 그는 차선책으로 사신을 보낸다.

사신들이 산헤립에게 돌아왔을 때, 그들은 그가 라기스를 떠나서 라기스 북서쪽의 립나와 싸우고 있음을 알게 된다(왕하 19:9; 사 37:9). 이 때 새로운 요소가 이 정세에 등장한다. 에디오피아 왕 디르하가가 산헤립과 싸우기 위하여 준비한다는 말이 들려 왔다. 앗수르의 편에서는 히스기야에 대한 첫 번째 임무가 성공적으로 이루어지지 않았는데, 이 때 다른 임무의 필요가 생기게 된다. 만약 그가 에디오피아 왕과 전쟁을 해야만 한다면, 분명히 배후에 정복되지 않은 예루살렘을 남겨 놓아서는 당연히 안되는 것이다. 따라서 산헤립은 이 때 히스기야에게 사신들을 보내어 랍사

Schriften des Alten Testaments in Auswahl, 2, II:ii, 1923, p. 17.

게의 지휘 아래에서 그의 군대가 이루어 낼 수 없었던 것을 이루려고 한다.[20)]

그러나 예루살렘은 함락되지 않았고, 이것은 산헤립 자신의 기록에 의하여 실증된 사실이다. 산헤립은 소문을 들었는데 디르하가의 접근에 대한 소식이 아니라, 이러한 해석이 가능하긴 하지만, 본국에서의 동요일 가능성이 크다. 설상가상으로 여호와의 사자가 진영에 임하여 수많은 앗수르 군사들이 죽었다. 그러므로 산헤립은 성경에 서술하는 바와 같이 앗수르로 돌아갔다. 그러므로 있는 그대로의 성경의 기록이 완전히 합당하고 모순이 없다고 볼 수 있다.

그러나 언급해야 할 두 개의 어려운 난점이 남아 있다. 열왕기하 19:37과 이사야 37:38이 모두 산헤립이 앗수르로 돌아간 직후에 실제로 살해당한 것으로 암시하고 있다는 것이다. 그러나 사실상 이 일이 일어난 것은 그가 돌아간 지 약 25년 후였다. 산헤립의 죽음은 일반적으로 주전 681년에 있었던 것으로 본다. 그해에 그의 후계자 에살핫돈이 통치하기 시작하였다. 그러나 성경 저자들의 의도는 앗수르의 사건에 대한 세부적인 역사를 밝히려는 것이 아니다. 그들에게 있어서 죽음이 그 왕에게 일어났다는 것을 진술하는 것으로 충분하다. 이사야는 그의 책의 최종 교정본에 단지 이 요약 문안을 덧붙였을 뿐이다.

그러나 두 번째 난점은 훨씬 더 심각하다. 이것은 에디오피아 왕 디르하가에 대한 언급이다(왕하 19:9; 사 37:9). 이 당시, 즉 주전 701년, 디르하가는 아직 왕이 아니었고, 약 10년 후나 혹은 그보다 후에야 왕이 되었다. 그는 사바카(Shabaka)의 조카로서 그의 직계 후손이 아니었다. 느부갓네살이 다니엘 1:1에서 그러했듯이, 그도 예기적으로 왕이라고 불린 것으로 흔히 추정되었다. 사실상 이것이 문제에 대한 답변이 될 것이다. 그 자체에 있어서, 그러한 용법에 반대는 있을 수 없다. 그러나 현재 다르하가가 주전 710년경에 태어났으므로, 그와 같은 해법은 불가능하다고 주장한다. 만약 710년 혹은 그 무렵이 디르하가가 태어난 해였다면, 그는 701년에는 겨우 9세나 10세였을 것이고, 그런 까닭에 산헤립에 대항하여 군사를 일으키지 못하였을 것이다.[21)] 이러한 이유로 디르하가에 대한 언급은 자주 연대에 맞지 않는다고 생각한다.

그러나 어떻게 그러한 연대에 맞지 않는 내용이 본문에 들어 올 수 있었는가? 열왕기서와 이사야서에 왕이 언급된 방식은 이것이 연대에 맞지 않는 기록이라고 믿

---

20) 랍사게와 함께 보낸 군사력이 거대한 군대였다고 생각할 이유가 없다. 그것은 큰 군대였고 산헤립은 분명히 그것이 히스기야로 하여금 항복하게 만들기에 충분하다고 생각하였을 것이다.

21) M. F. Laning Macadam, *The Temples of Kawa*, chap. 1, "The Inscriptions," London, 1949.

기 어렵게 만든다. "그때에 앗수르 왕이 구스 왕 디르하가의 일에 대하여 들은즉 이르기를 그가 나와서 왕과 싸우려 한다 하는지라.…" 어떻게 이러한 구절이 우연히 본문 가운데 들어오게 되었는가? 히스기야에게 사신들을 보내는 산헤립의 행동을 설명할 필요가 있다. 이 구절이 없이는 그 행동이 설명이 되지 않는다.

1Q는 על 대신에 אל이라고 읽는 것을 제외하고는 맛소라 사본을 지지한다. B 역시 지지한다(Θαρακα βασιλεὺς Αἰθιόπων). 그러므로 본문의 입장에서 보면, 어찌하여 디르하가에 대한 언급이 연대에 맞지 않는 기록이 될 수 있는지 이해하기가 어렵다. 왜냐하면 그의 이름이 나타나는 구절이 이 문맥의 필수적이며 특히 본질적인 부분이기 때문이다.[22)]

디르하가는 누구였는가? 디르하가는 일반적으로 에디오피아인으로 지칭되는 애굽의 제25왕조에 속했다.[23)] 최소한 세명의 바로, 즉 사바카(Shabaka), 사바타카(Shabataka), 디르하가(Tirhaqah)가 이 왕조에 속한다. 계승권이 장자에게서 장자로 주어지지 않고, 형제에게서 형제에로, 그리고 삼촌에게서 조카로 주어졌던 것이 분명하다. 사바타카는 다르하가의 형제였고 그의 전임자였다. 사바카는 사바타카의 삼촌이었고, 사바타카의 아버지인 피앙키(Piankhi)의 동생이었다. 그러므로

피앙키……. 사바카(피앙키의 동생)
사바타카(사바카의 조카)
디르하가(사바타카의 형제)

디르하가는 690/89년에 왕좌에 오른 것으로 생각된다.[24)] 그는 20세에 그의 형제 사바타카와 합세하기 위하여 누비아(Nubia)로부터 왔다.[25)] 그가 6년간 사바타

---

22) 열왕기하는 על대신에 אל을 가지고 있고 또한 הנה를 삭제한다. 이것들이 다르하가를 다루고 있는 절의 문장들에 있는 유일한 상이점들이다.

23) 더 나아가서, 산헤립 자신이 마루하(Maluhha, 에티오피아)의 왕이 에그론 사람을 돕기 위해 온 것에 대해 말하고 있음을 주목해야 한다(73–81행).

24) Macadam은 이 해가 실질적으로 사바타카의 섭정이 시작된 해였으며, 실제적인 대관식은 6년 후에 있었다고 믿는다. 그러나 이것이 사실인지 여부에 대해서는 의문스럽다. 참고. Jozef M. A. Janssen, "*Que sait–on actuellement du Pharaon taharqa?*" in *Biblica*, Vol. 34, 1953, pp. 23–43. p. 26에 있는 논의를 유의하라.

25) Albright는, Macadam이 "다르하가가 사바타카(Shabataka)가 죽기 전에 6년간을 그와 섭정하였다고 설득력 있게 증명하였다"고 주장한다. *BASOR*, No. 150, April 1953, p. 9. 계속되는 논의가

카와 함께 섭정하였다는 것은 매우 의심스럽다.[26] 그러나 만일 사바타카와의 연합 당시에 그가 20세였다면, 그는 710/09년에 태어났을 것이고, 그러므로 주전 701년의 산헤립의 원정 당시에는 9살의 소년으로 군대를 이끌기는 불가능하였을 것이다. 이런 이유로 디르하가에 대한 언급은 많은 사람들에게 연대에 맞지 않는 기록으로 생각된다.[27]

그러나 심각한 문제가 이 연대기의 정확성에 대해 제기될 수도 있다. 첫 번째 문제는 사바카의 통치기간과 관계가 있다. 마카담(Macadam)은 그의 통치기간을 12년으로 본다. 즉 708–697이다. 그러나 증거는 그의 통치가 더 길었다는 것을 보여준다. 렉클란트(Leclant)와 요요테(Yoyotte)는 대영 박물관에 있는 한 동상에 근거하여, x 날수에 13년을 더하고 9개월 11일을 더한 최소한의 통치 기간을 끌어낸다.[28] 그렇다면 사바카와 사바타카 사이에 섭정통치 2년을 가정한다 할지라도 이것은 사바타카의 즉위를 711년으로 만들고, 피앙키의아들, 디르하가의 추정된 출생 전에 최소한 1년을 더한 x날 수이다. 피앙키 역시 사바카의 아버지였고 주전 712년에 죽었다는 것을 기억해 둘 필요가 있다.

마카담(Macadam)은 사바타카에게 15년을 할애한다. 그러나 이 당시로부터 나온 유물은 거의 없는데, 이것은 상당히 짧은 통치였음을 지적해 주는 사실이다. 렉클란트(Leclant)와 요요테(Yoyotte)는 사바타카의 통치의 기간에 대한 무지가 실제로는

제시하는 바와 같이 이것은 성립될 수 없는 판단이다.

26) 이러한 진술의 증거는 다음의 비문들에서 발견된다(Macadam, *op. cit.*, p. 28에 제시된 바와 같이): a. Stela, 6년, "내가 하애굽으로 황제와 함께 왔을 때, 나는 26세의 젊은이로서 그녀(즉 그의 어머니)를 떠났다"(50, 51행). 역시 6년이라고 날짜가 적힌 또 다른 Stela는, 디르하가가 "황제가 Nubia로부터 데려오도록 보냈던 훌륭한 젊은이들과 함께 Thebes의 북쪽으로 왔다"고 서술한다(17, 18행). "이 비문들에, 20세였을 때 그가 그의 형제 사바타카와 합류하기 위하여 누비아로 먼저 왔다는 것이 반복적으로 진술되어 있다"고 말한 Albright에 동의할 수 없다(op. cit., pp. 8, 9). 단 하나의 비문에만 나이가 적혀 있고 다른 한 비문은 단순히 디르하가가 훌륭한 젊은이들과 함께 Thebes로 왔고 그가 그의 통치 첫 해에 젊은이로서 성전을 보았다고 서술한다(참고. Macadam, *op. cit.*, p. 15).

27) Rowley, *op. cit.*, p. 420; C. Schedl, *op. cit.*, p. 117.

28) "*C'est inexactment que le tableau de M. Macadam donne a Shabaka douze annees de regne, puisque l'an 15, 11 Paoni en est connu par la statue du Brit. Mus. 24429, d'ou un minimum de x jours + 13 ans + 9 mois 11 jours de regne*"(*Notes d'histoire et de civilisation Ethiopiennes*), Jean Leclant et Jean Yoyotte, Bulletin de L'Institut Francais D'Archeologie Orientale, Vol. 51, 1952, p. 25. 이것은 에디오피아인이 왕의 두 번째 해를 즉위 후 신년으로 시작하게 하였음을 보여준다. 가정된 공동 섭정 통치자 중 어느 누구도 이것을 명확히 지지하지 못한다.

구스인의 절대적인 연대기를 상당히 모호하게 만든다고 제안하기도 한다. 그들은 다음과 같은 연대기를 제시한다:

사바카 715–701(혹은 보다 이른)
사바타카 701–689
디르하가 689–664

그러므로 디르하가가 스무살에 사바타카와 함께 있으려고 온 것이 701년이나 더 이른 시기였다면 그는 군대에서 일하면서 산헤립을 대항하여 사단을 통솔하였을 수도 있다. 만일 이것이 사실이라면 그는 예기적으로 왕이라고 불려졌을 것이다. 그런 까닭에 디르하가에 대한 언급을 시대에 맞지 않는 기록이라고 말할 수 없다. 연대기가 난해하므로, 많은 문제점들에 대한 해법을 이해하기 위해서는 도움이 되는 사실을 더 기다려야만 한다. 그러나 우리는 성경이 디르하가에 대한 언급에 있어서 오류가 없다는 것을 인정할 만큼 충분히 알고 있다.

부록 2

이사야 36-39장의 성격과 저작권

잘 알려진 대로 이 네 장은 실질적으로 열왕기하 18:9-20:19과 동일하고, 주된 차이점은 이사야서에 히스기야의 범죄에 대한 인정이 빠진 것이다(왕하 18:14-16). 이 두 기록이 서로를 유지시켜 주고 있는 관계는 무엇인가? 두 개가 모두 공동 자료로부터 취해 온 것이라고 주장될 수도 있다. 이것이 가능하지만, 이 이론은 널리 받아들여지지 않으며, 사실이 그러하다는 것을 보여주는 실질적인 증거가 없다.

훨씬 더 많은 현대 비평가들은 원서사가 이사야서가 아닌 열왕기하에서 발견된다고 주장한다. 이러한 입장을 입증하기 위하여 이사야가 이 장들을 기록할 수 없었고 또한 열왕기서 저자가 그것들을 썼음에 틀림없다는 것을 논증하려는 시도가 있었다. 본 주석에서 제시된 입장은 이사야가 본래의 저자라는 것이고, 이러한 입장을 변호하기 위하여 이사야 저작권에 반대하여 개진된 논증들을 검토하여야 한다.

1. 이 장들에 산헤립의 죽음이 기록되고 있는데(사 37:38), 이는 주전 681년에 일어난 사건이다. 이사야가 그 당시까지 여전히 살아 있었다는 것이 의심스럽다고 주장한다. Dillmann은 한 걸음 더 나아가 다음과 같이 말한다. "Die 37^{38} gemeldete Ermordung Sanheribs i.J. 681(was nach 37^{7} nicht etwa ein späterer Einsatz sein kann) fällt weit über Jesajas Lebenzeit hinaus, u. führt sogar in Verbindung mit

37[7] in eine Zeit, wo man von der grossen Zeitentfernung zwischen der Heimkehr Sanheribs u. seiner Ermordung kein Bewusstsein mehr hatte." 그러나 만일 이사야의 소명이 주전 739년에 있었고 그 당시 그가 20세였다고 가정한다면, 그는 주전 681년에 78세가 되었을 것이다. 만일 그의 소명이 몇 년 더 젊었을 때 있었다면, 그는 여전히 70대에 있었을 것이다. 70대 후반에 있는 사람이 써야 하는 것 중에 알려지지 않은 것이 무엇이겠는가? 많은 80대의 사람은 강한 지적 능력을 가지고 있다. 윈스턴 처칠경, 헐버트 후버, 혹은 더글라스 맥아더를 생각해 보라. 이사야는 당연히 산헤립의 죽음을 언급할 수 있었을 것이고, 그의 예언들을 최종 형태로 만들면서 그것들을 쉽게 편집할 수 있었을 것이 당연하다.

이와 관련하여 역대하 32:32의 증거를 유의해야 할 것이다. "히스기야의 남은 행적과 그 모든 선한 일이(보라!) 아모스의 아들 선지자 이사야의 묵시책(하존, חָזוֹן)과 유다와 이스라엘 열왕기(문자적으로 위에)에 기록되니라"(대하 32:32). 여기서 흥미 있는 것은 이사야의 하존(חָזוֹן)에 대한 언급이며 이를 통해 성경의 책이 분명히 의도되었다는 것이다(사 1:1을 참고). 딜만은 본 절을 다음과 같은 진술로 대강 처리해 버린다. "Aber diese Vorstellungen eines so späten Schriftstellers über Jes. als Geschichtschreiber können nicht massgebend sein." 그러나 역대기서의 증거는 그렇게 되는 대로 던져버릴 수 없다.

현대 학계가 점점 더 역대기서의 신뢰성을 인정하는 경향이 있다는 사실은 별도로 하고, 어떻게 이사야 저작권의 전통이 받아들여지게 되었느냐는 문제가 제기되어야 한다. 비록 역대기서에 주전 300년과 같은 후기 연대를 부여한다고 할지라도, 어떻게 이 전통이 시작되었는가? 열왕기서의 편집이 예레미야 시대에 있었을 것이라고 많은 사람이 말한다. 그럼에도 불구하고 200년이 약간 넘는 사이에 역사가로서 이사야의 위상이 상황의 실제적인 추이를 완전히 가려버릴 정도로 떠올랐다고 추정해 볼 수 있다. 이는 역대기서의 구절이 이사야의 정경적 책에 대해 분명히 언급하고 있기 때문이다. 더 나아가서 그 구절은 히스기야에 대한 기록이 이사야의 묵시에 기록되어 있다고 명백하게 증언한다. 그 구절의 마지막 표현은 난해하다. 그러나 아마도 עַל의 의미는 이사야의 묵시에 기록된 히스기야의 행적이 "유다와 이스라엘 열왕기에" 삽입되었다는 것일 수 있고, 아니면 이사야의 묵시 전체가 삽입되었다는 것일 수 있다. 아마도 전자가 의도된 것으로 보이지만 확신할 수는 없다. 어쨌든 역대기서의 저자는 이사야의 묵시에 기록된 히스기야의 행적이 당시에 다른 책에 있었다는 것을 서술하고 있다. 이것은 이사야가 먼저 이 글들을 기록하였다는 사실에 대한 흥미롭고도 믿을 만한 증거이다.

역대기서에 있는 또 다른 증거 역시 중요하다. 역대하 26:22은 "이외에 웃시야의 시종 행적은 아모스의 아들 선지자 이사야가 기록하였더라"고 서술한다. 여기서 이것은 이사야의 정경적 책이 아니라, 하나의 독립된 책을 가리킨다. 이사야는 이 역사를 그의 "묵시"에 포함시키지 않았는데, 이는 이것이 그의 초기 메시지를 아하스와 히스기야의 통치를 중심으로 하고자 하는 그의 장대한 목적에는 분명히 적절하지 않았기 때문이다. 그러나 이러한 언급의 중요성은 이사야를 역사 기록자로 볼 수 있다는 것이다. 그러므로 그가 히스기야의 행적을 기록했다는 것은 우리가 이사야에 대해 알고 있는 것과 일치한다.

2. 두 번째 반론은 이 장들에 포함되어 있는 자료와 관계가 있다. 해시계의 기적 및 38, 39장과 앞 장과의 엉성한 연결이 해설자가 그가 묘사하고 있는 사건의 동시대 인물이 아니라 후대에 살았던 사람이라는 것을 보여준다는 것이다. 마찬가지로 37:7과 38:5에 있는 예언들도 그 명확성으로 인하여 이 예언들이 사건들 이후에 선포되었다는 것을 보여준다는 것이다.

히브리어를 의미하는 예후딧(יְהוּדִית)과 보물고를 의미하는 베트 네코토(נְכֹתֹה בֵּית, 그의 보물의 집)란 단어들은 이사야 당시에 사용된 단어 같지가 않다고 생각한다. 37:4, 35; 38:3, 5에 열왕기서의 신명기적 저자의 특성이라고 말하는 여러 개념과 표현이 있다. 37:19 하반절의 "이들은 참 신이 아니라 사람의 손으로 만든 것뿐이요 나무와 돌이라 그러므로 멸망을 당하였나이다"는 후기 시대에 보다 잘 어울린다고 생각한다. 36:7은 아마도 시대착오적 내용을 담고 있다고 말한다. 이러한 생각에 덧붙여서 딜만은 이사야 36, 37장에 기록된 사건들을 산헤립 자신의 기록에서는 볼 수 없음을 지적하고, 이것이 사건들에 대한 이중적 기록일 수도 있다고 생각한다. 마지막 이 두 사항에 대해서는 부록 1, "히스기야의 통치"를 참고하라.

3. 사건들의 연대기적 순서의 도치는 열왕기서 저자의 특징이라고 말한다. 그는 어느 정도 동시대의 또 다른 사건을 거론하기 전에 하나의 이야기를 마무리 하곤 한다. 히스기야의 발병이 산헤립의 침입에 대한 기록 뒤에 나오는데 연대기적으로는 산헤립의 침입 이전에 있었던 일이라고 주장한다(예를 들면, 키쎄인). 사실 히스기

야의 발병은 살만에셀의 침입 다음에 일어났다. 이사야가 단순히 열왕기서의 순서를 유지하고는 있지만 살만에셀의 침입은 언급하지 않는다고 주장되었다. 키쎄인은 이 주장과 다른 한 논증을 결정적인 것으로 고려한다.

4. 두 본문(즉 이사야서와 열왕기서)의 비교는 열왕기서가 두 기록 중 보다 이른 시기의 것임을 보여준다고 주장한다. 이러한 반론에 직접적인 답변을 해 나가기에 앞서서 유념해야 할 몇 가지 사항이 있다.

(1) 열왕기서의 저자가 이사야의 정경적 책을 잘 알고 있었다는 것은 분명하며 열왕기하 16:5를 이사야 7:1과 비교할 때 알 수 있는 사실이다. 전자의 구절은 분명히 후자의 관점에서 기록되었다.

(2) 이사야 36-39장의 형식은 예언적이며 열왕기상 17:1에서 갑자기 시작하고 있는 엘리야에 관한 이야기들이 보여주는 바와 같이 열왕기서의 통상적인 형식과 구분된다. 열왕기서의 저자가 이 엘리야 부분도 이전의 어떤 예언적 기록에서 취해 왔을 가능성이 높다.

(3) 일반적으로 "비평적" 학자들에 의하여 강조되지 않고 있는 이사야서의 7장과 36장 사이의 유사성이 있다. 이 두 장은 아하스와 히스기야 두 왕의 삶에 나타난 역사적 사건을 다루고 있는데, 이들의 삶이 이사야의 초기 사역의 중추적인 싯점을 형성해 주었다는 것이다.

① 두 장 모두 대적의 침입에 관한 역사적 정보로 시작한다. 7:1과 36:1을 주의 깊게 비교하라.

② 이 두 장에서 모두 이사야를 3인칭으로 묘사한다. 만약 이사야가 7장에서 자신에 대해서 그렇게 기록할 수 있었다면, 36장에서도 그렇게 할 수 있었을 것이다. 가끔 이사야는 6장과 8:1 이하에서처럼 1인칭을 사용하였다. 다른 경우에는 3인칭을 사용하였다. 분명히 이러한 설명에 반론은 있을 수 없다. 히스기야의 주된 대적인 산헤립이 동일한 작업을 했는데 3인칭과 1인칭을 모두 사용한다. 모세는 자신을 3인칭으로 기록하였다.

③ 두 왕 모두 앗수르와 교섭했으나 이 장들 중 어느 장에서도 앗수르에 대한 왕의 주도권이 묘사되지 않는다. 이 사실을 열왕기하를 통해 알 수 있다.

④ 이 장들은 두 왕의 태도를 대조하는 역할을 한다. 아하스는 위선적이고, 자기만족적이며, 야웨의 도움이 불필요하다고 믿는 사람이다. 다른 한편 히스기야는 자원하여 이사야에게 사람을 보내 도움을 구한다.

⑤ 두 경우 이사야는 두려워 하지 말라고 명령한다:

이사야 7:4 두려워 말며

이사야 37:6 인하여 두려워 말라

⑥ 이 두 장 모두 "윗못 수도 끝 세탁자의 밭 큰 길"(사 7:3과 36:2)에 대해 언급한다. 이것은 이 두 본문을 연결해 주는 역할을 하는 실제 이사야의 필적이다.

(4) 36-39장에서 이사야의 두드러짐(prominence)은 상당히 현저하다. 만약 이 단락이 본래 열왕기서에 붙어 있었거나, 아니면 열왕기서의 저자가 이것을 이전의 다른 어떤 자료에서 취해왔다 할지라도 어찌하여 그가 그렇게 많은 두드러짐을 이사야에게 부여하였겠는가? 이것은 열왕기서가 아하스의 통치를 다루는 방법을 주시할 때 더 현저하다. 아하스의 통치에 대한 그의 짧은 기록에서 이사야에 대해서는 한마디도 언급되지 않았다. 사실 선지자들에 관하여 그렇게 많이 말하는 것은 열왕기서 저자의 특성이 아니다. 엘리야와 엘리사를 다루는 기록은 예외적인데, 이것은 엘리야와 엘리사의 시대가 이스라엘의 역사상 독특한 때였기 때문이다. 어쨌든 이것을 별도로 하고, 저자는 열왕의 통치를 다루고 있으며 다만 부수적으로 여러 선지자들을 언급한다. 히스기야와 관련하여 이사야에게 주어진 두드러짐은 독특하며 저자의 습관에는 반대가 된다. 이것은 히스기야에 대한 단락이 열왕기서의 본래의 것이 아니라는 사실을 가리킨다.

(5) 이사야는 사실상 그의 예언에 역사적 단락을 포함시켰다. 예를 들면, 6:1; 8:1-4; 7:1 이하; 20장 등을 참고하라. 그가 히스기야의 통치와 관련하여 그러한 역사적 배경을 포함시켜야 했다는 것은 이러한 습관과 조화를 이룬다.

(6) 이사야 36-39장의 목적을 염두에 두어야 한다. 만약 이사야가 본래 저자가 아니라면 이 장들의 목적에 대한 충분한 설명이 제시되지 않는다. 그러나 만일 이사

야가 저자라면 본서에서 이 장들의 위치는 매우 분명해지는데, 이는 이 장들이 이중적 목적을 감당하기 때문이다. 한편으로는 앗수르 시대를 뒤돌아 보고 있으며 다른 한편으로는 바벨론이 배경에 깔려 있는 이사야서의 후반부를 기대하게 한다. 그러므로 이 장들은 1–35장의 결론으로서 그리고 40–66장으로의 전환의 역할을 한다.

본서가 증명하기 위하여 힘써 온 바와 같이, 이사야의 초창기 사역은 중요한 두 왕들, 곧 아하스와 히스기야에 집중되어 있다. 히스기야의 통치를 중심으로 하는 그의 예언은 25장과 함께 시작되고 이 단락의 결론인 34–35장은 첫 번째 단락의 결론인 24–27장에 대략적으로 상응한다. 델리취가 오래 전에 지적했던 것과 같이, 이 시점에서 이사야는 자신의 목적에 직접적으로 관련이 없는 사건들은 삭제해 버리는 일반적인 성경의 역사 서술 형식으로 그의 역사적 이야기를 기록하여 소개한다. 그러므로 그는 앗수르 왕의 침입을 다루고 그가 예언했던 사건들의 성취까지 역사를 이어간다.

정확하게 어느 시기까지 되돌아가는지는 말하기 어렵지만 38장은 분명히 바로 전에 묘사한 사건들 이전 시기로 되돌아 간다. 산헤립이 팔레스타인에 있으면서 예루살렘을 괴롭히고 있는 동안 므로닥–발라단이 사신을 보냈을 것이라는 것은 전혀 그럴 것 같지 않다. 산헤립은 그의 기둥 비문에서 자신이 첫 번째 원정에서 므로닥–발라단을 패배시켰다고 선언하고 있다.

그렇지만 어찌하여 이 일들이 연대기적 순서로 기록되지 않았는가? 왜 38–39장의 사건이 36–37장에 기록된 사건 앞에 나오지 않는가? 그 대답은 이러한 배열이 의도적이었다는 데 있는 것 같다. 36–37장은 앞에 나오는 이사야 예언의 열쇠와 결론을 이루고 있고, 반면에 38–39장은 다음에 따라오는 예언의 열쇠와 전제이다.[1] 36–37장은 뒤돌아보고, 38–39장은 앞을 내다 본다. 그렇다면 이사야 자신이 우리가 현재 가지고 있는 순서대로 장들을 의도적으로 배열하여 그의 책의 주요 두 부분을 연결하려는 것으로 보인다.[2] 이것은 왜 이사야가 먼저 산헤립에 관한 사건들

---

1) 이 문장은 Drechsler의 주석의 부록에서 Delitzsch에 의하여 인용된 Schegg의 글에 근거하고 있다. "*Die c. 36–37 stehen voran, weil sie der Schlussel und die Erganzungder vorausgegangenen jesajanischen Weissagungen sind, die c. 38–39 folgen, weil sie der Schlussel und die Voraussetzung der von c. 40 an folgenden Weiss. sind*"(p. 395).

2) 히스기야가 29년을 통치하였고 그의 발병 후에 15년을 더 살 것이라는 예언을 받았으므로, 이 발병이 제14년에 일어났음에 틀림없다고 자주 논증이 된다. 이에 근거하여 38–39장이 36–37장의 사건들 이전에 일어났던 사건들을 기록한 것이어야 한다고 결론 짓는다. 그러나 만일 제14년이 히

을 기록하고 그 다음에 므로닥-발라단과 관계된 일을 기록하였는지를 설명해 준다. 그러므로 사건의 도치(倒置)는 열왕기서 저자에 기인한 것으로 설명되어서는 안 된다. 또한 키쎄인의 주장에도 불구하고, 열왕기서는 이것과 유사한 어떤 도치도 담고 있지 않다.

(7) 여러 논증을 하나씩 취급하기에 앞서서 마지막으로 한 가지를 언급해야 한다. 이사야 37:23과 열왕기하 19:22이 이스라엘의 거룩한 자를 언급하고 있다. 이 두 경우에 이 어구는 이사야가 선포한 예언에 나타난다. 이 어구는 이사야의 특성을 지닌 것이며, 그의 예언들에서 예상해 볼 수 있는 것이다. 실제로 이 예언의 진정성이나 확실성을 부인할 이유가 없다. 만일 이것이 이사야의 진정한 예언이라면, 분명히 열왕기서 저자에 의하여 인용되었을 것이다. 그리고 이 예언이 문맥에서 필연적 요소를 이루고 있으므로 만약 이것이 열왕기서 저자에 의하여 인용되었다면, 나머지 부분도 그러하였을 것이다. 분명히 이 예언은 열왕기서 저자에 의하여 시작이 되고 나중에 가서야 이사야서에 삽입되었을 수가 없다. 이는 이것이 진정한 예언이고 형식에 있어서 열왕기서의 역사와는 완전히 다르기 때문이며, "이스라엘의 거룩한 자"라는 표현이 확실히 이사야의 특징이지만 열왕기서 저자의 특징은 아니기 때문이다. 사실 여기서 한 번 나오는 것 이외에는 열왕기서에 전혀 나오지 않는다.

이런 기본적인 사항을 염두에 두고, 간략하게 36-39장의 이사야 저작권에 대해 제기된 반론들을 검토해 볼 수 있을 것이다.

① 기적적 사건에 대하여 그것이 기적이라는 이유로 거부할 수는 없다. 성경의 전

스기야의 발병을 가리킨다면, 이것은 산헤립의 침략연도인 주전 701년이 될 수 없다. 왜냐하면 이것이 그의 통치를 주전 686년으로 옮겨갈 것이었고, 이는 주전 7세기의 연대기에 관한 한 중대한 난점을 야기시킬 것이고, 또한 히스기야가 사마리아의 함락 전에 통치하였다는 성경의 분명한 가르침을 무시하게 된다. 다음의 내용을 히스기야의 생애의 잠정적인 개요로 제안하는 바인데, 이는 이것이 다른 어떤 구성보다도 난점을 덜 수반하며, 성경의 진술과도 대부분 일치하기 때문이다.

주전 727-726 히스기야의 즉위
주전 723-721 사마리아의 포위와 함락
주전 711 히스기야의 발병
주전 701 산헤립의 침입
주전 696 히스기야의 죽음
이 배열에서 즉위년(726년의 일부)은 히스기야의 통치의 첫해로 계산되지 않았다.

능하신 하나님께서 어찌하여 기적적인 행위를 행사함으로 인간 역사에 개입하실 수 없는가? 비평가들은 하나님의 기적을 언급하고 있는 성경의 있는 기록들을 제외시키기 이전에 그 문제에 대하여 답변해야 할 것이다.

② 앞에서 36–37장과 38–39장 사이의 관계를 논의하였다. 어떻게 이 장들의 배열로부터, 저자가 오랜 후대에 살았음에 틀림없다는 결론을 내릴 수 있는가? 이 반론을 제기하는 자들은 그들의 진술을 입증할 증거를 제시하지 못한다. 그리고 왜 37:7과 38:5과 같은 구체적인 예언들이 그 사건이 일어나기 이전에 선포될 수 없는가? 구약은 사건이 일어나기 이전에 선포된 구체적인 예언들로 가득하다(예를 들면, 창 15:13–16). 그러나 구약성경의 현대적 관점은 자연주의적 전제에 근거하여 실질적으로 진정한 예견적 예언을 배제시켜 버린다.

③ יהודית와 בית נכתה란 단어들이 이사야에 의하여 사용될 수 없는가? יהודית가 부사로 구약성경에 단지 6번만 나타난다. 이 중에서 다섯 번이 성벽 위에 있는 사람들에게 말하는 산헤립의 사신들과 관계가 있다(사 36:11, 13; 왕하 18:26, 28; 대하 32:18). 다른 곳에서 유일하게 나타난 곳은 느헤미야 13:24이다. 산헤립 자신이 유대인, 즉 mIa–ú–da–ai(Col. ii, 76; iii, 18)이란 단어를 사용한다. 이러한 사실에 비추어 딜만의 주장은 매우 약해 보인다.

בית נכתה란 어구는 두 번, 즉 이사야 39:2과 열왕기하 20:13의 평행 본문에서만 발견된다. 여기를 제외하고 נכתה(향료들)란 단어가 창세기 37:25과 창세기 43:11에 나타난다. 우가릿어(Krt ii. 2.25)에서 nkyt란 단어는 "보물창고"의 의미로 사용된다. 아카드어에 bit nakamti란 어구가 나타나며, 이것은 בית נכתה가 이사야 시대에 사용되지 않았던 단어였을 것이라는 반론을 제거해 버린다.

④ 아마도 열왕기서의 선행성에 대한 가장 강력한 논증은 두 구절들의 비교에서 이끌어 낼 수 있을 것이다. 예를 들면 드라이버(*Literature of the Old Testament*, Edinburgh, 1909, p. 227)는 열왕기서가 보다 충분한 세부 사항을 가지고 있고, 이사야서는 분명히 요약이라고 주장한다. 더 나아가 그는 이사야서에 있는 이야기는 열왕기서의 편집자의 손을 통하여 나온 흔적이 있다고 주장한다.

한두 개의 일반적인 설명을 제시할 수 있다. 더 짧은 작품이 반드시 더 긴 작품의 요약으로 간주되는 것은 아니다. 더 짧은 작품이 보다 이른 것일 수도 있으며, 보다 후대의 것이 확장된 것일 수도 있다. 더 짧은 작품의 저자가 알고는 있지만 그의 목적에 직접적으로 적절하지 않은 특정 자료를 의도적으로 삭제했을 수도 있다. 후대의 저자는 보다 이른 시기의 작품을 확장할 뿐만 아니라 이런 저런 이유로 앞선 작품에 나타나지 않는 자료를 포함할 수도 있었을 것이다. 이러한 것들 만을 고려해서 어느 것이 더 이른 것인지를 말하는 것이 항상 가능한 것은 아니다. 이사야(첫 장을 증거로)는 신명기서를 알고 있었음을 기억해야 한다. 이것이 왜 신명기적 "영향"이 가끔 36-39장에 나타날 수 있는지에 대한 충분한 설명이다. 이것은 또한 왜 가끔 어투가 열왕기서의 특성인 어투와 유사하게 될 수 있는지를 설명한다.

더 나아가서 변형을 설명하는 것이 언제나 가능한 것은 아니다. 셈어 형식은 항상 전달하는 것의 축어적 기록을 제시하려고 의도하거나 제시하라고 요구하지도 않았다. 약간의 변형들에 대한 좋은 예를 람세스의 히타이트 조약의 비교에서 볼 수 있다. 복음서 안에 있는 변형들 역시 같은 원리를 예증한다. 이것은 결코 축자적 완전 영감의 성경적 교리를 저해하지 않는다. 왜냐하면 이 교리가 단지 성경이 제시하고자 목적하는 것을 충실히 제시하고 있다는 것을 가르치기 때문이다. 이것은 하나의 기록에 대한 복사물이 독창성 없이 동일해야만 된다는 것을 주장하지 않는다.

다음 논의의 목적은 산헤립의 침입을 언급하고 있는 이 두기록에 이사야가 원저자임을 저해하는 것이 전혀 없다는 것을 제시하는 것이다. 각 상이점을 설명하기는 아마도 불가능할 것이며, 또한 그것을 시도하지 않을 것이다. 델리취는 다음과 같은 말로써 이사야서의 미래 주석가들의 양심의 고통을 완화시켜 주었다. "그러나 그것들 모두에 관해(즉 모든 상이한 요소들에 대해) 오류가 없는 판단을 내리는 작업은 모든 것을 알고 있는 사람들에게 위임해야 할 것이다."[3]

(1) 드라이버는 이사야 38:4, 7-8과 대조하여 볼 때 열왕기하 20:4, 9-11에 제시된 보다 충실한 세부적 내용들에 주의를 환기시킨다. 이사야 38:4에서 1Q는 M을 따르고 헬라어 필사본들 역시 그러하다. 이사야 38:4이 열왕기하 20:4의 요약이고 열왕기하가 확장된 것이 아니라고 확실히 말할 수 있는가? 판단을 보류해 두는 것이 본 절에 있어서 더 현명하다. 이사야 38:7-8과 열왕기하 20:9-11에 대해서는 열

3) *Op. cit.*, II, p. 85 n.

왕기하에 부가적인 자료가 있다. 또다시 1Q는 M을 따르며 헬라 역본들도 그러하다. 열왕기하를 확장으로 간주하는 것이 가능한 것처럼 이사야서를 요약으로 고려하는 것도 가능하다.

(2) 드라이버는 또한 이사야 36:2, 3상, 17, 18상과 열왕기하 18:17, 18상, 32을 비교한다. 여기서 또다시 각 절에서 열왕기서는 부가적 세부 사항을 제공한다. 그러나 다른 곳에서 지적한 바와 같이(부록 1), 히스기야의 죄의 인정에 대한 전체 기록은 이사야서에 빠져 있는데, 이는 이것이 그의 목적에 적절하지 않기 때문이다. 이 삭제는 결코 열왕기서의 원저작성을 증명하는 것이 아니다. 이사야 36:17–18 상반절에 대해서는 동일한 설명이 적용된다. 열왕기서는 분명히 보다 충실한 본문을 가진다. 그러나 이것이 본 저작임을 증거하는가?

(3) 히스기야의 기도에서, 다윗에 대한 언급은 열왕기서 편집자의 손길의 흔적을 보여주는 것으로 생각되었다. 이 언급(사 37:35하)은 이사야서에 평행적 기록이 없는 동기가 된다는 것이다. 그러나 만일 이 설명이 정확하다면, 어찌하여 열왕기서와 1Q 모두가 그러한 언급을 가지고 있는(사 37:35하에 있는 것과 유사한) 이사야 38:6에서는 다윗에 대한 언급을 하지 않고 있는가? 이 절이 이사야서에서 그러한 언급이 기대되어지는 유일한 역사적 단락이라는 것을 주목해야 한다. 또한 38:5을 주목하라. 히스기야는 다윗과 유사한 인물이었고 그런 까닭에 다윗에 대한 언급을 하고 있는 것이다(또한 주해 부분을 보라). 물론 열왕기서에는 다윗에 대한 많은 언급이 있다. 이것은 역사적 작품이다. 그러한 언급이 예언서에서는 불필요하다. 그러나 이사야가 다윗과 유사한 한 왕을 다루고 있는 부분에서, 당연히 그가 그를 언급하여야 할 것이라고 예상할 수 있다. 그러한 언급이 열왕기서 편집자의 흔적을 보여주는 것이라고 주장하는 것은 증거가 전혀 없는 것을 주장하는 것이다.

(4) 드라이버는 "그 즈음에"(38:1)와 "그때에" 같은 어구에 근거하며, 예언을 둘러싸고 있는 서사(37:22–32, 드라이버는 이를 이사야의 것으로 돌린다)가 다음 세대의 저자의 것으로 보인다고 주장하는데, 그 이유는 이 저자가 하맛, 아르밧 그리고 사마리아에 대한 승전들을 산헤립의 공적으로 돌리고 있지만, 이것들은 이전 왕들에 의해 이루어졌기 때문이라는 것이다. 무엇보다도 "그 즈음에"와 "그때에"라는

어구는 한 특정한 저자의 전용 어구가 아니다. 이 어구들은 역사적 자료를 도입하는 데 사용된다. 그리고 이사야가 이 시점에서 역사적 자료를 기록하고 있으므로 그가 그것들을 사용하지 않을 이유가 없는 것이다.

하맛, 아르밧 그리고 사마리아에 대한 승전들을 산헤립의 공적으로 돌리는 것에 대해서, 드라이버는 그 진상을 정확하게 진술하지 않는다. 36:18에서 랍사게는 앗수르 왕이란 이름으로만 말하고 있다. 그는 당연히 이러한 승전들을 산헤립 개인에게만 돌리려고 의도하지 않는다. 이것은 37:11-13에 있는 산헤립 자신의 진술에 의하여 증명된다. 열왕기서의 편집자의 "손"이 분명하게 사마리아의 멸망을 다른 사람들의 공로로 돌리고 있으며 앞 장(열왕기하 17장)에서도 그러한데, 이 동일한 "손"이 사마리아의 멸망을 산헤립의 공로로 돌리는 큰 실수를 범하였다는 것은 상당히 이상하다. 더 나아가서 만일 이사야의 예언이 본 문맥에서 분리되어야만 한다면, 이것은 의미 없는 것이 된다.

상이한 내용들 중에는 이사야서가 더 나은 본문을 담고 있는 것으로 선포되어야만 하는 몇 가지 사항들이 있다.

① 열왕기하 18:20에 있는 אָמַרְתָּ는 이사야서에는 적당하지 못하다. 만약 2인칭이 유지되어야 한다면 דִּבַּרְתָּ를 예상 해야만 한다.

② 이사야 36:7에서 단수 동사가 원문일 수 있다. 왜냐하면 처음부터 끝가지 히스기야를 향해서 말하고 있기 때문이다. 복수형이 반드시 "우리 하나님"에 있는 복수형 접미사와 더 잘 어울리는 것은 아니다. 왜냐하면 한 개인이 "우리 하나님"에 대해 말할 수도 있기 때문이다. 단정적인 결정은 어렵다.

③ 이사야 36:14에서 "그의 손으로부터"를 삭제하는 것이 원문일 것인데, 이는 열왕기하 18:29에서 이 어구의 출현은 이사야 36:20에 있는 어구에서 변형된 것으로 보인다.

④ 특별히 흥미 있는 것은 이사야 36:17과 열왕기하 18:32 사이의 비교인데, 이는 후자가 부가적 자료들을 포함하고 있기 때문이다. 열왕기하 18:32에 부가된 내용은 필요치 않은데, 이는 이사야서 본문이 충분히 명백하기 때문이다. 여기서는 더 짧은 독법이 원문으로 선호되어야만 한다. 열왕기하 18:33에 있는 부가적 자료도 역시 필요치 않다. 이사야서는 보다 간결하고 잘 완성되어 있다. 열왕기서가 여기서 원문이

될 수 있을지는 의문스럽다.

⑤ 이사야 37:2과 열왕기하 19:2. 열왕기서의 단어들의 순서는, "선지자 이사야에게, 아모스의 아들," 델리취에 의해서 허용될 수 없는 것으로 선언되었다. 이 어순은 분명히 정상적인 순서에 배치된다(사 38:1; 왕상 16:7; 왕하 14:25; 렘 28:1; 슥 1:1, 7을 참고). 딜만은 이것을 생소한(ungewohnlich) 것으로 인정하고 본래 빠져 있었던 "아모스의 아들"이란 어구를 덧붙임으로써 이렇게 되었다고 생각한다.

⑥ 이사야 37:9과 열왕기하 19:9. 비록 1Q가 여기서 열왕기서를 지지할지라도, 이사야서가 원문이라고 믿을 만한 충분한 이유가 있다. "그리고 그가 들었다"란 표현이 반복되고 있으며 산헤립이 디르하가에 대해 듣자마자 행동했다는 것을 보여준다. 그래서 비트링가는 "Simul intellexit, simul misit nuncios"라고 말한다. 델리취는 이것을 인정하면서도 두 번째 출현은 "그리고 그가 돌아갔다"에서 변형된 것이라고 생각한다. 이것은 어떤 방법으로든 증명될 수 없는 사항이지만 이사야서의 본문의 의미는 분명히 이것이 원문이라는 입장을 지지한다.

⑦ 이사야 37:14과 열왕기하 19:14. 여기서 이사야서에 있는 두 동사의 단수 접미사들은 일치하며, 확연한 조화를 이룬다, 즉 "그리고 그가 그것을 읽었으며 그는 그것을 펼쳤다." 이것은 그 편지들(epistolae)의 단수적인 의미와 잘 어울린다. 이것은 constructio ad sensum이다. 열왕기서는 복수 접미사를 사용하여 "그리고 그가 그것들을 읽었다"라고 분명히 접미사를 복수명사와 일치시키려고 시도하였다. 1Q는 이에 동의한다. 그러나 분명히 단수형이 더 선호된다. 델리취 역시 열왕기서가 고쳤다는 것을 인정한다.

⑧ 이사야 37:16과 열왕기하 19:15. 열왕기서는 기도에서 "만군의"라는 단어를 빼고 있으나, 분명히 이것이 있는 것이 원문이다. 이것은 야웨를 능력의 하나님으로 지칭하는 역할을 한다. 이것은 이 시점에서 가장 필요한 칭호이다(주해참조). 더 나아가서 이 칭호의 첨가는 열왕기서와 이사야서에서 모두 정상적이다(사 37:32; 39:5; 왕상 18:15; 왕하 3:14을 참고).

⑨ 이사야 37:24과 열왕기하 19:23. "종들"이 "사자들"보다 더 선호되는데, 이는 후자가 이미 사자들에 대해 언급을 한 9, 14절의 영향에 기인한 것으로 보이기 때문이다. "나의 허다한 병거를 거느리고"는 열왕기서의 רכבי ברכב라는 독법보다 더 선호된다. 열왕기서에서는 이 접미사가 첫 번째 단어에서 빠졌다. 따라서 정확한 반복이 아니다. 열왕기서에서 단어의 반복은 훌륭한 의미를 만들어 내지 못하는데, "내

병거들 중의 병거로" 즉 "내 최고의 병거들로"가 된다. 이것은 의심스럽다. 많은 주석가들은 열왕기서의 קְצֵה מְלוֹן를 더 선호한다. 그러나 말하기는 어렵다. 많은 언어에서 R은 쉽게 L로 변한다. 1Q는 희미하지만 מְרוֹם으로 읽는 것으로 보인다.

⑩ 이사야 37:32과 열왕기하 19:31. 이 절은 분명히 이사야서가 원문이다. 37:32는 이사야 2:3과 유사한 구문이며 37:32 하반절은 이사야 9:6 하반절과 유사하다.

결론

1. 개개의 단어들과 어구들의 비교를 통해서 열왕기서와 이사야서 중 어느 것이 선호되어야만 하는지를 결정하는 것이 항상 가능한 것은 아니다. 아주 극소수의 경우에(아마도 열왕기하 19:17과 23), 열왕기서의 본문이 더 나을 수도 있다. 그럼에도 불구하고 이 절들에서, 이사야서 본문이 원문이라는 입장을 지지하는 명백한 이사야서의 특징이 있다. 이것들은 바로 앞의 이 두 본문의 비교에서 논의되었다.
2. 열왕기서 저자는 이사야의 정경적 예언서를 잘 알고 있었다.
3. 이사야 36-39장의 예언적 형식은 열왕기서의 역사적 형식과 현저한 대조를 이루며 돋보인다.
4. 이사야 36장과 7장의 유사성이 현저하다.
5. 36-39장에서 이사야의 두드러짐은 열왕기서에서 사용된 통상적인 기록 방법과 어울리지 않는다.
6. 이사야는 그의 예언들 안에 역사적 자료를 포함시켰다.
7. 역대하 32:32은 이사야가 그의 예언서에 히스기야의 행실을 기록하였다고 서술한다.
8. 만일 이사야가 본래의 저자가 아니라면, 이 장들은 분명한 목적이 없다. 반면에 이 장들은 이사야 예언의 필수적인 부분을 이룬다.
9. 이 장들에 나타나는 "이스라엘의 거룩한 자"라는 호칭은 특성상 이사야적이다. 이것은 열왕기서 어디에도 발견되지 않는다.
10. 이사야서 저작권에 대한 반론은 설득력이 없으며 쉽게 답변될 수 있는 것이다. 이러한 고찰에 비추어 이사야가 36-39장의 저자라고 가정해도 틀림없다.

이사야서 주석(II)

부록 3

산헤립의 침입

Daniel David Luckenbill, The Annals of Sennacherib, Chicago, 1924에 게재된 앗수르 본문으로부터 번역된 것, 여기에 게재된 번역문은 상당히 직역한 것이고 가능한 한 원본의 어순을 따른 것이다.

Column II

Line
37 In my third campaign I set out against Hatti
As for Luli, the king of Sidon, the awe–inspiring splendor
of my lordship overwhelmed him and far away
40 in the midst of the sea he fled and disappeared
Sidon the Great,[1] Sidon the Small
Bit–Zitti, Zaribtu, Mahalliba,
Ushu, Akzib,(and) Akko

1) Cf. Josh. 11:8.

his cities, strong(and) fortified supplied with food[2)]
and drink(i. e., well provisioned) for his garrisons,
the awe–inspiring weapons of Assur[3)]
my lord overwhelmed them and they bowed at my feet.
(i. e., submitted to me)
Tubalu[4)] on the royal throne
over them I placed, and gifts due to me as overlord[5)]
yearly without cessation I imposed upon him
As for Menahem, the Shamsimurunite,
Tubalu, the Sidonite,
Abdiliti, the Arvadite,
Uru–milki, the Gublite(i. e., from Byblos)
Mininti, the Ashdodite,
Budu–ilu, the Beth–Ammonite,
Kammusunadbi, the Moabite,
Aaramu,[6)] the Edomite
all kings of Amurru,[7)] splendid gifts,
their weighty show piece, fourfold[8)] before me
they brought and kissed my feet. But Sidqa,
the king of Ashkelon who had not submitted
unto my yoke–the gods of the house of his father,
himself, his wife,
his sons, his daughters, his brethren, the seed of
the house of his father,

---

2) Lit., places of food and drink.
3) Lit., the terror of the weapons of Assur.
4) Ethbaal?
5) Biltu and mandattu belutiya may be taken as a hendiadys.
6) Cf. Yô–rām in 2 Sam. *;10.
7) Lit., kings of Amurru, all of them.
8) Lit., unto the fourth.

I deported and unto Assyria I brought. Sharruludari, son of Rukibtu, their former king over the populace of Ashkelon I placed and the payment of tribute, a gift of alliance due my lordship I imposed upon him. He did the labor.[9] In the course of my campaign Beth–Dagon, Joppa, Banaibarka, Ashuru, cities of Sidqa, who had not bowed quickly unto my feet, I besieged, I conquered, I took away their spoil. The officials, the nobility and the populace[10] of Ekron who had thrown Padi their king, lord of a sworn treaty, with Assyria[11] into iron fetters and unto Hezekiah the Judean gave him over–like an enemy they committed sacrilege.[12] There became afraid the Egyptian kings the bowmen, charioteers(and) horsemen of the king of Ethiopia, an army without number, when(—ma) they called upon(them), they came to their aid in the plain of Eltekeh. The battle line being drawn up in front of me

9) Lit., he pulled my ropes

10) I. e., the common people.

11) Cf. Gen. 14:13.

12) I. e., they had put in prison one who had been in a relationship of oath with Assyria.

Column III

1 they sharpened their weapons[13] With the trust of Assur
my lord, I fought with them and brought about
their defeat. The Egyptian charioteers and princes[14]
together with the charioteers of the king of Ethiopia
5 alive in the midst of the battle I capture.
Eltekeh(and) Timnah
I besieged, I conquered, I took away their spoil;
unto Ekron
I approached, and the officials(and) nobles who
devices the crime[15]
I slew, and on poles round about the city
10 I hung their bodies. As for the ordinary citizens
the perpetrators of sin and infamy[16] I counted(them) as spoil.
The remainder of them(who were) not guilty of sin
and contempt, who had no punishment due them;
I ordered their release. Padi their king
15 from the midst of Jerusalem I brought out and
as lord on the throne[17] over them I placed and
the tribute(due to) my lordship I imposed upon him.
And(as for) Hezekiah the Judean
who had not submitted unto my yoke–46 of his strong

13) *ú–ša–'a–lu* ^{is}*kakkê*^{mes}*–šu–un.*

14) Lit., sons of the kings.

15) Lit., who cause sin to be.

16) In a private communication G. Lindsay Russell points out that in this context there are three forms of action determined by the degree of guilt.

(a) kita šubšu–those who devised the crime–death and impalement.

(b) □pis anni u gillati–perpetrators of the deeds–deportation.

(c) l□ b□bil hititi u gulluti.sa aransunu la ibšu–those who did not take part in the crime–freedom.

17) Lit., in the throne of lordship.

walled cities and the small cities that are in their environs which were without number by piling up siege ramps, bringing near battering rams, the battling of foot soldiers, mines, sap works and supplements of siege, I besieged(and conquered) 200,140 people, young and old, male and female horses, mules, asses, camels, oxen and small cattle which were without number from their midst I brought out and counted as spoil. Himself, like a bird in a cage in the midst of Jerusalem, his capital city, I shut up. Earthworks against him I raised, I prohibited exit from his city;[18] his cities which I had plundered from the midst of his land I cut off and to Mitinti king of Ashdod, Padi king of Ekron and Silli–bel king of Gaza I gave and thus I reduced his land. Beyond the former tribute, the gifts of their land imposts, presents(due to) my lordship I added and imposed against him. As for Hezekiah himself the awe–inspiring splendor of my lordship overwhelmed him and the Arabs[19] together with hid crack troops which he had brought in for the purpose of strengthening Jerusalem, his capital,

---

18) Lit., the exit of the gate of his city I turned into a taboo.

19) The term may refer to irregular troops.

took leave. Together with the 30 talents of gold 800 talents of silver, costly stones, antimony, large pieces of sandu(red?) stone, ivory couches, ivory arm chairs, elephant hide, ivory, ebony, boxwood, all kinds of valuable treasures together with his daughters, his concubines, the male and female musicians into Nineveh my capital he sent to me, and for the payment of tribute and the performance of servitude he sent his messengers.

참고문헌

A.

Abarbanel, Don Isaac; also Abravanel; cf. Rosenmüller.

Ablfreda; cf. H. O. Fleischer, *Historia anteislamica arabice edidit, versione latina auxit.* Lipsia, 1831.

Albright, William F., *Archeology and the Religion of Israel.* 1942.

_______, *Geschichte und Alles Testament.* Tübingen, 1953.

Alexander, Joseph Addison, Commentary on the Prophecies of Isaiah. 1846. Grand Rapids, 1953.

Allis, Oswalt T., *Prophecy and the Church*, Philadelphia, 1943.

Alt, Albrecht, "Ägyptisch–ugaritisches," *Archiv für Orientforsch–ung*, 15, 1951.

_______, "Gälilaische Probleme," Palästinajahrbuch, 1937.

_______, Kleine Schriften, II. Munchen, 1953.

_______, "Menschen Ohne Namen," *Archiv Orientálni*, 18, 1950.

Amarna Text. J. Knudtzon, *Die El–Amarna Tafeln.* Aalen, 1964.

Amr el–Quais, Moallaka; cf. W. Ahlwardt, *The Divans of the Six Ancient Arabic Poets.* London, 1870.

Anderson, Robert T., "Was Isaiah a Scribe?" JBL, 79, 1960.

Annals of Mursilis, text in Sturtevant and Bechtel, A Hittite Chrestomathy. Philadelphia, 1935.

Anspacher, Abraham S., Tilgath Pileser III. New York, 1912.

Aeias Montanus, Benito, Polyglot Antwerp, 1569-1573.

Avigad, N., "The Epitaph of a Royal Steward from Siloam Village," Israel Exploration Journal, Vol. 3, No. 3, 1953.

B.

Baedeker, A Handbook of Palestine and Syria. 1912.

Baker, S. W., The Albert Nyanza, Great Basin of the Nile and Exploration of the Nile Sources. London, 1871.

Barnes A., Notes on Isaiah, I. New York, 1840.

Bea, A., "Ras Samra und das Alte Testament," Biblica, Vol. 19, 1938.

Begrich, Joachim, "Sōfer und Mazkīr," ZAW, Vol. 58.

Béguerie, La Vocation d'Isaiae, Études sur les prophètes d'Israel. Paris, 1954.

Bentzen, Aage, Jesaja, Band I, Jes 1-39. Kobenhavn, 1944.

_______, King and Messiah. London, 1955.

Berry, G. R., "Messianic predictions," JBL, 45, 1926.

Bewer, Julius A., The Literatur of the Old Testament. New York, 1940.

Biblia Sacra iuxta versionem simplicem quae dicitur Peschitla, II. Beirut, 1951.

Biblical Archaeologist, The. New Haven, Connecticut.

Bijbel in Nieuwe Vertaling. Kampen, 1952.

Birkeland, H., Zum Hebräischen Traditionswesen. Oslo; 1938.

Blank, Sheldon H., Prophetic Faith in Isaiah, New York, 1958.

Bleeker, Kleine Propheten, II.

Böhl, Franz, Nieuwjaarsfest en Konigsdag in Babylon en Israel. 1927.

Boutflower, C., Journal of the Transactions of the Victoria Institute, 1928.

Brandis, J., Das Munz-Mass und Gewichtswesen in Vorderasien. 1866.

Bratcher, Robert G., The Bible Translator, July, 1958.

Breasted, J. H., Ancient Records of Egypt, Vol. II.

Bright, John, A History of Israel. Philadelphia, 1959.

Briggs, Charles A., Messianic Prophecy. New York, 1886.

Brockelmann, Hebräische Syntax. Neukirchen, 1956.

Brunet, Gilbert, "Le Terrain aux Foulons," RB, Vol. 71, No. 2, 1964.

Bruno, D. Arvid, Jesaja, eine rhythmische und textkritische Untersuchung. Stockholm, 1953.

Bultema, Harry, Practische Commentaar op Jesaja. Muskegon, 1923.

Burrows, M., Trevor, J. C., Brownlee, W. H., The Dead Sea Scrolls of st. Mark's Monastery, I, The Isaiah Manuscript and the Habakkuk Commentary. New Haven, 1950.

C.

Calvin, Commentarii in Isaiam prophetam. Geneva, 1570.

Campbell, Roderick, Israel and the Covenant, Philadelphia, 1954.

Cappellus, Ludwig, Critica Sacra. 1950.

Caspari, Carl Paul, Jesajanische Studien. Leipzig, 1843.

Caspari, Wilhelm, "Jesaja 34 and 35," ZAW, Vol. 49, 1931.

Castellio, Sebastian, Biblia Sacra. 1531. Frankfurt, 1669.

Ceriani, A., Translatio syria Pescitto Veteris Testamenti, Milan, 1876.

Chafer, Lewis S., Systematic Theology. Dallas, 1947-1948.

Cheyne, T. K., The Prophecies of Isaiah, I. 1868. New York, 1888.

Childs, B. S., Myth and Reality in the Old Testament. Naperville, 1960.

Chrysostom, Hermeneia, in Migne, Patrologia.

Churgin, P., Targum Jonathan to the Prophets. New Haven, 1927.

Cocceius, Johannes, Opera Omnia Theologica. Amstelodami, 1701.

Condamin, Albert, Le Livre d'Isaiae. Paris, 1905.

Contenau, G., La Civilisation phenicienne. 1928.

Cooke, G. A., A Textbokk of North Semitic Inscriptions, Oxford, 1903.

Coppens, La Prophetie de la 'Almah. Bruges, Paris, 1952.

Cordero, M. Garcia, "El Santo de Israel," Mélanges Bibliques rédigés en l'honneur d' André Robert. Paris, 1957.

Couroyer, B., "L'Origine Égyptienne du mot 'paque'," Revue Biblique, Vol. 62, 1955.

D.

Dalman, Gustav, Jerusalem und seine Gelände. Gütersloh, 1930.

Dathe, Johann August, Opuscula, ed. E. F. Rosenmüller. Lipsiae, 1796.

DeBoer, P. A. H., Second Isaiah's Message. Leiden, 1956.

De Fraine, L'aspect religieux de la royaute israelite, Rome, 1954.

Delekat, I., "Die Peschitta zu Jesaja zwischen Targum und Septuaginta," Biblica, 38, 1957.

Delitzsch, Franz, Biblical Commentary on the Prophecies of Isaiah, 1866, Grand Rapids, 1949.

De Vaux, R., "Titres et Fonctionnaires Égyptiens a la cour de David et de Salomon," RB, Vol. 48, 1939.

Dhorme, E., L'evolution religieuse d'Israel. Bruxelles, 1937.

Dillmann, August, Das Prophet Jesaia. Leipzig, 1890.

Diringer, Le Iscrizioni Antico-Ebraiche Palestinesi. Firenze, 1934.

Döderine, Christoph, Esaias. Altsofi, 1825.

Dougherty, R. M., Nabonidus and Belshazzar. New Haven, 1929.

Drechsler, Moritz, Der Prophet Jesaja. Stuttgart, 1849.

Driver, G. R., Canaanite Myths and Legends. 1956.

_______, A Treatise on the Use of Tenses in Hebrew. 1892.

_______, Von Ugarit nach Qumran. 1958.

Driver, S. R., Isaiah, His Life and Times, New York.

Duhm, Bernhard, Das Buch Jesaia. 1892. Göttingen, 1922.

Dussaud, R., des Religions de Babylonie et d'Assyrie. Paris, 1945.

E.

Eaton, J., "The Origin of the Book of Isaiah," VT, 9. 1959.

Edelkoort, A. H., De Christusverwachting in het Oude Testament. Wageningen, 1941.

Eichhorn, Johann G., Die hebräische Propheten. Göttingen, 1819.

Eitan, I., "A contribution to Isaiah Exegesis," HUCA, 12-13, 1937-1938.

Engnell, Ivan, The Call of Isaiah. Uppsala and Leipzig, 1949.

_______, Studies in Divine Kingship in the Ancient Near East. Uppsala, 1943.

Erman, A., The Religion of the Egyptians.

Euting, Julius, Sinaitische Inscriften. Berlin, 1902.

Ewald, H., Die Propheten des alten Bundes erklärt. Stuttgart, 1840-1841.

F.

Fahlgren, K H., Nahestehende und entgegengesetzte Begriffe im Alten Testament. Uppsala, 1932.

Feldmann, Franz, Das Buch Isaias, I, II. Münster, 1926.

Fenshaw, "The Wild Ass in the Aramean Treaty Between Bar-Ga'ayah and Mati'el," JNES, Vol. 22, 1963.

Finkelstein, Louis, The Commentary of David Kimchi on Isaiah. 1926.

Fischer, Johann, Das Buch Isaias. Bonn; I, 1937, II, 1939.

Fitzmeyer, J. A., "The Aramaic Inscriptions of Sefire I and II," JAOS, Vol. 81, No. 3.

Fleming, W. B., The History of Tyre. 1915.

Frankfort, Henri, Kingship and the Gods. Chicago, 1948.

Friedrichsen, A., Hagios-Qadosh. Oslo, 1916.

Frost, S. B., Old Testament Apocalyptic. 1952.

Fullerton, K., "Studies in Isaiah," JBL, 38, 1919.

G.

Gadd, C. J., Ideas of the Divine Rule in the Ancient East. 1948.

Galling, Kurt, Textbook zur Geschichte Israels. Tübingen, 1950.

Gehman, H. S., "The 'burden' of the Prophets," JQR, Vol. 31, No. 2, 1940.

Gesenius, Wilhelm, Der Prophet Jesaia. Leipzig, 1820, 1821.

Gesenius, Kautzsch, Cowley, Hebrew Grammar. Oxford, 1910.

Gevirtz, "West-Semitic Curses," VT, No. 11, 1961.

Gill, John, Body of Divinity. 1771. Grand Rapids, 1951.

Ginsberg, "Some Emendations in Isaiah," JBL, 69, March, 1950.

Ginsberg, C. D., Prophetae Posteriores. London, 1911.

Goetze, A., "The So-Called Intensive of the Semitic Language," JAOS, Vol. 62, No. 1, 1942.

Gordon, C. H., "Homer and the Bible," HUCA, Vol. 26, 1955.

_______, Ugaritic Literature. 1947.

_______, Ugaritic Manual. 1955.

_______, Ugaritic Textbook. 1965.

Geay, G. B., "Kingship of God in Prophets and Psalms," VT, Vol. II, 1961.

_______, The Prophecy of Isaiah. Edinburgh, 1926.

Green, Hebrew Grammar. New York, 1898.

Greenberg, "Text of the Hebrew Bible," JAOS, Vol. 76, No. 3, 1956.

Grelot, P., "La deniere étape de la redaction sacerdotale," VT, 6, 1956.

Gressmann, Altorientalische Texte zum Alten Testament. 1909.

Grotius, Hugo, Annotata ad Vetus Testamentum. 1644.

Guillaume, A., "The Dead Sea Scrolls of Isaiah," JBL, Vol. 76, 1957.

Gunkel, Herman, Die Schriften des Alten Testaments, 2. Abteilung, 2. Band. 1921, 1925.

Guthe, Hermann, Geschichte des Volkes Israels. Tübingen and Leipzig, 1904.

H.

Haller, Max, Die Schriften des Alten Testaments, II, 3. Göttingen, 1914.

Hammurabi; cf. A. Deimel, Codex Hammurabi. Romae, 1930.

Hanel, J., Die Religion der Heiligkeit. Gütersloh, 1931.

Hattusilis, Apology; cf. Sturtevant and Bechtel, Hittite Chrestomathy. Philadelphia, 1935.

Heidel, A., The Babylonian Genesis. 1951.

_______, The Gilgamesh Epic. 1946.

Heidel, W. A., The Day of Jahweh. New York, 1929.

Held, Moshe, Studies and Essays in Honor of Abraham A. Newman. 1962.

Henderson, Ebenezer, The Book of the Prophet Isaiah. 1840. London, 1857.

Hertzberg, H. W., Der erste Jesaja. Kassel, 1952.

Herzfeld, E., Altpersische Inschriften. 1938.

Hill, G., A History of Cyprus, I, 1940.

Hillers, Treaty-Curses and the Old Testament Prophets. Rome, 1964.

Hitti, P. K., History of Syria. New York, 1951.

Hitzig, Ferdinand, Der Prophet Jasaja. Heidelberg, 1833.

Hölscher, G., Die Propheten. Leipzig, 1914.

_______, *Geschichte der israelitischen und jüdischen Religion. 1922.*

_______, *Die Ursprünge der jüdischen Escatologie. Giessen, 1925.*

Holwerda, B., De Wijsheid die Behoudt, 1957.

Honor, L., Sennacherib's Invasion of Palestine. 1926.

Hooke, S. H., Palestine Exploration Fund, Quarterly Statement for 1935.

Hoonecker, A. Van., Het Boek Isaias. Bruggs, 1932.

Huffmon, Herbert, "The Covenant Lawsuit in the Prophets," JBL, 78, 1959.

Hummel, Horace, "Enclitic Mem in Early Northwest Semitic, Especially Hebrew," JBL, 76, 1957.

Hvidberg, "The Masseba and the Holy Seed," Interpretationes (Mowinckel Festschrift). Oslo, 1955.

Hyatt, James P., Prophetic Religion. New York, 1947.

I.

Ibn Hisham, ed. Wüstenfeld, Des Leben Mohammeds.

Ilgen, Karl David, Die Urkunden des jerusalemischen Tempelarchivs in ihrer Urgestalt, als Beitrag zur Berichtigung der Geschichte der Religion und Politik. 1798.

Interpreter's Bible. New York, Nashville, 1952ff.

J.

Jacob, Edmond, Theologie de l'Ancien Testament. Neuchâtel, 1955.

Janssen, J. M. A., "Que sait-on actuellement du Pharaon Taharqa?" in Biblica, Vol. 34, 1953.

Jastrow, Hebrew-Babylonian Traditions, 1914.

Jenni, "Das Wort 'ōlām im Alten Testament," ZAW, Vol. 65, 1953.

Jennings, F. C., Studies in Isaiah. New York, 1950.

Johnson, Aubrey R., Sacral Kingship in Ancient Israel. Cardiff, 1955.

K.

Keizer, P., De profeet Jesaja. Kampen, 1947.

Keilschrifturkunden aus Boghazkeui, 1916, 1921.

Kennett, R. H., Ancient Hebrew Social Life and Custom as Indicated in Law, Narrative and Metaphor. 1933.

Kimchi, David; cf. L. Finkelstein.

Kissane, E. J., The Book of Isaiah. New York, 1926; Dublin; I, 1941, II, 1943.

Kittel, Gerhard, ed., Theologisches Wörterbuch zum Neuen Testament.

Kittel, Rudolf, Biblia Hebraica, 3rd ed. Stuttgart, 1937.

Kline, Meredith, "The Intrusion and the Decalogue," WThJ, 16, Nov., 1953.

_______, Treaty of the Great King. Grand Rapids, 1963.

Knobel, August W., Der Prophet Jesaja. Leipzig, 1872.

Köhler and Baumgartner, Lexicon in Veteris Testamenti Libros. 1953.

Köhler Ludwig, Theologie des Alten Testaments.

_______, "Syntactica, II, III, IV," VT, III, 1953.

König, Eduard, Stylistik.

_______, Syntex.

_______, Das Buch Jesaja. Gütersloh, 1926.

Koppe, J. B., 1779-1781, editor of Lowth's commentary on Isaiah.

Koran, ed. Mavlana Muhammed 'Ali. Lahore, 1951.

Kraus, Hans Joachim, Psalmen. Neukirchen, 1958.

Kroeker, Jakob, Jesaia der Altere(Cap. 1-35). Giessen, 1934.

L.

Ladd, George E., "Apocalypse, Apocalyptic," Baker's Dictionary of Theology. Grand Rapids, 1960.

Lagrange, M. J., "Apocalypse d'Isaie(xxiv-xxvii)," RB, Vol. 3, No. 2, 1894.

Lambert, W. G., "Three unpublished Fragments of the Tukulti-Ninurta Epic," Archiv fur Orientforschung, 1957.

Landsberger, Benno, Sam'al. Ankara, 1948.

LeClant, Jean, and Jean Yoyotte, Bulletin de L'Institut Francais D'Archeologie Orientale, Vol. 51, 1952.

Lidzbarski, Ephemeris für semitische Epigraphik, I, 1900.

Liebmann, E., "Der Text zu Jesaia 24-27," ZAW, Vols. 22-25, 1902-1905.

Lindblom, Prophecy in Ancient Israel. Oxford, 1962.

Lohmann, Paul, "Das Wachterlied Jes. 21:11-12," ZAW, Vol. 33, 1913.

_______, "Die selbständigen lyrischen Abschnitte in Jes. 24-27," Vol. 37, 1917-1918.

Löw, I., Die Flora der Jeden, I-IV, 1924-1934.

Löwth, Robert, Isaia. London, 1779.

Luckenbill, D. D., The Annals of Sennacherib. Chicago, 1924.

_______, Ancient Records of Babylonia and Assyria. Chicago, 1926.

Ludwig, Emil, The Nile. new York, 1937.

Luther, Luthers Werke, Deutsche Bibel, II. Band, I. Hälfte. 1528. Weimar, 1960.

Luzzatto, Samuel David, Il Propheta Isaia volgarizzatto e commentato ad uso degl' Israeliti. Padova, 1855.

M.

Macadam, M. F. L., The Temples of Kawa. London, 1949.

Margaliouth, R., The Indivisible Isaiah. New York, 1964.

Marti Karl, Das Buch Jesaja. Tübingen, 1900.

Maurer, Commentarius in Vetus Testamentum, I. Lipsiae, 1835.

McClain, Alva J., The Greatness of the Kingdom. 1959.

Meyer Ernst, Der Prophet Jesaja, Erste Hälfte. Pforzheim, 1850.

Michaelis, J. H., Halle Bible with annotations, 1720.

Milik, J. T., "Il Rotolo frammentario di Isaia," pp. 246-249; cf. also pp. 73, 204-225, Biblica, 31, 1950.

Moallaka. see Amr 'l-Quais.

Möller, Wilhelm, Die messianische Erwartung der vorexilischen Propheten. Gütersloh, 1906.

Mowinckel, Sigmund, He That Cometh. Nashville, 1954.

_______, Jesaja Disciplinen. Oslo, 1926.

_______, Psalmenstudien II, Das Thronbesteigungsfest Jahwäs und der Ursprung der Eschatologie. Christiana, 1922.

Munch, P. A., The Expression Bajjōm hāhū. Oslo, 1936

Murray, J., Romans, NICNT Grand Rapids, 1959.

Musil, Alois, The Northern Hegaz. New York, 1926.

N.

Nägelsbach, Carl W. E., Der Prophet Jesaja. Leipzig, 1877.

Noth, History of Israel. London, 1958.

Nöttscher, F., "Entbehrliche Hapaxlegomena in Jesaja," VT, 1951.

Nyberg, H. S., Hebreisk Grammatik. Uppsala, 1952.

O.

Oesterly, W. O. E., The Doctrine of the Last Things, London, 1909.

Oppenheim, A. Leo, "Assyriological Gleanings," BASOR, No. 103.

Orelli, Konrad von, The Prophecies of Isaiah. Edinburgh, 1899.

Orlinsky, Harry M., "Studies V," Israel Exploration Journal, 4, 1954.

_______, "The Treatment of Anthropomorphisms and Anthropopathisms in the Septuagint of Isaiah," HUCA, 27, 1956.

Ottley, R. R., The Book of Isaiah According to the Septuagint. I, 1904, II, 1906.

P.

Pallas, Svend Aage, The Babylonian 'akitu' Festival. Kϕbenhavn, 1926.

Pap, L. I., Das Israelitische Neujahrsfest. Kampen, 1933.

Paulus, Heinrich Eberhard Gottlob, Philologische Clavis über das Alte Testament. Jena, 1793.

Pedersen, J., Israel, I, II. London, 1926, 1947.

Penna, Angelo, Isaia(La Sacra Biblia). Torino, Roma, 1958.

Pentecost, J. Dwight, Things to Come. 1958.

Perles, Analecten zum Alten Testament, 2vols.

Pfeiffer, Introduction to the Old Testament. New York, 1948.

Poidebard, A., Un grand port disparu: Tyr. 1939.

Poole, M., Annotations Upon the Holy Bible. London, 1688.

Pope, Marvin, "Isaiah 34 in Relation to Isaiah 35; 40-66," JBL, Vol. 71, 1952.

Prijs, Leo, "Ein 'Waw der Bekräftigung'," Biblische Zeitschrift, Vol. 8, No. 1, 1964.

Pritchard, James, Ancient Near Estern Texts. Princeton University, 1950.

Procksch, Otto, Theologie des Alten Testaments. Gütersloh, 1950.

R.

Rahlfs, A., Septuaginta, II. Stuttgart, 1935.

Ranke, H., Die aegyptischen Personennamen. 1935.

Reichel, Carl Rudolf, Der Prophet Jesaias. Leipzig and Gorlitz, 1755-1759.

Reider, J., "Etymological Studies in Biblical Hebrew," VT, Vol. 2, 1952.

Reventlow, Henning Graf, "Das Amt des Mazkir," Theologische Zeitschrift, Vol. 15, 1959.

Ridderbos, J., Jesaja in Het Godswoord des Propheten, 1932.

_______, "Jahwäh malak," VT, 4, 1954.

Ringgren, Helmer, The Prophetical consciousness of Holiness. Uppsala, 1948.

_______, Word and Wisdom, 1947.

_______, Messias Konungen. Uppsala, 1954.

Robertson, Edward, "Isaiah xxvii:2-6," ZAW, Vol. 47, 1929.

Robinson, Studies in Old Testament Prophecy. 1950.

Rosemüller, E. F., Scholia in Vetus Testamentum. Lipsiae, 1791-1793.

Rost, P., Die Keilschrifttexte Tiglatpilesers, III. Leipzig, 1893.

Rowlands, E. R., "The Targum and the Peshitta Version of the Book of Isaiah," VT, 9, 1959.

Rowley, H. H., The Relevance of Apocalyptic. London, 1944.

_______, The Faith of Israel. 1956.

_______, The Zadokite Fragments and the Dead Sea Scrolls. Oxford, 1952.

Rudolph, Wilhelm, "Jesaja 23, 1-14," Festschrift Friedrich Baumgärtel. Erlangen, 1959.

_______, "Jesaja 24-27," in Beiträge zur Wissenschaft vom Alten Testament. Leipzig, 1908.

S.

Saadia; see Gesenius' commentaryfor Saadia's exposition. Cf. also S. Landauer, Kitab al-Amanat. Leiden, 1880.

Sabatier, P., Bibliorum sacrorum latinae versiones antiquae, II. Paris, 1751.

Saggs, H. W. F., "The Nimrud Letters," Iraq, Vol. 21, Part 2, Autumn 1959.

Scerbo, F., "Di alcune presunte forme aramaiche in Isaia," in Giornale della Società asiatica italiana, Vol. 16, 1903.

Schiling, S. Paul, Isaiah Speaks. New York, 1958-1959.

Schmidt, Der Ewigkeitsbegriff im Alten Testament. 1940.

Schmidt, Hans, Die Schriften des Alten Testaments. 1921, 1925.

_______, Die Thronfart Jahves. Tübingen, 1927.

Schmidt, Sebastian, Commentarius super illustres prophetias Jesaeae. Hamburgi, 1702.

Scott, R. B. Y., "Isaiah xxi:1-10; The Inside of a Prophet's Mind," VT, Vol. 2, 1952.

Schräder, Die Keilschriften und das Alte Testament. 1883, 1903.

Seeligmann, I. J., The Septuagint version of Isaiah. Leiden, 1946.

Sellin, E., Israelitische-jüdische Religionsgeschichte. Leipzig, 1933.

Sievers, Eduard, "Zu Jesajas 21:1-10," Karl Marti Festschrift, 1925.

Skinner, J., "Isaiah," Cambridge Bible. Cambridge, 1925.

Smend, R., "Anmerkungen zu Jes. 24-27," ZAW, Vol. 4. 1884.

Smend, R., and A. Scin, Die Inschrift des Königs Mesa von Moab.

Smith, George Adam, The Book of Isaiah. New York; I, 1888, II, 1890.

Stamm, J. J., "Ein Vierteljahrhundert Psalmenforschung," Theologisches Rundschau, 23, 1955.

Steinmann, J., La Prophète Isaïe. Paris, 1950.

Stenning, J. F., The Targum of Isaiah. Oxford, 1949.

Strachey, Edward, Hebrew Politics in the Times of Sargon and Sennacherib. London, 1853.

Stummer, F., Einführung in die lateinische Bibel. Paderborn, 1928.

Sukenik, Eleazer, Otzar Hammegilloth haggenuzoth. Jerusalem, 1954.

T.

Tadmor, H., "The Campaigns of Sargon II of Assur: A Chronological-Historical Study," Journal of Cuneiform Studies, Vol. 12, 1958.

Tallqvist, Die assyrische Beschwörungsserie Maqlu. 1895.

Talmon, S., Annual of the Swedish Theological Institute, Vol. I, 1962.

Targum, see Stenning, J. F.

Thiele, Edwin F., The Mysterious Numbers of the Hebrew Kings. Grand Rapids, 1965.

Thomas, D. Winton, Documents from Old Testament Times. 1958.

Torrey, C. C., The Second Isaiah. Edinburgh, 1928.

Trapp, John, Commentary on the Old and New Testaments. London, 1867.

UV.

Umbreit, F. W. C., Jesaja. 1841.

Van der Flier, A., De Profeet Jesaja. Zust, 1931.

Van Dorsen, J. C., De Derivata van de stam 'mn in het Hebreeuwsch van het Oude Testament. Amsterdam, 1951.

Van Imschoot, Theologie de l'Ancien Testament. Tournai, 1954.

Van Til, Cornelius, The Defense of the Faith. Philadelphia, 1955.

Van Zyl, A. H., "Isaiah 24-27; Their Date of Origin," in New Light on Some Old Testament Problems. Papers read at 5th meeting of Die O.T. Werkgemeens-kap in Suid-Africa, 1962.

Varenius, August, Commentarium in Isaiam, Pars I-III. Rostochi, 1673.

Verhoef, P., Die Dag van der Here. Den Haag, 1956.

Vincent, Jerusalem de L'Ancien Testament. Paris, 1954.

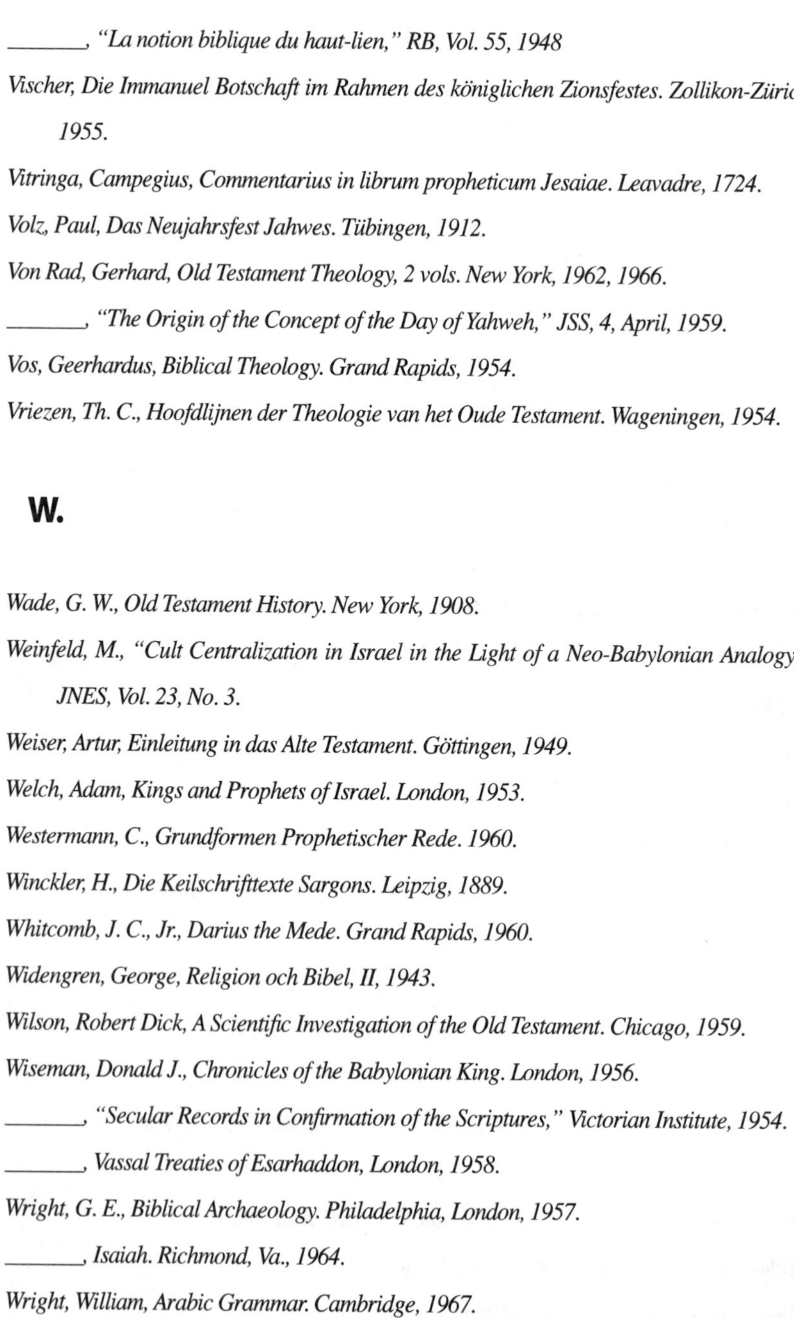

_______, *"La notion biblique du haut-lien," RB, Vol. 55, 1948*

Vischer, Die Immanuel Botschaft im Rahmen des königlichen Zionsfestes. Zollikon-Zürich, 1955.

Vitringa, Campegius, Commentarius in librum propheticum Jesaiae. Leavadre, 1724.

Volz, Paul, Das Neujahrsfest Jahwes. Tübingen, 1912.

Von Rad, Gerhard, Old Testament Theology, 2 vols. New York, 1962, 1966.

_______, *"The Origin of the Concept of the Day of Yahweh," JSS, 4, April, 1959.*

Vos, Geerhardus, Biblical Theology. Grand Rapids, 1954.

Vriezen, Th. C., Hoofdlijnen der Theologie van het Oude Testament. Wageningen, 1954.

W.

Wade, G. W., Old Testament History. New York, 1908.

Weinfeld, M., "Cult Centralization in Israel in the Light of a Neo-Babylonian Analogy," JNES, Vol. 23, No. 3.

Weiser, Artur, Einleitung in das Alte Testament. Göttingen, 1949.

Welch, Adam, Kings and Prophets of Israel. London, 1953.

Westermann, C., Grundformen Prophetischer Rede. 1960.

Winckler, H., Die Keilschrifttexte Sargons. Leipzig, 1889.

Whitcomb, J. C., Jr., Darius the Mede. Grand Rapids, 1960.

Widengren, George, Religion och Bibel, II, 1943.

Wilson, Robert Dick, A Scientific Investigation of the Old Testament. Chicago, 1959.

Wiseman, Donald J., Chronicles of the Babylonian King. London, 1956.

_______, *"Secular Records in Confirmation of the Scriptures," Victorian Institute, 1954.*

_______, *Vassal Treaties of Esarhaddon, London, 1958.*

Wright, G. E., Biblical Archaeology. Philadelphia, London, 1957.

_______, *Isaiah. Richmond, Va., 1964.*

Wright, William, Arabic Grammar. Cambridge, 1967.

Y Z.

Young, E. J., Introduction to the Old Testament. Grand Rapids, 1958.

_______, My Servants the Prophets. Grand Rapids, 1954.

_______, The Study of Old Testament Today. London, 1958-1959.

_______, Studies in Isaiah. Grand Rapids, 1954.

_______, Thy Word is Truth. Grand Rapids, 1957.

_______, Who Wrote Isaiah? Grand Rapids, 1958.

_______, "Adverbial u in Semitic," WThJ, XIII, 2, May, 1951.

_______, "Isaiah 34 and Its Position in the Prophecy," WThJ, Vol. 27, No. 2, 1965.

Ziegler, J., Isaias(Septuaginta Vetus Testamentum graecum). Göttingen, 1939.

Zwingli, Zwingli's Sämtliche Werke, 14. Zürich, 1959.

이사야서 주석 Ⅱ

The Book of Isaiah(Ⅱ)

2008년 4월 15일 초판 발행

지은이 | 에드워드 J. 영

옮긴이 | 조 휘 · 정일오

펴낸곳 | 사)기독교문서선교회

등록 | 제16-25호(1980. 1. 18)

주소 | 서울시 서 구 방배동 983-2

전화 | 02)586-8761~3(본사) 031)923-8762~3(영업부)

팩스 | 02)523-0131(본사) 031)923-8761(영업부)

홈페이지 | www.clcbook.com

이메일 | clc@clcbook.com

온라인 | 기업은행 073-000308-04-020, 국민은행 043-01-0379-646
예금주: 사)기독교문서선교회

ISBN 978-89-341-1018-7(94230)
ISBN 978-89-341-1016-3(세트)